航 海 学

主 编　章文俊　刘　强　吕红光
主 审　张吉平

HANGHAIXUE

大连海事大学出版社
DALIAN MARITIME UNIVERSITY PRESS

Ⓒ 章文俊　刘强　吕红光　**2025**

图书在版编目(CIP)数据

航海学／章文俊，刘强，吕红光主编. — 大连：
大连海事大学出版社，2025. 6. — ISBN 978-7-5632
-4596-3

Ⅰ. U675

中国国家版本馆 CIP 数据核字第 2024MV2039 号

大连海事大学出版社出版

地址：大连市黄浦路523号　邮编：116026　电话：0411-84729665(营销部)　84729480(总编室)
http://press.dlmu.edu.cn　E-mail：dmupress@dlmu.edu.cn

大连天骄彩色印刷有限公司印装　　　　　　　　**大连海事大学出版社发行**

2025 年 6 月第 1 版　　　　　　　　　　　　2025 年 6 月第 1 次印刷
幅面尺寸：184 mm×260 mm　　　　　　　　　　　　　　印张：34.5
字数：839 千　　　　　　　　　　　　　　　　　印数：1~2000 册

出版人：余锡荣

责任编辑：李继凯　　　　　　　　　　　　　　　责任校对：王　琴
封面设计：解瑶瑶　　　　　　　　　　　　　　　版式设计：解瑶瑶

ISBN 978-7-5632-4596-3　　　　审图号：GS(2024)4115 号　　　　定价：85.00 元

内容简介

本书共分四篇：第一篇为基础知识，介绍了坐标、方向和距离以及海图等基本知识；第二篇为船舶定位，介绍了航迹推算、陆标定位、电子定位、天文定位和罗经差的测定等；第三篇为航路资料，介绍了潮汐与潮流、航标与《航标表》、航海图书资料、海图与航海图书资料的改正与管理；第四篇为航线与航行方法，介绍了大洋航行与最佳航线、沿岸航行、狭水道及运河航行、特殊条件下的航行、船舶交通管理与船舶报告系统、航行计划和航海日志、智能船舶与智能航行。

本书可作为航海类高等院校本科教材，也可作为海船驾驶与管理人员及航海相关从业人员的技术参考书。

前　言

航海学(Marine Navigation)是航海技术专业的一门主要的专业课程。它的基本任务是研究船舶在海上航行的航线选择与设计、船位的测定和各种条件下的航行方法等重要问题,为船舶安全、经济航行提供保障。

现代科学技术的发展成就使航海技术取得了长足的进步。信息科学、计算机技术、电子技术、通信技术及空间卫星技术在航海上的成功应用,使航海技术发生了极为深刻的变革,航海学的内容得到了极大的充实与发展。目前,人工智能技术正在深刻地影响着航海技术的发展,使传统航海逐步向全新的智能航海转变。

航海技术的进步对航海人员的素质提出了更高的要求。现代航海要求航海人员必须掌握较扎实的现代科学技术的基础知识,通过实践不断积累与丰富航海经验,对各种复杂的航海环境能够独立分析、判断与处理,对快速发展的智能航海有充分的理解和认识,在不断更新的技术条件下有较好的自适应能力。

由本书编写人员参与编写的1999年3月出版的《航海学》,于2002年获全国优秀教材二等奖;2005年7月修订出版的《航海学》,于2007年获辽宁省精品教材奖。以此为基础,编者在本书中根据航海科学技术的新成就,增加了北斗卫星定位导航、智能船舶和智能航行的新知识,删除了部分不适合现代航海实际的内容;在编写时注重理论与实践的结合,力求培养学生对不断发展的航海科学技术的适应能力。

本书由章文俊、刘强、吕红光主编,张吉平主审。章文俊、东昉编写了第一、二章;刘军坡、刘德新编写了第三、十四章;刘强、东昉编写了第四、五章;陈世才、马麟、丁勇编写了第六、七章;谢海波编写了第八、九、十章;吴卫兵编写了第十一、十三、十五章;王凤武编写了第十六、十七章;吕红光编写了第十二、十八章。

书中不足之处,欢迎广大读者批评斧正。

编　者
2024 年 10 月

目　录

第一篇　基础知识

第二篇　船舶定位

第三篇　航路资料

第四篇　航线与航行方法

附　录

第一篇
基础知识

第一章　坐标、方向和距离

第一节　地球形状、地理坐标与大地坐标系

　　船舶在一望无际的茫茫大海上航行,需要在了解地球形状的基础上建立坐标系,然后确定船舶位置,才能保证船舶安全经济地驶向目的港。

　　航海离不开对地球的认识。人类认识大地的形状,经历了漫长的岁月和艰难的历程。公元前 6 世纪,已经认识到大地是球形的;公元前 3 世纪,埃拉托色尼(Eratosthenes)通过测量一段弧长所对应的圆心角,以求得该段弧的曲率半径的弧度测量方法,求得地球半径约为 40000 埃及古尺(约合 6300 km);17 世纪,采用精密的三角测量的弧度测量法,发现低纬度处地球表面曲率半径略小、高纬度处地球表面曲率半径略大的规律,建立了地球椭球理论;18 世纪,将地球形状和重力场的研究结合起来,建立了物理大地测量学,使得大地测量建立在近代科学的基础上,弧度测量越来越精确;20 世纪,随着人造地球卫星发射成功,空间远程技术的进步,建立了现代空间大地测量学,大地测量越来越精确,对地球的认识越来越深刻;21 世纪,大地测量向数字地球的方向发展。

　　下面从航海的角度来研究地球形状、地理坐标与大地坐标系。

一、地球形状

　　地球自然表面有高山、峡谷、平原、江河、湖泊和海洋,是一个高低不平、非常复杂的不规则的曲面。在这种自然表面上建立坐标来确定船舶与物标的相对位置、确定方向基准和距离单位是不可能的,必须由一个数学描述的表面来代替地球的自然表面才能够去研究航海问题。

　　地球半径约为 6367 km,珠穆朗玛峰虽高,但也仅为地球半径的千分之一左右。可见,尽管地球自然表面高低不平,但这些局部起伏量与地球半径相比是微不足道的。通过测量,发现约占地球表面 71% 的海洋的平均海面高度具有长期不变的特性,因此,用地球表面平均海面的形状描述地球形状(earth shape)是可行的。所谓地球形状,并不是指地球自然表面的形状,而是指由大地水准面(geoid)所包围的几何体的形状。地球上任意一点的水准面是通过该点且与该点的铅垂线垂直的平面。液体的静止表面就是水准面。设想一个与平均海面相吻合的水准面,并把它延伸到陆地上,在延伸中始终保持此面处处与当地的铅垂线正交,这样形成的一个连续不断的、光滑的闭合曲面叫作大地水准面。大地水准面是最重要的一个

水准面。地球只有一个大地水准面。被大地水准面所围成的球体叫作大地球体。航海学所研究的地球形状就是大地球体的形状。大地球体非常接近地球,并且具有长期的稳定性,因此,采用大地球体代替地球是合理可行的。

由于地球内部物质分布不均匀及地球表面起伏,大地球体依然是不规则的几何体,大地水准面依然不是一个数学表面。经过长期的实践发现圆球体表面、椭圆体表面是两个与大地水准面非常接近的数学表面。在应用上,一般以地球圆球体(terrestrial sphere)作为大地球体的第一近似体,而以地球椭圆体(earth ellipsoid)作为大地球体的第二近似体。

航海上为了计算上的简便,通常将大地球体当作地球圆球体。地球圆球体的半径等于6366707 m。

在大地测量学、海图学和需要较为准确的航海计算中,将大地球体当作两极略扁的地球椭圆体,才能够得出具有足够精度的结果。

地球椭圆体即旋转椭圆体(如图 1-1-1 所示),它是由椭圆 $P_N Q P_S Q'$ 绕其短轴 $P_N P_S$ 旋转而成的几何体。椭圆短轴 $P_N P_S$ 即地球的自转轴——地轴(earth axis),短轴的两个端点 P_N 和 P_S 是地极(earth poles),长轴绕短轴旋转而成的平面是赤道平面,长轴端点 Q 旋转而成的圆周是赤道 QQ'(equator)。表示地球椭圆体的参数有地球椭圆体长半轴 a、短半轴 b、扁率 c 和偏心率 e。它们之间的关系是:

$$c = \frac{a-b}{a}, e = \frac{\sqrt{a^2-b^2}}{a}$$

所以

$$e^2 = \left(1 - \frac{b}{a}\right)\left(1 + \frac{b}{a}\right) = c(2-c) \approx 2c$$

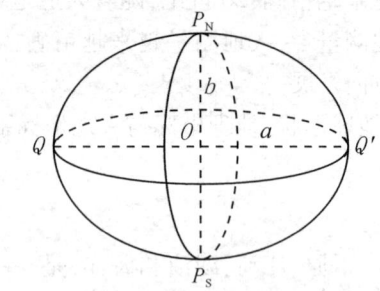

图 1-1-1　地球椭圆体

实际使用中常常只用长半轴 a 与扁率 c,或长半轴 a 与短半轴 b 表示地球椭圆体的形状与大小,其他参数都可由此计算出来。

地球椭圆体参数是根据大地测量中弧度测量的结果计算出来的。由于各国所处地区不同,所采用的测量数据、数据质量及计算方法不同,因此所得的地球椭圆体的参数也略有差异。

我国 1952 年用白塞尔地球椭圆体参数,1954 年改用克拉索夫斯基地球椭圆体参数,现在采用的参数情况是:长半轴 $a = 6378137.0$ m,扁率 $c = 1/298.257222101$。

二、地理坐标

地理坐标(geographic coordinate)是建立在地球椭圆体表面上的。要建立地理坐标,首先应在地球椭圆体表面上确定坐标的起算点和坐标线图网。如图 1-1-2 所示,O 为地球椭圆体中心,P_N 为北极,P_S 为南极;过短轴 P_NP_S 的任一平面是子午圈平面,它与地球椭圆体表面相交的截痕是一个椭圆,称为子午圈,其中由北极到南极的半个椭圆,叫作子午线(meridian)或经线;通过英国伦敦格林尼治(Greenwich)天文台子午仪的子午线叫作格林(尼治)子午线(Greenwich meridian);与赤道平面平行的平面称为纬度圈平面,它与地球椭圆体表面相交的截痕是一个小圆,称为纬度圈(parallel of latitude)。

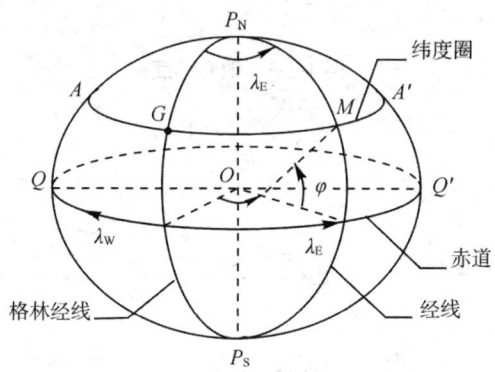

图 1-1-2 地理坐标

地球椭圆体表面任意一点的位置,可以用地理坐标,即地理纬度和地理经度来确定。航海上,船舶的位置和物标的位置都是用地理坐标来表示的。

地理坐标的起算点是赤道与格林子午线的交点,经线与纬度圈构成坐标线图网。地面上某点的地理纬度(geographic latitude)为地球椭圆体子午线上该点的法线与赤道面的夹角,用 φ 或 Lat 表示。某点的地理纬度的计量方法是:从赤道起,向北或向南,以 0°~90° 计量,量至该点所在的纬度圈,在赤道以北的叫作北纬,用 N 标示;在赤道以南的叫作南纬,用 S 标示。例如,北京的纬度是 39°54′.4N,好望角的纬度是 34°21′.4S。

地面上某点的地理经度(geographic longitude)为地球椭圆体上格林子午线与过该点子午线在赤道上所夹的劣弧长,或该劣弧所对应的球心角或极角,用 λ 或 $Long$ 来表示。某点的地理经度的计量方法是:从格林子午线起,向东或向西,以 0°~180° 计量,量至该点所在的子午线,向东计量的叫作东经,用 E 标示;向西计量的叫作西经,用 W 标示。例如,北京某地的经度是 116°28′.2E,温哥华某地的经度是 123°6′W。

同一纬度圈上所有点的纬度都是相等的,同一经线上所有点的经度也都是相等的,因此,经线与纬度圈构成的图网是坐标等值线图网,即坐标线图网。

除上述地理坐标外,在航海上个别场合还用地心坐标表示地面上某点的位置。地心坐标是由该点的地心纬度(geocentric latitude)和该点的地理经度组成的。某点的地心纬度 φ_e(如图 1-1-3 所示)是该点地球椭圆体的向径与赤道面的交角。地理纬度 φ 与地心纬度 φ_e 之间的关系如下:

若地球椭圆子午圈方程式为:

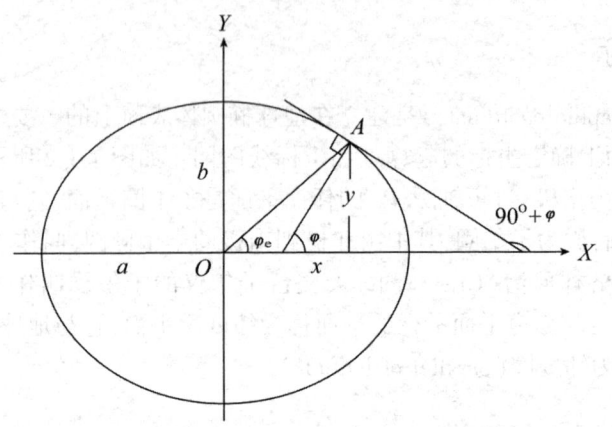

图 1-1-3 地心纬度

$$\frac{x^2}{a^2} + \frac{y^2}{b^2} = 1$$

则

$$\frac{\mathrm{d}y}{\mathrm{d}x} = -\frac{b^2}{a^2} \cdot \frac{x}{y}$$

而该点的斜率为：

$$\frac{\mathrm{d}y}{\mathrm{d}x} = \tan(90° + \varphi) = -\cot\varphi$$

所以

$$\tan\varphi = \frac{a^2}{b^2} \cdot \frac{y}{x}$$

但

$$\tan\varphi_e = \frac{y}{x}$$

所以

$$\tan\varphi = \frac{a^2}{b^2} \cdot \tan\varphi$$

$$= \frac{1}{1 - e^2}\tan\varphi_e$$

$$\tan\varphi - \tan\varphi_e = e^2\tan\varphi$$

$$\sin(\varphi - \varphi_e) = e^2\sin\varphi\cos\varphi_e \approx c\sin2\varphi$$

所以

$$(\varphi - \varphi_e)'' = \frac{c\sin2\varphi}{\mathrm{arc}1''}$$

取 $c = \frac{1}{298.3}$，则

$$(\varphi - \varphi_e)'' = 691''.5\sin2\varphi$$

地理纬度与地心纬度之差称为地心纬度改正量（correction of geocentric latitude），在赤道和两极均为零，而 $\varphi = 45°$ 时，此差值可达 $11'31''.5$。地心纬度改正量 $(\varphi - \varphi_e)$ 如表 1-1-1 所示。

表 1-1-1　地心纬度改正量表

φ	$\varphi-\varphi_e$	φ	φ	$\varphi-\varphi_e$	φ	φ	$\varphi-\varphi_e$	φ
1°	0′24″.1	89°	16°	6′06″.4	74°	31°	10′10″.6	59°
2°	0′48″.2	88°	17°	6′26″.7	73°	32°	10′21″.5	58°
3°	1′12″.2	87°	18°	6′46″.5	72°	33°	10′31″.7	57°
4°	1′36″.3	86°	19°	7′05″.7	71°	34°	10′41″.1	56°
5°	2′00″.1	85°	20°	7′24″.5	70°	35°	10′49″.8	55°
6°	2′23″.8	84°	21°	7′42″.7	69°	36°	10′57″.7	54°
7°	2′47″.3	83°	22°	8′00″.4	68°	37°	11′04″.7	53°
8°	3′10″.6	82°	23°	8′17″.4	67°	38°	11′11″.0	52°
9°	3′33″.7	81°	24°	8′33″.9	66°	39°	11′16″.4	51°
10°	3′56″.5	80°	25°	8′49″.7	65°	40°	11′21″.0	50°
11°	4′19″.0	79°	26°	9′04″.9	64°	41°	11′24″.8	49°
12°	4′41″.2	78°	27°	9′19″.4	63°	42°	11′27″.7	48°
13°	5′03″.1	77°	28°	9′33″.3	62°	43°	11′29″.8	47°
14°	5′24″.6	76°	29°	9′46″.4	61°	44°	11′31″.1	46°
15°	5′45″.8	75°	30°	9′58″.9	60°	45°	11′31″.5	45°

两地纬度之代数差叫作纬差(difference of latitude)，用 $D\varphi$ 表示。

两地经度之代数差叫作经差(difference of longitude)，用 $D\lambda$ 表示。

纬差和经差都具有方向性,确定的原则是:根据到达点在起航点之南或之北,来确定纬差的方向是南或是北;同样,根据到达点在起航点之东或之西,来确定经差的方向是东或是西,其计算公式如下:

$$D\varphi = \varphi_2 - \varphi_1$$
$$D\lambda = \lambda_2 - \lambda_1$$

式中:φ_1、φ_2——起航点纬度和到达点纬度;

λ_1、λ_2——起航点经度和到达点经度。

计算中应注意:

①北纬、东经取正(+),南纬、西经取负(-)。

②纬差、经差也有符号,正值为北纬差、东经差,负值为南纬差、西经差。

③经差的绝对值应不大于180°,如果大于180°,应由360减去该绝对值,并改变正负号。

例 1-1-1:某船由 25°39′N,150°42′E 航至 12°43′S,175°28′W,求两地经差和纬差。

解:

$$\begin{array}{ll}
\quad \varphi_2 \quad 12°43′S(-) \\
-)\ \varphi_1 \quad 25°39′N(+) \\
\hline
\quad D\varphi \quad 38°22′S(-)
\end{array}$$

$$\begin{array}{ll}
\quad \lambda_2 \quad 175°28′W(-) \\
-)\ \lambda_1 \quad 150°42′E\ (+) \\
\hline
\quad D\lambda \quad 326°10′W(-) \\
\quad 360°-326°10′=33°50′E(+)
\end{array}$$

三、大地坐标系

对于地球椭圆体,仅仅知道它的参数是不够的,还必须确定它同大地球体的相互位置,确定坐标轴的方向,即必须对地球椭圆体进行定位和定向。建立大地坐标系(geoid coordinate system)就是对具有一定参数的椭圆体进行定位和定向。因此,建立大地坐标系包括三个方面的问题:

①确定椭圆体的参数;

②确定椭圆体中心的位置(定位);

③确定坐标轴的方向(定向)。

也就是说,建立起形状、大小、位置和轴向完全确定的椭圆体,使它既不能变形,也不能平移和旋转。前面所讲的地理坐标是在相应的大地坐标系下确定的椭圆体表面上建立的。因此,用地理经纬度来表示船舶位置与物标位置也只能在相应的大地坐标系下才成立,具有相对性。换言之,相同船舶的位置与相同物标的位置在不同的大地坐标系中的地理经纬度是不相同的,这一点在航海上必须注意。

各国在建立大地坐标系时,主要考虑的是使选定的地球椭圆体与其所在地区的大地水准面更为接近,因此,所采用的大地坐标系往往不同。即使采用相同的椭圆体参数,也会由于定位和定向不同而采用不同的坐标系。

地球椭圆体在大地坐标系中的空间位置是确定的,其表面与大地水准面(大地球体)在高度上的差异也是确定的。现代的大地测量结果表明,大地水准面与地球椭圆体表面的高度差最大约为100 m,也就是说,用地球椭圆体表面去代替大地水准面,可以达到10^{-5} m的精度。因此,用地球椭圆体作为大地球体的近似体是足够精确、合理的。

表1-1-2是部分国家采用的大地坐标系。其中有利用经典的大地测量技术建立起来的局部大地坐标系,比如我国早期的北京1954坐标系、西安1980坐标系,这些坐标系是二维的、不以地心为原点的;有随着空间技术的兴起而产生的全球大地坐标系,比如WGS-84和CGCS2000等,这些坐标系是以地心为原点的、三维的,支持现代测量技术和卫星导航空间技术。

CGCS2000是2000中国大地坐标系(China Geodetic Coordinate System 2000)的简称,也称为2000国家大地坐标系。

表1-1-2 部分国家采用的大地坐标系

大地坐标系名称	使用国家或系统	原点	椭圆体名称	椭圆体参数
北京1954坐标系	中国	北京	克拉索夫斯基1940年	$a=6378245$ m $c=1:298.30$
西安1980坐标系	中国	陕西省泾阳县永乐镇简称西安原点	IUGG 1975年推荐椭圆体	$a=6378140$ m $c=1:298.257$
1942年坐标系	俄罗斯及部分东欧国家	普尔科夫	克拉索夫斯基1940年	$a=6378245$ m $c=1:298.30$
1918年东京坐标系	日本	东京	白塞尔1941年	$a=6377397.155$ m $c=1:299.1528$

续表

大地坐标系名称	使用国家或系统	原点	椭圆体名称	椭圆体参数
1927 年北美坐标系	美国、加拿大、墨西哥	堪萨斯州	克拉克 1866 年	$a = 6378206.4$ m $c = 1 : 294.9$
1950 年欧洲坐标系	英国、法国、德国、荷兰、比利时、挪威、土耳其	波茨坦	海福特 1910 年	$a = 6378388$ m $c = 1 : 297.00$
卡兰普尔坐标系	印度、巴基斯坦、孟加拉国、缅甸	卡兰普尔	埃弗勒斯特 1830 年	$a = 6377276.345$ m $c = 1 : 300.8017$
NWL-8D	NNSS 卫星导航系统（美国）	地心	NNSS	$a = 6378145$ m $c = 1 : 298.25$
WGS-72	美国军用卫导系统、罗兰 C、奥米伽系统	地心	世界测地系-72	$a = 6378135$ m $c = 1 : 298.26$
WGS-84	GPS（美国）	地心	世界测地系-84	$a = 6378137$ m $c = 1 : 298.257223563$
CGCS2000	中国	地心	GRS80	$a = 6378137$ m $c = 1 : 298.257222101$

大地坐标系分成两类：相对大地坐标系与绝对大地坐标系。

相对大地坐标系的原点在地球表面,物标的坐标是通过相对的弧度测量来确定的,如图 1-1-4 所示。

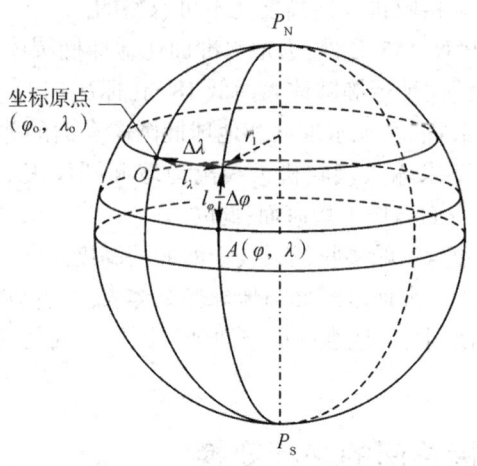

图 1-1-4 相对大地坐标系物标经纬度的确定示意图

坐标系原点为 $O(\varphi_o, \lambda_o)$,为求物标 A 点坐标 (φ, λ),可通过弧度测量,求得东西向弧长 l_λ 与南北向弧长 l_φ。根据 φ_o 和椭圆体参数可求得相应纬度圈半径 r_1,则 $\Delta\lambda(\mathrm{rad}) = \dfrac{l_\lambda}{r_1}$。根据 φ_o 和椭圆体参数及 l_φ,就可在椭圆子午线上求得 $\Delta\varphi$。A 点坐标为 $\varphi = \varphi_o + \Delta\varphi, \lambda = \lambda_o + \Delta\lambda$。

NWL-8D、WGS-72、WGS-84 和 CGCS2000 是绝对大地坐标系。目前应用最广泛的 WGS-84 坐标系,其坐标系原点在地心,空间物标的坐标是通过三维坐标 (X, Y, Z) 测量来确定的,地球表面物标的经纬度是通过物标的三维坐标与定点定向的椭圆体之间的坐标转换求得的,如图 1-1-5 所示。

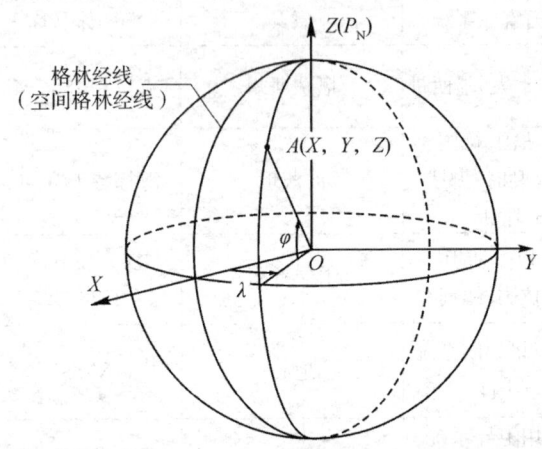

图 1-1-5　绝对大地坐标系物标经纬度的确定示意图

根据物标 A 的三维坐标 (X,Y,Z),求得物标所处经线,就可以在赤道上求得与格林经线的夹角 λ,在相应的椭圆经线上求得 A 点的纬度 φ。

绝对大地坐标系的三维坐标测量的精度高是构建数字地球的基础,因此绝对大地坐标系是大地坐标系发展的方向。

在 NWL-8D 大地坐标系中,大地水准面与地球椭圆体表面的高度差为+79~-99 m,具体见美国约翰斯·霍普金斯大学发布的《大地水准面等高线图》(如图 1-1-6 所示)。该高度差在卫星导航定位中对于计算接收机天线高度是不可忽略的。

由图 1-1-6 可知,在 30°N,155°E 处,大地水准面比地球椭圆体表面高 20 m(标注 20);在 30°N,180°E 处,大地水准面比地球椭圆体表面低 18 m(标注-18)。

局部区域的地球自然表面、大地水准面和地球椭圆体表面的关系如图 1-1-7 所示。

卫星导航系统中有时要求输入接收机天线离地球椭圆体表面的高度。对于船舶来说,可以近似地把船舶所处的海面当作平均海面,此时:

船舶接收机天线的高度=船舶接收机天线距海面的高度+
大地水准面与地球椭圆体表面的高度差

在 WGS-84 大地坐标系中,大地水准面与地球椭圆体表面的高度差与图 1-1-6 所示值相差不到 10 m。

四、不同大地坐标系间的坐标变换

在一些精度要求较高的航海操作或计算中,需要进行不同大地坐标系间的坐标变换。大地测量学中,具体的变换公式较多,这里仅介绍其中一种。如果知道不同大地坐标系变换后的原点移动量 $(\Delta X,\Delta Y,\Delta Z)$,就可以用下式计算坐标改正值:

$$
\begin{cases}
\Delta\varphi'' = \dfrac{1}{M\sin 1''}\big[\,(a\Delta e^2 + e^2\Delta a)\sin\varphi\cos\varphi + ae^2\Delta e^2\sin^3\varphi\cos\varphi - \sin\varphi\cos\lambda\,\Delta X - \\
\qquad\qquad \sin\varphi\sin\lambda\,\Delta Y + \cos\varphi\,\Delta Z\,\big] \\[2ex]
\Delta\lambda'' = \dfrac{1}{N\cos\varphi\sin 1''}(\cos\lambda\,\Delta Y - \sin\lambda\,\Delta X)
\end{cases}
$$

式中：φ、λ——原坐标系的纬度和经度；

M——原坐标系子午圈的曲率半径，$M = \dfrac{a(1-e^2)}{(1-e^2\sin^2\varphi)^{\frac{3}{2}}}$

N——原坐标系东西圈的曲率半径，$N = \dfrac{a}{(1-e^2\sin^2\varphi)^{\frac{1}{2}}}$；

$\Delta a = a_{新} - a$，$a_{新}$为新坐标系椭圆长半轴，a为原坐标系椭圆长半轴；

$\Delta e^2 = (2-2c)(c_{新}-c)$，$c_{新}$为新坐标系椭圆扁率，$c$为原坐标系椭圆扁率；

e^2——原坐标系椭圆偏心率的平方；

$\dfrac{1}{\sin 1''} = 206264.8062$；

ΔX、ΔY、ΔZ——转换参数。

按上式求得 $\Delta\varphi''$，$\Delta\lambda''$ 后，新大地坐标系中的坐标值应为：

$$\varphi_{新} = \varphi + \Delta\varphi''$$

$$\lambda_{新} = \lambda + \Delta\lambda''$$

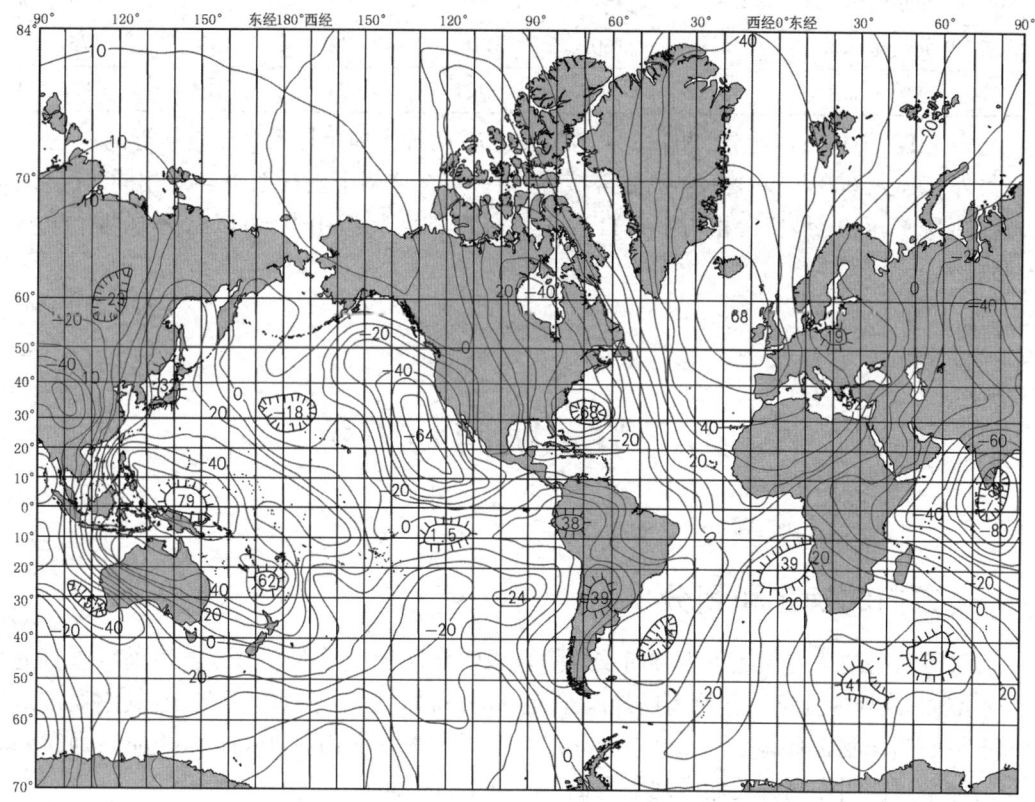

图 1-1-6 大地水准面等高线图

下面将部分大地坐标系与 WGS-84 和 WGS-72 大地坐标系之间的转换参数列于表 1-1-3 中，供参考。

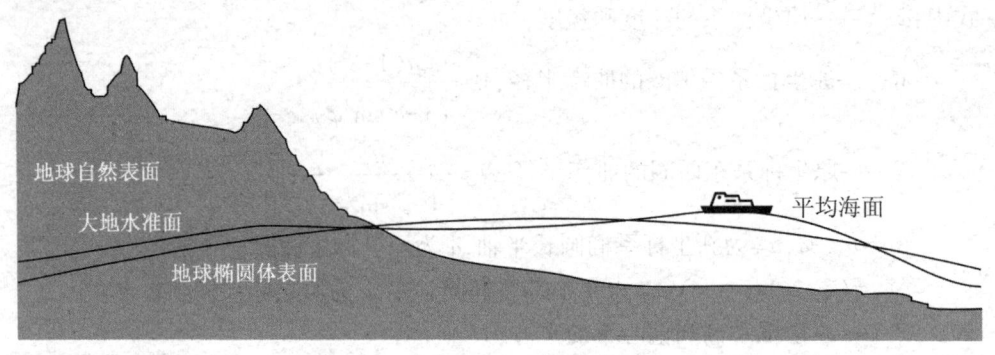

图 1-1-7　地球自然表面、大地水准面和地球椭圆体表面关系图

表 1-1-3　坐标系之间的转换参数

新坐标系 原坐标系	WGS-84			WGS-72		
	$\Delta X(\mathrm{m})$	$\Delta Y(\mathrm{m})$	$\Delta Z(\mathrm{m})$	$\Delta X(\mathrm{m})$	$\Delta Y(\mathrm{m})$	$\Delta Z(\mathrm{m})$
1918 年东京坐标系	−128	481	664	−140	516	673
1927 年北美坐标系	−8	160	176	−22	157	176
1950 年欧洲坐标系	−87	−98	−121	−84	−103	−127

从表 1-1-3 中还可以看到,WGS-84 与 WGS-72 两种大地坐标系是比较接近的。

另外,CGCS2000 与 WGS-84 也非常接近,同一点在这两个坐标系下经度相同,纬度的最大差值约为 $3.6×10^{-6}$ 秒(″),相当于 0.11 mm,在航海的实际应用中,可以认为这两个坐标系是一致的。

第二节　航向与方位

一、方向的确定和划分

通过测者眼睛并与视点重力方向重合的直线叫作测者铅垂线。与测者铅垂线垂直的平面是水准面,在航海上都叫作测者的地平平面(horizon)。地平平面有无数个,其中通过地心的地平平面叫作测者真地平平面(true horizon)或天文地平平面(celestial horizon);通过测者眼睛的地平平面叫作测者地面真地平平面(sensible horizon)。

测者周围的方向是在测者地面真地平平面上确定的。如图 1-2-1 所示,设测者位于 A 点,眼高 AA',过 A' 点并垂直于测者铅垂线的平面就是测者地面真地平平面 A'NESW;测者 A 点的子午圈平面 $P_{\mathrm{N}}AQP_{\mathrm{S}}Q'$ 与其相交的直线 NA′S 是测者方向的基准线——南北线。它近北极 P_{N} 的一方是测者的正北方向;近南极 P_{S} 的一方是测者的正南方向。通过测者铅垂线 $A'AO$,并与测者子午圈平面相互垂直的平面叫作测者的卯酉圈(东西圈,prime vertical)平面。

卯酉圈平面与测者地面真地平平面相交的直线 $EA'W$ 叫作测者的东西线。当测者面北背南时，测者东西线的右方是正东方向，左方是正西方向。对于不同地点的测者来说，各有其不同的铅垂线方向、不同的地面真地平平面与不同的方向基准。

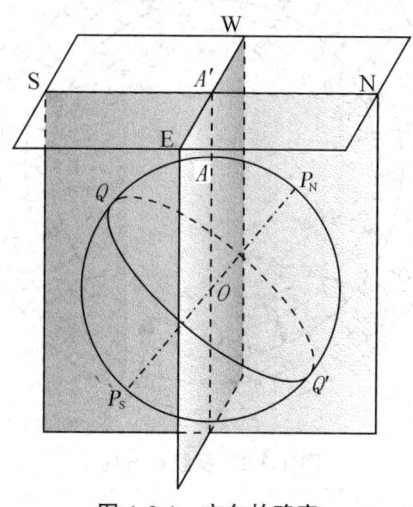

图 1-2-1 方向的确定

仅在测者地面真地平平面上确定北、东、南、西 4 个基点的方向是不够的，它还不能完全表示出测者地面真地平平面上的其他各个方向。航海上常用的进一步划分方向的方法有以下 3 种。

1. 圆周法

以正北为 000°，按顺时针方向计算至正东为 090°，正南为 180°，正西为 270°，再计算至正北为 360°。圆周法始终用三位数字来表示方向，它是航海上最常用的表示方向的方法。

2. 半圆法

以正北或正南为 0°，向东或向西，由 0°～180°计算到正南或正北，除度数外，还必须标明起算点和计算方向，如 24°NE、135°NW、145°SE、175°SW 等。度数后缀的字母，前者表示该方向是由北点（N）或南点（S）起算的，后者则表示该方向是向东（E）或向西（W）计算的。在天文航海学中，常用半圆法来表示天体的方位。

3. 罗经点法

将等分北、东、南、西 4 个方向基点的地面真地平平面上的方向叫作隅点，即东北（NE）、东南（SE）、西南（SW）和西北（NW）4 个方向。又把等分基点和隅点的地面真地平平面上的方向叫作三字点，其名称是在基点名称之后加上隅点名称构成的，即北北东（NNE）、东北东（ENE）、东南东（ESE）、南南东（SSE）、南南西（SSW）、西南西（WSW）、西北西（WNW）和北北西（NNW）8 个三字点。再把等分基点或隅点与三字点的地面真地平平面上的方向叫作偏点，其名称是在基点或隅点名称之后加上偏向的方向构成的，如北偏东（N/E）、北东偏北（NE/N）、西南偏西（SW/W）等共 16 个偏点，如图 1-2-2 所示。

这样，4 个基点、4 个隅点、8 个三字点和 16 个偏点共计 32 个方向点叫作 32 个罗经点。但罗经点也可以被认为是两个相邻的罗经点方向之间的角度，因此：

$$1 \text{ 点} = 11°.25, 4 \text{ 点} = 45°$$

罗经点在过去曾经被广泛地运用在航海上,但目前仅用它来表示风、流等的大概方向。

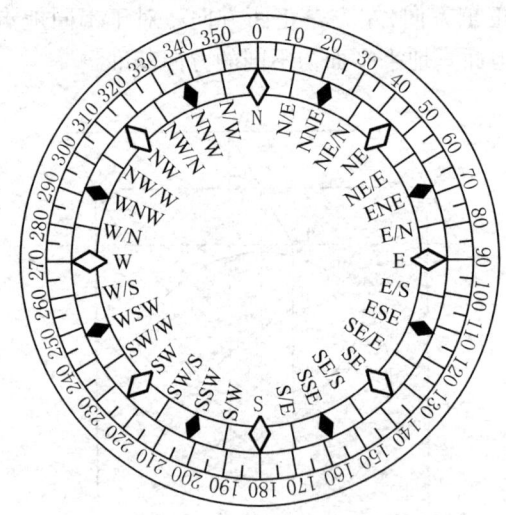

图 1-2-2 罗经点方向

4.三种方向的换算

(1)半圆法方向换算成圆周法方向的方法

在东北(NE)半圆,圆周度数等于半圆度数。

在东南(SE)半圆,圆周度数等于 180°减半圆度数。

在西南(SW)半圆,圆周度数等于 180°加半圆度数。

在西北(NW)半圆,圆周度数等于 360°减半圆度数。

例 1-2-1:将半圆法方向换算成圆周法方向。

解:

半圆法方向	圆周法方向
085°NE	085°
45°SE	180°−45° = 135°
75°SW	180°+75° = 255°
80°NW	360°−80° = 280°

(2)罗经点法方向换算成圆周法方向的方法

1 个罗经点 = 11°.25。

例 1-2-2:将方向点 SW/W 换算成圆周法方向。

解:

方向点 SW/W 在罗经点法中是第 21 个点,因此:

$$SW/W = 11°.25 \times 21 = 236°.25$$

或者在隅点 SW 的基础上加 1 个罗经点:

$$SW/W = SW + 11°.25 = 225° + 11°.25 = 236°.25$$

二、航向、方位和舷角

航海上经常遇到的两种方向是船舶航行方向(航向,course)和物标方向(方位,bearing)。

现将与此有关的几个定义解释如下,如图 1-2-3 所示。

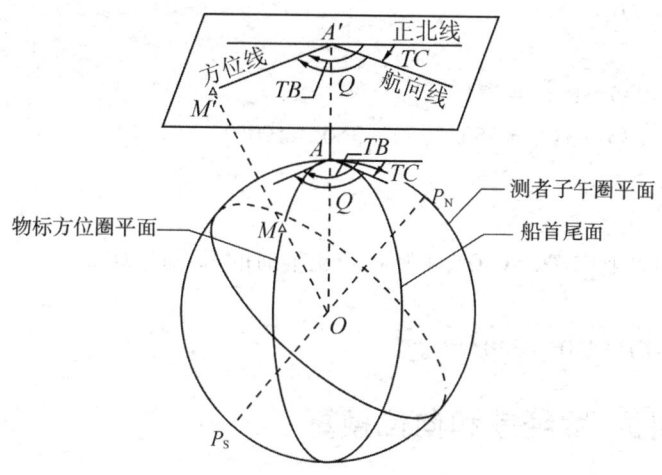

图 1-2-3 航向、方位和舷角

航向线(course line):当船舶无横倾时,通过船舶铅垂线的纵剖面是船首尾面,它与测者地面真地平平面相交的直线叫作船首尾线(fore and aft line)。船首尾线向船首方向的延长线叫作航向线,以 CL 表示。

真航向(true course):船舶航行时,在船上测者的地面真地平平面上,从真北方向(true north, N_T,即测者正北方向),顺时针计量到航向线的角度叫作船舶的真航向,以 TC 表示。它在地面上是测者子午圈平面和船首尾面的夹角。

船首向(heading):在任何情况下,船舶某一瞬间的船首方向,以 Hdg 表示。

方位线(bearing line):在地球表面上连接测者与物标的大圆 AM 叫作物标的方位圈,而物标方位圈平面与测者地面真地平平面相交的直线 $A'M'$ 叫作物标的方位线,以 BL 表示。

真方位(true bearing):在测者地面真地平平面上,从正北方向线顺时针计量到物标方位线的角度叫作物标的真方位,以 TB 表示。它在地面上是测者子午圈平面和物标方位圈平面的夹角。

舷角(relative bearing):在测者地面真地平平面上,航向线和物标方位线的夹角叫作物标舷角或相对方位,以 Q 表示。舷角以船首方向为 $0°$,顺时针方向(由 $0°\sim360°$)计量到物标方位线;或以船首方向为 $0°$,向右或向左(由 $0°\sim180°$)计量到物标方位线,分别叫作物标的右舷角 $Q_右$ 和左舷角 $Q_左$。在地面上,舷角是船首尾面和地面相交的大圆与物标方位圈之间的球面角。

$Q=090°$ 或 $Q_右=090°$ 叫作物标右正横;$Q=270°$ 或 $Q_左=090°$ 叫作物标左正横。

物标的真方位是以测者正北方向线为基准度量的,因此它与航向变化无关。也就是说,如果测者位置不变,虽然航向改变了,但是物标真方位是不变的,而物标舷角是以船首尾线为基准度量的,因此航向改变后,舷角也就随着改变。航向、方位与舷角之间的关系是:

$$TB = TC + Q$$

或

$$TB = TC + Q \begin{cases} Q_右 \text{ 为正}(+) \\ Q_左 \text{ 为负}(-) \end{cases}$$

例 1-2-3：某船真航向 $TC=235°$，测得两物标 A、B 的舷角分别为 $Q_A=036°$ 和 $Q_B=315°$，求物标的真方位 TB_A、TB_B。

解：

$$TB_A=TC+Q_A=235°+036°=271°$$

$$TB_B=TC+Q_B=235°+315°=550°（550°-360°=190°）$$

即

$$TB_B=190°$$

例 1-2-4：某船真航向 $TC=070°$，求物标左正横时的真方位 TB。

解：

$$TB=TC+Q=070°+270°=340°$$

三、罗经向位、罗经差和向位换算

1. 罗经向位

船舶上测定航向和方位的仪器是罗经（compass）。目前船上配备的罗经有磁罗经（magnetic compass）和陀螺罗经（gyrocompass）两大类。磁罗经是由指南针演变发展而来的，它是根据水平面内自由旋转的磁针，在受到地磁磁力的作用后，有稳定指示地磁磁北方向的特性而制成的。陀螺罗经是根据高速旋转的陀螺仪，在受到适当的阻尼作用后，能迫使其旋转轴保持在子午圈平面内的原理而制成的。罗经均有与指向部分同步转动的刻度盘，可以通过刻度盘读取船舶的航向和观测物标的方位。但是，由于指北原理、仪器构造及工作环境等原因，不论是磁罗经还是陀螺罗经，罗经刻度盘 $0°$ 所指的方向和真北（N_T）方向并不是一致的，因此在罗经刻度盘上读得的航向与方位也不是真航向与真方位。磁罗经刻度盘 $0°$ 所指的方向称为罗北（compass north，N_C），陀螺罗经刻度盘 $0°$ 所指的方向称为陀罗北（gyrocompass north，N_G），以罗北或陀罗北为基准测得的航向是罗航向（compass course，CC）或陀螺航向（gyrocompass course，GC），测得的方位是罗方位（compass bearing，CB）或陀罗方位（gyrocompass bearing，GB）。罗航向（CC）、陀螺航向（GC）、罗方位（CB）与陀罗方位（GB）统称为罗经向位。

2. 罗经差

罗经差分为陀螺罗经差（gyrocompass error，ΔG）与磁罗经差（compass error，ΔC）。

①陀螺罗经差（ΔG）简称陀罗差，是陀罗北（N_G）偏离真北（N_T）的角度。当陀罗北偏在真北的东面时为正（+）；当陀罗北偏在真北的西面时为负（-），如图 1-2-4 所示。

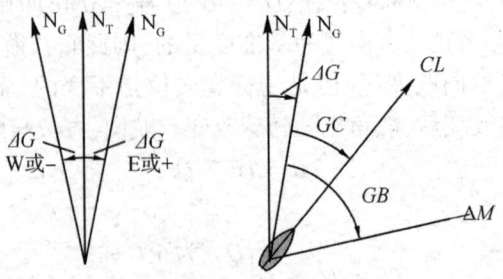

图 1-2-4　陀螺罗经差

陀罗差 ΔG 与航向无关,在陀螺罗经工作正常时,ΔG 是一个固定值,但在地理纬度变化与航速改变时,ΔG 会发生改变,当航向正在改变时,ΔG 会发生暂时的改变。这种变化本可以用仪器自身的特殊校正器来进行消除,但校正器不够完善、各个机械中存在摩擦力的影响等因素都会使陀罗差发生变化,特别是在陀螺罗经重新启动后或在进行了清洁和维修保养工作后,陀罗差往往会有新的改变。因此,当每次启动陀螺罗经并在它稳定后,必须仔细核对主罗经与各分罗经的读数,并应尽快测定陀罗差,以校验它是否有改变。

②磁罗经差(ΔC)可简称为罗经差,是罗北(N_C)偏离真北(N_T)的角度。罗北偏在真北的东面为正(+),罗北偏在真北的西面为负(−),如图 1-2-5 所示。罗经差 ΔC 是磁差(variation,Var)与自差(deviation,Dev)的代数和:

$$\Delta C = Var + Dev$$

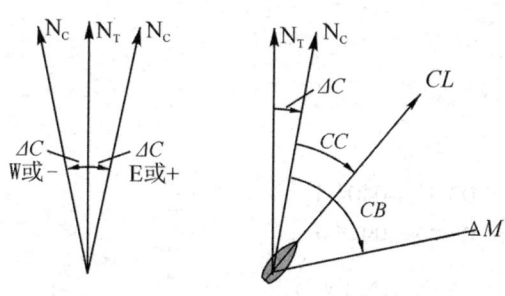

图 1-2-5　罗经差

3.向位换算

航海上用磁罗经或陀螺罗经测定的航向和方位分别是罗航向、罗方位或陀罗航向、陀罗方位。如果要将它们绘制到海图上,则必须先将其分别换算成以真北为基准的真航向和真方位;相反,如果在海图上设计好了以真北为基准的真航向和真方位,而要用磁罗经或陀螺罗经去执行,则又必须先将真航向和真方位分别换算成以罗北或陀罗北为基准的罗航向、罗方位或陀罗航向、陀罗方位。这种不同基准之间的航向和方位的换算叫作向位换算。换算时,必须修正两个基准方向线间的夹角,即罗经差(或陀罗差)。向位换算的公式如下:

$$TC = GC + \Delta G = CC + \Delta C = CC + Var + Dev$$
$$TB = GB + \Delta G = CB + \Delta C = CB + Var + Dev$$

由向位换算公式可知,罗经差(或陀罗差)等于真向位与罗经向位(或陀罗向位)之差。

例 1-2-5:已知罗航向 $CC = 043°$,罗方位 $CB = 095°$,罗经差 $\Delta C = 3°.0W$,求真航向和真方位。

解:

如图 1-2-6 所示:

$\Delta C = 3°.0W = -3°.0$

$TC = CC + \Delta C = 043° + (-3°.0) = 040°$

$TB = CB + \Delta C = 095° + (-3°.0) = 092°$

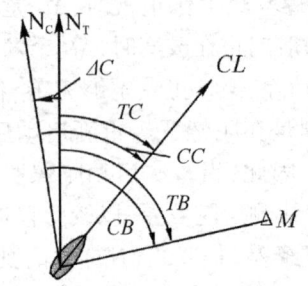

图 1-2-6　罗向位与真向位换算

例 1-2-6：已知真航向 $TC=040°$，真方位 $TB=094°$，陀螺差 $\Delta G=0°.4W$，求陀螺航向与陀螺方位。

解：

如图 1-2-7 所示：

$\Delta G=0°.4W=-0°.4$

$GC=TC-\Delta G=040°-(-0°.4)=040°.4$

$GB=TB-\Delta G=094°-(-0°.4)=094°.4$

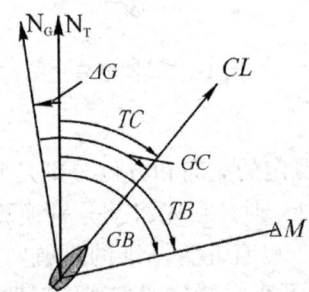

图 1-2-7　真向位与陀螺向位换算

需强调的是，在向位换算中，除了正确运用公式进行代数运算外，还应会作图求解，以帮助理解与记忆。

四、磁罗经的磁差与自差

船上磁罗经的罗经差 ΔC 是在地磁和船磁合力的作用下产生的。磁差、自差是与地磁、船磁变化规律密切相关的。

1.地磁与磁差

（1）磁差的产生

地球是一个磁体，地磁磁场是包绕在地球周围的天然磁场。地磁磁场有两个极，近地理北极的称为地磁北极，近地理南极的称为地磁南极。地磁磁极在地面上的位置是不固定的。据测量，1970 年地磁北极在 $76°12'N$，$101°00'W$；1971 年地磁南极在 $60°30'S$，$139°30'E$；1984 年地磁北极在 $77°17'N$，$102°18'W$；2001 年地磁北极在 $81°18'N$，$110°48'W$；2007 年地磁北极在 $83°57'N$，$120°43'W$。据推算，地磁磁极约 650 年绕地极一周。

将磁罗经放置在地球上某一点，当它仅受到地磁磁场作用时，磁针的 N—S 线将与该点的地磁磁力线的切线重合,其 N 极所指的方向即磁罗经刻度盘上 0°方向在地面真地平平面上的投影称为磁北(magnetic north,N_M)。因为地理北极与地磁北极不在同一地点,同时地磁磁场本身又很不规则,所以某一点的磁北线与真北线往往不重合。磁差(Var)是磁北(N_M)偏离真北(N_T)的角度。磁北偏在真北的东面为正(+),磁北偏在真北的西面为负(−)。磁差如图 1-2-8 所示。

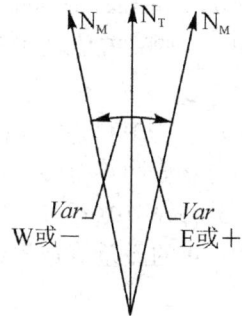

图 1-2-8 磁差

以磁北(N_M)为基准的航向称为磁航向(magnetic course,MC),以磁北(N_M)为基准的物标方位称为磁方位(magnetic bearing,MB),它们与真向位之间的关系如下:

$$MC = TC - Var$$

$$MB = TB - Var$$

(2)磁差的变化

根据地磁磁场的变化规律,磁差的变化有以下特点:

①磁差随地点变化。地磁磁场不规则使地面上的磁力线的分布与走向相当复杂,所以磁差的大小和方向因地而异。低纬度地区,磁差比较小,最小可为 0°;靠近磁极的地区,磁差变化显著,最大可达到 180°,因此,在极区航行的船舶无法使用磁罗经辨别方位。

②磁差随时间变化。地磁磁极的位置以椭圆轨迹绕地极做缓慢的运动,因此同一地点的磁差也随时间发生变化,一般每年有 0°~0°.2 的变化,这种变化叫作地磁的年变化(annual change)或年差。年差的表示方法有两种:

a.用磁差绝对值的增加(increasing)(+)或减少(decreasing)(−)来表明年差的变化。

b.用东(E)或西(W)来表明年差向东(E)或向西(W)变化,新版海图用此法的较多。

海图上给出的年差是该海图出版时该地区几年内磁差的年平均值,因此,使用陈旧海图上的磁差资料可能会产生较大的误差。

③地磁异常与磁暴。在沿海个别地区,可能由于地下埋藏着磁性矿物的影响,该地区的磁差与附近的磁差有着明显的差异称为地磁异常(abnormal magnetic variation)。我国山东威海附近的鸡鸣岛和台湾基隆北口的花瓶屿就有磁差异常区。在航用海图上和有关的航路指南中,都载有各地磁差异常区的资料。船舶航行到这些地区时,必须特别注意磁罗经的工作状况。如在资料中给出了磁差异常地区的磁差改正值,除按正常磁差计算外,还必须进行磁差异常值的改正。

磁差的偶然和罕见的波动称为磁暴。研究发现,磁暴主要与太阳黑子的爆发有关。磁暴虽然时间短暂,但是一昼夜可使磁差变化几度至几十度。在使用磁罗经时,若发现磁向位突然有较大变动,则必须格外谨慎。

（3）磁差的查取方法

驾驶员在使用磁罗经时，必须经常利用航用海图或磁差图中的磁差资料求取航行地区当时的磁差。在航用海图上给出磁差资料的方法有以下三种：

①在某些航行图和港泊图的向位圈（罗经花，compass rose）上给出该向位圈所在地点的磁差值、测量年份与年差数据，如：

$$Var3°30'W（2011） increasing about 2' annually$$

它表示在该向位圈中心附近，2011 年的磁差值是 3°30'W，磁差绝对值每年约增加 2'，因此，该点 2022 年的磁差值应该是：

$$Var = 3°30'W + （2022 - 2011）× 2' = 3°52'W ≈ 3°.9W$$

在新版海图上常用东（E）或西（W）来表明年差的变化，如：

$$3°05'W2016（6'E）$$

它表示在该向位圈中心附近，2016 年的磁差值是 3°05'W，磁差的变化是每年向东 6'，因此，该点 2022 年的磁差值应该是：

$$Var = 3°05'W - （2022 - 2016）× 6' = 2°29'W ≈ 2°.5W$$

如果船位在海图上位于两个向位圈之间，则应该先分别求出两个向位圈位置的磁差值，再进行目视内插，即按船位到两向位圈的距离与磁差的差值进行比例内插概算，以求得船舶航行地点的较正确的磁差值。

②在远洋航行图和总图上，海图比例尺较小，范围很大，磁差在图区内的变化较大，因此只能用等磁差曲线的形式给出磁差资料。每条等磁差曲线上都注有该曲线所在地区的磁差与年差数据。所给磁差的年份在海图标题栏内加以说明。

求取航行地区的磁差，应先求出航行地区两侧的两条等磁差曲线上的当年磁差，再进行目视内插。

在大洋航行中，用远洋航行图或空白定位图进行海图作业时，如果小比例尺参考海图上的磁差资料缺乏或已陈旧，则应该查阅近期出版的地磁图，用上述同样方法来求取航行地点的当年磁差值。

③大比例尺港泊图所示地区范围较小，整个图区范围内的磁差可以认为是相等的，因此其磁差资料仅在海图标题栏内给出。

需要指出的是，查取磁差除了以上所讲的三种方法外，还可以利用现代电子定位设备（例如 GPS 接收机），根据实时船位直接读取当地、当时的磁差数据。

2.船磁与自差

安装在钢铁制成的船上的磁罗经，除了受地磁的作用外，还受到船上钢铁在地磁磁场中磁化后形成的磁场——船磁以及磁罗经附近的电气设备形成的电磁场的影响，导致磁罗经的磁针从磁北（N_M）偏开，指向上述各种磁场的合力方向上，这时磁罗经刻度盘上所指示的北是罗北（N_C）。罗北偏开磁北的角度，是船舶自身的磁场引起的，所以称为磁罗经自差（deviation），用缩写 Dev 或符号 δ 表示。自差（Dev 或 δ）是罗北偏开磁北的角度，当罗北偏在磁北之东时，是东自差，用 E 或"+"标示；当罗北偏在磁北之西时，是西自差，用 W 或"-"标示。

自差的符号和大小与船舶钢铁磁化的性质和程度有关，而船磁又与船首向和地磁磁力线方向的夹角有关，即船磁的大小和方向是随着航向的改变而改变的，因此磁罗经自差是随着航向的改变而变化的。除此之外，自差还可能由于船舶装载钢铁和磁性矿物、磁罗经附近铁器与电器位置的变动、船舶倾斜和船舶所在磁纬变化很大而有所改变。

磁罗经自差很大时,使用很不方便,例如,在船舶转向时,转向角可能与罗经读数的变化相差较大,容易令使用者产生错觉,因此,必须对磁罗经进行自差消除。但消除自差不可能把各个航向上的自差都消除干净,还会剩下 0°~±3° 的自差(叫作剩余自差)。在消除自差后,应将 8 个主要罗经点方向上的剩余自差值测定出来,然后用曲线法或公式计算法制成磁罗经自差曲线(如图 1-2-9 所示)或磁罗经自差表(如表 1-2-1 所示),供船舶在航行中进行向位换算用。

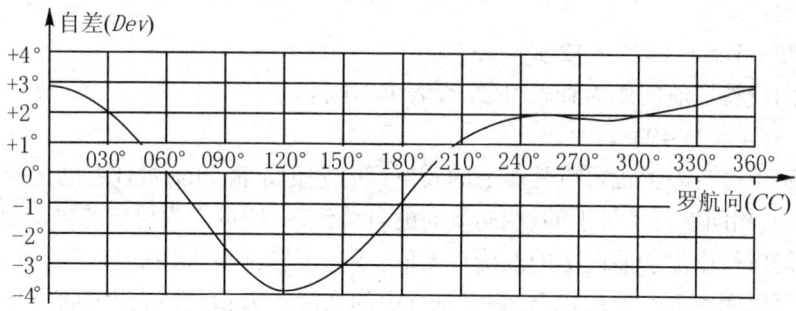

图 1-2-9 磁罗经自差曲线

磁罗经自差曲线和磁罗经自差表都是以罗航向为引数来查取的,因此,仅知道真航向,而不知道罗航向时,应该用罗航向的近似值磁航向代替罗航向作为引数查取自差。在剩余自差不太大的情况下,用磁航向代替罗航向作为引数查取自差,求得的自差的误差不大,可以满足航海上的精度要求。但是,不能直接用真航向代替罗航向来查取自差;否则,所求得的自差会有较大的误差,特别是在磁差值较大时。

表 1-2-1 某船标准磁罗经自差表

自差	罗航向		自差
+2°.9	360°	000°	+2°.9
+2°.7	345°	015°	+2°.5
+2°.4	330°	030°	+2°.1
+2°.1	315°	045°	+1°.3
+1°.0	300°	060°	0°.2
+1°.9	285°	075°	−1°.1
+1°.8	270°	090°	−2°.4
+2°.0	255°	105°	−3°.4
+1°.9	240°	120°	−3°.6
+1°.7	225°	135°	−3°.4
+1°.3	210°	150°	−3°.0
+1°.3	195°	165°	−2°.4
−0°.9	180°	180°	−0°.9

下面通过例题,说明用磁罗经自差表查取自差的方法。

例 1-2-7:$CC = 053°$,利用表 1-2-1 求磁罗经自差。

解:

$$Dev = +1°.3 + \frac{(+0°.2)-(+1°.3)}{15} \times 8 \approx +1°.3 - 0°.6 = 0°.7E$$

注:所求磁差和自差值的精度要求达到 0°.1。

例 1-2-8:$TC = 147°$,$Var = 12°E$,利用表 1-2-1 求磁罗经自差。

解:

求磁航向:

$MC = TC - Var = 147° - 12°E = 135°$

用磁航向代替罗航向作为查表引数,查表 1-2-1 得:

$Dev = -3°.4 = 3°.4W$

特定的磁罗经自差值也可以从船上的磁罗经自差记录簿和航海日志的记录中获得。只要找到近期的、相同航行条件下的、相同航向的自差记录,即可作为要求的自差值。

为了获得航行中船舶航向上的准确自差值,或为了验证所采用的自差的可靠性,必须经常利用一切可以测定罗经差的机会,测定航行中的实际自差值,并将测定的结果记入航海日志和磁罗经自差记录簿,以便今后在相同的航行条件下参考使用。当发现从自差曲线或自差表中获得的自差值与所测得的实际自差值有较大出入时或在每次修船之后船磁发生较大变化时,都必须重新进行自差校正,重新测定并编制新的磁罗经自差表或自差曲线。

根据以上所述,磁罗经的罗经差(ΔC)、磁差(Var)与自差(Dev 或 δ)之间的关系如图 1-2-10 所示,罗经差是磁差与自差的代数和。

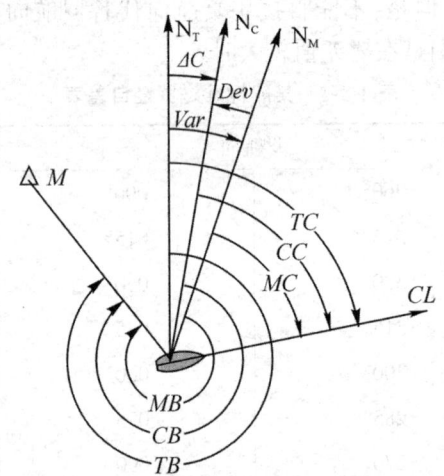

图 1-2-10　磁差、自差、罗经差之间的关系

例 1-2-9:A 船某航向上的磁罗经自差 $Dev = 2°W$,而当地的磁差 $Var = 15°E$,求该航向上的罗经差。

解:

$\Delta C = Var + Dev = 15°E + 2°W = 15° + (-2°) = 13°$ 或 $13°E$

对磁罗经来说,如图 1-2-10 所示,其向位换算还可以写成:

$$TC = CC + \Delta C = (CC + Dev) + Var = MC + Var$$

$$TB = CV + \Delta C = (CB + Dev) + Var = MB + Var$$

$$MC = CC + Dev = TC - Var$$

$$MB = CB + Dev = TB - Var$$

磁罗经具有构造简单、不依赖电源、不易损坏、价格低廉等优点,它至今仍然是船舶必备的指向仪器。有了先进的陀螺罗经,就可以不要磁罗经或忽视磁罗经的作用的想法是十分有害的。在实际工作中,可以利用磁罗经对陀螺罗经是否正常工作进行核查,当陀螺罗经因故不能正常工作时,可以利用磁罗经进行指向。因此,磁罗经是《国际海上人命安全公约》(SOLAS 公约)中规定的必备航海仪器。

磁罗经罗向位的精度,在很大程度上取决于磁罗经自差的测定精度。因此,船上除了应定期地对磁罗经进行校正并绘制新的磁罗经自差表或自差曲线外,还应该在航行中利用每一个测定罗经差的机会来测定自差,用以检查磁罗经自差的变化和校验磁罗经剩余自差表的准确性。

第三节 能见地平距离和物标能见距离

一、航海上的距离单位

航海上度量距离的长度单位最常用的是海里(nautical mile,n mile),它等于地球椭圆子午线上纬度 1′所对应的弧长,其长度可由下面的推导得出。

从图 1-1-3 可知,椭圆子午线上任意一点的直角坐标值可以按下面的方法求得:

因为

$$\tan\varphi = \frac{a^2}{b^2} \cdot \frac{y}{x}$$

所以

$$y = \frac{b^2}{a^2} \cdot x\tan\varphi$$

代入椭圆子午圈方程式,则可得:

$$\frac{x^2}{a^2} + \frac{1}{b^2}\left(\frac{b^2}{a^2}x\tan\varphi\right)^2 = 1$$

所以

$$x^2\left(1 + \frac{b^2}{a^2} \cdot \tan^2\varphi\right) = a^2$$

因为

$$\frac{b^2}{a^2} = 1 - e^2$$

所以

$$x^2\left[1+(1-e^2)\frac{\sin^2\varphi}{\cos^2\varphi}\right]=a^2$$

$$x^2\left[\cos^2\varphi+(1-e^2)\sin^2\varphi\right]=a^2\cos^2\varphi$$

$$x^2(1-e^2\sin^2\varphi)=a^2\cos^2\varphi$$

$$x^2=\frac{a^2\cos^2\varphi}{1-e^2\sin^2\varphi}$$

所以

$$x=r=\frac{a\cos\varphi}{\sqrt{1-e^2\sin^2\varphi}}$$

式中:r——纬度圈半径。

若令

$$w=\sqrt{1-e^2\sin^2\varphi}$$

$$x=\frac{a\cos\varphi}{w}$$

则

$$y=(1-e^2)\frac{a\cos\varphi}{w}\tan\varphi=\frac{a(1-e^2)\sin\varphi}{w}$$

为了求地球椭圆子午线上任意一点的弧长微小变量 ds,则由图 1-3-1 可得:

$$ds=Md\varphi=\frac{-dx}{\sin\varphi}$$

式中:M——椭圆子午线上任意一点的曲率半径。

因此

$$M=-\frac{1}{\sin\varphi}\cdot\frac{dx}{d\varphi}$$

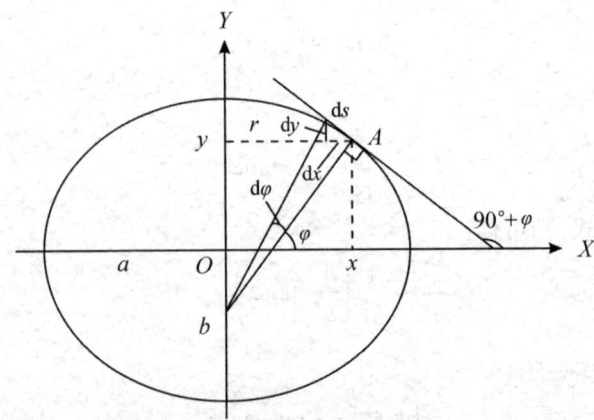

图 1-3-1　地球椭圆子午线曲率半径

而

$$\frac{\mathrm{d}x}{\mathrm{d}\varphi} = \left(-aw\sin\varphi + \frac{1}{w} \cdot ae^2\sin\varphi\cos^2\varphi \right) \cdot \frac{1}{w^2}$$

$$= -\frac{a\sin\varphi}{w^3}(w^2 - e^2\cos^2\varphi)$$

$$= -\frac{a(1 - e^2)\sin\varphi}{w^3}$$

所以

$$M = \frac{a(1 - e^2)}{w^3}$$

所以,地球椭圆子午线上纬度 $1'$ 所对应的弧长(即 1 n mile)为:

$$1 \text{ n mile} = M \cdot \text{arc}1'$$

$$= a(1 - e^2) \cdot (1 - e^2\sin^2\varphi)^{-\frac{3}{2}} \cdot \text{arc}1'$$

$$\approx a\left[1 - e^2 + \frac{3}{4}e^2(1 - \cos2\varphi) \right] \cdot \text{arc}1'$$

$$= a\left(1 - \frac{1}{4}e^2 - \frac{3}{4}e^2\cos2\varphi \right) \cdot \text{arc}1'$$

将地球椭圆体参数代入上式,则

$$1 \text{ n mile} = 1852.22 - 9.315\cos2\varphi \text{ m}$$

由公式知,椭圆子午线上 $1'$ 纬度弧长(即 1 n mile)不是固定的,它随着纬度的不同而略有差异:纬度 $\varphi = 0°$ 时最短,为 1842.905 m;$\varphi = 45°$ 时,为 1852.22 m;$\varphi = 90°$ 时最长,为 1861.535 m;$\varphi = 44°19'$ 时才约等于 1852 m。

1 n mile 的长度还因各个国家所采用的地球椭圆体参数不同而略有差异,但影响较小。

为了航海实际应用的需要,必须用一个固定值作为 1 n mile 的统一长度。目前,我国和世界上大多数国家采用 1929 年国际水文地理学会会议推荐的 1 n mile = 1852 m 作为统一的海里标准长度。航海上用于测量航速与航程的仪器用此标准长度标定。

将 1852 m 作为 1 n mile 的固定值后,在航海实践中产生的误差并不大,可以忽略不计。例如,某船沿着赤道向正东航行,航速为 25 n mile/h,航行 1 天后船舶航行距离为 25×24 = 600 n mile。但这是按 1 n mile = 1852 m 计算的,如果根据赤道上 1 n mile = 1842.905 m 的实际长度计算,则船舶 1 天航行的距离应该是:

$$\frac{1852 \times 600}{1842.905} \approx 603 \text{ n mile} \quad (\varphi = 0°)$$

由此可以看出,在这种情况下将 1 n mile 长度固定为 1852 m 后,所产生的误差只有航行距离的 0.5%;若在中纬度地区航行,所产生的误差将更小。

海里的定义为海图作业时把纬度图尺作为距离标尺打下了基础。航海上,海里习惯上可用 "′" 表示,例如,1 n mile 可记为 $1'$。

在航海工作中,还可能会用到以下一些长度单位:

链(cable,cab)——1 链等于 0.1 n mile,约为 185 m。

米(metre,m)——国际通用长度单位,航海上常用它作为高程和水深的单位。

在英版航海图书资料中,目前仍可能会遇到以下英制单位:

英尺(foot,ft)——1 ft=0.3048 m。

码(yard,yd)——1 yd=3 ft 或 0.9144 m。

拓(fathom,fm)——1 fm=6 ft 或 1.8288 m。

二、测者能见地平距离

如图 1-3-2 所示,在海上,眼高为 e 的测者,向周围大海远望,所能看到的最远处,水天似相交成一圆圈 BB',这个圆圈所在的地平平面或测者至 BB' 这一小块球面叫作测者能见地平平面或视地平平面(visible horizon),而圆圈 BB' 就是测者能见地平或视地平(俗称水天线)。

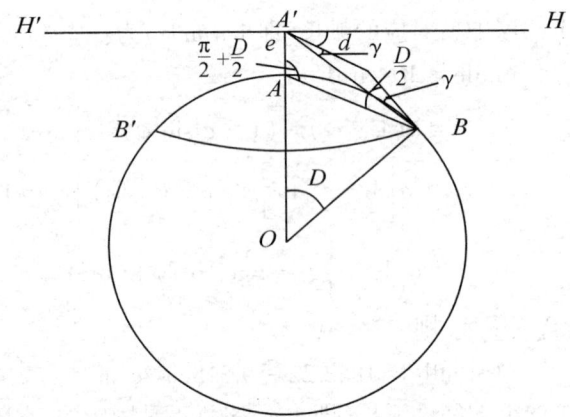

图 1-3-2　测者能见地平距离

在研究测者能见地平距离与物标能见距离时,通常把地球看成圆球体。

测者能见地平距离(distance to the horizon from height of eye)$D_e = \overset{\frown}{AB}$,它可以通过下面的推导求得。

从图 1-3-2 中的 $\triangle ABA'$ 可得:

$$\frac{A'B}{\sin\left(\frac{\pi}{2}+\frac{D}{2}\right)} = \frac{e}{\sin\left(\frac{D}{2}-\gamma\right)}$$

式中:$A'B$——可以认为是测者能见地平距离 $\overset{\frown}{AB}$,$A'B = D_e$;

e——测者眼高;

D——测者能见地平距离 D_e 所对之球心角,因此 $D_e = \overset{\frown}{AB} = RD$;

γ——地面蒙气差系数,在地面大气正常的情况下,$\gamma = \frac{D}{13} = \frac{D_e}{13R}$;

R——地球半径,根据 $1' = 1852$ m 的规定,可推算出:

$$R = \frac{360 \times 60'}{2\pi} = 3437'.7468 = 6366707 \text{ m}$$

因此可得：

$$D_e = A'B = \frac{e\cos\dfrac{D}{2}}{\sin\left(\dfrac{D}{2} - \gamma\right)}$$

$\dfrac{D}{2}$ 和 $\dfrac{D}{2} - \gamma$ 都是小角度，所以可以认为 $\cos\dfrac{D}{2} \approx 1$，$\sin\left(\dfrac{D}{2} - \gamma\right) \approx \dfrac{D}{2} - \gamma$。

因此

$$D_e = \frac{e}{\dfrac{D}{2} - \gamma} = \frac{e}{\dfrac{D_e}{2R} - \dfrac{D_e}{13R}} = \frac{26R \cdot e}{11D_e}$$

所以

$$D_e(\text{n mile}) = \sqrt{\frac{26 \times 3437.7468}{11 \times 1852}}\sqrt{e(\text{m})} = 2.09\sqrt{e(\text{m})}$$

而海地平俯角 d 也可以从图 1-3-2 中求得：

$$d = \frac{\pi}{2} - \gamma - \angle OA'B$$

$$= \frac{\pi}{2} - \gamma - \left[\pi - \left(\frac{\pi}{2} + \frac{D}{2}\right) - \left(\frac{D}{2} - \gamma\right)\right]$$

$$= \frac{\pi}{2} - \gamma - \frac{\pi}{2} + D - \gamma$$

$$= D - 2\gamma$$

$$= \frac{D_e}{R} - \frac{2D_e}{13R}$$

$$= \frac{11D_e}{13R}$$

若海地平俯角 d 以分为单位，则

$$d' = \frac{11D_e}{13 \times 3437.7468} \times \frac{1}{\text{arc}1'} = \frac{11}{13}D_e = 1.77\sqrt{e(\text{m})}$$

在我国《航海表》中，根据上述测者能见地平距离公式编制的表Ⅲ-8 视距表和根据海地平俯角公式编制的表Ⅱ-16 海地平俯角表，它们以测者眼高 $e(\text{m})$ 为引数，可直接查出测者能见地平距离 $D_e(\text{n mile})$ 和海地平俯角 d'。

三、物标能见距离

假如将眼睛放在物标的顶端，则此时眼睛所看到的能见地平距离叫作物标能见地平距离(distance to the horizon from object, D_h)，它等于当测者眼高为零时，在能见度良好的情况下，理论上能够看到物标的最大距离。因此，物标能见地平距离 D_h 可以按下式求得：

$$D_h(\text{n mile}) = 2.09\sqrt{H(\text{m})}$$

式中：H——物标高度(m)。

物标能见地平距离 D_h 可以用物标高度代替测者眼高为引数,从《航海表》Ⅲ-8视距表中查得。

实际上,测者总是有一定的眼高的,因此,测者理论上能够看到物标的最大距离要比物标能见地平距离大。当能见度良好时,仅受地面曲率和地面蒙气差的影响,测者理论上能够看到物标的最大距离叫作物标地理能见距离(geographical range of an object, D_o)。由图1-3-3可知,物标地理能见距离 D_o 为:

$$D_o = D_h + D_e = 2.09\sqrt{H} + 2.09\sqrt{e}$$

式中: D_o——物标地理能见距离(n mile);

$\quad\quad H$——物标高度(m);

$\quad\quad e$——测者眼高(m)。

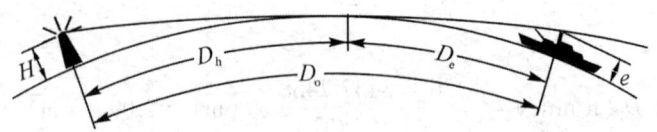

图1-3-3 物标地理能见距离

当物标与测者之间的距离大于 D_o 时,测者根本不可能用肉眼看到物标,只有当两者之间的距离等于或小于 D_o 时,物标反射的光线才不会被地面弧度即地表面阻挡,测者才有可能看到物标,是否能看到,还与当时的能见度(即大气的透明度)和眼睛能发现物标的分辨力等有关。因此,在白天发现物标的最远距离往往要小于物标地理能见距离。

四、灯标射程与可见距离

为了引导船舶航行,在航道附近的岛屿、海岸上设有灯标,灯标灯光的射程,简称灯标射程(light range)。

中版海图和《航标表》中关于灯标射程的定义是:晴天黑夜,当测者眼高为5 m时,能够看到灯标灯光的最大距离。在这样的定义下,就有一个强光灯标与弱光灯标的区分问题。

晴天黑夜灯光所能照射的最大距离叫作光力能见距离,它取决于灯光强度。若光力能见距离大于或等于测者眼高5 m时的灯标地理能见距离,则该灯标为强光灯标,灯标射程等于测者眼高5 m时的灯标地理能见距离;若光力能见距离小于测者眼高5 m时的灯标地理能见距离,则该灯标为弱光灯标,灯标射程等于该灯标的光力能见距离。必须指出的是,把灯光的强弱与灯高、眼高联系起来是欠合理的。

英版海图和《灯标与雾号表》中灯标射程分光力射程(luminous range)和额定光力射程(nominal range)两种。光力射程是指在某一气象能见度的条件下灯光光力的最大能见距离。额定光力射程是指在气象能见度为10 n mile的条件下灯光光力的最大能见距离。这两种射程都仅与灯光强度和气象能见度有关,而与眼高、灯高、地面曲率及地面蒙气差等无关。世界上大多数国家采用额定光力射程作为灯标射程。采用额定光力射程的国家和地区在英版《灯标与雾号表》的"特殊说明"(special remarks)中注明。采用光力射程作为灯标射程的标注往往并不统一,有时附注灯光强度,所注的射程并不标明相应的气象能见度,可以理解为某盛行气象能见度下的光力最大能见距离。

不同能见度下灯标灯光的可见距离可以用额定光力射程或灯光强度作为引数,在《灯标表》中的光力射程图（luminous range diagram）上查得。具体使用方法将在第三篇第九章中做详细介绍。

英版资料中灯标的灯光最大可见距离是这样确定的：当射程大于或等于该灯标的地理能见距离 D_o 时，灯光最大可见距离等于 D_o；当射程小于 D_o 时，灯光最大可见距离等于射程。

实际上，测者能够看到灯标灯光的最大距离还与很多因素有关，如灯光强度、气象能见度、地面蒙气差、灯高、眼高、肉眼能够发现最弱灯光的能力以及灯标和测者附近背景的亮度等，因此，灯标灯光最大可见距离只能作为灯标何时有可能被看到的参考数据。

灯塔是一种重要的灯标，其灯光强度较大。夜间，测者观测灯塔，如果灯塔的灯光强度能够照射的距离大于灯塔的地理能见距离 D_o，则测者在离灯塔的距离稍大于 D_o，即灯塔灯芯还没有露出水天线时，就已经能够见到它的光辉。灯塔灯芯初露测者水天线的那一瞬间称为灯光初显；相反，当船舶驶离灯塔时，灯塔灯芯初没于水天线的那一瞬间称为灯光初隐。初显、初隐时的距离就是灯塔的地理能见距离 D_o。

对于中版航海资料来说，强光灯塔可能有初显、初隐，弱光灯塔一般不会有初显、初隐。

对于英版航海资料来说，灯塔灯光的最大可见距离大于等于灯塔的地理能见距离 D_o 时，才可能有初显、初隐。

航行中，可以用初显与初隐来概略估计船舶到灯塔的距离，尤其是当船舶从大洋驶向海岸时，灯塔的初显有助于判断船位的正确性。

第四节　航速与航程

航程是船舶航行经过的距离。船舶的航行速度是单位时间内的航程。

航海上，船速（ship speed）一般是指船舶在无风流情况下的航行速度。新建造或坞修后的船舶都需在船速校验线上进行船速的实际测定，这样测出的船速是船舶在无风流情况下的航行速度。但是，这种船速在航行中只能作为参考，航行中船舶是用相对计程仪测定航速的，它所指示的速度是已包含了风影响的航行速度，因此，航速也可认为是船舶相对于水的速度。船舶在风流影响下相对海底的航行速度，叫作实际航速（speed over ground），航速的单位为节（knot，kn），即 1 kn＝1 n mile/h。航迹推算中预配风流压差或考虑风流影响后的航行速度叫作推算航速（speed made good）或计划航速（speed of advance）。

航海上一般采用海里作为航程的单位。在有水流影响的海域航行时，航程有对水航程与对地航程（对海底的航程）之分。例如某船船速为 15 kn，流速为 3 kn，当船舶顺流航行时，船舶对海底的航速（对地航速）应该是 18 kn；而在顶流航行时，船舶对海底的航速应该是 12 kn。但是，不论是顺流航行还是顶流航行，船舶对水航速都是 15 kn。因此，船舶对海底的航程应该是对水航程与流程的向量和，即

$$\overrightarrow{实际航程} = \overrightarrow{对水航程} + \overrightarrow{流程}$$

用速度来表示，则为：

$$\overrightarrow{实际航速} = \overrightarrow{对水航速} + \overrightarrow{流速}$$

下面介绍一下航海上测定航速和航程的方法。

一、用主机转速测定船速

船舶是由主机带动螺旋桨转动,利用螺旋桨推水的反作用力使船前进的,因此主机每分钟转数与船速有直接的关系。理论上,螺旋桨在固体中每旋转一周所推进的距离叫作螺距,螺距的单位为 m/r。但船舶螺旋桨是在液体——水中工作的,再加上船舶运动时受到很大的阻力,实际被推进的距离小于螺距。螺旋桨的螺距与实际推进的距离之差叫作螺旋桨的滑失(slip)。螺旋桨的滑失与螺旋桨螺距的百分比称为滑失比。在实际中,滑失比通常用下式计算:

$$滑失比 = \frac{主机理论航程 - 船舶对水航程}{主机理论航程} \times 100\%$$

所以

$$船舶对水航程 = 主机理论航程 \times (1 - 滑失比)$$
$$= 螺距(m/r) \times 推进器转速(r/min) \times 60(min) \times$$
$$航行时间(h) \times (1 - 滑失比) \div 1852(n\ mile)$$

滑失是一个变量,它与船舶的航行条件有关,例如风浪对船舶的影响、吃水和吃水差的不同以及船壳附生物的多少等,都会使滑失发生变化。故船速与主机每分钟转数(r/min,RPM)之间的关系,一般只能通过船舶在船速校验线上航行进行实际测定来求得。

船速校验线一般设立在一些重要港口附近的测速场上,有专供船舶试航时测定船速和计程仪改正率用的横向叠标组(一般由三对横向叠标或加一对导航叠标构成),如图 1-4-1 所示。良好的船速校验线应具备以下条件:

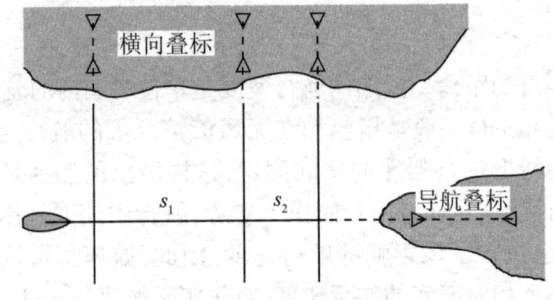

图 1-4-1　测速场

①船速校验线的长度应适当,过短或过长都会影响测定的精度。一般用于 18 kn 以下船舶的,长度应为 1~2 n mile;而用于 18 kn 以上船舶的,长度应为 2~3 n mile。

②船速校验线上的水深应满足:

$$h \geqslant 1.5 \frac{v^2}{g} + d$$

式中:h——水深(m);

　　　v——船速(m/s);

　　　g——重力加速度(m/s^2);

　　　d——船舶吃水(m)。

如不满足则会产生浅水航行的附加阻力,影响船速测定的精度。当船速为 18 kn、船舶吃

水为$d(\mathrm{m})$时,船速校验线上的水深应满足:

$$h \geqslant 1.5 \frac{v^2}{g} + d = 1.5 \times \frac{(18 \times 1852)^2}{3600^2 \times 9.8} + d = 13.1 + d(\mathrm{m})$$

$$h \geqslant 13.1 + d(\mathrm{m})$$

即船速为 18 kn 时,船速校验线上的富余水深应大于等于 13.1 m。

③在船速校验线的两端,应该有足够的旋回余地,以便船舶在到达第一对横向叠标之前的一定距离上,就能够尽早地驶上船速校验线。

④船速校验线应该设立在能避风浪和没有水流影响的地方。如果有水流存在,应使船速校验线尽可能地与流向平行。

⑤船速校验线附近应该完全没有航海危险。船速校验线上的所有标志都应该是容易识别的。

在船速校验线上测定船速时,可按下面公式计的算船速:

$$v_{\mathrm{E}} = \frac{3600 \times s}{t}$$

式中:v_{E}——船速(kn);

    s——船速校验线上的某一段距离(n mile);

    t——在船速校验线上航行距离 s 所需的时间(s)。

这是在船速校验线上没有水流影响时的计算方法。如果有水流影响,则必须在短时间内往返重复测定多次,然后按下面的公式计算求得船速。

①在恒流影响下,只要往返重复测定两次,分别求出每次测定的船速 v_1 和 v_2,然后按求算术平均值的计算方法得到船速,即

$$v_{\mathrm{E}} = \frac{1}{2}(v_1 + v_2)$$

②在等加速度水流影响下,必须在短时间内往返重复测定船速二次,分别计算出每次测定的船速 v_1、v_2 和 v_3,然后按下面的公式计算求得船速,即

$$v_{\mathrm{E}} = \frac{1}{4}(v_1 + 2v_2 + v_3)$$

③在变加速度水流影响下,应该在短时间内在船速校验线上往返重复测定船速四次,然后分别计算出每次测定的船速 v_1、v_2、v_3 和 v_4,最后按下面的公式计算求得船速,即

$$v_{\mathrm{E}} = \frac{1}{8}(v_1 + 3v_2 + 3v_3 + v_4)$$

在船速校验线上往返重复测定三次来测定船速的标准差为:

$$\sigma_v = \pm 0.612 \frac{v_{\mathrm{E}}}{t} \sigma_t$$

式中:v_{E}——船速(kn);

    t——在船速校验线上测速标之间航行的时间间隔(s);

    σ_t——测定时间 t 的标准差。

如果用秒表来测量时间 t,其标准差 σ_t 一般不会大于 1 s。因此,船速为 15 kn 的船,在 1 n mile 的船速校验线上往返重复三次,测得的船速的标准差 σ_v 为 ±71 m 或 0.04 n mile,这样的精度完全能够满足目前航海上的要求。

船舶在试航时,进行了上述船速的测定后,应该列出该船的主机转速与船速对照表,如表 1-4-1 所示。该表应该放在海图室和驾驶台,供驾驶员和引航员根据航程和航行时间来确定主机转速以及用它来估计船舶航行时的速度。

表 1-4-1　某船主机转速与船速

全速		半速		慢速	
船速（kn）	转速（r/min）	船速（kn）	转速（r/min）	船速（kn）	转速（r/min）
17	115	13	87	9	59
16	108	12	80	8	52
15	102	11	73	7	45
14	95	10	65	6	37

因为船舶吃水的不同,主机转速与船速的关系也不一样,所以在测定船速时,应分别在满载和压载情况下测定。

由于存在滑失这一变数,上述主机转速与船速对照表只能说明船舶在测定船速时的情况。在条件不同的情况下,该表只能作为航行中的参考,船舶航行中的航速和航程必须利用计程仪进行测定。

二、用计程仪测定航程

船用计程仪(log)的种类很多,它是船舶测定航速和航程的主要仪器。目前,根据计程仪能够提供航速和航程的性质,可以将它分为相对计程仪(relative log)和绝对计程仪(absolute log)两大类。相对计程仪只能显示船舶相对于水的航速和航程,它只记录风影响后的航速和航程,不能显示水流影响后的航速和航程,因此,人们称它是"计风不计流"的计程仪。绝对计程仪可以测量船舶相对于海底的(即船舶受风流影响后的)实际航速和实际航程。

计程仪的主要类型有:回转式计程仪、水压式计程仪、电磁式计程仪、多普勒计程仪与声相关计程仪,后三种计程仪目前在船上应用较多。电磁式计程仪是相对计程仪。商船使用的多普勒计程仪与声相关计程仪从船底向海底发射的超声波的有效作用距离为几米至十几米,只有当此超声波能作用到海底即水深不太深时,多普勒计程仪与声相关计程仪才可作为绝对计程仪。因此,一般情况下,多普勒计程仪与声相关计程仪也是相对计程仪。

目前使用的相对计程仪基本上提供的是船舶在真航向上的航速和航程,有时提供的并不是受风影响后的航速和航程,但是在横风分量不太大时,两者的差别是很小的。同时,考虑到实际使用中的要求,仍然可以认为相对计程仪是"计风不计流"的计程仪。

相对计程仪能准确地显示船舶相对于水的航速和航程,但是它与其他仪器一样,都会存在误差,因而从计程仪上读到的仅仅是计程仪航程读数和航速读数,还必须对它进行误差改正,才能得到准确的相对于水的航程和航速。在航海上,计程仪误差是直接采用计程仪改正率(percentage of log correction)ΔL 来表示的,即

$$\Delta L = \frac{s_\text{L} - (L_2 - L_1)}{L_2 - L_1} \times 100\%$$

式中:ΔL——计程仪改正率,用百分率表示;

s_L——准确的船舶相对于水的航程,又称为计程仪航程(distance by log),在没有水流影响的地区,它就是船舶相对于海底的实际航程 s;

L_1、L_2——计程仪航程 s_L 的始末的两次计程仪读数(log reading)。

计程仪改正率 ΔL 为正(+),表示计程仪慢了或航程少计了;ΔL 为负(-),表示计程仪快了或航程多计了。因此,船舶准确的计程仪航程,即船舶相对水的准确航程,必须对计程仪读数差进行计程仪误差改正后才能得到,即

$$s_L = (L_2 - L_1)(1 + \Delta L)$$

我国《航海表》Ⅲ-6"计程仪改正率表"就是根据上式列出的,供驾驶员根据某段时间内的计程仪读数差($L_2 - L_1$)求计程仪航程用。要预计某一时刻或船舶到达某一地点的计程仪读数时,应按下面的公式计算:

$$L_2 = L_1 + \frac{s_L}{1 + \Delta L}$$

式中:s_L——准确的计程仪航程,即船舶相对于水的航程,而不是船舶相对于海底的实际航程,因此,它一般等于航速乘以航行时间。

计程仪改正率 ΔL 的测定,也应该在船速校验线上进行,并按计程仪改正率 ΔL 的公式计算求出。同样,为了消除水流对测定的影响,也要在短时间内在船速校验线上往返重复测定多次,并按下列公式计算求得计程仪改正率 ΔL:

①在恒流影响下:

$$\Delta L = \frac{\Delta L_1 + \Delta L_2}{2}$$

②在等加速度水流影响下:

$$\Delta L = \frac{\Delta L_1 + 2\Delta L_2 + \Delta L_3}{4}$$

③在变加速度水流影响下:

$$\Delta L = \frac{\Delta L_1 + 3\Delta L_2 + 3\Delta L_3 + \Delta L_4}{8}$$

式中:ΔL_1、ΔL_2、ΔL_3、ΔL_4——在船速校验线上,各次测定的计程仪改正率。

在船速校验线上往返三次测定计程仪改正率 ΔL 的标准差为:

$$\sigma_{\Delta L} = \pm \frac{0.87\sigma_L}{s} \times 100\%$$

式中:σ_L——各次读取计程仪读数的标准差;

s——船速校验线上所测两横向测速叠标之间的距离。

实践证明,即使在最有利的条件下测定计程仪改正率,误差仍可能达到±0.5%。计程仪改正率并不是固定不变的,它受许多因素影响,因此平时必须抓住能够准确测定的机会,对它进行校验或测定,并将测定结果记载在计程仪误差记录簿中,作为今后在相似航行条件下的参考。

多普勒计程仪与声相关计程仪在所航行水域水深不太深时,才有可能作为绝对计程仪,此时,计程仪改正率可以使用近期的相对计程仪改正率。

目前,可以利用高精度的连续定位仪(GPS、北斗卫星导航系统等)测定船舶的实际航速,也可以利用自动雷达标绘仪(Automatic Radar Plotting Aid,ARPA)中的导航功能测定船舶的实际航速。

第二章　海图

海图(nautical chart)是以海洋及其毗邻的陆地为描述对象的地图,是为航海需要而专门绘制的一种地图。海图上详细地绘画了航海所需要的资料,如岸形、岛屿、礁石、浅滩、沉船、水深、底质和水流资料等。海图是航海的重要工具之一。在航行前拟定计划航线、制订航行计划,航行中进行航迹推算和定位,以及航行后总结航行经验,发生海上交通事故后判定事故责任等,都离不开海图。因此,正确地了解海图的特点,熟悉海图上表示各种航海资料的方法,以及正确地使用和管理海图,对于船舶驾驶员是非常重要的。

早在公元13世纪初,我国就已经使用海图了,当时已经有我国最早的南海诸岛海图。但留传至今的最早海图是公元1430年明朝郑和的航海图。中华人民共和国成立后,随着海运事业的发展,我国水道测量和海图出版工作都有了很大的发展。目前,我国除出版本国沿海海图外,为适应远洋航海事业的发展需要,还出版了西北太平洋、东南亚和世界各大海洋等的海图。

世界上许多国家出版本国沿海海图,有些国家还出版全球范围的航用海图。目前远洋船队使用最多的海图依然是英版海图,故介绍英版海图的知识是必要的。

本章重点介绍航用海图的投影、海图坐标系、海图图式以及海图的分类和使用保管等知识。

第一节　地图投影

一、地图投影和比例尺

地图是地球表面情况在平面上的描绘。地球无论是作为圆球体还是旋转椭圆体,它的表面都是不可展开的曲面,即不可能无裂隙或无皱褶地平展开来。为了得到地球表面的平面图像,必须借助一定的数学法则。按照一定的数学法则把地球表面描述到平面上的方法称为地图投影。

因为地面上任意一点都可以用地理坐标来确定,所以地图投影主要就是将地面上的经纬线按一定的数学法则绘制到平面上去,建立地图的经纬线图网。

要把不可展开的曲面投影制成平面而避免裂隙和皱褶,就必须拉伸或压缩经纬线,这就不可避免地产生投影变形,即产生长度变形、角度变形和面积变形。因此,应根据不同的需要,选用不同的投影方法控制地图的变形。

设 A 为地面上任意一点,在它的某一方向上有线段 AB,如果将它投影到地图上去,变成图上的线段 ab,则该地图在 A 点的这个方向上的比例尺 C 为:

$$C = \lim_{AB \to 0} \frac{ab}{AB}$$

这种比例尺称为局部比例尺(local scale)。由于存在投影变形,同一张地图上各点的局部比例尺可能都不相同,甚至在同一地点不同方向上的局部比例尺也不相同。局部比例尺在投影中的变化可以反映出地图投影的变形特点。如果图上某一点各个方向上的局部比例尺都相等,该地图在这一点上就能够保持与地面形状相似,并且在这一点上能够保持角度不变,这在地图投影中叫作正形或等角;如果图上某一点各个方向上的局部比例尺都不相等,该地图在这一点上就不能保持正形或等角。

一般,在地图上注明的比例尺称为普通比例尺(nature scale)或基准比例尺。它大约是图上各个局部比例尺的平均值,或者是等于图上某点或某条线上的局部比例尺。有时为了便于将几张海图联合起来使用,上述的基准点或线也可以不在某张图的图区范围内。

表示海图比例尺的方法有两种:数字比例尺和直线比例尺。数字比例尺用 1 比若干的数字来表示,例如 1:300000 或 1/300000,它表示在图上基准点处,一个单位长度等于地面上 30 万个相同单位的长度,即在图上基准点处的 1 cm 代表在该处地面上的 300000 cm,或 3000 m 即 3 km。直线比例尺是将比例图尺绘画在海图标题栏内或图边适当的地方,如图 2-1-1 所示。

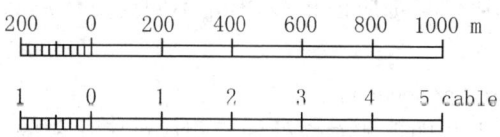

图 2-1-1　直线比例尺

海图比例尺决定着海图的精度。正常人的眼睛只能清楚地分辨出图上大于 0.1 mm 的两点间的距离。在海图制图工作中,线的绘制误差一般不超过 0.1 mm,因此,实地水平长度按比例尺缩绘到图上时,不可避免地有 0.1 mm 的误差。这种相当于海图上 0.1 mm 的实地水平长度叫作比例尺的精度或海图的极限精度(limit accuracy)。各种比例尺的海图都有各自的极限精度,如表 2-1-1 所示。

表 2-1-1　各种比例尺海图的极限精度

海图比例尺	极限精度(m)
< 1:3000000	> 300
1:1000000~1:2990000	100~299
1:200000~1:990000	20~99
1:100000~1:190000	10~19
1:20000~1:90000	2~9
> 1:20000	<2

海图作业的最高精度也是与海图比例尺有关的。用削尖的铅笔在海图上画一小点,其直径最小也有 0.2 mm,这就是海图作业时能够分辨和量出的最小距离。因此,在数值上,海图作业的最高精度等于海图极限精度的 2 倍。

海图比例尺还决定着图上资料的详细程度。在比例尺小于 1：1000000 的总图和远洋航行图上,只绘有供大洋航行用的重要灯塔和距岸有一定距离的航海危险物;在 1：100000 ~ 1：500000 的近海或沿岸航行图上,则绘有近海航行所需的航标和外海的全部危险物;在比例尺更大的港泊图上,则提供更加详细的航海所需的资料。

在进行海图作业时,应根据航区的特点,尽可能地应用较大比例尺的海图,以便能够获得更多的航海资料和提高海图作业的精度。

二、地图投影的分类

1.按投影的变形性质分类

（1）等角投影（equiangle projection）

等角投影又称为正形投影。在这种投影图上无限小的局部图像与地面上相对应的平面形状保持相似。在等角投影中,地面上一个微分圆投影到地图上仍然是一个圆,或者说,地面上某地的一个角度投影到地图上后大小不变,但在等角投影中,不能保持地面上与图上相对应处的面积成恒定的比例。因此,在等角投影中,从局部来看能够保持其形状相似,但从整体来说地图形状仍然有变化,例如,在地面上不同地点有两个同样大小的微分圆,在等角投影的地图上可能被绘制成不同大小的两个圆。从局部比例尺来说,在等角投影中,图上任意点的各个方向上的局部比例尺都应该相等,但是不同地点的局部比例尺是随着经纬度的变动而变化的。

（2）等积投影（equalarea projection）

等积投影是保持地面上与图上相对应处的面积成恒定比例的一种投影方法。同样,等积投影就不能够同时保持等角,等角与等积在同一投影中是不可能同时被满足的。

（3）任意投影

任意投影是既不等角也不等积的投影方法,是根据某种特殊需要或为了解决某种特定问题而制作地图时所使用的投影方法。

2.按构成地图图网的方法分类

（1）平面投影（plane projection）

平面投影是将地球椭圆体表面上的经线和纬线直接投射到与地球面相切或相割的平面上去的投影方法。因为各种平面投影有一个共同特性,即从投影中心切点到任何一点的方位角均与实地保持不变,所以平面投影又称为方位投影（azimuthal projection）。方位投影属透视投影,即以某一点为视点,将球面上的事物直接投射到投影面上去的投影方法。常用的方位投影的视点位于垂直于投影面的地球直径或其延长线上,根据视点位置的不同,平面投影又可分为:

①外射投影（orthographic projection）

视点在球外,如图 2-1-2(a)所示。

②极射投影(stereographic projection)

视点在球面上,如图2-1-2(b)所示,航海上常用它来绘制半球星图。

③心射投影(gnomonic projection)

视点在球心,如图2-1-2(c)所示。

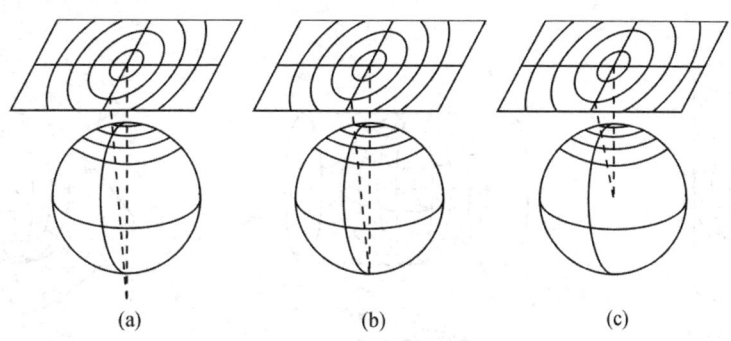

图 2-1-2　平面投影

航海上常用的心射投影的投影平面是与地球面相切的平面,又称为日晷投影。因为这种投影图上任意直线都是大圆弧,所以航海上常用它来设计大圆航线。大圆海图就是采用心射投影原理绘制的。某些大比例尺港泊图及极区海图也可采用心射投影。

平面投影是利用平面作为投影辅助面的投影方法。在地图投影中还常常利用可以展开的曲面(圆锥面、圆柱面)作为投影辅助面,这就是下面要讲的圆锥投影与圆柱投影。

(2)圆锥投影(conical projection)

圆锥投影是利用可以展开的圆锥面作为辅助面的投影方法,它通过某种数学法则将地球椭圆体表面上的经纬线投影到圆锥面上,然后沿圆锥母线切开展平,即得圆锥投影经纬线图网。按圆锥轴与地球自转轴的位置关系(重合、垂直、斜交三种),圆锥投影分为正圆锥投影、横圆锥投影、斜圆锥投影,如图2-1-3所示。圆锥投影经纬线图网的基本形状由圆锥轴与地轴的相互位置关系确定,同时,按投影的变形性质又可分为等角投影、等积投影、任意投影。

实际使用的投影是一定图网形状与一定的变形性质相结合的,例如等积正圆锥投影、等角正圆锥投影。

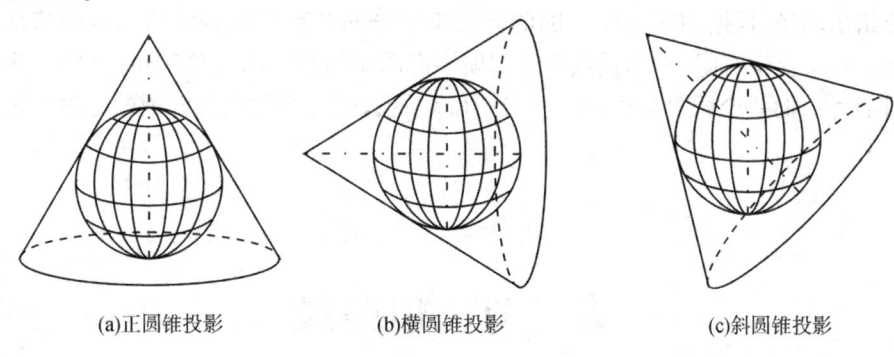

(a)正圆锥投影　　　　(b)横圆锥投影　　　　(c)斜圆锥投影

图 2-1-3　圆锥投影图

(3)圆柱投影(cylindrical projection)

圆柱投影是利用可以展开的圆柱面作为辅助面的投影方法,它通过某种数学法则将地球椭圆体表面上的经纬线投影到圆柱面上,然后沿圆柱母线切开展平,即得圆柱投影经纬线图网。按圆柱轴与地球自转轴的位置关系(重合、垂直、斜交三种),圆柱投影分为正圆柱投影、横圆柱投影、斜圆柱投影,如图 2-1-4 所示。正圆柱投影的经纬线图网的特点是:所有经线成为与赤道垂直、间距相等的平行线,纬线成为与赤道平行、与经线垂直的直线,如图 2-1-5 所示。等角正圆柱投影又叫墨卡托投影(Mercator projection),是绘制航用海图的主要投影方法。

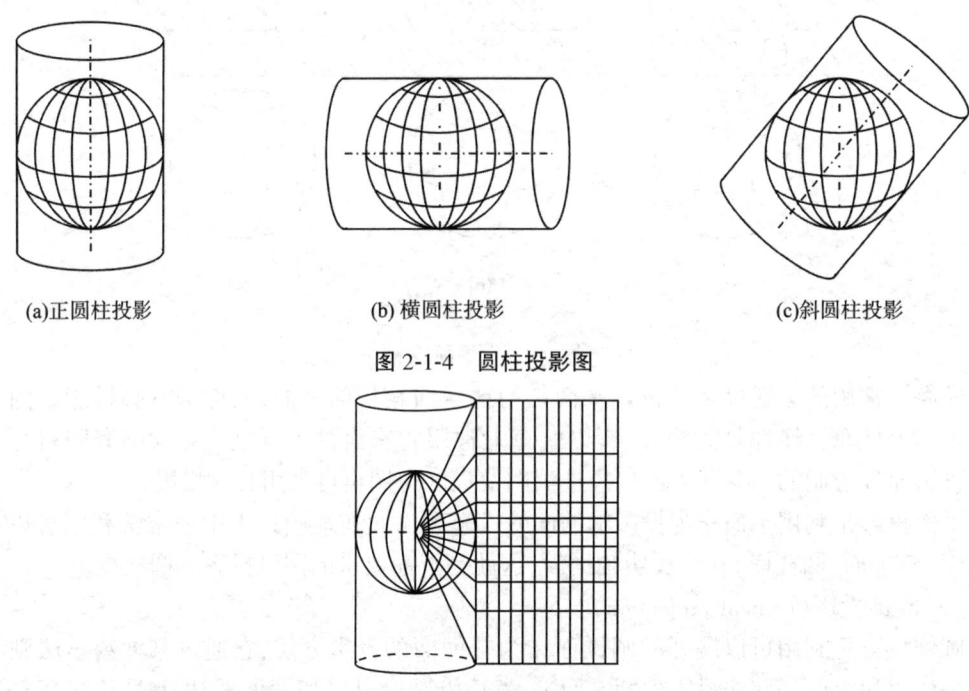

(a)正圆柱投影　　　　　(b)横圆柱投影　　　　　(c)斜圆柱投影

图 2-1-4　圆柱投影图

图 2-1-5　正圆柱投影

把地球视为旋转椭圆体,辅助面的轴与地轴垂直,则辅助面为椭圆柱面。等角横切椭圆柱投影是大比例尺海图与极区海图的常用投影方法。

(4)条件投影

条件投影不属于上述三种利用辅助面进行的投影,是按其他的一些条件投影的方法。

需要指出的是,根据构成地图图网的方法来划分的各种投影方法的图网形状都有其固有的特点。由于篇幅有限,本章重点介绍与航用海图密切相关的等角正圆柱投影(墨卡托投影)的图网特点,简要介绍等角横椭圆柱投影(高斯投影)与绘制大圆海图的心射投影的图网特点。

第二节　恒向线

如果船舶始终按恒定的航向航行,船舶航行的理想轨迹在地球表面上是一条曲线,叫作恒向线或等角航线(rhumb line)。研究恒向线的目的是寻找便于航行使用的海图的投影方法。在地球表面上,恒向线一般表现为一条与所有子午线相交成恒定角度的、具有双重曲率的球面螺旋线,它趋向地极,但不能到达地极,如图 2-2-1 所示。

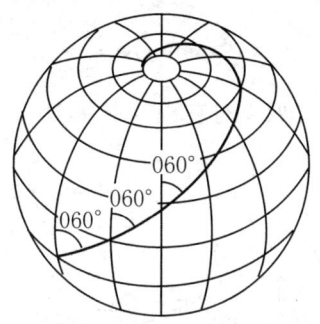

图 2-2-1 球面恒向线图

将地球作为圆球体时,地面上两点之间的最短连线并不是通过这两点的恒向线,而是连接这两点的大圆弧。但是一般大圆弧(除东西向、南北向外)与每条子午线相交成不相等的角度,也就是说,如果驾驶船舶沿着大圆弧航行,则必须不断地改变航向。为了方便,实际上在航程不太长和纬度不太高的海区航行时,船舶一般沿着两点之间的恒向线航行,只有在横跨数千海里的大洋航行中,才有必要考虑是否采用大圆航线航行。采用大圆航线航行时,大部分还是采用分段恒向线航行的。关于大圆航线将在第四篇第十二章中论述。

将地球作为半径等于 R 的正圆球体时,从图 2-2-2 中可以看出:任意纬度 φ 的等纬圈半径 $MO'=r$ 与赤道半径 R 之间的关系是:

$$r = R\cos\varphi \tag{2-2-1}$$

从图 2-2-3 中可以看出恒向线 M_0N 与所有子午线的交角都等于航向 C。在 M_0N 恒向线上取彼此非常接近的两点 M_1 和 M_2,并通过 M_1 和 M_2 作子午线 P_NM_1E 和 P_NM_2F,以及作纬度圈 AM_2B 与子午线 P_NM_1E 相交于 D,如果 M_1 和 M_2 足够近,则可以将球面微量小三角形 M_1M_2D 当作平面直角三角形,因此可得:

$$DM_2 = M_1D\tan C,\ \text{即}\ \Delta W = R\Delta\varphi\tan C \tag{2-2-2}$$

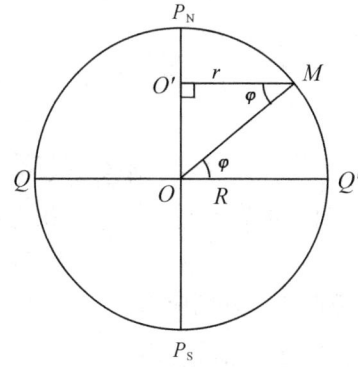

图 2-2-2 地球圆球体等纬圈半径图

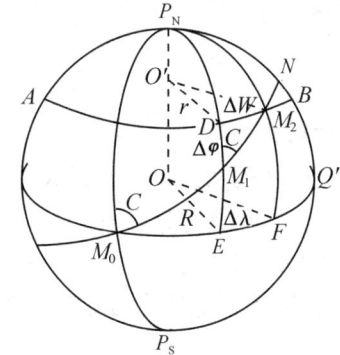

图 2-2-3 恒向线

在等纬圈中,根据式(2-2-1)又可得:

$$\Delta W = r \cdot \Delta\lambda = R\cos\varphi\Delta\lambda \tag{2-2-3}$$

根据式(2-2-2)和式(2-2-3)可得:

$$\Delta\lambda = \tan C \times \frac{\Delta\varphi}{\cos\varphi} \tag{2-2-4}$$

在式(2-2-3)中，φ是M_2点的纬度。因为M_1与M_2非常接近，即$\Delta\varphi$值为无限小，所以可以用φ作为M_1点处的纬度。式(2-2-4)也可以通过微分改写为：

$$d\lambda = \tan C \times \frac{d\varphi}{\cos\varphi} \tag{2-2-5}$$

在式(2-2-5)中，$\tan C$是常数。如果对它积分求从$M(\varphi_1,\lambda_1)$到$N(\varphi_2,\lambda_2)$的恒向线方程式，则得：

$$\int_{\lambda_1}^{\lambda_2} d\lambda = \tan C \int_{\varphi_1}^{\varphi_2} \frac{d\varphi}{\cos\varphi} = \tan C \cdot \left[\tan\left(\frac{\pi}{4}+\frac{\varphi}{2}\right)\right]_{\varphi_1}^{\varphi_2}$$

所以

$$\lambda_2 - \lambda_1 = \tan C\left[\operatorname{lntan}\left(\frac{\pi}{4}+\frac{\varphi_2}{2}\right) - \operatorname{lntan}\left(\frac{\pi}{4}+\frac{\varphi_1}{2}\right)\right] \tag{2-2-6}$$

从球面恒向线方程式(2-2-6)中可以看出，当航向C为000°或180°时，$\lambda_2-\lambda_1=0$°，说明在这种情况下船舶沿着恒向线航行，经度没有变化，即这时的恒向线与子午线重合，此时恒向线成为从地极到另一地极的子午线大圆弧。

当航向C为090°或270°时，$\tan C = \infty$，但$\lambda_2-\lambda_1$是一个有限值，因此，必须满足：

$$\operatorname{lntan}\left(\frac{\pi}{4}+\frac{\varphi_2}{2}\right) - \operatorname{lntan}\left(\frac{\pi}{4}+\frac{\varphi_1}{2}\right) = 0$$

即$\varphi_2=\varphi_1$。这时船舶沿着恒向线航行，纬度没有变化，即此时恒向线与等纬圈重合，这时恒向线是赤道，或者是与赤道平行的小圆——纬度圈。

如果取恒向线与赤道的交点$M_0(0,\lambda_0)$作为恒向线的起始点，则恒向线方程式(2-2-6)可以改写为：

$$\lambda_2 = \lambda_0 + \tan C \operatorname{lntan}\left(\frac{\pi}{4}+\frac{\varphi_2}{2}\right) \tag{2-2-7}$$

由式(2-2-7)可以断定，对应于φ_2的每一个值，λ_2只有一个解，说明任意一条恒向线只与每条等纬圈相交一次。将式(2-2-7)改写为：

$$\tan\left(\frac{\pi}{4}+\frac{\varphi_2}{2}\right) = e^{(\lambda_2-\lambda_0)\cot C} \tag{2-2-8}$$

式中：e——自然对数的底。

由式(2-2-8)可以看出，如果λ_2以λ_2、$\lambda_2+2\pi$、$\lambda_2+4\pi$、$\cdots$代入，则φ_2将有无数个解，说明恒向线与每一条经线相交多次，恒向线每绕地球一周它都必然与该子午线相交一次，并且交点的纬度将越来越高，最后接近地极，但不能到达地极。

同理可以证明，若将地球作为旋转椭圆体时，恒向线方程则应为：

$$\lambda_2 - \lambda_1 = \tan C\left\{\ln\left[\tan\left(\frac{\pi}{4}+\frac{\varphi_2}{2}\right)\left(\frac{1-e\sin\varphi_2}{1+e\sin\varphi_2}\right)^{\frac{e}{2}}\right] - \right.$$

$$\left. \ln\left[\tan\left(\frac{\pi}{4}+\frac{\varphi_1}{2}\right)\left(\frac{1-e\sin\varphi_1}{1+e\sin\varphi_1}\right)^{\frac{e}{2}}\right]\right\} \tag{2-2-9}$$

从此恒向线方程可以看出，如果将地球作为旋转椭圆体，以上所分析的恒向线的特点是不变的。

第三节　墨卡托投影海图

为了便于在航用海图上绘画恒向线航线和方位线,航用海图必须具备以下两个条件:①图上的恒向线是直线;②投影性质是等角的。这样,驾驶员可以根据测得的航向和方位,在航用海图上直接用直尺画出恒向线航线和方位线。

一、墨卡托投影原理

1569 年荷兰制图学者格拉德·克列密尔创造了能够满足航用海图这两点要求的墨卡托投影方法。墨卡托(Mercator)是他的拉丁名字。墨卡托投影是等角正圆柱投影,用这种投影方法绘制的海图叫作墨卡托海图(Mercator chart),它占目前航用海图的 95% 以上。

墨卡托投影是等角正圆柱投影,其经纬线图网具有正圆柱投影图网的特点。在正圆柱投影图上,子午线是间距相等、相互平行的直线,赤道和纬度圈也是相互平行的直线,并且子午线与纬度圈相互垂直。在这样的图网中,虽然航向为 000°、090°、180°、270°时的恒向线是直线,子午线与纬度圈也相互垂直,但是若投影的变形性质不是等角的话,与子午线斜交(非重合、非垂直)的直线在图上像恒向线,而其对应在地面上却不是恒向线。仅仅是子午线与纬度圈相互垂直并不能说明投影的变形性质是等角的。总之,正圆柱投影图网并不能保证满足航用海图必备的两个条件。为了满足航用海图这两个必备的条件,投影必须在正圆柱投影图网的基础上,采取某种数学法则使得投影变形具有等角性质。这就是等角正圆柱投影,即墨卡托投影。

从地球旋转椭圆体上取出子午线和纬度圈相交构成的微量椭圆体面梯形 *ABCD*(如图 2-3-1 所示),如果将它投影到墨卡托海图上去,则变成矩形 *abcd*(如图 2-3-2 所示)。由于它是等角投影,地图上任意一点的各个方向上的局部比例尺都必须相等。可以证明,只要任意点的经线和纬线两个相互垂直的主方向上的局部比例尺相等,该点上的各个方向上的局部比例尺也就一定相等。

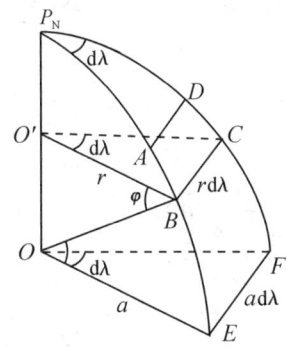

图 2-3-1　地球旋转椭圆体图

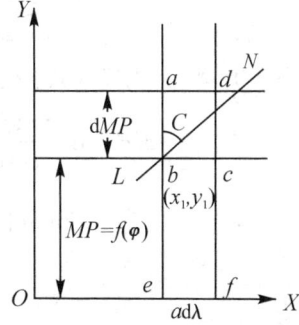

图 2-3-2　墨卡托海图上的微量椭圆体面梯形

由上面的分析知,要使投影具有等角性质,投影应满足:

$$\lim_{AB \to 0} \frac{ab}{AB} = \lim_{BC \to 0} \frac{bc}{BC}$$

即

$$\frac{\mathrm{d}MP}{\mathrm{d}s} = \frac{a\mathrm{d}\lambda}{r\mathrm{d}\lambda} = \frac{a}{r}$$

式中:$\mathrm{d}MP$——纬度线到赤道距离的微小增量;

a——赤道半径;

r——等纬圈半径;

$\mathrm{d}\lambda$——经度的微小增量;

$\mathrm{d}s$——椭圆子午线段 AB 弧长。

由本篇第三章第三节可知:

$$r = \frac{a\cos\varphi}{\sqrt{1 - e^2\sin^2\varphi}}$$

$$\mathrm{d}s = M\mathrm{d}\varphi = \frac{a(1 - e^2)}{(1 - e^2\sin^2\varphi)^{\frac{3}{2}}}\mathrm{d}\varphi$$

所以

$$\begin{aligned}
\mathrm{d}MP &= \frac{a(1 - e^2)}{1 - e^2\sin^2\varphi} \cdot \frac{\mathrm{d}\varphi}{\cos\varphi} \\
&= a \cdot \frac{(1 - e^2)(\sin^2\varphi + \cos^2\varphi)}{1 - e^2\sin^2\varphi} \cdot \frac{\mathrm{d}\varphi}{\cos\varphi} \\
&= a \cdot \frac{1 - e^2\sin^2\varphi - e^2\cos^2\varphi}{1 - e^2\sin^2\varphi} \cdot \frac{\mathrm{d}\varphi}{\cos\varphi} \\
&= a \cdot \frac{\mathrm{d}\varphi}{\cos\varphi} - a \cdot \frac{e^2\cos\varphi\mathrm{d}\varphi}{1 - e^2\sin^2\varphi}
\end{aligned}$$

(2-3-1)

为了求出在墨卡托海图上,赤道到任一纬度(φ)的纬线的距离(MP),对式(2-3-1)进行积分。因为 $\varphi = 0$ 时,$MP = 0$,所以可得:

$$\int_0^{MP} \mathrm{d}MP = MP = a\int_0^{\varphi} \frac{\mathrm{d}\varphi}{\cos\varphi} - ae\int_0^{\varphi} \frac{e\cos\varphi\mathrm{d}\varphi}{1 - e^2\sin^2\varphi}$$

(2-3-2)

令 $e\sin\varphi = \sin\theta$,则

$$1 - e^2\sin^2\varphi = 1 - \sin^2\theta = \cos^2\theta$$

$$e\cos\varphi\mathrm{d}\varphi = \cos\theta\mathrm{d}\theta$$

因为 $\varphi = 0$ 时,$\theta = 0$。将上式代入式(2-3-2)得:

$$\begin{aligned}
MP &= a\int_0^{\varphi} \frac{\mathrm{d}\varphi}{\cos\varphi} - ae\int_0^{\theta} \frac{\cos\theta\mathrm{d}\theta}{\cos^2\theta} \\
&= a\ln\tan\left(\frac{\pi}{4} + \frac{\varphi}{2}\right) - ae\ln\tan\left(\frac{\pi}{4} + \frac{\theta}{2}\right)
\end{aligned}$$

(2-3-3)

又因为

$$\tan\frac{a}{2} = \sqrt{\frac{1 - \cos\alpha}{1 + \cos\alpha}}$$

所以

$$\tan\left(\frac{\pi}{4} + \frac{\theta}{2}\right) = \sqrt{\frac{1 + \sin\theta}{1 - \sin\theta}} = \sqrt{\frac{1 + e\sin\varphi}{1 - e\sin\varphi}} \tag{2-3-4}$$

将式(2-3-4)代入式(2-3-3),则最后得:

$$MP = a\ln\tan\left(\frac{\pi}{4} + \frac{\varphi}{2}\right) - ae\ln\sqrt{\frac{1 + e\sin\varphi}{1 - e\sin\varphi}}$$

$$= a\ln\tan\left(\frac{\pi}{4} + \frac{\varphi}{2}\right) + a\ln\left(\frac{1 - e\sin\varphi}{1 + e\sin\varphi}\right)^{\frac{e}{2}}$$

$$= a\ln\left[\tan\left(\frac{\pi}{4} + \frac{\varphi}{2}\right)\left(\frac{1 - e\sin\varphi}{1 + e\sin\varphi}\right)^{\frac{e}{2}}\right] \tag{2-3-5}$$

式(2-3-5)表明 MP 与地球椭圆体长半轴 a(赤道半径)同单位。为了制图方便,引进赤道里(equatorial mile)这一单位。赤道里是赤道上经度 1′ 的弧长,其长度根据各国所采用的地球椭圆体参数不同而略有不同,代入 CGCS2000 地球椭圆体参数,其长度约为 1855.325 m。因为

$$1\ 赤道里 = a \cdot \mathrm{arc}1'$$

所以

$$a = \frac{1\ 赤道里}{\mathrm{arc}\ 1'} = 3437.746771\ 赤道里$$

将上式代入式(2-3-5),任一纬度线到赤道的距离 MP 就可以赤道里为单位进行计算了。从海图上看,MP 就表示图上任一纬度线到赤道的距离与图上 1 赤道里(即与图上经度 1′ 长度)的比值,故 MP 被称为纬度渐长率(meridional parts)。把公式中的自然对数化为常用对数,可得墨卡托海图的纬度渐长率公式为:

$$MP = \frac{3437.746771}{0.4342944819}\lg\left[\tan\left(\frac{\pi}{4} + \frac{\varphi}{2}\right)\left(\frac{1 - e\sin\varphi}{1 + e\sin\varphi}\right)^{\frac{e}{2}}\right]$$

$$= 7915.70447\lg\left[\tan\left(\frac{\pi}{4} + \frac{\varphi}{2}\right)\left(\frac{1 - e\sin\varphi}{1 + e\sin\varphi}\right)^{\frac{e}{2}}\right]\ (赤道里) \tag{2-3-6}$$

我国《航海表》表Ⅲ-3 纬度渐长率表,就是根据式(2-3-6)计算列出的,表中给出在墨卡托海图上,任一纬线到赤道的以图上经度 1′ 的长度(图上 1 赤道里的长度)为单位的距离。在绘制墨卡托海图图网时,距离单位是图上经度 1′ 的长度,经线之间的距离等于两条经线之间的经差的分数,纬线之间的距离等于这两条纬线的纬度渐长率之差(difference of meridional parts,DMP);反之,在绘制海图图网时,只要满足上述条件,该图就满足等角投影的要求。

例如,我国海图 12000 成山角至长江口的图幅为 984.2 mm×678.4 mm。图幅纬度是从 30°49′N 至 37°29′N,图幅经度是从 119°09′E 至 124°41′E。根据图幅宽度和图幅经度,可以计算出图上经度 1′ 的长度,其值为:

$$\frac{图幅宽度}{图幅经差} = \frac{678.4}{124°\ 41' - 119°\ 09'} = \frac{678.4}{332} = 2.0434\ (\mathrm{mm})$$

根据图幅纬度查纬度渐长率表,可以求出图幅内任意两条南北纬线之间的纬度渐长率差,再乘以图上经度 1′ 的长度,就得到这两条南北纬线在图中的距离。下面以该图廓南北纬线的距离,即图幅长度的计算为例予以说明。

图廓南北纬线之间的 DMP 为：

37°29′N		MP_N	2415.0447
30°49′N	$-)$	MP_S	1933.3969
		DMP	481.6478

$$图廓南北纬线的距离 = DMP \times 图上经度\ 1'\ 的长度$$
$$= 481.6478 \times 2.0434$$
$$= 984.2(\text{mm})$$

计算出的图幅长度与图注图幅是一致的。图中其他纬线间的距离,用类似的方法也可以求出;图中经线之间的距离,则以"经差(分)×图上经度 1′的长度"为间隔画出,这样,一张墨卡托海图的图网就绘制出来了。

由此可以看出,在墨卡托海图上经度 1′的长度是相等的、不变的,而图上的纬度 1′的长度是不相等的,它们是随着纬度的升高而逐渐变长的。有人称墨卡托海图是渐长海图,因此,在墨卡托海图上量距离时,应该在所量地区的平均纬度的纬度图尺上去度量。纬度 1′长度等于 1 n mile,即多少分纬度长度就是多少海里。如果采用的纬度图尺过高或过低,由于图上纬度 1′长度并不相等,对所度量的距离就会产生一定的误差。如果将地球当作圆球体,用类似的方法推导出纬度渐长率的公式为：

$$MP = 7915.70447 \ \text{lgtan}\left(\frac{\pi}{4} + \frac{\varphi}{2}\right) \tag{2-3-7}$$

在按上述方法绘制的墨卡托海图上的直线是不是恒向线呢? 从图 2-3-2 中可以看出,图上过 $b(x_1, y_1)$ 点的任意直线 LN 与子午线交角为 C,则直线 LN 的方程式应为：

$$\frac{y - y_1}{x - x_1} = \cot C \tag{2-3-8}$$

因为
$$x - x_1 = a(\lambda - \lambda_1)$$

$$y - y_1 = DMP$$

$$= a \ln\left[\tan\left(\frac{\pi}{4} + \frac{\varphi}{2}\right)\left(\frac{1 - e\sin\varphi}{1 + e\sin\varphi}\right)^{\frac{e}{2}}\right] - a \ln\left[\tan\left(\frac{\pi}{4} + \frac{\varphi_1}{2}\right)\left(\frac{1 - e\sin\varphi_1}{1 + e\sin\varphi_1}\right)^{\frac{e}{2}}\right]$$

代入式(2-3-8)得：

$$\lambda - \lambda_1 = \tan C\left\{\ln\left[\tan\left(\frac{\pi}{4} + \frac{\varphi}{2}\right)\left(\frac{1 - e\sin\varphi}{1 + e\sin\varphi}\right)^{\frac{e}{2}}\right] - \ln\left[\tan\left(\frac{\pi}{4} + \frac{\varphi_1}{2}\right)\left(\frac{1 - e\sin\varphi_1}{1 + e\sin\varphi_1}\right)^{\frac{e}{2}}\right]\right\}$$

所得的公式就是前面所证明的恒向线方程,可见,墨卡托海图上的直线就是恒向线。因此,墨卡托海图完全符合航用海图投影必备的两个条件。

下面再来分析在正圆柱投影图网的基础上,恒向线是直线时,其投影性质是否也是等角的呢? 仍用图 2-3-2,并令 b 点在赤道上,则有：

$$x - x_1 = y \cdot \tan C$$

因为在正圆柱投影图网上 $x - x_1 = a(\lambda - \lambda_1)$,由恒向线方程式(2-2-9)可得：

$$y = a \ln\left[\tan\left(\frac{\pi}{4} + \frac{\varphi}{2}\right)\left(\frac{1 - e\sin\varphi}{1 + e\sin\varphi}\right)^{\frac{e}{2}}\right]$$

式中:y——从赤道到任一纬度 φ 的距离 MP。

对比等角正圆柱投影的纬度渐长率公式,两式完全一样,因此,在正圆柱投影图网的基础上,恒向线是直线时,其投影性质也一定是等角的。

以上分析证明了在正圆柱投影图网的基础上,投影性质是等角的与图上恒向线是直线互为充要条件。

二、墨卡托海图

在同一张墨卡托海图上,同一纬度的局部比例尺是相等的,不同纬度的局部比例尺是不相等的。墨卡托海图的基准比例尺是指基准纬度上的局部比例尺,高于基准纬度处的局部比例尺大于基准比例尺,低于基准纬度处的局部比例尺小于基准比例尺。

为了某种特殊需要,例如在船上缺少一张空白定位图或在需要绘制一张航行事故分析图时,可以根据墨卡托投影原理,自己绘制一张墨卡托海图图网。绘制图网的步骤是:

①根据图纸大小和图幅经差,首先计算出图上经度1′的长度。

②根据"经差(分)×图上经度1′的长度",画出图幅内整度或每隔2°、5°的整度经线,并相互平行。

③根据图幅纬度查纬度渐长率表,得到图幅上、下纬线各自到赤道的纬度渐长率,然后求出图幅上、下纬线间的纬度渐长率差,并乘以图上经度1′的长度,即可得到图幅上、下纬线间应有的距离,按此画出图幅上、下纬线,相互平行,并且与经线垂直。

④图上其他纬线的画法,也是先查出该纬线到赤道的纬度渐长率,求出它与图幅中上、下纬线间的纬度渐长率差,乘以图上经度1′的长度,即可求得该纬线与图幅中上、下纬线间应有的距离,按此画出该纬线。

⑤图上经度图尺可按图上经度1′的长度等份画出,但纬度图尺最好以每10′纬差按纬度渐长率差计算画出,以提高图网的精度。

例 2-3-1:以图上1°经度等于6 cm 的比例尺,绘制一张 120°E~124°E,32°N~36°N 范围的墨卡托图网。

解:

①图上经度1′的长度=6/60 cm=0.1 cm。

②图幅经度范围是 124°E - 120°E=4°,因此图幅宽度为 6 cm×4=24 cm,而 120°E、121°E、122°E、123°E、124°E 相邻整度经线之间的间隔均为 6 cm,按此画出各整度经线,并且互相平行。

③相邻纬线间间隔按纬度查纬度渐长率表,计算,结果如表 2-3-1 所示。

表 2-3-1　相邻纬线间间隔计算表

纬度 φ	纬度渐长率 MP	纬度渐长率差 DMP	相邻纬线间在图上的间隔 $DMP×1′$经度长度(cm)
36°N	2304.5		
		73.4	7.34
35°N	2223.1		
		72.5	7.25
34°N	2158.6		
		71.6	7.16
33°N	2087.0		
		70.8	7.08
32°N	2016.2		
		$\sum$ 28.83	

按上述计算结果,画出各整度纬线,并相互平行,且垂直于经线,如图2-3-3所示。

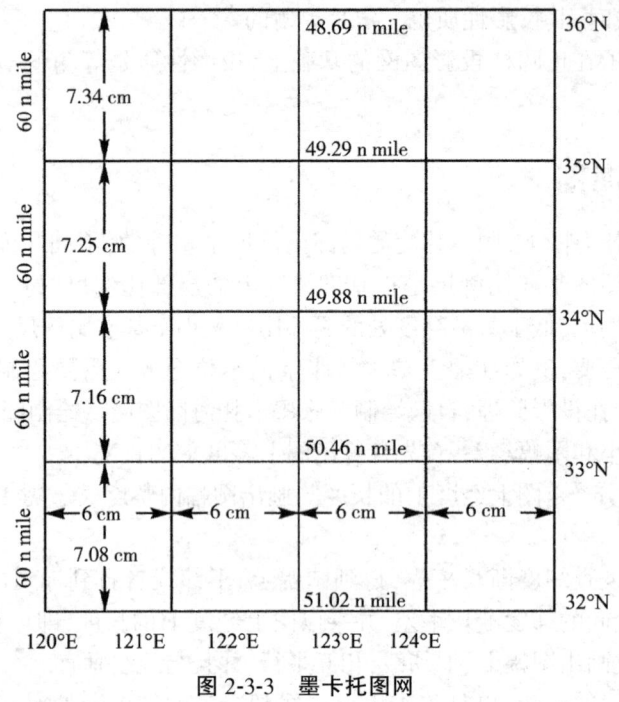

图 2-3-3　墨卡托图网

三、简易墨卡托图网

在实际工作中,如果对墨卡托图网的精度要求不高,可以绘制简易墨卡托图网。它是将地球视为圆球体,利用 $\Delta\lambda = \Delta W\sec\varphi$ 的关系,即在墨卡托海图上等纬圈弧长 ΔW 是被放大了 $\sec\varphi$ 倍后,才等于与它相对应的赤道弧长 $\Delta\lambda$ 而被画在图上的,故图上的经线都被画成相互平行的直线。根据墨卡托投影原理,图上任意一点的经线局部比例尺应与其纬线局部比例尺一致。因此,在墨卡托图网中经线局部比例尺也要随纬度的升高而放大 $\sec\varphi$ 倍。但是,在两条纬线间的经线上各点的纬度并不相同,当然各点的放大倍数($\sec\varphi$)也并不一致。为了制图方便起见,简易墨卡托图网采用两条纬线之间的平均纬度处的放大倍数($\sec\varphi_m$)作为两相邻纬线之间经线上的平均放大倍数。如果两纬线之间的纬差不是很大,纬度也不是很高,则由此引起的误差是不大的。简易墨卡托图网的绘制方法如下面的例题所述。

例 2-3-2:按例 2-3-1 所述条件,绘制一简易墨卡托图网。

解:

①按例 2-3-1 所述,在图纸上分别画出 120°E、121°E、122°E、123°E、124°E 整度经线,它们相互平行,间距为 6 cm。

②在图的下端画一垂直于经线的直线,作为 32°N 纬线。

③在 A 点(32°N,120°E)处,以 32°N 纬线为边作一角度等于 32°.5,与 121°E 经线相交于 B 点,则 $AB = (121°E-120°E)\sec32°.5 = 1°\times\sec32°.5$,即 AB 等于图上经度 1°或 60 赤道里的 $\sec\varphi_m$ 倍,所以以 A 为端点在 120°E 经线上截取 $AC=AB$,过 C 点作 32°N 纬线的平行线即可画出 33°N 纬线。

④用类似的方法,可以画出其他纬线,如图 2-3-4 所示。

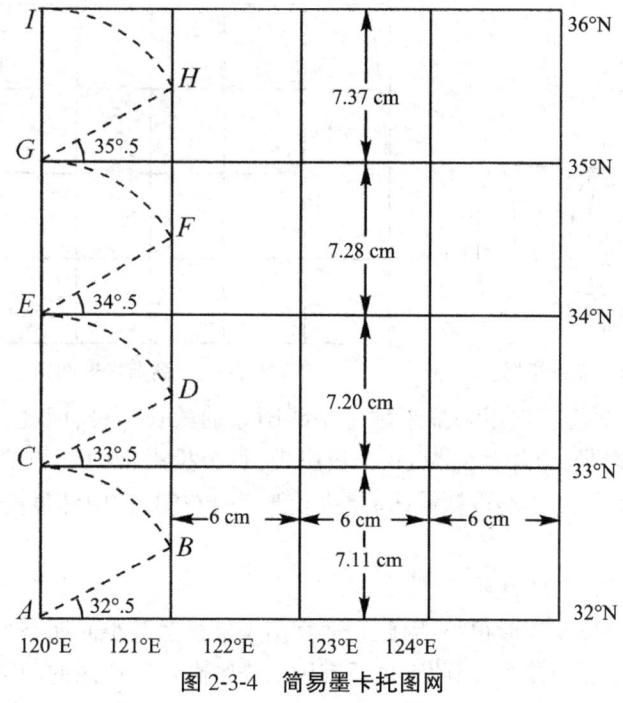

图 2-3-4　简易墨卡托图网

第四节　港泊图与大圆海图的投影方法

一、港泊图的投影方法

大比例尺港泊图(harbour chart)可采用以下投影方法绘制:

1.高斯投影(Gauss projection)

我国出版的一部分大比例尺港泊图是采用高斯投影绘制的。高斯投影又称高斯-克吕格投影(Gauss Krüger projection),它是等角横椭圆柱投影。将地球作为旋转椭圆体,使椭圆柱面与某一个子午圈相切,用解析法将椭圆体表面的经纬线投影到椭圆柱面上,然后将椭圆柱展开成平面,即获得投影后的图形。与椭圆柱面相切的子午线叫作轴子午线。

在高斯投影中,轴子午线 P_NAP_S(如图 2-4-1 所示)与椭圆柱相切,它与墨卡托投影中的赤道一样,是一条直线,沿轴子午线的局部比例尺是固定的。所有垂直于轴子午线的大圆,在图上都像墨卡托图网中的子午线一样,被等间距地绘画成与轴子午线相互垂直的直线。平行于轴子午线的小圆,也都像墨卡托图网中的纬线一样,被画成与轴子午线相互平行的直线。但它与轴子午线之间的间距与纬度渐长率一样,即随着离开轴子午线的距离越远,其放大和变形越大,这种垂直正交的网格称为公里线图网。如果图上的经纬线也被绘画出来,则除了轴子午线和赤道为直线外,其他经线和纬线均被投影成曲线,而且随着距离轴子午线和赤道越远,弯曲变形越严重(如图 2-4-2 所示)。

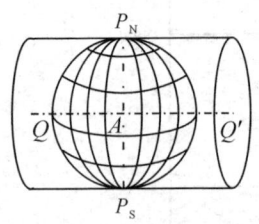

图 2-4-1　高斯投影

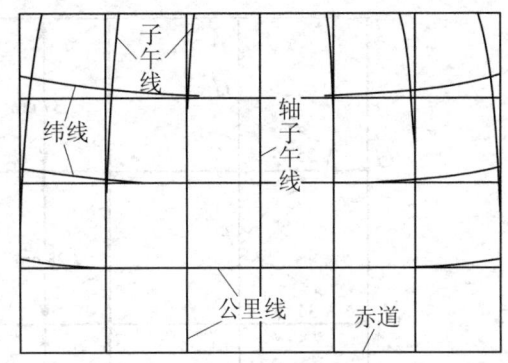

图 2-4-2　高斯投影图网

可见,高斯投影图仅适宜用来描绘轴子午线附近的狭长地带,因此,高斯投影图按经度每隔 6° 作为一个投影带,全球共分为 60 个投影带,每个投影带中轴子午线是没有长度变形的,距轴子午线越远,长度变形也就越大,最大变形为 1/750,在中纬度变形较小。高斯投影图的特点是:

①具有等角正形投影的性质。

②轴子午线附近长度变形很小,因此它适宜用来描绘经差小而纬差大的狭长地带。

③图上极区的变形也较小,因此它也适宜用来描绘高纬度地区的地图。

④图上有两种图网,即经纬线图网和公里线图网,后者主要用在测量和军事上。

我国海图中采用高斯投影图法的,仅仅是国内海区 1:20000 及更大比例尺港泊图。在这种图上只绘制经纬线图网,而没有公里线图网。因为港泊图比例尺大,图区范围小,所以在中纬度以下,经纬线的弯曲甚微,甚至小于测量和制图误差,所以可以忽略不计,而将它们都看作直线,可以把这种海图当作墨卡托海图使用。采用高斯投影,主要是为了适应军事上的需要,它与陆上地图制图法一致,便于统一使用。

2. 平面图(plane chart)

平面图是将小范围地面作为平面进行测量绘制成图的。由于图区范围小,图网投影变形小于制图的误差,因此平面图的特点是图区范围内各点的局部比例尺都相等,可以认为整个地图没有变形存在。

3. 心射投影

心射投影切点及其附近没有或很少有变形存在,所以被用于绘制某些大比例尺港泊图。其特点是在切点处没有变形,随着与切点距离的增加,变形将越来越大。因此,用心射投影来绘制切点附近小范围的大比例尺地图,可以认为是不存在投影变形的。

需要强调的是,因为以上三种投影方法绘制的大比例尺港泊图基本上没有变形,所以是满足航用海图的两个条件的,可作为航用海图使用。

二、大圆海图

大圆海图(gnomonic chart)是根据心射投影原理绘制的,具有所有大圆弧在图上均绘成直线的特点,供设计大圆航线时求航线分点的经纬度使用。

心射投影是将地球表面的点,以几何投影的方法,用从地心引出的射线投影到与地面相切的平面上的投影方法。

如图 2-4-3 所示,视点在地心,连接投影平面切点 Z 和点 m(m 为地面上任意点 M 在投影平面上的投影)的向径为 ρ,$\angle ZOM$ 为 z。在图中,将投影平面移至与地球表面相切,投影平面切点 Z 与地球表面切点 Z 重合,即心射投影,则有:

$$\rho = R \cdot \tan z$$

在向径 ρ 及其垂直方向上的局部比例尺(k 和 n)为:

$$k = \frac{\mathrm{d}\rho}{R\mathrm{d}z} = \frac{1}{R} \cdot \frac{\mathrm{d}\rho}{\mathrm{d}z} = \sec^2 z$$

$$n = \frac{\rho \mathrm{d}A}{r\mathrm{d}A} = \frac{\rho \mathrm{d}A}{R\sin z \mathrm{d}A} = \frac{\rho}{R\sin z} = \sec z$$

式中:A——向径 ρ 在 Z 点的方位角;

$\mathrm{d}A$——方位角 A 的增量。

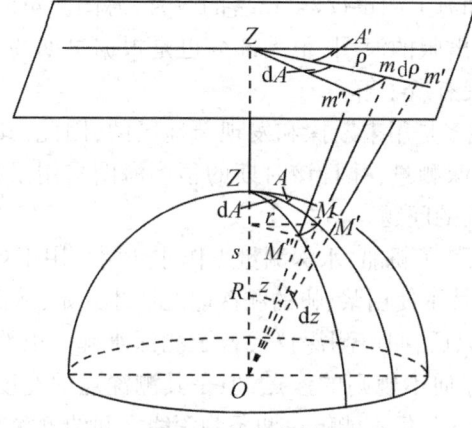

图 2-4-3　心射投影

可见,除在 $Z(z=0)$ 点各方向上的比例尺均相等外,图上其余各点的 k 比 n 有更剧烈的变化。图形离投影中心点越远,则变形越大,因此在图区边缘处有更大程度的变形。但是,心射投影的特点是所有球面大圆弧在投影图上均为直线,因为任何大圆平面都通过地心,即通过视点,投影该大圆的所有射线与图面的交点成一条直线,如图 2-4-4 所示。

心射投影不是等角的。为了便于画大圆方位,在有些心射投影海图上,绘制有变形向位圈,与投影中的方向变形一致。设大圆方位为 A,在图上相当于 A'。根据心射投影的性质有:

$$\tan A' = \frac{n}{k} \cdot \tan A = \cos z \cdot \tan A$$

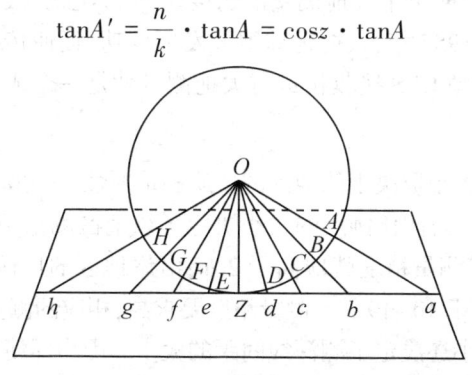

图 2-4-4　大圆弧心射投影

然而,在心射投影的大圆海图上,是否可以直接量取航向或航程,对航海人员来说并不重要。大圆海图的主要特点是可以用直尺直接画出表示大圆弧的直线。在这条直线上定出分点,就可以很容易地根据直接读取的分点坐标将各分点画到航用海图上去。

第五节　海图的绘制与出版

一、海图的测量

1.测量技术发展概况

随着航海事业的发展和海上测量仪器、设备的改善,海图测量的精度及其完整性有了逐步提高。然而,即使是近期出版的海图,很大部分也是根据早期的测量资料绘制的,航海人员有必要对测量技术的发展有所了解。

1850年以前的测量,很多是用来勘探和发现新地区的,因此,其重点一般都放在岸形测定方面,而忽视了系统的水深测量,并且该时期的很多海图采用了粗糙的草图稿,其测量精度和完整性都可能存在较大的问题。

1864年前后,机动船代替了帆船,水深测量工作才开始采用正规的测深线方式。近岸的测量直至1900年机动船代替了使用桨、帆的测深船之后才开始,从而使港口及沿岸地区的水深测量逐步改善。1935年以后,回声测深仪代替了测深水锤。虽然回声测深仪的自动记录可避免漏掉沿测深线上的任何不规则的浅点,但是其测深点的宽度也仅是所发出的超声波波束覆盖所及的那一个小范围,仍不能解决两条测深线之间的测深空白带。至1973年,测量船上普遍装备了旁扫声呐,才可测到处于两条测深线间的水下沉船和浅点,从而使水深测量的精度和完整性得到了进一步改善。但是,我们必须注意到目前使用的多数海图基本上还是基于以前测量的资料。

海图测量除了水深测量外,位置的测量也是十分重要的。通过大地测量,建立大地基准点网,海图上物标、碍航物和水深点等的坐标位置是通过对大地基准点的相对测量来确定的。因此,海图上各种位置信息的精度除了取决于相对测量的精度外,在很大程度上还取决于大地基准点网的精度,即取决于大地测量的精度。20世纪初,大地测量主要是通过天文观测与弧度测量来实现的。1957年,人造地球卫星发射成功,促使传统的大地测量发生了划时代的变革。利用高精度双频GPS接收机进行大地测量就是一个成功的应用。

2.测量原图的比例尺

测量时所用的比例尺大小取决于该地区的性质和重要性。一般来说,原图比例尺基本上和出版图的最大比例尺相同。海图比例尺的大小决定了该地区测量精度的要求。港口测量的比例尺一般大于1:20000,其测量精度就应高于2 m;沿岸地区的比例尺一般为1:100000~1:190000,其测量精度就应高于10~19 m。测量精度要求高,相应的测量工作时间就长。

测量原图比例尺的大小还决定了测深线间距的大小。因为即使主观上想尽量使间距缩小,但毕竟要考虑在原图上绘制工作是否能够进行,所以一般来说,图上测深线间距在5~10 mm。

3.水深测量

在水道测量工作中，一般采用由一艘测深船顺着一系列的测深线进行测深的方式。在测量过程中，当发觉水深有不规则迹象时，一般采用比原测量更大些的比例尺来进行复验。但是，如果没有出现可疑的水深点，那么一个浅点、暗礁或者一艘沉船，其位置如果正好处在两条测深线的中间时，是可能被漏掉的。例如，如果原图比例尺为1：75000，测深线间距在图上为5 mm，实际间距就有300 m，如果正好在两条测深线间有一个方圆1链大小的浅点或沉船，就很可能测不出来。即使是比例尺更大些，也不可能完全避免漏掉一些浅点或礁石，特别是有些水下礁石非常尖峭，测深水锤或回声测深仪可能未达到它的顶点；同样的原因，沉船上的水深也可能不是最浅水深，因此，沉船上的水深测量常用钢索扫海的方式，这样才比较可靠。

外海水域的测量精度一般要比近岸港湾地区差一些，因为外海的定位、测深和潮高修正等方面都比较困难。外海的水深都是按港内验潮站潮高读数经过内插的方法来订正到海图基准面的，自然包含潮高的误差。

测量工作完善的程度还受到测量年代的船舶最大吃水的影响。例如，在19世纪，当时最大的船舶吃水几乎极少大于10 m，而到了1958年，15 m吃水的船舶被认为是最大的了。因此，测量工作是考虑当时船舶航行的需要来决定对该地区测量的精度和完整性的。与此类似的原因，在海图上确定沉船上方航行有无危险，也依当时船舶最大吃水而变迁。在1960年以前的英版海图中，凡沉船上水深小于8拓（约15 m）者为危险沉船，这个指标到1960年改为10拓（约18 m），1963年改为11拓（约20 m），1968年改为15拓（约28 m）；自2008年以来出版的英版海图，凡其上水深不明，有碍水面航行安全的沉船均被标注为危险沉船；水深超过200 m，或者水深不明，但不妨碍水面航行的沉船被标注为非危险沉船。

二、海图的绘制

在绘制海图时，首先应根据该图所采用的基准纬度决定出海图的基准比例尺，然后根据经纬度定出海图图区所包括的范围，并计算出整个海图图幅的尺寸，或者根据通常的海图图幅再确定海图所包括的地区范围。一般为了制成沿岸或某一海峡的套图，往往采用同一基准纬度比例尺。当基准比例尺和海图所包括的范围确定后，即应着手收集有关编制海图的资料。主要的资料有下述几个方面：

①有关大地基准点及水准测量的各种记录；

②各种比例尺的海图原稿；

③测量原图及有关的各种测量资料；

④最新的磁差资料；

⑤与本图有关的各种航海图书和其他参考资料。

在收集资料的基础上，应对这些资料进行分析与处理，确定该海图所采用的坐标系——海图坐标系。对测量原图上所记载的详尽的水深和地形等应根据海图比例尺加以修改和整理，使所绘制成的海图保持清晰，同时亦应保证在该海域航行所必需的资料都被绘制出来。可见，海图上资料绘制的详尽程度取决于海图比例尺的大小。较小比例尺的海图往往是根据较大比例尺的海图绘制而成的，海图中的内容，随着比例尺的缩小逐渐加以概括或省略。

在比例尺与测量原图比例尺相同的海图上,其水深测量资料原则上都应绘制到海图上去,除非为了避免掩盖其他资料才予以省略。如果海图比例尺比测量原图比例尺小,应遵循下列原则,对原水深测量资料进行稀疏工作:

①在海图上仍应保持明显的测深线方向;

②在海图上应保证绘出所有与航行有关的危险浅滩以及有特殊变化的水深;

③在海图上所有未经测量的位置均应以空白表示。

在处理深度点的过程中,应详细标出浅处水深,而对深处水深可部分省略,当海底深度有剧烈变化时,应能将这种变化标示出来。

在整理底质时,对岩石、圆砾等不良底质处,不能省略底质符号;但对泥沙等良好底质,在符号过密处可以部分省略。在礁区及锚地,则必须详尽地注明底质状况。

在整理陆地资料时,亦应以航海需要为原则进行概括和省略,即与航海定位、导航有关的应清晰准确地绘出,例如,显著的地貌、岩礁、岛屿、山头、物标(高大的烟囱、水塔、独立的建筑物)等。显著山峰的等高线也应详细地绘出,以供在海上辨认山形之用。与航海无关的资料可以略去。当海图原图图样绘制完毕后,即可着手进行制版和印刷。

三、海图坐标系

每一张海图的绘制都应基于相应的大地坐标系,例如,2000 年 11 月版的 BA3636 海图的标题栏(chart legend)中有这样一段话:"Position are Referred to European Datum(1950)",这说明该海图坐标系采用 1950 年欧洲坐标系。本篇第三章第一节已对大地坐标系做了介绍。世界部分国家采用的大地坐标系情况如表 1-1-2 所示。

世界各国海图采用的坐标系种类很多,很不一致,其主要原因是:

①各国在建立大地坐标系时,采用的地球椭圆体都与其所在地区的大地水准面更为接近,因此,地球椭圆体参数往往不同,定位定向也不同,即采用不同的大地坐标系。

②某些国家由于测量技术的限制,未建立起统一的国家坐标系,从而造成其出版的海图坐标系不一致。

③跨国与全球性的海图是用许多来源不同的资料编制而成的,这些资料不仅有测量资料,也有不同年代出版的陆图和海图,因而改版时能否采用一致的坐标系还取决于这些资料的质量。

④即使建立了新的先进的坐标系,海图的改版还是要一步一步进行,是难以一蹴而就的。同一地区的海图只有全部经历了一个改版周期之后,坐标系才能取得一致。这个周期有时需要若干年。

海图坐标系不一致对海图使用的影响是十分突出的。航海人员在航行中更换海图时要进行定位作业,若前后使用的两张海图采用的坐标系不同,就会使前后在两张海图上的定位点出现差异,即在两张海图上船位相对于物标、航行障碍物等的位置不一致,这就会给海图作业带来困难,甚至会危及航行安全。

针对相邻两张海图坐标系不同的情况应进行坐标系转换,当两坐标系的位移量大于海图极限精度时,必须进行坐标换算。因此,对于大比例尺海图,这一问题突出;而对于小比例尺海图,坐标系换算一般可以忽略。

例如,BA3636 海图相邻的海图为 BA89,在 BA3636 的 NOTE 栏中有这样一段话:

POSITIONS

To agree with adjoining chart 89 which is referred to Lisboa Datum, positions read from chart 3636 should be moved 0.17 minutes SOUTHWARD and 0.01 minutes WESTWARD.

这段话的意思是 BA89 海图采用里斯本测量坐标系,与 BA3636 的海图坐标系不同,因此,从 BA3636 海图上获得的船位必须进行如下坐标换算:纬度南移 $0'.17$,经度西移 $0'.01$,然后才可以转移定位到 BA89 海图上。

航海人员应尽可能选用质量好的同一个国家出版的海图。当海图坐标换算量未知时,应慎重处理,有条件时应用陆标定位检查核实。

与相邻两张海图坐标系不一致类似的另一个问题是导航定位仪器所采用的坐标系与所使用海图的坐标系不同。例如,接收机给出的船位是对应坐标系下的船位,北斗接收机给出的船位是 2000 国家大地坐标系下的船位,GPS 接收机给出的船位是 WGS-84 世界测地坐标系下的船位,而实际使用的海图往往采用与它们不同的坐标系,这样也有一个因坐标系不同而产生误差的问题,同样需要坐标换算。尤其对北斗/GPS 来说,此问题解决不好,就会导致虽然使用高精度北斗/GPS 接收机却得不到精确的船位的问题,有时还会误导航海人员。

当导航系统的坐标系与海图坐标系不同并且其坐标系误差大于海图极限精度时,必须进行坐标换算,通常会在海图上给出这一坐标系的修正量。例如,BA3636 海图 NOTE 栏内有以下说明:

SATELLITE DERIVED POSITIONS

Positions obtained from satellite navigation systems, such as the Global Positioning System (GPS), are normally referred to the World Geodetic System 1984 Datum. Such positions must be adjusted by 0.08 minutes NORTHWARD and 0.08 minutes EASTWARD before plotting on this chart.

这是说,使用 GPS 获得的船位是 WGS-84 坐标系下的船位,要在 BA3636 这张海图上标绘,首先要进行如下坐标换算:纬度北移 $0'.08$,经度东移 $0'.08$。

经过这样的坐标换算后的定位精度满足航海要求。但是,在实际使用中,有条件时,也应用陆标定位等其他定位方法予以查核。

四、海图出版与新版

在测量与编绘的基础上出版新图。英版海图的出版大致有以下几种形式。

1.新图(new chart)

新图是指第一次制版或全部重新制版的海图,包括下列几种:

(1)新图(new chart)

新图是指原先未制作过的某一地区的海图,或者它的比例尺及包括的海区范围与图号均以全新的面貌出现的海图。

(2)新米制海图(new metric chart)

新米制海图是新图的一种,其陆地高程和水深均以米为单位。

(3)代替同图号的新图(new chart superseding chart of the same number)

代替同图号的新图是对其原版海图进行重制,但图号保持不变的海图。

(4)英国复制的澳大利亚、新西兰海图和日本海图(UK reproduction of AUS, NZ and JP government chart)

1963年以后,英国取得澳大利亚、新西兰、日本三国政府同意,有权复制三国政府的海图以逐步替代该地区的原英版海图。

2.新版图(new edition chart)

新版图是对旧版图重新调制后出版的,大部分采用了新的测量资料。新版图图号、比例尺及所包括的地区与旧版图一样,其新版日期印在海图原版日期的右侧。

海图的出版、新版及作废消息均发布于《航海通告》之中。

第六节　识图

航海图上,除绘有经纬线图网外,还有按其各自的地理坐标,用一定的符号和缩写标绘的重要的航行物标和主要地貌、地物,海区内的航行障碍物、助航标志、港湾设施,以及潮流、海流要素等航海资料。这种绘制海图的符号和缩写,叫作海图图式。我国出版的海图是根据国家质量技术监督局发布的《中国海图图式》绘制的。英版纸质海图是根据英版《英版纸质海图符号与缩写》(Symbols and Abbreviations Used on Admiralty Paper Charts, NP5011)绘制的。了解和熟悉各种海图图式的含义以及图上的各种图注和说明,对正确和熟练地利用海图上的航海资料,最大限度地发挥海图的导航作用具有十分重要的意义。下面介绍中版和英版纸质海图图式中常用的重要图式。

一、海图标题栏与图廓注记

1.海图标题栏(chart legend)

海图标题栏一般刊印在海图内陆处,或船舶航行不到的水面上,特殊情况也可能印在图廓外适当的地方。这是该图的说明栏,一般制图和用图的重要说明均印在此栏内。标题栏的内容包括出版者徽志、图幅的地理位置、图名、比例尺及基准纬线、投影名称、坐标系说明、深度和高程计量单位及其基准面说明、等高距、图式说明及注意事项等。

中版海图总图不配置地理位置说明。航行图的地理位置说明一般取海域名称及著名的岛屿、群岛、半岛和海湾等名称,名称前加注所属国国名,如"中国 黄海 辽东半岛"。港泊图一般取海湾、半岛、群岛、岛屿、江河等名称作为地理位置说明,名称前加注所属国国名,如"中国 东海 舟山群岛"。

图名(chart title)用于表明图幅的范围或包括的主要航线。总图以海洋区域命名,如"渤海及黄海北部"。航行图一般用图内较重要的地名作为起讫点来命名,如"大连港至烟台港"。当航行图包括的地理单元相对完整时,也可以区域命名,如"长江口附近"。港泊图一般以其包括的港湾、锚地、岛屿、水道等命名,如"秦皇岛港""石城列岛"等。当港泊图为一狭长区域时,也采用两个地名作为起讫点来命名,如"吴淞口至高桥港"。

中版海图比例尺(scale of chart)大于 1:500000 的图上注有深度和高程的基准名称和计量单位;1:500000 及更小比例尺图上,只注深度和高程的计量单位,不注基准名称和与其有关的说明。

图名下是有关编图的一些说明。海图标题栏通常还印有图区内禁航区、雷区、禁止抛锚区、航标、分道通航制、地磁资料等与航行安全有关的说明和重要注意事项或警告。有些海图标题栏还附有图区内重要物标的对景图、潮信表(tide tables)、潮流表(tidal stream table)、换算表等资料。使用海图时,应首先仔细阅读海图标题栏内有关重要说明,特别是其中用红色印刷的重要图注。

2.图廓注记(marginal notes)

在海图图廓四周注记有许多与出版和使用海图有关的资料。

(1)海图图号(chart number)

中版海图按地理顺序编排,图号印在海图图廓的 4 个角上,不论该图怎样放置,图号均可保持从该图的右下角读出。海区总图用三位数字编号;航行图、港泊图采用五位数字编号,前两位数字代表海区区号,后三位数字为序号。英版海图图号与地区无关,是按出版海图的时间先后编号的,刊印在海图图廓外右下角和左上角。若有必要,图号前缀有"BA",以区别英版系列海图与其他海图。英国复制的澳大利亚、新西兰和日本的海图,图号前缀分别有"AUS"、"NZ"和"JP"。有些海图图号前还印有该图的国际系列图号。

(2)发行和出版情况(publication note)

发行和出版情况印在图廓外下边,给出出版者名称、版权说明、发行者及其地址、版次与出版日期等。2000 年 5 月前出版的海图,在图廓外右下角还给出该图的新版日期。

(3)航海通告(notices to mariners)/小改正

航海通告(中版海图:小改正)刊印在海图图廓外左下角,给出海图出版期间所包含的最新的航海通告年份和通告号码,也用以登记自该图出版以来改正过的所有航海通告年份和通告号码,以备查考该图是否已及时更新。

(4)图幅尺寸(dimensions)

图幅尺寸印在图廓外右下角,在括号内给出海图内廓线的尺寸,用以检查海图图纸是否有伸缩变形。中版海图以毫米为单位,英版米制海图以毫米为单位,拓制海图以英寸为单位。

(5)对数图尺(logarithmic scale)

在某些大比例尺的港泊图和航行图的外廓图框上,通常印有对数图尺,印在该图右下方或左上方,以便用来速算航程(s)、航速(v)和航行时间(t)之间的关系,因为

$$\frac{60}{v(\text{kn})} = \frac{t(\text{min})}{s(\text{n mile})}$$

或

$$\frac{60}{t(\text{min})} = \frac{v(\text{kn})}{s(\text{n mile})}$$

所以

$$\lg 60 - \lg v = \lg t - \lg s$$

或

$$lg60 - lgt = lgv - lgs$$

如果用两脚规在对数图尺上量出 $lg60-lgv$ 的差值,保持两脚规的跨度不变,在已知航行时间 $t(min)$ 时,可在对数图尺上读取航程 $s(n\ mile)$,或在已知航程 $s(n\ mile)$ 时,可读取所需航行时间 $t(min)$。如果用两脚规在对数图尺上量出 $lgt-lgs$ 的差值,则可以用此差值的两脚规跨度,在对数图尺上读取航速 $v(t=60\ min)$。

(6)参阅邻接海图(adjoining chart)

邻接海图图号信息印在图廓外或图廓内适当地方,表示相同或相近比例尺的邻接图图号。

二、海图基准面

海图的高程基准面和深度基准面总称为海图基准面。

1.高程基准面(height datum, HD/vertical datum, VD)

海图上所标山头、岛屿、明礁等高程的起算面称为高程基准面。我国沿海地区一般采用"1985 国家高程基准"作为高程基准,特殊情况下采用当地平均海面作为高程基准,我国港、澳、台地区及外国地区采用原资料的高程基准。英版海图一般采用平均大潮高潮面(以半日潮为主的海区)、平均高高潮面(以日潮为主的海区)或当地平均海面(在无潮海区)为高程基准面。

2.深度基准面(chart datum, CD/sounding datum, SD)

海图上所注水深的深度起算面称为深度基准面,也是干出高度的起算面。如果海图基准面定得过高,可能产生负潮高现象,即实际水深小于海图水深的情况,对航海安全十分不利;海图基准面定得过低,自然可提高航海安全性,但也会给人以水深过浅的印象,不利于港口水深资源的充分利用。我国沿海地区一般采用理论最低潮面作为深度基准,远海及外国海区采用原资料的深度基准,不受潮汐影响的江河采用设计水位。英版海图水深通常采用天文最低低潮面(lowest astronomical tide, LAT)作为起算面。

三、重要海图图式

1.高程、水深和底质

(1)高程(height)

海图陆上所标数字以及部分水上带括号的数字都表示该数字附近物标的高程。物标高程为自高程基准面至物标顶端的海拔,它们的起算面和单位,一般在海图标题栏内加以说明。中版海图高程单位为米,高程不足 10 m 的,注至 0.1 m;大于 10 m 的,舍去小数,注至整米。英版米制海图高程单位为米,拓制海图单位为英尺。

灯高(elevation of light)一般是自平均大潮高潮面至光源中心的高度。我国沿海地区中版海图灯高不足 10 m 的,注至 0.1 m;大于 10 m 的,舍去小数,注至整米。

干出高度是指深度基准面以上的高度。

比高(relative elevation)是自地物、地貌基部地面至其顶端的高度,即物标本身的高度。

桥梁净空高度(vertical clearance)是自平均大潮高潮面或江河高水位(设计最高通航水位)到桥下净空宽度中下梁最低点的垂直距离。架空管道(overhead pipe)、架空电缆(overhead cable)等的净空高度是自平均大潮高潮面或江河高水位到管线下垂最低点的垂直距离,舍去小数,注至整米。英版海图净空高度一般自最高天文潮面(HAT)起算,考虑了绝缘富余量后的架空电缆安全净空高度用洋红色数字注记。

建筑物(如塔形建筑物)符号旁标注的数字为建筑物高程,是指高程基准面至建筑物基部地面的高程;建筑物旁所注带括号的数字表示建筑物顶高,即自高程基准面至建筑物顶端的高度;建筑物旁括号内所注上有"⌒"的数字表示建筑物比高,上有"—"的高程表示树梢概略高度,从高程基准面起算。

山高高程点一般是用黑色圆点表示并在附近标有高程,其他各点高程用等高线描绘。等高线(contour lines)是地面上高程相等的各点的连线,按基本等高距测绘的等高线称首曲线(基本等高线)。从高程起算面起算,每隔四条首曲线加粗一条等高线称记曲线(加粗等高线),等高线上的数字表示该等高线的高程。用虚线描绘的等高线是草绘等高线(草绘曲线)(approximate contour lines),表示地貌测绘或编绘的精度不符合规范要求。无高程的等高线是山形线(form lines),它仅仅表示山体的形态,在同一条曲线上高程不一定相等,描绘时可能不闭合。

(2)水深(sounding)

水深是海图基准面至海底的深度,凡海图水面上的数字均表示水深。中版海图水深注记遵循"舍深取浅"的原则,以保证航行安全;同时也保留适当数量的水深注记,以显示航道通航能力及海底地貌特征,便于船舶确定航线和选择锚地。水深浅于31 m的,注至0.1 m;深于31 m的,舍去小数,注至整米。英版米制海图水深单位为米。拓制海图,如水深小于11拓,用拓和英尺标示;如水深大于11拓,用拓标示。如水深资料足够准确,则11~15拓的水深也可能用拓和英尺标示。

水深一般用斜体数字注记。在比例尺大于1∶500000的海图上,按旧资料(测量时间早于资料采用说明或资料采用略图中所标明的该区域测量时间的资料)补充的水深,以及原始资料比例尺小于等于成图比例尺2/3时,用直体数字注记。1∶500000及更小比例尺的海图上水深全部用斜体数字注记。

"疑深"(sounding of doubtful depth,SD)表示实际深度可能小于已标明的水深注记。

"$\frac{\overset{\cdot}{—}}{198}$"表示未测到底的水深注记。

水深注记(整数)的中心即为水深的实测点位。实测水深一般用斜体数字注记;礁石上的水深以及用等深线显示的最浅水深,可将其水深注记用括号或细直线移至附近标示;狭水道内最浅水深在实测位置注记有困难时,在附近陆上用带括号的数字标示。

等深线(depth contours)是图上水深相等的各点的连线,用细实线描绘。不精确等深线(approximate depth contours)是根据稀少水深勾绘的等深线,其位置不准确,采用虚线描绘。

常见的高程、水深海图图式如表2-6-1所示。

(3)底质(nature of the seabed)

各种比例尺海图上,通常还以一定的间距标明海底底质,如沙(sand,S)、泥(mud,M)、黏土(clay,Cy)、淤泥(silt,Si)、石(stones,St)、岩(rock,R)、珊(coral and coralline algae,Co)、贝(shells,Sh)等,底质注记顺序为先形容词后底质种类。形容沙的形容词有细(fine,f)、中(medium,m)和粗(coarse,c),其他常用形容词有碎(broken,bk)、黏(sticky,sy)、软(soft,so)、硬(stiff,sf)、坚(hard,h)等,如软泥(soM)、粗沙(cS)。已知下层底质不同于上层底质的地方,先注上层后注下层,如沙/泥(S/M),表示上层为沙,下层为泥。两种混合的底质,先注成分多的,后注成分少的,如细沙泥贝(fS.M.Sh),表示细沙多于泥和贝的混合底质。

表 2-6-1　常见的高程、水深海图图式

类别	中版图式	说明	英版图式
等高线及高程点	·345.3 250	实线表示精测等高线,虚线或无高程的等高线为山形线(草绘曲线)	·259 200 100　360 300 200 100
建筑物高程	15.3	高程基准面至建筑物基部地面的高度	
建筑物顶高	(35.3)	高程基准面至建筑物顶端的高度	(30)
建筑物比高	(20)	建筑物基部地面至顶端的高度	(30)
树梢概略高度	85	高程基准面至树梢顶端的高度	52
存在有疑问	疑存	表示对礁石、浅滩等的存在有疑问	ED　(ED)
深度可疑	疑深	表示深度可能小于已标明的水深注记	40 SD
据报	据报(1988)	表示未经测量,据报的航行障碍物(据报年份)	Rep (1973)　Repd (1973)
实际位置的水深	15₁　6₄	实测水深,注记(整数)中心即为水深实测点	12　9₂
移位水深	+(13)　123	表示附近礁石或用等深线显示地形的最浅水深	·　3349
狭水道最浅水深	(8₁)	表示狭水道内的最浅水深	(14₁)
未测到底的水深	198	表示测到一定深度尚未着底的深度	330
直体注记水深	15₁　6₄	表示深度不准或采自小比例尺图的水深	12　9₂
干出高度	1　2	表示深度基准面以上的高度	4₉　2

2.礁石、沉船和障碍物

(1)礁石(rocks)

礁石是海中突出、孤立的岩石。它又可区分为明礁(rock uncovered)、干出礁(drying rock)、适淹礁(rock awash)和暗礁(reef, submerged rock)。明礁是指平均大潮高潮时露出的孤立岩石,与小岛同样标示。同一礁石,由于中、英版海图所采用的高程基准面不一定相同,其所注记的高程也不一定相同。干出礁是指位于平均大潮高潮面以下、深度基准面以上的孤立礁石,高潮时淹没,低潮时露出,数字注记系干出高度(深度基准面以上)。适淹礁仅指深度基准面适淹的礁石,深度基准面以下的孤立礁石称为暗礁,水下珊瑚礁(coral reef which covers)是指位于深度基准面以下的珊瑚礁。浪花(breakers, Br)用于标示海浪冲击、波涛汹涌,船只不能靠近的多礁地区。

(2)沉船(wrecks)

沉船区分船体露出水面的沉船(wreck, hull never covers)、干出沉船(wreck, hull covers and uncovers)、已知深度的水下沉船(submerged wreck, depth known)、深度不明的水下沉船(submerged wreck, depth unknown)、部分船体露出的沉船(wreck showing any part of hull or superstructure at the level of chart datum)、仅桅杆露出的沉船[wreck of which the mast(s) only are visible at chart datum]、经扫海的沉船(wreck, depth swept by wire drag or diver)、危险沉船

（dangerous wreck）、非危险沉船（non-dangerous wreck）、未精测的沉船（wreck, inadequately surveyed）等。沉船图式又可分为船体形状依比例尺标示（仅存在于大比例尺海图）和不依比例尺标示两种。危险沉船是指其上水深不明但可能有碍水面航行的沉船（中版海图主要是指深度小于或等于 20 m 的沉船）；非危险沉船是指深度大于 200 m（中版海图大于 20 m）的沉船，或深度不明但不妨碍水面航行的沉船；未精测沉船是指未进行精确的测量、沉船最浅深度不明但标示的深度是采用其他方法估计的安全深度的沉船。

随着船舶吃水的日益增加，英版海图区分危险沉船与非危险沉船的水深标准不断改变。自 2008 年以来出版的英版海图，凡其上水深不明，有碍水面航行安全的沉船均被标注为危险沉船；水深超过 200 m，或者水深不明，但不妨碍水面航行的沉船被标注为非危险沉船。

（3）障碍物（obstructions）

捕鱼设备、水下桩（柱）、渔礁等障碍物一般以符号标示，有时也用文字注记说明，如"附近多渔栅"。

渔礁（fish haven）是保护渔业资源的一种设施。在浅海地区，用乱石、废轮胎、废汽车、空心水泥块等，抛在海底堆成一定高度，犹如礁石，供鱼群在这里栖息、繁殖，有碍航行。

扫海测量简称扫测，是在一定海区内进行面探测，以查明该区域内或该区域所规定的深度上是否存在航行障碍物的一种测量。用软式扫海具进行扫测的方法分为定深扫测和拖底扫测两种。定深扫测是使扫海具的底索在深度基准面以下保持一定深度的扫海测量，主要用于确定船舶安全航行的深度和确定航行障碍物的最浅深度。拖底扫测是扫海具底索着底，发现和探测航行障碍物的扫海测量。

凡危险物外加点线圈者，均为对水面航行有碍的危险物，提醒航海人员予以特别注意。危险物位置未经精确测量的，加注"概位"（position approximate, PA）；对危险物位置有疑问时，则加注"疑位"（position doubtful, PD）；对危险物的存在有疑问时，也加注"疑存"（existence doubtful, ED）；未经测量，据报的航行障碍物，同样也加注"据报"（reported, Rep）。

常见的礁石、沉船和障碍物的海图图式和含义如表 2-6-2 所示。

3.助航标志（navigational aids）

助航标志简称航标，它包括灯标（lights）、立标（beacons）、浮标（buoys）、无线电信标（radio beacons）、雷达标（radar beacons）、雾号（fog signals）等，其中，灯标又区分为灯塔（light-house）、灯桩（light-beacon）、灯船（light-vessel）和灯浮（light buoy）。航标以特定的标志、灯光、音响或无线电信号等供船舶确定船位和安全航向、避离危险以供其他特殊需要，其海图图式和含义如表 2-6-3 所示。

水上航标是以其形状（shape）、颜色（color）、顶标（top mark）、灯质（light characters）、编号（number）相互区别的。各国浮标制度至今仍不完全统一，多数航海国家采用国际航标协会（IALA）推荐的海上浮标系统。具体情况应查阅有关航路指南、港章和海图标题栏的相关说明。《中国海区水上助航标志》（GB 4696—2016）是采用 IALA 海上浮标系统（A 区域）的原则并结合我国具体情况制定的。

灯质是指灯光的性质，它是以灯光亮灭的规律（节奏, rhythm）和灯光颜色来相互区别的。灯质的种类很多，基本灯质有定光（fixed, F）、明暗光（occulting, Oc）、闪光（flashing, Fl）和互光（alternating, Al）四种。定光是工作时间内颜色和亮度不变的长明不断的灯光。明暗光是颜色不变，在一个周期中明的时间长于暗的时间的灯光。闪光是灯光颜色不变，在一个周期中只显示单次闪光,明的时间比暗的时间短的灯光。两种不同颜色的灯光连续交替发光,灯不熄灭的为互光。闪光又可区分为:单闪光(single-flashing)、长闪光(long-flashing,LFl)、快闪光(quick-flashing,Q)、甚快闪光(very quick-flashing,VQ)和特别快闪光(ultra quick-flashing,UQ)光五种。颜色不变,明暗交替且时间相等的灯光为等明暗光(isophase,Iso)。以上各种灯光

表 2-6-2　常见的礁石、沉船和障碍物的海图图式

危险物	中版图式	说明	英版图式
明礁（屿）	(2.6)　(1.3)　(1.2)	平均大潮高潮面时露出的孤立岩石	4.1　(3.1)　0　(1.7)　0
干出礁	(2₆)　(1₅)　(1₃)	平均大潮高潮面下、深度基准面上的礁石	(1₅)　(1₄)　(3₇)　Dr 1.6m
适淹礁		在深度基准面适淹的礁石	
暗礁	+　+	在深度基准面下,深度不明的危险暗礁	
	+ (4₅)　(4₆)	在深度基准面下,已知深度的危险暗礁	(4₆)　(11₂)　4₅ R
	23 岩	非危险暗礁（中版水深大于 20 m）	30 R
水下珊瑚礁	+　珊　+	位于深度基准面以下的珊瑚礁	+　+ Co　Co
浪花	(5₂) 浪花	多礁区,海浪冲击波涛汹涌,船只不能靠近的区域	5₈　Br
船体露出水面沉船	船	船体露出大潮高潮面,按比例画出	Mast (1.2) Wk
干出沉船	船	大潮高潮面下、深度基准面上,按比例画出	Mast (1₃) Wk
已知深度水下沉船	2₄ 船	深度基准面下已知深度沉船,按比例画出	5₂ Wk
深度不明水下沉船	船	深度基准面下深度不明沉船,按比例画出	Wk　Wk
部分船体露出沉船		部分船体露出深度基准面,不按比例画出	
仅桅杆露出的沉船	桅	仅桅杆露出深度基准面以上的沉船	Mast (1.2) Mast (1₃)　Funnel　Masts
已知最浅深度沉船	4₆ 船　27 船	经测深已知最浅深度的沉船	4₆ Wk　25 Wk
经扫海探测的沉船	4₆ 船　27 船	经扫海（或潜水员探测）的最浅深度沉船	4₆ Wk　25 Wk
危险沉船		深度不明但可能有碍水面航行的沉船（中版不大于 20 m）	
非危险沉船		深度大于20 m（英版大于200 m）沉船,或深度不明,但不妨碍水面航行的船舶	
未精测沉船	27 船	未经精确测量,最浅水深不明的沉船	20 Wk
沉船残骸及其他碍锚锚地	碍锚地　#	沉船残骸及其他有碍抛锚和拖网地区	Foul　#　Foul
深度不明的障碍物	碍　碍	深度不明的障碍物	Obstn　Obstn
已知最浅深度的障碍物	2 碍　17 碍	已知最浅深度的障碍物	4₈ Obstn　17₂ Obstn
经扫海的障碍物	6 碍　17 碍	经扫海或潜水探测的最浅深度障碍物	4₆ Obstn　16 obstn
渔栅		捕鱼用木栅、竹栅或系网捕鱼的桩等	
渔礁	(2₆)	深度不明或已知深度的渔礁	(2₆)
贝类养殖场	贝	养殖贝类的场地	Shellfish Beds

表 2-6-3 常见的航标海图图式

名称	中版图式	说明	英版图式
灯塔、灯桩		左图为灯塔，右图为灯桩	Lt Lt Ho
设灯的平台		装有灯标的海上平台	
塔形灯桩	黑黄 ★塔形	塔形灯桩用此符号表示	BY Bn Tr Bn Tower Bn Tr
灯船		中版海图上,区分有人（左）和无人（右）看守	Lt V
大型浮标		表示大型助航浮标（LANBY）	
导灯	269°17′	两个或两个以上前后重叠,构成导航线的灯	Occ.4s12M Oc.R 4s10M Lights in line 269°
海岸雷达站	雷达	根据船舶要求,能提供其方位和距离的海岸雷达站	Ra
雷达指向标	雷信	表示能连续发射信号的雷达信标	Ramark
雷达应答标	雷康(K)	具有莫氏信号（K）,在 3 cm 频带内应答	Racon (K)
雷达应答标	雷康(K) (10cm)	具有莫氏信号（K）,在 10 cm 频带内应答	Racon (K) (10cm)
雷达应答标	雷康(K) (3&10cm)	具有莫氏信号（K）,在 3 cm 和 10 cm 频带内应答	Racon (K) (3&10cm)
雷达反射器		用于装有雷达反射器的航标所用标志	Ra.Refl.
雷达显著物标		用于雷达影像显著的物标所用标志	Ra conspic
无线电信标	环向	全向无线电信标	Name RC
无线电信标	定向269°.5	定向无线电信标	RD 270° RD
无线电信标	旋向	旋转辐射无线电信标	RW
无线电测向台	测向	提供无线电定位业务的岸基无线电测向台	RG Ro.D.F.
无线电答询台	答询	海岸无线电答询指向台	R Ro
航空信标	空指向	供航空用的无线电信标	Aero RC Aero RC

联合或组合起来,可以形成各种不同类型的灯质,如联闪光(group-flashing)、混合联闪光(composite group-flashing)、间断快闪光(interrupted quick-flashing,IQ)、互闪光(alternating and flashing)、互联闪光(alternating and group flashing)、定闪光(fixed and flashing,FFl)等。

常用的几种灯质如表2-6-4所示。

表2-6-4 常见的几种灯质海图图式

灯质	中版图式	说明	英版图式
定光	定	工作时间内颜色和亮度不变的长明不断的灯光	F
明暗光	明暗	颜色不变,在一个周期内明的时间长于暗的时间的灯光	Oc
联明暗光	明暗(2)	在一个周期内连续熄灭两次或两次以上,明长于暗的灯光	Oc(2)
混合联明暗光	明暗(2+3)	在一个周期内相继出现几个不同熄灭次数的联明暗光	Oc(2+3)
等明暗光	等明暗	颜色不变,明暗交替且时间相等的灯光	Iso
单闪光	闪	灯色不变,在一个周期内只显单次闪光,明比暗短的灯光	Fl
联闪光	闪(3)	在一个周期内以两次或两次以上的闪光组成一个组的灯光	Fl(3)
混合联闪光	闪(3+1)	在一个周期内相继出现几个不同闪光次数的闪光组的联闪光	Fl(3+1)
长闪光	长闪	持续时间不少于2 s的闪光,我国规定持续时间为2 s	LFl
连续快闪光	快	颜色不变,每分钟闪光50~79次,我国为每分钟60次	Q
联快闪光	快(3)	在一个周期内以两次或两次以上的快闪光组成一组	Q(3)
间断快闪光	断快	有间断的快闪光	IQ
连续甚快闪光	甚快	颜色不变,明暗次数每分钟80~159次,我国为每分钟120次	VQ
联甚快闪光	甚快(3)	每一周期内以两次或两次以上的甚快闪光组成一组	VQ(3)
间断甚快闪光	断甚快	有间断的甚快闪光	IVQ
连续超快闪光	超快	颜色不变,每分钟闪光160次以上,一般为每分钟240~300次	UQ
间断超快闪光	断超快	有间断的超快闪光	IUQ
莫尔氏灯光	莫(A)	颜色不变,按莫氏码显示有节奏的灯光	Mo(A)
定闪光	定闪	颜色不变,每隔一定时间加发一次更亮闪光的定光灯	FFl
互光	互白红	有节奏地交替显示不同颜色的灯光	Al.WR
互闪光	互闪	两种不同颜色的闪光,每隔一定时间交替发光一次	AlFl
互联闪光	互闪(3)	每隔一定时间连续发两次或两次以上颜色不同的闪光	AlFl(3)
互明暗光	互明暗	两种不同颜色的灯光交替,每隔一定时间熄灭一次,明比暗长	AlOc

灯标的注记,除注有灯质(节奏和颜色)外,还注有周期、灯高、射程和雾号及光弧等的说明。它们的含义如下。

周期(period):有节奏的灯光,自开始到以同样的节奏重复时所经过的时间间隔(s)。

灯高(elevation):中版海图是指平均大潮高潮面至灯光中心的高度(m)。英版海图是指平均大潮高潮面或平均高高潮面,无潮汐海区是指平均海面至灯光中心的高度,米制海图单位为米,拓制海图单位为英尺。

灯光射程(range):中版海图规定射程是在晴天黑夜条件下,航海者的眼高在海面上5 m处所能看见到航标灯光的距离(n mile)。英版海图上射程为光力射程(luminous range)或额定光力射程(nominal range)。

雾号(fog signals):引导船舶在不良能见度中安全航行,由航标发出的警告性或指向性音响信号,如爆响雾号(explosive)、低音雾号(diaphone)、雾笛(siren)、雾角(horn)、雾钟(bell)、雾哨(whistle)和雾锣(gong)。

光弧(sector):用于表示扇形灯的扇形区域,不同光色扇形应分别注明,所注方位为观测者由海上观测灯标的真方位,顺时针方向计算。

关于灯标的标注,如白天和夜间的灯光性质不同时,应将白天的灯光性质括注在夜间灯光性质的下方并在其后加注"昼(by day)";有雾时灯光性质发生改变,或仅在雾天显示的雾灯,应括注"雾(in fog)";无人看守的灯可在其灯光性质之后括注"无(U)";注记"临(temp)",表示临时性的灯;"熄(extingd)"表示灯光已熄灭的灯;在灯光性质后括注"航空(Aero)"的灯标表示为航空导航而设置的航空灯。

4.符号的位置与其他图式

(1)符号的位置(symbolised positions)

面状符号(symbols in plan),如"⊕、✳",位置在符号中心;形象符号(symbols in profile),如"𝄐、⚓",位置在符号底线中心;有点符号(point symbols),如"⊙、△",符号中的点即为中心位置。如位置未精确测量,则加注"概位(PA)"。

(2)其他重要图式

除前面介绍的各种图式外,航海人员还应了解和掌握如表2-6-5所示的重要海图图式,其中,无线电报告点(radio calling-in point)又称船舶动态报告点(reporting point),设在繁忙的水道上或港区附近,有助于航道畅通,确保航行安全。船只经过这些点时,必须用甚高频无线电话向船舶安全航行控制中心报告。符号尖端表示船舶只在航行方向与其指示方向一致时需要报告,数字表示编号。

表 2-6-5 常见的其他重要海图图式

名称	中版图式	说明	英版图式
生产平台、其他平台、井架	▫ 宵龙	生产平台及其他平台、井架,并加注名称或编号	▪ Z-44
已知最大吃水航线	< 6.5m >	已知最大吃水深度的航道	< 7.3m >
已知最大吃水推荐航线	< 6.5m >	已知最大吃水深度的推荐航道	< 7.3m >
深水航道	深 水 26m	已知最浅水深供深吃水或限于吃水船的航道	< DW20m
无线电报告点	👁 ③	又称船舶动态报告点,数字表示编号	👁 ③
限制区界限		用以表示因某种原因,航行受限制的区域界限	
引航站	⬥	表示引航员登船位置或引航船位置	⬥ ⬥ Name ⬥ Note ⬥ H
规定的航向	➡	分道通航水域规定的航向	➡
推荐的航向	⇢	分道通航水域推荐的航向	⇢
分隔带	▬	分道通航水域的分隔带(按照比例绘制)	▬
分隔线	▬	分道通航水域的分隔线(不按照比例绘制)	▬
警戒区	⚠ Precautionary Area	分道通航水域的警戒区	⚠ 警戒区
环形道		船舶定线制的一种,由一个分隔点或圆形分隔带和一个规定了界限的环形通航分道组成	

第七节 海图的分类和使用注意事项

一、海图分类

根据作用不同,海图可以分为航海图和参考图两大类。

航海图用于拟定航线、进行航迹推算和定位等海图作业,按用途可以分为总图、航行图和港湾图三种:

1.总图(general charts)

其比例尺一般为1∶3000000或更小,包括世界海洋总图、大洋总图和海区总图。总图图区包括范围甚广,图上只印有在远离海岸航行时能够看到的重要物标和灯塔,以及与海岸有一定距离的航海危险物。沿岸航海危险物仅作概略的描述。总图主要供研究海洋形势、拟定航行计划等使用。

2.航行图(sailing charts)

航行图比例尺一般为1∶100000~1∶2990000,包括远洋航行图、近海航行图和沿岸航行图。航行图主要供航行使用,其中:

(1)远洋航行图(ocean sailing charts)

其比例尺为1∶1000000~1∶2990000。图上详细标有海上平台、井架等近海设施,一般还标有图区内主要的山头及岛顶高程、主要雷达及无线电导航设备和特别重要的灯塔、灯桩、灯船及浮标等。远洋航行图一般可用于远洋航行或作为航行参考图。

(2)近海航行图(offshore sailing charts)

其比例尺一般为1∶200000~1∶990000。图上详细标有雷达站及无线电导航设备、灯塔和射程较远的灯桩、主要灯船、雾号、有雷达反射器和雷达应答标的航标、进港的1号浮及指示航行障碍物的浮标等。图上一般还标有沿海较主要的航道、码头、防波堤、港外较大的锚地和港口沿岸较显著的建筑物。近海航行图主要供船舶在近海航行时海图作业用。

(3)沿岸航行图(coastal sailing charts)

其比例尺一般为1∶100000~1∶190000。图上一般都详细标有除供港湾内用的助航标志以外的其他各种助航标志,还详细标有港口附近的主要航道及其疏浚深度或扫海深度、港外锚地和较大港湾内的码头、防波堤、海上平台等近海设施和沿海陆地地貌、烟囱、灯塔、教堂、无线电杆等具有航行方位意义的各种建筑物等。沿岸航行图可供船舶沿岸和狭水道航行用。

3.港湾图(harbour charts)

其比例尺一般大于1∶100000,包括港口图、港区图、港池图、航道图和狭水道图等。图上详细标有灯塔、灯标、浮标、立标、雷达站、无线电导航设备、雾号等各种助航标志。当图幅范围内有更大比例尺的港湾图时,对港内助航标志会作较多的取舍。图上还详细标有各种航道及其疏浚深度或扫海深度、锚地和锚位,以及码头、防波堤、船坞、系船浮筒和系船灯桩等港口资料。港湾图主要供船舶进出港口、锚地,通过狭窄水道及进行港口管理等使用。

参考图一般不可以用作航迹推算和定位。它是为了满足某种航海的特殊需要而专门绘制的海图,如供无线电定位系统用的位置线图网(latticed charts),为设计大洋航线用的航路设计图(routeing charts)、大圆海图(gnomonic charts)、气候图(climatic charts)、世界载重线区域图(zones, areas and seasonal periods for commercial vessels)、等磁差曲线图(magnetic variation charts)等。

按绘制图网的方法,即地图投影方法,海图又可分为墨卡托海图、高斯投影海图、大圆海图、平面图等。

中版航海图一般采用墨卡托投影。同比例尺成套航行图以覆盖区域的中央纬线为基准纬线,其余图以本图中纬为基准纬线。1:20000及更大比例尺海图采用平面图或高斯-克吕格投影,通常又称为港泊图。当制图区域60%以上的地区纬度高于75°时,采用日晷投影。

英版海图按水深和高程单位可分为米制海图和拓制海图。米制海图水深和高程单位均为米,拓制海图水深单位为拓或英尺,高程单位为英尺。英版拓制海图逐渐向米制海图过渡,目前,除美国部分海域和少量测量时间较早的海域仍在使用拓制图外,绝大部分英版海图为米制海图。

二、海图资料的可信赖程度

尽管人们为了确保海图资料的准确性进行了不懈的努力,但是由于测量不充分或其后地貌、海底等的变迁,任何海图所提供的资料都可能是不完善的或不是最新的。为改正海图而发布的航海警告和航海通告也可能因情况紧急而未在发布前加以核实。因此,海图可信赖程度的最后评价者将是海图的使用者。通常,航海人员可根据当时的实际情况,从以下几个方面来判定海图的可信赖程度。

1.测图比例尺和测量时间

海图所标注水深资料的测图比例尺、测量时间和测量单位(测量局)等资料的来源信息一般在海图标题栏内以资料采用略图(source diagram)的形式给出,信息不充分时,用文字摘要加以说明。

(1)测图比例尺(scale of survey)

测图比例尺指测绘人员提供给英国水道测量局的测量原图的比例尺(the scale of the survey fair sheet),只有那些无缝隙系统测量的测图比例尺才能真实反映测量资料的可信赖程度。

1865年以前的测量员和1905年以前的近海测量员都没有对整个测量区域进行系统的测量,其测图比例尺没有太大的意义。1905—2000年,测图比例尺明显反映出测深线之间的间隔。

测量原图上的测深值通常是以5 mm的间隔绘制的,对应于1:12500的测量原图来说,测深线之间的实际间隔是62.5 m。测量比例尺一般是根据所测区域海底地貌特征确定的,相对平坦的海底来说,尖礁区域需要选择更大的测量比例尺,以便尽可能发现测量区域内所有的孤立危险物。

值得注意的是,侧扫声呐投入航海测量前(1973年以前)的测量资料,两条测深线之间可能会存在孤立的航海危险物。例如,在 1:12500 的测量原图上,如果一个大型油船大小的沉船危险物刚好位于间隔 62.5 m 的两条测深线之间,使用单波束回声测深仪进行测量通常是无法探测到的。

多波束回声测深仪(swathe echo sounder/multibeam echo sounder)进行"面"的测量,基本上可以百分百探测到相邻两条测深线之间的全部水深资料,自多波束回声测深仪投入航海测量后(2000 年以后),测图比例尺也就失去了原有的航海意义,海图标题栏的资料采用略图内也将用"海底全覆盖(full sea floor coverage)"来标示。

(2)测量时间

早期的航海测量,由于测量与定位仪器和技术都比较落后,测量精度和完整性较差,可靠性较低。1935 年以前,水深测量使用测深绳进行,当时测量船位置也只能通过测量陆标水平角来确定,水深测量精度和水深点位置精度都很差,水深点稀少;自 1935 年起,单波束回声测深仪逐渐用于航海测量,水深测量精度明显提高,更利于获取密集的水深测量资料;1950年电子定位系统的出现,大幅度提高了水深点的位置精度,而且可以实现更远距离的近海测量;1973 年,侧扫声呐普遍应用到航海测量中,测量者可以发现位于相邻两条测深线之间的航海危险物,首次实现了对整个测量区域海底的全面测量;1985 年,全球卫星定位系统开始运用到航海定位中,测量者从此可以在同一个基准面上获取本船在任何地点的高精度位置信息,彻底改善了水深的测量精度及其水深点的位置精度;2000 年,多波束回声测深仪运用到航海测量中,测量者不仅可以探测到相邻两条测深线之间的所有碍航物,还可以获取其上面的水深资料,极大地提高了海图上水深资料的可信赖程度。

值得注意的是,有些海区海底不稳定,如珊瑚礁能以每年 5 cm 的速度增长,经过 100 年后,其上水深变化将会达到 5 m;经常变迁的浅滩和沙滩等,水深也可能出现较大的变化。船舶航行在这些海区,应特别注意海图资料的测量时间,以便对当时实际水深作出准确的评估。

测量年代船舶的最大吃水也影响着对水下碍航危险物上水深的测量与标注。例如,1958年以前,船舶吃水很少超过 6 m,15 m 在当时被预测为可能出现的最大船舶吃水,而目前,超大型油船最大吃水可达 30 m。因此,在根据旧的测深资料所绘制的海图上,一些航海危险物或浅滩等在当时被认为对船舶航行无影响,因而其上水深的标注精度可能不能满足现代船舶的要求。船舶在这些区域使用这种海图航行时,须谨慎小心。

2.海图出版、新版或改版日期

所使用海图的出版、新版或改版日期应是最近期的,所标注的日期应与最新的《航海图书总目录》中载明的现行版日期一致。每张海图使用前必须按航海通告改正至最新一期。英版《最新航海通告累积表》(The Latest Cumulative List of Admiralty Notices to Mariners)每半年出版一期,刊载有英版海图现行版本的出版日期和近两年来的永久性通告号码。根据其后出版的各期周版航海通告核查海图小改正栏所登记的已改通告号码,可确定每张海图是否已改正至最新。

3.海图比例尺

海图比例尺越大,其可信赖程度就越高。海图比例尺越大,资料记载越详细,物标、水深点、航标等的位置越准确,海图作业精度也越高。此外,当图幅内资料发生变动需要改正时,往往首先改正大比例尺海图。大量的资料变动,可能需要数月后海图才能得到彻底的改正。

4.测深的详尽程度

图上测深线的间距、水深点的密集程度、水深变化情况等也能用来判断海图资料的可信赖程度,如图上水面部分无空白,所标水深点密集且排列有规则,水深变化明显可辨,等深线为实线且层次分明、连续不中断,该图水深资料的可靠性程度就较高。海图空白处,表示未经测量,应视为航海危险区而避开。不精确等深线是根据稀少水深描绘的,采用虚线描绘,可信赖程度较低。在大比例尺海图上,实测水深一般用斜体字表示,而直体注记的水深表示深度不准或采用旧的测深资料,可靠性较低。此外,凡水深旁标注有"疑深"(SD)或"据报"(Rep)的,其可靠性也较低。

5.地貌精度与航标位置

海图资料的可信赖程度,还可根据岸形、陆地地貌的标注方式加以判断:在大比例尺海图上,虚线描绘的岸线和等高线是草绘岸线和草绘等高线,表示地貌测绘的精度不符合规范的要求;山形线仅仅是表示山体形状的曲线,同一条曲线上高程不一定相等,描绘时可能不闭合,它们的可信赖程度较低。显著山峰、灯塔、孤立的岛屿和烟囱等显著建筑物的位置一般比较准确,但无人看守的灯船、灯浮、浮标等的位置,可能由于大风浪、强流、被碰撞等原因移位、灯光熄灭甚至漂失,而又不能及时发布航海通告,对它们的位置不能过分信赖,使用前,应首先加以核实。

三、使用海图注意事项

(1)要尽可能选择现行版大比例尺海图,并要善于鉴别海图的可信赖程度。

(2)海图在使用前应根据航海通告和有关的无线电航行警告及时加以改正。海图改正应按规定的图式和缩写进行,改正内容的位置准确,不要覆盖图上原有重要资料。每则通告改正完后要按规定做好小改正登记,并查核是否有遗漏。各地海图代销店一般只对永久性通告加以改正,对临时的、预告性的通告和航海警告不做改正。因此,一张新购置的海图上资料也不一定是最新的。

(3)海图空白处,表示未经测量,应视为航海危险区避开。未经扫海区域,相邻测深线之间可能存在测深时未被发现的孤立陡峭的危险物。即使现代化的测量,也往往难以发现海区内的每一危险物。船舶使用资料陈旧、水深点稀少的海图,在船舶活动较少的海区航行,应尽可能将航线设计在水深点上。

(4)海图上也可能存在不够准确的地方,特别是资料陈旧的旧版海图,对它不能盲目信赖。使用中,应经常利用各种有效手段加以核实,并注意掌握最新资料。

(5)使用不同大地坐标系参数的海图时,对船位要进行经纬度修正。该项修正值在海图标题栏中会有说明。GPS一类导航仪自动显示的经纬度数值是基于WGS-84坐标系得来的,画在不同坐标系海图上时,也要自动或手动进行该项修正。

(6)海图作业应采用软质铅笔和松质橡皮,按有关规则的要求进行。严禁在海图上乱画、乱写,注意保护海图,避免损坏。某航次海图使用前后都应顺序排放,其上海图作业应保留至航次结束。发生海事时,应保留至海事处理结束为止。

(7)海图平时应平放在干燥的地方,防止海图受潮霉烂或变形。雨雪天进行海图作业时,要注意不要弄湿海图。一旦海图受潮,应平放阴干,切不可暴晒或用火烤干,以避免海图变形。图幅较大的海图临时折叠,最好浮折,不要折死,以避免损坏海图和影响图上重要航海资料的清晰程度。

第二篇
船舶定位

第二章

立法精神

第三章　航迹推算

航迹推算是根据船上最基本的航海仪器(罗经和计程仪)所指示的航向和航程,结合海区内的风流要素,不借助外界物标或航标,从某一已知船位起,推算出具有一定精度的航迹和某一时刻的船位的方法。航迹推算是航海上求取船位的最基本的方法,也是陆标定位、电子定位和天文定位的基础。

航迹推算应在船舶驶离引航水域或港界,定速航行并测得准确的船位后立即开始。在整个航行过程中,应连续进行航迹推算,不得无故中断,直至驶入目的港引航水域或接近港界有物标可供定位时方可终止。如船舶驶经狭水道或渔区,可暂时中止航迹推算,并在驶出该狭水道或渔区后立即恢复航迹推算工作。航迹推算的起始点、终止点以及中止点和复始点应标示在海图上,并记入航海日志。

船舶在沿岸水流影响显著的海区航行,应该每小时确定一次推算船位;其他海区,一般每2~4 h确定一次推算船位。

航迹推算包括航迹绘算(track plotting)和航迹计算(track calculating)两种方法。

第一节　航迹绘算

航迹绘算法即海图作业法(chart work)。该方法简单、直观,用于解决以下两类问题:根据船舶航行的真航向、计程仪航程和风流要素,在海图上绘画出推算航迹和推算船位等;根据计划航线、计程仪航速、风流要素,预配风流压差,作图求船舶应采用的真航向和推算船位等。

航海上,习惯将事先在海图上拟定的航线称为计划航迹线(简称计划航线),即船舶将要航行的计划航迹。计划航线的前进方向叫作计划航迹向(course of advance),简称计划航向,由真北线起按顺时针方向度量到计划航线,用 CA 表示。通过航迹推算所确定的航迹线称为推算航迹线。推算航迹线的前进方向称为推算航迹向(course made good),由真北线起按顺时针方向度量到推算航迹线,用 CG 表示。船舶在风流等影响下的实际航行轨迹称为实际航迹线(track),简称航迹线。通过航迹推算确定的船位称为推算船位(estimated position),用 EP 表示。无风流情况下,根据计程仪航程在计划航线或真航向线上截取的船位称为积算船位(dead reckoning position),用 DR 表示。

一、风流对船舶航行的影响

1.风与风压差

空气相对于地面或海底的水平运动称为风(真风)。风是矢量,既有大小,又有方向。风向是指风的来向,习惯用罗经点法或圆周法表示;风的大小一般用风级或风速来表示。船舶在航行时所产生的一种风向与船舶运动方向相同、风速与船速相等的风称为船风,它是由于船舶自身运动所产生的。船舶在风中航行时所测得的风是真风和船风的合成风——视风。图 3-1-1 所示为风速矢量三角形,体现了真风、船风和视风三者之间的关系。

风对航行的影响与风舷角密切相关,风舷角是风向与船首尾线的交角。如图 3-1-2 所示,航海上习惯将风舷角小于 10° 的风称为顶风,风舷角大于 170° 的风称为顺风,风舷角在 80°~100° 之间的风称为横风,风舷角在 10°~80° 之间的风称为偏逆风,风舷角在 100°~170° 之间的风称为偏顺风。

如图 3-1-3 所示,船舶在风中航行,除了以船速沿真航向航行外,还会受风的影响向下风漂移。但船舶在水中运动时所受水的阻力很大,因此这种漂移的速度要远远小于风速,且漂移的方向也不一定正好与风向相同。实际上,船舶是在船速矢量 v_E 和漂移矢量 R 的共同作用下,沿着它们的合成矢量方向航行的。船舶在有风无流中的航行轨迹线称为风中航迹线。风中航迹线的前进方向叫作风中航迹向,用 CG_α 表示。风中航迹线与真航向线之间的夹角叫作风压差角,简称风压差(leeway angle),用 α 表示。船舶左舷受风,α 为正(+);右舷受风,α 为负(-)。

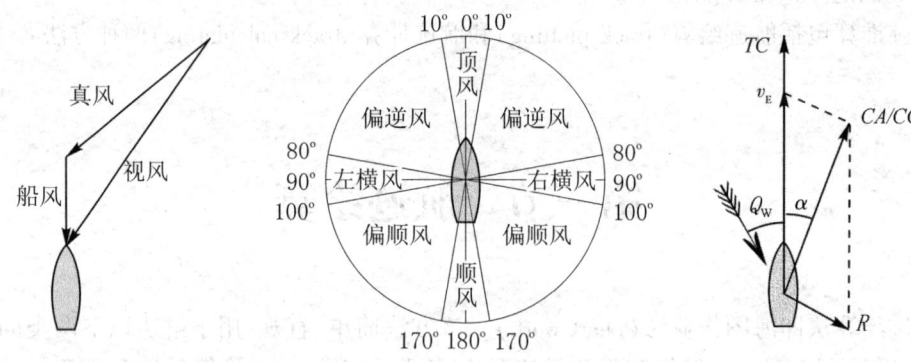

图 3-1-1　风速矢量三角形　　图 3-1-2　风与风舷角　　图 3-1-3　风压差

风压差的大小与下列因素有关:

①风舷角:风舷角接近 90°,α 最大。

②风速:风速越大,α 越大。

③船速:船速越大,α 越小。

④吃水和水下船型:吃水越大,α 越小,平底船要比尖底船的大。

⑤船舶受风面积和船型:受风面积越大,α 越大。

影响风压差 α 大小的因素多而且复杂,船舶受风影响的漂移矢量又不易掌握,因此,风压差一般不是通过绘画矢量三角形求解,而往往是采用直接观测法求取的。具体方法将在本章第二节加以介绍。

经过实测并用统计学方法可以得到求风压差的经验公式：

$$\alpha = K\left(\frac{v_{\mathrm{W}}}{v_{\mathrm{L}}}\right)^2 \sin Q_{\mathrm{W}} \tag{3-1-1}$$

式中：v_{W}、v_{L}——风速和船速（m/s）；

$\quad\quad Q_{\mathrm{W}}$——风舷角（°）；

$\quad\quad K$——风压差系数。

式（3-1-1）仅适用于风压差值不超过 $10° \sim 15°$ 的情况。根据进一步的研究，人们又提出了下面的风压差经验公式：

$$\alpha = K\left(\frac{v_{\mathrm{W}}}{v_{\mathrm{L}}}\right)^{1.4}\left(\sin Q_{\mathrm{W}} + 0.15\sin 2Q_{\mathrm{W}}\right) \tag{3-1-2}$$

风压差系数 K（leeway coefficient），是船在各种风力和吃水情况下，实测 $25 \sim 30$ 次风压差值，然后根据上述风压差系数公式，反推出来的平均值。有了风压差系数后，就可以不必再实测各种情况下的风压差值了，可按风压差经验公式，将那些还没有机会进行实测的风压差值计算出来，填在风压差表里，以备查取。当然，这样的风压差表仍需要通过实践来反复验证和充实，以便更好地掌握本船的风压差。根据风压差系数 K 计算求得的风压差值的误差为 $\pm(0°.5 \sim 1°.0)$。

表 3-1-1 是某船的风压差表。

表 3-1-1　某船（船速 12 kn）的风压差表　　　　　（单位：°）

风舷角（°）	4级		5级		6级		7级		8级	
风力 / 吃水	满	空	满	空	满	空	满	空	满	空
0	0	0	0	0	0	0	0	0	0	0
20	0.8	2.2	1.3	3.4	1.9	5.0	2.7	6.9	3.6	9.2
40	1.6	3.9	2.5	6.2	3.5	8.9	4.9	12.5	6.5	16.6
60	1.9	4.9	3.1	7.9	4.5	11.5	6.1	16.0	8.3	21.3
80	2.0	5.1	3.2	8.1	4.6	11.7	6.4	16.4	8.5	21.8
100	1.8	4.6	2.9	7.3	4.1	10.5	5.8	14.7	7.7	19.6
120	1.4	3.5	2.2	5.6	3.2	8.1	4.3	11.3	5.9	15.1
140	0.9	2.4	1.5	3.9	2.2	5.6	3.1	7.8	4.1	10.4
160	0.5	1.2	0.8	1.9	1.1	2.8	1.5	3.9	2.0	5.2
180	0	0	0	0	0	0	0	0	0	0

2.流与流压差

航海上经常遇到的水流有海流、潮流、风生流三种。

海流（current）：又称洋流（ocean current），是相邻海区间海水长期存在的温度、密度或气压的不同或定向风长期的作用，使海水产生的水平方向的流动，一般在一定的时间里流向、流速基本不变，故亦称恒流。海图上用带箭头的曲线表示，箭头方向为流向，上面注记平均流速，例如 ～～0.5 kn ➤。

潮流（tidal stream）：潮汐引起的海水水平方向的运动。潮流分为往复流和回转流两种。潮流的流向、流速是随时间的变化而变化的。详细的潮流推算方法见第三篇第八章。

海流流向、流速恒定,海流中航迹绘算比较简单。潮流的流向、流速是不断变化的,潮流中的航迹绘算也就比较复杂。首先必须正确地估计航行海区潮流的平均流向和流速或估计航行时间内累计潮流的流向和流程,然后根据求得的水流要素与在恒流中一样进行航迹绘算。根据航行条件,具体有以下两种做法:

①在沿岸水流影响显著的海区航行时,因为离岸和危险物较近,应该尽可能每小时求得比较准确的推算船位,所以在求得每小时的平均流向、流速后,应该像在恒流中一样进行航迹绘算,画出每小时的推算船位来。

②当航行在比较开阔的大海上时,一般情况下只要求每2 h或每4 h绘算一次推算船位,这时可以运用潮流的累计流向和流程来进行航迹绘算。例如,每一班(4 h)画一次推算船位,则可以根据每小时平均流向、流速,先用矢量求和的方法,在海图上求出4 h总的累计潮流的流向和流程,然后用4 h的累计潮流进行4 h的航迹绘算,以求得4 h后的推算船位。

求累计潮流的方法,一般可以在海图向位圈(罗经花)处作矢量多边形求得,如图3-1-4所示。

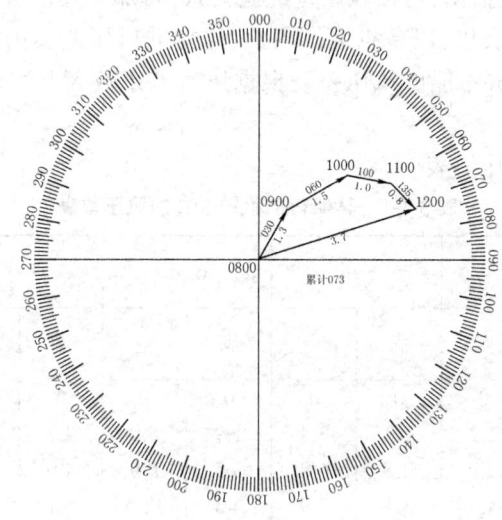

图3-1-4 潮流矢量多边形

风生流(wind-drift current):本海区或相邻海区受较长时间定向风的作用,使表层海水产生的水平方向的流动。风生流流速求取公式为:

$$v_C = \frac{0.0127}{\sqrt{\sin\varphi}} \cdot v_W \qquad (3-1-3)$$

式中:v_C——风生流流速(m/s);

$\quad v_W$——风速(m/s);

$\quad \varphi$——纬度。

按式(3-1-3)计算,五级风可能产生1/3 kn的风生流,八级风可能产生2/3 kn的风生流。流向从下风向偏开约45°,在北半球向右偏开,在南半球向左偏开。但风生流还与地形、海底地貌等有关,比较复杂,因此风生流对船舶航行影响的定量分析只是近似的。

流压差:如图3-1-5所示,船舶在有水流影响的水域航行时,除了以船速沿真航向航行外,还会在水流的作用下顺水漂移,漂移的方向与流向相同,漂移速度等于当时的流速。实际上,船舶是在船速矢量 v_E 和漂移矢量 v_C 的共同作用下,沿着它们的合成矢量方向航行的。

船舶在有流无风中的航行轨迹线称为流中航迹线。流中航迹线的前进方向叫作流中航迹向,用 CG_β 表示。流中航迹线与真航向线之间的夹角叫作流压差角,简称流压差(drift angle),用 β 表示。船舶左舷受流,β 为正(+);右舷受流,β 为负(-)。

流压差的大小,一般通过作图法或直接观测法求取。

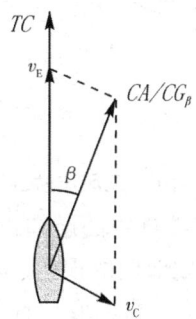

图 3-1-5　流压差

3.风流压差

船舶在既有风又有流影响的情况下航行,除了以船速沿真航向航行外,还会在风的作用下向下风漂移,同时在流的作用下顺流漂移。真航向与风流影响下的航迹向 CG_γ 之间的夹角称为风流压差角,简称风流压差(leeway and drift angle),用 γ 表示。船舶偏在航向线右面时,γ 为正(+);偏在航向线左面时,γ 为负(-)。

风流压差 γ 等于风压差 α 和流压差 β 的代数和,即

$$\gamma = \alpha + \beta$$

二、航迹绘算

1.无风流航迹绘算

所谓无风流影响,是指风流很小,对航向的影响小于 $\pm 1°$,可以忽略不计。此时,航迹绘算方法最简单。无风流情况下,计划航向 CA 即为船舶要行驶的真航向 TC;船舶航行时的真航向,即为推算航迹向 CG。计程仪航程 s_L 即为推算航程 s_G(船舶相对于海底的实际航程),即

$$\left.\begin{array}{r}\text{计划航向 } CA \\ \text{推算航迹向 } CG\end{array}\right\} = TC = \begin{cases} GC + \Delta G \\ CC + \Delta C \end{cases} \qquad (3\text{-}1\text{-}4)$$

$$s_G = s_L = (L_2 - L_1) \cdot (1 + \Delta L) \qquad (3\text{-}1\text{-}5)$$

如图 3-1-6 所示,从推算起始点(departure point)绘画计划航线或推算航迹线(真航向线),并在其上按计程仪航程 s_L 截取一点为推算终点(arrival point),该点即为无风流情况下的推算船位(estimated position,EP)(积算船位,dead reckoning position,DR)。

海图作业时,应该过截点绘画一段垂直于计划航线或推算航迹线的小线段,用以表示该时刻的推算船位。此外,在推算起始点和积算船位附近,用分数形式标明船位对应的推算时间和计程仪读数;在计划航线(或推算航迹线)上标明计划航向(或推算航迹向)、陀罗航向或罗航向、陀罗差或罗经差。所标内容应是未经改正的原始数据和相应的仪器误差,且不能覆

盖海图上原有的重要资料,必要时,可用线条拉出来标在附近空白处,但标注内容应尽可能与纬线平行。

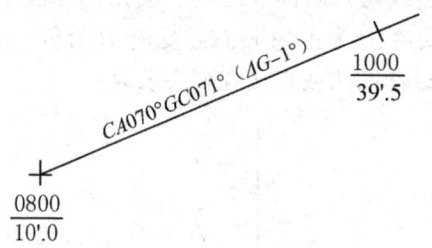

$$CA070°GC071°(\Delta G-1°)$$

$$\frac{1000}{39'.5}$$

$$\frac{0800}{10'.0}$$

图 3-1-6　无风流航迹绘算

航迹推算的精度主要取决于航迹推算中的航向误差和航程误差。在无风流情况下,航迹推算中的航向误差又与从罗经上读取航向的误差、罗经改正量的误差、操舵不稳产生的航向误差、绘画航线的误差有关。航程误差与读取计程仪读数的误差、计程仪改正率的误差、在海图上量取航程的误差有关。

在一般条件下航行,综合考虑各项因素后,推算航迹向的标准差 $m_C = \pm0°.86$,一般认为 $m_C = \pm1°$,由此而引起推算船位偏离航线的距离为 $\pm1.745\%s_L$;推算航程的标准差 m_s 主要取决于计程仪改正率标准差和计程仪航程的大小,一般认为 $m_s = \pm1\%s_L$。如图 3-1-7 所示,综合推算航迹向和推算航程的标准差,可以得到无风流情况下推算船位误差圆半径 M 为推算航程的 2%,即 $M = 2\%s_L$。

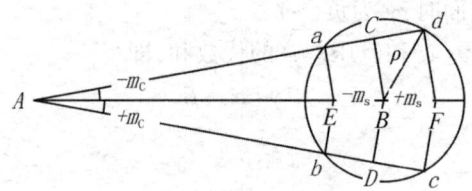

图 3-1-7　无风流航迹推算误差

2.有风流航迹绘算

有风流情况下,计划航向 CA 或推算航迹向 CG_γ、真航向 TC 和风流合压差 γ 之间的关系如下:

$$\left.\begin{array}{l}\text{计划航向 } CA \\ \text{推算航迹向 } CG\end{array}\right\} = TC + \gamma \left\{\begin{array}{l}\text{船舶偏在航向线右面为正}(+) \\ \text{船舶偏在航向线左面为负}(-)\end{array}\right. \tag{3-1-6}$$

$$s_L = (L_2 - L_1)(1 + \Delta L) \tag{3-1-7}$$

有风流情况下的航迹绘算是通过分别对风和流进行海图作业来实现的。根据不同的已知条件,有两种不同的海图作业方法必须认真分清。

第一种:已知真航向、计程仪航程、风流要素求推算航迹向和推算船位时,应采用“先风后流”的作图方法,即先考虑风的影响,求取风中航迹线,再在风中航迹线上作水流三角形,求取推算航迹向和推算船位。具体步骤如下(如图 3-1-8 所示):

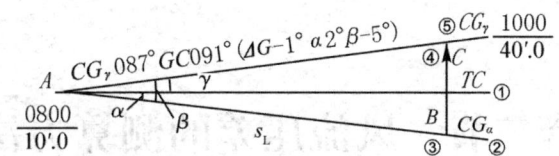

图 3-1-8 有风流航迹绘算(已知真航向)

①自起始点 A 绘画真航向线。

②自 A 点按风中航迹向(真航向加风压差)绘画风中航迹线。

③在风中航迹线上截取一点 B,使 $AB=s_L$。

④自 B 点画水流矢量 BC,BC 长等于流程 s_C,端点 C 即为推算船位。

⑤连接推算起始点和推算船位,连线 AC 为推算航迹线,其长度为推算航程;量取其方向即为推算航迹向;推算航迹向与风中航迹向之间的夹角为流压差。

⑥如图 3-1-8 所示,进行正确的海图标注。

第二种:已知计划航向、计程仪航速和风流要素,求船舶应采用的真航向和推算船位时,应采用"先流后风"的作图方法,即先考虑流的影响,绘画水流三角形,求取风中航迹向和推算船位,再顶风预配风压差,求取真航向等。具体步骤如下(如图 3-1-9 所示):

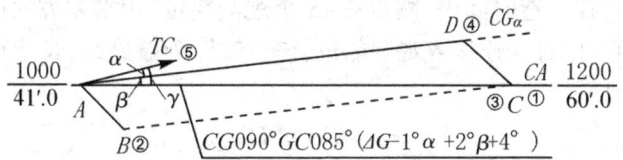

图 3-1-9 有风流航迹绘算(已知计划航向)

①自起始点 A 绘画计划航线。

②自 A 点画水流矢量 AB,$AB=s_C$。

③以水流矢量终点 B 为圆心,s_L 为半径画圆弧,与计划航线的交点 C 即为推算船位,连线 BC 的方向即为推算航迹向。

④绘画水流三角形,水流矢量箭头指向推算船位。

⑤自 A 点迎风 α 绘画一小段 2~4 cm 长的真航向线。

⑥如图 3-1-9 所示,进行正确的海图标注。

3.航迹绘算精度

有风流情况下航迹推算的精度,除了与航迹推算中的航向误差和航程误差有关外,主要还决定于估算风压差和水流要素的误差。

综合各项因素的标准差,可以得到有风流情况下推算船位误差圆半径 M 为推算航程的 5%~8%,即 $M=(5\%~8\%)s_L$。

第二节 风流压差的测算方法

准确掌握风流压差对提高航迹推算精度至关重要。航海上经常通过实测航迹向等方法来确定风流压差。目前,海上的推算也是基于实测的方法进行的。

一、风流压差的实测方法

船舶通常都是在有风流影响的情况下航行的,如果航行中测得船舶的实际航迹向 CG,它与真航向 TC 之差,就是当时的风流压差 γ。如船舶航行在有风无流的水域,该差值就是风压差 α;而船舶航行在有流无风的水域,该差值就是流压差 β。航海上常用的测定方法有以下几种。

1.连续观测定位法

如图 3-2-1 所示,在一定时间内,测得 3~5 个观测船位,用平差方法(各船位到该直线的距离平方和为最小值)以直线连接各观测船位,该直线即为航迹线,量取该线的前进方向,即为实测航迹向 CG,则

$$\gamma = CG - TC$$

2.叠标导航法

选择一对适当的人工或自然叠标,操纵船舶沿着该叠标线航行,此时叠标方位线的方向就是实测航迹向,它与船舶真航向之差,即为风流压差,如图 3-2-2 所示。

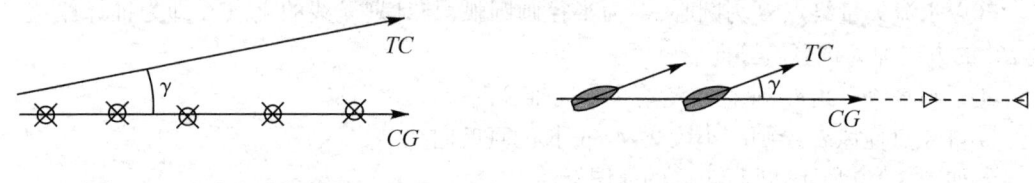

图 3-2-1　连续观测定位法　　　　　　　　图 3-2-2　叠标导航法

3.雷达观测法

采用船首线向上相对运动显示方式,观测某固定物标的回波 a,如图 3-2-3 所示,设该物标回波分别为 a_1、a_2、a_3…,调整雷达电子方位线或方位标尺,使它们平行于物标的回波 a_1、a_2、a_3…,则电子方位线或方位标尺与船首线之间的夹角即为风流压差。

4.物标最小距离方位与正横方位法

有风流情况下航行,物标正横和距离最小并不在同一时刻出现,因此,物标正横方位 $TB_\perp$ 和最小距离方位 $TB_{D_{\min}}$ 也各不相同,如图 3-2-4 所示,因为

$$TB_{D_{\min}} = CG \pm 90° \begin{cases} \text{右舷物标为正}(+) \\ \text{左舷物标为负}(-) \end{cases} \tag{3-2-1}$$

$$TB_\perp = TC \pm 90° \begin{cases} \text{右舷物标为正}(+) \\ \text{左舷物标为负}(-) \end{cases} \quad (3\text{-}2\text{-}2)$$

所以

$$\gamma = CG - TC = TB_{D_{min}} - TB_\perp \quad (3\text{-}2\text{-}3)$$

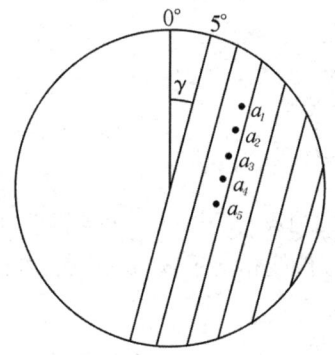
图 3-2-3　雷达观测法

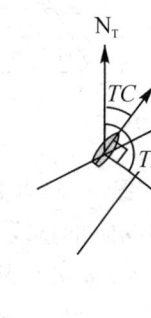
图 3-2-4　物标最小距离方位和正横方位法

实际工作中,必须在物标正横前连续观测物标的方位和距离,并在物标正横时测定其方位。这样,再根据这一系列的物标方位、距离观测数据,推断出物标的最小距离方位,就可由上式求得风流压差,进而求取实测航迹向。

例 3-2-1:某船 $TC = 265°$,用雷达连续测得某物标真方位与距离如下,求风流压差与航迹向。

TB	350°	355°	000°	003°	005°	008°	012°	015°	018°
D	6′.5	6′.3	6′.1	6′.0	5′.9	5′.8	5′.7	5′.8	5′.9

解:

从观测结果可知,$TB_{D_{min}} = 012°$,而 $TB_\perp = 265° + 90° = 355°$。

因为

$$\gamma = 012° - 355° = 17°$$

所以

$$CG = 012° - 90° = 282°$$

$$CG = TB_{D_{min}} \pm 90° \begin{cases} \text{右舷物标为正}(+) \\ \text{左舷物标为负}(-) \end{cases} \text{或 } CG = TC + \gamma = 282°$$

5.单物标三方位求航迹向法

船舶定向定速航行,如果风流影响不变,并在不同时刻测得某物标的三个方位值,即可求得实测航迹向和风流压差。

设某船在 T_1、T_2、T_3 三个不同时刻测得某固定物标 M 的三条方位线 P_1、P_2、P_3,相邻两次观测之间的时间间隔分别为 t_1 和 t_2。如图 3-2-5 所示,假设直线 abc 为观测方位期间船舶的航行轨迹,则

$$\frac{ab}{bc} = \frac{v \cdot t_1}{v \cdot t_2} = \frac{t_1}{t_2} \quad (3\text{-}2\text{-}4)$$

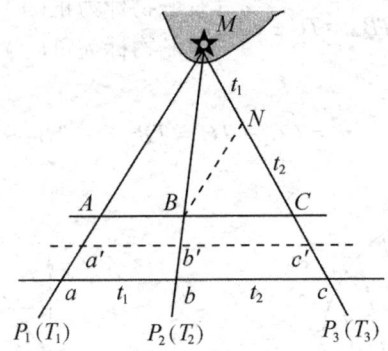

图 3-2-5　单物标三方位求航迹向法

任作一条平行于航行轨迹 abc 的直线,分别与三条方位线相交于 a'、b'、c'点,可得:

$$\frac{a'b'}{ab} = \frac{Mb'}{Mb} \text{ 和 } \frac{b'c'}{bc} = \frac{Mb'}{Mb}$$

所以

$$\frac{a'b'}{ab} = \frac{b'c'}{bc} \qquad (3\text{-}2\text{-}5)$$

即

$$\frac{a'b'}{b'c'} = \frac{ab}{bc} = \frac{t_1}{t_2} \qquad (3\text{-}2\text{-}6)$$

可以证明,只要作任意一直线 ABC,并满足 $AB:BC = t_1:t_2$,直线 ABC 就一定与船舶航行轨迹 abc 平行。量取直线 ABC 的前进方向,即可得实测航迹向与船舶真航向之差,即为当时的风流压差。常用的作图方法如下:

①在第三条方位线 P_3 上任取一点 N,并满足 $MN:NC = t_1:t_2$,得 C 点。

②过 N 点作第一条方位线 P_1 的平行线,交 P_2 于 B 点。

③用直线连接 CB,交第一条方位线 P_1 于 A 点。

④量取 ABC 的方向,即为实测航迹向。

当相邻两次观测的时间间隔相等时,可在第二条方位线上任取一点,再自该点分别作第三条和第一条方位线的平行线,假设分别与第一条和第三条方位线相交于 A、C 两点,连接 A、C 交第二条方位线于 B 点,直线 ABC 的方向就是所求的实测航迹向。

当相邻两方位线间的交角相等时,可在第一条方位线上任取一点 A,再在第三条方位线上取一点 C,使 $MA:MC = t_1:t_2$,再连接 AC,交第二条方位线于 B 点,则直线 ABC 的方向即为实测航迹向。

风流压差的采用或改变由船长决定或由驾驶员根据船长的指示进行。航行中,驾驶员应不断地对所采用的风流压差值进行测校,发现变化较大时,应及时报告船长。

二、基于实际测定的航行与推算

目前,航海上推算基于实测进行,通过各种方法测定风流压差后,便可以通过计划航向和实测风流压差求得船舶应该行驶的真航向,按照得出的真航向航行,船舶便可以基本行驶在计划航线上,即船舶的航迹线基本与计划航迹线重合。实测过程中也可以用连续定位、雷达测定相对于固定物标运动变化等方法测出船舶的航速,这样便可以利用类似于无风流的推算方法在计划航线上利用实测速度得出推算船位。

利用这种方法推算船位的精度取决于实际测定的精度和后续航行的风流条件是否有变化。实际航迹推算中一定要特别注意,不然会得到错误的结果而导致船舶事故。20世纪的两个实例在一定程度上反映了这个问题。

实例一:20世纪60年代,我国某船航行中由于风流压差掌握不准,致使推算船位超前于实际船位,驾驶员误认为船舶到达转向点而转向,转向后不久触礁沉没。

实例二:20世纪70年代,某油船空载经南海驶往新加坡。当时,阵风八级、强流,陆标定位发现船位偏离计划航线。于是,驾驶员报告船长,船长决定修正计划航线。此后定位又发现观测船位偏离计划航线,再次修正计划航线后不久船舶搁浅于新加坡海峡入口处的霍斯堡灯塔附近。事后,船长分析原因得出,修正计划航线后没有预配风流压差,而是采用了真航向等于计划航向航行,事后分析当时的风流压差有20°左右。

以上两个实例不仅反映了考虑风流压差的重要性,而且反映了连续航迹推算的必要性。在现代航行中,虽然导航仪器和设备都很先进,可以时刻测定船位、风流压差和航速,但如果航行中不能仔细分析测定值的条件和精度,也会造成严重的后果。

第三节　航迹计算

航迹计算是根据计算起点船位经纬度、航向和航程,利用数学计算公式求到达点推算船位经纬度的方法。由于计算机技术的普及与发展,航迹计算得到越来越广泛的应用。

一、应用时机

航迹计算法主要适用于下列几个方面:

①使用小比例尺海图时,航迹绘算作图误差较大,辅以航迹计算,可提高航迹推算的精度。

②在渔区或雾中等频繁变向、变速的情况下航行,海图作业困难,采用航迹计算法,可方便地求取推算船位。

③航用海图不敷应用,起航点与到达点不在同一海图时,可用航迹计算法来帮助海图作业。

④随着船舶驾驶自动化的发展,在设计综合导航仪时,需采用航迹计算的数学模型进行航迹推算。

航迹计算法并不能完全替代海图作业,其计算结果需标绘到海图上,方可指导船舶航行。

二、计算公式

设起始点地理坐标为(φ_1, λ_1),如果能求得起始点和到达点之间的纬差$(D\varphi)$和经差$(D\lambda)$,就可由下式求取到达点的地理坐标(φ_2, λ_2):

$$\begin{cases} \varphi_2 = \varphi_1 + D\varphi \\ \lambda_2 = \lambda_1 + D\lambda \end{cases} \tag{3-3-1}$$

因此,航迹计算的核心问题是如何根据已知的航向、航程计算纬差和经差。

如图 3-3-1 所示,船舶由起始点 $A(\varphi_1,\lambda_1)$,沿恒向线航行至到达点 $B(\varphi_2,\lambda_2)$,恒向线航向为 C,航程为 s。将恒向线航程 s 分成 n 个部分,可得 n 个球面三角形,如果 n 值足够大,这 n 个很小的球面三角形可以认为是全等平面直角三角形,其各自的斜边 ds 和锐角 C 都相等,用 $d\varphi$ 表示恒向线航程 ds 的南北分量,dW 表示 ds 的东西分量,可以得到:

$$d\varphi = ds \cdot \cos C \qquad (3\text{-}3\text{-}2)$$
$$dW = ds \cdot \sin C \qquad (3\text{-}3\text{-}3)$$

对其积分:

$$\int_{\varphi_1}^{\varphi_2} d\varphi = \int_0^s \cos C \cdot ds$$
$$\int_0^W dW = \int_0^s \sin C \cdot ds \qquad (3\text{-}3\text{-}4)$$

则得:

$$纬差\ D\varphi = s \cdot \cos C \quad (\text{n mile}) \qquad (3\text{-}3\text{-}5)$$
$$东西距\ W = Dep = s \cdot \sin C \quad (\text{n mile}) \qquad (3\text{-}3\text{-}6)$$

式中:W——恒向线航程 s 的东西分量,叫作东西距(departure,Dep,W)。

两点间纬差等于航程乘航向的余弦,但是航程乘航向的正弦等于东西距,并不是所要求的经差,因此,航迹计算法的一个主要问题是如何由东西距去求出经差。下面介绍三种求经差的方法:中分纬度算法、墨卡托算法及约定纬度算法。

1.中分纬度算法(mid-latitude sailing)

从图 3-3-1 中可以看出,当起始点和到达点位于同一半球时,东西距必然比起航点 A 和到达点 B 子午线之间纬度圈弧长 AA' 小,而比纬度圈弧长 BB' 大。因此,一定存在一条纬度圈 GH,它在 A、B 子午线之间的等纬圈弧长正好等于恒向线 AB 的东西距。该纬度圈 GH 所在的纬度叫作中分纬度(middle latitude,φ_n)。如果将地球视为半径为 R 的圆球体,应有:

$$GH = EF \cos \varphi_n$$

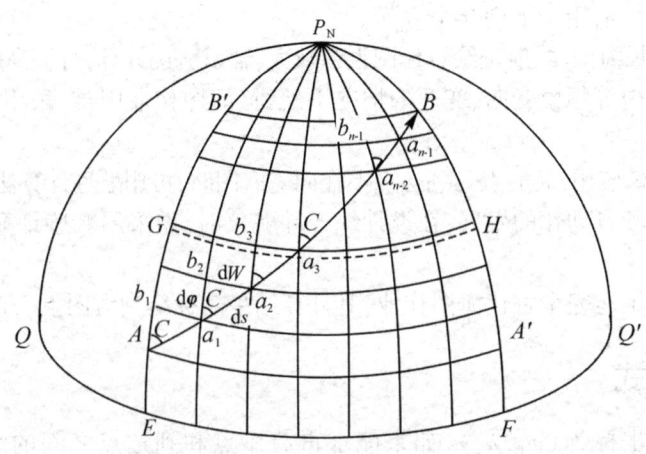

图 3-3-1 中分纬度算法

考虑到地球作为圆球体时,赤道上 $1'$ 经度的弧长(1 赤道里)等于 1 n mile,故有:

$$D\lambda = Dep \cdot \sec\varphi_n = s \cdot \sin C \sec\varphi_n \quad (') \tag{3-3-7}$$

在低纬海区和中纬海区航行且航程不长时,中分纬度 φ_n 与起始点和到达点的平均纬度（mean latitude, φ_m）相差不大,可以用平均纬度 φ_m（$\varphi_m = \dfrac{\varphi_1 + \varphi_2}{2}$）代替中分纬度 φ_n 来求经差,即

$$D\lambda = Dep \cdot \sec\varphi_m = Dep \cdot \sec\frac{\varphi_1 + \varphi_2}{2} \quad (') \tag{3-3-8}$$

这就是中分纬度算法的经差计算公式,因此,中分纬度算法实质是平均纬度算法。当把地球当作椭圆体时,存在一个中分纬度 φ_n,相应有:

$$\frac{a \cdot \cos\varphi_n}{\sqrt{1 - e^2\sin^2\varphi_n}} \cdot \text{arc}1' \cdot D\lambda \ (') = Dep$$

$$D\lambda = \frac{Dep \cdot \sqrt{1 - e^2\sin^2\varphi_n}}{\text{arc}1' \cdot a \cdot \cos\varphi_n} \quad (') \tag{3-3-9}$$

利用式(3-3-9)求经差十分繁杂,不符合中分纬度算法是为了简化计算的出发点,因此不采用此公式。但是,通过研究与模拟计算发现,当把地球当作椭圆体时,在低纬海区和中纬海区且航程不太长时,利用式(3-3-8)求经差时,误差是很小的,可以使用。

必须指出,中分纬度算法仅适用于在赤道的一侧航行,若是跨赤道航行,应采用墨卡托算法。同时,采用平均纬度代替中分纬度求经差的算法,使用条件有限,并不是严格的中分纬度算法;正确的中分纬度算法应该是下面将要介绍的约定纬度算法。

2.墨卡托算法(Mercator sailing)

墨卡托算法是精确的航迹计算法。它是利用墨卡托海图投影具有等角及恒向线为直线的特点而得出的经差计算法。在墨卡托海图上,如图 3-3-2 所示,可得:

$$\tan C = \frac{D\lambda}{DMP}$$

$$D\lambda = DMP \cdot \tan C \quad (') \tag{3-3-10}$$

式中:DMP——起始点 A 与到达点 B 之间的纬度渐长率差。

DMP 的求法如下:

利用公式 $D\varphi = s \cdot \cos C$ 求出纬差后,再求得到达点 B 的纬度 φ_2,则

$$DMP = MP(\varphi_2) - MP(\varphi_1) \tag{3-3-11}$$

利用纬度渐长率公式求 DMP 可以得到精确的结果。但如果是采用查表法求 DMP,必须注意在高纬海区 MP 的值应进行非线性内插,否则将会产生较大的误差。

航向为 090° 或 270° 的航迹计算,虽然不能使用墨卡托算法,但是经差的计算比较简单。

3.约定纬度算法

约定纬度算法是利用墨卡托算法求出正确基于地球椭圆体的中分纬度,再利用中分纬度求经差的算法。该算法没有采用平均纬度代替中分纬度求经差算法的方法。为了区别上面的中分纬度表示方法,约定纬度用 φ_s 表示。

定义符合下式的纬度 φ_s 为约定纬度:

$$\varphi_s = \text{arcsec}\frac{DMP}{D\varphi} \tag{3-3-12}$$

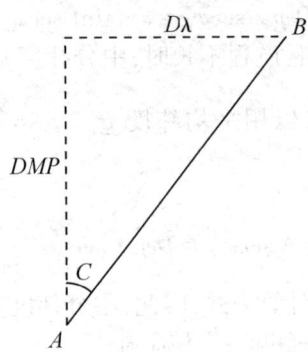

图 3-3-2　墨卡托算法

由上式可以得到：

$$\sec\varphi_s = \frac{DMP}{D\varphi}$$

$$D\varphi \cdot \sec\varphi_s = DMP$$

两边乘以 $\tan C$，并考虑到 $D\varphi = s\cos C$，$Dep = s\sin C$，则

$$D\lambda = Dep \cdot \sec\varphi_s = s \cdot \sin C \cdot \sec\varphi_s \qquad (3\text{-}3\text{-}13)$$

显然，用上述的约定纬度算法求经差与墨卡托算法一致。但是，直接用以上公式计算比墨卡托算法更复杂，这显然不是引进约定纬度算法的目的。为计算方便，引入一个约定纬度改正量 $\Delta\varphi_s$：

$$\Delta\varphi_s = \varphi_s - \varphi_m \qquad (3\text{-}3\text{-}14)$$

通过模拟计算，可以求出约定纬度改正量，并列于表 3-3-1 中。

利用表 3-3-1，以平均纬度 φ_m 与纬差 $D\varphi$ 用内插法查取约定纬度改正量 $\Delta\varphi_s$，然后用下式就可以求出经差：

$$D\lambda = s\sin C \cdot \sec(\varphi_m + \Delta\varphi_s) \quad (') \qquad (3\text{-}3\text{-}15)$$

利用式(3-3-15)求取经差的精度取决于求取约定纬度改正量 $\Delta\varphi_s$ 的精度，因此在查取约定纬度改正量 $\Delta\varphi_s$ 时应进行正确的内插，特别是在航程长和高纬度时更应注意。

表 3-3-1　约定纬度改正量 $\Delta\varphi_s$ （单位：′）

平均纬度 φ_m ＼ 纬差 $D\varphi$	2°	4°	6°	8°	10°	12°	14°	16°	18°	20°
10°	−143.3	−139.1	−132.2	−122.7	−110.7	−96.5	−80.1	−61.9	−41.9	−20.3
20°	−56.9	−54.9	−51.7	−47.2	−41.5	−34.4	−26.2	−16.7	−6.1	5.7
30°	−29.8	−28.3	−25.7	−22.0	−17.4	−11.7	−5.0	2.7	11.5	21.2
40°	−15.7	−14.2	−11.7	−8.1	−3.5	2.1	8.7	16.4	25.0	34.7
50°	−7.5	−5.7	−2.9	1.0	6.2	12.5	19.9	28.5	38.3	49.3
60°	−2.6	−0.5	3.0	8.0	14.5	22.4	31.8	42.7	55.2	69.4
70°	0.0	3.1	8.3	15.6	25.0	36.8	50.9	67.5	86.7	108.9
80°	1.9	8.0	18.4	33.5	54.0	80.9	116.1	163.5	233.6	—

同中分纬度算法一样，约定纬度算法也仅适用于在赤道一侧的航行。综合上述的分析，

可以得出以下结论：

①墨卡托算法是精确的航迹计算法，除了在等纬圈上航行不适用外，其他任何场合都可以使用。

②在赤道一侧的低纬海区和中纬海区航行且航程不太长时，可以使用中分纬度算法简化计算。

③在赤道一侧航行的且不能使用中分纬度算法的场合，可以使用约定纬度算法简化计算。

需要指出的是，以上计算公式虽然是为航迹推算而推导得出的，但是也适用于已知两点的经纬度反求恒向线航向与航程的计算。

三、航迹计算精度

与航迹绘算一样，利用航迹计算来进行航迹推算时，罗经改正量的误差、风流压差的误差等也影响航迹推算的精度。航迹计算虽然可以消除部分绘图误差，但同时也增加了计算误差，现分别讨论如下：

①通过模拟计算可知，在低纬海区或中纬海区航行且航程小于 600 n mile 时，经差的误差小于航程的 0.7%。

②在约定纬度算法中，由约定纬度改正量 $\Delta\varphi_s$ 的误差 $\sigma_{\Delta\varphi_s}$ 引起的经差的误差 $\sigma_{D\lambda}$ 为：

$$\sigma_{D\lambda} = s \cdot \sin C \cdot \tan\varphi_s \cdot \sec\varphi_s \cdot \sigma_{\Delta\varphi_s}$$

可见，经差误差将随航程的增加和纬度的升高而增大，而求取约定纬度的误差又主要取决于求取约定纬度改正量的误差。因此，在计算中，应注意查取 $\Delta\varphi_s$ 的准确性，特别是在航程长和纬度高时，更应注意进行正确的内插。

③在高纬海区应用墨卡托算法求经差时，若纬度渐长率是查表求取的话，会因内插不正确而产生较大的误差。航向接近东或西时，由于 $\tan C$ 变化急剧，计算中应注意处理，否则会产牛较大的误差。

四、航迹计算举例

1.单航向计算法

例 3-3-1：某船 1200 船位为 $\varphi_1 44°45'N$，$\lambda_1 178°48'W$，航向 210°，航速 15 kn，若无风流影响，次日中午将到达何位置？

解：

$s = 15 \times 24 = 360$ n mile

$D\varphi = s\cos C = 360 \times \cos 210° = -311'.8 = -5°11'.8 = 5°11'.8S$

$\varphi_2 = \varphi_1 + D\varphi$

　　$= 44°45'N + 5°11'.8S = 39°33'.2N$

①采用墨卡托算法求经差

39°33'.2N		MP_2	2573.1527
44°45'.0N	$-)$	MP_1	2992.5545
		DMP	-419.4018

所以

$$D\lambda = DMP \cdot \tan C$$
$$= -419.4018 \times \tan 210° = -242'.1 = 4°02'.1W$$
$$\lambda_2 = \lambda_1 + D\lambda$$
$$= 178°48'W + 4°02'.1W = 182°50'.1W = 177°09'.9E$$

②采用中分纬度算法求经差

$$\varphi_m = \frac{\varphi_1 + \varphi_2}{2} = \frac{44°45'N + 39°33'.2N}{2} = 42°09'.1N$$

所以

$$D\lambda = Dep \cdot \sec\varphi_m$$
$$= s \cdot \sin C \cdot \sec\varphi_m$$
$$= 360 \times \sin 210° \times \sec 42°09'.1$$
$$= -242'.8 = 4°02'.8W$$
$$\lambda_2 = \lambda_1 + D\lambda$$
$$= 178°48'W + 4°02'.8W$$
$$= 182°50'.8W = 177°09'.2E$$

③采用约定纬度算法求经差

由 $\varphi_m = 42°09'.1N$ 和 $D\varphi = 5°11'.8S$,查表 3-3-1,得 $\Delta\varphi_s = -11'.0$,所以

$$D\lambda = s \cdot \sin C \cdot \sec(\varphi_m + \Delta\varphi_s)$$
$$= 360 \times \sin 210° \times \sec 41°58'.1$$
$$= -242'.1 = 4°02'.1W$$
$$\lambda_2 = \lambda_1 + D\lambda$$
$$= 178°48'W + 4°02'.1W$$
$$= 182°50'.1W = 177°09'.9E$$

分析三种算法可知,约定纬度算法比中分纬度算法精确,而中分纬度算法经差的误差仅为航程的 0.2%,计算精度也是可以的。

答:次日 1200 船位为 $\varphi_2 39°33'.2N$,$\lambda_2 177°09'.9E$。

例 3-3-2: 某船拟由 40°N,140°E 处驶往 42°N,160°E 处,恒向线航向和航程各为多少?

解:

①采用中分纬度算法求恒向线航向和航程

因为

$$D\varphi = s \cdot \cos C, Dep = s \cdot \sin C, D\lambda = Dep \cdot \sec\varphi_m$$

所以

$$\tan C = \frac{D\lambda}{D\varphi}\cos\varphi_m$$

而

$$D\varphi = 42°N - 40°N = 2°N = 120'N$$
$$D\lambda = 160°E - 140°E = 20°E = 1200'E$$
$$\varphi_m = \frac{\varphi_1 + \varphi_2}{2} = \frac{40°N + 42°N}{2} = 41°N$$

所以

$$\tan C = \frac{1200' \cos 41°}{120'} = 7.547$$

$$C = 82°.5 \text{NE} \approx 082°.5$$

$$s = D\varphi \sec C = 120' \times \sec 82°.5 = 919.4 \text{ n mile}$$

②采用墨卡托算法求恒向线航向和航程

42°N		MP_2	2766.2997
40°N	$-)$	MP_1	2607.8858
		DMP	158.4139

$$D\lambda = 1200' \text{E}$$

$$\tan C = \frac{D\lambda}{DMP} = \frac{1200}{158.4139} = 7.575$$

所以

$$C = 82°.48 \text{NE} \approx 082°.5$$

$$s = D\varphi \sec C = 919.4 \text{ n mile}$$

③采用约定纬度算法求恒向线航向和航程

由 $\varphi_m = 41°\text{N}$ 及 $D\varphi = 2°\text{N}$ 查表 3-3-1,得 $\Delta\varphi_s = -14'.88$。

所以

$$\tan C = \frac{D\lambda}{D\varphi} \cos(\varphi_m + \Delta\varphi_s)$$

$$= \frac{1200'}{120'} \cos 40°45'.12 = 7.575$$

$$C = 82°.48 \text{NE} \approx 082°.5$$

$$s = D\varphi \sec C = 919.4 \text{ n mile}$$

三种计算结果与上面的分析一样。

答:恒向线航向为 082°.5,恒向线航程为 919.4 n mile。

2. 多航向计算法

船舶采用两个或两个以上的航向航行时叫作多航向航行。对于这种航行,如果不需要计算中间各点的船位,只需要求取多次转向航行后的最终船位和初始船位与最终船位之间的航向和航程关系,可以使用以下方法进行航迹计算:

①分别计算每个航向上的纬差 $D\varphi$ 和东西距 Dep;

②计算出所有航向的总纬差 $\sum D\varphi$ 和总东西距 $\sum Dep$;

③由推算起始点纬度 φ_1 加上总纬差 $\sum D\varphi$,得多航向航行到达点的纬度 φ_k($\varphi_k = \varphi_1 + \sum D\varphi$);

④由总东西距和起始点与到达点的平均纬度,计算出总经差 $\sum D\lambda$($\sum D\lambda = \sum Dep \sec\varphi_m$);

⑤由推算起始点经度 λ_1 加上总经差,得多航向航行到达点的经度 λ_k($\lambda_k =$

$\lambda_1 + \sum D\lambda$）。

根据总经差和总纬差可以计算出起始点与到达点间的航向和航程，称为"直航向""直航程"。

需要指出的是，这种计算方法采用的平均纬度是总的平均纬度，与每段分别求取经纬度最后相加得到的结果必然不同，会存在一定误差，所以这种方法只适用于中低纬海区小范围的多次变向航行的航迹计算。

在进行有水流影响的航迹计算时，由于水流影响的平均纬度和航行的平均纬度一致，用这种方法将水流影响作为一个航向进行计算是适合的，也是首选的方法。但是，如果航行中船舶改向或流向发生变化，应将船舶改向点和流向改变点作为航迹计算的到达点求出船位后再进行下一步的推算。

在计算中，如果有风压差的存在，航向应取风中航迹向。

例 3-3-3：某船推算起始点 $\varphi_1 42°N$，$\lambda_1 142°E$，按表 3-3-2 的数据航行，求 1200 到达点的船位 φ_2，λ_2 和直航向 C 及直航程 s。

表 3-3-2　多航向航行总经差与总纬差计算

时间	罗航向 CC	罗经差 ΔC	真航向 TC	航程 s	纬差 $D\varphi$		东西距 Dep	
					N	S	E	W
0800—1000	240°	−5°	235°	38′		21.8		31.13
1000—1100 风压差 $\alpha-3°$	307°	−4°	300° (CG_α)	20′	10.00			17.32
1100—1200	028°	+4°	032°	18′	15.26		9.54	
0800—1200 水流			120°	12′		6.00	10.39	
					25.26	27.80	19.93	48.45
$\sum D\varphi$ 2′.54S							$\sum Dep$ 28′.52W	

解：

① $\varphi_2 = \varphi_1 + \sum D\varphi = 42°N + 2′.54S = 41°57′.46N$

② $\tan C = \dfrac{\sum Dep}{\sum D\varphi} = \dfrac{28.52}{2.54} = 11.23$

③ $\varphi_m = 41°58′.73N$

④ $\sum D\lambda = \sum Dep \sec\varphi_m = 38′.36W$

⑤ $\lambda_2 = \lambda_1 + D\lambda = 142°E + 38′.36W = 141°21′.64E$

⑥ $C = 084°.9SW = 264°.9$

⑦ $s = \sum D\varphi \sec C = 2.54 \sec 264°.9 = 28.6 \text{ n mile}$

第四章　陆标定位

航海上,虽然可以用航迹推算的方法求得推算船位,但是,由于不可能准确掌握罗经差、计程仪改正率、风流压差以及操纵要素等,所得的推算船位往往与实际船位存在差异。为确保船舶安全、经济地航行,航海人员必须时刻重视测定本船准确的船位,使船舶沿着既定的计划航线航行。

测定船位(fixing position,简称定位)的方法很多,包括陆标定位、天文定位和电子定位等,所得船位为观测船位(observed position,OP)。本章重点讨论陆标定位。

陆标(landmark;terrestrial object)系指海图上标有准确位置可供目视或雷达观测,用以导航或定位的山头、岛屿、岬角、灯塔、立标及其他显著的固定物标的统称。观测陆标与本船的方位、距离和方位差等相对位置关系进行定位的方法和过程称作陆标定位。沿岸航行时,陆标定位是一种简单、可靠的基本定位方法。根据所测船位线的性质不同,陆标定位可分为方位定位、距离定位、方位距离定位和移线定位等。

第一节　位置线与船位线

观测值函数为常数的几何轨迹,在数学上称为等值线。本书前面所讲的等磁差曲线、等深线、等高线就是这样的等值线。

在航海定位中,测者对物标进行观测时,其观测值为常数的点的几何轨迹称为测者的位置线(line of position,LOP)。测者的位置线在时间上表明仅在观测的时刻,符合该观测值的船位必定在该位置线上,而不在该位置线上的任何船位上的观测值均不是该观测值。因此,测者的位置线具有时间性与绝对性两大特点。目前,航海上常用的位置线有方位位置线、距离位置线、方位差位置线、距离差位置线等。由于位置线形状复杂,在实际应用中,经常取推算船位附近的一小段曲线或其切线去代替位置线,这样的一段曲线或切线称为船位线。

地球上测者附近的小范围内的地面可视作平面,此时,这四种位置线的形状与性质如下所述。

1.方位位置线(position line by bearing)

根据测者所在位置不同,方位位置线又可分为船测岸方位位置线与岸测船方位位置线。

①船上测者对岸上某一已知坐标的固定物标 M 进行方位测量(船测岸)时,由物标 M 画

出的与 M 点的子午线相交成 $TB±180°$ 的方位线 MP，就是相应的船测岸方位位置线，如图 4-1-1(a)所示。在 MP 上任一点的测者测物标 M 的真方位均为 TB，而在该线外任何一点观测物标 M 的真方位均不等于 TB。

②从岸上某一已知坐标的固定物标 M 对船舶进行方位测量(岸测船)时，相应的岸测船方位位置线就是由物标 M 画出的与 M 点的子午线相交成 TB 的方位线 MP，如图 4-1-1(b)所示。测者在 M 点测量位于 MP 上任一点的船舶的真方位均为 TB，而测量在该线外任何一点的船舶的真方位不等于 TB。

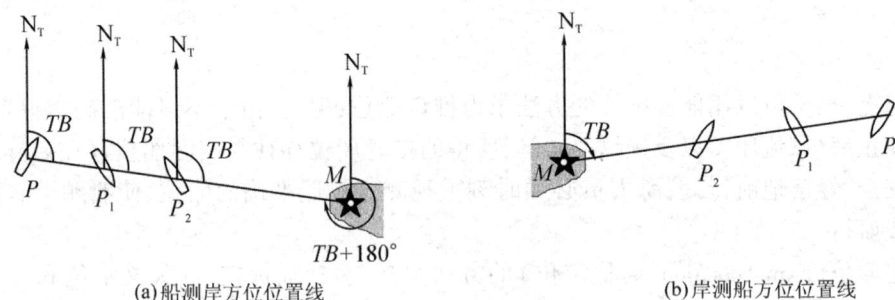

(a)船测岸方位位置线   (b)岸测船方位位置线

图 4-1-1   方位位置线

总之，在平面上船测岸与岸测船的方位位置线都是船舶和物标两点之间的直线。

2.距离位置线(position line by distance)

船上测者对已知坐标的固定物标 M 进行距离测量时，所测得的船与物标 M 间的距离位置线是以物标 M 为圆心、所测距离 D 为半径的圆，如图 4-1-2 所示。可见，在该圆上任一点到物标 M 的距离均等于 D，而在该圆以外的任何一点到物标 M 的距离均不等于 D。

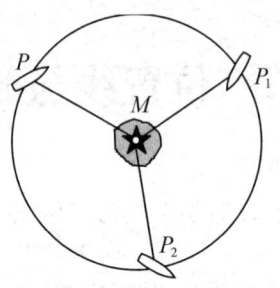

图 4-1-2   距离位置线

3.方位差位置线(position line by horizontal angle)

方位差位置线又称水平夹角位置线。船上测者测量岸上两个已知坐标的固定物标之间的水平角，即测量它们的方位差时，方位差位置线是船与两物标所连的三角形的外接圆圆弧的一部分，如图 4-1-3 所示。在该段圆弧上的任一点，对两物标所张的水平角，均等于该圆周角 $α$，而在该圆弧以外的任何一点，对两物标所张的水平角均不等于该圆周角 $α$。

4.距离差位置线(position line by distance difference)

船上测者若对岸上已知坐标的两个物标(例如台站)进行距离差的测量时，距离差位置线是以两物标(台站)为焦点的双曲线(如图 4-1-4 所示)，在该双曲线上任一点至两焦点的距离差值均为观测所得的常数。

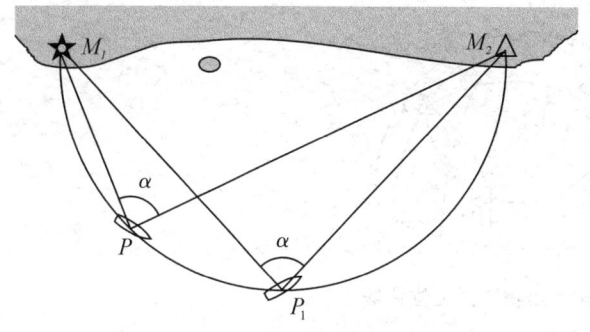

图 4-1-3　方位差位置线

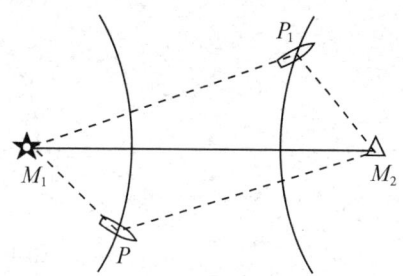

图 4-1-4　距离差位置线

如果不在测者附近的小范围内研究位置线,则不应把地面视作平面,而应将地球当作圆球体更为精确。此时,这四种位置线在球面上和在海图上的形状就比较复杂。它们的形状和性质如下所述。

1.球面方位位置线

同样,根据测者所在位置不同,又可分为:

(1)岸测船——大圆弧

在球面上,位于已知坐标的固定物标点 M 上的测者,观测运动着的船舶 P 的方位时,其方位位置线是由测者 M 画出,且与测者子午线(QMP_NQ')相交成所测方位角为 α 的大圆弧 MPP_1P_2,如图 4-1-5 所示,因为无线电波和光波都是沿球面上两点间最短距离——大圆弧传播的。

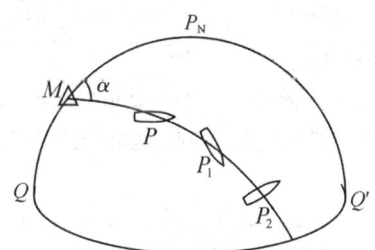

图 4-1-5　球面岸测船方位位置线

(2)船测岸——恒位线

在球面上,运动着的未知坐标的船上的测者 P,观测岸上某一已知坐标的固定物标 M 的方位时,其方位位置线是通过近极点 P_N、船位 P、物标 M 的恒位线(line of equal bearing, azimuth gleiche)。在恒位线上的每一点,对同一物标 M 都有相同的大圆方位 α,如图 4-1-6 所示。

恒位线方程:

如图 4-1-6 所示,在球面三角形 P_NPM 中,根据球面余切定理可得:

$$\cot\alpha \cdot \sin\Delta\lambda = \cot(90° - \varphi_M)\sin(90° - \varphi) - \cos(90° - \varphi)\cos\Delta\lambda$$

经整理后得恒位线方程为:

$$\cot\alpha = \tan\varphi_M\cos\varphi\csc\Delta\lambda - \cot\Delta\lambda\sin\varphi \tag{4-1-1}$$

式中:α——由船位 P 测无线电信标 M 的大圆方位;

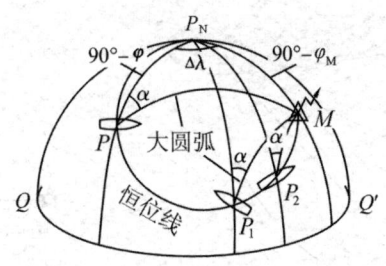

图 4-1-6 球面船测岸方位位置线

$\Delta\lambda$——船位 P 和无线电信标 M 之间的经差；

φ——观测时船舶的纬度；

φ_M——无线电信标 M 的纬度。

当船与岸的距离足够近时,球面方位位置线就可以简化为平面方位位置线,此时的大圆弧与恒位线合并成船与岸之间的直线。

2.球面距离位置线——球面小圆

在球面上,对远距离物标进行距离测量时,其球面距离位置线是以物标 M 为极点,以所测球面距离 MP 为极距的球面小圆,如图 4-1-7 所示。在该小圆上任意一点到小圆的极点物标 M 的球面距离都等于 MP,天文位置线就属于这一种,而小圆在墨卡托海图上的投影是一条复杂的周变曲线。

球面距离位置线方程:

如图 4-1-8 所示,在球面三角形 $P_N PM$ 中,由球面余弦公式有:

$$\cos z = \cos(90° - \varphi)\cos(90° - \varphi_M) + \cos\Delta\lambda \sin(90° - \varphi)\sin(90° - \varphi_M)$$

整理后可得球面距离位置线方程为:

$$\cos z = \sin\varphi\sin\varphi_M + \cos\varphi\cos\varphi_M\cos\Delta\lambda \tag{4-1-2}$$

在远程电子定位计算中,为了精确定位,还把地球视为旋转椭圆体,理论证明,计算旋转椭圆体表面两点间距离公式为:

$$s = az + \frac{ac}{4}\left[\frac{(3\sin z - z)(\sin\varphi_1 + \sin\varphi_2)^2}{1 + \cos z} - \frac{(3\sin z + z)(\sin\varphi_1 - \sin\varphi_2)^2}{1 - \cos z}\right]$$

$$= az + \delta \tag{4-1-3}$$

式中: s——大地距离(m);

δ——大地距离改正量(m);

a——地球长半轴(m);

c——地球扁率;

z——以弧度为单位的按式(4-1-2)计算的球面距离;

φ_1,φ_2——始、末两点的纬度。

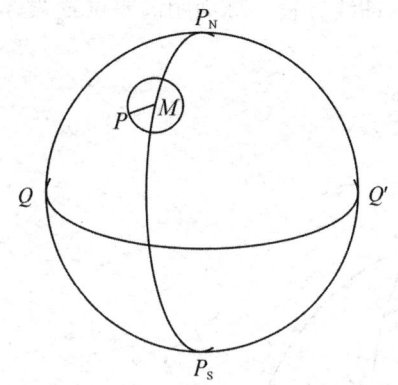

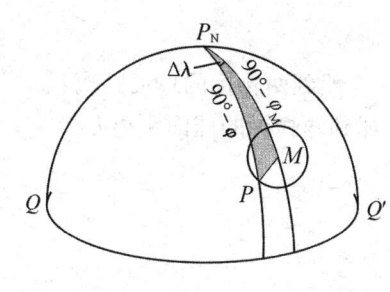

图 4-1-7　球面距离位置线(1)　　　　图 4-1-8　球面距离位置线(2)

上式为 Lambert-Andoyer 大地距离公式,为目前导航计算应用数学模型中普遍采用的大地距离公式,其误差小于 1/200000。

在卫星导航定位中,解算空间两点间直线距离的空间距离等值线方程为:

$$D = \sqrt{(X_2 - X_1)^2 + (Y_2 - Y_1)^2 + (Z_2 - Z_1)^2} \tag{4-1-4}$$

式中:D——空间两点间的直线距离;

(X_1, Y_1, Z_1)、(X_2, Y_2, Z_2)——两点在三维直角坐标系上的坐标值。

3. 球面方位差位置线

船上测者测量岸上两个固定物标之间的球面夹角,即球面角为常数的点的轨迹为近似球面方位差位置线。球面方位差等于两物标大圆方位之差,即

$$\alpha = | \alpha_2 - \alpha_1 | \tag{4-1-5}$$

α_1、α_2 可由式(4-1-1)求得。

目前,这种位置线在航海上还没有应用。

4. 球面距离差位置线

在空间与两个定点的距离差为常数的点的轨迹,是一个以两个定点(主台与副台)为焦点的双曲面。该双曲面与地球面的交痕为近似球面双曲线。

设主台 M、副台 S、船位 P 构成球面三角形 MSP,主副台间基线长度为 l,基线大圆方位为 β,MP 间大圆方位为 θ,船距主台 M 的球面距离为 z,船距副台 S 的球面距离为 $z+\alpha$,则 α 即为船位 P 点到主副台 M 和 S 间的球面距离差。如图 4-1-9 所示,在球面三角形 MSP 中,参考式(4-1-2)可有:

$$\cos(z + \alpha) = \cos l \cos z + \sin l \sin z \cos(\theta - \beta)$$

展开得:

$$\cos z \cos \alpha - \sin z \sin \alpha = \cos l \cos z + \sin l \sin z \cos(\theta - \beta)$$

整理得:

$$\cos z(\cos \alpha - \cos l) = \sin z[\sin l \cos(\theta - \beta) + \sin \alpha]$$

故

$$\tan z = \frac{\cos \alpha - \cos l}{\sin l \cos(\theta - \beta) + \sin \alpha} \tag{4-1-6}$$

式(4-1-6)即为球面距离差位置线——球面双曲线方程。球面距离差位置线方程可简单表达为：

$$\alpha = z_2 - z_1 \qquad\qquad (4\text{-}1\text{-}7)$$

式中：z_1、z_2——船到两物标的球面距离；

　　　α——船到两物标的球面距离差。

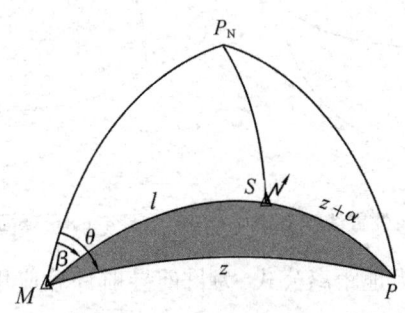

图4-1-9　球面距离差位置线

综上所述，球面上的位置线的一般形式都比较复杂，要把它们全部绘画在海图上有较大难度，有时也无必要。在许多场合常可用简化的船位线代替位置线定位与导航。

在需要某些大范围的位置线图网时，可用海图出版社出版的专用海图（例如罗兰海图）去解决这类的定位与导航问题，而现代导航接收机普遍采用计算机技术自动解算位置线方程并给出船位坐标。

第二节　陆标的识别与方位、距离的测定

陆标的识别与方位、距离的测定是陆标定位的基础。只有正确识别陆标并测定其方位、距离，才可能获得准确的观测船位。

一、陆标的识别

陆标定位时，准确无误地辨认物标至关重要。从观测到绘画船位线的整个过程中都应始终重视对物标的反复辨认，并与海图中的标示仔细核对。因粗心大意错认物标、绘画错误船位线，造成重大海难事故的教训是极其沉痛的。例如，某船在能见度不良情况下接近大连港，由于将老虎滩误认为黄白嘴，定出错误船位，以此船位定出错误航向，导致该船在老虎滩西嘴触礁，酿成严重事故。航海上常用的识别陆标的方法有以下几种：

1.孤立、显著物标的识别

孤立的小岛、显著的山峰和岬角等陆标、灯塔和灯桩等航标，可直接根据它们的形状、颜色、相对位置关系和顶标、灯质等特点加以识别。因此，这些物标往往是陆标定位中的首选物标。

2.利用对景图识别

航用海图上或航路指南中,往往附有一些重要山头和岛屿等的照片或有立体感的对景图。同一物标,在不同的方位和距离上观看,其形状也不相同。因此,每幅对景图都注有相应的从海上观看的方位和距离。将观看位置附近实际观察到的景象与相应的对景图相比对,便可准确地辨认出对景图中所标明的一些重要物标,如4-2-1所示。

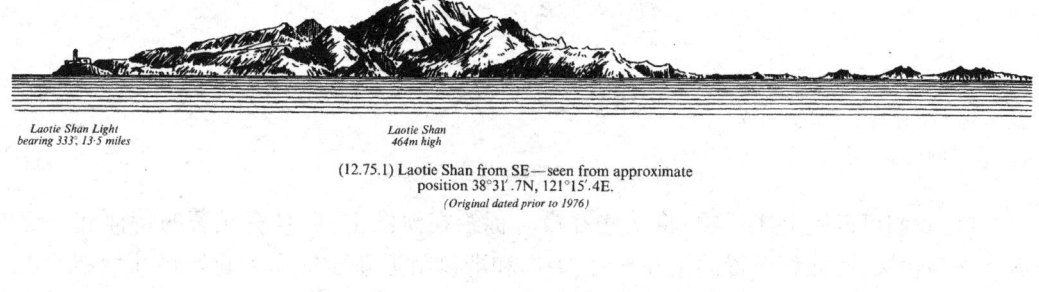

Laotie Shan Light
bearing 333°, 13·5 miles

Laotie Shan
464m high

(12.75.1) Laotie Shan from SE—seen from approximate
position 38°31′.7N, 121°15′.4E.
(Original dated prior to 1976)

Laotie Shan
464m high

Laotie Shan Light
bearing 077°, 14 miles

(12.75.2) Laotie Shan from W—seen from approximate
position 38°40′.5N, 120°50′.4E.
(Original dated prior to 1976)

图 4-2-1 对景图

3.利用等高线识别

航用海图上,地貌特征通常是以等高线来描绘的,有时也用草绘等高线(草绘曲线)或山形线来表示。等高线的疏密程度和形状,可以表示山形、地貌及坡度。等高线越密,山形越陡峭;等高线越稀疏,山形越平坦。因此,可以根据等高线的疏密和形状判断出地貌的立体形状,如图 4-2-2 所示。

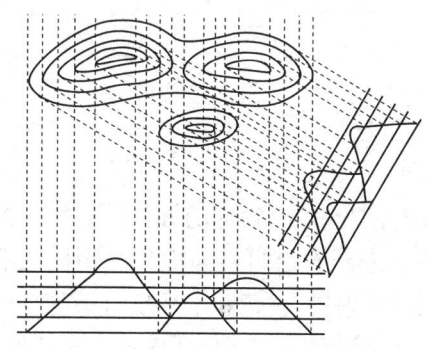

图 4-2-2 利用等高线识别物标

4.利用船位识别

在航海实践中,可以利用已知的船位来识别物标。如图 4-2-3 所示,M_1、M_2 为已完成识别的物标,在利用 M_1 和 M_2 测定船位的同时,观测下一个待识别物标 M 的方位,然后在海图上根据 M_1 和 M_2 定出船位 A,绘画出测得的待识别物标的方位线 TB_1,如此反复进行多次,那么这些方位线(TB_1、TB_2、TB_3…)的交点处的物标,就是所需辨认的物标。

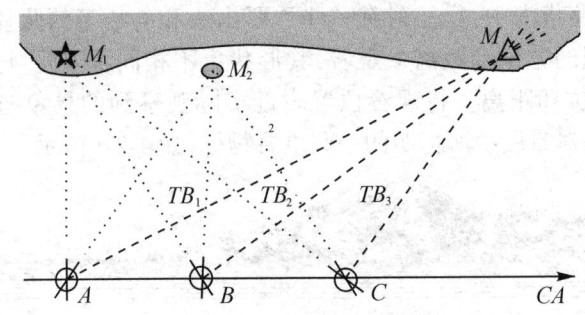

图 4-2-3 利用船位识别物标

同理,我们可以用上述方法,将某些并没有标绘在海图上,但具有显著的特征和一定的航海意义的物标,诸如新设置的钻井平台、沿岸和港口附近新建的高大建筑物和烟囱等逐一标绘在海图上,为船舶以后在该海区航行提供更多、更好可利用的定位和导航物标。

5.雷达回波识别

孤立的小岛、岩石、岬角、突堤等物标,应根据雷达荧光屏上回波的形状特征和物标在海图上图像的特征来加以辨认。装有雷达应答器(又称为雷康,Racon)的标志,可根据它们的莫尔斯识别码辨认。

在水中孤立小岛、钻井平台和航标等较多的情况下,可根据物标间的相对位置关系来进行识别。

根据未确定物标和已知准确物标间的相对位置关系识别物标是一种比较常用且有效的物标辨认方法。假设 A 为已知准确物标,B 为未确定物标,使用该方法时,应首先在海图上量取 B 相对于已知准确物标 A 的方位和距离,然后调整雷达活动电子方位线的扫描中心至 A 物标的回波中心,再调整该扫描线的方位和其上的活动距标圈,使它们分别等于在海图上量取的方位和距离值,此时,雷达荧光屏上该电子方位线和活动距标圈交点处的回波即为 B 物标的回波。

二、方位测定

1.利用罗经观测物标方位

航海上通常利用方位圈配合罗经观测物标的方位。如图 4-2-4 所示,方位圈有两套互相垂直的观测方位的装置,其中一套装置由目视照准架和物标照准架组成。在物标照准架的中间有一竖直线,下面装有天体反射镜、棱镜和水平仪,目视照准架中间有一细缝,当测者通过细缝观测到物标与照准架上的竖直线重合时,从棱镜上所读取的度数,就是物标的观测方位。这套装置既可用于测定陆标的方位,又可观测天体的方位。另一套装置由可转动的凹面镜和允许细缝光线通过的反光棱镜组成,主要用来观测太阳的方位。将凹面镜朝向太阳,使太阳光线经棱镜的细缝投射到罗盘上,此时光线所照亮的罗盘刻度即为太阳的罗方位。

利用磁罗经或陀螺罗经所观测到的物标方位分别为物标的罗方位和陀螺方位,在海图作业前,必须进行罗经差或陀螺罗经差的修正,将它们换算成相应的真方位。

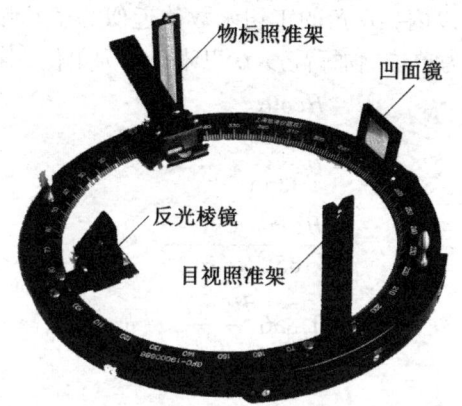

物标照准架

凹面镜

反光棱镜

目视照准架

图 4-2-4　方位圈

2.利用雷达观测物标方位

利用航用雷达的电子方位线或机械方位标尺可以方便地测量物标的方位。对于孤立的灯塔、灯桩、明礁和小岛等点状物标,应测量回波中心的方位。对于范围较大的物标,应测量岸角,并使电子方位线或机械方位标尺与回波的同侧外缘相切。

采用北向上相对运动显示方式,陆标回波在雷达荧光屏上的分布情况与它们在海图上的图像一致,有利于对目标的辨认。此外,在这种显示方式下,荧光屏固定方位刻度圈的0°代表北,这不仅可以在该方位圈上直接读得物标的方位,而且当本船转向或船首偏荡时,物标回波在荧光屏上保持不动,并且图像清晰,使得观测方便、准确,从而避免船首偏荡引起的方位测量误差。

应避免在船舶倾斜时测量物标的方位,以减小方位测量误差。实在不可避免时,可选择在横摇时测量正横方向的物标方位,纵摇时测量首尾线方向的物标方位。使用机械方位标尺测量物标方位时,应确保扫描中心与雷达荧光屏中心重合。

三、距离的测定

1.测量物标的垂直角求距离

(1)测距原理

如图 4-2-5 所示,用六分仪测得视界内某已知高度 H 的物标 M 的垂直角 α,不考虑地面蒙气差和地面曲率的影响,则船舶到该物标的距离 D 为:

$$D = \frac{H}{\tan\alpha}$$

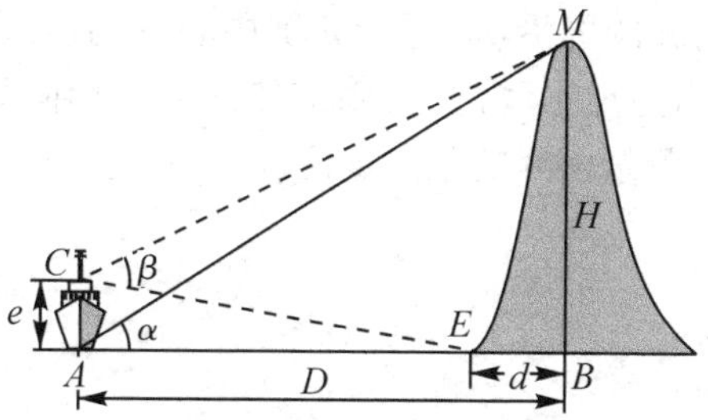

图 4-2-5　垂直角求距离

因为 α 角通常很小（5°以内）, α 角的正切函数值近似等于其弧度值。如 α 以分（′）为单位，距离 D 以海里（n mile）为单位，物标高度 H 以米（m）为单位，则：

$$D = H\cot\alpha$$

$$= H\frac{1}{\tan\alpha}$$

$$= \frac{H(m)}{1852}\frac{1}{\alpha \text{arc } 1'}$$

$$= 1.856\frac{H(m)}{\alpha} \quad (\text{n mile})$$

（2）注意事项

①式中物标高度 H 是指测量当时该物标的实际高度，即海图上所标的高程经潮高改正后，自观测时的水面到物标顶端的实际垂直距离。为了减小物标高度误差和测角误差对所测距离的影响，要求选择距离近、垂直角大的物标。

②由于测者具有一定的眼高 e，物标顶点的垂足 B 也不可能在岸水线 E 点，因此，由图4-2-5可知，实际所测得的是 β 角（$\angle MCE$），而不是 α 角（$\angle MAB$）。为了尽可能减小眼高 e、岸距 BE 对所测距离的影响，应选择岸距小、高度大（陡直）的物标。

综上所述，为了提高距离的测量精度，应选择比较高、陡、垂足在测者能见地平之内的物标。也就是说，船舶与所选物标 M 之间的距离 D 应远远大于物标的高度 H，而 H 又大于测者眼高 e，并且物标高度 H 要大于物标顶点垂足 B 到岸水线 E 点的岸距 d，即 $D \gg H > e, H > d$。在潮差较大的海区，应该对物标的高度进行必要的潮高改正，以求取测量当时物标的实际高度。这样，按上述公式计算所得的距离 D 的误差 ΔD 将小于3倍的测者眼高。

2.利用雷达观测物标的距离

雷达是航海上最常用的测量物标距离的仪器。用雷达定位时，应选择回波图像稳定、亮而清晰、回波位置能与海图位置精确对应的物标，如孤立的小岛、岬角和突堤等。应避免使用回波形状可能严重变形或难以在海图上确定其准确位置的物标，如平坦的海岸线、斜缓的山坡和位置未经核实的浮标等。

测量物标距离时，应尽量选择包含被测物标的最小量程，被测物标的回波最好位于距离荧光屏中心 $\frac{2}{3}$ 屏半径附近。孤立的灯塔、灯桩、明礁和小岛等点状物标，应测量回波中心的距离。雷达应答标在雷达屏幕上显示为由点和线组成的莫尔斯码，并由其屏幕位置沿以船位为起点的射线方向向外辐射。由于其编码脉冲信号显示在荧光屏上，该应答标回波之后，应观测莫尔斯码前沿（靠近荧光屏中心一端）的距离。如果岸线等物标在雷达地平线之内，应使活动距标圈的内沿与回波的内沿（靠近荧光屏中心一侧边缘）相切，测量物标前沿的距离定位；如果岸线等物标在雷达地平线之下，则应使活动距标圈的外沿与回波的外沿（远离荧光屏中心一侧边缘）相切，测量山峰的距离定位。

第三节 方位定位

利用罗经同时观测两个或两个以上陆标的方位来确定船位的方法和过程称为方位定位（fixing by cross bearings）。方位定位具有观测与作图简单、迅速、直观等优点,是最基本和最常用的陆标定位方法之一。

从理论上讲,船上测者 P,观测某已知坐标的固定物标 M 的方位时,这种"船测岸"方位位置线是通过测者 P、物标 M 和近极点 P_N(或 P_S)的恒位线,在恒位线上任何一点,对所测物标 M 都具有相同的大圆方位。当测者和物标位于同一半球时,恒位线在墨卡托海图上表现为一条凸向赤道的曲线。但陆标定位所测物标都位于测者视界之内,两者之间的距离一般小于 30 n mile,因此,除了在极区航行外,可以用图上两点间的直线(恒向线)来代替恒位线进行方位定位。

同时观测两个或两个以上的陆标方位,可以获得同一时刻的两个或两个以上的方位位置线,其交点即是观测时刻的观测船位。海图作业时,在交点上绘画一小圆圈⊙作为陆标定位的船位符号。下面分别介绍方位定位的方法、精度和注意事项。

一、两方位定位

1.定位步骤

①在推算船位附近选择两适当的物标 M_1 和 M_2,并注意辨认;

②用磁罗经或陀螺罗经复示器观测两物标的罗方位 CB_1、CB_2 或陀罗方位 GB_1、GB_2;

③按下式求取两物标的真方位:

$$TB_1 = GB_1 + \Delta G = CB_1 + \Delta C$$
$$TB_2 = GB_2 + \Delta G = CB_2 + \Delta C$$

④如图 4-3-1 所示,在海图上分别自 M_1 和 M_2 反方向($TB_1 \pm 180°$,$TB_2 \pm 180°$ 的方向)绘画方位位置线,其交点 P 即为观测船位。

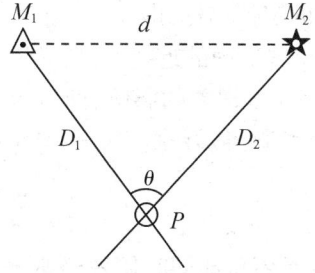

图 4-3-1　两方位定位

由于在观测和作图过程中,不可避免地存在一定的误差,加上事实上并不能真正做到同时观测,上述观测船位并非观测时刻的真实船位,只能认为是当时的最概率船位。

2.观测船位精度

由位置线与船位线理论可知,方位位置线误差 E 为:

$$E_{\varepsilon_B} = \frac{\varepsilon^\circ_B}{57^\circ.3}D$$

或

$$E_{\sigma_B} = \frac{\sigma^\circ_B}{57^\circ.3}D$$

式中:ε_B、σ_B——方位位置线的观测方位系统误差和观测方位随机误差标准差;

D——船与物标之间的距离。

在两方位定位中,系统误差 ε_B 主要表现为罗经差中存在的误差。若两方位观测精度相等,即 $\varepsilon_1 = \varepsilon_2 = \varepsilon_B$,则系统误差引起的船位系统误差 δ 为:

$$\delta = \frac{\varepsilon_B}{\sin\theta}\sqrt{D_1^2 + D_2^2 - 2D_1D_2\cos\theta}$$

$$= \frac{\varepsilon^\circ_B d}{57^\circ.3\sin\theta} \tag{4-3-1}$$

式中:D_1、D_2——船到物标 M_1 和 M_2 的距离;

d——两物标之间的距离;

θ——两方位位置线的交角。

随机误差主要包括观测误差(即罗方位 CB 或陀罗方位 GB 的读数误差)和海图作业误差。当 $\sigma_1 = \sigma_2 = \sigma_B$ 时,随机误差影响下的船位误差圆半径 M 为:

$$M = \frac{\sigma^\circ_B}{57^\circ.3\sin\theta}\sqrt{D_1^2 + D_2^2} \tag{4-3-2}$$

式中:D_1、D_2——船与物标 M_1 和 M_2 之间的距离;

θ——两方位位置线的交角。

3.提高两方位定位观测船位精度的方法

(1)物标的选择

综合分析式(4-3-1)和式(4-3-2)可知:为了提高两方位定位观测船位的精度,即减小观测船位系统误差 δ 和船位误差圆半径 M,除了要尽可能减小观测方位的系统误差 ε_B 和随机误差 σ_B 之外,还应注意选择适当的定位物标,即:

①尽量选择孤立、显著、海图位置准确的近物标,要求 D_1、D_2 尽可能小些。

②由式(4-3-2)可见,如不考虑系统误差的影响,两方位位置线交角 θ 接近 90°,M 最小;综合考虑系统误差和随机误差的影响,最好选择 $\theta = 60^\circ \sim 90^\circ$ 的物标,一般应满足 $30^\circ < \theta < 150^\circ$,否则船位误差将成倍增加。

(2)观测顺序

实际工作中,一个驾驶员往往是不可能同时用罗经观测两个物标的方位的,而是在短时间内先后观测所选物标的方位,并以观测第二个物标的时间作为定位时间,这就必将因船舶的航行而产生船位误差。除了尽量缩短观测两物标方位的时间间隔外,还应掌握正确的观测顺序,以减小上述误差。

如图 4-3-2 所示,在船首尾线附近和正横附近各有一物标 M_1 和 M_2,A、B 分别为 T_1、T_2 前后两个观测时刻的实际船位。假设先观测正横附近物标 M_2,得 T_1 时刻的方位位置线 P_1,再测首尾线附近物标 M_1,得 T_2 时刻的方位位置线 P_2,两位置线的交点 F_1 即为 T_2 时刻的观测船位,F_1B 即为这种观测顺序所产生的误差。若改换观测顺序,先观测 M_1,再观测 M_2,则相应的观测船位和误差分别为 F_2 和 F_2B。显然,误差 F_2B 比误差 F_1B 小得多。可以证明,为了减小异时观测所产生的观测船位误差,白天应先观测首尾线附近方位变化慢的物标,后观测正横附近方位变化快的物标。

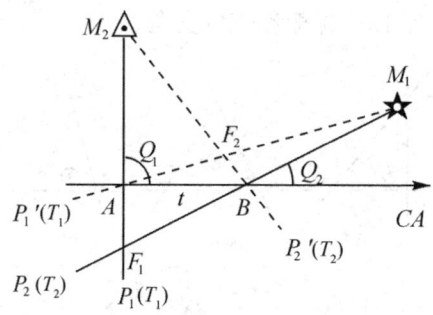

图 4-3-2　两方位定位观测顺序

如果以第一次观测的时刻 T_1 作为定位时间,则观测顺序刚好相反,即应先观测正横附近方位变化快的物标,后观测首尾线附近方位变化慢的物标。

夜间观测灯标时,应本着先难后易的原则,尽量缩短前后两次观测的时间间隔,即先测闪光灯,后测定光灯;先测灯光周期长的灯标,后测灯光周期短的灯标;先测灯光弱的灯标,后测灯光强的灯标。

二、三方位定位

两方位陆标定位简单、直观,但一般情况下两条方位位置线总会相交于一点,难以判断观测船位的准确性。如条件允许,应使用三方位定位法,即同时观测三个物标的方位来测定船位。三方位定位时,三条方位位置线通常并不相交于一点,而是形成一个三角形,这在大比例尺海图上尤为明显。如果有差错,会形成较大的三角形。另外,通过对误差三角形的正确处理,还可以减小船位误差。

1.船位误差三角形

在三方位定位中,由合理的、不可避免的误差引起的三角形,称为船位误差三角形。船位误差三角形主要由下列因素所致:

①不能真正做到同时观测三物标方位;

②观测方位中存在观测误差;

③罗经差 $\Delta G/\Delta C$ 本身存在误差;

④作图误差;

⑤所测物标的海图位置不准所引起的误差。

2.船位误差三角形的处理

(1)小误差三角形的处理

在大比例尺(比例尺大于 1:200000)海图上,如果船位误差三角形各边长小于 5 mm,一般可以认为是由合理的随机误差所引起的。处理方法如下：

①近似直角三角形，其最概率船位位于靠近直角处一点，见图4-3-3(a)。

②近似等边三角形，其最概率船位位于三角形中心，见图4-3-3(b)。

③近似等腰三角形，其最概率船位位于近短边中心，见图4-3-3(c)。

④狭长等腰三角形，其最概率船位位于短边中心，见图4-3-3(d)。

⑤若三角形附近有危险物存在，应将船位取在最接近危险物或对以后航行安全最不利的一点上。如图4-3-3(e)所示，如船舶继续向前航行，应将船位取在 a 点；如果定位后改驶 CA'，则应将船位取在图中 b 点，以确保船舶航行安全。

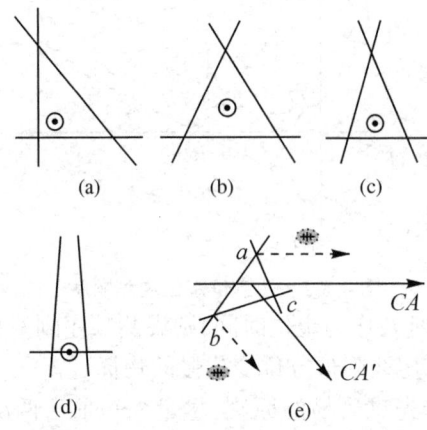

图 4-3-3　小误差三角形的处理

（2）大误差三角形的处理

当三方位定位出现较大的三角形时，应在短时间内进行重复观测，再根据不同情况做出相应的处理：

①三角形基本消除或明显缩小

如果重复观测后，原有的三角形基本消除或变成了合理的小误差三角形，可以认为初次观测所得的大三角形是由测错、认错物标等粗差所造成的；新的小三角形是消除粗差后，由合理的随机误差所引起的误差三角形，其处理方法与(1)中所述相同。

②三角形的大小和方向无显著变化

如果三角形的大小和方向无显著变化时，可认为观测方位中存在较大的系统误差。可以采用差值法或改变罗经差法进行处理。

a.差值法

差值法是根据两物标方位观测值之差等于两物标方位真值之差的原理来消除三方位定位中的系统误差的。

设观测三物标所得的罗方位分别为 CB_1、CB_2 和 CB_3，则相邻两物标间的水平夹角(方位差)，即消除系统误差后的真方位差角 α、β 分别为：

$$\alpha = CB_2 - CB_1$$

$$\beta = CB_3 - CB_2$$

用三杆定位仪或透明纸按所求得的 α 和 β 设定夹角，即可在海图上标绘出消除系统误差后的观测船位。

b.改变罗经差法

依据等方位差角是在物标的外接圆弧上的原理可知,消除系统误差后的船位应位于三物标每两个彼此形成的三个外接圆圆弧交点处,如图4-3-4所示。

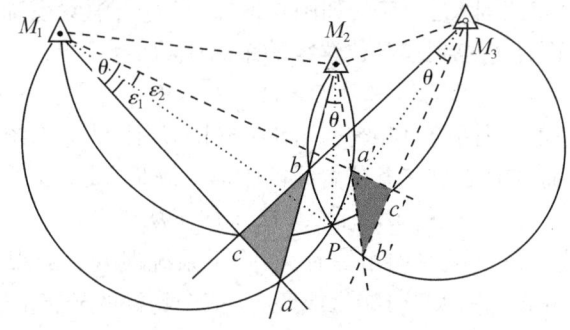

图 4-3-4　改变罗经差法原理图

若观测方位中系统误差为 ε_1,则得到误差三角形 abc;若系统误差为 ε_2,则将得到的误差三角形为 $a'b'c'$。圆弧 aa'、bb'、cc' 的交点即为消除系统误差 ε_1 和 ε_2 后的观测船位。由于误差三角形均处于实际船位附近,可视这三小段圆弧为直线,以直线连接误差三角形对应顶点,必要时适当延长,其交点即为观测船位。

基于上述原理,实际工作中,可将三条方位线同样变动±(3°~5°),得到一新的误差三角形,用直线连接两三角形相应的顶点,三条连线的交点即为消除了系统误差后的观测船位。如果上述三条连线相交成一小三角形,则该三角形是在消除了系统误差后,由合理的随机误差所引起的,可采用(1)所述方法确定观测船位。

与原误差三角形相比较,新的误差三角形会有以下四种情况:

新误差三角形变大,说明变动方位位置线的方向是在增大方位的系统误差;

新误差三角形缩小,说明变动方位位置线的方向是在缩小方位的系统误差;

新误差三角形消失,说明变动的方向和大小刚好消除了方位的系统误差;

新误差三角形倒置,说明变动方位位置线的方向是在消除方位的系统误差,但在数量上过了头,产生了相反的方位系统误差。

根据以上分析,我们可以用下列方法求取观测时刻的实际罗经差及方位系统误差的大小和方向:

先求取消除了系统误差后的观测船位点 P,再在海图上分别用直线连接 P 点和物标 M_1、M_2 和 M_3,方位线 M_1P、M_2P 和 M_3P 的方向即为观测时刻三物标的真方位,它们与观测所得的各罗方位之差的算术平均值就是当时条件下的实际罗经差,将它与原来选用的罗经差相比较,即可以求得观测时刻方位系统误差的大小和方向。

如果观测三方位的系统误差相等,即 $\varepsilon_1 = \varepsilon_2 = \varepsilon_3 = \varepsilon$,则三条方位位置线的系统误差分别为:

$$E_1 = \frac{\varepsilon^{\circ}{}_B}{57^{\circ}.3} D_1$$

$$E_2 = \frac{\varepsilon^{\circ}{}_B}{57^{\circ}.3} D_2$$

$$E_3 = \frac{\varepsilon^\circ_B}{57^\circ.3} D_3$$

式中：D_1、D_2、D_3——测者距三个物标的距离。

如果三个物标的分布范围大于180°，如图4-3-5(a)所示，消除系统误差后的船位应在误差三角形之内的 P 点，而且 P 点到三条位置线的距离应满足：

$$E_1 : E_2 : E_3 = D_1 : D_2 : D_3$$

如果三个物标的分布范围小于180°，如图4-3-5(b)所示，消除系统误差后的船位应在误差三角形之外的 P 点，而且 P 点到三条位置线的距离应满足：

$$E_1 : E_2 : E_3 = D_1 : D_2 : D_3$$

当三条方位位置线的系统误差均相等时，消除了系统误差后的观测船位位于误差三角形的内心(三个物标的分布范围大于180°)或旁心(三个物标的分布范围小于180°)。

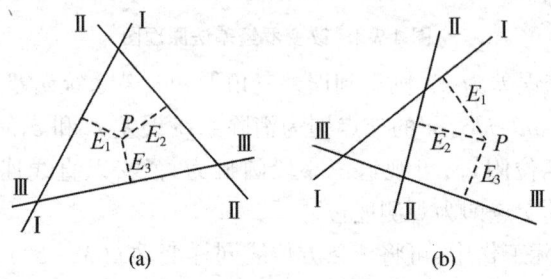

(a)　　　　　　　　(b)

图4-3-5　系统误差三角形

③三角形的大小、方向变化无显著规律

重新观测后，新的三角形的大小和方向变化无规律，说明该三角形是由较大的随机误差所引起的误差三角形。这时，最好采用其他有效的定位方法加以核对，判定观测船位；或者如图4-3-3(e)所示，认为实际船位位于误差三角形中最接近危险物或对以后航行安全最不利的一点上，以确保船舶航行安全。

如三条方位位置线的均方误差相等，则消除了随机误差影响后的观测船位位于船位误差三角形的反中线交点上。

3.提高三方位定位精度的方法

要提高三方位定位的精度，同样应尽可能减小观测方位的系统误差 ε_B 和随机误差 σ_B，并注意选择适当的定位物标和遵循一定的观测顺序。

(1)物标的选择

由三方位船位误差圆半径(M)公式：

$$M = \frac{m^\circ_B}{57^\circ.3} \sqrt{\frac{D_1^2 D_2^2 + D_2^2 D_3^2 + D_1^2 D_3^2}{D_1^2 \sin^2\theta_{2,3} + D_2^2 \sin^2\theta_{1,3} + D_3^2 \sin^2\theta_{1,2}}}$$

可知，三方位定位时，为了提高三方位定位的精度，除了要尽量提高观测方位的精度，还应注意选择孤立、显著、海图位置准确的近标，并且相邻两方位位置线交角 θ 应尽可能接近60°或120°，一般应满足：$30° < \theta < 150°$。

(2)观测顺序

三方位定位时，同样应遵循"先慢后快""先难后易"的观测顺序，即白天应先观测首尾线方向的、方位变化慢的物标,后观测正横附近的、方位变化快的物标;夜间应本着"先闪后定"、"先长后短"和"先弱后强"原则,先观测灯光较弱的、闪光周期长的难以观测的物标,再观测灯光强的、闪光周期短的容易观测的物标,尽量减小异时观测所产生的船位误差。

三、船位差

同一时刻的推算船位与观测船位之间的位置差称为船位差(position difference),用同一时刻的推算船位到观测船位的方向和距离来标示,符号"ΔP"。如 $\Delta P210°-2.5$ n mile 表示从推算船位到观测船位的方向为 210°,距离 2.5 n mile。

当船位差不大时,可以仍按推算船位继续进行航迹推算,仅仅从观测船位绘画一小箭矢指向同一时刻的推算船位点,来表示它们之间的关系。当船位差较大,并且经系统地观测定位分析,确定观测船位比较可靠时,应报经船长同意后,将观测船位作为新的航迹推算起始点,继续进行航迹推算。海图作业时,应用一曲线连接相应的推算船位点和观测船位点(见图4-3-6),并将船位差记入航海日志中。

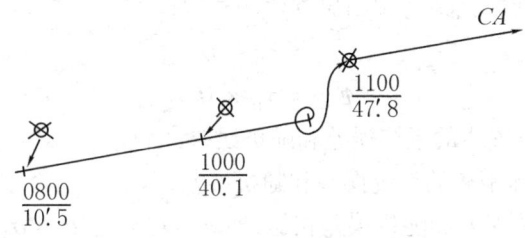

图 4-3-6 船位差

进行长时间的航迹推算后,当船舶接近海岸测得第一个观测船位时,必须对船位差进行认真的分析,做好记录,供以后参考。

第四节 距离定位

船舶在沿岸、狭水道等水域航行,如果能同时测得船舶与附近两个物标之间的距离,则可以分别以被测物标为圆心,以相应的距离为半径绘画距离位置线,其中靠近推算船位的一个交点即为观测时刻的船位,这种方法和过程称为距离定位(fixing by distances)。

一、定位方法

如图4-4-1所示,用雷达或六分仪同时测得本船到物标 M_1 和 M_2 的距离 D_1 和 D_2 后,在海图上分别以 M_1 和 M_2 为圆心、所测距离 D_1 和 D_2 为半径绘画圆弧,两距离位置线通常有两个交点,其中接近推算船位的一点即为当时的观测船位 P。

两个交点中观测船位的判定方法如下:

(1)取靠近推算船位的一个交点;

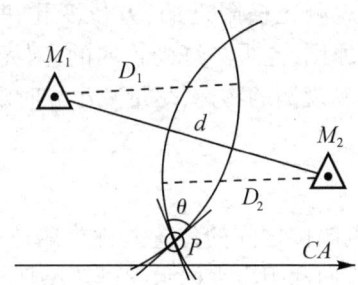

图 4-4-1　两距离定位

（2）根据所测物标与船舶间的相对位置关系来确定哪个是观测船位；

（3）连续多次定位，根据船舶的航迹分布情况来确定观测船位。

二、距离定位船位误差

因为距离位置线梯度模 $g_D = 1$，距离位置线误差为：

$$E_{\varepsilon_D} = \varepsilon_D \times D$$

$$E_{\sigma_D} = \sigma_D \times D$$

式中：E_{ε_D}、E_{σ_D}——距离位置线的系统误差和随机误差；

ε_D、σ_D——观测物标距离的系统误差和随机误差。

如果观测距离的系统误差和随机误差相等，即 $\varepsilon_1 = \varepsilon_2 = \varepsilon_D$，$\sigma_1 = \sigma_2 = \sigma_D$，则两距离定位的观测船位的系统误差 δ 和船位标准差 M 分别为：

$$\delta = \frac{\varepsilon_D}{\sin\theta}\sqrt{D_1^2 + D_2^2 - 2D_1 D_2 \cos\theta}$$

$$= \frac{\varepsilon_D \cdot d}{\sin\theta} \tag{4-4-1}$$

$$M = \frac{\sigma_D}{\sin\theta}\sqrt{D_1^2 + D_2^2} \tag{4-4-2}$$

式中：D_1、D_2——观测船到两物标的距离；

d——两物标之间的距离；

θ——两距离位置线的交角。

三、提高两距离定位精度的方法

为了提高两距离定位观测船位的精度，即减小观测船位系统误差 δ 和船位误差圆半径 M，应尽可能减小观测距离的系统误差 ε_D 和随机误差 σ_D，并注意选择适当的定位物标和遵循一定的观测顺序。

1.物标的选择

由式（4-4-1）和式（4-4-2）可见，选择下列物标有利于提高两距离定位观测船位的精度：

（1）孤立、显著、海图位置准确且离船较近的物标；

（2）距离位置线交角 θ 尽可能接近 90°，至少满足 $30° < \theta < 150°$ 的物标。

2.观测顺序

为了减小异时观测所造成的船位误差,在观测顺序上应遵循"先慢后快"的原则,先观测正横附近、距离变化慢的物标,后观测首尾线附近、距离变化快的物标。

雷达三距离定位时,海图上三条距离位置线往往也相交形成一个较小的误差三角形,观测船位的确定方法与目视三方位定位的方法类似。

第五节　方位距离定位

利用视界内唯一可供观测的物标,同时测定其方位和距离,可得到该物标同一时刻的方位位置线和距离位置线,它们的交点即为观测时刻的船位,这种定位方法和过程称为方位距离定位(fixing by bearing and distance)。

单标方位距离定位是航海上经常使用的一种定位方法。只要能同时测得某物标的方位和距离,就可以确定观测时刻的船位。同时用雷达观测物标的方位和距离、观测灯塔初显(或初隐)距离和方位,以及同时用六分仪和罗经测定物标的垂直角和方位等,都可用来进行方位距离定位。

观测单一物标的方位和距离定位,既可解决某些物标因距离较远、方位变化慢造成的移线定位困难,又可避免推算误差和风流等对移线定位的影响。此外,单标方位距离定位,两位置线的交角始终等于90°,因此船位误差相对较小。

单标方位距离定位,船位误差主要取决于观测方位和观测距离的精度,其系统误差和随机误差分别为:

$$\delta = D\sqrt{\left(\frac{\varepsilon_B}{57°.3}\right)^2 + \varepsilon_D} \qquad (4\text{-}5\text{-}1)$$

$$M = D\sqrt{\left(\frac{\sigma_B}{57°.3}\right)^2 + \sigma_D^2} \qquad (4\text{-}5\text{-}2)$$

式中:δ、M——观测船位的系统误差和随机误差;

　　ε_B、σ_B——观测方位的系统误差和随机误差;

　　ε_D、σ_D——观测距离的系统误差和随机误差;

　　D——船舶与物标之间的距离。

由上述公式可知:为了提高单标方位距离定位的精度,除了要尽可能消除观测和绘画方位距离的系统误差 ε_B、ε_D,缩小观测和绘画方位距离时的随机误差 σ_B、σ_D 外,还应尽量选择离船较近的物标。

虽然两方位、两距离和单标方位距离定位简单、直观,但一般情况下两条位置线会相交于一点,难以判断观测船位的可靠性。三方位或三距离定位时,三条方位线往往交成一个三角形,如在定位时出现测错或认错物标等差错,就会形成较大的三角形,提醒测者警觉。

利用雷达观测物标的方位、距离定位(雷达定位)时,观测船位的精度主要取决于位置线的交角、物标海图位置的准确性、观测物标距离和(或)方位的精度以及海图作业的精度等因素。由于雷达观测物标距离的精度要高于雷达观测物标方位的精度,常见的几种雷达定位方法所测定的船位精度由高到低的顺序为:雷达三距离定位、雷达两距离定位、单标方位距离定位、雷达三方位定位和雷达两方位定位。综合考虑观测船位的精度和可靠性,雷达定位时,应尽量避免采用方位定位(雷达两方位定位或雷达三方位定位)方式,尽可能通过观测本船至附近三个物标间的距离来确定船位。采用雷达两距离定位方式时,如果对物标的辨认没有足够的把握,应同时观测其中某个物标的方位来判断观测船位的可靠性。只有对物标的辨认和定位精度都有足够的把握时,方可采用雷达单标方位距离定位方式。

第六节　移线定位

船舶在航行中,当视界内仅有一个可供观测的物标,且同一时刻只能测得一条位置线而无法直接确定船位时,应用转移位置线原理,将不同时刻观测所得的两条位置线转移到同一时刻进而确定船位的方法和过程叫作移线定位(running fixing),所获得的船位称为移线船位(running fix,RF)。移线定位的关键是如何将不同时刻的位置线转移到同一时刻,即如何转移位置线。

一、转移位置线

位置线的转移,是指根据前后两个时刻之间的推算航迹向和推算航程,将某一时刻观测所得的位置线转移到另一时刻上去的方法和过程。转移后的位置线,叫作转移位置线(position line transferred),在海图上通常在其两端加双箭矢予以表示,并注明前后两个转移时刻。不同位置线的转移方法也不尽相同,常见的位置线转移方法如下:

1.直线位置线的转移

方位位置线和天文船位线等直线位置线的转移方法是:在位置线上任取一点作为推算起点,然后沿推算航迹向 CG 截取与推算时间相应的推算航程 s ,过截点作原位置线的平行线,即得转移位置线。

如图 4-6-1 所示,0800 测灯塔 M 的方位,得方位位置线 P ,由位置线的性质可知,0800 的观测船位一定位于 P 的某一点上。假设 0800 的观测船位位于方位位置线和计划航线(或推算航迹线)的交点 A ,则 0900 该观测船位必定在计划航线(或推算航迹线)的前进方向上的一点 A' ,而且两点间的距离等于 0800—0900 的推算航程 s 。同理,假设 0800 观测船位位于方位位置线上的 B 、 C 、 D 、 E 点,则 0900 它们各自沿计划航向 CA (或计划航迹向 CG)转移到相距 s 的 B' 、 C' 、 D' 、 E' 点,显然, B' 、 C' 、 D' 、 E' 点和 A' 点位于同一直线上,而且它们的连线 P' 平行于方位位置线 P ,直线 P' 即为转移位置线。

直线位置线可按以下方法转移(如图 4-6-1 所示):

(1)在位置线 P 上任取一点 A (通常可取 P 与计划航线或推算航迹线的交点);

（2）自点 A 作计划航线或推算航迹线的平行线，并在其上沿 CA 或 CG 方向截取一点 A'，且使 $AA'=s$（推算航程）；

（3）过 A' 点作位置线 P 的平行线 P'，则直线 P' 即为转移位置线。

2.圆弧位置线的转移

距离位置线为圆弧位置线，应以被测物标 M 为推算起点，从该点绘画推算航迹线的平行线，在其上截取推算航程 s，得截点 M'，然后以 M' 为圆心、推算起点时刻所测物标 M 的距离 D 为半径画弧，即可得转移位置线。圆弧位置线的转移，其核心问题是正确转移圆弧位置线的圆心，具体步骤如下（如图 4-6-2 所示）：

（1）自物标 M 起，绘画推算航迹线的平行线，在其上截取一点 M'，并使 $MM'=s$（推算航程）；

（2）以 M' 为圆心、距离 D 为半径画圆弧，该圆弧即为转移位置线。

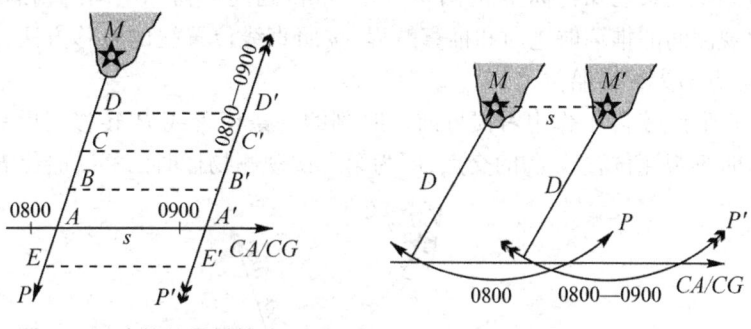

图 4-6-1 直线位置线转移　　图 4-6-2 圆弧位置线转移

3.多航向情况下位置线的转移

在多航向航行的情况下，连接转移前后两个时刻的推算船位的直线，称为直航线；两推算船位间的直线距离，称为直航程。多航向情况下直线位置线的转移，可根据转移前后两个时刻间的直航线和直航程，按下列方法进行（如图 4-6-3 所示）：

（1）用通常的航迹推算方法，推算转移前后两个时刻的推算船位；

（2）用直线连接上述转移前后的两个推算船位，与转移前位置线 P 相交于 A 点；

（3）自 A 点在直航线上沿其前进方向截取线段 AA'，使 AA' 等于直航程；

（4）过 A' 点作位置线 P 的平行线 P'，直线 P' 就是相应的转移位置线。

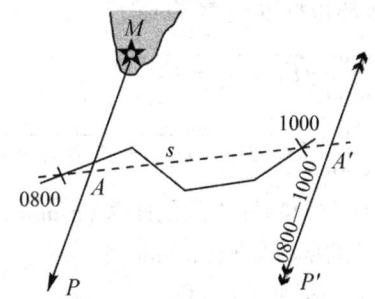

图 4-6-3 多航向情况下位置线的转移

4.转移位置线的精度

转移位置线的精度 E' 主要取决于转移前位置线的精度和转移时间内航迹推算的精度，即

$$E' = \pm \sqrt{E^2 + M^2}$$

式中：E'——转移位置线标准差；

E——转移前位置线标准差；

M——转移时间内航迹推算中推算船位的标准差。

一般来说，转移位置线的精度低于观测时刻的位置线精度，而且随着转移时间间隔的增大，精度也随着降低。

二、单标方位移线定位

1.移线定位方法

在不同时刻观测某已知物标 M 的两个方位，可得到同一物标不同时刻的两条方位位置线。根据两次观测间的推算航迹向和推算航程，按照直线位置线的转移方法，将它们转移到同一时刻，其交点即为移线船位。

如图 4-6-4 所示，实际工作中习惯将前一时刻的一条位置线 P_1 转移到后一时刻，该转移位置线和后一时刻观测位置线 P_2 的交点，即为第二次观测物标时的移线船位 RF。

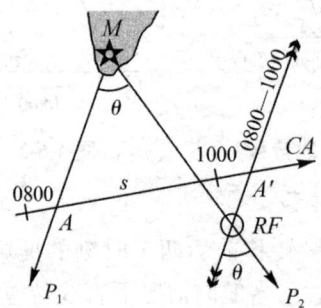

图 4-6-4　单标方位移线定位

2.提高单标方位移线定位精度的方法

单标两方位移线定位中，移线船位的误差取决于两条方位位置线本身的误差（E_1 和 E_2）、两方位位置线的交角 θ 和推算船位的标准误差 ρ。如果两次观测方位存在的标准差相等（$\sigma_1 = \sigma_2 = \sigma_B$），则相应的移线船位标准差 M 为：

$$M = \frac{1}{\sin\theta} \sqrt{E_1^2 + \rho^2 + E_2^2}$$

$$= \frac{1}{\sin\theta} \sqrt{\sigma_B^2(D_1^2 + D_2^2) + s^2(\sigma_{CA}^2 + \sigma_s^2)}$$

式中：D_1、D_2——观测方位时本船与两物标之间的距离（n mile）；

s——两次观测物标方位间的推算航程（n mile）；

σ_{CA}——航迹推算中航向上的标准差（rad）；

σ_s——航迹推算中航程的标准差。

可见，为了提高单标两方位移线定位的精度，除了尽可能地减小观测方位的标准差 σ_B、航迹推算中航向上的标准差 σ_{CA} 和航程的标准差 σ_s 外，还应该：

①注意选择离船较近的物标（尽量减小 D_1、D_2），并且应尽可能缩短转移位置线的时间间

隔,以便减小推算航程 s 对移线船位精度的影响;

②尽量使两条位置线的交角 θ 接近 $90°$,一般不应小于 $30°$。

对单标两方位移线定位而言,上述两点要求是相互制约的。要缩短转移位置线的时间间隔,物标的方位变化角就要小,即位置线的交角 θ 随之减小;若要求位置线交角 θ 接近 $90°$,就要延长转移位置线的时间间隔,推算航程 s 也相应增大。因此,单标两方位移线定位应选择在物标正横附近、物标距离较近的时候进行,当物标方位变化超过 $30°$,即位置线交角 θ 大于 $30°$ 时即可确定移线船位。选择在物标的正横附近进行移线定位,可满足物标离船较近的要求,同时,正横附近且离船较近的物标,其方位变化较快,有利于缩短转移位置线的时间间隔;选择在位置线交角大于 $30°$ 时进行移线定位,可同时兼顾上述两点要求。

三、特殊方位移线定位

特殊方位移线定位一般是在无风流影响,船舶定向、定速航行的情况下,将单标两方位移线定位转化为单标方位距离定位,从而简化移线定位中的海图作业工作。

航海上常用的特殊方位移线定位方法有如下两种:

1.倍角法

如图 4-6-5 所示,设 Q_1 是第一次观测物标方位时该物标的舷角,Q_2 是第二次观测物标方位时该物标的舷角,且 $Q_2 = 2Q_1$,前后两次观测间的计程仪航程等于 s_L,则:

$$MB = AB = s_L$$

且:

$$D_\perp = MB \cdot \sin Q_2 = s_L \cdot \sin Q_2$$

因此,自物标 M 绘画第二次观测所得的方位线和该物标的正横方位线,并在其上分别截取 s_L 和 $D_\perp$,截点 B、C 即为第二次观测时刻和物标正横时刻的船位点。

2.四点方位法

四点方位法(four point bearing)是倍角法的特例。四点是指四个罗经点,一个罗经点为 $11°.25$,四点等于 $45°$。如图 4-6-6 所示,如果在 A 点测得物标 M 的舷角 $Q_1 = 45°$,航行到 B 点时测得舷角 $Q_2 = 90°$,物标正横距离 $D_\perp$ 就等于两次观测间的计程仪航程 s_L。

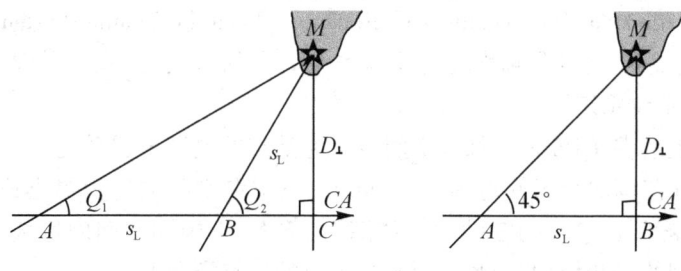

图 4-6-5　位角法　　　　图 4-6-6　四点方位法

实际工作中,如果测者位于驾驶台某固定位置 A,在舷角 $45°$ 和 $90°$(正横)处各有一固定的参照物 B 和 C(如羊角、稳索等),只要测者分别记下物标通过串视线 AB、AC 的时间和计程仪读数,就能推算出物标的正横距离,并由此确定物标正横时的船位。可见,四点方位法并不一定要借助罗经来完成。

第五章 电子定位

电子定位导航系统是随着电子技术、无线电信息技术的发展而发展的,其发展经历了从单一、低精度到综合、高精度,从近距离、非连续性到全球、全天候连续定位的过程。在卫星导航定位系统出现之前,船舶电子定位先后经历了无线电测向定位系统、双曲线导航系统(罗兰 A、罗兰 C、台卡、奥米伽)等的发展和应用,但是随着实时、高精度、全球卫星导航技术的发展,目前只有罗兰 C 系统还在部分国家使用,其他定位导航系统已经基本淘汰。卫星导航系统的应用始于 20 世纪 60 年代,并迅速发展。1993 年,GPS 完成 24 颗卫星组网并投入使用,可在全球范围内全天候地为海上、陆上、空中和空间的用户提供连续的、高精度的三维定位、速度和时间信息,目前是航海应用最广泛的卫星导航系统。北斗卫星导航系统是我国自主研发的全天候卫星导航系统,始建于 20 世纪 90 年代。2020 年,北斗三号全球卫星导航系统正式开通,具有快速定位、简短通信和精密授时三大主要功能。现在中国的北斗卫星导航系统和美国的 GPS、俄罗斯的 GLONASS、欧盟的 GALILEO 系统已被全球卫星导航系统国际委员会确认为全球四大卫星导航系统。

第一节 GPS 定位

GPS 是 Navigation Satellite Timing and Ranging Global Positioning System 的字头缩写词 NAVSTAR/GPS 的简称,译作导航星全球定位系统。它的含义是,利用导航卫星进行测时和测距,以构成全球定位系统。

从某种意义上来讲,GPS 是一种以空间卫星为基础的电子定位系统。

GPS 可在全球范围内全天候地为海上、陆上、空中和空间的用户提供连续的、高精度的三维定位、速度和时间信息。GPS 的建立使海上、陆上、空中和空间的运载工具的定位与导航发生了极为深刻的、划时代的变革。GPS 是重要的信息资源。

GPS 是通过卫星发射两种伪随机码来进行测时、测距定位的。这两种伪随机码是 P 码与 C/A 码。P 码是精测码,专为军用,极度保密,精度达 3 m(2 drms)。C/A 码是粗测码,公开民用,规定的精度为平面位置精度 100 m(2 drms)、垂直高度精度 157 m(2 drms)。对于民用用户来说,采用差分 GPS 技术可把定位精度提高到 0.3 m 或几米。

目前,GPS 已经是航海上主要的导航系统。GPS 接收机已普遍地装备于船舶,DGPS 接收机也已经在部分船舶上装备,因此,介绍 GPS 的组成、工作原理、定位误差、DGPS 及其应用等对航海人员是必要的。

一、GPS 的组成

GPS 由空间部分、地面监控部分和用户接收机三部分组成。

1.空间部分

GPS 基本星座由 24 颗工作卫星和多颗在轨备用卫星组成,分布在 6 个轨道面上,轨道倾角 55°,两个相邻轨道面在经度上相隔 60°,每个轨道面上 4 颗卫星均匀分布,其余 3 颗工作卫星及 3 颗备用卫星插入每个轨道面中 2 颗卫星之间,从一个轨道面的卫星到下一个轨道面的卫星间相位相差 40°。轨道高约 20200 km,近圆形轨道(偏心率 0.01),卫星运行周期约 12 h。这样的 GPS 星座保证了在全球任意位置的用户在任何时候至少能同时观测到仰角大于 5°的 6 颗卫星。

GPS 当前已经发展了多种卫星。截至 2019 年 4 月,GPS 共有 32 颗在轨运行的卫星,包括 1 颗 Block ⅡA、11 颗 Block ⅡR、8 颗 Block ⅡR(M)和 12 颗 Block ⅡF,额外的卫星可以提高系统的综合性能。Block Ⅲ是最新型的 GPS 卫星,增加了与其他 GNSS 系统兼容的 L1C 民用信号,增加了搜救功能,提高了监测站测距精度和抗干扰能力,将在信号可靠度、精度和完好性方面提高系统性能。

卫星上装备原子钟、导航电文存储器、伪随机码发生器、信号调制器、接收机和发射机等。

接收机接收地面监控网通过 S 波段发来的导航信息,包括卫星星历、卫星时钟校正参数等。导航电文存储器存储这些信息,接收机还接收地面监控网通过 S 波段发来的各种控制指令,卫星把导航数据与测距用的伪随机码分别调制在 L1 波段与 L2 波段上,并向地面发射。

2.地面监控部分

地面监控部分包括 2 个主控站(1 个为备用站)、11 个注入站(4 个地面天线和 7 个远程跟踪站)和 16 个监测站。主控站位于科罗拉多州的施里弗空军基地(Schriever Space Force Base, Colorado),备用主控站位于加利福尼亚州范登堡空军基地(Vandenberg AFB, California)。4 个地面天线分别设在佛罗里达州的卡纳维拉尔角(Cape Canaveral)、大西洋的阿松森(Ascension)岛、印度洋的迪戈加西亚(Diego Garcia)和太平洋的卡瓦加兰(Kwajalein);7 个远程跟踪站属于美国空军卫星控制网(AFSCN),用于 S 波段遥测遥控。16 个监测站包括美国空军的 6 个监测站(包括与主控站、4 个注入站并址的 5 个监测站和夏威夷监测站)和美国国家地理空间情报局的 10 个监测站。GPS 在全球范围内共计布设 29 个地面站点,形成了 GPS 地面控制网络。

监测站是一种无人值守的数据采集中心,受主控站控制,定时将它对每颗卫星的观测数据送往主控站。16 个监测站的全球分布,保证了 GPS 卫星定轨的精度要求。由这 16 个监测站提供的观测数据经主控站处理就形成了卫星星历。

主控站收集监测站送来的数据并进行处理分析,然后编辑成导航电文,发出对卫星的控制指令。主控站将编辑的导航电文与要求卫星执行的控制指令送到位于三大洋的 4 个注入站,注入站定时用 S 波段把这些信息送至 GPS 卫星。

3.GPS 接收机

GPS 的空间部分与地面监控部分是由美国国防部投资建立、维护和运行的。GPS 卫星将昼夜不停地发送导航定位信息，这是一种可供无数用户共享的重要的信息资源。因此，世界各国的企业、科研单位等相继研制出各种类型的接收机。凡有 GPS 接收机的用户都能使用 GPS。

GPS 接收机种类很多，按性能分 X 型、Y 型和 Z 型三种。X 型接收机是一种高动态运载工具使用的接收机，适用于飞机、导弹和飞船。Y 型接收机是一种中动态运载工具使用的接收机，适用于速度低于 400 km/h 的民用飞机。Z 型接收机是一种低动态运载工具使用的接收机，适用于船舶、地面车辆、徒步或定点的定位。按用途分，GPS 接收机有军用的、民用的、大地测量用的和测时用的等。

要理解 GPS 的工作原理，必须了解如何利用卫星进行测时与测距。测时与测距是 GPS 中的两项关键技术，下面对其原理进行介绍。

二、GPS 的时间系统与测距信号

1.GPS 的时间系统

GPS 以原子钟作为测时的基础，完全满足系统对基准时钟稳定度的要求，也为高精度的测距提供了可能。但是，GPS 的时间系统的精度还必须通过相对论进行校正。

卫星原子钟提供的基本频率 f_0 为 10.23 MHz。为了补偿相对论效应，在地面上设计卫星时钟时，必须特意减小它的实际运行的基本频率 f_0 至 10.22999999545 MHz，即频率调整量 Δf_0 为 -4.55×10^{-3} Hz。这样，GPS 卫星被发射升空后，它的时钟频率在地面上看正好等于 10.23 MHz 这个设计值。同时，因为卫星运行轨道是椭圆而不是圆，运行速度在变，离地心的距离也在变，所以地面上的 GPS 用户接收机还必须根据卫星的当前位置对相对论效应做适当校正。

2.对 GPS 测距信号的要求

GPS 测距信号应满足以下两项主要要求：

①GPS 测距信号是由卫星在约 20200 km 的高空向地面发射的，到达地面时的强度为 $-155 \sim -158$ dBW，非常微弱，而且不可能要求所有 GPS 用户都装配大型抛物面接收天线，因此必须采用一种新形式的 GPS 测距信号及相应的接收技术来解决这一问题。

②GPS 是美国国防部为军事目的建立的，主要供美国军用，因此，要求 GPS 信号具有极强的保密性，而对民用仅开放低精度的部分功能。

GPS 测距信号采用伪随机码，与其相应的接收技术就是相关接收。用伪随机码进行测距可以达到很高的精度，同时，用伪随机码进行通信可以达到极高的保密性。

3.伪随机码

伪随机码又称为伪随机噪声码（Pseudo Random Noise，PRN），是一种既可以预先确定并可重复产生，又具有白噪声所具有的良好的自相关特性的二进制码元序列。GPS 测距信号采用 C/A 码和 P 码两种伪随机码。C/A 码（Coarse and Acquisition Code）是用于粗测与捕获信号的伪随机码，P 码（Precise Code）是精确码。

C/A 码码长 1023, 码率 1.023 MHz, 周期 1 ms。C/A 码的码元宽度为 0.98 μs, 相当于 293 m, 假设两个 C/A 码的码元对齐误差为码元宽度的 1/100~1/10, 则此时相应的测距误差为 2.93~29.3 m。民用 C/A 码接收机测距精度一般为 5~10 m。

P 码码长 2.35×10^{14}, 码率 10.23 MHz, 周期约 266.4 天。P 码的码元宽度为 C/A 码的码元宽度的 1/10, 相当于 29.3 m, 假设两个 P 码的码元对齐误差也为码元宽度的 1/100~1/10, 则此时相应的测距误差为 0.293~2.93 m。实际使用的 P 码是其中某段周期为 7 天的码。由于采用多种加密编码方法, P 码具有极高的保密性。

4.GPS 卫星信号

GPS 卫星信号包含三种信号分量: 载波、测距码和数据码。时钟频率选用 10.23 MHz, 利用频率综合器产生所需要的频率。GPS 卫星信号的产生如图 5-1-1 所示。

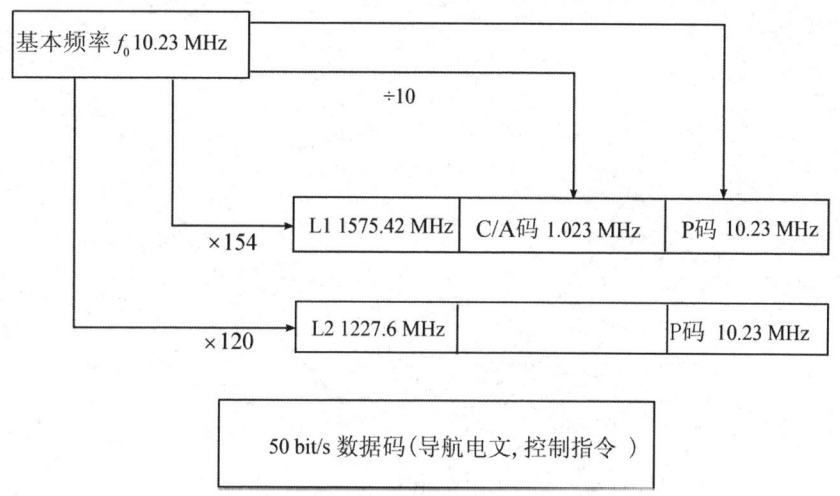

图 5-1-1 GPS 卫星信号的产生

在 L1 波段上, C/A 码与 P 码以正交方式, 数据码以同相的方式调制。在 L2 波段上, P 码与数据码以同相的方式调制。

L1 波段中, 一个 C/A 码的码元中共有 1540 个载波周期, 一个 P 码的码元中共有 154 个载波周期; L2 波段中, 一个 P 码的码元中共有 120 个载波周期。因此, 可以通过多普勒计数和载波相位测量来大大提高 GPS 接收机的定位精度, 其精度可达到厘米级乃至毫米级。

接收机只有在捕获 C/A 码后, 才能解出数据码, 获得导航电文与控制指令。卫星的导航电文中主要有以下内容: 卫星识别码、星历、卫星时钟偏差、电离层校正参数、卫星工作状态、UTC 时间与 GPS 时间的差值。

三、GPS 导航接收机与定位精度

GPS 卫星发射两种伪随机码, 即 C/A 码和 P 码, 因此, 用户接收机可以接收到两种伪随机码测距信号。P 码仅供美国军事部门及特许的民间部门使用, 因此在此不做讨论。下面讨论 C/A 码伪距测量。

伪距测量是利用相关技术实现的。在相关接收中, 卫星上发射的 C/A 码伪随机信号是由卫星钟控制的, 用户接收机的 C/A 码伪随机信号是由本机时钟控制的。在相关接收时, 将这两个伪随机信号码位对齐,即完成跟踪与延时锁定,这一时刻相对于初始时刻的延时量,即表征了用户点到卫星间距离的函数,称为伪距(pseudo range),用 $\widetilde{R}$ 表示。如图 5-1-2 所示,伪距 $\widetilde{R}_i$ 由下式确定:

$$\widetilde{R}_i = R_i + c\Delta t_{A_i} + c(\Delta t_u - \Delta t_{S_i})$$

式中: $\widetilde{R}_i$ ——用户到第 i 号卫星的伪距;

$\quad R_i$ ——用户到第 i 号卫星的真实距离;

$\quad \Delta t_{S_i}$ ——第 i 号卫星钟对 GPS 时间标准的偏差;

$\quad \Delta t_u$ ——用户钟对 GPS 时间标准的偏差;

$\quad \Delta t_{A_i}$ ——传播延迟及其他误差;

$\quad c$ ——光速。

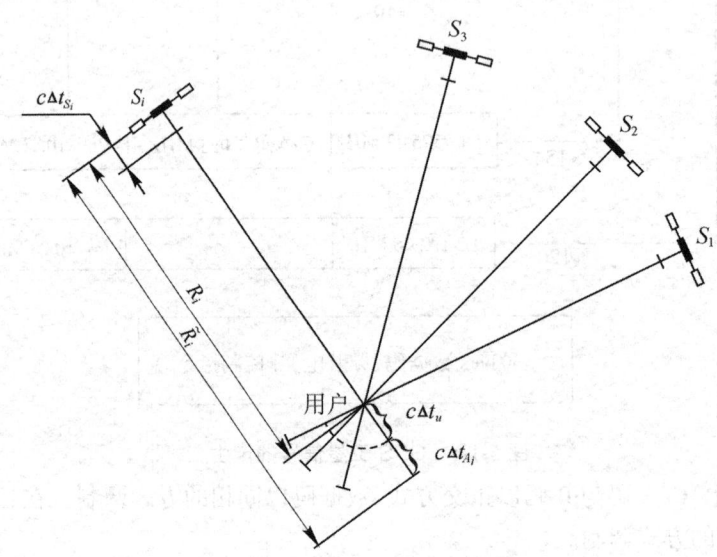

图 5-1-2　伪随机码测距原理图

定位采用直角坐标系进行计算,坐标原点设在地球球心,x 轴指向格林尼治子午线,z 轴指向北极,y 轴与 x 轴、z 轴组成右手直角坐标系。设卫星 S_i 在该坐标系中的位置为 $(x_{S_i}, y_{S_i}, z_{S_i})$,用户位于 (x,y,z),则

$$R_i = \sqrt{(x_{S_i} - x)^2 + (y_{S_i} - y)^2 + (z_{S_i} - z)^2}$$

因此,伪距又可表达为:

$$\widetilde{R}_i = \sqrt{(x_{S_i} - x)^2 + (y_{S_i} - y)^2 + (z_{S_i} - z)^2} + c\Delta t_{A_i} + c(\Delta t_u - \Delta t_{S_i})$$

式中,卫星位置 $(x_{S_i}, y_{S_i}, z_{S_i})$ 和卫星钟偏差 Δt_{S_i} 从卫星的导航电文中获得;传播延迟误差 Δt_{A_i} 中的电离层延迟误差可利用导航电文中的电离层校正参数,用传播延迟模型估算得到。

若用户接收机测得第 i 号卫星的伪距延时量为 Δt_{P_i},则

$$\widetilde{R}_i = c\Delta t_{P_i}$$

所以,可以得到:

$$\Delta t_{P_i} = \frac{1}{c}\sqrt{(x_{S_i} - x)^2 + (y_{S_i} - y)^2 + (z_{S_i} - z)^2} + \Delta t_u - \Delta t_{S_i}, i = 1,2,3,4$$

这个方程中,共有用户三维位置(x,y,z)及用户钟的偏差Δt_u这4个未知数。若用户接收机接收 4 颗卫星的信号,就可以得到 4 个方程,解这个联立方程组,就可以得到用户的三维位置与用户钟偏差。若用户配备了精密的用户时钟,则只需接收 3 颗卫星的信号,就可以解出用户三维位置。若用户高度数据已知,则只需求解二维水平位置,只需接收 3 颗卫星的信号就足够了。当接收机能接收多于 4 颗卫星的信号时,接收机采用最小二乘法来自动求得最概率三维位置。

四、船用 GPS 接收机与定位精度

1.船用 GPS 接收机框图

船用 GPS 接收机(GPS receiver)是利用 C/A 码测距定位的,如图 5-1-3 所示。

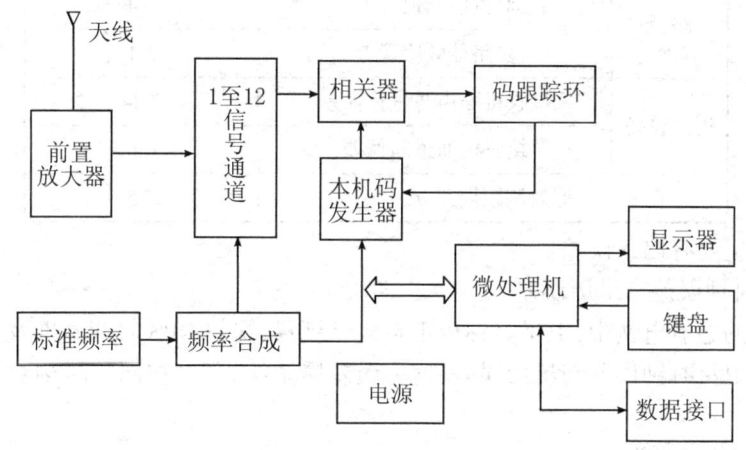

图 5-1-3　船用 GPS 接收机框图

按接收机通道方式分类,船用 GPS 接收机分为:

①时序接收机

这是一种最简单的接收机,一般采用单通道或双通道,按时间分割法实现对各个卫星电文的提取与伪距离测量。

②多路复用接收机

这是一种单通道多路复用接收机,能同时接收多颗卫星的信号,而共用同一通道,以此来抵消通道间的时延差别。它能准同步观测多颗卫星。

③多通道接收机

多通道接收机又称为并行通道接收机,能同时接收几颗卫星的信号,且通道间时延偏差很小。这是当前船用 GPS 接收机的发展方向。

天线及前置放大器为一个密封部件,以保证在气象与海况环境恶劣的条件下正常工作。其采用全方位方向图、上半球增益几乎不变的小型圆极化天线。前置放大器对天线接收到的信号进行滤波放大后输入接收机。

信号通道单元能跟踪锁定卫星信号。卫星发射的伪随机码与本机发生器产生的伪随机码在相关器内进行相关处理,若相关积累达不到峰值,则通过码跟踪环控制本机码发生器延时,直至相关器达到峰值,并自动锁定跟踪此伪随机码。将伪距延时量输入微处理机进行伪距测量计算。锁定跟踪卫星伪随机码后,就可以解调出导航电文,以便定位计算。

2.定位精度

GPS 定位精度取决于伪距测量误差及定位时所选用的卫星的几何布置。C/A 码伪距测量精度可以用某船用 GPS 接收机的伪距测量误差表来说明,如表 5-1-1 所示。

表 5-1-1　伪距测量误差表

误差源	误差类别	估算误差（m）
卫星设备	卫星时钟误差	3.1
	星历误差	2.7
信号传播路径	电离层延迟误差	6.4
	对流层延迟误差	0.4
	多路径效应误差	3.1
用户设备	接收机噪声与量化误差	2.44
	接收机通道间偏差	0.6
等效测距误差 σ		8.5

伪距测量主要有以下误差:

(1)卫星时钟误差与星历误差

GPS 卫星的导航电文中,卫星时钟校正系数、星历数据与 GPS 时间基准及卫星真实位置间的误差就是卫星时钟误差与星历误差,这一误差属系统误差,在同一时刻对各个用户的影响是一样的。

(2)大气层传播延迟

大气层传播延迟包括电离层传播延迟和对流层传播延迟两部分。

①电离层传播延迟

电离层传播延迟是电波在高度为 46～460 km 的电离层中传播时,传播速度变化及传播路径曲折的结果。电离层传播延迟模型比较复杂,与电波频率、太阳黑子的活动情况等因素有关。采用双频测量的用户,可以对电离层传播延迟进行较精确的校正。采用单频测量的用户可采用模型校正法进行修正。民用 GPS 接收机采用 8 个系数的模型校正法大约可使电离层传播延迟误差减小一半。

②对流层传播延迟

对流层传播延迟是由电波在近地 15 km 的对流层中的传播速度不同于真空中的光速引起的,与大气温度、压力及卫星仰角等因素有关。卫星仰角小于 10°时,这项误差迅速增大。在实际使用中,采取不选用仰角小于 5°的卫星和对仰角不小于 5°的卫星用模型校正法修正的措施。

从以上分析可知,电离层传播延迟误差与对流层传播延迟误差对范围不大的地区内的用户来说是相近的。

（3）其他误差

多路径误差是指用户设备接收到一个以上传播路径的信号，将这些信号合成后信号特性发生了变化从而产生的测量误差。这种多路径误差与用户天线位置及反射面自然特性等有关。

接收机噪声误差是用接收机硬件和软件处理信号所引起的噪声对伪距测量产生的误差。

量化误差是数字信号处理所固有的误差。

接收机利用多通道对多颗卫星进行测量时，由于各通道硬件路径不同，会产生通道间偏差，给伪距测量带来误差。

在接收机的说明书中一般会给出 C/A 码伪距测量标准差 σ 值。与陆标定位的精度与两物标的夹角 θ 有关类似，GPS 接收机的定位误差与用户及卫星间的几何位置有关。用户与卫星间的几何位置对定位精度的影响可用精度几何因子 GDOP（Geometric Dilution of Precision）来表征。总的定位标准差可用 GDOP 与用户等效测距误差的乘积来确定。若用户等效测距标准差为 σ，则定位总标准差 $\sigma_{总}$ 为：

$$\sigma_{总} = \sigma \cdot GDOP$$

实际使用中还采用以下几种精度系数：

①三维位置精度因子 PDOP（Position DOP）；

②用户时钟精度因子 TDOP（Time DOP）；

③水平位置精度因子 HDOP（Horizontal DOP）；

④垂直高度精度因子 VDOP（Vertical DOP）。

它们与 GDOP 之间的关系满足：

$$GDOP = \sqrt{PDOP^2 + TDOP^2}$$

$$PDOP = \sqrt{HDOP^2 + VDOP^2}$$

知道了各精度因子，就可以根据以下公式求得各种定位标准差：

$$\sigma_{三维} = \sigma \cdot PDOP$$

$$\sigma_{用户时钟} = \sigma \cdot TDOP$$

$$\sigma_{水平位置} = \sigma \cdot HDOP$$

$$\sigma_{垂直高度} = \sigma \cdot VDOP$$

在航海上用得最多的是水平位置标准差 $\sigma_{水平位置}$，习惯上用 drms（dual root mean square）来表示。例如，$\sigma = 8.5 \text{ m}$，$HDOP = 1.5$，则 1 drms = 12.8 m，2 drms = 25.6 m，即水平位置精度为 25.6 m（95%）。

在四星三维定位中，几何精度因子总是大于1，最小的 GDOP 为 1.581；多于四星的三维定位，一般采用最小二乘法来求得最概率船位，此时的几何精度因子可能会小于1。

3. 坐标系修正量

因坐标不同而引起位置的误差对 GPS 接收机来讲是一个绝不可忽略的问题，航海人员必须清醒地认识到这一点。

鉴于目前 GPS 定位已经成为主要的定位方式，英国水道测量局出版的绝大部分（约93%）纸质海图采用 WGS-84 坐标系或与 WGS-84 坐标系相兼容的坐标系；电子海图显示与信息系统（ECDIS）使用的电子航海图（ENC）大部分采用 WGS-84 坐标系。我国出版的海图采用 CGCS2000 坐标系,在图廓注记中明确指出"使用时可等同于 WGS-84 坐标系"。

同时,不少船用 GPS 接收机具有世界上几个主要大地坐标系与 WGS-84 坐标系的自动变换功能,航海人员在使用时,可以根据海图坐标系选择机内相同的坐标系。在实际使用中,有条件时还应用陆标定位等其他定位方式去核对船位。

少量(约 7%)英版海图和部分国家出版的海图采用当地坐标系或是区域坐标系,通常在海图注释(NOTES)中采用"SATELLITE-DERIVED POSITIONS"给出海图坐标系与 WGS-84 坐标系之间的坐标系修正量。在某些大比例尺海图上可能按区域给出多个这样的修正量,航海人员应正确使用,如图 5-1-4 所示。

SATELLITE-DERIVED POSITIONS

Positions obtained from Global Navigation Satellite Systems, such as GPS, are normally referred to WGS-84 Datum. Such positions must be adjusted by 0.12 minutes SOUTHWARD and 0.19 minutes EASTWARD before plotting on this chart.

图 5-1-4　GPS 位置修正说明

该说明表示从 GPS 接收机获得的 WGS-84 大地坐标系下的船位,应向南修正 $0'.12$,向东修正 $0'.19$,才能在该海图上标定船位。

利用海图中给出的海图坐标系与 WGS-84 坐标系之间的坐标系修正量,把 GPS 接收机给出的 WGS-84 坐标系下的 GPS 船位校正定位到海图上的方法是常用的可靠的方法。

需要强调的是,采用坐标系修正量,在接收机上做自动修正时,或采用接收机其他大地坐标系来定位时,航海人员必须采取可靠有效的记录与明确的表示方法,以免出错。

五、DGPS 定位原理

Differential GPS(DGPS)全名为差分全球定位系统,它在 GPS 的基础上利用差分技术使用户能够从 GPS 中获得更高的精度。DGPS 是为有效应对美国政府 2000 年前针对 GPS 实施的选择可用性政策(SA 政策)而实施的。目前,已有许多国家在本国沿海建立了 DGPS 台链,可以覆盖距沿岸 DGPS 基准台 150 n mile 的海域和部分陆域,以满足沿岸航行、狭水道航行、进出港口以及海上交通管理等场合船舶高精度定位的需要和满足海洋渔业、海洋测绘、海上石油开发、海上工程定位等高精度定位用户的需要。

通过基准台的测量,获得误差的公共项,然后作为其他测量的修正值去消除此误差的公共项,以提高测量精度的方法就是差分技术。DGPS 的基础是,在同一地区内,GPS 缓慢变化的系统误差,对基准台及其邻近用户的影响是相同或相近的。DGPS 把一台或多台高精度 GPS 接收机放在位置已精确测定的点上组成基准台,基准台接收机通过接收测量 GPS 卫星信号,并根据已知测点的精确位置,计算出误差的公共项,再将这一修正值以标准数据格式通过播发台向周围空间播发,附近的 DGPS 用户接收到来自基准台的修正值(误差修正信息),以此来修正自身的 GPS 测量值,从而大大提高其定位精度。DGPS 可以有效地削弱 SA 政策的影响,基本消除星历误差与卫星时钟误差,大部分消除电离层延迟误差及部分消除对流层传播延时误差,达到米级定位精度。

民用 DGPS 大多采用伪距差分技术,国际海事无线电技术委员会(RTCM)设立的为全球推广 DGPS 的 SC-104 专门委员会也推荐采用这种技术。

1.伪距差分原理

伪距差分是目前应用最广的一种技术。它是通过校正伪距测量中的公共项来提高定位精度的。

安装在已知精确位置上的基准台高精度 GPS 接收机测量出全部可见卫星的伪距 $\widetilde{R_i^i}$（i 表示第 i 颗卫星，下同）和收集全部卫星的星历文件。基准台根据星历文件计算出各个卫星的空间坐标。这样，利用每一时刻卫星的空间坐标和基准台的已知坐标，就可以反求出每一时刻基准台到卫星的真距 R_i^t。

基准台 GPS 接收机测量的伪距包括各种误差，与真距不同，因此，可以求出各个卫星的伪距修正值 $\Delta\rho_i$：

$$\Delta\rho_i = R_i^t - \widetilde{R_i^i}$$

同时，还可求出相应的伪距修正值的变化率 $\Delta\dot\rho_i$：

$$\Delta\dot\rho_i = \frac{\Delta\rho_i}{\Delta t}$$

知道 t_0 时刻的伪距修正值 $\Delta\rho_i$ 与相应的变化率 $\Delta\dot\rho_i$，就可以求某一时刻 t 的伪距修正值 $\widetilde{R_i}(t)$：

$$\widetilde{R_i}(t) = \Delta\rho_i - \Delta\dot\rho_i(t - t_0)$$

基准台将 $\Delta\rho_i$ 和 $\Delta\dot\rho_i$ 传送给附近的 DGPS 用户，用户测量出伪距 $\widetilde{R_i}$，再加上修正值 $\Delta\widetilde{R_i}(t)$，便求得经过修正后的伪距 $\widetilde{R_i^c}(t)$：

$$\widetilde{R_i^c}(t) = \widetilde{R_i} + \Delta\widetilde{R_i}(t) = \widetilde{R_i} + \Delta\rho_i - \Delta\dot\rho_i(t - t_0)$$

然后，用户利用修正后的伪距 $\widetilde{R_i^c}(t)$ 去进行定位解算。

伪距 DGPS 原理如图 5-1-5 所示。

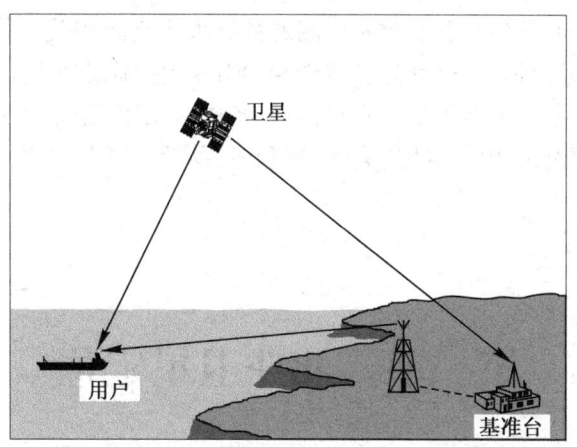

图 5-1-5　伪距 DGPS 示意图

由于在同一时刻星历误差与卫星时钟误差对基准台及其邻近用户的影响是相同的；电离层延迟误差在一个不大的范围内变化很小，对基准台及其邻近用户的影响是很相近的；在同一地区内,对流层延迟误差因近地空气温度与压力变化较大,对基准台及其邻近用户的影响存在一定差异。因此,DGPS 可以基本消除、大部分消除与部分消除这些误差的影响,提高定位精度。

伪距差分还具有以下优点:

①计算的伪距修正值是直接在 WGS-84 坐标系上进行的,不用先变换为当地坐标,因此能达到很高的精度。但是许多国家的 DGPS 给出的是 WGS-84 坐标系中用户的位置,因此,必须指出的是,用户在使用时坐标系修正量是必须要考虑的。

②提供 $\Delta\rho_i$ 和 $\Delta\dot{\rho}_i$ 作为伪距修正值,从而可使用户进行连续的精确定位。

③基准台能提供所有卫星的伪距修正值,而用户可允许接收任意 4 颗卫星进行修正,不必担心两者完全相同,因此,用户可以采用具有差分功能的简易接收机。

伪距差分能将基准台与用户的公共误差消除,但随着用户离基准台距离的增加又出现了系统误差。产生系统误差的主要原因是根据星历与时钟所计算的卫星位置无法与卫星的实际位置相一致,这种误差用任何差分法都是不能消除的。用户和基准台之间的距离对精度有决定性影响。用户距基准台越近,此系统误差越小,定位精度越好。

DGPS 是近程导航系统,其基准台大部分采用中频信号发射差分信息,作用距离为150 n mile 左右。国际组织为了保证各 DGPS 之间不产生相互干扰,也为了保证 DGPS 用户接收机的通用性,并可以使用所有建成的或即将建成的民用 DGPS,规定基准台必须按RTCM SC-104 标准格式播发差分数据;规定了各国基准台的识别码范围。配备 DGPS 接收机的用户不再需要附加的设备就可以使用所有的民用 DGPS。DGPS 接收机是一种功能更强的 GPS 接收机:在 DGPS 覆盖区域,它是一台 DGPS 接收机;在 DGPS 未覆盖区域,它又是一台普通的 GPS 接收机。DGPS 接收机是一种能够接收与处理按 RTCM SC-104 格式编制的差分信息的 GPS 接收机。在硬件上,它比普通 GPS 接收机多一套中频接收天线与设备;在软件上,它增加了接收与处理差分信息的功能。

为了在更广阔的地区内提供高精度的 DGPS 服务,可以在 DGPS 基准台链基础上建立监控站与监控中心站,并使它们与基准台链组网。各监控站监测 GPS 卫星信号与各基准台播发的差分信号,监控中心站根据各监控站监测的数据采用空间相关等技术进行处理,以形成在扩展区域内的有效差分信息,这就是扩展伪距 DGPS。它不仅加大了 DGPS 的有效工作范围(可达 300 n mile 以上),而且保证了在该区域 DGPS 的定位精度。

DGPS 已在许多国家应用。美国、英国、比利时、荷兰、德国、丹麦、波兰、日本、中国等国家都建立了 DGPS。

第二节　北斗卫星定位

北斗卫星导航系统(Beidou Navigation Satellite System),以下简称北斗系统,是我国自主建设运行的全球卫星导航系统,可为全球用户提供全天候、全天时、高精度的定位、导航和授时服务。

我国卫星导航系统发展道路的探索开始于 20 世纪 80 年代,逐步形成了三步走发展战略:2000 年年底,建成北斗一号系统,向中国提供服务;2012 年年底,建成北斗二号系统,向亚太地区提供服务;2020 年前后,建成北斗三号系统,向全球提供服务。2020 年 6 月 23 日,北斗三号最后一颗全球组网卫星发射成功;7 月 31 日,宣布北斗三号全球卫星导航系统正式开通。

北斗卫星导航系统提供服务以来,已在交通运输、农林渔业、水文监测、气象测报、通信系统、电力调度、救灾减灾、公共安全等领域得到广泛应用,融入国家核心基础设施,创造了显著的经济效益和社会效益。

一、北斗卫星导航系统组成

北斗系统由空间段、地面段和用户段三部分组成。

1.空间段

北斗系统空间段由多个轨道类型的卫星组成混合导航星座,包括地球静止轨道(GEO)卫星、倾斜地球同步轨道(IGSO)卫星和中圆地球轨道(MEO)卫星等组成。北斗三号基本空间星座由 3 颗 GEO 卫星、3 颗 IGSO 卫星和 24 颗 MEO 卫星组成,并根据星座运行情况部署在轨备份卫星。其中,GEO 卫星轨道高度为 35786 km,分别定点于东经 80°、110°.5 和 140°;IGSO 卫星轨道高度为 35786 km,轨道倾角为 55°;MEO 卫星轨道高度为 21528 km,轨道倾角为 55°。

星座中各颗卫星的基本功能为:接收地面段发射的导航信息,执行地面段发射的控制指令,进行部分必要的数据处理,向地面发送导航信息,通过推进器调整自身的运行姿态。北斗卫星根据类型的不同,功能有一定的差别。

2.地面段

北斗系统地面段负责系统导航任务的运行控制,主要由主控站、时间同步/注入站、监测站等组成。

主控站是北斗系统的运行控制中心,主要任务包括:

(1)收集各时间同步/注入站、监测站的导航信号监测数据,进行数据处理,生成并注入导航电文等;

(2)负责任务规划与调度和系统运行管理与控制;

(3)负责星地时间观测比对;

(4)卫星有效载荷监测和异常情况分析等。

时间同步/注入站主要负责完成星地时间同步测量,向卫星注入导航电文参数。

监测站是在主控站控制下的一个数据自动采集中心,对卫星导航信号进行连续监测,为主控站提供实时观测数据。

3.用户段

北斗系统用户段是指利用卫星导航信号进行定位、导航与授时的用户,包括北斗兼容其他卫星导航系统的芯片、模块、天线等基础产品,以及终端产品、应用系统与应用服务等。用户只需安装一种能够接收、跟踪、变换和测量的卫星导航接收机,就可以全天候和全球性地测量车辆、船舶、飞机等的七维状态参数和三维姿态参数。

用户接收机通常由主机、天线、电源和数据处理软件等组成,其主要功能是接收卫星播发的信号,获取定位所需观测值,提取导航电文中的广播星历、卫星钟差改正数等参数,经数据处理而完成导航定位工作。

二、北斗系统定位原理

北斗系统定位是基于三球交会确定三维位置的原理。假设三颗卫星同时发射测距信号,卫星上的一个时钟控制着测距信号广播的时间,星座内的每一颗卫星上的这个时钟与北斗时同步。用户接收机也包含一个时钟,假定与北斗时同步。信号以光速($3×10^8$ m/s)传播。时间信息内嵌在卫星的测距信号中,使接收机能够计算出信号离开卫星的时刻。记下每颗卫星测距信号的接收时刻,便可以算出卫星至用户的传播时间,将其与光速相乘便可以求得卫星至用户的距离。如果用户测量到与某一颗卫星的距离为 R,那么用户必定在以该卫星为中心、半径为 R 的球面上。若用户同时测得与三颗卫星的距离,那么用户必定在三个球面相交的某一个位置上,即三个球面相交于两点(特殊情况下交于一点)之中的一个点上,根据用户接收机的先验信息,即可得到用户接收机的真实位置。

确定某一点的位置坐标,需要已知发射信号的基准、测量信号的到达时间等信息。对于卫星导航定位,导航卫星即发射信号的基准。由于卫星是随着时间运动的,需要将卫星随时间变化的位置通过导航电文告知用户。导航电文除了包含卫星位置,还包含信号发射时刻以及辅助用户定位的时间。导航电文调制在无线电载波信号上。已调制的无线电载波信号称为导航信号。

1.导航卫星

导航卫星是用户定位的时间和空间基准。每颗导航卫星的有效载荷主要包括信号发射与接收天线(S 波段、L 波段)、导航信号发射机(双频或三频,L 波段)、导航电文存储器、星上计算机、高稳定频率标准(铯钟、铷钟、氢钟等)。导航卫星的主要任务包括:

(1)接收和存储由地面注入站发来的导航信息;

(2)接收并执行主控站的控制指令(如调整卫星姿态、启用备用时钟或启用备用卫星等);

(3)卫星上设有微处理机,进行必要的数据处理;

(4)通过星载高精度原子钟产生基准信号和提供精确的时间基准;

(5)向用户连续不断地发送导航定位信息(载波信号、导航电文)。

2.导航信号

导航卫星发射的信号从结构上可以分为三个层次:载波、测距码和数据码。在这三个层次中,测距码和数据码先通过调制而依附在正弦波形式的载波上,然后卫星将调整后的载波信号播发出去,从而实现在一个载波上同时测量和通信的功能。

北斗三号的载波有三个频点:B1(中心频率 1561.098 MHz)、B2(中心频率 1176.45 MHz)、B3(中心频率 1268.52 MHz)。

测距码是一组二进制伪随机噪声码,可以实现码分多址(CDMA)通信,具有抗干扰、保密性良好等优点。

数据码是卫星以二进制码的形式发送给用户的导航定位数据,又称为导航电文或 D 码,包含的内容主要有:卫星星历、卫星钟差参数、电离层延迟改正参数以及全部卫星的概略星历等信息,其中,卫星星历是一组描述卫星运动轨道的参数,由轨道参数可以计算任意时刻的卫星位置。导航电文主帧结构及信息内容如图5-2-1所示。子帧1~子帧3播发基本导航信息,子帧4和子帧5分为24个页面,播发全部卫星历书信息及与其他系统时间同步信息。

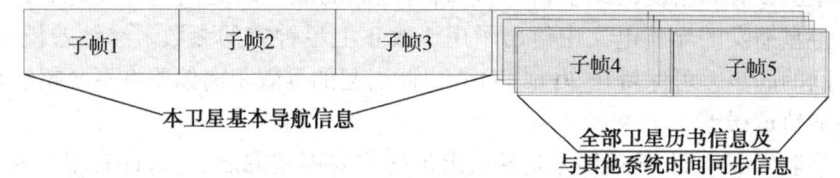

图 5-2-1　导航电文主帧结构及信息内容

接收机接收信号的过程正好与卫星生成发射信号的过程相反,需要从调制的载波信号中解调出测距码和数据码。北斗卫星采用的是码分多址的通信技术,每个卫星的测距码不同。为了识别出卫星的测距码,北斗卫星采用了码相关的技术进行测距码的捕获和跟踪。

3.距离测量

卫星在播发导航信号时,在导航电文中标记了信号发射时刻 t_S,由信号空间传播延迟 τ 计算得到信号接收时刻 t_R。根据无线电传播理论,接收机测得的卫星和接收机之间的距离为

$$\rho = c(t_R - t_S)$$

式中:ρ——接收机测得的距离;

　　　c——光速;

　　　t_S——信号发射时刻;

　　　t_R——信号接收时刻。

上述计算 ρ 的公式假定用户接收机和卫星时间严格同步,都与系统参考时钟(北斗时)一致。实际上,接收机和卫星的时钟都与参考时钟存在偏差,称为钟差。接收机测得的距离中由于包含了钟差,就不是真实的距离,因此称为伪距。于是,

$$\rho = c\left[(t_R + \Delta t_R) - (t_S - \Delta t_S) \right]$$
$$= c(t_R - t_S) + c\Delta t_R - c\Delta t_S$$
$$= c(t_R - t_S) + b_u - B$$

式中:Δt_S——卫星钟差,由导航电文中的钟差参数计算得到,其等效距离(钟差乘以光速)用 B 表示;

　　　Δt_R——接收机钟差,其等效距离(钟差乘以光速)用 b_u 表示。

4.定位

根据三球交会原理,用户只需观测 3 颗导航卫星即可实现定位。但由于伪距中包含的接收机钟差也是未知的,接收机钟差与接收机的三维位置一起,构成 4 个未知数,因此,需要增加一个观测方程,即至少同时观测 4 颗卫星,才能实现用户(接收机)的定位。

三、定位误差分析

在北斗系统定位中,影响观测量精度的主要误差来源可分为:与卫星有关的误差、与信号传播有关的误差、与接收机有关的误差、坐标系修正量。

1.与卫星有关的误差

与卫星有关的误差主要包括卫星钟的误差和卫星的轨道误差。

①卫星钟的误差

导航卫星虽设有高精度的原子钟,但它们与理想的北斗时之间仍存在着难以避免的偏差和漂移。卫星播发的导航电文中给出了用于改正卫星钟差的参数。经钟差模型改正后,各卫星钟之间的同步差可保持在 20 ns 以内,由此引起的等效距离偏差将不会超过 6 m。

②卫星的轨道误差

在卫星导航发展早期,轨道误差是导航定位的主要误差源之一。目前,用户通过导航电文所得的卫星轨道信息,其相应的位置误差约为 5 m。

2.与信号传播有关的误差

与 GPS 类似,北斗系统与信号传播有关的误差主要包括大气折射误差和多路径效应误差。

①大气折射误差

大气折射误差又可以分为电离层延迟误差和对流层延迟误差。

电离层延迟误差可以通过导航电文中给出的电离层改正模型或双频观测值改正模型进行修正,修正后残余的误差为 5~10 m。

对流层延迟误差与卫星的高度角有关,大部分情况下并不大,约为 5 m。

②多路径效应误差

多路径效应误差在开阔地较小,在城市、峡谷等地方较大,测距误差典型值约为 2.5 m。

3.与接收机有关的误差

与接收机有关的误差主要有测距码的分辨误差和测量的噪声。

①分辨误差

分辨误差取决于码元宽度,精密测距码(P 码)和粗捕获码(C/A 码)的分布误差分别为 0.3 m 和 3.0 m。

②测量的噪声

测量的噪声主要取决于接收机质量、信号品质和码元宽度等。随着测距技术的提升,一般认为 C/A 码的伪距测量噪声约为 1.0 m。

4.坐标系修正量

北斗系统采用 2000 国家大地坐标系(CGCS2000),与我国出版的海图坐标系一致,航海用途上与采用 WGS-84 坐标系的海图相适应,因此北斗系统提供的船位可以直接根据经度和纬度标绘在海图上。与 GPS 一样,对于采用当地或区域坐标系的海图,通常不能直接根据读取的北斗位置进行定位,应对北斗位置进行坐标系修正后,才能在海图上定位。

四、北斗系统的优势和应用

1.北斗系统的优势

(1)空间段采用三种轨道卫星组成的混合星座,与其他卫星导航系统相比,高轨道卫星更多,抗遮挡能力强,尤其是在低纬度地区性能优势更加明显;

（2）提供多个频点的导航信号,能够通过多频信号组合使用等方式提高精度服务;

（3）创新融合了导航与通信能力,具备基本导航、短报文通信、星基增强、国际搜救、精密单点定位等多种服务能力。

2.典型应用

随着北斗三号全球卫星导航系统的全面建成,北斗系统已经普遍应用于航天、航空、航海、高精度测量、地面数据采集、地面车辆监控调度与导航、无人驾驶等方面。

在航海、航空方面,北斗系统可以向全球范围地球表面及其向空中扩展 1000 km 高度的近地区域的用户提供定位、导航、授时服务,其中在我国及周边地区可为用户提供定位精度为 1 m 的广域差分服务和授权用户的短报文通信服务。同时,北斗系统与其他中轨卫星搜救系统共同组成全球中轨卫星搜救系统,为全球用户提供遇险报警服务,并通过反向链路提供遇险报警确认服务。

在地面车辆方面,北斗系统提供的导航定位服务与其他卫星导航系统组合使用后,可以大幅度提升车辆在城市复杂路段的导航性能;结合地理信息技术,车载导航系统可以精确地显示汽车的位置、速度和方向,为驾驶人提供实时的道路指引。

第六章　天文定位

天文定位是一门利用天体在海上进行定位的技术。19世纪中叶,法国航海家圣·希勒尔(St. Hilaire)提出的高度差法(截距法)为现代天文航海奠定了理论基础,并在航海实践中得到了广泛的应用。

天文定位的优点:设备简单、可靠,观测的目标是自然天体而不受人的控制,不发射任何声、光和电波而具有隐蔽性等。

天文定位的缺点:天文航海受自然条件限制,不能全天候导航,必须人工观测,计算烦琐。如图6-0-1所示:A为测者,天体B与地心O的连线交地面于点P_G(geographical position),称为天体地理位置。测者用六分仪(测角仪器)观测天体B的高度,经几项高度改正之后可求得天体地心真高度(又称为天体真高度h_t)。测者A到天体地理位置P_G的球面距离AP_G弧可用其所对的球心角$90°-h_t$表示(地球半径一定),称为真顶距Z。这样,以P_G为圆心,球面距离即真顶距$Z(Z=90°-h_t)$为半径,在球面上可作一小圆(图6-0-1中,过A、A'的小圆),测者A一定在该圆上,这个圆称为天文船位圆,即

$$天文船位圆 \begin{cases} 圆心:天体地理位置 P_G \\ 半径:天体真顶距 Z=90°-h_t \end{cases}$$

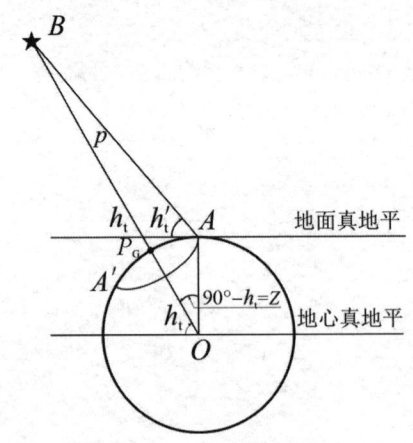

图 6-0-1　天文船位圆

每观测一个天体,均对应获得一个天文船位圆;反之,在该圆上的不同测者,在同一时刻,观测同一天体B的高度均相等,所以天文船位圆又称等高度圈。圆心可以根据观测天体高度的时间从《航海天文历》中查取,而半径可根据天体的观测高度经计算得到。

如果测者同时观测两个天体的高度,则可得到两个天文船位圆,两个天文船位圆会有两个交点,靠近推算船位C的一点即观测船位,如图6-0-2所示。

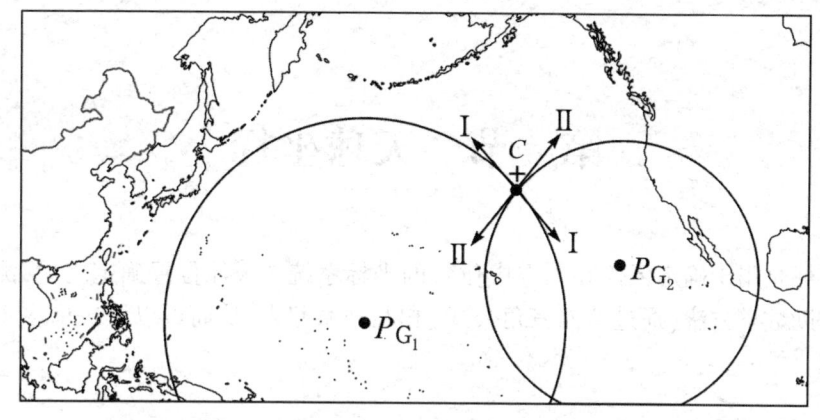

图 6-0-2 天文定位示意图

由上可见,天文定位与陆标距离定位相似,只不过天文船位圆的圆心是天体的地理位置 P_G,天文船位圆的半径是天体的真顶距 Z。为求取这两个要素,必须先了解天球坐标系。

天文定位重要的是先求出天文船位圆,即圆心和半径。如前所述,天文船位圆的圆心就是天体的地理位置,是天体在天空中的位置在地面上的投影点,要准确描述天体在天空中的位置,必须建立坐标系,即天球坐标系,这就是本章第一节要解决的问题。

由于地球的自转和公转以及天体的自行,地球上的人们看到天体在天空中的相对位置在不断地变化,天体这种相对运动称为天体视运动,了解天体视运动可以解释许多天文现象,这就是本章第二节要解决的问题。

由于天体视运动,天体位置随时间在不断地变化,要想说明天体的准确位置,必须说明当时准确的时间,也就是说没有准确时间的天体位置在天文定位中是没有意义的。根据观测时间(世界时)查阅《航海天文历》就可以求出观测时天体的准确位置,将其投影到地面上就得到天体地理位置,即天文船位圆的圆心。这就是本章第三节要解决的问题。

航海人员利用航海六分仪(专用测角仪器)观测天体的高度(同时记下观测时间),经过几项高度改正后,得到天体的真高度 h_t。$90°-h_t$ 称为天体真顶距,即天文船位圆的半径。这就是本章第四节要解决的问题。

理论上讲,已知天文船位圆的圆心和半径就可以画出天文船位圆,但实际上是行不通的,因为天文船位圆的半径一般非常大,如果得到天体的真高度为 $40°$,则天文船位圆的半径等于 $90°-40°=50°=3000'$(1' 为 1 n mile),即 3000 n mile。因此,航海人员将天文船位圆线性化,即将画天文船位圆的问题转化成画天文船位线的问题,其方法称为高度差法(或截距法)。这就是本章第五节要解决的问题。

同时观测两个及两个以上航用天体,就可以得到两条及两条以上天文船位线,两条及两条以上天文船位线相交即可得到观测船位。何时观测天体定位?如何确定观测船位以及如何判断观测船位的可信赖程度?这就是本章第六节要解决的问题。

针对 STCW 公约对天文航海的新要求,本章第七节介绍了 STCW 公约对现代天文航海的具体要求,并介绍了天文航海软件化和大连海事大学研发的天文航海计算软件的基本功能。

第一节 天球坐标

天球坐标是用于确定天体在天空中位置的坐标系统。天体位置确定之后,测者与天体之间才能借助数学方法(通过球面三角公式)相互联系起来,从而可以解决诸多天文航海上的实际问题。

一、天球坐标系

与地球上用纬度和经度来确定某点位置相类似,确定天体在天球上位置的球面坐标系称为天球坐标系。根据采用的原点和基准大圆,有不同的天球坐标系,在天文航海上常用的是赤道坐标系和地平坐标系。

1.天球(celestial sphere)

每当我们仰望天空,总感觉天空像是一个倒扣过来的半球。太阳、月亮、行星和恒星,无论离我们远或近,都好像镶嵌在这个球面上,而地球恰好位于这个半球的球心。因此,为了研究问题方便,我们定义以地心为球心,以无限长为半径所作的球面为天球。所有天体(无论远近)都分布在天球面上,它们在天球面上的位置称为天体位置,即延长地心与天体连线交于天球面上的一点。

2.天球上的基本点、线、圈

要在天球上建立天球坐标系,首先必须确定一些基本点、线、圈。因为可以把天球看作由地球圆球体表面无限扩展而形成的,所以天球上的点、线、圈都可以看作地球上的点、线、圈在天球上的投影,两者有着一一对应的关系,只是名称不同而已,它们之间的对应关系如表6-1-1所示。

表6-1-1 天球上的点、线、圈与地球上的点、线、圈对应表

地球	地轴	北极	南极	赤道	纬度圈	经度圈	格林经线	测者所在经线
天球	天轴	天北极	天南极	天赤道	赤纬圈	时圈	格林午圈	测者午圈

(1)天轴(celestial axis)和天极(celestial poles)

地球自转轴 $p_n p_s$ 向两端无限延伸得到天轴。天轴和天球相交于两点,对应于地北极的一点 P_N 称天北极,对应于地南极的一点 P_S 称天南极,统称天极,如图6-1-1所示。

(2)天赤道(celestial equator)

地球赤道平面无限向四周扩展与天球球面相截所得的大圆,称为天赤道,如图6-1-1中垂直于天轴的大圆 QQ'。天赤道上任意一点距两天极的球面距离都为90°。天赤道将天球分为北天半球和南天半球。

(3)天体时圈(hour circle)

过两天极和天体的半个大圆 $P_N B P_S$ 称为天体时圈,如图6-1-2所示。

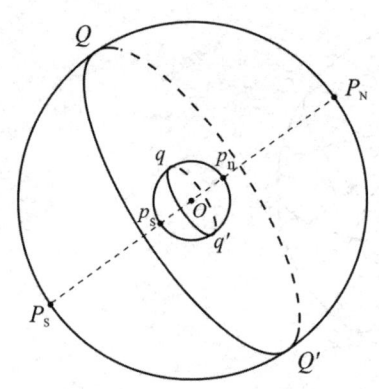

图 6-1-1　测者子午面天球图（1）

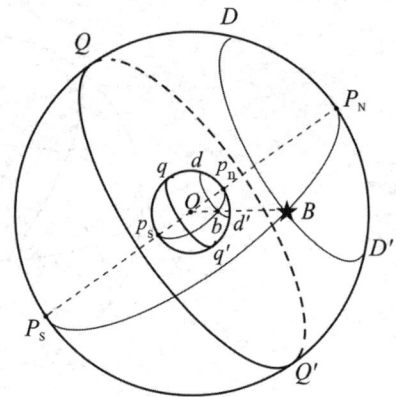

图 6-1-2　测者子午面天球图（2）

（4）天体赤纬圈（parallel of declination）

过天体 B 且平行于天赤道的小圆 DBD' 称为天体赤纬圈，又称周日平行圈，它与地球上纬度圈 dbd' 相对应，如图 6-1-2 所示。

（5）天顶（zenith）和天底（nadir）

视地球为均匀圆球体，地面上的某一点 A 与地心 O 的连线即是该点的铅垂线，如图 6-1-3 所示。

①测者天顶 Z 与测者天底 Z'：无限延长测者铅垂线，向上（背离地心的方向）与天球的交点 Z 称为测者天顶，向下与天球的交点 Z' 称为测者天底。

②格林天顶 Z_G 与格林天底 Z_G'：无限延长格林尼治天文台的铅垂线，向上与天球的交点 Z_G 称为格林天顶，向下与天球的交点 Z_G' 称为格林天底。

（6）子午圈（meridian）

①测者子午圈（observer's meridian）：过测者天顶、天底和两天极的大圆 $P_N Z P_S Z'$ 称为测者子午圈，如图 6-1-3 所示。

a.测者午圈：两天极之间包含测者天顶的半个大圆 $P_N Z P_S$，它与测者所在经线相对应。

b.测者子圈：两天极之间包含测者天底的半个大圆 $P_N Z' P_S$。

测者子午圈将天球分为东天半球和西天半球。

②格林子午圈（Greenwich meridian）：过格林天顶、天底和两天极的大圆称为格林子午圈 $P_N Z_G P_S Z_G'$，如图 6-1-3 所示。

a.格林午圈：两天极之间包含格林天顶的半个大圆 $P_N Z_G P_S$，它与格林经线（零度经线）相对应。

b.格林子圈：两天极之间包含格林天底的半个大圆 $P_N Z_G' P_S$，它与 180° 经线相对应。

（7）测者真地平圈（celestial horizon）

通过地心且垂直于测者铅垂线的平面与天球截得的大圆 NESW 称为测者真地平圈或地心真地平圈，真地平圈上任意一点距天顶或天底的球面距离均为 90°。真地平圈将天球分为上天半球和下天半球，如图 6-1-3 所示。

（8）方位基点（cardinal points）

方位基点又称四方点。测者子午圈与真地平圈交于两点，靠近天北极的一点称为北点 N，与其相对的点称为南点 S。天赤道和真地平圈交于两点，测者面向北，右侧为东点 E，左侧为西点 W。

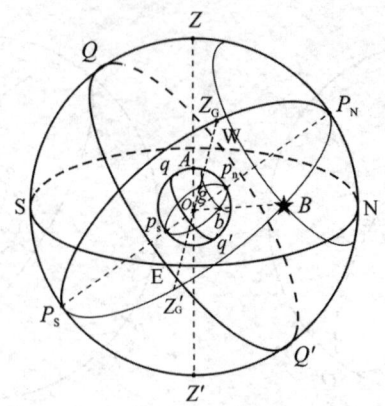

图 6-1-3　测者子午面天球图(3)

四方点 N、E、S、W 将真地平分成 NE、NW、SE、SW 四个象限,每个象限为 90°,如图 6-1-3 所示。

(9)仰极(elevated pole)与俯极(depressed pole)

真地平以上的天极称为仰极(与测者纬度同名的天极),真地平以下的天极称为俯极。图 6-1-4 中,测者为北纬,则仰极为 P_N。

(10)垂直圈(vertical circle)

如图 6-1-4 所示,过天顶 Z、天体 B 和天底 Z' 的半个大圆 ZBZ' 称为天体垂直圈,由于它们都垂直于真地平圈,故称为垂直圈。过东、西点的垂直圈 $ZWZ'E$ 称为卯酉圈(prime vertical),又称东西圈,它与测者子午圈垂直。卯酉圈(东西圈)被天顶 Z 和天底 Z' 分成两半,包括东 E 点的半个大圆称为卯圈(东圈),包括西 W 点的半个大圆称为酉圈(西圈)。

(11)春分点(vernal equinox)和秋分点(autumnal equinox)

地球绕太阳公转的轨道平面与天球相交的大圆称为黄道。黄道和天赤道相交的两点分别称为春分点♈和秋分点♎。春分点♈是天球坐标系的一个原点,它位于天赤道上。

(12)春分点时圈(hour circle of vernal equinox)

过两天极和春分点♈的半个大圆 P_N♈P_S 称为春分点时圈,如图 6-1-4 所示。

(13)高度平行圈(parallel of altitude)

如图 6-1-4 所示,过天体 B 且平行于真地平圈的小圆 aBa' 称为高度平行圈。

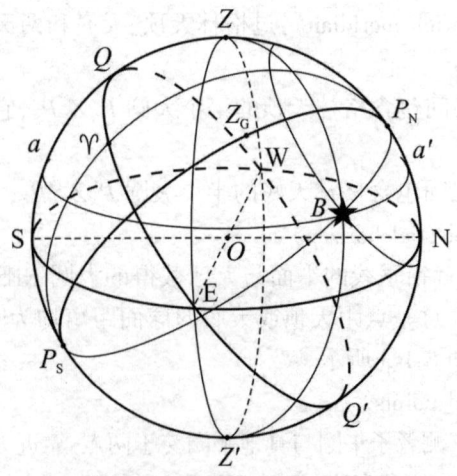

图 6-1-4　测者子午面天球图(4)

3.第一赤道坐标系

第一赤道坐标系采用天赤道 QQ' 为基准圆,如图 6-1-5 所示,以格林(或测者)午圈和天赤道的交点 Q_G(或 Q)为原点,几何极为天北极。坐标是时角和赤纬,故又称为时角坐标系。

(1)天体赤纬(declination,Dec)

从天赤道起,沿天体时圈量到天体中心的弧距称为赤纬,其范围为 $0°\sim90°$。向天北极度量为北(N),向天南极度量为南(S)。该坐标的另一种表示方法为极距 p:从仰极起沿天体时圈量至天体中心的弧距,其范围为 $0°\sim180°$。$p=90°\pm Dec$(赤纬与纬度异名加,同名减)。如图 6-1-5 所示,MB 和 P_NB 分别为天体 B 的赤纬和极距。

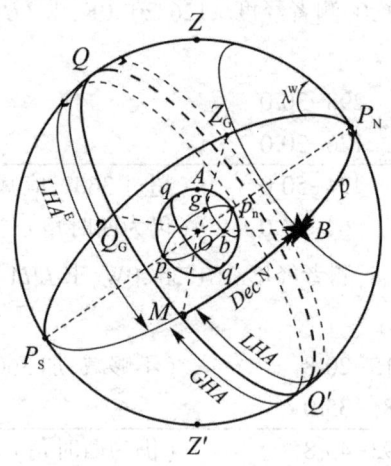

图 6-1-5　第一赤道坐标系

(2)时角(hour angle)

测者午圈或格林午圈与天体时圈在天赤道上所夹的弧距称为时角,由于起算点不同,时角又分为地方时角和格林时角。

①天体地方时角(local hour angle,LHA)

测者午圈与天体时圈在天赤道上所夹的弧距称为天体地方时角。其度量法分为圆周法和半圆周法。

a.圆周法:由测者午圈开始沿天赤道向西量至天体时圈,其范围为 $0°\sim360°$,无须命名。如图 6-1-5 所示,天体 B 的圆周地方时角 $LHA=QQ'M$。

b.半圆周法:由测者午圈开始沿天赤道向东或向西量至天体时圈,其范围为 $0°\sim180°$。半圆周法必须命名,即标注 E 或 W。如图 6-1-5 所示,天体 B 的半圆地方时角 $LHA^E=QQ_GM$。天体半圆地方时角也可以定义为测者午圈与天体时圈在仰极处所夹的小于 $180°$ 的球面角,如图 6-1-5 中的球面角 ZP_NB。

c.两种算法的关系:

设 LHA 为圆周时角,则有:

当 $LHA<180°$ 时,半圆时角(W)= 圆周时角。

当 $180°<LHA<360°$ 时,半圆时角(E)= $360°$-圆周时角。

当 $LHA>360°$ 时,半圆时角(W)= $LHA-360°$。

凡是未命名的地方时角均应视为西向时角。

②天体格林时角(Greenwich hour angle, GHA)

格林午圈与天体时圈在天赤道上所夹的弧距称为格林时角,也可定义为在仰极处从格林午圈向西度量到天体时圈的球面角。度量方法为从格林午圈起沿天赤道向西量到天体时圈,其范围为0°~360°。如图6-1-5所示,天体 B 的格林时角 $GHA=Q_GQQ'M$。

③地方时角与格林时角的换算

天体圆周地方时角由测者午圈起算,而其格林时角由格林午圈起算,两者相差测者的经度。所以天体圆周地方时角与格林时角算法关系为:

$$地方时角 LHA = 格林时角 GHA \pm \lambda_W^E \tag{6-1-1}$$

例6-1-1:已知 $GHA298°30'.0$,测者经度 $\lambda126°20'.0E$,求 LHA。

解:

GHA	298-30.0	
λ^E	126-20.0	
LHA	424-50.0	(超过360°,应减360°)
	64-50.0	(仍为西时角)

例6-1-2:已知 $GHA15°20'.8$,测者经度 $\lambda81°35'.0W$,求 LHA。

解:

GHA	15-20.8	(不够减,加360°)
λ^W	81-35.0	
LHA	293-45.8	(仍为西时角)
	66-14.2E	(半圆周法为 E 时角)

例6-1-3:已知测者经度 $\lambda120°25'.0E$,$LHA60°10'.0$,求 GHA。

解:

LHA	60-10.0	(不够减,加360°)
λ^E	120-25.0	
GHA	299-45.0	

(3)天体地理位置 P_G(geographical position)

如图6-1-5所示,天体在天球上的位置 B 和地心 O 的连线,与地球表面的交点 $b(P_G)$ 称为天体地理位置。天体地理位置的纬度和经度可以用天体的赤纬和格林时角来确定:

$$\begin{cases} 纬度\ \varphi_S^N = 天体赤纬\ Dec_S^N \\ 经度\ \lambda_W^E = \begin{cases} 360°-GHA & (GHA>180°) \\ GHA & (GHA<180°) \end{cases} \end{cases} \tag{6-1-2}$$

例6-1-4:已知测者经度 $\lambda15°25'.2E$,$LHA299°14'.3$,$Dec14°36'.0S$,求天体地理位置。

解:

天体地理位置纬度 $\varphi=Dec=14°36'.0S$,而

LHA	299-14.3	
λ^E	15-25.2	
GHA	283-49.1	

所以天体地理位置经度 $\lambda=360°-283°49'.1=76°10'.9E$。

赤纬平行圈平行于天赤道,所以赤纬不受地球自转的影响,而时角是由测者(格林)午圈起算的,其随着地球自转而转动,所以时角随着地球的自转时刻在变化。因此,用第一赤道坐标系确定的天体位置是瞬间位置。为使天球坐标与地球自转无关,引进了第二赤道坐标系。

4.第二赤道坐标系

第二赤道坐标系是以天赤道为基准圆、春分点ϒ为原点、几何极为天北极的天球坐标系。坐标是赤纬和赤经(或共轭赤经)。第二赤道坐标系也叫春分点赤道坐标系。

(1)天体赤纬

定义同第一赤道坐标系。

(2)天体赤经(right ascension, RA)

从春分点ϒ起,沿天赤道向东量到天体时圈的弧距,其范围为0°~360°,如图6-1-6所示,天体 B 的赤经 $RA = ϒ M$ 弧。

该坐标的另外一种表示方法为天体共轭赤经(sidereal hour angle, SHA)。从春分点ϒ起,沿天赤道向西量至天体时圈的弧距,其范围为0°~360°,如图6-1-6所示,天体 B 的共轭赤经 $SHA = ϒ QQ'M$。对于同一天体,显然有: $RA + SHA = 360°$。

因为春分点在天球上的位置基本不变(变化非常缓慢),可以视为天赤道上的一颗恒星,它与各恒星间相对位置基本固定,所以各恒星的赤纬和赤经(或共轭赤经)也基本保持不变,因此用第二赤道坐标系的坐标表示天体的位置与地球的自转无关。

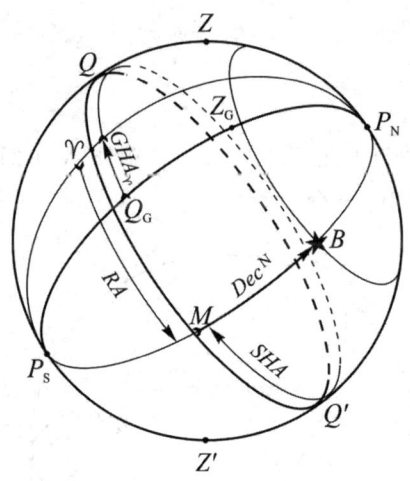

图 6-1-6　第二赤道坐标系

(3)第一、第二赤道坐标系的坐标换算

第一、第二赤道坐标系的赤纬相同。而天体的格林时角和共轭赤经度量的终点均为天体时圈,相差的只是起点格林午圈与春分点时圈在天赤道上所夹的一段弧距,该弧距称为春分点格林时角(Greenwich hour angle of Aries, $GHA_ϒ$)。

春分点格林时角:从格林午圈起,沿天赤道向西度量到春分点时圈的弧距 $Q_G ϒ$,其范围为0°~360°。

以图6-1-6中的天体 B 为例,天体 B 的格林时角为:

$$GHA = GHA_ϒ + SHA \qquad (6\text{-}1\text{-}3)$$

因为
$$LHA = GHA \pm \lambda_W^E$$

所以
$$LHA = GHA_\gamma + SHA \pm \lambda_W^E = LHA_\gamma + SHA$$

即

天体地方时角 LHA = 春分点格林时角 GHA_γ + 共轭赤经 SHA ± 测者经度 λ_W^E

= 春分点地方时角 LHA_γ + 共轭赤经 SHA (6-1-4)

5.地平坐标系

以真地平圈为基准圈、北点 N(或南点 S)为原点、几何极为天顶的天球坐标系称为地平坐标系。坐标是天体高度(或顶距)和天体方位。

(1)天体高度(altitude，h)

如图 6-1-7 所示，天体高度是从真地平圈起沿天体垂直圈量至天体中心的弧距，其范围为 0°~90°，从真地平向上(天顶 Z 的方向)为正(+)，向下为负(−)。

该坐标的另一种表示方法称为天体顶距(zenith distance，Z)，它是从天顶起沿天体垂直圈量至天体中心的弧距，其范围为 0°~180°。显然，对于在地平上的同一天体有：
$$h + Z = 90°$$

在图 6-1-7 中，天体 B 的高度 $h = KB$，顶距 $Z = ZB = 90° - h$。从图 6-1-7 中还可以看出，NP_N 为仰极(P_N)高度 h_{P_N}，QZ 等于测者纬度 φ，则有：
$$h_{P_N} = \varphi$$

即仰极高度等于测者纬度。

(2)天体方位(azimuth，A)

测者子午圈和天体垂直圈在真地平上所夹一段弧距 NK(如图 6-1-7 所示)，称为天体方位，也等于该弧距所对的球面角 $\angle NZK$。

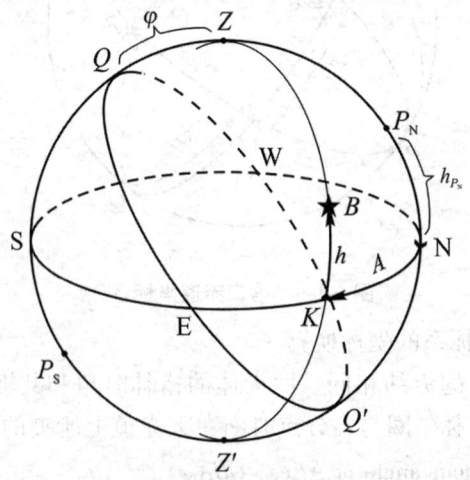

图 6-1-7　地平坐标系

天体方位有两种算法：

①圆周法

无论北纬或南纬测者，均从北点 N 起，按顺时针方向沿真地平量至天体垂直圈，其范围为 0°~360°。如图 6-1-8 所示,圆周方位 $A=NSK$。

②半圆法

北纬测者,从北点 N 起,沿真地平向东或向西量至天体垂直圈,其范围为 0°~180°。

南纬测者,从南点 S 起,沿真地平向东或向西量至天体垂直圈,其范围为 0°~180°。

半圆方位后面应附有两个名称,第一名称与测者纬度同名,第二名称表示方位度量的方向即与半圆地方时角同名,如图 6-1-8 所示,半圆方位 $A^{SW}=SK$。

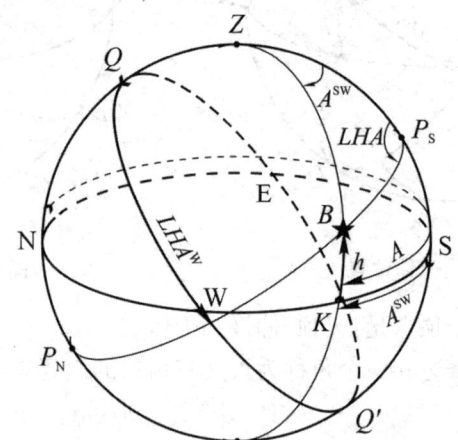

图 6-1-8　天体方位的度量

③圆周方位和半圆方位的换算

对于北纬测者:

$$圆周方位 A = 半圆方位 A^{NE}$$
$$圆周方位 A = 360° - 半圆方位 A^{NW}$$

对于南纬测者:

$$圆周方位 A = 180° - 半圆方位 A^{SE}$$
$$圆周方位 A = 180° + 半圆方位 A^{SW}$$

利用地平坐标系确定天体位置比较直观,由于地球自转,任一天体的高度和方位是时刻在改变的,而对不同地点的测者,同一天体的地平坐标也是不一样的。在图 6-1-9 中,天体 B 分别用第一赤道坐标系和地平坐标系的坐标来表示。

二、坐标变换

一个天体在天球上的位置可以用任何一种天球坐标系的一对坐标表示,而不同坐标系里的几对坐标之间通过天文三角形可以相互变换。

1.天文三角形(astronomical triangle)

如图 6-1-10 所示,由测者午圈、天体时圈和天体垂直圈构成的球面三角形 ZBP_S 称为天文三角形。

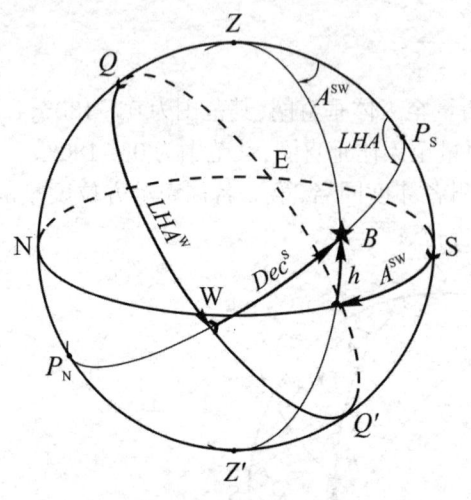

图 6-1-9　天体位置

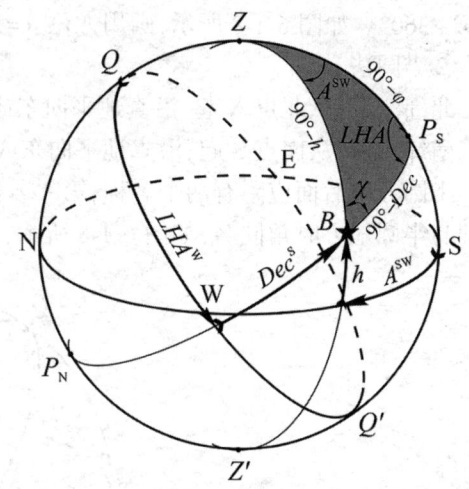

图 6-1-10　天文三角形

天文三角形的三个顶点是：天顶、仰极和天体。

天文三角形的三条边和三个角称为天文三角形的六要素：

$$三条边\begin{cases} 余纬 = 90° - \varphi \\ 极距 = 90° - Dec \\ 顶距 = 90° - h \end{cases}$$

$$三个角\begin{cases} 半圆方位\ A \\ 半圆时角\ LHA \\ 位置角\ \chi \end{cases}$$

任意一要素的取值范围在 0°～180°。已知天文三角形的三个要素，便可解算出其余的要素。

2.解算天文三角形

(1)求天体计算高度 h_c 和方位 A_c 的计算公式

在天文航海中，通常已知测者纬度 φ、天体赤纬 Dec 和天体半圆地方时角 LHA，即已知天文三角形的两边 $90° - \varphi$、$90° - Dec$ 及其夹角 LHA，由球面三角形边的余弦公式和四联公式可得到天体高度和方位的计算公式：

$$\sin h_c = \sin\varphi\sin Dec + \cos\varphi\cos Dec\cos LHA \tag{6-1-5}$$

$$\cot A_c = \tan Dec\cos\varphi\csc LHA - \sin\varphi\cot LHA \tag{6-1-6}$$

$$\cos A_c = \frac{\sin Dec - \sin\varphi\sin h_c}{\cos\varphi\cos h_c} = \frac{\sin Dec}{\cos\varphi\cos h_c} - \tan\varphi\tan h_c \tag{6-1-7}$$

使用上述公式时应注意：

①纬度 φ 恒为正值(无论是北纬还是南纬)；

②赤纬 Dec 与纬度 φ 同名时取正值，异名时取负值；

③时角 LHA 为半圆时角时取正值(无论是东时角还是西时角)；

④方位 A_c 为半圆方位，第一名称与纬度同名，第二名称与半圆地方时角同名。如果求得的函数值为负，则方位取大于 90°、小于 180° 的值。如果用式(6-1-7)计算，$\cos A_c$ 为负值，直

接求反余弦函数即可;用式(6-1-6)计算,$\cot A_c$ 为负值,应加上 $180°$ 换算成大于 $90°$、小于 $180°$ 的值。最后将半圆方位换算成圆周方位。

因为天体高度和方位是用上述公式计算出来的,所以又称其为计算高度 h_c 和计算方位 A_c。

(2)利用三角函数计算器求天体计算高度 h_c 和计算方位 A_c

根据式(6-1-5)、式(6-1-6)或式(6-1-7),利用三角函数计算器可以很方便地求出天体的计算高度和计算方位。目前三角函数计算器的种类很多,使用注意事项参见其说明书。

例 6-1-5:已知测者纬度 $\varphi 43°18'.6N$,天体赤纬 $Dec 11°29'.3S$,天体地方时角 $LHA 26°13'.0$,求天体计算高度 h_c 和计算方位 A_c。

解:

$$h_c = \arcsin\left[\sin 43°18'.6 \sin(-11°29'.3) + \cos 43°18'.6 \cos(-11°29'.3) \cos 26°13'.0\right]$$

$$\approx 30°12'.3(\text{精确到} 0'.1)$$

$$A_c = \arccos\left[\frac{\sin(-11°29'.3)}{\cos 43°18'.6 \cos h_c} - \tan 43°18'.6° \tan h_c\right]$$

$$\approx 149°.9NW(\text{精确到} 0°.1)$$

$$= 210°.1$$

(3)利用导航仪器求两点间大圆航向和航程功能求天体的计算高度 h_c 和计算方位 A_c

GPS、北斗等都有求两点间大圆航向和大圆航程的计算功能,利用此功能即可求得天体的计算高度和计算方位。方法如下:

①转向点 1 输入观测天体时的推算船位 (φ_c, λ_c),转向点 2 输入天体的地理位置:

$$\begin{cases} \text{纬度 } \varphi_S^N = \text{天体赤纬 } Dec_S^N \\ \text{经度 } \lambda_W^E = \begin{cases} 360° - GHA \ (GHA > 180°) \\ GHA \ (GHA < 180°) \end{cases} \end{cases} \tag{6-1-8}$$

②导航仪显示转向点 1 到转向点 2 的大圆航向即是天体的计算方位 A_c,两点间的大圆航程除以 60 即是天体的计算顶距 Z_c(单位是 $°$),天体的计算高度 $h_c = 90° - Z_c$。

例 6-1-6:已知推算船位 $\varphi_c 35°00'.0S$,$\lambda_c 132°58'.0W$,天体赤纬 $Dec\ 07°24'.4N$,天体格林时角 $GHA 146°58'.0$,求天体计算方位 A_c 和计算高度 h_c。

解:

①导航仪转向点 1 为推算船位 $\varphi_c 35°00'.0S$,$\lambda_c 132°58'.0W$;导航仪转向点 2 为天体地理位置 $\varphi\ 07°24'.4N$,$\lambda 146°58'.0W$。

②导航仪显示大圆航程 $GR = 2665'.1$,则天体计算高度 $h_c = 90° - \dfrac{2665.1}{60} = 45°.582 = 45°34'.9$;导航仪显示大圆航向 $GB = 339°.9$ 为天体计算方位 A_c。

(4)利用《天体高度方位表》求天体的计算高度 h_c 和计算方位 A_c

还可以利用专用的表册《天体高度方位表》求天体的计算高度和计算方位。目前各主要航海国家均出版各自的《天体高度方位表》,中版编号为 B105,英版编号为 NP401,美国出版的编号为 HO229,这些表册查算较烦琐。现代航海中计算器已普及,而且计算机已应用到航海领域中,利用计算器或计算机求天体的计算高度和计算方位已逐步取代查算《天体高度方位表》。因此,本书仅介绍使用计算器求天体的计算高度和计算方位,而《天体高度方位表》

的查算方法本书不再介绍,有关这方面的内容参考该表的使用说明。

3.天球作图

绘制天球图也可以进行天球坐标的换算,但是本书介绍天球作图的目的是:通过绘制天球图加深对天球坐标的理解,同时为后续的天文导航原理的学习打下基础,因为许多天文导航的原理和方法都是通过天球图来介绍的。

天文航海中通常采用三种天球图:测者子午面天球图、天赤道面平面图和测者真地平平面图。下面通过例题介绍其中两种天球图的绘制方法。

例 6-1-7:已知测者纬度 $\varphi = 40°N$,天体赤纬 $Dec = 50°N$,天体地方时角 $LHA = 80°W$。

(1)绘出测者子午面天球图,并标出天体的高度和方位以及天文三角形。

(2)绘出天赤道面平面图,并标出天体位置。

解:

(1)绘制测者子午面天球图

①如图 6-1-11(a)所示,以适当半径画圆为测者子午圈,过圆心作垂直的两条直线(熟练后该两线不必绘出),上标 Z 为天顶,下标 Z′ 为天底,并绘出真地平圈。

②如图 6-1-11(b)所示,因为 LHA 为 W 时角,则天球近点为 W,远点为 E,则图的左边为 N,右边为 S。测者纬度为 N,则仰极为天北极。由于测者纬度等于仰极的高度,靠近 N 点标出仰极 P_N,其高度为弧 $NP_N = 40°$,因此,可标出 P_S 和天赤道 QQ'。在天赤道上以 Q 为起点向西量弧 $Qa = LHA = 80°W$,过点 P_N、a、P_S 画天体时圈。在天体时圈上从 a 点起向 P_N 量取弧 $aB = Dec = 50°N$,确定天体 B 的位置。

③如图 6-1-11(c)所示,过天顶 Z、天体 B、天底 Z′ 作天体垂直圈,从真地平圈起沿天体垂直圈量至天体 B 的弧长为天体高度 h,天体半圆方位为 A^{NW}。图中阴影部分为天文三角形。

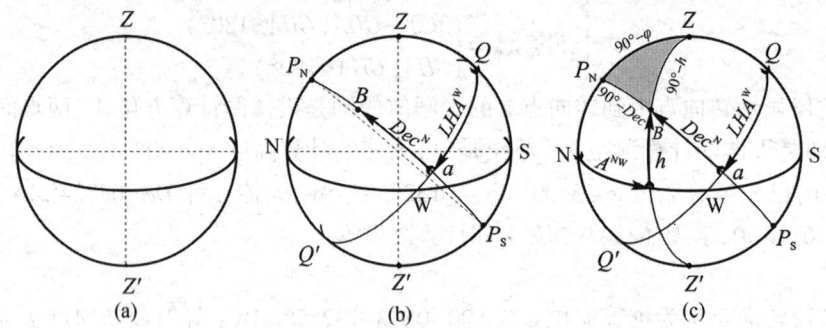

图 6-1-11 测者子午面天球图的绘制步骤

(2)绘制天赤道面平面图

①如图 6-1-12(a)所示,以适当半径画圆为天赤道,圆心为仰极 P_N,逆时针方向为 E。所有过两极的大圆在该图上均为直线,过 P_N 向下画一直线 P_NQ 为测者午圈,向上画一虚线 P_NQ' 为测者子圈,在测者午圈上截线段 $QZ = \varphi = 40°$ 标出天顶 Z。

②如图 6-1-12(b)所示,在天赤道上,以 Q 为起点向西量取弧 $Qa = LHA = 80°W$ 得 a 点,过 a 点作直线 aP_N 得天体时圈,在该圈上从 a 点起向 P_N 量取天体赤纬 $Dec = aB = 50°N$ 得天体位置 B。

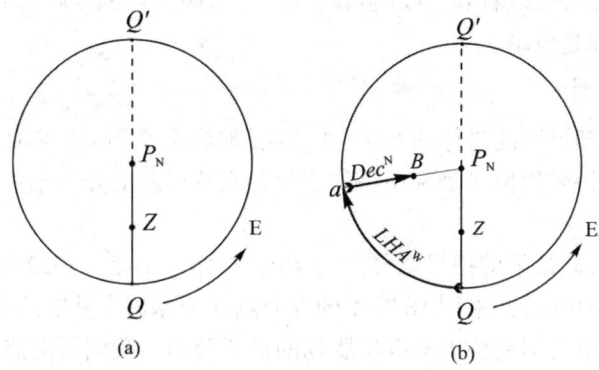

图 6-1-12 天赤道平面图的绘制步骤

三、航用天体

1.天体简介

天体(celestial body)是宇宙间各种星体的通称,而能用于海上天文定位的天体,只不过是日、月、金星、火星、木星和土星,以及 159 颗恒星(英版天文历列 173 颗),它们统称为航用天体,都属于自然天体。

(1)太阳系(solar system)

太阳系是由太阳及受其引力作用而环绕其运行的天体所构成的庞大天体系统。

①太阳(the sun)

太阳是离地球最近的一颗恒星,直径达 139 万千米,离地球 1.5 亿千米,是太阳系中心天体。它给地球带来光和热,是地球上人类及动植物的生命源泉。

②行星(planets)

沿椭圆轨道绕太阳(或恒星)运行的天体叫行星。八大行星距离太阳由近及远依次为:水星、金星、地球、火星、木星、土星、天王星和海王。2006 年第 26 届国际天文学联合会第 5 号决议,将冥王星从九大行星中除名,划为矮行星。行星本身不发光,表面反射太阳光而发光。水星总是在太阳左右,被强烈日光所淹没,很难见到。天王星和海王星离我们很远,肉眼见不到。能用于测天定位的行星只有金星、火星、木星和土星。

③卫星(satellites)

围绕行星运动的天体叫作卫星。月球是地球的卫星,也是唯一一颗能用于天文定位的天然卫星。

(2)恒星(star)

恒星是非常炽热而巨大的发光天体。古人认为星与星之间相互位置永恒不动,故叫它们恒星。现代观测已证实,点点繁星都是遥远的"太阳",有着各种各样的运动,只是距地球太远了,凭肉眼看不出它们位置变动,至今虽然仍称"恒星",却有着全新的理解。

最近的恒星(除太阳以外)是半人马座比邻星,距离地球 4.28 光年;最远的恒星距离地球要在 100 亿光年以上。直径最大的恒星放在太阳的位置上,能容下土星轨道;直径最小的恒星(除中子星)和月亮半径差不多。

在无月亮的晴夜里,可以看到 3000 多颗恒星,全天肉眼可见 6000 多颗恒星。星图、星球仪、索星卡所标的星都是恒星。

2.航用恒星的识别

测星定位时必须知道所测星体的名称,才能从《航海天文历》中求取其视位置,来解算天文观测船位,因此,认识航用恒星是利用星体定位和求罗经差的先决条件。

(1)星座和星名

为了认星方便,人们很早就把星空分为若干区域,称为星座。1922 年国际天文学联合会规定将全天分为 88 个星座,并采用 1875 年的春分点和天赤道为基准的赤经线和赤纬线作为星座界线,于 1930 年由英国剑桥大学以出版物的形式公布。我国历史悠久,是人类文明的发源地之一,有着独特的星象文化传统,在对天空区域划分的发展过程中,逐渐归纳为三垣、廿八宿系统。

古时,仅有少数亮星起有专名,其余大多用星座的部位来称呼。目前,每个星座内的恒星,基本上是根据星的亮度等级按照希腊字母的顺序命名的,即从 α 开始,依次为 β、γ、δ……较亮的恒星另有专名,如星名为天琴座 α 星,其专名叫作织女一。我国《航海天文历》中列有恒星的中文名称和英文名称。

(2)星等

星等是表示天体亮暗的等级单位。肉眼所能看到的最暗的星为 6 等星,亮度是它的 2.512 倍的星为 5 等星,亮度是 5 等星的 2.512 倍的星为 4 等星……以此类推,1 等星的亮度是 6 等星的 100 倍,亮度是 1 等星的 2.512 倍的星为 0 等星,亮度是 0 等星的 2.512 倍的星为 -1 等星……所以星等的负值越大,天体越亮,星等的正值越大,天体越暗。航海上,对星等的划分并不十分严格,习惯上将星等值小于 1.5 的恒星统称为 1 等星,而星等在 1.6~2.5 的星称为 2 等星。恒星和行星的星等都可以在《航海天文历》中查得。

(3)航用恒星识别

识别恒星基本上可以分为两种方法,一种是目视认星,另一种是利用索星卡等专用工具来认星(该内容见本章第六节)。本节主要介绍目视认星的基本方法。

所谓目视认星,就是根据亮星分布的几何形状来识别主要的航用恒星。在满天的繁星中,可供航海观测用的只是 1 等星和少量 2 等星,如表 6-1-2 所示(该表中的恒星在航海上统称为 1 等星)。

北极星(小熊座 α 星)在天文航海上有着极其重要的地位,在北半球低纬海区观测北极星的高度,可以方便地求出测者的纬度,在低纬度还可以观测它的方位求罗经差。寻找北极星的方法很多,经常利用大熊座、仙后座和飞马座来寻找北极星,如图 6-1-13 所示。大熊座(俗称北斗七星或勺子星)α 和 β 星之间的距离向北延长约 5 倍,可发现北极星。仙后座(俗称 W 星座)如星图图示箭头方向直指北极星。飞马座 α 和 β 星的连线向北延伸也可找到北极星。

在星图(见图 6-1-13)中列出全天主要星座,为方便目视认星,人们将全天按赤经分成 4 部分,称为四季星空。由于测者的纬度不同、观测时间不同,所见星空也不一样,四季星空是指测者在固定地点 22 点前后所见的星空。靠近天南极附近的亮星,在我国是看不到的。另外,如果在众星座中出现一颗不属于该星座的明显亮星,肯定就是行星了。

春季晚上,从大熊座 α 和 β 星向南引伸,可找到狮子座 α 星(轩辕十四)和 β 星(五帝座一）。沿大熊座斗柄弯曲方向延长,可见牧夫座α星(大角),继续延伸可见室女座α星(角宿一)。大角、角宿一和五帝座一形成一个等边三角形。由船帆形的乌鸦座向南,可见十字形南十字座。

表6-1-2　星名表(2014年)

星名与专名			星等	星名与专名			星等
大犬座α	天狼	Sirius	-1.6	半人马座β	马腹一	Hadar	0.9
船底座α	老人	Canopus	-0.9	天鹰座α	河鼓二	Altair	0.9
半人马α	南门二	Rigil Kent	0.1	金牛座α	毕宿五	Aldebaran	1.1
牧夫座α	大角	Arcturus	0.2	南十字座α	十字架二	Acrux	1.1
天琴座α	织女一	Vega	0.1	天蝎座α	心宿二	Antares	1.2
猎户座α	参宿四	Betelgeuse	0.1~1.2	室女座α	角宿一	Spica	1.2
猎户座β	参宿七	Rigel	0.3	双子座β	北河三	Pollux	1.2
御夫座α	五车二	Capella	0.2	南鱼座α	北落师门	Fomalhaut	1.3
小犬座α	南河三	Procyon	0.5	天鹅座α	天津四	Deneb	1.3
波江座α	水委一	Achernar	0.6	狮子座α	轩辕十四	Regulus	1.3

夏季晚上在银河中有一巨大的十字形星座,北端一颗亮星叫天鹅座α星(天津四)。由此可看到银河东面的天鹰座α星(河鼓二,即牛郎星),及西面的天琴座α星(织女一)。牛郎、织女和天津四组成一个直角三角形,直角在织女处。顺着天鹅飞去的方向,在南部天空,横躺着的S形星座,即天蝎座,中间略带红色的亮星是天蝎座α星(心宿二),俗称"大火"。

秋季晚上,巨大的正方形是飞马座。飞马座的α和β星向北指北极星,向南3.5倍距离可见一亮星南鱼座α星(北落师门)。沿仙女座α星和飞马座γ星向南可见鲸鱼座β星(土司空),继续延伸为波江座α星(水委一)。

冬季晚上,灿烂的猎户座出现在天空中,四边形的左上方是猎户座α星(参宿四),右下方是猎户座β星(参宿七),沿猎户腰带三颗小星,向上指金牛座α星(毕宿五),它的旁边有一星群叫昴星团,俗称七姐妹星。向下指向全天最亮的恒星大犬座α星(天狼),继续向南可达全天第二亮星船底座α星(老人)。从天狼星向上画弧线相继可见小犬座α星(南河三)、双子座β星(北河三)、双子座α星(北河二)、御夫座β星(五车三)、御夫座α星(五车二)。

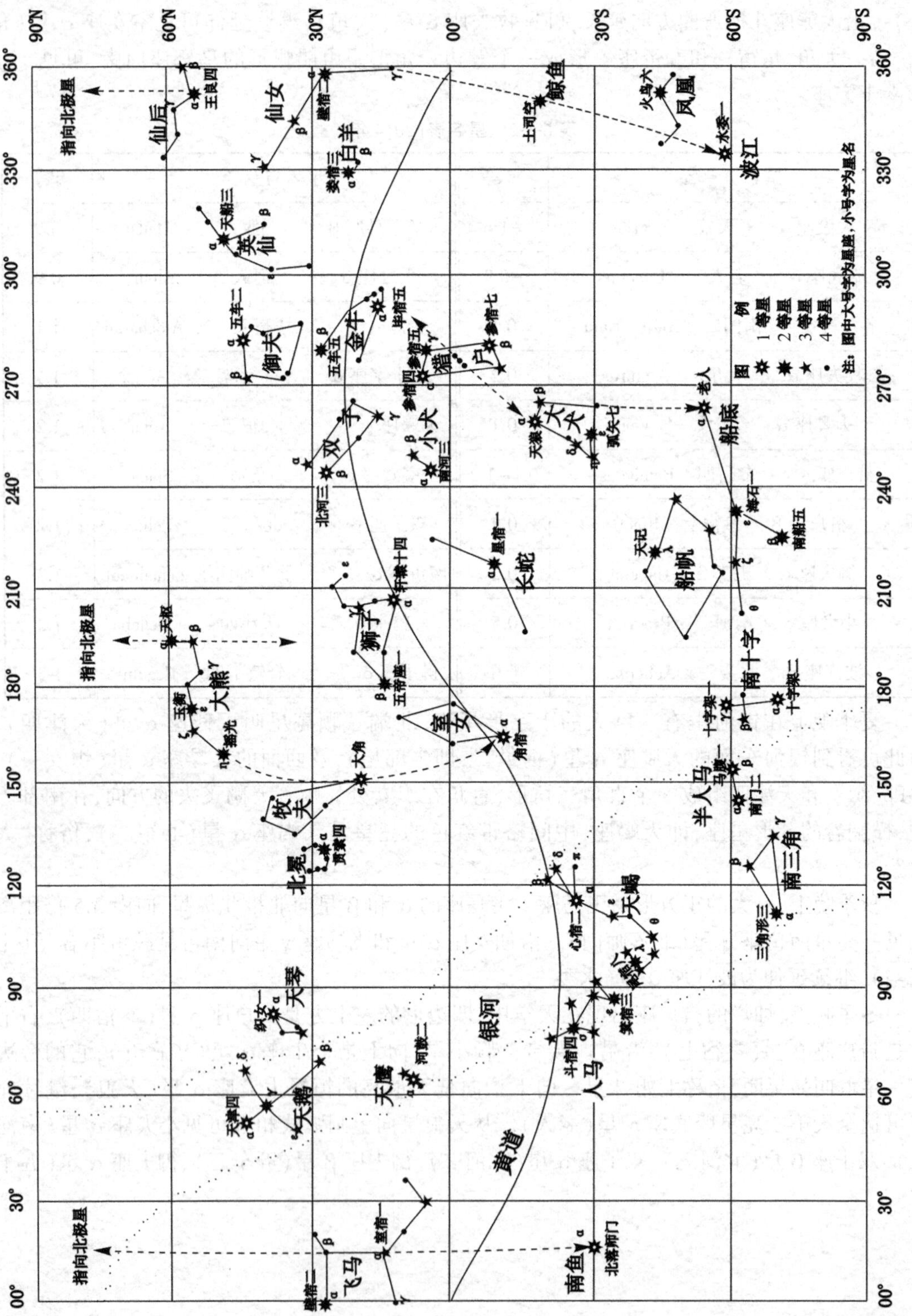

图 6-1-13　星图

第二节　天体视运动

地球的自转和绕太阳的公转,以及天体的自行,使得天体随时间在不停地运动,人们在地球上看到天体这种相对运动称为天体视运动(apparent motion of celestial body)。在海上观测天体定位,必须知道被测天体的准确视位置。天体的视运动,使其坐标值不断地变化,因此要想得到观测时刻天体的准确位置,必须了解和研究天体的运动规律,即天体视运动。

一、天体周日视运动

天体每日东升西没,以一昼夜为周期的运动称为天体的周日视运动(diurnal apparent motion of celestial body)。它实质上是由于站在地球上的人们感觉不到地球的自转,而看到的天体相对运动。

1.天体周日视运动的成因及运动规律

地球每日绕地轴自西向东自转一周(如图6-2-1所示),引起天球带着所有天体相对地球自东向西运动一周的现象称为天体周日视运动。分析天体周日视运动的现象时,人们假定地球不转(即与测者有关的天球上的点、线、圈不动),而是天球带着所有天体(包括春分点、夏至点、秋分点和冬至点)按地球自转的反方向(自东向西)绕地球做周日视运动,其周期与地球自转的周期相同。

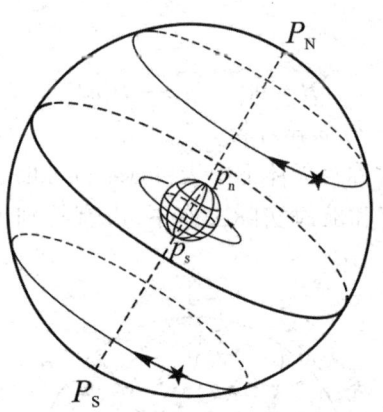

图 6-2-1　地球自转与天体周日视运动

恒星的赤纬基本不变,所以恒星在天球上的周日视运动轨迹是平行于天赤道的小圆,即赤纬平行圈,又称周日平行圈,而太阳、月亮和行星的赤纬在不断地变化,但是在一天中变化不大,所以在一天中它们的周日视运动轨迹基本上也可以认为是其各自的赤纬平行圈,严格来说,应该是一条连续的球面螺旋线。

2.天体周日视运动的现象

天体周日视运动使天体产生出没、中天、高度和方位变化等现象,它们均取决于测者的

纬度 φ 和天体的赤纬 Dec，即当 φ 与 Dec 一定时天体周日视运动的现象也就确定了。

（1）天体的出没（rise and set of celestial body）

在周日视运动中，当天体中心通过测者地心真地平（celestial horizon）时称为天体的真出没。当天体中心位于东方真地平时称为真出（true rise），位于西方真地平时称为真没（true set）。有出没的天体其周日平行圈必然与真地平圈相交，如图 6-2-2 中的天体 B。因此，当测者的纬度一定时：

有出没天体的赤纬 Dec 应满足：

$$Dec < 90° - \varphi \tag{6-2-1}$$

没有出没天体的赤纬 Dec 应满足：

$$Dec \geqslant 90° - \varphi \tag{6-2-2}$$

Dec 与 φ 同名，天体不没，如天体 D；Dec 与 φ 异名，天体不出，如天体 J。当 $Dec = 90° - \varphi$ 时，Dec 与 φ 同名，恰好不没，如天体 G；Dec 与 φ 异名，恰好不出。

（2）天体的中天（meridian passage）

在周日视运动中，当天体中心经过测者子午圈时，称为天体中天。

天体中心经过测者午圈时称为天体上中天（upper meridian passage），此时天体地方时角 $LHA = 0°$，当天体的赤纬 Dec 与测者纬度 φ 异名或者是当 $Dec < \varphi$ 且同名时，天体半圆方位角 $A = 180°$，位置角 $\chi = 0°$（如图 6-2-2 中的天体 F、A、B）；当 $Dec > \varphi$ 且同名时，$A = 0°$，$\chi = 180°$（如图 6-2-2 中的天体 K、G、D）。如果测者纬度 φ 和天体赤纬 Dec 不变，这时天体的高度最高，称为天体的中天高度 H，计算公式如下：

$$H = (90° - \varphi) \pm Dec \tag{6-2-3}$$

式中，Dec 与 φ 同名取"+"，Dec 与 φ 异名取"-"；当 $(90° - \varphi) \pm Dec > 90°$ 时，$H = 180° - [(90° - \varphi) \pm Dec]$。

或

$$H = 90° - |\varphi - Dec| \tag{6-2-4}$$

式中，Dec 与 φ 同名取"+"，Dec 与 φ 异名取"-"。

天体中心通过测者子圈时称为天体下中天（lower meridian passage），此时天体的地方时角 $LHA = 180°$。在后续的章节和航海实际工作中，没有特别说明提到天体中天时，均系上中天。

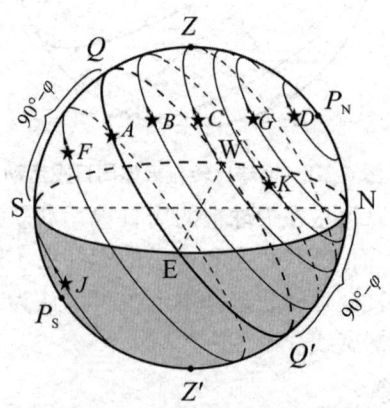

图 6-2-2　天体周日视运动

（3）测者纬度一定时天体在上天半球运行现象

现以北纬测者（$0° < \varphi < 45°N$）为例，分析当纬度 φ 为一定值时，赤纬 Dec 不同的天体在上天半球运行的现象，如表6-2-1所示。

表6-2-1 天体在上天半球运行的现象

天体赤纬	图6-2-2中的天体	现象
$Dec < 90° - \varphi$	K、C、B、A、F	天体有出没。当 Dec 与 φ 同名时，在地平上的时间大于地平下的时间；当 Dec 与 φ 异名时，在地平上的时间小于地平下的时间
$Dec \geqslant 90° - \varphi$	D、G、J	天体没有出没。当 Dec 与 φ 同名时，不没；当 Dec 与 φ 异名时，不出；当 $Dec = 90° - \varphi$ 时，恰好不出或不没
$Dec = 0°$	A	天体过东西点，其周日平行圈为天赤道，在地平上下的时间相等
$Dec < \varphi$，且同名	B	天体过东西圈
$Dec = \varphi$，且同名	C	天体过天顶，其中天高度为90°

（4）不同纬度上天体周日视运动现象

①测者位于赤道上（$\varphi = 0°$）

有出没的天体其赤纬 $Dec < 90° - \varphi$，当 $\varphi = 0°$，$Dec < 90°$ 时，所有天体均有出没，测者能见全天所有天体，此时天极 P_N、P_S 分别与 N、S 点重合，东西圈与天赤道重合，所有天体的周日平行圈均垂直于真地平，且被平分为两半，故天体在地平上、下的运行时间相等，如图6-2-3所示。在周日视运动中，北赤纬天体经过 NE、NW 两个象限，南赤纬天体经过 SE、SW 两个象限，此时天体的半圆方位 A，其第一名称与赤纬同名，第二名称与半圆地方时角同名（或天体位于东天半球为 E，西天半球为 W）。天体上中天时，其顶距 $Z = Dec$，故中天高度 $H = 90° - Dec$。当 $Dec = 0°$ 时，天体过天顶，其中天高度 $H = 90°$。

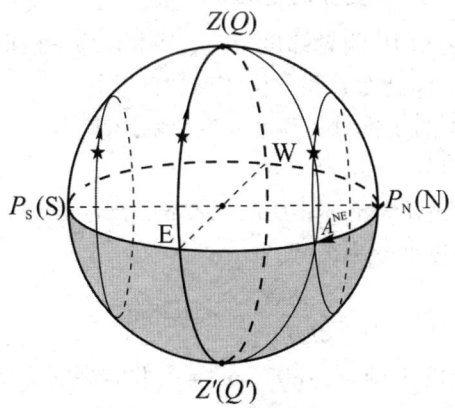

图6-2-3 测者位于赤道天体视运动示意图

②测者位于两极（$\varphi = 90°N$ 或 S）

如图6-2-4所示，这时天极 P_N、P_S 分别与 Z、Z' 重合，定不出四个方位基点。由于赤纬平行圈与真地平圈平行，故所有天体均无出没现象，Dec 与 φ 同名的天体不没，Dec 与 φ 异名的天体不出，这时测者能见半个天球上的天体，而且所有天体的高度均等于其赤纬。

每年3月21日到9月23日，太阳赤纬 Dec° 为 N（$0° \leqslant Dec^{\circ} \leqslant 23°27'N$），北极该半年为

白昼,称极昼;南极则为黑夜,称极夜,下个半年正相反。所谓极昼、极夜现象,实际上是指测者能见太阳不没或不出的现象。太阳不出没的条件是其赤纬 $Dec^\circ \geqslant 90^\circ - \varphi$,故当测者纬度 $\varphi \geqslant 90^\circ - Dec^\circ$,$\varphi$ 与 Dec° 同名时,会发生极昼现象;当 φ 与 Dec° 异名时会发生极夜现象。例如,6 月 22 日,太阳赤纬 $Dec^\circ = 23^\circ 27' N$,在纬度 $\varphi \geqslant 90^\circ - 23^\circ 27' N = 66^\circ 33' N$ 的地区(北极圈以内的地区)会发生极昼现象,而在 $\varphi \geqslant 66^\circ 33' S$ 的地区(南极圈以内)会发生极夜现象。

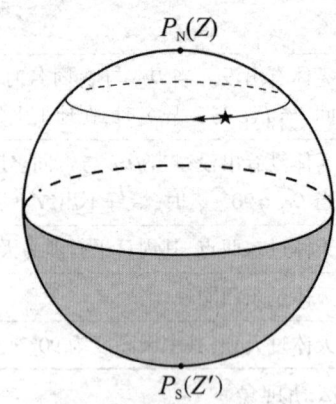

图 6-2-4　测者位于两极天体视运动示意图

③测者位于任意纬度($0^\circ < \varphi < 90^\circ$)

综上所述,测者纬度越高,不出没的天体越多,能见天体越少。对于有出没的天体,其在地平上的时间随着测者纬度和天体赤纬的不同而变化。当天体赤纬等于 0° 时,各地所见该天体在地平上、下的时间均相等;当测者纬度与天体赤纬同名时,纬度越高,天体在地平上的时间越长;当测者纬度与天体赤纬异名时,纬度越高,天体在地平上的时间越短,此时,天体主要周日视运动现象如前所述,如表 6-2-1 所示。

3.天体周日视运动引起天体坐标的变化

这里只讨论在周日视运动中,测者纬度一定、天体赤纬一定时,由天体地方时角 LHA 的变化所引起其地平坐标即天体高度 h 和方位 A 变化的规律。

(1)天体地方时角 LHA 的变化对其高度 h 变化的影响

由求高度的基本公式可知:

$$\sin h = \sin\varphi\sin Dec + \cos\varphi\cos Dec\cos LHA$$

微分上式,经整理得高度变化率公式:

$$\frac{\mathrm{d}h}{\mathrm{d}LHA} = -\cos\varphi\sin A \qquad (6\text{-}2\text{-}5)$$

当天体中天时,其方位角 $A = 0^\circ$ 或 180°,$\sin A = 0$,此时高度变化率为零。

当天体过东西圈时,其方位角 $A = 090^\circ$ 或 270°,$\sin A$ 最大,此时高度变化率最大。

分析上述公式得出以下结论:

当天体中天时,其高度变化最慢,在中天附近其高度变化缓慢。该结论是观测太阳中天高度求纬度的理论依据。

(2)天体地方时角 LHA 的变化对其方位 A 变化的影响

由求方位的基本公式可知:

$$\cot A = \tan Dec\cos\varphi\csc LHA - \sin\varphi\cot LHA$$

微分上式,经整理得以下两个方位变化率公式:

$$\frac{dA}{dLHA} = -\cos Dec \cos \chi \sec h \tag{6-2-6}$$

$$\frac{dA}{dLHA} = -(\sin \varphi - \cos \varphi \cos A \tan h) \tag{6-2-7}$$

当天体中天时,其位置角 $\chi = 0°$ 或 $180°$,$\cos \chi$ 最大,此时方位变化率最大。

当天体真出没时($h = 0°$)或者当天体过东西圈时,其方位角 $A = 090°$ 或 $270°$,$\cos A = 0$,$\tan h = 0$,此时方位变化率是 $-\sin \varphi$。

分析上述公式得出以下结论:

①当天体中天时,其方位变化最快,且与 Dec 和 h 有关,当 Dec 一定,高度越高(即测者纬度 φ 越接近天体赤纬 Dec),方位变化越快。该结论是太阳移线定位的理论依据。

②当天体介于出没与东西圈之间时,其方位变化缓慢。该结论是低高度天体求罗经差的理论依据。

二、太阳周年视运动

昼夜交替的现象表明了太阳的周日视运动,一年四季的循环则表明了太阳赤纬、赤经的周期变化。若于某地夜间某一固定时刻观察星空,就会发现四季星空在逐渐地变化,但在每年同一季节星空是相同的。四季星空的循环改变说明太阳在星座间的移动,即太阳赤经的周期变化。如果注意观察太阳,就会发现其中天高度以及出没方位均以一年为周期在循环变化(产生了一年四季),即太阳赤纬的周期变化。太阳这种以一年为周期的运动称为太阳周年视运动(solar annual apparent motion)。

1.太阳周年视运动的成因

地球除自转外,每年(约 365.2422 日)还绕太阳自西向东公转一周(如图 6-2-5 所示),由此而引起太阳每年相对地球自西向东运动一周的现象称为太阳周年视运动。如图 6-2-6 所示,当地球在位置 1 时,看到太阳在天球的 Υ 点上,而后地球继续向东公转到位置 2、3、4,则相对看到太阳在天球上向东运行到点 $\mathfrak{S}$、Ω、$\mathfrak{N}$;当地球公转一周再回到位置 1 时,则看到太阳又回到 Υ 点。人们感觉不到地球的公转,但是在公转的过程中能看到太阳在天球上沿过 Υ、$\mathfrak{S}$、Ω、$\mathfrak{N}$ 四点的大圆绕地球一周。这种现象就是太阳周年视运动,其运动轨迹称为黄道。

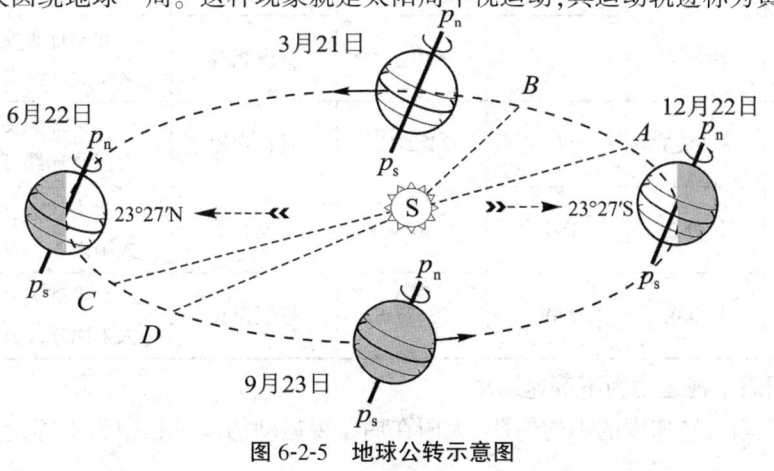

图 6-2-5 地球公转示意图

（1）黄道（ecliptic）

地球公转轨道面与天球截得的大圆，即太阳周年视运动的轨迹。在地球公转的过程中，地轴始终与公转轨道面（黄道面）成66°33′，如图6-2-6所示，所以黄道平面与天赤道平面的夹角为 $\varepsilon = 23°27′$，该角称为黄赤交角（obliquity of the ecliptic）。

（2）两分点

黄道与天赤道交于两个点，称为两分点。太阳赤纬由S变为N时经过的一点为春分点♈（vernal equinox），另一点为秋分点♎（autumnal equinox），如图6-2-6所示。

（3）两至点

在黄道上距两分点90°的两个点，称为两至点。太阳赤纬为N时经过的一点为夏至点♋（summer solstice）。另一点为冬至点♑（winter solstice），如图6-2-6所示。

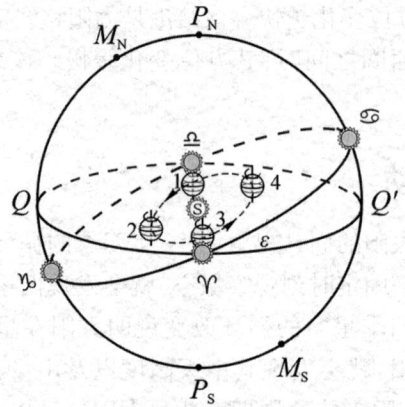

图6-2-6 太阳周年视运动

2.太阳周年视运动的规律

太阳沿黄道自西向东周年视运动一周，其赤纬、赤经也相应变化一周，因而产生了四季以及四季星空的循环变化。

（1）运动规律

太阳在周年视运动期间，通过分点、至点的日期、坐标值及变化规律如表6-2-2所示。

表6-2-2 太阳周年视运动规律

日期	分点、至点	赤经 RA	赤纬 Dec	北半球日照	说明
3月21日	春分♈	0°	0°	昼夜相等	北半球天文春季开始 太阳北赤纬开始逐渐增大
6月22日	夏至♋	90°	23°27′N	昼长夜短	北半球天文夏季开始 太阳北赤纬开始逐渐减小
9月23日	秋分♎	180°	0°	昼夜相等	北半球天文秋季开始 太阳南赤纬开始逐渐增大
12月22日	冬至♑	270°	23°27′S	昼短夜长	北半球天文冬季开始 太阳南赤纬开始逐渐减小

（2）太阳周年视运动为不等速运动

地球绕太阳公转速度的不均匀性（太阳在周年视运动的全过程中为不等速运动）早已由

开普勒定律所证明,其结果是太阳从春分点运行到秋分点(180°)需要约186天,由秋分点运行到春分点(180°)则需要约179天,两者相差约7天。一年中,太阳赤经日变化量 DRA° 在 $53'.8\sim66'.6$ 逐日变化。

3.四季和四季星空划分

太阳赤纬周期性的变化,使地球产生了四季,即地球上的冷暖主要取决于阳光的直射和斜射(与太阳赤纬有关),而不是地球距太阳的远近。每年6月22日前后(地球接近远日点7月3日),阳光直射北半球,并且日照时间长,所以北半球为夏季。12月22日(地球接近近日点1月4日),阳光斜射北半球,并且日照时间短,所以北半球为冬季,如图6-2-7所示。恒星在天球上的位置基本不变,由于太阳沿黄道做周年视运动,相对背景为恒星,每运行30°(约一个月)就经过一个星座(如图6-2-7所示)。一年中太阳在黄道上经过12个星座,这12个星座称为黄道十二宫。因此,太阳所在星座与太阳同时升、没,并被阳光所淹没而看不见。人们所能见到的星座是在天球上与太阳相对(赤经相差180°)的那部分星座。当太阳降没时,该部分星座正好升起,因为太阳在黄道十二宫内不停地移动,所以与它相对的星座也在不停地改变,这样,测者在同一地点、晚上的同一时刻、不同的季节中所见到的星座是不一样的。为便于识别航用恒星,将全天球星空划分为四个部分,称为四季星空,当太阳位于春分点时(太阳赤经 $RA^{\circ}=0°$),测者所见星空称为春季星空,它是以赤经 $RA^{\circ}=180°$ 为中心线展开的星空。同理,夏季星空、秋季星空和冬季星空分别是以赤经270°、0°和90°为中心线展开的星空。

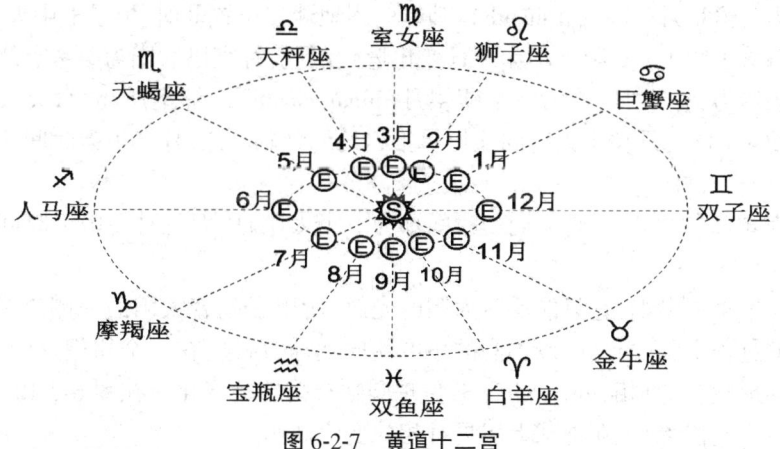

图 6-2-7 黄道十二宫

4.太阳视运动的轨迹

由于太阳周日视运动和周年视运动是同时存在的,我们所见太阳视运动是这两种运动的合运动。太阳的周日视运动表现为昼夜的交替变化,其周年视运动表现为四季和四季星空的交替循环。如图6-2-8所示,太阳视运动的轨迹是一条连续的球面螺旋线,其变化范围不超过 $23°27'N$ 和 $23°27'S$ 的赤纬平行圈,因此这两个赤纬平行圈分别称为北回归线(或夏至线)和南回归线(或冬至线)。

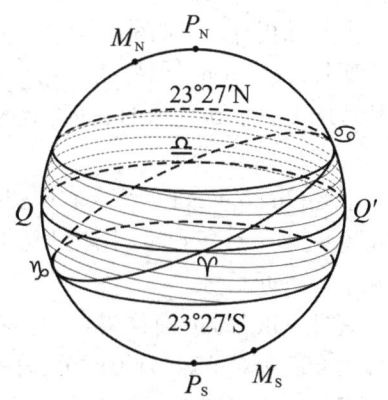

图 6-2-8 太阳视运动轨迹示意图

三、月亮视运动简介

月亮除了参与周日视运动外,还有它自身的运动。
从地球上看到的月亮的相对运动现象称为月亮视运动。

月亮是地球的卫星,它自西向东绕地球公转,其运行的轨道是一个椭圆,该椭圆平面与天球截得的大圆称为白道(moon's path),白道面与黄道面的平均交角约为5°09′,称为黄白交角(obliquity of the moon's path)。

白道与黄道交于两点,月亮在公转的过程中,由黄道南到黄道北所经过的一点称为升交点(ascending node),另一点为降交点(descending node)。月亮在绕地球运动中,除受地球的引力外,还要受到太阳和行星的引力作用,从而使两交点每年沿黄道向西位移约19′21′,周期约为18.6年。在位移过程中,黄白交角始终约为5°09′,这样就使白道与赤道的交角发生变化,变化范围约为23°27′±5°09′。当升交点与春分点重合时,白道在黄赤交角之外,月亮赤纬一般在28°36′N~28°36′S(23°27′+5°09′)之间变化。当升交点与秋分点重合时,白道在黄赤交角之内,月亮赤纬一般在18°18′N~18°18′S(23°27′−5°09′)之间变化,因此月亮赤纬最大值一般在18°~29°之间变化。

月亮每天绕地球自西向东运转约13°.2,如图6-2-9所示,设地球E在位置Ⅰ时,月亮M、太阳S和恒星★同时上中天。一天后,地球自转一周,同时由位置Ⅰ公转到位置Ⅱ,此间,月亮绕地球自西向东公转约13°.2,因此,月亮以恒星为参考点绕地球运行一周的时间间隔约为27.32日,称为一恒星月(sidereal month)。同理,当地球在位置Ⅱ时,恒星上中天,此时太阳相对恒星向东偏移了约1°(太阳平均赤经日变化量),因此,月亮以太阳为参考点绕地球运行一周的时间间隔约为29.53日,称为一个朔望月(lunar month)。综上所述,每天太阳中天时间比恒星推迟约4^m(1°),月亮中天时间比恒星推迟约53^m(13°.2),月亮中天时间比太阳推迟约49^m(13°.2−1°=12°.2)。

以月亮为参考点,地球自转一周的时间称为一个太阴日,而且月亮中天时间比太阳逐日推迟约49^m。

因为月亮本身不发光,它只能反射太阳的光辉,所以它朝着太阳的一侧始终是亮面。在绕地球运行的过程中,它的亮面以不同的角度朝向地球,这样,在一个朔望月中,从地球上看到月球亮面的形状(称月相,lunar phases)呈现圆缺规律性的变化。在图6-2-10中,图下部为月亮所处8个不同位置时,在地球上所见月相的变化规律。

主要月相有以下四种:

新月(new moon,简称朔):约在农历初一,月球与太阳在同一方向上,图6-2-10中的位置1,从地球上看不到月球的亮面,此时月亮与太阳一起出没。新月之后,月亮逐日向东偏离太阳。

上弦(first quarter):约在农历初七、初八,月亮位于太阳的东边角距90°左右,图6-2-10中的位置3,中午月亮升起,下午月亮位于东天,这时白昼可同时看到太阳和月亮,日没时分月亮在中天附近。

满月(full moon,简称望):约在农历十五,月亮到达图6-2-10中的位置5,此时日月相对,月球的亮面正对地球,日没时分,月亮东升,日出时分,月亮西没。

下弦(last quarter):约在农历廿二、廿三,月亮位于太阳的西边角距90°左右,图6-2-10中

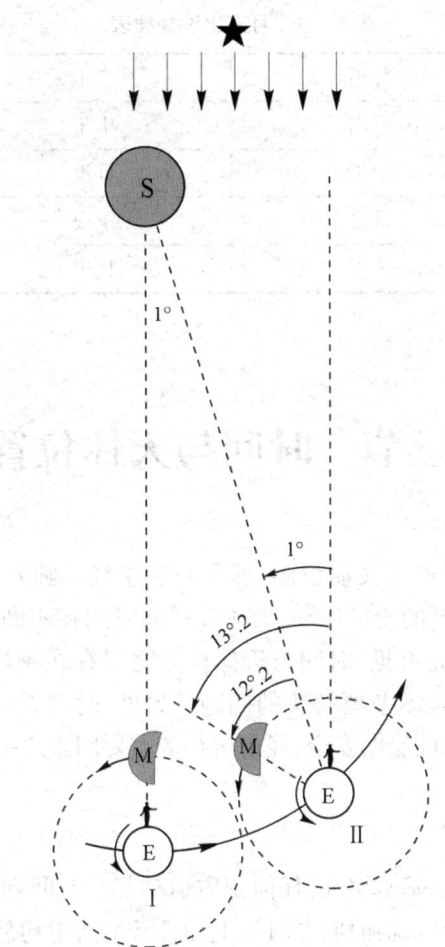

图 6-2-9 月亮视运动示意图

的位置 7。日出时分,月亮位于中天附近,上午月亮位于西天,这时白昼同时可见太阳和月亮,中午时分,月亮西没,下弦过后将再次呈现朔月月相,如此不断循环,如表 6-2-3 所示。

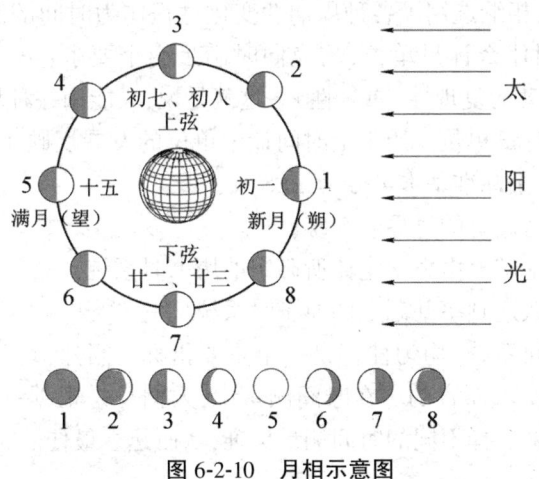

图 6-2-10 月相示意图

表 6-2-3　月亮出没规律表

月相	月出	月亮中天	月没
新月	日出	中午	日没
上弦	中午	日没	子夜
满月	日没	子夜	日出
下弦	子夜	日出	中午

第三节　时间与天体位置

利用天体定位,首先要求得天文船位圆,即圆心和半径。圆心就是天体地理位置,可由天体位置求得。天体按其各自的规律运动,天体位置随时间在不断地变化,因此要说明天体位置必须同时指出时间。由此可见,时间与天体位置之间存在密切的关系。根据准确的观测天体的时间求天体位置就是本节要解决的问题。另外,时间系统是航海人员必须正确理解和熟练掌握的,因为它是保证船舶安全、经济运行的重要因素之一。

一、时间系统概述

时间和空间是物质存在的基本属性,任何物质运动都在时间和空间内发生,人类的一切活动都离不开时间和空间,所以说,时间在科学上和日常生活中均是必不可少的。

时间的含义有两个,即时间间隔和时刻,它们既有区别又有联系。时间间隔是指客观物质运动过程所经历的时间历程,而时刻是指客观物质运动某一状态发生的瞬间,通常以离开时间坐标轴原点的距离来表示。

人们通过科学实践,相继选用了各种周期性变化过程作为时间的测量标准,即时间的计量单位。然而,无论采用什么计量单位,均应同时满足两个要求:第一,周期运动的稳定性(均匀性);第二,周期运动的复现性(重复性)。这就是说,只能用一种均匀的、具有连续重复周期的现象作为时间的计量单位。历史上时间计量单位的发展反映了不断满足上述要求的过程。迄今为止,时间计量标准基本可分为三类:

①建立在地球自转基础上的世界时系统;

②建立在地球公转基础上由力学定律所确定的历书时系统;

③建立在原子能级跃迁频率基础上的原子时系统。

无论采用哪一种时间系统,均匀性都是一个重要指标。当然,均匀性不可能是绝对的,它只是对满足一定精度要求而言的。在时间测量中,人们总是根据一定历史阶段内科学技术所能达到的最高水平来选择不同的时间测量标准,从而建立最佳的时间系统。

1.世界时系统(universal time system)

世界时系统是建立在地球自转运动基础上的时间系统,也就是以地球自转周期作为时间的计量单位。

地球上的人们无法直接测量地球的自转周期,但是,可以选择地球以外的一点作为参考点,观测该点的周日视运动的周期来间接地测出地球自转的周期,从而得到时间的计量单位。选择不同的参考点,得到的时间计量单位也不同。

以春分点为参考点得到:恒星时(sidereal time);

以太阳为参考点得到:视时(apparent time);

以平太阳为参考点得到:平时(mean time)或世界时(universal time,UT,GMT)。

在相当长的一段时间内,人们是把世界时作为均匀的时间来使用的,即认为地球自转的速率是均匀的。随着观测资料年复一年的积累和精密时钟的出现,人们才从实测中证实地球自转的速率是不均匀的,并具有相当复杂的表现形式,其中包含周期性变化、长周期性变化、短周期性变化和不规则变化等各种因素,从而导致以地球的自转周期作为时间的计量单位也是不均匀的。另外,地球在自转的过程中还存在"扭动"现象,从而使地极产生移动,简称极移。极移使地球上各点的经纬度发生变化,导致世界各地天文台测得的世界时存在微小的误差。

尽管上述诸因素引起的时刻误差很小,但是随着科学的发展,人们对时间的精确性的要求也越来越高。1955年,国际天文学联合会决定自1956年起,对直接观测到的世界时作两项改正,因此,世界时 UT 又可分为以下三种:

①UT0:直接由天文观测得到的世界时。由于极移的影响,世界各地的天文台测得的UT0 有微小的差别;

②UT1:UT0 经极移改正后得出的世界时,这是真正反映地球自转的统一时间,也是天文航海所需要的时刻;

③UT2:UT1 经过季节改正后得出的世界时。

UT2 是 1972 年以前国际上公认的时间标准。但是,它仍然受地球自转速率的长期变化和不规则变化的影响,所以 UT2 还是不均匀的。

2.原子时系统(atomic time system)

随着生产的发展和科学技术的进步,人们对时间精度的要求也越来越高,不仅要求准确,而且要求稳定和均匀,这已不再是世界时所能满足的了,于是人们把计量时间的标准从宏观世界转向了微观世界。

原子内部的运动比地球自转的稳定性要高得多。电子分布在对应不同能量的轨道上绕原子核旋转,当它们从一个轨道跃迁到另一个轨道(称能级跃迁)时会放出或吸收一定频率的电磁波,该波极为稳定。正是利用这一特性制造了原子钟,从而使人们发现,原子标准可以作为均匀的时间计量单位。它容易复制,随时可得到,并且比世界时精确得多,因此,提出了原子时系统。原子时系统是建立在原子能级跃迁频率基础上的时间系统。

(1)原子时(atomic time,AT)

以铯(Cs)133 原子超精细能级跃迁的电磁振荡 9192631770 周所经历的时间间隔定义为原子时 1^s 的长度。

原子时的起始历元为 1958 年 1 月 1 日零时(世界时 UT2)。由全世界大约 100 台原子钟用各种方法进行比对,再由国际时间局(BIH)进行数据处理,求出统一的原子时,称为国际原子时(international atomic time,IAT)。

由于地球自转不完全匀速且逐年变慢,世界时是不均匀的,即它的秒长是不固定的,近些年来大致上是逐年变长的,两三年可差 1 s 左右。随着时间的推移,两者之间的差别将越来越大。近代科学技术对于时间计量的要求包括时刻和时间间隔这两个方面。例如,人们日常生活、天文导航、卫星导航和宇航飞行器跟踪等均需要知道建立在地球自转基础上的世界时时刻;精密校频等物理学测量则要求均匀的时间间隔。这样就面临着一个困难的问题,即如何用同一计量单位同时满足性质不同的两种要求。为解决这个矛盾,人们采用了一个协调方案,从而得到了协调世界时 UTC,该时间计量单位是世界时 UT1 的时刻与原子时秒长折中协调的产物。

(2)协调世界时(coordinated universal time, UTC)

以原子时秒为时间计量单位,在时刻上与世界时 UT1 保持在 $\pm 0.9^s$ 之内。

协调世界时满足上述条件是通过"跳秒"(leap second)来实现的。国际时间局(BIH)根据天文测时情况做出跳秒的决定,调整的时刻是在 12 月 31 日或 6 月 30 日最后 1^s。对原子时增加 1^s 称正跳秒,减少 1^s 称负跳秒。

通常 $23^h59^m59^s$ 之后是次日的 $00^h00^m00^s$,而:

正跳秒:$23^h59^m60^s$ 之后是次日的 $00^h00^m00^s$。这实质上是把原子时 AT 的时刻推迟 1^s。

负跳秒:$23^h59^m58^s$ 之后是次日的 $00^h00^m00^s$。这实质上是把原子时 AT 的时刻提前 1^s。

截至 2022 年年底,全球已经进行了 27 次跳秒,均为正跳秒。具体跳秒时间和方法可查阅英版《无线电信号表》第二卷或英版《航海通告》第 Ⅵ 部分。

协调世界时 UTC 从 1972 年 1 月 1 日世界时 00^h 开始实施。协调世界时 UTC 与世界时 UT1 相差不超过 $\pm 0.9^s$,也就是说,协调世界时 UTC 是以世界时 UT1 制约的原子时系统。它的体制仍沿用世界时的体制。因此,1972 年以后,时间系统的更换对人们的生活、工作无任何明显的影响。

另外,除采用了世界时系统和原子时系统之外,还采用了建立在地球公转基础上的历书时系统。历书时是一种由力学定律确定的均匀的时间系统。但是,由于观测误差较大,难以得到高精度的历书时,因而历书时只作为天文学的基本常数,它已超出了天文航海的范畴。本书不再做进一步介绍。时间系统如图 6-3-1 所示。

除上述介绍的时间系统之外,由美国发射的导航星全球定位系统(GPS)采用了一个独立的时间系统作为导航定位的依据,称为 GPS 时间系统,简称 GPST。该系统规定的起点为 1980 年 1 月 6 日 UTC 的 00^h。GPS 主控站中的原子母钟定期调整成与 UTC 同步。

综上所述,天文航海主要涉及建立在地球自转基础上的世界时系统,在后续的章节中将逐一详细介绍。

二、恒星时(sidereal time)

恒星时是建立在地球自转运动基础上的时间系统,以春分点为参考点,以其周日视运动的周期作为时间的计量单位。

1.恒星日(sidereal day)

在周日视运动中,春分点♈连续两次经过某地午圈所经历的时间间隔称为 1 恒星日,即 1 恒星日 = 天球旋转(360°)所经历的时间间隔。

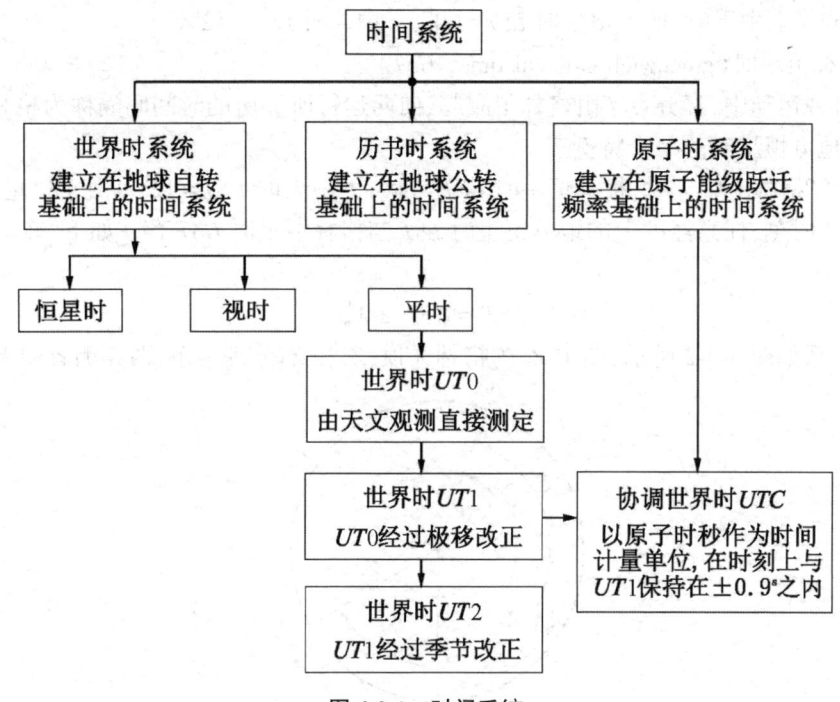

图 6-3-1　时间系统

1 恒星日可分为:

1 恒星日 = 24 恒星时(24^h)

1 恒星时 = 60 恒星分(60^m)

1 恒星分 = 60 恒星秒(60^s)

在一个恒星日中,春分点♈在同一个午圈上连续两次上中天,这期间春分点♈正好完成一整周360°的周日视运动,所以时间与角度之间存在着如下时、度换算的关系:

$24^h = 360°$;

$1^h = 15°$;

$1^m = 15'$,则 $1° = 4^m$;

$1^s = 15'' = 0.'25$,则 $1' = 4^s$。

例 6-3-1:试将 $08^h13^m32^s$ 换算成角度单位,试将 $208°19'.5$ 换算成时间单位。

解:

08^h	$120°$	$208°$	13^h52^m
13^m	$3°15'$	$19'.5$	1^m18^s
32^s	$8'$	$208°19'.5$	$13^h53^m18^s$
$08^h13^m32^s$	$123°23'$		

2.恒星时(sidereal time)

由恒星日的定义可知,恒星时应是从春分点♈经过某地午圈时起算的,而午圈随着测者所在地点的经度不同而不同,因此,恒星时具有地方性。

(1)地方恒星时(local sidereal time, LST)

在周日视运动中,春分点♈由某地午圈起,向西运行所经历的时间间隔称为地方恒星时。

显然,春分点γ上中天时,地方恒星时 $LST = 00^h$,下中天时 $LST = 12^h$。

（2）格林恒星时（greenwich sidereal time，GST）

在周日视运动中,春分点γ由格林午圈起,向西运行所经历的时间间隔称为格林恒星时。显然,它是地方恒星时的一个特例。

春分点γ格林上中天时,格林恒星时 $GST = 00^h$;下中天时 $GST = 12^h$。由于恒星时具有地方性,在同一时刻,任意经度上的地方恒星时 LST 与格林恒星时 GST 存在如下"东大西小"的关系:

$$LST = GST \pm \lambda_W^E \tag{6-3-1}$$

上述关系如图 6-3-2 所示,图中 Z_G 为格林天顶,Z_1 和 Z_2 分别为东、西经测者的天顶。

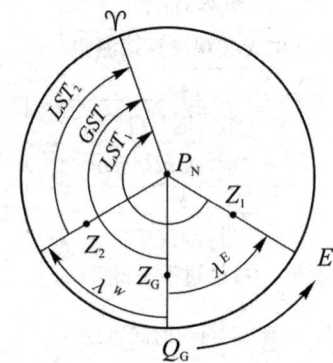

图 6-3-2　同一时刻不同经度上恒星时之间的关系

（3）恒星时与春分点时角的关系

春分点时角是从午圈开始起算的,恒星时也是从测者午圈开始起算的。由此可见,在同一时刻,任意经度上的春分点时角在数值上等于该时刻的恒星时。在天文航海中,恒星时是以春分点时角来表示的。恒星时是天文学上采用的时间计量单位,它不宜用于日常生活和工作中,这主要是恒星时与昼夜关系不固定的缘故。

三、视时（apparent time）

视时是建立在地球自转基础上的时间系统,它是以太阳⊙为参考点,以其周日视运动的周期作为时间的计量单位。

1.视太阳日

在周日视运动中,太阳中心连续两次经过某地子圈所经历的时间间隔称为 1 视太阳日。视太阳日、视太阳时、视太阳分、视太阳秒的关系如下:

$$1 \text{ 视太阳日} = 24 \text{ 视太阳时}（24^h）$$
$$1 \text{ 视太阳时} = 60 \text{ 视太阳分}（60^m）$$
$$1 \text{ 视太阳分} = 60 \text{ 视太阳秒}（60^s）$$

在 1 视太阳日中,太阳在同一子圈上连续两次下中天,这期间太阳正好完成一整周 360°的周日视运动。所以视时与角度之间同样存在着如本节二中所述的时、度换算的关系,只是视时的时、分和秒的长短与恒星时的有所不同。

2.视时（local apparent time，LAT）

由视太阳的定义可知,视时是从太阳中心经过某地子圈时起算的,而子圈随着测者的经度不同而不同。在周日视运动中,太阳中心由某地子圈起,向西运行所经历的时间间隔称为视时 LAT。

显然,太阳上中天时 $LAT=12^h$,下中天时 $LAT=00^h$。由于太阳地方时角 $LHA^\odot$ 是从测者午圈起算的,而视时 LAT 是从测者子圈起算的,因此,同一时刻视时 LAT 与太阳圆周地方时角 $LHA^\odot$ 相差 $180°(12^h)$,即

$$LAT=LHA^\odot \pm 180° \begin{cases} LHA^\odot < 180° \\ LHA^\odot > 180° \end{cases} \qquad (6\text{-}3\text{-}2)$$

3.视太阳日作为时间计量单位的缺陷

视太阳日作为时间计量单位的缺陷是它的长度逐日不一致。如图 6-3-3(a)所示,对某一测者 Z 来说,3 月 21 日太阳 $\odot$ 位于春分点 γ,在某一瞬间,太阳 $\odot$、春分点 γ 同时下中天,然后,天球带着太阳 $\odot$ 和春分点 γ 一起向西做周日视运动。一天后,当春分点 γ 再次下中天时(天球旋转了 $360°$),太阳 $\odot$ 还没下中天(即还没到 1 视太阳日),如图 6-3-3(b)所示。这是因为太阳在向西做周日视运动的同时,又沿黄道向东移动了一段弧距,其赤经相应变化了 $DRA^\odot$(太阳赤经日变化量),所以,天球还要向西旋转 $DRA^\odot$ 太阳 $\odot$ 才能连续两次下中天,如图 6-3-3(c)所示,因此

$$1\text{ 视太阳日}=\text{天球旋转}(360°+DRA^\odot)\text{所经历的时间} \qquad (6\text{-}3\text{-}3)$$

因为在一年中,太阳赤经日变化量 $DRA^\odot$ 最大约 $66'.6$,最小约 $53'.8$,所以最长和最短的视太阳日相差约 51^s,并且在逐日变化。作为时间计量单位,长短必须固定,故视太阳日不宜作为时间的计量单位。

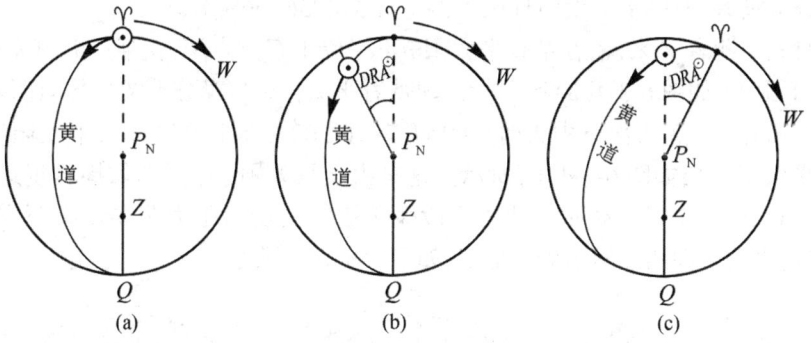

图 6-3-3　视太阳日

虽然视太阳日不宜作为时间的计量单位,但它与昼夜交替的关系固定,符合人们工作、休息的习惯。因此,人们又考虑在这个基础上制定一种既与昼夜交替关系稳定,长短又均匀的时间计量单位,于是产生了平时。

四、平时(mean time)

平时是建立在地球自转运动基础上的时间系统,它是以平太阳 $\oplus$ 为参考点,以其周日视运动的周期作为时间的计量单位。

1.平太阳 $\oplus$(mean sun)

平太阳 $\oplus$ 是一个假想的天体,它在天赤道上向东做匀速的周年视运动,其速度等于视太阳在黄道上运行的平均速度。

2.平太阳日(mean solar day)

在周日视运动中,平太阳连续两次经过某地子圈所经历的时间间隔称为 1 平太阳日。平太阳日、平太阳时、平太阳分、平太阳秒的关系如下:

$$1\text{ 平太阳日} = 24\text{ 平太阳时}(24^h)$$
$$1\text{ 平太阳时} = 60\text{ 平太阳分}(60^m)$$
$$1\text{ 平太阳分} = 60\text{ 平太阳秒}(60^s)$$

在 1 平太阳日中,平太阳在同一子圈上连续两次下中天。这期间,平太阳正好完成一整周(360°)周日视运动,所以平太阳日的时、分和秒与角度之间同样存在如本节二中所描述的时、度换算关系,只是它的时、分和秒的长短与恒星时和视时的均不相同。

由平太阳的定义可知,平太阳在天赤道上向东做等速的周年视运动,其速度等于太阳在黄道上运行的平均速度。太阳在黄道上连续两次经过春分点的时间间隔为 1 回归年,等于 365.2422 平太阳日(该值每百年减少约 0.5^s)。这期间,太阳赤经变化了 360°,太阳赤经的平均日变化量就是平太阳在天赤道上向东做周年视运动的速度,即平太阳赤经日变化量:

$$DRA^\oplus = \frac{360°}{365.2422} = 59'.14 \tag{6-3-4}$$

或

$$DRA^\oplus = \frac{24^h}{365.2422} = 3^m56^s.56 \tag{6-3-5}$$

在天文航海中,平太阳赤经日变化量 $DRA^\oplus$ 可以认为是一个定值。因为平太阳有周年视运动,而春分点没有,所以 1 平太阳日比 1 恒星日长 $3^m56^s.56 \approx 4^m$。

例如,对某一测者 Z 来说,在某日平太阳⊕正好位于春分点♈,在某一时刻平太阳⊕和春分点♈同时下中天,如图 6-3-4(a)所示。天球带着平太阳⊕和春分点♈一起向西做周日视运动。一天后,当春分点♈再次下中天时(天球旋转了 360°,即 1 恒星日),平太阳还没有下中天(不到 1 平太阳日),如图 6-3-4(b)所示。这是由于平太阳⊕在向西做周日视运动的同时,又沿天赤道向东做周年视运动而移动了一段弧距 $DRA^\oplus$,所以平太阳要连续两次下中天,则天球还要带着平太阳向西旋转 $DRA^\oplus$ 角度,如图 6-3-4(c)所示。

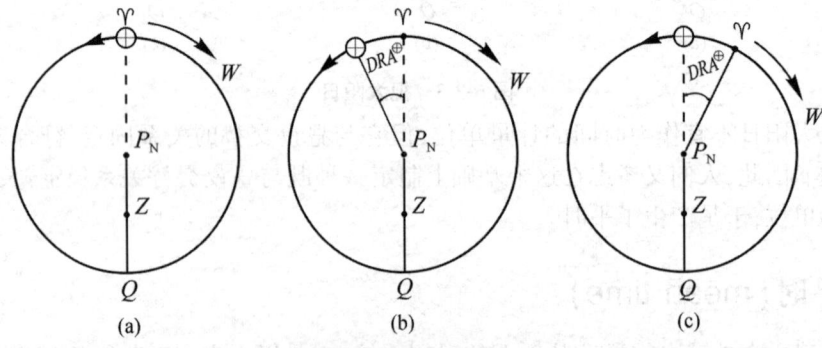

图 6-3-4 平太阳日

因此

$$1\text{ 平太阳日} = \text{天球旋转}(360° + DRA^\oplus)\text{所经历的时间} \tag{6-3-6}$$
$$= \text{天球旋转}(360° + 59'.14)\text{所经历的时间}$$
$$= 1\text{ 恒星日} + 3^m56^s.56$$

从上式可见,平太阳日比恒星日长了 $3^m56^s.56\approx4^m$。因为平太阳在天球上没有标志,所以无法直接观测其周日视运动的周期,但是可以直接观测某颗恒星的周日视运动得到恒星日,再利用式(6-3-6),求得平太阳日。从该式中可以看出,1 平太阳日的长短基本固定(不考虑地球自转的不均匀性)。

3.平时(mean time)

定义了平太阳日即可定义平时,因为平太阳日从子圈开始,所以平时亦应从子圈起算,而子圈随着测者所在地点的经度不同而不同,因此,平时同样具有地方性。

(1)地方平时(local mean time, LMT)

在周日视运动中,平太阳⊕由某地子圈起,向西运行所经历的时间间隔称为地方平时 LMT,同时注明日期。

显然,平太阳⊕上中天时地方平时 $LMT=12^h$;下中天时地方平时 $LMT=00^h$。由于平太阳地方时角 LHA 从午圈开始起算,同一时刻,地方平时 LMT 与平太阳圆周地方时角 $LHA^\oplus$ 相差 $180°(12^h)$,即

$$LMT = LHA^\oplus \pm 180° \begin{cases} LHA^\oplus < 180° \\ LHA^\oplus > 180° \end{cases} \qquad (6\text{-}3\text{-}7)$$

平时为 00^h 的瞬间作为一天的起点,故指出平时的同时应标注日期,这就是人们通常采用的日期标志。恒星时 00^h 相对平时不固定,故恒星时没有日期,通常所说的某月某日恒星时某时,所指的日期是平时的日期。

平时具有地方性,因此在同一时刻,不同经度上的地方平时之间同样存在"东大西小"的关系,即

$$LMT_2 = LMT_1 + D\lambda \qquad (6\text{-}3\text{-}8)$$
$$D\lambda = \lambda_2 - \lambda_1$$

式中:LMT_1——测者 1 的经度 λ_1 所对应的地方平时。

LMT_2——测者 2 的经度 λ_2 所对应的地方平时。

$D\lambda$——λ_2 与 λ_1 的经差,计算时东经 λ^E 为"+",西经 λ^W 为"–"。当求得的 $D\lambda$ 为"+",则为"E"经差;求得的 $D\lambda$ 为"–",则为"W"经差($D\lambda$ 可以大于 $180°$)。

式(6-3-8)表达的关系如图 6-3-5 所示,图中 Z_1 是测者 1 的天顶,Z_2 是测者 2 的天顶,如果已知测者 1 的地方平时 LMT_1、求测者 2 的地方平时 LMT_2,则为东经差 $D\lambda^E = \lambda_2-\lambda_1$;反之,已知测者 2 的地方平时 LMT_2、求测者 1 的地方平时 LMT_1,则为西经差 $D\lambda^W = \lambda_1-\lambda_2$。从式(6-3-8)还可以看出,在同一时刻,两地的地方平时的差值在数值上等于该两地的经差 $D\lambda$。

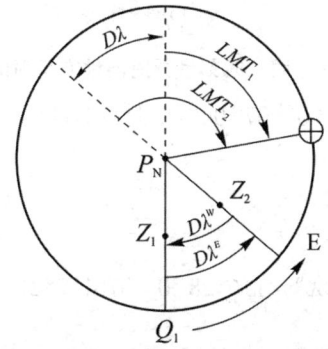

图 6-3-5　同一时刻不同经度上的地方平时的关系

例 6-3-2：已知经度 $\lambda_1 122°05'.0E$ 的地方平时 $LMT_1 09^h 53^m 04^s$（5 月 10 日），求经度 λ_2 120°00'.0E 的地方平时 LMT_2。

①求两地经差 $D\lambda$，$D\lambda = \lambda_2 - \lambda_1$，并将其化为时间单位；

②求 LMT_2，$LMT_2 = LMT_1 + D\lambda$。

解：

λ_2^E	120–00.0	(+)		LMT_1	9–53–04	10/5
$-)\quad\lambda_1^E$	122–05.0	(+)		$D\lambda$	-08–20	
$D\lambda^W$	2–05.0	(−)		LMT_2	9–44–44	10/5
$D\lambda^W$	$8^m 20^s$	(−)				

例 6-3-3：已知经度 $\lambda_1 84°17'.0W$ 的地方平时 $LMT_1 16^h 21^m 26^s$（7 月 16 日），求经度 $\lambda_2 138°41'.0E$ 的地方平时 LMT_2。

解：

λ_2^E	138–41.0	(+)		LMT_1	16–21–26	16/7
$-)\quad\lambda_1^W$	84–17.0	(−)		$D\lambda$	$+14$–51–52	
$D\lambda^E$	222–58.0	(+)		LMT_2	31–13–18	16/7
$D\lambda^E$	$14^h 51^m 52^s$	(+)		LMT_2	07–13–18	17/7

（2）世界时（universal time，UT）［又称格林平时（greenwich mean time，GMT）］

在周日视运动中，平太阳由格林子圈起，向西运行所经历的时间间隔称为世界时，同时须注明日期。显然，平太阳格林上中天时 $GMT = 12^h$，下中天时 $GMT = 00^h$。在同一时刻，任意经度 λ 上的地方平时 LMT 与世界时 GMT 存在"东大西小"的关系，即

$$LMT = GMT \pm \lambda_W^E \tag{6-3-9}$$

上述关系如图 6-3-6 所示，图中 Z_G 为格林天顶，Z_1 为东经测者天顶，Z_2 为西经测者天顶。

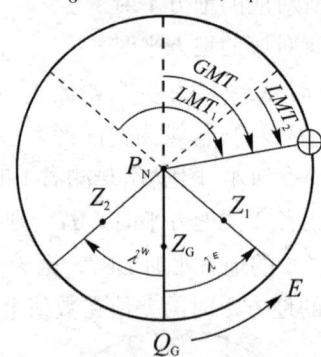

图 6-3-6　同一时刻世界时与地方平时的关系

例 6-3-4：已知世界时 $GMT = 02^h 07^m 04^s$（8 月 10 日），求经度 $\lambda 116°28'.0W$ 的地方平时 LMT。

解：

①将经度化为时间单位：

$$\lambda^W = 116°28'.0 = 07^h 45^m 52^s$$

②求 LMT，$LMT = GMT - \lambda^W$：

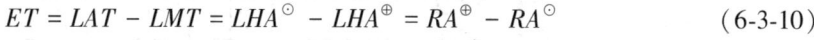

$$
\begin{array}{llll}
GMT & 02-07-04 & 10/8 \\
-)\quad \lambda^{W} & 07-45-52 \\
\hline
LMT & 18-21-12 & 9/8
\end{array}
$$

4. 时差（equation of time，ET）

对同一测者来说，在同一时刻，视时 LAT 与平时 LMT 的时间差称为时差，如图 6-3-7 所示。时差的定义式为：

$$ET = LAT - LMT = LHA^{\odot} - LHA^{\oplus} = RA^{\oplus} - RA^{\odot} \tag{6-3-10}$$

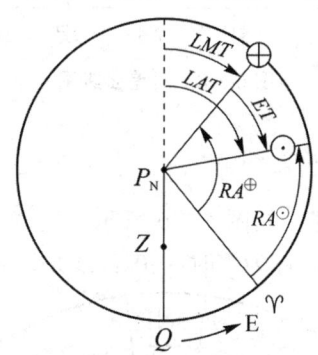

图 6-3-7　时差示意图

当 $LAT>LMT$ 时，ET 为"+"，在周日视运动中，太阳 $\odot$ 在前，平太阳 $\oplus$ 在后即太阳 $\odot$ 中天时，平太阳 $\oplus$ 还未中天；

当 $LAT<LMT$ 时，ET 为"−"，在周日视运动中，平太阳 $\oplus$ 在前，太阳 $\odot$ 在后即太阳 $\odot$ 中天时，平太阳 $\oplus$ 已经中天；

当 $LAT=LMT$ 时，ET 为"0"，在周日视运动中，平太阳 $\oplus$ 时圈与太阳 $\odot$ 时圈重合即太阳 $\odot$ 与平太阳 $\oplus$ 同时中天。

太阳与平太阳的赤经日变化量不一致，产生了时差。太阳周年视运动的速度是不均匀的，其赤经日变化量在 $53'.8 \sim 66'.6$ 之间逐日变化。而平太阳周年视运动的速度是均匀的，其赤经日变化量为 $59'.14$。这样，在一年中太阳有时在平太阳的东边，有时在平太阳的西边，所以时差 ET 是逐日变化的，其值可以在《航海天文历》中查得。

在时差曲线图（见图 6-3-8）中可见，一年中时差 ET 有四次为零，两次正极大值，两次负极大值。在 11 月 3 日前后，时差达最大值，$ET_{max} = +16^{m}24^{s}$。

综上所述，视时和平时两者的差值最大不超过 17^{m}，因此平时能与昼夜保持固定关系。因为平太阳日长短基本固定，所以平时是 1972 年以前国际上公认的时间计量单位。

五、区时（zone time）

在同一时刻，不同经度上的地方平时是不相同的。若各自使用本地的地方平时，将会给交通运输和文化交流带来不便；若全世界采用同一时间，假定都采用世界时 GMT，那么在 $GMT=06^{h}$ 时，0°经线附近的地区太阳从东方升起，其他地方同是 $GMT=06^{h}$ 时刻，有的却是中午，有的已是黄昏，更有的是在子夜，这样也不方便。为了解决这个问题，1884 年国际天文学联合会在平时的基础上提出了区时制的建议，因此产生了区时。

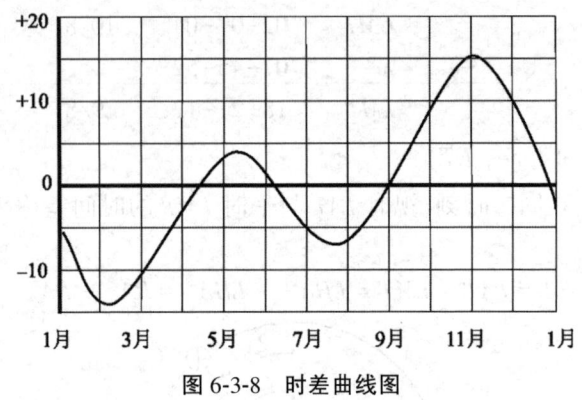

图 6-3-8　时差曲线图

1.区时制(zone time system)

(1)时区划分

全球按经度划分为 24 个时区,如图 6-3-9 所示。以 0°经线为基准,向东、西各取经度 7°30′,共计经度 15°划为一个时区,称为零时区,0°经线是该时区的中央经线,又称时区中线。

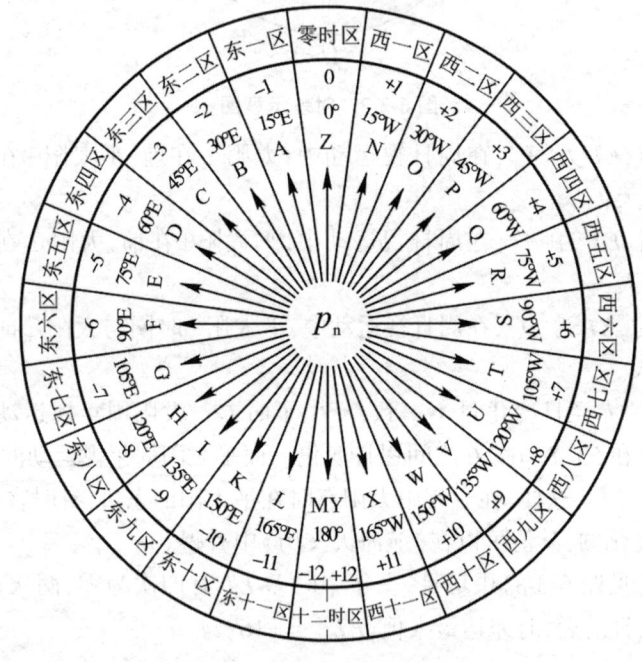

图 6-3-9　时区图

从零时区东、西边界开始向东、向西每隔经度 15°划分为一个时区,依次为东一时区至十二时区和西一时区到十二时区。十二时区被 180°经度线分成两半,每半包括经度 7°30′,分别称为东十二时区和西十二时区,所以航海上往往又将全球划分为 25 个时区。

相邻两时区中线经度相差 15°。零时区中线经度为 0°,东一时区中线经度为 15°E,东二时区中线经度为 30°E,依此类推。同理,西一时区中线经度为 15°W,西二时区中线经度为 30°W,依此类推。180°经线是东、西十二时区共用的时区中线。

(2)区号(zone description, ZD)

时区的顺序号:零时区的区号为 0,以此为基准,东时区的区号依次为 -1、-2、…、-12,西时区的区号依次为+1、+2、…、+12。由此可见，东时区的区号为"－"，西时区的区号为"＋"。

区号还可以用大写英文字母表示，零时区的区号为Z，东时区的区号依次为 A 到 M（J除外），西时区的区号依次为 N 到 Y。例如，零时区的区号为 0 或 Z，东八区的区号为－8或 H。

由于相邻两时区的时区中线经度相差 15°＝1^h，时区中线经度在数值上正好等于该时区区号的小时数，即

$$\text{时区中线经度 } \lambda_W^E = ZD(\mp) \times 15° \tag{6-3-11}$$

已知时区中线经度，可求得该时区的区号，反之亦然。各时区的边界经度等于它的中线经度$\pm7°30'$，凡是经度离某一时区中线经度小于 $7°30'$ 的地方，均属于这个时区，因此，测者所在时区的区号可以由测者经度计算出来，即

$$\text{区号} = \frac{\text{测者经度}}{15°} \begin{cases} \text{如果余数小于 } 7°30'\text{，商就是所在时区的区号} \\ \text{如果余数大于 } 7°30'\text{，商+1 就是所在时区的区号} \end{cases}$$

东经测者在区号前加"－"，西经测者在区号前加"＋"。

例 6-3-5:求大连（$\lambda121°39'E$）和北京（$\lambda116°28'E$）所在时区的区号 ZD。

解:

$\dfrac{121°39'}{15°} = 8 \cdots\cdots$ 余 $1°39' < 7°30'$，$ZD = -8$，大连位于东八区；

$\dfrac{116°28'}{15°} = 7 \cdots\cdots$ 余 $11°28' > 7°30'$，$ZD = -(7+1) = -8$，北京位于东八区。

2. 区时 ZT

（1）区时的定义和计算

时区中线的地方平时称为该时区的区时，区时通常要注明区号和日期。

显然，零时区的区时就是世界时。例如，零时区的区时为 1 时 30 分 20 秒，可以写成$ZT=01^h30^m20^s(0)$或$01^h30^m20^sZ$。在航海实际工作中，准确到分钟的区时均用 4 位数字表示，如东八区区时为 9 时 30 分，可以写成 $ZT0930(-8)$ 或 0930H。相邻两时区的中线经度相差15°（1^h），则相邻两时区的区时也相差 1 h，区时同样存在"东大西小"的关系。因为区时就是时区中线的地方平时，所以式（6-3-8）同样适用于同一时刻不同时区区时的换算，即

$$ZT_2 = ZT_1 + D\lambda, \quad D\lambda = \lambda_{m2} - \lambda_{m1} \tag{6-3-12}$$

式中：λ_{m2}、λ_{m1}——时区中线经度（在数值上等于区号的小时数）。

计算时东经 λ^E 为"＋"，西经 λ^W 为"－"，求得的 $D\lambda$ 有"±"。同一时刻不同时区区时的换算还可表示为：

$$ZT_2 = ZT_1 - DZD, \quad DZD = ZD_2 - ZD_1 \tag{6-3-13}$$

式中：DZD——两时区的区号差（difference of zone description），区号是东时区为"－"，西时区为"＋"，求得的 DZD 有"±"。

在船上，日常的工作、生活是根据"船钟"指示的时间（船时，ship's mean time，SMT）来安排的。船钟一般指示船舶所在时区的区时（特殊情况除外）。因为船钟通常用准确到分的 4 位数字表示，所以由船钟读取的船时 SMT 是近似区时 ZT'。

例 6-3-6:我国某船航行在西九区，拟与国内总公司通过卫通电话联系，要使公司在 8 月 20 日 $ZT0800(-8)$ 接到电话，试问船长应在船时（SMT）几点打电话？

解:

由式(6-3-12)得:

$$D\lambda = \lambda_{m2} - \lambda_{m1} = (-9^h) - (+8^h) = -17^h$$

$$ZT_2 = ZT_1 + D\lambda = SMT$$

ZT	0800	20/8
$D\lambda$	−17	
SMT	1500	19/8

因此,船长应在 8 月 19 日船时 1500 打电话。

(2)区时 ZT 与世界时 GMT 的关系

当 $ZT=0800(-8)$ 时,$ZT=0700(-7)$、$ZT=0600(-6)$ ……$GMT=00^h$,由此可见,同一时刻区时 ZT 与世界时 GMT 正好相差与区号相同的小时数,即

$$GMT = ZT + ZD \tag{6-3-14}$$

式中,东时区 ZD 取"−",西时区 ZD 取"+"。航海实际工作中常用上式求区时,即

$$ZT = GMT - ZD \tag{6-3-15}$$

例如,东八区的区时与世界时的关系为:

$$ZT(-8) = GMT + 8^h$$

把船时代入式(6-3-14)中,求得的世界时称为近似世界时 GMT',即

$$GMT' = SMT(ZT') + ZD \tag{6-3-16}$$

船时 SMT 和近似世界时 GMT' 通常采用 4 位数字表示。

例 6-3-7: 4 月 2 日,已知船时 $SMT(ZT')$ 0516(−8),求近似世界时 GMT'。

解:

ZT'	0516	2/4
ZD	−8	
GMT'	2116	1/4

(3)区时 ZT 与地方平时 LMT 的关系

因为区时是时区中线的地方平时,所以式(6-3-8)同样适用于同一时刻已知区时求地方平时的情况,即

$$LMT = ZT + D\lambda, D\lambda = \lambda - \lambda_m \tag{6-3-17}$$

式中:LMT——测者经度 λ 所对应的地方平时;

ZT——测者经度 λ 所在时区的中线经度 λ_m 所对应的地方平时,即区时;

$D\lambda$——λ 和 λ_m 的经差,计算时东经为"+",西经为"−",求得的 $D\lambda$ 有"±"。

在航海实际工作中,还会遇到已知地方平时 LMT 求区时 ZT 的情况,这样式(6-3-17)可以改写成:

$$ZT = LMT + D\lambda, D\lambda = \lambda_m - \lambda \tag{6-3-18}$$

例 6-3-8: 已知经度 $\lambda 122°23'.0E$ 的地方平时 $LMT\ 21^h04^m36^s$(3 月 6 日),求该经度所属时区的区时 ZT。

解:

①求 $D\lambda$,$D\lambda = \lambda_m - \lambda$,并化为时间单位;

②求 ZT,$ZT = LMT + D\lambda$。

中线经度	λ_m^E	120-00.0 (+)		地方平时	LMT	21-04-36 6/3
-) 测者经度	λ	122-23.0 (+)		经差	$D\lambda$	-09-32
经差	$D\lambda$	2-23.0 (-)		区时	ZT	20-55-04 6/3
	$D\lambda$	9^m32^s (-)				

3.拨钟

船钟一般指示区时,由于相邻两时区的区时相差 1 h,并且具有"东大西小"的关系,当船舶驶入相邻时区时,船钟应拨快或拨慢 1 h:

船舶向东航行进入相邻时区,应将船钟拨快 1 h;

船舶向西航行进入相邻时区,应将船钟拨慢 1 h。

因为 180°经线是东、西十二时区共用的时区中线,该经线的地方平时是东、西十二时区共用的区时,所以船舶由东十二时区进入西十二时区或反之均不用拨钟,但日期相差一天(见日界线)。

船上具体什么时间拨钟,怎样拨钟,由船长决定。二副应根据船长的命令提前通知。一般拨钟在夜间进行,通常采用下述两种方法拨钟:

例如,某船由东八区进入东九区或由东九区进入东八区。

(1)方法一

①拨快 1 h。通常由三副在 21 点将船钟拨快 1 h,在航海日志中应记录:

$$2100 \quad 船钟拨快 1 h \quad SMT = GMT + 0900$$

通常 1 h 的时间由三个航行班均摊,因此交接班时间应为:

三副与二副交接班船时 $SMT = 2400 + 0040 = 0040(-9)$;

二副与大副交接班船时 $SMT = 0400 + 0020 = 0420(-9)$;

大副与三副交接班船时 $SMT = 0800(-9)$。

②拨慢 1 h。通常由三副在 21 点将船钟拨慢 1 h,在航海日志中应记录:

$$2100 \quad 船钟拨慢 1 h \quad SMT = GMT + 0800$$

这时,三个班交接班时间分别为:$SMT = 2320(-8)$、$SMT = 0340(-8)$、$SMT = 0800(-8)$。

(2)方法二

①分三班拨钟,每班拨快 20 min,在航海日志中应记录:

三副:2100 将船钟拨快 20 min $SMT = GMT + 0820$;

二副:0100 将船钟拨快 20 min $SMT = GMT + 0840$;

大副:0500 将船钟拨快 20 min $SMT = GMT + 0900$。

②分三班拨钟,每班拨慢 20 min,在航海日志中应记录:

三副:2100 将船钟拨慢 20 min $SMT = GMT + 0840$;

二副:0100 将船钟拨慢 20 min $SMT = GMT + 0820$;

大副:0500 将船钟拨慢 20 min $SMT = GMT + 0800$。

采用方法一拨钟,船钟始终指示区时,只是三副班在时间上有 1 h 的跳跃或重叠,这样便于事后的检查,但交接班的时间与正常的时间有所不同。

采用方法二拨钟,每班在时间上都有 20 min 的跳跃或重叠,从三副拨钟到大副拨钟这段时间里船钟指示的时间不是整区时,这给事后的检查带来一定的不便。

4.日界线(date line)

日界线又称国际日期变更线。区时制的建立产生了日界线。日界线原则上是180°经线,考虑到行政区域而有若干曲折。

例6-3-9:2022 年 1 月 1 日,$ZT0000(-12)$,在这同一时刻,求西十二时区的区时 ZT_2。

解:

① 求 $D\lambda$,$D\lambda = \lambda_2 - \lambda_1 = (-12^h) - (+12^h) = -24^h$;

② 求 ZT_2,$ZT_2 = ZT_1 + D\lambda$:

$$
\begin{array}{lll}
ZT_1 & 0000 & 1/1{-}2022 \\
D\lambda & -2400 & \\
\hline
ZT_2 & 0000 & 31/12{-}2021 \\
\end{array}
$$

由此可见,同一时刻东、西十二时区的区时相同,但是日期却相差 1 天。为了不搞乱日期,当船舶穿过日界线时需要遵守以下规则:

船舶向东航行穿过日界线(由东十二时区进入西十二时区)日期减少 1 天(重复 1 天);

船舶向西航行穿过日界线(由西十二时区进入东十二时区)日期增加 1 天(跳过 1 天),并记入航海日志,如图 6-3-10 所示。

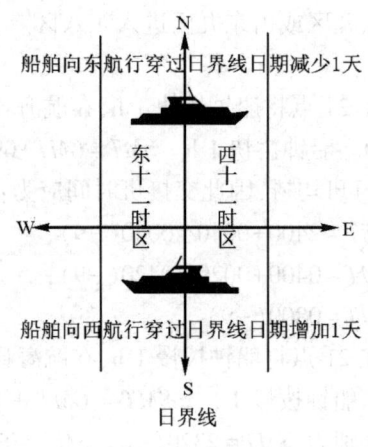

图 6-3-10　日界线

日界线是地球上每一个新昼夜的起始线,同时也是终结线。地球上的年、月、日的交替均是从这条线开始。如居住在楚科奇半岛和堪察加半岛的居民是全世界最早迎接新年的人,而居住在与其相对的阿拉斯加的居民要等一昼夜才能过新年。

5.法定时(legal time)

生活在相应时区的人们使用该时区的区时作为日常工作、生活的标准时(standard times)。但是各国在实施中,需要根据本国的实际情况来决定本国的标准时。如我国横跨五个时区(东五到东九时区),采用东八时区的区时作为标准时(称为"北京时间")。有些国家采用比理论区时快 1 h 的标准时,如法国、荷兰、比利时、西班牙都位于零时区,采用东一时区的区时作为标准时;新加坡位于东七时区,采用东八时区的区时作为标准时。有些国家采用半时区的区时作为标准时,如伊朗(东 3.5 区)、阿富汗(东 4.5 区)、印度和斯里兰卡(东 5.5 区)、缅甸(东 6.5 区)等。

目前,多数国家采用区时作为标准时,并与世界时 GMT 的差值保持整小时数,这为国际交流带来方便。少数国家(地区)不采用区时作为标准时,而是以本国首都或适中地点的经度的地方平时作为该国的标准时,这些国家的标准时与世界时的差值就不是整小时数了。

另外,有些国家规定本国的标准时在夏季提前 1 h 或 0.5 h,称为夏令时(summer time;daylight saving time),夏季过后又恢复原来的标准时。

世界各国具体执行什么时间基本上以法律的形式确定下来,所以又称其为法定时(legal time)。

综上所述,世界各国不是遵循单一的时间制度,仅凭某国所在的地理位置(或理论时区)还不足以说明它所采用的标准时。因此,在船舶开航之前,要查阅有关资料或询问目的港代理来确认目的港的标准时,作为拨钟的依据,否则,很可能造成不必要的损失。

关于世界各国标准时,可以查阅英版《无线电信号表》(Admiralty List of Radio Signals)第二卷中的法定时(legal time)部分或英版《航海天文历》标准时间表(Standard Times)。这些表中列出了各国标准时,如果该地执行夏令时,则给出夏令时和执行夏令时的起讫时间。

一般来讲,船舶在大洋中航行,船钟指示所在时区的区时。当船舶航行在世界各国水域时,船钟是指示该地区的区时还是指示该国的标准时,由船长根据具体情况来做决定。

六、求测天世界时

天体位置随时间在不断地变化,要确定观测时天体的准确位置,首先要求出观测天体时的准确世界时,即测天世界时。

1.船上的计时器

船舶在海上航行有时需要知道不同的时间或时刻,如日常生活和工作需要知道 UTC 的时刻,同时要显示区时,而天文定位需要 UT1 的时刻,同时要显示世界时。过去均采用机械时钟,误差较大,这样就出现了精确到秒的高档机械天文钟(指示世界时,显示 UT1 时刻)和精确到分钟的普通机械时钟即船钟(指示区时)。然而,在现代航海中,机械时钟已被淘汰,取而代之的是石英钟或石英子母钟。航海上通常的做法是母钟即船钟(指示区时)利用协调世界时 UTC 的对时信号进行校对,可以设定一台子钟指示世界时,利用授时台播发的 UT1 对时信号测定该钟的钟差,并记入钟差记录簿,供修正观测时间之用。

另外,船上的 GPS 导航仪显示的时间为 UTC 时刻,经有效定位之后显示的时间均可以用于计时。如果用显示 UTC 时刻的时钟来观测天体计时,会产生一定的误差($\pm0''.9$),在航海实际工作中,该误差可以忽略不计。用来观测天体定位计时的钟称为天文钟(chronometer)。

(1)天文钟钟差(chronometer error,CE)

天文钟指示世界时 GMT 为 UT1 的时刻。钟面刻度为 $1^h \sim 12^h$。从天文钟上读取的时间称为天文钟时间(chronometer time,CT)。尽管天文钟走时准确,还是不可避免地会存在误差。世界时 GMT 与天文钟时间 CT 之差称为天文钟钟差,即

$$CE = GMT - CT \tag{6-3-19}$$

式中,CE 为"-",说明天文钟快;CE 为"+",说明天文钟慢。

(2)无线电对时

天文钟钟差 CE 是通过无线电对时测定的。无线电对时信号基本可以分成两种类型:一种是世界时 UT1 的对时信号,可直接用于测定钟差;另一种是协调世界时 UTC 的对时信号,

若利用它来测定钟差,还须对其进行 $DUT1$ 修正量的修正,即

$$UT1 = UTC + DUT1$$

为满足世界时 $UT1$ 用户的需要,一般授时台播发协调世界时 UTC 的对时信号的同时还播发修正量 $DUT1$,这样,利用上式就可求得 $UT1$。我们从电视或收音机中看到或听到的对时信号均是协调世界时 UTC 的对时信号。

世界各国均设有专门播发无线电对时信号的授时台,它们的位置、呼号、工作频率、播发时间、信号性质以及播发方式(式样)可以从英版《无线电信号表》第二卷中查得。首先应确认时间信号是 $UT1$ 还是 UTC,其次要了解播发方式,即播发无线电对时信号的式样。播发基本式样有平时式、科学式和新国际式。

船上无线电对时步骤如下:首先查阅资料,选择合适的授时台,提前几分钟打开收报机,驾驶员注意收听对时信号,同时注视天文钟秒针,一听到对时信号,立即记下天文钟的秒数,再记分数和小时数。为防止出错,多对几组对时信号,根据对时信号表示的世界时 $UT1$ 和记下天文钟时间,利用式(6-3-19)算出天文钟钟差 CE,并记入天文钟日差记录簿,如表 6-3-1 所示。

表 6-3-1　天文钟日差记录簿

×××× 年		对时时刻		钟差	日差	授时台	温度(℃)	备注
月	日	世界时	天文钟时					
4	1	$03^h00^m00^s$	$02^h59^m40^s$	$+20^s$		陕西	20	
4	2	$03^h00^m00^s$	$02^h59^m36^s$	$+24^s$	$+4^s$	陕西	19	
4	3	$03^h00^m00^s$	$02^h59^m32^s$	$+28^s$	$+4^s$	陕西	22	
⋮	⋮	⋮	⋮	⋮	⋮	⋮	⋮	⋮

2. 求测天世界时

已知测天时的钟差 CE,利用式(6-3-19)可求得世界时为:

$$GMT = CT + CE$$

由于天文钟不能随意搬动,测天时不能直接利用天文钟计时,需要借助秒表间接求得测天世界时。

船上通常采用的一种方法是:带着秒针归零的秒表去测天(使用航海六分仪,具体方法见第四节),当天体反射影像与水天线相切时,启动秒表,然后回到海图室看准天文钟按停秒表,记下停秒表时的天文钟时间 CT' 和秒表上的秒数,即秒表读数 WT,则

测天世界时 GMT = 停秒表时的天文钟时间 CT' − 秒表读数 WT + 钟差 CE

即

$$GMT = CT' - WT + CE \tag{6-3-20}$$

另一种方法是:先在海图室看准天文钟启动秒表,记下启动秒表时的天文钟时间 CT',然后去测天,当天体的反射影像与水天线相切时,停秒表,记下秒表读数 WT,则

测天世界时 GMT = 启动秒表时的天文钟时间 CT' + 秒表读数 WT + 钟差 CE

即

$$GMT = CT' + WT + CE \tag{6-3-21}$$

天文钟指示世界时,钟面刻度为 $1^h \sim 12^h$,在远离零时区的地方,如果从天文钟上读取的

时间是 1^h,则存在判断世界时是凌晨 1^h 还是下午 1^h 以及当时的日期的问题。为解决这些问题,在求测天世界时之前,先要利用式(6-3-16)求出近似世界时 GMT',即

$$GMT' = SMT(ZT') + ZD$$

根据近似世界时 GMT' 的整小时数和日期来判定测天世界时 GMT 的整小时数和日期。

例 6-3-10:2022 年 1 月 13 日,船时 $SMT0633(-8)$ 测天,停秒表天文钟时间 $CT'10^h31^m35^s$,秒表读数 $WT35^s$,天文钟钟差 $CE02^m30^s$(慢),求测天世界时 GMT。

解:

①求近似世界时 GMT':

SMT	0633	13/1
ZD	−8	
GMT'	2233	12/1

②求测天世界时 GMT:

CT'	10−31−35	
WT	− 35	
CE	+ 02−30	
GMT	22−33−30	12/1

例 6-3-11:2022 年 7 月 4 日,船时 $SMT0756(-8)$ 测天,推算船位 $\varphi_c35°00'.0N$,$\lambda_c123°01'.0E$,停秒表天文钟时间 $CT'00^h00^m38^s$,秒表读数 $WT01^m05^s$,天文钟钟差 $CE01^m15^s$(快),求测天世界时 GMT。

解:

①求近似世界时 GMT':

SMT	0756	4/7
ZD	−8	
GMT'	2356	3/7

②求测天世界时 GMT:

CT'	00−00−38	
WT	− 01−05	
CE	− 01−15	
GMT	23−58−18	3/7

天文计算要求字迹清晰,格式整齐,这样要求一是不易出错,二是方便检查,因此计算时应注意:

①列竖式计算,上下时、分、秒要对齐;

②船时 SMT 和近似世界时 GMT' 用 4 位数字表示;

③CT' 和 GMT 中的时(h)、分(m)、秒(s)可用"−"间隔开;

④测天世界时 GMT 的整小时数和日期应与近似世界时 GMT' 的一致(或相近)。

七、求天体位置

天体位置随时间不断地变化,根据测天世界时和天体名称可以利用《航海天文历》查算出天体位置(天体格林时角 GHA 和赤纬 Dec),即可得到天体地理位置,从而求得天文船位圆的圆心。

目前,利用软件求天体位置的方法已在航海上得到了应用,是今后发展的趋势。这里仅介绍纸质版《航海天文历》的应用。

《航海天文历》是天文航海的主要表册之一。它是根据天体视运动的规律编制的,其中列出了未来一年内航用天体的视位置以及与天文航海有关的数据。世界各主要航海国家出版的本国的《航海天文历》的主要内容大同小异。

《航海天文历》的版本较多,其中有代表性的是英国、美国联合出版的《航海天文历》(Nautical Almanac),该书列入英版航海出版物的编号为 NP314,一年出一版。

1.英版《航海天文历》的结构

(1)天体位置表:该表分左、右页两部分。

左页部分:列出 3 天的整小时世界时 GMT' 所对应的春分点格林时角 GHAγ,金星(VENUS)、火星(MARS)、木星(JUPITER)和土星(SATURN)的格林时角 GHA 和赤纬 Dec,以及 57 颗常用恒星(STARS)的专名(Name)和它们的共轭赤经 SHA 和赤纬 Dec,在 57 颗恒星的最后列出 4 颗行星的共轭赤经 SHA 和中天时间(Mer. Pass.)。

右页部分:列出 3 天的太阳(SUN)、月亮(MOON)的格林时角 GHA 和赤纬 Dec,以及日出(Sunrise)、日没(Sunset)、月出(Moonrise)、月没(Moonset)和晨光昏影(Twilight)时间。在右页的右下角还列出了时差(Eqn. of time),太阳上中天(Sun Mer. Pass.)和月亮上中天(Upper)、下中天(Lower)时间,以及月龄(Age)和以图形表示的月相(Phase)。

(2)时角、赤纬内插表(INCREMENTS AND CORRECTION):天体位置表只列出整小时世界时所对应的天体坐标值,所以在实际使用时还要利用时角、赤纬内插表进行内插计算。

(3)恒星视位置表(STARS):该表按月份列出 173 颗航用恒星每月月中的共轭赤经和赤纬,查表引数是星名和观测月份。为使用方便,将常用的 57 颗航用恒星列在天体位置表的左页。

(4)北极星高度求纬度表和北极星方位角表[POLARIS(POLE STAR) TABLES]。

(5)天体高度改正表(ALTITUDE CORRECTION TABLES):包括观测太阳下边沿或上边沿高度改正表、眼高差表、行星和恒星高度改正表等。

2.名词解释

在编制历书和附表时采用了下述几个数据:

(1)时角基本变量:天体每小时时角变量的近似值。不同的天体采用的数值不尽相同。

太阳和行星	15°00′.0
月亮	14°19′.0
春分点	15°02′.46

(2)时角超差 v:天体每小时的时角实际变量超过时角基本变量的数值。4 颗航用行星的时角超差各不相同,但每日(平太阳日)变化甚小,所以每 3 天各给出一值,列在版面的底

行。可用它来代替 3 天中任意 1 h 的时角超差。金星的时角超差有"±",其他 3 颗均为"+"。

因为太阳的时角基本变量取 15°,它与太阳每小时时角的实际变化量不超过 0′.3,编表处理后不超过 0′.15 则忽略不计,所以太阳没有时角超差。

因为月亮的时角超差日变化量显著,则按小时给出,列在整小时月亮格林时角的右侧。

每日(平太阳日)春分点时角变化是等速的,则其每小时时角变量与时角基本变量相同,即(360°+59′.14)/24=15°02′.46,所以没有时角超差。

(3)赤纬差数 d:天体每小时的赤纬变化量,有"±"。

太阳和行星的赤纬差数各不相同,但每日变化甚小,故每 3 天各给出一值,列在版面的底行。可用它来代替 3 天中任意 1 h 的赤纬差数。

月亮赤纬差数日变化量显著,故按小时给出,列在整小时月亮赤纬的右侧。

表中所列的赤纬差数 d 没有注明"±",使用者需自行判断。若赤纬随时间的增加而增加,则 d 为"+";若赤纬随时间的增加而减小,则 d 为"−"。

3.利用《航海天文历》求太阳和行星的地方时角 LHA 和赤纬 Dec

(1)求太阳和行星的地方时角 $LHA = GHA \pm \lambda_W^E$

按查《航海天文历》的步骤,求太阳和行星的地方时角 LHA 的计算式可写成:

$$LHA = \text{整小时世界时的格林时角 } GHA' + \text{分、秒世界时的格林时角 } \pm \lambda_W^E$$

$$= GHA' + \frac{\text{时角基本变量} + \text{时角超差 } v}{60'} \times \text{分、秒世界时 } \pm \lambda_W^E$$

$$= GHA' + \frac{\text{时角基本变量}}{60'} \times \text{分、秒世界时} + \frac{\text{时角超差 } v}{60'} \times \text{分、秒世界时 } \pm \lambda_W^E$$

$$= GHA' + m.s + v' \pm \lambda_W^E \tag{6-3-22}$$

式中:GHA'——整小时世界时的格林时角。

$m.s$——分、秒世界时的时角基本变量,取"+"。

v'——时角超差订正值,太阳时角超差取零,金星时角超差有"±";其他 3 颗航用行星的时角超差均为"+"。

λ_W^E——测者经度,东经取"+",西经取"−"。

(2)求太阳和行星的赤纬 Dec

按查《航海天文历》的步骤,求太阳和行星的赤纬 Dec 的计算式可写成:

$$Dec = \text{整小时世界时的赤纬 } Dec' + \frac{\text{赤纬差数 } d}{60'} \times \text{分、秒世界时}$$

$$= Dec' + d' \tag{6-3-23}$$

式中:Dec'——整小时世界时的赤纬;

d'——赤纬差数订正值,有"±",其符号与赤纬差数 d 的符号相同。

综上所述,查表计算步骤如下:

①在历书的天体位置表中,以观测日期和整小时世界时为引数,在相应天体的一栏中查得 GHA'、v、Dec'、d;

②在时角、赤纬内插表中,以分、秒世界时为引数,在相应天体的一栏中查得太阳、行星或月亮的 $m.s$;

③在上述同一页中,以 v 或 d 为引数,在 v 或 d 订正值一栏中查得订正值 v' 或 d'。

4.利用《航海天文历》求恒星的地方时角 *LHA* 和赤纬 *Dec*

（1）求恒星的地方时角 *LHA*

$$LHA = GHA\gamma + SHA \pm \lambda_W^E$$

按查表步骤，求恒星地方时角的计算式可写成：

$$LHA = GHA\gamma' + SHA + m.s \pm \lambda_W^E \tag{6-3-24}$$

式中：$GHA\gamma'$——整小时世界时的春分点格林时角；

SHA——天体共轭赤经；

$m.s$——分、秒世界时的春分点时角基本变量；

λ_W^E——测者的推算或选择经度，东经取"+"，西经取"-"。

（2）求恒星的赤纬 *Dec* 和共轭赤经 *SHA*

直接在历书的恒星视位置表中，以专名为引数查得恒星的共轭赤经 *SHA* 和赤纬 *Dec*。

综上所述，查表计算步骤如下：

①在历书的天体位置表中，以观测日期和整小时世界时为引数，春分点一栏中查得 $GHA\gamma'$；

②在历书的恒星视位置表中，以专名为引数查得恒星的共轭赤经 *SHA* 和赤纬 *Dec*；

③在时角、赤纬内插表中，以分、秒世界时为引数在 ARIES 一栏中查得春分点的 *m.s*。

为确保查表计算正确、清晰，应列竖式计算，上下对齐。

例 6-3-12：2022 年 10 月 19 日，船时 *SMT*0949，推算船位 $\varphi_c23°12'.0S$，$\lambda_c157°01'.0E$，观测太阳，停秒表天文钟时间 $CT'11^h45^m44^s$，秒表读数 $WT33^s$，钟差 $CE22^s$（快），求太阳的半圆地方时角 $LHA^\odot$ 和赤纬 $Dec^\odot$。

解：

①求测天世界时 *GMT*

ZT	0949	19/10
ZD	− 10	
GMT'	2349	18/10

CT'	11−45−44	
WT	− 33	
CE	− 22	
GMT	23−44−49	18/10

②利用英版《航海天文历》求太阳半圆地方时角 $LHA^\odot$ 和赤纬 $Dec^\odot$

GHA'	168−46.8	*Dec'* 10−14.1S	*d*+0.9
m.s	11−12.3	*d'* + 0.7	
GHA$^\odot$	179−59.1	*Dec*$^\odot$ 10−14.8S	

$$\lambda_c^E \qquad 157-01.0$$

$LHA^{\odot}$ 337−00.1 = 22−59.9 E

求行星的地方时角和赤纬查表计算与太阳相同。

例 6-3-13：2022 年 10 月 18 日，船时 SMT1850，推算船位 φ_c35°15′.0N，λ_c122°20′.5E，观测天鹰座 α 星（河鼓二，Altair），停秒表天文钟时间 CT' $10^h43^m30^s$，秒表读数 WT30^s，钟差 CE+25^s，求天鹰座 α 星的半圆地方时角 LHA 和赤纬 Dec。

解：

ZT	1850	18/10
ZD	−8	
GMT'	1050	18/10

CT'	10−43−30	
WT	− 30	
CE	+ 25	
GMT	10−43−25	18/10

$GHA\Upsilon'$	176−52.5		
$m.s$	10−53.0		
SHA	62−01.8	Dec	8−55.8N
GHA	249−47.3		
λ_c^E	122−20.5		
LHA	372−07.8 = 12−07.8 W		

第四节　求天体真高度

利用天体测定船位，必须得到天文船位圆的半径，也就是天体的真顶距，航海上通过测量天体高度来得到这项船位圆要素。六分仪就是用来观测天体高度的测角仪器。掌握观测天体高度的方法和改正观测高度求真高度就是本节要解决的问题。

一、航海六分仪（marine sextant）

六分仪是从古代测角仪器不断发展而来的，是航海天文定位的观测仪器，具有测量精度高、操作方便、结构简单、完全独立、重量轻等优点。

1.六分仪的结构、测角原理和测角读数

(1)六分仪的结构

六分仪的结构和构件名称如图6-4-1所示。

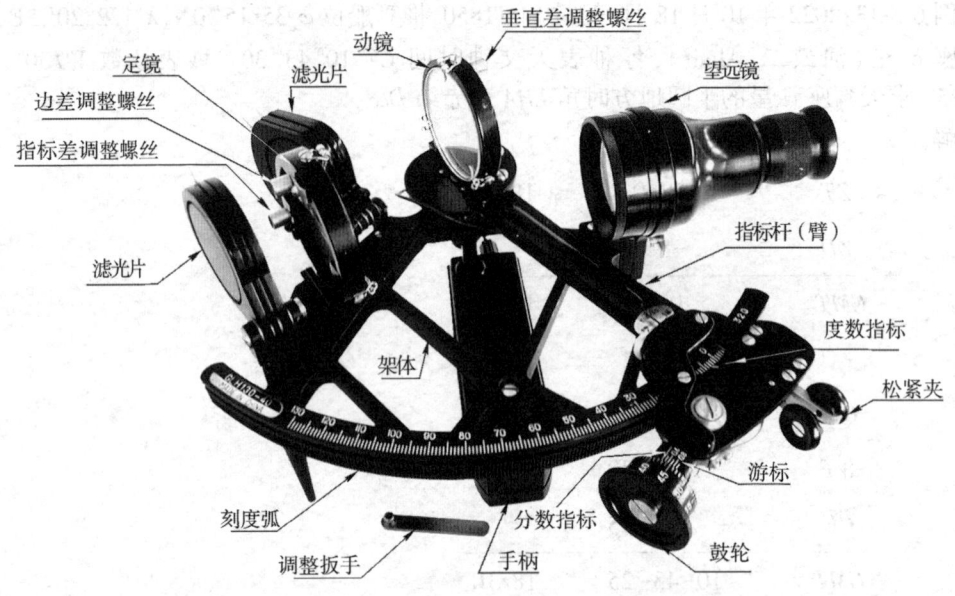

图 6-4-1　六分仪

(2)六分仪的测角原理

根据平面镜反射定理,光线的入射角等于反射角,使用六分仪测角时,光线连续经过两个平面镜反射,入射方向与最后反射出方向的夹角等于两镜夹角的2倍(如图6-4-2所示):

$$\angle 1 = \angle 2, \angle 3 = \angle 4, \angle HBA = \angle 3 + \angle 4 = 2\angle 3, \angle OAB = 2\angle 2$$

由三角形外角等于不相邻的两个内角之和,在△ABO中:

$$h = \angle HBA - \angle OAB = 2\angle 3 - 2\angle 2 = 2(\angle 3 - \angle 2) = 2\omega\ (\angle 3 \text{ 为 } \triangle ABD \text{ 的外角})$$

由此可知,在海上从六分仪望远镜中看到天体 S 反射影像与水天线 H 相切时,天体高度 h 等于定镜(horizon mirror)和动镜(index mirror)夹角 ω 的2倍。制造六分仪时,按动镜 A 实际转动角度的2倍在六分仪刻度弧上刻注度数,因此从刻度弧上可直接读出天体高度 h 的角度值。

(3)六分仪测角读数的读取法

在六分仪的刻度弧上,从0°向左到130°的一段弧长叫主弧(on arc),读数为正(+);从0°向右到5°的一小段弧长叫余弧(off arc),读数为负(-)。六分仪测角读数可由刻度弧、鼓轮和游标三部分读数相加得出。

①主弧测角读数

如图6-4-3所示,六分仪测角读数为:

从刻度弧读取51°,从鼓轮读取21′,从游标读取分的小数为0′.6,则读数为51°21′.6。

②余弧仪测角读数

余弧读数与主弧读数大体相同,由于机械构造上的原因,鼓轮倒转时 60′、50′、40′、30′……由大向小反向变化,指标臂向右移动。因此,鼓轮倒转一周,指标臂向右移1°,应用

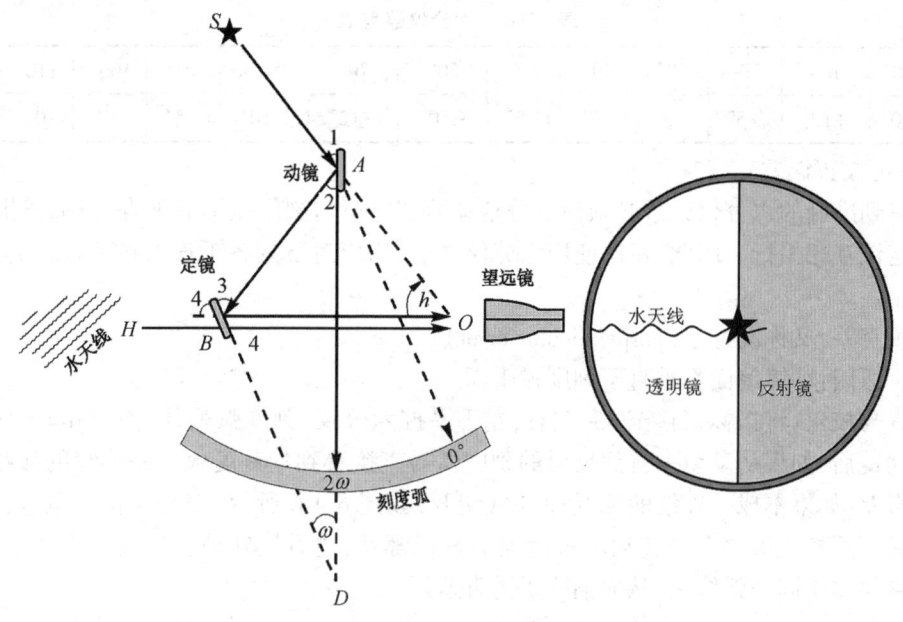

图 6-4-2　六分仪测角原理

60′减去从鼓轮和游标上读取的分和分的小数,才为正确读数,如图 6-4-4 所示,从鼓轮和游标读取的分数是 45′.8,则正确读数为 $-(60′-45′.8)=-14′.2$。

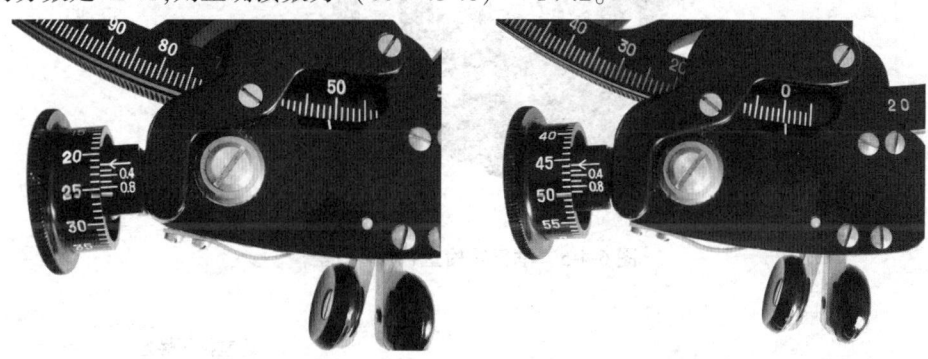

图 6-4-3　主弧测角读数　　　　　　　　图 6-4-4　余弧测角读数

2.航海六分仪的检查和校正

六分仪的测角误差主要有 6 个,其中 3 个为永久性误差,其余为可校正误差。

(1)永久性误差

永久性误差是由于制造工艺的缺陷而引起的系统误差。

①偏心差(centering error):指标臂的转轴中心与刻度弧的中心不重合所引起的误差。

②棱性差(option error):动镜、定镜及滤光片前后镜表面互相不平行,各镜表面不平而引起的偏差。

③刻度差(worm and rack error):刻度弧、鼓轮和游标的刻度不准所致。

这三项系统误差统称为六分仪器差 s(如表 6-4-1 所示),出厂前已测定好,可以从六分仪箱盖内的六分仪鉴定书中,以测角为引数查取,供观测高度后修正之用。

表 6-4-1　六分仪器差表

测角	0°	10°	20°	30°	40°	50°	60°	70°	80°	90°	100°	110°	120°
器差	0″	+10″	+5″	−3″	−3″	−5″	−10″	−12″	−10″	−5″	−5″	0″	+10″

（2）可校正误差

要得到准确的六分仪读数必须使六分仪动镜和定镜与刻度弧平面垂直，指标臂指 0°时，动镜和定镜互相平行。因此，每次使用六分仪之前，均应对下列各项误差按所述内容和步骤进行校正。

①垂直差，又称动镜差（perpendicular error）

产生原因：动镜镜面不垂直于刻度弧平面。

检查与校正：将指标臂移至 35°左右，左手平握六分仪，刻度弧朝外，如图 6-4-5 所示，眼睛置于动镜后，如果从动镜中看到反射的刻度弧与直接看到的刻度弧成一连续的弧线，表示没有垂直差；如果不成一连续的弧线而高低错开，如图 6-4-6 所示，表明存在动镜差，需要校正。此时可用校正扳手慢慢转动动镜后面的校正螺丝，边看边转动直到反刻度弧与直接看到的刻度弧位于同一弧线上，从而消除了垂直差。

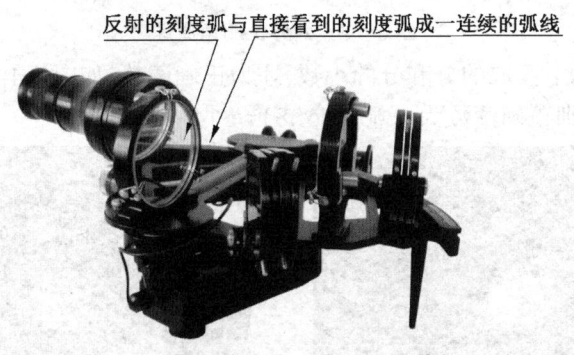

图 6-4-5　垂直差检查（无垂直差）

图 6-4-6　垂直差检查（有垂直差）

②边差,又称定镜差(side error)

产生原因:定镜镜面不垂直于刻度弧平面。

检查与校正:加适当滤光片,将指标臂放在0°,六分仪保持垂直对准太阳(或星体),慢慢地正、反转动鼓轮,仔细观察太阳(或星体)和其反射影像是否有左右分开的现象。如有如图6-4-7(a)所示的现象存在,说明存在边差,可用校正扳手调整定镜后远离架体的校正螺丝,使直接影像和反射影像左右不分开,直至如图6-4-7(b)所示完全重合为止。

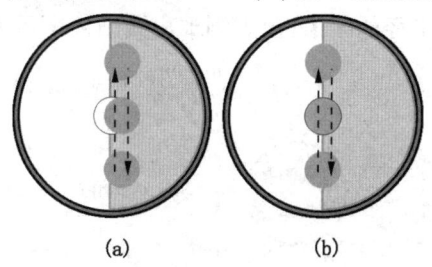

(a)　　　　　(b)

图6-4-7　边差检查与校正

③指标差(index error,i)

定义:刻度弧上的0°与动、定两镜平行时的六分仪读数 m 之差称为指标差 i。指标差 i 与读数 m 的符号相反,即

$$i = 0° - m \tag{6-4-1}$$

产生原因:当动镜和定镜平行时,指标臂不指向0°。

检查与校正:

a.利用水天线测定指标差

将指标臂放在0°,去掉滤光片,调好焦距。对准水天线方向转动鼓轮,如图6-4-8(a)所示,使直射和反射水天线一高一低现象严密相接成一直线,如图6-4-8(b)所示,此时六分仪读数为 m,则

$$i = 0° - m$$

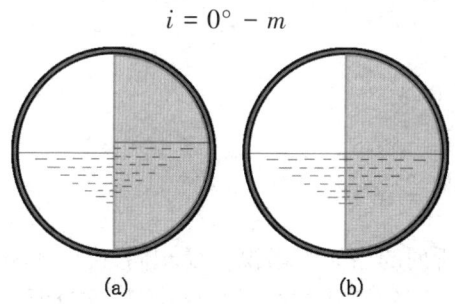

(a)　　　　　(b)

图6-4-8　利用水天线测定指标差

b.利用星体测定指标差

观测星体高度时,可利用星体测定指标差。所选用的星体不宜太亮,这样能重合得准。为了便于观测,星体高度也不宜过高。测定方法与上述测水天线的方法基本相同。

c.利用太阳测定指标差

因为测太阳影像较大,重合不易,所以一般采用实像、反射影像上下相切的方法。将指标臂放在0°,选好滤光片对准太阳,转动鼓轮,上切一次,其读数为 m_1,再下切一次,其读数为 m_2,两次相切读数的平均值等于两像重合的读数 m,即

$$m = \frac{m_1 + m_2}{2}$$

因此,指标差 i 为:

$$i = 0° - \frac{m_1 + m_2}{2} \tag{6-4-2}$$

用太阳测定指标差的优点是可以检验观测的质量。如图 6-4-9 所示,下切读数 m_2 与上切读数 m_1 之差等于太阳视半径的 4 倍,由观测求出太阳视半径为:

$$R^\odot = \frac{m_2 - m_1}{4} \tag{6-4-3}$$

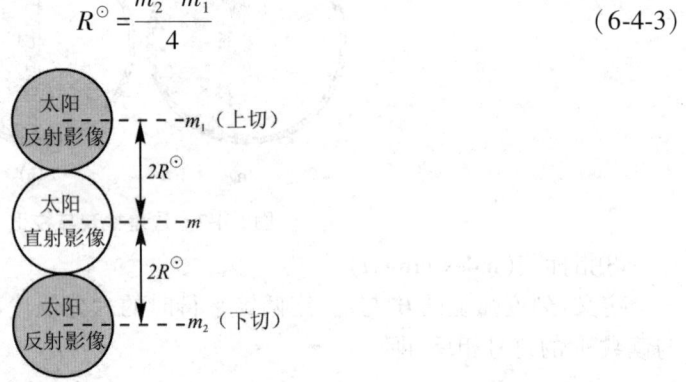

图 6-4-9 观测太阳测定其视半径的原理图

这样,可以用测定的太阳视半径 $R^\odot$ 与《航海天文历》中列出的当天太阳视半径比较,如果两者一致,说明观测可靠,所测指标差也是可靠的;如果两者相差超过 $0'.2$,说明观测不可靠,故应重新测定指标差。

例 6-4-1:2022 年 3 月 21 日,用太阳测指标差,测得上切读数 $m_1 = -34'.0$,下切读数 $m_2 = 30'.5$;由《航海天文历》查得当天的太阳视半径为 $16'.1$,求指标差 i,并检查指标差的观测质量。

解:

$$i = 0° - \frac{(-34'.0) + 30'.5}{2} = 1'.8$$

$$R^\odot = \frac{30'.5 - (-34'.0)}{4} = 16'.1$$

结果与《航海天文历》所列的当天太阳视半径相同,说明所测得的指标差可靠。当指标差 i 超过 $6'$ 时,就应缩小它,方法是:将指标臂置于 $0°$ 处,通过调整定镜后面接近架体的校正螺丝(如图 6-4-6 所示),使星体或水天线的直接影像和反射影像重合。调整指标差后,定镜的垂直性被破坏,因此,还得重新校正定镜的边差,再测定指标差,重复上述校正方法直至指标差的绝对值小于 $6'$ 为止。一般情况下,只要校正一次即可满足要求。

(3)六分仪视差 y (parallax of sextant)

对于一个无穷远的物标,光线是平行到达六分仪的动、定两镜的。当物像和反射影像重合时,动镜和定镜必然平行。如果没有指标差,不但两镜平行,指标刻度也必然指向 $0°$。如果所测物标较近,在 1 n mile 以内,由于光线不是平行到达六分仪的两镜的,其间存在一个夹角,称为六分仪视差 y。当物标无穷远时,视差为零;物标越近,视差越大。一般观测天体或水天线,不存在六分仪视差,只有被测物标与测者的距离小于 1 n mile 时,才考虑六分仪的视差,此时应该用所测物标来测定指标差,这样测得的指标差中已包含了视差,但是,这种用近物标测定的指标差,不能作为观测天体时六分仪的指标差。

3.使用航海六分仪测天的方法

(1)注意事项

①左手拿住六分仪的架体将六分仪从仪器盒中取出,然后右手握住手柄。注意不要随意拿取六分仪的其他部位。

②使用滤光片时,应按次序一片片地转动,不允许抓住整个滤光片组一起转动。转动指标臂时,务必用左手指捏紧松紧夹,不允许转动指标臂时放松松紧夹,以防蜗杆螺钉与刻度弧齿槽打磨受损,产生误差。

③使用望远镜之前应先调好焦距,使影像清晰。进行观测时应两脚与肩等宽平行自然而立,不允许倚靠物体。

④观测太阳应加适当滤光片,以防伤害眼睛。当指标臂放在 0°,观测太阳可见直射和反射两个影像。

如果只见到一个太阳,原因可能是:

动镜或定镜前的滤光片加得太多,使反射或直射太阳影像被挡住。

动镜或定镜的镜面倾斜过大,造成反射太阳影像严重偏离,不能进入望远镜,此时应先检查、校正六分仪。

如果看到两个以上的太阳,原因可能是:滤光片间彼此不相平行;滤光镜位置移动或镜片质量有问题。

⑤检查、校正六分仪动镜和定镜,测定指标差。

⑥在船上选择避风、避震、避烟、视野开阔的位置观测,一般在驾驶台两侧或罗经甲板。测天要迅速而准确。水大线不清时,观测位置低些好。风浪大时,水天线相呈锯齿形,观测位置高些好。

⑦应注意识别真假水天线,当太阳下方有云层、海上有薄雾或临近两种不同颜色海水交汇的海面时,在天边往往呈现一条或几条阴影和水天线相混淆。这时,可用双筒望远镜识别,所看到的最高、最远的一条是真水天线。

⑧保管和使用六分仪,应注意防潮、防震、防曝晒、防碰撞等。

(2)太阳高度观测方法

我们所要观测的天体高度应是天体中心与视地平(水天线)在该天体垂直圈上所夹的一段弧距。要测量这一段弧距,可见视地平(水天线)在望远镜视野中央的一点应该在垂直圈上,六分仪的刻度弧平面也应在水天线的铅垂线上。如果上述两点没有完全满足,则所测高度将有误差。

由于太阳中心的位置很难确定,在航海实践中,一般采用使太阳下边沿或上边沿和水天线相切的方法。具体观测操作要领如下:

将指标臂放在 0°,加好滤光片,对准太阳保持垂直,左手捏紧指标杆的弹簧松紧夹,右手向下转动六分仪架体,转动期间保持太阳在视野中,接近水天线时,去掉定镜前滤光片或换淡色滤光片,以免看不见水天线。轻轻摆动六分仪,可见太阳影像移动的弧线,同时要稍微改变面对方向使望远镜中心对准圆弧最低点,如图 6-4-10 所示;然后,左手转动鼓轮,上午应将太阳下边沿与水天线重叠少许,下午则将太阳下边沿拉到水天线上方少许;最后,等待相切。观测过程可概括为:大摆找切线,小摆找切点,微摆等相切。中天时,由于太阳方位变化很快,需要直接测出太阳高度。当太阳下边沿与水天线相切时,即可得到观测瞬间太阳下边沿六分仪高度读数 h_s,并应记下相切时的准确世界时。

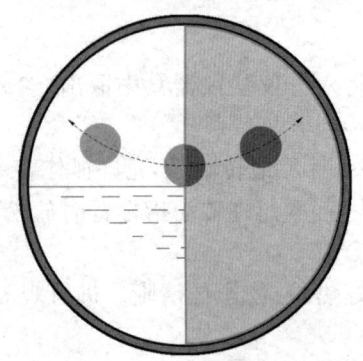

图 6-4-10　利用六分仪观测太阳下边沿高度视景图

（3）星体高度观测方法

观测程序与观测太阳基本相同。测星一般是在晨光昏影时进行,这时主要航用亮星已出现,水线清楚,容易观测。观测星体时,不必加滤光片,但要使星体中心亮点和水天线相切。还可预先利用计算机、表册和索星卡预算出星体的大致高度和方位,将六分仪指标臂调整到星体大致高度上,对准星体方位,在水天线附近仔细寻找,发现亮星后,观测其高度。也可反握六分仪,刻度弧向上,将水天线引向星体,然后将六分仪正握测其高度,同样准确无误。

二、求天体真高度

根据天文航海定位原理,所需天体高度为天体中心的地心高度,在海上用六分仪观测天体的高度是在可见地平上的高度,即得到六分仪高度读数 h_s,经指标差 i 和器差 s 修正后为天体观测高度 $h_o = h_s + (i+s)$,再经过一系列改正,才能得到天体地心真高度 h_t。

1.影响观测高度的因素

（1）蒙气差（refraction, ρ）

光线在传播中,通过密度不同的介质交界面时,将发生折射现象。如图 6-4-11 所示,来自天体 B 的光线穿过逐渐稠密的大气层时,向下折成一弧线,射向测者眼睛,使 A 点测者所见天体的方向,并不是它的真方向 AB,而是曲线末端的切线 AB' 的视方向。因此,天体视方向与天体真方向的夹角 $\angle B'AB$ 称为蒙气差或折光差。蒙气差使天体比它实际高度抬高了一个角度,即地面观测高度 h' 大于地面真高度 h_t',在求地面真高度时应从地面观测高度中减去蒙气差,即 $h_t' = h' - \rho$,故蒙气差订正值恒为"$-$"。

为了便于计算蒙气差,一般采用大气平均状态（气温 $+10\ ℃$,气压 $1.01 \times 10^5\ \text{Pa}$）的蒙气差 ρ_0,其经验公式为:

$$\rho_0 = 1.002 \cot\left(h' + \frac{7.31}{h' + 4.4}\right) \tag{6-4-4}$$

由式（6-4-4）可知:天体越高,蒙气差越小,同时用平均蒙气差 ρ_0 代替实际蒙气差的误差也小;天体越低,蒙气差越大,同时用平均蒙气差 ρ_0 代替实际蒙气差的误差也大。

为了使由式(6-4-4)求得的平均蒙气差 ρ_0 代替实际蒙气差不产生较大误差,通常要避免观测高度小于 15° 的天体,最好观测高度大于 30° 的天体。

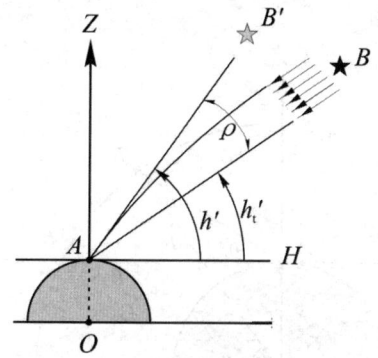

图 6-4-11　天体蒙气差示意图

(2)眼高差(dip, d)

如图 6-4-12 所示,测者位于 c 处,直线 cO 为测者铅垂线,测者的眼睛在 A 点观测天体 B 的高度,$cA=e$ 为测者眼高,AH 为测者地面真地平。AS 是在没有大气折射作用下测者所见地平的距离,由于地面蒙气差的作用,测者所见到的水天线在比 S 更远的 F 处,测者沿曲线 AF 末端的切线 AM 的方向看到水天线(视地平),直线 AM 即是水天线的视方向。水天线的视方向与测者地面真地平的夹角称为眼高差 d(又称海地平俯角),可见,眼高差 d 的存在使观测高度增加了。因此,在求地面真高度 h_t' 时应从观测高度 h_o 中减去眼高差 d,故眼高差订正值恒为"−"。眼高差计算公式为:

$$d = 1'.758\sqrt{e(\text{m})} \tag{6-4-5}$$

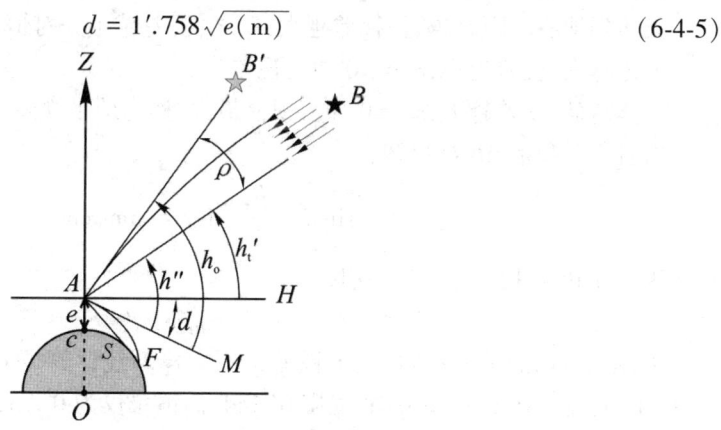

图 6-4-12　测者眼高差示意图

因为式(6-4-5)是根据在平均大气状态下的平均地面折射率得出的,所以用它来代替实际观测时的眼高差将会产生一定的误差,特别是气温与水温温差较大时,会产生不可忽视的误差,该误差属未定系统误差。因此,实际眼高差与表列眼高差[由式(6-4-5)求得]不一致是引起天文船位线和天文船位系统误差的主要原因之一。

(3)视差(parallax, p)

天体的高度必须要归算到地心真高度,这样才能满足航海天文定位原理中对天体高度的要求。因此,观测到的天体地面真高度 h_t' 还必须改正为地心真高度。

天体视差主要是由天体离地球较近、光线到达地球表面的测者和地心光路不平行所致。

如图 6-4-13 所示,O 为地心,R_E 为地球半径,OH' 为地心真地平,AH 为地面真地平,D 为天体到地心的距离,则天体地面真高度 $\angle BAH$ 与地心真高度 $\angle BOH'$ 之差 p 称为视差。它也是地球半径 R_E 在天体中心处的张角。

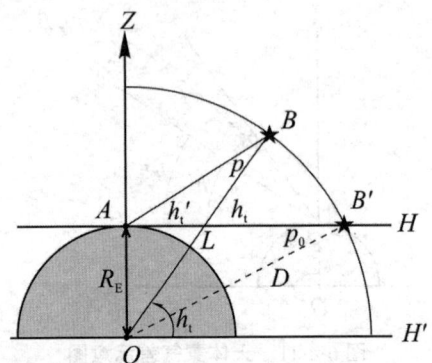

图 6-4-13　天体视差示意图

因为 $AH /\!/ OH'$,$h_t = \angle BOH' = \angle BLH$,又因为 h_t 为 $\triangle ABL$ 的外角,所以

$$h_t = h_t' + p$$

地面真高度 h_t' 加上视差 p 得地心真高度 h_t,所以视差订正值恒为"+"。

$\triangle AOB$ 中,根据正弦定理:

$$\frac{R_E}{\sin p} = \frac{D}{\sin(90^\circ + h_t')},\sin p = \frac{R_E}{D}\cos h_t' \tag{6-4-6}$$

式中,R_E 为常数,则视差大小取决于天体高度和天体到地心的距离。

天体到地心的距离越近,视差越大;反之,视差越小。对恒星来讲 $D \approx \infty$,$p = 0^\circ$。

天体越高,视差越小,$h_t' = 90^\circ$ 时,视差为 0。

天体越低,视差越大,$h_t' = 0^\circ$ 时,视差最大,称为地平视差 p_0。

由直角三角形 $AB'O$ 可知:

$$\sin p_0 = \frac{R_E}{D},\sin p = \sin p_0 \cos h_t'$$

因为 p 和 p_0 均为小角度,所以

$$p \approx p_0 \cos h_t' \tag{6-4-7}$$

天体到地球的距离不同,地平视差也不一样。经计算,不同天体的最大地平视差值为:月亮 $61'.5$、金星 $0'.6$、火星 $0'.4$、太阳 $0'.144$,而恒星仅为 $0''.75$,完全可以忽略不计。因此,在航海上只需对太阳、金星、火星和月亮进行高度视差改正。

(4)半径差(semi-diameter,SD)

因为《航海天文历》所列的天体坐标都是天体中心位置的坐标,所以天体的真高度也应是天体中心的真高度。但在观测太阳或月亮时,一般观测它的下边沿或上边沿高度。天体中心高度与所测下边沿或上边沿高度之差称为半径差 SD,所以半径差的订正值有"±",如图 6-4-14 所示。其关系式为:

中心高度 $h^\odot$ = 上边高度 $h^\odot$ − 半径差 SD = 下边高度 $h^\odot$ + 半径差 SD

天体的视半径是随天体和地球之间的距离变化而变化的,如当地球距太阳最近时,SD 最大为 $16'.3$(12—次年 1 月);当地球距太阳最远时,SD 最小为 $15'.8$(6—7 月)。英版《航海天

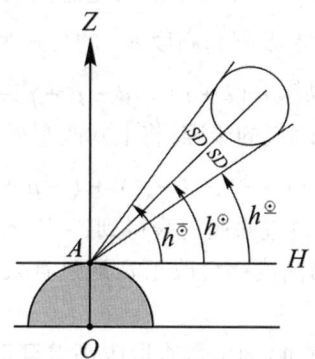

图 6-4-14 天体半径差示意图

文历》中天体位置表的太阳栏内,列有三天一值的太阳视半径,可根据日期查取。

三、天体观测高度的改正

1.天体高度逐项改正

在水天线上测得天体六分仪高度 h_s,经指标差 i 和器差 s 改正得出天体观测高度 h_o 后,还需经过眼高差 d、蒙气差 ρ、视差 p 和半径差 SD 的改正,最终得出天体地心真高度。以太阳为例,如图 6-4-15 所示,S 为天体实际位置,S' 为受蒙气差影响的天体视位置,求取真高度的公式可写成:

$$h_t = h_s + (i + s) - d - \rho + p \pm SD \tag{6-4-8}$$

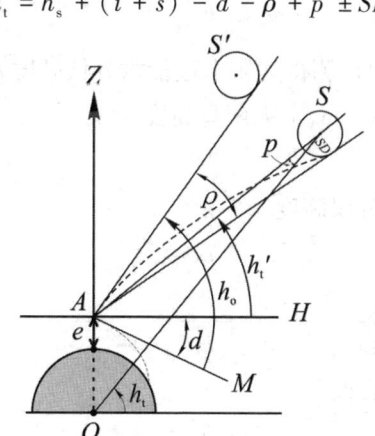

图 6-4-15 观测太阳高度改正示意图

2.求太阳真高度

(1)观测太阳下边沿高度 $h_s^{\circleddash}$ 求太阳真高度 $h_t^{\circleddash}$ 的公式为:

$$h_t^{\circleddash} = h_s^{\circleddash} + (i + s) - d - \rho + p + SD \tag{6-4-9}$$

按照英版《航海天文历》高度改正的步骤,将上式改写成:

$$h_t^{\circleddash} = h_s^{\circleddash} + (i + s) + (-d) + (-\rho + p + SD)$$

式中:$(-d)$——眼高差订正值,通过查眼高差表得到;

$(-\rho+p+SD)$——太阳下边沿高度综合改正 c，通过查太阳综合改正表得到。

（2）观测太阳上边沿高度 $h_s^{\overline{\odot}}$ 求太阳真高度 $h_t^{\odot}$ 的公式为：

$$h_t^{\odot} = h_s^{\overline{\odot}} + (i+s) - d - \rho + p - SD \tag{6-4-10}$$

按照英版《航海天文历》高度改正的步骤，将上式改写成：

$$h_t^{\odot} = h_s^{\overline{\odot}} + (i+s) + (-d) + (-\rho+p-SD)$$

式中：$(-d)$——眼高差订正值，通过查眼高差表得到；

$(-\rho+p-SD)$——太阳上边沿高度综合改正 c，通过查太阳综合改正表得到。

查表方法如下：

眼高差表：以测者眼高 e(m 或 ft) 为引数查取眼高差订正值。

太阳综合改正表：包括平均蒙气差、太阳视差和平均太阳半径差，以修正了眼高差的天体视高度 h' 为引数查取相应的综合改正 c。

例 6-4-2：2022 年 4 月 26 日，测得太阳下边沿六分仪高度 $h_s^{\odot}$ 为 32°05′.4，指标差和器差 $(i+s)$ 为 $-1′.2$，测者眼高 e 为 8 m，求太阳真高度 $h_t^{\odot}$。

解：

太阳下边沿六分仪高度	$h_s^{\odot}$	32°05′.4
指标差和器差	$i+s$	$-1′.2$
眼高差	d	$-5′.0$
太阳下边沿视高度	h'	31°59′.2
太阳下边沿综合改正	c	$+14′.5$
太阳真高度	$h_t^{\odot}$	32°13′.7

例 6-4-3：2022 年 12 月 28 日，测得太阳上边沿六分仪高度 $h_s^{\overline{\odot}}$ 为 42°16′.5，指标差和器差 $(i+s)$ 为 $+1′.2$，测者眼高 e 为 18.8 m，求太阳真高度 $h_t^{\odot}$。

解：

太阳上边沿六分仪高度	$h_s^{\overline{\odot}}$	42°16′.5
指标差和器差	$i+s$	$+1′.2$
眼高差	d	$-7′.6$
太阳上边沿视高度	h'	42°10′.1
太阳上边沿综合改正	c	$-17′.1$
太阳真高度	$h_t^{\odot}$	41°53′.0

3. 求星体真高度

恒星、木星、土星离地球很远，测量时以其中心与水天线相切，所以观测高度改正可以忽略视差 p 和半径差 SD。金星和火星离地球较近，其视差不可忽略。

（1）求恒星、木星和土星真高度的计算公式：

$$h_t^{*} = h_s^{*} + (i+s) - d - \rho \tag{6-4-11}$$

按照英版《航海天文历》中高度改正的步骤，将上式改写成：

$$h_t^{*} = h_s^{*} + (i+s) + (-d) + (-\rho)$$

式中:$(-d)$——眼高差订正值,通过查眼高差表得到;

$(-\rho)$——恒星的蒙气差订正值,通过查蒙气差表得到。

(2)求金星和火星真高度的计算公式:

$$h_t^* = h_s^* + (i+s) - d - \rho + p \tag{6-4-12}$$

按照英版《航海天文历》中高度改正的步骤,将上式改写成:

$$h_t^* = h_s^* + (i+s) + (-d) + (-\rho) + p$$

式中:$(-d)$——眼高差订正值,通过查眼高差表得到;

$(-\rho)$——恒星的蒙气差订正值,通过查蒙气差表得到;

p——视差订正值,通过查行星附加改正表得到。

查表方法如下:

眼高差表:以测者眼高 e(m 或 ft)为引数查取眼高差订正值。

蒙气差表:以修正了眼高差的天体视高度 h'(apparent altitude)为引数查取蒙气差订正值。

行星附加改正表:以行星名称和观测日期为引数查取视差订正值。

例 6-4-4:2022 年 7 月 6 日,测得织女一六分仪高度 h_s^* 为 $17°26'.4$,指标差和器差$(i+s)$为 $-1'.8$,测者眼高 e 为 21 m,求织女一真高度 h_t^*。

解:

六分仪高度	h_s^*	$17°26'.4$
指标差和器差	$i+s$	$-1'.8$
眼高差	d	$-8'.1$
恒星观测视高度	h'	$17°16'.5$
蒙气差	ρ	$-3'.1$
恒星真高度	h_t^*	$17°13'.4$

4 求天体真顶距

利用上述方法求取天体真高度 h_t 后,就可以求出天体真顶距 $Z_t = 90° - h_t$,即天文船位圆的半径。

第五节 天文船位线

从理论上讲,在已知天文船位圆的圆心和半径的前提下,就可以在地球仪或海图上直接画天文船位圆,用图解的方法求得天文观测船位,如图 6-5-1 所示。但是,在实际操作中是行不通的,究其原因:

一是,如果在地球仪上直接画天文船位圆,根据海上定位精度的要求,在地球仪的表面上用肉眼能分辨的 1 mm 的长度至少应为实际长度的 1 n mile,这样,地球仪的直径 D 需要约 6.9 m。这样大的地球仪既不可能在船上配备,也不可能在其上直接画天文船位圆。

二是,通常天文船位圆的半径很大,如天体的真高度为 30°,则天文船位圆的半径为 60° = 3600 n mile,航用海图根本容不下,如果使用小比例尺海图,除精度不能满足要求外,天文船位圆在墨卡托海图上的投影已是一条复杂的"周变曲线"(非圆形)了。周变曲线用一般的作图方法根本无法实现。

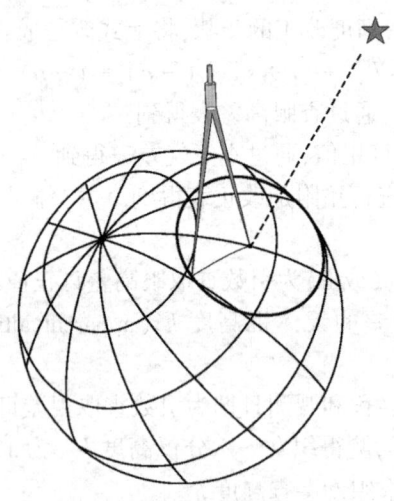

图 6-5-1   天文船位圆示意图

一、高度差法(又称截距法)

1875 年,法国航海家圣・希勒尔(St・Hilaire)提出的高度差法(altitude difference method)解决了天文船位圆作图的问题,即利用高度差法将画天文船位圆的问题转化为画天文船位线的问题。

1.高度差法原理

图 6-5-2 为高度差法原理示意图。图中的 c 为计算点,可以是推算船位,也可以是选择船位。假如 c 点是推算船位 (φ_c, λ_c),测得天体 B 的高度(经高度改正后可以求得其真高度 h_t),同时记下观测时间,从《航海天文历》中查得天体 B 的格林时角 GHA 和赤纬 Dec,从而得到天体 B 的地理位置 b;以 b 为圆心,$\overset{\frown}{bk} = 90° - h_t$ 为半径,在地球球面上可作一小圆,即天文船位圆。如前所述,天文船位圆的半径通常很大,而且船位一定在推算船位 c 附近的一小段天文船位圆曲线 I-I 上,所以没有必要把天文船位圆全部画出来,只要画出船位圆曲线 I-I 即可。然而,船位圆曲线 I-I 的曲率很小,可以用过 k 点(截点)的切线 II-II 来代替(图 6-5-2 是夸张示意图,实际中 $\overset{\frown}{kc}$ 与船位圆半径 $\overset{\frown}{bk}$ 相比甚小),切线 II-II 即天文船位线,该线在墨卡托海图上用恒向线直线来代替,这样,画天文船位圆的问题就转化为画天文船位线的问题了。求天文船位线的原理如下:

在图 6-5-2 中,Z 为计算点 $c(\varphi_c, \lambda_c)$ 的天顶,以 Z、B、P_N 为顶点,在天球上可得到天文三角形。在该三角形中,已知余纬 $\overset{\frown}{ZP_N} = 90° - \varphi_c$,极距 $\overset{\frown}{BP_N} = 90° - Dec$,地方时角 $LHA = GHA \pm \lambda_c{}^E_W$($GHA$ 和 Dec 可以根据观测时间从《航海天文历》中查得)。利用解天文三角形的基本公式可以求出计算高度 h_c 和计算方位 A_c:

$$\sin h_c = \sin\varphi_c \sin Dec + \cos\varphi_c \cos Dec \cos LHA \tag{6-5-1}$$

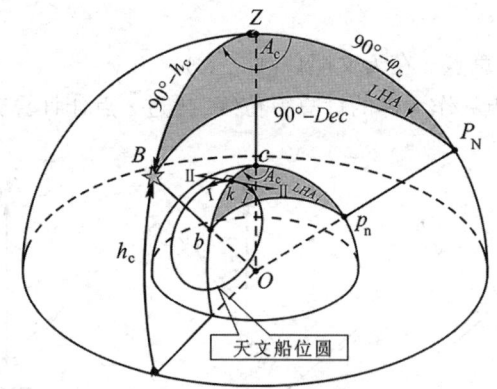

图 6-5-2　高度差法原理示意图

$$\cot A_{\mathrm{c}} = \cos\varphi_{\mathrm{c}}\tan Dec\csc LHA - \sin\varphi_{\mathrm{c}}\cot LHA \qquad (6\text{-}5\text{-}2)$$

将图 6-5-2 中的天文三角形 ZBP_{N} 投影到地面上得到球面三角形 cbp_{n},称其为导航三角形,其间有如下关系:

$$\angle bcp_{\mathrm{n}} = A_{\mathrm{c}}$$

$$\overset{\frown}{kc} = \overset{\frown}{bc} - \overset{\frown}{bk} = (90° - h_{\mathrm{c}}) - (90° - h_{\mathrm{t}}) = h_{\mathrm{t}} - h_{\mathrm{c}} = Dh \qquad (6\text{-}5\text{-}3)$$

式中:Dh——高度差(altitude difference)或截距(intercept),有"±"。

因为 Dh 是 $\overset{\frown}{bc}$ 弧上的一段,而 $\overset{\frown}{bc}$ 弧是天体计算方位圈在地面上的投影,并且通过天文船位圆的圆心 b,所以过截点 k 所作的天文船位圆的切线 Ⅱ-Ⅱ 即天文船位线与高度差 Dh 垂直。因此,在墨卡托海图上,只要过计算点 c 作天体的计算方位(A_{c})线,在该线上以 c 为原点,截取 Dh,则可得到截点 k,过 k 点作计算方位线的垂线,即天文船位线 Ⅱ-Ⅱ。显然,要想画出天文船位线,必须要知道天文船位线的三要素:

①计算点 c;

②计算方位 A_{c};

③高度差(截距)Dh。

计算点 c 可以是推算船位,也可以是选择船位,一般用推算船位;计算高度 h_{c} 和计算方位 A_{c} 可由式(6-5-1)和式(6-5-2)直接计算得到,真高度 h_{t} 的计算方法见本章第四节。

2.高度差法作图规则

已知天文船位线的三要素,就可以在墨卡托海图上画出天文船位线。由高度差法原理可知,计算点 c(又称作图点)的位置不同(在船位圆之内、之外或之上),Dh 的符号也不同,在天体计算方位线上截取 Dh 的方向也不一样,可以归纳为下述三种作图方法:

(1)高度差 Dh 为"+"(计算点 c 在天文船位圆之外)

当 Dh 为"+"时,过计算点 c 作天体的计算方位线,在该线上,以 c 为原点,朝向天体(沿天体计算方位的方向)截取 Dh,得截点 k,过 k 点作计算方位线的垂线,即天文船位线,如图 6-5-3(a)所示。

(2)高度差 Dh 为"-"(计算点 c 在天文船位圆之内)

当 Dh 为"-"时,过计算点 c 作天体的计算方位线,在该线上,以 c 为原点,背向天体(沿天体计算方位的反方向)截取 Dh,得截点 k,过 k 点作计算方位线的垂线,即天文船位线,如

图 6-5-3(b)所示。

（3）高度差 $Dh=0$（计算点 c 在天文船位圆之上）

当 $Dh=0$ 时，过计算点 c 作天体的计算方位线，再过 c 点作计算方位线的垂线，即天文船位线，如图 6-5-3(c)所示。

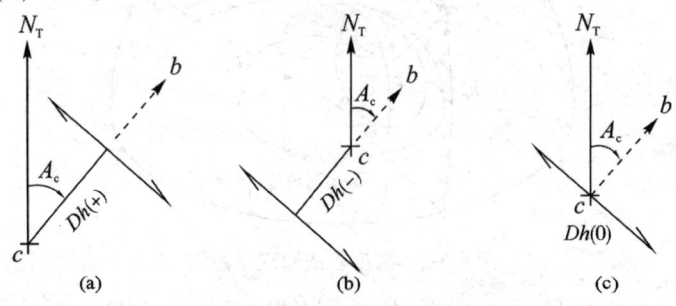

图 6-5-3　高度差法作图规则

例 6-5-1：以推算船位(φ_c,λ_c)为计算点，求得天体计算高度 h_c 为 $35°09'.6$，计算方位 A_c 为 $090°$，同时求得天体真高度 h_t 为 $35°12'.3$，画天文船位线。

例 6-5-2：以推算船位(φ_c,λ_c)为计算点，求得天体计算高度 h_c 为 $46°27'.5$，计算方位 A_c 为 $225°$，同时求得天体真高度 h_t 为 $46°25'.2$，画天文船位线。

例 6-5-3：以推算船位(φ_c,λ_c)为计算点，求得天体计算高度 h_c 为 $46°27'.5$，计算位 A_c 为 $225°$，同时求得天体真高度 h_t 为 $46°27'.5$，画天文船位线。

解：

	例 6-5-1	例 6-5-2	例 6-5-3
计算点	(φ_c,λ_c)	(φ_c,λ_c)	(φ_c,λ_c)
计算方位 A_c	$090°$	$225°$	$225°$
真高度　h_t	$35-12.3$	$46-25.2$	$46-27.5$
计算高度 h_c	$35-09.6$	$46-27.5$	$46-27.5$
高度差　Dh	$+2.7$	-2.3	0.0

所画天文船位线如图 6-5-4 所示。

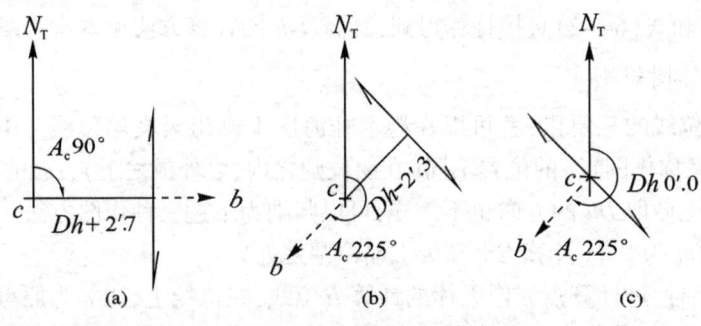

图 6-5-4　例题作图

3.高度差法的有限任意性

在计算天文船位线时，计算点可以采用推算船位或选择船位，而画出的是同一条天文船位线，这样做的依据就是高度差法的有限任意性。

(1)选择计算点的任意性

每观测一个天体,就可以得到一个天文船位圆,如果不考虑误差的话,真实船位 P 应在靠近推算船位附近的一小段天文船位圆曲线上,见图6-5-5。在一般情况下,该段曲线的曲率很小,可用过截点的切线(在墨卡托海图上是恒向线)Ⅰ-Ⅰ代替,Ⅰ-Ⅰ即天文船位线。如果计算点分别采用推算船位 c 和选择船位 c_1,它们均位于真实船位 P 附近,尽管在同一时刻,分别由 c 和 c_1 求得同一天体 B 的高度差不一样,但是计算方位几乎相等,因此,过各自的截点所作的天文船位线基本重合为一条,如图6-5-5中的Ⅰ-Ⅰ船位线。由此可见,在一定的范围内,计算点可以任意选择,求得的天文船位线却不失其精度。这就是高度差法选择计算点的任意性。

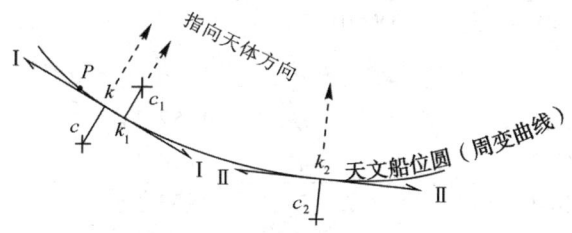

图 6-5-5　高度差法的有限任意性

(2)选择计算点的有限性

如图6-5-5所示,如果选择的计算点 c_2 偏离真实船位太远,求得的船位线Ⅱ-Ⅱ与船位线Ⅰ-Ⅰ的计算方位相差较大,用船位线Ⅱ-Ⅱ代替船位线Ⅰ-Ⅰ就会产生较大的误差。因此,选择的计算点不能偏离真实船位太远。这就是高度差法选择计算点的有限性。

(3)选择计算点的有限任意性

综上所述,为使求得的天文船位线不失其精度,根据高度差法的有限任意性原则,选择的计算点偏离真实船位一般不应超过30 n mile。由于真实船位未知,在航海实践中以推算船位为基准。

另外,为保证利用高度差法画出的天文船位线的精度,应观测高度低于70°的天体。因为高度越高,天文船位圆的半径就越小,船位圆的曲率就越大,这时在墨卡托海图上用恒向线直线代替船位圆曲线所产生的误差(称为船位线曲率误差)也越大。

如果在求得观测船位之后发现计算点偏离观测船位大于30 n mile,可把求得的观测船位作为新的计算点重新计算(迭代计算)和作图,这样做可以进一步提高观测船位的精度。

二、太阳、行星和恒星船位线

前几节已经把求一条天文船位线的全过程分段介绍过了,这里只是把前面分段阐述过的内容加以组合,从而得到一条完整的天文船位线的计算程序。太阳、行星和恒星的计算程序基本相同,只是在求格林时角和真高度方面有些差异。

例6-5-4:2022年10月19日,船时 SMT 0945,推算船位 φ_c 32°12′.0 S,λ_c 157°01′.0E,观测太阳下边六分仪高度 $h_s^{\odot}$ 59°02′.4,停秒表天文钟时间 CT' 11^{h}45^{m}44^s,秒表读数 WT33^s,钟差 CE22^s(快),指标差和器差 $i+s=+3′.6$,眼高 $e=21$ m,求太阳船位线。

解：

ZT	0945	19/10		$h_s^{\odot}$	59−02.4	
ZD	−10			$i+s$	+ 3.6	
GMT'	2345	18/10		d	− 8.1	
				h'	58−57.9	
				c	+ 15.6	
CT'	11−45−44			h_t	59−13.5	
WT	− 33			h_c	59−09.6	
CE	− 22			Dh	+ 3.9	
GMT	23−44−49	18/10				

GHA'	168−44.1		Dec'	9−52.5 S	d +0.9
$m.s$	11−12.3		d'	+ 0.7	
GHA	179−56.4		Dec	9−53.2 S	
λ_c^E	157−01.0		φ_c	32−12.0 S	
LHA	336−57.4 = 23−02.6E				

$$h_c = \arcsin(\sin32°12'.0\sin9°53'.2 + \cos32°12'.0\cos9°53'.2\cos23°02'.6)$$

$$A_c = \arccos\left(\frac{\sin9°53'.2}{\cos32°12'.0\cos h_c} - \tan32°12'.0\tan h_c\right)$$

$$h_c = 59°09'.6$$

$$A_c = 131°.2SE = 048°.8$$

例 6-5-5：2022 年 10 月 18 日，船时 SMT1844，推算船位 φ_c35°15'.0N，λ_c122°20'.5E，观测天鹰座 α 星（河鼓二，Altair）六分仪高度 h_s61°37'.2，停秒表天文钟时间 CT'10^{h}43^{m}30^s，秒表读数 WT30^s，钟差 CE+25^s，指标差和器差 $i+s=-1'.8$，眼高 $e=17$ m，求河鼓二船位线。

解：

ZT	1844	18/10		h_s	61−37.2	
ZD	−8			$i+s$	− 1.8	
GMT'	1044	18/10		d	− 7.3	
				h'	61−28.1	
				ρ	− 0.5	
CT'	10−43−30			h_t	61−27.6	
WT	− 30			h_c	61−26.1	
CE	+ 25			Dh	+ 1.5	
GMT	10−43−25	18/10				

$GHA\gamma'$	176−52.5	
$m.s$	10−53.0	

SHA	62-01.8		Dec	8-55.8N
GHA	249-47.3			
λ_c^E	122-20.5		φ_c	35-15.0N
LHA	372-07.8 = 12-07.8W			

$$h_c = \arcsin(\sin35°15'.0\sin8°55'.8 + \cos35°15'.0\cos8°55'.8\cos12°07'.8)$$

$$A_c = \arccos\left(\frac{\sin8°55'.8}{\cos35°15'.0\cos h_c} - \tan35°15'.0\tan h_c\right)$$

$$h_c = 61°26'.1$$

$$A_c = 154°.2NW = 205°.8$$

三、观测太阳中天高度求纬度

当太阳上中天时,其地方时角 $LHA = 0°$,方位为 $0°$ 或 $180°$,这时求得的太阳船位线可以认为是一条纬度线,即观测纬度 φ_o。此时天文三角形的三条边重合在一起,不必求计算高度和计算方位就可求得天文船位线。另外,由误差理论可以证明,这时系统误差和随机误差对观测纬度 φ_o 的影响最小。加之在航海实际工作中正午船位的重要性,更显出观测太阳中天高度求纬度的优越性。

1.观测太阳中天高度求纬度原理

当太阳上中天时,其地方时角 $LHA = 0°$,中天高度 $H = 90° - Z$(Z 为太阳中天顶距)。因此,解算天文三角形的基本公式

$$\sin h = \sin\varphi\sin Dec + \cos\varphi\cos Dec\cos LHA$$

可简化为

$$\sin H = \sin\varphi\sin Dec + \cos\varphi\cos Dec$$

即

$$\cos Z = \cos(\varphi - Dec)$$
$$Z = \varphi - Dec$$
$$\varphi = Z + Dec \qquad\qquad (6\text{-}5\text{-}4)$$

上式为代数和,其符号确定规则如下:

①向北观测太阳中天高度 H,则 H 命名为 N,反之为 S。

②太阳中天顶距 Z 的名称与中天高度 H 的名称相反。

③当 Z 与 Dec 同名时,Z 与 Dec 相加,φ 与之同名;当 Z 与 Dec 异名时,Z 与 Dec 相减,大值减小值,φ 与大值同名。

上述规则如图 6-5-6 所示。

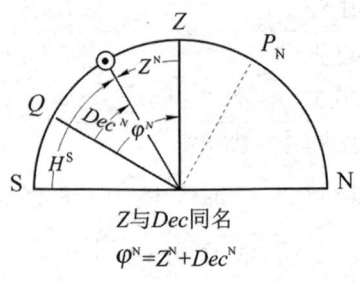

Z与Dec同名

$$\varphi^N=Z^N+Dec^N$$

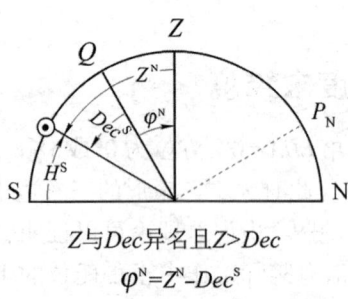

Z与Dec异名且$Z>Dec$

$$\varphi^N=Z^N-Dec^S$$

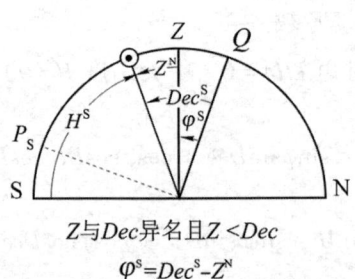

Z与Dec异名且$Z<Dec$

$$\varphi^S=Dec^S-Z^N$$

图 6-5-6　观测太阳中天高度求纬度原理图

例 6-5-6：太阳中天时向北测得太阳中天高度，经计算得到太阳中天真高度 $H_t45°12'.4$，已知太阳中天赤纬 $Dec5°07'.8S$，求观测纬度 φ_o。

例 6-5-7：太阳中天时向南测得太阳中天高度，经计算得到太阳中天真高度 $H_t50°40'.0$，已知太阳中天赤纬 $Dec10°15'.0S$，求观测纬度 φ_o。

例 6-5-8：太阳中天时向北测得太阳中天高度，经计算得到太阳中天真高度 $H_t80°24'.8$，已知太阳中天赤纬 $Dec23°21'.4N$，求观测纬度 φ_o。

解：

	例 6-5-6	例 6-5-7	例 6-5-8
H_t	45−12.4N	50−40.0S	80−24.8N
Z	44−47.6S	39−20.0N	09−35.2S
Dec	05−07.8S	10−15.0S	23−21.4N
φ_o	49−55.4S	29−05.0N	13−46.2N

2.预求太阳中天区时 ZT

利用式(6-5-4)求观测纬度,必须知道太阳中天高度和中天赤纬。太阳中天高度只有在太阳经过测者午圈的一瞬间进行观测才能得到。那么太阳什么时候经过测者午圈呢?或者说当区时几点时才能观测到太阳中天高度呢?这就要在测前预先求出太阳经过测者午圈的区时,即太阳中天区时。根据太阳中天区时观测的太阳高度才是太阳中天高度。另外,根据太阳中天区时求得的世界时在《航海天文历》中可查得太阳中天时的赤纬。这样就可利用式(6-5-4)求得观测纬度 φ_o。

根据式(6-3-18)可求得太阳中天区时的计算式为

$$ZT = LMT + D\lambda$$
$$D\lambda = \lambda_m - \lambda_{1200} \tag{6-5-5}$$

式中:LMT——太阳中天时测者的地方平时(未知),可用按观测日期从《航海天文历》中查得的格林经线上太阳上中天的地方平时来代替。

$D\lambda$——太阳中天时时区中线经度与测者经度之差(未知)。可由所用区时的时区中线经度 λ_m 与区时1200的推算经度 λ_{1200} 之差来代替。计算时,东经 λ^E 为"+",西经 λ^W 为"−"。求得的经差 $D\lambda$ 有"±"。

显然,利用式(6-5-5)预求的太阳中天区时存在误差。中天前后数十秒之内太阳高度变化非常缓慢,所以由中天区时的误差引起的所测太阳中天高度的误差很小,可以忽略不计(在较不利的条件下,该误差小于观测高度的标准误差)。

3.观测太阳中天高度求纬度的计算步骤

例6-5-9:2022 年 10 月 20 日,计划航向 $CA119°$,航速 $v=15$ kn,船时 $SMT1100(-8)$,推算船位 φ_c 35°25′.0N,λ_c 120°30′.0E,预求太阳中天区时 $ZT′$。当太阳中天时,向南测得太阳下边沿中天六分仪高度 H_s 44°05′.0,指标差和器差 $i+s−+2′.8$,眼高 $e=11.3$ m,求观测纬度 φ_o。

解:首先按航向、航程求出区时 $ZT1200$ 的推算船位,然后预求中天区时,最后求观测纬度。

$ZT1200$	φ_c	35−17.7N				
	λ_c	120−46.1E				
	λ_m	120−00.0	(+)	H_s	44−05.0S	
−)	λ_{1200}	120−46.1	(+)	$i+s$	+ 2.8	
	$D\lambda$	0−46.1	(−)	d	− 5.9	
			-3^m	h'	44−1.9	
	LMT	1145	20/10	c	+ 15.3	
	$D\lambda$	−3		H_t	44−17.2S	
	ZT'	1142	20/10	Z_t	45−42.8N	
	ZD	−8		Dec	10−18.3S	
	GMT'	0342	20/10	φ_o	35−24.5N	

Dec'	10-17.7S		d +0.9
d'	+0.6		
Dec	10-18.3S		

另外,在航海实际工作中,太阳中天高度并不一定是太阳的最大高度。只有当太阳高度变化率为零时,才发生最大高度。如果测者纬度不变,天体赤纬不变,天体中天时,其高度变化率为零,此时天体中天高度就是其最大高度。但是在实际工作中,测者纬度和太阳赤纬都在变化,这样,影响太阳高度变化的原因:一是时角变化引起的高度变化量;二是赤纬的变化引起的高度变化量;三是测者纬度的变化引起的高度变化量。在这三个因素的综合影响下,太阳中天时,其高度变化率不一定为零,即太阳中天高度不一定是最大高度。最大高度可能发生在中天前,也可能发生在中天后。因此,我们只能预求中天区时,按该时刻观测即可得到太阳中天高度。

四、观测北极星高度求纬度

我们知道,仰极的高度等于测者纬度。如果在仰极处有一颗较亮的恒星,只要观测该星的高度,就可得到测者纬度。事实上,没有一颗较亮的恒星恰好位于天北极或天南极。但是在天北极附近有 1 颗较亮的 2 等星:小熊座 α 星(勾陈一),因为靠近天北极,又称北极星。2022 年年初北极星的坐标为:赤经 $RA45°01'.7$,赤纬 $Dec89°21'.7N$。由于北极星的极距 $p<1°$,在周日视运动中它的方位和高度的变化量均很小。在北纬 $0° \sim 60°$ 的地区,所见北极星的方位变化最大不超过 $2°$。因为北极星的赤纬趋近 $90°N$,所以只要将北极星的真高度做一高度修正后即可取得天北极的高度,即是测者的观测纬度。因此,位于北半球中、低纬海区的测者观测北极星的高度,经过高度修正后可以求得测者纬度。

1.观测北极星高度求纬度原理

图 6-5-7 是观测北极星高度求纬度原理图。B 为北极星在周日视运动中某一时刻的位置,小圆是北极星的周日平行圈,$\overparen{aBa'}$ 是该时刻北极星的高度平行圈。北极星真高度 $h_t = \overparen{MB}$,测者纬度 $\varphi = \overparen{NP_N}$(仰极高度),小量为 x,显然:

$$\varphi = h_t + x \tag{6-5-6}$$

由上可见,测者纬度 φ 与北极星真高度 h_t 只差一个小量 x,只要求得了 x,也就求得了 φ。因此,观测北极星高度求纬度的问题,实质上就是求小量 x 的问题。从图 6-5-7 中可见,当北极星上中天时(b 位置)或下中天时(b' 位置),小量 x 达最大值(小于 $1°$),上中天 x 为"-",下中天 x 为"+"。

利用解球面窄三角形的第二近似式求得小量 x 为:

$$x = p'\cos LHA - \frac{p'^2}{2}\sin^2 LHA \tan\varphi \, arc1' \tag{6-5-7}$$

经过整理并简写成:

$$\varphi_o = h_t + a_0 + a_1 + a_2 \tag{6-5-8}$$

式中:

$$改正量 \ a_0 = -p_0'\cos(LHA_\gamma + SHA_0) \tag{6-5-9}$$

$$改正量\ a_1 = \frac{p_0'^2}{2}\sin^2(LHA_\gamma + SHA_0)\tan\varphi\, \text{arc}1' \tag{6-5-10}$$

$$改正量\ a_2 = p_0'\cos(LHA_\gamma + SHA_0) - p'\cos(LHA_\gamma + SHA) \tag{6-5-11}$$

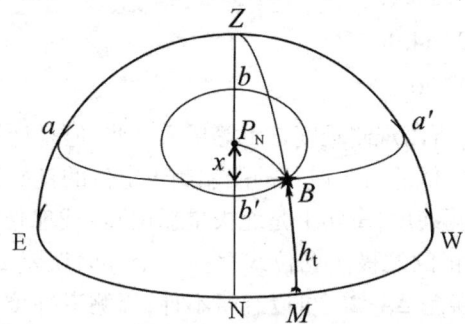

图 6-5-7 观测北极星高度求纬度原理图

根据式(6-5-9)编成北极星高度求纬度第一改正量表,查表引数是春分点地方时角 LHA_γ。

根据式(6-5-10)编成北极星高度求纬度第二改正量表,查表引数是春分点地方时角 LHA_γ 和测者纬度。

根据式(6-5-11)编成北极星高度求纬度第三改正量表,查表引数是春分点地方时角 LHA_γ 和观测日期。

上述三个改正量均列在《航海天文历》中。在中版《航海天文历》中的北极星高度求纬度表中,改正量 a_0 和 a_2 有"±",改正量 a_1 为"+"。在英版《航海天文历》中的北极星高度求纬度表中,为使改正量均为"+"值,故在改正量中加了 1°,这样,只要把北极星的真高度和三个改正量全加起来,再减去 1°,便得到观测纬度,即

$$\varphi_o = h_t + a_0 + a_1 + a_2 - 1^\circ \tag{6-5-12}$$

2.观测北极星高度求纬度的计算步骤

例 6-5-10:2022 年 10 月 19 日,船时 SMT1843,推算船位 φ_c35°12′.0N,λ_c122°54′.0E,观测北极星六分仪高度 h_s35°22′.0,停秒表天文钟时间 CT'10^{h}44^{m}10^s,秒表读数 WT48^s,钟差 CE01^{m}10^s(快),指标差和器差 $i+s = +1'.0$,眼高 $e = 12.5$ m,求北极星船位线。

解:

ZT	1843	19/10		h_s		35-22.0
ZD	-8			$i+s$	+	1.0
GMT'	1043	19/10		d	-	6.2
				h'		35-16.8
				ρ	-	1.4
				h_t		35-15.4
CT'	10-44-10			a_0		01-01.8
WT	- 48			a_1		0.5
CE	- 1-10			a_2		0.9
GMT	10-42-12	19/10				-1-00.0
				φ_o		35-18.6N

$GHA\gamma'$	177-51.7
$m.s$	10-34.7
$GHA\gamma$	188-26.4
λ_c^E	122-54.0
$LHA\gamma$	311-20.4

因为北极星是 2 等星,所以观测难度较 1 等星大一些,但是计算方法较恒星船位线简单,因此,北极星是在北半球中、低纬海区航行的船舶测天定位的良好天体。

由上述方法求得的观测纬度,事实上是北极星船位圆(或船位线)与推算经度 λ_c 的交点的纬度(φ_o),显然,它与真正的北极星船位线存在一个方向误差 ΔA,如图 6-5-8 所示。当测者纬度在 $0°\sim60°N$ 时,该误差 $\Delta A < 2°$,可以忽略不计;当测者纬度大于 $60°N$ 时,则可能产生不可忽略的误差(中天除外)。另外,当测者位于 $0°\sim15°N$ 时,北极星的高度小于 $15°$,这时会产生不可忽视的蒙气差的误差。综上所述,在 $15°N\sim60°N$ 的海域内可观测北极星高度求纬度。

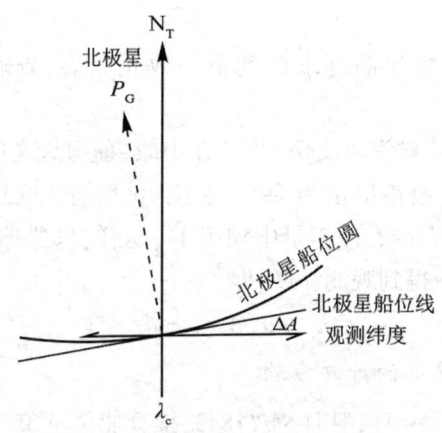

图 6-5-8　北极星船位线误差示意图

第六节　观测天体定位

在航海实践中,需要两条或两条以上交角合适的、对应于同一时刻的船位线相交才能确定船舶所在的位置。海上测天定位主要包括白昼采用太阳移线定位和晨昏采用星体定位。

一、观测太阳移线定位

白昼通常只能观测到太阳,在观测一次太阳求得一条太阳船位线之后,间隔一段合适时间再观测一次,求得另一条太阳船位线,然后进行移线定位,这种定位方法称为太阳移线定位。

1.太阳移线定位的条件

由航迹推算原理可知,两次观测间的时间间隔越短,转移船位线所带来的航向、航程的推算误差就越小;由船位误差理论可知,用两条船位线定位,两船位线的交角应在 30°~90° 范围之内,以趋近 90° 为最佳。如果太阳方位要变化到如此大小,一般又需较长时间,这是一对矛盾。

一般情况下,如果两次观测的时间间隔过短,尽管减小了推算误差,但是太阳方位变化太小,将使两条船位线交角小于 30°;相反,如果两次观测的时间间隔过长,虽然太阳方位变化较大,可使两条船位线的交角达 90°,但是转移船位线的推算误差也随之增大。为兼顾这两方面的要求,两次观测的时间间隔一般为 1~2 h,太阳方位变化 30°~50°,以不小于 30° 为宜。

2.太阳移线定位的有利时机

太阳在中天前后方位变化较快,在较短的时间内,太阳方位变化就可超过 30°。因此,太阳中天前后一段时间是观测太阳移线定位的有利时机。在航海实践中,一般在太阳中天前和中天时各观测一次,移线求出中天或正午船位。

在低纬海区内,当太阳中天高度很高(达 88° 左右)时,从日出到中天前和中天后至日没,太阳方位变化非常缓慢,有时太阳方位变化 30° 左右,要等待 4~5 h 之久,从而使太阳移线定位失去意义。而在太阳中天前后十几分钟,甚至几分钟之内,太阳方位变化就可达 30° 以上,因此,就可在短时间内,测得 2~3 条太阳船位线求出观测船位。

例 6-6-1:2022 年 10 月 20 日,$ZT1012$,$\varphi_c 35°28'.8N$,$\lambda_c 120°21'.6E$,计划航向 $CA119°$,航速 $v=15$ kn,测得太阳下边沿六分仪高度 h_s 39°13'.6,$CT'02^h12^m55^s$,$WT33^s$,$CE22^s$(快),$(i+s)=+2'.8$,$e=18.0$ m,求 $ZT1012$ 的太阳船位线。船舶继续航行,预求中天区时 ZT,中天时向南测得太阳下边沿六分仪高度 H_s 44°06'.6,求中天观测船位。

解:

		h_s	39–13.6	
SMT	1012　20/10	$i+s$	+　2.8	
ZD	– 8	d	–　7.5	
GMT'	0212　20/10	h'	39–08.9	
		c	+　15.1	
		h_t	39–24.0	
CT'	02–12–55	h_c	39–24.0	
WT	－　33	Dh	0.0	
CE	－　22			
GMT	02–12–00　20/10			
GHA'	213–47.2	Dec'	10–16.8S	$d+0.9$
$m.s$	3–00.0	d'	+0.2	
GHA	216–47.2	Dec	10–17.0S	

λ_c	120–21.6E	
LHA	337–08.8	
	22–51.2E	

$$h_c = \arcsin(\sin\varphi_c \sin Dec + \cos\varphi_c \cos Dec \cos LHA) = 39°24'.0$$

$$A_c = \arccos\left(\frac{\sin Dec}{\cos\varphi_c \cos h_c} - \tan\varphi_c \tan h_c\right) = 150°.4$$

经过航迹推算,可知 1200 推算船位:

φ_c	35–15.7N				
λ_c	120–50.5E				
			h_s	44–06.6S	
LMT	11–45	20/10	$i+s$	+ 2.8	
$D\lambda_c^E$	−3		d	− 7.5	
ZT	11–42	20/10	h'	44–01.9	
ZD	−8		c	+ 15.3	
GMT″	03–42	20/10	h_t	44–17.2S	
			Z	45–42.8N	
Dec′	10–17.7S	$d+0.9$	*Dec*	10–18.3S	
d'	+0.6		φ_o	35–24.5N	
Dec	10–18.3S				

观测船位 $ZT1142\begin{cases}\varphi_o 35\text{–}24.5N\\ \lambda_o 120\text{–}43.0E\end{cases}$,如图 6-6-1 所示。

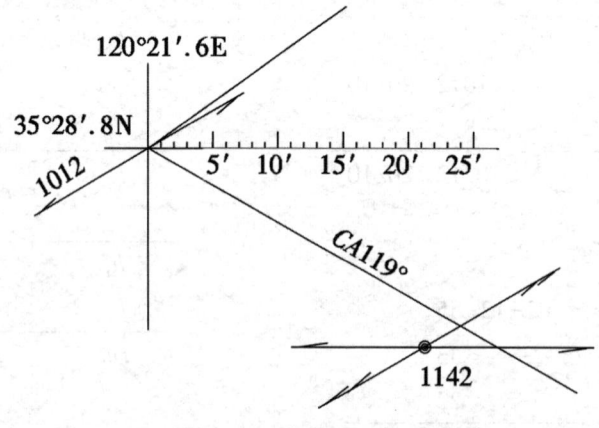

图 6-6-1　例题作图

二、晨昏测星定位

测星定位是天文定位的重要方法,其优点是能在晨光昏影的短时间内求得观测船位,且推算误差的影响甚小,因此定位精度较高。其缺点,一是测星的时间较短,在中、低纬海区一般只有 20~40 min;二是晨光昏影时星光较暗,水天线也不如白天清晰,所以观测星体要比观测太阳困难一些。

1.测星时机

测星定位必须同时具备下述两个条件:一是有可供观测的星体,二是可见水天线。一天中只有在黎明(晨光)和黄昏(昏影)这两段时间内才可同时满足上述两个条件。

(1)晨光昏影

航海上一般把黎明和黄昏这两段时间统称为晨光昏影(morning and evening twilight)。晨光昏影期间的能见度随着太阳在水天线下位置的变化而不同,为更确切地描述晨光昏影期间的能见度,又把晨光昏影分成三个阶段,如图 6-6-2 所示。

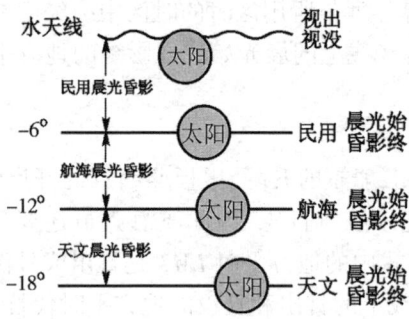

图 6-6-2　晨光昏影示意图

①民用晨光昏影

太阳上边沿与水天线相切时称太阳视出或视没。

太阳真高度 $h_t^{\odot}=-6°$ 时,称民用晨光始或民用昏影终。

太阳由民用晨光始($h_t^{\odot}=-6°$)到视出所经历的时间称民用晨光;太阳由视没到民用昏影终($h_t^{\odot}=-6°$)所经历的时间称民用昏影。

上述两段时间统称为民用晨光昏影。

②航海晨光昏影

太阳真高度 $h_t^{\odot}=-12°$ 时称航海晨光始或航海昏影终。

太阳真高度由-12°到-6°或由-6°到-12°所经历的时间统称航海晨光昏影。

③天文晨光昏影

太阳真高度 $h_t^{\odot}=-18°$ 时称天文晨光始或天文昏影终。

太阳中心高度由-18°到-12°或由-12°到-18°所经历的时间统称天文晨光昏影。

当太阳赤纬一定时,晨光昏影时间的长短,取决于测者的纬度,纬度越高,晨光昏影时间越长;纬度越低,晨光昏影时间越短。

(2)测星时机

根据测星定位的两个条件,只有在民用晨光始或民用昏影终前后一段时间内,即太阳真高度在-3°~-9°之间,才是测星定位的良好时机。在这段时间内既可看到星体,又可看到水天线。这段时间在中低纬度一般只有 20~40 min,因此驾驶员要在该段时间内观测 3 颗或 3 颗以上的星体来定位,为把握住观测时机,测星前往往要先做好许多准备工作,如预求测星区时、选星、检查、校正六分仪等。如果准备不充分就有可能在测星时间内测不完 3 颗星。

（3）预求测星区时 ZT

海上通常的做法是，早晨测星，利用 $ZT0600$ 的推算船位预求民用晨光始区时；黄昏测星，则利用 $ZT1800$ 的推算船位预求民用昏影终区时，根据所求区时提前几分钟开始观测即可。

$$ZT = LMT + D\lambda_W^E \tag{6-6-1}$$
$$D\lambda_W^E = \lambda_m - \lambda_{1800}^{0600}$$

式中：LMT——晨光始或昏影终时，测者的地方平时，可用由《航海天文历》查出的格林经线上的晨光始或昏影终的地方平时代替；

$D\lambda_W^E$——晨光始或昏影终时，测者经度与所在时区中线经度之差，可用 $ZT0600$ 或 $ZT1800$ 的推算经度与所用区时的时区中线经度之差代替。

在《航海天文历》中，格林经线上的晨光始或昏影终的地方平时每3天给出一值，需要进行纬度内插。

（4）求日出或日没时的区时

船舶航行灯的开启和关闭、船旗的升降、甲板照明灯的开启和关闭等均根据日出或日没时的区时执行，并且要将其记入航海日志，因此航海人员还要经常求日出或日没时的区时 ZT，其计算公式同式（6-6-1），式中的地方平时 LMT 是日出或日没时测者的地方平时，可用由《航海天文历》查出的格林经线上的日出和日没的地方平时代替。

在英版《航海天文历》中，格林经线上日出和日没的地方平时每3天给出一值，需要进行纬度内插。

在中版《航海天文历》中，格林经线上日出和日没的地方平时每天给出一值，需要进行纬度和经度内插，一般当纬度低于60°时，可不必进行经度内插。

例 6-6-2：2022 年 10 月 20 日，$ZT1530$，$\varphi_c36°54'.0N$，$\lambda_c122°45'.0E$，$CA002°$，$v=10$ kn，预求民用昏影终区时（准确到分钟）。

解：

①按航向、航速求得 $ZT1800$ 的推算船位

$\varphi_c37°19'.0N$

$\lambda_c122°46'.1E$

②求 ZT

以 $\varphi_c35°N$ 从《航海天文历》中查得民用昏影终	T_T	1745	20/10
纬度内插	ΔT_φ	− 2	
民用昏影终地方平时	LMT	1743	20/10
经差（120°E−122°46'.1E）	$D\lambda^E$	−11	
民用昏影终区时	ZT	1732	20/10

2. 选择观测天体的注意事项

由于测星时间比较短，为了不错失测星时机，应预先做好一切可以提前做好的事情，包括利用索星卡选出在晨光昏影期间适宜观测的星体，查得其大概高度和方位，以便到时有的放矢地观测。为提高观测船位的精度，选星应注意以下几点。

（1）选择较明亮的星体

主要是 1 等星和部分 2 等星。

（2）选择高度在 15°~70°之间的星体

当天体高度低于 15°时，用表册查取的平均蒙气差代替实际蒙气差将产生不可忽视的误差。当天体高度高于 70°时，会产生不可忽略的船位线曲率误差。

（3）所选星体之间的方位分布要合适

两星定位，为减小系统和随机误差的影响，两星之间的方位差角应在 30°~150°之间，综合考虑取 60°~90°为好，最好趋近 90°。

三星定位，三条船位线往往不能相交于一点，而是形成一个三角形，称为船位误差三角形。如果三条船位线只含有相同的随机误差，则观测船位在三角形之内，靠近"短边、大角"。如果三条船位线只含有相同的系统误差，消除了系统误差的船位有可能在三角形之内，也有可能在三角形之外。这与三星分布的范围有关：三星分布范围小于 180°，船位在三角形之外，旁切圆的圆心上；三星分布范围在 180°以上，船位在三角形之内，内切圆的圆心上。

综合考虑，所测三星方位分布的范围要在 180°以上，相邻两星体之间的方位差角趋近 120°最有利，因为这时不论按系统误差还是按随机误差处理，观测船位均在船位误差三角形之内。

（4）选择两组星

以备在观测不到目标星体时及时替换。

3.利用索星卡认星和选星

（1）TS-74 型索星卡

国产 TS-74 型索星卡有 2 块星图底板、13 张透明地平坐标网片、1 本使用说明书和 1 个塑料外套。索星卡可供纬度介于 0°~60°的测者选星和认星之用。

①星图底板

两块星图底板中，一块是以天北极为中心（标有字母 N）的星空图，如图 6-6-3 所示，供北纬测者使用，另一块是以天南极为中心（标有字母 S）的星空图，供南纬测者使用。星图底板上印有 60 余颗恒星，其中包括全部 1 等星、主要的 2 等星和部分 3 等星。因为月亮和 4 颗航用行星在天球上的位置变化较大，所以只能根据它们在观测当时的赤经、赤纬，由使用者临时标绘上去。

星图底板上还印有天赤道（以 N 或 S 为中心的小圆），其上相应的刻度，即平太阳日期标在底板的外圈，外圈内侧标有赤经，相当于春分点地方时角（方向不同）。

星图底板上还印有黄道（偏心小圆），上面标有日期，表示太阳每天在天球上的大概位置。

②透明地平坐标网片

13 张透明地平坐标网片是分别按纬度 0°、5°、10°、…、60°绘制的一系列高度、方位曲线图网。地平坐标网的中心"+"表示测者天顶，如图 6-6-4 所示。网片是北纬、南纬两用的。用于北纬时，将相应的纬度网片 N 面朝上，套在北半球星图底板上。用于南纬时，将相应的纬度网片 S 面朝上，套在南半球星图底板上。

为使用方便，在网片上还印有-6°和-12°高度线，用于确定民用和航海晨光始或昏影终时的星空。

在网片的边缘上还印有地方平时的时间刻度。每一张透明网片上还开有中心线和赤道

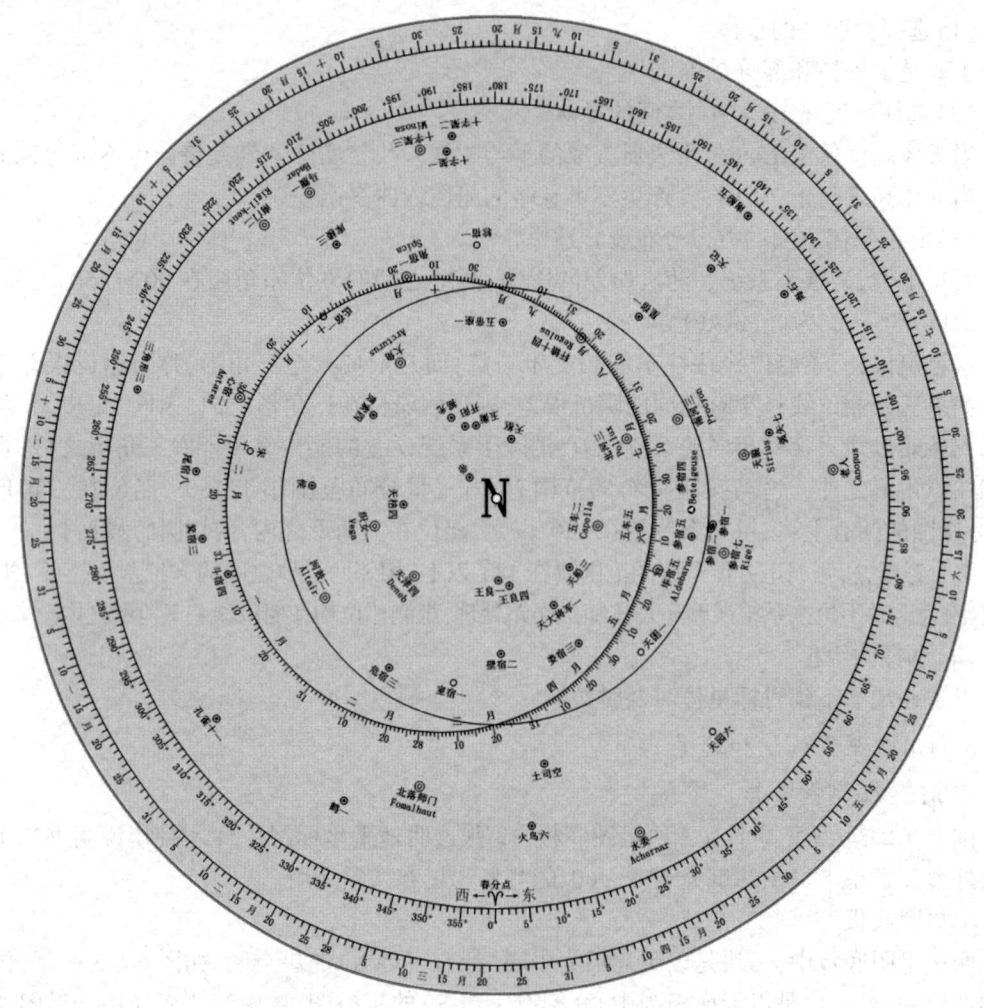

图 6-6-3　索星卡星图底板

重合的长方形缺口,两侧标有南北 30°以内的赤纬刻度,用于标绘行星的位置。

（2）利用索星卡选星

为把握住测星时机,应提前将要观测的星体选择出来,这需要利用索星卡来完成,即在索星卡上确定观测时的星空,根据前述选星原则,选出一组星体,方法如下：

①-6°高度线法(-6°线法)

已知测星的良好时机是在民用晨光始或民用昏影终前后,该法就是用于确定此刻星空。根据测者纬度选择星图底板和相应的透明地平坐标网片,利用网片上的-6°高度线与星图底板黄道上的测星日期相交,即得民用晨光始或昏影终时的星空。民用晨光始时测星,用东边的-6°线(从天顶"+"向天北极看去,左边是西-6°线,右边是东-6°线)与黄道上的测星日期相交;民用昏影终时测星,用西边的-6°线与黄道上的测星日期相交。这时根据选测天体注意事项选出合适的一组星,并记下每颗星的大概高度和方位,届时按此数据可找到该星进行观测。

②春分点地方时角法(LHAγ法)

根据预求的测星时间求出相应的春分点地方时角 LHAγ,转动透明网片,使透明网片边

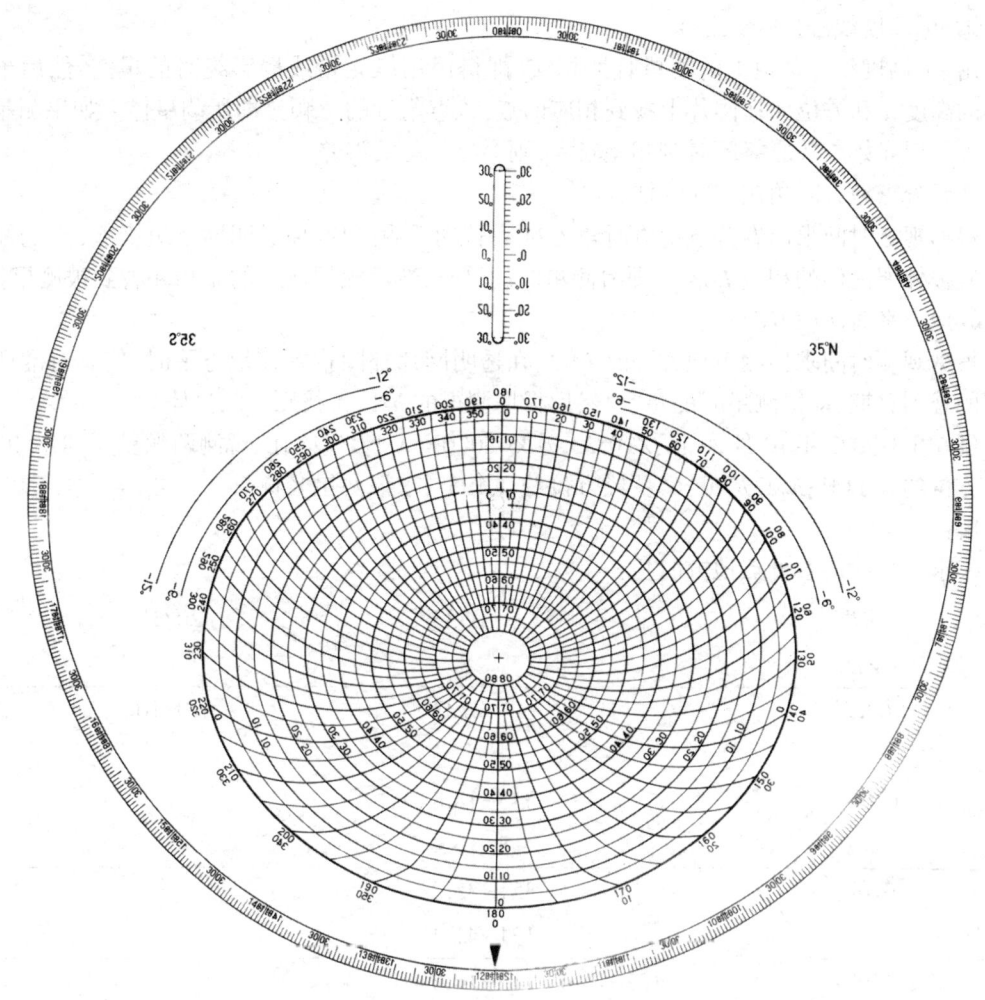

图 6-6-4　索星卡透明地平坐标网片

缘上 12 的箭头对准底板外圈内侧的相应 LHA_γ，即得测星时的星空。这时根据选测天体注意事项选出合适的一组星，并记下每颗星的大概高度和方位，届时按此数据可找到该星进行观测(英版索星卡只有此方法)。

③地方平时法(LMT 法)

根据预求的测星时间求出相应的测者地方平时 LMT，在透明网片外圈找到该地方平时，使其对准底板外圈的观测日期，即得测星时的星空。这时根据选测天体注意事项选出合适的一组星，并记下每颗星的大概高度和方位，届时按此数据可找到该星进行观测。

如果观测行星，可从《航海天文历》中查得观测当时可见的行星，再根据观测时间从《航海天文历》中查得该行星的赤经和赤纬。转动透明网片使其边缘上 0^h 对准底板外圈内侧相应的赤经，根据赤纬在透明网片缺口处用专用笔将该行星标在星图底板上。

(3)利用索星卡认星

有时航海人员没有事先选星，在晨光昏影时发现有 2 颗或 2 颗以上的星体可供观测定位，这时可用六分仪观测其高度并记下观测时间，同时用分罗经测出其大概方位，然后利用索星卡辨认该星的星名，供查《航海天文历》时使用，方法如下：

①−6°高度线法(−6°线法)

用−6°高度线与黄道上的测星日期相交,即得民用晨光始或昏影终时的星空,然后根据测得的高度 h 和方位 A 在网片上找到相应的点,该点附近的一颗星即所测星体。如果测星时刻与民用晨光始或昏影终的时刻相差较大,则会有一定的误差。

②春分点地方时角法(LHA_γ法)

根据观测时间求出春分点地方时角 LHA_γ,转动透明网片,使透明网片边缘上12^h的箭头对准底板外圈内侧的相应 LHA_γ,即得测星时的星空,然后根据测得的 h 和 A 找到被测星体。

③地方平时法(LMT法)

根据观测时间求出测者地方平时 LMT,在透明网片外圈找到该地方平时,使其对准底板外圈的观测日期,即得测星时的星空,然后根据测得的 h 和 A 找到被测星体。

例 6-6-3:2022 年 10 月 20 日,$ZT0533$,$\varphi_c35°50'.0N$,$\lambda_c121°41'.4E$,观测两颗星:$h_1 47°50'.1$,罗经方位约 $A_1 114°$;$h_2 237°10'.6$,罗经方位约 $A_2 195°$,求该两星名称。

解:

①求测星时的春分点地方时角:

ZT	0533	20/10
ZD	8	
GMT'	2133	19/10
GHA_γ'	343−18.8	
$m.s$	8−16.4	
GHA_γ	351−35.2	
λ_c	121−41.4	
LHA_γ	473−16.6 = 113−16.6	

选择北星图底板和 35°N 透明网片。将透明网片外围的箭头指向底板内圈的 113°处,利用高度和方位曲线可以查得这两颗星是轩辕十四和天狼星,如图 6-6-5 所示。

4.测星定位

(1)测前准备

①预求测星区时。

②选星。

③检查和校正六分仪。

(2)观测

①观测次序:一般应先测东天的星体。晨光先测较暗的星体,后测较亮的星体;昏影反之。

②让星体的中心与水天线相切。

③记下观测时间、观测高度、航向和航速。

(3)计算船位线要素

通过查取《航海天文历》并利用计算器求出各次观测的船位线要素,为加快计算速度,通常把所测的几颗星排在一起计算,翻表和计算一次完成。

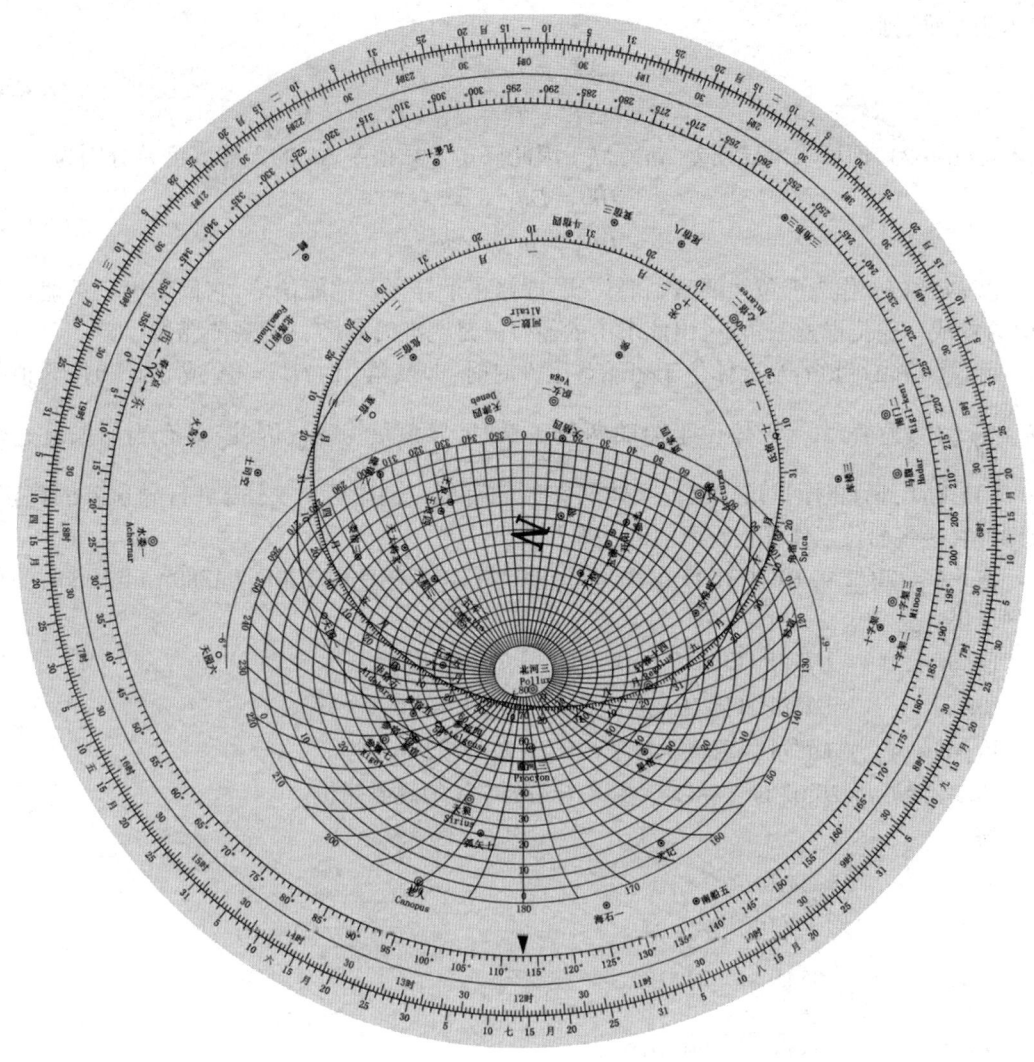

图 6-6-5　例 6-6-3 认星图

（4）画船位线求观测船位

晨昏测星通常是测 3 个或 3 个以上的天体定位。由于船舶在海上航行,各次观测之间存在一定的时间间隔,画出的船位线必须订正到同一时刻（同一天顶）。处理的方法:一是常用的转移船位线法,二是转移作图点法,三是修正异顶差法。前两种作图方法适用于任意情况下的移线,第三种方法只适用于短航程($s<30$ n mile）移线。

异顶差 Δh 就是两次观测因船位不同而引起的高度或顶距的变化量,可由下式求出:

$$\Delta h' = \frac{v}{60}\cos(A - TC) \cdot \Delta T^{\text{m}} \tag{6-6-2}$$

式中:v——航速(kn)；

　　A——天体真方位(圆周方位)；

　　TC——真航向；

　　ΔT^{m}——两次观测的时间间隔。

如果观测 3 个天体,则得 3 个高度差 $Dh_1(T_1)$、$Dh_2(T_2)$、$Dh_3(T_3)$。如以最后一次观测时

刻 T_3 为基准,则

$$\Delta T_1 = T_3 - T_1$$
$$\Delta T_2 = T_3 - T_2 \tag{6-6-3}$$

代入式(6-6-2),即可求出异顶差 Δh_1、Δh_2,因此修正了异顶差 Δh 的天体高度差分别为:

$$Dh'_1 = Dh_1 + \Delta h_1$$
$$Dh'_2 = Dh_2 + \Delta h_2 \tag{6-6-4}$$

以 Dh'_1 和 Dh'_2 作为船位线要素画船位线,即修正了异顶差的船位线,它们与第三条船位线 (Dh_3) 构成一船位误差三角形,由此求出的船位就是基准时刻 (T_3) 的观测船位。

由式(6-6-2)可知:当天体位于船舶首尾方向时,即舷角 $(A-TC) = 0°$ 或 $180°$ 时,异顶差 $\Delta h' = \dfrac{v}{60}\Delta T^m$,为最大;当天体位于船舶两舷正横时,异顶差为零。因此,只有当船舶航速较高 $(v>15\ \text{kn})$,观测时间间隔较长,天体又在船舶首尾方向附近时,才需进行异顶差的订正,否则可直接将船位当作平均观测时间的船位。

例 6-6-4:2022 年 10 月 21 日,$ZT0545$,$\varphi_c 35°17'.0N$,$\lambda_c 090°02'.0E$,$CA280°$,$v = 10\ \text{kn}$,测得下列三星:

Polaris: $CT' 11^h 43^m 07^s$, $WT20^s$, $h_s 35°39'.0$

Rigel: $CT' 11^h 44^m 10^s$, $WT16^s$, $h_s 34°44'.6$

Regulus: $CT' 11^h 45^m 25^s$, $WT26^s$, $h_s 49°32'.6$

$CE3^s($慢$)$,$e = 20.02\ \text{m}$,$(i+s) = -0'.8$,求 $ZT0545$ 的观测船位。

解:

φ_c	35−17.0N			
λ_c	90−02.0E			

SMT	0545	21/10		
ZD	− 06			
GMT'	2345	20/10		

CT'	23−43−07	20/10	CT'	23−44−10	20/10
WT	− 20		WT	− 16	
CE	+ 3		CE	+ 3	
GMT	23−42−50	20/10	GMT	23−43−57	20/10

$GHA\gamma'$	014−22.8		$GHA\gamma'$	014−22.8	
$m.s$	10−44.3		$m.s$	11−01.1	
$GHA\gamma$	025−07.1		$GHA\gamma$	025−23.9	
λ_c^E	090−02.0		SHA	281−05.4	
$LHA\gamma$	115−09.1		λ_c^E	090−02.0	
			LHA	036−31.3	
			Dec'	08−10.4S	

CT'	23-45-25	20/10	
WT	–	26	
CE	+	3	
GMT	23-45-02	20/10	

GHA_γ'	014-22.8
$m.s$	11-17.3
GHA_γ	025-40.1
SHA	207-36.6
λ_c^E	090-02.0
LHA	323-18.7
	36-41.3E
Dec'	11-51.5N

$$h_c = \arcsin(\sin\varphi_c \sin Dec + \cos\varphi_c \cos Dec \cos LHA)$$

$$A_c = \arccos\left(\frac{\sin Dec}{\cos\varphi_c \cos h_c} - \tan\varphi_c \tan h_c\right)$$

h_c	34-33.4	h_c	49-24.3
A_c	225°.7	A_c	116°.0

h_s	35-39.0	h_s	34-44.6	h_s	49-32.6
$i+s$	– 0.8	$i+s$	– 0.8	$i+s$	– 0.8
d	– 7.9	d	– 7.9	d	– 7.9
h'	35-30.3	h'	34-35.9	h'	49-23.9
ρ	– 01.4	ρ	–01.4	ρ	–0.8
h_t	35-28.9	h_t	34-34.5	h_t	49-23.1
	– 01-00.0	h_c	34-33.4	h_c	49-24.3
a_0	+ 45.8	Dh	+ 1.1	Dh	– 1.2
a_1	+ 0.5				
a_2	+ 0.3				
φ_o'	35-15.5N				

经作图得到 ZT0545 的观测船位为 $\varphi_o 35°17'.7N$，$\lambda_o 090°00'.4E$，如图 6-6-6 所示。

三、天文船位误差

影响天文船位误差的主要因素是天文观测误差。在航海观测中,六分仪是航海上最经典和观测难度最大的观测仪器,必须要经过大量的实践,在不断地总结观测经验的基础上才能提高观测水平,因此,通常将其作为衡量航海人员素质能力的标准之一。为提高观测精度,要求观测者熟悉六分仪,正确检查调整和校正其误差,熟练掌握观测方法,正规观测等等。对于观测熟练的观测者,其观测精度可以达到±1'.0。这是航海实践最基本的要求,否

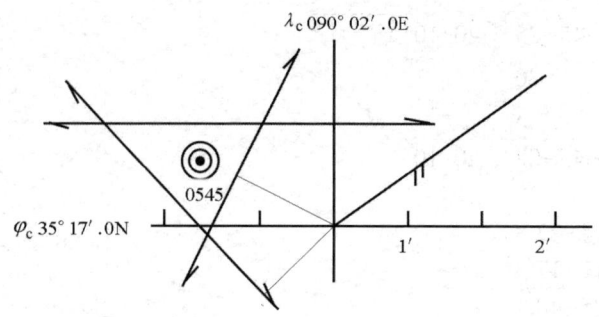

图 6-6-6　例 6-6-4 定位图示

则,讨论天文船位误差将失去意义。

1.天文船位线误差

天文船位线的误差包括系统误差和随机误差。

(1)系统误差 ε

①高度差法原理上的误差

高度差法原理上的误差是指方法本身产生的误差,包括以下三项:

a.船位线的方向误差:在墨卡托海图上用恒向线直线代替天体的大圆方位线所产生的误差。

b.船位线的曲率误差:在墨卡托海图上用恒向线直线代替船位圆曲线所产生的误差。

c.截点距离误差:由于截点不正确而产生的误差。

上述误差在一般情况(中纬海区)下可忽略。只有在高纬海区,天体高度较高,截距较大,天体接近东、西方向时才考虑修正上述误差。

②蒙气差的误差 $\Delta\rho$

蒙气差的计算公式 $\rho=1.002\cot\left(h'+\dfrac{7.31}{h'+4.4}\right)$ 是经验公式,因此用利用公式计算出的蒙气差代替实际蒙气差会产生一定的误差,并与气温、气压有关。当天体的高度低于15°时会产生不可忽略的误差。当天体的高度大于15°并小于30°时,蒙气差的误差 $\Delta\rho$ 约为 $0'.2$;当天体的高度大于30°时,$\Delta\rho$ 小于 $0'.1$。为减小 $\Delta\rho$ 的影响,应观测高度大于15°的天体,最好观测高度大于30°的天体,此时蒙气差的误差可忽略不计。

②实际眼高差与表列眼高差不一致产生的误差 Δd

眼高差的计算公式 $d=1.758\sqrt{e}$ 是经验公式,是以平均大气状态为条件导出的,因此用它来代替实际眼高差会产生一定的误差 Δd,该误差属于未定系统误差,并与折光差、气温、水温有关。在大洋中,该误差可忽略不计;在沿海、海湾,特别是气温与水温相差很大时,可产生不可忽略的误差。这就是沿海天文定位不准确的原因。

另外,观测时间的误差在最不利的情况下,每秒钟的误差会产生 $0'.25$ 的误差;作图误差因人而异。

综上所述,只要正确调整和校正六分仪误差,熟练掌握观测方法,正规观测;天文船位线的系统误差基本可以消除,但实际眼高差与表列眼高差不一致产生的误差无法直接消除,在大洋中可以忽略不计,但是在沿海、海湾该误差可产生较大天文船位线系统误差,属于未定系统误差 ε。

（2）随机误差 σ

观测高度的随机误差 σ_{h_t} 由各种因素综合影响所致，如观测时的海况、避风状况、水天线的清晰程度以及观测者的观测水平等等。据资料分析，在中纬海区，对一个有经验的测者来说，白昼观测太阳的单一观测标准差约为 $\pm 0'.7$，晨昏测星的单一观测标准差约为 $\pm 1'.2$，平均单一观测标准差约为 $\pm 1'.0$。

计算高度的随机误差 σ_{h_c} 主要为对于计算结果进行"四舍五入"时产生的凑整误差。每次凑整后产生的最大凑整误差 α 等于近似数末位的 ± 0.5 单位，即 $\alpha = \pm 0.5$（末位）。经推证可得到最大凑整误差 α 是凑整标准差 $\sigma_{凑}$ 的 $\sqrt{3}$ 倍，即

$$\sigma_{凑} = \pm \frac{\alpha}{\sqrt{3}} = \pm \frac{0.5（末位）}{\sqrt{3}} = \pm 0.29（末位） \approx \pm 0.3（末位） \tag{6-6-5}$$

《航海天文历》中的格林时角和赤纬均保留小数点后一位，其最大凑整误差 $\alpha = 0'.05$，凑整标准差为

$$\sigma_{凑} = \pm \frac{0'.05}{\sqrt{3}} \approx \pm 0'.03$$

由于天文定位要准确到 $0'.1$，从上述计算结果可见，格林时角和赤纬保留小数点后一位产生的凑整标准差为 $\pm 0'.03$，所以该项误差可忽略不计。

由误差传播定律得高度差的随机误差为：

$$\sigma = \pm \sqrt{\sigma_{h_t}^2 + \sigma_{h_c}^2} \tag{6-6-6}$$

（3）天文船位线误差的几何形式

由船位误差理论可知，可以用位置线梯度来表征观测误差与船位误差之间的大小和方向的关系。如图 6-6-7 所示，以天体地理位置 b 为圆心，天体真顶距 $Z = 90 - h_t$ 为半径得到天文位置线 $\text{I}(Z)$，利用高度差法绘出其切线即船位线 $\text{I}(Dh)$。如果观测高度含有误差 Δh（改正量），则使位置线由 $\text{I} - \text{I}$ 移动到 $\text{II} - \text{II}$。

观测值增量 $\Delta u = \Delta h$；天文位置线位移量 $\Delta n = \Delta h$。天文位置线的梯度模为：

$$g = \frac{\Delta u}{\Delta n} = \frac{\Delta h}{\Delta h} = 1, \tau = 天体的计算方位 A_c \tag{6-6-7}$$

位置线梯度方向 τ 是指向观测值增加而引起位置线移动的方向。当天体观测高度增加 Δh 时，天文船位圆半径减小相应值，位置线由 $\text{I} - \text{I}$ 移动到 $\text{II} - \text{II}$，所以天文位置线梯度的方向指向天体地理位置 b（或天体）。

船位线误差与观测误差的关系可以用位置线梯度来描述，由式（6-6-7）得 $\Delta n = \frac{\Delta u}{g} = \Delta u$。观测值增量就是观测误差，即 $\Delta u =$ 观测误差（随机误差 σ 或系统误差 ε）；位置线位移量就是船位线误差，即 $\Delta n = E$（船位线误差）。

船位线系统误差 $E_\varepsilon = \varepsilon$（改正量），符号为"+"或"-"，其梯度方向指向天体地理位置 b；船位线随机误差 $E_\sigma = \sigma$，其表现形式为船位误差带 $\pm E_\sigma$，如图 6-6-8 所示。

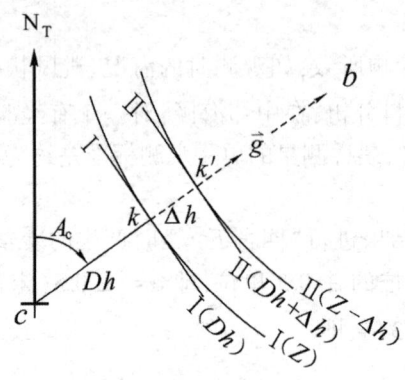

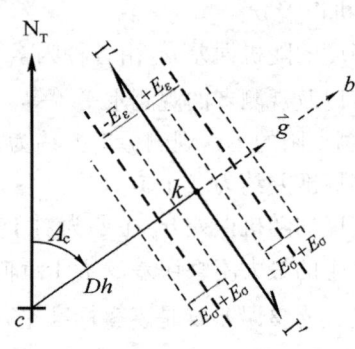

图 6-6-7　天文位置线梯度　　　　图 6-6-8　天文船位线误差

2.两天体定位及其船位误差

同时观测两天体,可得到两条天文船位线,其交点是观测船位。由于两条船位线均含有误差,得到的观测船位也必定含有误差。因此,应尽量减小观测误差对观测船位的影响,同时正确分析所测船位误差的分布,做到心中有数,必要时,采取有力措施,保证船舶航行安全。

在航海实践中,通常是同一测者用同一架六分仪在相同条件下观测两颗恒星,两条船位线可以认为是等精度的。下面讨论在等精度条件下船位误差的处理。

(1)两天文船位线定位船位系统误差

由船位误差理论可知,两条等精度船位线定位,且船位线系统误差的符号相同(简称同号系统误差),由同号船位线系统误差引起的船位系统误差 δ 为

$$\delta = \frac{1}{\sin\theta}\sqrt{E_{\varepsilon1}^2 + E_{\varepsilon2}^2 - 2E_{\varepsilon1}E_{\varepsilon2}\cos\theta} \qquad (6\text{-}6\text{-}8)$$

从上式可见,当船位系统误差 E 一定时,两船位线交角 $\theta<90°$,船位系统误差 δ 较小。如果两条船位线系统误差相等,即 $E_{\varepsilon1}=E_{\varepsilon2}=E_{\varepsilon}$,则

$$\delta = E_{\varepsilon}\sec\frac{A_2 - A_1}{2} = E_{\varepsilon}\sec\frac{\Delta A}{2}$$

A_1 和 A_2 分别为两天体的计算方位,$\Delta A = A_2 - A_1$,为两天体的方位差角,由图 6-6-9 可知,消除了系统误差的船位位于过两船位线的交点 p 所作的两天体平均方位$\left(A_m = \frac{A_1+A_2}{2}\right)$线(图 6-6-9 中的 Ⅲ-Ⅲ)上。平均方位线就是两天体方位差角(ΔA)的角平分线。

综上所述,两条天文船位线定位,在等精度条件下,只考虑系统误差的影响:

①观测条件一定时,两天体的方位差角 ΔA 小于 90° 为好。

②消除了系统误差的船位位于过两船位线的交点 p 所作的两天体平均方位线上,当两船位线系统误差 E_{ε} 同时为"+"时,船位在平均方位的方向上;E_{ε} 同时为"−"时,船位在平均方位的反方向上。过两船位线的交点 p 所作的两天体的平均方位线可以认为是一条消除了系统误差的船位线。

(2)两天文船位线定位船位随机误差

由船位误差理论可知,两条等精度船位线定位,船位随机误差可以利用等精度标准差椭圆描述,$\pm E_{\sigma}$ 为船位线的随机误差,θ 为两船位线的交角,其等精度标准误差椭圆的主半

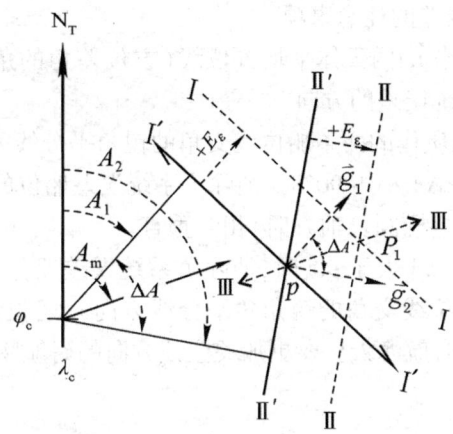

图 6-6-9 两天文船位线定位船位系统误差

轴为：

$$a = \frac{\pm E_{\sigma}}{\sqrt{2}\sin\frac{\theta}{2}}, b = \frac{\pm E_{\sigma}}{\sqrt{2}\cos\frac{\theta}{2}}, \alpha = \frac{\theta}{2}$$

在等精度条件下,当 $\theta < 90°$ 时, a 为长轴, b 为短轴;当 $\theta > 90°$ 时, a 为短轴, b 为长轴,误差椭圆长半轴总是位于两船位线交角的锐角平分线上($\alpha = \frac{\theta}{2}$)。因此,在表述两条船位线定位船位误差椭圆几何图形时, θ 总是取两条船位线交角的锐角,这一点要引起足够的重视。当两天体的方位差角 ΔA 小于 $90°$ 时,长轴平行于 $A_m \pm 90°$ 的方向;当 ΔA 大于 $90°$ 时,长轴平行于 A_m 的方向,如图 6-6-10 所示。

由于船位误差椭圆是等概率密度曲线,所以其能直观地描述出船位随机误差分布的方向,即在长轴方向上船位随机误差大,在短轴方向上船位随机误差小。

已知误差椭圆面积 $S = \frac{\pi E_{\sigma}^2}{\sin \Delta A}$,当真实船位落在误差椭圆内的概率一定时,椭圆的面积越小,则说明船位的精度越高。从误差椭圆面积公式可见,在概率一定的前提下,当 ΔA 趋近 $90°$ 时,误差椭圆的面积最小,则船位精度最高。当 $\Delta A < 30°$ 或 $\Delta A > 150°$ 时,船位误差几何图形的面积急剧增大,即船位精度急剧下降。因此,两天体定位只考虑随机误差的影响,两天体的方位差角应在 $30° \sim 150°$,趋近 $90°$ 最好。

（3）两天文船位线定位的观测注意事项及船位误差综合分析

综上所述,两天文船位线定位,船位误差与天文船位线误差（观测误差）和两天体的方位差角 ΔA 有关。

①提高观测精度的观测注意事项

a.提高观测精度:熟悉六分仪,正确调整,测定和校正其误差,熟练掌握观测方法,正规观测等等,须经大量实践,积累经验。

b.尽量缩短连续两次观测的时间间隔:熟练掌握观测方法,提高观测速度。

c.综合考虑:选择两天体方位差角的取值范围为 $30° \sim 150°$,取 $60° \sim 90°$ 为好,最好趋近于 $90°$。

②正确分析观测船位误差的注意事项

a.过两船位线交点 p 所作的两天体平均方位线(方位差角的角平分线)既是消除了系统误差的船位线,亦是船位系统误差的方向。

b.过两船位线的交点 p 所作的两条船位线交角的锐角平分线方向上船位随机误差大。

c.当两天体的方位差角 ΔA 小于90°时,消除了系统误差船位的方向(平均 A_m 的方向)与船位随机误差大的方向(误差椭圆长轴方向)相互垂直。

d.当两天体的方位差角 ΔA 大于90°时,消除了系统误差船位的方向与船位随机误差大的方向为同一方向(两条船位线交角的锐角角平分线方向),船位系统误差和随机误差引起的船位误差在该方向上叠加,航海人员要更加关注该方向的碍航物。

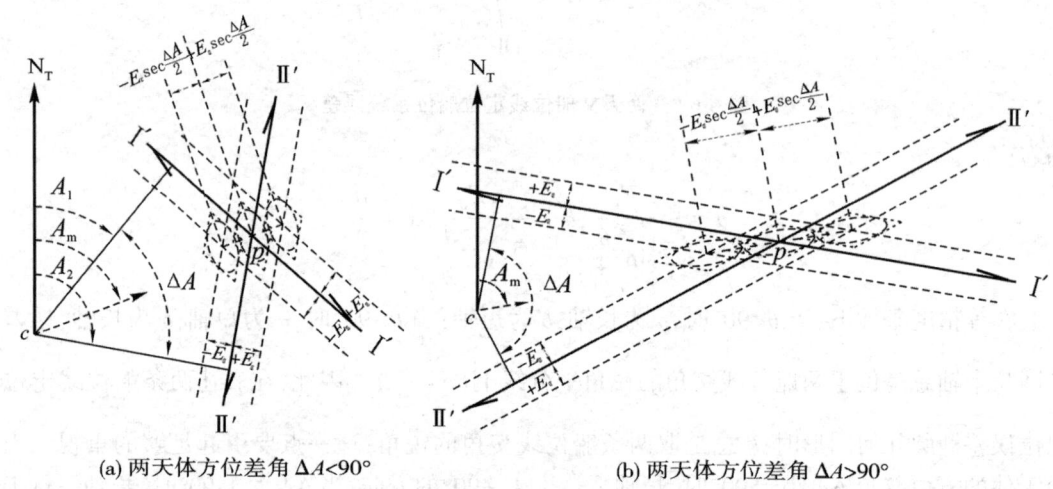

(a) 两天体方位差角 $\Delta A < 90°$　　　　　　(b) 两天体方位差角 $\Delta A > 90°$

图 6-6-10　两天文船位线定位船位误差示意图

3.三天体定位及其船位误差

同时观测三个天体(三颗恒星),可以得到三条天文船位线,由于存在误差,三条船位线不可能交于一点,而是形成一个三角形,称为船位误差三角形。这就产生了根据该三角形如何确定观测船位和估计船位误差的问题。

(1)三天体定位船位系统误差三角形的处理

如果三条船位线均只含系统误差(或未定系统误差),这时构成的船位误差三角形称为系统误差三角形(通常该误差三角形较大)。过三角形的三个顶点(每两条船位线的交点),分别可作三条平均方位线,每条平均方位线都可以看成是一条消除了系统误差的船位线,三条平均方位线的交点即是消除了系统误差的观测船位。也就是说,不必知道船位线系统误差的大小,就可将其抵消掉,而天文船位线的系统误差主要是未定系统误差,从这个意义上讲,也应尽量观测三天体定位。

下面分别讨论在三天体分布范围大于180°和小于180°两种情况下如何确定消除了系统误差的观测船位。

①三天体分布范围大于180°,船位系统误差三角形的处理方法

当三天体分布范围大于180°时,过船位误差三角形的三个顶点可以分别作出三条平均方位线(两天体方位差角的角平分线),其交点 p 即是消除了系统误差的船位,该点位于船位系统误差三角形内切圆的圆心上,见图6-6-11(a)(图中由消除了系统误差的船位 p 判断船位线系统误

差为"+")。在航海实践中,可以利用圆规按上述规则直接确定消除了系统误差的船位。

②三天体分布范围小于180°,船位系统误差三角形的处理方法

当三天体分布范围小于180°时,过船位误差三角形的三个顶点可以分别作出三条平均方位线(两天体方位差角的角平分线),其交点 p 即消除了系统误差的船位,该点位于船位系统误差三角形之外,中标(中间物标)船位线的外侧,旁切圆的圆心上,见图6-6-11(b)(图中由消除了系统误差的船位 p 判断船位线系统误差为"+")。在航海实践中,可以利用圆规按上述规则直接确定消除了系统误差的船位。

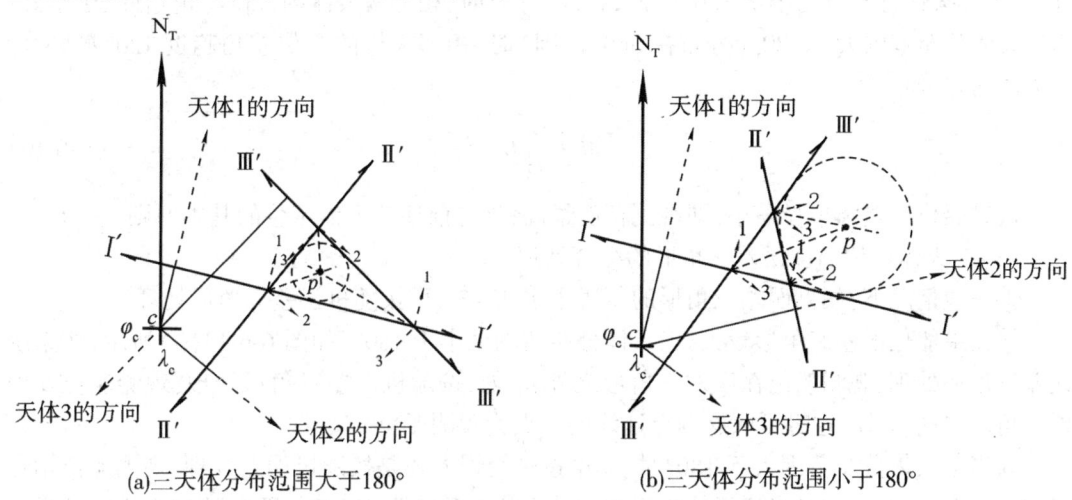

(a)三天体分布范围大于180°　　　　(b)三天体分布范围小于180°

图 6-6-11　天文船位系统误差三角形的处理

(2)三天体定位船位随机误差三角形的处理

三条船位线均只含有相同的随机误差时构成的船位误差三角形称为随机误差三角形(通常该三角形较小)。

①三条等精度天文船位线求最概率船位

船位误差理论已经证明,三条等精度天文船位线定位,无论三天体如何分布,最概率船位一定位于船位误差三角形之内,而且距各边的距离与相应边长成比例:

$$d_1 : d_2 : d_3 = a : b : c$$

这就是边距比例法。在实际工作中,由于随机误差三角形较小,没有必要一定按上述比例关系求最概率船位,而是根据边距比例法的原则用目视法在三角形内直接点出最概率船位,其规则是:最概率船位在三角形之内"靠近短边、大角",如图6-6-12所示。

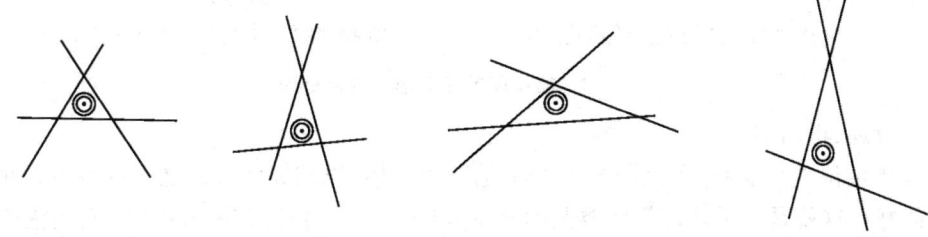

图 6-6-12　目视方法确定最概率船位

另外,最概率船位也可以用作图的方法求出,三条反中线(以三角形内角角平分线为对称轴,与中线对称的线)的交点即最概率船位,也可以用解析法求出。

②三条等精度天文船位线定位最概率船位的误差

由误差存在的必然性可知,三天体定位求得的最概率船位也必然存在误差,描述该误差的误差圆的半径为:

$$M = \frac{\sqrt{3}E_\sigma}{\sqrt{\sin^2\theta_{2,3} + \sin^2\theta_{1,3} + \sin^2\theta_{1,2}}} \quad (6\text{-}6\text{-}9)$$

$\theta_{2,3}$、$\theta_{1,3}$、$\theta_{1,2}$分别为每两条船位线夹角(方位差角)。从上式可见,在船位误差一定的条件下,当三天体分布范围小于180°(分布在同一侧)时,相邻两天体的方位差角趋近60°最好;当三天体分布范围大于180°(分布在360°范围)时,相邻天体的方位差角趋近120°最好,即三天体均匀分布,则

$$M = \frac{2}{\sqrt{3}}E_\sigma \quad (6\text{-}6\text{-}10)$$

这时船位误差圆半径最小,即观测精度最高,这与前述三天体定位的基本原则是一致的。

(3)三天体定位船位误差三角形的综合处理

①一般情况下,如果误差三角形的每边小于2′~3′,可按随机误差三角形处理。

②如果船位误差三角形较大,三天体分布范围又小于180°,如图6-6-13(a)所示,按系统误差三角形处理,观测船位在误差三角形之外p_1处,按随机误差三角形处理,观测船位在误差三角形之内p_2处,这时可取这两点连线的中点为观测船位p。

③当三天体分布范围大于180°时,无论按系统误差还是按随机误差处理,观测船位均在误差三角形之内,特别是当三天体相互之间的方位差角均为120°时,两种处理方法的结果是同一点(内切圆的圆心p),该点的可信赖程度最高,如图6-6-13(b)所示。

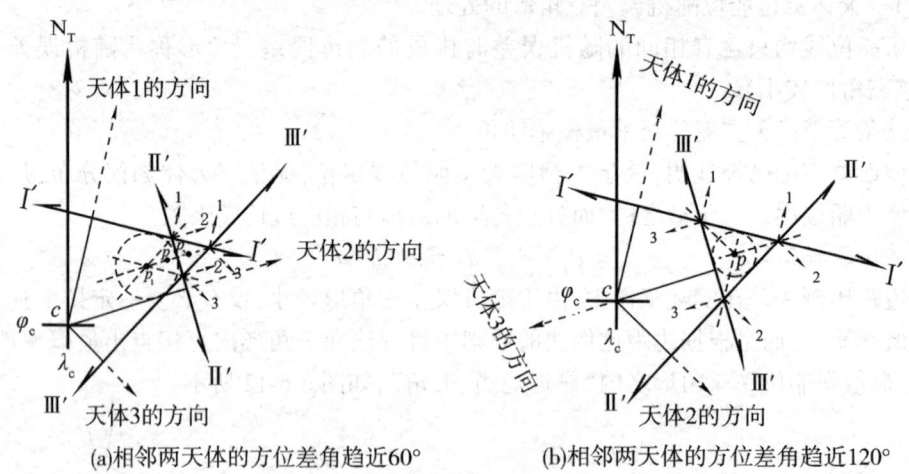

(a)相邻两天体的方位差角趋近60°　　　(b)相邻两天体的方位差角趋近120°

图6-6-13　船位误差三角形的综合处理

综上所述,得出如下结论:

三天体定位,应观测分布范围大于180°的三个天体,以相邻两天体之间的方位差角趋近120°为最好。这就是三天体定位要遵循的基本原则之一。另外,在图6-6-13中,由消除了系统误差的船位p,可以判定三条船位线的系统误差均为"−"。

注意:在航海实践中,航海人员在海图上只画出前述定位图中的实线部分,其他内容是航海人员应熟记的。在定位后,根据熟记的内容,对观测船位p的误差有一个正确的判断,做

到心中有数。如有必要,可根据当时的航行状况,做适当的航行调整,使船舶始终安全、经济地航行。

第七节　天文航海发展趋势

天文航海作为一种古老的航海技术,在人类航海活动中一直占据着相当重要的地位,但是近年来随着卫星定位技术的发展,天文航海越来越被忽视,船员对天文航海的应用越来越少,甚至在国际航运界出现了取消天文航海作为高级船员适任能力要求的呼声。天文航海究竟何去何从,值得我们深思。

一、STCW 公约对天文航海的要求

一直以来,STCW 公约对高级船员的适任能力都有天文航海的要求,这种情况在我国船员适任证书考试中被完全体现,甲板部高级船员管理级考试中就有天文航海相关知识的内容。但在航海实践中,由于卫星导航具有简单、方便、准确的特点,天文航海逐步被人忽视,很多船员甚至不太会运用天文航海了,因此国际上也出现了要求取消天文航海的呼声。

针对一些国家提出的上述看法,在国际海事组织(IMO)船员培训和值班标准分委会(STW)会议上,多数国家表示反对,但对天文航海适任能力应进行简化的看法被大多数国家接受。

在 2009 年 STW 第 40 次会议上,美国的提案(STW 40/7/20)提出,所有航海人员必须保持天文航海的适任能力以应对 GPS 失效后的情况。该提案反对将天文航海完全从适任表格中删除,认为应将天文航海知识降到最基本的要求,即保留观测太阳移线定位、观测恒星定位和观测天体方位求罗经差的适任要求。中国的提案(STW 40/7/48)不同意简单地删除天文航海适任要求的做法,建议在充分考虑现代航海技术发展及天文航海的计算手段的改进情况的基础上,保留天文航海中利用太阳和恒星定位的适任要求,并提出天文航海计算软件化的建议。

经审议,STW 第 40 次会议决定根据美国和中国的提案,简化关于天文航海的适任能力要求,并相应修改了规则 B 部分的第 B-11/1 节,我国提案建议的将天文航海计算软件化的手段,被置于相应章节的 B 部分。

二、天文航海计算软件化

天文航海计算软件自诞生以来经历了几十年的发展和应用过程。最早的天文计算机一般采用专用机,只能完成简单的坐标转化、高度改正等功能。计算机技术的发展和天文历计算数学模型精度的提高,为长期电子航海天文历的计算提供了可能,出现了许多天文航海计算的 PC 机程序。这些程序在功能、使用方法、程序界面、计算精度上各有不同。目前,好的天文计算软件一般包含以下几个模块:

①时间计算模块,用于确定测量时的世界时。

②天体位置计算模块,用于计算天体的赤道坐标。

③坐标转换模块,用于将天体赤道坐标转换为地平坐标。

④高度改正模块,用于完成六分仪读数到天体真高度的改正。

⑤定位模块,用于完成从位置线到船位的计算。

⑥天测罗经差模块,用于天体真方位计算并求取罗经差。

⑦作图模块,用于完成定位的可视化。

⑧星图显示模块,用于认星和选星。

三、DMU Celestial Navigator 软件简介

天文航海计算软件 DMU Celestial Navigator 是大连海事大学针对 PC 机研制开发的通用软件,能够实现天文航海的所有功能。其主要技术指标如下:

(1)电子航海天文历实现高精度航用天体的天体位置计算

太阳、月亮和金星、木星、火星、土星 4 颗行星及 57 颗航用恒星的位置精度能保证在未来 4000 年内达到角秒级电子天文历,如图 6-7-1 所示。

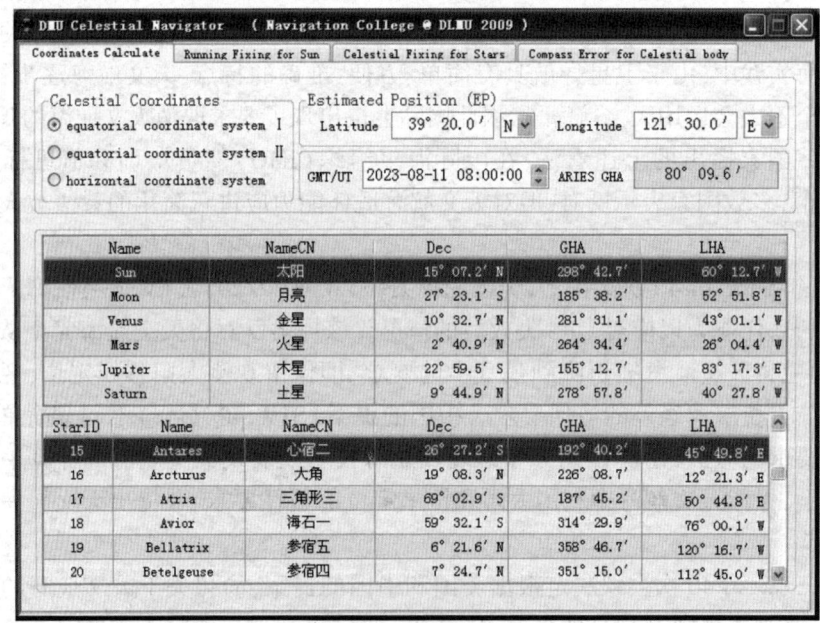

图 6-7-1　电子天文历

(2)太阳移线定位的天文船位线及天文船位计算

按需输入推算船位(EP)的纬度、经度,眼高(d),测天世界时(GMT/UT),经过六分仪指标差和器差($i+s$)修正后的天体高度,实时计算绘制太阳船位线需要的高度差($intercept$)、计算方位(A),计算太阳移线定位的天文船位(RF),绘制太阳移线定位示意图。

(3)航用行星、恒星的多星定位天文船位线及天文船位计算

按需输入推算船位(EP)的纬度、经度,眼高(d),测天世界时(GMT/UT),经过六分仪指标差和器差($i+s$)修正后的天体高度,实时计算绘制航用行星、恒星船位线需要的高度差($intercept$)、计算方位(A),计算航用行星、恒星多星定位的天文船位(AF),绘制航用行星、恒星

多星定位示意图。多星定位如图 6-7-2 所示。

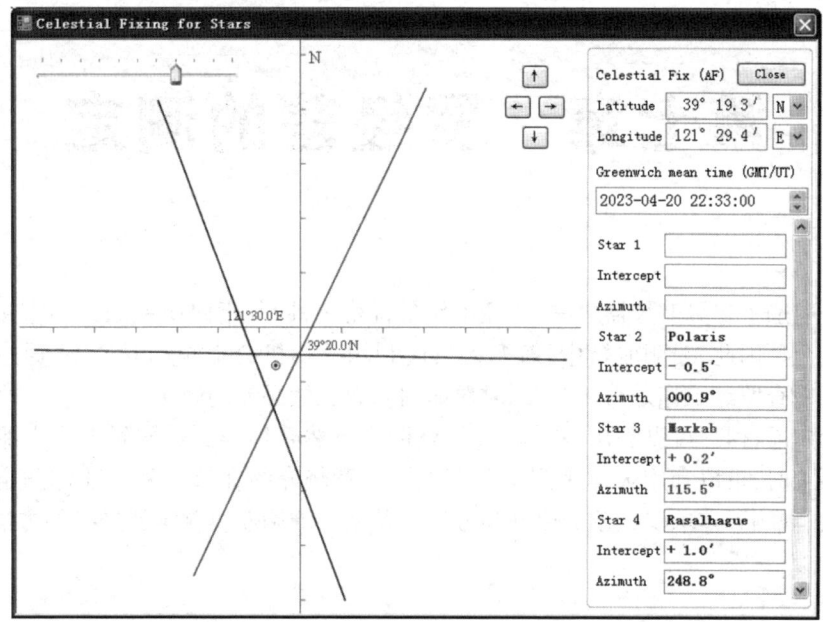

图 6-7-2　多星定位

(4)认星及选星

实时真地平平面天球图索星、选星及相关航用行星、恒星的高度方位计算和显示,如图 6-7-3 所示。

(5)天测罗经差

利用太阳真出没、太阳低高度及航用行星、恒星做天测罗经差的相关计算。

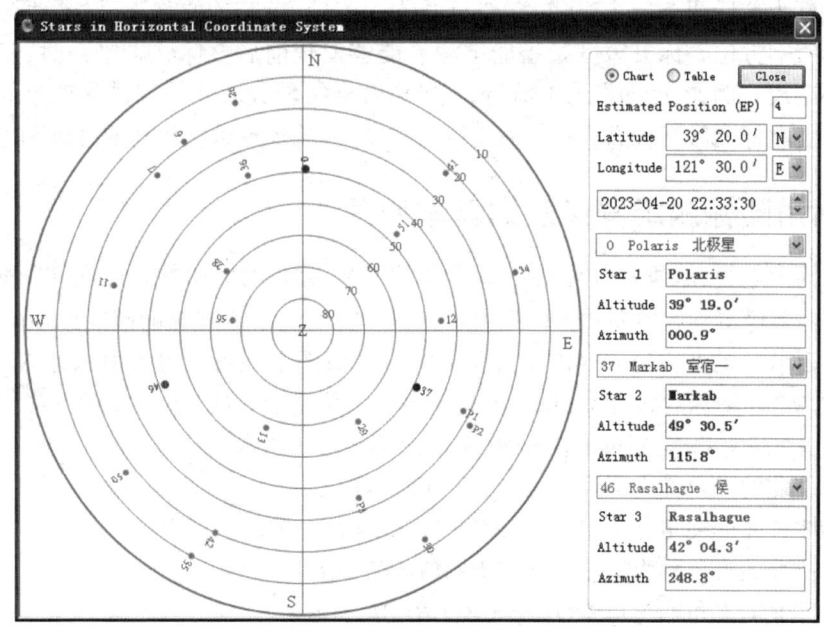

图 6-7-3　认星及选星

第七章　罗经差的测定

罗经是船舶主要导航仪器之一,罗经工作是否稳定,即其指向误差的大小直接关系到船舶的航行安全。因此,船舶航行中,航海人员应利用一切机会来测定罗经差,通过观察罗经差的变化来检查罗经工作是否正常,同时对航向和方位做必要的修正。

船舶近岸航行时,可以利用专设的方位叠标或自然叠标来测定罗经差。当船舶航行在开阔的海面上时,可以利用天体来测定罗经差。本章将介绍在海上利用陆标测定罗经差的原理和方法、观测天体求罗经差的原理和方法以及基于准确船位测定罗经差的方法。

第一节　利用陆标测定罗经差

船舶沿岸航行时,航海人员应利用一切可能的机会观测陆标测定罗经差,陆标可以是人工设定的方位叠标,也可以是自然方位叠标。人工方位叠标通常设在港口附近和狭水道地区。方位叠标由前后两个标志组成,离船近的称为前标,离船远的称为后标,两标志的连线为方位叠标线。方位叠标灵敏度是指船上测者能够发现前后叠标标志错开时,船舶偏离叠标线的最小距离。例如,船舶在海上航行,当驶离叠标线较远时才呈现错开现象的叠标灵敏度较低;反之,叠标灵敏度较高。在航海实际工作中,应选择灵敏度较高的叠标测定罗经差。

一、利用陆标测定罗经差的基本原理

船舶在海上航行,航海人员时刻要知道由真北 N_T 起算的船舶的真航向 TC 和物标的真方位 TB,而由罗经得到的航向和方位是由罗北 N_C(陀罗北 N_G)起算的船舶的罗航向 CC(陀罗航向 GC)和物标的罗方位 CB(陀罗方位 GB)。从海图上还可以得到由磁北 N_M 起算的船舶的磁航向 MC 和物标的磁方位 MB。上述航向和方位是船首线 CL 和物标方位线分别与真北 N_T、罗北 N_C(陀罗北 N_G)和磁北 N_M 的夹角,如图 7-1-1 所示。

真北与罗北的夹角称为罗经差,$\Delta C = TB - CB = TC - CC$。

真北与陀罗北的夹角称为陀罗差,$\Delta G = TB - GB = TC - GC$。

真北与磁北的夹角称为磁差,$Var = TB - MB = TC - MC$。

磁北与罗北的夹角称为自差,$Dev = MB - CB = MC - CC$。

由上可得,$\Delta C = Var + Dev$。

航海上求罗经差的基本公式为:

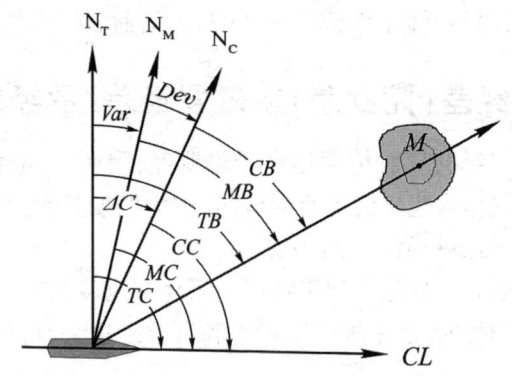

图 7-1-1　罗经差、磁差、自差示意图

$$\Delta C(\Delta G) = TB - CB(GB) \qquad (7-1-1)$$

式中,罗北偏在真北的东边罗经差为正(+),偏在西边罗经差为负(−)。

二、利用叠标测定陀螺差 ΔG 或罗经差 ΔC

船舶沿岸航行时可以利用叠标测定陀螺差(罗经差),如图 7-1-2 所示。

先在海图上量出叠标的真方位 TB(例如 343°)即叠标线的方向,然后在船上用罗经上的方位圈观测叠标的方位(如图 7-1-3 中船舶的位置 A),当叠标串视(看叠标的两标志在一条线上)时(如图 7-1-3 中船舶的位置 B),测得叠标的陀螺方位 GB(例如 345°),将其代入式(7-1-1),求得陀螺差 ΔG=TB−GB=343°−345°=−2°。

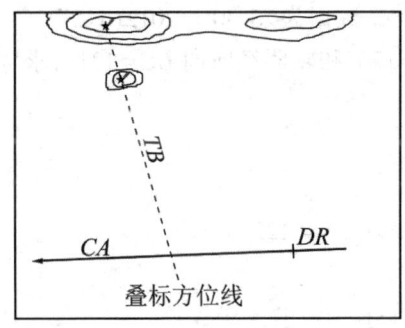

图 7-1-2　海图上叠标真方位示意图

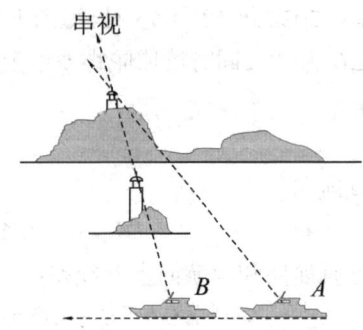

图 7-1-3　观测叠标罗方位示意图

利用叠标测定罗经差的步骤:

①根据观测时的船位在海图上找到叠标,并量出其真方位 TB;

②目视确定看到的叠标就是海图上的叠标,即叠标的辨识;

③利用方位圈观测叠标中的远(后)标(如图 7-1-3 中船舶的位置 A);

④随着船舶的航行直到看到前标与后标在一条线上(如图 7-1-3 中船舶的位置 B),即叠标串视时,测下叠标的陀螺方位 GB(或罗方位 CB);

⑤求罗经差 ΔG(ΔC)=TB−GB(CB)。

利用叠标测定罗经差的精度较高,但是人工叠标多设在港口附近和狭水道地区,使用上受到了一定的限制。当船舶航行在没有人工叠标的海区,航海人员可以根据看到的陆标自行选取自然叠标,重要的是自然叠标在海图上要有准确位置,同时要注意叠标的灵敏度。一一般情况下,当叠标串视时,船与近标的距离控制在 3~5 倍前后标的距离范围之内。

三、已知陀螺罗经差(陀罗差)求磁罗经差(罗经差)和自差

在现代航海中,陀螺罗经的导航精度远高于磁罗经,因而,一般情况下导航定位使用陀螺罗经,商船上的磁罗经仅作为应急设备而保留,并作为船舶是否适航的衡量标准之一。掌握正确的罗经差是航海人员航行值班的工作之一。

在航海实际工作中,航海人员除了利用陆标和天体测定罗经差以外,还经常采用将陀螺罗经航向与磁罗经航向比对的方法来求得罗经差和自差。这是航行值班驾驶员交接班时必做的一项工作。

在商船上,磁罗经安装在罗经甲板上,其航向不能方便地复示,而陀螺罗经指向精度较高,并且主陀螺罗经的航向可以利用分罗经在船舶的不同部位精确地复示出来,所以航海人员随时可以在船舶不同的位置方便地测定陀螺罗经差。这样已知陀螺罗经差,同时读取陀螺罗经航向和磁罗经航向,就能计算出真航向,从而求出罗经差和自差,方法如下:

①已知陀螺罗经差 ΔG(利用物标测定的陀螺罗经差);

②同时读取陀螺罗经航向 GC 和磁罗经航向 CC;

③求真航向 $TC = GC + \Delta G$;

④根据真航向和罗航向求罗经差 $\Delta C = TC - CC$;

⑤根据船位和海图上给出的磁差求出观测时的磁差 Var;

⑥求自差 $Dev = \Delta C - Var$。

例 7-1-1:2022 年 10 月 15 日,海图上的磁差 Var 数据为"0°30′E 2012(1′.5W)"。已知陀螺罗经差 ΔG 为+2°,同时读取陀螺罗经航向 $GC = 120°$ 和磁罗经航向 $CC = 131°$,求罗经差 ΔC 和自差 Dev。

解:

①求真航向:

$$TC = GC + \Delta G = 120° + 2° = 122°$$

②根据真航向和罗航向求罗经差:

$$\Delta C = TC - CC = 122° - 131° = -9° = 9°W$$

③求观测时的磁差:

$$Var = 0°30′E - 15′ = 0°15′E$$

④求自差:

$$Dev = \Delta C - Var = -9° - 0°15′ = -9°15′ = 9°15′W$$

四、自差的测定

磁罗经向位的精度,主要取决于自差的测定精度,在航海实践中,通常是由专业人员进行自差的校正、测定和自差表(或自差曲线)编撰的。磁罗经在使用的过程中受到外界多种因素的影响,使得自差发生变化,因此要定期校正,同时自差表要更新。不论由谁来校正自差,都需要航海人员操纵船舶加以配合。因为自差是航向的函数,所以在绘制自差表和自差曲线时需要在 N、NE、E、SE、S、SW、W、NW 八个方向点上测定自差。在航行中,如果有条件可

以按照如图 7-1-4 所示的航法测定八个方向点上的自差,即在八个航向中的每一个航向上均测定一次叠标的罗方位 CB,用叠标的真方位 TB(在海图上量取)减去叠标的罗方位求出罗经差 ΔC,用罗经差减去查得的磁差 Var,求出该航向上的自差 Dev。

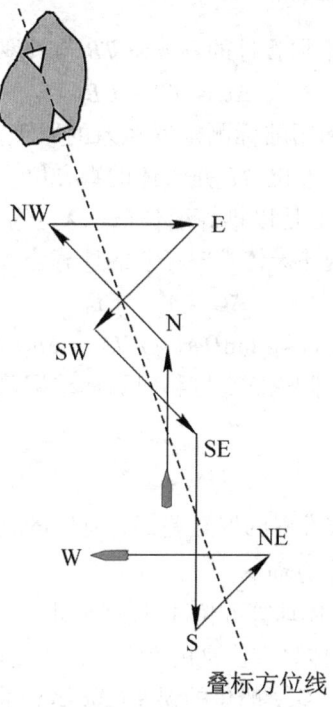

NW E

N

SW

SE

NE

W

S

叠标方位线

图 7-1-4 测定自差航法

在测试中,如果不知道被测物标的真方位以及磁差,可以采用八个航向上物标罗方位的算数平均值来代替物标的磁方位 $MB = \dfrac{1}{8}\sum\limits_{i=1}^{8} CB_i$,从而求出八个航向上的自差如下:

$$Dev_i = MB - CB_i = \frac{1}{8}\sum CB_i - CB_i, i = 1,2,\cdots,8$$

将上述自差代入有关公式中(见航海仪器中罗经差的校正,这里不再赘述),可以求出任意航向上的自差,从而编制出自差表并绘出自差曲线供驾驶人员修正向位时使用。

第二节 观测天体求罗经差

船舶近岸航行时,可以利用专设的叠标或灵敏度较高的自然叠标来测定罗经差。然而,当船舶航行在开阔的海面上时,或者航行在无叠标的海区时,或者夜间航行时,则只有利用天体来测定罗经差了。本节将介绍观测天体求罗经差的原理和方法。

一、观测天体求罗经差的原理及注意事项

1.观测天体求罗经差的原理

如前所述,罗经差 ΔC 可以根据叠标的真方位 TB 与其罗方位 CB 之差求得,即

$$\Delta C = TB - CB$$

观测天体求罗经差与上述利用陆标测定罗经差的原理基本相同,不同之处是观测的物标是天体。因此,CB 是天体的罗方位,TB 是天体的真方位。因为观测时的真实船位未知,所以无法求出天体的真方位,在海上是以推算船位 (φ_c,λ_c) 为基准求得天体的计算方位 A_c 来代替天体的真方位 TB。这样,观测天体求罗经差的计算公式为:

$$\Delta C = A_c - CB \tag{7-2-1}$$

$$\cot A_c = \cos\varphi_c \tan Dev \csc LHA - \sin\varphi_c \cot LHA \tag{7-2-2}$$

从上述公式可见,利用天体求罗经差与利用陆标求罗经差的区别主要是求真方位的方法有所不同。

2.观测注意事项

由式(7-2-1)可见,为求得较准确的罗经差 ΔC,应尽量减小 A_c 和 CB 的误差。因此,观测天体求罗经差时应注意以下几个方面。

(1)利用推算船位求得的天体计算方位 A_c 代替天体真方位所产生的方位误差 ΔA

在观测天体求罗经差中,天体真方位是由推算船位求得的天体计算方位 A_c 来代替的,而在观测时测者的推算船位与当时真实船位的误差 $(\Delta\varphi,\Delta\lambda)$ 将会使计算方位 A_c 产生一个方位误差 ΔA,因此,A_c 是变量 φ_c 和 $LHA(LHA=GHA+\lambda_c)$ 的函数。微分式(7-2-2),经整理得到 ΔA 与 $\Delta\varphi$ 和 $\Delta\lambda$ 的关系式为:

$$\Delta A = \tan h \sin A \Delta\varphi - \cos Dec \cos X \sec h \Delta\lambda \tag{7-2-3}$$

从上式可见,当推算船位与真实船位的误差 $\Delta\varphi$、$\Delta\lambda$ 一定时,用推算船位求得的计算方位 A_c 代替天体的真方位而产生的误差 ΔA 的大小主要取决于式中的 $\tan h$ 和 $\sec h$($\sin,\cos$ 函数的最大值为1),即取决于被测天体高度 h 的高或低,还可以看出 ΔA 与被测天体的方位 A 和赤纬 Dec 有关,由此得出如下结论:

①被测天体的高度越低,由 $\Delta\varphi$、$\Delta\lambda$ 引起的误差 ΔA 越小;

②当被测天体的方位 A 趋近 $0°$、赤纬 Dec 趋近 $90°$时,由 $\Delta\varphi$、$\Delta\lambda$ 引起的误差 ΔA 趋近零。

在实际观测中,推算船位与真实船位的误差 $(\Delta\varphi,\Delta\lambda)$ 是不可避免的,因此,用推算船位求得的计算方位 A_c 来代替天体的真方位而引起的方位误差 ΔA 也是不可避免的。但是,观测低高度天体的方位求罗经差可以减小该项误差(ΔA)。另外,北极星是北纬 $35°$以下海区在夜间测定罗经差的良好物标。因为它的赤纬接近 $90°$,方位接近 $0°$,所以 ΔA 趋于零。

(2)由罗经面的倾斜引起观测天体罗方位的误差 ΔB(简称倾斜误差)

利用罗经观测天体的罗方位时,应尽量保持罗经面的水平,否则测得物标的罗方位会产生一个误差,简称倾斜误差 ΔB。当罗经面的倾斜方向与天体方位垂直时,该误差(ΔB)最大(即测者面对天体,罗经面左右倾斜时产生的 ΔB 最大),如图 7-2-1 所示,罗经面水平时其对应的天顶为 Z,当罗经面倾斜角度 θ 后,其对应的天顶为 Z',此时天体 B 产生方位误差 dd_1 弧＝倾斜误差 ΔB,在球面三角形 $Z'dB$ 中,由正弦定理得

$$\frac{\sin\Delta B}{\sin h} = \frac{\sin\theta}{\sin(90° - h')} = \frac{\sin\theta}{\cos h'}$$

$$\sin\Delta B = \sin\theta\frac{\sin h}{\cos h'}$$

由于 θ 和 ΔB 均为小角度,则 $h' \approx h$,上式改写为

$$\Delta B = \theta\sin h \tag{7-2-4}$$

由式(7-2-4)可见:

①当倾斜角 θ 一定时,被测天体的高度 h 越低,倾斜误差 ΔB 越小;

②当被测天体的高度 h 一定时,倾斜角 θ 越小,倾斜误差 ΔB 越小。

为减小倾斜误差 ΔB,应观测低高度天体的罗方位来测定罗经差,并且在观测时应尽量保持罗经面水平。

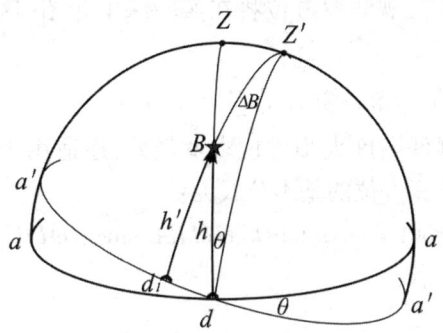

图 7-2-1　倾斜误差示意图

(3)观测注意事项

对有出没且在地平上经过东西圈的天体($Dec < 90°-\varphi$,$Dec < \varphi$ 且同名),当天体介于出没与东西圈之间时,其方位变化缓慢,这时是观测天体罗方位的良好时机。对于有出没,在地平上不经过东西圈的天体($Dec < 90°-\varphi$,Dec 与 φ 异名),其方位在出没时变化缓慢,这时也是观测天体罗方位的良好时机。

综上所述,观测天体方位求罗经差时应注意以下几点:

①应观测低高度天体的罗方位,其高度应低于 30°,最好低于 15°;

②观测时应尽量保持罗经面水平;

③为避免粗差和减小随机误差的影响,一般应连续观测三次,取平均值作为对应于平均时间的罗方位,罗经读数读至 $0°.5$,观测时间准确到 1^m;

④观测时应测天体的中心方位。

3.观测天体求罗经差的方法

目前,船上较常用的观测天体求罗经差的方法是:

①观测低高度太阳方位求罗经差(或观测低高度行星、恒星方位求罗经差);

②观测太阳真出没方位求罗经差;

③观测北极星方位求罗经差。

二、观测低高度太阳方位求罗经差

观测低高度太阳方位求罗经差是目前船舶在海上求罗经差普遍采用的方法,也是白昼

观测天体求罗经差的主要方法。

1.观测低高度太阳方位求罗经差的步骤

①观测低高度太阳($h^\circ<30°$)罗方位 CB,同时记下观测时间。

②求观测时太阳的计算方位 A_c。

常用的求计算方位的方法有:

方法一,利用《航海天文历》和三角函数计算器求计算方位;

方法二,利用《太阳方位表》求计算方位;

方法三,利用《航海天文历》和 GPS 卫导仪求计算方位。

③求罗经差 $\Delta C = A_c - CB$。

可见,观测低高度太阳方位求罗经差主要涉及的问题是正确观测低高度太阳的罗方位和如何求取太阳计算方位 A_c。观测罗方位将在实验课中介绍,这里主要介绍如何求取计算方位。

2.利用《航海天文历》和三角函数计算器求罗经差

该方法不但适用于观测低高度太阳方位求罗经差,还适用于观测低高度恒星方位和行星方位求罗经差。已知求计算方位的基本公式为:

$$\cot A_c = \cos\varphi_c \tan Dec \csc LHA - \sin\varphi_c \cot LHA$$

利用上式应注意以下几点:

①纬度恒为"+"。

②赤纬 Dec 与纬度 φ_c 同名时,赤纬 Dec 为"+";赤纬 Dec 与纬度 φ_c 异名时,赤纬 Dec 为"−"。

③地方时角 LHA 和计算方位 A_c 均为半圆周法。

④计算方位 A_c 的第一名称与测者纬度同名,第二名称上午观测为 E,下午观测为 W。

目前,函数计算器种类繁多,从性能上可分为一般计算器和带有程序编制功能的计算器两种类型,具体使用方法参见计算器说明书。在 GPS 和北斗导航仪等中都有利用上式编制的计算功能,使用方法参见导航仪器说明书。

例 7-2-1:2022 年 10 月 20 日,船时 SMT1543,推算船位 φ_c34°23′.0S,λ_c122°50′.7E,测得低高度太阳罗方位 CB280°,求罗经差 ΔC。

解:

ZT	1543	20/10
ZD	−8	20/10
GMT	0743	20/10

GHA'	288–47.7		Dec'	10–21.3S	d +0.9
$m.s$	10–45.0		d'	+0.7	
GHA	299–32.7		Dec	10–22.0S	
λ_c^E	122–50.7		φ_c^N	34–23.0S	
LHA	422–23.4 = 62–23.4W				

由式(7-2-2)得：

$$A_c = \text{arccot}(\cos34°23'.0\tan10°20'.7\csc62°23'.2 - \sin34°23'.0\cot62°23'.2)$$

$$= 97°.1SW = 277°.1$$

A_c	277°.1
CB	280°.0
ΔC	−2°.9

3.利用《太阳方位表》求罗经差

我国商船上目前使用的《太阳方位表》有中版和英版两种版本。两种版本排版格式基本相同,使用方法完全一样。因为两种版本造表所使用的原始数据不尽相同,所以计算的结果可能有微小的差别。使用《太阳方位表》求罗经差的方便之处是不必借助《航海天文历》即可求得太阳计算方位 A_c。

(1)《太阳方位表》的结构

该表共分两册,第一册包括纬度 0°~30°(英版称 Davis's Tables,戴氏表),第二册包括纬度 30°~64°(英版称 Burdwood's Tables,柏氏表),每册又分主表和附表。

①主表

主表分前后两个半册,前半册是赤纬与纬度同名,后半册是赤纬与纬度异名。查表引数为:

a.表列纬度 φ_T,表间距为 1°,列在页角;

b.表列赤纬 Dec_T,表间距为 1°,共计 0°~24°,列在每页第一行;

c.表列视时 LAT_T,表间距为 4ᵐ(中天前、后 1ʰ 之内表间距为 2ᵐ),每页左列引数为上午(a.m.)视时,右列引数为下午(p.m.)视时(英版表中视时用罗马数字表示)。

以 φ_T、Dec_T、LAT_T 为引数,从表中查得太阳半圆方位 A_T,其第一名称与测者纬度同名,第二名称上午观测为 E,下午观测为 W。

②附表

附表主要是"太阳赤纬表"和"时差表",它们均按 4 年中有 1 闰年的规律排列,所以每个附表中又分 4 个小表。查表引数是观测时的年、月、日,可查得世界时 12ʰ 的太阳赤纬 Dec 和时差 ET。使用附表一般不用内插。

(2)利用《太阳方位表》求罗经差的步骤

①观测太阳罗方位 CB,同时记下观测时间。

②根据观测日期从"太阳赤纬表"和"时差表"中查得太阳赤纬 Dec 和时差 ET。

③求观测时的视时 LAT:

$$LAT = LMT + ET = ZT + D\lambda + ET, D\lambda = \lambda_c - \lambda_m \tag{7-2-5}$$

上式求得的视时 LAT 需要换算成上午(a.m.)视时或下午(p.m.)视时才可查表,即

$$LAT_{\text{p.m.}}^{\text{a.m.}} = \begin{cases} LAT & LAT \leqslant 12^h \\ LAT-12^h & LAT > 12^h \end{cases}$$

④求计算方位 A_c:因为实际的 φ、Dec、LAT 不可能正好与表列 φ_T、Dec_T、LAT_T 一致,所以在根据 φ_T、Dec_T、LAT_T 查得的表列方位 A_T 的基础上,还要进行赤纬、视时和纬度三项比例内插才能求得计算方位 A_c。

$$A_c = A_T + \Delta A_{Dec} + \Delta A_{LAT} + \Delta A_\varphi \qquad (7\text{-}2\text{-}6)$$

式中:A_c 为半圆方位,第一名称与测者纬度同名,第二名称上午观测为 E,下午观测为 W。

⑤求罗经差:将 A_c 换算成圆周方位之后可求得罗经差 $\Delta C = A_c - CB$。

例 7-2-2:利用《太阳方位表》求例 7-2-1 中的太阳计算方位,并求罗经差。

解:

因为测者纬度 $\varphi_c 34°23'.0S$,所以使用《太阳方位表》第二册(或 Burdwood's Tables)。

①根据观测日期从"太阳赤纬表"和"时差表"中查取太阳赤纬 Dec 和时差 ET:

$Dec = 10°27'.0S \approx 10.5S$(准确至 $0°.1$)

$ET = +15^m 14^s \approx +15^m$(准确至 1^m)

②求视时 LAT:

λ_c	122−50.7	
−) λ_m	120−00.0	
$D\lambda$	+2−50.7 ≈ +11^m	
ZT	15−43	
$D\lambda$	+ 11	
ET	+ 15	
LAT	16−09	20/10
	4−09p.m.	

③求计算方位和罗经差:

已知 $\varphi_c 34°23'.0 \approx 34°.4S, Dec \approx 10°.5S, LAT = 4^h 09^m$p.m.

A_T	97.5
ΔA_{Dec}	−0.5
ΔA_{LAT}	−0.2
ΔA_φ	+0.2
A_c	97.0SW = 277.0
CB	280.0
ΔC	−3.0

三、观测太阳真出没方位求罗经差

在周日视运动中,当太阳的中心通过地心真地平时称为太阳的真出或真没,此刻太阳真高度 $h_t^\circ = 0°$,这时观测太阳的罗方位既不需要记录观测时间,也不必求太阳的地方时角,只需要根据推算纬度和当时的太阳赤纬就可以求得太阳真出没时的计算方位,从而可以相对简便地求出罗经差,因此,它是船上核验罗经差常用的方法之一。

1.求太阳真出没计算方位 A_c

当太阳真出没时,其真高度 $h_t^\circ = 0°$,此时天文三角形为球面直边三角形,如图 7-2-2 所示,由球面直边三角形公式得:

$$\cos A_c = \frac{\sin Dec}{\cos \varphi_c} \qquad (7\text{-}2\text{-}7)$$

从上式可见,只要已知推算纬度 φ_c 和太阳赤纬 Dec 即可求得太阳真出没时的计算方位 A_c。使用该式时应注意:

①纬度 φ_c 恒为"+";

②赤纬 Dec 与纬度 φ_c 同名,赤纬 Dec 为"+",异名为"−";

③计算方位 A_c 为半圆方位,第一名称与纬度 φ_c 同名,第二名称真出为 E,真没为 W。

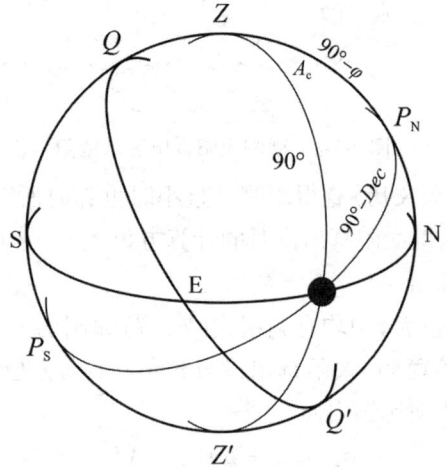

图 7-2-2 太阳真出没示意图

2.观测太阳真出没时的罗方位

观测太阳真出没方位求罗经差,首先要观测到太阳真出没时的罗方位。只有当太阳真高度 $h_t^{\odot}=0°$ 时才可观测到太阳真出没的罗方位。那么,什么时候太阳真高度 $h_t^{\odot}=0°$? 这是观测太阳真出没罗方位的关键。

设目视观测太阳真出没时的下边沿高度为 $h_o^{\odot}$,则

$$h_t^{\odot} = h_o^{\odot} - d - \rho + p + SD = 0°$$

如在式中取眼高 $e=16\text{ m}$,则 $d=7'$;取平均蒙气差 $\rho=30'$;视差 p 很小,可忽略不计;取 $SD=16'$(太阳平均视半径),得:

$$h_o^{\odot} \approx 21' \approx \frac{2}{3}D\,(\text{太阳平均视直径 } D=32') \tag{7-2-8}$$

也就是说,当目视太阳下边沿视高度 $h_o^{\odot}$ 约为 $\frac{2}{3}$ 太阳视直径时,此刻观测的太阳罗方位即太阳真出没罗方位,如图 7-2-3 所示。显然,观测太阳真出没罗方位的时刻受到限制,必须在 $h_o^{\odot} \approx \frac{2}{3}D$ 时观测,而且观测时必须可见水天线。另外,太阳真出没时太阳介于出没与东西圈之间,其方位变化较慢,则观测方位精度较高。

3.观测太阳真出没方位求罗经差的步骤

(1)当太阳下边沿目视高度约为 $\frac{2}{3}$ 太阳视直径时,观测太阳罗方位(CB 或 GB)。

(2)求太阳真出没时的计算方位 A_c。

①利用《航海天文历》和三角函数计算器求 A_c:

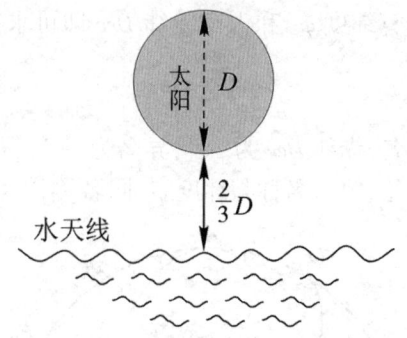

图 7-2-3　观测太阳真出没示意图

根据观测日期从《航海天文历》查得观测时整小时世界时所对应的太阳赤纬,根据式(7-2-7)利用三角函数计算器求得太阳真出没时的计算方位 A_c。

②利用《太阳方位表》求 A_c:

在英版和中版《太阳方位表》中均有利用式(7-2-7)编制的太阳真出没方位表,查表引数为纬度和赤纬。为节省表的篇幅,太阳真出没方位值(半圆方位)列在主表赤纬列的最后。查表时要进行赤纬和纬度两项比例内插。

$$A_c = A_T + \Delta A_{Dec} + \Delta A_\varphi \tag{7-2-9}$$

式中: A_c 为半圆方位,第一名称与测者纬度同名,第二名称真出为 E,真没为 W。

(3)求罗经差 ΔC(或 ΔG)= $A_c - CB$(或 GB)。

例 7-2-3: 2022 年 10 月 20 日,推算船位 $\varphi_c 34°45'.0N$,$\lambda_c 163°01'.0E$,测得太阳真没罗方位 $CB254°.5$,求罗经差 ΔC。

解:

①利用计算器求太阳真出没方位:

由《航海天文历》查得 10 月 20 日 GMT1200 的太阳赤纬 $Dec = 10°25'.8S$,则

$$A_c = \arccos \frac{\sin(-10°25'.8)}{\cos 34°45'.0}$$

$$= 102°.7NW$$

$$= 257°.3$$

$$\Delta C = 257°.3 - 254°.5$$

$$= +2°.8$$

②利用太阳方位求太阳真出没方位:

$\varphi_c 34°45'.0N \approx 34°.7N$。由太阳赤纬表查得 10 月 20 日太阳赤纬 $Dec = 10°25'.8S \approx 10°.4S$,则

A_T	101°.6
ΔA_{Dec}	+0°.5
ΔA_φ	+0°
A_c	102°.1NW = 257°.9
CB	254°.5
ΔC	+3°.4

四、观测北极星方位求罗经差

北极星的赤纬趋近 90°N[89°21'.7N(2022 年)],而且在北纬中、低纬海区所见北极星在周日视运动中的方位角变化范围不超过 2°。由式(7-2-3)可知,当天体赤纬趋近 90°、方位趋近 0°时,由推算船位的误差而引起的天体计算方位的误差 ΔA 趋于零。此外,北极星的高度近似等于测者纬度,相对较易识别,所以,北极星是北纬中、低纬海区夜间测定罗经差的良好物标。

1.求北极星的计算方位 A_c

如图 7-2-4 所示,利用球面窄三角形公式可以求得北极星方位计算公式:

$$A_c = (90° - Dec_0)\sin(LHA_\Upsilon - RA_0)\sec\varphi \qquad (7-2-10)$$

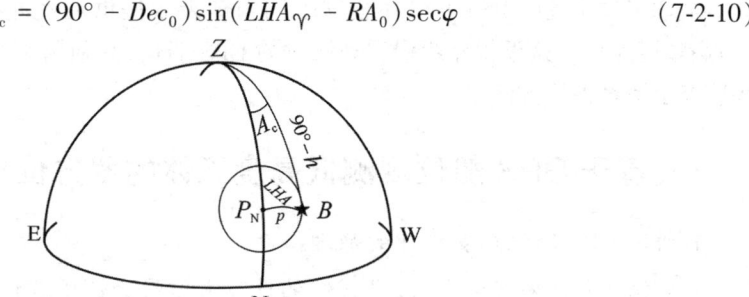

图 7-2-4 求北极星计算方位原理图

利用式(7-2-10)编成"北极星方位角表"列在《航海天文历》中,查表引数为春分点地方时角 LHA 和测者推算纬度 φ_c,查得北极星计算方位 A_c(不用内插)。注意,中版《航海天文历》给出的是北极星半圆方位,英版《航海天文历》给出的是北极星圆周方位。

2.观测北极星方位求罗经差的步骤

(1)由于北极星是 2 等星,较不易观测,应尽可能连续观测 3 次取算术平均值,在观测北极星罗方位 CB 的同时记下观测时间和推算船位。

(2)根据观测时间,利用《航海天文历》求出 $LHA_\Upsilon = GHA_\Upsilon \pm \lambda_{cW}^{E}$。

(3)以 LHA_Υ 和 φ_c 为引数从"北极星方位角表"直接查得北极星圆周方位 A_c。

(4)求罗经差 $\Delta C = A_c - CB$。

例 7-2-4:2022 年 10 月 20 日,船时 ZT2242,推算船位 $\varphi_c 15°45'.0N$,$\lambda_c 65°10'.0E$,测得北极星罗方位 CB001°.5,求罗经差 ΔC。

ZT	2242	20/10
ZD	−4	
GMT'	1842	20/10
GHA_Υ'	299−10.5	
m.s	010−31.7	
GHA_Υ'	309−42.2	
λ_c	065−10.0E	
GHA_Υ'	374−52.2 = 14−52.2	

A_T		000.3
$-)$	CB	001.5
ΔC		-1.2

第三节　基于准确船位测定罗经差的方法

全球定位系统(GPS)可以在全球范围内全天候提供近乎连续的三维(纬度、经度和高度)高精度船位。这里将介绍根据观测时的 GPS 船位,并利用 GPS 卫导仪的航海计算功能,快速求出罗经差的方法。

一、基于 GPS 船位观测低高度天体的罗方位求罗经差

1.利用 GPS 船位求罗经差的原理

在观测天体求罗经差中,以求天体的计算方位最为烦琐,而且,推算船位的误差会导致天体计算方位产生一定的误差。如果利用 GPS 船位以及卫导仪的计算功能求罗经差,上述问题将会迎刃而解。

设测者观测天体罗方位时的船位为(φ_1,λ_1),该位置由 GPS 卫导仪直接给出。天体地理位置为(φ_2,λ_2),可由下式求出:

$$\begin{cases} \varphi_\mathrm{S}^\mathrm{N}=Dec_\mathrm{S}^\mathrm{N} \\ \lambda_\mathrm{W}^\mathrm{E}=\begin{cases} 360°-GHA & (GHA>180°) \\ GHA & (GHA<180°) \end{cases} \end{cases} \tag{7-3-1}$$

在 GPS 卫导仪中均有按 $\cot A_c=\cos\varphi_1\tan\varphi_2\csc D\lambda-\sin\varphi_1\cot D\lambda$ 关系设计的求两点间大圆航向的功能。只要将天体地理位置(φ_2,λ_2)输入卫导仪,卫导仪就可以随时自动显示当前船位(φ_1,λ_1)到天体地理位置(φ_2,λ_2)的大圆航向,即天体计算方位 A_c。由于 GPS 可以连续提供高精度的观测船位(φ_1,λ_1),由该船位求得的计算方位 A_c 可以代替天体真方位,由此产生的误差完全可以忽略不计。

2.利用 GPS 船位求罗经差的步骤

①根据预计观测天体罗方位的世界时(以整小时最方便,即查天文历不用内插)查《航海天文历》预求出观测时天体的赤纬 Dec 和格林时角 GHA,利用式(7-3-1)求出天体地理位置(φ_2,λ_2)。

②将天体地理位置(视其为一转向点)输入卫导仪,卫导仪就可以时刻显示当前船位(φ_1,λ_1)到天体地理位置(φ_2,λ_2)的大圆航向,即天体计算方位(但不是观测时的天体计算方位)。

③到预计观测的时刻,用罗经测得天体罗方位 CB 的同时,读取 GPS 卫导仪显示的大圆航向,即是观测时的计算方位 A_c。注意,这里要尽量使测得的 CB 与读取的 A_c 在时刻上

同步。

④求罗经差 $\Delta C = A_c - CB$。

上述方法是现代船舶观测天体求罗经差的最好方法,不用记忆求天体计算方位的公式和进行烦琐的计算就可以快速地求出天体的计算方位,而且计算精度高。

二、基于 GPS 船位观测单物标的罗方位求罗经差

在本章第一节中介绍了观测方位叠标求罗经差的方法,但是,因人工方位叠标设置有限而限制了该方法的使用,特别是船舶接近港口和进入狭水道,船舶的通航密度增大,航海人员为了正确操纵船舶、保证航行安全而无暇顾及罗经差的测定,而在远离港口的近岸海域又没有足够的人工方位叠标以供观测,这时,可以利用在海图上有准确位置的显著的单一陆标测定罗经差。这种方法必须借助 GPS 导航仪和其船位。方法如前所述,只要将前述的天体地理位置改成被测物标的地理位置即可,从而打破了必须利用叠标测定罗经差的限制。这里应选测方位变化慢的、在海图上有准确位置的物标,并尽量使观测时刻与 GPS 船位时刻同步,以减小观测时刻与计算时刻不同步而引起的计算方位误差。

观测单物标罗方位求罗经差的步骤:

①选择在海图上有准确位置的、方位变化慢的显著物标,并量出其经纬度 (φ_2, λ_2);

②将 (φ_2, λ_2) 输入 GPS 导航仪,导航仪就可以时刻显示当前船位 (φ_1, λ_1) 到 (φ_2, λ_2) 的大圆航向;

③用罗经测得物标罗方位 CB 的同时,读取 GPS 卫导仪显示的大圆航向,即物标的计算方位 A_c,这里要尽量使测得的 CB 与读取的 A_c 在时刻上同步;

④求罗经差 $\Delta C = A_c - CB$。

第三篇
航路资料

【第三章】
林语堂研究

第八章 潮汐与潮流

潮汐(tide)即海面周期性的升降运动。其中,海面上升的过程称为涨潮(flood tide),当海面升到最高时,称为高潮(high water, *HW*);海面下降的过程称为落潮(ebb tide),当海面降到最低时,称为低潮(low water, *LW*)。伴随海水周期性的涨落,还同时产生海水周期性的水平方向流动,即潮流(tidal stream)。

潮汐与渔业、盐业、港口建筑以及海水动力利用有着十分密切的关系。潮汐与航海的关系也非常密切,直接影响船舶航行计划的实施和航海安全,如需要通过浅水区,需预先依据潮汐资料计算出当地潮高,并正确调整货载和吃水差;为了保证船舶安全地行驶在计划航线上,需随时掌握当地潮汐与潮流资料,观测船位,调整航向,即使在港内也不容忽视潮汐、潮流对船舶安全的影响。在沿岸航行中,船长的航行命令、公司的航行规章制度、国际机构等对航行值班驾驶员的指导性文件中,都将掌握当时和未来的潮汐和潮流列为确保航行安全的驾驶台工作的重要内容。

潮汐学有着丰富的内容,本章仅从航海实际应用出发,阐述潮汐的基本成因、潮汐术语、潮汐和潮流的计算方法等内容。

第一节 潮汐的基本成因和潮汐术语

地球表面上任一水质点除受到地心引力和地球自转惯性离心力的作用外,还受到其他天体的引潮力(tide-generating force)的作用。地球上某一固定点所受到的地心引力和地球自转惯性离心力的大小和作用方向都是恒定的,所以地心引力和地球自转运动对潮汐不产生影响。潮汐产生的原动力是天体的引潮力,即天体引力和地球–天体相对运动所需的惯性离心力的向量和。其中主要是月球的引潮力,其次是太阳的引潮力。目前,现代潮汐科学发展迅速,潮汐理论更加完善。本节根据航海实际需要,扼要地利用平衡潮理论(静力学理论)分析潮汐的基本成因,并对调和常数分析法做简单介绍。

平衡潮理论是牛顿创立的,平衡潮是海水在引潮力和重力作用下达到平衡时的潮汐。为了使问题简化,平衡潮理论有两个假设:

(1)整个地球被等深的大洋所覆盖,所有自然地理因素对潮汐不起作用。

(2)海水没有摩擦力和惯性力,外力使海水在任何时候都处于平衡状态。

以下根据平衡潮理论讨论潮汐的基本成因。

一、月球的引潮力与潮汐的形成

1.月球的引力

根据万有引力定律,若以 m_M 表示月球质量,以 m_E 表示地球质量,R 表示地月中心距离,则地球和月球之间的引力为:

$$f = k \frac{m_M \cdot m_E}{R^2} \qquad (8\text{-}1\text{-}1)$$

式中:k——万有引力系数。

而地球表面上至月球中心距离为 x 的单位质点 P 所受的引力为:

$$f_P = k \frac{m_M}{x^2} \qquad (8\text{-}1\text{-}2)$$

即地球上各点所受引力的大小和方向均不相同,其大小取决于该点至月球中心的距离,方向均指向月球中心(如图 8-1-1 所示)。

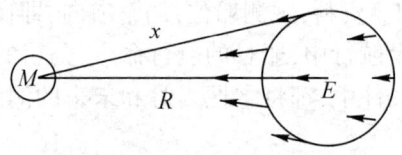

图 8-1-1　月球的引力

2.惯性离心力

月球绕地球的公转是在一个平衡引力系统下的运动,确切地说,这种运动是月球和地球绕它们的公共质心 G 运动(见图 8-1-2)。根据 $m_E \approx 81.5 m_M$,$R \approx 60.3r$(r 为地球半径),可以推导出公共质心位于月球中心 M 和地球中心 E 的连线上,并且离地心 $0.73r$ 处。因此,如果把月球和地球都看作一个质点,则地球和月球分别以 $0.73r$ 和 $R-0.73r$ 为半径做圆周运动。地球质心所受到的惯性离心力应为 $m_E \cdot 0.73r \cdot \omega^2$($\omega$ 为圆周运动的角速度),此惯性离心力必定等于月球引力 $f = k \dfrac{m_E \cdot m_M}{R^2}$,否则,月球引力就会把地球吸引过去。地球中心单位质量的惯性离心力与月球对其的引力 $\left(k \dfrac{m_M}{R^2} \right)$ 大小相等、方向相反,方向背离月球,背离公共质心。

但是,月球与地球实际都不是质点,而是有一定尺寸的几何物体,因此,月球与地球的相对运动不能简单地看作质点运动,而是绕公共质心做平动运动。平动运动是指运动物体内部任意一条固定的直线在运动中始终保持它的方向不变的运动,平动运动的物体内任意一点的位移、速度和加速度都是与质心相同的。

如图 8-1-3 所示,取地球中心 E 和地球表面上的一点 A 进行说明。当地球中心位于 E_1 时,A 位于 A_1,月球位于 M_1 的方向上;当 E 绕公共质心 G 转至 E_2 时,A 转至 A_2,月球转至 M_2 的

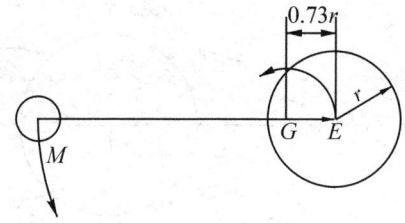

图 8-1-2 月-地系统的运动

方向上。由于在旋转过程中两点的连线时刻保持平行且相等,因此,A 不是绕公共质心 G 而是绕着自己的中心 G' 旋转,并使得 EG 与 AG' 时刻平行且相等,即 A 绕着与 E 不同的圆心但相同的半径转动。然后,E 从 E_2 到 E_3 再到 E_4 最后返回 E_1 位置,绕 G 旋转一周;A 从 A_2 到 A_3 再到 A_4 最后返回 A_1 位置,以与 E 相同的半径绕 G' 旋转一周。即在地球绕着月-地系统的公共质心 G 做平动运动时,地球上各点以相同的半径($0.73r$)绕着各自的中心旋转,且各点的旋转速度和方向在每时每刻都相等。

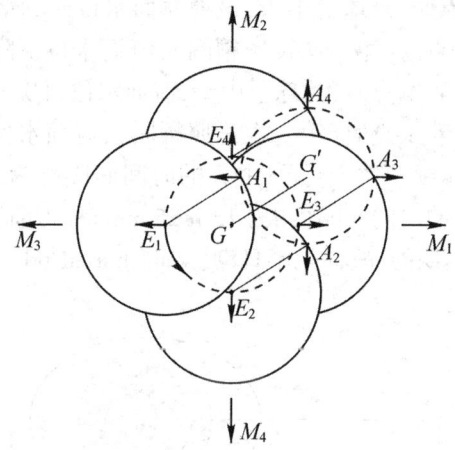

图 8-1-3 地球的平动运动

因此,地球表面任意一单位水质点与质心 E 处单位质量一样受到一个相同的惯性离心力,大小相等,背离月球,互相平行。

3.月引潮力和月潮椭圆体

通过上述讨论可知,地球上各点在任何时刻均同时受到月球引力和地球绕公共质心做平动运动所产生的惯性离心力的作用,这两个力的矢量和即为月引潮力。

图 8-1-4 是地球上各点月引潮力的大小和方向的示意图。显然,在地球中心,引力和惯性离心力大小相等,方向相反,处于力的平衡状态,引潮力等于零。但是,在地球表面上各点的引力和惯性离心力不会相互抵消,从而产生了引潮力。虽然各点引潮力的大小和方向皆不相同,但对整个地球而言,仍处于一种平衡状态。然而,对地球表面上的水质点来说,将受到这种引潮力的作用而产生潮汐现象。

根据假设,整个地球表面被等深的海水所覆盖,则在引潮力的作用下,形成了长轴与月地连线重合的椭圆体,称为月潮椭圆体(如图 8-1-5 所示),它上面所受引潮力指向球心的各

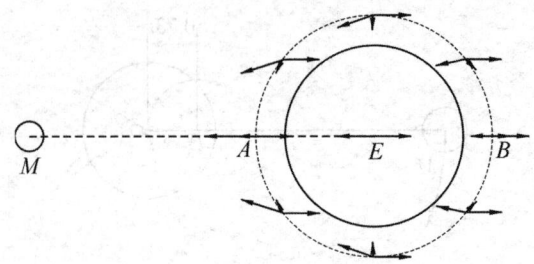

图 8-1-4　月引潮力

点所组成的水圈称为照耀圈。

4.潮汐的形成

图 8-1-5 是假定月球赤纬为零时的月潮椭圆体，P 为地极，A_1、A_2、A_3、A_4 分别表示地球表面上任意一点 A 随着地球自转中的 4 个位置。这个潮汐椭圆体的长轴在月、地中心的连线上。

当 A 随地球自转至 A_1 点时，月球上中天，该地海面水位升到最高，产生该地该日第一次高潮；当 A 随地球自转至 A_2 点时（第一次过照耀圈），海面水位下降到最低，产生该地该日第一次低潮；当 A 随地球自转至 A_3 点时，月球下中天，海面水位再次升到最高，产生该地该日第二次高潮；当 A 随地球自转至 A_4 点时（第二次过照耀圈），海面水位再次下降到最低，产生该地该日第二次低潮。月球连续两次上（下）中天的时间间隔称为一个太阴日，约为 24 h 50 min。相邻两个高潮（低潮）的时间间隔（约为 12 h 25 min）称为潮汐周期。可见，我们所讨论的潮汐是以半个太阴日为周期的，故称为半日潮（semi-diurnal tide）。

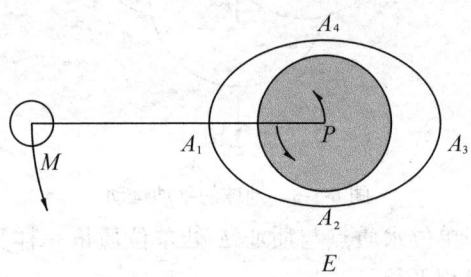

图 8-1-5　月潮椭圆体

二、潮汐不等

1.潮汐的周日不等

上面我们讨论了月赤纬等于零的情况下地面某点潮汐一日的变化。这样在一个太阴日中发生的两次高潮潮高（低潮潮高）及相邻的高、低潮的时间间隔均相等。

而实际上，在同一太阴日中发生的两次高潮或两次低潮的潮高以及相邻的高、低潮的时间间隔并不相等，这种现象称为潮汐周日不等（diurnal inequality of tide）。

图 8-1-6 是当月赤纬不等于零时的潮汐椭圆体，这时潮汐椭圆体的长轴与赤道平面之间的夹角等于当时的月球赤纬。当测者的纬度不为零时（如点 Z），由于地球自转的缘故，当 Z

点在Z_1处时,发生第一次高潮,过一段时间后,处在Z_2位置时,发生第一次低潮。第二次高潮则发生在Z_3处,显然,同一太阴日中两次高潮(低潮)的潮高不等,而且$Z_1Z_2 \neq Z_2Z_3$,即相邻的高、低潮时间间隔不等或涨落潮时不等。当月球赤纬增大时,这种潮汐周日不等现象更为显著。另外,如果纬度等于或大于90°与月球赤纬之差,则每天就只有一次高潮和一次低潮了,如图中位于D_1D_2纬圈上的各点所示。但是对于赤道上的测者情况就不同了,其在Q_1处经历高潮,Q_2处经历低潮,Q_3处经历第二次高潮,因为Q_1和Q_3是通过潮汐椭圆体中心的直线与椭圆面的两个交点,所以Q_1和Q_3处的潮高相等,即赤道上的测者经历的两次高潮的潮高相同。因为Q_2和其地球另一侧的相对点都位于照耀圈上,所以赤道上的测者经历的两次低潮的潮高也相同,因为$Q_1Q_2 = Q_2Q_3$,所以赤道上的涨落潮时也相同,即赤道上无潮汐的半日不等现象。所以,当月球赤纬不等于零时,纬度不为零的地方存在潮汐的周日不等现象;月球的赤纬越高,这种现象越显著;纬度越高的地方,这种现象也越严重;纬度等于或大于90°与月球赤纬之差的地方,一天只有一次高潮一次低潮。

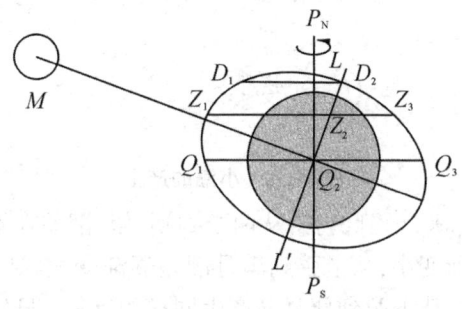

图 8-1-6　月赤纬不等于零时的潮汐椭圆体

2.潮汐的半月不等

上面仅以月球引潮力为例来说明潮汐的成因及潮汐的周日不等。月球的引潮力是太阳的引潮力的2.17倍。太阳的引潮力同样会产生太阳潮汐椭圆体。由于太阳两次上(下)中天的时间间隔为一个太阳日,约为24 h,太阳潮的半日潮周期为12 h。同样,当太阳的赤纬不等于零时,也会发生潮汐的周日不等现象。

太阳潮的存在增加了潮汐现象的复杂性,由于月球、太阳和地球在空间周期性地改变着它们的相对位置,从而产生了潮汐半月不等现象。

图 8-1-7 是假设太阳和月球的赤纬均等于零的情况。月球新月(月相●)或满月(月相○)时,太阳、月球潮汐椭圆体的长轴在同一个子午圈平面内,即太阳潮汐椭圆体与月球潮汐椭圆体的长轴方向一致,互相叠加,出现高潮最高、低潮最低的现象,称为大潮(spring tide)。

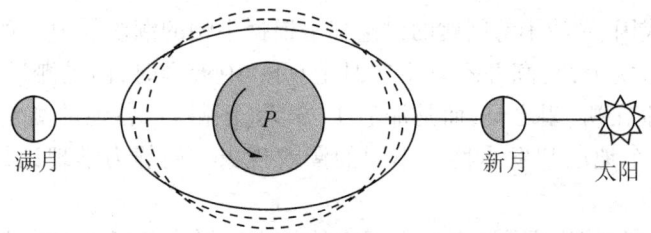

图 8-1-7　大潮的产生

如图 8-1-8 所示,月球上弦(月相 ☽)或下弦(月相 ☾)时,太阳、月球潮汐椭圆体的长、短轴在同一个子午圈平面内,即太阳潮汐椭圆体与月球潮汐椭圆体的长轴方向相互垂直,因此引潮力互相抵消,出现了高潮最低、低潮最高的现象,称为小潮(neap tide)。

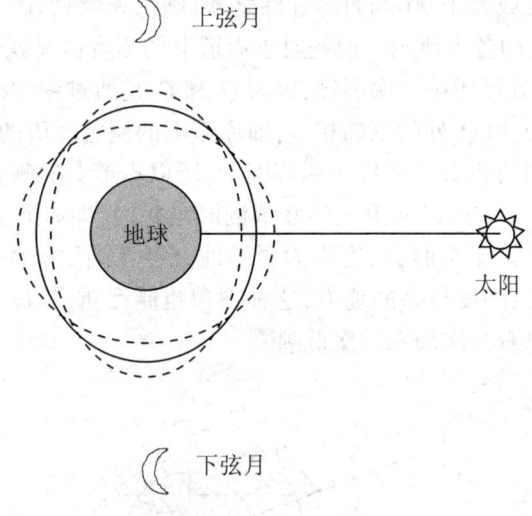

图 8-1-8 小潮的产生

可见,从朔(新月)、望(满月)到两弦,从两弦到朔、望,潮差在不断地变化着。具体地说,就是从新月到上弦潮差逐渐变小,从上弦到满月潮差逐渐变大,到满月时潮差与新月时一样又达到最大;从满月到下弦、从下弦到新月又产生同样的反复。显然潮差是以半个朔望月(约14.5 日)为周期而变化的,称为潮汐的半月不等(semi-menstrual inequality of tide)。

3.潮汐的视差不等

由于月球是沿椭圆轨道绕地球转动的,地球在椭圆轨道的一个焦点上。当月球位于近地点时(距离约为 57 个地球半径),其引潮力要比位于远地点(距离约为 63.7 个地球半径)时大 40%,这种由于地球和月球距离变化而产生的潮汐不等,称为潮汐视差不等(parallax inequality of tide),其周期为一个恒星月,约 27.32 日。太阳潮中也同样存在视差不等的现象,每年 1 月 3 日前后,地球离太阳最近,此点为近日点,此时日、地相距 1.471×10^8 km,而每年 7 月 4 日前后,地球离太阳最远,此点为远日点,此时日、地相距 1.521×10^8 km,近日点的引潮力比远日点的引潮力大 10%,其周期为一个回归年,约 365.24 日。

三、潮汐调和分析简介

上述对潮汐成因、潮汐不等问题的讨论都是根据牛顿的潮汐静力学理论,在理想的假设条件下进行的。事实上,高潮并不发生在月上(下)中天之时,而是滞后一段时间(高潮间隙);大潮也不发生在朔、望之日,而是滞后 1~3 天(潮龄)。各地的潮差不等,甚至相差悬殊;相距很近的两个地区却发生性质不同的潮汐现象。用静力学理论是无法解释这些现象的。

大陆对海洋的阻隔阻碍了海水在引潮力的作用下形成理想的潮汐椭圆体;并且海洋深浅不一,海底崎岖不平,使海水的运动受到很大的摩擦力的影响;加之海水的黏滞性、惯性的影响,造成了潮汐"迟到"现象,这就是出现高潮间隙和潮龄的原因。

沿岸海区地理条件比大洋更加复杂。其水深变化大,海底地形复杂、岸线曲折,尤其是浅滩和狭窄海湾的存在不仅能改变潮差,而且能改变潮汐性质。加拿大东南芬地湾潮差最大可达 18 m,我国秦皇岛港的潮汐有别于渤海湾内的邻近港口,墨西哥湾中相距很近的两个地区出现性质完全不同的潮汐现象,均是由沿岸特殊的地理条件造成的。

由于潮汐静力学理论无法解释潮汐现象中这些实际问题,因此科学家们进一步研究提出了潮汐动力学理论来弥补静力学理论的不足。最早提出潮汐动力学理论的是法国天文学家拉普拉斯。

动力学理论认为:引潮力除了使海水发生"潮峰"之外,还造成周期与引潮力相同的潮汐波。该波由强制波和自由波组成。强制波以月球在天空沿视轨道运动的速度为传播速度在地球表面移动,自由波则在引潮力因某种因素突然中断时,失去平衡的水团在其惯性作用下继续进行涨落运动,直至所有波能被摩擦消耗殆尽。自由波传播速度随海水深度的增大而增大。

动力学理论不仅考虑到引潮力造成的"潮峰",而且考虑到潮汐波的存在,并在对强制波和自由波的分析中,又考虑到海洋形态(深度和宽度)、地球自转力和摩擦力等因素的影响,因而能更为准确地解释海洋潮汐的复杂现象,但仍不能解释大洋中所有的潮汐现象。

综合运用潮汐静力学的计算和潮汐动力学的分析来预报潮汐的方法,称为潮汐调和分析法(tidal harmonic analysis method)。

调和分析法运用了这样两个原理:

(1)强制波动原理

由周期性力的作用所引起的某系统的波动也将是周期性的,而且其周期与力的周期相同。

(2)波动合成原理

如果有几个力同时作用在某一系统上,则每个力引起的分波动可以分别计算出来;所有力作用的总结果则是所有分波动的总和。

按各种不同周期变化着的力可以表示为许多简谐振荡的总和,把每一种力都视为由一个假想天体引起的,从而把十分复杂的不规则的潮汐振荡归结为很多个正规潮汐振荡的总和。每个正规潮汐称为分潮(tidal component)。每个分潮曲线又由两个因素确定:分潮振幅(tidal component amplitude),即潮差的一半,用 H 表示;分潮迟角(tidal component epoch),即假想天体上中天到该地分潮高潮的时间间隔,用 g 表示。H 和 g 称为调和常数(harmonic constants),如图 8-1-9 所示。

尽管涨落水位变化曲线是条复杂曲线,但是根据各地的调和常数并结合预报日期的天文条件,就可知各地未来诸分潮涨落曲线,这些分潮曲线叠加即可得到总的潮汐涨落曲线(如图 8-1-10 所示),进而便可编制年度《潮汐表》预报潮汐。

大部分假想天体引起的分潮振幅很小或周期很长,在实用上可忽略不计,一般预报潮汐仅涉及下列 11 个分潮。

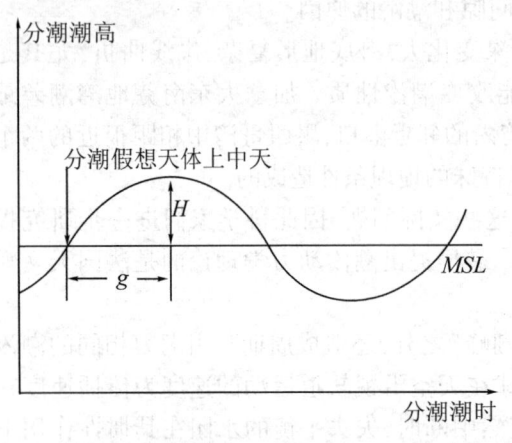

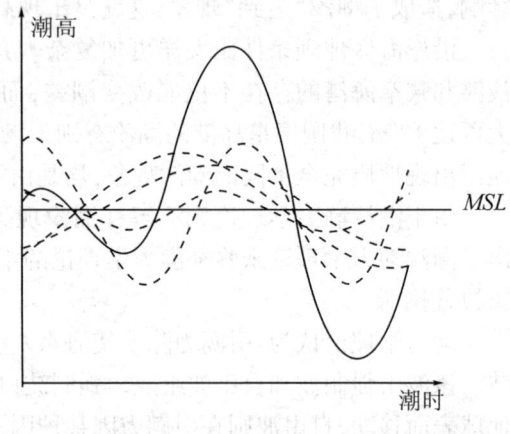

图 8-1-9　分潮　　　　　　　　　图 8-1-10　分潮的合成

$$半日分潮\begin{cases} M_2 \rightarrow 主要月球半日分潮 \\ S_2 \rightarrow 主要太阳半日分潮 \\ N_2 \rightarrow 主要月球椭圆率半日分潮 \\ K_2 \rightarrow 月球和太阳合成半日分潮 \end{cases}$$

$$日分潮\begin{cases} K_1 \rightarrow 月球和太阳合成日分潮 \\ O_1 \rightarrow 主要月球日分潮 \\ P_1 \rightarrow 主要太阳日分潮 \\ Q_1 \rightarrow 主要月球椭圆率半日分潮 \end{cases}$$

$$浅海分潮\begin{cases} M_4 \rightarrow 月球浅海 1/4 日分潮 \\ MS_4 \rightarrow 月球太阳浅海 1/4 日分潮 \\ M_6 \rightarrow 月球浅海 1/6 日分潮 \end{cases}$$

英版《潮汐表》(Admiralty Tide Tables)每卷在第三部分(Part Ⅲ)中列出了当年各港 4 个主要分潮(M_2、S_2、K_1、O_1)的调和常数,以便利用简化的调和常数法计算任意时刻的潮汐。

四、潮汐类型、潮汐术语

1.潮汐类型

将月球和太阳合成日分潮 K_1 的振幅 H_{K1} 和主要月球日分潮 O_1 的振幅 H_{O1} 之和与主要月球半日分潮 M_2 的振幅 H_{M2} 的比值 $\dfrac{H_{K1}+H_{O1}}{H_{M2}}$ 定义为潮型系数,其大小决定了潮汐的性质。根据潮汐性质可以将潮汐分为四种类型:

(1)正规半日潮

正规半日潮为潮型系数小于或等于 0.5 的潮汐。其在一个太阴日内发生两次高潮和低潮。两次高潮和两次低潮的高度都相差不大,而涨落潮时也很接近。青岛、巴拿马等地的潮汐属于正规半日潮。

（2）不正规半日潮混合潮

不正规半日潮混合潮为潮型系数位于 0.5 和 2.0 之间或等于 2.0 的潮汐。它基本上还具有半日潮的特性,但在一个太阴日内相邻的高潮或低潮的潮位相差很大,涨潮时和落潮时也不等。浙江镇海港、亚丁港的潮汐属于不正规半日潮混合潮。

（3）正规日潮

正规日潮为潮型系数大于 4.0 的潮汐。其在半个月中有连续 1/2 以上天数是日潮,其余天数为半日潮。我国南海有许多地点(北部湾、红岛、德顺港等)的潮汐涨落情况属于正规日潮。

（4）不正规日潮混合潮

不正规日潮混合潮为潮型系数位于 2.0 和 4.0 之间或等于 4.0 的潮汐。其在半个月中,日潮的天数不超过 7 天,其余天数为不正规半日潮。鄂霍次克海的马都加和南海暹罗湾等地的潮汐属于不正规日潮混合潮。

2.潮汐术语

在论述潮汐成因、潮汐不等、调和分析等问题时已介绍了一些潮汐术语,为了便于掌握和实际运用潮汐计算方法,下面再介绍一些潮汐术语(如图 8-1-11 所示):

平均海面(mean sea level, MSL):根据长期潮汐观测记录算得的某一时期的海面平均高度。

海图深度基准面(chart datum, CD):计算海图深度的起算面。

潮高基准面(tidal datum, TD):潮高的起算面,一般为海图深度基准面。某地某时潮高加上当地海图水深即得该地该时的实际水深。反之,某时某地的实测水深减去潮高,即得该时该地的海图水深,用于测深辨位。但是,有些港口的海图深度基准面与《潮汐表》采用的潮高基准面不尽一致,使用时应予订正才能将潮高应用到海图上(如图 8-1-11 所示):

$$实际水深 = 海图水深 + 潮高 + (CD - TD) \qquad (8-1-3)$$

$$海图水深 = 实际水深 - 潮高 - (CD - TD) \qquad (8-1-4)$$

式中:CD——海图深度基准面与平均海面之间的垂直距离;

TD——潮高基准面与平均海面之间的垂直距离。

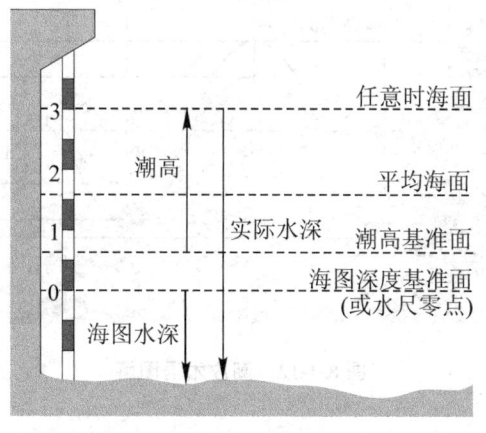

图 8-1-11 水深与潮高

例 8-1-1:某地某时潮高为 3.0 m,该地海图水深 10 m,海图深度基准面在平均海面下 2.5 m,潮高基准面在平均海面下 1.5 m,求当时当地的实际水深。

解:

实际水深 = 海图水深 + 潮高 + (CD − TD)

= 10 + 3.0 + (2.5 − 1.5) = 14(m)

涨潮时间(duration of rise):从低潮时到高潮时的时间间隔。

落潮时间(duration of fall):从高潮时到低潮时的时间间隔。

平潮(slack)与停潮(stand):当高潮或低潮发生后,海面有一段时间呈现停止升降的现象,称为平潮。低潮发生后,海面也有一段时间呈现停止升降的现象,称为停潮。

潮差(tidal range):相邻高、低潮潮高之差。

大潮升(spring rise, SR):从潮高基准面到平均大潮高潮面的高度。

小潮升(neap rise, NR):从潮高基准面到平均小潮高潮面的高度。

回归潮 (tropic tide):月球赤纬最大时(此时月球在北回归线或南回归线附近)的潮汐称为回归潮。此时,日潮不等现象最显著。

分点潮 (equinoctial tide):月球赤纬最小时的潮汐称为分点潮。此时潮汐日潮不等现象最小。

高高潮(higher high water, HHW):在一个太阴日中发生的两次高潮中潮高较高的高潮。

低高潮(lower high water, LHW):在一个太阴日中发生的两次高潮中潮高较低的高潮。

高低潮(higher low water, HLW):在一个太阴日中发生的两次低潮中潮高较高的低潮。

低低潮(lower low water, LLW):在一个太阴日中发生的两次低潮中潮高较低的低潮。

潮龄(tidal age):由朔望至实际大潮发生的时间间隔称为潮龄。潮龄一般为 1~3 天。

平均高(低)潮间隙(mean high/low water interval, MHWI/MLWI):每天月中天时刻至高(低)潮时的时间间隔的长期平均值称为平均高(低)间隙。

潮汐术语图解如图 8-1-12 所示。

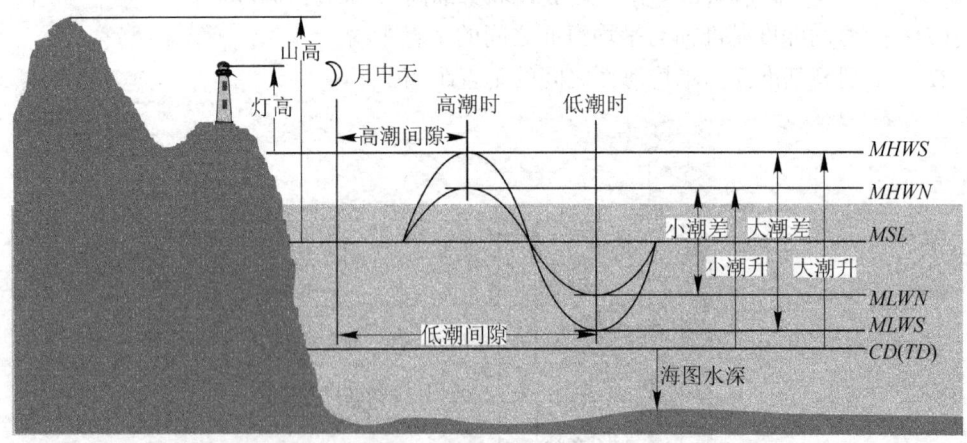

图 8-1-12　潮汐术语图解

第二节　中版《潮汐表》与潮汐推算

目前,我国出版《潮汐表》的单位主要有两家,国家海洋信息中心和中国人民解放军海军司令部航海保证部。此外,中国海事局也出版部分港口的《潮汐表》,国家海洋信息中心还在中国海洋信息网站(www.coi.gov.cn)提供"我国主要港口潮汐预报(月报)",有条件的使用者可通过网络获取相关的资料。本书仅对国家海洋局海洋信息中心出版的《潮汐表》进行介绍,其他《潮汐表》的使用可参考本书介绍的方法和各自潮汐表中的说明。

一、中版《潮汐表》的几个说明

1.出版情况

我国国家海洋信息中心编制、海洋出版社出版的《潮汐表》共六册,其中中国沿岸和世界大洋区域各三册。各册覆盖范围如下:

第一册:鸭绿江口至长江口;

第二册:长江口至台湾海峡;

第三册:台湾海峡至北部湾;

第四册:太平洋及其邻近海域;

第五册:印度洋沿岸(含地中海)及欧洲水域;

第六册:大西洋沿岸及非洲东海岸。

《潮汐表》每年出版一次,下年度《潮汐表》均在本年度提前编好发行。以下对中国沿岸三册《潮汐表》的使用做详细介绍,并以第四册的使用为例简介世界大洋水域三册的使用方法。

2.主要内容

(1)主港潮汐预报表:这部分刊载了各主港的逐日高、低潮时和潮高预报以及我国部分港口的逐时潮高。

(2)潮流预报表:这部分刊载了部分海峡、港口、航道以及渔场的潮流预报(第5册和第6册不含此项内容)。

(3)差比数和潮信表:这部分用于以附港和主港差比数推算附港潮汐,以潮信资料概算潮汐。

此外,还刊有《站位分布示意图》《部分港口潮高订正值表》《格林尼治月中天时刻表》《东经120°月中天时刻表(北京标准时)》《月赤纬表(世界时0时)》,以及任意时潮高计算方法(梯形图卡)等。

3.注意事项

(1)我国沿海港口用北京标准时(东八区),外国诸港均在每页左下角注明所用标准时。

(2)潮高和水深:表中潮高基准面与海图深度基准面一致,某地某时潮高加上当地海图水深即得该地该时的实际水深。

（3）关于《潮汐表》的误差及水文气象的影响：

在正常情况下，中国沿岸三册《潮汐表》预报潮时的误差在 20~30 min 以内，潮高误差在 20~30 cm 以内。但在下列情况下误差较大：

①有寒潮、台风或其他天气急剧变化时，水位随之发生特殊变化，潮汐预报（主要是潮高）将与实际出入较大。在山东高角以北及渤海，主要应注意冬季寒潮引起的"减水"，寒潮常使实际水位低于预报很多，个别强烈的寒潮可使实际水位低于预报 1 m 以上。夏、秋季节受到台风侵袭的地区（尤其是闽、浙沿海）常常引起较大的"增水"，个别情况也有引起实际水位高于预报 1 m 以上的现象。此外，长江口附近春季经常有气旋出海而引起大风，也能引起水位的较大变化。

②处在江河口的预报点，如营口、燕尾、吴淞、温州、海门、马尾等，每当汛期洪水下泄时，水位急涨，实际水位都会高于预报很多。

③南海的日潮混合潮港，如海口、海安、北海等，因高潮及低潮常常有一段较长的平潮时间，预报的潮时有些会与实际差 1 h 以上，但这对实际使用影响不大，所报时间的潮高仍与实际比较相符。

④潮流预报的站位分为两种情况：一是往复流性质的站点，将给出逐日的转流时间（流速为零或很小）、最大流速时刻以及对应于最大流速时刻的流速；二是旋转流性质的站点，将给出潮流回转一周（约一个潮汐周期）过程中的两个极大值和两个极小值以及与其对应的时刻。

应该指出的是，表中预报的只是海流中的潮流部分。在一般情况下，本表预报的潮流是海流中的主要成分，可以近似地视为实际海流，但是在特殊天气情况下，表层海流受风的影响很大，使潮流规律不甚明显，这时表中的预报与实际海流有较大的差别，使用时请注意。

二、利用《潮汐表》推算潮汐

1. 求主港高、低潮潮时和潮高

主港高、低潮潮时和潮高及部分港口每小时潮高，可直接查《潮汐表》求得。但应注意船时和表列标准时是否一致。

2. 求附港高、低潮潮时和潮高

（1）名词解释

高（低）潮时差：主港与附港高（低）潮潮时之差。正号（+）表示附港高（低）潮潮时比主港高（低）潮潮时发生得晚；负号（-）表示附港高（低）潮潮时比主港高（低）潮潮时发生得早。

潮差比：对半日潮港来说，潮差比是附港的平均潮差与主港的平均潮差之比；对日潮港来说，潮差比是附港的回归潮大的潮差与主港的回归潮大的潮差之比。

改正值：使用潮差比由主港潮高计算附港潮高时，若附港基准面不是用主港基准面确定的，需要对附港潮高加以订正，使之变为从附港基准面起算，此订正数就是表列的改正值。

（2）应用差比数进行推算的公式

附港潮时的计算公式为：

$$附港高（低）潮潮时 = 主港高（低）潮潮时 + 高（低）潮潮时差 \qquad (8\text{-}2\text{-}1)$$

第一册至第三册的计算公式：

附港高(低)潮潮高 = [主港高(低)潮潮高 − (主港平均海面 + 主港季节改正值)] ×

潮差比 + (附港平均海面 + 附港季节改正值) (8-2-2)

若主、附港季节改正值不大，可不必进行平均海面的季节改正，而直接用差比数栏中的改正值求得附港的潮高，即

附港高(低)潮潮高 = 主港高(低)潮潮高 × 潮差比 + 改正值 (8-2-3)

第四册至第六册的计算公式为：

附港高(低)潮潮高 = 主港高(低)潮潮高 × 潮差比 + 改正值 + 潮高季节改正值

(8-2-4)

在利用上述公式求附港潮汐时，应首先在"差比数和潮信表"中查取附港资料和其主港的名称(前三册在"差比数与潮信表"中按序查取，第四册至第六册从地名索引查取)，进而查出主港资料，从而计算附港潮汐。

(3)附港潮汐推算举例

例 8-2-1：求铜沙 2022 年 2 月 12 日潮汐。

解：

从 2022 年第一册《潮汐表》的"差比数和潮信表"中查得：铜沙(编号 5012)的主港是吴淞(编号 5006)，高潮时差为 −0157，低潮时差为 −0221，潮差比 1.21，铜沙平均海面 260 cm，吴淞平均海面为 202 cm，根据主、附港编号和日期查得这两港的平均海面季节改正值均为 −25 cm，根据目录从"主港潮汐预报表"中可查得吴淞潮汐为 0353 98 cm，1010 246 cm，1745 91 cm，2246 194 cm，铜沙(附港)潮汐计算格式如下：

		高潮潮时		低潮潮时	
主港吴淞 12/2 2022 潮时		1010	2246	0353	1745
潮时差	+)	−0157	−0157	−0221	−0221
附港铜沙 12/2-2022 潮时		0813	2049	0132	1524

		高潮潮高		低潮潮高	
主港吴淞 12/2-2022 潮高		246	194	98	91
主港季节改正后的平均海面(202-25)	−)	177	177	177	177
主港平均海面上的潮高		69	17	−79	−86
潮差比	×)	1.21	1.21	1.21	1.21
附港平均海面上的潮高		83	21	−96	−104
附港季节改正后的平均海面(260-25)	+)	235	235	235	235
附港铜沙 12/2-2022 潮高		318	256	139	131

例 8-2-2：求铜沙 2022 年 5 月 12 日潮汐。

解：

同上例，从 2022 年第一册《潮汐表》的"差比数和潮信表"中查得：铜沙(编号 5012)的主港是吴淞(编号 5006)，高潮时差为 −0157，低潮时差为−0221，潮差比 1.21，根据主、附港编号

和日期查得这两港的平均海面季节改正值均为 1 cm,由于主、附港的平均海面季节改正值都很小,不必进行此项改正,而查得改正值为 16 cm。从"主港潮汐预报表"中可查出吴淞潮汐为 0418 129 cm,0937 305 cm,1706 98 cm,2219 303 cm。计算格式如下:

		高潮潮时		低潮潮时	
主港吴淞 12/5−2022 潮时		0937	2219	0418	1706
潮时差	+)	−0157	−0157	−0221	−0221
附港铜沙 12/5−2022 潮时		0740	2022	0157	1445

		高潮潮高		低潮潮高	
主港吴淞 12/5−2022 潮高		305	303	129	98
潮差比	×)	1.21	1.21	1.21	1.21
附港铜沙未改正的潮高		369	367	156	119
改正值	+)	16	16	16	16
附港铜沙 12/5−2022 潮高		385	383	172	135

例 8-2-3:计算日本和歌山(Wakayama)2022 年 1 月 2 日潮汐。

解:

根据要求选用第四册《潮汐表》,从"地名索引"中查得 Wakayama 的编号是 654,按此编号从"附属港资料(差比数表)"查得和歌山的主港是那霸(Naha No.1069 p.112);高潮时差为 −0044,低潮时差为 −0102,潮差比为 0.84,改正值为 0.1 m,潮高季节改正值可忽略不计。从"主港潮汐预报表"中查得那霸 1 月 2 日的潮汐为:0031 −19 cm,0713 183 cm,1239 73 cm,1820 203 cm。和歌山的潮汐计算如下:

		高潮潮时		低潮潮时	
主港那霸 2/1−2022 潮时		0713	1820	0031	1239
潮时差	+)	−0044	−0044	−0102	−0102
附港和歌山 2/1−2022 潮时		0629	1736	2329	1137
				(1/1−2022)	

		高潮潮高		低潮潮高	
主港那霸 2/1−2022 潮高		183	203	−19	73
潮差比	×)	0.84	0.84	0.84	0.84
附港铜沙未改正的潮高		154	171	−16	61
改正值	+)	10	10	10	10
附港和歌山未进行季节改正的潮高		164	181	−6	71
潮高季节改正值		0	0	0	0
附港和歌山 2/1−2022 的潮高		164	181	−6	71

即参考那霸 2022 年 1 月 3 日第一个潮汐为 0119 −28 cm,和歌山 2022 年 1 月 2 日只有两个高潮一个低潮。

3.利用潮信资料概算潮汐

潮信资料包括平均大(小)潮升、平均高(低)潮间隙和平均海面。利用潮信资料可以概算高、低潮潮时和潮潮高。

当地高(低)潮潮时 = 当地高(低)潮间隙 + 格林尼治月上中天时或下中天时

若不知道格林尼治月上中天时或下中天时,对于半日潮港,可用以下方法近似求取月中天时:

上半月:月上中天时 = (农历日期 − 1) × 0.8 + 1200

月下中天时 = 月上中天时 ± 1225

下半月:月上中天时 = (农历日期 − 16) × 0.8

月下中天时 = 月上中天时 ± 1225

用潮升估算潮高:

平均大潮高潮高 = 大潮升

平均大潮低潮高 = 2 × 平均海面 − 大潮升

平均小潮高潮高 = 小潮升

平均小潮低潮高 = 2 × 平均海面 − 小潮升

其他日的潮高可以根据大潮日至小潮日间隔天数(约7.5天)和所求日期与大(小)潮日期的关系内差求取:

$$所求日高潮潮高 = 平均大潮高潮高 − \frac{大潮升 − 小潮升}{7.5} × (所求日与大潮日相隔天数)$$

$$所求日低潮潮高 = 2 × 平均海面 − 所求日高潮潮高$$

4.求任意时的潮高和任意潮高的潮时

(1)用公式计算

在整个潮汐周期内,潮汐涨落的速度是变化的。在高、低潮的附近,潮汐涨落较缓慢,而在高、低潮的中间时刻,即接近半潮时,涨落最快。

为求得相邻的高、低潮间任意时刻的潮高,通常将潮汐的涨落运动视为简谐运动,运动曲线近似于余弦曲线,如图8-2-1所示。可以看出任意时水面与低潮面的潮高改正值 Δh 为:

$$\Delta h = \frac{1}{2}潮差 − x = \frac{1}{2}潮差 × (1 − \cos\theta) \tag{8-2-5}$$

式中:θ——任意时刻的相位角,由低潮潮时起算。

由于从低潮到高潮相位变化180°,所以:

$$\theta = \frac{t}{T} × 180° \tag{8-2-6}$$

式中:T——落潮或涨潮的时间间隔;

t——任意时与低潮潮时的时间间隔。

所以

$$任意时潮高 = 低潮潮高 + 潮高改正值$$
$$= 低潮潮高 + 潮差 × \frac{1}{2}\left[1 − \cos\left(\frac{t}{T} × 180°\right)\right] \tag{8-2-7}$$

同理

$$任意时潮高 = 高潮潮高 - 潮高改正值$$

$$= 高潮潮高 - 潮差 \times \frac{1}{2}\left[1 - \cos\left(\frac{t'}{T} \times 180°\right)\right]$$

(8-2-8)

式中:t'——任意时与高潮潮时的时间间隔。

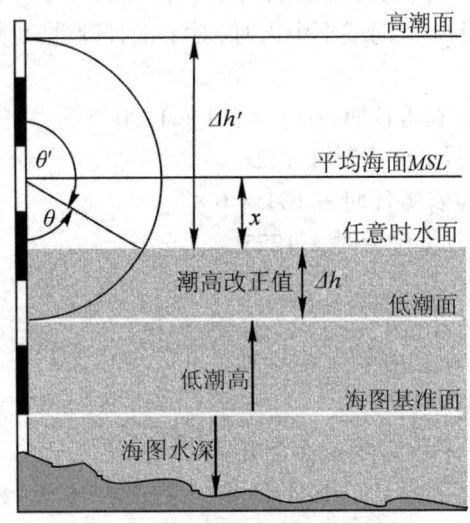

图 8-2-1　任意时潮高

例 8-2-4:求铜沙 2022 年 2 月 12 日 0500 的潮高和其后潮高大于 2.6 m 的最早时刻。

解:

由例 8-2-1 得知铜沙该日潮汐为:0132 139 cm,0813 318 cm,1524 131 cm,2049 256 cm。

显然,该日 0300 位于涨潮阶段,0300 的潮高为:

$$潮高 = 低潮潮高 + \frac{1}{2} 潮差 \times (1 - \cos\theta)$$

$$= 139 + \frac{318 - 139}{2} \times \left[1 - \cos\left(\frac{0500 - 0132}{0813 - 0132} \times 180°\right)\right]$$

$$= 139 + 95$$

$$= 234(\text{cm})$$

0500 后潮高大于 2.6 m 的最早时刻计算如下:

$$潮差 = 318 - 139 = 179(\text{cm})$$

$$潮高改正值 = 任意时潮高 - 低潮潮高$$

$$= 260 - 139 = 121(\text{cm})$$

因为

$$潮高改正值 = \frac{1}{2} 潮差 \times (1 - \cos\theta)$$

则

$$\cos\theta = 1 - \frac{2 \times 潮高改正值}{潮差} = 1 - \frac{2 \times 121}{179} = -0.3519553$$

所以

$$\theta = 110°.61$$

又因为

$$\theta = \frac{t}{T} \times 180°$$

所以

$$t = \frac{\theta}{180°} \times T$$

$$= \frac{110°.61}{180°} \times (0813 - 0132)$$

$$= 246(\text{min}) = 4 \text{ h } 06 \text{ min}$$

故,所求时间 = 低潮潮时 + t = 0132 + 0406 = 0538

即该日 0500 后潮高达到 2.6 m 的最早时间为 0538。

(2)利用"等腰梯形图卡"求任意潮时及潮高

利用上述简谐运动的规律,我国潮汐工作者研制了"等腰梯形图卡",这样可免去计算的麻烦。

此图卡由三部分组成:

①主图

主图由主图左右两个等腰梯形构成。左侧指示潮时,右侧指示潮高。

②潮时尺

潮时尺分两侧读数:涨潮时尺和落潮时尺。涨潮时应将涨潮时尺向上,落潮时应将落潮时尺向上,尺的两头可以相接,使时间连续,以便查算跨日潮汐。

③潮高尺

潮高尺分上下两种刻度。上段大刻度自 1 m 至 8 m,适用于一般潮高;下段小刻度自 1 m 至 12 m,适用于潮高大于 8 m 或小于 1 m 者(小于 1 m 时,可将潮高扩大 10 倍,查后再缩小)。

有了某港的高(低)潮潮时及潮高就可以从图上直接读出任意时的潮高及任意潮高的潮时。

例 8-2-5:已知某港某日低潮潮时为 0200,低潮潮高为 1.0 m,高潮潮时为 0800,高潮潮高为 4.0 m。求任意时的潮高及任意潮高的潮时。

解:

如图 8-2-2 所示,因该题所述是个涨潮过程,所以应使涨潮潮时尺向上并且使右边读数 0800 和 0200 分别与主图左侧上下两斜边相接,使潮高尺读数 4.0 m 和 1.0 m 分别与主图右侧上下两斜边相接(潮时尺、潮高尺均应与主图的垂线平行放置)。这时通过主图中的放射线即可查得:

0330 的潮高为 1.4 m,潮高为 1.5 m 的潮时是 0335;

0400 的潮高为 1.7 m,潮高为 2.0 m 的潮时是 0422;

0700 的潮高为 3.8 m,潮高为 2.5 m 的潮时是 0500。

例 8-2-6:已知某港某日低潮潮时为 1100,低潮潮高为 1.0 m,高潮潮时为 2130,高潮潮高为 3.5 m。求任意时间的潮高及任意潮高的时间。

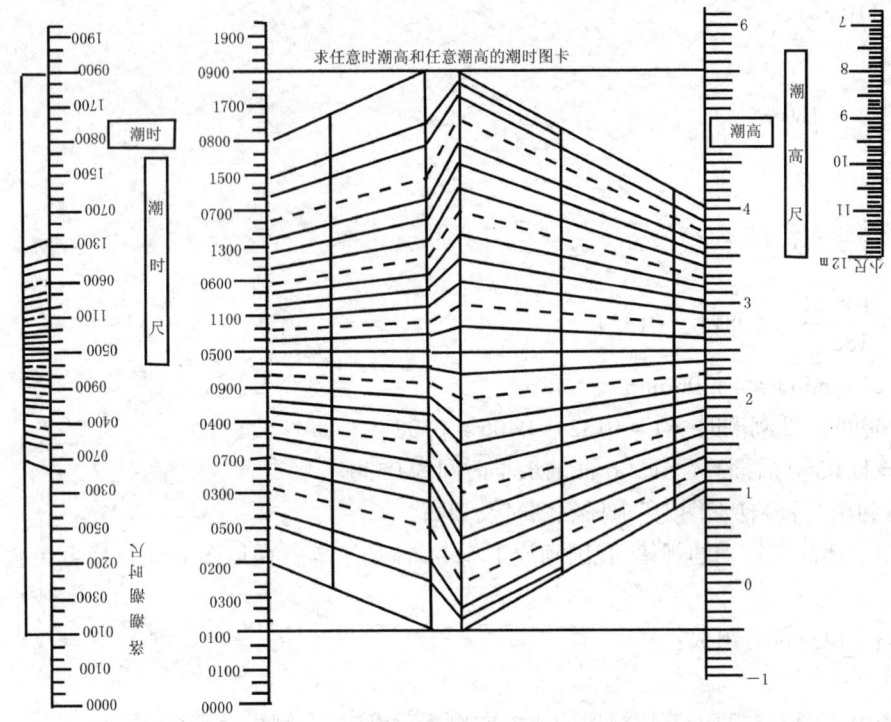

图 8-2-2　等腰梯形图卡

解:

因该题的涨潮时间已超过 8 h,从主图上不能直接找出,此时可将潮时尺上每小时的长度缩小一半(即将原有 1 h 的长度当成 2 h)后再与主图相接,如潮时尺上 1100 与主图下面的斜边相接,则潮时尺上的 1615 即为现在的 2130,潮时尺上的 1300 即为现在的 1500,查图后(查法同上例)可得:

1300 的潮高为 1.2 m,潮高为 1.1 m 的潮时是 1230;

1600 的潮高为 2.2 m,潮高为 2.0 m 的潮时是 1530;

1930 的潮高为 3.3 m,潮高为 3.0 m 的潮时是 1820。

三、潮汐推算在航海上的应用

1.过浅滩(最小安全潮高问题)与过横空障碍物(最大安全潮高问题)

在进出港航道、狭水道、岛礁区和某些沿岸水域,存在着一些浅水区。当船舶(特别是大型船舶)航行到这些区域之前,首先要确定本船是否能够安全驶过。这由两个条件决定(如图 8-2-3 所示):一是船舶通过浅水区所要求的最小安全水深,即船舶的最大吃水和安全通过浅水所应有的富余水深之和;二是当时浅滩上的实际水深。为了使船舶安全驶过浅水区,当时的实际水深必须大于或等于最小安全水深,即

$$海图水深 + 潮高 + (CD - TD) \geq 船舶吃水 + 富余水深$$

这要求潮高必须大于或等于一最小安全值,该值便为最小安全潮高:

$$最小安全潮高 = 吃水 + 富余水深 - 海图水深 - (CD - TD) \qquad (8\text{-}2\text{-}9)$$

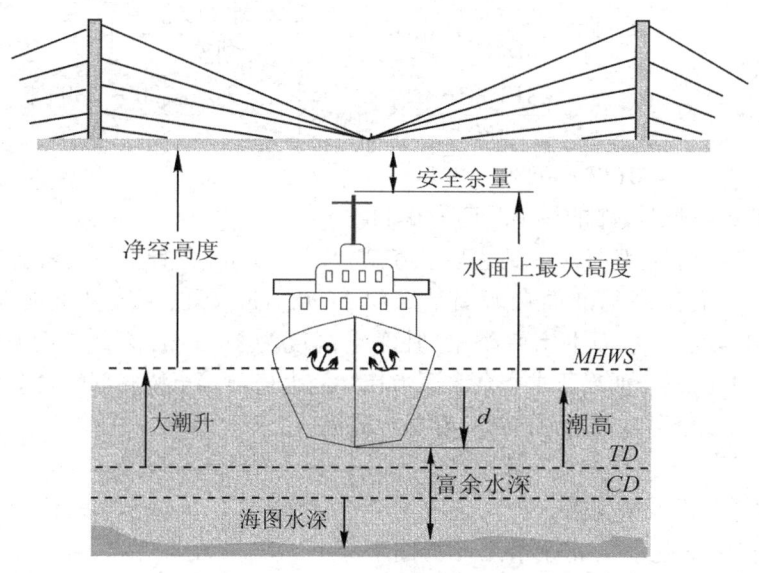

图 8-2-3 最小安全潮高与最大安全潮高

在某些水道的上空有横跨水道的桥梁或架空电缆等架空障碍物。为了安全通过这些障碍物,必须仔细计算潮高问题。

如图 8-2-3 所示,中版海图上给出的平均大潮高潮面至高架桥和架空电缆底部最低点的垂直距离为净空高度,它和大潮升之和为潮高基准面以上的可利用高度。而潮高基准面以上相对于船舶航行所要求的安全高度为当时潮高、水面以上船舶的最大高度和为了保证安全通过所要求的安全余量三者之和。由于可利用空间对于某个架空障碍物是固定的量,为了使船舶安全通过,潮高就不能大于某值,这就是最大安全潮高。

最大安全潮高 = 大潮升 + 净空高度 - 水面至船舶大桅顶端的高度 - 安全余量

(8-2-10)

如果净空高度起算面采用其他水面,则将式(8-2-10)中的大潮升改为该起算面的高度即可进行计算。

根据船舶本身情况和航道条件求得安全潮高后,便可根据《潮汐表》求得合适的通过浅滩或架空障碍物的时间,以便引导船舶安全通过。

但是,英版海图资料中净空高度为最高天文潮面(HAT)至高架桥和架空电缆最低点的垂直距离,计算时需要将式(8-2-10)中的大潮升替换为 HAT 的高度,HAT 可以从英版《潮汐表》中查得。

例 8-2-7:某船吃水 8.3 m,铜沙浅滩海图最小水深 7 m,若保留龙骨下富余水深 0.7 m,求 2022 年 2 月 12 日 0100 后可安全驶过铜沙浅滩的最早时刻。

解:

①该船安全驶过铜沙所需最小安全潮高 = 吃水 + 富余水深 - 海图水深

= 8.3 + 0.7 - 7 = 2.0(m)

②由例 8-2-1 运算得铜沙该日 0100 后的低、高潮情况是 0132 139 cm,0813 318 cm。

③0100 后潮高达到 2.0 m 的潮时为:

$$t = 低潮时 + \frac{T}{180°} \times arccos\left(1 - \frac{2 \times 潮高改正值}{潮差}\right)$$

$$= 0132 + \frac{0813 - 0132}{180°} \times arccos\left[1 - \frac{2 \times (200 - 139)}{318 - 139}\right]$$

$$= 0132 + 0239 = 0411$$

即船舶可安全驶过浅滩的最早时刻为0411。

例 8-2-8:某船满载,某日中午到达某水道,吃水为 9.5 m,龙骨上最大高度为 28.5 m。该水道海图水深 8 m,潮高基准面在海图基准面下 200 cm,海图深度基准面在平均海面下 220 cm;大潮升 4.5 m;水面上空有桥梁,其净空高度为 19.5 m;该日午后潮汐为:1157 401 cm,1902 130 cm。如果要求富余水深为 0.7 m,大桅顶端至桥底部的安全余量为 1.5 m。求该船该日午后安全通过该水道的最早和最迟时间。

解:

①通过水道所需安全潮高:

最小安全潮高 = 吃水 + 富余水深 - 海图水深 - (CD - TD)

$$= 9.5 + 0.7 - 8 - (2.2 - 2.0) = 2.0(m)$$

最大安全潮高 = 净空高度 + 大潮升 - 水面至大桅顶端的高度 - 安全余量

$$= 19.5 + 4.5 - (28.5 - 9.5) - 1.5 = 3.5(m)$$

②通过水道的最早、最迟时间:

由于午后是落潮过程,最早通过时间是落潮至最大安全潮高的时间,最迟通过时间是落潮至最小安全潮高的时间。

最早通过时间 t_1 = 高潮潮时 + $\frac{T}{180°} \times arccos\left[1 - \frac{2 \times 潮高改正值}{潮差}\right]$

$$= 1157 + \frac{1902 - 1157}{180°} \times arccos\left[1 - \frac{2 \times (401 - 350)}{401 - 130}\right]$$

$$= 1157 + 2^h01^m = 1358$$

最迟通过时间 t_2 = 高潮潮时 + $\frac{T}{180°} \times arccos\left[1 - \frac{2 \times 潮高改正值}{潮差}\right]$

$$= 1157 + \frac{1902 - 1157}{180°} \times arccos\left[1 - \frac{2 \times (401 - 200)}{401 - 130}\right]$$

$$= 1157 + 4^h41^m = 1638$$

2.测深辨位

船舶在航行中,有时会利用测深辨别船位,即利用测深仪测出船底至海地的深度,利用以下公式算出海图水深,从而借助海图辨别测深时船舶的位置:

$$海图水深 = 实测水深 + 吃水 - 潮高 - (CD - TD) \qquad (8-2-11)$$

例 8-2-9:某船吃水 9.8 m,2022 年 10 月 11 日 1200 在佘山附近用回声测深仪测得水深为 20.1 m,当时该处的海图水深应为多少?

解:

从《潮汐表》查得 2022 年 10 月 11 日 1200 前后佘山潮汐情况:

潮时	潮高
h m	cm
1132	435
1814	61

则 1200 潮高 = 高潮潮高 − 潮高改正值

$$= 435 - \frac{435 - 61}{2} \times \left[1 - \cos\left(\frac{1200 - 1132}{1814 - 1132} \times 180° \right) \right]$$

$$= 431(cm) = 4.31(m)$$

该处海图水深 = 测深仪读数 + 吃水 − 潮高

$$= 20.1 + 9.8 - 4.31 = 25.59(m)$$

3. 实际山高、灯高的求取

航海图书资料中的高程和灯高都是以一定的基准面起算的,由于潮汐的影响,海面实际高度与资料给出的值有所差异,必须经过修正才可用于航行计算。

(1)根据中版航海图书资料求取实际山高和灯高

中版航海图书资料中地面点高程的起算面是 1985 年国家高程基准,它与黄海平均海面基本一致,可用以下公式求取实际山高:

$$海面上实际高度 = 资料中高度 + 平均海面 − 潮高 \qquad (8\text{-}2\text{-}12)$$

中版航海图书资料中的灯高的起算面是平均大潮高潮面,所以实际灯高可用以下公式求取:

$$海面上实际高度 = 资料中高度 + 大潮升 − 潮高 \qquad (8\text{-}2\text{-}13)$$

例 8-2-10:中版海图上有一小岛的高程为 65 m,小岛上有一灯塔的灯高为 75 m,已知某日 0800 该地潮高为 1.4 m,该地大潮升 450 cm,平均海面 260 cm。求 0800 海平面上小岛的实际高度和灯塔的实际灯高。

解:

小岛的实际高度 = 65 + 2.6 − 1.4 = 66.2(m)

实际灯高 = 75 + 4.5 − 1.4 = 78.1(m)

(2)根据英版航海图书资料求取实际山高和灯高

英版航海图书资料中的山高和灯高的起算面均为平均大潮高潮面,所以实际山高和灯高均可用式(8-2-13)求取。

例 8-2-11:如果例 8-2-10 中小岛的高程和灯高来源于英版米制海图,则 0800 海平面上小岛的实际高度和灯塔的实际灯高各为多少?

解:

小岛的实际高度 = 65 + 4.5 − 1.4 = 68.1(m)

实际灯高 = 75 + 4.5 − 1.4 = 78.1(m)

其他物标、礁石和沉船的高度或其上水深的求取亦可根据其与不同基准面的关系结合潮汐进行。

第三节 英版《潮汐表》与潮汐推算

一、英版《潮汐表》概况

1.各卷《潮汐表》范围

英版《潮汐表》(Admiralty Tide Tables, ATT)共有八卷。书号为 NP201(NP201A 和 NP201B)~ NP208,每年出版,包括世界各主要港口的潮汐预报。各卷范围为:

第一卷:NP201A,英国—英吉利海峡至亨伯河(包括锡利群岛、海峡群岛和欧洲水道各港)[UNITED KINGDOM-ENGLISH CHANNEL TO RIVER HUMBER(Including Isles of Scilly, Channel Islands and European Channel Ports)];

NP201B,英国和爱尔兰(包括欧洲水道各港)[UNITED KINGDOM AND IRELAND(Including European Channel Ports)];

第二卷:北大西洋和北极区域(NORTH ATLANTIC AND ARCTIC REGIONS);

第三卷:印度洋(包括潮流表)[INDIAN OCEAN (Including Tidal Stream Tables)];

第四卷:南太平洋(包括潮流表)[SOUTH PACIFIC OCEAN(Including Tidal Stream Tables)];

第五卷:中国南海和印度尼西亚(包括潮流表)[SOUTH CHINA SEA AND INDONESIA (Including Tidal Stream Tables)];

第六卷:北太平洋(包括潮流表)[NORTH PACIFIC OCEAN(Including Tidal Stream Tables)];

第七卷:西南大西洋和南美 [SOUTH WEST ATLANTIC OCEAN AND SOUTH AMERICA];

第八卷:东南大西洋、西非和地中海(包括潮流表)[SOUTH WEST ATLANTIC OCEAN, WEST AFRICA AND MEDITERRANEAN(Including Tidal Stream Tables)]。

各卷《潮汐表》所包括的海区界限,可查看《潮汐表》内英版潮汐表界限图。

2.各卷主要内容

各卷主要由三部分组成:

(1)第一部分

主港潮汐预报(Part Ⅰ Tidal Predictions for Standard Ports)。预报主港每日高、低潮时和潮高,潮高单位均采用 m。各港潮时均采用当地标准时,并在每页的左上角用"TIME ZONE ××××"注明。

第一卷还有一些主要港口的逐时潮高预报(Part Ⅰa Hourly Height Predictions);第三、四、五、六、八卷还有潮流表(Part Ⅰa Tidal Stream Tables),载有潮流日变化很大的重要海峡和水道的潮流资料,对于具有半日潮性质的潮流的地方,推算潮流时可以参考适当主港的印在海图上的潮流资料。

（2）第二部分

用以预报附港潮汐的潮时差和潮高差（Part Ⅱ Time and Height Differences for Predicting the Tide at Secondary Ports）。表中列出主港（用黑体字印刷）和附港编号（No.）、潮时差（time differences）、潮高差（height differences），每两页的右下页还印有平均海面季节改正（seasonal changes in mean level）给出每个月第一天的季节改正值，如果推算潮汐的日期不是1号，须在相邻月份内插求取季节改正值；表后有注意事项（Notes），以便用这些资料求取附港的潮时和潮高。

（3）第三部分

调和常数（Part Ⅲ Harmonic Constants）。这部分提供了编号、地点、平均海面，四个主要分潮（M_2、S_2、K_1、O_1）的调和常数：振幅（H）和迟角（g），浅水改正（S.W. corrections）数据，每两页的右下页还提供了平均海面和调和常数的季节改正（seasonal changes in mean level and harmonic constants），以便利用简化的调和常数法预报潮汐。

第三至八卷后还印有"关于潮流的调和常救"（Part Ⅲa Harmonic Constants for Tidal Streams），以便利用简化的调和常数法预报潮流。

3. 其他内容

（1）索引

①主港索引（Index to standard ports）：印于各卷最前页，按港名字母顺序排列，给出主港预报资料所在页数。港名前所注"*"，表示该港有每小时潮汐预报资料。

②地理索引（Geographical index）：印在各卷书末，按主、附港名字母顺序排列，给出主附港编号，以便用此编号在第Ⅱ和Ⅲ部分中查取该港的有关资料，其中主港名用黑体字印刷。

③求任意时潮高曲线图（For finding the height of tide at times between high and low water）：根据潮汐涨落运动近似为余弦曲线的原理制成的曲线图，分为两种。一种为专用曲线图，是与港口潮汐涨落性质密切符合的曲线图，在第一卷和第二卷除威尼斯外的欧洲水域主港和一些比较特殊的附港每港提供一张，主港曲线供求该主港和其附港任意潮时和潮高使用，特殊附港曲线供该附港单独使用。另一种为通用曲线，在第三至八卷中每卷各提供一张，供求该卷所有港口的任意潮时和潮高；第二卷也给出这种曲线图，供不能用专用曲线图的港口使用。通用曲线计算结果与我国《潮汐表》中的梯形图卡基本相同，可以互用。曲线图卡的详细情况和使用方法见本节第二部分。

（2）辅助用表（Supplementary table）

表Ⅰ：米和英尺换算表（Conversion table：metres to feet）。

表Ⅱ：乘积表（Multiplication table），该表顶端引数为主（附）港的潮差（Range），左边引数是由任意潮时和潮高曲线图查得的系数（Factor），乘积表所列数值为潮差与系数的乘积（即潮高改正数 Δh），精确到小数点后一位，如要求更精确需自行计算。

表Ⅲ：英国以米为单位的海图基准面相对于法定基准面的高度（Height of charts datum relative to ordnance datum in the United Kingdom）（注：仅第一卷有该表）。

表Ⅳ：英国以外国家以米为单位的海图基准面相对于陆地平面系统的高度（Height of chart datum relative to the land levelling system in countries outside the United Kingdom）（注：仅第一、二卷有该表）。

表Ⅴ:潮面资料(Tidal levels),分为两部分。

第一部分为主港以米为单位的潮面表(Tidal levels in metres at standard ports)及相应解释,列出了各主港最低天文潮面(LAT)、平均大潮低潮面(MLWS)、平均小潮低潮面(MLWN)、平均海面(MSL)、平均小潮高潮面(MHWN)、平均大潮高潮面(MHWS)、最高天文潮面(HAT)等潮面在海图基准面上的高度(单位:m),以及负责观测和预报的主管国家机构、观测年份。该表中,潮面高度为"+",表示该潮面在海图基准面以上;潮面高度为"−",表示该潮面在海图基准面以下;潮面高度为"0",表示该潮面即海图基准面。由该表可以了解海图基准面(即表中潮高基准面)至平均海面的距离,还可以了解海图基准面与其他潮面的关系,从中可以看出该港海图基准面是否过高或过低,引起对当地海图水深可能会出现大于实际水深情况的注意。对于具有日潮或混合潮性质的主港,则用平均低低潮(MLLW)、平均高低潮(MHLW)、平均低高潮(MLHW)和平均高高潮(MHHW)潮面来表示。

第二部分为附港以米为单位的最高天文潮面高度表。

表Ⅵ:两周一次的浅水改正(Fortnightly shallow water correction)。

表Ⅶ:潮角和潮汐因子(Tidal angles and factors)。

表Ⅷ:轨道因素(Orbital elements)。

表Ⅵ~表Ⅷ:在使用调和常数法预报潮汐时使用。

(3)改正资料

各卷《潮汐表》自付印之后的补遗和勘误等改正资料,均发布于《航海通告年度摘要》第1号通告之中。该通告为"英版潮汐表的补遗和勘误"(Admiralty tide tables—Addenda and corrigenda),并且应注意附在《潮汐表》中的勘误表。

在各卷卷首还刊有前言(Preface)、目录(Contents)、绪论(Introduction)、用法说明(Instructions for the use of tables)等。

二、利用英版《潮汐表》进行潮汐推算

1.主港潮汐

可从"主港索引"查得所求港潮汐预报资料在表中的页数,然后翻到此页,即可查到所求日的高、低潮潮时和潮高,还可查得第一卷部分主港的逐时潮高。如船时与表列区时不一致,则应进行改正。

2.附港潮汐

(1)计算公式

$$附港高(低)潮潮时 = 主港高(低)潮潮时 + 高(低)潮潮时差 \qquad (8\text{-}3\text{-}1)$$

$$附港潮高 = 主港潮高 - 主港平均海面季节改正 + 潮高差 + 附港平均海面季节改正$$

$$(8\text{-}3\text{-}2)$$

计算时,首先在"地理索引"中查取附港的编号,根据编号在"用以预报附港潮汐的潮时差和潮高差"表中查取该附港的主港,潮时差,潮高差和主、附港的平均海面的季节改正;然后根据得出的主港名称在"主港潮汐预报"表中查取主港相关的高、低潮时和潮高,从而利用式(8-3-1)和式(8-3-2)求出附港的潮汐。计算时应注意全部四卷中的表列潮高差、第一卷各港和第二卷的欧洲港口表列潮时差需经内插求取,潮高差内插时应注意所用的主港潮高是经过季节改正的潮高。

（2）计算举例

例 8-3-1：试求丹麦克拉克斯维克（Klaksvik）港 2022 年 7 月 1 日高、低潮潮时和潮高。

解：

根据该港的位置，应使用英版《潮汐表》第二卷推算潮汐，具体步骤如下：

①从"地理索引"中查得 Klaksvik 的编号为 782，根据该编号在"用以预报附港潮汐的潮时差和潮高差"表中查得如下资料：

No.	Place	Lat. N.	Long. W.	Time differences High Water		Low Water		Height differences (in metres) MHWS MHWN MLWN MLWS				M.L Z₀ m.
				Zone UT(G.M.T.)								
819	REYKJAVIK	(see page 6)		0300 and 1500	0800 and 2000	0200 and 1400	0700 and 1900	4.0	3.0	1.3	0.2	
782	Klaksvik···	62 15	6 35	0300	0245	0340	0320	−3.1	−2.3	−1.1	−0.2	0.46

SEASONAL CHANGES IN MEAN LEVEL

No.	Jan.1	Feb.1	Mar.1	Apr.1	May 1	June 1	July 1	Aug.1	Sep.1	Oct.1	Nov.1	Dec.1	Jan.1
780-801	+0.2	+0.1	0.0	−0.1	−0.1	−0.1	−0.1	−0.1	0.0	0.0	+0.1	+0.2	+0.2
810-828ᵦ	+0.2	+0.1	0.0	−0.1	−0.1	−0.1	−0.1	−0.1	0.0	0.0	+0.1	+0.2	+0.2

从资料中可以得出 Klaksvik 的主港是 REYKJAVIK，编号为 819，资料从第 6 页开始；如果主港高潮潮时为 0300 和 1500，附港高潮时差为 0300；如果主港高潮潮时为 0800 和 2000，附港高潮时差为 0245；如果主港低潮潮时为 0200 和 1400，附港低潮时差为 0340；如果主港低潮潮时为 0700 或 1900，附港低潮时差为 0320；主港高潮潮高 4.0 m 和 3.0 m 对应的附港高潮潮高差分别为−3.1 m 和−2.3 m；主港低潮潮高 1.3 m 和 0.2 m 对应的附港低潮潮高差分别为−1.1 m 和−0.2 m；附港平均海面高度为 0.46 m；主、附港的平均海面季节改正值均为−0.1 m。

②翻至第 6 页，查得 REYKJAVIK 港 7 月 1 日高、低潮资料如下：

	Time	m.
	0148	0.7
1	0751	3.3
F	1351	0.7
	2005	3.7

③根据主港资料，在"用于预报附港潮汐的潮时差和潮高差"表中内插求取潮时差和潮高差。内插方法是线性内插，对于较简单的情况可采用目视线性内插。

潮时差：主港高潮发生在 0300 和 1500 时，附港的高潮时差为 0300；主港高潮发生在 0800 和 2000 时，附港的高潮时差为 0245。所以主港高潮时为 0751 所对应的附港潮时差为：

$$潮时差 = 0300 + \frac{0751-0300}{0800-0300} \times (0245-0300) \approx 0245$$

主港高潮时为 2005 所对应的附港潮时差为：

$$潮时差 = 0245 + \frac{2005 - 2000}{2700 - 2000} \times (0300 - 0245) \approx 0245$$

同理可求出主港低潮时 0148 和 1351 所对应的附港低潮时差分别为 0339 和 0340。

潮高差的求取方法和潮时差的求取方法一样，本题中主港高潮潮高 3.4 m[3.3-(-0.1)] 和 3.8 m 对应的潮高差分别为-2.6 m 和-2.9 m，主港低潮潮高 0.8 m 和 0.8 m 对应的潮高差分别为-0.7 m 和-0.7 m。

④计算附港的高、低潮高和潮时。可采用竖式格式计算。以下采用英版《潮汐表》的"潮汐预报表格"（该表格附在英版《潮汐表》尾页）格式进行计算，表格式样和计算步骤如下：

TIDAL PREDICTION FORM

STANDARD PORT___*REYKJAVIK*_____ TIME/HEIGHT REQUIRED ___*ALL*___

SECONDARY PORT *Klaksvik*___ DATE ___*1st July 2022*___ TIME ZONE ___*UT(G.M.T.)*___

	TIME		HEIGHT		
	HW	LW	HW	LW	RANGE
STANDARD PORT	1	2	3	4	5
	0751	0148	3.3	0.7	
	2005	1351	3.7	0.7	
Seasonal change	Standard port		6	6	
			-0.1	-0.1	
DIFFERENCES	7	8	9	10	
	0245	0339	-2.6	-0.7	
	0245	0340	-2.9	-0.7	
Seasonal change	Secondary port		11	11	
			-0.1	-0.1	
SECONDARY PORT	12	13	14	15	
	1036	0527	0.7	0	
	2250	1731	0.8	0	
Duration	16				

a.将与求附港潮汐问题有关的主港的高潮时填入第 1 栏，低潮时填入第 2 栏，高潮潮高填入第 3 栏，低潮潮高填入第 4 栏。

b.将主港和附港的平均海面的季节改正值分别填入第 6 和 11 栏。

c.将附港的各高潮潮时差、低潮潮时差、高潮潮高差和低潮潮高差按照与主港的各高潮潮时、低潮潮时、高潮潮高和低潮潮高的一一对应关系分别填入第 7、8、9 和 10 栏。

d.将第 1 栏的主港高潮潮时和第 7 栏的附港高潮潮时差对应相加得附港的高潮潮时并填入第 12 栏；将第 2 栏的主港低潮潮时和第 8 栏的附港低潮潮时差对应相加得附港的低潮潮时并填入第 13 栏。

e.将第 3 栏的主港高潮潮高减去第 6 栏的主港平均海面季节改正后和第 9 栏的附港高

潮潮高差对应相加,然后加上第 11 栏的附港的平均海面季节改正,得出附港的高潮潮高填入第 14 栏;采用同样的步骤可由第 4 栏的主港低潮潮高求出附港的低潮潮高填入第 15 栏。

f.如果需要潮高差值和涨(落)潮时间,可将其求出,并将潮差值填入第 5 栏,将涨(落)潮时间填入第 16 栏。

计算结果如表格中所示。

例 8-3-2:求韩国釜山港(Busan)2022 年 9 月 1 日的高、低潮潮高和潮潮时。

解:

按与上例同样的步骤在英版《潮汐表》第六卷中查得附港釜山的潮汐资料如下:

No.	Place	Lat. N.	Long. E.	Time differences MHW MLW (Zone −0900)		Height differences (in metres) MHWS MHWN MLWN MLWS				M.L Z$_0$ m.
7280	CHANGJIANG APPROACHES (LUHUASHAN)	(see page 69)				4.3	3.3	2.0	0.9	
7566	Busan ⋯	35 06	129 02	−0150	−0137	−3.1	−2.4	−1.6	−0.8	0.65

SEASONAL CHANGES IN MEAN LEVEL

No.	Jan.1	Feb.1	Mar.1	Apr.1	May 1	June 1	July 1	Aug.1	Sep.1	Oct.1	Nov.1	Dec.1	Jan.1
7280	−0.1	−0.2	−0.2	−0.1	0.0	0.0	0.0	+ 0.1	+ 0.2	+ 0.2	+ 0.1	0.0	−0.1
7534–7566	−0.1	−0.1	−0.1	−0.1	0.0	0.0	+ 0.1	+ 0.1	+ 0.1	+ 0.1	0.0	−0.1	−0.1

主港长江口(LUHUASHAN)潮汐资料如下:

	Time	m.
	0044	4.0
1	0720	1.3
W	1328	4.1
	1948	2.0

内插求取附港潮高差如下:

主港高潮潮高 4.3 m 和 3.3 m 所对应的附港潮高差分别是−3.1 m 和−2.4 m,所以该日主港高潮高 3.8 m 所对应的附港高潮潮高差为−2.7 m,高潮高 3.9 m 所对应的附港高潮潮高差为−2.8 m;主港低潮潮高 2.0 m 和 0.9 m 所对应的附港低潮潮高差分别是−1.6 m 和−0.8 m,所以该日主港低潮潮高 1.1 m 和 1.8 m 所对应的附港低潮潮高差分别为−0.9 m 和−1.5 m。

附港釜山的高、低潮时和潮高计算如下:

TIDAL PREDICTION FORM

STANDARD PORT ___*CHANGJIANG APPROACHES(LUHUASHAN)*___ TIME/HEIGHT REQUIRED ___*ALL*___

SECONDARY PORT _____*Busan*_____ DATE *1st Sep.2022* TIME ZONE ___*−0900*___

	TIME		HEIGHT		
	HW	LW	HW	LW	RANGE
STANDARD PORT	1 0044 1328	2 0720 1948	3 4.0 4.1	4 1.3 2.0	5
Seasonal change	Standard port		6 0.2	6 0.2	
DIFFERENCES	7 −0150 −0150	8 −0137 −0137	9 −2.7 −2.8	10 −0.9 −1.5	
Seasonal change	Secondary port		11 0.1	11 0.1	
SECONDARY PORT	12 2254(30/9) 1138	13 0543 1811	14 1.1 1.1	15 0.2 0.3	
Duration	16				

3.求任意时的潮高和任意潮高的潮时

求任意时的潮高和任意潮高的潮时的方法除了前面介绍过的计算公式法和梯形图卡法外,利用英版《潮汐表》中提供的"求任意时潮高曲线图"求取也是一种方便的方法,特别是第一卷的曲线图针对不同主港和特别的附港给出,其精度也是较高的。以下利用实例解释该曲线图的使用方法。

例8-3-3:已知英国格拉斯哥(Glasgow)当日高潮潮时潮高为0241 5.0 m,低潮潮时、潮高为0848 0.8 m,利用"求任意时潮高曲线图"求解0241至0848间潮高为3.0 m的时间和0700的潮高。

解:

该港主港是 GREENOCK,所以利用 GREENOCK 的曲线图进行求解。该曲线图位于GREENOCK 港资料的首页,如图 8-3-1 所示。曲线图的左边上、下横坐标是标示潮高的坐标轴,上边标高潮潮高,下边标低潮潮高;曲线图的右边是潮汐涨落曲线,其下是潮时坐标;潮汐涨落曲线的中线上的数字为求任意时潮高用的系数。第一卷各港的曲线图的涨落潮曲线有两条,实线为大潮曲线,虚线为小潮曲线;大潮和小潮的潮差在图的右上方给出。在求任意潮高和潮时时,如果当时潮差等于或接近大潮潮差,则利用大潮曲线;潮差等于或接近小潮差,则利用小潮曲线;其他情况在两曲线间内插,不要外推。用主港曲线求附港任意潮时和潮高需要内插时,需要用主港潮差确定内插点。

本例题的两个问题位于从 0241 至 0848 的落潮过程中,高、低潮潮高分别为 5.0 m 和0.8 m。基于该高、低潮潮时和潮高,计算步骤如下:

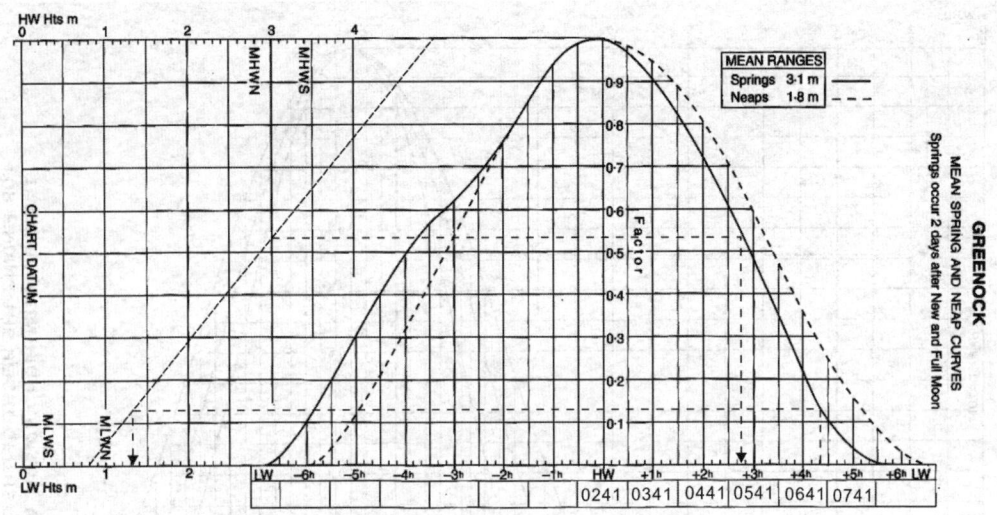

图 8-3-1 GREENOCK 港求任意时潮高曲线图

①在曲线图左边上横坐标 5.0 m 点和下横坐标 0.8 m 点间连一辅助线。在潮时坐标高潮（HW）下的方格内填入高潮潮时 0241，因是落潮，再向右每个间隔 1 h 的空格内填入相应时间至能将所求问题的时间包括在内为止。

②从图左部分上（或下）横坐标的 3.0 m 处向下（或向上）引一垂线交辅助线后水平向右引至与大曲线处（本例问题对应的主港潮差为 3.1 m，而大、小潮曲线所代表的潮差分别为 3.1 m 和 1.8 m），再由此处竖直向下引直线交潮时坐标轴于一点，此点便为潮高为 3.0 m 的潮时 0528。

③从潮时坐标 0700 向上引竖直线至大曲线，再从此点水平向左引直线交辅助线后向上（或向下）作竖直线交潮高坐标轴于一点，该点坐标便为 0700 的潮高 1.32 m。

此外，从横直线与潮汐曲线中线的交点可得出系数，0700 的系数为 0.13，用此系数乘以潮差（4.2 m），可得出潮高改正值（也可以在乘积表表 Ⅱ 中利用该系数和潮差作引数查出）为 0.55 m，该值和低潮潮高相加即为所求 0700 的潮高为 1.35 m。

例 8-3-4：已知韩国釜山港当日低潮潮时潮高为 0617　0.2 m，高潮潮时潮高为 1230 1.1 m，求韩国釜山当日 1000 的潮高。

解：

该题应利用英版《潮汐表》第四卷提供的曲线图求解。该曲线图如图 8-3-2 所示，与第一卷曲线图的不同点在于其不是给出大、小潮曲线，而是给出涨落潮时间为 5 h、6 h 和 7 h 的三条曲线，以适应不同港口使用。

参考上例中求潮高的方法（注意：由于是涨潮过程，标注潮时时，以高潮时为基准向左标注；由于涨潮时间为 6 h 13 min，应在 6 h 和 7 h 两曲线间做适当内插）可以求出 1000 的潮高为 0.8 m。

通用曲线图只适用于涨（落）潮时间在 5 h 和 7 h 之间且没有浅水改正的情况，如条件不满足，必须使用调和常数法求取，这一点在使用中应注意。

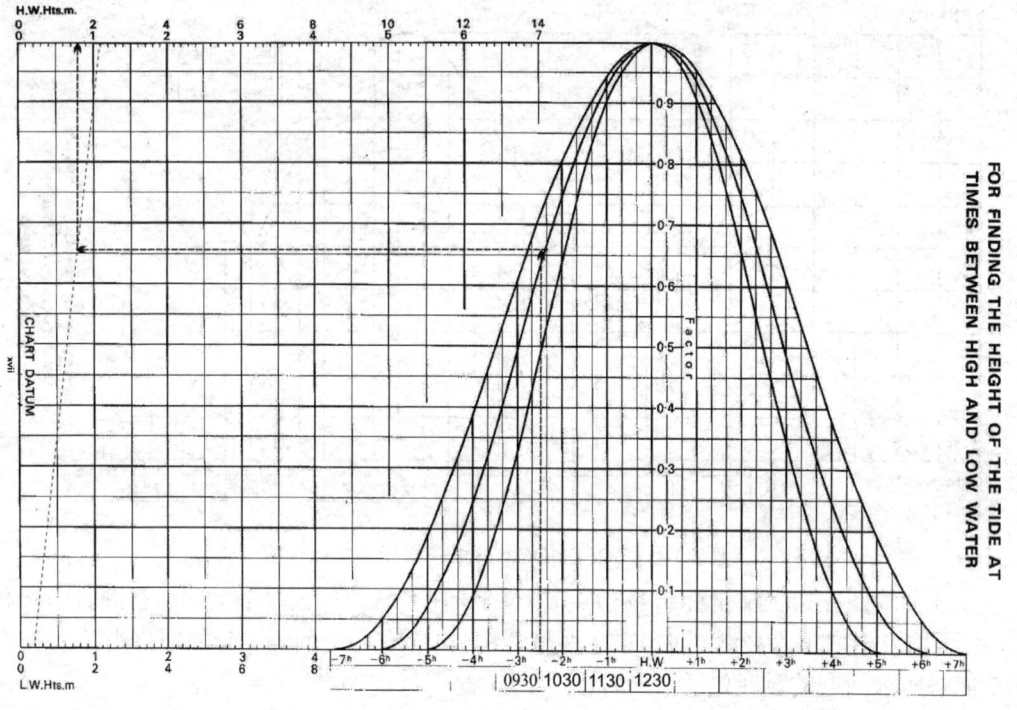

图 8-3-2　求任意时潮高曲线图

三、简化的调和常数潮汐推算法

调和常数潮汐推算法即利用事先通过实测和分析得出的各分潮的调和常数求出各个分潮后再叠加,从而得出某时的潮汐。《潮汐表》的第Ⅲ部分即"调和常数"部分提供了平均海面和四个主要分潮的调和常数、分潮振幅的平均值和分潮迟角;附表 7 提供了该四个主要分潮的节点因素和天文相角,并相对其他分潮进行了修正,使得利用四个主要分潮求得的潮汐的精度得到很大提高。如果再将附表 6 提供的浅水改正和季节改正数据加以考虑,潮汐推算的精度将达到利用 36 个分潮进行推算的精度。

利用调和常数推算潮汐的方法即根据分潮叠加的数学公式进行解算,最适合利用计算机编程,或利用计算器并结合一定的步骤和简化算法进行解算。《潮汐表》中介绍了这种算法并通过举例进行了说明。英国水道测量局出版了这种方法的计算机软件——基于微软视窗环境的简化调和常数潮汐计算程序(SHM FOR WINDOWS),其编号为 DP560。软件以光盘版形式发行,长期可用。使用时,操作者将《潮汐表》给出的调和常数按要求输入,即可以图形方式给出最长达 7 天的连续潮汐,并可将结果打印输出。

利用调和常数推算潮汐的精度取决于所使用的分潮的数量,所取分潮越多,计算越复杂,精度越高;所取分潮越少,计算就越简单,但精度越低。《潮汐表》所提供的调和常数只能达到利用 36 个分潮进行推算的精度,小于主港潮汐预报表所给的利用 100 多个分潮进行推算的精度,而且计算很复杂。所以,对于缺乏较先进计算手段的船舶,这种求潮汐的方法只适合于不能用一般方法求算潮汐的地点。

第四节 潮流推算

潮流(tidal stream)即海水周期性垂直运动的同时产生的海水周期性的水平方向的流动。潮流分为往复流(alternating current, rectilinear current)和回转流(rotary current)两种。往复流为受地形的影响而产生的涨、落潮流向相反或基本相反的潮流;回转流为在一个潮汐周期内,潮流流向随时间顺时针(或逆时针)变化360°,流速也随时间变化的潮流。本节介绍潮流的推算问题。

一、海图上的潮流资料与潮流推算

海图上利用图式给出潮流资料,潮流推算基于这些图式进行。

1.往复流潮流推算

海图上,涨潮流的图式为: ; 落潮流的图示为: 。其中箭矢的方向为流向,箭矢上的速度为流速数据,如果只给出一个速度,则为大潮日最大流速;如果给出两个速度,则较大的速度为大潮日最大流速,较小的速度为小潮日最大流速。基于这些速度和潮流与潮汐的变化同样的规律,可以求出每日的最大流速。一般认为,大潮前后一两天内当日最大流速都与大潮日最大流速相同;小潮前后一两天内的当日最大流速都与小潮日最大流速相同;其他数天内的当日最大流速可以取大、小潮最大流速的平均值,近似计算公式为:

$$平均最大流速 = \frac{1}{2}(大潮最大流速 + 小潮最大流速)$$

$$\approx \frac{3}{4} 大潮最大流速$$

$$\approx \frac{3}{2} 小潮最大流速$$

在仅知道大潮最大流速时,一般取小潮最大流速为大潮最大流速的一半。

知道当日最大流速后,便可以根据潮流的变化规律求取具体时间的潮流流速。往复流流速随时间变化的规律是:在转流时流向不定,流速很小,可视为零;转流以后流速逐渐由小增大,到相邻两次转流时间的中间时刻,流速达到最大;以后又逐渐变小,至下次转流时间流速又降至零。流速的这种变化规律可近似地以正弦函数曲线来描述,如图8-4-1所示。纵坐标为流速 v,横坐标为时间 t。

设当天最大流速为 v_m,涨(落)潮流持续时间为 T,所求时间(t)与它前面的转流时间间隔为 ΔT,所求时刻的流速为 v,则:

$$v = v_m \sin\left(\frac{\Delta T}{T} \times 180°\right)$$

可见,只要知道 v_m、T 和 ΔT,即可求得任意时刻的潮流流速。

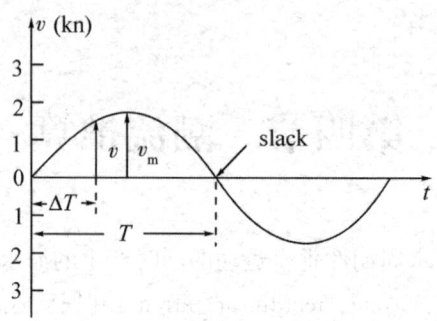

图 8-4-1 流速变化曲线

例 8-4-1：中国沿海某地往复流图式为 $\overset{4\,kn}{\text{/////} \longrightarrow}$，涨落周期为 6 h，求该处农历初六涨潮流 1 h 30 min 的流速。

解：

中国沿海大潮日一般发生在初三，初六当日的最大流速为：

$$v_{\mathrm{m}} = \frac{3}{4} \times 4 = 3\,(\mathrm{kn})$$

涨潮流 1 h 30 min 的流速为：

$$v = v_{\mathrm{m}}\sin\left(\frac{\Delta T}{T} \times 180°\right) = 3 \times \sin\left(\frac{90}{360} \times 180°\right) = 3 \times 0.707106781 \approx 2.1\,(\mathrm{kn})$$

对于半日潮性质的地点，可以认为一天内涨潮流和落潮流的持续时间都约为 6 h。一般可以运用 1、2、3、3、2、1 的简谐运动规律来近似估算任意时潮流流速。其方法是：

转流到 1 h 内的平均流速是当日最大流速的 $\frac{1}{3}$；

转流后 1~2 h 内的平均流速是当日最大流速的 $\frac{2}{3}$；

转流后 2~3 h 内的平均流速等于当日最大流速；

转流后 3~4 h 内的平均流速等于当日最大流速；

转流后 4~5 h 内的平均流速是当日最大流速的 $\frac{2}{3}$；

转流后 5~6 h 内的平均流速是当日最大流速的 $\frac{1}{3}$。

转流时间并不都是在高潮时和低潮时，在某些海区，转流时间往往发生在高、低潮后 3~4 h，因此必须查阅《航路指南》《潮汐表》和海图等航海资料掌握转流时间。

例 8-4-2：用以上近似方法求取上例的问题。

解：转流后 1 h 30 min 位于转流后 1~2 h 内，流速为当日最大流速的 $\frac{2}{3}$，即为 2 kn。

2.回转流潮流推算

在航用海图上，回转流的资料以回转流图和回转流表两种方式给出。图 8-4-2 为黄海某处的回转流图式，中心地名表示主港港名，最外圈数字表示不同时间：0 表示主港高潮潮时，1、2、3……表示主港高潮前第 1 h、2 h、3 h……，Ⅰ、Ⅱ、Ⅲ……表示主港高潮后第 1 h、2 h、

3 h……;数字所对应的箭矢为该时的潮流情况,箭矢的方向即流向;箭矢顶部的数字表示流速,较大的数字是大潮流速,较小的数字是小潮流速。表 8-4-1 是回转流表的例子。使用回转流表是为了海图清晰,一般印在海图标题栏或不影响船舶航行的位置,仅在潮流发生处用符号 Ⓐ、Ⓑ……表示表列潮流发生的位置。

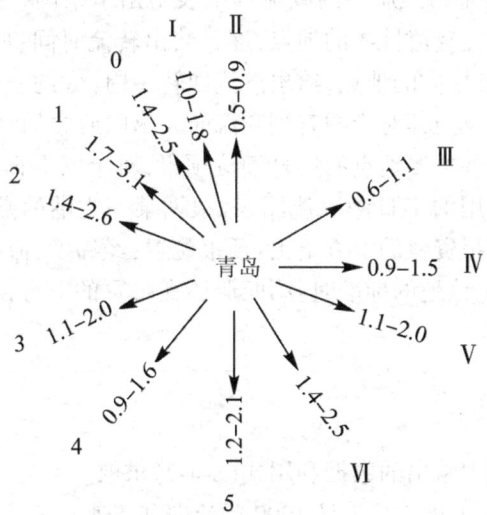

图 8-4-2　回转流图式

表 8-4-1　回转流表

Hours		Ⓐ 51°20′.3N 1°34′.3E			Ⓑ 51°15′.0N 2°14′.0E		
		D_{trn}	Rate(kn)		D_{trn}	Rate(kn)	
			sp.	np.		sp.	np.
Before HW Dover	6	199°	2.0	1.2	248°	0.9	0.5
	5	204	2.6	1.5	236	1.6	0.8
	4	208	3.1	1.7	231	1.9	0.9
	3	213	2.8	1.5	225	1.7	0.7
	2	222	1.5	0.8	214	1.2	0.4
	1	357	0.8	0.5	166	0.5	0.2
HW		015	2.5	1.4	075	0.7	0.5
After HW Dover	1	023	3.2	1.8	058	1.5	0.8
	2	029	2.9	1.6	052	1.8	0.9
	3	044	2.2	1.3	045	1.7	0.8
	4	059	1.2	0.7	039	1.3	0.5
	5	Slack			006	0.5	0.2
	6	197	1.4	0.8	260	0.7	0.4

　　回转流的流向可以根据主港高潮潮时和实际航行时间的关系利用回转流图或回转流表求取,如果时间不正好是回转流图中或回转流表中的时间可以内插求取。回转流的流速,可以根据航行日期和大潮日小潮日的关系,参考求取往复流每日最大流速的方法,利用回转流图或回转流表求取。

二、中版《潮汐表》的潮流预报表与潮流推算

1.潮流预报表内容

中版《潮汐表》第一册至第三册中的潮流预报表给出了中国一些重要水道、港湾和渔场等的潮流资料。对于具有往复流性质的地点,逐日给出转流时间、最大流速时刻以及相应的最大流速;对于具有回转流性质的地点,给出潮流回转一周(大约一个潮汐周期)过程中的两个极大值和两个极小值以及与其对应的时刻和流向。第四册中的"潮流预报表"只刊载了日潮潮流较大的海区中的一些重要地点的逐日潮流预报,对于以半日潮潮流为主的海区,应利用海图上刊载的资料和专用的半日潮潮流图表,根据某一主港的潮汐预报推算邻近水域的潮流。每册均在每一页预报资料的上方给出:预报位置,经纬度,流速资料中的"+""−"所代表的具体流向,预报年度和该地的标准时;第四册还在每页的下方说明了预报值中是否包含海流。

2.潮流推算方法

(1)往复流

往复流流速可根据表中给出的数据利用式(8-4-2)求取。

例 8-4-3:求成山角 2021 年 7 月 1 日 1000 的流向和流速。

解:

从 2021 年中版《潮汐表》的"潮流预报表"中查得成山角 7 月 1 日的潮流资料为:

7 月

	转流	最大流	
1	时分	时分	流速
	0128	0446	−1.9
TH	0802	1100	1.7
	1412	1712	−1.4
	2012	2316	1.5

资料中的"+"表示流向 343°,"−"表示流向 163°,流速单位为 kn。

由于 1000 在 0802 和 1412 两次转流之间,1000 的流向为"+",即 343°;又由于该方向最大流速为 1.7 kn(发生在 1100),1000 的流速为:

$$v = 1.7 \times \sin\left(\frac{1000 - 0806}{1412 - 0802} \times 180°\right) \approx 1.4 (\text{kn})$$

即 1000 的流向为 343°,流速约为 1.4 kn。

根据以上原理,中版《潮汐表》第一至三册中编制了附表"求任意时刻潮流用表",并提供了使用说明和实例。

(2)回转流

对于回转流,"潮流预报表"中给出了一个回转周期内的两次极大值和两次极小值的流向和流速,其他时间的流向和流速可在其间内插求取。

三、英版《潮汐表》中的潮流表与潮流推算

1.英版《潮汐表》中的潮流表

英版《潮汐表》中仅针对某些重要而且潮流周日不等现象显著的区域编制潮流表。由于欧洲大部分水域的潮流和潮汐均具有半日潮性质，可以基于海图上的潮流资料并参照主港的潮汐资料推算潮流，所以，英版《潮汐表》第一、二卷没有编制潮流表，仅在第三、四卷中对某些重要而且潮流周日不等现象显著的地方编制了潮流表。潮流表资料的具体编排与中版《潮汐表》第四卷的潮流预报表的编排基本一致，所不同的是在表的开头给出了包括半日潮、日潮和混合潮港等的典型潮流曲线。

除了潮流表外，英版《潮汐表》第二、三、四卷中还印有"关于潮流的调和常数"，用于用简化的调和常数法推算潮流。

2.潮流推算

由于潮流表中所预报的各地的潮流均不具备半日潮的特性，在根据其提供的资料推算潮汐时，应利用式(8-4-2)计算任意时的潮流。如果预报数据包含海流的成分，应在最大流速的取值时将海流减去后计算出任意时的潮流的大小，再与海流矢量合成求出当时的总流速和流向。对于不同类型的潮流特点也可采用参考书中给出的潮流曲线的方式求取任意时间的潮流。

用"关于潮流的调和常数"推算潮流的方法与利用潮高的调和常数计算潮高的方法相似，两者均为潮汐预报的简化的调和常数法，只要在计算中将潮高的调和常数换成潮流的调和常数、将以米为单位的平均海面换成以节为单位的海流(恒流)、将以米为单位的潮高换成以节为单位的潮流流速即可。有条件的船舶，也可以使用数字潮汐表进行潮流推算。

第五节 数字潮汐

随着计算机技术、海洋测量技术、信息处理技术和网络技术的发展，潮汐的数字测量与数据采集、传输、预报以及和船舶航行参数结合指导航行的数字潮汐时代已经到来。目前，根据潮汐推算数据的获取方式，数字潮汐技术可以分为两大类：第一类为数字潮汐表，它是纸质潮汐表的数字化和发展，将通过历史测量得出的调和常数和相关数据存入计算机，潮汐的推算由计算机完成，并结合船舶尺度参数解算船舶通过浅滩或架空障碍物的通过时机；第二类为海洋环境数据实测、采集、预报与发送系统，通过对实际测量的即时数据进行分析，得到更符合船舶航行时的实际情况、精度更高的计算结果。

一、数字潮汐表

数字潮汐表是一种基于调和常数完成潮汐推算，并将潮汐数据和船舶吃水与高度结合解算船舶安全通过浅滩、架空障碍物的通过时机的计算机软件。目前，国际上有多款此类软

件,其提供的数据的精度与所使用的调和常数的多少有关。根据船舶使用的具体情况,以下仅对英国水道测量局出版的数字潮汐表进行介绍。

英国水道测量局出版的数字潮汐表有两种:一种供符合《国际海上人命安全公约》要求的船舶使用;另一种供需要这种资料的用户使用,为网络版潮汐表。

1.英版数字潮汐表——Admiralty TotalTide(完整潮汐)

(1)概况

Admiralty TotalTide 是英国水道测量局出版的数字出版物(Admiralty Digital Publications,ADP)的一种,发行载体为光盘和网络。该数字潮汐表主要适合符合《国际海上人命安全公约》要求的船舶使用,目前,国际上已经有 70 多个国家认可其在满足所规定的条件时可以替代纸质版潮汐表,替代纸质版的相关问题详见第十章第八节。

该潮汐表包括计算程序和全球 7 个数据区 7000 多个港口的潮汐和 3000 多个地方的潮流的数据,每年更新。所使用的调和常数和计算方法与纸质版一样,预报精度也一样。7 个数据区(如图 8-5-1 所示)为:

数据区 1 包括海域 1~4:欧洲、北部水域与地中海(Europe, Northern Waters and Mediterranean);

数据区 2 即海域 5:印度洋北部与红海[Indian Ocean(northern part)and Red Sea];

数据区 3 即海域 6:新加坡至日本(Singapore to Japan);

数据区 4 即海域 7:澳大利亚、婆罗洲和菲律宾(Australia, Borneo and Philippines);

数据区 5 即海域 8:太平洋(Pacific Ocean);

数据区 6 即海域 9:北美东海岸和加勒比海[North America(east coast)and Caribbean];

数据区 7 即海域 10:南大西洋和印度洋南部[South Atlantic and Indian Ocean(southern part)]。

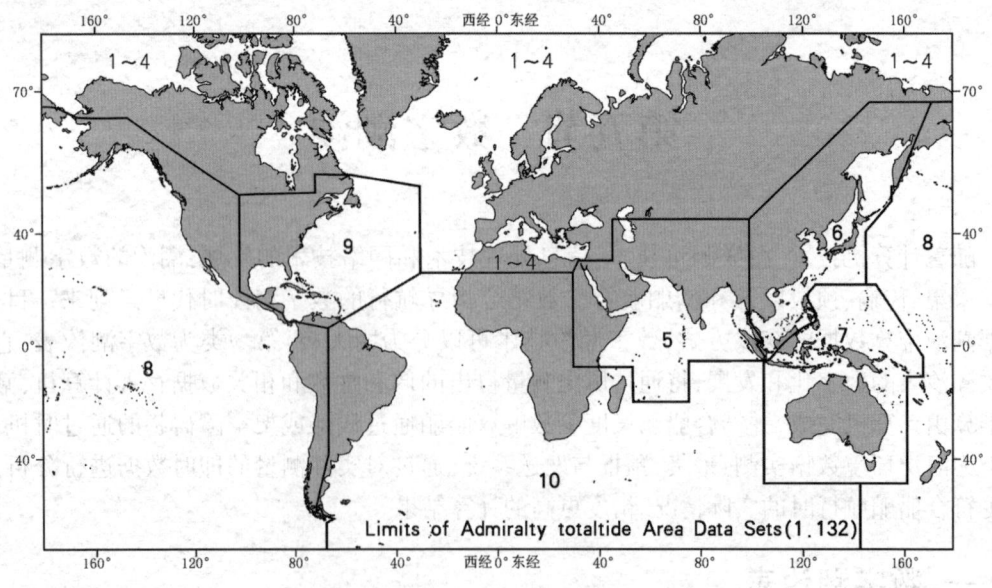

图 8-5-1 光盘版潮汐表数据区

使用者可以通过购买数据区授权的方式获取该潮汐表的光盘,其中包含推算软件和 7 个数据区的数据;或从英国水道测量局网站下载完整内容后,通过购买数据区授权的方式使用该潮汐表。购买数据区可以根据需要选择,此后,如果需要其他数据区数据,仅购买授权扩充数据区即可。授权包括一个安装码和两个激活码(一个主激活码、一个备用激活码),即一个授权可以安装两台计算机;激活码是为了控制所授权的数据区数据不在别的计算机上使用。

该数字潮汐表的改正每周一次,可以通过网络下载更新,如果没有条件进行网络更新,可以使用更新光盘进行,更新光盘半年出版一次。

该数字潮汐表包含纸质版潮汐表的所有内容,并可以利用使用者提供的调和常数进行潮汐预报;功能上除了纸质版潮汐表的潮汐、潮流预报外,还能进行过浅滩和架空障碍物的航行计算。

(2)使用方法

英版数字潮汐表提供用户交互查询的视窗程序界面,使用简单快捷。

①潮汐表界面

英版数字潮汐表的界面分为四个操作区域(如图8-5-2所示)和状态栏:

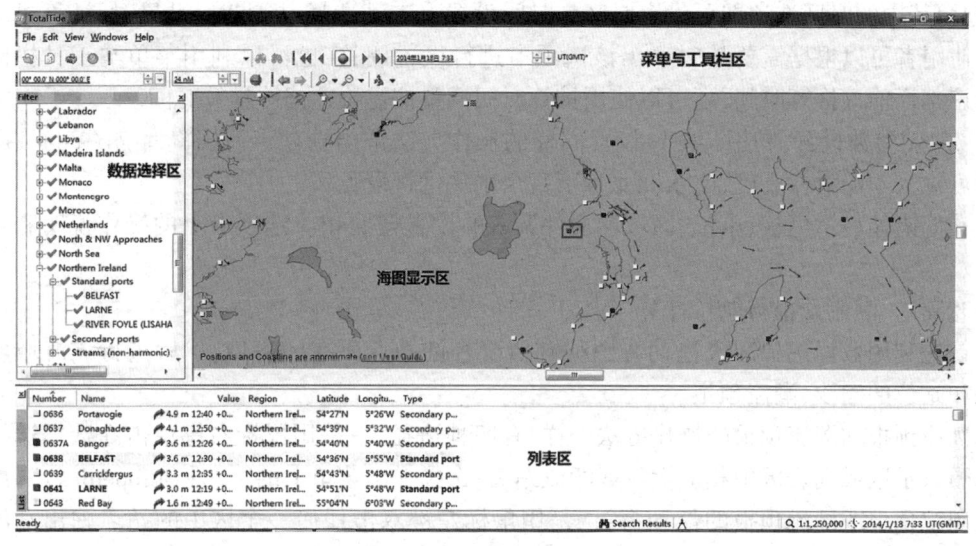

图8-5-2 英版数字潮汐表程序界面

a.菜单与工具栏区给出了设置、使用潮汐表的菜单[文件(File)、编辑(Edit)、视图(View)、窗口(Windows)和帮助(Help)]和工具按钮(比例尺改变、显示选定区、推算时间控制、推算时间修改、文本查询框、地理位置查询组件等)。

b.数据选择区(Filters)用于在所有购买的数据区中选择使用的数据区域,屏蔽掉不使用的区域。

c.列表区(List View)列出所有可用的潮汐和潮流站点。

d.海图显示区(Chart View)以图形方式给出潮汐和潮流站点。

数据选择区的各项操作通过鼠标左键点击、右键菜单控制实现。用鼠标左键点击列表区和海图显示区给出的站点的名称或符号即可进行潮汐和潮流的查询。不同颜色的图形标记表明各站点的性质:红色方块表示主港,蓝色方块表示附港,黄色方块表示非调和常数计算的附港,黄色方块上加一个字母"U"表示使用者输入的数据推算潮汐港口;黑色箭矢表示用调和常数计算的潮流站点;蓝色箭矢表示用非调和常数计算的潮流站点。

在主界面下部的状态栏显示查询状态、经纬度、当前比例尺、当前日期和时间等信息。

此外,主界面的布局可以通过在数据选择区或列表区的标题栏上点击并按住鼠标左键拖动的方式调整,也可以通过窗口菜单中的"新数据选择(New Filter)"分菜单和"新列表(New List)"分菜单增加数据选择区和新列表区,以满足不同需要。数据选择区和列表区可以设置 10 个。利用视图菜单中的"工具栏(Toolbars)"分菜单可以调整工具栏的内容。

②数据更新与参数设置

为了获得正确的潮汐推算和航道航行安全计算结果,数据更新和基本参数的设置至关重要。

a.数据更新:为了保证数据的正确性,潮汐表必须及时获得更新信息和数据。数据更新的信息可以通过帮助菜单中的"阅读最新通知(View Last Notification)"分菜单获取,得到更新信息便可通过附带英版数字出版物升级软件进行联网数据更新。

b.潮汐推算时间设置:潮汐表推算时间可以通过视图菜单中的"选项(Options)"分菜单调出选项卡实现。通过该选项卡可以进行船舶、显示色板、时区、单位、区域、调入文件的选择,利用其中的时区选项即可设定时区。时间设置有三种选择:标准时、世界时、计算机系统时。使用者可以根据需要随时调出该选项卡进行设置调整,也可以利用菜单与工具栏区的时间控制栏输入推算时间,还可以使用推算时间调整按钮快速修改推算时间。

c.船舶参数设置:利用与时区设置同样的操作方法调出选项卡,选择"船舶(Vessel)"选项即可输入本船大桅高度、吃水和龙骨下富余水深进行设置。

其他诸如显示色板、单位、区域和文件调入的设置按照相应选项卡上的操作说明和帮助进行。

③潮汐、潮流预报与航行计算

首先利用数据选择区或拖动海图找到所要查询站点所在的海域,然后进行该海域所有港口和站位的潮汐、潮流预报。

潮汐预报和潮流预报的操作方法一样,有四种途径:一是用鼠标右键单击在数据选择区或海图显示区或列表区中相应潮汐或潮流站名,选择弹出菜单上的"属性(Properties)",即可弹出潮汐预报或潮流预报的浮动窗;二是用鼠标左键双击任何一个区中的站名弹出潮汐预报或潮流预报的浮动窗;三是用鼠标左键单击选定站名再选择菜单中的"属性(Properties)",即可弹出潮汐预报或潮流预报的浮动窗;四是在工具栏的查询工具条输入港站名称后点击查询按钮,即可在列表区显示站点名称,用鼠标左键双击这个名称,即可弹出潮汐预报或潮流预报的浮动窗。

航行计算功能在弹出的潮汐预报浮动窗实现,只要在参数设置中设置好船舶参数,在弹出的潮汐预报浮动窗中设置好所要计算的地点的基本数据,潮汐预报浮动窗中便自动显示安全航行数据。

潮汐预报浮动窗(如图 8-5-3 所示)给出了有关潮汐预报和航行计算的 10 项数据,包括:

潮汐曲线(Graph):选定站点的选定时间前后的潮汐变化曲线,背景图以深浅不同的阴影给出民用和航海用晨光时和昏影中的时刻以及日昼的时间,曲线范围用阴影标示出最大安全潮高和最小安全潮高的数值与时间范围。

高、低潮潮高与潮时(HWLW):列表给出连续 7 天的高、低潮潮时和潮高。

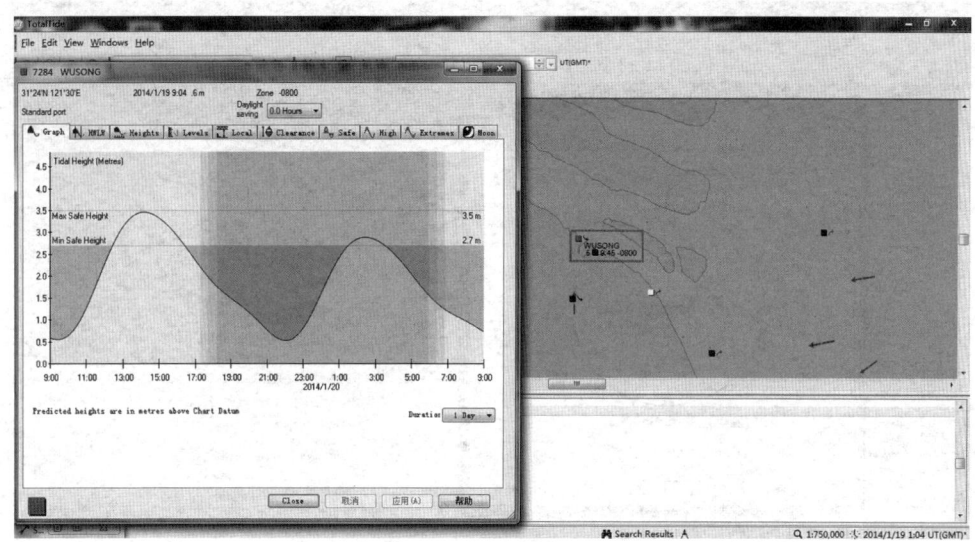

图 8-5-3　潮汐预报浮动窗

逐时潮高(Heights):列表给出连续 7 天的逐时潮高,用不同深浅颜色的数字给出安全潮高的范围。

潮面(Levels):列出查询站点的不同的潮汐平面高度,包括:最高天文潮面、平均大潮高潮面、平均小潮高潮面、平均海面、平均小潮低潮面、平均大潮低潮面和最低天文潮面。有的站点还根据潮汐性质给出平均高高潮面和平均低低潮面。

当地安全潮高计算(Local):在给出最高天文潮面和平均大潮高潮面数据的情况下,显示输入数据文本框,由使用者输入净空高度和最小水深供航海计算用,输入后即可显示最大和最小安全潮高数值。

安全潮高图解(Clearance):用图示给出船舶安全通过浅滩和架空障碍物的安全潮高、富余水深、障碍物高度等数据。

安全通航时间(Safe):列表给出潮汐预报当日及其后 30 天内可以保证航行安全的起始时间和持续时间。

指定潮高的潮时范围(High):在使用者输入一个潮高值后,给出其后 30 天内潮高高于该输入值的开始时间和持续时间。

极端潮高(Extremes):列表给出当年、每个月以及当月每日的最大高潮高和最小低潮高。

月相(Moon):给出潮汐预报当月月相的日期和时间、当日预报时间太阳和月亮的方位和高度,以及此后 7 天内的天文现象;太阳和月亮的出、没方位,太阳中天高度、晨光始和昏影终时的方位等。

潮流预报浮动窗(如图 8-5-4 所示)给出了潮流预报的四项资料:

潮流预报图(Stream):给出预报时间的流向和流速数据以及后续随时间的变化情况。

潮流推算表(Diagram):给出一个潮汐周期内每小时的大潮流速和小潮流速数据。

逐时潮流预报表(Rates):给出预报时间以及以后 7 天内的每小时流向和流速数据。

月相(Moon):与潮汐预报浮动窗的月相数据相同。

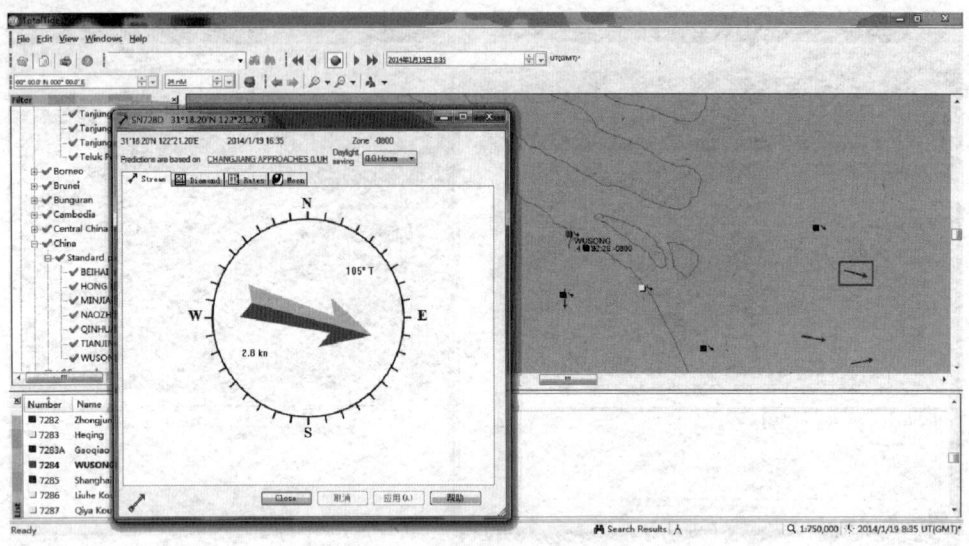

图 8-5-4　潮流预报浮动窗

2.网络潮汐表(EasyTide)

网络潮汐表是基于网络的潮汐预报程序,预报全球 7000 多个港口的潮汐,供较小船舶使用。登录该潮汐表的网站 www.ukho.gov.uk/easytide,即可免费使用其基本功能——登录之日始连续 7 天的潮汐预报;还可付费使用其他功能,包括:前后 50 年内的任意时间的潮汐、个人所需潮汐资料的港口清单的设定,某时间开始 7 天或 14 天的潮汐预报、大潮、小潮、月相等。

二、海洋环境数据实测、采集、预报与发送系统

随着船舶大型化,港口水深和船舶吃水之间、船舶尺度和航道可用幅度之间的矛盾越来越突出,传统的利用《潮汐表》查算潮汐和水流要素确定船舶进出港时机的方法在某些情况下限制了船舶的载货量,并因不能掌握实时的水深和水流要素造成船舶搁浅事故发生概率的增大。这种情况如果发生在大吨位的油船和液化气船上,带来的不仅是经济损失,还有严重的环境破坏。基于这种情况,一些海运国家采用了通过实测数据支持船舶航行的方法。其中,应用较早、较为成熟的是美国国家海洋和大气管理局(National Oceanic and Atmospheric Administration, NOAA)的海洋环境要素实时监测与预报系统(Physical Oceanographic Real-Time System,PORTS)。

1.系统概况

美国海洋环境要素实时监测与预报系统是由美国国家海洋和大气管理局(NOAA)国家海洋服务部(National Ocean Service, NOS)开发的公共信息采集和发布系统。该系统可以向船长和船舶引航员提供准确实时的港口和航道水深、水流、风、浪、温度及盐度等数据。全球第一个 PORTS 系统于 1991 年在美国佛罗里达州西部的港口城市坦帕建成并投入运营。由于坦帕港 PORTS 系统的成功及其所带来的经济和社会效益,美国相继在旧金山湾(San Francisco Bay)、纽约/新泽西港(New York/New Jersey Harbor)、休斯敦/加尔维斯敦(Houston/Galveston)、切萨皮克湾(Chesapeake Bay)、纳拉甘西特湾(Narragansett Bay)、苏水闸(Soo Locks)和洛杉矶/长滩(Los Angeles/Long Beach)等 23 个地点建立 PORTS 系统并投入运营。

PORTS 系统(如图 8-5-5 所示)由数据采集、数据处理和数据发布 3 个系统组成。

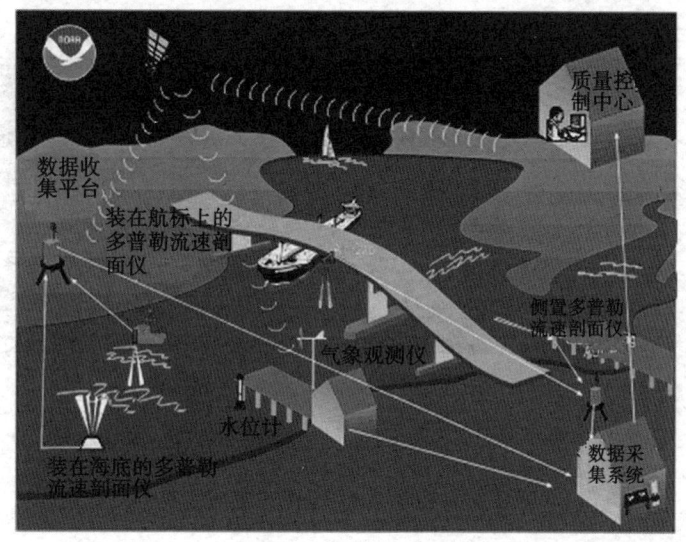

图 8-5-5 PORTS 系统

(1)数据采集系统

在港区选择控制点,布设声学多普勒流速剖面仪(Acoustic Doppler Current Profiler, ADCP)、水位计、风速仪、方向谱波浪仪和能见度感应仪等,通过遥测和无线传输技术,建立实时数据观测采集系统。现代水文仪器遥测技术和多通道数据无线传输技术的发展,为实时数据观测采集系统的建立提供了技术支持。

(2)数据处理系统

将采集到的实时数据进行分析和处理,建立港区潮汐运动模拟数学模型,考虑风应力和河流径流的影响,模拟港区水位和水流场。结合实时观测数据,对潮汐数学模型进行实时动态修正,给出港区实时气象水文要素特征值及潮汐现报和预报。

(3)数据发布系统

将数值模型与电子海图系统相集成,实现港口水位、水流现报和预报业务化。通过电台、电话和互联网发布气象水文要素特征值以及潮汐现报和预报结果。

系统的构成是根据需要确定的,可大可小。小的系统只有一台水深测量仪和相应气象仪;大的系统由 50 多台仪器设备组成。

2.系统的使用

目前,PORTS 系统通过语音电话和互联网两种方式使用。美国 23 个运行的系统和质量控制中心的语音电话号码可以从 PORTS 系统的网页上查到,该网页地址为 http://tidesand-currents.noaa.gov/ports.html。语音电话简单快捷,但信息的详细程度会有一定的不足,适用于对某一项参数特别感兴趣的用户使用。如果要取得详细信息,应该利用互联网。

利用互联网使用 PORTS 数据,首先用浏览器登录 PORTS 系统主页,主页的左侧是目前运行的 23 个港口的系统的链接,左键点击需要查询的港口即可进入系统,系统给出数据采集点分布图(以不同符号代表不同数据采集传感器的种类)和各种数据的查询链接,通过这些链接即可查询需要的数据。图 8-5-6 是莫比尔湾 PORTS 系统主页,左侧是数据采集点符号说明、数据查询的设定框和数据采集点的名称,点击相应的名称即可查询该点数据。图 8-5-7

所示为查询到的水位数据,包括实测和预报数据。

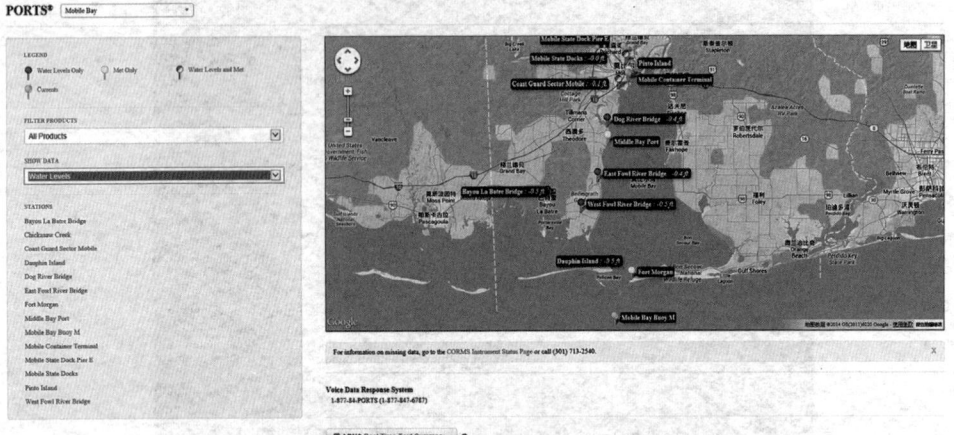

图 8-5-6　莫比尔湾 PORTS 系统主页

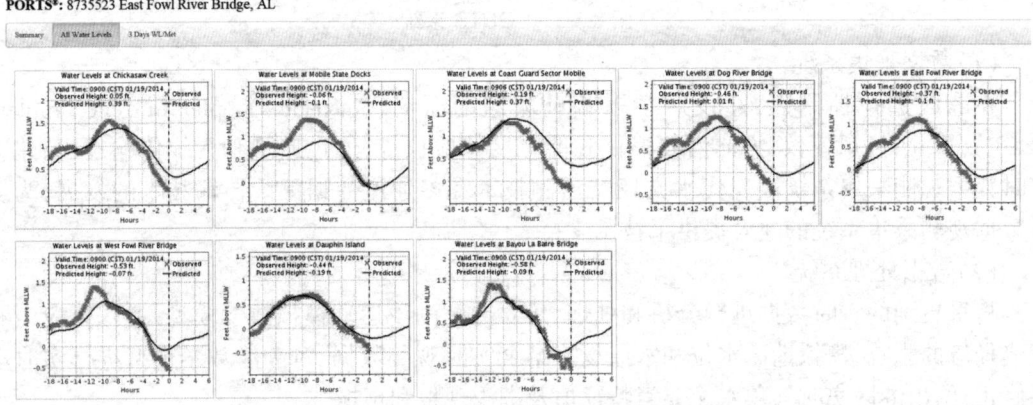

图 8-5-7　莫比尔湾 PORTS 系统提供的水位数据

第九章　航标与《航标表》

航标(aids to navigation)是助航标志的简称,它是以特定的标志、灯光、音响或无线电信号等,供船舶确定船位、航向,避离危险,使船舶沿航道或预定航线安全航行的助航设施。其主要作用是:

1.指示航道

在岛岸明显处设置引导标志,或在水上设立浮标、灯浮及灯船等,引导船舶沿航标所指示的航道航行。

2.供船舶定位

利用设置在陆上的航标测定船位。

3.标示危险区

标示航道附近的沉船、暗礁、浅滩及其他危险物,指引船舶避开这些危险物。

4.供特殊需要

标示锚地、检疫锚地、测量作业区、禁区、渔区以及供船舶测定运动性能和罗经差使用的水域等。

第一节　航标的分类

一、按设置地点分类

1.沿海航标(coastal aids)

沿海航标是设在沿海和河口地段,引导船舶在沿海航行及进出海港、港湾和河口的航标,分为固定航标和水上标志两种。

(1)固定航标

固定航标是设置在岛屿、礁石、海岸等上面的航标,包括:

①灯塔(lighthouse)

灯塔一般设置在显著的海岸、岬角、重要航道附近的陆地或岛屿上,以及港湾入口处。它是一种比较高大而坚固并发出特定灯光的塔状建筑物(如图 9-1-1 所示),由基础、塔身和发光器三部分组成。塔身具有显著的形状和颜色特征;塔的上部装有能发出特定灯光并且光力较强、射程较远的发光器。灯塔一般都有专人看管,工作可靠,海图上位置准确,是一种主要的航标。有的灯塔还设有音响信号、雾号和无线电信号等。

图 9-1-1　灯塔

②灯桩(light beacon)

灯桩一般设置在航道附近的岛岸边及港口防波堤上。它是一种柱状或铁架结构的建筑物,如图 9-1-2(a)所示,其顶部也装有发光器,但灯光强度不及灯塔,一般无人看管。

③立标(beacon)

立标一般设置在浅水区、水中礁石上,是一种普通的杆状标(铁质或木质),顶端有球形或三角形等标志,用以标示沙嘴尽头、浅滩及险礁的两端、水中礁石及航道中较小的障碍物;也有的设在岸上作为叠标或导标,用以引导船舶进出港口或测定船舶运动性能和罗经差,如图 9-1-2(b)所示。

(a)　　　　　　　　　　　　(b)

图 9-1-2　灯桩和立标

（2）水上标志

水上标志是浮在水面上，用锚或沉锤、锚链牢固地系留在预定点海床上的航标。水上标志除灯船及大型助航浮标外，其外部涂色、顶标、灯质等均依其用途有统一规定。水上标志包括：

①灯船（light vessel）

灯船一般设置在周围无显著陆标又不便建造灯塔的重要航道附近，以引导船舶进出港口、避险等。灯船是一种在甲板高处设有发光设备的特殊船舶。灯船具有能经受风浪袭击和顶住强流的坚实结构和牢固的锚泊设备，灯光射程较远，可靠性较好，有的还有人看管。灯船的船身一般涂红色，船体两侧有醒目的船名或编号，桅上悬挂黑球，供白天识别用，如图9-1-3所示。

图 9-1-3　灯船

②浮标（buoy）

浮标一般设置在海港和沿海航道以及水下危险物附近，用以标示航道，指示沉船、暗礁、浅滩等危险物的位置。浮标是具有规定的形状、尺寸、颜色的浮动标志，锚泊在指定位置，装有发光器、音响设备、雷达反射器和规定的顶标等。浮标受海流和潮汐的影响，其实际位置以锚碇为中心在一定范围内移动，遇大风浪可能移位或漂失。因此，浮标一般不能用来定位。装有发光器的浮标称为灯浮（light-buoy），如图9-1-4所示。

图 9-1-4　灯浮

2.内河航标(inland river aids)

内河航标是设置在江河、湖泊、水库航道上的助航标志,用以标示内河航道的方向、界限与碍航物等,为船舶航行指示安全的航道。

3.船闸航标(lockage aids)

船闸航标是设置在船闸河段上的航标,用以标示船闸内外的停船位置,指出进出船闸的引领航道和闸前的危险水域,指引船舶安全迅速地通过船闸。

二、按技术装置分类

1.发光航标

灯塔、灯船、灯浮、灯桩等可统称为灯标,以所显示的特定的光色、节奏和周期作为标志识别的特征,并将其用缩写标注在海图上该灯标符号的旁边。

2.不发光的航标

不发光的航标有立标、浮标等。

3.音响航标

音响航标是附设有雾警设备的航标,其功能是在雾、雪及其他能见度不良天气时发出特定的音响供航海人员导航用。

(1)雾钟(bell)

雾钟是一种最古老、简单的音响装置,常设在礁石或浅滩附近的灯浮或无人看守的灯船上,借助波浪起伏摇摆自动打钟发声。雾钟的声音强弱取决于钟和波浪的大小,其有效作用距离一般为1~2 n mile。

(2)雾锣(gong)

雾锣用于有人看守的灯塔及灯船,凡遇下雾或天气朦胧,听到船舶雾号时,可以以一定时间间隔鸣锣。其有效作用距离和雾钟差不多。

(3)雾哨(whistle)

雾哨一般装在浮标上,利用波浪的起伏吸进和压出空气,经气哨而发声。其有效作用距离为1~4 n mile。

(4)雾角(horn)或低音雾角(diaphone)

雾角一般安装在靠近港口的岸边或有发电设备的灯塔上,发音原理和普通电喇叭相似,能清晰地发送信号编码,以便船舶收听和识别。其有效作用距离为3~5 n mile。

(5)雾笛(siren)

雾笛多装在灯塔和灯船上,利用压缩空气通过发声器发声。其声音清晰、宏亮,有效距离可达3~10 n mile。

此外,还有爆响雾号(explosive fog signal, Explos.)、莫尔斯码语雾号(Morse code fog signal, Mo.)、雾炮(gun)等。

4.无线电航标

无线电航标是无线电助航设施的统称,包括:

（1）无线电测向台（radio direction finding station，RG）

无线电测向台是设于固定位置的测角装置，用以测定船舶所发射的无线电波的方位。

（2）全向无线电信标（non-directional radiobeacon，RC）

全向无线电信标是一种发射无方向性电波，供船舶测定方位的无线电信标。它在规定的时间内发射特定的电波信号，由船舶使用无线电测向仪测定电波来向，用以定位和导航。

（3）定向无线电信标（directional radiobeacon，RD）

定向无线电信标是一种引导船舶循直线航道航行的无线电信标，它交替发射两种电波，两种电波的方向角在航道轴线方向及其可航范围内有一定的重叠。当船舶听到两种信号音响合为一连续音响时，表明船舶是在其引导的航道上行驶；如仅听到一种信号音响，表明船舶偏离航道。这种信标使用方便，船上可用通信接收机收听信号。

（4）旋转式无线电信标（rotating pattern radiobeacon，RW）

旋转式无线电信标是一种具有"8"字形或心形发射特性图，在水平面上等速旋转的无线电航标，这种无线电航标是基于最弱信号接收原理工作的，"8"字形指向特性的电波从正北按顺时针方向每旋转2°定时地发射点信号，使用者用类似收音机的简单的接收机接收信号，计算信号到最弱点的短点数，即可得知与信标台的相对方位。

（5）雷达反射器（radar reflector）

雷达反射器是附装在航标、岬角、堤坝上的一种强反射体，具有一定的反射面积和将入射电波向原方向反射的特性，以增加雷达目标回波强度，使物标易于被雷达发现。

（6）雷达指向标（radar marker，Ramark）

雷达指向标是一种设于固定位置，本身具有发射设备，定期发射具有一定频带信号的装置。使用者根据被雷达接收后显示在荧光屏上的径向亮线得知雷达指向标的方位。

（7）雷达应答标（radar responder beacon，Racon）

雷达应答标是一种设于固定位置，包括一整套接收机、发射机、天线和电源的装置。收到从船舶雷达发射的电波，即把它转化成符号化的电波再发射出去，使用者即可根据雷达荧光屏上显示的符号辉线确定雷达应答标的位置。

（8）罗兰（long range navigation，Loran）

罗兰是利用测时差求距离差的双曲线导航系统。现在应用中的是罗兰C（Loran-C）系统，其可以进行自动定位。

（9）差分GPS信标（DGPS Beacon）

差分技术的原理是在一个已知精确坐标固定点放置一台基准站GPS接收机，接收GPS卫星信号并解算出系统的误差，再将误差修正参数传送至正在测量未知点坐标的移动站GPS接收机并消除该误差，从而使移动站GPS接收机定位数值的精度大大提高。信标技术是差分GPS技术的一种，它是利用现有的航海无线电信标台，在其所发射的信号中加一个副载波调制，以发射差分修正信号，提供米级精度定位导航。

（10）AIS航标

AIS航标是船舶自动识别系统在航标上的应用，分为实体AIS航标和虚拟AIS航标两种。AIS实体航标由安装在实体航标上的AIS设备，向船舶和AIS基站发送位置和本身状态等信息，船舶AIS接收机接收其信息后可以在电子海图显示与信息系统、雷达上显示航标位置，实现航标的自动识别和显示；其发出的自身状态信息可以指明航标是否移位，使船舶得到警示,提高了航行的安全程度。虚拟 AIS 航标不是在其所标示的位置点设置实体 AIS 设备,而是由附近基站产生表明该位置点航标性质的信号,船舶接收信号后可在船舶的电子海图显示与信息系统上的该位置点显示航标,从而实现导航的目的。

第二节 国际海区水上助航标志制度

一、概述

海区水上助航标志制度具有国际性质,它直接影响海上船舶的航行安全。过去百余年间,世界各地海区水上助航标志比较混乱,给航海人员带来很大不便,甚至造成航行事故。因此,航标在国际范围内的统一有着十分重要的意义。

国际上有关航标组织对海上统一浮标系统的研究自 1936 年日内瓦会议曾接近于达成统一浮标系统的国际协议起,在 1957 年国际航标协会(International Association of Lighthouse Authorities, IALA)成立后继续研究,1965 年该协会设立国际技术委员会专门考虑这个问题,1971 年后形成 A、B 两个系统。A 系统于 1974 年进行实地试验,又经修改后,由国际航标协会执委会于 1975 年通过,1976 年由联合国政府间海事协商组织(International Governmental Maritime Consultative Organization, IMCO)批准。A 系统自 1977 年 4 月首先由英国航标当局实施以后,陆续在欧洲、非洲、大洋洲和亚洲的一些国家和地区实施。B 系统在 1980 年年初完成,并被美洲及日本、韩国、菲律宾等国家和地区使用。1980 年 11 月在东京召开的第 10 届国际航标会议上,在 A、B 系统的基础上,经过商讨并同意了采用新的综合制度的规则,确定了浮标制度区域的界限划分,并附图加以说明,这是国际航标史上的一件大事。2006 年 5 月在上海召开的国际航标协会第 16 届大会上决定对国际浮标制度进行评价和必要的修订以适应航行环境和电子航标的发展。2010 年 3 月在开普敦召开的国际航标协会第 17 届大会上提出了修改后的国际航标制度。同年国际海事组织海事安全委员会采纳了该制度。

二、国际航标协会助航标志制度

2010 年修订的国际航标制度全名为"国际航标协会浮标制度与其他航标(IALA Maritime Buoyage System and Other Aids to Navigation)",也称为"国际航标协会助航标志制度(The IALA Aids to Navigation System)",由国际浮标制度与其他航标两部分组成;在有些文件中还保持原有名字,即国际浮标制度。

1.概述

(1)范围

本制度适用于所有固定的、漂浮的和电子的标志,用以指明:

①可航水道边侧界限;

②天然危险物和其他障碍物,如沉船;

③初见的陆地、应驶的航向和对航行有重要意义的区域或特征;

④新危险物。

(2)标志的类型

本制度规定有六种类型的标志:侧面标志、方位标志、孤立危险物标志、安全水域标志、专用标志和其他标志,可以结合使用。

(3)标志的区别

航标可以用以下特征来进行识别:

①晚上,灯的光色和灯质或灯光加强;

②白天,标志的颜色、形状、顶标或灯的光色和灯质;

③利用实体标志所附带的电子(数字)符号;

④仅利用电子(数字)符号。

2.侧面标志(lateral marks)

侧面标志结合"浮标习惯走向"使用,分为左侧标和右侧标,通常用于界限明确的航道,指明应遵循航路的左侧和右侧界限。

(1)浮标习惯走向(direction of buoyage)

浮标习惯走向应该在适当的海图和航海文件中指明,可以是按以下两种方法之一规定的方向:

①航海员从海上驶近港口、河流、河口或其他水道时所采取的走向;

②由浮标管理当局或必要时与相邻国家协商所确定的方向,原则上应是环绕大片陆地的顺时针方向。

浮标的总走向通常在《航路指南》中说明,并根据需要在海图上用适当的符号标出。在英版海图上浮标的习惯走向可能用洋红色箭矢符号标明。

(2)国际浮标制度区域

国际浮标制度区域分为 A 区域和 B 区域,两个区域侧面标志不同,各自的范围如图 9-2-1 所示。

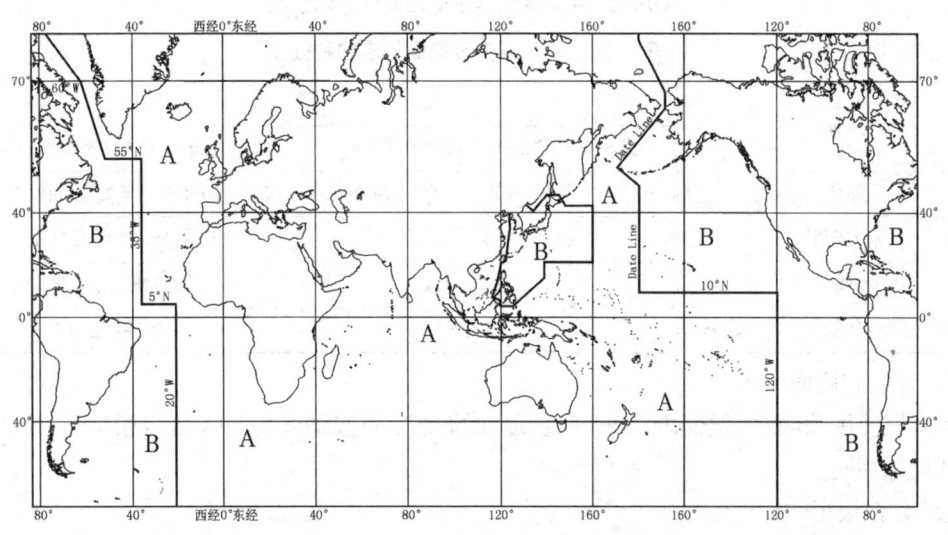

图 9-2-1 国际浮标制度 A 区域和 B 区域示意图

(3)A 区域侧面标志

①A 区域侧面标志:A 区域侧面标志的特征见图 9-2-2 和表 9-2-1。

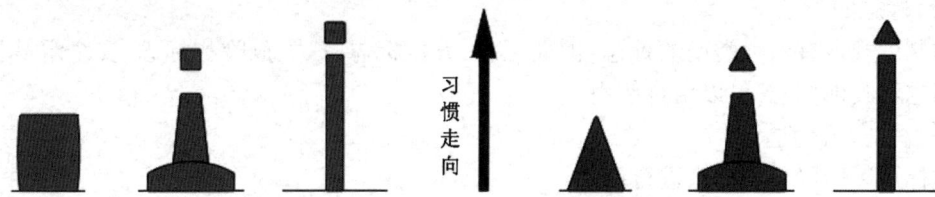

图 9-2-2　A 区域侧面标志示意图

表 9-2-1　A 区域侧面标志的特征

特征		参数	
		左侧标	右侧标
颜色		红色	绿色
标志形状		罐形、柱形或杆形	圆锥形、柱形或杆形
顶标(如果有)		单个红色圆罐	单个绿色圆锥,锥尖向上
灯(如果安装)	灯质	红光,除［Fl(2+1)］外任选	绿光,除［Fl(2+1)］外任选

②A 区域推荐航道侧面标志:设立在水道的分岔处,用以指明按浮标习惯走向航行的推荐航道。A 区域推荐航道侧面标志的特征见图 9-2-3 和表 9-2-2。

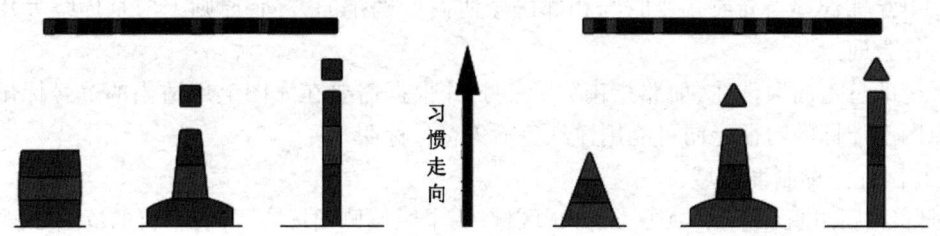

图 9-2-3　A 区域推荐航道侧面标志示意图

表 9-2-2　A 区域推荐侧面标志的特征

特征		参数	
		推荐航道左侧标(航道在右侧)	推荐航道右侧标(航道在左侧)
颜色		红色,中间有一条宽阔的绿色横纹	绿色,中间有一条宽阔的红色横纹
标志形状		罐形、柱形或杆形	圆锥形、柱形或杆形
顶标(如果有)		单个红色圆罐	单个绿色圆锥,锥尖向上
灯(如果安装)	灯质	红光,Fl(2+1)	绿光,Fl(2+1)

(4)B 区域侧面标志

B 区域使用的侧面标志除标志的颜色、顶标的颜色、灯光的光色与 A 区域相反外,其余均与 A 区域标志相同。

(5)其他规定

①标志的编号:如果对航道两侧的标志用数字或字母进行编号,则应顺着浮标习惯走向进

行;编号方法为红色标志用偶数、绿色标志用奇数,特别是在狭窄航道更应如此。

②标志的形状:标志形状应该为罐形或锥形,如果不采用这两种形状,只要实际可行应该加设顶标。

③同步性:灯的闪光方式可以选择为同时闪光、按顺序闪光或两者的综合使用。

对侧面标志特征的记忆可主要抓住形状和颜色的规律。A 区域标志的规律是:左红右绿、左罐右锥,即 A 区域左侧标的标志颜色、顶标颜色和光色均为红色,右侧标的均为绿色;左侧标形状和顶标均为罐形,右侧标形状和顶标均为锥形。B 区域侧面标志只将表示颜色的规律改为左绿右红即可。推荐航道侧面标志与侧面标志仅标志本身颜色和发光节奏不同,标志本身颜色是在同名的侧面标志的颜色中间有一条与异名侧面标志颜色相同的横纹,发光节奏为特定发光节奏混联闪 2 次加 1 次。

3.方位标志(cardinal marks)

(1)名称

方位标志结合罗经使用,为航海者指出何处是可航水域,它们分别设在以被标志点为基准的四个隅点方位所分成的四个象限(北、东、南和西)中,方位标志以其所在象限的名称命名。

(2)用途

①指明某个区域内最深的水域在该标名称的同名一侧。

②指明通过某危险物的安全一侧。

③引起对航道中的特征的注意,如弯道、河流汇合处、分支点或浅滩两端等。

(3)方位标志的特征

方位标志的特征见图 9-2-4 和表 9-2-3。

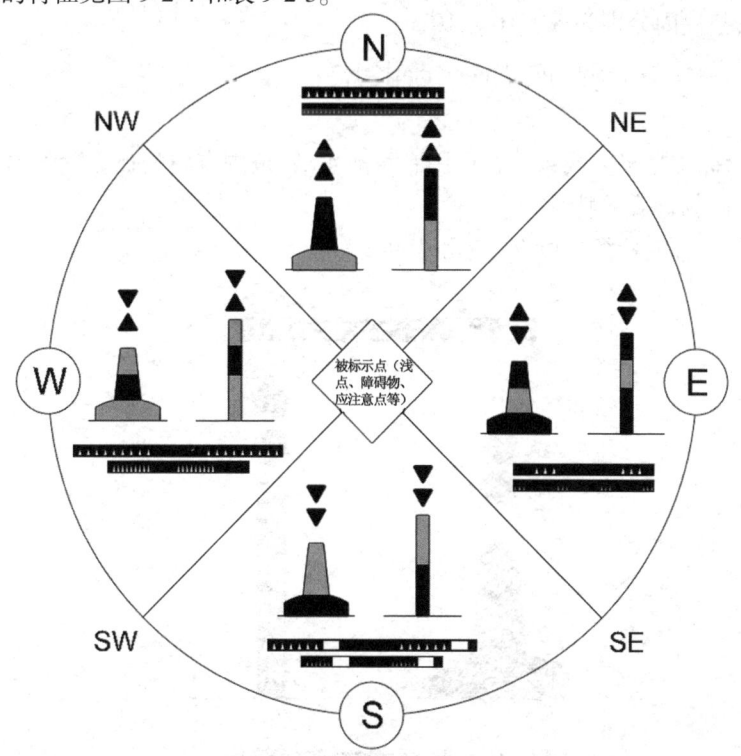

图 9-2-4 方位标志示意图

表 9-2-3　方位标志的特征

特征		参数			
		北方位标	东方位标	南方位标	西方位标
顶标(只要实际可行就应安装)		上下两个黑色圆锥,锥尖均向上	上下两个黑色圆锥,锥底相对	上下两个黑色圆锥,锥尖均向下	上下两个黑色圆锥,锥尖相对
颜色		上黑下黄	黑色,中间有一条宽阔的黄色横纹	上黄下黑	黄色,中间有一条宽阔的黑色横纹
标志形状		柱形或杆形	柱形或杆形	柱形或杆形	柱形或杆形
灯(如果安装)	灯质	白光,VQ 或 Q	白光,VQ(3).5 s 或 Q(3).10 s	白光,VQ(6)+LFl.10 s 或 Q(6)+LFl.15 s	白光,VQ(9).10 s 或 Q(9).15 s

为了区分方位标志与其他标志,可根据以下规律掌握方位标志的特征:

方位标志的主要特征为顶标、标志颜色、发光器的发光节奏。顶标的特征可以根据"上北下南、西酒杯东底对"的口诀进行记忆(北方位标的顶标的两个锥形尖端向上,南方位标的顶标的两个锥形的尖端向下,西方位标的顶标形似酒杯,东方位标的顶标的两个锥底相对)。借助顶标便可记住标志的颜色:顶标的尖端对应标志黑色的位置,锥底对应标志黄色的位置。方位标志发光器的闪光次数可以和时钟联系起来记忆:3 点-东,6 点-南,9 点-西,特殊之处在于南方位标在 6 次闪光后,还紧接 1 次长闪;东、南、西方位标的闪光周期,快闪分别为 10 s、15 s、15 s,甚快闪分别为 5 s、10 s、10 s。

4.孤立危险物标志 (isolated danger marks)

(1)定义

孤立危险物标志是竖立或系泊在周围有可航水域、范围有限的孤立危险物之上的标志。

(2)孤立危险物标志的特征

孤立危险物标志的特征见图 9-2-5 和表 9-2-4。

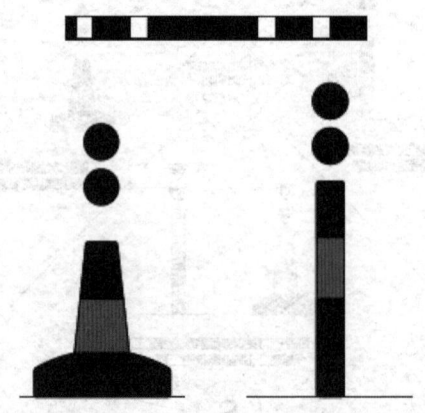

图 9-2-5　孤立危险物标志示意图

表 9-2-4　孤立危险物标志的特征

特征	参数
标志形状	任选,但不要和侧面标志冲突,最好柱形或杆形
颜色	黑色,中间有一条或多条宽阔的红色横纹
顶标(只要实际可行就应安装)	上下两个黑球
灯(如果安装)　灯质	白光;Fl(2)

对孤立危险物标志,可首先抓住其重要特征进行记忆:顶标和发光节奏,2 个黑球与联闪 2 次。

5.安全水域标志(safe water marks)

(1)定义

安全水域标志设立在安全水域的中心,用于指明在该标的四周均有可航水域,这种标志可用作中线、航道中央、航道入口、河入海口或初见陆地标志;其灯光特征可用于指明固定桥下最好的通过点。

(2)安全水域标志的特征

安全水域标志的特征见图 9-2-6 和表 9-2-5。

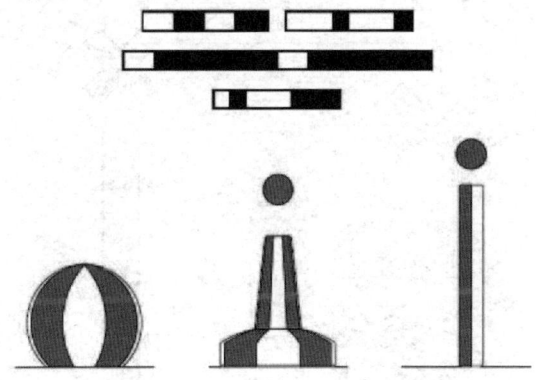

图 9-2-6　安全水域标志示意图

表 9-2-5　安全水域标志的特征

特征	参数
标志形状	球形或带有球形顶标的柱形或杆形标志
颜色	红白相间竖纹
顶标(如果安装)	单个红球
灯(如果安装)　灯质	白光;Iso、Oc、LFl.10 s、Mo(A) 均可

安全水域标志的记忆要明确其主要特征:白天的单个红球和红白相间的竖纹,即标志形状为球形或柱形、杆形上加单个红球顶标,标志颜色为红白相间竖纹。而单球和单亮对应可有助于记住晚间的发光节奏(除莫尔斯信号 A 外,其他发光节奏均是在一个周期内亮一次)。

6.专用标志（special marks）

（1）定义

设立专用标志的主要目的不是助航,而是给航海者指出某一特殊区域或地貌,该特殊区域或地貌的性质可参考海图、《航路指南》或《航海通告》,例如:

①海洋资料探测系统（ODAS）标志;

②分道通航制标志（如使用常规航道标志可能引起混淆）;

③弃土（淤泥）场地标志,

④军事演习区域标志;

⑤电缆或管道线标志（包括排水管）;

⑥娱乐区域标志;

⑦锚地边界标志;

⑧诸如海上再生能源装置的结构标志;

⑨水产养殖标志。

专用标志可标注图形符号指出其用途。

（2）专用标志的特征

专用标志的特征见图 9-2-7 和表 9-2-6。

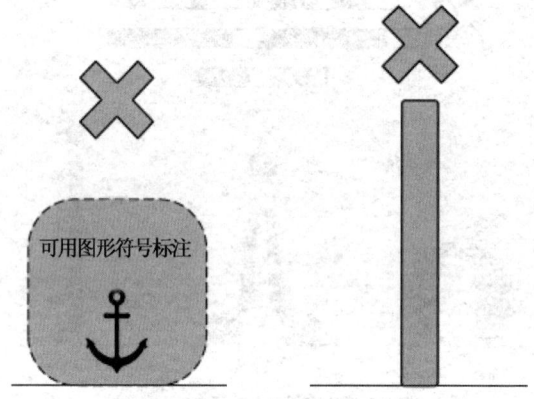

图 9-2-7　专用标志示意图

表 9-2-6　专用标志的特征

特征		参数
颜色		黄色
标志形状		任选,但不得与侧面标志和安全水域标志所使用的形状相抵触
顶标（如果安装）		单个黄色"×"形
灯（如果安装）	灯质	黄光;除方位标志、孤立危险物标志和安全水域标志使用的发光节奏外任选
图形符号		可以由主管当局选定

对专用标志的特征可主要根据黄色和"×"形这两点进行记忆。

7.新危险物

（1）定义

新危险物是新发现的、没有在航海文件中说明的危险物。新危险物包括自然出现的障碍物,如沙滩、礁石或人为的危险物(如沉船)。

（2）新危险物标示法

①新危险物应该用侧面标志、方位标志、孤立危险物标志或应急沉船示位标(Emergency Wreck Marking Buoy,EWMB)来标示。如果主管当局认为该危险物对航行安全的影响特别严重,则其标志中至少有一个必须尽快地设置重复标志。

②如果用侧面标志标示该危险物,则灯质应为甚快闪或快闪。

③重复标志应在各方面与原标志相同。

④新危险物可以加设雷达应答器进行标示,发莫尔斯信号"D"。

⑤新危险物也可以使用电子手段标示,诸如自动识别系统航标(AIS as an AtoN)。

⑥虚拟航标可以单独使用,也可附加在实体航标上使用。

⑦如果主管当局确认关于新危险物的信息已经有效播发或者危险物已经清除,标志新危险物的标志可以撤除。

（3）新危险物标志的特征

新危险物标志起源于应急沉船示位标,在有些文献中依然称为应急沉船示位标。新危险物标志的特征见图 9-2-8 和表 9-2-7。

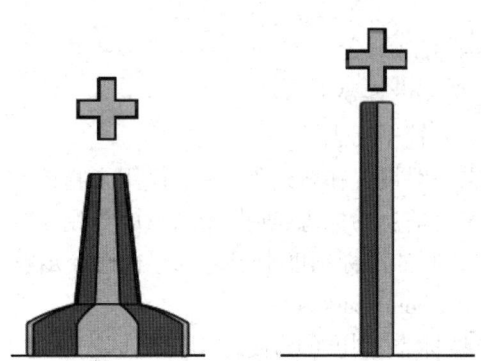

图 9-2-8　新危险物标志示意图

表 9-2-7　新危险物标志的特征

特征		参数
颜色		等分的蓝、黄色竖纹(4~8 条)
标志形状		柱形或杆形
顶标(如果安装)		单个竖直黄色"十"字形
灯(如果安装)	灯质	蓝光和黄光各亮 1 s,其间灭 0.5 s,周期 3 s

8.其他标志

国际航标协会助航标志制度在其他航标中对导标、光弧灯标、灯塔、立标、大型浮动航标、辅助标志和港口标志进行了相应的定义和特征说明,其中大部分特征没有明确其参数,而是明确由主管当局确定。以下仅对较为明确的规定进行综述。

(1)导标(leading lines/ranges)

对形状和颜色提出了建议:可以为由主管当局确定的任意颜色和形状,以保证能够与附近的结构和背景光能显著区别,并且推荐形状为方形或三角形。

(2)光弧灯标(sector lights)

对于光弧灯标的作用和光色进行了明确。

①作用:光弧灯标可用于提供航道指向信息、应予避开的危险区的信息,也可用于指明转向点、航道交叉点、碍航物或其他与船舶航行有关的物体。某些情况下,可以使用单一的导灯。

②光色:如果用于标示航道边界,应遵循浮标区域的规定。

(3)灯塔和立标(lighthouses and beacons)

明确了灯塔和立标的光色为白光、红光或绿光。

(4)大型浮动航标(major floating aids)

对大型浮动航标的定义、作用、形状和颜色进行了明确。

①定义:大型浮动航标包括灯船、船型灯标和大型助航浮筒。

②作用:大型浮动航标一般设置在重要的位置,用于标示沿海船舶交通密集区的航道进口,也可以作为其他诸如雷达应答器、AIS 航标等的支撑平台。

③形状和颜色:形状为上面带有灯塔架的船型或浮筒形状;颜色可适当选择,主要为红色。

(5)辅助标志(auxiliary marks)

明确了辅助标志的定义和设置要求。

①定义:前面没有提到的较小标志。

②设置要求:这类标志一般设置在航道外部,不仅用来指明航道边界或需要比例的障碍物,还包括用于播送通航安全信息的标志;这类标志不应与用于导航的标志相冲突并应在海图和航海资料中予以说明。假如浮标制度中规定的浮标已经足够,则不应设置这类标志。

(6)港口标志(port or harbour marks)

港口标志指的是地方性标志,制度的规定中对这类标志阐述了两方面的问题:

①航海者应该注意考虑依据地方性法规的地方性设标措施,在首次通过某区域时应该知晓地方性的标志设置。

②地方性标志可能包括但不限于防波堤、码头、桥梁、交通信号和娱乐休闲区域的标志,以及其他的由主管当局规定的河道、航道、运河、船闸和水道的标志。

第三节 中国水上助航标志

一、中国海区水上助航标志

我国在国际海上浮标制度(A 区域)的基础上,结合我国实际情况,在 1984 年制定了《中国海区水上助航标志》国家标准(GB 4696—84),并已于 1985 年 8 月 1 日付诸实施。1994 年,根据航海需要制定了《中国海区灯船和大型浮标制式》国家标准(GB 15395—94)。1999 年,我国对海区助航标志进行了修订,形成了《中国海区水上助航标志》国家标准(GB 4696—1999)。2007 年,国家海事局参照国际航标协会相关建议,结合中国海区的助航实际需求情况制定了《中国海区应急沉船示位标设置管理规则(试行)》和《中国海区可航行水域桥梁助航标志(试行)》标准,其中,桥梁助航标志于 2009 年作为国家正式标准(GB 24418—2009)实施。后续我国在广泛收集国内外相关资料、深入调研我国海区状况、结合我国水上助航标志特点及使用情况的基础上对上述国家标准不断进行修订,于 2016 年形成了《中国海区水上助航标志》(GB 4696—2016),于 2020 年形成了《中国海区可航行水域桥梁助航标志》(GB 24418—2020)。以下根据实际情况介绍《中国海区水上助航标志》和《中国海区可航行水域桥梁助航标志》两个国家标准。

1.中国海区水上助航标志

《中国海区水上助航标志》国家标准是在国际航标协会海上航标制度的基础上,结合我国实际情况制定的,基于这种情况,以下对中国标准相对于国际制度的不同点进行总结。

(1)适用的标志范围不同

中国国家标准规定了 5 类航标,但不包括灯塔、扇形光灯标、导标、灯船和大型助航浮标,而国际航标制度将这些航标列为第 6 类航标。但是,中国国家标准将与浮标作用相同的水中固定标志和浮标同样对待,并对其明确定义:水中固定标志是设标点的高程在当地平均大潮高潮面以下,标志的基础或标身的一部分被平均大潮高潮面淹没的水中立标、灯桩等助航标志。此外,对于 AIS 航标虽然没有提出具体类别,但明确了两种 AIS 航标的定义。

①实体 AIS 航标(real AIS AtoN):设置在航标上的 AIS 装置;

②虚拟 AIS 航标(virtual AIS AtoN):由 AIS 基站通过 21 号报文播发的虚拟航标信息。

(2)侧面标志

①规定了侧面标志的发光节奏为 4 种:单闪(周期 4 s)、联闪两次(周期 6 s)、联闪三次(周期 10 s)、连续快闪;

②明确了推荐航道侧面标志的周期为 3 种:6 s、9 s 和 12 s。

(3)孤立危险物标志

明确了孤立危险物标志的发光周期为 5 s。

（4）安全水域标志

安全水域标志的灯质比国际航标制度规定的灯质少1种,即没有明暗光(Oc);但明确了发光周期:等明暗的周期为4 s,莫尔斯信号(A)的周期为6 s。

（5）专用标志

①专用标志的用途更加明确。专用标志按用途划分,主要用于标示以下8类水域:

a.锚地:船舶停泊及检疫锚地等;

b.禁航区:军事演习区、禁航水域等;

c.海上作业区:海洋资料探测、航道测量、水文测验、潜水、打捞、海洋开发、抛泥区、测速场、罗经校正场等;

d.分道通航:分道通航区、分隔带等,当使用常规助航标志标示分道通航可能造成混淆时可使用;

e.水中构筑物:海上风电场、电缆、管道、进水口、出水口等;

f.娱乐区:体育训练区、海上娱乐场等;

g.水产作业区:水产定置网作业区和养殖场等;

h.横越区:船舶横越航道的区域等。

②明确了专用标志的标体上面的标记和灯质:专用标志应在标体明显处设置标示其用途的标记,并应在水上从任何水平方向观测时都能看到。专用标志的标体标记与灯质详见表9-3-1。

③明确了特殊情况的应对办法:在特殊情况下,超出本标准所列专用标志的8种用途时,经航标管理机关批准,可另行确定灯质和标记。

（6）新危险物标志

对新危险物标志,国际航标制度中称之为新危险物标志,中国国家标准中仍然称之为应急沉船示位标。

（7）标志编号

《中国海区水上助航标志》对于标志的编号更加明确和具体。

2.中国海区可航行水域桥梁助航标志

《中国海区可航行水域桥梁助航标志》的全部技术内容为强制性要求,适用于在中国海区及其港口、通海河口可航行水域的桥梁(包括跨越可航行水域的铁路、道路、管路和渡槽等固定建筑物)上所设置的助航标志。标准定义了可航行水域桥梁助航标志的种类、功能、形状、尺寸、颜色、灯质、编号、图例及设置原则,定义了桥梁助航标志是为保障桥梁和船舶航行安全,具有示位、警告危险、指示交通等功能,设置于桥梁上的视觉、音响、无线电航标。

（1）桥梁助航标志

桥梁助航标志包括视觉航标、音响航标和无线电航标。

①视觉航标

视觉航标包括双向通航桥孔中央标志、通航桥孔左侧标志、通航桥孔右侧标志、单向通航桥孔标志、桥孔禁航标志、桥墩警示标志。

表 9-3-1 专用标志的标体标记与灯质

用途种类	标记		灯质		
	颜色	图形标志	光色	闪光节奏	周期
锚地	黑		黄	莫尔斯信号"Q" — — · —	12 s
禁航区	黑			莫尔斯信号"P" · — — ·	
海上作业区	红、白			莫尔斯信号"O" — — —	
分道通航	黑	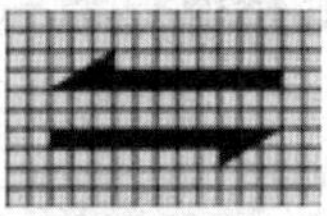		莫尔斯信号"K" — · —	
水中构筑物	黑	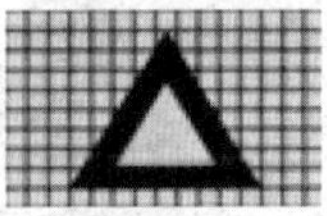		莫尔斯信号"C" — · — ·	
娱乐区	红、白			莫尔斯信号"Y" — · — —	
水产作业区	黑	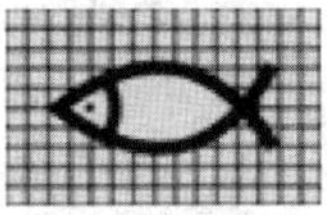		莫尔斯信号"F" · · — ·	
横越区	黑、白	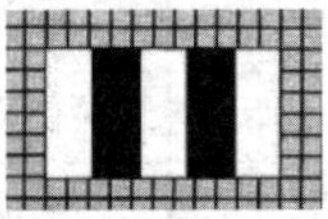		莫尔斯信号"Z" — — · ·	

注:可用 15 s 作为备用周期

a.双向通航桥孔标志:设置在双向通航桥孔的桥桁上,标示桥孔下航道的中线,其形状、颜色和特征见图 9-3-1 和表 9-3-2。

图 9-3-1　双向通航桥孔标志示意图

表 9-3-2　双向通航桥孔标志特征

特征		参数
日间标识	颜色	白色底,绿色箭头
	形状	正方形标牌,两平行上下箭头
夜间标识	灯质	绿光,定光
	形状	两平行上下箭头

　　b.通航桥孔左侧、右侧标志:设置在通航桥孔桥桁上,标示桥孔下航道的左侧、右侧界限,其形状、颜色和特征见图 9-3-2 和表 9-3-3。

　航道走向　

桥孔左侧标志　　　　　　桥孔右侧标志

图 9-3-2　通航桥孔左侧、右侧标志示意图

表 9-3-3　通航桥孔左侧、右侧标志特征

特征		参数	
		左侧标	右侧标
日间标识	颜色	红色	绿色
	形状	实心正方形标牌	尖端向上的实心正三角形标牌
夜间标识	灯质	红光,单闪,周期 4 s	绿光,单闪,周期 4 s
		红光,联闪 2 次,周期 6 s	绿光,联闪 2 次,周期 6 s
		红光,联闪 3 次,周期 10 s	绿光,联闪 3 次,周期 10 s
		红光,连续快闪	绿光,连续快闪

　　c.单向通航桥孔标志:设置在单向通航桥孔通航侧的桥桁上,标示桥孔下航道的中线,表示该桥孔为单向通航桥孔,其形状和特征见图 9-3-3 和表 9-3-4。

图 9-3-3　单向通航桥孔标志示意图

表 9-3-4　单向通航桥孔标志特征

特征		参数
日间标识	颜色	白色底,绿色箭头
	形状	正方形标牌、向上箭头
夜间标识	灯质	绿光、定光
	形状	向上箭头

d.桥孔禁航标志:设置在桥桁上,表示禁止驶入,其形状和特征见图 9-3-4 和表 9-3-5。

图 9-3-4　桥孔禁航标志示意图

表 9-3-5　桥孔禁航标志特征

特征		参数
日间标识	颜色	黄色底,红色交叉
	形状	正方形标牌,"×"形
夜间标识	灯质	红色,定光
	形状	"×"形

e.桥墩警示标志:设置在通航桥孔桥墩或桥墩的防撞设施上,标示桥墩或桥墩防撞设施,其形状和特征见图 9-3-5 和表 9-3-6。

图 9-3-5　桥墩警示标志示意图

表 9-3-6　桥墩警示标志特征

特征		参数
日间标识	颜色	黄色与红色相间
	形状	杆形
夜间标识	灯质	黄光,连续快闪
		黄光,连续甚快闪

②音响航标

可以用一座或多座雾号向航行者警告接近桥梁;如果在同一桥梁上的不同位置安装雾号,则它们的信号特征应相互区别。

③无线电航标

无线电航标可用来标示通航桥孔的航道中线,设置在通航桥孔中央位置或附近;应考虑无线电航标的技术局限,注意其回波信号不能遮蔽其他目标的回波。

（2）桥梁助航标志设置规则

①以下设置规则应与《中国海区水上助航标志》等标准配套执行,并结合桥区水域的通航环境和相关规定经综合安全评估后进行设置。

②双向通航桥孔应在桥梁两侧设置双向通航桥孔标志,通航桥孔左、右侧标志和桥墩警示标志;单向通航桥孔应在桥孔通航侧设置单向通航桥孔标志,通航桥孔左、右侧标志和桥墩警示标志,在禁止驶入一侧设置桥孔禁航标志。通航桥孔跨度较小且已经设置桥墩警示标志的,经过安全评估后,可不设通航桥孔左、右侧标志。

③桥梁建筑物颜色与视觉航标标牌颜色应有明显的反差。

④桥梁助航标志的安装不得影响桥孔的通航净空。

⑤通行 5000 吨级及以上船舶的通航桥孔,其标牌的日间显形距离应不小于 1 n mile,夜间显形距离不于 0.5 n mile;其他标牌的日间显形距离应不小于 0.5 n mile。

⑥通行 5000 吨级及以上船舶的通航桥孔,其视觉航标灯光射程应不小于 3 n mile;其他通航桥孔的视觉航标灯光射程应不小于 1 n mile。

（3）海区可航行水域桥梁助航标志的编号

同一座桥梁上的桥梁助航标志应顺航道走向,自左向右进行连续编号;桥梁助航标志名称编制规则为:桥梁名称+阿拉伯数字编号。

二、中国内河助航标志制度

内河航标是船舶在内河航道安全航行的重要助航设施。内河航标的主要作用是标示内河航道的方向、界限与碍航物,揭示有关航道信息,为船舶指出安全、经济的航道。

1993 年我国制定的《内河助航标志》（GB 5863—93）,于 1994 年 9 月 1 日开始实施,适用于我国江河、湖泊、水库通航水域所配布的内河助航标志（以下简称内河航标）。个别特殊通航水域经批准,可根据具体情况另行规定。

《内河助航标志》首先规定了河流左、右岸和左、右岸航标颜色的确定原则,然后明确了航行标志、信号标志和专用标志三大类十八种标志的功能与特征,最后规定了航标配布类别和原则。船舶内河航行时应详阅《内河助航标志》以明确内河标志的详细情况和相应的地方规定。

第四节 中国沿海《航标表》及英版《灯标和雾号表》

一、中国沿海《航标表》

1.概况

(1)中国沿海《航标表》由中国人民解放军海道测量局出版,按海区分为三册:

第一册 黄海、渤海海区,书号为 G101;

第二册 东海海区,书号为 G102;

第三册 南海海区,书号为 G103。

除此之外,中国航海图书出版社也出版《航标表》。本书仅对中国人民解放军海道测量局出版的三册中国沿海《航标表》进行介绍,其他《航标表》可参看其说明。

(2)各册《航标表》由"航标表"及"罗经校正标、测速标表"组成,卷首部分列有中、英文两种语言印刷的说明、改正记录表、目录、航标灯质图解、《中国海区水上助航标志》简图和本卷航标索引图。改正记录表由《航海通告》期号和日期两栏组成,驾驶员根据某期《航海通告》对《航标表》进行改正后,将改正日期填入该《航海通告》期号后面的日期一栏的横线上。

(3)凡使用《航标表》的单位,需及时根据《航海通告》有关内容对其进行改正。

2.《航标表》的主要内容

第一部分:《航标表》以编号、名称、位置、灯质、灯高、射程、构造、附记八栏列出各航标之详细情况。

(1)编号:一般按地理位置由北向南、由东向西、由海进港的顺序,将军用、民用航标统一连续编排。航标与其编号固定对应。若在两个相邻航标编号之间插入新的航标,则用带小数的航标编号表示。

(2)名称:均以新版海图为准。凡射程在 15 n mile 以上的灯标,其名称用黑体字排印。名称下注"有"字样的,为有人看守;无注明的,为无人看守。无人看守的航标可靠性较差。

(3)位置(经纬度):均为概位,只供航海人员参照海图时便于检查之用。

(4)灯质:以光质、光色、周期(明+灭)列出,光质有定、闪、快闪、甚快闪、明暗、等明暗、莫尔斯、互光等共 13 种,详细说明请参阅"航标灯质图解"。

(5)灯高:平均大潮高潮面至灯光中心的高度,以米为单位。

(6)射程:通常指在晴天黑夜,按照观察者眼高为海面上 5 m 所能看到灯塔(桩)灯光的最大距离,以海里为单位。受能见度影响,实际灯光射程可能会超过或达不到表上所列数字。

(7)构造:指灯标建筑物结构、颜色,便于日间辨认,所列数字为以米为单位的灯塔(桩)自地面至塔(桩)顶的高度。

(8)附记:记有航标种类、灯光光弧界限、雷达反射器、雾警设备、无线电信标及其他说明。

第二部分:罗经校正标、测速标表以名称、位置、构造、附记四项内容编表。罗经校正标、测速标以场为单位,用前面相应注有"L"和"C"的偶数编排,奇数用作新插入的罗经校正场、测速场的编号。每个罗经校正场、测速场首页均有布标示意图。

雷达应答器、船舶自动识别系统、无线电指向标、差分全球定位系统及差分北斗卫星导航系统等无线电航标的详细信息均刊载在《中国海区无线电信号表》(F101)内。安装在视觉航标上的无线电导航设备均在《航标表》中各航标的附记栏加以提示。

3.其他说明

(1)中国海区的灯船船身及灯架均涂红色,船身两舷写白色船名,灯质视需要而定。

有人看守的灯船漂离原位时,分别悬挂下列信号:

日间:在船首尾各悬挂黑球一个或红旗一面,并悬挂国际信号旗"PC",表明"本船不在原位"。

夜间:在船首尾各悬挂红灯一盏。

当有人看守的灯船离开原位时,原来的灯光及雾号即停止工作。

(2)浮标和无人看守的灯船容易漂离原位或灯光熄灭,尤其在暴风雨后更容易发生上述现象,航行时应加注意。

4.使用

(1)根据所查航标所在的海区,抽选相应册别的中国沿海《航标表》。

(2)如需查阅航标资料,可参考目录找到并查相应册第一部分的"航标索引图",在灯标附近查得一红色数字,此数字为该灯标资料在《航标表》中的页数,然后翻到该页,根据灯标的名称查出该灯标的八栏细节。

(3)罗经场与测速场根据目录获得该部分资料所在页数,翻至该页即可查出分布图和相应资料。

二、英版《灯标和雾号表》

1.概况

英版《灯标和雾号表》(Admiralty List of Lights and Fog Signals)简称《灯标表》,缩写 ALL,按不同地理区域共分为 15 卷,书号为 NP74~NP88,代号为 A、B、C、D、E、F、G、H、J、K、L、M、N、P、Q。

《灯标表》详细记载了全世界各种灯塔、灯桩、灯浮(主要是灯芯高度大于和等于 8 m 者)及雾号资料,作为海图资料的补充。各卷《灯标表》包括的地区界限图均印在每卷《灯标表》的封底及英版《海图及其他水道图书总目录》中的灯标表索引图上。

每卷《灯标表》每年重新出版一次,旧版本即行作废。有关新版消息刊载在每季度末的那期周版《航海通告》中,每卷已改正到的日期可在封里和前言中查到,付印后的改正应根据英版《航海通告》(周版)第 V 部分的改正资料进行。

注意:各卷《灯标表》在水道测量局、英版海图代销店和海图仓库存放时并不进行改正,因此收到后应根据《航海通告》第 V 部分进行改正方能使用。

2.主表的内容

《灯标表》中主表部分的内容共分八栏,以载明每个灯标细节和特征,这八栏是:

第一栏:灯标的编号。包含灯标的国际编号及国内编号,其中国际编号在国内编号的上边,国内编号字体更小。

第二栏:位置、名称(Location, Name)。位置用大写字印刷;射程等于或大于15 n mile 的灯标名称用黑体字印刷,小于15 n mile 者用正体字印刷;灯船名称用大写斜体字印刷;所有其他灯浮名称用小写斜体字印刷。

第三栏:纬度、经度(Lat., Long.)。采用 WGS-84 坐标系,坐标值均是概值。

第四栏:灯质(Characteristics)。

第五栏:灯芯高度(Elevation Metres),以 m 为单位。

第六栏:射程(Range Miles),以 n mile 为单位,等于或大于15 n mile 者用黑体数字,小于15 n mile 者用正体数字。表列射程为主管当局发布的数字,使用额定光力射程(Nominal Range)的国家在"特殊说明(Special Remark)"部分列出。

第七栏:结构的细节和以 m 为单位的塔(标)高(Structure Height in Metres)。提供有关灯标建筑物结构的说明,所列塔(标)高系指自地面起算的建筑物的高度。

第八栏:备注(Remarks)。注明灯光亮灭(Phase)的时间分配、光弧(Sectors)、可见光弧、较小灯标(灯光较小的自动无人看守灯标)(Minor lights)。

射程、灯芯高度和塔(标)高的取整规则为五舍六入。

3.其他内容

(1)改正方式(Directions for Updating This Volume)与改正登记表(Record of Updates)

改正方式与改正登记表印在《灯标表》目录之前。改正方式说明了《灯标表》改正资料的来源是英版《航海通告》,解释通告的格式、用语和符号,并简单介绍如何利用通告提供的资料对《灯标表》进行改正的问题。改正登记表与中国沿海《航标表》的改正记录表的编排和使用均一样。

(2)国际编号及国内灯标编号(International Numbers and National Light Numbers)

介绍灯标的国际编号及国内编号的组成及命名规则。

(3)特殊说明(Special Remarks)

各卷《灯标表》的"特殊说明"首先列出本卷中采用额定光力射程的国家和地区名称,未列出的国家则采用光力射程。然后,针对本卷所包括的地区和国家的有关灯标、雾号的特点加以必要的说明,有的还涉及某些特殊规定,使用时应予注意。

(4)地理能见距离表(Geographical Range Table)与光力射程图(Luminous Range Diagram)

地理能见距离表是根据地理能见距离公式编制的,利用眼高和物标的高度作引数可在表内查得物标的地理能见距离。

光力射程图可以用来求不同能见度条件下灯光的可见距离。它的上边横坐标为额定光力射程,下边横坐标是以坎德拉(cd)为单位的灯光强度,左边纵坐标是不同能见度时的光力射程,单位均为 n mile,图中画有各种能见度曲线(如图 9-4-1 所示)。

例 9-4-1:已知某灯标光力强度为 1000 cd,当时气象能见度为 5 n mile,求该灯光的光力射程。

解:

查该曲线图:由下边横坐标光力强度 1000 cd 处垂直向上,找到能见度为 5 n mile 的曲线上一点,由此点水平向左,即可在左边纵坐标查得该能见度时的灯光光力射程,约为 6.2 n mile。

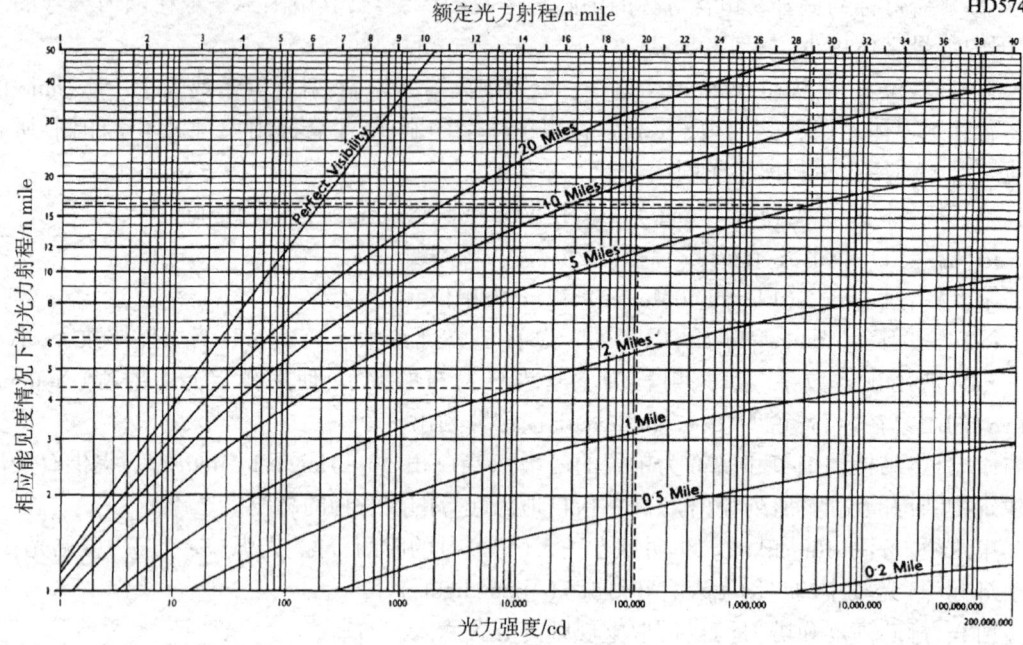

图 9-4-1　光力射程图

例 9-4-2:已知某灯标的额定光力射程为 14 n mile,求能见度为 2 n mile 时的灯光的光力射程。

解:

由该曲线图上边横坐标 14 n mile 处,垂直向下与能见度为 2 n mile 的曲线相交于一点,由此点水平向左,即能查得该能见度时灯光的光力射程约为 4.4 n mile。

利用此曲线图,可用当时灯光可见距离反求当时的气象能见度,但是所有上述计算的结果均为近似值,在取值时,一般取比实际查表结果略小的值为宜。

例 9-4-3:雷达测得 Ponta de Tafe Cabinda 灯塔距离为 10 n mile 时才见其灯光,从《灯标表》D 册中查得该灯塔的灯光强度为 112200 cd,试求当时能见度约为多少。

解:

雷达测得该灯塔距离为 10 n mile 时才见灯光,即所求能见度时的灯光光力射程为 10 n mile。这样从左边纵坐标 10 n mile 处水平向中间与 112200 cd 相交于一点,由此点垂直向上与上边横坐标的交点即为当时的能见度,约 4 n mile(在图中能见度曲线 2 n mile 和 5 n mile 之间,内插而得)。

(5)灯标表中所使用的缩写词(Abbreviations Used in Admiralty List of Lights)

给出《灯标表》中使用的缩写词的解释。

(6)灯标的解释(Explanation of Lights)

对海空两用灯标(Aeromarine Lights)、航空灯标(Aero Lights)、对空障碍灯标(Obstruction Lights)、白昼灯标(Daytime Lights)、雾号灯标(Fog Lights)、雾情探测灯标(Fog Detector Lights)进行了解释和说明。

(7)灯标术语(Nomenclature of Lights)

给出有关灯标的各种术语的解释。

（8）雾号（Fog Signal）

给出了有关声波传播特点、雾号使用注意和雾号种类的说明。

（9）灯质（Light Characters）

给出了不同种类灯标的灯质、灯质说明、缩写和图示。

（10）外国词汇与术语（Glossary of Foreign Terms）

每卷的这一部分给出了该卷所包括的国家使用的有关灯质、颜色、雾号、灯结构等方面的词汇和术语与英语的对照。

（11）索引（Index）

索引列在各卷《灯标表》的最后，按灯标名称的字母顺序排列，并给出该灯标的编号，便于查找灯标的细节说明。

4.《灯标表》查阅

（1）根据所在地点，查英版《海图及其他水道图书总目录》或任意一卷的"灯标表分卷界限图"（Limits of Volumes of Admiralty List of Lights）可知航行区域灯标资料所在卷。

（2）找到该卷，翻到书末"索引"（Index）部分，根据灯标名称（Name）查得其编号（No.）。

（3）根据编号（No.）翻到所在页，便可阅读该灯标的细节。

（4）根据需要求取灯标在当时能见度下的光力射程。

例 9-4-4：某船 2021 年 5 与 1 日夜间航行在中国 Dagu 灯塔附近，气象能见距离为 5 n mile，测者眼高为 16 m，求该灯塔资料和该能见度下及能见度良好的情况下灯光的最大可见距离。

解：

①根据地理区域查"灯标表分卷界限图"，知 Dagu 灯塔资料在第六卷。

②由第六卷"索引"中查到该灯塔的编号为 P3908，根据此编号在该卷中查得灯塔资料如下：

灯质：闪光灯（Fl）、白光、周期 10 s；

灯高：36 m；

额定光力射程（参看该册"特殊说明"）：17 n mile；

结构：红白相间塔体、塔高 36 m。

③查光力射程图（Luminous Range Diagram）

由该图（如图 9-4-1 所示）上边 Nominal Range 17 n mile 向下，到能见度 5 n mile 曲线，再向左得到该能见度时灯光的光力射程为 10 n mile。

④由地理能见距离表（Geographical Range Table）或用地理能见距离公式计算可得该灯光的地理能见距离为 20.3 n mile。因为能见度为 5 n mile 时灯塔灯光的光力射程为 10 n mile，所以该能见度下灯塔灯光的最大可见距离为 10 n mile。又因为灯塔的额定光力射程为 17 n mile，所以，能见度良好时该灯塔灯光的最大可见距离为 17 n mile。

5.英版数字化《灯标和雾号表》

（1）概况

英版数字化《灯标和雾号表》（Admiralty Digital List of Lights，ADLL）是英国水道测量局出版的数字出版物（ADP）的一种，发行载体为光盘和网络。该数字灯标表主要适合受《国际海上人命安全公约》约束的船舶使用,目前,国际上已经有 70 多个国家认可其在满足所规定的条件时可以替代纸质版《灯标和雾号表》。

该灯标表包括计算程序和将全球划分为 9 个数据区 70000 多个灯标的数据,所提供的数据除了纸质版灯标表的内容外,还可根据输入的眼高和气象能见度数据提供灯标的地理能见距离和该能见度下灯标最大可见距离。9 个数据区(如图 9-4-2 所示)为:

数据区 1 包括海域 1+2:欧洲北部和波罗的海(Northern Europe & the Baltic);

数据区 2 即海域 3:北部水域(Northern Waters);

数据区 3 即海域 4:地中海与黑海(Mediterranean & Black Seas);

数据区 4 即海域 5:红海、波斯湾和印度洋北部[Red Sea, the Gulf & Indian Ocean (northern part)];

数据区 5 即海域 6:新加坡至鄂霍次克海和菲律宾西岸[Singapore to Sea of Okhotsk & Philippines (W coast)];

数据区 6 即海域 7:澳大利亚、婆罗洲和菲律宾东岸[Australia, Borneo and Philippines (E coast)];

数据区 7 即海域 8:太平洋、新西兰和南、北美洲西岸[Pacific Ocean, New Zealand, N & S America (W coast)];

数据区 8 即海域 9:北美东海岸和加勒比海[North America (east coast) and Caribbean];

数据区 9 即海域 10:南大西洋和印度洋南部[South Atlantic and Indian Ocean (southern part)]。

该灯标表的购买、安装和更新与数字版《潮汐表》相同。

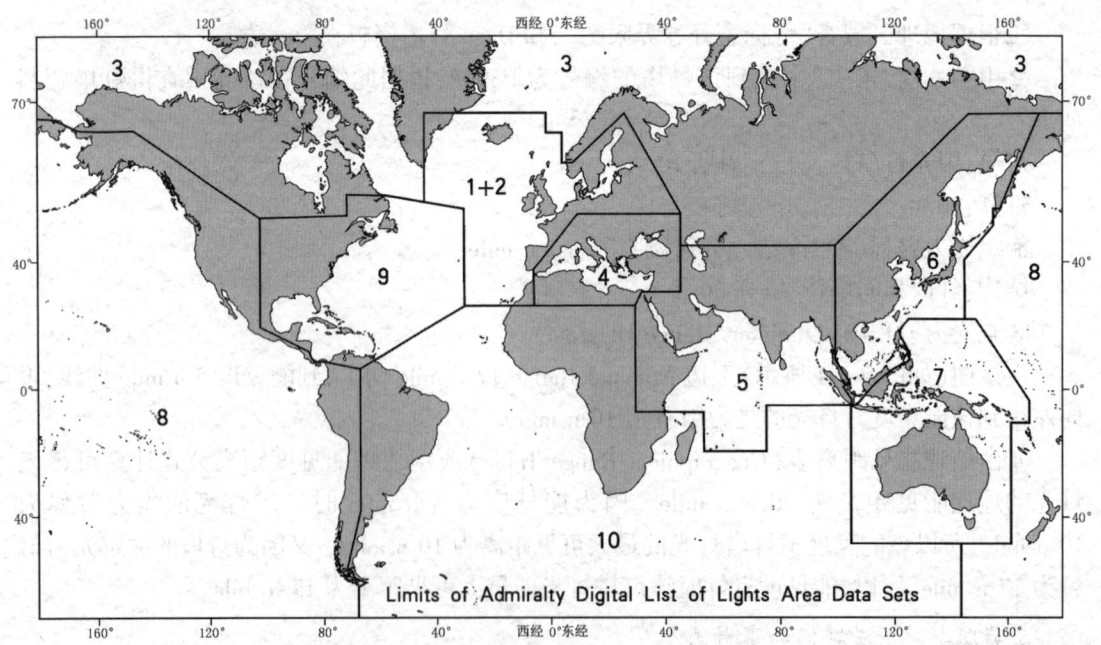

图 9-4-2　英版数字化《灯标和雾号表》分区图

（2）使用方法

数字化灯标表的程序界面和数字化潮汐表相同,同样分为菜单与工具栏区、数据选择区、列表区和海图显示区四个区域以及状态栏。使用方法基本一致,只要通过视图菜单的选项分菜单设置好眼高,在能见度工具栏中输入当时气象能见度,即可查到地理能见距离和灯标的最大可见距离。查用方法参见数字《潮汐表》的使用和该灯标表的帮助。

第十章　航海图书资料

　　无论是在制订航行计划和航线设计时,还是在航行过程中,都应仔细地阅读和分析航海图书资料,以便制订适合于本船的航行计划,设计安全而经济的航线,确保船舶的航行安全。

　　对有关航海资料的配备,国际海事组织在《国际海上人命安全公约》中提出了相应的要求,2006年国际海事组织海上安全委员会(MSC)利用通函的方式进一步明确了船舶应配置的航海资料。诸多航海国家对船舶配备航海图书资料提出了相应的规定。详细的图书配备可以查阅相应的公约、通函和规定。本书仅就航海学范围内的有关中、英版资料内容进行介绍。前面几章已经介绍了《潮汐表》《灯标表》,本章接下来将对以下图书资料进行介绍:

　　(1)《世界大洋航路》;

　　(2)航路设计图和航路设计指南图;

　　(3)《航路指南》《中国港口指南》;

　　(4)《进港指南》;

　　(5)《航海图书总目录》;

　　(6)《无线电信号表》;

　　(7)《航海通告》《航海通告累计表》《航海通告年度摘要》;

　　(8)《航海员手册》;

　　(9)《里程表》。

第一节　《世界大洋航路》、航路设计图
与航路设计指南图

一、世界大洋航路

1.概况

　　《世界大洋航路》(Ocean Passage for the World)是英国水道测量局出版的介绍世界主要大洋航线的书籍。该书现行版根据海区分为NP136(1)及NP136(2)两卷。其中,NP136(1)为大西洋水域,NP136(2)为印度洋和太平洋水域。该书出版后的重要改正内容在周版英版《航海通告》的第Ⅶ部分印出,至年底仍有效的通告内容重印在英版《航海通告年度摘要》中。

　　使用该书时必须参阅周版英版《航海通告》第Ⅶ部分和《航海通告年度摘要》。

《世界大洋航路》可供拟定深海航线时参考。书中介绍了气象和其他影响航线拟定的因素,世界上主要航线的航线设计及航程、航时计算,大量的航线插图、航线列表数据及其他相关图表。

2.卷首说明部分(Preliminary Pages)

该部分主要包括:

(1)改正登记表(Record of Update):提供改正登记表以记录改正情况,应改正的《航海通告》的期号。

(2)前言(Preface):主要是说明该卷版本的编者和资料来源。报告新发现危险物。

(3)报告新危险物(Reporting New Dangers to Navigation):发现一些新的危险物和不同情况时如何报告。

(4)反馈(Feedback):为了提高指南的精度的反馈资料的提取等内容。

(5)目录(Contents):给出各章内容所在页码。

(6)《世界大洋航路》海区界限索引图(Admiralty Ocean Passage for the World Limits of Volumes 1-2):给出《世界大洋航路》第一卷和第二卷分别对应的海区范围。

3.主要内容

NP136(1)按区域共分为5章,NP136(2)按区域共分为4章。第1章为对航线设计、航线选择、自然条件及相关图表等内容的介绍;从第2章开始每章分别介绍本册不同海域的自然条件、港口至港口或连接点的推荐航线、航线列表等内容。

(1)第1章

航线设计(Route Planning):对本册航线数据来源、航线选择方法、本书的使用方法进行介绍。

航线选择(Route Selection):介绍航线设计与选择工具方法、《1966年国际载重线公约》、《航路指南》、航路设计图等。

自然条件(Natural Conditions):包括世界气候图的解释说明、世界气候图、各海区波高图。

(2)第2章及以后各章

海区区域范围、港口及连接点(Coverage, Ports and Connectors):包括位置示意图、港口及连接点的坐标。

所在海区涌浪(Swell)、海流(Current)、冰况(Ice)、注意事项或警告等水文气象资料。

所在海区连接点航线,包括连接点航线示意图、连接点坐标及航线航程、转向点名称及坐标。

所在海区主要港口及连接点推荐航线及航线列表信息,包括港口至港口推荐航线(含地理坐标、航线总航程及航路指南编号等)、港口至连接点推荐航线(含地理坐标、航线总航程)以及典型转向点信息(含转向点编号、名称及地理坐标)。

(3)索引(Index)

索引在书末,按字母顺序列出港口名称、区域名称及其他关键词组或标题所在的页码。

4.查阅方法

(1)根据始发港和到达港,在《世界大洋航路》海区界限索引图中抽选航次所需的NP136

（1）或 NP136（2），并在邻近航次所经过海区界限上选择合适的连接点（红色）。

（2）根据卷首目录查找所在海区航线页码，进而查阅始发港及到达港至连接点航线及对应转向点坐标。

（3）根据卷首目录查找航次所经过海区连接点航线页码。

（4）阅读第1章和本航线所涉及的各章的水文气象资料，了解航行季节中航区内的水文气象条件和有关航海注意和警告。

（5）根据关键词在"索引（index）"中查得具体资料所在章节。

（6）在查阅《世界大洋航路》时，应与最新版每月航路设计图、有关《航路指南》及海图等资料一并阅读和分析。

（7）《世界大洋航路》及每月航路设计图只是根据大洋的盛行风、流及过往 AIS 航行轨迹推荐的大洋航线，船舶应根据本船条件和当时大洋气象情况具体分析，以便设计出一条安全经济的航线。

例 10-1-1：某船某航次拟由上海（Shanghai）开往迪拜（Dubai），利用《世界大洋航路》查阅该航线的有关资料。

查阅步骤：

①根据始发港和目的港以及《世界大洋航路》海区界限索引图选择航次所需 NP136（2）卷。

②查阅卷首目录找到始发港所在海区航线，即东南亚海区航线，从中找到上海所在页码为174页。翻到174页，可查得上海港至连接点 Malacca Strait NW 的推荐航线及对应转向点坐标。

③查阅卷首目录找到到达港所在海区航线，即印度洋航线，从中找到波斯湾所在页码为46页。翻到46页，可查得迪拜至连接点 Strait of Hormuz 的推荐航线及对应转向点坐标。

④查阅卷首目录找到航次所经过海区连接点航线（Connector Routes），即 Connector Routes for Indian Ocean Routes 所在页码为41页。翻到41页，可查到连接点 Strait of Hormuz 至连接点 Malacca Strait NW 的推荐航线及对应转向点坐标。

⑤根据航线穿过的海区，在第一章及对应海区章节可查得航区气候的基本情况，冰、涌、风和天气等基本情况。

二、航路设计图

1.概述

（1）英版航路设计图（Routeing Charts）共分北大西洋、南大西洋、印度洋、北太平洋、南太平洋、马六甲海峡至马绍尔群岛、墨西哥湾加勒比海、地中海及黑海、阿拉伯海和红海、孟加拉湾、南海、东海12个海区，每个海区每月各1张，每年共计144张图。其图号分别为5124（1）～（12）、5125（1）～（12）、5126（1）～（12）、5127（1）～（12）、5128（1）～（12）、5141（1）～（12）、5142（1）～（12）、5146（1）～（12）、5147（1）～（12）、5148（1）～（12）、5149（1）～（12）、5150（1）～（12）。它是拟定大洋航线的主要参考图，可与《世界大洋航路》配合使用，以便拟定安全经济的大洋航线。

（2）该图以墨卡托投影原理制成，它可以作为大洋总图使用。

（3）航路设计图主要提供了推荐航线、航程、风力、风向、洋流、冰区界限、国际载重线区域界限和气象附图等资料，作为该图所表示月份拟定航线的参考。

（4）资料的主要来源是每月气象图、大洋流图，其他资料由气象局提供。

2.资料说明

（1）推荐航线（Shipping Routes）

连接港口之间的浅绿色直线或凸向近极的曲线为推荐航线，直线表示恒向线航线，曲线表示大圆航线，箭矢指明航行方向，如果是双向箭矢表示航线为双向航线，否则为单向航线；航线上的数字表示以 n mile 为单位的航程（详细资料参见《世界大洋航路》和《里程表》）。

（2）洋流（Ocean Currents）

用深蓝色箭矢表示该月表层洋流的主要流向，并以不同的箭矢表示该方向洋流持续的百分率。箭矢尾端的数字表示以 kn 为单位的平均流速。观测资料不足之处，用……→表示可能的流向，这些地方的洋流一般较弱。

（3）风花（Wind Roses）

用红色圆圈和许多不同方向的红色箭矢组成"风花"，用以表示当地盛行风的各种数据。箭杆的长度表示该方向风的百分比频率（频率比例尺一般 2 in 为 100%，具体比例可见图中关于风花的注释），箭杆的粗细表示风级：。这样，便可得知风花处该月最盛行的风向，即最长箭杆的方向；该处附近海面可能遭遇的最强风力，即最粗箭杆所代表的风力。

风花中心一般有三行数字，上面的数字为该月该处资料的观测次数；中间的数字为不定风（不能在风花中画出）次数在全部观测数中所占的百分数；下面的数字是无风的百分数；观测次数小于 100 的区域不给任何数据。

（4）冰区界限（Maximum Limit of Pack Ice）

图中在高纬度上用不同形状浅蓝色符号排列表示流冰群的最小、平均及最大界限和冰山的平均最大界限，其资料由气象局提供，最大界限采自美国资料。

（5）国际载重线区域界限（Limits of Load Line Zones）

依据《1966 年国际载重线公约》，用不同颜色标明各载重线适航的区域界限，有关详情可参考该公约区带、区域和季节期图或英版海图 D6083。

（6）插图资料

每张航路设计图空白处均印有四个附图，内容如下：

①气温气压图（Mean Air Temperature and Air Pressure）

图上绿色等温线系指海面月平均气温（°F），红色等压线系指平均气压（mb）。

②雾与低能见度图（Fog and Low Visibility）

图上的红线和绿线分别表示出现能见度低于 0.5 n mile 和 5 n mile 的等百分率曲线，可用以了解航行海域出现雾的可能性。

③露点温度和海水温度图（Dew Point Temperature and Mean Sea Temperature）

图中以红线和绿线分别绘出露点温度（°F）和海水表层温度（°F）的等温线，可用以了解生成雾的可能性。

④大风和热带气旋路径图（Winds of Beaufort Force 7 and Higher and Some Selected Tracks of Tropical Storms）

图上红线绘出的热带气旋路径是依据该月多年实际情况选定的,绿线系指出现 7 级和 7 级以上大风的等百分率曲线。

三、航路设计指南图

1.概况

英版航路设计指南图（Mariners' Routeing Guides）针对世界上最为繁忙和复杂的船舶航路,提供必要的航路信息以保障航行安全。该图目前有 16 张:英吉利海峡和北海（图号5500）、苏伊士湾（图号 5501）、波罗的海（图号 5503）、巴拿马运河（图号 5504）、土耳其海峡至伊斯坦布尔海峡及其南部（图号 5506）、土耳其海峡至达尼尔海峡（图号 5507）、东京湾（图号 JP5510）、伊势湾（图号 JP5511）、濑户内海（图号 JP5512）、墨西哥湾（图号 5520）、爱尔兰海（图号 5521）、苏格兰西岸至彭特兰湾（图号 5522）、亚得里亚海及墨西拿海峡（图号5523）、新加坡海峡西部（图号 5524）、马六甲海峡（图号 5525）、新加坡海峡东部（图号5527）。该图应结合航用海图使用。

2.资料说明

该海图除给出航区的分道通航和航线资料外,还提供大量的文字和图示资料,内容包括:

(1)标题栏资料

在该图的标题栏中,主要给出以下资料:

①航海通告（Notices to Mariners）:说明为了安全应根据航海通告对本海图进行改正。

②主要缩写（Main Abbreviations）:给出图中所用到的主要缩写的解释。

③规则与建议（Regulations and Recommendations）:说明对《国际海上避碰规则》的引用和图中的建议是基于国际海事组织批准的航行规则以及有关注意事项而提出的。

④船舶应配备的航海图书资料（Carriages of Charts and Publications）:给出了船舶应配备的航海图书资料的说明和清单。

⑤海图索引图（Admiralty Charts）:标明本海区各部分所使用的英版海图。

⑥里程表（Distance Table）:给出本海区各重要地点间的航程。

⑦本图所使用的主要海图图式（Key to Symbols on the Routeing Guide）:对使用的一些主要海图图示进行了说明。

(2)重点说明资料

①使用本指南制订航次计划（Passage Planning Using This Guide）,包括:航次计划的基本原理、交通状况评估、计划的制订、执行与监控程序。

②航线确定—— 一般规则与建议（Routeing:General Rules and Recommendations）:给出确定航线时应考虑的避碰规则条款、注意事项和建议。

③航线确定——特殊规则与建议（Routeing:Special Rules and Recommendations）:说明确定航线时应考虑的一些特殊规则条款和建议。

④特种船舶的航次计划（Passage Planning:Special Classes of Vessel）:说明深吃水船舶、帆船和船长小于 12 m 的船舶在制订航次计划时应考虑的问题。

⑤本海域航行的特别危险(Special Hazards when Navigating in …):说明在本海域航行需注意的特别危险情况,诸如:沙波、武装抢劫与海盗等。

⑥无线电报告和船舶交通管理(Radio Reporting and Vessel Traffic Services):介绍本海区船舶报告制度和船舶交通管理的情况。

⑦海上无线电服务(Maritime Radio Services):介绍海岸无线电台和 GMDSS 的基本情况,给出所覆盖海域的海岸无线电台、航海电传和无线电航海警告的发布台。

⑧航标(Aids to Navigation):介绍所覆盖海区的助航设施的情况。

⑨引航服务(Pilot Services):介绍所覆盖海区的引航情况。

⑩潮汐资料(Tidal Information):图示说明所覆盖海区的潮汐情况。

⑪备忘录(Memorandum):列出制订航次计划应考虑的诸项问题。

(3)建议与注意事项

在海区重要地点用洋红色文本框给出建议和注意事项,重要航段或航区用附图方式专门说明。

第二节 《航路指南》和《进港指南》

一、中版《航路指南》

1.概况

中版《航路指南》由中国人民解放军海军海道测量局出版,共有 20 余卷,内容涉及中国沿海、亚洲及太平洋水域。其中《中国航路指南》介绍中国沿海的情况,内容不断更新,本书仅介绍以下三卷内容,其他各卷《航路指南》的使用方法基本相同。

《中国航路指南》出版周期 2~5 年,各卷所涉及的范围如下:

第一卷:书号 A101,内容从鸭绿江口至长江口北角,包括渤海、黄海及沿海岛屿。

第二卷:书号 A102,内容从长江口北角至闽粤交界处的诏安湾的我国东海海区,包括舟山群岛、台湾岛、钓鱼岛及赤尾屿等沿海群岛和岛屿。

第三卷:书号 A103,内容从闽粤交界处的诏安湾至北仑河口的我国南海海区,包括海南岛、南海诸岛、黄岩岛和沿岸岛屿。

2.《中国航路指南》的主要内容

(1)卷首部分

《中国航路指南》的卷首部分包括:前言、说明、索引图和目录等几项内容。前言介绍了资料来源和更新情况;说明部分叙述了有关的航向,方位,水深,长度单位,温度,高度,风、浪、涌的方向和港口、航道左右侧划分等的规定及使用"指南"时应注意的问题;索引图为该卷每章所包括海区的范围和海图索引;目录给出了具体内容所在的页码。

（2）正文内容

《中国航路指南》每卷内容的编排基本相同。第一章为总论，介绍本卷所包括海区的自然地貌、水文气象、航路、港湾锚地和航标等情况。从第二章开始分区顺岸详细介绍有关的航海资料，包括概况、水文气象、助航标志、碍航物、水道航法和港湾锚地等，其中包括一些可贵的航行经验；在详细资料介绍前均首先给出所应参考的海图图号；正文中还附有大量的有关水深、底质、水文气象和航线等的插图和对景图。最后给出几个附录，介绍有关航行安全、船舶管理、海关关于船舶及货物的进出口管理、船舶污染海域管理和危险货物监督管理等的法规和条例。

3.使用

（1）根据航区，抽选相应卷别的《航路指南》。

（2）如需了解整个海区的总体情况和航线情况，可根据目录在第一章内查具体资料所在页码，即可获得相关资料。

（3）如需了解某具体位置的水文气象、航法和航行注意等情况，可根据地理位置在卷首部分的本卷航路指南索引图中查得该海区所在章节，再根据该章节编号查阅本卷目录，可知该章节所在的页码，翻至该页即可查阅有关内容(也可根据具体地理位置直接查取目录)。

（4）阅读《航路指南》时，应对照有关海图。

二、中国港口指南

1.概况

《中国港口指南》由中国人民解放军海军海道测量局不定期出版，主要记述中国沿海主要港口的情况，是船舶进出港航行、停泊、作业、办理手续、申请服务等需要参考的基本航海资料。

《中国港口指南》共分三册，出版周期2~3年。各册情况如下：

第一册，书号 C103，介绍黄、渤海海区港口；

第二册，书号 C104，介绍东海海区港口(含长江下游主要港口)；

第三册，书号 C105，介绍南海海区港口(含珠江水系部分港口)。

2.《中国港口指南》的主要内容

（1）卷首部分

《中国港口指南》的卷首部分包括：前言、说明和目录等几项内容。前言介绍了该指南的主要内容和资料来源及更新情况；说明部分叙述了有关航向、方位、水深、长度和距离、高程、风、浪及涌的方向、山峰、岛屿、港口、航道左右侧划分等的规定和单位选用等；目录给出了具体内容所在页码。

（2）正文内容

《中国港口指南》每册内容均由三章组成。第一章为总述，主要介绍海区概况、灾害性天气、航标、引航、进出港口检查、港口信号、海难救助、避风锚地和航路里程等。第二章为港口，是该书的主体内容，具体介绍该册所包括港口的情况，包括：概况、水文气象、航行条件、航行与泊位限制、进出港航法、引航、锚地与禁航区、通信联络、港口设备、港口服务及有关机构等，在本章开始处给出港口索引图，在每个港口资料中给出港口与航道示意图，有助于资料的读取。第三章是规章，介绍海区有关的航行规定和港口规章等。

3.使用

(1)根据港口的位置选用相应册别的《中国港口指南》。

(2)根据目录查取所需要的有关内容,阅读具体内容时应参照港口与航道示意图,并与有关海图对照,以便于理解和领会。

三、英版《航路指南》

1.概述

英版《航路指南》(Admiralty Sailing Directions)由英国水道测量局出版,包括世界各海区,共70余卷,书号为NP1~NP72。各卷英版《航路指南》所包括的地区范围,可查阅英版《航海图书总目录》中的《航路指南》索引图,也可查阅《世界大洋航路》或《航海员手册》中的索引图。

英版《航路指南》现在有两个版本:一个为以前十几年再版一次的老版,出版后三年发行一补篇对原书进行改正,新补篇出版后原补篇作废;另一个为连续修正版。无论哪种出版方式,各卷出版后至新版或新补篇间的改正资料发布于英版周版《航海通告》(Admiralty Notices to Mariners)的第Ⅳ部分中;月末仍然有效的改正通告清单列在月末版航海通告中,每年1月1日仍有效的仅对《航路指南》进行改正的通告汇编在《英版航海通告年度摘要》(Annual Summary of Admiralty Notices to Mariners)中;关于《航路指南》及其补篇的再版消息,均公布于《航海通告》中。

阅读英版《航路指南》时,应注意每卷的"总论"中有关沿岸国家的政治、历史、经济、地理等的说明。

2.《航路指南》卷首说明部分

一般包括下列内容:

(1)改正登记表(Record of Amendments):提供改正登记表以记录改正情况、应改正的航海通告的期号。

(2)前言(Preface):主要说明该卷版本的编者和资料来源。

(3)报告新危险物(Reporting New Dangers to Navigation):发现一些新的危险物和不同情况时如何报告。

(4)反馈(Feedback):为了提高指南的精度的反馈资料的提取等内容。

(5)目录(Contents):给出本卷各章内容所在页码。

(6)缩写词(Abbreviations):给出正文中使用的缩写词的解释。

(7)词汇表(Glossary):本卷或与本卷有关的海图中的地方性地理名称、词汇对照表。

(8)每章范围索引图(Chapter Index Diagram):给出本卷各章所包括的地区范围和参考的较小比例尺海图。

3.《航路指南》的主要内容

(1)各卷第一章是本卷所述地区的总体介绍,各卷均包括以下两部分:

①国家、一般航海知识与规则(Navigation and Regulations)

内容有:本卷范围(Limits of the Book);国家信息(Country Information);航海危险(Navigational Dangers and Hazards）；交通流及操作（Traffic and Operations）；海图（Charts）；助航标志（Aids to Navigation）；引航制度（Pilotage）；无线电设施（Radio Facilities）；国际规则（International Regulation）；国内规则（National Regulation）；信号（Signals）；遇险与救助（Distress and Rescue）等。

②自然条件（Natural Conditions）

内容有：海底的地形（Marine Topography）；磁差和地磁异常（Magnetic Variation and Local Anomalies）；海流、潮流和涌流（Currents，Tidal Streams and Flow）；海浪和涌（Sea and Swell）；海水特性（Sea Water Characteristics）；冰况（Ice Condition）；气候与天气（Climate and Weather）；气候信息（Climate Information）等。

（2）第二章及以后各章，一般是分区顺岸分别叙述航海说明，个别卷的第二章为该卷所包括海区的总的航线介绍。每章开始有本章各节包括区域的索引图及相关海图，每章的标题指出本章所描述的地区，并在每页的眉头标明本页所述地区；在所述每个地名的首行还注明所述地区的航用海图图号，便于找出海图对照阅读。

各章航海说明的主要内容有：总论（General Information）、航线（Route）、水深（Depths）、灯标（Lights）、引航（Pilotge）、泊位（Berths）、锚地（Anchorages）、航法（Directions）、立标（Beacon）、浮标（Buoy）、禁止抛锚区（Prohibited Anchorage）、潮流（Tidal Streams）、码头（Wharf）、突码头（Pier）、小码头（Jetty）、航行规则（Traffic Regulations）、海洋牧场（Marine Farms）、危险（Hazards）、油船泊位（Tanker Berth）、登陆处（Landing Place）、水上飞机场（Seaplane Station）、交通信号（Traffic Signals）、港口信号（Ports Signals）、供应（Supplies）等。

4.《航路指南》附录、索引

（1）各卷《航路指南》均有一些附录（Appendices），包括一些对本卷所包括国家和地区的特殊规定、重要设施等的补充说明。

（2）各卷的末尾有该卷的索引（Index），按地理名称字母顺序排列，以便查阅。

5.《航路指南》的查阅

（1）《航路指南》所提供的资料用以补充海图资料的不足。因此，在拟定航线时，除参阅《世界大洋航路》、航路设计图等资料外，还应同时参阅《航路指南》的有关内容。

（2）使用时首先根据航区，抽选相应卷别的英版《航路指南》。

（3）在阅读《航路指南》时，若对其内容和编排不很熟悉，应先了解其正文前的说明，善于使用目录和索引查找资料，并适当参考书中提供的索引图，特别是有些卷的第二章为航线介绍，该章索引图对于航线的查取非常有帮助。

（4）如需了解该卷《航路指南》所述地区的总的情况，即可查阅第一章的目录，查找其所在页数，再按页数找到所需资料；亦可按所需内容名称查书末索引，得其所在章节号，再按章节号找到所需资料。

（5）如需了解沿岸及各港的有关航海说明时，则应利用书末索引，按地名查其所在章号，再按章节号找到所需资料。

（6）阅读《航路指南》时，应查阅其最新补篇和与《航路指南》有关的航海通告。

（7）阅读《航路指南》时，应对照有关海图进行研究。

例 10-2-1：利用英版《航路指南》查取关于中国信号（Signals）情况的总体介绍。

步骤如下:

①利用英版《航海图书总目录》查得关于中国海区的《航路指南》有 3 卷,分别为第 30 卷、第 32A 卷及第 32B 卷(NP30、NP32A 及 NP32B),用于查找总的情况介绍,选用任一卷即可,选用第 32B 卷。

②在目录中第一章下面找到"Signals"资料在第 8 页。

③翻至第 8 页,在"Signals"小标题下可查到中国(China)信号的资料介绍。

例 10-2-2:某船制订航次计划时,需要韩国仁川港(Incheon Hang)的资料。试在英版《航路指南》中查取所用资料。

步骤如下:

①结合海图根据黑德兰港的位置查《航海图书总目录》,得出应使用英版《航路指南》第 32B 卷(NP32B)。

②在书末索引中按字母顺序查得仁川港(Incheon Hang)的资料。仁川港资料所在的章节号为 6.135。其他关于该港的资料所在的章节号分别为:到港信息(Arrival Information) 6.143、港湾与泊位(Basins and Berths) 6.158、航法(Directions for Entering Harbour) 6.153、一般资料(General Information) 6.135、港口(Harbour) 6.149、限制条件(Limiting Conditions) 6.137、港口服务(Port Services) 6.162。

③根据章节号在正文中即可查得仁川港详细资料。

根据关键词查得的章节号均是该项资料开始叙述的章节号。

四、进港指南

1.概况

《进港指南》(Guide to Port Entry)由英国航运指南公司发行,每两年一版,新版发行,原版本即作废。

目前该书每版四册,其中两册为港口资料正文(Text),另两册为港图和系泊图(Plans)。一册正文配合一册港图和系泊图组成一套,以国名首字母 A~K 为一套,L~Y 为另一套。该书是进入港口的重要指导书。伴随该书还附送免费但有使用期限的光盘,内容和原书一样,用光盘所附带的 Acrobat Reader 软件读取。

该书正文前有注释(Notes)、目录(Contents)、二维码(QR Code)、序言(Foreword)和词汇表(Glossary)、更新报告(Submission of Updates)、引航安全(Pilot Safety)。每册最后均有索引(Index),该索引四册相同,可以检索正文、港图与系泊图所在的页数,港图和系泊图的页码前缀以字母 P。由于该书两年一再版,在第二年,用户可通过邮寄原书中所附登记卡(Registration Card)的方式,获取更新光盘。

2.主要内容

该书以国名的字母顺序编排,正文中各国名除印在有关页介绍该国港口的内容之前外,还印在每页的左上角或右上角,各国名后的主要港口名以其字母先后顺序排列。

对各港资料主要提供下列内容:港口经纬度概值(写在港名之后)、港界(Port Limits)、进港应提交的文件单证(Documents)、引航制度(Pilotage)、锚地情况(Anchorages)、限制进港时间(Restrictions)、最大尺度(Max Size)、健康(Health)、无线电台(Radio)、高频无线电话

（VHF）、雷达（Radar）、拖船（Tugs）、泊位（Berthing）、起重机械（Cranes）、散货装卸设备（Bulk Cargo Facilities）、特殊货物起运设备（Specialised Cargo-Handling Facilities）、桥梁（Bridges）、装卸工（Stevedores）、医疗（Medical）、油船（Tankers）、密度（盐度）［Density（Salinity）］、淡水（Fresh Water）、燃料（Fuel）、消防措施（Fire Precautions）、领事（Consuls）、修理（Repairs）、干船坞（Dry Docks）、验船师（Surveyors）、舷梯/甲板看守人（Gangway/Deck Watchman）、开关舱（Hatches）、烟酒的海关允许量（Customs Allowance：Tobacco/Wine Spirits）、货物传送设备（Cargo Gear）、遣返回国（Repatriation）、航空港（Airport）、时制（Time）、节假日（Holiday）、警察/救护/火警（电话号码）（Police /Ambulance/Fire）、船岸电话（Telephones）、服务（Service）、登岸（Shore Leaves）、身份证（Identification Cards）、规章（Regulation）、装或卸燃料预计在泊位的延时（Delays）、发展（Developments）、船舶驾驶员报告（Ship's Officers Reports）、其他有关资料（General）、港口当局（Authority）、代理（Agent）。各港情况不同，因此上述内容各港不一定都有。

3.查阅方法

（1）在阅读《进港指南》时，如对其内容及编排不熟悉，应先了解其正文前警告、目录、序言。

（2）根据港口所属国家名称的第一个字母确定查阅 A~K 册或 L~Y 册。

（3）在正文一册后的索引（Index）中，依据港名可查得资料、港图与系泊图所在页数（如果索引中没有港图与系泊图的页数，则说明该港没有图示提供）。

（4）分别在正文一册和港图与系泊图册根据索引的页数查得相关资料。

例 10-2-3：某船计划航行去澳大利亚（Australia）的海波因特（Hay Point）港，试利用《进港指南》查取该港的资料。

步骤如下：

①根据国家名称选用 A~K 册查找资料。

②在索引中查得该港正文资料在第 184 页、港图在第 116 页。

③在正文一册的第 184 页可查得该港的资料介绍，在港图与系泊图一册的第 116 页可查取相关港图。

第三节　无线电信号表

一、《中国海区无线电信号表》概述

《中国海区无线电信号表》（F101）刊载了雷达应答器、船舶自动识别系统、无线电指向标、卫星导航系统差分台、无线电通信等内容。

1.《中国海区无线电信号表》使用注意事项

（1）该表各项内容一般按照由北向南沿中国海岸的走向编排；

(2)采用 2000 国家大地坐标系(CGCS2000);

(3)无线电信号表频率单位为千赫(kHz)或兆赫(MHz),作用距离为海里(M,n mile)。

2.《中国海区无线电信号表》主要内容

(1)索引图;

(2)雷达应答器;

(3)船舶自动识别系统(AIS);

(4)无线电指向标;

(5)卫星导航系统差分台;

(6)无线电通信。

二、英版《无线电信号表》概述

英版《无线电信号表》(Admiralty List of Radio Signals, ALRS)共分 6 卷,书号 NP281~NP286,该书提供有关海上无线电通信的各方面信息,内容从海事电台到全球海事安全信息服务,具体各卷主要内容如下:

第一卷(VOLUME 1)

该卷是关于海事无线电台(国际通信)的资料,包括:全球海上公共通信站台,海上卫星服务的使用细节;自动互助船舶救援系统(AMVER)的船舶报告系统;海盗与武装抢劫报告程序;无线电医疗咨询、检疫报告、污染报告;外来人员走私举报;领海内使用无线电通信的规则和国际无线电通信规则的摘录;相关图表。

该卷按覆盖区域分为两册。第一册包括欧洲、非洲和亚洲(不包括远东地区);第二册包括大洋洲、南美洲、北美洲和远东地区。

第二卷(VOLUME 2)

包括无线电助航标志(包括无线电测向台、雷达航标和船舶自动识别航标)、船舶自动识别系统(AIS)、卫星导航系统(包括 GPS、DGPS、BEIDOU、GALILEO 和 GLONASS)、标准时、法定时、世界时、无线电时号和电子定位系统以及大量相关图表。

第三卷(VOLUME 3)

包括无线电天气服务、海上安全信息(MSI)播发、全球范围的航海电传(NAVTEX)和安全网(Safety NET)信息、水下及实弹射击警报及其大量相关图表。

该卷按覆盖区域分为两册。第一册包括欧洲、非洲和亚洲(不包括远东地区);第二册包括大洋洲、南美洲、北美洲和远东地区。

第四卷(VOLUME 4)

包括气象观测站一览表及其相关图表。

第五卷(VOLUME 5)

包括全球海上遇险与安全系统(GMDSS)及其相关规则与资料。

第六卷(VOLUME 6)

该卷是关于引航服务、船舶交通管理(VTS)和港口业务的资料。

该卷按覆盖区域分为八册:第一册包括英国和除地中海、北极地区和波罗的海的欧洲各港;第二册包括欧洲的北极地区、波罗的海、冰岛和法罗群岛各港;第三册包括地中海、黑海和苏伊士运河各港;第四册包括印度次大陆、东南亚和大洋洲各港;第五册包括北美洲、加拿大和格陵兰各港;第六册包括东北亚和俄罗斯太平洋沿岸各港;第七册包括中、南美洲和加勒比海各港;第八册包括除地中海、苏伊士运河外的非洲,红海和波斯湾各港。

英版《无线电信号表》虽然每卷内容不同,但在编排上有很多相似之处,掌握这一点对使用该表很有帮助,现归纳如下:

1. 各卷均有的内容

(1)本卷改正指南(Directions for Updating This Volume)

本卷改正指南由三部分内容组成:第一部分为本卷所包括的最新资料的日期及使用中的改正说明;第二部分为改正登记表,用于登记已改正的与本卷有关的航海通告的期号;第三部分为对《航海通告年度摘要》中与无线电信号表有关通告的说明。

(2)总论(General Information)

总论是对使用的时间、方位、名称的拼写和地理位置以及所引用的法律与规则等的说明。

(3)缩写词及词汇(Abbreviations and Glossary)

缩写词及词汇是对本卷正文内的缩写词、术语和定义的解释与说明,使用者在阅读正文时可参考。

此外,还有目录(Contents)、前言(Preface)、反馈(Feedback)、数字版《无线电信号表》第六卷的介绍和注释与资料说明等。

2. 正文编排

正文编排上大多是在同类资料前给出详细资料的编排格式及细节介绍(Introduction),书的最后给出专项索引。

英版《无线电信号表》出版后的改正应根据英版《航海通告》第Ⅵ部分进行。

鉴于各卷内容编排上的相似,以下对第二卷和第六卷的主要内容和使用加以介绍,其他各卷可参照使用。

三、英版《无线电信号表》第二卷主要内容和使用方法

1. 主要内容

英版《无线电信号表》第二卷主要内容可分为无线电航标,卫星导航系统,标准时、法定时、世界时与无线电时号,电子定位系统,专项索引和国际莫尔斯码与惯用信号等几大部分,按编排顺序介绍如下:

(1)无线电航标

①无线电航标地理区域索引(Index of Geographical Sections for Radio Aids to Navigation)

利用该索引可根据国家或地区名称的字母顺序查得该国家或地区的无线电测向台、雷达航标和AIS航标的国际编号,翻至该国家或地区该类航标资料的开头页,便可查得该国家或地区的航标的细节。

②无线电测向台(Radio Direction-Finding Stations)

这一部分首先是无线电测向台相关定义、说明、大圆改正量求取图和对所提供资料各项的解释,这些资料对于读懂并使用资料很有帮助;然后给出按国家或地区列出、按电台编号顺序编排的详细资料(Service Details),包括:类别、名称与识别信号、频率、发射、作用距离或

功率、工作时间、地理位置、电台编号等。在每一个国家前给出该国家测向台的分布图,在一个国家的第一个编号之上还会印出国名。

③雷达航标(雷达应答标和雷达指向标)[Radar Beacons (Racons and Ramarks)]

这一部分与无线电信标部分的编排基本相同,首先是相关定义、说明和解释,然后是详细资料。

资料内容包括:类别、名称、周期、有效扇区、作用距离、识别信号、地理位置、编号及有关注释等。例如:

Station name	Position	Frequency	Sector	Range	Sweep	Morse	Flash	Station number
Finland								
Soumenlinna Church	60°08′.87N 24°59′.36E	3&10 cm	360°	15-18 n mile	120 s	M	1.0 n mile	58860

即国家:芬兰;名称:Soumenlinna Church;地理位置为 60°08′.87N,24°59′.36E;雷达标频率:3 cm 和 10 cm 波段雷达均可用;弧度:360°范围可用;作用距离:15~18 n mile;扫描周期:慢扫雷达航标,扫完整个航海雷达频带需 120 s(快扫雷达航标不给出周期);识别信号莫尔斯码:"M";雷达信号显示划长:1.0 n mile;台站国际编号:58860。

④自动识别系统航标(AIS AtoN)

同样,首先给出相关说明、定义、介绍和解释,然后是详细资料。资料内容包括:航标台名称、位置、国际移动台识别码、服务情况、种类、发送信息种类。

此外,该部分资料为单面印刷,两页中的一张空白页留作改正用。

(2)卫星导航系统(Satellite Navigation Systems)

这一部分介绍了差分 GPS 的起源和基本原理,欧洲伽利略卫星导航系统、俄罗斯 GLONASS 卫星导航系统、中国的北斗卫星导航系统的情况及资料细节说明等,并给出全球差分 GPS 信标的详细资料列表及分布图。

(3)标准时、法定时、世界时与无线电时号

①标准时(Standard Time)

这一部分介绍统一时间制度(Uniform Time System),包括:海上保持区时制度(System of Time-Keeping at Sea by Means of Time Zones)、国际日界线位置(International Date Line)、特定标准时名称(Standard Time Designators)和世界时区图(The World:Time Zone Chart)。

②法定时(Legal Time)

给出各国家或地区颁布的法定时一览表,冠以"-"意指法定时在世界时前,冠以"+"则意指法定时在世界时后。有些国家或地区因季节变化采用夏令时,表中给出其由标准时变为夏令时的生效细节,由标准时改变为夏令时一般是在表列开始执行日期的地方时 0300 前生效,而由夏令时改变为标准时是在表列终止执行日期的地方时 2200 后生效。表中星号(＊)表示该国家或地区本年度预期不执行夏令时。

世界、欧洲和北非标准时区图除上述所给图外,亦可见英版 5006 号海图。

③世界时(Universal Time)

介绍协调世界时(UTC, Co-ordinated Universal Time),解释世界时(UT1 or UT, Universal Time)、格林尼治平时(GMT, Greenwich Mean Time)、国际原子时(TAI, International Atomic

Time)、世界时与协调世界时之差(DUT1)以及时号的播发、播发世界时与协调世界时之差的国际无线电咨询委员会编码[DUT1 CCIR(International Radio Consultative Committee)CODE]、俄罗斯制式(Russian System)、跳秒(Leap Seconds),给出相关附表等。

④无线电时号(Radio Time Signals)

包括以下几方面内容:

a.序言(Introduction),解释时号发射台服务资料细节中的各项内容,是读懂该部分资料细节的基础。

b.详细资料(Service Details),按国家给出时号发射台名称、位置、频率、发射制式(用缩写表示)、功率、发射时间、时号类别、DUT1信号来源和精度等细节。

(4)电子定位系统(Electronic Position Fixing Systems)

介绍罗兰C系统的一般情况和现行工作状态(Current Operation Status);列表给出工作中的罗兰C台链资料(Loran-C:Chains in Operation),最后是罗兰C覆盖区域图。

(5)专项索引

本卷共有8个专项索引,供查取台站的资料使用。

①无线电测向台索引(Index of Radio Direction-Finding Stations)

利用该索引可根据无线电测向台的名称查得该测向台的编号,利用编号便可查得该台资料的细节。

②雷达航标索引(Index of Radar Beacons)

利用该索引可根据雷达航标的名称查得其编号,根据编号便可查得其资料的细节。

③AIS航标索引(Index of Automatic Identification System Aids to Navigation)

利用该索引可根据AIS航标的名称查得其资料所在页码,从而查得资料细节。

④差分GPS信标国家索引(Radio Beacons Transmitting DGPS Corrections-Index of Countries)

利用该索引可以根据国家(或地区)名称查得该国家或地区差分GPS信标资料的起始页码,在该页一般有关于该国家或地区该项资料的说明。

⑤差分GPS信标索引(Index of Radio Beacons Transmitting DGPS Corrections)

利用该索引可以根据信号标的名称查得该表资料所在的页码,从而读取资料。

⑥无线电时号的地理区域索引(Radio Time Signals-Index of Countries)

利用该索引可根据国家或地区的名称查得该国家或地区的时号发射台资料的开始页码,根据页码便可查到资料细节。

⑦时号发射台索引(Index of Stations Transmitting Time Signals)

利用该索引可根据时号发射台的名称查得资料所在页码,根据页码便可查得该台资料的细节。

⑧无线电时号发射台呼号索引(Index of Call Signs of Stations Transmitting Radio Time Signals)

利用该索引可根据收到的时号发射台的呼号查得台名和资料所在页码,根据页码便可查得该台资料的细节。

(6)国际莫尔斯码与惯用信号(International Morse Code and Conventional Signals)

给出莫尔斯码结构的解释和26个字母、10个数字及惯用信号的莫尔斯码。

2.使用方法

（1）如果要了解英版《无线电信号表》各卷的内容,可阅读英版《无线电信号表》的介绍部分;了解本卷内容编排,可参阅目录。

（2）如果要查阅某国家或地区的无线电航标、雷达航标和 AIS 航标的资料,可利用该部分的地理区域索引查得。

（3）如需要根据不同情况查某台、标的资料,应利用专项索引。

（4）电子定位系统的资料应根据目录查得。

（5）如果对资料中的专用术语或缩写不熟悉,可参阅缩写、术语和定义部分;如果对某部分的资料细节不熟悉,可参阅该部分开头的解释和说明。

四、英版《无线电信号表》第六卷主要内容和使用方法

英版《无线电信号表》第六卷是船舶港口业务、引航、船舶交通管理和船舶报告方面通信联系的主要参考书。全书目前按不同海区分为 8 册出版,编排格式相同。

1.主要内容

该书主要内容按照国家、地区或船舶报告区域的字母顺序编排。每个国家或地区(区域)的开始部分为总体介绍(GENERAL NOTES),给出该国家或地区(区域)相关通信的总体说明;然后给出具体港口业务、船舶管理和船舶报告制的信息;最后给出海上超高频通信频率表和国际海事组织标准船舶报告系统的说明。

港口业务、船舶管理和船舶报告制信息的主要内容包括表 10-3-1 中 14 项的全部或部分。

表 10-3-1 英版《无线电信号表》第六卷主要内容说明及实例

编号	内容	实例
1	名称:港口、船舶交通管理、船舶报告制的名称	ANYPORT
2	位置:港口、船舶交通管理、船舶报告制的位置地理坐标(概位)	55°25′N 5°36′W
3	位置编码:港口或码头的联合国地理位置编码	UNCTND LOCODE: GB CBT
4	附图:相关参考图	See Diagram ANYPORT
5	业务:给出业务名称,例如引航、船舶交通管理、港口业务等	**PILOTS AND PORT**
6	业务细节:对所提供的业务进行详细说明	**DESCRIPTION:** Pilot Station provides pilotage for the ports in the area
7	地点:一般为引航站或港口无线电站台的地点	**LOCATION:** Port Office, No.1 Terminal
8	区域:如果对于业务所覆盖的区域在业务细节部分没有说明,在该部分给出	**AREA:** The compulsory Pilotage Area limits extend for 3 n mile from the harbour entrance
9	详细联系方法:包括通信频率、电话、电传、传真、电报、电子邮件和网络联系等	**CONTACT DETAILS:** E-mail: info@anywhereport.co.uk Website: www.anywhere.port.co.uk **Pilots** Call: Western Pilots VHF Frequency: Ch 16 **Hr Mr** VHF Frequency: Ch 16; 12 13 Telephone: +44(0)1234 567890 Fax: +44(0)1234 567891 **Petrols, Oils & Lubricants (POL) Depot** VHF Frequency: Ch 16; 13

续表

<table>
<tr><th>编号</th><th>内容</th><th>实例</th></tr>
<tr><td>10</td><td>值班时间：通信站台的守听时间，除非另有说明，一般为世界时（UT）时间</td><td>HOURS: Hr Mr (Ch 16): Mon-Fri: 0900-1700</td></tr>
<tr><td>11</td><td>程序：引航、船舶交通管理（VTS）、港口业务的联系程序，通常包括业务是否为强制性的和有关的船舶</td><td>PROCEDURE:
(1) Participation in the VTS is mandatory for the following vessels:
(a) All foriegn vessels
(b)Vessels of 10000 GT or more
(c) Vessels under 10000 GT carrying dangerous cargoes
(d) Vessels of 100 GT or more and maximum boarding capacity of 30 people or more (total of passengers, crew and other people on board)

(2) Inbound vessels should report to Anyport VTS on VHF or by telephone, at least 1 h before entering the entrance channel, stating the following information:
(a) Vessel's name and call sign
(b) Last port and next port (or anchorage)
(c) ETA at the following:
(i) No.1 Lt Bouy
(ii) Harbour entrance</td></tr>
<tr><td>12</td><td>报告点：船舶向 VTS、港口当局报告和其他规定的报告地点</td><td>REPORTING POINTS:
<table>
<tr><th>Point</th><th>Reporting Point Name</th><th>Position</th></tr>
<tr><td>K</td><td>Wear Spit</td><td>51°41′.69N 4°58′.73W</td></tr>
<tr><td>J</td><td>Milford Docks (when leaving Milford Docks)</td><td>51°42′.68N 5°02′.40W</td></tr>
<tr><td>H</td><td>Cunjic Lt buoy</td><td>51°41′.98N 5°02′.55W</td></tr>
<tr><td>G</td><td>Esso Lt buoy</td><td>51°41′.78N 5°05′.25W</td></tr>
<tr><td>D</td><td>West Channel (S. Ann's Lt buoy)</td><td>51°40′.21N 5°10′.17W</td></tr>
<tr><td>E</td><td>East Channel (Sheep Lt buoy)</td><td>51°40′.12N 5°06′.58W</td></tr>
</table></td></tr>
<tr><td>13</td><td>信息广播：航行信息的定期广播的详细说明</td><td>INFORMATION BROADCASTS:
(1) Weather forecasts for Milford Haven area on VHF Chs 12 and 14 at 0300 0900 1500 2100 approx from the Port Control. Prior to these broadcasts notification will be transmitted to all ships on VHF Ch 16
(2) Gale warnings on VHF Chs 12 and 14 on receipt from Cardiff Weather Centre. Prior to these broadcasts notification will be transmitted to all ships on VHF Ch 16
(3) Expected shipping movements within the port are given to vessels entering the port and prior to getting underway from a berth or anchorage, also on request
(4) Immediately after the local weather forecasts on VHF Ch 14, Navigation Warnings will be broadcast, also whether the last high or low water made prediction or not
(5) Height of tide, wind speed and direction, and barometric pressure on request</td></tr>
<tr><td>14</td><td>说明：关于其他各种杂项的说明</td><td>NOTE:
Pilotage is provided by the Anyport District Pilot Association</td></tr>
</table>

2.使用方法

(1)国家、地区、船舶交通管理和船舶报告制的总体介绍应使用卷首部分的目录清单(Contents List)查取;具体港口的信息既可用卷首的目录清单查找,也可用书后的索引查找。

(2)对资料中的专用术语、缩写、资料细节不熟悉的,可参阅卷首的词汇和注释部分。

五、英版数字版《无线电信号表》

1.概况

英版数字版《无线电信号表》(Admiralty Digital Radio Signals)共6卷,是英国水道测量局出版的数字出版物(ADP),发行载体为光盘和网络;主要适合受《国际海上人命安全公约》约束的船舶使用,目前,国际上已经有70多个国家认可其在满足所规定的条件时可以替代纸质版《无线电信号表》,相关国际规定和替代问题见本章第八节。

数字版《无线电信号表》第二卷(ADRS 2)的内容和纸质版一致,通过数字编辑使得查取无线电航标、雷达航标、AIS 航标、差分全球定位系统信标和时间系统相关资料更加方便快捷。

数字版《无线电信号表》第六卷(ADRS 6)包括计算程序和全球9个数据区的3600个地点的港口作业、引航和船舶交通管理的通信联系资料的数据,9个数据区除了第1和第2两个数据区与数字版《灯标和雾号表》稍有差别外,其他一致,如图 10-3-1 所示,所提供的数据与纸质版的内容相同。

该数字版《无线电信号表》的购买、安装、更新与数字版《潮汐表》相同。

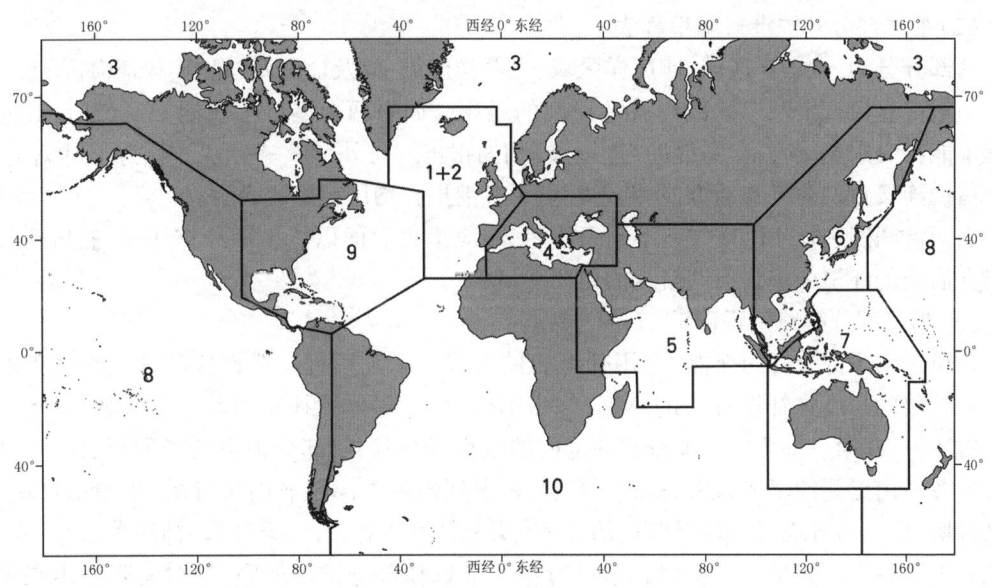

图 10-3-1　英版数字版《无线电信号表》第六卷数据分区图

2.使用方法

数字版《无线电信号表》的程序界面与数字版《潮汐表》和《灯标和雾号表》的类似,使用方法也一致。可参照数字版《潮汐表》的使用方法或查阅该程序的帮助菜单,按说明操作。

第四节　里程表

一、中版《世界主要港口里程表》

1.内容概述

中版《世界主要港口里程表》由人民交通出版社于1975年汇编出版。该表收集了世界各主要港口、岛屿、海峡、海角间里程及部分航路里程,单位为 n mile。

该表共分三部分:

(1)第一部分中国沿海港口里程表和中国各主要港口至世界各主要港口间里程表

这部分表的排列顺序是:中国港口由北向南,其他港口则以中国港口为起点,由近及远顺序排列,首先是太平洋区域,其次是印度洋区域,最后是大西洋区域。

(2)第二部分外国港口间里程表

这部分分为:太平洋区域、印度洋区域、大西洋区域,以及地中海、黑海、亚速海区域。

一般可直接查出某个区域内各港口间的里程。如果两个港口不在同一区域时,其间的里程不能在表中直接查出,需借助"连接点"相加得出。另外,在一些地区内,为了避免重复,也会借助连接点。为了查阅方便,凡连接点至各港里程均用粗黑线表示。

当两港间因选择不同航线有不同里程时,相应里程后面以拉丁字母作注脚,然后可根据注脚在后面的注记中查出不同航线的说明。

(3)第三部分航路里程选辑

这里选辑了部分常用航路,并用梯形表的形式表示其里程。选辑这部分航路里程的目的是从航路的角度弥补里程表的不足,作为第一、第二部分的补充和参考。例如,由天津港至名古屋港,在第一部分中仅能查出两港间的里程,但在第三部分中由天津港至名古屋港可以查得各经由点间的里程及其总和。例如,表中列出由天津至成山角灯塔、小黑山灯塔、马罗岛灯塔、草垣岛灯塔、佐多岬灯塔、都井岬灯塔、潮岬灯塔、大王崎灯塔、神津岛灯塔……最后到名古屋各点间的里程。虽然在这部分中只能选择部分常用航路,但对实际使用来说是很有参考价值的。

(4)附图

本表有3张附图:

①太平洋主要港口位置图;

②印度洋主要港口位置图;

③大西洋主要港口位置图。

2.查阅举例及说明

例 10-4-1:试查由大连至广州的里程。

因出发港和到达港均为中国港口,可在第一部分"中国沿海港口里程表"中直接查出:大连至黄埔为1331 n mile,黄埔至广州为17 n mile,所以大连至广州的里程为1348 n mile。

例10-4-2:试查由上海至温哥华的里程。

因出发港为中国港口,到达港为北美西岸的加拿大港口,可在第一部分的第二项表8"中国—北美、拉美西岸里程表"中查取,吴淞至温哥华的里程有四种,分别为:5044$_A$、5155$_B$、5908$_a$、6493$_b$(单位均为n mile)。可根据注脚在该表末尾找出这四条航线说明:

①经宗谷海峡和阿留申群岛北。

②经津轻海峡和阿留申群岛南。

a.经(C_6)和(G)

(C_6)—— 西去航路:在165°W~157°E间,沿35°N纬线航行;

(G)—— 经关门海峡。

b.经(S_1)和(G)

(S_1)—— 西去航路:在150°W~150°E间,沿30°N纬线航行;

(G)—— 经关门海峡。

其中"西去航路"是指由温哥华向上海航行。另外,自吴淞至上海里程为14 n mile,应与自吴淞至温哥华的里程相加,以求得上海至温哥华两港间各航线的总里程。

例10-4-3:试查由南浦至卡拉奇(印度洋北岸)的里程。

因出发港是国外港口(朝鲜),可先在第二部分的第一项表3"朝鲜—中南半岛沿岸、印度尼西亚(太平洋部分)、沙巴、沙捞越、菲律宾里程表"中查出南浦至新加坡的里程为2628 n mile,然后在第二部分的第二项表1"印度洋北岸里程表"中查出新加坡至卡拉奇的里程为2887 n mile,即得南浦至卡拉奇的里程为5515 n mile。

如对两个不同海区的"连接点"不熟悉,可先参考本表有关海区的附图,在附图中"连接点"均用红字标出。

例10-4-4:试查由鹿特丹至纽约的里程。

为了避免重复,在一些地区内也借助于"连接点"。在附图(大西洋主要港口位置图)中可以看到在北海和波罗的海间的"连接点"为多佛尔;英吉利海峡与大西洋的"连接点"为比斯霍普岩。所以应先从第二部分的第三项表6d"北欧(北海沿岸)里程表"中查出鹿特丹至多佛尔的里程为132 n mile,再从表6c"北欧(英吉利海峡沿岸)里程表"中查出多佛尔至比斯霍普岩的里程为314 n mile,然后从表7"西北欧—北美东岸、墨西哥湾里程表"中查出比斯霍普岩至纽约的里程为2934$_D$、3007$_F$、3044$_E$(n mile);最后相加得鹿特丹至纽约的里程为3380$_D$、3453$_F$、3490$_E$(n mile)(另需查注脚D、F、E的说明,以了解航线的概况)。

此外,中国人民解放军海军海道测量局也出版了《世界主要港口里程表》,内容和使用方法和以上解释的里程表基本一致。

二、英版《里程表》

1.概况

英版《里程表》(Admiralty Distance Tables),目前有三卷:

(1)第一卷 大西洋,书号为NP350(1),其中包括北大西洋、南大西洋、西北欧、地中海、加勒比、墨西哥湾。

（2）第二卷　印度洋，书号为 NP350（2），其中包括印度洋和从南非到新西兰的南部洋区、红海、波斯湾和东部群岛。

（3）第三卷　太平洋，书号为 NP350（3），其中包括太平洋与相邻海域。现行版为 2009 年第二版。

英版《里程表》的平时改正依据英版《航海通告》第Ⅳ部分进行。

2.主要内容

（1）英版《里程表》介绍（Introduction）

对该表相关问题进行解释和说明，内容包括：航线的选取、出发点与到达点的位置、水深、航程单位、航线和航程、《里程表》的使用、海里与标准海里、恒向线航行计算和大圆航行计算。

（2）里程表（Tables）

首先给出使用该卷里程表的注意事项，然后分海区给出里程表。每海区里程表前首先给出该海区航行的重要注意事项和表内脚注的注解，然后列出里程表。

（3）连接里程表（Link Tables）

用于求取不同里程表间的航程和应用实例。首先说明连接里程表的作用，然后给出不同海区相连接的里程表。

（4）地名词典（Gazetteer）

给出地名及其在里程表中计算航程用的地理位置。

（5）索引图（Index Charts）

给出本卷每个里程表所覆盖的范围、航线和相连接的里程表的图示。

英版《里程表》的使用方法和中版《世界主要港口里程表》中外国港口间里程表的使用方法类似。

第五节　航海图书目录

一、中版《航海图书目录》

1.概述

中版《航海图书目录》为中国人民解放军海军海道测量局出版的不定期出版物。其中汇集了中国人民解放军海军海道测量局出版的中国沿海海区总图、航行图、港湾图、渔业图、形势图等专用图，航海书表及其他出版物等，供国内外使用者查阅航海图书出版物的编号、名称、比例尺、出版时间等内容。该目录的改正根据中国人民解放军海军海道测量局发布的周版《航海通告》进行。

2.内容

中版《航海图书目录》主要有五大部分的内容。

第一部分为海图,包括:

(1)中国海区分区索引:给出中国人民解放军海军海道测量局出版的 1-1 区~1-8 区的分区范围、区域名称和所在分区海图所在页码。

(2)中国海区及附近(≤1:500000):中国沿海及其附近比例尺≤1:500000 所有海图图号、图幅、图名、出版时间等。

(3)中国海区(1:250000):中国沿海及其附近比例尺为 1:250000 的所有海图图号、图幅、图名、出版时间等。

(4)1-1 区~1-8 区海图:根据海图图号所在分区,用于查询中国沿海 1-1 区~1-8 区对应海域的大比例海图。

第二部分为专用图,包括渔业图和其他专用图。

第三部分为航海书表,包括航海书表和其他出版物。

第四部分为其他,提供中国航海图书出版社航海图书专销站信息。

第五部分为航海图书号索引,包括航海图图号索引、专用图图号索引及航海书表、其他出版物书号索引。

附表为航海通告改正登记表,用以记录利用《航海通告》对每部分进行改正的情况。

此外,在正文前列有对《航海图书目录》的说明和目录。

3.说明

(1)图号后缀"*"表示该图是诸分图或主附图。

(2)在中国海区及附近图中紫色框线为比例尺≤1:1000000 图范围线,黑色框线为比例尺>1:1000000 图范围线;在其他图中紫色框线为比例尺≤1:100000 图范围线,黑色框线为比例尺>1:100000 图范围线。

4.应用

(1)根据"中国海区及附近(≤1:500000)"及"中国海区(1:250000)"按需要抽选中国沿海及其附近总图。

(2)抽选航用海图:首先根据中国海区分区索引查取航线经过的各分区编号,然后在 1-1~1-8 各分区中便可查得本航线所需要的海图图号,同时在其对页表中,可以找到这些海图的详细说明。

(3)抽选航海书表:在第三部分航海书表中按航行海区找出本航线所需的《航路指南》、中国港口指南和航标表等。

(4)查取中版航海图书供应站地点:在第四部分其他中,根据航海图书专销站信息,便可查知能够获取中版航海图书资料的信息。

(5)校验本船航海图书是否适用、作为添置航海图书资料的依据:利用第五部分航海图书号索引,根据航海图图号、专用图图号及航海书表、其他出版物书号可以快速索引到对应的出版信息,利用将本船航海图书和改正到最新的《航海图书目录》中所列的图书对照的方法可检验本船航海图书是否适用,并据其查出本船需添置的航海图书资料。

二、英版《航海图书总目录》

1.概况

英版《航海图书总目录》包括由英国水道测量局出版的全部海图及其他航海图书。该目录书号为 NP131,每年年底修订再版。新版本发行后,上年度旧版本作废。

本年度该目录的改正,应根据其付印之日以后的周版《航海通告》中相关改正通告进行,有时《航海图书总目录》中附有补遗和勘误表,这是为了改正付印中的遗漏或错误。

2.主要内容

每年版本虽稍有改动,但主要包含下述八方面内容:

(1)总论(Overview)

这部分主要包括:

①英版海图分区索引图的界限图(Limits of Admiralty Chart Indexes):以字母和数字标出世界各海图索引分区,便于查索。

②英国水道测量局授权的海图代销点和分销商一览表(Admiralty Authorised Distributors)。

③英国水道测量局技术服务提供商(Admiralty Technical Solution Providers)。

(2)数字服务(Digital Services)

这部分介绍了英国水道测量局出版的矢量海图、光栅海图、电子海图服务以及英版数字图书资料。

(3)航用海图(Charts)

这部分内容主要供抽选航用海图之用,是该目录的主体部分,主要包括:

①索引图 A 是世界大洋总图的索引图;索引图 A.1 是世界 1:3500000 或同等比例尺的海图索引图;索引图 A.2 则是东北大西洋、欧洲水域和地中海小比例尺海图索引图。

②各分区海图索引图均刊印在 B~W 页的右页,左页为该分区内所有海图的细节说明,包括图号、图名、比例尺、出版年月、新版年月等。凡图号前注有"*"者,表示该图中另包含一平面图(Plan);注有"I"者,表示该图为国际海图(International Chart);注有"⊙"者,表示该图另有光栅扫描海图(ARCS)可供使用。

③英版海图图夹(Admiralty Chart Folios)印在 X 页:给出了英版海图图夹的范围。

(4)计划海图(Planning Charts)及参考图与空白定位图(Reference and Plotting Charts)

计划海图 4A 主要包括:

①心射投影海图(Gnomonic Charts);

②空白定位图(Plotting Sheets);

③航线制定计划用图(World Planning Charts);

④航路设计图(Routeing Charts);

⑤航路设计指南图(Mariners' Routeing Guides);

⑥海上保安用图(Maritime Security Charts);

⑦进港指南图(Port Approach Guides)。

参考图与空白定位图(Reference and Plotting Charts)4B 包括:

①心射投影海图(Gnomonic Charts);

②磁差曲线图(Magnetic Variation Charts);

③教学用图(Introduction Charts);

④印有罗经花、经纬度图尺和中央纬度的空白定位图(Ocean Plotting Sheets);

⑤领海基线图(Territorial Sea Baseline Charts)。

(5)英版航海图书(Admiralty Navigational Publications)

这部分包括:

①参考图书(Reference Publication);

②《航路指南》(Admiralty Sailing Directions);

③《灯标和雾号表》(Admiralty List of Lights and Fog Signals);

④潮汐用图书(Admiralty Tidal Publications);

⑤《无线电信号表》(Admiralty List of Radio Signals);

⑥英版航海年历局出版的天文类图书(Admiralty Astronomical Publications)。

(6)海事安全信息(Maritime Safety Information)

这部分包括:

①英版航海通告(Admiralty Notices to Mariners);

②英国水道测量局小艇业务(Admiralty Small Craft Charts & H-Note App);

③假冒产品识别(Identifying Counterfeit)。

(7)广告(Advertisers)

这部分包括广告商索引与广告。

(8)海图及图书编号索引(Numerical Index)

这部分主要为海图及图书编号的索引。

3.主要用途

(1)抽选航用海图

①利用索引图 A 查取所需总图,利用索引图 A1 查取 1∶3500000 的海图,如需要,利用索引图 A2 查取东北大西洋、欧洲水域和地中海小比例尺海图。

②利用 Planning Charts 抽取本航线所需航线制定计划用图、航路设计图、空白定位图、大圆海图等图。

③查英版海图分区索引图的界限图,可知本航线将航经的分区索引图字母页。

④分别翻到本航线所需分区索引图字母页,查取所需航用海图的图号。

例 10-5-1:抽选拟于 2022 年 10 月 23 日由大连航行至鹿特丹(ROTTERDAM)的航用海图。

①利用索引图 A、A1、A2 查取总图和小比例尺海图图号为:

A:4052、4073、4072、4014;

A1:4509、4508、4706、4703、4704、4302、4301、4103、4102、4140;

A2:87、1104、2675、2182a。

②利用计划用图查取本航线所需的计划用图,包括:

航线制定计划用图:4016;

航路设计图:5146(11)、5147(11)、5149(11)、5150(10);

心射投影海图:5099。

③利用英版海图分区索引图的界限图,查得本航线海图应查阅索引图 K1、K、J3、I2、I1、I、H1、H2、F、E2、E1、E、B、B2。

④按航线顺序分别查阅上述各分区索引图字母页,得分区索引图号和航用海图图号为:

K1:3695、3697、1255、1254、3480;

K:1199、1759、1754、1761、1760、1968;

J3:3489、94、3488、3482;

I2:2869、1371、2403、3831、4042、4041、4040、4039、3947;

I1:3946、3940、3945、1353、3921、3920、3919、2777、2917、827;

I:813、709;

H1:2738(A1:4703 总图作参考,航行通过阿拉伯海,并抽选空白定位图)、2970、100、6;

H2:3661、452、453、1925、143、157、158、159、2375、2374、333、2373、2133、3214、233;

F:240、241、2578、2574、3400、183、3401、176;

E2:2124、2123、2122;

E1:2121、252、1910、1909、774、773;

E:3578、142、91、89、3636、3635、3634、3633、1111、1104、20;

B:2643、2647、2648、2656、2669;

B2:2613、2451、1892、323、1872、110、122、207、208。

⑤为提高大洋航行定位精度,应抽选空白定位图,从目录中"Reference and Plotting Charts"部分查出空白图位于第 146 页,翻至该页查得该例所需空白图为:5340 或 D6323、D6324。

注意:

①在抽选航用海图之前应初步拟定航线,并绘画到总图上,作为抽选航用海图的依据;

②航用海图抽选原则是尽量抽选较大比例尺海图,同时视具体情况,抽选必需的航行参考图。

(2)抽选本航次所需航海图书

根据航次命令,利用该书的英版航海图书部分查选本航次所需有关航海图书。例如《航路指南》《灯标和雾号表》《潮汐表》等。

例 10-5-2:某船 2021 年 7 月 28 日由新加坡(Singapore)航行至安特卫普(Antwerp),试抽选该航线的《航路指南》《灯标和雾号表》《潮汐表》。

①从航路指南部分的索引图中查得该航线需要的《航路指南》卷别为:NP44、NP38、NP3、NP64、NP49、NP45、NP67、NP22、NP27、NP28。

②从灯标和雾号表部分的索引图"英版灯标表的分卷界限图(Limits of Volumes of Admiralty List of Lights)"中查得该航线所需《灯标和雾号表》的卷别为 F、E、D、N、A、B。

③从潮汐图书部分查得需《潮汐表》第一、二、三、五、八卷。

(3)查验船上所存海图是否适用

①翻至该目录的最后"海图图号索引(Numerical Index)",根据抽选的本船所存的海图图号,查得该图细节所在页数。

②翻到该图所在页数,细节分为:图号(No.)、图名(Title of Chart or Plan)、比例尺(Nature

Scale)、出版日期(Date of Publication)、新版日期(Date of New Edition),将本船海图的出版日期、新版日期与本年度总目录该图号所在页的这两个日期比较,便可知本船海图是否适用。

例10-5-3:某船2022年1月20日从大连开往新加坡,需用图号为2403的海图,船上该号海图的出版日期是Dec.1983。翻开2022年总目录的最后的"海图图号索引"知2403号图在第66页;翻至第66页,知2403号图现行版(新版)是Jan.2021,可见本船所存2403号海图已不适用,应购买2021年1月新版同号图。

利用同样的方法,也可查验英版航海图书的适用性。

(4)查阅海图代销店和获取《航海通告》的地点,从而配、添置航海图书资料和获取《航海通告》

在目录的第一部分"总论和其他"中,利用"英国水道测量局授权的海图代销点与分销商的地点分布图"和"英国水道测量局授权的海图代销点和分销商一览表"便可查到本航次沿途可购海图和图书的代销点和分销商地址。利用"英版航海通告"页,可查得获取《航海通告》的途径和方法。此外,当新船需配置航海图书资料时,可首先在目录中查得需要的航海资料清单,然后选择适当的代销点和分销商购置资料。

4.英版数字版航海图书目录简介

数字版航海图书目录有桌面版和网络版两种。无论是桌面版还是网络版都可以方便地查取英国水道测量局出版的所有种类的海图和航海出版物,而且更新都很及时。查询方式包括图形查询和文字查询。可以利用查询到的资料检验船舶资料的适用性;查询到的所需资料可以以个人清单的方式保存或打印,从而按清单购置图书资料或选用航行所需资料。但是,网络版目录没有按航线查询的功能,不能用于航线设计抽选海图。桌面版既可以在图形界面下设定航线查取航线所用的图书资料,也可以导入航线数据进行查询,对于使用电子海图显示与信息系统的用户,还可以自动查询出在电子航海图没有覆盖的水域的光栅航海图或纸质海图以弥补其空白。因此,对于航海者,如果有条件,建议使用桌面版。

桌面版航海图书目录可以登录英国水道测量局数字版航海图书目录网站(http://www.ukho.gov.uk/ProductsandServices/ADCatalogue/Pages/Home.aspx)免费下载,安装后即可按照其帮助文件操作;网络版航海图书目录利用浏览器进入该目录网站(https://www.ukho.gov.uk/onlinecatalogue/home.asp)访问即可使用。

第六节 航海员手册

一、概况

《航海员手册》(The Mariner's Handbook)是一本航海资料的综合性出版物,不仅说明了英国出版的航海图书资料的内容和用法,而且给出了有关航海业务、国际规则与公约和气象等的综合性资料。有些资料是将原分散在各资料中的有关内容集中编印的。

该书书号为 NP100,1962 年首次出版,现在使用的是 2020 年第十二版,其出版后的重要改正资料在英版《航海通告》第Ⅶ部分发布,年底仍然有效的通告在《航海通告》年度摘要重印。所以,使用该书时应同时参阅《航海通告》第Ⅶ部分和年度摘要的相应内容。

二、《航海员手册》的主要内容

现行版《航海员手册》全书共 13 章,其内容如下:

第一章:英国水道测量局、测量与海图制作(UKHO, Surveying and Charting),对水道组织水道测量、数据与精度以及海图的制作方面的内容进行了详细的说明。

第二章:纸质及数字海图(Paper and Digital Charts),对英版纸质海图的各种基准面的选取、种类、出版情况、精度进行了介绍,其中包括电子海图显示与信息系统中相关业务、数字航海及英版矢量光栅海图,此外,还对其他国家的海图出版情况进行了简介。

第三章:英版图书(Admiralty Publications),介绍了包括电子版在内的英版图书资料的基本情况、内容、使用与改正的情况。

第四章:英国水道测量局信息与航海人员间信息流通(Information Flow Between the UKHO and Mariners),强调了信息的重要性,介绍了英国水道测量局信息发布的情况和对信息使用中问题的反馈与信息提供等方面的问题,其中包括航海警告、航海通告和气象服务等。

第五章:气象(Meteorology),介绍了航海气象、船舶气象定线和气象现象等方面的知识。

第六章:海洋(The Sea),介绍了海洋与船舶航行有关的一些因素,包括潮汐、潮流、洋流、波浪、水下火山与地震、海啸、海水颜色和局部地磁异常等。

第七章:冰(Ice),介绍了海冰、陆冰、冰中航行与操纵方面的资料。

第八章:国际组织(International Organization),介绍了国际海事组织、国际水道组织和国际航标协会等的情况。

第九章:航行限制(Constraints on Navigation),阐述了对《联合国海洋法公约》、船舶定线、钻井平台、沿海可再生能源装置、海底管线、桥梁与架空电缆方面的问题。

第十章:海洋污染与环境保护(Maritime Pollution-MARPOL and Conservation),论述了《国际船舶防污染公约》、海上污染与环境保护方面的问题。

第十一章:航行与航标(Navigation and Aids to Navigation),讲述了船舶航行、操纵与航标诸方面的知识,包括各种定位手段及其精度、船舶自动识别系统、远距离识别与跟踪、航标和富余水深等。

第十二章:军事活动(Military Operations),包括演习区、潜水艇、水雷应对措施等。

第十三章:商业活动(Commercial Operations),介绍了海上商业活动,包括遇险与搜救、GMDSS 等。

在书的正文前印有改正记录表、前言、目录(正文、插图和表)和缩写词。在书后有图书资料配备要求、国际海上避碰规则、船舶旗帜的悬挂 3 个附录和词汇、索引、换算表。词汇是对英版海图和相关图书中使用的一些术语的解释;索引以有关内容的关键词字母顺序排列,给出该特定内容所在章节,用以查找特定内容所在页;换算表包括英尺、拓换算为米和米换算为英尺、拓的表。

三、《航海员手册》的使用

(1)相应的改正通告应登记在改正登记表中,应结合《航海通告》第Ⅶ部分相关改正一起使用。

(2)查找各章节的内容可根据目录进行,也可根据关键词在书后索引中查取资料所在章节。

(3)查找某项特定内容可根据关键词在书后索引查得资料所在章节。

第七节 航海通告

《航海通告》(Notice to Mariners)是用以通报涉及航行安全和改正航海图书的定期或不定期出版物。其主要内容为:助航设备的变化情况,水中危险物和障碍物的发现、清除情况,水工建筑物的变化情况,各种界线、航行规章、航法以及保证航行安全的其他规定的变更情况,发布新版航海图书消息,刊登仍有效的无线电航海警告等。它是改正海图、《航路指南》和其他航海图书的依据。通常每周出版一期,不同国家还出版每月、每季、每年的各种汇编、摘要,有些国家还每日发布对海图改正的通告。通告的内容按其生效情况可分为永久性通告、临时性通告和预告性通告等3种。由英国水道测量局和美国国防制图局出版的《航海通告》发行较广。中国出版的《航海通告》使用较广的有两种版本:中英文对照版由中国航海图书出版社出版,主要对外使用;中文版由中国人民解放军海军海道测量局出版,主要用于对内部使用的航海图书资料的改正。两个版本在内容编排上基本相同。中国海事局也发行《航海通告》,用于改正该局出版的航道图与港泊图。《航海通告》的发行方式有传统的纸面印刷和数字化发行两大类。数字化发行即利用光盘、无线电、网络等手段进行通告的分发。数字化《航海通告》现已在不少船上使用,随着计算机和无线电通信技术的不断发展和在船舶上的日益广泛的应用,这种《航海通告》的使用将会更加普及。

一、中版《航海通告》

中版《航海通告》的发布单位有两家,中国人民解放军海军海道测量局和中国海事局,各自发布其图书资料的改正通告。以下仅介绍中国人民解放军海军海道测量局出版的《航海通告》,该航海通告每周出版一期,每年52期。

1.内容

通告由四部分组成:

(1)说明、航海信息、图书信息

①说明部分介绍通告内容、使用方法等;

②航海信息部分主要发布航海图书上未标示,但与船舶航行安全有关的信息;

③图书消息部分公布航海图书出版、改版、作废以及出版预告消息,并每月汇总一次当

月图书消息,利用该信息可检验本船图书是否需要更新。

(2)索引、海图改正、临时通告

①索引由地理区域索引和关系海图索引两部分组成,用以检索海图改正通告的项号。地理区域索引用地理位置检索需改正的通告项号;关系海图索引用海图图号检索需改正的通告项号。

②海图改正:列出相关改正海图的永久性通告。

③临时通告:单面印刷,所列海图图号为使用通告时参考。

(3)航行警告

航行警告仅转载 NAVAREA XI区的范围有效的无线电航海警告。航行警告由两部分组成,前一部分重申以前发布而至今仍有效的航行警告的年份与号码,后一部分刊印当前一段时期内新发布的航海警告内容。

(4)航海书表改正

航海书表改正包括航路指南、港口指南、航标表和无线电信号表等书表的改正通告,单面印刷。

2.使用中版《航海通告》的注意事宜

(1)除每年52期通告外,每年年底补充发布"民用海图改正索引"给出该年度海图应改正的通告的顺序列表,利用该索引可检验海图在本年度是否漏改。

(2)临时性通告每项通告号前注有"T"、标题后面均注有"(临)"字样。每月最后一期通告列出有效临时通告索引,每年年中和年底出版有效临时通告汇编,以供航海人员查找。

(3)《航海通告》中给出的位置以最大比例尺的最新版海图为准,用经纬度或方位、距离表示。如在位置数据后面附以"(概位)"或"(疑存)"等字样,表示此为概略位置或怀疑存在(危险物)。如用某物标作为方位、距离的起算点,为便于寻找,其后亦注有经纬度,但均为概位。

(4)方位均系真方位,但所记灯光光弧或导标方位线等系自海上视灯塔、灯柱的真方位。

(5)每一号码的航海通告由通告标题、改正内容、相关海图、相关航标表和资料来源组成。通告标题包括通告项号、标题和改正要素提示;相关海图是需要按本通告进行改正的海图图号(图号之后用小括号括起来的数字表示该号海图应改正本通告中的第几款内容,中括号内的数字则表示上次该图改正的通告号码);相关航标表仅在通告涉及《航标表》改正时列出该航标表书号、出版时间和有关航标编号。

例如,2021年第2期34号通告:

34*.黄海 青岛港 董家口港区—设置灯桩

加绘　　★闪红 4s12m4M　　　　(1)35°34′51″.0N,119°46′01″.5E

变更　　由:★闪 4s12m8M　　　　(2)35°34′53″.6N,119°46′04″.4E

　　　　至:★闪绿 4s12m8M　　　　(3)同上述(2)

海图　12533〔2020 -1890〕12539(2、3)〔2020 -1890〕12510(2、3)〔2020 -1890〕

航标表　G101/2020〔1473.8〕〔1473.9〕

资料来源　北海航保标通字〔2020〕51 号　　　　　　　(1018/2020)

即:2021年34号通告,改正的相关位置为黄海海域的青岛港董家口港区,改正内容为设置灯桩;在通告的(1)位置设置了灯桩,按通告给出的符号和灯质填入对应位置;(2)位置处的灯桩变为(3)位置处,并将闪光颜色改为绿色;海图列表中12533号海图上一次改正通告为 2020 年 1890 号通告,12539 号海图仅改正通告内容中的(2)和(3)项,上一次改正通告是 2020 年 1890 号通告;12510 号海图仅改正通告内容中的(2)和(3)项,上一次改正通告是 2020 年 1890 号通告;该通告影响到 2020 年版《航标表》第一册(G101)中的 1473.8 和 1473.9 号 2 个航标;该通告资料来源为北海航海保障中心文件 2020 年 51 号,其内部编号为 2020 年 1018 号。

(6)通告号后面标有"＊"者表明该通告依据原始资料编发,如:上面 34 号通告资料来源为原始资料。

(7)中版《航海通告》的发行方在其网站上提供与书面印刷版同样格式和内容的通告供下载使用,还有按不同条件查取通告的功能,有条件的船舶可加以利用。

二、英版《航海通告》

1.概述

英版《航海通告》(Admiralty Notices to Mariners, ANM)每周末出版一期。它汇集英国水道测量局发布的全部航海通告,提供对所有英版海图及其他航海图书的改正资料,并重印无线电航海警告及其他变化资料,还复印澳大利亚和新西兰的航海通告,以供改正英国复制的澳大利亚和新西兰海图用。《航海通告》通常包括下列内容:

Ⅰ Explanatory Notes. Publications List(注释与图书清单)

Ⅱ Admiralty Notices to Mariners. Updates to Standard Navigational Charts(航海通告,海图的改正)

Ⅲ Reprints of NAVAREA Ⅰ Radio Navigational Warnings(国际警告区Ⅰ区无线电航海警告的重印)

Ⅳ Updates to Admiralty Sailing Directions(对《航路指南》的改正)

Ⅴ Updates to Admiralty Lists of Lights and Fog Signals(对《灯标和雾号表》的改正)

Ⅵ Updates to Admiralty Lists of Radio Signals(对《无线电信号表》的改正)

Ⅶ Updates to Miscellaneous Admiralty Nautical Publications(对其他英版航海图书的改正)

Ⅷ Updates to Admiralty Digital Services(英版数字版业务内容的更新)

书面印刷的英版《航海通告》可以从设于各港的代发单位索取。这些可获取英版《航海通告》的港口及代发单位的名称均列于英版《航海图书总目录》中,英版《航海通告》和《航海通告年度摘要》(Annual Summary of Admiralty Notices to Mariners)的第 2 号通告均有相关说明。

2.各部分内容的说明

(1)注释与图书清单

每周《航海通告》该部分均包括关于《航海通告》的说明、注释和图书出版与作废消息。网络版《航海通告》的说明对通告的形式、内容和获取方法进行了详细说明;注释是关于每期通告的截止日期、通告内容和航海图书资料的改正等的说明;航海图书的出版与作废消息包括:航海图书清单中的相关海图(Admiralty Charts Affected by the Publication Lists)、新海图与新航海图书(New Admiralty Charts and Publications)、新版海图与新版航海图书(New Editions of Admiralty Charts and Publications)、即将出版的海图(Admiralty Charts to Be Published)、作废的海图和航海图书(Admiralty Charts and Publications Permanently Withdrawn,这种形式的作废航海图书给出其取代航海图书的编号)、废除的海图(Admiralty Charts Independently Withdrawn,这种形式的作废海图没有取代海图)等。

对于出版消息,通告均列出各类新版海图图号、出版日期、标题与注释、比例尺、所在图夹的编号、该海图在本年度《航海图书总目录》中的页数和价格;如果一张海图有光栅扫描海图版,则在图号前用代表这种电子海图的符号"⊙"标出。

在每月月末版(在下个月月初出版)的一期《航海通告》中还包括:

临时性通告和预告月度汇编(ⅠA Temporary and Preliminary Notices):首先列出本月取消的临时性通告和预告的清单,然后按 26 个地区顺序汇编列出至该月月底仍有效的此类通告资料(包括通告编号、相关海图、位置与主题和图夹编号)。

在每季度末出版的一期《航海通告》中还包括:

季度版航海图书一览表(ⅠB Current Nautical Publications):包括《航路指南》及其补篇、《灯标和雾号表》、《无线电信号表》、《潮汐表》等图书现行版本一览表,以便了解最近航海图书的新版情况。

《航路指南》更新汇编(Updates to Admiralty Sailing Directions in Force):汇总所有《航路指南》新版以来所有的更新内容及对应的《航海通告》期数。

《无线电信号表》累计表(Cumulative List for Admiralty List of Radio Signals):汇总《无线电信号表》改正情况。

(2)航海通告,海图的改正

第Ⅱ部分是每周出版的《航海通告》的主要内容,大致包括:

①3 个索引:地理索引、通告与图夹编号索引和相关海图索引。地理索引给出了每区域通告所在的页数;通告与图夹编号索引列出了每个通告所在的页数和该通告涉及的图夹的编号;相关海图索引列出了本期有关改正海图的各通告及与其相关的海图图号,以供登记与海图相关的通告号码之用。

②与改正海图有关的永久性通告内容,包括:通告编号、标题、影响到的图书的情况、资料说明与来源、通告正文。通告正文分海图列出每张海图的改正内容:图号、该号海图应改正的上一通告的编号、海图基准面和改正项。其中,通告号码旁注有"﹡"者,是指该通告来源于原始资料。

例如:2021 年第 40 期 4004 号通告内容如下:

4004 UNITED STATES OF AMERICA-East Coast-Lights.

Source:US Coast Guard District 5 LNM 33/12281/21

Chart 2850 (**Panel**,**Baltimore Harbor**)[*previous update 3858/21*] NAD83 DATUM

| Amend | light to, Q.Y.4. | (*a*) 39°13′·37N., 76°34′·60W. |
| Delete | ★F.R.15m3M | (*a*) above |

即:4004 号通告涉及位置为美国东海岸海域,改正涉及灯标问题;资料来源为美国海岸警卫队资料(如通告号后标注"﹡",则代表资料为原始资料)。该通告涉及 2850 号海图,海图区域为巴尔的摩港,基准面为 NAD83,上一个改正的通告为 2021 年 3858 号通告。这次改正内容为:修改第一个位置处的灯标的灯质为快闪黄光 4 s(Q.Y.4.);删除第二个位置处的灯

标(★ F.R.15m3M)。

③临时性通告和预告:临时性通告(Temporary Notices)和预告(Preliminary Notices)在通告号码后面分别用缩写(T)和(P)注明,这类通告列于永久性通告的后面,并且单面印刷,以利汇编成册,便于参考。

④改正字条与贴图:在该部分最后印有小块复印图,叫贴图(Blocks),一般用来根据该部分正文相关通告对较大比例尺海图进行贴改;还有改正字条(Notes),根据该部分相关通告贴到有关海图的指定位置上。

(3)无线电航海警告的重印

①无线电航海警告概述

在某一国家水域发生的变迁,由于核实及汇编均需一定的时间,要数周乃至数月后才能编入《航海通告》,因此有必要用无线电航海警告的形式及时发布这些新的变迁消息。每周版《航海通告》第Ⅲ部分就是截至该期通告出版之日仍有效的这些无线电航海警告的编号及本周内发布的警告报文的复印。

无线电航海警告多数为临时性质,有些警告的有效期可达数周,直至最后为《航海通告》所代替。

无线电航海警告一般包括下述内容:

a.有关灯塔、灯船、雾号、无线电信标、定位系统及重要浮标的变迁或变更;

b.在航路附近的石油勘探装置等的动态;

c.在拥挤水域中标示电缆船和救捞工作船的浮标位置;

d.海图上未标出的新发现的危险沉船;

e.行动不便或不易操纵的拖带船和超大型船的动态;

f.在拥挤水域中的漂雷;

g.新近发现且其资料足够准确的弃船;

h.区域广阔的海上军事演习等。

无线电航海警告所包括的资料仅仅用来帮助航海人员进行沿岸及港口之间的航行,直到港口为止。港口内的不太重要的资料,可能形成航海通告或由当地港口的地区性航海警告发布。

②无线电航海警告分类

无线电航海警告分为全球分区性警告、沿岸性警告和地区性警告三类。

a.全球分区性警告(NAVAREA Warnings)

为了世界水域的无线电航海警告的播发,国际海道测量组织(IHO)和国际海事组织(IMO)联合建立了世界范围航海警告业务(WWNWS,World Wide Navigational Warning Service),将全世界水域划分成21个航警区域(NAVAREAS)和1个局部区,每一区域内的无线电航海警告由指定国家、指定海岸电台负责发布。

地区名称代号为NAVAREA Ⅰ到NAVAREA ⅩⅪ中的一个,局部区为波罗的海区。图10-7-1所示为全球航海警告区的划分情况,图中每个区域所标注国家负责该区的协调和警告发布。在《航海员手册》中概述了全球分区性警告和美国的远距离警告的情况,并附图绘出了各区域的划分界限等资料。除了全球分区性警告外,美国的远距离警告(Long Range Warnings)业务提供了HYDROLANT(大西洋区)和HYDROPAC(太平洋区)两个大区的警告。

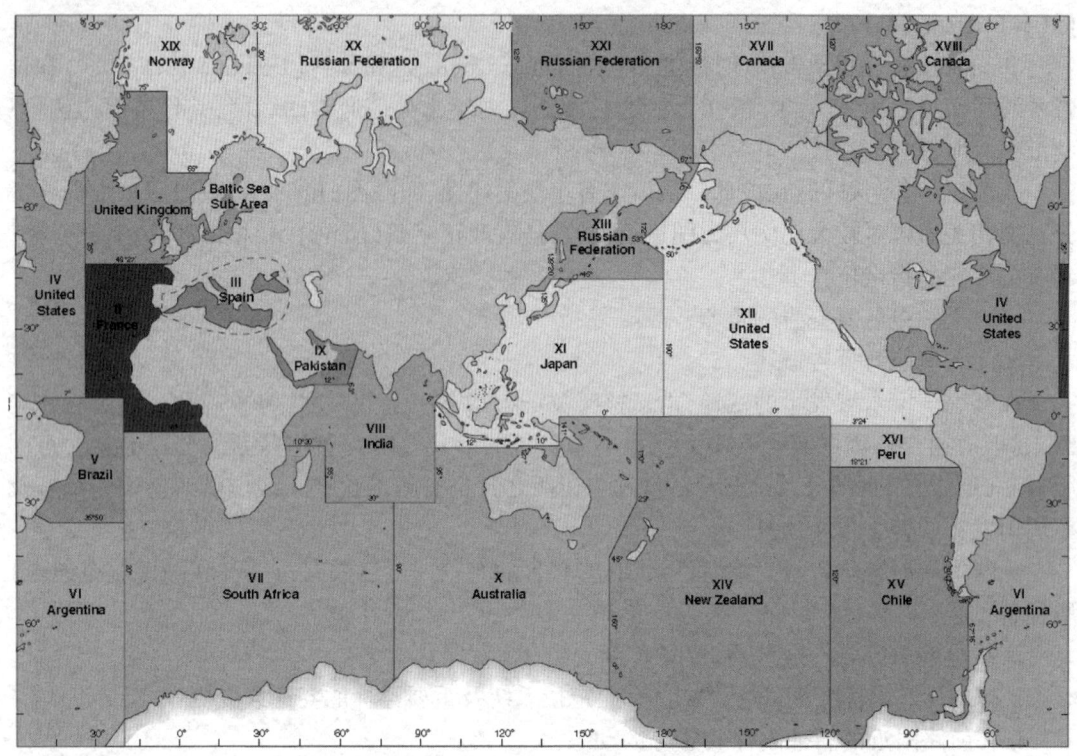

图 10-7-1　全球航海警告区划分

b.沿岸性警告(Coastal Warnings)

沿岸性警告播发某特定沿岸水域重要的信息,并不限于主要航路。一般情况下,沿岸性警告多于全球分区性警告,且仅限于危险出现地点周围的水域。这种警告通常是全球分区性警告的补充。

世界各地的沿岸性警告由警告发布国播发,详细情况见英版《无线电信号表》第三卷。

c.地区性警告(Local Warnings)

地区性警告是对沿岸性警告进行补充,通常特指近岸水域并由海岸警卫队、港口或引航当局发布。有关发布的细节见英版《无线电信号表》第三、六卷。

③《航海通告》第Ⅲ部分"国际航海警告区Ⅰ区无线电航海警告的重印"

每周版《航海通告》第Ⅲ部分开始是一个简要的说明,内容为:

有关《航海警告》的详情可参阅《航海员手册》。本部分印载的是至本期出版之日仍有效的国际航海警告区Ⅰ区的警告内容。建议将复印内容逐期汇编成册。每条警告仅注明最适用的英版海图。

印载内容中首先列出至本期通告出版之日仍有效的所有警告的年份和号码,已撤销的警告号码不再列出。然后是新近发布的警告内容。警告的文字简明,可能在句中省略了仅起语法作用的文字,有些单词用缩写,阅读时应予注意。

此外,每年的第1、13、26和39期周版通告该部分还完整印出仍然有效的航海警告。

(4)对《航路指南》的改正

第Ⅳ部分中列出了对《航路指南》的改正资料,包括至本期周版通告刊印之日仍有效的关于《航路指南》改正的周版通告期号汇编,该汇编分航路指南书号(NP No.)、页数(Page)、标题(Title)、周版期号(Weekly Edition)四栏。

该部分每个季度末还印有本季度仍有效的《航路指南》改正通告的清单,年末仍有效的通告在《航海通告年度摘要》中汇编印出。

(5)对《灯标和雾号表》和《无线电信号表》的改正

这两部分改正资料分别以与要改正的图书相同的编排格式印刷,并且,对《灯标和雾号表》的改正通告中用"＊"标明有改正的部分,用来贴改英版《灯标和雾号表》及《无线电信号表》。

(6)对其他英版航海图书的改正

这部分列出对前面未列出的纸质版航海图书的改正资料,包括:《航海员手册》、《世界大洋航路》、潮汐类图书、航海天文类图书、《里程表》、《纸质海图维护登记表》、国际航标协会《海上浮标制度》、英版海图图式、英版电子航海图图式等。内容编排与对《航路指南》的改正部分相同。年底仍有效的通告汇编于《航海通告年度摘要》中。

(7)英版数字版业务内容的更新

这一部分列出英国水道测量局对其出版的所有数字版产品和业务方面的升级、维护、变化等的通告。

三、英版《航海通告年度摘要》

《航海通告年度摘要》(Annual Summary of Admiralty Notices to Mariners)是《航海通告》(周版)内容的重要补充,每年再版一次,收集至本年度 1 月 1 日前有效的某些特殊通告的内容。《航海通告年度摘要》具有航海资料的性质,必要时应查阅,其中一些通告还将由本年度的《航海通告》进行改正;它又具有《航海通告》的性质,有些内容对航海图书进行改正。

《航海通告年度摘要》分为两册共四项内容出版,第一册书号为 NP247(1),第二册书号为 NP247(2)。

1.第一册两项内容

(1)每年最初的几个航海通告(年度通告)

这些通告虽然与改正海图无关,但其内容是与航海安全有关的。如《潮汐表》一般说明、英版海图和航海图书的提供,海难与救助,炮火演习区,水雷布设与应对演习区,分道通航制,加拿大海图与航海图书规则,美国关于航行、海图与航海图书的安全规则等,必要时应予阅读和了解。其中凡通告内容与上年有变化的,在书边用一黑线标出。

(2)临时通告和预告汇编

重印至本年 1 月 1 日前仍有效的所有临时性通告和预告的内容,通告按 26 个区域顺序排列,编有区域索引及通告的编号索引以便查阅。

2.第二册两项内容

(1)《航路指南》有关通告的汇编

此项分为两个部分:一是现行版《航路指南》一览表,可用于检验船上《航路指南》的有效性;二是至本年 1 月 1 日仍有效的全部通告内容的重印,可作为《航路指南》资料的补充,阅读《航路指南》时,除应参考补篇外,还应查阅这部分内容。

（2）其他航海图书有关通告的汇编

此项也分为两个部分，内容编排与《航路指南》有关通告的汇编相同。

四、英版《航海通告累计表》

英版《航海通告累计表》(Cumulative List of Admiralty Notices to Mariners)书号为NP234，是英国水道测量局每半年(年初和年中)出版一期的表册，年初版书号为NP234(A)，年中版书号为NP234(B)。该表册由两部分组成，第一部分为有关海图改正的情况，首先是英版海图，其次为重印的澳大利亚海图、重印的新西兰海图和日本海图，对于每一张海图给出三栏信息：海图号(Chart No.)、海图现行版日期(Edition)和海图应改正的航海通告的顺序列表(Notices to Mariners)，通告列表是按照先后顺序列出海图有关的至该表出版之日以前两年内的永久性航海通告的编号；第二部分为航海图书部分，列出该表出版之日止现行版航海图书(《航路指南》《灯标和雾号表》《无线电信号表》《潮汐表》等)的清单，包括：编号(NP No.)、书名(Title)、出版日期(Edition)三栏内容。

该表不仅可以在一定程度上替代海图卡片、"本船航用海图图号表(英版部分)"和"本船航海图书登记表(英版部分)"，而且可供船舶驾驶员和主管部门查验海图和图书是否为最新版本并是否及时进行了改正。

五、英版数字化《航海通告》

目前，英版数字化《航海通告》的形式主要为网络版，此外，还有光盘版。

网络版《航海通告》有两种使用方式，一种为全文下载方式(notices to mariners on-line)，另一种为查寻下载方式(searchable notices to mariners)。

（1）全文下载方式

全文下载方式提供的下载内容包括：

①每日航海通告：为海图改正所用通告。

②周版《航海通告》(Weekly NMs)：内容除了书面印刷版内容外，还有每周《航海通告累计表》和每种航海通告编号索引，该索引用于公布每个编号通告的发布时间。使用上可以全文下载。

③《英版航海通告累计表》(Cumulative NM List)：内容与书面印刷版相同。

④《航海通告年度摘要》(Annual NMs)：内容与书面印刷版相同。

使用这种方式时，可登录英国水道测量局的网站(www.UKHO.gov.uk/msi)，通过上述内容相应的超级链接下载所需资料。

（2）查寻下载方式

这种下载方式可以下载的内容只是周版《航海通告》中关于海图改正的部分，包括永久性通告、预告和临时性通告。提供的查询项包括：

①根据海图图号查寻(search for updates by chart number)：输入海图图号，即可查得与该海图有关的2000年1月1日后或海图出版之日以后的航海通告。

②根据海图图号和以前某航海通告的编号和年份查寻(search for updates by chart number from a specified NM number/year only)：输入海图图号和通告号及年份，即可查得与该海图有

关的从输入的通告编号以后的航海通告。

③根据海图图号和开始日期查询(search NMs by chart number from a specified date only)：输入海图图号和开始日期,即可查得与该海图有关的所选日期后的所有航海通告。

④查寻单一通告(search for individual notices to mariners by NM number and year)：输入某通告的编号和年份,即可查得该通告。

⑤查寻某海图所有改正通告的清单(view update list by chart number)：输入海图图号,即可查得与该海图有关的 2003 年 4 月 3 日以后或海图出版之日以后的航海通告清单。

所查得的通告的正文、改正贴图和改正字条可单独阅读和下载。

使用这种方式时,可以登录英国水道测量局的查询版航海通告网站(http://www.ukho.gov.uk/nmwebsearch/),然后即可根据需要通过上述 5 项内容相应的超级链接下载资料。

英国水道测量局提供的光盘版《航海通告》目前只用于对英版电子海图的修改和更新。

此外,对于数字版航海图书资料和电子海图显示与信息系统等,英国水道测量局提供了电子航海者(e-Navigator)一站式服务。使用其数字产品的用户可通过互联网直接访问或 E-mail 索取的方式使用这种服务。

关于英版数字化《航海通告》的发展和变化情况可参阅英版《航海图书总目录》、《航海通告》和英国水道测量局网站的有关说明。

第八节 电子版航海图书资料简介

随着电子技术、数字技术在航海上应用的不断普及,电子航海时代的到来,航海出版物的出版方式的大范围改革已经到来。除了讨论过的英版数字版《潮汐表》《无线电信号表》《灯标和雾号表》外,英版图书资料的大范围电子化已经开始。本节对电子出版物替代纸质航海图书资料的问题和英版电子出版物的新发展进行介绍。

一、电子出版物的使用

无论是数字版(Digital Publication, DP)航海出版物还是电子版航海出版物(e-NP),配备在船上都会使查用航海图书资料更加便利、快捷,使工作效率提高,从而减轻驾驶员的工作强度。然而,这种情况能否实现是数字版航海出版物能否替代纸质版航海图书资料的问题。这一问题主要由国际海事组织相关规定和船旗国政府的决定解决。

1.国际海事组织相关规定

目前,针对数字版和电子版航海图书资料,国际海事组织在两个文件中进行了规定：一个是《国际海上人命安全公约》,另一个是 2006 年 6 月 1 日海上安全委员会(MSC)和海洋环境保护委员会(MEPC)发布的通函(MSC.MEPC.2/Circ.2)。

《国际海上人命安全公约》第 V 章关于航海图书资料规定要点包括：

(1)海图和航海出版物是特定目的的图和书或者为制作这些图和书特别制作的数据库。

这些图、书或数据库由政府或政府授权的水道测量机构或相应政府机构官方发布。电子海图显示与信息系统可以被接受为满足本条配备要求。

(2)所有船舶无论大小均应配备满足航次所需的制订航行计划、显示航线、标注与监控船位所需的海图和图书。

(3)如果部分或全部使用电子手段来满足制订航行计划、显示航线、标注与监控船位功能的需要,必须有备用配置。

(4)航次所需的海图和图书必须适当且改正至最新。

海上安全委员会和海洋环境保护委员会的通函的相关要求要点包括:

(1)请成员国政府让港口国监督检查官员、国际船舶安全规则有关的公司和审核组织、国际船舶安全规则发证机构、船舶操作者和所有相关方注意该通函。

(2)该通函的目的是以简洁的形式提出关于图书资料的配备要求。

(3)可以配备以诸如光盘的电子形式出版的航海出版物取代纸质航海图书,可接受的这种形式的航海出版物必须由国际海事组织、港口(船旗)国政府或政府授权的机构发布以保证内容的正确性并防止盗版。

该通函还规定了应该配备的航海出版物和哪些航海出版物不能使用电子版形式。

2.船旗国政府的决定

国际海事组织确定了数字版和电子版航海出版物替代纸质航海图书资料的条件,明确了相关定义。具体执行还要各港口(船旗)国来进行,即港口(船旗)国还要在国际规定的基础上明确相关问题,包括:

(1)资料的正确性和有效性的认可,即哪些机构出版的电子版和数字版航海出版物被认定为官方出版而被接受为可以替代纸质航海图书资料的航海出版物,进而能够保证资料内容的正确性。

(2)运行这些航海出版物的硬件条件是什么样的,硬件配置如何认证。

(3)备有配置的明确。

(4)明文规定以使得港口国监督检查官员、国际船舶安全规则有关的公司和审核组织、国际船舶安全规则发证机构、船舶公司及相关方明确这些规定,进而按规定操作。

目前世界上很多国家发布了相关规定,数字版和电子版航海出版物的使用将越来越普及。

二、英版电子版航海图书资料

2014年,英国水道测量局开始了纸质版航海图书资料转换为电子版的工作,该系列电子版图书资料命名为英版电子版航海图书资料(Admiralty e-Nautical Publications,e-NP)。所进行的转换即把纸质版图书资料转换为加密的可移植文档格式(Portable Document Format,PDF),初期发布的图书包括所有《航路指南》《航海员手册》和天文表册,同时发布了电子版航海图书资料的读取软件(e-NP reader)。

该系列电子版航海图书资料可以通过从英国水道测量局经销店购买资料的DVD光盘并同时获取授权码或网络下载、代销店购买授权码的方式获得。购买的授权期限为一年,一个授权码可以安装3台计算机。该系列图书资料的改正包括:平时的改正资料可以通过网络下载、经销点拷贝方式获得;每季度发布一期改正用DVD光盘。

目前,颁布文件认可英版电子版出版物的国家和相应的注意事项可以从英国水道测量局网站获得。

该电子版航海图书资料在使用上和一般的阅读电子书的软件类似。按照软件的说明安装后,进入软件的主界面(如图 10-8-1 所示)。左侧为主要功能选择,包括:书架(Book Shelf)、读书(View Book)和工具(Tools);主界面上可以依据不同要求选择要阅读的电子图书的目录,包括:总目录(All Publications,所有图书的列表)、收藏书目录(Favourites,所选定的某些书的清单)、近期阅读过的书(Recent,近期阅读过的 5 本书的清单)。

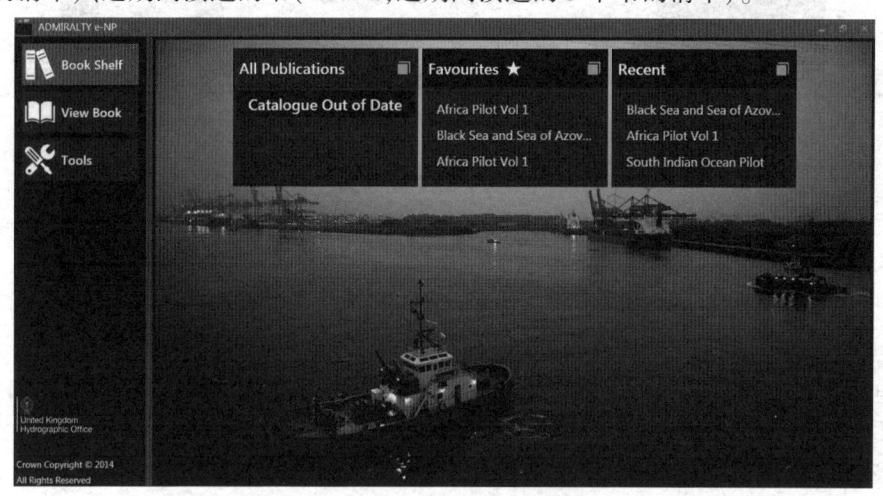

图 10-8-1　英国水道测量局电子版航海图书软件主界面

利用鼠标点击任一清单即可进入显示该项下的书目列表,图 10-8-2 所示为航海图书总目录界面。该界面显示所有电子版航海图书,船舶已经购买的书排在前面,并利用不同颜色和符号显示船舶的购买情况、哪些书已经过期或邻近过期、哪些书已经购买但没装入等;还可以通过点击船舶已经购买的书对应的五角星符号将该书选进收藏书目录。

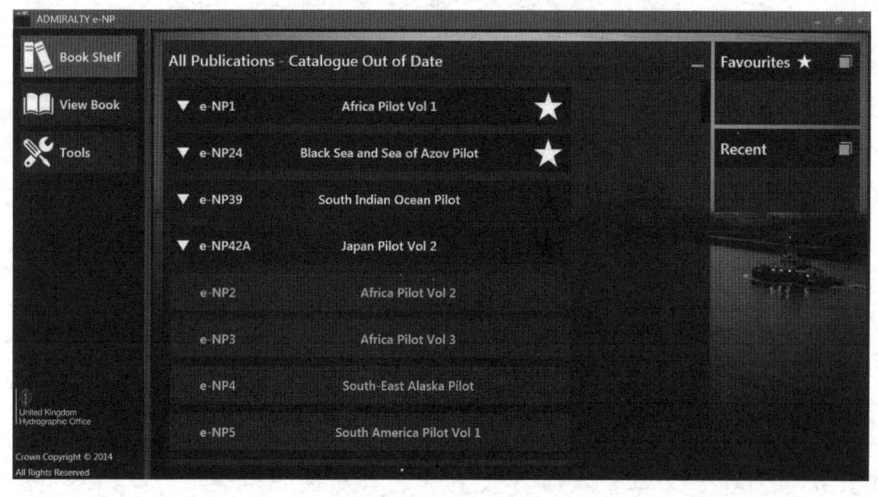

图 10-8-2　总目录界面

在目录清单中用鼠标点击某一本书的书名即可进入读书界面(如图 10-8-3 所示),图书内容显示在中间,右侧显示相应的改正通告。可以利用软件的工具按钮或者键盘相应按键阅读不同的内容,包括:上下翻页、翻至特定页、不同比例尺放大与缩小页面、旋转页面、内容快照、输入关键词查询相应内容和按照书签查阅内容等。其中书签功能即书的分层次结构目录,可以直接看相应章节内容。

图 10-8-3　图书界面

该电子书的工具功能包含了使用该电子图书资料的设置,包括:网络设置、更新的实现、移动介质上资料的读取和"白天""夜晚""昏影"的不同颜色显示等。

英版电子版航海图书资料的详细安装、设置和使用参见其使用手册(e-NP, Admiralty e-Nautical Publications User Guide)。

第十一章 海图与航海图书资料的改正与管理

海图和航海图书资料出版发行后,其描述的海区的事物总在不断变化,为了能表明这些事物的最新情况,必须及时对它们进行改正。另外,为了有效地利用海图和航海图书资料,采用一定的方法对其进行有效的管理也是完全必要的。

第一节 海图的改正与管理

一、海图改正

海图改正是根据《航海通告》和无线电航海警告进行的。考虑到远洋船上航海图书资料的配备情况,以下以英版海图的改正为例进行介绍,其他国家出版的海图的改正方法大同小异,可参照使用。

1.《航海通告》的处理

英版《航海通告》是改正英版海图及其他航海资料的依据。因此,必须尽可能及时获取《航海通告》,以便及时进行海图等资料的改正工作。每一期《航海通告》到船后,应立即进行处理,以便及早了解最近发生的变迁或变更,同时为海图及其他航海图书资料的改正做好准备。其要点如下:

(1)船舶在到达某一港口前,应提前发报给代理,请其代为索取未曾收到的各期《航海通告》。可以获取英版《航海通告》的港口可查阅英版《航海图书总目录》。有条件在 UKHO 官网下载《航海通告》的船舶应及时下载与本船配备的海图及图书资料有关的通告。如在某一港口停留时间较长,亦应注意获取在停留期间新发布的《航海通告》。

(2)各期《航海通告》到船后,应检查是否缺期,并在每期通告上注明送船日期及停留港名;对于下载的《航海通告》应按照下载的通告顺序存储,并在文件存储目录或打印出来的通告上记录下载港名;做完以上工作后请船长过目。船长及负责驾驶员(二副)应将这些《航海通告》中的资料应用到以后的航线拟定及航行中去。

(3)使用电子海图显示与信息系统和数字版航海图书资料的船舶,应及时阅读《航海通告》的第Ⅷ部分,了解数字版资料的更新与调整信息,及时采取相应措施更新船舶系统数据。

(4)如果第Ⅶ部分涉及本船图书,应将通告号登记在相应的图书上,以便使用时同时阅读。下载的《航海通告》可以打印出来做同样处理,也可按图书顺序存储后做相应登记。

(5)将第Ⅴ、Ⅵ部分拆下来(对于下载的《航海通告》可将有关部分打印出来),将相应的改正通告分别插入相应的《无线电信号表》和《灯标和雾号表》中,以便抽空贴改。

(6)将第Ⅳ部分做与第Ⅶ部分同样的处理。

(7)将第Ⅲ部分拆下来,逐期加以汇订。同时根据最近一期《航海通告》中有效的航海警告号码表勾销已失效的警告。这种"航海警告汇编簿"在航行中应置于驾驶台备查。对于下载的《航海通告》可以按顺序保存在计算机中,以便备查。

在将《航海通告》Ⅲ、Ⅴ、Ⅵ三部分拆下来的过程中,应注意不要将改正海图用的贴图和改正字条失散。

(8)对于第Ⅰ部分的内容应首先阅读出版清单,了解海图及图书的出版情况,进行本船海图新版及作废的登记,同时制订本船海图及图书购置计划,并依此改正英版《航海图书总目录》。

(9)最后,进行海图卡片或英版《纸质海图维护登记表》的登记。

2.海图卡片与英版《纸质海图维护登记表》

(1)海图卡片

海图卡片是船舶海图的档案卡,每张海图配备一张(如果一张不够使用可附加),用于记载海图的图号、图名和出版发行资料,并留出大部分空间用于登记与该海图改正有关的航海通告的编号,如图 11-1-1 所示。

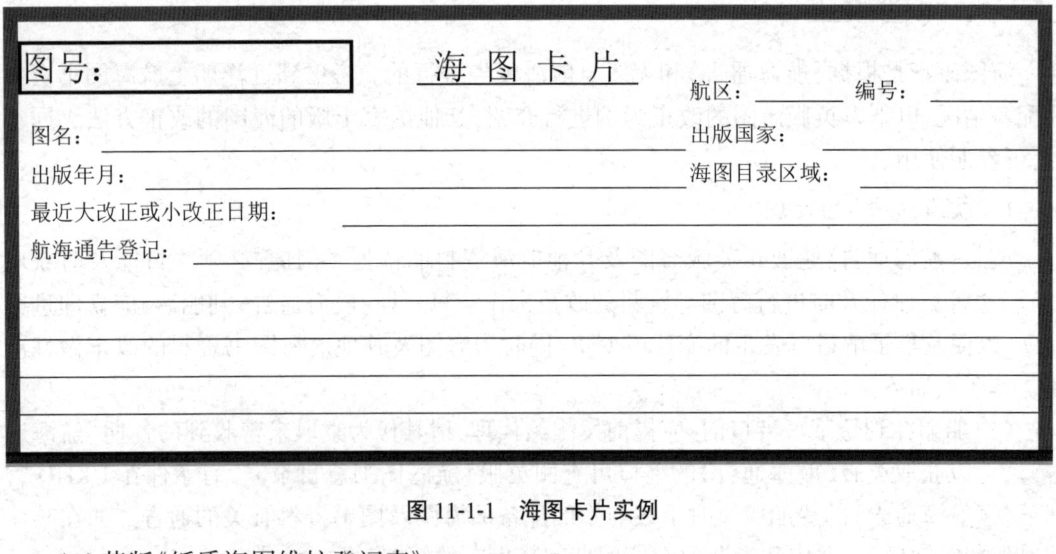
图号：
海 图 卡 片
航区：_______ 编号：_______
图名：________________ 出版国家：________
出版年月：________________ 海图目录区域：________
最近大改正或小改正日期：________________
航海通告登记：________________

图 11-1-1 海图卡片实例

(2)英版《纸质海图维护登记表》

英版《纸质海图维护登记表》(Paper Chart Maintenance Record),书号 NP133a,是活页式出版物,提供管理海图用的空白表格。

该出版物由 2 部分组成:第 1 部分为资料管理登记部分;第 2 部分为海图改正登记部分。

第 1 部分由 2 组表格组成:第 1 组表格用于登记海图图夹和《航海通告》的接收情况,主要包括海图图夹的接收日期与图夹改正到的通告的日期和编号、周版《航海通告》的编号与接收日期;第2组表格登记新图和新版图的出版与接收情况,内容包括海图图号、图夹编号、宣布该海图出版的《航海通告》的编号和日期、海图收到日期、被替代的海图的编号、出版日期和接收日期之间发布的改正该海图的《航海通告》。

第2部分由3组表格组成,每组表格编排格式相同,用于对不同海图的改正进行航海通告登记。第1组为航用海图;第2组为英国复制的澳大利亚海图和新西兰海图;第3组为其他海图。该部分表格的编排方式为:每页分成14个横栏,每栏登记1张海图,即每页可登记14张海图。每个海图栏又分5列,如表11-1-1所示。第1列内是按海图图号的顺序印出的本张海图的图号;第2列登记海图所在的图夹号;第3、4、5列由数行组成,第3列顺序登记与本张海图相关的《航海通告》编号,第4列顺序登记与本张海图相关的航海警告编号,第5列顺序登记与本张海图相关的临时性通告和预告的编号。

表 11-1-1　海图改正通告登记部分的一栏

Chart No.	Folio Nos.	Notices to Mariners Affecting Chart	Navigational Warnings	Temporary and Preliminary Notices
2693				

3.海图改正及其注意事项

海图代销店一般负责将海图改正到供应当时最新的一期周版《航海通告》,但不负责对供应前的临时性通告和预告的改正。因此,海图供应后的一切小改正以及所有的临时性通告和预告均应由海图使用者负责。

(1)海图改正的步骤

海图改正要求及时和准确,而且远洋船舶配备的海图数量较多,改正工作量很大,因而还要求熟练和迅速。显然,没有合理的步骤就容易造成差错和返工,而达不到准确而迅速的目的。改正海图一般按下列步骤进行:

①先将收到的各期《航海通告》中有关改正海图的通告登记在海图卡片上或英版《纸质海图维护登记表》中。登记前应根据"本船海图图号表"在每期《航海通告》第Ⅱ部分"相关海图索引"(Index of Charts Affected)中将本船配有的海图图号勾选出来,以便抽出有关的海图卡片或在英版《纸质海图维护登记表》中进行登记。

登记时应登记有关通告的年份和号码。

②改正每张海图时,根据该海图卡片上或英版《纸质海图维护登记表》中所登记的通告逐条进行。可利用该期《航海通告》第Ⅱ部分中的"通告和图夹编号索引"(Index of Notices and Chart Folios),查阅该通告所在页数,以便迅速找到该条通告的内容。

通告实例如下：

3882 * **ANTARCTICA−Depths.**

Source：British Government Survey

Chart 1779（**INT 9141**）（**Panel，Borge Bay and Approaches**）［*previous update* 1139/ 19］WGS84 DATUM

Insert　　　depth, 7_6　　　　　　　　　　　　　　　(a)60°42′·124S., 45°35′·329W.

Delete　　　depth, 8_7, close N of：　　　　　　　(a)above

Chart 3463（**INT 9117**）（**Panel B，Melchior Islands**）［*previous update* 5931/20］ WGS84 DATUM

Insert　　　depth, 8, enclosed by 10 m contour　(a)64°20′·40S., 62°59′·02W.

Delete　　　depth, 12_8, close SW of：　　　　　(a)above

Replace　　depth, 21_5, with depth, 10_5, enclosed by 20 m contour　64°20′·37S., 62°57′·94W.

③阅读通告前应先查核该通告所改海图（Chart）列出的海图图号是否包括本海图，查核该海图的上一次改正［*previous update* ……］的通告号码。

在上例3882号通告中，应改正的各海图和上一次改正的通告号分别为：海图1779［上一次改正为2019年1139号通告］、海图3463［上一次改正为2020年5931号通告］。

④在改正前应先阅读通告的标题，特别是标题末尾通常说明通告的主题（此例是有关水深的改正），这对迅速了解通告内容以避免误解很有益处。

⑤改正时可先根据所给出的大致经纬度在海图上找出参考点位置，然后仔细阅读通告内容，将所需改正的内容或填入或删除等。填入位置要按通告所给出的经纬度、方位与距离等数据相互核对，务求准确无误。

⑥对于永久性通告的海图改正，为醒目，应使用细尖不褪色的红墨水钢笔进行。英版《航海通告》中符号和凡用斜体字印出的文字或缩写，原则上都要求填入海图。符号、文字或缩写的填入要严格按照海图图式的规定进行，字体端正，符号清晰正确，不致被误解。填入的内容占的位置要足够小，且不可掩盖海图上的原有资料；如在规定位置无法绘画海图符号时，可在规定位置附近绘画，并用箭头指明其准确位置；被删除的符号或缩写仅用一红线划掉原内容，这样既可表示删除原内容，又可以使原内容仍完整可辨。

⑦在通告中如果有"伴随贴图"（the accompanying block）或者"伴随改正字条"（the accompanying note）字样，应将贴图或改正字条贴在通告指定的地方。同时进行贴图改正时应注意贴图的边线仅是为了印刷的方便，粘贴前应将贴图边线剪去再贴到相应海图正确位置上。由于变形，贴图不可能完全与海图吻合，粘贴时尽可能将影响航行的重要部位对齐。最好在未涂胶水前将贴图先在海图上对好位置并用铅笔在边框周围点几个点做记号，再涂胶水于贴图上，找正贴齐。

⑧有的船舶购买专用的改正用描图（tracing），可将其覆在海图上进行刺透式改正；这种方法可以提高海图改正效率，如果有条件应加以利用。

⑨每条通告改正后，应在海图卡片上或《纸质海图维护登记表》中将这些通告号码勾掉，

并在海图左下角"小改正"栏中按年份将所有已改正过的通告号码注明;临时性通告和预告用铅笔改正并另起一行注明。

⑩必须核对海图左下角"小改正"登记栏中的上次改正记录,是否与通告中上次改正通告号码一致。如果不一致,则必须找出上一次应改通告,追索直至衔接一致,并逐一进行改正。

(2)海图改正注意事项

①对本航次需用的海图改正应在航线拟定前完成,并交船长审阅。对航行有重要影响的改正应报告船长,作为拟定航线和制订航行计划时的参考。与本航次航行无关的海图,也要根据工作的轻重缓急,安排时间改正,以免长期积压不改,用时只好购买新图,造成浪费。

②凡涉及灯光光弧及导标方位等改正时,应注意通告中用方位标明的光弧界线及导标方位都是指从海上看灯标的方向;而其他一切用方向、距离来指明位置者,都是指从参考点出发的方向,两者方向恰好相反,不要混淆。

③凡通告中有下列文字时应予注意:"在即将出版(或已经出版)的××××号新版(或改版)海图上,已包括此项改正",因而该海图图号不再列入通告末尾的"有关海图"栏中,该海图卡片上或《纸质海图维护登记表》中自然对此通告亦未登记。当此新版图尚未买到而又必须沿用旧版图时,应对该海图进行补充登记,并进行改正。

④改正海图时应严肃认真,对航行安全负责。所有航海通告内容原则上都应按要求改正到有关海图上去。同一通告可先改大比例尺海图,后改小比例尺海图。对同一张海图上所需改正的各个通告,原则上应自前至后地进行改正;如采用自后向前地进行改正,则要预先浏览各个通告的内容,了解各通告之间是否有关联,以防发生差错。

⑤应注意通告中的文字有时也会出现差错,特别是方位、距离、经纬度等数据,倘若发现此种情况,要根据所给出的各种有关资料,反复核对,查清楚后再进行改正。

(3)临时性通告和预告的改正

①临时性通告和预告因其内容是临时和未来的,所以海图代销店不对这类通告进行改正。因此,使用者对此类通告的有效性要追查到该海图出版或新版或改版之日,并对至今仍有效的临时性通告和预告进行改正。

②临时性通告和预告一律用铅笔进行改正,在改正处应注明临时性通告或预告的号码与年份,然后在海图"小改正"记录处另起一行专门用以记录这类通告的号码。

③为了查阅方便,可将周版《航海通告》第Ⅱ部分最后的临时性通告和预告,逐期按区域汇订成册。这种"临时性通告和预告汇编簿"保留一年即可,因为《航海通告年度摘要》中重印至本年1月1日有效的全部临时性通告和预告的内容。

④利用每月月末的周版《航海通告》中的"临时性通告和预告每月汇编",可按地区查核此类通告是否继续有效。因此,在改正海图时,可根据此汇编查核改正在海图上的通告内容是否继续有效,如已失效应将通告勾销,并将海图上的改正擦去。

4.无线电航海警告的接收及处理

(1)充分获取航海警告

航海警告对于保证船舶的安全生产非常重要,船舶应利用各种途径获取航海警告。目前,船舶获得航海警告的途径有以下几种:

①《航海通告》中的航海警告部分:该部分是关于无效航海警告取消和有效警告重印的

内容,但由于不同国家的《航海通告》中重印的航海警告都有区域性问题,例如英版《航海通告》重印全球航海警告区Ⅰ区的航海警告;中版《航海通告》中重印全球航海警告区ⅩⅠ区的航海警告,所以船舶应根据本船航区和得到的重印的航海警告的情况,用其他途径补齐航海警告。

②利用 GMDSS 中的国际安全网(Safety Net)和航海电传(NAVTEX)业务接收航海警告。

③通过访问世界范围航海警告业务的各分区协调国际航海警告发布网站获得区域性航海警告信息。各负责发布航海警告的网站可以通过国际水道组织的世界范围航海警告业务网站(https://iho.int/navigation-warnings-on-the-web)中的相应链接进入。

④保持 VHF16 频道连续守听。

(2)船舶应建立"无线电航海警告汇编簿",将通过以上方法得到的航海警告按照区域和顺序汇编,并及时根据最新警告取消已撤销的航海警告。这种汇编簿以 1 年为限,次年另设,以免混乱。

(3)船舶开航前,应按所经地区查阅汇编簿,阅读与本航次有关的内容并用铅笔改注在海图上,撤销的警告应擦除。与船舶航行安全有关的重要警告应报告船长,作为拟定航线及制订航行计划的参考。

(4)船舶在航行中要定时收听该地区的全球分区性、沿岸性和地区性航海警告,与航行有关的内容应根据船长指示改注在海图上,并同时更新汇编簿。

二、海图管理

1.海图存放的要求

(1)海图存放处应保持干燥。海图一旦受潮,应平压在玻璃板下阴干,以免变形。每张海图右下角均印有图幅尺寸,伸缩变形过大者不宜使用。

(2)海图在柜内平放时,图号应保持在右下角,便于抽选;海图折放时,背面图号应朝上。

(3)目前使用的英版海图数量较多,有的采用按图号顺序存放,有的则分区域或图夹存放。按图号顺序存放时,常用航线可抽出来单独存放;分区域存放时,每一区域中的海图要另编序号和目录,便于抽选和查找。

2.建立海图卡片

每张航用海图都应建立一张海图卡片,用以反映海图的出版和改正情况,便于登记、改正和查阅。全部海图卡片应按图号顺序存放在卡片箱内。海图卡片应妥善保管,卡片上的一切登记及勾销都要能正确和及时地反映出海图的新版和小改正情况。如果船上有英版《纸质海图维护登记表》,应将其中本船所有海图的图号醒目标记,以用这一出版物来代替海图卡片,也可同时代替下面介绍的"本船航用海图图号表"和"本船海图新版及作废登记簿"。

3.编制"本船航用海图图号表"

应自行打印一份"本船航用海图图号表",图号可按顺序列出,以反映本船实际备有的全部航用海图。中版、英版可分别单列;专用海图及图书表册可另列清单,以便掌握本船航海图书资料的情况。

4.建立"本船海图新版及作废登记簿"

关于海图的新版及作废的登记(根据每期《航海通告》),目前有两种方式:一种是建立登记簿,每期逐行登记;另一种是登记在海图卡片上。前者登记简便,但查对时十分混乱;后者虽不易混乱,但登记比较费时,查对时也有麻烦之处。最好设立"本船海图新版及作废登记簿",登记簿可与"本船航用海图图号表"合用,登记簿中各栏均用铅笔登记。新版图到船后,可将原登记出版日期及类别擦去,填入新版类别及日期,这样不仅可以了解本船海图的现行版日期,还可一目了然地看出新版和永久作废图的消息,需要时及时购置。此登记簿可以长期使用。

英版海图的新版包括新图(NC)和新版图(NE)。新版图出版,旧版图即作废,需要时应予更新。更新时如果新图或新版图图号不变,则只记载出版日期和类别。某海图被不同图号的新版图代替,称为永久作废(permanently withdrawn),在登记时应注明"作废",并记录其替代图图号及新版类别及日期。

"本船海图新版及作废登记簿"可不包括对本船未配备的海图的登记,对于可能对本船有用的新图,应改正在本年度的《航海图书总目录》中。

表 11-1-2 是"本船海图新版及作废登记簿"的格式及记录实例。

表 11-1-2　本船海图新版及作废登记簿

图号	出版日期	新版日期及类别	永久作废	替代海图
⋮				
252	2020.1	2021.7 NE		
⋮				
633	2014.1	2021.7 NE		
⋮				
1008	2020.1	2021.7 NE		
⋮				
1596	2020.2	2021.7 NE		
⋮				
2492	2009.4	2021.7 NE		
⋮				
2716(INT1164)	2017.4	2021.7 NC	√	2716(INT12735)
⋮				
8054	2016.6	2021.7 NE		
⋮				
8101	2018.8	2021.7 NE		
⋮				

注:(1)NC——新图;NE——新版图。

(2)表中的点线表示省略的本船海图顺序图号。

(3)凡已永久作废的海图,其新登记的新版年月均指替代海图的新版年月。

(4)上述列举的登记系根据 2021 年第 26 期英版《航海通告》进行的。

5.海图的配备与添置

配备与添置海图时,既要满足航行安全的需要,又要节约,反对浪费。

接收新船后,配备海图时,应考虑将本船预定航行区域的总图、航用海图及参考图配齐。配备港泊图时,不仅要考虑船舶营运可能到达的港口,也要考虑避风锚地等因素。海图常有新版,久备不用,易造成浪费。

远洋船舶还应备有足够数量的空白定位图,其纬度范围应包括大洋可航水域,同时,同一纬度范围的空白定位图应有必要的重复数量。

海图送船后,应检查该图是否是最新版,海图中的小改正是否改正到最近的有关通告,不合格的应予退回。

新图及新版图添置或更新后,应设立或更换海图卡片,卡片上的出版、新版或改版年月应按新图填写,同时应将新置图小改正栏中注明的第一个航海通告(即出版单位在新版图中纳入的最后一个通告)的年份及号码填入新卡片中,再登记自此通告后与此新置图有关的所有永久的或临时的通告和预告号码。同时凡经出版单位及海图代销机构改正的通告号码,应在卡片上划去,表示业经改正。

海图更新后,原"本船海图新版及作废登记簿"中的登记应擦除,表示本船配有的该海图为最新版海图。

新图添置后,其图号应插入"本船海图图号表"及"本船海图新版及作废登记簿"中。

如果使用英版《纸质海图维护登记表》,亦要同样登记。

海图的使用、改正与管理,是航线拟定及安全航行的重要保证,因而是二副工作的一项重要内容,工作重要而烦琐。因此,应以严肃认真的态度,建立科学而合理的管理制度,务求把这一工作做好。

第二节　航海图书的改正与管理

一、《灯标和雾号表》的改正与管理

1.《灯标和雾号表》的改正

(1)新版各册《灯标和雾号表》改正到付印之日,付印日期印在各册的扉页上。图书代销机构不负责任何改正。各册《灯标和雾号表》自付印后的一切改正资料均发布于《航海通告》第Ⅴ部分中。《航海通告》第Ⅴ部分的改正资料按 A~Q 册的顺序单面印出,以便贴改。

(2)收到《航海通告》后,将第Ⅴ部分的内容拆下来分别插入各册以便抽空剪贴。应注意改正资料是用来改正最新版本的,不要改贴到旧版《灯标和雾号表》上去。

(3)改正资料亦分 8 栏,格式和《灯标和雾号表》原资料一致。空白栏表示无改正。这部分改正资料与《航海通告》第Ⅱ部分的内容可能是重复的,但较小的和临时性的改正资料只印在这一部分中。

(4)应按照灯标的国际编号,将剪下来的改正贴条贴在相应编号的灯标细节说明之上,各栏应予对齐且不要贴死,确保原说明资料仍可见。简单的改正内容亦可用红钢笔直接改注在原来的资料上。当有新的灯标增添时应根据其编号顺序插在有关灯标之间,注意不要将原上下灯标资料贴死。

(5)改正资料第8栏(Remarks)内的文字除改正本栏原内容外,也可能涉及该灯标目前的状态,如:Cancel(撤销);Extinguished(熄灭);Deleted(删除);Delete Remarks(删除备注);Delete Phase(删除灯光亮、灭的说明);Substitute(代替);Amend(改正);Insert(填入);Destroyed(损坏);Remove From List(从《灯标和雾号表》中去掉);Renumbered(重新编号);Replaced(重新设置)等。

(6)改正后,在《灯标和雾号表》的"改正登记表"中登记改正的日期。

2.《灯标和雾号表》的更新

英版《灯标和雾号表》各卷每年再版,新书再版及修订的消息可查阅《航海通告》季末版中有关水道图书的通告。在此通告中,列出了现行版各册《灯标和雾号表》的新版年份。本船可编制一份"本船《灯标和雾号表》登记表",将本船配有的各卷《灯标和雾号表》的新版年份用铅笔填明,如表11-2-1所示。利用它与最近季末版《灯标和雾号表》现行版情况进行查对,即可了解本船《灯标和雾号表》是否需要更新。新的《灯标和雾号表》送船后,表格中应重新填写本船《灯标和雾号表》的新版年份,此表可以长期使用。

表 11-2-1　本船《灯标和雾号表》登记表

书号	册	新版(年份)	书号	册	新版(年份)
NP74	A	2^{nd}(2021)	NP82	J	1^{st}(2021)
75	B	2^{nd}(2021)	83	K	1^{st}(2021)
76	C	2^{nd}(2021)	84	L	1^{st}(2021)
77	D	2^{nd}(2021)	85	M	1^{st}(2020)
78	E	1^{st}(2020)	86	N	1^{st}(2020)
79	F	1^{st}(2020)	87	P	1^{st}(2020)
80	G	1^{st}(2020)	88	Q	1^{st}(2021)
81	H	1^{st}(2020)			

二、《航路指南》的改正与管理

1.《航路指南》的改正

(1)补篇(Supplements)及其处理

目前,仅有极少量的老版《航路指南》大约每隔3年发行一期补篇,汇集《航海通告》中有关《航路指南》的改正资料。每期新补篇发行,即宣布上期旧补篇作废。

补篇按本卷《航路指南》的页数(以黑体数字印在行间的中央)、行数(左行在行数前加L,右行在行数前加R)顺序列出改正资料。

补篇中常有"新旧名称对照表",是地名及物标新、旧名称一览表,新名称业已在所有新版图书资料中采用。

收到各卷《航路指南》的最新补篇后,应夹在对应的卷中,原补篇作废,然后登记到"本船《航路指南》及补篇一览表"(见表11-2-2)中。还应将补篇中的改正内容在《航路指南》的相应处做一记号,以提醒读者注意该处应参阅最新补篇。如果是简单的改正,可用红笔在书中直接改注。

(2)《航路指南》改正通告及处理

新版《航路指南》版本间、老版《航路指南》版本与补篇间的改正资料均载于周版《航海通告》的第Ⅳ部分中,在《航海通告年度摘要》中又将此类至本年1月1日前仍有效的通告全部重印。

《航海通告》到船后,应将通告号码注明在相应的补篇或原书(未发行补篇时)上(对于连续修正系列《航路指南》登记在原书上),并登记到"本船《航路指南》及补篇一览表"中,以便参考。

表 11-2-2　本船《航路指南》及补篇一览表

书号 NP No.	书名 Title	版别(年份) Edition	补篇号/年份 Supplement No.	备注
1	Africa Pilot Volume 1	19th(2020)		
2	Africa Pilot Volume 2	18th(2017)		
3	Africa Pilot Volume 3	18th(2019)		
4	South-East Alaska Pilot	8th(2015)		
⋮				
8	Pacific Coasts of Central America and United States Pilot	15th(2019)		
9	Antarctic Pilot	9th(2019)		
10	Arctic Pilot Volume 1	9th(2016)		
⋮				
23	Bering Sea and Strait Pilot	9th(2019)		
24	Black Sea and Sea of Azov Pilot	6th(2019)		
25	British Columbia Pilot Volume 1	17th(2019)		
⋮				
45	Mediterranean Pilot Volume 1	17th(2021)		
⋮				
63	Persian Gulf Pilot	19th(2021)		
⋮				
65	St Lawrence Pilot	19th(2020)		
⋮				
70	West Indies Pilot Volume 1	8th(2021)		
71	West Indies Pilot Volume 2	18th(2017)		
72	Southern Barents Sea and Beloye More Pilot	4th(2019)		
⋮				
100	The Mariner's Handbook	12th(2020)		
⋮	ADMIRALTY Ocean Passages for the World, Atlantic Ocean	2nd(2021)		不是《航路指南》,为方便管理列于此处
136(1)				
136(2)	ADMIRALTY Ocean Passages for the World, Indian and Pacific Oceans	2nd(2021)		

2.《航路指南》的管理

为做好《航路指南》的管理工作,应建立"本船《航路指南》及补篇一览表"(如表11-2-2

所示),用铅笔将本船备有的《航路指南》的书号、书名、版别(年份)、补篇号/年份等信息填在表中,以便与每季度末的周版《航海通告》中所刊印的各《航路指南》及其最新补篇的现行版别、年份、期数进行核对和及时更新、索取。新版的《航路指南》或补篇收到后,表中原有记录应予更新;通告号码/期号在《航海通告年度摘要》出版到船后也可擦去,此表可长期使用。同时,在阅读《航路指南》时,查阅此表,便可知道与本卷《航路指南》有关的最新补篇期数、通告期号,以便一并抽出查阅。

三、其他航海资料的改正与管理

《航海图书总目录》的改正应根据其附有的补遗和勘误表、《航海通告》发布的航海图书新版与作废通告和季末版的航海图书一览表进行,并注意其再版消息,及时更新。

《潮汐表》的改正利用《航海通告》第Ⅶ部分相关通告进行,还应注意表本身所附的勘误表。

《无线电信号表》是利用《航海通告》第Ⅵ部分提供的单面印刷资料进行粘贴改正的,改正方法类似于《灯标和雾号表》的改正。

《世界大洋航路》和《航海员手册》的改正资料在《航海通告》的第Ⅶ部分,改正方法与《航路指南》相同。

有关海图图式的增补和改变消息,亦发布在《航海通告》第Ⅶ部分中,应将改变的内容改正到《英版纸质海图符号与缩写》(Chart 5011)中。

以上各图书的管理方法与《航路指南》和《灯标和雾号表》的管理方法类似。

第四篇
航线与航行方法

第十二章 大洋航行与最佳航线

大洋航行(ocean navigation)是跨洋长距离航行,它的特点是:离岸远,航行时间长,气象、海况变化大,灾害性天气较难避离,受洋流影响也较大;驾驶员对大洋海区的了解往往只能依赖航海图书资料的介绍与气象预报,因而对多变的大洋海区的熟悉程度是不够的。所有这些都是不利的因素。但是,大洋航行也有其有利的一面,诸如大洋宽广、水较深、障碍物少、航线有较大的选择余地等。

大洋航行可选用以下几种航线:

1.大圆航线(great circle route)

大圆航线即基本沿着两点间大圆弧航行的航线。这是两点间地理航程最短的航线,特别是在高纬度海区航向接近东西、横跨经差较大时,大圆航程比恒向线航程要短达数百海里。但是,由于大圆弧和所有子午线相交角度不等,如果严格沿大圆弧航行,则必须不断改变航向。

2.恒向线航线(rhumb line route)

恒向线航线即沿两点间恒向线航行的航线。这不是航程最短的航线,而是操纵方便的沿单一航向航行的航线;但在低纬度海区或航向接近南北时,它和大圆航线的航程相差甚小。

3.等纬圈航线(parallel route)

等纬圈航线即出发点与到达点位于同一纬度时沿等纬圈航行的航线,是恒向线航线的特例。

4.混合航线(composite route)

为了避开高纬度海区恶劣的气象条件或岛礁危险区,要求航线不超过某限制纬度(limiting latitude),这种情况下所采用的大圆航线和限制纬度上的等纬圈航线相结合的最短距离航线即为混合航线。

大圆航线虽航程短,但如果其一直穿越风、流影响大的海区,则不仅影响船舶安全,而且降低营运效益;恒向线航线虽应用方便,如果不视情况选用,也势必造成航行时间的延长。因此,船舶驾驶人员应认真对各种条件和因素进行综合分析,得出适合当时环境,在确保安全的前提下船舶航行时间最短、最经济的最佳航线,从而引导船舶安全又经济地从一个港口航行到另一个港口。本章仅讨论大圆航线、混合航线的求算和大洋航线选择问题。

第一节 大圆航线与混合航线

一、大圆航线

大圆航线是跨洋航行时所采用的地理航程最短的航线。若将地球当作圆球体时,地面上两点间的距离,以连接两点的小于180°的大圆弧弧长为最短。但由于大圆弧(除赤道与子午线外)与各子午线的交角都不相等,如果严格沿大圆弧航行必须时刻改变船舶的航向。在航海实践中可以利用基于电子海图的船舶航迹控制系统实现船舶沿大圆弧航行,具体可结合电子海图以及航行控制系统的说明执行。以下将介绍大圆航行的传统做法,即将大圆弧分成若干小段,每一段仍然是沿恒向线航线航行,这样,就整个航线来说,只是基本上接近大圆弧航线。如图12-1-1所示,大圆航线可以是大圆弧内接分段恒向线,如图12-1-1(a)中的 AB、BC、CD······;也可以是大圆弧外切分段恒向线,如图12-1-1(b)中的 AA_1、A_1A_2、A_2A_3······。

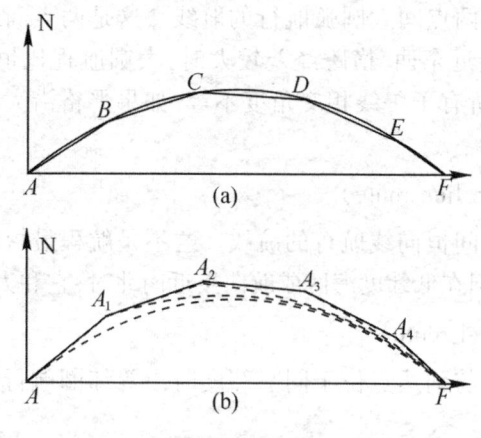

图 12-1-1   大圆航线示意图

综上所述,大圆航线设计主要需解决两个问题:

第一,求分点(intermediate point of great circle),即将整个大圆航线划分若干段。划分分点的原则一般是取分点经度为整度的、一昼夜左右航程的距离(5°~10°经差)为一段来划分。这样,既可一昼夜改变一次航向,又基本上保持在大圆弧上航行,使用比较方便。

第二,求各分点间的恒向线航向与航程。

现将求算大圆航线的几种具体方法分述如下:

1.大圆海图法

大圆海图(gnomonic chart)根据日晷投影原理绘制,具有所有大圆弧在图上均绘成直线的特点。图12-1-2所示为北大西洋大圆海图的一部分,在图上,从诺福克到布勒斯特的大圆航线即为直线,而恒向线为曲线。

利用大圆海图求算大圆航线,是利用大圆海图上大圆为直线这一特点实现的,具体方法

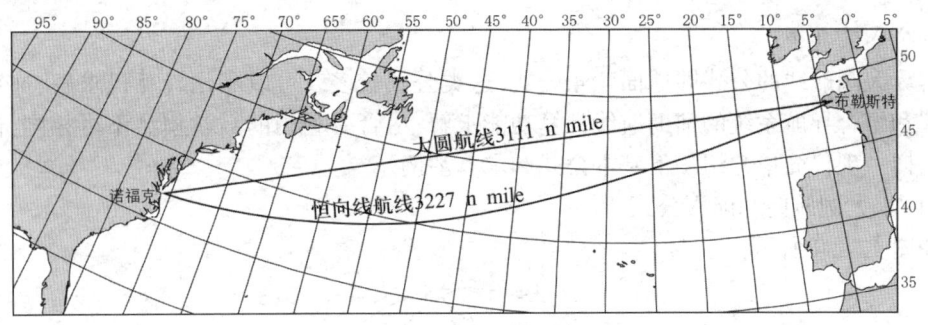

图 12-1-2　大圆航线与恒向线航线

如下：

(1)根据航行海区查《航海图书总目录》抽选相应的大圆海图。

(2)根据以下原则选择大圆航线的起始点和到达点：

起始点最好选择能够利用灯塔、陆标和利用雷达测得准确船位的地点；到达点最好是附近不存在暗礁和其他障碍物等，并有从远处可看见的显著物标和有利于雷达观测的物标的地点。

(3)将起始点和到达点按其坐标标在大圆海图上，用直线连接两点，即为大圆航线。

(4)在直线上确定各分点；通常取整度经度与该线的交点为一分点，然后，量出各分点的经纬度。

(5)将各分点按其经纬度移画到航用海图上去，并用直线连接相邻分点，便得折线状大圆航线；每段折线即为分点间恒向线航线。

(6)量出各段恒向线的航向和航程，并列表备航。

2.大圆改正量法

当两点间不太远时，在航用海图上两点间的大圆方位和恒向线方位相差一个大圆改正量值。

大圆改正量可按下列公式计算：

$$\psi = \frac{1}{2}(\lambda_B - \lambda_A)\sin\frac{1}{2}(\varphi_A + \varphi_B) \qquad (12\text{-}1\text{-}1)$$

实际工作中，可在航用海图上用恒向线连接起始点和到达点，并量出其恒向线航向 RLC，利用上式算出或从航海表中的"大圆改正量表"查得 ψ，于是：

$$RLC_I = RLC - \psi \qquad (12\text{-}1\text{-}2)$$

如图 12-1-3 所示，RLC_I 为沿大圆弧切线航行时 A 点的大圆始航向，即第一段恒向线航向。航行约 1 昼夜之后，根据当时的准确观测船位，用大圆改正量法求出下一段的大圆切线航向，即第二段恒向线航向。以此类推，直至到达点。亦可结合推算，在开航前作出整个折线状大圆航线。

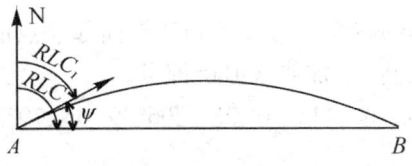

图 12-1-3　大圆改正量法

3.公式计算法

解算大圆航线的公式即球面三角公式,这类公式较多。可以利用计算机求解,亦可利用导航仪和组合导航系统的辅助航线计算功能求解,尽管所利用的数学模型不尽相同,但结果基本一样。现仅简单介绍一下基本公式和求算举例。

(1)求大圆航向和航程公式

如图 12-1-4 所示:

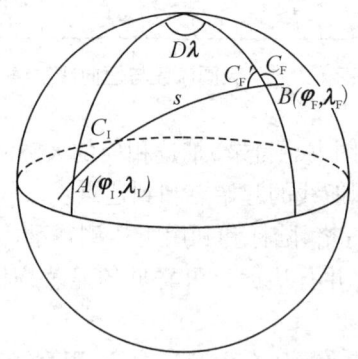

图 12-1-4 大圆航线解算示意图

$$\cos s = \sin\varphi_I \cdot \sin\varphi_F + \cos\varphi_I \cdot \cos\varphi_F \cdot \cos D\lambda \qquad (12\text{-}1\text{-}3)$$

$$\tan C_I = \frac{\sin D\lambda}{\cos\varphi_I \cdot \tan\varphi_F - \sin\varphi_I \cdot \cos D\lambda} \qquad (12\text{-}1\text{-}4)$$

$$\cos C_I = \frac{\sin\varphi_F - \sin\varphi_I \cos s}{\cos\varphi_I \sin s} \qquad (12\text{-}1\text{-}5)$$

式中:C_I——大圆始航向(initial course);

　　s——大圆航程(great circle distance)。

由于经纬度均有名称和符号,在利用上述公式求取航向和航程时,可适用以下规律:

①起始点纬度,无论南或北,一律取正值;到达点纬度,与起始点纬度同名时取正值,与起始点纬度异名时取负值。

②经差无论东或西,一律取正值。

③若按上述取值解算的 $\cos s$ 为正值,则航程 s 为小于 5400 n mile(90°)的值;若 $\cos s$ 为负值,则航程 s 为大于 5400 n mile(90°)的值。

④按上述取值求取始航向时,求得的航向为用半圆周法表示的值(0°~180°),其命名的第一个字母与起始点纬度同名,第二个字母与经差同名。如果求得的函数值为负,则航向取大于 90°、小于 180°的值(即如果 $\cos C_I$ 为负值,直接求反三角函数即可;如果 $\tan C_I$ 为负值,则求出的 C_I 为负值,应加上 180°换算为大于 90°、小于 180°的值)。最后,将用半圆周法表示的航向换算为用圆周法表示的即可。

若需求取终航向(final course)C_F,可按从到达点向起航点航行的情况,利用式(12-1-4)或式(12-1-5)求出 $C_F{'}$,然后,将 $C_F{'}$ 加或减 180°即可。

例 12-1-1:某船拟由 32°02′.0S,115°10′.0E 到 06°39′.0N,79°30′.0E,求大圆始航向和大圆航程。

解:

$D\lambda = 79°30'.0E - 115°10'.0E = 35°40'W$

$\cos s = \sin 32°02' \sin(-6°39') + \cos 32°02' \cos(-6°39') \cos 35°40'$

$\qquad = 0.530413 \times (-0.115804) + 0.84774 \times 0.993272 \times 0.812423$

$\qquad = 0.622665$

$s = \arccos 0.622665 = 51°.48899 = 3089.3 \text{ n mile}$

$$\tan C_I = \cfrac{\sin 35°40'}{\cos 32°02' \tan(-6°39') - \sin 32°02' \cos 35°40'}$$

$$\qquad = \cfrac{0.583069}{0.847740 \times (-0.116588) - 0.530413 \times 0.812423}$$

$$\qquad = -1.100637$$

$C_I = \arctan(-1.100637) = -47°.742819 = 132°.257181SW \approx 312°.3$

或:

$$C_I = \arccos \cfrac{\sin\varphi_F - \sin\varphi_1 \cos s}{\cos\varphi_1 \sin s}$$

$$\qquad = \arccos \cfrac{-0.115504 - 0.330269}{0.663347}$$

$$\qquad = 132°.257SW \approx 312°.3$$

(2)求大圆航线顶点坐标和分点坐标公式

大圆航线顶点(vertex)是大圆航线上纬度达到的最高点。在该点,大圆弧与子午线相交成直角,大圆航向为090°或270°。顶点坐标可按以下公式求取:

$$\cos\varphi_v = \cos\varphi_1 \sin C_I \qquad\qquad (12\text{-}1\text{-}6)$$

$$\cot D\lambda_v = \sin\varphi_1 \tan C_I \qquad\qquad (12\text{-}1\text{-}7)$$

$$\lambda_v = \lambda_1 + D\lambda_v \qquad\qquad (12\text{-}1\text{-}8)$$

式中:$D\lambda_v$——起始点至大圆航线顶点的经差;

$\qquad \varphi_v$——大圆航线顶点的纬度;

$\qquad \lambda_v$——大圆航线顶点的经度。

大圆航线各分点的坐标公式为:

$$\tan\varphi_i = \cos(\lambda_i - \lambda_v) \tan\varphi_v \qquad\qquad (12\text{-}1\text{-}9)$$

在根据前面讨论的原则确定分点经度后,可利用该式求出分点纬度。在各分点求出后,便可利用航迹计算求出各分点间的恒向线航向和航程了。

在航海实际中,主要利用计算机编程、导航仪和组合导航系统的辅助计算功能解算大圆航线问题。

二、混合航线

大圆航线经过的海区纬度比较高,高纬度海区水文气象条件都比较恶劣,而且有些区域还有较复杂的岛礁等危险物,如北太平洋除有阿留申群岛阻隔外,冬季多风暴、夏季多雾;北大西洋多冰山。因此,根据不同季节要求航线不超越某一纬度,这一纬度称为限制纬度。在这种情况下,航线便分为三段,如图 12-1-5 所示。

第一段：由起始点 A 到与限制纬度圈相切的点 M 的大圆航线；

第二段：由到达点 B 到与限制纬度圈相切的点 N 的大圆航线；

第三段：在限制纬度圈上由 M 点到 N 点沿等纬圈的恒向线航线。

即由大圆航线和等纬圈航线相结合的混合航线。求算混合航线可采用以下方法：

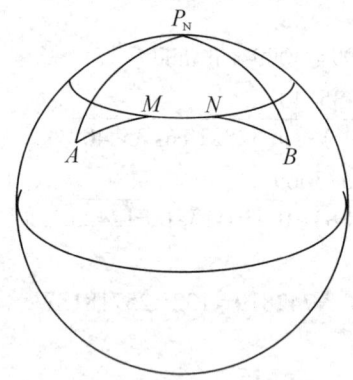

图 12-1-5　混合航线

1.大圆海图法

利用大圆海图求算混合航线的步骤如下：

（1）查阅、分析航海图书资料，确定限制纬度。

（2）在大圆海图上分别由起始点和到达点作等纬圈的切线。从起始点到等纬圈的第一个切点为第一段大圆航线；从等纬圈的第二个切点至到达点为第二段大圆航线；两切点之间为等纬圈航线。

（3）利用大圆航线的求算方法求出两段大圆航线的分点坐标和各分点间的恒向线航向和航程；等纬圈航线的航向为090°或270°，航程可从航用海图上直接量出。

（4）将各段恒向线的航向和航程列表备航。

2.公式计算法

在研究和分析航海图书资料的基础上确定限制纬度后，可利用以下公式求算混合航线，如图 12-1-6 所示。

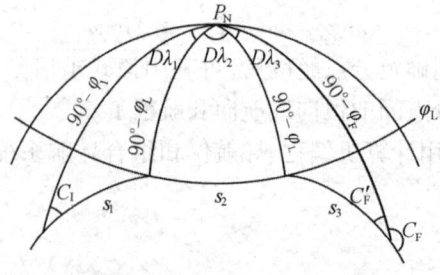

图 12-1-6　混合航线解算示意图

第一段航线：

$$\cos D\lambda_1 = \frac{\tan\varphi_1}{\tan\varphi_L} \tag{12-1-10}$$

$$\sin C_{\mathrm{I}} = \frac{\cos\varphi_{\mathrm{L}}}{\cos\varphi_{\mathrm{I}}} \qquad (12\text{-}1\text{-}11)$$

$$\cos s_1 = \frac{\sin\varphi_{\mathrm{I}}}{\sin\varphi_{\mathrm{L}}} \qquad (12\text{-}1\text{-}12)$$

式中:φ_{I}——起始点纬度;

　　φ_{L}——限制纬度;

　　C_{I}——大圆始航向;

　　s_1——第一段大圆航线的航程。

第二段航线:

$$C = 090° \text{ 或 } 270° \qquad (12\text{-}1\text{-}13)$$

$$s_2 = D\lambda_2 \cdot \cos\varphi_{\mathrm{L}} \qquad (12\text{-}1\text{-}14)$$

式中:C——限制纬度圈恒向线航向;

　　$D\lambda_2$——限制纬度圈上两切点间的经差;

　　s_2——限制纬度圈上的恒向线航程。

第三段航线:

$$\cos D\lambda_3 = \frac{\tan\varphi_{\mathrm{F}}}{\tan\varphi_{\mathrm{L}}} \qquad (12\text{-}1\text{-}15)$$

$$\cos s_3 = \frac{\sin\varphi_{\mathrm{F}}}{\sin\varphi_{\mathrm{L}}} \qquad (12\text{-}1\text{-}16)$$

$$\sin C_{\mathrm{F}}' = \frac{\cos\varphi_{\mathrm{L}}}{\cos\varphi_{\mathrm{F}}} \qquad (12\text{-}1\text{-}17)$$

$$C_{\mathrm{F}} = C_{\mathrm{F}}' \pm 180° \qquad (12\text{-}1\text{-}18)$$

式中:φ_{F}——到达点纬度;

　　s_3——限制纬度圈上第二个切点至到达点的大圆航程;

　　C_{F}——大圆终航向。

在进行解算时,应首先求出总经差以判定各段经差的名称,然后依照前面大圆航线求算中的判断规律,确定各相关符号和名称。其中 C_{F}' 可视作从到达点向第二切点航行的情况求出。

例 12-1-2:某船拟由 35°40′S,118°06′E 航行至 22°15′S,41°30′W,并取 60°S 为限制纬度,试求混合航线的航程、始航向和终航向。

解:

(1)求取总经差 $D\lambda$:

$$D\lambda = 41°30'W - 118°06'E = 159°36'W$$

(2)求取始航向 C_{I} 和第一段航程 s_1:

$$\cos D\lambda_1 = \frac{\tan 35°40'}{\tan 60°} = \frac{0.717691}{1.732051} = 0.414359$$

$$D\lambda_1 = \arccos 0.414359 = 65°31'.3W$$

$$\sin C_{\mathrm{I}} = \frac{\cos 60°}{\cos 35°40'} = \frac{0.5}{0.812423} = 0.6154430$$

$$C_{\mathrm{I}} = \arcsin 0.6154430 = 37°.98 \approx 38°SW = 218°$$

$$\cos s_1 = \frac{\sin 35°40'}{\sin 60°} = \frac{0.583069}{0.866025} = 0.673270$$

$$s_1 = \arccos 0.673270 = 2860.8 \text{ n mile}$$

（3）求取终航向 C_F 和第三段航程 s_3：

$$\cos D\lambda_3 = \frac{\tan 22°15'}{\tan 60°} = \frac{0.409111}{1.732051} = 0.236200$$

$$D\lambda_3 = \arctan 0.236200 = 76°20'.3\text{W}$$

$$\sin C_F' = \frac{\cos 60°}{\cos 22°15'} = \frac{0.5}{0.925541} = 0.540225$$

$$C_F' = \arcsin 0.540225 = 32°.7\text{SE} = 147°.3$$

$$C_F = 147°.3 + 180° = 327°.3$$

$$\cos s_3 = \frac{\sin 22°15'}{\sin 60°} = \frac{0.378649}{0.866025} = 0.437226$$

$$s_3 = \arccos 0.437226 = 3844.4 \text{ n mile}$$

（4）求取第二段（等纬圈航线）航程 s_2：

$$D\lambda_2 = D\lambda - D\lambda_1 - D\lambda_3$$
$$= 159°36'\text{W} - 65°31'.3\text{W} - 76°20'.3\text{W}$$
$$= 17°44'.4\text{W} = 1064'.4\text{W}$$
$$s_2 = 1064'.4 \times \cos 60° = 532.2 \text{ n mile}$$

（5）求取总航程 s：

$$s = s_1 + s_2 + s_3 = 2860.8 + 532.2 + 3844.4 = 7237.4 \text{ n mile}$$

与求算大圆航线一样，在航海实际中，可主要利用计算机编程、导航仪和组合导航系统的辅助计算功能解算混合航线问题。

第二节　大洋航线的选择与航行注意事项

大洋航线有较大的选择性，为了获得最佳方案，必须充分研究长航线上比较复杂的水文气象资料，以及本船和他船的实际航行经验，充分了解航区的详细情况。

一、选择大洋航线应考虑的各种因素

1.气象条件

查阅资料诸如《世界大洋航路》、航路设计图、《航路指南》、相关气候图等，综合中长期天气预报，仔细分析，充分考虑本航次中遭遇诸如盛行风、季风、热带气旋等大风和灾害性天气及雾区的可能性。例如：纬度 $30° \sim 60°$ 间的盛行西风带，北印度洋夏季的西南季风，北太平洋、北大西洋冬季气旋的强烈活动，西北太平洋夏季热带气旋的频繁出现，大西洋的纽芬兰、英吉利海峡附近和太平洋的北海道东南岸、千岛群岛、阿留申群岛及美洲西海岸的夏季浓雾区等。

2.海况

着重研究海流、海浪、流冰和冰山对航行的影响。

(1)海流

大洋环流与盛行风带有密切关系。各大洋的环流可查阅有关的环流图。

近海海流主要受季风影响,北半球风生流的流向,在表层比风向偏右45°,在深层比风向更偏右,而且流速变小;南半球风生流的流向与北半球的情形相反。

(2)海浪

海浪对航行的影响,主要是威胁船舶的安全,大大降低船速。应根据航行海区的一般规律和可能遭遇大风浪的情况,合理地装载和绑扎货物。海浪也影响到船员的生活和工作。

风的吹送时间和风力与海浪有一定的关系,可参考表12-2-1所列数据进行估算。

表 12-2-1　风的吹送时间和风力与海浪的关系

吹送时间(h) 波浪情况 风力(级)	6			12			24			48		
	波高(m)	波长(m)	周期(s)	波高(m)	波长(m)	周期(s)	波高(m)	波长(m)	周期(s)	波高(m)	波长(m)	周期(s)
5	1.0	45	5.0	1.5	55	6.0	1.5	85	7.5	2.5	115	8.5
6	1.5	55	6.0	2.0	85	7.0	2.5	110	8.5	3.0	160	10.0
7	2.0	75	7.0	2.5	110	8.5	3.5	160	10.0	4.5	225	12.0
8	2.8	100	8.0	3.5	150	9.5	4.5	200	11.5	6.5	305	14.0
9	4.0	140	10.0	5.0	190	11.0	6.5	280	13.0	8.8	400	16.0

实践证明,逆风时的减速作用,要大大超过顺风顺浪时的增速作用。只有在波长较短时,顺浪才有增速作用;否则,波浪很高,即使顺浪也会降低船速。因此,避开逆风逆浪比利用顺风顺浪更为重要。

(3)流冰和冰山

根据航行时间,注意航次可能遇到的冰情。冰山多见于大西洋纽芬兰附近,对北大西洋航线影响较大。

近年来,随着气象学和海洋学的发展,天气预报与海浪、海流和海冰等海况预报技术不断提高,为气象定线的广泛使用提供了可靠的保障。

3.障碍物

大洋航行时,必须对岛、礁等危险障碍物予以充分的注意,留有足够的安全距离。

4.定位与避让条件

选择航线时,应充分考虑利用各种定位方法的可能性。接近陆地时,应选有显著物标或等深线有明显特征的水域。注意避让条件,特别是能见度不良时更应尽可能避免航线通过渔区和拥挤水域。

5.本船条件

在选择大洋航线时,必须充分考虑本船条件,例如本船的船型、航行性能、船速、续航能力。对船员的适航能力和熟练程度以及货载情况等,要做到心中有数。

（1）本船结构强度

老船应考虑因船壳锈蚀，容易在大风浪中被冲击漏水；新船亦应注意预防。

（2）吃水

空船吃水浅，受风面积大，不利于充分发挥车效和舵效；满载吃水深，易上浪而损伤船体。

（3）船速

大洋航行中，船速是选择航线时要考虑的一个重要因素。低速船在大风浪中顶风航行，航程进展小；横风航行又偏移很大，舵效较差。

（4）吨位

一般情况下，船舶吨位大则抗风能力也大；船型不同，适航性能也不同。但是，吨位大小不一定是主要因素，关键是措施应该得当。

（5）客货载情况

要考虑货载多少，是散装货还是杂货，是否有危险品，封舱、衬垫和绑扎情况，是否有甲板货，稳性情况如何等。客船，一般应选择风浪小的航线。

（6）船员

要考虑船员的技术水平、熟练程度和应对紧迫局面的能力。在其他条件一定的情况下，船长的经验和船员集体的应变能力，是选择航线时要考虑的一个重要因素。

6.推荐航线（recommended route）与分道通航

一般应尽量采用《世界大洋航路》和航路设计图中的推荐航线；在有分道通航制的区域，应遵守分道通航的规定。

对于上述各种因素的利弊，应当充分加以权衡。总之，选择大洋航线的原则，首先是突出安全，其次是节约航行时间。因此，不管选择大圆航线、混合航线还是恒向线航线，只有符合了安全和缩短航行时间的要求，才有实际意义。

二、大洋航线选择举例

1.北太平洋航线

（1）气象

北太平洋的风有由北太平洋高压、阿留申低压、赤道低压这三个恒定气压带形成的风和由于季节的变化在大陆产生的气旋和反气旋形成的风。

在北纬30°~60°一带的西风带，从12月至翌年2月最显著。在180°经线以东平均风力为5~6级；180°经线以西平均风力可达6~7级。3月起风力逐渐减弱，夏季海面基本平稳。冬季经常有从大陆来的温带低气压通过，加上原有的偏西大风，所以几乎每天有大风。

大致从北纬5°~25°，东经150°到距加利福尼亚海岸约200 n mile的海域，受东北信风带影响，东部风向为东北，西部为偏东，风力一般可达4~5级，在夏威夷群岛附近风力常达6级或6级以上。

航行中的天气预报，在西太平洋可收听日本台，在东太平洋可收听旧金山台，在170°E与160°W间可收听阿拉斯加台和火奴鲁鲁台。但因观测资料少，往往不太准确，因此要重视本船测得的气压变化资料和当地的天气和海面实际情况。

冬季在北太平洋航行，测天机会较少，应充分发挥无线电助航仪器的作用。

（2）海流

在北纬30°~47°,东经130°~西经150°区域内,有按顺时针方向回转的北太平洋环流。环流的北部为东流,从日本附近一直向东到加拿大不列颠哥伦比亚省沿岸,后折向东南~南,再折向西南。环流的南部为西流,横渡太平洋一直到菲律宾东岸,其中大部分折向西北~北,称为黑潮(black stream),经我国台湾东部转向东北,再通过琉球群岛以西、日本南岸折向太平洋。在日本附近黑潮的流程每天可达20~60 n mile。

（3）航线举例

气象条件是北太平洋航线选择的决定性因素。因此在不同季节,航线选择也有不同;东行和西行航线有很大区别。北太平洋北纬35°以北海区,大部分划为冬季季节航区,应予注意。

下面以横滨至温哥华航线为例扼要说明(如图12-2-1所示)。

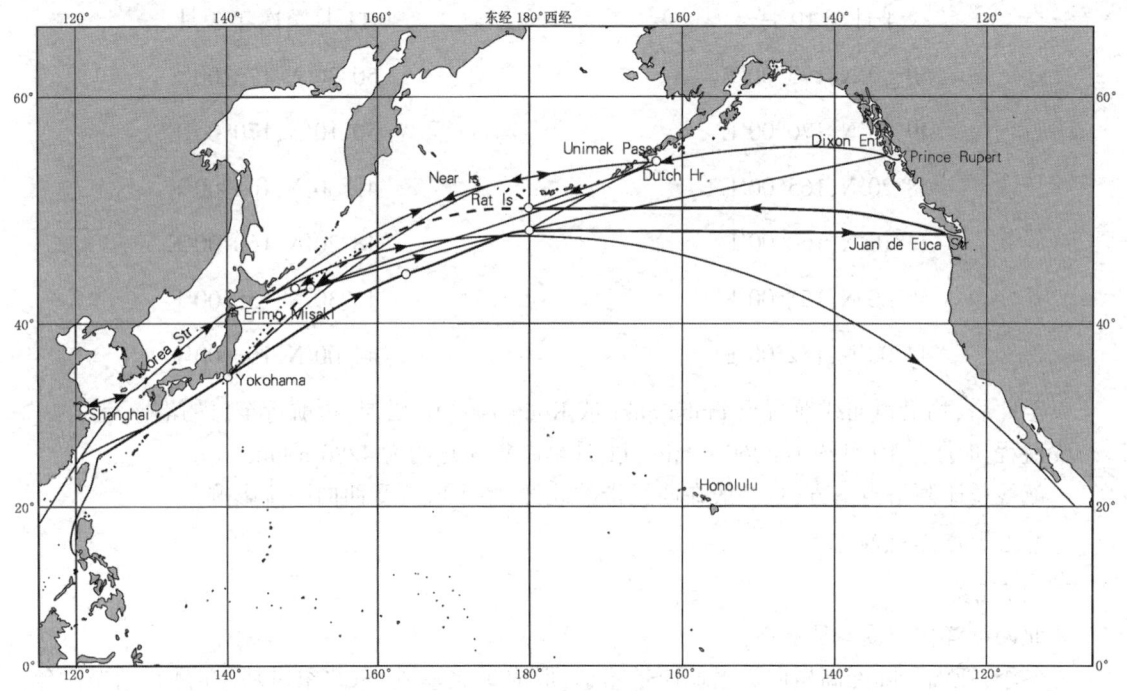

图12-2-1 北太平洋航线示例

①东行航线

从35°26′N,139°43′E处取大圆航线至44°40′N,163°40′E,然后取恒向线航线至49°00′N,180°00′,再取恒向线航线至胡安·德富卡海峡(Juan de Fuca Str.)入口。最后,进入海峡并航至温哥华。航程约4300 n mile。

这条航线基本上为顺流。在海峡入口处的维尔岬角附近有灯塔,物标易识别,并有无线电指向标可供利用。

②西行航线

从温哥华航行出海峡后,通过以下各航路点(way point),取恒向线航行至 180°经线:

49°30′N,130°00′W	50°10′N,135°00′W
50°35′N,140°00′W	50°45′N,145°00′W
50°50′N,150°00′W	50°50′N,160°00′W
50°40′N,165°00′W	50°30′N,170°00′W
50°30′N,175°00′W	50°30′N,180°00′

从 180° 经线开始,不同季节航线有所变化,有下列两条季节航线可供选择(各段航线均为恒向线):

4月至10月	11月至次年3月
50°00′N,175°00′E	50°30′N,175°00′E
49°15′N,170°00′E	50°10′N,170°00′E
48°20′N,165°00′E	49°30′N,165°00′E
47°10′N,160°00′E	48°20′N,160°00′E
45°20′N,155°00′E	46°30′N,155°00′E
44°00′N,152°00′E	44°00′N,150°00′E

至此后,均沿恒向线航行至 Inubo Saki 或 Kinkansan To 沿岸,再航行至目的港。

航程:4月至10月约为4260 n mile;11月至次年3月约为4280 n mile。

航线位于阿留申南方,且一般在西风带的北部,整个航线受西向顺流影响。

2.北印度洋航线

(1)气象

北印度洋主要受季风影响。

冬季,亚洲大陆冷高压向赤道低压带移动,形成东北季风,东北季风从 10 月开始至次年 4 月,其中 12 月和 1 月为最盛期,风力达 4~5 级。这时北印度洋的天气良好。

夏季,亚洲大陆受强烈日照,产生宽广的低压区,形成从海洋吹向大陆的西南季风。从 5 月到 9 月为西南季风期,7 月达最盛期。阿拉伯海西部风力最强,平均达 6~7 级。这时多雨,能见度不良。

(2)海流(如图 12-2-2 所示)

北印度洋的海流主要是季风海流,与赤道逆流和南赤道海流形成环流。

冬季,从 12 月开始形成逆时针方向的东北季风流。近岸为西南西流或西南流,远岸主要为偏西流,靠近非洲沿岸左转变成南流,以后与赤道逆流连在一起。2 月以后在孟加拉湾和阿拉伯海北部,产生沿海岸顺时针方向的回流,如图 12-2-2(a)所示。

夏季,形成西南季风海流。在北印度洋主要是偏东流,在阿拉伯海和孟加拉湾是东北流、东北东流或东南流,在沿岸为顺时针方向流,所以夏季的北印度洋形成南赤道海流和西

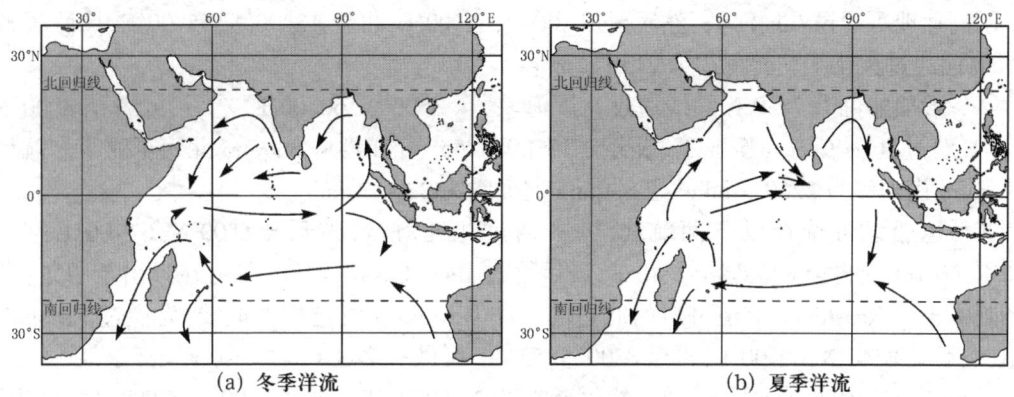

(a) 冬季洋流　　　　　　　　(b) 夏季洋流

图 12-2-2　北印度洋海流

南季风海流的顺时针方向大环流,如图 12-2-2(b)所示。

（3）航线举例

以科伦坡至亚丁航线为例(如图 12-2-3 所示),10 月至次年 4 月可取同一航线往返,即科伦坡至八度海峡,再至索科特拉(Suqutra)南面,最后从 Raas Caseyr 和 Abd-al-Kurl 之间穿过,直航亚丁,航程约为 2080 n mile;或者,至八度海峡后驶往 13°00′N,55°00′E,再从索科特拉岛北面通过,直驶亚丁,航程约为 2110 n mile。

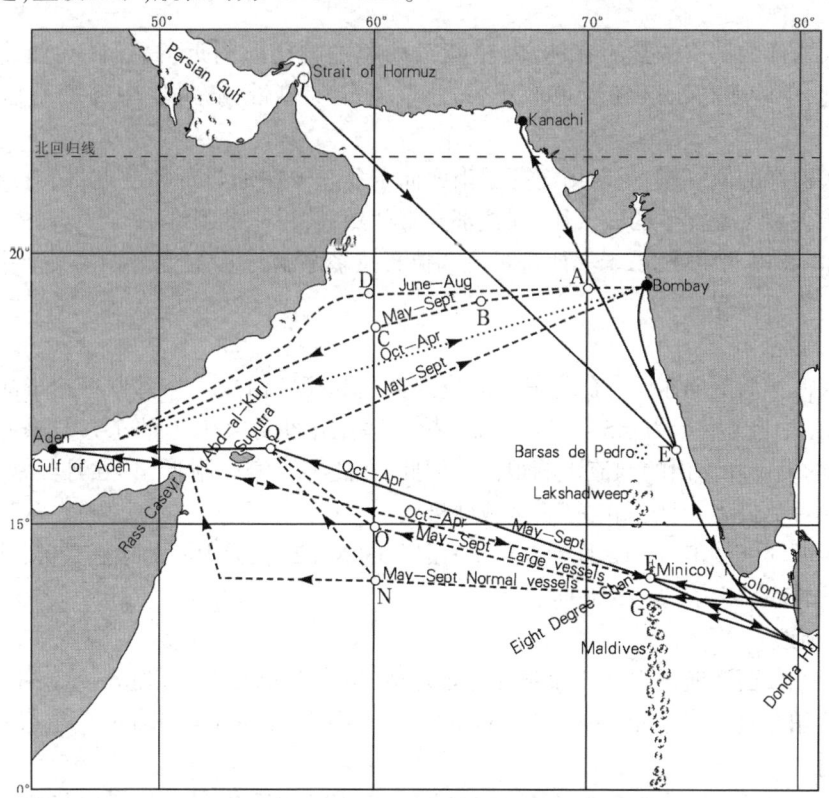

图 12-2-3　北印度洋航线示例

从 5 月至 9 月,由于受西南季风的影响,科伦坡至亚丁的航线应根据船舶的速度和抗浪性能决定所用航线。具体如下:

①高速船可通过八度海峡,然后至 10°00′N,60°00′E,再至 13°00′N,55°00′E,最后从 Su-qutra 北面通过至亚丁。航程约为 2130 n mile。

②一般船舶可沿 7°30′N 纬线通过八度海峡,至 8°00′N,60°00′E,然后,或者至 8°00′N,52°40′E 绕过 Raas Caseyr 至亚丁,或者至 13°00′N,55°00′E 再从 Suqutra 北面至亚丁。航程:经 Suqutra 南面约为 2260 n mile;经 Suqutra 北面约为 2200 n mile。

③低速船也可选择以下两航线之一:通过八度海峡,然后至 6°00′N,67°00′E,再至 6°00′N,60°00′E,再至 8°00′N,52°40′E,最后绕过 Raas Caseyr 至亚丁;为在日出至中午可以观测到标志着 Kaashidoo 航道进口的北边的小岛 Olivelifuri 时选用的航线,先通过 Kaashidoo 航道,然后至 4°44′N,60°00′E,再至 8°00′N,52°40′E,最后绕过 Raas Caseyr 至亚丁。

④小船航线为通过一度半海峡,然后至 2°00′N,60°00′E,再至 8°00′N,52°40′E,最后绕过 Raas Caseyr 至亚丁。

从亚丁至科伦坡的航线为:从亚丁至 13°00′N,55°00′E 后,穿过 Suqutra 的北面,然后通过八度海峡至科伦坡,航程约为 2110 n mile。

标志着八度海峡的米尼科伊岛灯塔的南方水很深,易识别,北方有暗礁。夏季在 Suqutra 东部有很强的偏东流,有时很不稳定,且能见度不佳,不宜靠近。

3.北大西洋航线

(1)气象

北大西洋的低压区常年在冰岛、格陵兰岛和加勒比海附近,高压区在亚速尔群岛的南方。因此,中纬度高压区和赤道低压带之间,常年吹热带偏东风;中纬度高压区以北是西风带。

北大西洋的低气压,一般由纽芬兰南面向东北东方向通过苏格兰北部,有时向英吉利海峡方向袭去。冬季发生的低气压,往往都异常猛烈,航行非常困难。

在 40°N 以北海域,由于墨西哥暖流和拉布拉多寒流的汇合,常年有雾,特别是在 7 月,纽芬兰以东常有浓雾。

(2)海况

北大西洋海流向东北～东北东方向流到英国和挪威沿岸。在佛罗里达半岛附近流速为 1.3～4 kn,在北美沿岸为 0.5～2 kn。拉布拉多寒流在纽芬兰海岸的东方与墨西哥湾暖流汇合,对雾的发生和冰山的漂流影响很大。因此,在纽芬兰海岸附近,4～6 月经常有冰山出现,其中以 5 月为最多,对船舶航行安全威胁极大。

北大西洋的波浪,从 12 月到次年 1 月,以 55°N,22°W 为中心的地区最甚,波高 4 m 的出现率可达 40%,多为 SW～NW 向。

(3)航线

鉴于北大西洋航线水文气象条件比较复杂,历史上曾发生过多起严重海事,该地区建立了自动船舶互救系统(Automated Mutual Assistance Vessel Rescue System),航行时应注意研究有关资料。

由于横越北大西洋的船舶数量日益增多,按冰况和季节划分往返推荐航线主要是为了避开渔船和冰山,防止碰撞,避免形成船舶航行的密集区。为此,连接欧美的北大西洋主要推荐航线,东行和西行的标准转向点位置以大滩(Grand Banks)为中心,具体可做如下选择(如图 12-2-4 所示):

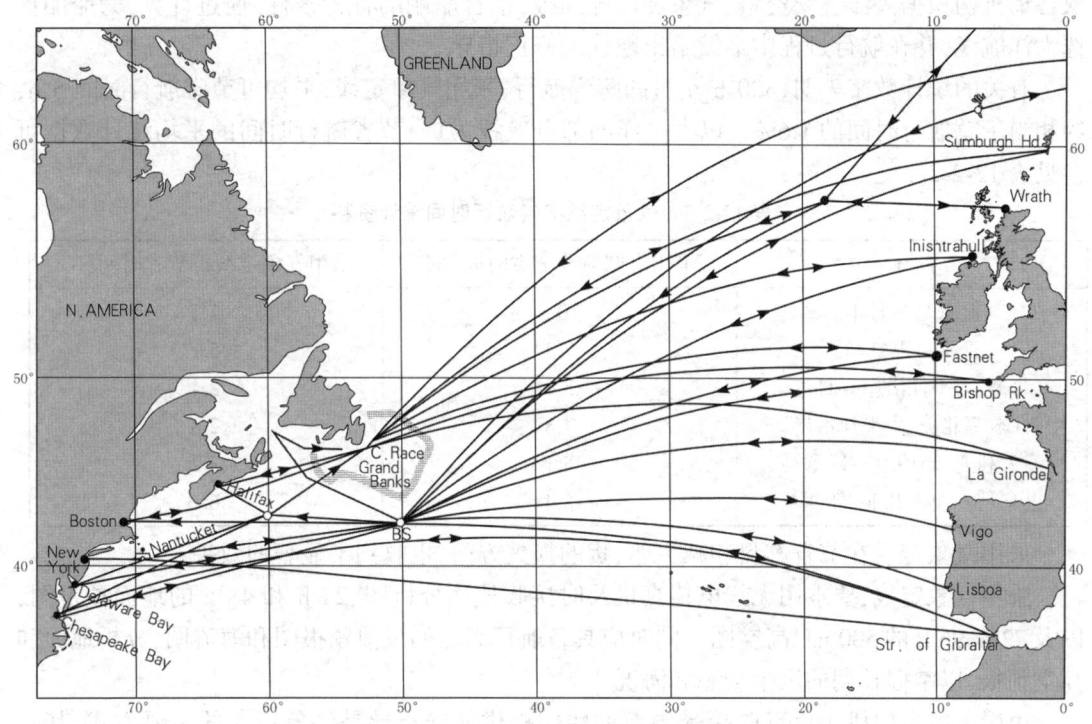

图 12-2-4 北美—欧洲航线示例

主要航线通过滩南转向点 BS(42°30′N,50°00′W),北美各港与 BS 转向点间为恒向线航线,BS 转向点与欧洲各港间基本为大圆航线。

5 月至 11 月,比斯开湾及以北港口与北美港口间也可选择 Cape Race 以南 20 n mile 作为转向点,同样,北美各港与该转向点间为恒向线航线,该转向点与欧洲各港间基本为大圆航线。

以上航线均可往返。

《国际海上人命安全公约》对类似的推荐航线亦予以肯定,要求横越北大西洋的船舶予以采用。变更常规航线应事先通告。

三、气象定线概述

为大洋航行选择最佳航线时,除了要研究了解固定的航海环境,还要掌握分析海洋水文气象条件对航区和本船的影响。多年来人们通过具体的航海实践,总结了选定航线的丰富经验。各种航路图以及《世界大洋航路》所推荐的航线,就是以气候学资料为基础而制定的。

在热带,当没有风暴时,大洋天气和波浪情况是比较稳定的,因而使用推荐航线的效果也是较好的。这种推荐航线,确切地说,应称为"气候航线(climate routeing)"。

天气和海况预报技术及船舶通信导航设备的不断发展完善,以及缩短船舶营运周期的需要,使根据气象条件具体制定最佳航线的工作获得迅速的发展,气象定线得到了越来越广泛的应用。岸上气象咨询开辟了大洋航线设计的新纪元。例如,在热带以外的地区,在某些时候,实际的天气情况与气候学的平均统计资料会有较大的出入。因此,国际上已有一些专门机构提供针对北大西洋、北太平洋及印度洋的气象定线(weather routeing)服务,即岸上气象咨询机构根据大洋气候资料、气象和海况预报,结合船舶的各种条件,通过计算,为船舶优选大洋航线,并在航行过程中继续给出航线的修正指导。

有关的统计数字表明,300 h左右的跨洋航行,采用气象定线,平均可节省航行时间5 h,约相当于总航行时间的1.6%。以太平洋的部分航线为例,节省航行时间的平均统计数据可参见表12-2-2。

表12-2-2　气象定线节省航行时间统计资料

航线	采用大圆航线节省时间(h)	采用气象定线再节省时间(h)
巴拿马—日本	10.5	7.7
日本—巴拿马	7.3	5.1
北美、太平洋沿岸—日本	3.6	2.4
日本—北美、太平洋沿岸	4.8	2.8
澳大利亚、新西兰—巴拿马	5.1	3.2
巴拿马—澳大利亚、新西兰	8.4	6.1

采用气象定线在节省燃料和减少船、货的损失方面,也收到了显著的效果。

采用气象定线,要求用无线电传真机及时接收地面分析图、24 h和48 h的地面预报图,以及72 h、96 h的500 mb高空图。同时应具备航行海域的风浪预报图和海流图,分析地面和高空预报,以掌握长期的风暴动态和海况。

由岸上的专门机构负责向接受导航的船舶提供航线指导是气象定线的主要方式,其一般步骤如下:

(1)出航前,船长或船公司向气象定线公司提出定线申请,并报告以下内容:

①船舶名称、呼号、航速和所属公司或本航次受雇公司的名称、地址;

②预计起航时间;

③出发港和目的港(如果中途有挂靠港,需说明港名和预计停靠时间);

④装载情况(装货量、甲板货物情况和稳性等);

⑤船舶吃水与干舷;

⑥其他要求与说明。

气象定线公司收到船舶的申请后,结合气象预报资料,通过计算机及时分析处理,为船舶提供推荐航线和开航后未来5天的天气形势、风浪、海雾、海流等情况;同时根据各种类型船舶船速曲线的特点和货载安全的需要,向被导船舶提供导航指导意见。

(2)船舶收到定线公司的定线咨询报后,应在仔细分析的基础上确定本船的计划航线。

(3)航行中,船舶和气象定线公司应密切配合。一般情况下,船舶每2天把中午船位、航向、航速、风向、风级和海况等电告定线公司;定线公司也每2天发一次跟踪导航的指导电文。如果船舶因非天气原因发生故障或减速,或船舶自行改变航线,应速电告定线公司;如遇复杂的天气情况,双方加发电文联系协调。

(4)航行结束时,船长应尽快电告定线公司实际到达时间;定线公司将及时做航次总结并发给船舶公司,副本送船长。

至此,气象定线服务全过程结束。

在气象定线过程中,通信手段是非常重要的,有时一般的通信手段难以满足要求,多采用卫星通信。自动气象定线系统可谓通信系统与大型计算机的结合。

应当指出,气象定线的岸上机构,仅属咨询性质的。接受气象定线服务,并不解除驾驶员使用其他必要办法完善计划航线的责任。

根据充分的海洋、气象预报资料,船长、驾驶员自行分析并做出正确的判断,亦可局部进行气象定线。为此,要求驾驶员具有必要的海洋气象基础知识与相当的分析和判断能力。

岸导和自导相比,岸导具有较高的准确性,这主要取决于资料的来源和分析处理手段。船舶请求气象定线服务,是要付一定费用的。现有实践的统计资料证明,交付气象定线服务费用同节省航行时间和减少货损相比,以采用气象定线服务为有利。

四、大洋航行注意事项

在大洋航行中,正确选定航线,采用最佳方案,是很重要的。但是,为了补充航线选定方案中的不足,以及根据变化的情况不断修正航线,在航行中采取及时、正确的航海措施,也是保证航行安全不可缺少的重要环节,其中包括:

1.认真推算

在大洋航行中,取得观测船位一般说来不如沿海航行那么容易,而推算船位是在任何时候获取船位的最基本方法;且进行天文定位、无线电航海仪器定位,包括比较现代化的卫星定位,都必须以推算船位做参考。因此,绝不可忽视船位推算。

为了尽可能提高推算的准确度,要十分重视推算航程和航向的准确度。为此,应坚持使用计程仪,并切实掌握计程仪改正率。虽然通过主机转数可以粗略估算航程,但因此而忽视计程仪是不允许的。要重视罗经工作状况,改向或长时间在同一航向上航行,要注意每隔 1~2 h 进行磁罗经和陀螺罗经对比,以利随时发现问题,采取正确措施;每天早晚利用太阳出没或低高度各测 1 次罗经差,并将测定结果记入罗经误差记录簿;应根据各地地磁的变化,计算磁罗经差;当船舶跨越赤道后,应对罗经的工作情况进行检查,以确定自差有无较大变化。

由于航行时间长,更要特别注意正确计算风流压差,以保证推算的准确度。对于装有自动化导航系统的船舶,亦应注意对系统的正常工作加以必要的监视,以确保安全。

2.充分利用一切机会观测船位

在航行中应充分利用一切机会进行天文定位和无线电导航仪器定位。正常情况下,每昼夜至少有 3 个天文船位(晨、昏天文船位和上午或下午太阳位置线间或与中天纬度间的移线船位各一个);远距离无线电定位每 2 h 一次;如装有卫导仪应及时定位。定位后,均应注意分析产生船位差的原因,作为继续进行航迹推算的参考。如果只能获得单一位置线,也应加以应用,作为分析船位误差的参考。

转向时,应尽可能求得观测船位,而根据推算船位转向时,必须对推算船位的准确度做到心中有数。

3.注意接近海岸的安全

远航接近海岸时,由于可能存在较大的推算误差,要特别注意仔细识别物标,正确定位,确保航行安全。除应选择显著物标作为接岸点外,必须仔细了解接岸区的地形特点、水深变化规律、水中危险障碍物位置、水流情况和助航设施等。

接近海岸时,应提前开启雷达,加强瞭望,反复确认物标,直至对船位确信无疑,方可继续航行。绝不可粗枝大叶,贸然行事。

4.注意收听天气预报、收录气象传真

大洋航行气象多变,灾害性天气时有出现,因此,必须按时收听有关气象台站的气象报告和传真图,结合本船的气象观测资料进行分析判断。如有灾害性天气,应采取必要的避离和预防措施。

5.按时接收航海警告

由于大洋航行一般持续时间较长,应特别注意接收无线电航海警告,并及时进行必要的图书资料改正工作。

6.及时拨钟

在大洋航行中,为了维持正常的作息时间,并使船时与所航行海区的时间一致,应及时按时区拨钟,通过日界线时变更日期,并记入航海日志。

7.必要时选用适当船速

大洋航行由于可能遭遇灾害性天气等意外原因,有时会延长航行时间,造成燃料储存短缺。因此,船舶除应有额外燃油储备(一般不少于 2 天的耗油量)外,航行中应选择适当航速,以保证续航至中途港或目的港。

为了考虑船舶燃料消耗问题,应了解耗油量与航速 v、船舶排水量 D 和航程 s 之间的关系。

船舶航行每小时耗油量 Q(单位:t)与船舶排水量 D(单位:t)和航速 v(单位:kn)的关系为:

$$Q \propto D^{\frac{2}{3}} \cdot v^3 \tag{12-2-1}$$

船舶航行耗油量 F(单位:t)与航速 v(单位:kn)和航程 s(单位:n mile)的关系为:

$$F \propto v^2 \cdot s \tag{12-2-2}$$

例 12-2-1:某船以 18 kn 航速航行 1000 n mile,需燃油 100 t。现仅存燃油 80 t,但至中途港尚有 1200 n mile 航程。为使船舶能在不增加燃料的情况下续航至中途港,试求适当航速。

解:

设应驶的适当航速为 v,于是:

$$(18^2 \times 1000) : (v^2 \times 1200) = 100 : 80$$

$$v = \sqrt{\frac{18^2 \times 1000 \times 80}{100 \times 1200}} \approx 15 \text{ kn}$$

即这时应选用 15 kn 左右航速可维持 1200 n mile 航程,到达中途港。

例 12-2-2:某船排水量 10000 t,以 15 kn 航速航行一天燃油消耗 28 t,试求:

(1)航速增加 1 kn,每天燃油消耗增加多少?

(2)加载 2000 t 货后,以 14 kn 航速航行,每天燃油消耗多少?

解:

(1)设一天耗油增加 x,根据每小时耗油量公式得:

$$(10000^{\frac{2}{3}} \times 15^3) : (10000^{\frac{2}{3}} \times 16^3) = 28 : (28 + x)$$

$$x = \frac{10000^{\frac{2}{3}} \times 16^3 \times 28}{10000^{\frac{2}{3}} \times 15^3} - 28 = 33.98 - 28 = 5.98 \text{ t}$$

即航速增加 1 kn,每天燃油消耗增加 5.98 t。

(2)设加载 2000 t 货后,以 14 kn 速度航行,每天耗油量为 y,根据每小时耗油量公式得:

$$(10000^{\frac{2}{3}} \times 15^3) : (12000^{\frac{2}{3}} \times 14^3) = 28 : y$$

$$y = \frac{12000^{\frac{2}{3}} \times 14^3 \times 28}{10000^{\frac{2}{3}} \times 15^3} = 25.71 \text{ t}$$

即加载 2000 t 货后,以 14 kn 航速航行每天耗油量为 25.71 t。

8.空白定位图的应用

大洋航行使用的航用海图,比例尺一般均较小。在没有障碍物的情况下,为了提高推算和定位的准确度,应当选用适当比例尺的空白定位图进行海图作业。

空白定位图的特点是:图上只有经纬线及其图尺,在纬线上标明纬度读数,而经线可由使用者自己根据需要用铅笔填写经度读数;南北纬可以通用,故其纬度图尺有正、倒两个读数,在用于南纬时,仅需将海图上下倒置,选用相应的纬度读数;图上的向位圈也有相应的内外两圈,用于南纬时,应使用其内圈。

在大洋航行中,首先应根据航区纬度利用《航海图书总目录》选用适当的空白定位图。然后根据航区的经度确定适当的经度值,用铅笔填写在适当的经线处。因此,当航线的纬度变化不大时,则同一张空白定位图可重复使用,只要相应改填经度值即可。

使用空白定位图时,应将交班船位转移到航用海图上去,以便及时了解船舶周围海区情况。

第十三章　沿岸航行

沿岸航行(coastal navigation)水域自然条件和交通条件等交通环境复杂,了解航行水域水文气象、地形和助航设施、交通管理规章等特点,事先选择一条安全、经济的航线,对确保船舶航行安全、提高营运效率等具有十分重要的意义。本章重点介绍沿岸航行的特点、航线的选择以及沿岸航行的有关注意事项。

第一节　沿岸航行的特点与航线的选择

一、沿岸航行的特点

沿岸航行,航线附近的危险物、障碍物较多,水深有时较浅,必须谨慎对待。当然,可以用于定位导航的自然和人工物标也较多,可经常利用雷达等实施定位导航,并可根据所获得的较为准确的观测船位,来核对推算船位的准确性。沿岸海区水流复杂,受潮流影响较大,来往船只和各类渔船比较密集,航行和避让都有较大的困难,尤其是能见度不良时,更需要谨慎小心。当然,沿岸海区的海图、《航路指南》、《潮汐表》、《灯标表》等航海资料比较完备,有利于驾驶员全面、深入了解航线所经海区内水文气象、导助航设施、航海危险物、推荐航线和航法等资料。许多国家的沿岸繁忙水域实施分道通航制,以尽可能减小船舶碰撞危险。沿岸航行,交通环境复杂,许多情况下船舶回旋余地较小,航行中遇有紧迫局面时,船舶操纵困难。因此,沿岸航行,要求驾驶人员集中精力,谨慎驾驶,不可疏忽,以确保航行安全。

二、沿岸航线的选择

由于沿岸海区船舶通航历史较长,主要航区的测量资料比较详尽,许多地方在海图和《航路指南》等资料中有推荐航线。但是,沿岸航行由于季节、往返航行和昼夜时间的不同,航线也不是固定不变的。在具体选定航线时,应进行以下三方面的工作。

1.分析航次情况

根据航次任务,主要考虑本船性能、客货载情况、船员技术状况和航程的长短等,做好拟定航线的准备工作。

2.研究有关资料

根据航行季节和航次任务的一般要求,仔细阅读和分析天气预报,详细研究海图、《航路指南》、《航标表》、《潮汐表》等有关航海图书资料,了解本航次的气象特点,掌握海区内风流、能见度、障碍物和导航定位物标等情况,特别是可能遇到的灾害性天气和避风港等。要注意根据航海通告和航海警告对有关图书资料进行仔细改正。对本航次中可能遇到的困难条件,做到心中有数并做好必要的安排和预防措施。必要时要结合装卸和泊位情况以及航线和进出港的航行条件,确定开航时间。

3.预画航线

本着安全和经济的原则,充分考虑下列各点,慎重选择航线。

(1)尽可能采用推荐航线

一般情况下,应尽可能采用海图和《航路指南》中的推荐航线,包括采用分道通航制水域的通航分道。

在 IMO 采纳的分道通航制区域或其附近航行的船舶,必须遵守《船舶定线制》和《国际海上避碰规则》第十条的有关规定。不使用分道通航制的船舶应尽可能远离该区域,使用分道通航制的船舶拟定航线时应:

①将航线设计在相应的通航分道内,并尽可能从其端部与该分道内交通流总流向成尽可能小的角度进入或离开。

②所选航线尽量与通航分道内船舶总流向相一致,并注意避开分隔带和分隔线,双向航路内的航线应尽量靠近航道的右侧。

③谨慎使用深水航路。深水航路是考虑到船舶吃水、水域内的水深,为有必要利用这种航路的船舶提供的,可不考虑这些因素的船舶应尽可能将其航线设计在深水航路以外。

④选择双向推荐航线时,应将航线拟定在推荐航线的右侧,以尽可能避免航行中与来船构成对遇或不协调的避让局面。

(2)确定最小安全富余水深

一个谨慎、稳健的驾驶员,应适当考虑各种导致龙骨下水深减小的因素,确保航行期间船舶始终保持足够的富余水深。确定最小安全富余水深时应充分考虑以下因素:

①气象条件和海况。

②海图水深的不确定性。

③船舶吃水的不确定性,包括水尺测量精度、油水消耗引起吃水变化及其导致的船舶吃水或吃水差变化所造成的吃水误差。

④负潮高。

⑤船体下沉与纵倾变化(squat)。当水深小于 1.5 倍的吃水时会出现这种现象。船体下沉量应该取下列数值中的最大值:本船操纵指标所列值、船速(kn)平方的 1%(m)、吃水的 10%、按船速每 5 kn 取 0.3 m 确定的值。

⑥海图测量以来可能产生的水深变化。

⑦海底易变区。

⑧近海海底电缆等可能减小的水深(有时水深能减小 2 m)。

⑨近海水深和潮汐预报误差。

⑩高气压可能导致多达数厘米的减水。

为了保证船舶安全航行,同时顾及经济性,世界上许多航运组织、港口国主管机构或航运企业给出了有关船舶航行富余水深的规定或建议。欧洲引航协会、国际独立油轮船东协会和中国远洋海运集团有限公司等对不同水域的最小安全富余水深的规定如下:沿岸开阔水域富余水深取船舶最大吃水的 20%,港外水道取船舶最大吃水的 15%,港内水道取船舶最大吃水的 10%。

结合近年来的研究,综合考虑极端海况、天气等各因素的影响,船舶在近海水域航行时,富余水深应尽可能取船舶最大吃水的 40%,最小不低于最大吃水的 20%;如果水深条件允许,船舶应保持在水深大于 2 倍本船吃水的水域航行。

(3)确定适当的离岸距离

离岸距离是沿岸航行时航线选择应考虑的重要因素之一。《航路指南》《进港指南》等航海图书资料中在某些特定的水域会提供推荐的离岸距离。但需要指出的是:沿岸航线的离岸距离并不是固定不变的,应根据船舶操纵性能的好坏、船舶吃水的大小、航程的长短、测定船位的难易、海图测绘精度的高低、能见度的好坏、风流影响的大小、航行船只的密集程度以及本船驾驶员技术水平等情况加以确定,并应为避让和转向留足够的余地。

在能见度良好的情况下,如果水深允许,可在距陡峭无危险的海岸 2 n mile 以外通过,这样可以清楚地辨认岸上物标。夜间航行,如定位条件不好或能见度不良,应在离岸10 n mile 以外航行,以策安全。

在定位条件不好的沿岸海区航行,采取与岸线平行的航线是有利于安全的。在夜间,特别是在可能遇到吹拢风或向岸流影响时,应把航线向外海调整,增大离岸距离,确保航行安全。

为了有利于避让,航线应尽可能避开船舶的交会点和渔船作业区,例如我国佘山以北、34°N 以南海区,每年秋季有大量渔船在此集中作业,应绕航避离。

(4)确定避离危险物的安全距离

沿岸航行,航线距其附近的暗礁、沉船、浅滩、渔栅等危险物的安全距离,应综合考虑下列因素后确定:

①从最后一个实测船位至危险物的航程和所需的航行时间。在一般情况下,这段航程越远、航行时间越久,通过时的概率航迹区(probable track area)距该危险物的距离越小,航线距危险物的距离也应越大。

②危险物附近海图测量的精度。通过粗测区比通过精测区的距离应远些。

③危险物附近有无显著的可供定位和避险的物标。

④通过时的能见度情况,白天还是夜晚。

⑤风流对航行的影响等。

通常,能见度良好的情况下,航线与附近有显著物标可供定位和避险的精测危险物之间的距离,应至少保持 1 n mile。

为了确保船舶航行安全,拟定沿岸航线时,考虑到海图上有关水深和底质的限制,应该避开:

①周围水深较浅、水深变化不规则的水深空白区;

②连续的长礁脉及其边缘附近;

③孤立的岩礁以及水深明显比周围浅的点滩；

④未经精确测量的岩礁和岛屿之间的狭窄水域；

⑤珊瑚礁附近未经系统扫海测量，水深浅于 100 m 的水域。

(5)选择适当的转向点

沿岸航行,关键的转向点附近大多有明显的天然或人工标志,如灯塔、立标、岛屿和山头等,应尽量选用转向一侧正横附近的显著物标作为转向物标,避免用平坦的岬角或浮标转向。绕岛屿或岬角航行,不一定都采用正横转向,因为这样转向绕航,船与绕航物标的距离会越来越近。若连续三次正横转向30°,则最后距绕航物标的距离约为原先的2/3,最好采用定距绕航的办法:先在海图上画出航线,标出几个转向点,然后用雷达观测距离,使船保持在计划航线上航行。还应根据本船吃水,设定适当的避险警戒线。

此外,选定沿海航线,还应注意绕航问题。在能见度不良时,为了安全通过危险物,或者为了避开逆流或利用顺流,可以绕航。须知,即使在与危险物距离增加很大的情况下绕航,由此而增加的航程也是很有限的,但船舶航行安全会得到更大的保证。

如图 13-1-1 所示,从 A 到 B 直航时航程为 250 n mile。为了离危险物更远些,设为 25 n mile,则绕航后的全程为 $AD+DB=253$ n mile,航程增加约 3 n mile,绕航渔区的情形也类似。

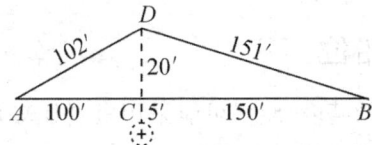

图 13-1-1　绕航避险

第二节　沿岸航行的注意事项

一、善于利用资料采用缩略图判断水深资料的可靠性

航海人员在利用海图设计航线前,应充分了解用于绘制海图水深和等深线的测量资料的可信赖程度。不是所有的航海测量都是按现代的标准进行的,有些区域甚至都没有进行过系统的测量。事实上好多区域,尤其是近海水域,从来没有按照某一标准系统测量过,这些海域的海图都是根据所能获取的最佳测量资料编制的,有可能存在有碍航行的浅水区域等。为更好地帮助航海人员评估海图水深资料的可靠性,海图标题栏下方一般会给出关于编图原始资料的说明,并尽可能以资料缩略图(source diagram)的形式给出原始的水文测量资料来源信息。

资料缩略图提供各种原始资料的范围、测绘日期、测绘比例尺和测绘部门等信息,这些信息体现了海图编制资料的质量,可用于评估根据该资料所编制海区的海底信息的可信赖程度。不充分的原始资料信息用文字的形式加以说明。

船舶在沿岸水域航行时,应充分利用资料缩略图提供的信息判断海图资料的可信赖程度,并特别注意:

(1)因测绘当时没有足够的重视,沿岸20 m等深线以外水域,可能存在浅滩,如果进行充分的测量,可能被证明该浅滩上存在浅于海图所标示水深的区域而有碍航行。

(2)在近期没有进行测量或者多孤立尖礁或浅滩的海区航行,需要格外谨慎。

(3)深吃水船舶在未进行系统测量或据报浅滩众多的沿岸水域航行时,必须特别谨慎。

(4)在20 m等深线以内水域,应假定存在尚未探测到的一些碍航物。通常吃水的船舶,如果没有事先采取必要的防范措施以避开潜在的危险物,不能贸然进入20 m等深线以内的水域。

(5)20 m等深线以外的水域,也可能存在海图未标明的碍航物,这可能是由于测量当初虽已发现,但按照当时的标准不能认定为碍航物而没有进行详细的测量,但如按照现在的标准则可认定为碍航物。

(6)吃水接近30 m的超大型船舶近岸航行时,应特别注意选择在具有足够的富余水深的水域航行。

(7)远离海图上标注有"据报""疑存""疑深"等字样的水域。

二、认真推算,勤测船位

为了提高航迹推算和定位的精度,应尽可能采用资料比较详尽的新版大比例尺海图,并注意及时根据《航海通告》将每张海图改正到最新。

航迹推算要认真、连续地进行。注意充分使用风、流资料确定风流压差,并尽可能用观测的方法进行校验。在沿岸水流影响显著的地区航行时,应每小时确定一次推算船位;在其他地区航行时,一般情况下,每2 h或4 h定位一次。不能为了沿岸航行定位方便而忽视航迹推算,甚至中断航迹推算,尤其是那些专门从事沿海地区海上运输,且导航设备较差的中小型船舶更应注意,以免一旦能见度不良,船舶航行安全受到威胁。

应充分利用沿岸众多的导航物标测定船位。物标在视界之内时,应尽量使用目测定位。雷达、卫星导航仪器和测深仪等助航仪器,均应保持良好的工作状态。在重要航区,应采用多种办法定位,以排除单一定位方法可能存在的缺陷。如由于条件限制,必要时可采用诸如方位距离、方位测深等联合定位方法。一般情况下,船速在15 kn以下时,每30 min定位一次;接近危险物或船速在15 kn以上时,均应适当缩短定位时间间隔。在能见度不良的情况下,应充分使用雷达等进行定位导航。

通过一系列的观测船位,系统地分析船舶偏离计划航线的情况和原因,计算实际航速。有充分的把握时,可转移推算点,以修正航迹推算。使用转移船位线时,应特别注意推算的准确性。

三、加强瞭望,及时准确地转向

海上交通事故,特别是碰撞事故,大部分是由疏忽瞭望引起的。因此,驾驶人员要对瞭望有正确的认识和严谨的态度。瞭望的内容应包括视界内的任何微小的异常现象,如海面的漂浮物、平静海面的异常浪花、海水的颜色变化等,应及时发现,查明原因,必要时予以避离。夜航时,应特别注意保持"夜眼",尽量缩短在海图室内的逗留时间。

能见度不良或在渔船和其他来往船只密集的海区,应使用雷达等配合瞭望,密切观察他船动向。目前,世界上不少交通密集的水域设有岸基雷达站和 VTS 中心。使用 VHF 进行通信联系,以获得周围船舶的动态信息,是一种有效的瞭望手段,应充分加以利用。船舶自动识别系统(Automatic Identification System, AIS)极大地增强了船舶的识别能力,配备 AIS 的船舶应充分利用 AIS 所提供的信息,准确、快捷地相互识别。

沿岸航行转向比较频繁,必须把握转向时机,准确地将船舶转到新的计划航线上。通常,转向前应当测得准确船位,推算出预计到达转向点的时间,计算好新航向上的航向,届时考虑旋回圈用小舵角逐渐转向。如果船至转向物标的横距相对预定的距离过大或过小,可适当提前或延后转向,以使船舶转向后行驶在计划航线上。重要的转向点,往往也是船舶的交会点,转向时应特别注意避让,加强瞭望,谨慎驾驶。转向后应在海图和航海日志中记下转向时间、计程仪读数和船位。条件许可时应及时测定船位,以校验转向后船舶是否行驶在计划航线上。

四、按时收听航海警告和天气预报

沿岸水域灯塔、灯船、雾号、定位系统、重要浮标以及海上石油勘探装置等经常发生变迁或变更,这些新的变迁多数属临时性质,一般用无线电航行警告的形式发布。而那些永久性的变迁,由于核实及汇编均需一定时间,要数周乃至数月后才能编入《航海通告》,其中有些必须用无线电航行警告的形式及时发布。因此,船舶在航行中要定时接收该地区的航行警告,与航行安全有关的内容应根据船长指示及时用铅笔改注在海图上,以确保沿岸航行安全。

此外,还应注意收听有关气象台站的气象预报或气象传真图,如果发现船舶航进的前方有灾害性天气,应及时果断地采取安全措施,做好各项准备工作,必要时,应选择有利的避风锚地抛锚或绕航避离。

五、准确识别岸形和物标

沿岸航行或大洋航行接近目的港时,正确识别岸形和物标是准确测定船位、保证船舶航行安全的前提。实践证明,许多海事是由对岸形和物标的错误识别引起的。即使充分使用了对景图等有关的航海资料,亦不能完全避免识别错误。特别是浮标,在大风之后,常有移位或漂失的情况;有时灯浮灯光也可能熄灭,应当注意识别,不可主观臆断。只有对物标确认无疑,才可用以定位和导航。对于灯塔,也不要盲目信赖,灯塔灯光有时可能被云雾遮住,或因船舶偏离而不能及时被发现。因此,仔细分析、反复辨认和判断物标识别情况是完全必要的。常见的判断方法有:

1. 参考概率船位区判断

如图 13-2-1 所示,船在推算船位 F 点,发现岸上的一个物标,其外形与海图上的 A 和 B 物标相似,这时首先必须辨认 A 和 B 哪一个是所发现的物标。因此,在推算船位 F 点附近画出概率船位区,并在图上分别自两物标画出所测得的方位位置线,结果是从图上物标 A 画出的方位位置线通过概率船位区。显然可以肯定,图上的 A 是所发现的物标。推算精度越高,这种识别方法的效果会越好。如果概率船位区位于两条方位距离线的中间,那就难以判断了。

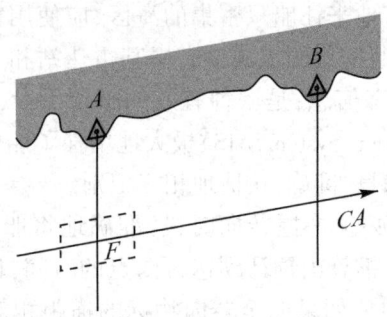

图 13-2-1　参考概率船位识别物标

如果在视界内只有一个物标可供观测,由于这时的物标识别错误没有其他办法帮助发现,并在随后的航行定位中会继续被误用,这是最危险的。在这种情况下,务须防止粗心、盲目自信,要注意分析,并尽可能获得其他的校验办法,在确有把握之前,不能轻易转移船位。

2.根据船位的分布判断

(1)两方位定位

船舶沿计划航线保向保速航行而连续利用两物标方位定位,如果错误识别了物标将得出错误船位,并按一定规律分布。如果连续观测定位,所得船位点不是沿直线分布,而是呈曲线分布,且各船位之间的距离也不与观测时间间隔或航程成比例,即可判定识别物标存在错误。图 13-2-2 所示为当误把 B' 作为 B 进行观测,而从 B 画方位线所得错误船位分布曲线。当然,罗经差有误差时也会出现类似的情况,应当注意分析判别。

(2)两距离定位

图 13-2-3 所示为船舶沿直线航行,当 A 物标识别正确,而误以 B' 为 B 时,两距离定位所得错误船位分布曲线。如果在航行中连续多次采用两物标距离定位的船位呈曲线分布,且各船位之间的距离与相应的航程不成比例或者出现两圆弧位置线无法相交的情况,都表明物标识别有错误。由于物标相对位置关系等因素,错误船位分布曲线可能是椭圆、抛物线或双曲线。

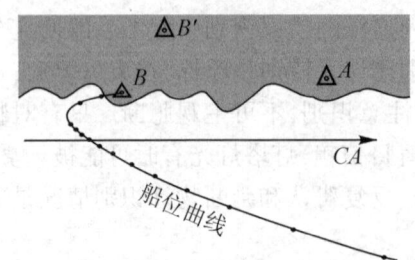

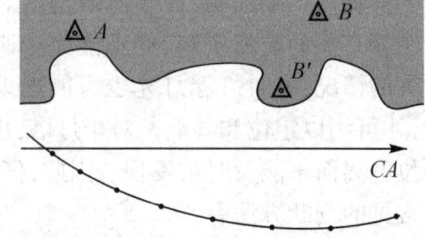

图 13-2-2　错误船位分布曲线(两方位定位)　　图 13-2-3　错误船位分布曲线(两距离定位)

六、充分合理地使用单一位置线

自海上接近海岸,有时无法测得可靠的观测船位,而只能测得一条位置线。如何充分合理地使用这条单一位置线,对沿岸航行安全具有十分重要的意义。

概括起来,一条单一的直线位置线,大体上可有与航线垂直、平行和相交成任意其他角度三种情形。在保证位置线具有一定精度的前提下,在理论上船位应当在该位置线的概率区内。因此,与航线垂直的位置线,可用以判断推算船位超前或落后于实际船位的情况,但无法判断船舶左右偏离航线的情形;与航线平行的位置线,虽然无法用以判断船位超前或落后的情况,但可用以分析船舶左右偏航的情形;与航线相交成任意其他角度的位置线,只能在一定程度上缩小概率船位区。

此外,如果单一直线位置线是东西方向的,可用以判断船位的纬度;如果该位置线是南北方向的,可用以判断船位的经度,也是有价值的参考数据。在测量完整、水深变化显著的沿岸水域航行,可利用海图上的等深线作为单一位置线辅助导航。在航行中连续测深,进行吃水和潮高改正,将所测得的水深换算成相应的海图水深,当测得该等深线的深度时,即可根据该等深线与航线的交角情况,在一定程度上缩小概率船位区。拟定沿岸航线时,如使计划航线与等深线平行,航行中可通过测深使船舶保持在该等深线的安全一侧航行。单一的方位、距离和叠标位置线等,还经常用于确定转向时机和避险等,沿岸航行时也应加以充分利用。

第十四章　狭水道及运河航行

港口、海峡、江河、岛礁区等,可统称为狭水道(narrow channel)。通常,狭水道内航道狭窄而弯曲,水深和水流变化较大,航海危险物较多,来往船只密集,航行比较困难。许多海事是在狭水道中航行时操纵不当造成的,因此要求驾驶员必须了解狭水道的航行特点,掌握狭水道内各种导航、转向和避险等航行方法,以及通过浅滩、岛礁区等的特殊方法,具有较高的驾驶水平,并能不断积累和总结狭水道的航行经验。

第一节　狭水道航行

一、狭水道航行的特点

就航海条件而论,狭水道航行一般具有下列特点:

1.航道

由于受岸形限制,又有浅滩、礁石等航海危险物,航道往往狭窄而弯曲,没有足够的回旋余地,例如,我国天津港进口主航道由人工疏浚,宽度受限;长江口南槽水道浅滩较多;黄浦江陆家嘴航段转向角大于110°等。这些因素使船舶航行和操纵都非常复杂。因此,许多狭水道内,除天然和人工陆标可供定位、导航和避险外,还设有浮标指示航道或航海危险物。有些狭水道实施了分道通航制,例如,英吉利海峡、马六甲海峡以及我国的长江口南槽水道等,都为来往船只规定了通航分道,以利航行安全。

2.水深和水流

除某些深水港外,大多数港口航道水深有局限。江河入海口处水面变宽,流速变慢,河水中挟带的大量的泥沙在河口水流变慢的地区沉积下来,形成浅滩。这种浅滩的位置,随季节和江河水势的变化而变迁,因此航道水深经常改变。必须掌握最新的水深资料以确保航行安全。由于狭窄,狭水道内航道受潮流影响较显著。例如,日本内海的来岛海峡受潮流影响比较典型,约在海峡最窄处往下游400 m的地方形成最强流,在主流和生成涡流的回流之间,流线明显,浪花滚滚,水流湍急,给航行造成极大的困难。为了控制海峡交通和保证安全,在来岛海峡中段的中户岛、东口的大滨同时悬挂信号,表示中水道潮流,并规定顺流时通过中水道,逆流时通过西水道,航行时必须查阅有关资料,注意观察实际情况,以保证航行安全。

直而短的狭水道的潮流流向为水道轴线方向,但弯度大的水道的潮流主流线往往与水道横交。航行中流压差角较大,必须心中有数,加以修正,否则船舶会很明显地被压向下流方向。除潮流外,有些地方潮差也给航行造成很大的影响。例如,杭州湾最大潮差竟达 8 m,船舶必须根据本船吃水,结合潮时潮高掌握通航时间。

3.通航船舶

狭水道一般来往船只密集。船舶除应严格按规定航道航行外,还必须认真瞭望,防止碰撞。由于大船行动迟缓,又不能偏离深水航道,容易造成紧迫局面,在有超大型船舶通过的狭水道,要注意大船预告。例如,在马六甲海峡,大型深吃水油船通过之前会发出预告,以便其他船舶及时掌握大船动态,注意避让。

综上所述,在通过狭水道之前,驾驶人员必须仔细研究有关的航海图书资料,并及时进行改正。对各段航线的航向、航程,水道中的航海危险、水流情况,定位、导航、避险和转向物标等做到心中有数,有些要熟记;要事先选定时机,作好航行计划,明确在各段航行中应采取的航行方法和注意事项。在航行中,还必须结合本船冲程、旋回要素、锚和舵的性能,规定好适当的航速,备车备锚航行,以应对各种可能发生的复杂情况。

二、过浅滩航行方法和注意事项

1.最小安全水深的确定

许多内河水系港口,特别是下游港口,经常有海船进出。上海港是典型的一例,而江河入海口航道上,往往有拦江浅滩,由于浅水的作用,会使船舶阻力增大、船速降低、舵效减小、吃水增加,造成航行和操纵上的困难。大船通过浅滩往往需要候潮,通过浅滩时,一般要求平吃水,无横倾。通过浅滩时的最小安全水深可由下式求得:

最小安全水深=出发港吃水– 油水消耗减少吃水 + 咸淡水差 + 横倾增加吃水 +

$$船体下沉 + 半波高 + 保留水深 \tag{14-1-1}$$

现对式(14-1-1)中各项分别扼要讨论如下:

(1)出发港吃水

通常,在受载时就应根据航行时间、油水消耗量、潮汐预报情况等预算船舶在出发港的最大吃水,合理受载,以期在通过浅滩时,既可达到首尾吃水适当,又有足够的富余水深。

(2)油水消耗减少吃水

根据本船每天油水消耗量、每厘米吃水吨数和航行天数,可按下式计算油水消耗减少吃水的厘米数:

$$油水消耗减少吃水(cm) = \frac{每天油水消耗量 \times 航行天数}{每厘米吃水吨数} \tag{14-1-2}$$

(3)咸淡水差

船舶由一种密度的水域驶入另一种密度的水域,由于水密度的变化,其吃水将发生改变,其平均吃水的改变量 δd 为:

$$\delta d = \frac{\Delta}{100TPC}\left(\frac{\rho}{\rho_1} - \frac{\rho}{\rho_0}\right) \tag{14-1-3}$$

式中:δd——不同水密度的水域中平均吃水改变量(m);

Δ——进入新水域前的排水量(t);

TPC——该排水量下的标准海水密度时的每厘米吃水吨数(t/cm);

ρ——标准海水密度($ρ=1.025\ g/cm^3$);

$ρ_1$——新水域的水密度;

$ρ_0$——原水域的水密度。

(4)横倾增加吃水

船舶在水深有限的狭水道中航行时,要考虑横倾会增加吃水,如图14-1-1所示。

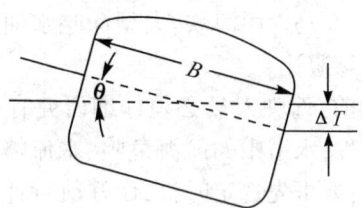

图 14-1-1　横倾增加吃水

吃水增加量可按下式近似算出:

$$\Delta T=\frac{B\cdot\theta}{2\times57.3}\approx\frac{B\cdot\theta}{120}\tag{14-1-4}$$

式中:ΔT——横倾增加吃水(m);

B——船宽(m)。

使用时,可列成表14-1-1备查。

表 14-1-1　横倾与吃水增加量对照表

船宽(m)	不同横倾角时的吃水增加量(m)					
	0°.5	1°.0	1°.5	2°.0	2°.5	3°.0
15	0.065	0.131	0.196	0.262	0.327	0.393
20	0.087	0.175	0.262	0.349	0.437	0.524
25	0.109	0.218	0.327	0.437	0.546	0.655
30	0.131	0.262	0.393	0.524	0.655	0.786
35	0.153	0.305	0.458	0.611	0.764	0.917

(5)船体下沉纵倾变化

船舶行驶时,由于船舶周围水流流速变动,沿舷侧水流较船首尾快,使船体周围水压力发生变化,即船首尾部高、中间低,使船体大部分坐落于首波和尾波的波谷中。因此,为了在新的水位下保持船舶排水量,就要比静止时多下沉一些,与此同时,亦引起吃水差的变化。

浅水中船体下沉及纵倾变化较之深水更为激烈。船舶在浅水中航行时,船首上浮的时机较早,而且越是水浅,达到最大首倾和开始变为尾倾所需船速越低。在商船速度范围内,浅水中低速时就出现船体下沉,船速愈快或船体越肥大,船体下沉及吃水差的变化程度就越大。据计算,一艘船宽为27 m、吃水为11 m的油船,在宽90 m、水深13 m的封闭式航道内,以7 kn航速航行时,其船体下沉量约为0.5 m;如航速增加到10 kn,则船体下沉量将达到2 m

左右。如该船在宽度与水深接近的非封闭式的疏浚航道航行,其周围水深为 6 m,则其在以 7 kn 和 10 kn 航速航行时的下沉量分别降至 0.4 m 和 1 m。

（6）半波高

波浪有波峰和波谷,当船舶处于波谷时,相当于水深变浅,通常减小半个波高。过浅滩遇有波浪时,有必要考虑半波高,以免蹾底。

（7）保留水深

保留水深应视该浅滩处潮高预报误差、海图水深测量误差和底质而定。中版《潮汐表》预报潮高误差范围为 20~30 cm。一般规定水深浅于 31 m 时,水深注记保留一位小数,第二位小数舍去;深于 31 m 的水深,注至整米,小数舍去。沙底、泥底或泥沙底与石底、岩石底等底质的保留水深也有所不同。确定保留水深时,要注意留有充分余地,通常可取 0.1~0.5 m 的保留水深。

2.最小安全富余水深

实际工作中,航运公司或港口主管部门等往往通过制定不同水域富余水深的最低要求来保证船舶在浅水区域的航行安全。

欧洲引航协会、阿姆斯特丹港、鹿特丹港、安特卫普港等要求港外水道富余水深不小于船舶最大吃水的 15%,港内水道富余水深不小于船舶最大吃水的 10%;美国洛杉矶港和长滩港规定安全水域标与防波堤之间的可航水域,富余水深不小于船舶吃水的 10%;上海海事局要求长江口深水航道富余水深不小于船舶吃水的 12%;青岛港引航站要求 10 万吨级以上船舶富余水深不小于船舶吃水的 10%。

船舶在浅水区域航行,应综合考虑本船情况、浅水区海图水深测量误差、潮汐预报误差和水文气象等确定合理的最小安全富余水深。港外水域一般不小于最大吃水的 15%,港内水域不小于最大吃水的 10%。富余水深的取值还应满足所在地国家或港口当局等的具体要求。

3.过浅滩注意事项

（1）调整吃水

船舶到达浅滩以前,应及时调整船舶吃水,使其到达浅滩时刚好为平吃水,且无横倾。如当地水深允许,可将船舶调整至适当尾倾,以改善船舶操纵性能。值得注意的是,船舶由咸水水域进入淡水或半淡水水域,平均吃水增加,船舶浮心后移,导致吃水差增加。为此,要保证船舶在淡水或半淡水时为平吃水,则在咸水时应有适当的尾倾。例如,一艘长 190 m、宽 30.5 m、满载排水量 5.53 万吨的远洋货船,由标准海水水域进入标准淡水水域时,其吃水差将增加约 0.12 m。

（2）候潮

过浅滩往往需要候潮。为了加速船舶周转,应在预先推算好潮汐之后,在受载港就合理受载、加速装货,尽早起航,采用适当航速航行,争取在高潮前到达浅滩。当航行时间稍有富余时,可在适当距离上减速航行,以避免短时间抛锚候潮的麻烦,提高经济效益。过浅滩的最佳时机通常选择在当地高潮前 1 h,此时水面已上涨到了一定的高度,有利于船舶安全通过浅滩。另外,因尚未达到高潮,潮水还在上涨,船舶一旦搁浅,有可能自行脱浅。

（3）控制航速

浅水中的船体下沉和纵倾变化,较之深水更为剧烈,对船舶操纵影响较大,甚至会产生擦碰海底的事故。船舶通过仅有少量富余水深的浅滩时,必须控制好航速。必要时用拖船协助,停车淌航。

（4）掌握最新资料

拦江浅滩往往随季节和时间有所变化,应查阅最新资料。受风向的影响,有时潮水也会提前或推迟到达浅滩。大船通过浅滩前,可向有关部门查询当时的实际潮高和水深。

（5）尽可能避免在浅水区会遇和追越

浅水区舵效较差,两船相距较近还会出现船吸现象,可提前通过 VHF 相互协调,使其中一船先过,另一船在浅滩外航道上慢车等候。两船在浅水区会遇,应各自靠航道右侧行驶,减速通过,应尽可能避免在浅水区追越。

三、导航方法

在狭水道中,由于航道狭窄、航行条件复杂,使用通常的定位方法定位,在定位精度,特别是定位速度上都不足以保证安全,因此一般在狭水道中设置必要的浮标、导标和叠标等,以提供充分的连续目测导航机会,满足狭水道导航的需要。

1.浮标导航

在江河入海处,往往岸线低平,必须设置一系列的灯船、灯浮等来标示航道,指示危险,引导船舶安全进出港。某些海上雷区航道,由于离岸较远,导航准确度要求较高,也设置浮标。长江口南槽水道就是一个比较典型的用浮标导航的水道。

浮标导航方法实际上就是逐个通过浮标的航行方法,因此要查阅有关《航路指南》和港章,熟悉浮标制度;航行前,应预画好航线,熟记相邻浮标之间的航向和航程;航行中,要认真逐一核对灯浮的形状、颜色、灯质、顶标、编号等。

浮标导航时,应在航道内靠本船右舷的一侧航行。通过浮标的距离按规定不宜过近,防止因风、流影响将船压上浮标。如有可能,航行中要查看前后灯浮方位,判断本船所用风流压差是否恰当。

用下列方法可检查本船是否行驶在航道内或计划航线上:

（1）查看前后浮标法

查看前后浮标,将前后浮标设想连成直线,能直观地判断本船是否行驶在航道内。如图14-1-2所示,A、B 是前后两个浮标,设置在航道南侧,北侧为可航水道,a、b、c 表示船的三个位置。a 位于前后浮标连线的南侧,说明本船已偏离航道进入浅水区,应立即左转离开此地;b 位于前后浮标连线上,说明本船已进入航道边线,也应左转离开连线位置;c 位于前后浮标连线的北侧,说明本船在航道内。

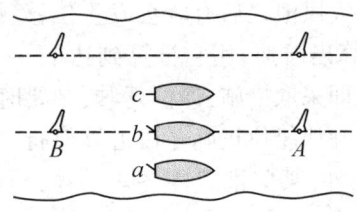

图 14-1-2 查看前后浮标法

（2）前标舷角变化法

如图 14-1-3 所示,船舶位于 A 浮标正横附近时测得前标 B 方位为 Q_1,航行中不断观测前标 B 的舷角,即可判断船舶偏航情况:如果航行中舷角不断变大,表明船舶在通过 B 浮标前行驶在该标所标示的航道边界线的可航水域一侧;如果舷角不变,船舶将与 B 浮标碰撞;如果舷角不断变小,表明船舶在通过 B 浮标前偏离航道,已进入该标所标示的航道边界线的浅水区一侧。

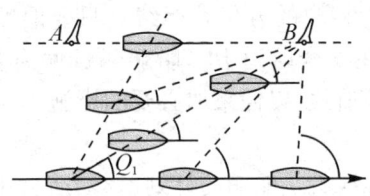

图 14-1-3 前标舷角变化法

值得注意的是,航行中前标舷角不断变大,固然表明船舶行驶在该标标示的航道边界线的可航水域一侧,但船舶也可能偏离航道而进入另一侧的浅水区域。为此,航行中应尽可能同时观测前方左右两个浮标的舷角,只有两个浮标的舷角都不断变大,才表明船舶行驶在它们所标示的航道内。

（3）舷角航程法

浮标导航目测正横距离,可用以判断船舶是否偏离计划航线。无风流的情况下,除四点方位法外,还可使用舷角航程法。如图 14-1-4 所示,A、B 为两个浮标,其间距为 6 n mile,船与 A 浮标正横时,测得 B 浮标的舷角 $Q = 1°$,则船舶通过 B 浮标的正横距离,可按下式预算:

$$BD = AB \times \frac{Q°}{57.3} = 6 \times \frac{1}{57.3} = 0.1 \quad (\text{n mile})$$

浮标导航时,转向时机应视船舶性能、装载量、流的大小和方向以及船位偏离浮标的远近确定。正常情况下,选择在浮标正横时转向,顺流航行,应适当提前转向;顶流航行,应适当推迟转向,具体位置根据流的大小、船舶惯性、舵效等因素和当时实际情况而定。根据船位采取提前或推迟转向时,要注意勿使转向直航后船舶离浮标太近。通常,离浮标近,晚些转向;离浮标远,可早些转向。

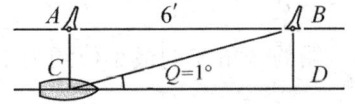

图 14-1-4 舷角航程法

江河口外的浮标或灯船,在大风浪之后有时会发生位移、灯光熄灭,甚至漂失,应不断根据前后两浮标间的航行时间计算出航速,用它推算到达下一个浮标的时间。如果应该看见浮标却看不见或位置不对,应立即采取措施,谨慎驾驶,必要时应立即停车或减速,同时尽可能利用各种手段反复校验船位,确认船位正确才可继续航行。如果发现浮标位移、漂失等情况,应及时向有关部门报告。此外,某些港口因冬季结冰,可能撤除浮标,或用其他标志代替,航行时应予注意。

在浮标导航中,要特别加强瞭望,注意避让,严格遵守有关的国际规则和地方规则。能见度不良时,要充分考虑昼夜、吃水、航道等条件,只有在避让和导航均有把握的前提下,才能继续航行。

2.叠标导航

(1)方位叠标导航

在许多港口和狭水道地区,为了准确地引导船舶按照推荐航线安全航行,通常设置方位叠标。方位叠标由前后两个标志组成,离船近的标志称为前标,离船远的称为后标。两标志连线向航道一侧的延长线,即为相应的方位叠标线。只要船舶准确地沿方位叠标所指示的推荐航线航行,就能保证行驶在安全航道上。船舶一旦偏离叠标线,前后标志就会相互错开,从而及时发现船舶偏离推荐航线,以便采取必要的措施。

①导航方法

方位叠标导航时,方位叠标线就是船舶的计划航线,航行中只要始终保持前后叠标标志重叠,就能保证船舶航行在计划航线上。利用船首叠标导航时,如前标偏左,表明船舶偏右,应及时用小舵角操船左转;如前标偏右,表明船舶偏左,应及时用小舵角操船右转。利用船尾叠标导航时,如前标偏左,表明船舶偏右,应及时用小舵角操船右转;如前标偏右,表明船舶偏左,应及时用小舵角操船左转。

②方位叠标的灵敏度

船上测者能够发现前后叠标标志错开时船舶偏离叠标线的最小距离称为方位叠标灵敏度。如果船舶偏离叠标线很远时,叠标才呈现错开状态,这种叠标的灵敏度是比较低的;反之,只要船舶稍微偏离叠标线,即能发现错开,这种叠标的灵敏度是较高的。使用灵敏度高的叠标导航,可增加导航准确度和安全性。

图 14-1-5 中,A 和 B 表示设在岸上相距 d 的两个叠标标志,C 表示在叠标线上的船位,距前标 A 的距离 $CA = D$。设船舶偏离叠标线至 S 点,$CS = p$,这时两标志错开,A、B 两标志在 S 处张角为 γ,则在其他条件一定的情况下,可用 p 与 D 和 d 的关系来表示叠标的灵敏度。因为 α、β、γ 都是小角度:

$$\gamma = \beta - \alpha \approx \frac{p}{D} - \frac{p}{D+d}$$

所以

$$p \approx \frac{D(D+d)}{d} \cdot \gamma$$

已知人眼目测可分辨 A、B 对船的张角 γ 的最小值约为 $1'$,于是可以发现船偏离叠标线的最小距离:

$$p \approx \frac{D(D+d)}{d} \cdot \text{arc}1'$$

或

$$p(\text{m}) \approx \frac{1852D(D+d)}{3438d} \approx \frac{D(D+d)}{2d} \qquad (14\text{-}1\text{-}5)$$

p 值越小,叠标的灵敏度越高。从式(14-1-5)可知:在叠标标志之间的距离 d 一定的情况下,船舶距前标的距离 D 越近,叠标灵敏度越高。对于供校正罗经等专用的叠标,D 和 p 基本固定,则叠标灵敏度取决于两标志之间的距离 d,d 越大,灵敏度越高。此外,叠标的灵敏度还与标志的大小、形状和标志本身及背景的亮度有关。只有在两标志之间透光时,才有可能发现标志错开。

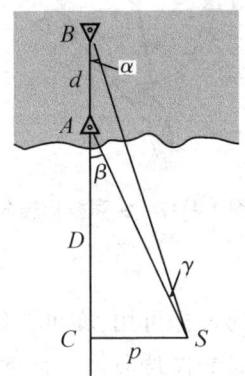

图 14-1-5 方位叠标导航

③选用方位叠标的注意事项

综上所述,选用方位叠标时一般应注意:

a.在 $d/D \geqslant 1/3$ 时,便符合一般的导航要求;

b.叠标标志越细长越好,良好的自然物标(如旗杆、烟囱、尖顶或精测过的山峰等),亦可选作叠标标志;

c.标志本身和背景的亮度,应易于辨别。

当然,叠标过于灵敏,也不是航海人员所希望的,因为航道有一定的宽度,在容许的范围内,船舶稍微偏离航道轴线,亦不要求标志立即呈现错开状态。使用叠标导航时,应事先测定叠标方位,与海图上所标导航方位相比较,以免错认物标。

(2)雷达距离叠标导航

方位叠标线实质上是两物标方位差等于零的等值线。同理,如果测得至两物标的距离差等于零的等值线,亦可作为导航叠标线使用。

如图 14-1-6 所示,A、B 为两个测距标志,当 $D_A = D_B$,即 $D_A - D_B = 0$ 时的等值线正好标示航道轴线。

实际导航时,用雷达的活动距标圈连续测定两标志的距离,只要保持 $D_A = D_B$,即两标志的回波同时保持在活动距标圈上,就可以准确而简便地使船舶保持在推荐航线上。保持活动距标圈始终与较近的一个标志的回波相切,若右侧的标志回波出现在距标圈之外,则表明船已偏左,应向右调整航向;反之,若左侧的标志回波出现在距标圈之外,则说明船已偏右,应向左调整航向。

雷达距离叠标不受能见度限制,这是它突出的一个优点。这种叠标标志可设在岸上,必要时亦可设在水中,为了使回波易于发现和辨认,可在所设标志上加装雷达应答标。

距离叠标导航,两标志间的距离越大,叠标越灵敏;而船舶距标志连线 AB 的距离 R 越大,则灵敏度越低;当 $R=0$,即船舶在 AB 连线上时,距离叠标的灵敏度最高。

在弯曲航道上,为了便于转向,可设 3 个标志组成两组距离叠标,使转向前后的导航互相衔接起来,如图 14-1-7 所示。为了便于船舶对遇导航,在航道上可分别为相反航向航行的船舶设置两组距离叠标,船舶可利用叠标保持在各自的计划航线上,以利安全,如图 14-1-8 所示。

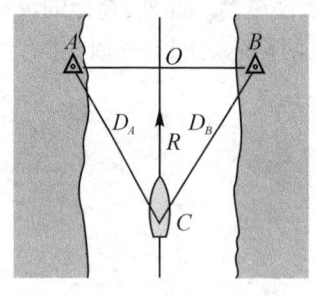
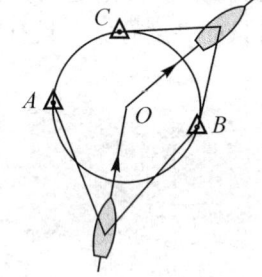
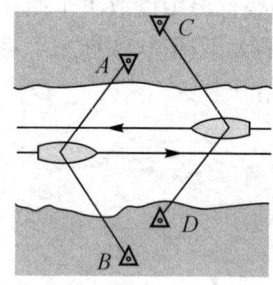

图 14-1-6　距离叠标导航　　图 14-1-7　距离叠标转向　图 14-1-8　双向距离叠标导航

3.导标方位导航

如果在预定的航线上没有合适的叠标可用,亦可在航线的前方或后方选择一个明显的物标作为导标来导航,这时,只要使船舶保持对该导标的方位不变,即可安全航行在该导标所指示的计划航线上。

导标方位导航时,应事先根据海图确定所选导标的真方位,然后结合本船罗经差,换算成相应的陀螺方位或罗方位。利用航线正前方导标方位导航时,保持该导标实测方位始终等于事先设定的方位值,即可使船舶航行在计划航线上。如果在航行中实测方位不断增大,则说明船舶向左偏离了航线,应用右舵纠正;反之,如果实测方位不断变小,则说明船舶向右偏离了航线,应用左舵纠正。利用航线正后方的导标方位导航时,导标方位增大,表明船舶向右偏离了航线;导标方位变小,则表明船舶向左偏离了航线。

4.平行线导航

当航线前后无合适的物标可供导航时,可借助雷达,利用航线两侧附近的物标进行平行线导航。

平行线导航,应事先结合海图,选取离航线较近、显著、海图位置准确的物标,并量取该物标至计划航线的最近距离。将雷达调到北向上相对运动显示方式,活动距标圈调至相应的最近距离值,电子方位线与计划航线平行;再调整电子方位线扫描中心,使其刚好在物标同侧与活动距标圈相切,如图 14-1-9 所示。航行中,根据物标回波和电子方位线的相对位置关系调整航向,使物标回波始终沿该电子方位线移动,即可确保船舶航行在计划航线上。普通雷达,利用平行方位标尺,也可实现类似的导航目的。但由于视差影响,其导航精度要低一些。

为了提高平行线导航精度,应尽可能选择船舶正横附近较近的导航物标,长航线应及时更新导航物标。具有 NAVMARK 功能的自动雷达标绘仪(ARPA),能捕获与跟踪一个或多个静止的孤立小物标,从而给航海者提供船舶的实际航迹向和航速。操纵船舶使所显示的航

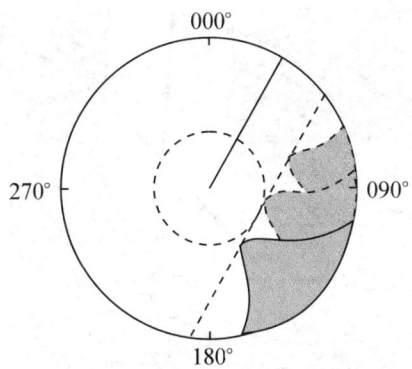

图 14-1-9　平行线导航

迹向和计划航向一致,并保持某物标最小接近距离等于海图上该物标至计划航线的最小距离,同样可方便地用来导航。

5.使用 DGPS 与电子海图系统导航

目前,世界许多国家在本国沿海建立了 DGPS 系统,可达到米级精度。在准确使用坐标系修正量的基础上,DGPS 结合电子海图系统是狭水道航行中非常有效和可靠的导航方式,已被大多数港口的引航员所使用,并取得了理想的效果。

四、转向方法

狭水道航行,航道狭窄弯曲,危险物众多,对船舶转向的要求很高,一般的转向方法难以满足航行安全要求,应借助适当的标志,简便、直观而且迅速地把握转向时机,及时将船准确地转至新航线上。

1.物标正横转向

利用转向点附近物标正横确定转向时机,简便、直观,在航海实践中普遍采用。应尽可能选择转向同一侧的孤立、显著、准确的人工或自然标志作为转向物标,转向时,必须根据当时船舶的偏航情况、水流的顺逆,结合船舶操纵性能,适当提前或推迟转向,准确把船转至新航线上。

2.逐渐转向

在狭窄且弯度较大的航道中转向,常常不能一次旋回就转至新航线。为了保持船舶能在弯曲的航道中央航行,必须逐渐改变航向,称为逐渐转向法。

当弯道不太长时,可根据岸形采用小舵角,保持离岸或某物标一定距离连续转向。转向过程中,要根据船舶回转速率和航道情况不断变换舵角大小,变换车速的快慢,甚至于停车和正舵,以操纵船舶逐渐转向,安全驶过弯道。

如图 14-1-10 所示,弯道较长时,应事先在海图上绘画计划航线,选择适当的导航和转向物标,分段逐渐转向。

分段逐渐转向,进入弯道前应熟记各段的航向与航程、危险物分布、导航物标和导航与避险方法等。弯道内各处水深不一,水流大小和方向各不相同,要注意风流影响,随时调整风流压差。

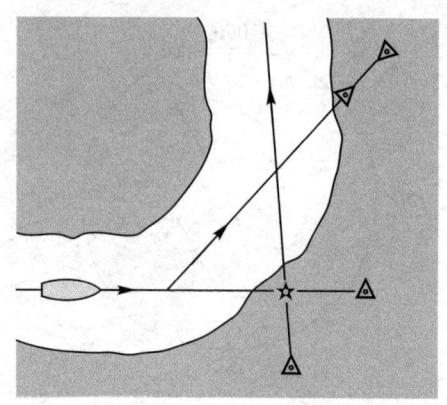

图 14-1-10　分段逐渐转向

3.导标方位转向

当新航线正前方或正后方有适当的导标时,可直接观测该导标方位来确定转向时机。这样,不论转向前船舶是否偏离计划航线,均能较为准确地将船舶转到新航线上,如图14-1-11所示。

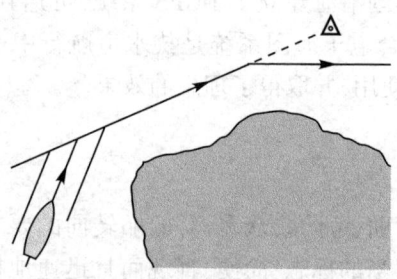

图 14-1-11　导标方位转向

新航线正前方或正后方的导标可用于判断转向时机,转向后,还可用它来导航。

4.平行线转向

利用转向点附近某一孤立、显著的物标,可使用平行线转向法确定转向时机。如图14-1-12所示,转向前,按 CA_1 导航要求调整雷达电子方位线(EL_1),保持物标 M 的回波(a_1、a_2、a_3…)沿电子方位线 EL_1 移动,可引导船舶行驶在转向前的计划航线上。接近转向点时,按 CA_2 导航要求迅速调整电子方位线(EL_2),一旦物标 M 的回波抵达 EL_2(回波 a_4),即可判定船舶已抵达转向点。转向后保持物标回波沿 EL_2 移动(b_1、b_2、b_3…),可确保船舶行驶在新的计划航线上。

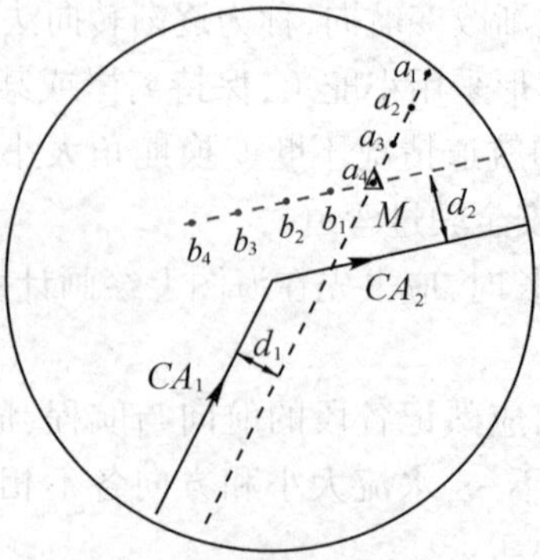

图 14-1-12　平行线转向

采用平行线转向法,物标的选择余地较大,转向前后还可使用平行线导航法导航。

5.平行方位线转向

如果新航线两侧有危险物,又没有合适的导标用于使船准确地转到新航线上,而利用物标正横转向,一旦转向前船舶已偏离原航线,转向后船舶很可能偏开新航线,进入两侧危险水域。为了避免发生上述危险,可采用平行方位线转向法。

图 14-1-13 中 CA_1 和 CA_2 为转向前后两条计划航线。在转向点附近选择一明显物标 M,在海图上过 M 作新航线的平行线 MA,并求取相应的罗方位。根据航速计算出由 A 点航行到 B 点所需时间 T。航行中,当测得 M 的罗方位等于预先计算所得的罗方位时,即按下秒表,经过时间 T 后转向,即可转到新航线上。考虑到从驾驶员发令到船舶实际转到新航向上需要一定的时间 t,故应在经过时间 $T-t$ 后,即当船舶在 B' 点时发出转向指令。

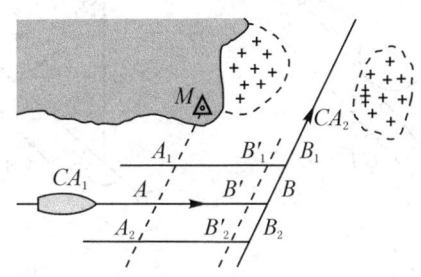

图 14-1-13　平行方位线转向

采用平行方位线转向法,无论转向前船舶是否偏离原航线,转向后都能使船舶准确地转到新航线上,从而安全避开新航线两侧的危险物。

五、避险方法

狭水道航行,由于航道附近危险物、浅滩众多,船舶除应定时测定船位外,还应采取适当而简便有效的避险方法,保证船舶行驶在安全水域。

为了船舶的安全,在水下危险物附近航行时,可以选择合适的物标作为避险物标,根据一定的方位、距离、水平角、垂直角和横距等相对关系来避险。常用的避险方法有:

1.方位避险

对于航线一侧的危险物,如所选避险物标与危险物的连线与计划航线平行或接近平行,为避开危险物可采用方位避险。

采用方位避险,应选择与危险物位于航线同一侧的显著物标作为避险物标,并根据避险物标、危险物和船舶之间的相对位置关系确定相应的避险方案:在海图上以危险物为圆心,最小安全距离 d 为半径画圆弧,再自 M 作靠近航线一侧的圆弧的切线,该切线即为方位避险线。量取避险线真方位 TB_0,即为相应的避险方位。如图 14-1-14(a)所示,若所选择的避险物标 M 与危险物同位于航线的右侧,且避险物标位于危险物的前方,航行中,只要保持实测 M 的真方位 $TB \geq TB_0$,即可安全地避开该危险物;若避险物标 M 与危险物同位于航线的右侧,但避险物标在危险物的后方[如图 14-1-14(b)所示],则应保持实测方位 $TB \leq TB_0$,方可安全避开该危险物。如果避险物标和危险物同位于航线左侧,避险方案刚好与上述相应情况相反,当避险物标位于危险物前方时[如图 14-1-14(c)所示],为安全避开危险物,应保持实测方位 $TB \leqslant TB_0$;当避险物标位于危险物后方时[如图 14-1-14(d)所示],应确保 $TB \geqslant TB_0$。

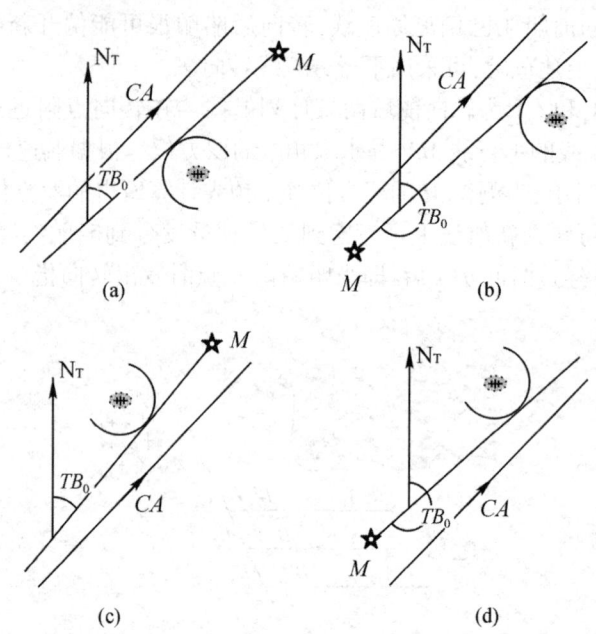

(a)　　　　　　　　　　(b)

(c)　　　　　　　　　　(d)

图 14-1-14　方位避险

　　根据避险物标和危险物之间的相对位置关系,方位避险可分为如表 14-1-2 所示的 4 种情况。

表 14-1-2　不同情况方位避险表

相对位置关系		避险要求	方位安全变化趋势
同位于航线左侧	物标位于危险物前方	$TB \leqslant TB_0$	TB 逐渐减小
	物标位于危险物后方	$TB \geqslant TB_0$	TB 逐渐减小
同位于航线右侧	物标位于危险物前方	$TB \geqslant TB_0$	TB 逐渐增大
	物标位于危险物后方	$TB \leqslant TB_0$	TB 逐渐增大

　　由表 14-1-2 可见,如物标位于危险物前方,且两者位于航线同一侧时,避险要求与物标方位安全变化是一致的(大于时增加;小于时减小),根据多次观测,这种方法不仅能迅速判断每次观测时船舶是否存在危险,还可进一步预测船舶是否正逐渐接近危险物。当利用位于险物后方的物标避离危险时,由于避险要求与物标安全方位变化趋势相反(大于时减小;小于时增加),仅观测物标方位只能判断观测时刻船舶是否存在危险,而无法正确预测未来趋势,应谨慎使用。

　　2.距离避险

　　如图 14-1-15 所示,当所选避险物标和危险物的连线与计划航线垂直或接近垂直时,可采用距离避险。

　　采用距离避险,必须选择位于危险物同侧的避险物标。首先确定距危险物的最近距离

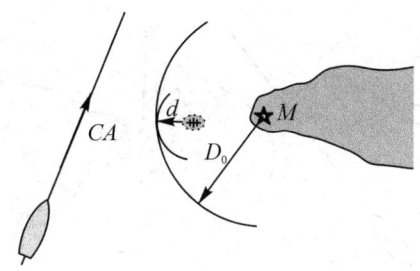

图 14-1-15　距离避险

d,再进一步确定避险距离 D_0,航行中,保持船舶至该标的距离 $D \geqslant D_0$,即可避离该避险物标附近的危险物。雷达导航时,调整雷达活动距标值至 D_0,只要避险物标的回波位于该活动距标圈以外,就可安全避开该危险物。

采用距离避险,避险物标和危险物应该位于航线的同一侧,否则,单凭一条距离避险线是无法安全避开危险物的。

3.水平角避险

通过测量危险区附近相距足够远的两个物标的水平角,可进行水平角避险。

如图 14-1-16 所示:D 为沿岸航海危险区,M、N 为危险区附近两避险物标。在海图上过 M、N 作圆弧 MXN,并包含整个危险区 D。显然,航行中,只要保证用六分仪所测物标 M、N 的水平角 α 满足 $\alpha \leqslant \alpha_{\max}$,就可安全避开该危险区。

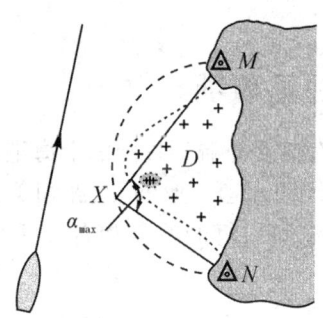

图 14-1-16　水平角避险

4.垂直角避险

航线附近的危险物附近存在已知高度的高大、显著物标时,可采用垂直角避险。

在图 14-1-17 中,物标 M 的高度为 H,$D_{\min}$ 为船舶与物标 M 的最小安全距离。事先根据 H 和 $D_{\min}$ 求取最大垂直避险角 $\alpha_{\max}$,航行中,确保用六分仪所测物标 M 垂直角 α 满足 $\alpha \leqslant \alpha_{\max}$,就可安全避离该危险区域。

海图上所标物标高程是指高程基准面以上的高度。在有潮海区,应根据船舶通过危险物时当地的潮汐情况,将海图所标避险物标的高度换算为该物标当时的实际海拔,以确保船舶航行安全。

与距离避险类似,采用水平角避险或垂直角避险时,也必须选择与危险物位于航线同一侧的显著物标作为避险物标。

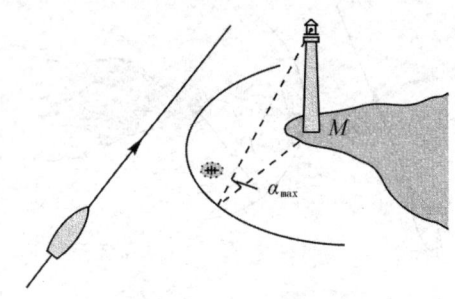

图 14-1-17　垂直角避险

5.平行线避险

利用航线附近物标可进行平行线导航,同样也可进行平行线避险。

平行线导航,要求船舶始终行驶在计划航线上。事实上,由于航行中避让操纵的影响,船舶往往不得不暂时偏离航线。如果事先根据海图确定出船舶最大偏航距离,从而进一步确定航行中船舶与所选物标之间的最大(最小)距离,再按平行线导航中所述方法设定相应的避险线,航行中保持避险物标的雷达回波始终位于该避险线安全一侧,即可确保船舶安全地避开航线附近的危险物。

选择雷达回波易于识别的孤立小物标作为避险物标,在确保航迹向的前提下,利用ARPA跟踪该物标,保持该物标的最近会遇距离(DCPA)始终大于或小于相应的避险距离,也可达到同样的避险目的。

六、江河航行特点和注意事项

有些大港位于内河深处,兼有海船通航。我国的上海港、黄埔港、南京港等,都有万吨级的大型海船进出,它们必须通过江河水道。亚洲、欧洲和美洲的许多河港也有类似的情况。因此,要求海船驾驶员全面了解江河航行的特点和有关注意事项,以便能安全地进出内河港口。

1.江河航行的特点

除一般的狭水道航行特点外,江河航行还具有以下特点:

(1)航道特点

①航道狭窄、弯曲

江河航道与海上航道有很大的不同,一般较狭窄,可航深度和宽度都受到较大限制。有时河面较宽,但实际可航的航道却很窄,尤其在枯水期更为明显。有的航道宽仅几十米,只能单向通航。航道多弯曲,航行中必须频繁转向或由沿江河的一侧岸边转而沿另一侧岸边航行。

②水流变化大

天然江河中,水流分布不均匀,流速、流向与季节、河道深度和宽度及其走向有关。

洪水季节,在河道窄而河槽坡度大的地方,流速很大,而枯水期和河道较宽的地方,流速则较小,在河底和两岸附近流速最小,水面流速从两岸向最大水深处逐渐增大。在弯曲的航道中,凸岸流速较小,凹岸流速较大,流向一般与航道中央线平行,沿岸可能形成回流,流向与主航道流向相反,受潮流影响的河段,落潮比涨潮时流速大。

③航道变迁大

江河水位变化大,有的地方洪水期和枯水期的水位相差可达十余米。由于洪水的冲刷和泥沙的沉淀,岸形和航道的宽度、深度经常发生变化,甚至整个航道的位置发生变迁,不仅可能年年有变,而且有时一年数变。

江河航道河槽变迁和水位涨落都对通航能力有较大的影响。在有高架桥或有过江架空电缆的河流通航,还要了解江河最高水位时的净空高度,一般要求船的最高点与桥梁或架空电缆的最低点之间应有不小于 1.5 m 的剩余高度。

（2）航标特点

根据江河航道的具体特点,有关当局一般都制定有相应的助航标志制度,并设置专用的江河航标,以标示江河航道的方向、界限与碍航物等,为船舶航行指示安全的航道。

2022 年我国发布了新的国家标准《内河助航标志》（GB 5863—2022）,并于 2023 年 7 月 1 日开始实施。本标准规定了内河助航标志的总体要求、视觉航标及主要外形尺寸、无线电航标和与虚拟航标、航标配布等内容,适用于中华人民共和国各江、河、湖泊、水库、运河等内陆通航水域所配布的助航标志。内河助航标志应具有标示航道方向、界限与碍航物,揭示有关航道信息,为船舶航行指示安全、经济航道的功能,包括视觉航标、无线电航标和虚拟航标三大类,其中视觉航标按功能分为航行标志、信号标志、专用标志、警示标志四类共 20 种标志。

（3）航行特点

海船驶入江河航道,由于在浅水中兴波阻力的增大,航速将会降低,造成兴波阻力的浅水临界航速要比深水低得多。在浅水中,当达到船体阻力急剧增大的航速时,即使再增加主机转速,也不能按正常比例加快航速。这就是船舶从深水进入浅水时,航速会突然下降的原因。

在浅水区,由于通过船底的流速增加、水压减小,船舶吃水增加;船舶自海上驶入江河,由于水的密度发生变化,会相应地增加吃水,这样在浅水区航行,由于船底富余水深有限,有时会发生舵效降低或失灵的现象。在两舷侧水深不同的水域航行时,浅水侧船首前方水位抬高较难扩散,使船首受水压力有向深水一侧偏转的现象,而在船中后,浅水侧流速大、水压小,对船后产生吸引作用,增加了船头找浅水的偏转作用,且在江河狭水道,容易发生船吸现象。

2.江河航行注意事项

江河航行时,不宜对江河航行图过于信赖,必须取得最新的有关资料,加以研究补充,即使有引航员在船,也不能解除船长、驾驶员应负的责任。

为保证航行安全,在江河航行时,首先要全面熟悉航道、航标、岸形、水深、水流、气象因素等航行条件,结合本船特点,确定航线。为了便于随时查阅核对,事先将航线、航向、等深线、重要物标等均画在江河航用图册上,熟记各段航线的航向、航程、重要导航物标的特点等,对弯曲航道、浅滩、急流等困难航段,应特别注意。要遵守避碰规则和有关的地方规则,控制船速,加强瞭望,必要时备车备锚。利用浮标导航时,正横一个浮标后,力求及早发现下一个浮标,并警惕风流的影响,及时采取适当的措施,保持足够的距离通过,切勿使船被压向浮标。

七、岛礁区航行特点和注意事项

岛礁区航行(navigating in rocky water)是指在沿岸岛屿之间的内水道和热带珊瑚岛附近水域内的航行。我国舟山群岛和东南沿海、斯堪的纳维亚沿岸的岛区属于岛礁区。我国南海的南沙群岛、西沙群岛、中沙群岛和东沙群岛,以及澳大利亚东北海岸的珊瑚海,均属著名的珊瑚礁区。

1.岛礁区航行特点

在沿岸岛屿之间的航道,通常狭窄、流急、危险物众多,但可供定位和导航的物标一般也比较多。珊瑚礁区海流、潮流复杂,这些海区的测量很不充分,水深100 m内未经扫海的地区多有不明暗礁存在。此外,珊瑚礁区的水深变化很大,一般离礁1500~2000 m处,水深有800 m;离礁3000 m处,水深可达1000 m。有的上部露出水面的桌形珊瑚礁,距其800 m处,水深就有800 m,但即使在1500 m深的珊瑚礁区航行,水深也会突然变浅,可能发生触礁事故,船舶一旦在珊瑚礁区遇险搁浅,船底比一般触礁破损大,加上波浪冲击,破损不断扩大,难以救助,后果严重。

珊瑚礁大多在高潮时被淹没,低潮时露出,目测和雷达观测不易发现,又没有其他显著物标。因此,珊瑚礁区可供定位和导航的物标很少。珊瑚岛也大多比较低矮,即使有的环形礁长宽达数百海里,而其高度只不过在高潮面上2~3 m。长着茂密的椰树和红树林的珊瑚岛,在眼高10 m,能见度良好时,可见距离达14 n mile;没有树的小岛,可见距离只有6 n mile。白天,在能见度良好的情况下,珊瑚岛的雷达探测距离往往小于其目测能见距离。由于热带植物生长很快,小岛外形因而变化也很快,这也是珊瑚岛的一个特点。

白天,能见度良好时,浅水礁盘所在水天线附近天空常有反光。晴天该处水天线及其上空比别处明亮。若其上空有白云,云底呈青色,这种反光在面向太阳时不易看出;在背向太阳时比较明显,只要注意观察,距礁10 n mile左右便可发现。稍有风浪时,礁盘边缘即起白浪,上风方向望去特别明显。能见度良好时,距礁4~5 n mile即可见。夜间或能见度不良时,加大雷达增益,关闭海浪和雨雪干扰抑制,也常能从满屏的干扰回波中隐约辨出礁盘的轮廓,上风方向尤为明显。浅水礁盘上海水一般呈青绿色,礁盘边缘浅水区水呈浅蓝色,与周围海水颜色有所不同,大片变色海区白天距离3~4 n mile即可见,船舶只要不接近变色海水就无危险。

2.岛礁区航行注意事项

在沿岸岛屿之间航行,要仔细研究海图和有关航海资料,注意掌握水流和气象情况,正确使用各种人工或自然导标、叠标和转向、避险物标等。

在珊瑚礁区航行,应特别注意做好各种准备,选定一条安全、经济的航线,采用最新的大比例尺海图。测深点稀少时,应尽量将计划航线画在测深点上,航线距离礁至少5~6 n mile以上,不宜为了定位方便而过分接近岛屿或珊瑚礁。必须通过两礁间的水道时,应尽可能从两礁间最窄处的垂直平分线上通过,以确保航行安全。为了便于目视发现浅水礁盘的存在,应选择白天在礁盘的上风方向2~3 n mile处通过。

珊瑚礁区水下危险物较多,而陆标定位条件往往较差,航行时要加强瞭望,抓紧时间利用测天和无线电定位。利用天文定位时,要注意热带礁区因赤纬圈几乎和地平圈垂直,晨光昏影时间特别短,观测时一定要抓紧时间。接近岛礁时,应坚持测深和利用岛礁边缘定位。岛礁区海底崎岖,水深起伏很大,在水流急剧变浅时,应减速直至倒车,仔细观测水色,以防触礁。

在沿岸岛屿和热带珊瑚礁之间航行,除了利用狭水道通常的导航、转向和避险方法外,还可经常利用物标的"开门""关门"来确定转向时机和避离危险等。如图 14-1-18 所示,船舶沿 CA_1 航行过程中,只要保持 A 岛和 B 岛西端闭视以及 E 角和 B 岛东端开视,即可避开航线两侧的危险物。A 岛东端和 B 岛上的灯塔串视,可用于导航。E 角和 G 岛"开门",可用于确定由 CA_1 到 CA_2 这一转向时机。由 CA_2 到 CA_3 的转向时机,可利用 D 岛和 F 角"关门"来确定。船舶沿 CA_3 航行时,保持 D 岛北端和 B 岛南端开视,即可避开航线右侧的航海危险区。

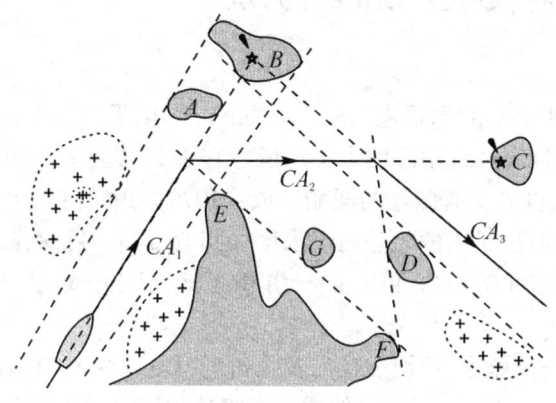

图 14-1-18　岛礁区导航

"开门""关门"位置线是转向和避险应用中的一种方位叠标线,直观、准确、使用方便,且不依赖罗经,在岛礁区航行应尽可能采用。值得注意的是,物标"开门"转向时,如后标开始时被前标遮蔽,对后标的识别要求就非常高,两标一旦"开门",船舶就应立即转向。如果物标识别有误,或者因后标识别费时而延误了转向时机,都可能给航行安全造成严重影响,使用时要特别谨慎。

此外,航行前方单一物标不仅可用于方位导航,如能同时用雷达测定其距离,还可方便地用来确定转向时机。为充分发挥这一特点,岛礁区航行时,可采用二次转向法:先将转向点附近某物标置于航线正前方用来导航,接近到一定距离时,适当向该物标安全一侧转向,到该物标正横时再转至下一航向,而不采用该物标一次性正横转向法。采用二次转向法,直观、方便,有利于导航和避险,能大大减轻航海者的工作紧张程度,对航程的影响也非常小,可忽略不计。

第二节　运河航行

苏伊士运河、巴拿马运河和基尔运河是世界三大著名运河,在国际航运中占有重要地位。本节扼要介绍三大运河的基本情况。

一、苏伊士运河(Suez Canal)概况

1.简介

苏伊士运河北起地中海的塞得港(Port of Said),南止于红海北端苏伊士湾的苏伊士港(Port of Suez),是沟通红海和地中海的人工河道。它于1859年动工开挖,1869年11月17日首次通航,1888年对全世界所有国家的船舶开放。1979—1982年,运河当局对运河进行了大规模的疏浚和加宽,使通过运河的船舶的吃水增加到16.1 m。目前,除个别航段外,苏伊士运河航道中央水深维持在24.0 m(78 ft 9 in)。苏伊士运河的开通,大大缩短了亚洲到欧洲的航程。

整个运河由两端进口航道、运河航道以及大苦湖(Great Bitter Lake)、小苦湖(Little Bitter Lake)和提姆萨湖(Timsah Lake)三个天然咸水湖组成。运河的大部分航段是单程航道(也称主体运河航道)。另外,还设有塞得港支航道(By Pass and Loops)、巴拉赫环形航道(Ballah)、提姆萨支航道(Timsah)、戴佛曳依支航道(Dversoir)和卡博利特支航道(Kabrit)五段双程航道。苏伊士运河总长193.3 km(104.4 n mile),运河内所有弯道半径均在5000 m以上。

2.限制尺度

船宽49.98 m(164 ft)的船舶,可以在吃水18.9 m(62 ft)时通过苏伊士运河。

船宽超过49.98 m(164 ft)的载货船舶的最大允许船宽与船舶吃水以及编队的航速有关,自1992年8月1日起,北上和南下编队统一执行运河当局制定的"船宽和吃水"限制规定。通航船舶允许最大吃水随船宽的增加而逐渐减小:船宽50.0 m(164 ft)的船舶,其最大吃水为20.12 m(66 ft);船宽增加到77.49 m(254 ft 3 in)时,其最大吃水减小为12.19 m(40 ft)。北上编队航速限制为5.9~8.6 kn(11~16 km/h),南下编队为7.6 kn(14 km/h)。

船宽64.00~77.49 m(210 ft~254 ft 3 in)、吃水不超过12.19 m(40 ft)的空载船舶,可以在风速不超过10 kn的情况下通航。船宽超过77.49 m(254 ft 3 in)的空载船舶通过运河前,需要取得苏伊士运河当局的批准。

吃水在15.2~20.12 m(50~66 ft)且符合"船宽和吃水"限制规定的船舶首次在该最大吃水状态通过苏伊士运河时,必须事先在塞得港或苏伊士港进行试航。

对通过运河的船舶的船长无限制。

二、巴拿马运河(Panama Canal)概况

1.简介

巴拿马运河于1881年正式开挖,1914年8月15日正式通航。巴拿马运河是呈东南—西北走向的船闸式运河。它东南起于太平洋东岸巴拿马湾的巴尔博亚港(Balboa),西北止于大西洋西岸加勒比海利蒙湾(Limon Bay)内的克里斯托巴尔港(Cristobal),全长45.02 n mile(83.38 km)。为满足大型船舶通过的要求,巴拿马运河扩建工程于2007年动工,2016年完工,在运河两端建造了新的辅助通道以及规模更大的船闸。

2.限制尺度

2016年,新巴拿马船闸项目完工,允许最大吃水增大至15.24 m。首次通过巴拿马运河的船舶,如果吃水超过10.82 m,其船东、营运人或代理应在船舶装载前2周以上向运河当局提供通航规则所规定的详细信息和最大允许通航吃水的申请。

①巴拿马船闸限制尺度

通常,总长在289.6 m及以下的商船可被允许通过巴拿马运河,而客船和集装箱船的船长可增加到294.13 m。总长超过274.32 m的船舶首次通过运河前应满足相关的检查要求。拖驳船队通过运河时,包含拖船长度在内的完整的拖驳船队组合体总长不能超过274.32 m。非自行推进的船舶通过运河时,包含拖船长度在内的船舶总长不能超过259.1 m。

允许最大船宽为32.31 m的船舶通过运河,但如事先作好安排,也允许船宽为32.61 m的船舶通过运河。允许通过运河的非自行推进船舶的最大宽度为30.5 m。

②新巴拿马船闸限制尺度

通过新巴拿马船闸的船舶总长不超过370.33 m,最大船宽不超过51.25 m,最大允许吃水为15.24 m,首次通过该船闸的船舶需满足相关的检查要求。

③其他限制

任何通过运河或靠泊巴尔博亚港的船舶,水面以上最大高度不能超过57.91 m。按个案处理,巴尔博亚港平均大潮低潮期间,水面以上最大高度达62.5 m的船舶也有可能被允许通过运河。

为确保船舶的操作性能,所有船舶在通过运河时,应有足够的载重以满足最小吃水限制,如表14-2-1所示。

表14-2-1 最小吃水限制

船长	最小吃水	
	首吃水	尾吃水
≤129.54 m	调整吃水使引航员能够在驾驶台中央看到船首方向的叠标	
>129.54 m	2.44 m	4.30 m
>144.80 m	5.50 m	6.10 m
>160.02 m	6.10 m	6.71 m
>176.80 m	6.71 m	7.32 m
>190.50 m	7.32 m	7.93 m
>304.80 m	7.92 m	8.53 m
>335.28 m	8.53 m	9.14 m

　　所有运河船闸和它们的进口闸坝都是成对并排设置的,船舶能同时相向或同向通过船闸。每个船闸浮坞长 304.8 m,宽 33.5 m,深 12.3 m。Gatun 船闸为三级双闸室船闸,可使水位比大西洋水位升降 25.9 m(85 ft);Pedro Miguel 船闸为单级船闸,可使水位升降 9.4 m(31 ft);Miraflores 船闸为二级船闸,水位可升降 16.5 m(54 ft)。

　　运河内 24 h 通航,无须编队航行,夜航无须运河探照灯。船舶通过运河水域平均所需时间,包含等待时间在内,约为 24.5 h;运河两端两个信号台间距 36.7 n mile(68 km),平均通航时间为 10~12 h。船舶在运河内的航速受航道宽度等通航条件的限制:大西洋入口至 Gatun 船闸段水域及 14 号灯浮至太平洋入口段水域航速不超过 12 kn;在宽度为 304.8 m 的 Gatun 湖水道中,航速可达到 18 kn;而在 Miraflores 船闸至太平洋入口处的 14 号浮间,航速不能超过 6 kn。紧急情况下航速不受限制。

　　如船舶自大西洋一端入口经运河驶往太平洋,将由加勒比海利蒙湾(Limon Bay)北部的东西防波堤间进口,航行约 6.5 n mile 后进入 Gatun 船闸,水位升高 25.9 m(85 ft),然后航行于长约 20 n mile 的 Gatun 湖水道,再经长约 7 n mile 的 Gaillard Cut 水道,驶入一级 Pedro Miguel 船闸,水位下降 9.4 m(31 ft)。继续往前航行,通过约 1 n mile 长的 Miraflores 湖水道,驶入二级 Miraflores 船闸,水位再次下降 16.5 m(54 ft),至太平洋面水位,再往前航行约 7 n mile,即是太平洋入口。

　　船舶通过运河期间,允许甲板上所装载的货物突出舷侧,但只能向一侧伸出船体,且伸出部分长度不超过 4.752 m;包含该部分货物在内的船舶最大宽度不能超过 25.9 m。

　　巴拿马运河各区段航道和船闸资料如表 14-2-2 所示。

表 14-2-2　巴拿马运河各区段航道和船闸资料表

运河区段	航道(船闸区域)长度		航道最小尺度	
	n mile	km	宽度(m)	水深(m)
防波堤至 Gatun 船闸	6.43	11.81	152.4	12.8
Gatun 船闸	1.04	1.93	—	—
Gatun 湖	20.70	38.36	198.1	13.7
Gaillard Cut 水道	6.97	12.92	152.4	随季节变化
Pedro Miguel 船闸	0.72	1.33	—	—
Miraflores 湖	0.85	1.58	228.6	13.7
Miraflores 船闸	0.90	1.67	—	—
Miraflores 船闸至太平洋入口	7.41	13.73	152.4	12.9
总计	45.02	83.33		

三、基尔运河(Kiel Canal)概况

1.简介

　　基尔运河位于德国北部,西起于易北(Elbe)河口的 Brunsbuttel 港(53°54′N,9°08′E),东至基尔湾的 Holtenau 港(54°22′N,10°09′E),是连接北海(North Sea)和波罗的海(Baltic Sea)的一条重要航道。运河两端船闸间总长 53.3 n mile(98.7 km),船舶通过运河,包括进出船

闸,一般需要 8~10 h。

2.限制尺度

运河自 1895 年正式通航,后又几经加宽、挖深,运河内最浅水深维持在 11 m。原运河水面处宽 103 m、底部宽 44 m,加宽后水面处宽 162 m、底部宽 90 m,岸边有由 Brunsbuttel 船闸处起算的公里牌,还有照明灯和信号灯,可日夜通航。

运河两端设有船闸,运河中为淡水,其水位与北海和波罗的海均不一致。运河允许长不超过 235 m、宽不超过 32.5 m、水面以上最大高度不超过 40 m 的船舶或拖带体和顶推体通行。船长不超过 160 m,船宽不超过 20 m 的船舶,允许通过的最大吃水为 9.5 m;船长和船宽超过上述限制的船舶,允许通过运河的最大吃水将随船舶尺度的增加而减小,并可根据当局所提供的表格计算确定。表 14-2-3 是该表的节选。

表 14-2-3 基尔运河允许最大吃水表

允许最大吃水(m) / 船宽(m) / 船长(m)	20	27	32.5
160	9.5	9.5	8.9
196	9.4	8.5	7.8
235	8.3	7.4	7.0

第十五章　特殊条件下的航行

第一节　雾中航行

根据国际雾级的规定,凡能见距离在4 km以下者,称能见度不良(poor visibility),包括因雾、降雨、下雪、霾等使能见度受到限制的情况在内。所谓雾中航行(navigating in fog),是能见度不良情况下航行的一种习惯叫法。船舶在雾中航行,均应按章鸣放雾号和采取安全航速。特别是在近岸水域雾航,由于无法直接观察船舶周围的情况,定位、避让和船舶机动受到限制,航行变得更加困难和危险,要求驾驶人员集中注意力,使用一切可用手段,运用良好船艺谨慎驾驶。

一、雾中航行的特点和注意事项

雾中航行,首要的特点就是能见度不良,视线受限制。由于能见度不良,不能及时发现附近物标、航标和周围船舶动向,给船舶定位、导航和避让等造成很大的困难。此外,雾中航行采用安全航速后,风流对船舶的影响加大,使推算航速和航程的准确性受到较大影响,降低了推算船位的精度,同时,也直接影响到船舶在浅滩等危险物附近的航行安全。

船舶进入雾航之前,应尽快完成下述各项准备工作:

①尽可能准确地测定船位,了解周围船舶动态;

②按章采取安全航速,鸣放雾号;

③开启雷达、VHF,并派出必要的瞭望人员;

④变自动操舵为人工操舵;

⑤及时报告船长,通知机舱备车;

⑥保持肃静,打开驾驶台门窗,关闭所有水密门窗,保持一切必要的听觉和视觉瞭望。

进入雾中航行,应及时适当地调整航线的离岸距离。如果按照良好能见度设计的计划航线离岸距离为2~3 n mile,在雾航中航线与海岸之间的距离至少需要3~4 n mile,甚至5 n mile以上,以保证船岸之间有足够的回旋余地。

雾中航行,值班驾驶员要认真做好航迹推算工作。为提高推算船位的准确性,非不得已时不宜频繁改变航向、航速。沿岸航行时,测深是检查推算船位的重要办法之一。有时,可将某一等深线作为避险警戒线使用。测深数据和时间,应记在海图上相应的推算船位附近,以便分析航迹推算情况和估计以后的趋势。对推算船位的准确度,要有恰当的估计,必要时应画出并设法缩小概率船位区。一旦仪器发生故障,推算船位就成为唯一的船位根据。

应尽可能利用一切可用手段定位和导航,尤其要充分地使用雷达。目前雷达已成为雾航时不可缺少的助航设备,而且随着船用雷达技术性能的不断提高,它必将发挥越来越大的作用。

为了在雾航中能够熟练而有把握地使用雷达来导航和避让,要求值班驾驶员能够全面掌握雷达的技术特性,善于辨别各种干扰回波,并能迅速地识别影像和进行观测。利用雷达进行瞭望,应选择适当的量程:大洋航行可用 12～24 n mile 量程;沿岸航行可用 6～12 n mile 量程;狭水道航行应远近量程兼用,一般以 2～6 n mile 为主。当然,即使性能较好的雷达,也不如目视那样直观、可靠,因此不可盲目地依赖雷达,忽视目视瞭望。为了不影响值班驾驶员的瞭望和工作,雾航时可安排专人负责雷达观测和标绘。

雾中航行,应时刻掌握当时能见度状况下的实际能见距离。驾驶员可利用目视发现某一物标(例如发现相遇船)的同时用雷达测出其距离的办法求得实际能见距离。如是雷达不易探测到的其他物标,可在目视发现时记下计程仪读数,正横时再记下计程仪读数,两次观测间的计程仪航程即大致相当于当时的实际能见距离。当然,雾中的能见距离会根据雾的浓度有所变化,不可能是固定不变的,应予注意。

注意倾听声号。雾中声号的作用是向周围船舶提示本船在其附近。声音的作用距离随天气(风向、风力等)因素变化而变化,不能根据声音的大小判断距离的远近。声音在空气中并非直线传播,特别是在声源附近有不规则传播现象。虽处声源附近,但在不同的位置上,有时会听不到声号,即有寂静区存在。当雾号站附近海上有雾而其周围无雾,雾警设备可能不工作,船舶就不能听到声号,这种情况尤其在夜间经常发生。此外,有些雾哨、雾钟仅在有风浪时才工作,且声音随风浪大小而变化。因此,雾中航行,不可单凭声音的大小或有无来判断船舶航行安全情况。总之,听见声号,应视船舶在危险区内,注意采取一切必要的避险措施。在应该听见的位置上而未听见声号,亦不应武断认定尚未进入危险区。

在距离高而陡的岸边 2～3 n mile 航行时,根据本船声号的回音,可粗略推算出船岸距离,即当开始鸣放声号时启动秒表,听见回声时停秒表。以声音的传播速度乘秒表读数的 1/2,即得船岸的大概距离。实际应用时,可用下式概算离岸距离:

$$D = 0.09t \qquad\qquad (15\text{-}1\text{-}1)$$

式中:D——船岸距离(n mile);

t——本船发出声号到听到回声之间的秒表读数(s)。

瞭望与雾航安全的关系极大,熟练的瞭望人员必须能及时发现船舶周围的任何微小的变化。例如:

风向、风速稳定时,波浪突然减弱,说明船舶可能已接近上风的海岸或浅水区;反之,若波浪突然增强,则说明上风沿岸可能有大的湾口。

航行条件没有变化,而风突然变小,说明船舶可能已很接近高陡的岸边。

海水颜色和透明度发生变化,如果海水变得浑浊,则说明船舶可能已接近泥底海岸或河口;海上出现漂浮物,诸如海草、海藻等,是接近海岸的迹象;海面出现渔具、垃圾和油迹等,表明附近有船舶。

出现大量海鸟、海兽,表明已接近陆地或冰山。

二、雾中定位与导航

在能见度不良的情况下,由于不能观测物标,陆标定位和天文定位都无法使用,但可根据海区条件进行无线电定位导航或测深辨位导航。

1.无线电助航仪器在雾航中的作用

雾中航行,应结合海区定位、避让条件和仪器性能,充分利用雷达和其他各种无线电助航仪器进行定位、导航和避让。

大洋航行,可利用卫星导航、罗兰 C 等远程定位系统确定船位,可利用雷达瞭望和避碰。

DGPS 定位能达到米级精度,当在 DGPS 作用范围内雾中航行时,可以充分利用 DGPS 定位和导航。在沿岸航行时,雷达不仅可用于瞭望和避碰,当海岸等在雷达作用距离之内时,还可用于定位和导航。

狭水道航行,雷达在定位、导航以及避让上所起的作用更加显著。但是,应当指出,无论无线电航海仪器怎样可靠,均不可与目视导航的直观性相比。能见度良好时可以通过的狭窄水道,在能见度不良时,即使使用最理想的导航仪器,其误差对导航精度的影响也是不可忽视的。例如,在能见度良好时,在狭窄航道内依靠浮标和目视导标导航完全没有困难,但是,在能见度变差时,依靠浮标安全导航的可能性便有待具体分析。这时,如果在雷达荧光屏上可以看到位于船首和船尾方向上的两个相邻浮标的回波,一般可以获得较高的导航准确度。但是若两个浮标相距较远,以致有时在荧光屏上只能看到一个浮标的回波,就只得靠该浮标的雷达方位进行导航,而准确度将大为降低。

如图 15-1-1 所示,为了安全导航,雷达观测方位的最大可能误差所引起的船位偏移(p)必须小于航道宽度(B)的 $\dfrac{1}{2}$,即 $p < \dfrac{B}{2}$。

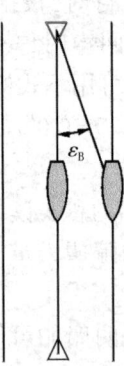

图 15-1-1　雷达方位导航误差

因为

$$p \approx \frac{D \cdot \varepsilon_{\mathrm{B}}}{57.3}$$

所以

$$\frac{D \cdot \varepsilon_{\mathrm{B}}}{57.3} < \frac{B}{2} \tag{15-1-2}$$

式中：D——船至浮标的距离（m）；

ε_B——浮标雷达方位的最大可能误差（°）。

设航道宽度 B 为 150 m，$D = 2$ n mile，$\varepsilon_B = \pm 2°$，求得：

$$p \approx \frac{D \cdot \varepsilon_B}{57.3} = \frac{2 \times 2 \times 1852}{57.3} = 129 (\text{m})$$

而 $\frac{B}{2} = 75$ m，所以 $p > \frac{B}{2}$，不宜采用雷达方位导航。

在雾航中，各种定位方法可交叉使用，以利彼此核对。单一的方位或距离位置线，有时可以作为避险线使用。雾航中应比能见度良好时更频繁地使用上述仪器定位，以起到检查推算船位的作用。要充分发挥雷达在定位、导航和避让中的重要作用，同时，还应充分利用 VHF 通报情况，协调避让措施。

2. 测深辨位和导航

利用测深仪进行测深辨位和导航是雾航中常用的定位和导航方法之一。在海图上推算船位附近沿航线选定数个水深点，并量出各相邻两点之间的大致距离。根据本船当时的航速，计算出相应的各相邻两水深点间所需要的航行时间，作为确定测深时间的依据。如此连续测深，记下时间、计程仪读数和水深数据，并将测得的水深改正到相应于海图深度基准面的水深：

海图水深 = 测深仪测深值 + 船舶吃水 − 潮高

然后按与海图相同的比例尺将计划航线和与各次测深时相应的推算船位画在透明纸上，并将改正潮高后的水深标注在相应的推算船位附近。将透明纸移到海图上计划航线附近，平行移动透明纸，并保持其上计划航线与海图上的计划航线平行，直至透明纸上的各水深点与海图上相应的水深点大体一致时为止。这时，最后的一个水深点位置即为最后一次测深时的大概船位。

这种测深辨位方法的准确性，主要取决于计划航线上水深变化的情况。如果计划航线上水深变化明显而且均匀，则辨位结果较为准确；反之，如果计划航线上水深变化不明显或存在急剧的不规则变化，则辨位准确度较差。

计划航线上的水深变化情况主要与计划航线和等深线的交角有关。当交角较大，两者相互垂直或接近垂直时，水深变化比较明显；当交角较小，两者平行或接近平行时，水深就很少发生变化。此外，测深辨位的准确性还取决于测深和潮高改正的准确性、海图水深点的位置和所标水深的准确性。

如航行区域有特殊水深（点滩）点，设法测得此特殊水深点的所在，也是一种可行的辨位方法。当船舶接近特殊水深区时，可去寻找该特殊水深点。一旦测得这样的水深，即得知船位之所在。例如，山东半岛东面水域海底有一条比较浅的脊背，而在成山角附近水域又有一条较深的深沟，均可在雾航时用以辨位导航。

如图 15-1-2 所示，当船舶从老铁山水道南下时，经过 40 m 等深线后，所测水深均在 30 m 左右，表示安全，继续向前航行，应提高警惕。

如果航行中测深大于 30 m，说明船舶可能已驶入成山角东北的深沟内，离岸太近，应立即向左转向，离开深沟后再向东南航行。

若在航行经过 40 m 等深线后不久即发现水深小于 27 m，则表明航线过于偏右，应立即

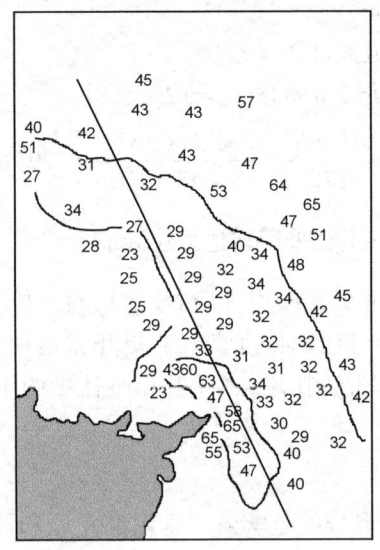

图 15-1-2 特殊水深点辨位

向东转向,待驶入 30 m 水深后,再转向东南。

沿岸航行,当所选航线与等深线平行时,航行中可利用等深线来避离航线靠岸一侧的危险物。当航线和等深线垂直时,各条等深线与岸的距离可在海图上量出。因此,可根据所测得的水深来判断离岸距离。雾中航行,一般推算船位的误差较大,即概率船位区比较大。船舶在通过等深线前后利用测深仪测深,可缩小概率船位区。

3.逐点航法

雾中航行,要求充分利用一切可获得的手段定位和导航,包括测深辨位和等深线的合理使用。为了确保船舶航行安全,如航线附近有适当的灯塔、浮标、雾号站等物标,而其周围危险物又较少,可采用逐点航法。

所谓逐点航法,就是将原来较长的直航线改为若干段短航线组成的曲折航线,各段航线的转向点选择在物标附近,从而由一个物标正对着下一物标航行的方法。

逐点航法的优点是在不易测得船位的情况下,可以不断地控制和缩小推算误差。但其缺点是必须故意接近物标,能见度极差时具有较大的危险性。因此,不可将转向点设计在距离物标太近的位置,只要在雷达作用距离内即可。

航行时,应根据航速和两物标之间的距离,预算到达下一个物标的时间,注意瞭望,如到时不能发现物标,无法获取船位,应及时抛锚待航,绝不可盲目航行。

第二节 冰区航行

随着我国北极政策的贯彻落实,越来越多的船舶在极地冰区通航。统计资料表明,北冰洋海冰的平均厚度约为 3 m。根据海冰热力学数学模型的计算结果,北极海冰的平均厚度为

2.88 m,最大厚度为 3.14 m,最小厚度为 2.71 m,两种资料的结果基本是吻合的。总体来说,北极水域 10 月海冰重新形成,此时形成速度最快,可以延续到 12 月;次年的 1 月到 3 月海冰的生长速度相对减慢,3 月海冰的厚度达到最大;海冰的融化从 4 月开始到 9 月截止,其中 5 月到 8 月海冰的融化速度最快,而 4 月和 9 月海冰的融化速度最慢,9 月海冰的厚度达到最小。目前北极航道商船通航主要在 7 月初至 9 月底。

在我国北部沿海,寒冬季节海面会结冰,影响航行。

冰区航行(ice navigation)时船舶操纵和定位等都相当困难。我国远洋船队迅速发展,航区不断扩大,要求船舶驾驶员对世界范围内的冰区情况、航行特点和规律有更多的了解,以确保航行安全。

一、冰区航行的特点

在冰区航行,船舶不得不经常改变航向航速,在许多情况下一般的计程仪无法正常使用;有时在高纬航区,特别是在船舶频繁变向、变速的情况下,罗经工作的可靠性也有较大的降低;在冰区,风流压差的测定十分困难。因此,冰区航行时,经常无法正常准确地进行航迹推算。

由于结冰可能使岸形的雷达回波发生变化、水上标志被迫撤消、无线电波传播和大气折射异常,因此在冰区进行陆标定位、无线电助航仪器定位及天文定位都将产生困难。

有冰往往伴随能见度降低。此外,在冰区航行时,为了特别注意保证船体的安全,观察瞭望周围的航行环境和采取必要的操纵措施,会耗费驾驶员很多的精力,因此,要求驾驶员具有快速定位和计算的基本知识和技能。

二、冰随风流的漂移

冰山的漂移主要受海流和风的影响,各自影响的显著程度取决于其本身强度,以及冰山在水上和水下的体积和质量。

虽然洋流对浮冰的漂移有一定的影响,但主要因素还是风。由于地球自转偏向力的作用,浮冰不会沿风的去向漂移。在北半球,浮冰的漂移方向是在风的去向的右边,在南半球则是在风的去向的左边。虽然早期的研究人员计算出了紧密的多年积冰漂移的平均角度为 28°~29°,但大的漂移角度通常是在风速较低时观测到的,而不是在风速较高时观测到的,冰表面风的作用力以及冰的厚度的统计证明,浮冰的漂移方向与风的去向一般相差 18°~90°。

浮冰的漂移速度取决于表面的粗糙度和冰的密集度,一般为冰面上方 6 m 处风速的 0.25%~8%。在相同的风速下,低密集度的重脊或堆积浮冰比高密集度的轻脊或堆积浮冰漂移得更快。冰量达到 8/10~9/10 的海冰和 6/10 的堆积浮冰或密集的多年冰将以表面风速的 2% 左右的速度漂移。此外,在表面粗糙度相同的情况下,冰量 1/10 和 5/10 的海冰的响应系数分别约为冰量 9/10 的海冰的响应系数的 3 倍和 2 倍。观测资料显示,孤立的浮冰盘漂移速度高达地面强风速度的 10%~12%。

研究表明,冰山受风流影响后的漂移,在强海流占优势的水域,海流占主导地位。然而,在水流微弱的水域,持续稳定地吹几个小时的风也会对冰山的漂移产生重大影响。因此,可以这样认为,洋流对深吃水的冰山有较大的影响,而风对浅吃水的冰山有较大的影响。

三、接近冰区的预兆

冰区航行,可使用雷达观测流冰接近的情况。雷达探测冰情的能力,取决于两者之间的距离、冰块的大小以及冰块反射面的倾斜角度。小块流冰和在平静海面上高度小于 0.3 m 的冰块较难被雷达发现。有风浪时,海浪干扰回波与冰块的回波也不易辨别,不能因雷达探测不到冰情而错误地认为船舶周围没有危险的冰情存在。接近冰区边缘时,要保持连续的目视观测,并借助其他办法判断冰区的接近。

1.流冰(floating ice)的征兆

航经开阔水域时,可以通过以下现象判断船舶在驶近冰区:

(1)冰映光(ice blink)是一个相对可靠的迹象,有可能是最早表明附近有冰原(ice field)的迹象,通常在流冰出现之前,能看到冰面上云层底部的反射光。日光照射下的冰山或有冰水域的上空因冰反射会呈黄白色,下部明亮,上顶暗淡,其高度视冰的远近而异。白天当天空有云时黄色消失,在云层底部呈白色。在一场新的降雪之后,清晰程度会提高。无冰水域或陆地的上空则呈灰色。

(2)小冰块的出现往往表明不远处有大量的冰块。

(3)当从背风面接近冰原(ice field)时,海面会突然变得平静。

(4)雾的出现往往表明附近有冰。

在晴朗的日子里,可能会有不正常的光线折射,导致特征外观失真。尽管在没有折射的情况下,冰原的距离也比正常情况下可能看到的要远,但它的特征可能会被放大得不成比例,甚至在很远的地方可能看起来像巨大的冰崖。

除此之外,以下情况对判断船舶是否接近流冰有较大帮助。

在北极,如果远离陆地,海象、海豹和鸟类的出现可能预示船舶驶近冰区。在南极,南极海燕和雪燕的出现,表明已经接近海冰。

表层水温的变化,几乎不能用以判断是否接近冰区。当海表温度降到 1 ℃时,如果船舶不在主要冷流水域范围内,为了安全起见,应认为距离冰原不超过 150 n mile;如果有持续的风把冰吹走,则应认为距离冰原不超过 100 n mile,因为这将导致冰往远处延伸并变得范围更开阔;通常当海面温度降至 -0.5 ℃时,应认为距离冰原不超过 50 n mile。

2.冰山的迹象

两极地区接收到的太阳热量少,因此终年严寒,一年四季都堆积着冰雪,在一定的压力下结成厚厚的冰盖,冰盖自身的巨大压力使它们不断地向四周的大陆边缘运动形成冰川,冰川边缘凸向海洋中的部分在风、浪和潮水的作用下碎裂或折断漂浮在海上,称为冰山,特大的冰山称为冰岛(ice island)。

冰山是形状多变的、露出海面高度 5 m 以上的巨大冰块,可以是漂浮的,也可以是搁浅的,按照形状可分为平顶冰山、圆形冰山、峰形冰山、楔形冰山、船坞冰山、陡峭冰山等。在南极大陆上的冰盖延伸进南极大陆周围的浅水中,冰架在广阔的前沿向前推进,部分冰架坐落在大陆架上,部分漂浮在水中。在浮力的作用下,漂浮的部分大块地断裂下来,离开冰架漂移,形成平顶状冰山。这类冰山有的长达 100 多千米,宽数十千米。1966 年,美国曾观测到一座长 333 km、宽 96 km 的巨大冰山。

冰岛是漂浮的、露出海面高度约 5 m 的特大冰块,厚度 30~50 m,面积从数千平方米到 500 km² 以上,表面规则起伏呈肋状。在北冰洋主要是冰岛,其运动随北冰洋环流沿顺时针方向旋转,有些已经历 30 多年,旋转了数周,其中有些经格陵兰东部漂流到大西洋。目前,在北冰洋观测到的最大冰岛叫"何布逊冰岛",其平均厚度 42.5 m,表面积 26 km²。格陵兰和纽芬兰海域也有许多冰山,来源于格陵兰东岸的冰川及格陵兰西岸、埃尔斯米尔岛南部、德文岛和巴芬岛的冰川,多呈尖塔状,冰中含有泥沙等杂质,冰密度较大。

冰山淹没的深度,取决于冰山和海水的密度。设冰山的密度为 ρ_I,海水的密度为 ρ_W,冰山的全体积为 V,水上部分的体积为 $V_上$,则水下部分体积为 $V-V_上$,如图 15-2-1 所示,于是有:

$$\rho_I V = \rho_W (V - V_上)$$

即

$$V = \frac{\rho_W}{\rho_W - \rho_I} V_上$$

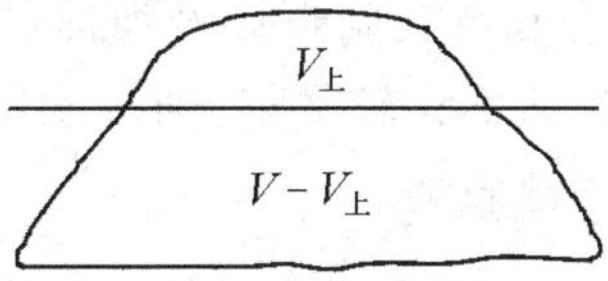

图 15-2-1　冰山

冰山的密度一般在 0.86~0.92 g/cm³。形状较规则的冰山,露出海面的体积一般为总体积的 1/10~1/9,露出海面的高度一般为总高度的 1/7 左右。平顶冰山露出海面的高度一般为总高度的 1/7~1/5,尖塔形冰山则为 1/3 左右。

冰山经常是连续出现的,而且伴随着浮冰群。刚刚离体的冰山,四面陡峭,回波比较强,雷达发现距离可达 20 n mile 以上。冰山的回波强度和冰山的大小与反射面的角度有关,露出水面 3 m 的冰山,往往只能在 2 n mile 左右探测到,高度小丁 30 cm 的冰雷达很难探测到,高大的冰山有时能在十几海里以外显示回波。

尽管冰山很大,但在某些情况下很难看到它们,驾驶员在预计它们会出现的水域中一定要加强瞭望,谨慎航行。在雾中,有阳光时,因阳光照射,冰山看起来是发光的白色物体;没有阳光,靠近冰山时,冰山看起来是一个黑压压的物体。晴朗没有月亮的夜晚,在距离 1~2 n mile 时能看到冰山(看起来是一个黑色或白色的物体);有月亮时,背向月亮,借助月光很容易看到冰山,但在有云或间断性月光的夜晚,冰山很难被看到。

值得注意的是,冰山的出现没有绝对可靠的迹象。完全依赖雷达或任何可能的迹象都是危险的,唯一确定的方法就是去仔细观测。

判断是否靠近冰山时应注意:

(1)空气或海水温度的变化不能用来判断冰山是否就在附近,但是仔细观测到的海水温度的变化可以用来预测何时进入含冰的寒流水域。

(2)汽笛的回声也不可靠,有些形状的冰山可能不会产生回声;另外,回声也可能会来自特别浓的海雾。

(3)声呐已经被用来确定冰山的位置,但是这种方法是不可靠的,因为水温和盐度的分布,特别是在水流的边界附近,可能会产生过度的折射,从而阻止声呐信号到达船只或冰山。

有些迹象用来判断冰山是有用的,但是也不能保证其可靠性:

（1）如果是大型南极冰山，虽然在远离陆地的海域，海面有清风，但是海况较好，表明在来风方向存在冰山；

（2）冰山崩裂或者冰块崩裂掉入海中时，会发出雷鸣般的轰鸣声，或者听起来像远处的炮声；

（3）发现小型冰山或更小的浮冰表明冰山就在附近，而且很可能是在迎风一侧，用这种方法可以在浓雾中发现冰山；

（4）安静的夜晚，当船舶慢速前进时，如果附近有冰山存在，可能会听到碎浪的声音，这时应该保持安静，仔细倾听。

3.海冰厚度的判断

总体上北冰洋上呈现出灰色、暗色、白色的海冰大多数是当年冰，厚度不大，如果冰色呈现出青色或青蓝色，该处的海冰较厚，是陈年冰，对船舶的航行影响很大。

海冰上的融池最早产生于冰脊和冰丘附近以及海冰的裂缝与冰面的低凹处，它能够表征海冰的厚度及其变化。如果海冰表面比较平整，则该冰块的厚度较大；如果海冰表面的融池很多，而且多数已经通透，则该海冰较薄。

四、进入冰区前的各项准备工作

为了确保冰区航行安全，在进入冰区以前，应做好以下几方面的准备：

（1）认真分析有关冰情资料和所能接收到的冰情报告，以便及时避离冰山和浮冰，选择一条有利的冰中航路。冰区航行的可能性，要视冰量、冰厚、冰的硬度及本船冰级条件而定。通常，冰量在6/10以下、冰厚在30 cm时普通商船还可以航行。

（2）仔细检查主机和操舵系统，确保其可靠工作，并能快速响应操纵命令。船上助航设备和通信设备等同样处于良好的工作状态，特别要确保雷达能正常工作。

（3）调整好船舶的吃水和吃水差。一般应尽可能增大吃水，并保持1~1.5 m尾倾，使螺旋桨尽可能地没入水中。这样，既能使船舶具有较好的破冰能力、提高稳性并保护螺旋桨和舵不受损伤，又不会因为过大的尾倾而影响船舶的操纵性能。

（4）尽可能在进入冰区前，采取一切有效的定位方法测得准确的船位，作为冰区推算和定位的基础。

（5）船头、船尾和驾驶台应设置性能良好的探照灯，以便夜间航行时能及时探明冰情。

（6）准备好各种御寒和堵漏器材，关闭水密门窗。

五、冰区航行注意事项

（1）如有可能，应避免进入冰区航行，尽量选择其他航线，哪怕航程更长。一定要通过冰区时，必须选择在冰最少、冰质弱或在冰裂缝中航行。航行中开启雷达及早发现冰中水道，以利前进，遇到冰山，应及早在下风保持适当距离避航。

（2）应尽量从冰区的下风方向接近冰区，并尽量选择在冰块凹陷处，用很慢的速度，保持船首柱正对冰区边缘，直角进入，以减小冲击影响。船首进入冰区后，应适当加速，以维持首向和控制船舶运动。

（3）根据冰量、冰质、本船的船型结构及实际强度，谨慎决定航速，特别是老船，更要慎重。冰区航行航速过高,往往会导致船体受损;而航速过低,船舶又有被冰围困的危险。通常采用3~5 kn的航速,即维持舵效的最低航速。当有破冰船引航时,航速将由破冰船指定。一般冰量为4/10时,可取8 kn航速,冰量每增加1/10,航速减少1 kn。当冰量大于7/10~8/10时,航速不应超过5 kn。

(4)加强首尾瞭望和雷达观测,以便及时发现浮冰、冰山,探明可航水道,预防碎冰损坏车、舵和船体。大风浪天气发现有碎冰集结时,应在下风航行。遇有冰山和碎冰互相接近运动时,应尽快避开,以防止被围困发生危险。

(5)抓住一切时机测定船位。冰区航行,航迹推算、陆标定位都十分困难,定位精度也受到很大的影响,卫星定位系统在冰区可以正常定位,因此,应利用各种无线电导航仪器尽可能地测定准确的船位。

(6)破冰船引航时,应注意与破冰船或前船保持适当的距离,一般取2~3倍的本船船长。要密切注意破冰船的动态,加强相互间的联系,确保航行安全。

(7)尽量避免在冰区抛锚,如果必须抛锚,应选择在冰层最薄处下锚,且锚链长度不得超过当地水深的2倍。

(8)船舶主机应做好随时全速倒车的准备,冰区倒车必须格外谨慎,倒车前,应使舵处于正舵位置。

(9)船舶一旦被密集浮冰阻挡而无法前进,应在正舵的情况下慢速进车,将浮冰冲离船尾区域,再倒车后退。

六、冰情资料

为了有把握地进行冰区航行,事前充分分析有关的冰情资料,及时接收和分析当时的冰情报告,是非常必要的。冰情资料有许多种,例如:

(1)有关的《航路指南》,包括中国海事局出版的《北极航行指南》;

(2)按月份出版的有关北极海区、西北大西洋和北太平洋的冰情图(Monthly Ice Charts);

(3)北半球冰区图册(Ice Atlas of the Northern Hemisphere);

(4)北大西洋引航图(Pilot Chart of the North Atlantic Ocean)、英版北大西洋航线每周冰情报告以及北大西洋航路设计图(North Atlantic Routing Charts)等。

从《世界大洋航路》中,亦可查找到有关的冰区推荐航路。

在《无线电信号表》第Ⅲ卷中载有"无线电航海警告和冰情报告的服务细节"(Radio Navigational Warnings and Ice Reports, Service Details)有关台站的资料,可据以接收北大西洋的无线电冰情报告。

国际冰情监视(International Ice Patrol)是由美国海岸警卫队的船只和飞机在纽芬兰沿岸附近对流冰和冰山进行的监视。每年大约开始于2月末或3月初,持续到6月末,向船舶通报北大西洋航线纽芬兰大滩(Grand Banks)附近的冰山和流冰情况,在此季节每天两次向船舶播发冰情报告。冰情传真图每天由有关台站发布,必要时还发布特殊的冰情补充报告。

卫星照片可显示大冰山的动态。

英版《航海员手册》专门叙述了有关冰区航行的知识,其中介绍了大量的冰情术语,按英文字母顺序排列,并对每一条术语做了解释,可供阅读冰情资料和冰情报告时参考。此外,该章对海冰、冰山、冰区操作、冰区导航等内容,做了初步的介绍。为了帮助理解冰情术语、正确使用冰情报告,《航海员手册》中还印有近 40 幅各种冰况的图片。

我国渤海湾沿岸的初冰出现于 12 月上、中旬,终冰在次年 2 月中、下旬或 3 月初。在此期间,沿岸固定冰宽度为 200~3000 m,有的地方可达 3~4 km。冰厚为 20~40 cm,最厚为 50 cm,堆积冰高度为 2~5 m,最高为 6 m。流冰通常在距岸 5.4~10 n mile 范围内,大体上沿 10~15 m 等深线分布,流冰厚 10~30 cm。在河流入海口附近,因有淡水流出,冰情较严重,并有大量流冰,流冰速度一般为 1 kn,最大可达 3 kn。

我国国家海洋局北海预报中心(http://www.nmfc.org.cn/MarineFore)在每年 11 月最后一个星期五至次年 2 月最后一个星期五期间,每个星期五发布北海区海冰周预报,主要预报的海区包括辽东湾、渤海湾、莱州湾和黄海北部,预报内容包括浮冰边缘线离岸最大距离、一般冰厚和最大冰厚,并提供冰情预报示意图。

七、冰中推算与定位

为了适应冰区可航水域的环境和情况,保证船舶安全,船舶在冰区航行必须经常地改变航向和航速,这给航迹推算带来很大困难,其问题的实质是如何确定航向和航程,并使用特殊的海图作业方法进行航迹推算。

较常用的推算方法是短时间间隔(一般为 5 min)海图作业法,要求驾驶员每 5 min 记录一次航向和航速,然后每 30 min 或 1 h 绘算出总航向和航程,这样便得出了每 30 min 或 1 h 的推算船位。为了便于使用,可制成记录表格,用以登记每次记录的时间、航向、航速和航程,或由其他人员协助驾驶员填记。

使用表格进行绘算或计算时,应注意以下几点:

(1)前后 5 min 有相同航向时,可归结一起绘算;

(2)遇有左右各差 5°~10° 的航向,可取平均航向;

(3)如有流压差,可将其矢量列入表内,视为一个航向对待。

冰区航行,航速难以用推进器转速或计程仪求取,而要通过实测来确定。通常可目测,即根据舷侧 20~30 m 内浮冰通过首、尾的时间和本船船长计算得出,如有适当的物标,也可用雷达测定航速。根据冰山或其他显著的标志,可测出相对于水的航速和航向。

冰区航行定位,必须注意海区特点,有陆标时,应尽量使用陆标定位和雷达定位,还应根据条件选用天文定位、无线电定位和卫星定位。由于冰区的异常折射和无线电波的异常传播等,对所求得的天文和无线电船位的准确度要有足够的估计,不可过分信赖。在测深点较密的冰区航行时,亦可考虑通过测深来辨别船位。

第三节　极区航行

对于极区的范围,不同的学者根据他们研究的学科的对象不同,各自有不同的解释。航海上,习惯将两极到 70° 纬线之间的南极地区和北极地区统称为极区(polar regions),将纬度 60°~70° 之间的区域称为副极地区(sub-polar regions)。北极地区(Arctic region)实际上是一大片水域,四周被亚洲、欧洲和北美洲大陆所环抱,构成了地球四大洋之一的北冰洋(the Arctic Ocean)。南极大陆及其附近岛屿和周围的海洋,习惯上统称为南极地区(Antarctic region),四周被浩瀚的太平洋、大西洋和印度洋所包围。

极区航行,船舶将面临许多极地高纬区域特有的风险,如严重的冰况、恶劣的天气、匮乏的海图资料、不完善的助航和救助设施,以及因信号盲区而导致通信受限等,这些均是航海人员面临的巨大挑战。为尽最大努力减少和消除极地水域的人身伤害和环境污染事件的发生,实现安全、可持续的极地水域航运发展,国际海事组织(IMO)颁布了《国际极地水域操作船舶规则》(Polar Code,简称《极地规则》),并分别通过《国际海上人命安全公约》(SOLAS)新增的第ⅩⅣ章"极地航行船舶安全措施"和《防止船舶造成污染公约》(MARPOL)附则Ⅰ、Ⅱ、Ⅳ和Ⅴ修正案,于2017年1月1日实施,适用于所有极地水域操作的客船和500总吨及以上的船舶。根据《极地规则》的相关定义,极地水域包括南极和北极,具体范围如图15-3-1和图15-3-2所示。

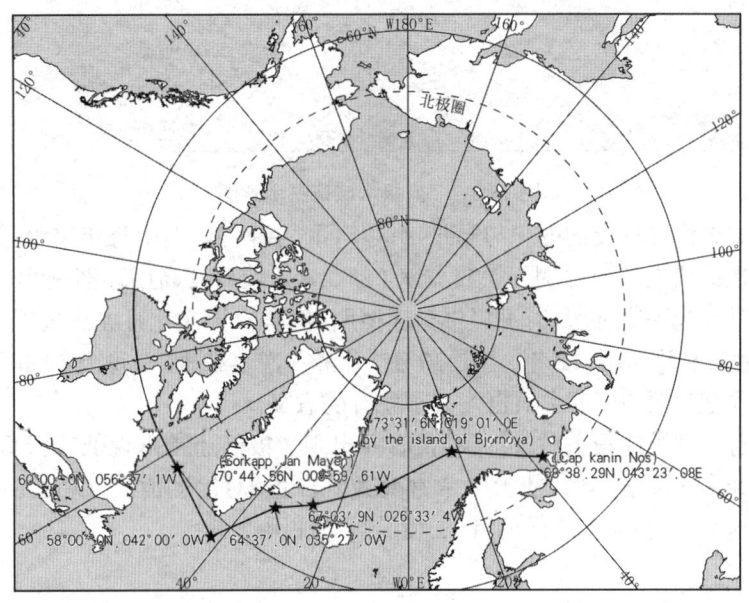

图 15-3-1　北极水域范围示意图

本节就极区环境、海图、罗经、定位等有关问题做简要的介绍。

一、极区环境

高寒、多暴风雪,一年只分冬、夏两个季节,有极昼、极夜现象,是南、北极地区的共同特点。此外,方向、经纬度、昼夜、日出和日没等术语在极区被赋予了新的含义。

在温带纬区(temperate latitudes),经线被认为是相互平行或接近平行的直线,但在极区,子午线由两极向周围辐射,位于北极点(或南极点)两侧的两个测者,可能彼此都在对方的北面(或南面)。在北极点,所有方向均为正南方向;而在南极点,所有方向均为正北方向。在高纬地区,方向随着测者的移动变化较快,物标的方位线不能再被认为是恒向线,而是两点间的大圆弧。子午线和时区在两极收敛,经线过度弯曲,致使经线和纬线不能用作航海的基准,地方时也失去了原有的意义。

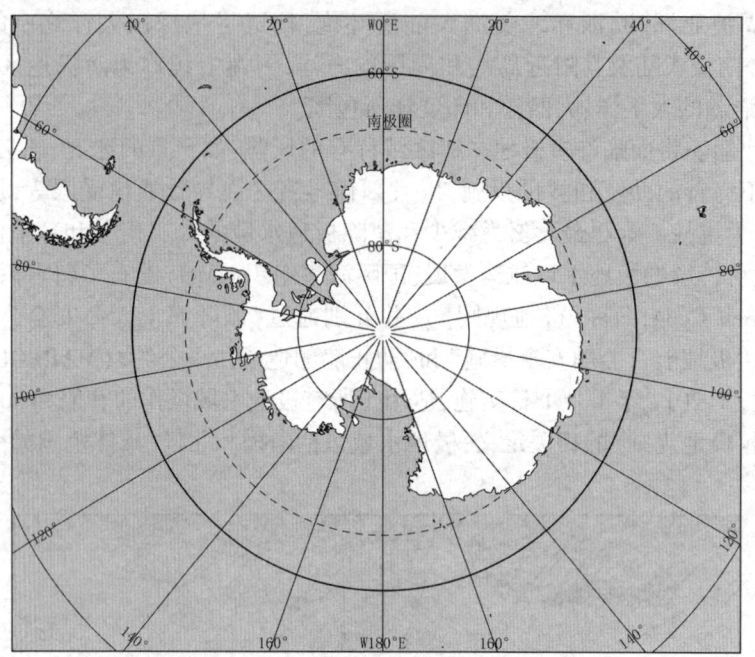

图 15-3-2　南极水域范围示意图

极区太阳的出没和昼夜的变化与温带纬区不同。在两极,太阳每年出没一次。日出后,太阳慢慢地呈螺旋状上升,3 个月后高度最大($23°27'$),然后其高度逐渐减小,3 个月后出现日落。月亮每月升起一次,满月时可提供极区照明,但有时极光比月光还要明亮。恒星每个恒星周期(金星 225 天,木星 12 年,土星 30 年)升降一次。在极区,每天 24 h 不再以昼夜的交替来衡量,"早晨""中午"等术语也失去了原有的意义。

当水面没有全部被冰覆盖时,极区经常有雾出现。极区还常出现低云云幕,日光在积雪表面和云幕间经多次反射扩散,使天空常常变为乳白色,对比度消失,以致无法识别地面和地平线。所有这些情况,加上冰区的特点,使航行更加困难。

二、海图

由于接近极区时投影变形急剧增大,高纬地区不能使用通常的墨卡托投影方法制作海图,而采用等角横圆柱投影(transverse mercator)、极射平面投影(stereographic projection)、心射投影(gnomonic)、方位等距投影(azimuthal equidistant)等投影方法制作海图。所有这些投影方法所制作的近极地区海图十分相似,以致无法用目视的方法加以识别。在这些海图上,绘有专供度量方向用的格网线,图上距离和格网方向(grid direction)可按通常的方法确定。

无论采用何种方法制作极区海图,都能保持图上经、纬线的精度与其他海图一致。但由于极区自然条件恶劣,许多地区及水域未经系统测量,大部分极区海图是以空中照片为基础制作的,海图上测深、地貌和其他航海信息十分稀少,物标在海图上的地理位置也可能是不可靠的。随着人类的极区活动越来越频繁,海图和其他航海图书不断得到完善,个别地区可获得现代化的测量资料。尽管如此,这些地区的测量精度仍然比极区以外的地区差。为此,航海者应比其他任何时候更加切实地了解海图的精度,并始终保持足够的戒备,确保船舶航行安全。

三、罗经

陀螺罗经的指向力矩随纬度的升高而变小,在极区航行(polar navigation),需经常检查陀螺罗经工作的可靠性。通常,纬度在75°以下,陀螺罗经工作是可靠的;纬度超过75°,应经常利用测定天体方位的方法对罗经进行校核(约每4 h一次,纬度升高,相应的时间间隔也随之缩小);接近两极时,陀螺罗经将失去所有的水平力矩,一般认为,纬度达到约85°时,陀螺罗经便失去指向作用。

由于极区地磁水平分力大大减小,磁罗经指向能力减弱,另外,由于地磁磁极连续不断地运动,在地磁磁极附近磁差日变化较大,最大每天变化达10°,因此,磁罗经在磁极附近对航海的作用非常小。如果船舶在低纬地区对磁罗经进行校正,并且在到达高纬地区时再次进行了校正,则可在地磁磁极附近以外的极区使用。

极区航行,应尽量避免频繁地变向、变速,减小船舶对冰的冲击作用,以免产生较大的罗经误差。应经常校对陀螺罗经和磁罗经,如能对罗经进行校验,应认真做好记录。如有可能,极地水域航行船舶应尽量配备光纤罗经或 GNSS 罗经,以备不时之需。

四、极区定位和导航

所谓极区航行,在一定意义上可以说是高纬航行和冰区航行的组合,其地理位置和自然环境都给极区航行的定位和导航带来许多困难。

1.陆标定位

极区有些地区虽然自然陆标较多,但是辨认和识别困难;沿海许多岬角和小海湾具有显著的彼此类似的特征。许多地貌长时间被厚厚的积雪或冰所覆盖,海岸很难显露出来,即使有少数山头露出冰雪之外,其海图位置也不十分精确,陆标定位十分困难。北冰洋地区,在亚洲和欧洲北部近岸水域,夏季通航期内可用陆标定位;南极洲及其附近水域,由于该海区未经系统测量,陆地的绝大部分被冰雪覆盖,在其附近海域航行,基本上无法进行陆标定位。除了距离较近的物标外,物标的目视方位线和雷达方位线,应按大圆处理,如果将它们绘画到墨卡托投影海图上,应进行大圆改正量的改正。

2.天文定位

极圈以内的极区,存在极昼或极夜现象;极圈以外的极区,夏季昼长夜短,冬季夜长昼短,极区大部分航海季节内,太阳被云层所遮蔽,观测太阳困难。这些都给天文定位造成了较大的困难。

在极昼期间,通常只能测定太阳,用转移位置线的方法来进行天文定位。冰区无法进行准确的航迹推算,转移船位的精度较差。在极夜航行,由于无法看到水天线,若无气泡六分仪或带人工水平的六分仪,就无法进行天文定位。晨光昏影时,测定星体所获得的船位是最好的天文船位,但极区纬度较高,晨光昏影时间长,从日没至可看见星体的时间间隔也相应增加,测星定位比较困难。

此外,在极区有几周唯一可供观测的天体的高度可能不超过10°,只能通过观测低高度天体来确定船位,加上极区天气变化剧烈,大气折射现象变化也很大,给观测天体高度的改正带来了较大的误差,因此,极区航行,天文定位比较困难,定位精度也受到较大的影响。

3.无线电定位系统

如能充分合理地使用雷达,它将是确保极区航行安全的最有效的助航设备之一,但不能过分依赖雷达而忽视运用良好的船艺。

GPS、GLONASS、GALILEO以及我国的北斗等全球卫星导航系统在极区能如同在其他地区一样获得令人满意的定位和导航效果,应充分加以利用。

4.测深

极区航行,回声测深仪应连续工作。但极区许多地区水深变化非常突然,航海人员不能仅凭测深来获取接近浅水区的警告信息。

在有些测深完整的地区,可根据测深来判断船位和冰的偏移情况,船舶航行在这些区域时,应利用每次被迫停船的时机测定水深。

在流冰地区,由于船底流冰或船体噪声的影响,回声测深仪的扫描线可能消失,必要时,船舶应减速后再进行测深。

五、北极航线简介

北冰洋是连接大西洋和太平洋的便捷通道,北极航道的开通,对缩短航程,降低航运成本有着十分重要的意义。

北极航道是指穿过北冰洋,连接大西洋和太平洋的海上航道。目前北极主要有两条航道,分别是大部分航段位于俄罗斯北部沿海的"东北航道"和大部分航段位于加拿大北极群岛水域的"西北航道"。此外,北极航道理论上还有一条穿极航线。这条航线从白令海峡出发,不经俄罗斯或北美沿岸,而是直接穿过北冰洋中心区域到达格陵兰海或挪威海,如图15-3-3所示。

北极航道一旦常态化开通,将改变长期以来巴拿马运河和苏伊士运河作为连接太平洋和大西洋要道的局面,使航程大大缩短,不仅能降低少运输成本,还可以避开索马里海盗和印度洋海盗的威胁。2013年8月15日,中远集团所属"永盛"轮从太仓港出发,经日本海、宗谷海峡、白令海峡,进入北极东北航道,9月10日顺利抵达欧洲第一卸货港鹿特丹,成为第一艘经北极东北航道完成亚欧航线的中国商船。该航线全程7931 n mile,比自太仓出发经苏伊士运河至鹿特丹的常规航线的航程(10711 n mile)缩短了2780 n mile,航线最高纬度达北纬77°54′.0。

1.东北航道(North-East Passage)

目前国际社会上关于东北航道的定义和起点、终点尚无统一定论,不过公认它是连接大西洋和太平洋的海上通道,主要是指西起北海,穿过北冰洋的巴伦支海、喀拉海、拉普捷夫海、新西伯利亚海和楚科奇海五大海域直到白令海峡的海上航道。该航道是连接东北亚与北欧的最短航线,俄罗斯称之为北方海航路(Northern Sea Route)。

1991年实施的《北方海航道航路航行规章》中将"位于苏联内海、领海(领水)或者毗连苏联北方沿海的专属经济区内的海运线,包括适宜船舶航行的冰区水域。其最西端是新地岛海峡(Novaya Zemlya straits)的西部入口和沿子午线北行绕过新地岛北端的热拉尼亚角(Mys Zhelaniya),东到白令海峡的66°N,168°55′37″E(即普罗维杰尼亚湾)"的区域定义为北方海航道。北方海航道总航程为2200~2900 n mile。

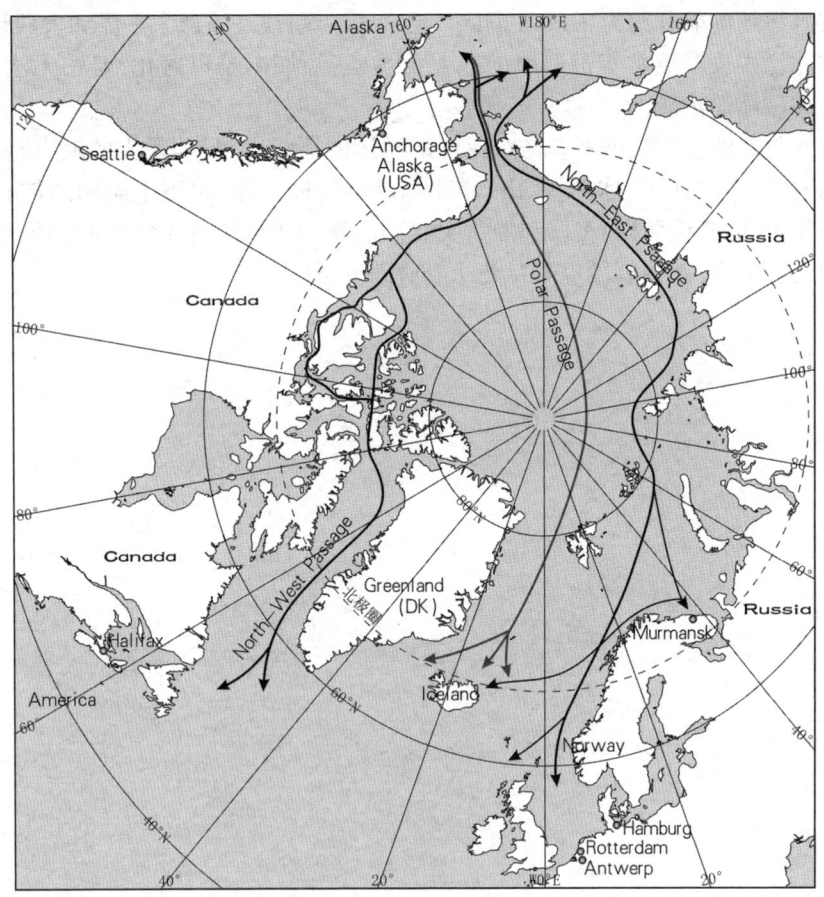

图15-3-3 北极航线(航道)示意图

目前,北冰洋已开辟从摩尔曼斯克经巴伦支海、喀拉海、拉普捷夫海、东西伯利亚海、楚科奇海、白令海峡至俄罗斯远东港口的季节性海上航线,以及从摩尔曼斯克直达挪威的斯瓦尔巴群岛、冰岛的雷克雅未克和英国的伦敦等欧洲航线。北极东北航道西部摩尔曼斯克港(Murmansk)至杜金卡港(Dudinka)间自1978年冬季以来长年保持通航。

目前越来越多的商船在夏季利用东北航道通航。

2.西北航道(North-West Passage)

西北航道指的是东起加拿大北部巴芬岛以北,途经戴维斯海峡和巴芬湾,向西穿过加拿大北极群岛水域,到达美国阿拉斯加北面波弗特海,连接大西洋和太平洋的一条航道。

加拿大北极群岛水域岛屿众多,星罗棋布,在这210万平方千米的地域大约有36000个岛屿,是地球上地形最复杂的区域之一,因此,这一区域也是西北航道中对于船舶航行而言最为困难的一段航线。在人类对西北航道不断探索的过程中,逐渐形成了西北航道的7条路线,这7条路线的总体走向基本相同,仅仅因为前人在探索西北航道时受当时特定条件的限制而使他们在加拿大北部群岛地区航行时采取的航线有所不同。

相比东北航道,西北通道的冰情要严重些,目前普通商船通航还是很困难的。

3.极点航线(Polar Passage)

极点航线从白令海峡出发,经过北冰洋中央区域直接进入挪威海或格陵兰海。从白令海峡至弗拉姆海峡的航程约为 2100 n mile。显然,极点航线是连通太平洋和大西洋的最短航线。但是北冰洋中央海域常年被厚厚的冰盖所覆盖,短期内难以融化,船舶无法通行,除非有强大动力的破冰船护航。

北极航线是北欧、北美、俄罗斯与东亚地区航运的捷径,但目前最大的缺点是通航期短,气候条件恶劣,巨大的冰盖、冰岛、冰山、浮冰和沿岸的固定冰,阻碍了船舶的航行。除巴伦支海南部全年不冻外,俄罗斯、美国和加拿大北部沿海一年仅有几个月的时间能够通航。即使在短暂的通航期内,某些航段也需要破冰船协助方可航行。

第十六章　船舶交通管理
与船舶报告系统

　　世界上许多港口、狭水道等水域已建立了船舶交通管理系统、实施了船舶报告制度,船舶也相继装配了航行数据记录仪(Voyage Data Recorder, VDR)、船舶自动识别系统(Automatic Identification System, AIS)和差分 GPS(Differential Global Positioning System, DGPS)等,以增进水域内船舶交通安全,保障交通畅通、保护水域环境。航海人员应积极主动地熟悉和适应这种发展需要,研究航海安全问题,了解现代船舶交通管理系统的设施和作用以及相关的法规和规定。

第一节　船舶交通管理

一、船舶交通管理系统

1.现代船舶交通的特点

　　20 世纪 60 年代以来,世界经济与科学技术蓬勃发展,作为经济发展支柱之一的船舶运输业迅速发展,从而加速了船舶交通的变化。主要反映在:

　　(1)船舶种类多样化

　　油船、散货船、集装箱船、滚装船等专用船舶和水翼船、地效船等运动性能新异的船舶的出现使得船舶性能差异加大,船舶行动的协调变得困难。

　　(2)船舶趋于大型化

　　超级油船不断投入营运,其他种类的船舶,如散货船、集装箱船、滚装船等也趋于大型化。船舶的大型化带来了两个问题:首先是大型船舶本身的操纵难度增加,也就对航路、港湾等提出了新的要求,要为其航行安全提供良好的交通环境、特殊的措施和服务;其次是大型船舶与中小型船舶之间以及各自的航行性能之间的差异增大,因此,相互间的行动协调变得困难。

　　(3)船舶交通流量不断增大

　　船舶交通流量不断增大,使得港口和狭水道等水域变得拥挤,交通秩序时而紊乱,增大了有限水域内船舶的会遇次数,从而增加了船舶交通的危险度。

（4）船舶助航设备不断改善

世界范围水域内的导航系统日趋完善，航行服务项目不断增多。从定位系统方面看，基本上保证了世界的任何地点都能利用相应的定位系统进行导航定位。这些对保证船舶航行安全和提高营运效率起到积极作用。

（5）涉及船舶交通的法规不断增多

这些法规的实施对于整顿船舶交通秩序、维护船舶交通安全和水域安全具有非常重要的作用。

现代船舶交通的特点：船舶种类繁多、差异较大；交通流量大，尤其是繁忙水道和港湾，船舶交通拥挤；船舶交通事故频繁，所造成的危害给社会带来的影响巨大。

2.船舶交通管理

船舶交通管理（Vessel Traffic Management，VTM）就是通过采取某些措施，监视船舶交通状况，整顿船舶交通秩序，协助船舶航行。实施船舶交通管理的目的是通过监控、整顿，建立良好的交通秩序，减少海上事故，特别是船舶碰撞、搁浅、触礁这些船舶交通事故的发生，从而保证船舶安全、保护水域环境和社会环境，提高船舶交通效率。船舶交通管理不是单纯地管制船舶航行、约束船舶行动，而是通过对管理水域内的船舶交通状态的掌握，提供航行环境信息，指导并支持船舶航行，从而达到交通管理的目的。因此，船舶交通管理可以说是一种积极意义上的服务，故国际上又称其为船舶交通服务（Vessel Traffic Service，VTS）。

船舶交通安全对于社会发展极其重要。船舶交通运输由于其运量大、航程远、成本低等突出的优势，在内贸、外贸运输中占有重要的地位，是其他任何一种运输形式所不能替代的。从局部看，维持港口及其进出港航道、狭水道等交通要道的畅通，对保证船舶的正常营运和港口的正常生产十分重要；从整体看，只有维持运输体系的正常运转，才能保证国民生产的正常进行和保持良好的经济秩序。此外，船舶海上事故的发生会造成严重的海洋污染，破坏生态及社会环境，破坏生物资源，从而造成巨大的社会经济损失。所以，实施船舶交通管理已不仅仅是航运界的要求，而是整个社会的要求，所以国际海事组织（IMO）提出"以合作推进安全、保安、环境友好、高效可持续的航运"的目标。多年来实施的船舶交通管理的经验和效果充分说明，通过一定形式的船舶交通管理与服务确实可以提高船舶交通安全和船舶交通效率。

3.船舶交通管理的手段和对象

船舶交通管理主要利用法规约束和交通服务两个手段。

依法管理是必须遵循的原则。组织船舶交通，整顿船舶交通秩序，就会限制或影响船舶的航行操纵自由。这显然涉及权利和义务的问题，而协调权利和义务就要依据法律。建立了船舶交通管理法规，既可使管理机关有法可依，也可使船舶有法可循。对于违反法规的行为，管理机关即可依法予以制裁。目前，涉及船舶交通管理的国际性法规有《1972 年国际海上避碰规则》《船舶定线》《船舶报告制度》等，我国有关船舶交通管理的法律法规有《中华人民共和国海上交通安全法》《中华人民共和国船舶交通管理系统安全监督管理规则》《中华人民共和国对外国籍船舶管理规则》等。

交通服务是船舶交通管理的另一有效手段。服务的形式有信息服务、助航服务等。

船舶交通管理的管理方式有：交通法规管理、交通信息服务、交通监测和建议服务、交通咨询服务和交通组织管理等。无论采取何种方式进行船舶交通管理,都不免除船长对其船舶所拥有的权力和对船舶安全所负有的责任。

所有的船舶均应接受相应的交通管理法规的约束,即是船舶交通管理的对象。管理对象水域一般是交通量大、事故多发、航行困难(如狭水道等)、环境敏感(如多雾等)的水域。

4.船舶交通管理系统的功能

船舶交通管理系统是为保障船舶交通安全、提高交通效率、保护水域环境,由主管机关设置的对船舶实施交通管制并提供咨询服务的系统。船舶交通管理系统是实施船舶交通管理所必需的硬件系统,是广义的船舶交通服务系统的一个组成部分。广义的船舶交通服务系统是交通管理机关所建立的以提高船舶交通安全和交通效率、保护环境为目的的综合性服务系统,它的范围从提供简单的信息到广泛管理一个港口或水道的交通。

船舶交通管理系统是船舶交通服务系统的重要组成部分,是完成船舶交通管理任务的主体,它的主要功能包括以下几项。

(1)数据收集(data collection)

为了实施对水域内船舶的管理或服务,应广泛地收集各种交通数据或信息,以便为船舶交通管理的正确决策提供依据,因此,要求收集的数据尽可能地全面、准确、实时。数据收集可包括:用适当的设备如水文气象传感器、雷达、VHF、AIS 等收集航道和交通状况的数据;在指定的海上安全和遇险频道上保持值班守听;接收船舶报告;获取有关船体、船机、设备或人员和有关运载危险或有害货物等船舶情况的报告。收集的数据主要可分两类:动态数据和静态数据。动态数据包括船舶的航向、航速、船位、CPA、TCPA 等有关的船舶运动数据和有关的水文气象方面的数据;静态数据则包括有关船体、船机、配备的设备、人员和运载的货物等方面的数据,以及有关航道、助航设施的信息等。

(2)数据评估(data evaluation)

数据评估是根据由各种方式所收集到的信息数据来判断管辖水域内的船舶有无违反国际的、国家的或当地港口的法规和法令的行为,如船舶是否按分道通航制的规则航行,是否在港内超速航行,是否在规定的锚地抛锚等。

(3)信息服务(information service)

信息服务是在固定时间或在 VTS 中心认为必要的任何其他时间或应船舶请求,通过播送信息而提供的服务。信息服务是船舶交通管理系统实施船舶交通管理的最主要形式。信息服务包括:播送有关船舶动态、能见度条件或他船意图的信息以协助所有船舶(包括只能守听 VTS 预报的小船);与船舶交换有关安全的所有信息(航行通告、助航设施状况、气象与水文资料等);与船舶交换有关所处交通条件与情况的信息(如驶近船舶或被追越船舶的动态和意图);向船舶发布诸如操纵能力受限制的船舶、密集渔船群、小船、其他特殊作业的船舶等航行障碍的警告,并提供可供选择航线的信息等。

(4)航行协助服务(navigational assistance service)

航行协助服务简称助航服务,是应一艘船舶的请求而提供的服务(即被动服务)或在VTS 中心认为必要时提供的服务(即主动服务),也包括在困难的航行环境或气象条件下,或一旦船舶出现故障或损坏时对船舶提供的协助。这项服务与信息服务同为船舶交通管理系统实施船舶交通管理的主要形式。

（5）交通组织服务（traffic organization service）

交通组织服务是船舶交通管理系统实施的比信息服务和助航服务层次更高的一种船舶交通管理措施。交通组织服务在一定程度上是对船舶交通进行的调度指挥，即具有强制性质。使用 VTS 的船舶有义务接受 VTS 的交通组织服务。

（6）支持联合行动（support allied activities）

支持联合行动是与其他海上交通管理部门密切配合，特别是在通信联系、传达信息和现场指挥等方面，共同完成某项旨在保证航行安全、提高交通效率或保护水域环境免受污染的联合行动，并不是直接对船舶实施交通管理。它是船舶交通管理系统的一个辅助功能。

随着水上交通的发展，实施船舶交通管理的必要性已得到社会的普遍认可。近年来实施交通管理的港口和水域日益增多。从世界范围内看，目前已建立了 200 多个船舶交通管理系统，更多的水域和港口实施了不同管理程度的交通管理。我国目前已建成 54 个 VTS 中心，这对保证我国水域和港口的船舶交通管理起到了重要的作用。

5.航行在船舶交通管理区域的船舶应注意的问题

建立船舶交通管理系统的国家和地区，为了加强船舶交通管理，保障船舶交通安全，提高船舶交通效率，保护水域环境，都根据相应的法律、法规制定了相应的管理规则。我国在 1998 年 1 月 1 日开始实施的《中华人民共和国船舶交通管理系统安全监督管理规则》中，明确规定了船舶报告和船舶交通管理的内容，具体如下：

（1）船舶在 VTS 区域内航行、停泊和作业时，必须按主管机关颁发的《VTS 用户指南》所明确的报告程序和内容，通过甚高频无线电话或其他有效手段向 VTS 中心进行船舶动态报告。

（2）船舶在 VTS 区域内发生交通事故、污染事故或其他紧急情况时，应通过甚高频无线电话或其他一切有效手段立即向 VTS 中心报告。

（3）船舶发现助航标志异常、有碍航行安全的障碍物、漂流物或其他妨碍航行安全的异常情况时，应迅速向 VTS 中心报告。

（4）船舶与 VTS 中心在甚高频无线电话中所使用的语言应为汉语普通话或英语。

（5）在 VTS 区域内航行的船舶除应遵守《1972 年国际海上避碰规则》和《中华人民共和国内河避碰规则》外，还应遵守交通运输部和主管机关颁布的有关航行、避让的特别规定。

（6）船舶在 VTS 区域内航行时，应以安全航速行驶，并应遵守交通运输部和主管机关的限速规定。

（7）船舶在 VTS 区域内应按规定锚泊，并应遵守锚泊秩序。

（8）任何船舶不得在航道、港池和其他禁锚区锚泊，紧急情况下锚泊必须立即报告 VTS 中心。

（9）船舶在锚地并靠或过驳时，必须符合交通运输部和主管机关的有关规定，并应及时通报 VTS 中心。

（10）VTS 中心根据交通流量和通航环境情况及港口船舶动态计划实施交通组织。VTS 中心有权根据交通组织的实际情况对航行计划予以调整、变更。

（11）船舶在 VTS 区域内航行、停泊和作业时，应在规定的甚高频通信频道上正常守听，并应接受 VTS 中心的询问。

（12）在 VTS 区域内航行的船舶和船队的队形及尺度等技术参数均应符合交通运输部和

主管机关的有关规定。

因此,航行在 VTS 区域内的船舶应遵守有关规定,及时报告相关信息,服从交通管理,保证航行水域的交通安全。

二、船舶自动识别系统

1.概述

船舶自动识别系统(AIS)是一种工作在海上 VHF 波段的船载自动广播系统。该系统可以连续地向其他船舶或岸台发射船舶的静态信息(如海上移动服务识别、呼号和船名、IMO 编号、船长、船宽、船舶种类和定位天线的位置)、动态信息(如船舶位置、时间、航向、航速、船首向、航行状态和转向速率)和与航行有关的信息(如吃水、装载的危险货物种类、目的港和 ETA、航行计划和在船人数)以及与安全有关的短信息(指船舶为了航行安全向周围船舶和岸台发出的广播信息或是点对点的通信消息)。

船舶自动识别系统主要由数据接口、信息处理器、信息显示器和 VHF 接收机等部分组成。AIS 旨在提高海上人命安全、航行安全以及保护海洋环境,能够帮助识别船舶、协助进行目标跟踪、简化和促进信息交换以及为避免碰撞提供额外的信息。因此,国际海事组织(IMO)要求自 2008 年 7 月 1 日,从事国际航行的 300 总吨及以上和从事国内航行的 500 总吨及以上的船舶必须安装船载自动识别系统,这对提高海上人命安全、航行安全以及保护海洋环境有着极大的促进作用。AIS 促进了船-船及船-岸的关键识别信息和简洁航行安全信息的有效沟通,解决了船舶在避碰行动中难以识别、在搜救行动中效率低下、在交通管理上监控不力等困扰航行安全多年的难题,为船舶实施交通安全监控和航运管理提供了高效率的信息传输通道。

2.AIS 的作用

IMO 决议 MSC.74(69)《关于通用船载自动识别系统(AIS)性能标准的建议》规定了 AIS 的性能标准,即:AIS 用于船舶避碰;AIS 是获取船舶及货物信息的工具;作为 VTS 工具,自动地向船舶和主管当局提供来自船舶的信息。就目前 AIS 研发和使用的情况看,AIS 的作用主要有以下几项。

(1) AIS 在船舶航行避碰方面的应用

①AIS 在探测目标中的应用

长期以来,雷达在船舶航行避碰过程中是一种较为有效的助航设备,尤其在能见度不良时发挥了极大的作用,但是也有其局限性,如信息有限、难以在恶劣的海况下提高检测信息的可靠性、不能获取目标船的即时速度和船首向;当目标船航行于多岛礁、航道的弯头或大船的背后等遮蔽水域时,雷达将无法观测到这些目标。而 AIS 受恶劣天气的影响较雷达要小得多,可以发现进入雷达盲区的近距离小船,其作用距离远,不受海况干扰且信息量大;在居间障碍物的高度不影响无线电波传输的情况下,可使航行于遮蔽水域的船舶及早发现目标。在航海实践中,要注意 AIS 和雷达导航系统的优势互补,以提高水域中航行船舶的安全。

②AIS 在避碰信息交换中的应用

目前,船舶所配有的用于船舶避碰的助航设备提供的目标船信息过于简单,由此造成避碰决策困难或采取避碰行动不当等问题。安装 AIS 的船舶,不仅可以获得雷达显示的信息,还可以获得包括船名、船舶识别码、转向点等信息,这些信息能够有效地避免船舶碰撞,此外,AIS能够进行短信息通信,可以把有关的避碰信息发送给周围的船舶,以了解避让意图,进一步提高避让行动的有效性。但AIS不应作为唯一避碰装置使用,而应当与其他避碰方法结合,协助驾驶员判断是否存在碰撞危险。

(2)AIS在VTS方面的应用

AIS是VTS的重要工具,是现有VTS装备的补充。实时获取和处理水域中所有船舶的航行信息,是有效实施船舶管理和服务的基础。AIS在VTS中应用的具体目标是船舶自动识别、跟踪船舶、信息交换等。

①船舶自动识别

大多数VTS中心要求船舶在进入或接近其辖区时进行船舶报告,但这种船舶报告耗时长且需要船舶的积极配合,对于没有按要求报告的船舶,将会造成潜在的危险局面,也增加了VTS操作员的工作负担。因此,装配了AIS的VTS中心可接收VTS水域内所有船舶播发的AIS信息,并可向船舶播发信息(如航行警告、交通管理信息和港口管理信息),VTS的AIS岸台与船舶的AIS移动台构成一个移动通信系统。

②跟踪船舶

AIS的数据能被其他AIS台站或基地台、转发台接收。这样,装配了AIS的VTS中心可在最大范围内接收船舶标志和精确位置,起到了在雷达范围外监视目标的作用。AIS结合DGNSS修正信号可获得优于雷达的位置精确度(精度达10 m)。另外,AIS能提供诸如船首向和转向率等,为VTS中心提早推算船舶运行轨迹提供了可能。不仅如此,VTS中心能够接收来自所在区域内以及邻近水域船舶的AIS信息,从而给船舶提供更精确的导航信息或建议。

③信息交换

VTS中心可以通过AIS将计划好的航线、安全信息和与航行有关的信息等发送给船舶,进一步地指导船舶的安全航行,提高了VTS对船舶及助航标志的监控能力,改善了VHF语言通信环境,增强了VTS信息服务功能。

在船舶报告制中,沿岸主管机关要求船舶报告的内容主要包括在AIS的静态和动态信息中。AIS长距离通信和报告模式能够满足船舶报告制的要求,可以辅助主管机关履行对大区域船舶交通进行监视的职责。AIS在船舶报告制中起着重要的作用。

(3)AIS在搜寻与救助方面的应用

当船舶按国际公约的强制要求安装了AIS设备后,沿海水域的海上搜寻与救助能力将有所提高。遇险船可通过AIS发送有关遇险信息(如船位、船名、呼号和类型等),如时间允许还可通过AIS的短信息功能发送更详尽的遇险信息(如遇险原因、自救情况、船舶情况、需要救助情况等),海事部门和VTS机构可以为执行搜寻与救助任务的船舶和直升机装配AIS,这样就使得海上搜救协调中心能快速地找到离遇险地点最近的船舶,从而提高海上搜寻与救助工作的效率。在整个搜寻过程中,海上搜救协调中心也能够对所有参与的船只进行跟踪、导航与监控,有效地利用其资源并确保覆盖整个搜寻区域,高效、快速地实施海上搜寻与救助。

(4)AIS在海岸监控方面的应用

AIS可使海岸监控系统自动、可靠、快速地识别船舶,对船舶进行实时跟踪。随着信息技术的发展,AIS通过互联网可实现对监控船舶的信息联网,更大限度地提高对航行于管辖水域中船舶的监控和组织能力,在海上信息系统中发挥重要作用。

3.使用 AIS 应注意的问题

AIS 是一种双向识别系统,船舶正确输入相关的信息可使他船和 VTS 系统容易识别和监控,也能有效发挥 AIS 的作用。AIS 设备需要输入船舶的静态和动态数据。静态数据主要包括本船船舶证书注明的船名、呼号、海上移动识别码(九位数字组成,简称 MMSI)、国际海事组织号码(七位数字组成,简称 IMO 号码)、AIS 天线的位置(可知船长和船宽)和船舶种类等,这些相对固定的数据在安装 AIS 设备时即行输入;动态数据主要有航行状态、吃水、本航次目的港和预计抵达时间、设置报警的 CPA/TCPA 值、船员数等,在开航前,在船长授权的前提下,正确输入动态数据。船舶在输入上述相关的信息时应特别注意,保证其正确无误。

此外,因汉语拼音与英语发音的区别,部分汉语拼音很难被外国人正确读出,如 HUI JIN QIAO(汇金桥)、ZHI HUI NV SHEN(智慧女神)等,船舶操作人员应了解本船可能被外国人误呼叫,并及时应答。

在使用过程中,尚应注意:无论是航行、抛锚还是靠码头,均应保持 AIS 的开机工作状态;不能随意改变已输入的船舶静态数据,每个航次都要及时输入新的航次数据,正确地操作 AIS 设备。

第二节　船舶定线

一、概述

船舶定线是海上船舶交通管理的一个组成部分,其对减少和避免海上交通事故、增强航行安全、提高航行效率、保障海上人命安全和加强海洋环境保护方面的积极作用越来越受到世界各国的关注。我国制定的"成山角船舶定线制和船舶报告制"是中国第一个获得 IMO 采纳的船舶定线制和船舶报告制,并已于 2000 年 12 月 1 日作为强制性要求对所有船舶适用。

《船舶定线》(Ships' Routeing)是国际海事组织(IMO)文件,由岸基部门以法律规定或推荐形式指定船舶在海上某些区域航行时所遵循或采用的航线、航路或通航分道等。《船舶定线》是一种活页式出版物,现行版为 2019 年第十四版。其以替换页或增页的形式发布对资料进行改正的信息。

为了解 IMO 所采纳的分道通航制,可查阅 IMO 出版的《船舶定线》和英国水道测量局出版的《英版航海通告年度摘要》。要想了解未被 IMO 所采纳的分道通航制,应查阅有关英版《航路指南》或其他有关航海资料。

《船舶定线》共有以下八部分内容:

第一部分:船舶定线的一般规定(Part A—General Provisions on Ships' Routeing);

第二部分:分道通航制和沿岸通航带(Part B—Traffic Separation Schemes and Inshore Traffic Zones);

第三部分:深水航路(Part C—Deep Water Routes);

第四部分:避航区(Part D—Areas to Be Avoided);

第五部分:其他定线措施(Part E—Other Routeing Measures);

第六部分:有关航行的规则和建议(Part F—Associated Rules and Recommendations on Navigation);

第七部分:强制性的船舶报告制、船舶定线制和禁锚区(Part G—Mandatory Ship Reporting Systems, Mandatory Routeing Systems and Mandatory No Anchoring Areas);

第八部分:采用、指定和替代的岛屿间航路(Part H—Adoption, Designation and Substitution of Archipelagic Sea Lanes)。

其中,自第二部分开始印有国际海事组织采纳的世界各水域的各种定线制和规则等的详细资料,并附有图式,船舶航行至相关水域时可结合海图使用。

二、船舶定线的一般规定

本规定就船舶定线的目的、定义、程序与责任、方法、规划、设计标准、分道通航制的临时调整与中止、定线制的使用和海图上的表述方法等9个方面做出具体要求。

1.目的(Objectives)

船舶定线的目的在于避免或减少由于在环境敏感水域及附近发生船舶碰撞或搁浅而对海洋环境产生污染或其他损害的危险,增进汇聚水域和通航密度大的水域及由于水域有限而使船舶的活动自由受到约束、存在航行束缚、水深受限或气象条件不佳的区域的航行安全。

船舶定线制的确切目的根据其想要缓和的特定危险环境而定,可能包括下列诸目的中的一部分或全部:

(1)分隔相反的交通流以减少船舶对遇情况的发生。

(2)减少穿越船与航行在已建立的通航分道内的船舶之间发生碰撞的危险。

(3)简化船舶汇聚水域内交通流的形式。

(4)在沿海开发活动或勘探集中的水域内组织安全的交通流。

(5)在对所有船舶或对某些等级的船舶航行有危险的或不理想的区域中或其附近组织交通流。

(6)在距环境敏感水域安全距离上或附近组织安全的交通流。

(7)在水深不明或存在危险的水域为船舶提供指导,以减少搁浅的危险。

(8)指导船舶避开渔场或组织船舶通过渔场。

可见,船舶定线的作用在于组织交通,使紊乱的交通流变得较有秩序,使每艘船舶都各行其道,减少会遇次数,降低碰撞危险,增强船舶交通安全。因此,这是一种特别有效的宏观的船舶交通管理方法,是船舶交通管理所采用的主要手段之一。

2.定义(Definitions)

对与船舶定线有关的术语进行了如下定义:

(1)定线制(Routeing System)

定线制是由以减少海难事故为目的的单航路或多航路系统或航路指定方式构成的任何航路体系。它包括:分道通航制、双向航路、推荐航线、避航区、禁锚区、沿岸通航带、环行道、警戒区和深水航路。

（2）强制定线制（Mandatory Routeing System）

强制定线制是 IMO 根据《1974 年国际海上人命安全公约》第 V/8 条的要求通过的,强制要求所有船舶或载运特定货物的船舶使用的定线制。

（3）分道通航制（Traffic Separation Scheme）

分道通航制是通过适当方法建立通航分道,以分隔相反方向交通流的一种定线措施。

（4）分隔带或分隔线（Separation Zone or Line）

分隔带或分隔线是将相反方向或接近相反方向行驶的交通流的通航分道分隔开,或将通航分道与相邻海区分隔开,或将同向行驶的特殊类型船舶的指定通航分道分隔开的带或线。

（5）通航分道（Traffic Lane）

通航分道是在规定界限内建立单向通航的一种区域。天然碍航物,包括那些组成分隔带的天然碍航物,均可组成该区域的边界。

（6）环行道（Roundabout）

环行道是由一个分隔点或圆形分隔带和一个规定了界限的环行通航分道组成的一种定线措施。环行道内的交通流按逆时针方向围绕分隔点或圆形分隔带环行而实现分隔。

（7）沿岸通航带（Inshore Traffic Zone）

沿岸通航带是由位于分道通航制的向岸一侧边界与其邻近海岸之间指定的水域构成的一种定线措施,并根据修改后的《1972 年国际海上避碰规则》第 10 条第 4 款的规定使用。

（8）双向航路（Two-way Route）

双向航路是在规定的界限内建立双向通航,旨在为通过航行困难或危险水域内的船舶提供安全通道的一种航路。

（9）推荐航路（Recommended Route）

推荐航路是为方便船舶通过而设立的未规定宽度的一种航路,通常以中央浮标作为标志。

（10）推荐航线（Recommended Track）

推荐航线是已经过特别调查以尽可能保证无危险存在并建议船舶沿其航行的一种航路。

（11）深水航路（Deep Water Route）

深水航路是在规定的界限内,海底及海图上所标志的水下障碍物已经精确测量并已清爽的一种航路。

（12）警戒区（Precautionary Area）

警戒区是由一个具有规定界限的区域构成的定线措施。在该区域内,船舶必须谨慎地驾驶。在警戒区内还可能推荐交通流方向。

（13）避航区（Area to Be Avoided）

避航区是由一个具有规定界限的区域构成的定线措施。在该区域内,或是航行特别危险,或是对于避免海难事故特别重要,因而所有船舶或某些种类的船舶应该避开。

（14）禁锚区（No Anchoring Area）

禁锚区是由一个具有规定界限的区域构成的定线措施。在该区域内锚泊,或是存在危险,或是可能对海洋环境造成无法接受的损害。除非船舶或船上人员面临紧迫危险,否则所有船舶或特定类型船舶应避免在该区域内锚泊。

(15)确定的交通流方向(Established Direction of Traffic Flow)

确定的交通流方向是指示分道通航制中确定的交通运行方向的一种交通流图式。

(16)推荐的交通流方向(Recommended Direction of Traffic Flow)

推荐的交通流方向是在采用确定的交通流方向不可行或不必要的地方,指示推荐的交通运行方向的一种交通流图式。在图上用空心实线箭矢表示其方向。

3.程序与责任(Procedures and Responsibilities)

阐明了与建立船舶定线制有关的国际海事组织的程序和职能、政府的责任和推荐与强制的实施事宜。

4.方法(Methods)

结合图式,说明了可供选用的适合于不同水域的自然环境、交通条件、实际交通状态及其他因素的定线方法。

5.规划(Planning)

对船舶定线制的规划提出了应遵守的原则。

6.设计标准(Design Criteria)

对船舶定线的设计标准提出了原则性的要求,这些要求是定线规划原则的进一步补充并着重于技术方面的要求。

7.分道通航制的临时调整与中止(Temporary Adjustments and Suspensions)

规定了当由于勘探设施的临时设定需对分道通航制作临时的调整和中止的具体做法,并利用实例图式予以说明。

8.定线制的使用(Use of Routeing Systems)

对定线制的使用做了如下具体规定:

(1)除有特殊说明外,建议定线制为所有船舶使用,而且定线制可能对所有船舶、某些种类的船舶或载有某些货物的船舶或特定种类和数量燃油的船舶是强制的。

(2)定线制在不冻水域或不需要特殊操纵或不需要破冰船援助的薄冰水域内,任何时间、任何气象条件下均适用。

(3)牢记船舶航行需要适当的龙骨下富余水深,在决定使用定线制时必须考虑海图水深、最近一次测量后海底变化的可能性和气象与潮汐对水深的影响。

(4)在 IMO 采纳的分道通航制或其附近航行的船舶必须特别遵守《1972 年国际海上避碰规则》第 10 条的规定,以减少与另一艘船舶发生碰撞的潜在危险。该规则的其他条款在所有情况下均适用,特别是 B 部分第 Ⅱ、Ⅲ 节的规定。

(5)在各个方向交通流的汇聚区域,由于船舶可能需要穿越航路或转向另一航路,完全的通航分隔实际上是行不通的,因此要求在这种区域航行的船舶应十分谨慎,也应知晓一艘船沿一直航路航行这一事实并不给予该船任何特权或直航权。

(6)深水航路主要是为由于其吃水与相关水域的可用水深的关系使其需要使用这种航路的船舶提供的,不符合上述所考虑因素的过境通航船舶,只要可能,应避免使用深水航路。

(7)不使用与警戒区相连接的通航分道或深水航路的过境通航船舶或进出附近港口的

船舶,只要可能,应当避开警戒区航行。

(8)在双向航路(包括深水双向航路)上,船舶应尽可能地靠右行驶。

(9)海图上标示的与定线制有关的箭矢仅表明确定的或推荐的交通流的大致方向,船舶没有必要严格地沿其所指的方向航行。

(10)在《国际信号规则》中规定了信号"YG",其意为"你现在好像没有遵守分道通航制",以提醒船舶遵守分道通航制。

9.海图上的表述方法(Representation on Charts)

给出由国际水道测量组织推荐的用以指导在海图上表示定线制和相关措施的细节的图例、符号和注释,并对各自的应用做了说明。

三、航行在船舶定线制水域的船舶应注意的问题

船舶定线的主要形式和最常用的形式是分道通航制,因此,着重提出航行在分道通航制水域的船舶应注意的问题:

(1)保持 VHF 守听。若在分道通航制建有监测站或航海信息服务中心,航行在该水域的船舶应保持 VHF 守听,以便获得本船航行情况、通航情况、航行警告等有关航行安全的信息。

(2)遵守船舶动态报告制。在某些分道通航制水域,如多佛尔海峡、马六甲海峡等,有关主管当局要求船舶在指定地点向有关部门报告诸如船名、船舶呼号、船位、航向、航速、吃水、货物种类和性质、目的港等情况,以便有关部门对船舶实施动态安全管理。航行在该水域的船舶应遵守报告制的规定,及时准确地向有关部门报告。

(3)凡航行在被 IMO 采纳的分道通航制水域的深水航路中和航行在狭水道中的分道通航制水域船舶,应遵守《1972 年国际海上避碰规则》第 10 条的规定。

(4)使用分道通航制的规定不是强制性的,允许船舶不使用分道通航制,但应在远离该水域边界线的宽阔水域中航行。

(5)在 IMO 所采纳的分道通航制水域中航行的船舶应严格遵守《1972 年国际海上避碰规则》第 10 条的规定;在未被 IMO 所采纳的分道通航制水域中航行时,则应遵守地方规则。

第三节 船舶报告系统

18 世纪初,由英国劳埃德在全球重要地点建立的用以收集船舶动态资料的通信网,成为最早的全球性船舶动态报告制度。1930 年,有些船公司规定出海船舶必须定时向公司报告其船位、航向和航速。1958 年,美国海岸警卫队发起并建立的商船自动报告制改进了船舶搜寻和救助组织。现行的船舶报告系统是由 IMO 采用的,要求船舶通过无线电报告提供、收集或交换信息,用于搜救、交通服务、天气预报和防止海上污染等。我国于 2001 年 6 月 1 日起实施中国船舶报告系统。为了规范船舶报告系统,IMO 制定了船舶报告系统的一般原则、标

准报告格式和程序,以供拟建船舶报告系统的国家和地区及船舶参考。

一、船舶报告系统的目的

船舶报告系统(Vessel Reporting System,VRS)是通过无线电通信或其他手段提供、收集和交换与船舶救助、交通管理、防污染和天气预报有关的信息的系统,是海上航行船舶在一定区域内,以一定的通信程序和报告格式向船舶报告中心提供航行信息的系统。目前,主要有以船舶救助为主要目的的报告系统和以船舶交通管理为主要目的的报告系统。

为了实施海上交通管理或提供船舶交通服务,要求船舶在适当地点以适当时间间隔向VTS中心报告动态、本身的条件和情况等有关资料的制度,这一制度被称为船舶报告制度(系统)。

以船舶救助为主要目的的船舶报告系统的主要内容有:监视海难事故是否可能发生;提供避免海难事故发生的信息;在事故发生后,及时对遇险船舶实施搜救;保护船舶财产和船员的人命安全;防止船舶造成海洋污染。

实施该种船舶报告系统的目的有:缩短从与船舶失去联系到未收到任何遇险信号的情况下开始搜救行动之间的间隔;能迅速查明可能要求提供援助的船舶。在遇险人员、船舶或其他航行器的位置不知或不明时,能确定一定范围的搜寻区域,提供紧急医疗援助或咨询。

是否要利用以船舶救助为主要目的的船舶报告系统,是由船舶来决定的。系统的加入和退出都比较简单,向船舶报告系统提交了航行计划就被视为加入;做出最终报告即被视为退出。船舶利用这一报告系统可以获得系统的岸基部门提供的重要航海信息。一旦遇到危险,船舶报告系统可以根据此前的报告确定船位,及时实施救助,从而可以减少船舶损失,保证船员生命安全。

船舶报告系统一般以较大海域为服务对象水域,对象船舶不予限定,服务是免费的。现在使用的系统有美国的船舶自动互助系统 AMVER、印度的船位和信息报告系统 INSPIRES、日本的 JAREP、韩国的 KOSREP、澳大利亚的 AUSREP、新西兰的 VOLUNTORY SHIP RE-PORTING SYSTEM、阿根廷的 SECOSENA、巴西的海上通信信息控制系统 SISCONTRAN、智利的 CHILREP 和中国的 CHISREP 等,目前国际上采纳的强制性的船舶报告系统有 23 处。不同的系统采用不同的报告格式、报告程序、报告手段,船舶在利用这些系统时应查阅《进港指南》和《无线电信号表》等有关资料。

以船舶交通管理为主要目的的船舶报告系统一般隶属于船舶交通管理系统。其主要工作有:收集管理水域内航行船舶的有关参数、航行计划、载货状态等信息,建立与船舶的联系,随时进行相应的信息服务和助航服务等。这种系统对实施交通管理十分必要,通过船舶报告能全面掌握整个水域交通的详细情况以及每艘船舶的数据和动态,从而达到船舶交通管理的目的。

船舶利用以船舶救助为主要目的的船舶报告系统时所要尽的义务是按照报告系统的规定程序、内容、方法、时间等准确无误地报告。在以船舶交通管理为主要目的的报告系统中,船舶报告对某些船舶是强制的,应该进行报告的船舶要严格按规定进行报告。

二、报告的种类、程序、内容及格式

IMO 的 A.598(15)号决议将船舶报告的种类归纳为八种,建议各国根据情况制定本国的报告系统。

1. 船舶报告的种类、程序及主要内容

（1）航行计划报告（SP, Sailing Plan Report）

航行计划报告是船舶发送船舶报告中心的第一份报文，当船舶在船舶报告区域内港口并准备加入船舶报告系统时，应在离港前或接近离港时发送的报告；或当船舶从非船舶报告区域进入船舶报告区域并准备加入船舶报告系统时，应在接近报告线或进入报告线后发送的报告。该报文既是船舶加入船舶报告系统的正式申请，也是船舶报告中心对船舶进行跟踪标绘的依据。

航行计划的内容一般包括船名、船舶呼号或船舶识别码、出发日期和时间（UTC）、出发地点、下一停靠港、航行计划（航法和重要转向点）、航速及预计到达时间（ETA）和到达日期等详细情况。

（2）船位报告（PR, Position Report）

船位报告是由船舶发出的船舶当时所在位置的报告。发送船位报告的目的：一是用于船舶报告中心更正跟踪的船位；二是表明船舶安全状态，即船舶是否遇险。船位报告在航行计划报告后，但首次的报告时间和报告的时间间隔按报告的要求确定。从目前实施的报告系统来看，首次报告一般在航行计划报告后 24 h 或 48 h 做出，此后每隔 24 h 或 48 h 发送。当船舶所处的航行环境恶劣或船长认为有必要时，可以缩短时间间隔。

船位报告的内容包括船名、船舶呼号或船舶识别码、日期和时间（UTC）、船位、航向和航速。

（3）变更报告（DR, Deviation Report）

变更报告是当船舶严重偏离了根据以前的报告所能推算的船位或由于其他原因使新的航行计划与原航行计划有较大变更时所发送的报告。船舶报告中心根据变更项目重新跟踪该船，以达到尽量减少误差的目的。影响船位误差的主要原因是航向和航速，当航向或航速有变化或船位有"严重偏离"时，应及时发送变更报告。

变更报告的内容包括船名、船舶呼号或船舶识别码、船位以及变更的项目。

（4）最终报告（FR, Final Report）

最终报告是船舶参加船舶报告系统发送的最后一份报告。它表示船舶已经驶离报告区域或终止参加该报告系统。船舶报告中心收到该报文后，将停止对该船舶的跟踪与标绘。

最终报告的内容包括船名、船舶呼号或船舶识别码、离开本系统覆盖区域或到港的日期和时间（UTC）等。

根据船舶报告系统和船舶报告要求的一般原则，报告应简单，基本信息应报告一次，但是船名、船舶呼号或船舶识别码等基本信息必须反映在每次的报告当中。

为船舶救助目的而建立的船舶报告系统只涉及上述四种报告，而当船舶报告系统还同时具有防污染目的时，则还应包括特殊报告。

（5）危险货物报告（DG, Dangerous Goods Report）

危险货物报告是当船上发生包装危险货物自离领海基线不超过 200 n mile 的海域中灭失或可能灭失的事件时应及时做出的报告。

危险货物报告的内容包括船名、船舶呼号或船舶识别码、时间、船位、货载情况、船舶损失情况、污染物情况、天气情况等。

（6）有害物质报告（HS，Harmful Substances Report）

有害物质报告是当船上发生排放或可能排放油类（MARPOL 73/78 附则 I ）或散装有毒液态物质（MARPOL 73/78 附则 II ）的事件时应及时做出的报告。

有害物质报告的内容包括船名、船舶呼号或船舶识别码、时间、船位、航向、航速、航线信息、下次报告时间、货载情况、船舶损坏情况、货物散失情况、天气等。

（7）海洋污染物质报告（MP，Marine Pollutants Report）

海洋污染物质报告是当船上有包装《国际危规》中认为是海洋污染物（MARPOL 73/78 附则 III ）的有害物质落入或可能落入水中时应及时做出的报告。

海洋污染物质报告的内容与危险货物报告大致相同。

（8）其他报告（Any Other Report）

其他报告是指按照船舶报告系统的规定程序必须做出的上述报告之外的任何其他报告,其内容视具体情况而定。

2.船舶报告的项目及格式

船舶报告内容分必报项和任选项。必报项是指该类报告中必须完整表达的内容;任选项是在该报告中对某些信息的补充,但不做强制要求。船舶报告格式是指船舶报告在内容编排和内容表达等方面的要求。IMO 的《船舶报告系统的一般原则》提出了船舶报告应包括的项目及应使用的标准格式,其内容如表 16-3-1 所示。表中所列的一些项目是各种报告中均必须报告的,如系统名称、报告种类、船名等,有些项目可根据报告种类以及具体情况进行取舍,如船舶尺度数据在航行计划报告中报一次即可,在其他报告中可以省略。使用无线电报进行报告时,可使用表中最左一栏的单字符表示项目名称。在某些国家,还可使用书面报告形式。报告所使用的语言有英语和当地语言。使用英语时,应尽可能使用 IMO 标准航海用语。

表 16-3-1　IMO 船舶报告标准格式

报告项目名称		表示的内容	要求的信息及其格式
电报	无线电话		
系统名称	系统名称	系统名称	船舶报告系统的名称如 AMVER，CHIS-REP
SP PR DR FR DG HS MP 其他报告则为全称	报告种类名称	报告的种类	根据报告种类选择相应的缩写或全名,对某些报告要用这种报告的全称
A	Ship（Alfa）	船舶	船名、呼号或船舶识别码,船旗国

续表

报告项目名称		表示的内容	要求的信息及其格式
电报	无线电话		
B	Time(Bravo)	日期和时间	6位数字。前2位为日期,后4位为时间(时、分各2位)。当不使用协调世界时时加注使用的区时符号
C	Position(Charlie)	船位	纬度:4位数字加N或S,精确到分;经度:5位数字加E或W,精确到分
D	Position(Delta)	船位	物标名称、方位、距离。方位用3位数字精确到度,距离单位为海里(n mile),后加注物标名称
E	Course(Echo)	航向	真航向,3位数字
F	Speed(Foxtrot)	航速	3位数字,前2位为小数点前数字,后1位为小数点后数字,单位为节(kn)
G	Departed(Golf)	出发港	最后一挂靠港名称
H	Entry(Hotel)	加入系统的日期、时间、位置	日期、时间表示方法同B,位置表示方法同C或D
I	Destination and ETA(India)	目的港及预计抵达时间	港名及日期、时间(表示方法同B)
J	Pilot(Juliett)	引航员情况	说明有无海上或港内引航员在船
K	Exit(Kilo)	退出系统的时间、位置	要求同H
L	Route(Lima)	航路信息	计划航线情况
M	Radio Communication(Mike)	无线电通信	船舶电台全称及保护频率
N	Next Report(November)	下次报告时间	要求同B
O	Draught(Oscar)	当前的最大吃水	4位数字,用米和分米表示
P	Cargo(Papa)	船载货物	货物情况及可能对人或环境有危害的危险货物,以及有害物品和气体的细节
Q	Defect,Damage,Defic-iency,Limitation(Quebec)	缺陷、损坏、不足、限制	缺陷、损坏、不良状态或其他缺陷、限制的细节

续表

报告项目名称		表示的内容	要求的信息及其格式
电报	无线电话		
R	Pollution, Dangerous goods lost overboard(Romeo)	危险货物、污染物	描述散失于船外的污染物(油、化学品)或危险物种类的细节及地点。地点的表述同C或D
S	Weather(Sierra)	天气状况	当前天气和海况的简要细节
T	Agent(Tango)	船舶代理或船东	船舶代理、船东的名称及特殊事项的细节
U	Size and Type(Uniform)	船舶尺度、种类	船长、船宽、吨位、船舶种类等详细情况
V	Medic(Victor)	医务人员	医生、护士等医务人员情况
W	Persons(Whiskey)	在船人数	人数
X	Remark(X-ray)	其他事项	任何其他事项、信息

三、中国船舶报告系统

1.概述

中国船舶报告系统(CHISREP, China Ship Reporting System),是中国为履行《1974年国际海上人命安全公约》《1979年国际海上搜寻救助公约》等国际公约,保障海上人命和财产安全,由交通部批准于1998年建立并于2001年6月1日起实施的。其任务是及时、准确地提供船舶动态信息,保证航行船舶的安全,提高搜救效率,防止和控制船舶造成的海洋污染。中国船舶报告系统是采用一个具有先进的信息处理和网络通信功能的覆盖中国报告区域的船舶报告系统,由指挥端站(中国海上搜救中心)、中国船舶报告管理中心(上海海事局)、用户端站(大连、天津、青岛、上海和广州的搜救中心)、报告接收站(上海海岸电台)和船舶报告网络组成。该系统提供船舶及船舶报告信息的接收、发送、存储和数据分析处理;在紧急状态下,为搜救部门提供有效的辅助决策支持;为相关的用户或单位和船舶提供相应的信息服务。中国船舶报告系统在海上搜寻救助工作中的作用是:监视船舶航行安全,及时处理情况不明阶段的船舶,制订辅助搜救方案和救助遇险船舶,制订搜寻方案和搜寻失踪船舶,提供辅助搜救信息,进行国际合作和实现海上交通安全的宏观管理。

(1)适用区域和对象

CHISREP的报告区域为9°N以北,130°E以西的海域,但不包括其他国家的领海和内水。适用船舶为所有抵达中国港口的外国籍船舶、航行于国际航线300总吨及以上的中国籍船舶,航行于中国沿海航线1600总吨及以上的中国籍船舶强制参加,航行于中国沿海航线的300总吨以上1600总吨及以下的中国籍船舶自2005年1月1日起强制参加。上述船舶中航程总航行时间不足6 h的船舶及其他船舶自愿参加。

(2)加入方式

船舶可以通过下列方式加入CHISREP:

船舶进入CHISREP区域时,按照《中国船舶报告系统船长指南》规定的格式向中国船舶报告管理中心发送报告。

当船舶首次加入 CHISREP 时,可由船公司或其代理向中国船舶报告管理中心提供船舶基本概况表。

如果船舶的基本概况发生变化,船公司、代理或船舶应当将变化的情况及时向中国船舶报告管理中心报告。

当船舶加入 CHISREP 后,可通过下列方式发送报文:

①通过 CHISREP 指定的上海、广州和大连三个海岸电台发送船舶报告。

②如果船舶在中国沿海某一个港口,可以通过电传、传真或电子邮件的方式直接向中国船舶报告管理中心报告航行计划报告或最终报告。

③可通过 Inmarsat-A、B、C、M 地球站发往中国船舶报告管理中心。

④中国船舶报告管理中心也接收船公司或代理通过电子邮件或电传方式发送的集团报告。

⑤由于某种原因不能发送船位报告和最终报告的船舶,可通过他船或岸上的有关机构代为报告。

船舶通过 CHISREP 指定的海岸电台发送报告是免费的。

2.CHISREP 的报告种类、格式和内容

CHISREP 共有七种类型,每一种报告类型由若干个按规定次序排列的报告构成。报告以 CHISREP 加报告类型的识别字母开头,以报告项 Z 结尾。这七种报告又可分为一般报告(航行计划报告、船位报告、变更报告、最终报告)和特殊报告(危险货物报告、有害物质报告、海洋污染物质报告)两大类。

(1)航行计划报告(SP)

船舶在离开中国沿海港口或从国外进入 CHISREP 区域时,应向中国船舶报告管理中心发送航行计划报告,并应遵循以下规定:

①在进入 CHISREP 区域的划定界线前 24 h 至进入后 2 h 之内发送。

②在离开任何中国沿海港口前后 2 h 之内发送。

(2)船位报告(PR)

为了使船舶报告管理中心掌握足够的船舶信息,船舶应按照规定的时间或约定的报告时间向 CHISREP 发送船位报告。第一份船位报告要求在最新航行计划报告后 24 h 内发出,以后每隔 24 h 或在每天约定的时间发送,但两个报告之间的时间间隔不应超过 24 h,直到抵达中国沿海港口或驶离 CHISREP 区域界线。船位报告中的信息将被 CHISREP 用来更新该船的船舶动态。

如在船位报告发送前 2 h 发送变更报告(DR),那么下一份船位报告的发送时间应改为变更报告后 24 h。预计抵达下一港或 CHISREP 区域界线的时间应当在最后一次的船位报告中得到确认。船舶改变 ETA,可在任何一份船位报告中更正。如船舶的航行时间小于 24 h,可不发船位报告,只要在开航时发航行计划报告并在抵港时发一份最终报告即可。

(3)变更报告(DR)

船舶发生下列情况时必须发送变更报告:

①船舶改变其计划航线时;

②船舶的实际船位偏离计划航线超过 2 h 的航程时。

（4）最终报告（FR）

当船舶抵达中国沿海港口或驶离 CHISREP 区域界线前后 2 h 内,应发送最终报告。

危险货物报告（DG）、有害物质报告（HS）、海洋污染物质报告（MP）如前所述。

CHISREP 报告格式见附录三。

3.船舶延误报告处理

船舶超过规定报告时间或约定报告时间 3 h,系统将自动对该船进行预报警,提醒工作人员检查中国船舶报告管理中心是否已收到船舶的报告,采取有效的通信手段与船舶进行联系,并在海岸电台通报表上列出该船舶,提醒其发送报文;延时超过 6 h,系统将在海岸电台通报表中,对该船进行呼叫;延时超过 12 h,系统将与船舶所有人、经营人、代理人及可能见过该船或与该船联系过的其他船舶查询,核实该船是否安全;延时超过 18 h,系统将在海岸电台通报表中,对该船进行紧急呼叫,并在该船呼号后加 PANPAN;延时超过 24 h,船舶报告管理中心将制订搜救方案并报指挥端站(中国海上搜救中心),由指挥端站指定海上救助协调中心(RCC)对该船进行搜寻救助,开始搜救行动。

第十七章　航行计划和航海日志

第一节　航行计划

　　船舶营运生产是以航次为周期的。航次开始前要制订计划,安排生产;航次结束后必须统计数据资料,总结汇报(如航次报告等)。航次开始时间是上一航次的结束时间;航次结束时间是最后一票货离船或最后一位旅客离船时间。船舶的航次是连续计算的,航次的编号和起止时间必须在航海日志中详细记载。在航次结束前,船公司或租家一般将以航次命令(voyage order)的形式提前下达下一航次的运输任务。

　　航行计划是指船舶在接受航次命令后拟定的从一个港口航行到另一个港口的有关航行安全保证的具体措施与对策。船舶在接到航次命令后,应结合实际情况,充分考虑本船的技术状态、货物和旅客情况、物料和燃油、淡水数量,以及航区的水文气象资料等因素,综合利用航海技术知识,拟定好本航次的航行计划。船舶航行计划制订的好坏将直接影响到船舶和海上人命的安全以及对海洋环境的保护。为此,国际海事组织(IMO)在1999年11月25日通过了A.893(21)号决议——航行计划指南。《海船船员适任考试和评估大纲》对船长和三副发证时也要求其通过海事局认可的航次计划和航线设计的评估考核。

一、航行计划

1.航行计划的内容

　　航行计划(sailing plan)至少应包括从泊位到泊位的全部航程(包括引航员的登船位置)、预计航行的总时间、预计航线上的气象情况和海况、各转向点的经纬度、各段航线的航程和预计到达各转向点的时间、复杂航段的航法以及对航线附近的危险物的避险手段、特殊航区的注意事项等。具体如下:

　　(1)航海图书资料的准备与改正

　　应根据最新版的《航海图书总目录》查取有关航海图书资料,主要有:

　　①航用海图,包括总图(大洋图)、航行图(含无线电定位位置线图)及港湾图等。

　　②参考图,包括航路设计图、大圆海图、空白定位图、洋流图及气候图等。

　　③航海图书出版物,包括《世界大洋航路》《航路指南》《灯标和雾号表》《进港指南》《无线电信号表》《里程表》《潮汐表》等。

　　按照航海通告和航海警告提供的改正资料,将以上全部图书资料认真改正到使用之日。

（2）人员、淡水、燃油等的配备，装卸货计划的完成，各种助航仪器的准备和检修

船长对本船船员的适航状况要特别关心，对确定出航的人员的素质和水平要做到心中有数。淡水、燃油的储备量应根据航线的长短提前补充。装卸货完成的情况直接影响到开航时间，应根据航次命令适时调整装卸货计划。

助航仪器的完备状态是执行航行计划的必要保证条件之一，要根据平时的工作记录进行必要的检修，必要时还应对磁罗经测定自差，编制新的自差表。

（3）研究有关航海图书资料，了解航区的详细情况

①查阅有关港口的《航路指南》、《进港指南》、港口介绍、港图、港章等，了解本航次所经港口的详细资料。

②查阅有关气候图、洋流图、航路设计图、气象预报、《潮汐表》和潮流图表等，了解航区航行季节的水文气象条件、可能遇到的灾害性天气，以及可以利用的风、流条件等。

③查阅《灯标和雾号表》、《无线电信号表》与海图等，了解航区助航设备的条件、制度和必要的图表等。

④查阅海图、《航路指南》和地方性规则等，了解近岸航区的危险区域、禁区、渔区、船舶交汇点、分道通航制、推荐航线、海上交通安全法规、内河避碰规则等。

（4）确定航线

根据所查阅的海区信息和本船或他船的具体航行经验，结合本船的船型、吃水、性能、定位条件、船员素质和航线的气象条件等因素，在保证安全和经济的前提下，反复推敲，确定并预画航线，尤其要注意气象预报的风向、风速、波（浪）向、波（浪）高、水流、大雨和暴风对预画航线的影响。超过 1500 n mile 的长航线，应确定是否采用大圆航线、气象定线等。在某些航区的短航段，出于避风等考虑，还要决定是否采用气象定线或避风、避逆流等措施。

（5）开航时间、航行时间及通过重要航段或物标时机的确定

根据航次命令和出发港口的潮汐情况，确定准确的开航时间。综合各种因素，根据航线的概略航程和推算的航速，预算各段航线的航行时间、通过重要航区或转向点的时间，航行中应进行世界时和区时的换算，执行区时制，应事先在《无线电信号表》等资料中查明所属国政府规定的标准时、法定时或夏令时等。

当进出潮流较强的港口时应考虑潮时，如锚泊船进港或码头在港口纵深地段时，应考虑在时间上留有充分的余地。

挂靠中途港时，应将旅客上下，货物装卸，燃料、淡水和食物的补充等时间估算进去。

航行于特别困难的狭水道，应避免夜间通过，必须通过时，要特别加强值班，应对因减速或候潮所耽误的航行时间有思想准备。

对于暗礁、浅滩、孤立障碍物或渔船密集的海面，应尽可能设计绕航航线，这样增加的航程不多，但明显有利于安全。

如前所述，通过障碍物多的海面，应事前计划好多种避险措施。热带气旋盛行的季节，还应做好避风航线准备。通过重要的转向点，应尽可能具有获得准确船位的条件。

总之，选择通过重要航段或物标的时机应考虑到距离危险物的远近、能否利用航标和陆标定位、来往船只的多少、潮流是否复杂、水深是否足够和能见度的好坏等。

（6）航行中重要水域或狭水道的航法研究

航行中的航法研究是航行计划的重要环节，应根据《世界大洋航路》《航路指南》《航海员

《手册》等资料和航用海图,确定重要水域或狭水道的具体航行方法(如导航与避险方法)。

(7)航行在某海区可能遭遇的海况及恶劣天气

根据航路设计图、气候图、洋流图、气象预报和传真图等了解航行将遭遇到的海况和恶劣天气,制定航行措施(如改变计划航线和选择避风锚地等),做到心中有数,万无一失。

(8)抵达港口概况、通信、引航及航道特征等

抵达港口的信息对船舶安全顺利地进港至关重要,应根据《进港指南》、《无线电信号表》和海图等了解港口有关信息,悉心准备,制定各种应对措施。

2.拟定航行计划的步骤

(1)研究资料

在接到航次命令后,船长应督促二副仔细研究各种有关的航海图书资料,了解气象情况,选定航线。在总图上粗略画出航线和量出大致的航程。

二副应收集所有必要的资料,以便于对航行计划进行全面的估计。在收集信息之后,可能又会收到更新的信息,例如,航海通告和气象报告等。应及时将这些信息补充到计划中。另外,应对覆盖航行水域或将通过的水域的海图按航海通告中的永久性或临时(预告)性通告内容进行改正。对航行计划进行初步拟定,需要下列资料信息:

①潮流(流速和流向)、潮汐(潮时、潮高);

②航次各阶段的船舶吃水;

③《航路指南》中的推荐和建议;

④航行标志(预定在雷达上或视觉可见到的目标);

⑤分道通航制和其他通航制度;

⑥无线电导航仪器的覆盖范围;

⑦影响航行水域的航海通告;

⑧影响航行水域的气候和气象信息;

⑨船舶的操纵性能等。

当所有信息收集完毕后,船长应对航行计划的情况做出全面估计,并与驾驶员进行商讨,以有利于船舶的安全航行。

(2)估算时间

根据概略的航程和航速,估算所需航行时间,初步确定进出港及通过重要航区和物标的时间。

(3)预画航线

在上述工作的基础上,全面权衡,最后确定航线,并在航用海图上准确画出全程航线,求出准确航程和航行时间。

(4)考虑航行时间、航速与燃料装载量的关系

确定燃料装载量应考虑以下几个因素:

①航程、船速以及影响船速的水文气象条件等;

②本船的航海性能,如吃水差和船壳附生物的阻力等;

③主机之外的其他燃料及轮机长的意见;

④过去使用燃料的记录;

⑤航行途中有否燃料补给港口等。

无论在哪个航区航行,燃料总储备量的富余量不得少于船舶2天的耗油量。

(5)做好相关记录备查

航行计划须经船长审核批准后正式确认,但在航行中并不是一成不变的,还可根据当时的实际情况加以修改和补充。为了使航行计划能连续地监控船舶整个航次的营运,该计划应在形成后和实施中有确切的文字记录,最好配备正规的记录簿,执行过程中由驾驶员签字确认,以此作为港口 PSC 检查的证据之一。

3.航行计划参考表格

(1)海图及图书资料一览表

①海图

编号	图号	图名	比例尺	出版日期	新版日期	最新改正	备注

②图书资料

编号	书号	书名	出版日期	最新改正	备注

(2)航线表

编号	转向点位置(名称)	航用海图图号	相邻转向点间的航程	计划航向	航速	航行时间	转向时间 标准时(区时)	转向时间 世界时	累计航程	剩余航程	备注

(3)途经主要港口的标准时和世界时关系表

港口名称及所属国家	标准时(或区时)	区号	世界时	备注

4.拟定航行计划的注意事项

在拟定航行计划时,船长应根据航次任务及时通知各部门有关负责人做好各项开航准备工作;对预定的航次,船长和驾驶员应在研究有关资料后做好航行计划;大副、轮机长应在与船长协商后,预先确定并落实本航次所需各种燃料、物料、淡水以及备品的数量;船长应检查各种船舶证书和船员证件是否齐全、有无逾期,检查运输单证及港口文件是否齐全,保证船舶处于适航状态。

开航前,船长应充分并恰当地运用预定航线上所必需的、有效的以及最新改正的海图和其他航海出版物,保证拟定好从出发港到下一停靠港的预定航线,核实了航行计划后,将计划航线清楚地标绘在有关海图上,并且在航行期间供值班驾驶员随时使用,驾驶员在使用之前应认真核实每一个准备采取的航向。拟定航行计划的过程,就是船舶出航前的航海准备过程,必须认真、周密和仔细地对待。应将航行计划细节记录在驾驶台记录簿中以便于参考。其他有关的重要资料,如高(低)潮时间及日出(没)时间等也应记入记录簿。拟定航行计划时,力求措施适当、时间准确、切实可行。在执行中根据实际情况及时修改航行计划。开航前拟定的航行计划,在执行过程中会与实际情况有所出入,但是不能因为会变化,就忽视拟定航行计划的重要性。

如果在航行中决定改变停靠港或者因其他原因船舶需要大幅度地偏离计划航线,船长应及早计划好修正航线,并在海图上重新标示。

在执行过程中,值班驾驶员对船位或航行方式有任何怀疑,应立即通知船长,并在必要的情况下,采取对船舶安全有利的措施。

开航之前和进入限制水域或危险水域之前,应对航海仪器的状态进行检查,这种检查也应在整个航次中定期进行。

对于长航线,可以在有了航行计划的总轮廓之后,先把计划的前一段做具体些,然后,在航行过程中逐步充实计划的下一段内容。

对于新航线,特别是对缺乏经验的新驾驶员,船长更应督促他们认真对待航行计划。除分管航线工作的驾驶员外,还应要求其他驾驶员仔细研究航行计划,以利在航行过程中工作的连续性和彼此互相协同配合。

定线班轮拟定航行计划当然要简单得多。但是亦应根据航行的季节和时间,做好应对非常情况的具体准备工作。

具有组合导航设备的船舶,拟定航行计划工作中的许多计算可通过系统的辅助功能完成。

二、航线设计

航线设计(passage planning)是航行计划的重要组成部分,是航行计划的具体实现。航线设计的原则是安全和经济。安全和经济是统一的,原则是在保证航行安全的基础上提高经济效益。不安全的经济航线绝对不可取,而不经济的安全航线也是不可取的,应在安全的前提下实现经济,经济必须安全。

1.航线设计的内容

(1)在海图上绘画航线,并列出起始点、各转向点和到达点的经纬度或(和)以某物标的方位和距离表示。

(2)列出各点间的航向。

(3)标出各点间的计划航程,各点的累计航程和起讫港间的总航程。

(4)列出各点间的计划航行时间、各点的累计航行时间和起讫港间的总航行时间。

(5)预绘必要的警戒线于海图上。

(6)预绘重要的灯标、雷达目标等于海图上。

(7)预绘重要航区潮流于海图上。

(8)列出所需海图的图号。

(9)拟定中途遭遇强风的航路与避风锚地。

2.航线设计应考虑的因素

(1)本船条件

①续航力

续航力指该船在不靠岸不依靠补给的条件下能航行的距离,主要取决于:

a.主机续航力;

b.辅机续航力;

c.润滑油料的续航力;

d.淡水的续航力(生活及辅机锅炉冷却);

e.食品的续航力。

②船级中的航区限制

船级可从船体入级证书中查到。不同的船级对船舶建造、稳性、救生设备及无线电设备都有不同的要求,不同船级的船舶受到不同的航行区域的限制。设计航线时不得将航线画于规定的距岸距离外。

③船员适任证书中的航区限制

不同种类的船员适任证书适用于不同的航区。

④保险条款中的航区限制

一般保险人不愿承保船舶驶入冰区所发生的风险,保单上皆有禁止船舶驶入规定地区的条款。若发生了战争或保险人预计将发生战争,保险人将向投保战争险者宣布战区,未投保战争特别附加险的船舶不得驶入指定的区域。

⑤船舶尺度

船舶尺度包括长度、宽度、最大高度等,如巴拿马运河要求 $B<32.3$ m。

⑥船舶装备

如未配有运河规定的一些装备,一般情况下不宜设计过运河航线。

⑦技术状态

老旧船或失修船或发生事故仅做临时性修理的船舶或所配船员的业务技术水平不够理想的船舶,应选择风浪小的航路。

⑧装载状况

满载与空载使船舶的吃水、稳性、受风面积和操纵性能均有所变化。船舶是否进行良好的封舱、货物的系固情况等,都是应考虑的因素。

⑨其他

图书资料、仪器设备、抗风能力等。

(2)气象水文条件

世界灾害性天气,大洋风带与季风,涌浪与异常涌浪、流、冰况等。

(3)水下障碍物

①水下障碍物

水下障碍物是指水下的桩、柱、管、弃锚、水泥沉块及沉船残骸等,如标有"obstn"、水下沉船、水下渔业与水产设施、水下钢桩与水下井口等。

②未经精测的水域与疑存的浅点

海图上的空白处,表示未经测量,应视为航海危险区。海图上标有疑存(ED)、疑位

(PD)、概位(PA)、据报(Rep)的位置均应予以重视。

③岸礁

岸礁是在海面附近,深度不足 10 m,顶部在退潮时大多露出水面的礁体。

(4)受限制区域

①有关当局公布的航行受限制区域

有关当局公布的禁航、禁锚、禁渔或作为其他方面限制的区域是影响航线设计的诸因素之一,这些区域多数位于领海中,但也有位于公海的。

a.军事演习区(military practice area)

(a)不得进入已经宣布为禁航区的军事演习区。

(b)不应进入固定的已在出版物刊载的军事演习区,如在演习时间之外接近现场时,船长仍可临时决定驶入,但必须在演习时间之前驶离。

(c)航线可画在临时演习区或无界限的演习区内,但安全措施或注意事项中要注明此点,以提醒驾驶员加强瞭望和收听航行警告,待接近该区时再核算驶入、驶离时间是否在演习时间之外。

(d)临时的演习区,平时虽可开放,但也不宜在此捕捞、锚泊和疏浚,因为常有演习中未爆炸的炮弹、炸弹、火箭等造成船舶损伤事故发生。

b.水下电缆与管道区(submarine cables and pipelines)

除非极重要的水下电缆和管道外,一般是不宣布禁航的,如在海图上仅有水下电缆与管道的图式符号而无区域界限,要避免在其附近锚泊或捕捞,有关国际公约通常要求距离不得小于 0.25 n mile。

c.架空电缆与桥梁(overhead power cable and bridge)

航线通过架空电缆或桥梁时,必须注意船舶在水面上的高度和是否满足一定的富余高度。此外,须知纵倾引起的最大高度增减,不仅应核对船舶资料的准确性,而且应查阅资料确定架空电缆与桥梁的标注净空高度(charted vertical clearance)的起算面。如果受潮水影响,还应据本船情况确定通过时间。

d.倾倒区(dumping ground)

因为倾倒区的水深可能减浅过快,远离此区也可避免与垃圾船或倾倒船相遇。如属弹药倾倒区,则更不能进入。设计的航线一般不通过此类区域。

e.雷区(mine field)

目前,世界上大多数雷区可以认为其危险程度并不大于通常的水下障碍物,但在设计航线时,应通过雷区中已开辟的航道,直至港口附近规定的锚地为止。20 世纪 50 年代以来,战争中或恐怖分子布放的雷区有可能不声明其范围和日期,倘若航线不得不通过此类雷区,应避开习惯航线、船舶触雷多发水域和 30 m 以下的浅水水域,禁止使用回声测深仪。

f.禁区(prohibited area)

禁锚和禁渔的禁区仍可通航,但禁航区既禁止通航也不允许锚泊与捕捞,未说明何种禁区的则以禁航区对待。禁区多数不讲明其用途,少数的可看出其用途。因此设计航线时应予以高度重视。

g.海上油田区(oilfield)

海上油田区中的设施位置常变更,故应注意查阅《航行通告》与收听航行警告。在航线设计时,对海上油田设施的最外缘均应距离 1.5 n mile 以上;如海图上已标明该处油田区的界限,则应离开其界限 500 m 以外;如海图上已标明其外围的安全区(safety zone),应将航线绘画在安全区之外。

h.历史性与危险性沉船禁区(historic wreck and restricted area)

除非迫不得已,否则不应驶经此禁区。航经时应注意水深,最好远离之。

②有关公约规定的航行受限制区域

航线设计必须遵循有关的国际公约与政府间协定的规定,因此在某种意义上其规定的区域也属航行受限制区域。

a.分道通航制水域(traffic separation scheme area)

IMO 和各领海国制定的分道通航制水域均属于强制执行的,一般在海图上予以标示;而民间组织制定的分道通航制水域一般属自愿参加而无强制性,故海图上不予以标示。若在设计航线时决定进入分道通航制水域,则应注意以下几点:

(a)在航线设计时切勿随意将航线画入沿岸通航带内,除非起讫港或本船目的港与引航站在此沿岸通航带内。

(b)若设计的航线进出通航分道的端部或中段时,应与通航分道的船舶总流向成尽可能小的角度,应避免将航线画成近直角右转进出通航分道的端部,更忌以接近直角左转进出通航分道的端部。如条件许可,转向点尽量设在离通航分道的端部稍远的地方,这样可避免与大量进出通航分道的船舶交会或形成交会的态势。

(c)一般情况下,应将航线画于通航分道的中线上,但当两对驶的通航分道仅由一条分隔线相隔或只由一个狭窄分隔带相隔,则宜将航线置于距分隔线或分隔带稍远之处;如通航分道的左侧有很宽的分隔带或有很好的航标显示其界限,而通航分道右侧的边缘仅有海图上的一条线也无航标显示其界限,宜将航线置于稍偏向左侧的分隔带处。

(d)在绘画航线时,如需穿越通航分道,则应尽量以直角通过。选择在何处以直角穿过是很重要的。除了靠近目的港所在处外,一般可选择两对驶的通航分道之间有一个较宽敞的分隔带之处,以利本船在分隔带中有条件等待时机直角通过前方的通航分道。但不宜选择通航分道的端部或附近、几条通航分道的汇合处、环形道或附近及水上交通频繁的警戒区,也勿斜穿过其通航分道与分隔带。

b.深水航路(deep water route)

IMO 采用的深水航路主要是供深吃水船使用或限于吃水船使用。深吃水船或限于吃水船设计航线时,应将深水航路纳入航线中。一般吃水的船舶在选择航路时,可不采用深水航路,但当实际行驶中未发现有深吃水船或限于吃水船航经或不妨碍它们的行动时,也可随时驶入。对于某些深水航路也要依其规定航行。

c.避航区(area to be avoided)

IMO 现已规定了欧洲水域的西北部(英吉利海峡、多佛尔海峡等)、北美洲水域的北部和中部(佛罗里达、加利福尼亚沿岸)及其他一些水域为避航区,分别针对不同的船舶对象。除此之外,也存在着有关国家政府自定的避航区(如自然保护区 marine nature reserve area),在设计航线时,要分清避航区的性质,安全避离。

d.载重线季节区域(loadline seasonal zones)

《国际载重线公约》规定了某指定区域与指定日期内应采用的最小干舷,即规定了船舶

在某吃水条件下只许在某区域内航行。在设计航线时,需预先考虑本船的吃水在驶经常规航路时是否会受到该公约有关规定的限制:

(a)处于两个载重线区域交界线上的出发港或抵达港,开航船所用的载重线应以该船驶向的那个区域为准,到港船所用的载重线应以该船从何区域来为准。

(b)处于两个载重线交替季节的出发港或抵达港,开航船应以实际开船日期为准,到港船应以实际到达日期为准。

(c)一个航次航行中经过两个季节的载重线区域,应以实际到此区域时扣除油水消耗或压载水泵出、注入及海上补给等所引起的吃水变更后的实际吃水为准。

e.领海(territorial sea)

领海对航线设计一般没有影响,但仍需注意:无害通过是指不损害领海国的和平、良好秩序或安全的通过。"通过"指不得随意停留或锚泊等,否则应向有关当局报告并得到准许。在两国关系紧张或当地局势不稳定时,若在航行中带有边航行边做大幅度改向或旋回以试验船舶性能、校正仪器等任务,则不宜将航线绘画在该国领海内,除非能得到有关当局的准许。

f.内水(internal waters)

如不停靠某外国港口或港湾,一般不应将航线设计在该国内水范围内,除非为了缩短可观的航程或为了航经内水范围内的一条不可替代的水道,或为了临时性避风,或为了紧急救助遇险人员、船舶、飞机,但也需报告有关当局。

g.渔业管辖区(fisheries jurisdiction zone)与专属经济区(exclusive economic zone)

设计的航线如邻近渔业管辖区与专属经济区,应注意:

(a)如带有捕鱼任务,要考虑是否为该国现行的关于渔业管辖的法规所允许。

(b)尽量避免驶入沿岸国在该区域所设立的海上工程设施与勘测活动区。

h.排污区域(sewage area)

如带有边航行边排放或投弃污物于海中的任务,设计航线时,应符合有关国际公约与当地政府的规定要求。

3.航线设计的步骤

(1)选定计划航线

在分析和掌握航海资料的基础上,根据本船条件和航海经验,选定进出港航行、沿岸航行和大洋航行等的计划航线。

(2)初画航线

先在小比例尺总图上画出计划航线,求出概略航程。

(3)确定船速

在考虑水文气象条件下,估计船舶可能达到的实际速度。

(4)估算航行时间

根据概略航程和估计的实际速度,估算航行时间。

(5)检查修改

根据上述估算,检查初画航线并做必要的修改。

(6)预画航线并列出航线表

在大比例尺航用海图上,准确地画出进出港航线、沿岸航线和近海航线,在空白定位图上画出大洋航线,并准确量出计划航迹向和航程,列表备查。在备注栏中,主要填写该航段应注意的特殊水文气象情况、重要航行障碍物和该航区的航行注意事项,或记入该航段应该参阅的航海图书资料的名称和页数。在航线上,应标出进出港预计到达重要转向点的时间等。

第二节　航海日志

航海日志(log book)是船舶航行和停泊的工作记录文件。航海日志记载着船舶航行和停泊时的条件和遇到的情况,以及船员为保证船舶安全所采取的一切措施。填写航海日志是值班驾驶员的重要职责之一。在值班期间,驾驶员应对船舶的航行或停泊活动保持完整的记录。

航海日志可以积累资料,它是反映船舶运输生产过程及其指标的最重要的原始记录和统计资料,也是分析总结经验时不可缺少的重要依据。船舶发生海上事故时,航海日志是分析事故原因、做出符合实际的判断与处理的重要依据。因此,航海日志具有法律效力,是船舶重要的法定文件。

一、航海日志的主要内容

航海日志由封面、扉页、说明和正文等几部分组成。航海日志的封面通常包括航海日志、船名、始用日期和结束日期、船长签名和船舶公司名称等。航海日志的扉页包括船舶主要资料,如船名、呼号、船籍港、建造日期、船舶尺度、船舶性能资料、旋回圈等。航海日志的说明包括航海日志的填写内容及要求、常用名词的缩写代号及符号等。航海日志的正文包括左页和右页两部分。左页是主页,右页是记事栏(见附录四)。

航海日志的填写内容主要包括在航行中凡与海图作业有关的内容及用以保证航行安全而进行的观测、计算结果和采取的措施,诸如海难、救助、人员的死亡和出生、航线的变更、主要船员职务的变化及消防、救生等演习与设备检查、停泊时的生产和其他有关活动等。

1.左页填写的内容

左页分四个记录部分:航行记录部分,气象、海况记录部分,舱水测量记录部分和中午测量记录部分等。

(1)航行记录部分

航行记录部分的主要内容有时间、航向、风流压差和航速等。除每班记录两次外,当航向、罗经改正量、风流压差值有变动时,应记录一次。如狭水道航行航向、船速变动频繁时,可记"×××水道航行,船长(或引航员)引航,航向、船速多变"。具体的记录项目和要求如下:

①时间:定速、转向和交班时的船时。

②罗经航向:陀螺罗经和磁罗经度数。

③罗经改正量:陀螺罗经和磁罗经的改正量。磁罗经的改正量分别记录磁差与自差,精

确到0°.1。

④真航向:罗经航向与罗经改正量之和。

⑤风流压差:风流压差值和符号。

⑥计划航迹向:当时的计划航向。

⑦计程仪读数:计程仪读数,精确到 0.1 n mile。

⑧计程仪航(时)速:前 1 h 与本小时之间的计程仪航程值。

⑨实测航(时)速:根据实测船位算得的平均速度。

⑩推进器转速:推进器转速表示每分钟平均转数,于每班终了时或在转速变更时记录,如转数变换频繁,可记"不定"。

航向均用三位数字表示,不足三位数字左边用零补齐。

(2)气象、海况记录部分

气象、海况记录部分的主要内容有天气现象、能见度、气压、气温、风、云、浪等。无论何时,均应按实际情况填写。航行中每班记录两次,停泊中每日 0800、1200 和 1600 各记录一次,必要时(如天气突变或遇台风等恶劣天气)应按船长指令增加观测和记录次数。具体的记录项目和要求如下:

①天气现象:天气现象符号,记录当时的天气现象。

②能见度:根据视距远近记录等级,尤其应指出的是,能见度栏记录的是能见等级而不是能见距离,应分清能见度和能见距离之区别。能见度不良时,应采取相应的雾航措施,并在记事栏中加以记录。

③气压:订正后的海面标准大气压力(hPa)。

④气温:室外干湿球的摄氏温度。

⑤海水温度:海水摄氏温度。

⑥风:真风向、风级。

⑦云:云状、云量。

⑧波浪、涌浪:相应的方向和等级。

以上均由值班驾驶员填写。

(3)其他部分

其他部分主要指舱水测量记录、中午测量记录和值班记录部分。

①舱水测量记录部分

正常情况下每日 0800、1600 由木匠或值班水手各测量一次压载水舱及污水井,必要时可增加测量次数;每日 0800 由木匠或值班水手测量一次淡水舱(饮水柜),大副应及时将舱水测量数据填入航海日志。如进坞有水舱、污水井修理工程时,应在这栏记上"修理"。修理工程结束后应恢复正常记载。

②中午测量记录部分

每日中午由二副将中午的船位(实测和推算)和船位差(位移差)、天文钟时间和误差及昼夜航行时间、航程、平均航速、距上港累计航程和航时、距下港航程等填入航海日志,其中日出、日没时间由大副填写。实际航程是根据实测船位所得的航迹线上的实际里程。淡水的消耗量、添加量和现存量,无论航行、锚泊和停泊均由大副填写。燃油数据由轮机部提供,二副填写。

③值班记录部分

值班驾驶员和值班水手姓名,无论何时都应填写在值班记录栏里。

2.右页填写的内容

无论航行、停泊或修理,凡左页不能包括但与航海有关的内容,均应记录在右页。有关船舶的动态、货物装卸和旅客上下情况、航行措施、前后吃水、船位、天气海况等一切现象和动作,值班驾驶员均应按时间顺序逐行详细填写;交班时应紧接记录内容之后签字以示负责。

(1)记事栏部分

①到、离港前

a.对影响航行安全的主要航行设备的校对与检查结果。

b.装卸货开始和完毕时间及到离港时的船舶吃水。

c.载货数量、类别,旅客人数,燃油、淡水、压载水存量,海水密度、船舶常数及初稳性高度。

d.驾驶台备航情况。

e.进出口办理手续的单位、人数、登离船时间及结果。

f.引航员登离船时间、地点及姓名。

g.指派瞭望人员时间及姓名。

②靠、离泊位

a.系上第一根缆和靠妥泊位的时间,开始解缆、单绑及解掉最后一根缆的时间,抛下第一只锚及锚抛妥或开始起锚及锚离底的时间。

b.泊位名称、锚位、锚别、链长及水深、底质等。

c.引航船船名及靠离时间,拖船船名、靠妥与解拖时间、主要动态等。

d.备车、完车或定速时间。

③航行中

凡与海图作业有关的内容以及用于保证航行安全的操作、观测、计算结果和所采取的措施,都应填写。

a.船位:GPS船位、天文船位、推算船位和交接班船位,用精确到分以下小数点后一位的纬度和经度填写。陆标船位、雷达和无线电助航仪器等船位,应填其观测数据,若出现船位差,应填其数据及采取的措施。

b.初见陆标时间、方位和距离,途经重要的岬角、灯塔或灯浮的时间和正横距离。

c.进出通航分道的时间、航抵船位报告点的时间及途经重要航标的时间。

d.定向或改变航向的时间、船位、航向和罗经改正量及计程仪读数。

e.计程仪使用开始及结束的时间、地点及船位,归零时间和读数。

f.起讫或改变使用风流压差的时间、船位及风向、风速、流向、流速的数据。

g.发现对本船安全有影响的来船情况及避让中采取的重要措施和时间。

h.气象、海况发生突变的时间、船位情况(上浪的部位和对船舶的影响)及按规章所采取的措施(如雾航措施)。

i.开关及检查航行灯的时间,升降国旗及显示各种信号(号灯、号型)的时间。

j.拨钟时间和数据,经过赤道、日界线时间及船位。

k.货舱的检查和保管货物的措施,开关机械通风和自然通风的时间。

l.防火、防盗的巡回检查结果,海盗活动过程和受伤人员及受损财产的记录。每班巡回检查情况。

m.航道及航标变异,发现漂浮物和其他异常情况。

n.发生海上(难)事故的重要情节、船位,自救或救助他船(人)的经过、措施和结果。

o.每班核对陀螺罗经、磁罗经航向的时间和结果。

p.使用烟火探测器的时间及检查情况。

q.船舶停航、绕航、滞航的原因及起讫时间。

r.每天日出、日没测罗经差,如可能用星体测罗经差或用陆标测罗经差,应记入罗经差记录簿。

s.增派瞭头人员的时间和瞭头人员的姓名。

t.进行应变演习的时间、地点和情况。

④停泊中

a.0000—2400,按时间顺序如实地记载生产性和非生产性的情况。

b.货物装卸开、停工时间,舱号及停工原因,各舱装卸(日报数)情况,每天0800的船舶水尺,装卸货进度,工人对装卸索具和舱内设备的损坏情况。

c.上下旅客开始和结束的时间或停止上下旅客的原因。

d.并靠船的船名、舷侧,靠离本船的时间、来由。

e.补给淡水、燃料、物料的时间及数量。

f.清舱、洗舱、泵入或泵出压舱水的时间、舱号、数量及安全措施。

g.船舶检验、水下部分检查,各种船舶证书的验发和验申、安全检查、货舱或货物检验、熏舱消毒的情况(船员离回船时间、消毒开始和结束的时间、使用的消毒剂及剂量)和结果。

h.船舶主要部分及设备的预防检修措施,重要的临时性修理及明火作业时间和内容,船舶厂修时每天开工的主要项目及进度情况。

i.进出坞及坞内作业情况(坞长姓名及上下船时间、坞门开启及关闭时间、通过坞门的时间、开始排水及充水时间、坐离墩时间和使用的拖船船名)。

j.升降国旗时间,显示号灯、号型和信号旗、甲板照明灯、货舱照明灯的开关时间及气象情况,重要节日悬挂满旗的记载。

k.系泊、移泊情况,以及规定的巡回检查情况。

l.三副、三管轮以上船员调动与登离船时间。

⑤锚泊中

a.抛锚的形式、锚抛妥时间、锚位、左(右)锚或双锚的链长、水深、底质。

b.锚泊的原因。

c.每个锚泊班应经常校测锚位,察看锚链受力情况,同时记载船首向。

d.锚链松长和收短的情况和原因。

e.转移锚位的时间及原因,转移后锚位、锚链受力情况。

f.开始绞锚及锚离底的时间。

g.发现船舶走锚的时间及采取的应急措施。

h.发现他船走锚的时间,危及本船安全时所采取的应急措施。

i.显示号灯、号型、号旗起讫时间,升降国旗、开关甲板照明灯的时间。

j.转流掉头及船首向稳定时间。

k.天气突变条件下,调整锚链和增抛锚的情况。

l.发生断链、搁浅等海上事故时的应急措施。

m.交接班锚位(陆标方位、距离)及规定安全巡回检查的结果。

(2)重大事项记录部分

由船长或大副填写,记载船上非经常性及较重大事件。

①出生、死亡或途中因病离船,发生海难事故、船员伤亡事故、船员严重失职和不守纪现象。

②对救生、消防器材检查的时间和情况。

③应变演习的时间、地点及经过。

④到离港货物、存油、存水、船舶常数、压载水及旅客人数、首尾吃水、海水密度。

⑤上下旅客时间及安全措施。

⑥重要结构的改装和修理。

⑦船舶换旗接收或移交、试航。

⑧船舶证书更换及重要签证。

⑨船长和主要船员调动及交接手续办理完毕的时间。

⑩航海日志填写中有严重错漏的更正。

航次结束后,船舶驾驶员还应根据航海日志等填写航次报告。航次报告是船公司了解船舶本航次生产和营运好坏的最重要和最有价值的依据。航次报告的种类比较多,但主要包括航行和停泊两部分内容。航行部分包括进出港的机动航行和海上的定速航行;停泊部分包括系泊装卸和靠泊装卸。驾驶员应认真填写航海日志,这样才能及时准确地向船公司报送航次报告以供研究决策。

二、航海日志的填写要求

(1)应使用不褪色的蓝黑或黑墨水笔填写,无论航行或停泊,均不得中断。填写的内容应词句准确、简明完整、字迹清楚端正,不得含糊其词和随意更改,填写的内容应当能够完整地反映出航行和停泊的主要情况。必要时,事后可根据航海日志的填写情况重新画出当时的航迹和反映当时航行及生产的基本情况。

(2)按时间和页码顺序如实填写,不得留有空页和空格、中断填写或撕页、添页,所有缩写和符号都应按统一规定使用。航海日志应填写直接测得和读取的原始数据,如罗航向、罗方位、计程仪读数及其改正量数值,而不填写改正后的数值。

左页记录部分和右页记事栏部分的记录应对得上,不应出现诸如左页气象记录有干湿温度相近,能见度低,右页却没有采取雾航安全措施的现象。

(3)对填写中的错误(记错或漏写),可用红墨水笔将错误字句画一横线删去(被删字句应清楚可见),修改字句写在错漏字句的上面,改正人在其后加括号签字。修改处应经船长同意,必要时需经船长签字认可,不得用小刀或橡皮擦拭或涂改液修补,更不许整页撕掉。交班时,交班驾驶员应在本班填写内容之后签字。

(4)航行中遇有大风浪等灾害性天气时,到港后可将航海日志有关内容的正本送有关部门认定,作为日后处理可能发生的保险、海损业务的重要依据。

三、航海日志的管理要求

（1）航海日志作为反映船舶运输生产工作的原始记录和重要法定文件,要求做好填写和保管工作,船长对监督航海日志填写之正确和完整负全部责任。

（2）大副负责具体管理航海日志,如启用新本前应查核是否缺页,是否和轮机日志页数一致,将主要船舶资料经船长审查后填入新本扉页。航海日志用完后,存船 2 年再送船舶所有人保存 5 年方可销毁。

（3）大副应每天审阅航海日志的填写是否正确并签字。船长应经常检查并指导驾驶员正确填写航海日志,监督驾驶员的改错和补记,应主持将严重错漏的更正填写于重大事项记录栏。船长除随时审阅和督导外,至少每星期(或每航次)做全面的审阅和签字。

（4）当发生海难事故时,应将航海日志连同有关海图交船长封存。在不得已弃船时,船长必须将航海日志及有关海图随身携带离船,妥善保存,以供海事调查之用。

第十八章 智能船舶与智能航行

第一节 智能船舶

一、智能船舶的定义

近年来,随着物联网、大数据、人工智能等相关技术的飞速发展,智能船舶逐渐成了航运业的高频词汇。中国船级社(CCS)《智能船舶规范》指出,智能船舶是通过传感器、通信、互联网等技术手段,自动感知并获取船舶周围环境的信息和数据,并基于计算机科学、自动控制、大数据分析和处理等技术实现智能航行的船舶。这里的"智能"可以理解为"会思考",能够全面考虑自身所处的环境,并且做出一系列的最优决策。其实,业界常说的"智能船舶"是一个泛化概念,是对具备一定程度智能化航行功能的新一代船舶的统称,在某种程度上与无人船(unmanned ships)以及国际海事组织(International Maritime Organization, IMO)提出的海上自主水面船舶(Maritime Autonomous Surface Ships, MASS)是相同的。IMO关于MASS的初步定义为:"A ship which, to a varying degree, can operate independent of human interaction."(一艘在一定程度上能够不依赖人类参与而进行操作的船舶。)

二、智能船舶的发展

船舶的自动舵、电子海图显示与信息系统(Electronic Chart Display and Information System, ECIDS)、船舶自动识别系统(Automatic Identification System, AIS)、全球导航卫星系统(Global Navigation Satellite System, GNSS)以及综合驾驶台系统(Integrated Bridge System, IBS)等设备为船舶自动化向智能化的转变奠定了一定的数字化基础。新兴的物联网、大数据、人工智能等先进技术驱动了智能船舶在国内外的快速发展,由概念和标准逐渐向现实产品迈进,并受到了IMO的高度关注。

国内方面,2015年CCS首次发布《智能船舶规范》,明确了包括智能航行、智能船体等在内的智能船舶六大功能;之后,CCS陆续对该规范进行了修订,加入了远程控制船舶和自主操作船舶等内容。国内报道的智能船舶有38800吨智能散货船"大智"号、40万吨级超大型智能矿砂运输船"明远"号、1.35万TEU智能船舶"荷花"号、30.8万DWT级超大型智能油船

"凯征"号、无人驾驶自主航行系统实验船"智腾"号、300 TEU 集装箱商船"智飞"号、大连海事大学"新红专"号等。

国外方面,多个著名船级社如挪威 DNV·GL、日本 NK、美国 ABS、法国 BV 等也发布了关于智能船舶的规范或指南。各大公司也开发了相关智能船舶产品,比如实现从码头到码头全自动化操作的渡船"Bastø Fosen Ⅵ"号、跨大西洋航行的完全自主无人船"五月花"号;备受业界关注的自主航行无人集装箱船"Yara Birkeland"号,以及实现自主航行远程操纵实船试验的"吉野丸"号等。

IMO 方面,2017 年 6 月,海事安全委员会(MSC)第 98 届会议(MSC98)设立关于海上自主水面船舶(MASS)的工作计划。之后 MSC 多届会议专门有针对 MASS 的议程:在 2019 年 6 月 MSC101 会议上发布《海上自主水面船舶试航临时指南》,在 2021 年 5 月的 MSC103 会议上审议了多年来 MASS 监管范围界定的工作结果以及关于 MASS 的测试方案等,在 2022 年 11 月的 MSC106 会议上,基于目标的 MASS 规则制定取得重要进展。MASS 已成为国际海事领域研究的热点,是未来船舶的发展方向。

三、智能船舶分类

IMO、船级社和一些航运公司,在将智能船舶作为未来航运业发展的趋势上是存在共识的。但是,各方对 MASS 的自主程度、发展分级等方面的看法不尽相同,如劳氏船级社将智能船舶分为 AL1～AL6 共 6 个等级,法国船级社将智能船舶分为 Level 0～Level 4 共 4 个等级,罗尔斯·罗伊斯公司将智能船舶分为遥控有人船、近海遥控无人船、远洋遥控无人船、远洋自主无人船 4 类。IMO 在 MSC99 会议上,就自主化水平初步将 MASS 分为 4 个级别,如表 18-1-1 所示。其中,L2 和 L3 均属于远程控制的智能船舶,需在岸基中心的支持下完成船舶的自主航行;L4 是全自主化的无人驾驶船舶,此为智能船舶发展的终极目标。

目前,L1 的 MASS 已经实现,L2～L4 的 MASS 仍处于研制阶段,或有一些实船测试案例。

表 18-1-1　MSC99 对不同自主化水平的 MASS 分级

级别	自主化水平	解释
L1	拥有自动化程序操作和决策支持功能	船员在船上操控船载系统,一些操作可实现自动化
L2	船上有海员的远程控制	船上需要配备一定数量的船员,也需要人员在其他地方操纵和控制船舶
L3	船上无海员的远程控制	船上不用配置船员,需要人员在其他地方操纵和控制船舶
L4	无人、自主	船舶操纵系统能够自主决策并采取行动

应当说明的是,对智能船舶进行分级只是一种在概念意义上的初步的分类。在实际应用中,船舶自主航行或远程操控是一种运行模式,只有在相应的限制条件(如运行区域、环境,包括所有合理可预见的限行状态)下才可以安全运行。

四、智能船舶的功能

智能船舶的功能按照由局部应用到全船应用、由辅助决策到完全自主的方向发展,其功能一般分为智能航行、智能船体、智能机舱、智能能效管理、智能货物管理、智能集成平台、远程控制和自主操作。

智能航行是智能船舶的首要功能,也是智能船舶的重要研究方向。智能航行是关于智能船舶航行功能相关过程和技术的统称。CCS《智能船舶规范》指出:智能航行系指利用先进感知技术和传感信息融合技术等获取和感知船舶航行所需的状态信息,并通过计算机技术、控制技术进行分析和处理,为船舶的航行提供航速和航路优化的决策建议。在可行时,船舶能够在开阔水域、狭水道、进出港口、靠离码头等不同航行场景和复杂环境条件下实现船舶的自主航行。智能航行的基本功能为航路与航速的设计和优化,进阶功能为开阔水域自主航行和全航程自主航行。

第二节　智能航行

船舶要实现智能航行,首先需要依靠先进的传感器系统对其航行环境进行全方位的态势感知,据此结合船舶航行状态开展风险的智能认知和判断,在认知的基础上实现对船舶最优航线、航向、航速等的智能决策,最后利用智能控制系统实现决策的可靠执行和反馈,实现船舶安全、经济航行的目的。因此,本节将智能航行按照过程分为航行态势感知、智能认知、智能决策、智能控制等。

一、航行态势感知

航行态势感知是船舶实现智能航行的基础。如将智能船舶看作人,那智能航行就如人的行走或跑步,航行态势感知则相当于人综合利用视觉、听觉、嗅觉、触觉等感知自身和周围环境的过程。船舶航行的环境复杂多变,有时又难以预测,增加了态势感知的难度。对航行环境感知不到或感知不准,就会严重影响智能航行的效果,严重时还会产生危险或发生事故。

1.感知内容

根据《智能船舶规范》,船舶在开阔水域自主航行时,应能够全天候感知、获取的船舶航行场景信息包括以下 6 点:

(1)风速、风向、海面能见度等实时环境气象数据。

(2)船位、航速、航向、吃水(首部、中部和尾部左右舷)、船体运动响应(至少包括横摇、纵摇和首摇)等本船实时信息。

(3)水上目标 AIS 的数据。

(4)电子海图数据及更新。

(5)海上其他目标的实时信息,包括:

①其他船舶的位置、运动方向、运动速度、大小尺寸、实际距离、与我船相交角度、航行信号和航行状态;

②水面其他固定障碍物及运动物标信息。

(6)船舶所在位置的实测水深。

若实现全航程自主航行,则需要在上述感知内容之外,进一步获取如下场景信息:

(1)实时感知船首、船尾与岸的间距及船岸间的角度;

(2)获得港口航道潮汐、流速、流向变化信息及其他相关环境信息。

2.感知设备

感知信息的内容决定了相关感知设备的选取和配置。根据 CCS《智能船舶规范》,实现船舶自主航行,感知设备至少应包括:船舶定位导航与授时系统(PNT)、ECDIS、AIS、船用雷达、罗经、计程仪、测深仪、船舶运动传感器、风速风向仪、能见度传感器等传统感知设备;若实现全航程自主航行,还需配备近距离探测设备,如激光雷达等。除此之外,现代感知技术的发展还催生了如微光相机、红外热像仪、毫米波雷达等新型感知设备在智能船舶上的应用。

相比普通船用雷达,激光雷达探测距离近(一般在 200 m 以下),成本相对较高,但体积小,具有空间和速度分辨率高、实时性好等优势。激光雷达可利用相邻两帧的点云数据进行配准,从而估计出装有激光雷达的船舶的位置和姿态变化。在船舶航行期间,可以利用多旋翼的无人机搭载激光雷达类型,以空中视角采集船舶周围海上环境点云数据,对他船和障碍物进行分类识别。另外,在船舶自主靠离泊期间,激光雷达可以实时、稳定、精确地感知距离泊位的距离、靠离泊横纵向速度、靠泊角、转首角速度等参数,有利于全自主航行过程的实现。

不同于激光雷达,红外热像仪则具有较远的探测距离,并可提供可视化的较真实图像信息。其利用红外热成像技术,在外界杂波干扰的情况下依然可以较好地检测、识别、跟踪海上弱小目标,可有效应对船舶夜航、雾航等特殊条件下的航行。但海上系统噪声复杂,海面背景强杂波干扰,红外成像尚存在噪声大、对比度低、非均匀性大、空间分辨率低等一些问题。

3.多源感知数据融合

感知设备之间进行多源信息融合处理,有助于减少感知盲区,提高感知精度,消除单一感知源的错误,实现智能船舶全天候、高精度、多尺度航行信息的感知。

在船舶领域,目前关于电子海图、雷达、航警信息、AIS、卫星定位与导航系统数据融合的研究较多,且多是基于其中 2~3 种感知设备的信息融合。但关于它们与光电传感器、红外摄像设备、激光雷达等新型态势感知系统信息融合的研究较少。智能船舶的多源数据感知还应体现其综合感知能力,充分挖掘融合信息的深层次特征和全局性特征。比如,除了能够探测到的他船的动态和普通障碍物之外,多源感知还要重点关注以下几点:

(1)海上弱小目标的识别,比如一些小型的、雷达反射能力弱的船只、浮标、漂浮物、浮冰及其他碍航物。多源数据感知的结果是不仅能发现这些物标,还应能识别物标的类型、大小以及运动特征等深层次信息。

(2)除了水深外,气象预报、实时天气海况、海流和潮汐等是多源感知数据的基础,通过数据融合使智能船舶具有对外界自然环境的全局性感知,为智能航行提供决策基础。

(3)海上环境中雾霾、雨雪、风浪都会对航行态势感知造成一定的干扰,采用多源感知数据融合技术取长补短,可克服或降低由此造成的不利影响。

二、智能认知

智能船舶感知到环境信息后需要像人脑一样对信息进行理解、分类、归纳、演绎、推理,然后做出合理的或最优的决策,这个过程即为智能认知。相对于传统的计算技术,智能认知更加注重对系统中信息不充分、不精确、不确定问题的研究。智能船舶的认知目前尚达不到人对这种不确定性系统的要求，只能替代驾驶员的部分工作。如果要发展全过程自主航行的智能船舶，智能认知的技术和手段仍需要革命性的变化。目前在智能认知方面的技术包括知识图谱和深度学习等。

1.知识图谱

从感知到认知的跨越过程中，构建大规模高质量知识图谱是一个重要环节。知识图谱采用结构化的形式来描述现实世界中的概念、实体及其关系，采用与人类认知世界相似的形式来表示信息，能够更好地组织、管理和理解现实世界中大量的信息。知识图谱技术是指知识图谱建立和应用的技术，其融合了认知计算、知识表示与推理、信息检索与抽取、自然语言处理、数据挖掘与机器学习等方向的交叉研究，在知识融合、语义搜索和推荐、问答和对话系统、大数据分析与决策等领域有着重要的应用价值。

智能船舶认知的知识图谱需利用航海领域内的专业数据和数据间的关系，抽象出智能航行领域的概念、概念的属性以及概念之间的关系，共同构成智能航行领域的本体模型。然后将态势感知的数据映射到本体模型的概念及其属性之上，将数据间的关系映射到本体模型中相关概念的关系之上。再通过知识表示学习、本体关系学习、事件知识学习等内容，进行包括基于符号和基于统计的知识推理和逻辑表达，从而将海量感知数据进行统一的表示和组织，变成计算机可以理解的知识库，形成语义网络，完成基于知识图谱的智能认知。

2.深度学习

深度学习是实现从感知到认知广泛使用的技术。深度学习的基本思想是构建多层神经网络模型，利用大量数据训练所构建的模型，自动提取和选择数据特征，来提高识别、回归、分类、预测等问题的准确性。

利用深度学习算法，可以将感知到的海量数据进行归类、分析和处理，作为决策的基础；可以利用历史数据进行模型训练，预测实际感知航行环境中存在的风险和障碍，比如对他船航行轨迹进行预测，对他船的动向和意图进行预测，对碍航物进行识别、分类和预测；可以利用实船航行数据和气象数据进行训练与验证，为基于海洋气象条件的航线规划、航路和航速智能优化等提供指导。

三、智能决策

基于认知结果进行智能航线设计、智能避碰决策、锚泊自主决策和靠离泊自主决策，是实现船舶全航程自主航行的四大关键环节。

1.智能航线设计

智能航线设计的初级阶段是能够在 ECDIS 中根据船舶吃水、碍航物情况、航区水深等条件，自动设计出一条从起始港到目的港安全而经济的航线。这样的航线应与碍航物保持安全距离，无碰撞和搁浅的风险，路径平滑且转向点数量符合航海实践。该阶段的智能航线设计一般属于离线规划。

利用 ECDIS 自动设计航线，要以 ENC 数据为基础。在 ECDIS 环境下，设计算法提取离散的水深点的位置和深度值等水深信息，建立 Delaunay 三角剖分［Delaunay Triangulation，DT，所有三角形的外接圆均满足空圆性质的三角剖分，称为一个 Delaunay 三角剖分。空圆性质,即一个三角形(或边)的外接圆范围内(边界除外),不包含点集 P 中的任何顶点]数据结构。在此基础上利用路径规划方法,比如 A＊、Theta＊、L$^+$、图搜索算法、群智能算法等规划初始路径,经过改进后自动生成船舶的可航路径。这种方法的优点在于:无须对电子海图数据进行预处理生成栅格图或其他二值化图等,便于直接在 ECDIS 平台应用,减轻驾驶员的负担。

更高级的智能航线设计,需在此基础上考虑更全面的航次计划要求、船舶自身条件、航区水文天气系统变化、保持与障碍物的合理距离、定线制相关要求(如分道通航、推荐航路/线、深水航路等)、最优航线设计(大圆航线、恒向线航线、等纬圈航线和组合航线)等多重因素,智能设计安全、经济的动态航线。该阶段可结合动态变化的气象水文认知数据,实时调整航线和航速,属于离线与在线结合的智能航线设计。这种智能航线的优化,可基于气象数据、油耗模型和已有的航线库数据进行,常用手段有等时线法、动态规划法、图形搜索算法、智能算法、人工智能和机器学习算法等。

智能航线设计的最高阶段,是智能船舶可依据航次命令、船载和岸基大数据系统,可在无人干预的条件下,智能规划出可根据水文气象要素动态调整且安全经济的可执行航线,可与经验丰富的驾驶团队制定的航线设计相媲美。另外,智能航线设计还应逐渐拓展适用水域,包括港口、航道、岛礁区甚至极区环境等。

2.智能避碰决策

目前 ECDIS 已经要求强制装船并且在航行辅助方面发挥了极其重要的作用,智能航线设计的结果可输入智能船舶的 ECDIS 中执行并进行航线监控。智能船舶在沿着计划航线航行的过程中,面对的是动态复杂的环境,实际航行的轨迹会根据当时的情况进行调整。尤其是当与其他船舶存在碰撞危险时,智能船舶需采取受《1972 年国际海上避碰规则》约束的避碰行动,同时考虑与周围静态障碍物(如有)可能存在的风险,并及时采取相应的避险措施。因此,智能船舶针对时变、复杂的航行环境而采取的避碰和避险决策应是实时的、动态的且是符合《1972 年国际海上避碰规则》和海员通常做法的,此为船舶智能避碰研究领域的重点和难点。

除了智能避碰避险决策之外,智能船舶还应在消除危险之后,及时恢复到原航线行驶,或驶向设定的转向点和目标,这是智能避碰的复航决策。从广义上讲,船舶的智能避碰、避险及其复航决策,均属于实时的路径规划决策,应做一体化考虑。这样可使船舶智能航行过程中既考虑避让危险,又考虑目标达成,便于实现智能船舶安全和经济航行的目标。

目前船舶智能避碰决策研究的范畴及发展趋势包括以下几个方面:

(1)按可执行决策的水域分类:开阔水域与狭窄水域(如港口、航道、分道通航制水域等)两大类,研究趋势是先开阔水域,再狭窄水域,并逐步细分以解决各种复杂水域的智能避碰。

(2)按可避碰或避险的物标分类:广义的避碰物标有动态和静态之分,动态目标诸如水上舰船、潜艇等,静态目标包括水上、水下孤立危险物、障碍物等。狭义的避碰物标一般指船舶,主要分避碰单船和多船,整个研究趋势是先避碰静态物标后动态物标,先两船之间避碰,后到复杂的多船避碰同时考虑复杂的静态障碍。

(3)按决策适用的规则分类:简单的区分是否考虑《1972 年国际海上避碰规则》以及适用《1972 年国际海上避碰规则》的不同部分进行分类,如具体到机动船、互见中和能见度不良条件下的智能避碰决策,按照会遇距离及紧迫程度划分为协商式避碰和应急避碰,按照适用《1972 年国际海上避碰规则》还是其他的地方规则进行分类。

（4）按依靠的手段和技术分类：从传统的船舶感知和通信设备到充分冗余的感知设备如全景视觉、激光雷达等，且可结合高可靠性、高速率、低时延的"船船"及"船岸"通信网络和岸基设备，以及更加综合而快速的决策支持系统，包括远程操控决策依据的物联网和数据孪生技术等。

（5）按照研究范畴进行细致分类：主要是自主避碰和路径规划两个层面，20世纪90年代之前的研究多关注避碰，事实上，实时路径规划从某种程度上包含了避碰决策，具有更高的可操作性及全局优化的意义。更精确的避碰避险决策应着重研究运动规划，这是船舶在时空两维度进行精确决策的方法，即在正确的时间和位置采取具有确定性的决策方案。

3.锚泊自主决策

锚泊自主决策是智能航行决策系统的重要组成部分，该系统应能在航行态势感知和认知系统的基础上，探测和获取相关锚地与海图信息，应能自主做出以下决策：

（1）根据实时探测和所接收的信号和数据，以及本船的锚泊能力及操纵能力限制，评估是否可进行锚泊作业；

（2）如评估结果认定能力足够，则制定抛锚或起锚的方案；

（3）在方案执行过程中，实时监测环境载荷以及锚链情况，必要时进行方案调整；

（4）锚泊状态下，应能在判断本船发生走锚或是由他船走锚可能引起碰撞的情况下，自动启动船舶操纵系统，调整锚链状态或起锚/弃锚驶离；

（5）当认定为无法维持船舶的安全状态时，应能向控制中心发出报警信号。

4.靠离泊自主决策

靠离泊自主决策同样需要精确的态势感知和认知系统作为支撑，比如需要精确把握风、浪、流条件，码头和旋回水域布置情况，船首尾与码头的间距，船舶本身的横向和纵向速度等，才能自主做出正确的靠离泊决策。

靠离泊自主决策包括：

（1）依据风、浪、流条件，港口的要求和船舶本身的装载情况，选择靠泊舷侧、直靠或掉头的具体方案；

（2）利用导航算法精确计算船舶的具体方案下船舶自动靠离泊轨迹；

（3）根据靠离泊轨迹的船舶位置和航向的要求进行精确的运动规划决策；

（4）根据运动规划实现对主推进装置、侧推器（如有）和舵的指令决策；

（5）如果有拖船协助的靠离泊，还需要感知并计算多个拖船对船舶的拉力和推力，与本船推进器和舵以及外界力影响下的运动规划。

最终实现抵达指定位置和指定速度的决策还需依靠智能控制与决策的结合。

四、智能控制

智能控制是智能决策的执行环节，即根据决策对船舶的车和舵进行智能控制，使其满足决策目标。智能控制是智能决策顺利实施的基础和保证，反过来智能控制的结果也会影响智能决策的输入，因此智能决策和控制有时密不可分。以下就对智能控制做简单介绍和分类。

1.按照航行水域分

船舶运动智能控制按照航行的水域可分为3种情况：

（1）开阔水域航行控制问题，包括航向控制、航迹控制、航速控制等。这部分主要考虑恶劣的海况、不可预测的天气对船舶运动的影响，智能控制的精度要求相对较低。

（2）拥挤水道航行或开阔水域航行时的自动避碰控制，包括两船会遇、多船会遇、多船多静态障碍的避碰控制等。这一层控制要考虑天气海况影响、船舶之间的影响、动态船舶和静态障碍等方面的耦合影响的控制问题，智能控制的精度要求更高。

（3）进出港航行和自动靠离泊控制问题，涉及岸壁效应、浅水效应、船间效应，以及更加敏感的风、浪、流的影响，因此控制的难度更大。

2. 按照控制对象分

按照控制的目标，智能控制分为航向和航迹的控制，航向与航迹控制是船舶自主航行的重要环节。为了保证船舶航行的经济性与安全性，智能船舶必须时刻掌握船舶的准确位置和航向。根据船舶当前的位置、航向和给定的计划航线，计算航向和航迹误差，并据此换算出舵角指令，使船舶沿预定的计划航线航行。一般来讲，避碰和靠离泊操作也是对船舶航向与航迹的控制。

在船舶航迹控制过程中最重要的工作是设计出性能良好的航迹自动舵。航迹自动舵是以自动舵为基础发展而来的航行控制系统。它以计算机为核心，融入综合导航系统(卫星定位与导航系统、AIS、计程仪、罗经等)数据、航路数据、位置偏移数据，通过计算机软件进行计算、分析与处理，并将结果输出至控制系统，在预定的转向点自动完成转向，从而实现船舶航行的自动控制。

比航迹控制更高级别的是运动控制，即包括时间、空间和运动状态3方面更加精准的控制。要求控制船舶在给定的时间，以规划好的运动状态(包括航向、航速甚至姿态)，到达指定的位置，这是智能控制的目标。

3. 按照控制策略分

按照控制策略分为基于连续信号和基于事件触发的控制策略。航迹控制大多采用前者，一般采用状态反馈法、输出反馈法等方法，实现实时的航向与航迹控制。状态反馈法将期望航向角表示为航迹偏差的函数，使得航向角的指数收敛；输出反馈法利用反馈线性化和反步法，实现全局指数跟踪轨迹控制。随着智能技术的发展，基于神经网络、模糊逻辑等智能技术及其组合技术的控制方法也取得了较好的控制效果。但基于连续信号的控制策略存在的控制信号复杂、执行机构执行难度大、执行效率低等缺点，因此出现了基于事件触发的控制策略。该策略充分考虑系统具有未知常数参数，从执行机构实际出发构造触发事件并基于反步法设计控制器输入信号，提出了基于事件触发的自适应控制器设计方法，系统输出对指令信号具有良好、快速的跟踪效果，提高了执行机构的执行效率。

目前，按照IMO初步分类的前两级MASS基本实现，而完全无人在船且可全航程自主航行的MASS尚有很长的路要走。除了对智能航行关键过程的技术攻关，航运界、科技界、IMO还非常重视关于MASS的规则制定及其对原有规则的冲击和修订，这是近年来需要快速突破的。未来科学和技术的发展，一定会促使完全自主的智能船舶进一步变成现实，但前提应该是让航运更安全、航行更高效、海洋更清洁。

附 录

附录一　太阳方位表(节选)

B117

太阳方位表
SUN'S AZIMUTH TABLE

纬度
LAT **30°—64°**

第二册　VOL 2

中国人民解放军海军司令部航海保证部
THE NAVIGATION GUARANTEE DEPARTMENT OF
THE CHINESE NAVY HEADQUARTERS

赤纬与纬度同名
DECLINATION SAME NAME AS LATITUDE

纬度 LAT 34°

上午 a.m. 时 分 hr. min.	12°	13°	14°	15°	16°	17°	18°	19°	20°	21°	22°	23°	24°	下午 p.m. 时 分 hr. min.
12 0	180.0	180.0	180.0	180.0	180.0	180.0	180.0	180.0	180.0	180.0	180.0	180.0	180.0	0 0
11 58	178.7	178.6	178.6	178.5	178.4	178.4	178.3	178.2	178.0	177.9	177.8	177.6	177.4	2
56	177.4	177.3	177.2	177.0	176.7	176.6	176.4	176.1	175.8	175.5	175.2	174.8	174.2	4
54	176.1	175.9	175.8	175.6	175.3	175.1	174.8	174.5	174.2	173.8	173.3	172.8	172.2	6
52	174.8	174.6	174.3	174.1	173.8	173.5	173.1	172.7	172.3	171.7	171.1	170.4	169.6	8
50	173.5	173.2	172.9	172.6	172.3	171.9	171.4	170.9	170.4	169.7	169.0	168.1	167.0	10
48	172.2	171.9	171.5	171.2	170.7	170.3	169.7	169.1	168.5	167.7	166.8	165.8	164.5	12
46	170.9	170.5	170.1	169.7	169.2	168.7	168.1	167.4	166.6	165.7	164.7	163.5	162.1	14
44	169.6	169.2	168.8	168.3	167.7	167.1	166.4	165.6	164.8	163.8	162.6	161.3	159.7	16
42	168.4	167.9	167.4	166.8	166.2	165.5	164.8	163.9	162.9	161.8	160.6	159.1	157.4	18
40	167.1	166.6	166.0	165.4	164.7	164.0	163.1	162.2	161.2	160.0	158.6	157.0	155.1	20
38	165.8	165.3	164.7	164.0	163.3	162.4	161.5	160.5	159.4	158.1	156.6	154.9	152.9	22
36	164.6	164.0	163.3	162.6	161.8	160.9	160.0	158.9	157.7	156.3	154.7	152.9	150.8	24
34	163.4	162.7	162.0	161.2	160.4	159.5	158.4	157.3	156.0	154.5	152.8	150.9	148.7	26
32	162.2	161.5	160.7	159.9	159.0	158.0	156.9	155.7	154.3	152.8	151.0	149.1	146.8	28
30	161.0	160.2	159.4	158.6	157.6	156.6	155.4	154.1	152.7	151.1	149.2	147.2	144.8	30
28	159.8	159.0	158.1	157.2	156.2	155.1	153.9	152.6	151.1	149.4	147.5	145.4	143.0	32
26	158.6	157.8	156.9	155.9	154.9	153.7	152.5	151.1	149.5	147.8	145.9	143.7	141.2	34
24	157.4	156.6	155.6	154.6	153.6	152.4	151.1	149.6	148.0	146.2	144.2	142.0	139.5	36
22	156.3	155.4	154.4	153.4	152.3	151.0	149.7	148.2	146.5	144.7	142.7	140.4	137.9	38
20	155.1	154.2	153.2	152.1	151.0	149.7	148.3	146.8	145.1	143.2	141.2	138.9	136.3	40
18	154.0	153.0	152.0	150.9	149.7	148.4	147.0	145.4	143.7	141.8	139.7	137.4	134.8	42
16	152.9	151.9	150.8	149.7	148.5	147.1	145.7	144.1	142.3	140.4	138.3	135.9	133.3	44
14	151.8	150.8	149.7	148.5	147.3	145.9	144.4	142.8	141.0	139.0	136.9	134.5	131.9	46
12	150.7	149.7	148.6	147.4	146.1	144.7	143.2	141.5	139.7	137.7	135.6	133.2	130.5	48
10	149.6	148.6	147.5	146.2	144.9	143.5	142.0	140.3	138.4	136.4	134.3	131.9	129.2	50
8	148.6	147.5	146.4	145.1	143.8	142.3	140.8	139.1	137.2	135.2	133.0	130.6	128.0	52
6	147.6	146.5	145.3	144.0	142.7	141.2	139.6	137.9	136.0	134.0	131.8	129.4	126.8	54
4	146.6	145.4	144.2	142.9	141.6	140.1	138.5	136.7	134.9	132.8	130.6	128.2	125.6	56
2	145.6	144.4	143.2	141.9	140.5	139.0	137.4	135.6	133.7	131.7	129.5	127.1	124.5	0 58
11 0	144.6	143.4	142.2	140.8	139.4	137.9	136.3	134.5	132.6	130.6	128.4	126.0	123.4	1 0
10 56	142.7	141.5	140.2	138.8	137.4	135.9	134.2	132.4	130.4	128.6	126.3	124.0	121.4	4
52	140.8	139.6	138.3	136.9	135.4	133.9	132.2	130.4	128.6	126.5	124.3	122.0	119.5	8
48	139.0	137.8	136.4	135.1	133.6	132.0	130.3	128.6	126.7	124.6	122.5	120.2	117.8	12
44	137.3	136.0	134.7	133.3	131.8	130.2	128.5	126.8	124.8	122.9	120.8	118.5	116.1	16
40	135.6	134.3	133.0	131.6	130.1	128.5	126.8	125.0	123.2	121.2	119.1	116.9	114.6	20
36	134.0	132.7	131.3	129.9	128.4	126.8	125.2	123.4	121.6	119.6	117.6	115.4	113.1	24
32	132.4	131.1	129.8	128.3	126.8	125.3	123.6	121.9	120.0	118.1	116.1	114.0	111.7	28
28	130.9	129.6	128.2	126.8	125.3	123.8	122.1	120.4	118.6	116.7	114.7	112.6	110.4	32
24	129.4	128.1	126.8	125.4	123.9	122.3	120.7	119.0	117.2	115.3	113.4	111.3	109.2	36
20	128.0	126.7	125.4	124.0	122.5	120.9	119.3	117.6	115.9	114.0	112.1	110.1	108.0	40
16	126.7	125.4	124.0	122.6	121.1	119.6	118.0	116.4	114.6	112.8	110.9	109.0	106.9	44
12	125.3	124.0	122.7	121.3	119.8	118.3	116.8	115.1	113.4	111.6	109.8	107.9	105.9	48
8	124.1	122.8	121.4	120.0	118.6	117.1	115.5	113.9	112.2	110.5	108.7	106.8	104.8	52
4	122.8	121.6	120.2	118.8	117.4	115.9	114.4	112.8	111.1	109.4	107.6	105.8	103.9	1 56
10 0	121.6	120.4	119.0	117.7	116.2	114.8	113.2	111.7	110.0	108.4	106.6	104.8	103.0	2 0
9 56	120.5	119.2	117.9	116.5	115.1	113.7	112.2	110.6	109.0	107.4	105.6	103.9	102.1	4
52	119.4	118.1	116.8	115.4	114.0	112.6	111.1	109.6	108.0	106.4	104.7	103.0	101.2	8
48	118.2	117.0	115.7	114.3	113.0	111.6	110.1	108.6	107.1	105.5	103.8	102.1	100.4	12
44	117.2	116.0	114.7	113.4	112.0	110.6	109.2	107.7	106.1	104.6	103.0	101.3	99.6	16
40	116.2	114.9	113.7	112.4	111.0	109.6	108.2	106.7	105.2	103.7	102.1	100.5	98.8	20
36	115.2	113.9	112.7	111.4	110.1	108.7	107.3	105.8	104.4	102.8	101.3	99.7	98.1	24
32	114.2	113.0	111.7	110.4	109.1	107.8	106.4	105.0	103.5	102.0	100.5	98.9	97.3	28
28	113.2	112.0	110.8	109.5	108.2	106.9	105.5	104.1	102.7	101.2	99.7	98.2	96.6	32
24	112.3	111.1	109.9	108.6	107.3	106.0	104.7	103.3	101.9	100.5	99.0	97.5	95.9	36
20	111.4	110.2	109.0	107.8	106.5	105.2	103.9	102.5	101.1	99.7	98.3	96.8	95.3	40
16	110.5	109.4	108.2	106.9	105.7	104.4	103.1	101.8	100.4	99.0	97.6	96.1	94.6	44
12	109.7	108.5	107.3	106.1	104.9	103.6	102.3	101.0	99.7	98.3	96.9	95.4	94.0	48
8	108.8	107.7	106.5	105.3	104.1	102.8	101.6	100.3	98.9	97.6	96.2	94.8	93.3	52
4	108.0	106.9	105.7	104.5	103.3	102.1	100.8	99.5	98.2	96.9	95.5	94.1	92.7	2 56
9 0	107.2	106.1	104.9	103.8	102.6	101.4	100.1	98.8	97.5	96.2	94.9	93.5	92.1	3 0

在南纬：上午太阳方位是南东，下午太阳方位是南西。
South Latitude：orientation is named South East at morning, South West at afternoon.

纬度 LAT 34°

赤纬与纬度同名
DECLINATION SAME NAME AS LATITUDE

上午 a.m. 时 分 (hr. min.)	0°	1°	2°	3°	4°	5°	6°	7°	8°	9°	10°	11°	12°	下午 p.m. 时 分 (hr. min.)
9 0	119.2	118.3	117.4	116.5	115.5	114.5	113.6	112.5	111.5	110.5	109.4	108.3	107.2	3 0
8 56	118.4	117.5	116.6	115.6	114.7	113.7	112.7	111.7	110.7	109.7	108.6	107.5	106.4	4
52	117.5	116.6	115.7	114.8	113.8	112.9	111.9	110.9	109.9	108.9	107.8	106.6	105.7	8
48	116.7	115.8	114.9	114.0	113.0	112.1	111.1	110.1	109.1	108.1	107.0	106.0	104.9	12
44	115.9	115.0	114.1	113.2	112.2	111.3	110.3	109.4	108.4	107.3	106.3	105.2	104.2	16
40	115.1	114.2	113.3	112.4	111.5	110.5	109.6	108.6	107.6	106.6	105.6	104.5	103.4	20
36	114.4	113.5	112.6	111.6	110.7	109.8	108.8	107.8	106.8	105.8	104.8	103.8	102.7	24
32	113.6	112.7	111.8	110.9	110.0	109.0	108.1	107.1	106.1	105.1	104.1	103.1	102.0	28
28	112.8	112.0	111.1	110.2	109.2	108.3	107.3	106.4	105.4	104.4	103.4	102.4	101.4	32
24	112.1	111.2	110.3	109.4	108.5	107.6	106.6	105.7	104.7	103.7	102.7	101.7	100.7	36
20	111.4	110.5	109.6	108.7	107.8	106.8	105.9	105.0	104.0	103.0	102.0	101.0	100.0	40
16	110.7	109.8	108.9	108.0	107.1	106.2	105.2	104.3	103.3	102.3	101.4	100.4	99.3	44
12	110.0	109.1	108.2	107.3	106.4	105.5	104.5	103.6	102.6	101.7	100.7	99.7	98.7	48
8	109.3	108.4	107.5	106.6	105.7	104.8	103.8	102.9	102.0	101.0	100.0	99.0	98.1	52
4	108.6	107.7	106.8	105.9	105.0	104.1	103.2	102.2	101.3	100.4	99.4	98.4	97.4	3 56
8 0	107.9	107.0	106.1	105.2	104.4	103.4	102.5	101.6	100.7	99.7	98.8	97.8	96.8	4 0
7 56	107.2	106.4	105.4	104.6	103.7	102.8	101.9	101.0	100.1	99.1	98.1	97.2	96.2	4
52	106.6	105.7	104.8	103.9	103.0	102.1	101.2	100.3	99.4	98.4	97.5	96.5	95.6	8
48	105.9	105.0	104.2	103.3	102.4	101.5	100.6	99.7	98.8	97.8	96.9	95.9	95.0	12
44	105.2	104.4	103.5	102.6	101.7	100.9	100.0	99.1	98.1	97.2	96.3	95.3	94.2	16
40	104.6	103.8	102.9	102.0	101.1	100.2	99.3	98.4	97.5	96.6	95.7	94.7	93.8	20
36	104.0	103.1	102.2	101.4	100.5	99.6	98.7	97.8	96.9	96.0	95.1	94.2	93.2	24
32	103.4	102.5	101.6	100.8	99.9	99.0	98.1	97.2	96.3	95.4	94.5	93.6	92.6	28
28	102.7	101.9	101.0	100.2	99.3	98.4	97.5	96.6	95.7	94.8	93.9	93.0	92.0	32
24	102.1	101.3	100.4	99.5	98.7	97.8	96.9	96.0	95.1	94.2	93.3	92.4	91.5	36
20	101.5	100.6	99.8	98.9	98.1	97.2	96.3	95.4	94.5	93.6	92.7	91.8	90.9	40
16	100.9	100.0	99.2	98.3	97.5	96.6	95.7	94.8	94.0	93.1	92.2	91.3	90.4	44
12	100.3	99.4	98.6	97.7	96.9	96.0	95.1	94.3	93.4	92.5	91.6	90.7	89.8	48
8	99.7	98.8	98.0	97.2	96.3	95.4	94.6	93.7	92.8	91.9	91.0	90.1	89.2	52
4	99.1	98.3	97.4	96.6	95.7	94.8	94.0	93.1	92.2	91.4	90.5	89.6	88.7	4 56
7 0	98.5	97.7	96.8	96.0	95.1	94.3	93.4	92.5	91.7	90.8	89.9	89.0	88.0	5 0
6 56	97.9	97.1	96.2	95.4	94.6	93.7	92.8	92.0	91.1	90.2	89.4	88.5	87.6	4
52	97.4	96.5	95.7	94.8	94.0	93.1	92.3	91.4	90.5	89.7	88.8	87.9	87.0	8
48	96.8	95.9	95.1	94.3	93.4	92.6	91.7	90.8	90.0	89.1	88.2	87.3	86.5	12
44	96.2	95.4	94.5	93.7	92.8	92.0	91.1	90.3	89.4	88.6	87.7	86.8	85.9	16
40	95.6	94.8	94.0	93.1	92.3	91.4	90.6	89.7	88.9	88.0	87.1	86.3	85.4	20
36	95.1	94.2	93.4	92.6	91.7	90.9	90.0	89.2	88.3	87.4	86.6	85.7	84.9	24
32	94.5	93.7	92.8	92.0	91.1	90.3	89.5	88.6	87.8	86.9	86.0	85.2	84.3	28
28	93.9	93.1	92.3	91.4	90.6	89.7	88.9	88.0	87.2	86.4	85.5	84.6	83.8	32
24	93.4	92.5	91.7	90.9	90.0	89.2	88.3	87.5	86.6	85.8	85.0	84.1	83.2	36
20	92.8	92.0	91.1	90.3	89.5	88.6	87.8	87.0	86.1	85.3	84.4	83.6	82.7	40
16	92.2	91.4	90.6	89.7	88.9	88.1	87.2	86.4	85.6	84.7	83.9	83.0	82.2	44
12	91.7	90.8	90.0	89.2	88.4	87.5	86.7	85.8	85.0	84.2	83.3	82.5	81.6	48
8	91.1	90.3	89.4	88.6	87.8	87.0	86.1	85.3	84.4	83.6	82.8	81.9	81.1	52
4	90.6	89.7	88.9	88.1	87.2	86.4	85.6	84.7	83.9	83.1	82.2	81.4	80.5	5 56
6 0	90.0	89.2	88.3	87.5	86.7	85.8	85.0	84.2	83.4	82.5	81.7	80.8	80.0	6 0
5 56	89.4	88.6	87.8	87.0	86.1	85.3	84.5	83.6	82.8	82.0	81.1	80.3	79.5	4
52			87.2	86.4	85.6	84.7	83.9	83.1	82.3	81.4	80.6	79.8	78.9	8
48	R 05 56	R 05 53	R 05 51	85.8	85.0	84.2	83.4	82.5	81.7	80.9	80.0	79.2	78.4	12
44	S 06 04	S 06 07	S 06 09	R 05 48	R 05 45	83.6	82.8	82.0	81.1	80.3	79.5	78.6	77.8	16
40	A 89°.4	A 88°.2	A 87°.0	S 06 12	S 06 15	R 05 42	82.2	81.4	80.6	79.8	78.9	78.1	77.3	20
36				A 85°.8	A 84°.6	S 06 18	R 05 40	R 05 37	80.0	79.2	78.4	77.5	76.7	24
32						A 83°.4	S 06 20	S 06 23	R 05 34	78.6	77.8	77.0	76.2	28
28							A 82°.2	A 81°.0	S 06 26	R 05 31	R 05 29	76.4	75.6	32
24									A 79°.8	S 06 29	S 06 31	R 05 26	75.0	36
20										A 78°.5	A 77°.3	S 06 34	R 05 23	40
16												A 76°.1	S 06 37	44
12													A 74°.9	48
8														52
4														6 56
5 0														7 0
4 52														8
44														16
36														24
28														32
20														40
12														48
4														7 56
3 56														8 4
3 48														8 12

在北纬：上午太阳方位是北东，下午太阳方位是北西。

North Latitude：orientation is named North East at morning, North West at afternoon.

赤纬与纬度同名
DECLINATION SAME NAME AS LATITUDE

纬度 LAT 34°

上午 a.m. 时 分 (hr. min.)	12°	13°	14°	15°	16°	17°	18°	19°	20°	21°	22°	23°	24°	下午 p.m. 时 分 (hr. min.)
9 0	107.2	106.1	104.9	103.8	102.6	101.4	100.1	98.8	97.5	96.2	94.9	93.5	92.1	3 0
8 56	106.4	105.3	104.2	103.0	101.8	100.6	99.4	98.1	96.9	95.6	94.2	92.9	91.5	4
52	105.7	104.6	103.4	102.3	101.1	99.9	98.7	97.5	96.2	94.9	93.6	92.3	91.0	8
48	104.9	103.8	102.7	101.6	100.4	99.2	98.0	96.8	95.6	94.3	93.0	91.7	90.4	12
44	104.2	103.1	102.0	100.8	99.7	98.5	97.4	96.2	94.9	93.7	92.4	91.1	89.8	16
40	103.4	102.4	101.3	100.2	99.0	97.9	96.7	95.5	94.3	93.1	91.8	90.6	89.3	20
36	102.7	101.7	100.6	99.5	98.4	97.2	96.1	94.9	93.7	92.5	91.2	90.0	88.7	24
32	102.0	101.0	99.9	98.8	97.7	96.6	95.4	94.3	93.1	91.9	90.7	89.4	88.2	28
28	101.4	100.3	99.2	98.2	97.0	95.9	94.8	93.6	92.5	91.3	90.1	88.9	87.7	32
24	100.7	99.6	98.6	97.5	96.4	95.3	94.2	93.0	91.9	90.7	89.6	88.4	87.1	36
20	100.0	99.0	97.9	96.9	95.8	94.7	93.6	92.5	91.3	90.2	89.0	87.8	86.6	40
16	99.3	98.3	97.3	96.2	95.2	94.1	93.0	91.9	90.8	89.6	88.5	87.3	86.1	44
12	98.7	97.7	96.6	95.6	94.6	93.5	92.4	91.3	90.2	89.1	87.9	86.8	85.6	48
8	98.1	97.0	96.0	95.0	94.0	92.9	91.8	90.7	89.6	88.5	87.4	86.2	85.1	52
4	97.4	96.4	95.4	94.4	93.4	92.3	91.2	90.2	89.1	88.0	86.9	85.7	84.6	3 56
8 0	96.8	95.8	94.8	93.8	92.8	91.7	90.7	89.6	88.5	87.4	86.3	85.2	84.1	4 0
7 56	96.2	95.2	94.2	93.2	92.2	91.2	90.1	89.0	88.0	86.9	85.8	84.7	83.6	4
52	95.6	94.6	93.6	92.6	91.6	90.6	89.6	88.5	87.4	86.4	85.3	84.2	83.1	8
48	95.0	94.0	93.0	92.0	91.0	90.0	89.0	88.0	86.9	85.9	84.8	83.7	82.6	12
44	94.4	93.4	92.4	91.5	90.5	89.5	88.4	87.4	86.4	85.3	84.3	83.2	82.1	16
40	93.8	92.8	91.9	90.9	89.9	88.9	87.9	86.9	85.9	84.8	83.8	82.7	81.7	20
36	93.2	92.2	91.3	90.3	89.4	88.4	87.4	86.4	85.4	84.3	83.3	82.2	81.2	24
32	92.6	91.7	90.7	89.8	88.8	87.8	86.8	85.8	84.8	83.8	82.8	81.8	80.7	28
28	92.0	91.1	90.2	89.2	88.2	87.3	86.3	85.3	84.3	83.3	82.3	81.3	80.2	32
24	91.5	90.6	89.6	88.7	87.7	86.7	85.8	84.8	83.8	82.8	81.8	80.8	79.8	36
20	90.9	90.0	89.0	88.1	87.2	86.2	85.2	84.3	83.3	82.3	81.3	80.3	79.3	40
16	90.4	89.4	88.5	87.6	86.6	85.7	84.7	83.8	82.8	81.8	80.8	79.8	78.8	44
12	89.8	88.9	88.0	87.0	86.1	85.2	84.2	83.2	82.3	81.3	80.3	79.3	78.3	48
8	89.2	88.3	87.4	86.5	85.6	84.6	83.7	82.7	81.8	80.8	79.8	78.8	77.9	52
4	88.7	87.8	86.9	86.0	85.0	84.1	83.2	82.2	81.3	80.3	79.3	78.4	77.4	4 56
7 0	88.1	87.2	86.3	85.4	84.5	83.6	82.6	81.7	80.8	79.8	78.8	77.9	76.9	5 0
6 56	87.6	86.7	85.8	84.9	84.0	83.0	82.1	81.2	80.3	79.3	78.4	77.4	76.4	4
52	87.0	86.1	85.2	84.4	83.4	82.5	81.6	80.7	79.8	78.8	77.9	76.9	76.0	8
48	86.5	85.6	84.7	83.8	82.9	82.0	81.1	80.2	79.3	78.3	77.4	76.4	75.5	12
44	85.9	85.1	84.2	83.3	82.4	81.5	80.6	79.7	78.8	77.8	76.9	76.0	75.0	16
40	85.4	84.5	83.6	82.8	81.9	81.0	80.1	79.2	78.3	77.3	76.4	75.5	74.6	20
36	84.9	84.0	83.1	82.2	81.4	80.5	79.6	78.7	77.8	76.8	75.9	75.0	74.1	24
32	84.3	83.4	82.6	81.7	80.8	79.9	79.0	78.2	77.2	76.4	75.4	74.5	73.6	28
28	83.8	82.9	82.0	81.2	80.3	79.4	78.5	77.6	76.8	75.8	75.0	74.0	73.1	32
24	83.2	82.4	81.5	80.6	79.8	78.9	78.0	77.1	76.2	75.4	74.5	73.6	72.6	36
20	82.7	81.8	81.0	80.1	79.2	78.4	77.5	76.6	75.7	74.9	74.0	73.1	72.2	40
16	82.2	81.3	80.4	79.6	78.7	77.9	77.0	76.1	75.2	74.4	73.5	72.6	71.7	44
12	81.6	80.8	79.9	79.1	78.2	77.3	76.5	75.6	74.7	73.9	73.0	72.1	71.2	48
8	81.1	80.2	79.4	78.5	77.7	76.8	76.0	75.1	74.2	73.4	72.5	71.6	70.7	52
4	80.5	79.7	78.8	78.0	77.2	76.3	75.4	74.6	73.7	72.8	72.0	71.1	70.2	5 56
6 0	80.0	79.2	78.3	77.5	76.6	75.8	74.9	74.1	73.2	72.3	71.5	70.6	69.7	6 0
5 56	79.5	78.6	77.8	76.9	76.1	75.2	74.4	73.5	72.7	71.8	71.0	70.1	69.2	4
52	78.9	78.1	77.2	76.4	75.6	74.7	73.9	73.0	72.2	71.3	70.5	69.6	68.8	8
48	78.4	77.5	76.7	75.9	75.0	74.2	73.4	72.5	71.7	70.8	70.0	69.1	68.2	12
44	77.8	77.0	76.2	75.3	74.5	73.6	72.8	72.0	71.1	70.3	69.4	68.6	67.7	16
40	77.3	76.4	75.6	74.8	74.0	73.1	72.3	71.4	70.6	69.8	68.9	68.1	67.2	20
36	76.7	75.9	75.1	74.2	73.4	72.6	71.8	70.9	70.1	69.2	68.4	67.6	66.7	24
32	76.2	75.3	74.5	73.7	72.9	72.0	71.2	70.4	69.6	68.7	67.9	67.1	66.2	28
28	75.6	74.8	74.0	73.1	72.3	71.5	70.7	69.8	69.0	68.2	67.4	66.5	65.7	32
24	75.0	74.2	73.4	72.6	71.8	70.9	70.1	69.3	68.5	67.7	66.8	66.0	65.2	36
20		73.7	72.8	72.0	71.2	70.4	69.6	68.8	68.0	67.1	66.3	65.5	64.7	40
16	R 05 23	73.2	72.4	71.5	70.7	69.9	69.0	68.2	67.4	66.6	65.8	65.0	64.1	44
12	S 06 37	R 05 20	R 05 17	71.0	70.1	69.3	68.5	67.7	66.9	66.1	65.2	64.4	63.6	48
8	A 74°.9	S 06 40	S 06 43	R 05 14	R 05 11	R 05 08	67.9	67.1	66.3	65.5	64.7	63.9	63.1	52
4		A 73°.7	A 72°.4	S 06 46	S 06 49	S 06 52	R 05 05	66.6	65.7	64.9	64.2	63.3	62.5	6 56
5 0				A 71°.2	A 70°.0	A 68°.7	S 06 55	R 05 02	65.1	64.3	63.7	62.8	62.0	7 0
4 52							A 67°.5	S 06 58	R 04 59	R 04 56	R 04 52	61.7	60.9	8
44								A 66°.3	S 07 01	S 07 04	S 07 08	R 04 49	R 04 45	16
36									A 65°.0	A 63°.8	A 62°.5	S 07 11	S 07 15	24
28												A 61°.2	A 60°.0	32
20														40
12														48
4 4														7 56
3 56														8 4
3 48														8 12

在南纬：上午太阳方位是南东，下午太阳方位是南西。
South Latitude: orientation is named South East at morning, South West at afternoon.

纬度 LAT 35°

赤纬与纬度同名
DECLINATION SAME NAME AS LATITUDE

上午 a.m. 时分 hr. min.	0°	1°	2°	3°	4°	5°	6°	7°	8°	9°	10°	11°	12°	下午 p.m. 时分 hr. min.
12　0	180.0	180.0	180.0	180.0	180.0	180.0	180.0	180.0	180.0	180.0	180.0	180.0	180.0	0　0
11　58	179.1	179.1	179.1	179.0	179.0	179.0	179.0	178.9	178.9	178.9	178.8	178.8	178.7	2
56	178.2	178.2	178.2	178.1	178.1	178.0	177.9	177.9	177.8	177.7	177.7	177.5	177.5	4
54	177.4	177.3	177.2	177.2	177.1	177.0	176.9	176.8	176.7	176.6	176.5	176.4	176.2	6
52	176.5	176.4	176.3	176.2	176.1	176.0	175.9	175.8	175.6	175.5	175.3	175.2	175.0	8
50	175.6	175.5	175.4	175.3	175.2	175.0	174.9	174.7	174.6	174.4	174.2	174.0	173.8	10
48	174.8	174.6	174.5	174.4	174.2	174.0	173.9	173.7	173.5	173.3	173.0	172.8	172.5	12
46	173.9	173.8	173.6	173.4	173.3	173.0	172.8	172.6	172.4	172.1	171.9	171.6	171.3	14
44	173.0	172.9	172.7	172.5	172.3	172.1	171.8	171.6	171.3	171.0	170.7	170.4	170.1	16
42	172.2	172.0	171.8	171.6	171.3	171.1	170.8	170.5	170.2	169.9	169.6	169.2	168.8	18
40	171.3	171.1	170.9	170.6	170.4	170.1	169.8	169.5	169.2	168.8	168.5	168.1	167.6	20
38	170.5	170.2	170.0	169.7	169.4	169.1	168.8	168.5	168.1	167.7	167.3	166.9	166.4	22
36	169.6	169.4	169.1	168.8	168.5	168.2	167.8	167.4	167.1	166.6	166.2	165.7	165.2	24
34	168.8	168.5	168.2	167.9	167.5	167.2	166.8	166.4	166.0	165.6	165.1	164.6	164.0	26
32	167.9	167.6	167.3	167.0	166.6	166.2	165.8	165.4	165.0	164.5	164.0	163.4	162.9	28
30	167.1	166.8	166.4	166.0	165.7	165.3	164.9	164.4	163.9	163.4	162.9	162.3	161.7	30
·28	166.2	165.9	165.5	165.2	164.8	164.3	163.9	163.4	162.9	162.4	161.8	161.2	160.5	32
26	165.4	165.0	164.6	164.2	163.8	163.4	162.9	162.4	161.9	161.3	160.7	160.1	159.4	34
24	164.6	164.2	163.8	163.4	162.9	162.4	162.0	161.4	160.9	160.3	159.7	159.0	158.3	36
22	163.7	163.3	162.9	162.5	162.0	161.5	161.0	160.5	159.9	159.3	158.6	157.9	157.1	38
20	162.9	162.5	162.0	161.6	161.1	160.6	160.1	159.5	158.9	158.2	157.6	156.8	156.0	40
18	162.1	161.6	161.2	160.7	160.2	159.7	159.1	158.5	157.9	157.2	156.5	155.8	154.9	42
16	161.3	160.8	160.4	159.8	159.3	158.8	158.2	157.6	156.9	156.2	155.5	154.7	153.9	44
14	160.5	160.0	159.5	159.0	158.4	157.9	157.3	156.6	156.0	155.2	154.5	153.7	152.8	46
12	159.7	159.2	158.7	158.1	157.6	157.0	156.4	155.7	155.0	154.3	153.5	152.6	151.7	48
10	158.9	158.4	157.8	157.3	156.7	156.1	155.4	154.8	154.0	153.3	152.5	151.6	150.7	50
8	158.1	157.6	157.0	156.4	155.8	155.2	154.6	153.8	153.1	152.3	151.5	150.6	149.7	52
6	157.3	156.8	156.2	155.6	155.0	154.3	153.7	152.9	152.2	151.4	150.5	149.6	148.7	54
4	156.5	156.0	155.4	154.8	154.1	153.5	152.8	152.0	151.3	150.4	149.6	148.7	147.7	56
2	155.7	155.2	154.6	154.0	153.3	152.6	151.9	151.2	150.4	149.5	148.6	147.7	146.7	0　58
11　0	155.0	154.4	153.8	153.1	152.5	151.8	151.0	150.3	149.5	148.6	147.7	146.7	145.7	1　0
10　56	153.4	152.8	152.2	151.5	150.8	150.1	149.4	148.6	147.7	146.8	145.9	144.9	143.8	4
52	151.9	151.3	150.6	150.0	149.2	148.5	147.7	146.9	146.0	145.1	144.1	143.1	142.0	8
48	150.5	149.8	149.1	148.4	147.7	146.9	146.1	145.2	144.3	143.4	142.4	141.3	140.2	12
44	149.0	148.3	147.6	146.9	146.1	145.3	144.5	143.6	142.7	141.7	140.7	139.6	138.5	16
40	147.6	146.9	146.2	145.4	144.6	143.8	142.9	142.0	141.1	140.1	139.1	138.0	136.8	20
36	146.2	145.5	144.7	144.0	143.2	142.3	141.4	140.5	139.6	138.5	137.5	136.4	135.2	24
32	144.8	144.1	143.3	142.5	141.7	140.8	140.0	139.0	138.0	137.0	136.0	134.8	133.7	28
28	143.5	142.7	142.0	141.1	140.3	139.4	138.5	137.6	136.6	135.5	134.5	133.3	132.2	32
24	142.2	141.4	140.6	139.8	138.9	138.0	137.1	136.2	135.1	134.1	133.0	131.9	130.7	36
20	140.9	140.1	139.3	138.4	137.6	136.7	135.7	134.8	133.8	132.7	131.6	130.5	129.3	40
16	139.6	138.8	138.0	137.2	136.3	135.4	134.4	133.4	132.4	131.3	130.2	129.1	127.9	44
12	138.4	137.6	136.7	135.9	135.0	134.1	133.1	132.1	131.1	130.0	128.9	127.8	126.6	48
8	137.2	136.4	135.5	134.6	133.7	132.8	131.8	130.8	129.8	128.7	127.6	126.5	125.3	52
4	136.0	135.2	134.3	133.4	132.5	131.6	130.6	129.6	128.5	127.5	126.4	125.2	124.0	1　56
10　0	134.8	134.0	133.1	132.2	131.3	130.4	129.4	128.4	127.4	126.3	125.2	124.0	122.8	2　0
9　56	133.7	132.8	132.0	131.1	130.1	129.2	128.2	127.2	126.2	125.1	124.0	122.8	121.6	4
52	132.5	131.7	130.8	129.9	129.0	128.0	127.1	126.0	125.0	123.9	122.8	121.7	120.5	8
48	131.4	130.6	129.7	128.8	127.9	126.9	125.9	124.9	123.9	122.8	121.7	120.6	119.4	12
44	130.4	129.5	128.6	127.7	126.8	125.8	124.8	123.8	122.8	121.7	120.6	119.5	118.3	16
40	129.3	128.4	127.6	126.7	125.7	124.8	123.8	122.8	121.7	120.7	119.6	118.4	117.3	20
36	128.3	127.4	126.5	125.6	124.7	123.7	122.7	121.7	120.7	119.6	118.5	117.4	116.2	24
32	127.3	126.4	125.5	124.6	123.7	122.7	121.7	120.7	119.7	118.6	117.5	116.4	115.2	28
28	126.3	125.4	124.5	123.6	122.7	121.7	120.7	119.7	118.7	117.6	116.5	115.4	114.3	32
24	125.3	124.4	123.5	122.6	121.7	120.7	119.7	118.7	117.7	116.7	115.6	114.5	113.3	36
20	124.4	123.5	122.6	121.7	120.7	119.8	118.8	117.8	116.8	115.7	114.6	113.5	112.4	40
16	123.4	122.5	121.6	120.7	119.8	118.8	117.9	116.9	115.8	114.8	113.7	112.6	111.5	44
12	122.5	121.6	120.7	119.8	118.9	117.9	116.9	116.0	114.9	113.9	112.8	111.8	110.6	48
8	121.6	120.7	119.8	118.9	118.0	117.0	116.0	115.1	114.0	113.0	112.0	110.9	109.8	52
4	120.7	119.8	118.9	118.0	117.1	116.1	115.2	114.2	113.2	112.2	111.1	110.0	108.9	2　56
9　0	119.8	119.0	118.1	117.2	116.2	115.3	114.3	113.3	112.3	111.3	110.3	109.2	108.1	3　0

在北纬:上午太阳方位是北东,下午太阳方位是北西。
North Latitude:orientation is named North East at morning, North West at afternoon.

赤纬与纬度同名
DECLINATION SAME NAME AS LATITUDE

纬度 LAT 35°

上午 a.m. 时分 hr. min.	12°	13°	14°	15°	16°	17°	18°	19°	20°	21°	22°	23°	24°	下午 p.m. 时分 hr. min.
	°	°	°	°	°	°	°	°	°	°	°	°	°	
12 0	180.0	180.0	180.0	180.0	180.0	180.0	180.0	180.0	180.0	180.0	180.0	180.0	180.0	0 0
11 58	178.7	178.7	178.6	178.6	178.5	178.4	178.4	178.3	178.2	178.1	177.9	177.8	177.6	2
56	177.5	177.4	177.3	177.2	177.0	176.9	176.7	176.6	176.4	176.1	175.9	175.6	175.2	4
54	176.2	176.1	175.9	175.8	175.6	175.4	175.1	174.9	174.6	174.2	173.8	173.4	172.8	6
52	175.0	174.8	174.6	174.4	174.1	173.8	173.5	173.2	172.8	172.3	171.8	171.2	170.5	8
50	173.8	173.5	173.2	173.0	172.6	172.3	171.9	171.5	171.0	170.4	169.8	169.0	168.2	10
48	172.5	172.2	171.9	171.6	171.2	170.8	170.3	169.8	169.2	168.5	167.8	166.9	165.9	12
46	171.3	171.0	170.6	170.2	169.8	169.3	168.7	168.1	167.4	166.7	165.8	164.8	163.6	14
44	170.1	169.7	169.3	168.8	168.3	167.8	167.2	166.5	165.7	164.8	163.9	162.7	161.4	16
42	168.8	168.4	168.0	167.4	166.9	166.3	165.6	164.8	164.0	163.0	162.0	160.7	159.2	18
40	167.6	167.2	166.6	166.1	165.5	164.8	164.1	163.2	162.3	161.3	160.1	158.7	157.1	20
38	166.4	165.9	165.4	164.7	164.1	163.4	162.5	161.6	160.6	159.5	158.2	156.8	155.1	22
36	165.2	164.7	164.1	163.4	162.7	161.9	161.0	160.1	159.0	157.8	156.4	154.8	153.1	24
34	164.0	163.4	162.8	162.1	161.3	160.5	159.6	158.5	157.4	156.1	154.6	153.0	151.1	26
32	162.9	162.2	161.5	160.8	160.0	159.1	158.1	157.0	155.8	154.4	152.9	151.2	149.2	28
30	161.7	161.0	160.3	159.5	158.6	157.7	156.7	155.5	154.2	152.8	151.2	149.4	147.4	30
28	160.5	159.8	159.1	158.2	157.3	156.3	155.2	154.0	152.7	151.2	149.6	147.7	145.6	32
26	159.4	158.6	157.8	157.0	156.0	155.0	153.8	152.6	151.2	149.7	148.0	146.0	143.9	34
24	158.3	157.5	156.6	155.7	154.7	153.7	152.5	151.2	149.8	148.2	146.4	144.4	142.2	36
22	157.1	156.3	155.4	154.5	153.5	152.4	151.1	149.8	148.3	146.7	144.9	142.9	140.6	38
20	156.0	155.2	154.3	153.3	152.2	151.1	149.8	148.4	146.9	145.3	143.4	141.4	139.0	40
18	154.9	154.1	153.1	152.1	151.0	149.8	148.5	147.1	145.6	143.8	142.0	139.9	137.6	42
16	153.9	153.0	152.0	151.0	149.8	148.6	147.3	145.8	144.2	142.5	140.6	138.4	136.1	44
14	152.8	151.9	150.9	149.8	148.6	147.4	146.0	144.5	142.9	141.2	139.2	137.1	134.7	46
12	151.7	150.8	149.8	148.7	147.5	146.2	144.8	143.3	141.7	139.9	137.9	135.7	133.4	48
10	150.7	149.7	148.7	147.6	146.3	145.0	143.6	142.1	140.4	138.6	136.6	134.4	132.0	50
8	149.7	148.7	147.6	146.5	145.2	143.9	142.4	140.9	139.2	137.4	135.4	133.2	130.8	52
6	148.7	147.6	146.6	145.4	144.1	142.8	141.3	139.7	138.0	136.2	134.2	132.0	129.6	54
4	147.7	146.6	145.5	144.3	143.0	141.7	140.2	138.6	136.9	135.0	133.0	130.8	128.4	56
2	146.7	145.6	144.5	143.3	142.0	140.6	139.1	137.5	135.8	133.9	131.9	129.7	127.3	0 58
11 0	145.7	144.6	143.5	142.3	141.0	139.6	138.0	136.4	134.7	132.8	130.8	128.6	126.2	1 0
10 56	143.8	142.7	141.5	140.3	138.9	137.5	136.0	134.3	132.6	130.7	128.6	126.4	124.1	4
52	142.0	140.9	139.7	138.4	137.0	135.6	134.0	132.3	130.6	128.7	126.6	124.5	122.2	8
48	140.2	139.1	137.8	136.5	135.1	133.7	132.1	130.4	128.7	126.8	124.8	122.6	120.3	12
44	138.5	137.3	136.1	134.8	133.4	131.9	130.3	128.6	126.9	125.0	123.0	120.9	118.6	16
40	136.8	135.6	134.4	133.0	131.6	130.2	128.6	126.9	125.2	123.3	121.3	119.2	117.0	20
36	135.2	134.0	132.7	131.4	130.0	128.5	126.9	125.3	123.5	121.7	119.7	117.6	115.5	24
32	133.7	132.4	131.2	129.8	128.4	126.9	125.3	123.7	122.0	120.1	118.2	116.2	114.0	28
28	132.2	130.9	129.6	128.3	126.9	125.4	123.8	122.2	120.5	118.6	116.8	114.8	112.7	32
24	130.7	129.5	128.2	126.8	125.4	123.9	122.4	120.7	119.0	117.2	115.4	113.4	111.4	36
20	129.3	128.0	126.8	125.4	124.0	122.5	121.0	119.4	117.7	115.9	114.1	112.2	110.2	40
16	127.9	126.7	125.4	124.0	122.6	121.2	119.6	118.0	116.4	114.6	112.8	110.9	109.0	44
12	126.6	125.3	124.0	122.7	121.3	119.8	118.3	116.8	115.1	113.4	111.6	109.8	107.9	48
8	125.3	124.0	122.8	121.4	120.0	118.6	117.1	115.5	113.9	112.2	110.5	108.7	106.8	52
4	124.0	122.8	121.5	120.2	118.8	117.4	115.9	114.4	112.8	111.1	109.4	107.6	105.8	1 56
10 0	122.8	121.6	120.3	119.0	117.6	116.2	114.8	113.2	111.7	110.0	108.3	106.6	104.8	2 0
9 56	121.6	120.4	119.2	117.8	116.5	115.1	113.6	112.1	110.6	109.0	107.3	105.6	103.8	4
52	120.5	119.3	118.0	116.7	115.4	114.0	112.5	111.1	109.6	108.0	106.4	104.7	102.9	8
48	119.4	118.2	116.9	115.6	114.3	112.9	111.5	110.1	108.6	107.0	105.4	103.8	102.0	12
44	118.3	117.1	115.9	114.6	113.3	111.9	110.5	109.1	107.6	106.1	104.5	102.9	101.2	16
40	117.3	116.1	114.8	113.6	112.3	110.9	109.6	108.1	106.7	105.2	103.6	102.0	100.4	20
36	116.2	115.1	113.8	112.6	111.3	110.0	108.6	107.2	105.8	104.3	102.8	101.2	99.6	24
32	115.2	114.1	112.9	111.6	110.3	109.0	107.7	106.3	104.9	103.4	101.9	100.4	98.8	28
28	114.3	113.1	111.9	110.7	109.4	108.1	106.7	105.4	104.0	102.6	101.1	99.6	98.1	32
24	113.3	112.2	111.0	109.8	108.5	107.2	105.9	104.6	103.2	101.8	100.3	98.8	97.3	36
20	112.4	111.3	110.1	108.9	107.6	106.4	105.1	103.8	102.4	101.0	99.6	98.1	96.6	40
16	111.5	110.4	109.2	108.0	106.8	105.5	104.2	102.9	101.6	100.2	98.8	97.4	95.9	44
12	110.6	109.5	108.4	107.2	106.0	104.7	103.4	102.2	100.8	99.5	98.1	96.7	95.2	48
8	109.8	108.7	107.5	106.3	105.1	103.9	102.7	101.4	100.1	98.8	97.4	96.0	94.6	52
4	108.9	107.8	106.7	105.5	104.3	103.1	101.9	100.6	99.4	98.0	96.7	95.3	93.9	2 56
9 0	108.1	107.0	105.9	104.7	103.6	102.4	101.2	99.9	98.6	97.3	96.0	94.7	93.3	3 0

在南纬：上午太阳方位是南东，下午太阳方位是南西。
South Latitude：orientation is named South East at morning, South West at afternoon.

纬度 LAT 35°

赤纬与纬度同名
DECLINATION SAME NAME AS LATITUDE

上午 a.m. hr. min.	0°	1°	2°	3°	4°	5°	6°	7°	8°	9°	10°	11°	12°	下午 p.m. hr. min.
9 00	119.8	119.0	118.1	117.2	116.2	115.3	114.3	113.3	112.3	111.3	110.3	109.2	108.1	3 00
8 56	119.0	118.1	117.2	116.3	115.4	114.4	113.5	112.5	111.5	110.5	109.4	108.4	107.3	3 04
52	118.1	117.3	116.4	115.5	114.5	113.6	112.6	111.7	110.7	109.7	108.6	107.6	106.5	3 08
48	117.3	116.4	115.5	114.6	113.7	112.8	111.8	110.9	109.9	108.9	107.8	106.8	105.8	3 12
44	116.5	115.6	114.7	113.8	112.9	112.0	111.0	110.1	109.1	108.1	107.1	106.0	105.0	3 16
40	115.7	114.8	113.9	113.0	112.1	111.2	110.2	109.3	108.3	107.3	106.3	105.3	104.2	3 20
36	114.9	114.0	113.2	112.2	111.3	110.4	109.5	108.5	107.6	106.6	105.6	104.6	103.5	3 24
32	114.1	113.3	112.4	111.5	110.6	109.6	108.7	107.8	106.8	105.8	104.8	103.8	102.8	3 28
28	113.4	112.5	111.6	110.7	109.8	108.9	108.0	107.0	106.1	105.1	104.1	103.1	102.1	3 32
24	112.6	111.8	110.9	110.0	109.1	108.2	107.2	106.3	105.3	104.4	103.4	102.4	101.4	3 36
20	111.9	111.0	110.1	109.2	108.4	107.4	106.5	105.6	104.6	103.7	102.7	101.7	100.7	3 40
16	111.2	110.3	109.4	108.5	107.6	106.7	105.8	104.9	103.9	103.0	102.0	101.0	100.0	3 44
12	110.4	109.6	108.7	107.8	106.9	106.0	105.1	104.2	103.2	102.3	101.3	100.3	99.4	3 48
8	109.7	108.8	108.0	107.1	106.2	105.3	104.4	103.5	102.6	101.6	100.6	99.7	98.7	3 52
4	109.0	108.2	107.3	106.4	105.5	104.6	103.7	102.8	101.9	100.9	100.0	99.0	98.0	3 56
8 00	108.3	107.5	106.6	105.7	104.8	103.9	103.0	102.1	101.2	100.3	99.3	98.4	97.4	4 00
7 56	107.6	106.8	105.9	105.0	104.2	103.3	102.4	101.5	100.6	99.6	98.7	97.7	96.8	4 04
52	107.0	106.1	105.2	104.4	103.5	102.6	101.7	100.8	99.9	99.0	98.0	97.1	96.2	4 08
48	106.3	105.4	104.6	103.7	102.8	102.0	101.1	100.2	99.3	98.3	97.4	96.5	95.5	4 12
44	105.6	104.8	103.9	103.1	102.2	101.3	100.4	99.5	98.6	97.7	96.8	95.8	94.9	4 16
40	105.0	104.1	103.3	102.4	101.5	100.7	99.8	98.9	98.0	97.1	96.2	95.2	94.3	4 20
36	104.3	103.5	102.6	101.8	100.9	100.0	99.2	98.3	97.4	96.5	95.6	94.6	93.7	4 24
32	103.7	102.8	102.0	101.1	100.3	99.4	98.5	97.6	96.7	95.8	94.9	94.0	93.0	4 28
28	103.0	102.2	101.4	100.5	99.6	98.8	97.9	97.0	96.1	95.2	94.3	93.4	92.5	4 32
24	102.4	101.6	100.7	99.9	99.0	98.2	97.3	96.4	95.5	94.6	93.7	92.8	91.9	4 36
20	101.8	101.0	100.1	99.3	98.4	97.5	96.7	95.8	94.9	94.0	93.2	92.2	91.3	4 40
16	101.2	100.3	99.5	98.6	97.8	96.9	96.1	95.2	94.3	93.4	92.6	91.7	90.8	4 44
12	100.6	99.7	98.9	98.0	97.2	96.3	95.5	94.6	93.7	92.8	92.0	91.1	90.2	4 48
8	99.9	99.1	98.3	97.4	96.6	95.7	94.9	94.0	93.1	92.3	91.4	90.5	89.6	4 52
4	99.3	98.5	97.7	96.8	96.0	95.1	94.3	93.4	92.6	91.7	90.8	89.9	89.0	4 56
7 00	98.7	97.9	97.1	96.2	95.4	94.5	93.7	92.8	92.0	91.1	90.2	89.4	88.5	5 00
6 56	98.1	97.3	96.5	95.6	94.8	93.9	93.1	92.2	91.4	90.5	89.7	88.8	87.9	5 04
52	97.5	96.7	95.9	95.0	94.2	93.4	92.5	91.7	90.8	90.0	89.1	88.2	87.4	5 08
48	97.0	96.1	95.3	94.5	93.6	92.8	91.9	91.1	90.2	89.4	88.5	87.6	86.8	5 12
44	96.4	95.5	94.7	93.9	93.0	92.2	91.4	90.5	89.7	88.8	88.0	87.1	86.2	5 16
40	95.8	95.0	94.1	93.3	92.5	91.6	90.8	89.9	89.1	88.2	87.4	86.5	85.7	5 20
36	95.2	94.4	93.5	92.7	91.9	91.0	90.2	89.4	88.5	87.7	86.8	86.0	85.1	5 24
32	94.6	93.8	93.0	92.1	91.3	90.5	89.6	88.8	88.0	87.1	86.3	85.4	84.6	5 28
28	94.0	93.2	92.4	91.6	90.7	89.9	89.1	88.2	87.4	86.5	85.7	84.8	84.0	5 32
24	93.4	92.6	91.8	91.0	90.2	89.3	88.5	87.7	86.8	86.0	85.1	84.3	83.4	5 36
20	92.9	92.0	91.2	90.4	89.6	88.8	87.9	87.1	86.2	85.4	84.6	83.7	82.9	5 40
16	92.3	91.5	90.6	89.8	89.0	88.2	87.4	86.5	85.7	84.9	84.0	83.2	82.3	5 44
12	91.7	90.9	90.1	89.2	88.4	87.6	86.8	86.0	85.1	84.3	83.5	82.6	81.8	5 48
8	91.1	90.3	89.5	88.7	87.9	87.0	86.2	85.4	84.6	83.7	82.9	82.1	81.2	5 52
4	90.6	89.8	88.9	88.1	87.3	86.5	85.6	84.8	84.0	83.2	82.3	81.5	80.7	5 56
6 00	90.0	89.2	88.4	87.5	86.7	85.9	85.1	84.2	83.4	82.6	81.8	81.0	80.1	6 00
5 56	89.4	88.6	87.8	87.0	86.1	85.3	84.5	83.7	82.9	82.0	81.2	80.4	79.6	6 04
52			87.2	86.4	85.6	84.8	83.9	83.1	82.3	81.5	80.6	79.8	79.0	6 08
48	R 05 56	R 05 53		85.8	85.0	84.2	83.4	82.5	81.7	80.9	80.1	79.3	78.4	6 12
44	S 06 04	S 06 07	R 05 50			83.6	82.8	82.0	81.2	80.3	79.5	78.7	77.9	6 16
40	A 89°.4	A 88°.2	S 06 10	R 05 48	R 05 45		82.2	81.4	80.6	79.8	79.0	78.1	77.3	6 20
36			A 87°.0	S 06 12	S 06 15	R 05 42			80.0	79.2	78.4	77.6	76.8	6 24
32				A 85°.8	A 84°.5	S 06 18	R 05 39	R 05 36		78.6	77.8	77.0	76.2	6 28
28						A 83°.3	S 06 21	S 06 24	R 05 33		77.2	76.4	75.6	6 32
24							A 82°.1	A 80°.8	S 06 27	R 05 30			75.0	6 36
20									A 79°.6	S 06 30	R 05 27	R 05 25		6 40
16										A 78°.4	S 06 33	S 06 35	R 05 22	6 44
12											A 77°.2	A 75°.9	S 06 38	6 48
8													A 74°.7	6 52
4														6 56
5 00														7 00
4 52														7 08
44														7 16
36														7 24
28														7 32
20														7 40
12														7 48
4 04														7 56
3 56														8 04
3 48														8 12

在北纬：上午太阳方位是北东，下午太阳方位是北西。
North Latitude : orientation is named North East at morning, North West at afternoon.

赤纬与纬度同名
DECLINATION SAME NAME AS LATITUDE

纬度 LAT 35°

上午 a.m. 时 分 hr. min.	12°	13°	14°	15°	16°	17°	18°	19°	20°	21°	22°	23°	24°	下午 p.m. 时 分 hr. min.
9 0	108.1	107.0	105.9	104.7	103.6	102.4	101.2	99.9	98.6	97.3	96.0	94.7	93.3	3 0
8 56	107.3	106.2	105.1	104.0	102.8	101.6	100.4	99.2	97.9	96.7	95.4	94.0	92.7	4
52	106.5	105.4	104.3	103.2	102.1	100.9	99.7	98.5	97.2	96.0	94.7	93.4	92.1	8
48	105.8	104.7	103.6	102.5	101.3	100.2	99.0	97.8	96.6	95.3	94.1	92.8	91.5	12
44	105.0	103.9	102.8	101.7	100.6	99.5	98.3	97.1	95.9	94.7	93.4	92.2	90.9	16
40	104.2	103.2	102.1	101.0	99.9	98.8	97.6	96.4	95.3	94.0	92.8	91.6	90.3	20
36	103.5	102.5	101.4	100.3	99.2	98.1	97.0	95.8	94.6	93.4	92.2	91.0	89.7	24
32	102.8	101.8	100.7	99.6	98.5	97.4	96.3	95.2	94.0	92.8	91.6	90.4	89.2	28
28	102.1	101.0	100.0	98.9	97.9	96.8	95.6	94.5	93.4	92.2	91.0	89.8	88.6	32
24	101.4	100.4	99.3	98.3	97.2	96.1	95.0	93.9	92.8	91.6	90.4	89.2	88.0	36
20	100.7	99.7	98.6	97.6	96.5	95.5	94.4	93.3	92.2	91.0	89.9	88.7	87.5	40
16	100.0	99.0	98.0	97.0	95.9	94.8	93.8	92.7	91.6	90.4	89.3	88.1	87.0	44
12	99.4	98.4	97.3	96.3	95.3	94.2	93.2	92.1	91.0	89.8	88.7	87.6	86.4	48
8	98.7	97.7	96.7	95.7	94.6	93.6	92.6	91.5	90.4	89.3	88.2	87.0	85.9	52
4	98.0	97.1	96.1	95.1	94.0	93.0	92.0	90.9	89.8	88.7	87.6	86.5	85.4	3 56
8 0	97.4	96.4	95.4	94.4	93.4	92.4	91.4	90.3	89.2	88.2	87.1	86.0	84.8	4 0
7 56	96.8	95.8	94.8	93.8	92.8	91.8	90.8	89.7	88.7	87.6	86.5	85.4	84.3	4
52	96.2	95.2	94.2	93.2	92.2	91.2	90.2	89.2	88.1	87.1	86.0	84.9	83.8	8
48	95.5	94.6	93.6	92.6	91.6	90.6	89.6	88.6	87.6	86.5	85.5	84.4	83.3	12
44	94.9	94.0	93.0	92.0	91.0	90.1	89.1	88.0	87.0	86.0	84.9	83.9	82.8	16
40	94.3	93.4	92.4	91.4	90.5	89.5	88.5	87.5	86.5	85.4	84.4	83.4	82.3	20
36	93.7	92.8	91.8	90.9	89.9	88.9	87.9	86.9	85.9	84.9	83.9	82.9	81.8	24
32	93.1	92.2	91.2	90.3	89.3	88.4	87.4	86.4	85.4	84.4	83.4	82.4	81.3	28
28	92.5	91.6	90.6	89.7	88.8	87.8	86.8	85.8	84.9	83.9	82.9	81.8	80.8	32
24	91.9	91.0	90.1	89.1	88.2	87.2	86.3	85.3	84.3	83.3	82.3	81.3	80.3	36
20	91.3	90.4	89.5	88.6	87.6	86.7	85.7	84.8	83.8	82.8	81.8	80.8	79.8	40
16	90.8	89.8	88.9	88.0	87.1	86.1	85.2	84.2	83.3	82.3	81.3	80.3	79.3	44
12	90.2	89.3	88.4	87.4	86.5	85.6	84.6	83.7	82.8	81.8	80.8	79.8	78.8	48
8	89.6	88.7	87.8	86.9	86.0	85.0	84.1	83.2	82.2	81.3	80.3	79.3	78.4	52
4	89.0	88.2	87.2	86.3	85.4	84.5	83.6	82.6	81.7	80.8	79.8	78.8	77.9	4 56
7 0	88.5	87.6	86.7	85.8	84.9	84.0	83.0	82.1	81.2	80.2	79.3	78.3	77.4	5 0
6 56	87.9	87.0	86.1	85.2	84.3	83.4	82.5	81.6	80.7	79.7	78.8	77.8	76.9	4
52	87.4	86.5	85.6	84.7	83.8	82.9	82.0	81.1	80.2	79.2	78.3	77.4	76.4	8
48	86.8	85.9	85.0	84.1	83.2	82.4	81.4	80.6	79.6	78.7	77.8	76.8	75.9	12
44	86.2	85.4	84.5	83.6	82.7	81.8	80.9	80.0	79.1	78.2	77.3	76.4	75.4	16
40	85.7	84.8	83.9	83.0	82.2	81.3	80.4	79.5	78.6	77.7	76.8	75.8	74.9	20
36	85.1	84.2	83.4	82.5	81.6	80.8	79.9	79.0	78.1	77.2	76.3	75.4	74.4	24
32	84.6	83.7	82.8	82.0	81.1	80.2	79.3	78.4	77.6	76.7	75.8	74.9	74.0	28
28	84.0	83.2	82.3	81.4	80.6	79.7	78.8	77.9	77.0	76.2	75.3	74.4	73.4	32
24	83.4	82.6	81.7	80.9	80.0	79.2	78.3	77.4	76.5	75.6	74.8	73.9	73.0	36
20	82.9	82.0	81.2	80.3	79.5	78.6	77.8	76.9	76.0	75.1	74.2	73.4	72.5	40
16	82.3	81.5	80.6	79.8	78.9	78.1	77.2	76.4	75.5	74.6	73.7	72.8	72.0	44
12	81.8	80.9	80.1	79.2	78.4	77.6	76.7	75.8	75.0	74.1	73.2	72.4	71.5	48
8	81.2	80.4	79.6	78.7	77.9	77.0	76.2	75.3	74.4	73.6	72.7	71.8	71.0	52
4	80.7	79.8	79.0	78.2	77.3	76.5	75.6	74.8	73.9	73.1	72.2	71.3	70.5	5 56
6 0	80.1	79.3	78.4	77.6	76.8	75.9	75.1	74.2	73.4	72.5	71.7	70.8	70.0	6 0
5 56	79.6	78.7	77.9	77.1	76.2	75.4	74.6	73.7	72.9	72.0	71.2	70.3	69.4	4
52	79.0	78.2	77.4	76.5	75.7	74.8	74.0	73.2	72.3	71.5	70.6	69.8	68.9	8
48	78.4	77.6	76.8	76.0	75.1	74.3	73.5	72.6	71.8	71.0	70.1	69.3	68.4	12
44	77.9	77.1	76.2	75.4	74.6	73.8	72.9	72.1	71.3	70.4	69.6	68.8	67.9	16
40	77.3	76.5	75.7	74.9	74.0	73.2	72.4	71.6	70.7	69.9	69.1	68.2	67.4	20
36	76.8	75.9	75.1	74.3	73.5	72.7	71.8	71.0	70.2	69.4	68.5	67.7	66.9	24
32	76.2	75.4	74.6	73.7	72.9	72.1	71.3	70.5	69.6	68.8	68.0	67.2	66.4	28
28	75.6	74.8	74.0	73.2	72.4	71.6	70.7	69.9	69.1	68.3	67.5	66.6	65.8	32
24	75.0	74.2	73.4	72.6	71.8	71.0	70.2	69.4	68.6	67.7	66.9	66.1	65.3	36
20		73.7	72.8	72.0	71.2	70.4	69.6	68.8	68.0	67.2	66.4	65.6	64.8	40
16	R 05 22		72.3	71.5	70.7	69.9	69.1	68.2	67.4	66.6	65.8	65.0	64.2	44
12	S 06 38	R 05 19		71.0	70.1	69.3	68.5	67.7	66.9	66.1	65.3	64.5	63.7	48
8	A 74°.7	S 06 41	R 05 16	R 05 12		68.7	67.9	67.1	66.3	65.5	64.7	63.9	63.1	52
4		A 73°.4	S 06 44	S 06 48	R 05 09		67.3	66.6	65.8	65.0	64.2	63.2	62.6	6 56
5 0			A 72°.2	A 71°.0	S 06 51	R 05 06		66.0	65.2	64.4	63.6	62.8	62.0	7 0
4 52					A 69°.7	S 06 54	R 05 03				62.5	61.7	60.9	8
44						A 68°.5	S 06 57	R 05 00	R 04 56	R 04 53			59.7	16
36							A 67°.2	S 07 00	S 07 04	S 07 07	R 04 50	R 04 46		24
28								A 65°.9	A 64°.7	A 63°.4	S 07 10	S 07 14	R 04 43	32
20											A 62°.1	A 60°.8	S 07 17	40
12													A 59°.6	48
4 4														7 56
3 56														8 4
3 48														8 12

在南纬：上午太阳方位是南东，下午太阳方位是南西。
South Latitude：orientation is named South East at morning, South West at afternoon.

纬度 LAT 36°

赤纬与纬度同名
DECLINATION SAME NAME AS LATITUDE

上午 a.m. 时分 hr. min.	0°	1°	2°	3°	4°	5°	6°	7°	8°	9°	10°	11°	12°	下午 p.m. 时分 hr. min.
12 0	180.0	180.0	180.0	180.0	180.0	180.0	180.0	180.0	180.0	180.0	180.0	180.0	180.0	0 0
11 58	179.1	179.1	179.1	179.1	179.0	179.0	179.0	179.0	178.9	178.9	178.9	178.8	178.8	2
56	178.3	178.2	178.2	178.2	178.1	178.1	178.0	178.0	177.9	177.8	177.8	177.7	177.6	4
54	177.4	177.4	177.3	177.2	177.2	177.1	177.0	176.9	176.8	176.7	176.6	176.5	176.4	6
52	176.6	176.5	176.4	176.3	176.2	176.1	176.0	175.9	175.8	175.5	175.4	175.4	175.2	8
50	175.8	175.6	175.5	175.4	175.3	175.2	175.0	174.9	174.7	174.6	174.4	174.2	174.0	10
48	174.9	174.8	174.6	174.5	174.4	174.2	174.0	173.9	173.7	173.5	173.3	173.0	172.8	12
46	174.0	173.9	173.8	173.6	173.4	173.2	173.1	172.9	172.6	172.4	172.1	171.9	171.6	14
44	173.2	173.0	172.9	172.7	172.5	172.3	172.1	171.8	171.6	171.3	171.1	170.8	170.4	16
42	172.4	172.2	172.0	171.8	171.6	171.3	171.1	170.8	170.6	170.3	170.0	169.6	169.3	18
40	171.5	171.3	171.1	170.9	170.6	170.4	170.1	169.8	169.5	169.2	168.9	168.5	168.1	20
38	170.7	170.5	170.2	170.0	169.7	169.4	169.1	168.8	168.5	168.2	167.8	167.4	166.9	22
36	169.9	169.6	169.4	169.1	168.8	168.5	168.2	167.8	167.5	167.1	166.7	166.2	165.8	24
34	169.0	168.8	168.5	168.2	167.9	167.6	167.2	166.8	166.5	166.0	165.6	165.1	164.6	26
32	168.2	167.9	167.6	167.3	167.0	166.6	166.2	165.9	165.4	165.0	164.5	164.0	163.5	28
30	167.4	167.1	166.8	166.4	166.1	165.7	165.3	164.9	164.4	164.0	163.3	162.9	162.4	30
28	166.6	166.2	165.9	165.5	165.2	164.8	164.4	163.9	163.4	163.0	162.4	161.9	161.2	32
26	165.7	165.4	165.0	164.7	164.3	163.8	163.4	163.0	162.4	161.9	161.4	160.8	160.1	34
24	164.9	164.6	164.2	163.8	163.4	162.9	162.5	162.0	161.5	160.9	160.3	159.7	159.0	36
22	164.1	163.7	163.3	162.9	162.5	162.0	161.5	161.0	160.5	159.9	159.3	158.7	158.0	38
20	163.3	162.9	162.5	162.1	161.6	161.1	160.6	160.1	159.5	158.9	158.3	157.6	156.9	40
18	162.5	162.1	161.6	161.2	160.7	160.2	159.7	159.2	158.6	157.9	157.3	156.6	155.8	42
16	161.7	161.3	160.8	160.4	159.9	159.3	158.8	158.2	157.6	157.0	156.3	155.6	154.8	44
14	160.9	160.5	160.0	159.5	159.0	158.5	157.9	157.3	156.7	156.0	155.3	154.5	153.7	46
12	160.1	159.6	159.2	158.7	158.1	157.6	157.0	156.4	155.7	155.0	154.3	153.5	152.7	48
10	159.3	158.8	158.4	157.8	157.3	156.7	156.1	155.5	154.8	154.1	153.3	152.5	151.7	50
8	158.6	158.1	157.6	157.0	156.4	155.8	155.2	154.6	153.9	153.2	152.4	151.6	150.7	52
6	157.8	157.3	156.7	156.2	155.6	155.0	154.4	153.7	153.0	152.2	151.4	150.6	149.7	54
4	157.0	156.5	155.9	155.4	154.8	154.2	153.5	152.8	152.1	151.3	150.5	149.6	148.7	56
2	156.2	155.7	155.2	154.6	154.0	153.3	152.6	151.9	151.2	150.4	149.6	148.7	147.8	0 58
11 0	155.5	154.9	154.4	153.8	153.1	152.5	151.8	151.1	150.3	149.5	148.7	147.8	146.8	1 0
10 56	154.0	153.4	152.8	152.2	151.5	150.8	150.1	149.4	148.6	147.8	146.9	145.9	145.0	4
52	152.5	151.9	151.3	150.6	150.0	149.2	148.5	147.7	146.9	146.0	145.1	144.2	143.2	8
48	151.1	150.4	149.8	149.1	148.4	147.7	146.9	146.1	145.2	144.4	143.4	142.4	141.4	12
44	149.6	149.0	148.3	147.6	146.9	146.1	145.3	144.5	143.6	142.7	141.8	140.8	139.7	16
40	148.2	147.6	146.9	146.1	145.4	144.6	143.8	142.9	142.0	141.1	140.1	139.1	138.0	20
36	146.8	146.2	145.4	144.7	143.9	143.1	142.3	141.4	140.5	139.6	138.6	137.5	136.4	24
32	145.5	144.8	144.0	143.3	142.5	141.7	140.8	140.0	139.0	138.0	137.0	136.0	134.9	28
28	144.2	143.4	142.7	141.9	141.1	140.3	139.4	138.5	137.6	136.6	135.6	134.5	133.4	32
24	142.8	142.1	141.4	140.6	139.7	138.9	138.0	137.1	136.1	135.1	134.1	133.0	131.9	36
20	141.6	140.8	140.0	139.2	138.4	137.5	136.6	135.7	134.8	133.8	132.7	131.6	130.5	40
16	140.3	139.6	138.8	137.9	137.1	136.2	135.3	134.4	133.4	132.4	131.3	130.2	129.1	44
12	139.1	138.3	137.5	136.7	135.8	134.9	134.0	133.1	132.1	131.1	130.0	128.9	127.8	48
8	137.9	137.1	136.3	135.4	134.6	133.7	132.7	131.8	130.8	129.8	128.7	127.6	126.5	52
4	136.7	135.9	135.1	134.2	133.3	132.4	131.5	130.5	129.6	128.5	127.4	126.4	125.2	56
10 0	135.5	134.7	133.9	133.0	132.1	131.2	130.3	129.3	128.3	127.3	126.2	125.1	124.0	2 0
9 56	134.4	133.6	132.7	131.8	131.0	130.0	129.1	128.1	127.1	126.1	125.0	123.9	122.8	4
52	133.2	132.4	131.5	130.7	129.8	128.9	127.9	127.0	126.0	124.9	123.9	122.8	121.6	8
48	132.1	131.3	130.5	129.6	128.7	127.8	126.8	125.8	124.8	123.8	122.7	121.6	120.5	12
44	131.1	130.2	129.4	128.5	127.6	126.7	125.7	124.8	123.7	122.7	121.6	120.5	119.4	16
40	130.0	129.2	128.3	127.4	126.5	125.6	124.6	123.7	122.7	121.6	120.6	119.5	118.4	20
36	129.0	128.1	127.3	126.4	125.5	124.6	123.6	122.6	121.6	120.6	119.5	118.4	117.3	24
32	128.0	127.1	126.2	125.4	124.4	123.5	122.6	121.6	120.6	119.6	118.5	117.4	116.3	28
28	127.0	126.1	125.2	124.4	123.4	122.5	121.6	120.6	119.6	118.6	117.5	116.4	115.3	32
24	126.0	125.1	124.2	123.4	122.4	121.5	120.6	119.6	118.6	117.6	116.5	115.4	114.4	36
20	125.0	124.2	123.3	122.4	121.5	120.6	119.6	118.6	117.6	116.6	115.5	114.5	113.4	40
16	124.1	123.2	122.3	121.4	120.5	119.6	118.6	117.7	116.7	115.7	114.6	113.6	112.5	44
12	123.1	122.3	121.4	120.5	119.6	118.7	117.7	116.8	115.8	114.8	113.7	112.7	111.6	48
8	122.2	121.4	120.5	119.6	118.7	117.8	116.8	115.8	114.9	113.9	112.8	111.8	110.7	52
4	121.3	120.5	119.6	118.7	117.8	116.9	115.9	115.0	114.0	113.0	112.0	110.9	109.8	2 56
9 0	120.4	119.6	118.7	117.8	116.9	116.0	115.0	114.1	113.1	112.1	111.1	110.1	109.0	3 0

在北纬:上午太阳方位是北东,下午太阳方位是北西。
North Latitude:orientation is named North East at morning, North West at afternoon.

477

赤纬与纬度异名
DECLINATION CONTRARY NAME AS LATITUDE

纬度 LAT 34°

上午 a.m. 时 分 hr. min.	12°	13°	14°	15°	16°	17°	18°	19°	20°	21°	22°	23°	24°	下午 p.m. 时 分 hr. min.
	°	°	°	°	°	°	°	°	°	°	°	°	°	
12 0	180.0	180.0	180.0	180.0	180.0	180.0	180.0	180.0	180.0	180.0	180.0	180.0	180.0	0 0
11 56	178.6	178.7	178.7	178.7	178.7	178.8	178.8	178.8	178.8	178.9	178.9	178.9	178.9	4
52	177.3	177.3	177.4	177.4	177.5	177.5	177.6	177.6	177.7	177.7	177.8	177.8	177.8	8
48	175.9	176.0	176.1	176.2	176.2	176.3	176.4	176.4	176.5	176.6	176.6	176.7	176.8	12
44	174.6	174.7	174.8	174.9	175.0	175.1	175.2	175.3	175.4	175.4	175.5	175.6	175.7	16
40	173.2	173.4	173.5	173.6	173.7	173.9	174.0	174.1	174.2	174.3	174.4	174.5	174.6	20
36	171.9	172.0	172.2	172.4	172.5	172.6	172.8	172.9	173.0	173.2	173.3	173.4	173.6	24
32	170.5	170.7	170.9	171.1	171.3	171.4	171.6	171.7	171.9	172.0	172.2	172.3	172.5	28
28	169.2	169.4	169.6	169.8	170.0	170.2	170.4	170.6	170.8	170.9	171.1	171.3	171.4	32
24	167.9	168.1	168.4	168.6	168.8	169.0	169.2	169.4	169.6	169.8	170.0	170.2	170.3	36
20	166.6	166.8	167.1	167.3	167.6	167.8	168.0	168.3	168.5	168.7	168.9	169.1	169.3	40
16	165.2	165.5	165.8	166.1	166.4	166.6	166.9	167.1	167.4	167.6	167.8	168.0	168.2	44
12	164.0	164.3	164.6	164.9	165.2	165.4	165.7	166.0	166.2	166.5	166.7	167.0	167.2	48
8	162.7	163.0	163.3	163.6	163.9	164.3	164.6	164.8	165.1	165.4	165.6	165.9	166.2	52
4	161.4	161.8	162.1	162.4	162.8	163.1	163.4	163.7	164.0	164.3	164.6	164.9	165.1	0 56
11 0	160.1	160.5	160.9	161.2	161.6	161.9	162.3	162.6	162.9	163.2	163.5	163.8	164.1	1 0
10 56	158.9	159.3	159.7	160.0	160.4	160.8	161.1	161.5	161.8	162.1	162.5	162.8	163.1	4
52	157.6	158.1	158.5	158.9	159.3	159.6	160.0	160.4	160.7	161.1	161.4	161.8	162.1	8
48	156.4	156.9	157.3	157.7	158.1	158.5	158.9	159.3	159.6	160.0	160.4	160.7	161.1	12
44	155.2	155.7	156.1	156.6	157.0	157.4	157.8	158.2	158.6	159.0	159.3	159.7	160.1	16
40	154.0	154.5	155.0	155.4	155.9	156.3	156.7	157.1	157.5	157.9	158.3	158.7	159.1	20
36	152.8	153.3	153.8	154.3	154.7	155.2	155.6	156.1	156.5	156.9	157.3	157.7	158.1	24
32	151.7	152.2	152.7	153.2	153.6	154.1	154.6	155.0	155.4	155.9	156.3	156.7	157.1	28
28	150.5	151.0	151.6	152.1	152.6	153.0	153.5	154.0	154.4	154.9	155.3	155.7	156.2	32
24	149.4	149.9	150.4	151.0	151.5	152.0	152.5	152.9	153.4	153.9	154.3	154.8	155.2	36
20	148.2	148.8	149.4	149.9	150.4	150.9	151.4	151.9	152.4	152.9	153.3	153.8	154.2	40
16	147.1	147.7	148.3	148.8	149.4	149.9	150.4	150.9	151.4	151.9	152.4	152.8	153.3	44
12	146.0	146.6	147.2	147.8	148.3	148.9	149.4	149.9	150.4	150.9	151.4	151.9	152.4	48
8	145.0	145.6	146.2	146.7	147.3	147.8	148.4	148.9	149.4	150.0	150.5	151.0	151.4	52
4	143.9	144.5	145.1	145.7	146.3	146.8	147.4	148.0	148.5	149.0	149.5	150.0	150.5	1 56
10 0	142.9	143.5	144.1	144.7	145.3	145.9	146.4	147.0	147.5	148.1	148.6	149.1	149.6	2 0
9 56	141.8	142.5	143.1	143.7	144.3	144.9	145.5	146.0	146.6	147.1	147.7	148.2	148.7	4
52	140.8	141.5	142.1	142.7	143.3	143.9	144.5	145.1	145.7	146.2	146.8	147.3	147.8	8
48	139.8	140.5	141.1	141.8	142.4	143.0	143.6	144.2	144.8	145.3	145.9	146.4	147.0	12
44	138.8	139.5	140.2	140.8	141.4	142.0	142.6	143.2	143.8	144.4	145.0	145.6	146.1	16
40	137.9	138.6	139.2	139.9	140.5	141.1	141.7	142.4	143.0	143.5	144.1	144.7	145.3	20
36	136.9	137.6	138.3	138.9	139.6	140.2	140.8	141.4	142.1	142.7	143.2	143.8	144.4	24
32	136.0	136.7	137.3	138.0	138.7	139.3	140.0	140.6	141.2	141.8	142.4	143.0	142.8	28
28	135.0	135.8	136.4	137.1	137.8	138.4	139.1	139.7	140.3	140.9	141.6	142.2	142.8	32
24	134.1	134.8	135.5	136.2	136.9	137.6	138.2	138.8	139.5	140.1	140.7	141.3	141.9	36
20	133.2	134.0	134.6	135.3	136.0	136.7	137.3	138.0	138.6	139.3	139.9	140.5	141.1	40
16	132.4	133.1	133.8	134.5	135.2	135.8	136.5	137.2	137.8	138.4	139.1	139.7	140.3	44
12	131.5	132.2	132.9	133.6	134.3	135.0	135.7	136.3	137.0	137.6	138.3	138.9	139.5	48
8	130.6	131.4	132.1	132.8	133.5	134.2	134.8	135.5	136.2	136.8	137.5	138.1	138.8	52
4	129.8	130.5	131.2	132.0	132.6	133.3	134.0	134.7	135.4	136.0	136.7	137.4	138.0	2 56
9 0	129.0	129.7	130.4	131.1	131.8	132.5	133.2	133.9	134.6	135.3	135.9	136.6	137.2	3 0

在南纬:上午太阳方位是南东,下午太阳方位是南西。
South Latitude: orientation is named South East at morning, South West at afternoon.

478

纬度 LAT 34°

赤纬与纬度异名
DECLINATION CONTRARY NAME AS LATITUDE

上午 a.m.	0°	1°	2°	3°	4°	5°	6°	7°	8°	9°	10°	11°	12°	下午 p.m.
时 分 hr. min.	°	°	°	°	°	°	°	°	°	°	°	°	°	时 分 hr. min.
9 0	119.2	120.1	121.0	121.8	122.7	123.5	124.3	125.1	125.9	126.7	127.4	128.2	129.0	3 0
8 56	118.4	119.2	120.1	121.0	121.8	122.6	123.5	124.3	125.1	125.8	126.6	127.4	128.1	4
52	117.5	118.4	119.3	120.2	121.0	121.8	122.6	123.4	124.2	125.0	125.8	126.6	127.3	8
48	116.7	117.6	118.5	119.3	120.2	121.0	121.8	122.6	123.4	124.2	125.0	125.8	126.5	12
44	115.9	116.8	117.7	118.5	119.4	120.2	121.0	121.8	122.6	123.4	124.2	125.0	125.7	16
40	115.1	116.0	116.9	117.7	118.6	119.4	120.2	121.0	121.8	122.6	123.4	124.2	125.0	20
36	114.4	115.2	116.1	117.0	117.8	118.6	119.5	120.3	121.1	121.9	122.6	123.4	124.2	24
32	113.6	114.5	115.3	116.2	117.0	117.9	118.7	119.5	120.3	121.1	121.9	122.7	123.4	28
28	112.8	113.7	114.6	115.4	116.3	117.1	117.9	118.8	119.6	120.4	121.1	121.9	122.7	32
24	112.1	113.0	113.8	114.7	115.5	116.4	117.2	118.0	118.8	119.6	120.4	121.2	122.0	36
20	111.4	112.2	113.1	114.0	114.8	115.6	116.5	117.3	118.1	118.9	119.7	120.5	121.2	40
16	110.7	111.5	112.4	113.2	114.1	114.9	115.7	116.6	117.4	118.2	119.0	119.8	120.5	44
12	110.0	110.8	111.7	112.5	113.4	114.2	115.0	115.8	116.6	117.5	118.2	119.0	119.8	48
8	109.3	110.1	111.0	111.8	112.7	113.5	114.3	115.1	116.0	116.8	117.6	118.3	119.1	52
4	108.6	109.4	110.3	111.1	112.0	112.8	113.6	114.4	115.3	116.1	116.9	117.6	118.4	3 56
8 0	107.9	108.8	109.6	110.4	111.3	112.1	113.0	113.8	114.6	115.4	116.2	117.0	117.8	4 0
7 56	107.2	108.1	108.9	109.8	110.6	111.4	112.3	113.1	113.9	114.7	115.5	116.3	117.1	4
52	106.6	107.4	108.3	109.1	110.0	110.8	111.6	112.4	113.2	114.0	114.8	115.6	116.4	8
48	105.9	106.8	107.6	108.4	109.3	110.1	110.9	111.8	112.6	113.4	114.2	115.0	115.8	12
44	105.2	106.1	107.0	107.8	108.6	109.5	110.3	111.1	111.9	112.7	113.5	114.3	115.1	16
40	104.6	105.5	106.3	107.2	108.0	108.8	109.6	110.4	111.3	112.1	112.9	113.7	114.5	20
36	104.0	104.8	105.7	106.5	107.4	108.2	109.0	109.8	110.6	111.4	112.2	113.0	113.8	24
32	103.4	104.2	105.0	105.9	106.7	107.5	108.4	109.2	110.0	110.8	111.6	112.4	113.2	28
28	102.7	103.6	104.4	105.2	106.1	106.9	107.7	108.6	109.4	110.2	111.0	111.8	112.6	32
24	102.1	103.0	103.8	104.6	105.5	106.3	107.1	108.0	108.8	109.6	110.4	111.2	112.0	36
20	101.5	102.3	103.2	104.0	104.8	105.7	106.5	107.3	108.1	108.9	109.8	110.6	111.4	40
16	100.9	101.7	102.6	103.4	104.2	105.1	105.9	106.7	107.5	108.3	109.1	109.9	110.8	44
12	100.3	101.1	102.0	102.8	103.6	104.5	105.3	106.1	106.9	107.7	108.5	109.3	110.2	48
8	99.7	100.5	101.4	102.2	103.0	103.9	104.7	105.5	106.3	107.1	107.9	108.7	109.6	52
4	99.1	99.9	100.8	101.6	102.4	103.3	104.1	104.9	105.7	106.5	107.3	108.2	109.0	4 56
7 0	98.5	99.4	100.2	101.0	101.8	102.7	103.5	104.3	105.1	105.9	106.8	107.6	108.4	5 0
6 56	97.9	98.8	99.6	100.4	101.3	102.1	102.9	103.7	104.5	105.4	106.2	107.0	107.8	4
52	97.4	98.2	99.0	99.8	100.7	101.5	102.3	103.1	104.0	104.8	105.6	106.4	107.2	8
48	96.8	97.6	98.4	99.3	100.1	100.9	101.7	102.6	103.4	104.2	105.0	105.8	106.6	12
44	96.2	97.0	97.9	98.7	99.5	100.3	101.2	102.0	102.8	103.6	104.4	105.3	106.1	16
40	95.6	96.5	97.3	98.1	98.9	99.8	100.6	101.4	102.2	103.0	103.9	104.7	105.5	20
36	95.1	95.9	96.7	97.6	98.4	99.2	100.0	100.8	101.7	102.5	103.3	104.1	104.9	24
32	94.5	95.3	96.2	97.0	97.8	98.6	99.4	100.3	101.1	101.9	102.7	103.6	104.4	28
28	93.9	94.8	95.6	96.4	97.2	98.1	98.9	99.7	100.5	101.4	102.2	103.0		32
24	93.4	94.2	95.0	95.8	96.7	97.5	98.3	99.2	100.0	100.8	101.6			36
20	92.8	93.6	94.4	95.3	96.1	96.9	97.8	98.6	99.4			R 06 29	S 05 31	40
16	92.2	93.1	93.9	94.7	95.6	96.4	97.2	98.0		R 06 20	R 06 23	S 05 34	A 103°.9	44
12	91.7	92.5	93.3	94.2	95.0	95.8		R 06 18	S 05 40	S 05 37	A 102°.7			48
8	91.1	91.9	92.8	93.6	94.4		R 06 12	R 06 15	S 05 42	A 100°.3	A 101°.5			52
4	90.6	91.4	92.2			R 06 09	S 05 48	S 05 45	A 99°.1					5 56
6 0	90.0	90.8		R 06 04	R 06 07	S 05 51	A 96°.7	A 97°.9						6 0
5 56	89.4		R 06 01	S 05 56	S 05 53	A 95°.5								4
52		R 05 59	S 05 59	A 93°.0	A 94°.3									8
48	R 05 56	S 06 01	A 91°.8											12
44	S 06 04	A 90°.6												16
40	A 89°.4													20
36														24
32														28
28														32
24														36
20														40
16														44
12														48
8														52
4														6 56
5 0														7 0

在北纬:上午太阳方位是北东,下午太阳方位是北西。
North Latitude: orientation is named North East at morning, North West at afternoon.

赤纬与纬度异名
DECLINATION CONTRARY NAME AS LATITUDE

纬度 LAT 34°

上午 a.m. 时 分 (hr. min.)	12°	13°	14°	15°	16°	17°	18°	19°	20°	21°	22°	23°	24°	下午 p.m. 时 分 (hr. min.)
9 0	129.0	129.7	130.4	131.1	131.8	132.5	133.2	133.9	134.6	135.3	135.9	136.6	137.2	3 0
8 56	128.1	128.9	129.6	130.3	131.0	131.7	132.4	133.1	133.8	134.5	135.2	135.8	136.5	4
52	127.3	128.1	128.8	129.5	130.2	131.0	131.7	132.4	133.0	133.7	134.4	135.1	135.7	8
48	126.5	127.3	128.0	128.7	129.5	130.2	130.9	131.6	132.3	133.0	133.6	134.3	135.0	12
44	125.7	126.5	127.2	128.0	128.7	129.4	130.1	130.8	131.5	132.2	132.9	133.6	134.3	16
40	125.0	125.7	126.5	127.2	127.9	128.7	129.4	130.1	130.8	131.5	132.2	132.9	133.6	20
36	124.2	125.0	125.7	126.4	127.2	127.9	128.6	129.4	130.1	130.8	131.5	132.2	132.8	24
32	123.4	124.2	125.0	125.7	126.4	127.2	127.9	128.6	129.3	130.0	130.8	131.4	132.2	28
28	122.7	123.5	124.2	125.0	125.7	126.4	127.2	127.9	128.6	129.3	130.0	130.8	131.5	32
24	122.0	122.7	123.5	124.2	125.0	125.7	126.5	127.2	127.9	128.6	129.3	130.1	130.8	36
20	121.2	122.0	122.8	123.5	124.3	125.0	125.8	126.5	127.2	128.0	128.7	129.4	130.1	40
16	120.5	121.3	122.1	122.8	123.6	124.3	125.1	125.8	126.5	127.3	128.0	128.7	129.4	44
12	119.8	120.6	121.4	122.1	122.9	123.6	124.4	125.1	125.9	126.6	127.3	128.0	128.8	48
8	119.1	119.9	120.7	121.4	122.2	123.0	123.7	124.4	125.2	125.9	126.7	127.4	128.1	52
4	118.4	119.2	120.0	120.8	121.5	122.3	123.0	123.8	124.5	125.3	126.0	126.7	127.5	3 56
8 0	117.8	118.5	119.3	120.1	120.8	121.6	122.4	123.1	123.9	124.6	125.4	126.1	126.8	4 0
7 56	117.1	117.9	118.6	119.4	120.2	121.0	121.7	122.5	123.2	124.0	124.7	125.5	126.2	4
52	116.4	117.2	118.0	118.8	119.5	120.3	121.1	121.8	122.6	123.3	124.1	124.8	125.6	8
48	115.8	116.6	117.3	118.1	118.9	119.6	120.4	121.2	121.9	122.7	123.4	124.2	125.0	12
44	115.1	115.9	116.7	117.5	118.2	119.0	119.8	120.6	121.3	122.1	122.8	123.6	124.3	16
40	114.5	115.3	116.0	116.8	117.6	118.4	119.2	119.9	120.7	121.5	122.2	123.0	123.7	20
36	113.8	114.6	115.4	116.2	117.0	117.8	118.5	119.3	120.1	120.8	121.6	122.4	123.1	24
32	113.2	114.0	114.8	115.6	116.4	117.1	117.9	118.7	119.5	120.2	121.0	121.8	122.6	28
28	112.6	113.4	114.2	115.0	115.7	116.5	117.3	118.1	118.9	119.6	120.4	121.2	122.0	32
24	112.0	112.8	113.6	114.4	115.1	115.9	116.7	117.5	118.3	119.0	119.8	120.6	121.4	36
20	111.4	112.2	113.0	113.7	114.5	115.3	116.1	116.9	117.7	118.5	119.2	120.0	120.8	40
16	110.8	111.6	112.4	113.1	113.9	114.7	115.5	116.3	117.1	117.9	118.7	119.4	120.2	44
12	110.2	111.0	111.8	112.6	113.3	114.1	114.9	115.7	116.5	117.3	118.1	118.9	119.7	48
8	109.6	110.4	111.2	112.0	112.8	113.6	114.4	115.1	115.9	116.7	117.5	118.3	119.1	52
4	109.0	109.8	110.6	111.4	112.2	113.0	113.8	114.6	115.4	116.2	117.0	117.8		4 56
7 0	108.4	109.2	110.0	110.8	111.6	112.4	113.2	114.0	114.8	115.6	116.4		R 07 05	5 0
6 56	107.8	108.6	109.4	110.2	111.0	111.8	112.6	113.4	114.2	115.0		R 07 02	S 04 55	4
52	107.2	108.0	108.8	109.6	110.4	111.3	112.1	112.9			R 06 59	S 04 58	A 118°.7	8
48	106.6	107.5	108.3	109.1	109.9	110.7	111.5		R 06 52	R 06 56	S 05 01	A 117°.5		12
44	106.1	106.9	107.7	108.5	109.3	110.1		R 06 49	S 05 08	S 05 04	A 116°.2			16
40	105.5	106.3	107.1	108.0			R 06 46	S 05 11	A 113°.8	A 115°.0				20
36	104.9	105.8	106.6		R 06 40	R 06 43	S 05 14	A 112°.5						24
32	104.4	105.2		R 06 37	S 05 20	S 05 17	A 111°.3							28
28			R 06 35	S 05 23	A 108°.8	A 110°.0								32
24	R 06 29	R 06 32	S 05 25	A 107°.6										36
20	S 05 31	S 05 28	A 106°.4											40
16	A 103°.9	A 105°.2												44
12														48
8														52
4														5 56
6 0														6 0
5 56														4
52														8
48														12
44														16
40														20
36														24
32														28
28														32
24														36
20														40
16														44
12														48
8														52
4														6 56
5 0														7 0

在南纬：上午太阳方位是南东，下午太阳方位是南西。
South Latitude: orientation is named South East at morning, South West at afternoon.

纬度 LAT 35°

赤纬与纬度异名
DECLINATION CONTRARY NAME AS LATITUDE

上午 a.m. hr. min.	0°	1°	2°	3°	4°	5°	6°	7°	8°	9°	10°	11°	12°	下午 p.m. hr. min.
	°	°	°	°	°	°	°	°	°	°	°	°	°	
12 0	180.0	180.0	180.0	180.0	180.0	180.0	180.0	180.0	180.0	180.0	180.0	180.0	180.0	0 0
11 56	178.2	178.3	178.3	178.4	178.4	178.4	178.5	178.5	178.6	178.6	178.6	178.6	178.7	4
52	176.5	176.6	176.7	176.8	176.8	176.9	177.0	177.0	177.1	177.2	177.2	177.3	177.3	8
48	174.8	174.9	175.0	175.1	175.2	175.4	175.4	175.6	175.6	175.7	175.8	175.9	176.0	12
44	173.0	173.2	173.4	173.5	173.7	173.8	174.0	174.1	174.2	174.3	174.4	174.6	174.7	16
40	171.3	171.5	171.7	171.9	172.1	172.3	172.4	172.6	172.8	172.9	173.0	173.2	173.3	20
36	169.6	169.9	170.1	170.3	170.5	170.8	171.0	171.1	171.3	171.5	171.7	171.8	172.0	24
32	167.9	168.2	168.5	168.7	169.0	169.2	169.5	169.7	169.9	170.1	170.3	170.5	170.7	28
28	166.2	166.6	166.9	167.2	167.4	167.7	168.0	168.2	168.5	168.7	168.9	169.2	169.4	32
24	164.6	164.9	165.3	165.6	165.9	166.2	166.5	166.8	167.1	167.3	167.6	167.8	168.1	36
20	162.9	163.3	163.7	164.0	164.4	164.7	165.1	165.4	165.7	166.0	166.2	166.5	166.8	40
16	161.3	161.7	162.1	162.5	162.9	163.3	163.6	164.0	164.3	164.6	164.9	165.2	165.5	44
12	159.7	160.1	160.6	161.0	161.4	161.8	162.2	162.6	162.9	163.2	163.6	163.9	164.2	48
8	158.1	158.6	159.0	159.5	159.9	160.4	160.8	161.2	161.5	161.9	162.3	162.6	162.9	52
4	156.5	157.0	157.5	158.0	158.5	158.9	159.4	159.8	160.2	160.6	161.0	161.3	161.7	0 56
11 0	155.0	155.5	156.0	156.6	157.0	157.5	158.0	158.4	158.8	159.3	159.7	160.0	160.4	1 0
10 56	153.4	154.0	154.6	155.1	155.6	156.1	156.6	157.1	157.5	158.0	158.4	158.8	159.2	4
52	151.9	152.5	153.1	153.7	154.2	154.8	155.3	155.8	156.3	156.7	157.1	157.6	158.0	8
48	150.5	151.1	151.7	152.3	152.8	153.4	153.9	154.4	154.9	155.4	155.9	156.3	156.8	12
44	149.0	149.7	150.3	150.9	151.5	152.1	152.6	153.1	153.6	154.2	154.6	155.1	155.6	16
40	147.6	148.3	148.9	149.6	150.2	150.7	151.3	151.9	152.4	152.9	153.4	153.9	154.4	20
36	146.2	146.9	147.6	148.2	148.8	149.4	150.0	150.6	151.2	151.7	152.2	152.7	153.2	24
32	144.8	145.6	146.2	146.9	147.5	148.2	148.8	149.4	149.9	150.5	151.0	151.5	152.0	28
28	143.5	144.2	144.9	145.6	146.3	146.9	147.5	148.1	148.7	149.3	149.8	150.4	150.9	32
24	142.2	142.9	143.6	144.3	145.0	145.7	146.3	146.9	147.5	148.1	148.7	149.2	149.8	36
20	140.9	141.6	142.4	143.1	143.8	144.4	145.1	145.7	146.4	147.0	147.5	148.1	148.6	40
16	139.6	140.4	141.1	141.9	142.6	143.2	143.9	144.6	145.2	145.8	146.4	147.0	147.6	44
12	138.4	139.2	139.9	140.7	141.4	142.1	142.8	143.4	144.0	144.7	145.3	145.9	146.5	48
8	137.2	138.0	138.7	139.5	140.2	140.9	141.6	142.3	142.9	143.6	144.2	144.8	145.4	52
4	136.0	136.8	137.6	138.3	139.1	139.8	140.5	141.2	141.8	142.5	143.1	143.7	144.3	1 56
10 0	134.8	135.6	136.4	137.2	137.9	138.7	139.4	140.1	140.7	141.4	142.0	142.7	143.3	2 0
9 56	133.7	134.5	135.3	136.1	136.8	137.6	138.3	139.0	139.7	140.3	141.0	141.6	142.3	4
52	132.5	133.4	134.2	135.0	135.7	136.5	137.2	137.9	138.6	139.3	140.0	140.6	141.3	8
48	131.4	132.3	133.1	133.9	134.7	135.4	136.2	136.9	137.6	138.3	139.0	139.6	140.3	12
44	130.4	131.2	132.0	132.8	133.6	134.4	135.1	135.8	136.6	137.3	137.9	138.6	139.3	16
40	129.3	130.2	131.0	131.8	132.6	133.4	134.1	134.8	135.6	136.3	137.0	137.6	138.3	20
36	128.3	129.1	130.0	130.8	131.6	132.3	133.1	133.8	134.6	135.3	136.0	136.7	137.4	24
32	127.3	128.1	129.0	129.8	130.6	131.4	132.1	132.9	133.6	134.3	135.0	135.7	136.4	28
28	126.3	127.1	128.0	128.8	129.6	130.4	131.2	131.9	132.6	133.4	134.1	134.8	135.5	32
24	125.3	126.2	127.0	127.8	128.6	129.4	130.2	131.0	131.7	132.4	133.2	133.9	134.6	36
20	124.4	125.2	126.0	126.9	127.7	128.5	129.3	130.0	130.8	131.5	132.2	133.0	133.7	40
16	123.4	124.3	125.1	126.0	126.8	127.6	128.3	129.1	129.9	130.6	131.3	132.1	132.8	44
12	122.5	123.4	124.2	125.0	125.8	126.6	127.4	128.2	129.0	129.7	130.5	131.2	131.9	48
8	121.6	122.4	123.3	124.1	125.0	125.8	126.6	127.3	128.1	128.8	129.6	130.3	131.0	52
4	120.7	121.6	122.4	123.2	124.1	124.9	125.7	126.4	127.2	128.0	128.7	129.5	130.2	2 56
9 0	119.8	120.7	121.6	122.4	123.2	124.0	124.8	125.6	126.4	127.1	127.9	128.6	129.3	3 0

在北纬:上午太阳方位是北东,下午太阳方位是北西。

North Latitude: orientation is named North East at morning, North West at afternoon.

赤纬与纬度异名
DECLINATION CONTRARY NAME AS LATITUDE

纬度 LAT 35°

上午 a.m. 时 分 hr. min.	12°	13°	14°	15°	16°	17°	18°	19°	20°	21°	22°	23°	24°	下午 p.m. 时 分 hr. min.
	°	°	°	°	°	°	°	°	°	°	°	°	°	
12　0	180.0	180.0	180.0	180.0	180.0	180.0	180.0	180.0	180.0	180.0	180.0	180.0	180.0	0　0
11　56	178.7	178.7	178.7	178.7	178.8	178.8	178.8	178.8	178.8	178.9	178.9	178.9	178.9	4
52	177.3	177.4	177.4	177.5	177.5	177.6	177.6	177.7	177.7	177.7	177.8	177.8	177.9	8
48	176.0	176.1	176.1	176.2	176.3	176.4	176.4	176.5	176.6	176.6	176.7	176.7	176.8	12
44	174.7	174.8	174.9	175.0	175.1	175.2	175.2	175.3	175.3	175.4	175.5	175.6	175.7	16
40	173.3	173.5	173.6	173.7	173.8	173.9	174.0	174.2	174.3	174.4	174.5	174.6	174.7	20
36	172.0	172.2	172.3	172.5	172.6	172.7	172.9	173.0	173.1	173.3	173.4	173.5	173.6	24
32	170.7	170.9	171.0	171.2	171.4	171.5	171.7	171.8	172.0	172.1	172.3	172.4	172.6	28
28	169.4	169.6	169.8	170.0	170.2	170.3	170.5	170.7	170.9	169.9	171.2	171.4	171.5	32
24	168.1	168.3	168.5	168.7	169.0	169.2	169.4	169.6	169.7	169.9	170.1	170.3	170.5	36
20	166.8	167.0	167.3	167.5	167.7	168.0	168.2	168.4	168.6	168.8	169.0	169.2	169.4	40
16	165.5	165.8	166.0	166.3	166.6	166.8	167.0	167.3	167.5	167.7	168.0	168.2	168.4	44
12	164.2	164.5	164.8	165.1	165.4	165.6	165.9	166.1	166.4	166.6	166.9	167.1	167.3	48
8	162.9	163.3	163.6	163.9	164.2	164.5	164.7	165.0	165.3	165.6	165.8	166.1	166.3	52
4	161.7	162.0	162.4	162.7	163.0	163.3	163.6	163.9	164.2	164.5	164.8	165.0	165.3	0　56
11　0	160.4	160.8	161.2	161.5	161.8	162.2	162.5	162.8	163.1	163.4	163.7	164.0	164.3	1　0
10　56	159.2	159.6	160.0	160.3	160.7	161.0	161.4	161.7	162.0	162.3	162.6	163.0	163.2	4
52	158.0	158.4	158.8	159.2	159.5	159.9	160.2	160.6	160.9	161.3	161.6	161.9	162.2	8
48	156.8	157.2	157.6	158.0	158.4	158.8	159.2	159.5	159.9	160.2	160.6	160.9	161.2	12
44	155.6	156.0	156.4	156.9	157.3	157.7	158.1	158.4	158.8	159.2	159.6	159.9	160.2	16
40	154.4	154.8	155.3	155.7	156.2	156.6	157.0	157.4	157.8	158.2	158.5	158.9	159.3	20
36	153.2	153.7	154.2	154.6	155.0	155.5	155.9	156.3	156.7	157.1	157.5	157.9	158.3	24
32	152.0	152.5	153.0	153.5	154.0	154.4	154.8	155.3	155.7	156.1	156.5	156.9	157.3	28
28	150.9	151.4	151.9	152.4	152.9	153.3	153.8	154.2	154.7	155.1	155.5	156.0	156.4	32
24	149.8	150.3	150.8	151.3	151.8	152.3	152.7	153.2	153.7	154.1	154.6	155.0	155.4	36
20	148.6	149.2	149.7	150.2	150.8	151.2	151.7	152.2	152.7	153.1	153.6	154.0	154.5	40
16	147.6	148.1	148.6	149.2	149.7	150.2	150.7	151.2	151.7	152.2	152.6	153.1	153.5	44
12	146.5	147.0	147.6	148.1	148.7	149.2	149.7	150.2	150.7	151.2	151.7	152.1	152.6	48
8	145.4	146.0	146.6	147.1	147.6	148.2	148.7	149.2	149.7	150.2	150.7	151.2	151.6	52
4	144.3	144.9	145.5	146.1	146.6	147.2	147.7	148.2	148.8	149.3	149.8	150.3	150.8	1　56
10　0	143.3	143.9	144.5	145.1	145.6	146.2	146.8	147.3	147.8	148.4	148.9	149.4	149.9	2　0
9　56	142.3	142.9	143.5	144.1	144.7	145.2	145.8	146.3	146.9	147.4	147.9	148.5	149.0	4
52	141.3	141.9	142.5	143.1	143.7	144.3	144.8	145.4	146.0	146.5	147.0	147.6	147.2	8
48	140.3	140.9	142.1	142.1	143.3	143.3	143.9	144.5	145.0	145.6	146.1	146.7	147.2	12
44	139.3	139.9	140.6	141.2	141.8	142.4	143.0	143.6	144.1	144.7	145.3	145.8	146.4	16
40	138.3	139.0	139.6	140.2	140.8	141.5	142.1	142.7	143.2	143.8	144.4	144.9	145.5	20
36	137.4	138.0	138.7	139.3	139.9	140.6	141.2	141.8	142.4	142.9	143.5	144.1	144.6	24
32	136.4	137.1	137.7	138.4	139.0	139.6	140.3	140.9	141.5	142.1	142.7	143.2	143.8	28
28	135.5	136.2	136.8	137.5	138.1	138.8	139.4	140.0	140.6	141.2	141.8	142.4	143.0	32
24	134.6	135.2	135.9	136.6	137.2	137.9	138.5	139.2	139.8	140.4	141.0	141.6	142.2	36
20	133.7	134.4	135.0	135.7	136.4	137.0	137.7	138.3	138.9	139.5	140.2	140.8	141.4	40
16	132.8	133.5	134.2	134.8	135.5	136.2	136.8	137.4	138.1	138.7	139.3	140.0	140.6	44
12	131.9	132.6	133.3	134.0	134.6	135.3	136.0	136.6	137.3	137.9	138.5	139.2	139.8	48
8	131.0	131.7	132.4	133.1	133.8	134.5	135.2	135.8	136.4	137.1	137.7	138.4	139.0	52
4	130.2	130.9	131.6	132.3	133.0	133.7	134.3	135.0	135.6	136.3	136.9	137.6	138.2	2　56
9　0	129.3	130.1	130.8	131.5	132.2	132.8	133.5	134.2	134.9	135.5	136.2	136.8	137.4	3　0

在南纬：上午太阳方位是南东，下午太阳方位是南西。
South Latitude: orientation is named South East at morning, South West at afternoon.

纬度 LAT 35°

赤纬与纬度异名
DECLINATION CONTRARY NAME AS LATITUDE

上午 a.m. 时分 hr. min.	0°	1°	2°	3°	4°	5°	6°	7°	8°	9°	10°	11°	12°	下午 p.m. 时分 hr. min.
9 0	119.8	120.7	121.6	122.4	123.2	124.0	124.8	125.6	126.4	127.1	127.9	128.6	129.3	3 0
8 56	119.0	119.8	120.7	121.5	122.4	123.2	124.0	124.7	125.5	126.3	127.0	127.8	128.5	4
52	118.1	119.0	119.8	120.7	121.5	122.3	123.1	123.9	124.7	125.5	126.2	127.0	127.7	8
48	117.3	118.2	119.0	119.9	120.7	121.5	122.3	123.1	123.9	124.6	125.4	126.2	126.9	12
44	116.5	117.4	118.2	119.0	119.9	120.7	121.5	122.3	123.1	123.8	124.6	125.4	126.1	16
40	115.7	116.6	117.4	118.2	119.1	119.9	120.7	121.5	122.3	123.0	123.8	124.6	125.3	20
36	114.9	115.8	116.6	117.5	118.3	119.1	119.9	120.7	121.5	122.3	123.0	123.8	124.5	24
32	114.1	115.0	115.8	116.7	117.5	118.3	119.1	119.9	120.7	121.5	122.3	123.0	123.8	28
28	113.4	114.2	115.1	115.9	116.7	117.6	118.4	119.2	120.0	120.7	121.5	122.3	123.0	32
24	112.6	113.5	114.3	115.2	116.0	116.8	117.6	118.4	119.2	120.0	120.8	121.5	122.3	36
20	111.9	112.7	113.6	114.4	115.2	116.1	116.9	117.7	118.5	119.2	120.0	120.8	121.6	40
16	111.2	112.0	112.8	113.7	114.5	115.3	116.1	116.9	117.7	118.5	119.3	120.1	120.8	44
12	110.4	111.3	112.1	113.0	113.8	114.6	115.4	116.2	117.0	117.8	118.6	119.4	120.1	48
8	109.7	110.6	111.4	112.2	113.1	113.9	114.7	115.5	116.3	117.1	117.9	118.6	119.4	52
4	109.0	109.9	110.7	111.5	112.4	113.2	114.0	114.8	115.6	116.4	117.2	117.9	118.7	3 56
8 0	108.3	109.2	110.0	110.8	111.7	112.5	113.3	114.1	114.9	115.7	116.5	117.2	118.0	4 0
7 56	107.6	108.5	109.3	110.2	111.0	111.8	112.6	113.4	114.2	115.0	115.8	116.6	117.3	4
52	107.0	107.8	108.6	109.5	110.3	111.1	111.9	112.7	113.5	114.3	115.1	115.9	116.7	8
48	106.3	107.1	108.0	108.8	109.6	110.4	111.2	112.0	112.8	113.6	114.4	115.2	116.0	12
44	105.6	106.5	107.3	108.1	109.0	109.8	110.6	111.4	112.2	113.0	113.8	114.6	115.3	16
40	105.0	105.8	106.6	107.5	108.3	109.1	109.9	110.7	111.5	112.3	113.1	113.9	114.7	20
36	104.3	105.2	106.0	106.8	107.6	108.5	109.3	110.1	110.9	111.7	112.5	113.2	114.0	24
32	103.7	104.5	105.4	106.2	107.0	107.8	108.6	109.4	110.2	111.0	111.8	112.6	113.4	28
28	103.0	103.9	104.7	105.5	106.4	107.2	108.0	108.8	109.6	110.4	111.2	112.0	112.8	32
24	102.4	103.2	104.1	104.9	105.7	106.5	107.3	108.2	109.0	109.8	110.6	111.3	112.1	36
20	101.8	102.6	103.4	104.3	105.1	105.9	106.7	107.5	108.3	109.1	109.9	110.7	111.5	40
16	101.2	102.0	102.8	103.6	104.5	105.3	106.1	106.9	107.7	108.5	109.3	110.1	110.9	44
12	100.6	101.4	102.2	103.0	103.8	104.7	105.5	106.3	107.1	107.9	108.7	109.5	110.3	48
8	99.9	100.8	101.6	102.4	103.2	104.0	104.9	105.7	106.5	107.3	108.1	108.9	109.7	52
4	99.3	100.2	101.0	101.8	102.6	103.4	104.2	105.1	105.9	106.7	107.5	108.3	109.1	4 56
7 0	98.7	99.6	100.4	101.2	102.0	102.8	103.6	104.4	105.3	106.1	106.9	107.7	108.5	5 0
6 56	98.1	99.0	99.8	100.6	101.4	102.2	103.0	103.8	104.7	105.5	106.3	107.1	107.9	4
52	97.5	98.4	99.2	100.0	100.8	101.6	102.4	103.2	104.1	104.9	105.7	106.5	107.3	8
48	97.0	97.8	98.6	99.4	100.2	101.0	101.8	102.7	103.5	104.3	105.1	105.9	106.7	12
44	96.4	97.2	98.0	98.8	99.6	100.4	101.3	102.1	102.9	103.7	104.5	105.3	106.1	16
40	95.8	96.6	97.4	98.2	99.0	99.9	100.7	101.5	102.3	103.1	103.9	104.7	105.5	20
36	95.2	96.0	96.8	97.6	98.5	99.3	100.1	100.9	101.7	102.5	103.3	104.1	105.0	24
32	94.6	95.4	96.2	97.1	97.9	98.7	99.5	100.3	101.1	101.9	102.8	103.6	104.4	28
28	94.0	94.8	95.7	96.5	97.3	98.1	98.9	99.7	100.6	101.4	102.2	103.0	R 06 30	32
24	93.4	94.3	95.1	95.9	96.7	97.5	98.4	99.2	100.0	100.8	R 06 24	R 06 27	S 05 30	36
20	92.9	93.7	94.5	95.3	96.1	97.0	97.8	98.6	99.4	R 06 21	S 05 36	S 05 33	A 104°.1	40
16	92.3	93.1	93.9	94.8	95.6	96.4	97.2	98.0	R 06 18	S 05 39	A 101°.6	A 102°.9		44
12	91.7	92.5	93.4	94.2	95.0	95.8	R 06 13	R 06 16	S 05 42	A 100°.4				48
8	91.1	92.0	92.8	93.6	94.4	R 06 10	S 05 47	S 05 44	A 99°.2					52
4	90.6	91.4	92.2	R 06 04	R 06 07	S 05 50	A 96°.7	A 98°.0						5 56
6 0	90.0	90.8	R 06 02	S 05 56	S 05 53	A 95°.5								6 0
5 56	89.4	R 05 59	S 05 58	A 93°.1	A 94°.3									4
52		S 06 01	A 91°.8											8
48	R 05 56	A 90°.6												12
44	S 06 04													16
40	A 89°.4													20
36														24
32														28
28														32
24														36
20														40
16														44
12														48
8														52
4														6 56
5 0														7 0

在北纬：上午太阳方位是北东，下午太阳方位是北西。

North Latitude：orientation is named North East at morning, North West at afternoon.

赤纬与纬度异名
DECLINATION CONTRARY NAME AS LATITUDE

纬度 LAT 35°

上午 a.m. 时 分 hr. min.	12°	13°	14°	15°	16°	17°	18°	19°	20°	21°	22°	23°	24°	下午 p.m. 时 分 hr. min.
9 0	129.3	130.1	130.8	131.5	132.2	132.8	133.5	134.2	134.9	135.5	136.2	136.8	137.4	3 0
8 56	128.5	129.2	130.0	130.7	131.4	132.0	132.7	133.4	134.1	134.7	135.4	136.0	136.7	4
52	127.7	128.4	129.2	129.9	130.6	131.3	131.9	132.6	133.3	134.0	134.6	135.3	135.9	8
48	126.9	127.6	128.4	129.1	129.8	130.5	131.2	131.9	132.5	133.2	133.9	134.5	135.2	12
44	126.1	126.8	127.6	128.3	129.0	129.7	130.4	131.1	131.8	132.5	133.1	133.8	134.5	16
40	125.3	126.1	126.8	127.5	128.2	128.9	129.6	130.3	131.0	131.7	132.4	133.1	133.8	20
36	124.5	125.3	126.0	126.8	127.5	128.2	128.9	129.6	130.3	131.0	131.7	132.4	133.0	24
32	123.8	124.5	125.3	126.0	126.7	127.4	128.2	128.9	129.6	130.3	131.0	131.6	132.3	28
28	123.0	123.8	124.5	125.3	126.0	126.7	127.4	128.1	128.8	129.6	130.2	130.9	131.6	32
24	122.3	123.0	123.8	124.5	125.3	126.0	126.7	127.4	128.1	128.8	129.6	130.2	130.9	36
20	121.6	122.3	123.1	123.8	124.5	125.3	126.0	126.7	127.4	128.1	128.8	129.6	130.2	40
16	120.8	121.6	122.3	123.1	123.8	124.6	125.3	126.0	126.7	127.4	128.2	128.9	129.6	44
12	120.1	120.9	121.6	122.4	123.1	123.9	124.6	125.3	126.0	126.8	127.5	128.2	128.9	48
8	119.4	120.2	120.9	121.7	122.4	123.2	123.9	124.6	125.4	126.1	126.8	127.5	128.2	52
4	118.7	119.5	120.2	121.0	121.7	122.5	123.2	124.0	124.7	125.4	126.2	126.9	127.6	3 56
8 0	118.0	118.8	119.6	120.3	121.1	121.8	122.6	123.3	124.0	124.8	125.5	126.2	127.0	4 0
7 56	117.3	118.1	118.9	119.6	120.4	121.1	121.9	122.6	123.4	124.1	124.8	125.6	126.3	4
52	116.7	117.4	118.2	119.0	119.7	120.5	121.2	122.0	122.7	123.5	124.2	124.9	125.7	8
48	116.0	116.8	117.5	118.3	119.1	119.8	120.6	121.3	122.1	122.8	123.6	124.3	125.0	12
44	115.3	116.1	116.9	117.6	118.4	119.2	119.9	120.7	121.4	122.2	122.9	123.7	124.4	16
40	114.7	115.5	116.2	117.0	117.8	118.5	119.3	120.0	120.8	121.6	122.3	123.1	123.8	20
36	114.0	114.8	115.6	116.4	117.1	117.9	118.7	119.4	120.2	120.9	121.7	122.4	123.2	24
32	113.4	114.2	115.0	115.7	116.5	117.3	118.0	118.8	119.6	120.3	121.1	121.8	122.6	28
28	112.8	113.5	114.3	115.1	115.9	116.6	117.4	118.2	119.0	119.7	120.5	121.2	122.0	32
24	112.1	112.9	113.7	114.5	115.2	116.0	116.8	117.6	118.3	119.1	119.9	120.6	121.4	36
20	111.5	112.3	113.1	113.9	114.7	115.4	116.2	117.0	117.7	118.5	119.3	120.1	120.8	40
16	110.9	111.7	112.5	113.2	114.0	114.8	115.6	116.4	117.1	117.9	118.7	119.5	120.2	44
12	110.3	111.1	111.8	112.6	113.4	114.2	115.0	115.8	116.6	117.3	118.1	118.9	119.7	48
8	109.7	110.5	111.2	112.0	112.8	113.6	114.4	115.2	116.0	116.8	117.5	118.3	119.1	52
4	109.1	109.9	110.6	111.4	112.2	113.0	113.8	114.6	115.4	116.2	117.0			4 56
7 0	108.5	109.3	110.0	110.8	111.6	112.4	113.2	114.0	114.8	115.6				5 0
6 56	107.9	108.7	109.5	110.3	111.1	111.8	112.6	113.4	114.2		R 07 01 / S 04 59 / A 116°.6	R 07 05 / S 04 55 / A 117°.8	R 07 08 / S 04 52 / A 119°.1	4
52	107.3	108.1	108.9	109.7	110.5	111.3	112.1	112.9		R 06 58 / S 05 02 / A 115°.3				8
48	106.7	107.5	108.3	109.1	109.9	110.7			R 06 55 / S 05 05 / A 114°.0					12
44	106.1	106.9	107.7	108.5	109.3		R 06 48 / S 05 12 / A 111°.5	R 06 51 / S 05 09 / A 112°.8						16
40	105.5	106.3	107.1	108.0		R 06 45 / S 05 15 / A 110°.3								20
36	105.0	105.8	106.6		R 06 42 / S 05 18 / A 109°.0									24
32	104.4			R 06 39 / S 05 21 / A 107°.8										28
28		R 06 33 / S 05 27 / A 105°.3	R 06 36 / S 05 24 / A 106°.6											32
24	R 06 30 / S 05 30 / A 104°.1													36
20														40
16														44
12														48
8														52
4														5 56
6 0														6 0
5 56														4
52														8
48														12
44														16
40														20
36														24
32														28
28														32
24														36
20														40
16														44
12														48
8														52
4														6 56
5 0														7 0

在南纬：上午太阳方位是南东，下午太阳方位是南西。
South Latitude: orientation is named South East at morning, South West at afternoon.

纬度 LAT 36°

赤纬与纬度异名
DECLINATION CONTRARY NAME AS LATITUDE

上午 a.m.	0°	1°	2°	3°	4°	5°	6°	7°	8°	9°	10°	11°	12°	下午 p.m.
时 分 hr. min.	°	°	°	°	°	°	°	°	°	°	°	°	°	时 分 hr. min.
12 0	180.0	180.0	180.0	180.0	180.0	180.0	180.0	180.0	180.0	180.0	180.0	180.0	180.0	0 0
11 56	178.3	178.3	178.4	178.4	178.4	178.5	178.5	178.5	178.6	178.6	178.6	178.6	178.7	4
52	176.6	176.7	176.8	176.8	176.9	177.0	177.0	177.1	177.2	177.2	177.3	177.3	177.4	8
48	174.9	175.0	175.1	175.2	175.4	175.4	175.5	175.6	175.7	175.8	175.9	176.0	176.0	12
44	173.2	173.4	173.5	173.7	173.8	173.9	174.1	174.2	174.2	174.4	174.5	173.3	173.4	16
40	171.5	171.7	171.9	172.1	172.3	172.4	172.6	172.7	172.9	173.0	173.2	173.3	173.4	20
36	169.9	170.1	170.3	170.5	170.7	170.9	171.1	171.3	171.5	171.6	171.8	172.0	172.1	24
32	168.2	168.5	168.7	169.0	169.2	169.4	169.7	169.9	170.1	170.3	170.5	170.6	170.8	28
28	166.6	166.9	167.2	167.4	167.7	168.0	168.2	168.4	168.7	169.1	169.3	169.5	168.2	32
24	164.9	165.3	165.6	166.2	166.5	166.5	166.8	167.0	167.3	167.6	167.8	168.0	168.2	36
20	163.3	163.7	164.0	164.4	164.7	165.0	165.3	165.6	165.9	166.2	166.5	166.7	167.0	40
16	161.7	162.1	162.5	162.9	163.2	163.6	163.9	164.2	164.6	164.8	165.1	165.4	165.7	44
12	160.1	160.6	161.0	161.4	161.8	162.2	162.5	162.9	163.2	163.5	163.8	164.1	164.4	48
8	158.6	159.0	159.5	160.3	160.3	160.7	161.1	161.5	161.8	162.2	162.5	162.9	163.2	52
4	157.0	157.5	158.0	158.4	158.9	159.3	159.7	160.1	160.5	160.9	161.2	161.6	161.9	0 56
11 0	155.5	156.0	156.5	157.0	157.5	157.9	158.4	158.8	159.2	159.6	160.0	160.4	160.7	1 0
10 56	154.0	154.5	155.1	155.6	156.1	156.6	157.0	157.5	157.9	158.3	158.7	159.1	159.5	4
52	152.5	153.1	153.6	154.2	154.7	155.2	155.7	156.2	156.6	157.0	157.5	157.9	158.3	8
48	151.1	151.7	152.2	152.8	153.3	153.9	154.4	154.8	155.3	155.8	156.2	156.7	157.1	12
44	149.6	150.3	150.9	151.4	152.0	152.5	153.1	153.6	154.1	154.5	155.0	155.4	155.9	16
40	148.2	148.9	149.5	150.1	150.7	151.2	151.8	152.3	152.8	153.3	153.8	154.3	154.7	20
36	146.8	147.5	148.2	148.8	149.4	150.0	150.5	151.0	151.6	152.1	152.6	153.1	153.6	24
32	145.5	146.2	146.8	147.5	148.1	148.7	149.3	149.8	150.4	150.9	151.4	151.9	152.4	28
28	144.2	144.9	145.5	146.2	146.8	147.4	148.0	148.6	149.2	149.7	150.2	150.8	151.3	32
24	142.8	143.6	144.3	144.9	145.6	146.2	146.8	147.4	148.0	148.6	149.1	149.6	150.2	36
20	141.6	142.3	143.0	143.7	144.4	145.0	145.6	146.2	146.8	147.4	148.0	148.5	149.0	40
16	140.3	141.0	141.8	142.5	143.1	143.8	144.4	145.1	145.7	146.3	146.8	147.4	148.0	44
12	139.1	139.8	140.6	141.3	142.0	142.6	143.3	143.9	144.5	145.1	145.7	146.3	146.9	48
8	137.9	138.6	139.4	140.1	140.8	142.1	142.1	142.8	143.4	144.6	145.2	145.8	144.8	52
4	136.7	137.4	138.2	138.9	139.6	140.3	141.0	141.7	142.3	143.0	143.6	144.2	144.8	1 56
10 0	135.5	136.3	137.0	137.8	138.5	139.2	139.9	140.6	141.2	141.9	142.5	143.1	143.7	2 0
9 56	134.4	135.2	135.9	136.7	137.4	138.1	138.8	139.5	140.2	140.8	141.4	142.1	142.7	4
52	133.2	134.0	134.8	135.6	136.3	137.0	137.8	138.4	139.1	139.8	140.4	141.0	141.7	8
48	132.1	133.0	133.7	134.5	135.2	136.0	136.7	137.4	138.1	138.8	139.4	140.0	140.7	12
44	131.1	131.9	132.7	133.4	134.2	134.9	135.7	136.4	137.1	137.7	138.4	139.0	139.7	16
40	130.0	130.8	131.6	132.4	133.2	133.9	134.6	135.4	136.0	136.7	137.4	138.1	138.7	20
36	129.0	129.8	130.6	131.4	132.2	132.9	133.6	134.4	135.1	135.8	136.4	137.1	137.8	24
32	128.0	128.8	129.6	130.4	131.2	131.9	132.6	133.4	134.1	134.8	135.5	136.2	136.8	28
28	127.0	127.8	128.6	129.4	130.2	130.9	131.7	132.4	133.1	133.8	134.5	135.2	135.9	32
24	126.0	126.8	127.6	128.4	129.2	130.0	130.7	131.5	132.2	132.0	133.6	134.3	135.0	36
20	125.0	125.8	126.7	127.5	128.2	129.0	129.8	130.5	131.3	132.0	132.7	133.4	134.1	40
16	124.1	124.9	125.7	126.5	127.3	128.1	128.9	129.6	130.3	131.1	131.8	132.5	133.2	44
12	123.1	124.0	124.8	125.6	126.4	127.2	127.9	128.7	129.4	130.2	130.9	131.6	132.3	48
8	122.2	123.1	123.9	124.7	125.5	126.3	127.0	127.8	128.6	129.3	130.0	130.7	131.4	52
4	121.3	122.2	123.0	123.8	124.6	125.4	126.2	126.9	127.7	128.4	129.1	129.9	130.6	2 56
9 0	120.4	121.3	122.1	122.9	123.7	124.5	125.3	126.1	126.8	127.6	128.3	129.0	129.7	3 0

在北纬:上午太阳方位是北东,下午太阳方位是北西。
North Latitude: orientation is named North East at morning, North West at afternoon.

附表(Appendix)1

太阳赤纬表 Solar Declination Table
(每日世界时 12h UT)

年度 Year 2014、2018、2022、2026、2030、2034、2038、2042、2046

日期 Date	1月 Jan	2月 Feb	3月 Mar	4月 Apr	5月 May	6月 Jun	7月 Jul	8月 Aug	9月 Sep	10月 Oct	11月 Nov	12月 Dec
1	南S 22 58	南S 17 00	南S 7 28	北N 4 40	北N 15 11	北N 22 06	北N 23 05	北N 17 55	北N 8 09	南S 3 19	南S 14 32	南S 21 51
2	22 53	16 43	7 05	5 03	15 29	22 14	23 00	17 40	7 47	3 42	14 51	22 00
3	22 47	16 25	6 42	5 26	15 46	22 21	22 56	17 24	7 25	4 05	15 10	22 08
4	22 41	16 07	6 19	5 49	16 04	22 28	22 50	17 08	7 03	4 28	15 28	22 16
5	22 34	15 49	5 55	6 12	16 21	22 35	22 45	16 52	6 41	4 52	15 46	22 24
6	22 27	15 31	5 32	6 35	16 38	22 41	22 39	16 36	6 19	5 15	16 04	22 31
7	22 19	15 12	5 09	6 57	16 54	22 47	22 32	16 19	5 56	5 38	16 22	22 38
8	22 11	14 53	4 46	7 20	17 11	22 52	22 26	16 02	5 34	6 00	16 40	22 45
9	22 03	14 34	4 22	7 42	17 27	22 57	22 19	15 45	5 11	6 23	16 57	22 51
10	21 54	14 14	3 59	8 04	17 42	23 02	22 11	15 27	4 48	6 46	17 14	22 56
11	21 45	13 55	3 35	8 26	17 58	23 06	22 03	15 10	4 26	7 09	17 30	23 01
12	21 35	13 35	3 11	8 48	18 13	23 10	21 55	14 52	4 03	7 31	17 47	23 06
13	21 25	13 15	2 48	9 10	18 28	23 13	21 46	14 33	3 40	7 54	18 03	23 10
14	21 14	12 54	2 24	9 32	18 42	23 16	21 37	14 15	3 17	8 16	18 18	23 13
15	21 04	12 34	2 00	9 53	18 57	23 19	21 28	13 56	2 54	8 38	18 34	23 17
16	20 52	12 13	1 37	10 14	19 11	23 21	21 18	13 37	2 31	9 00	18 49	23 19
17	20 40	11 52	1 13	10 36	19 24	23 23	21 08	13 18	2 08	9 22	19 03	23 22
18	20 28	11 31	0 49	10 56	19 37	23 24	20 57	12 59	1 44	9 44	19 18	23 23
19	20 16	11 10	0 26	11 17	19 50	23 25	20 47	12 39	1 21	10 06	19 32	23 25
20	20 03	10 48	南S 0 02	11 38	20 03	23 26	20 35	12 20	0 58	10 27	19 45	23 26
21	19 50	10 26	北N 0 22	11 58	20 15	23 26	20 24	12 00	北N 0 34	10 49	19 59	23 26
22	19 36	10 05	0 46	12 18	20 27	23 25	20 12	11 40	北N 0 11	11 11	20 12	23 26
23	19 22	9 43	1 09	12 38	20 38	23 24	20 00	11 19	南S 0 12	11 31	20 24	23 25
24	19 07	9 20	1 33	12 58	20 50	23 22	19 47	10 59	0 36	11 52	20 36	23 24
25	18 53	8 58	1 56	13 18	21 00	23 21	19 34	10 38	0 59	12 12	20 48	23 23
26	18 38	8 36	2 20	13 37	21 11	23 18	19 21	10 17	1 22	12 33	21 00	23 21
27	18 22	南S 8 13	2 43	13 56	21 21	23 15	19 08	9 56	1 46	12 53	21 11	23 18
28	18 06	南S 7 50	3 07	14 15	21 31	23 12	18 54	9 35	2 09	13 13	21 21	23 16
29	17 50		3 30	14 34	21 40	北N 23 09	18 40	9 14	2 32	13 33	21 31	23 12
30	17 34		3 54	北N 14 52	21 49		18 25	8 52	南S 2 56	13 53	南S 21 41	23 08
31	南S 17 17		北N 4 17		北N 21 58		北N 18 10	北N 8 31		南S 14 12		南S 23 04

附表(Appendix)1

太 阳 赤 纬 表 Solar Declination Table
（每日世界时 12h UT）

年度 Year：2015、2019、2023、2027、2031、2035、2039、2043、2047

日期 Date	1月 Jan	2月 Feb	3月 Mar	4月 Apr	5月 May	6月 Jun	7月 Jul	8月 Aug	9月 Sep	10月 Oct	11月 Nov	12月 Dec
	° ′	° ′	° ′	° ′	° ′	° ′	° ′	° ′	° ′	° ′	° ′	° ′
1	南S 22 59	南S 17 04	南S 7 33	北N 4 35	北N 15 06	北N 22 04	北N 23 06	北N 17 59	北N 8 14	南S 3 13	南S 14 27	南S 21 48
2	22 54	16 47	7 10	4 58	15 24	22 12	23 01	17 44	7 53	3 36	14 46	21 57
3	22 49	16 30	6 47	5 21	15 42	22 19	22 57	17 28	7 31	4 00	15 05	22 06
4	22 42	16 12	6 24	5 44	15 59	22 26	22 52	17 12	7 09	4 23	15 23	22 14
5	22 36	15 54	6 01	6 06	16 17	22 33	22 46	16 56	6 46	4 46	15 42	22 22
6	22 29	15 35	5 38	6 29	16 34	22 39	22 40	16 40	6 24	5 09	16 00	22 30
7	22 21	15 17	5 15	6 52	16 50	22 45	22 34	16 23	6 02	5 32	16 18	22 37
8	22 13	14 58	4 51	7 14	17 07	22 51	22 27	16 06	5 39	5 55	16 35	22 43
9	22 05	14 39	4 28	7 37	17 23	22 56	22 20	15 49	5 17	6 18	16 52	22 49
10	21 56	14 19	4 04	7 59	17 39	23 01	22 13	15 32	4 54	6 40	17 09	22 55
11	21 47	14 00	3 41	8 21	17 54	23 05	22 05	15 14	4 31	7 03	17 26	23 00
12	21 38	13 40	3 17	8 43	18 09	23 09	21 57	14 56	4 08	7 26	17 43	23 04
13	21 28	13 20	2 54	9 05	18 24	23 13	21 48	14 38	3 45	7 48	17 59	23 09
14	21 17	12 59	2 30	9 26	18 39	23 16	21 39	14 20	3 22	8 10	18 14	23 13
15	21 06	12 39	2 06	9 48	18 53	23 18	21 30	14 01	2 59	8 33	18 30	23 16
16	20 55	12 18	1 42	10 09	19 07	23 21	21 20	13 42	2 36	8 55	18 45	23 19
17	20 43	11 57	1 19	10 30	19 21	23 23	21 10	13 23	2 13	9 17	19 00	23 21
18	20 31	11 36	0 55	10 51	19 34	23 24	21 00	13 04	1 50	9 39	19 14	23 23
19	20 19	11 15	0 31	11 12	19 47	23 25	20 49	12 44	1 27	10 00	19 28	23 24
20	20 06	10 53	南S 0 08	11 33	20 00	23 26	20 38	12 24	1 03	10 22	19 42	23 25
21	19 53	10 32	北N 0 16	11 53	20 12	23 26	20 27	12 05	0 40	10 43	19 55	23 26
22	19 39	10 10	0 40	12 14	20 24	23 26	20 15	11 45	北N 0 17	11 05	20 08	23 26
23	19 25	9 48	1 04	12 34	20 36	23 25	20 03	11 24	南S 0 07	11 26	20 21	23 26
24	19 11	9 26	1 27	12 54	20 47	23 24	19 50	11 04	0 30	11 47	20 33	23 25
25	18 56	9 03	1 51	13 13	20 58	23 23	19 37	10 43	0 53	12 07	20 45	23 23
26	18 41	8 41	2 14	13 33	21 08	23 21	19 24	10 22	1 17	12 28	20 57	23 21
27	18 26	8 19	2 38	13 52	21 19	23 19	19 11	10 01	1 40	12 48	21 08	23 19
28	18 10	南S 7 56	3 01	14 11	21 28	23 16	18 57	9 40	2 03	13 08	21 19	23 16
29	17 54		3 25	14 30	21 38	23 13	18 43	9 19	2 27	13 28	21 29	23 13
30	17 38		3 48	北N 14 48	21 47	北N 23 10	18 29	8 58	南S 2 50	13 48	南S 21 39	23 09
31	南S 17 21		北N 4 11		北N 21 55		北N 18 14	北N 8 36		南S 14 08		南S 23 05

487

附表（Appendix）2

时 差 表 Equation of Time Table
（每日世界时 12h UT）

年度 Year：2014、2018、2022、2026、2030、2034、2038、2042、2046

符号（±）：
- Jan（1月）：−；Feb（2月）：−；Mar（3月）：−
- Apr（4月）：− (1–15日)，+ (16–30日)
- May（5月）：+；Jun（6月）：+ (1–12日)，− (13–30日)
- Jul（7月）：−；Aug（8月）：−
- Sep（9月）：+；Oct（10月）：+；Nov（11月）：+
- Dec（12月）：+ (1–24日)，− (25–31日)

日期 Date	Jan 1月 m s	Feb 2月 m s	Mar 3月 m s	Apr 4月 m s	May 5月 m s	Jun 6月 m s	Jul 7月 m s	Aug 8月 m s	Sep 9月 m s	Oct 10月 m s	Nov 11月 m s	Dec 12月 m s
1	3 34	13 33	12 17	3 50	2 54	2 07	3 55	6 22	0 00	10 22	16 26	10 59
2	4 03	13 40	12 05	3 33	3 01	1 58	4 07	6 18	0 19	10 41	16 27	10 36
3	4 30	13 47	11 53	3 15	3 07	1 48	4 18	6 13	0 39	11 00	16 27	10 13
4	4 58	13 53	11 40	2 58	3 13	1 38	4 29	6 08	0 59	11 18	16 27	9 49
5	5 25	13 58	11 27	2 41	3 18	1 27	4 39	6 02	1 19	11 36	16 25	9 24
6	5 51	14 02	11 13	2 24	3 22	1 16	4 50	5 55	1 39	11 54	16 23	8 59
7	6 17	14 06	10 59	2 07	3 26	1 05	4 59	5 48	2 00	12 12	16 20	8 33
8	6 43	14 08	10 44	1 50	3 29	0 53	5 09	5 40	2 20	12 29	16 16	8 07
9	7 08	14 10	10 30	1 34	3 32	0 42	5 18	5 32	2 41	12 45	16 12	7 41
10	7 32	14 11	10 14	1 18	3 35	0 30	5 26	5 23	3 02	13 02	16 06	7 14
11	7 56	14 11	9 59	1 02	3 36	0 18	5 34	5 13	3 23	13 17	16 00	6 47
12	8 19	14 11	9 43	0 46	3 37	0 05	5 42	5 03	3 45	13 33	15 53	6 19
13	8 42	14 10	9 26	0 31	3 38	0 07	5 49	4 52	4 06	13 47	15 45	5 51
14	9 04	14 08	9 10	0 16	3 38	0 20	5 56	4 41	4 28	14 02	15 36	5 22
15	9 25	14 05	8 53	0 02	3 37	0 32	6 02	4 29	4 49	14 15	15 26	4 54
16	9 45	14 01	8 36	0 13	3 35	0 45	6 07	4 17	5 11	14 28	15 15	4 25
17	10 05	13 57	8 19	0 27	3 33	0 58	6 12	4 04	5 32	14 41	15 04	3 55
18	10 24	13 52	8 02	0 40	3 30	1 11	6 17	3 51	5 54	14 53	14 52	3 26
19	10 43	13 47	7 44	0 53	3 27	1 24	6 21	3 37	6 15	15 04	14 38	2 56
20	11 01	13 40	7 26	1 06	3 23	1 37	6 24	3 23	6 36	15 14	14 24	2 26
21	11 18	13 33	7 08	1 18	3 19	1 50	6 27	3 08	6 58	15 24	14 09	1 57
22	11 34	13 26	6 50	1 30	3 14	2 03	6 30	2 53	7 19	15 34	13 54	1 27
23	11 49	13 18	6 32	1 42	3 08	2 16	6 32	2 37	7 40	15 42	13 37	0 57
24	12 04	13 09	6 14	1 52	3 02	2 29	6 33	2 21	8 01	15 50	13 20	0 27
25	12 18	13 00	5 56	2 03	2 56	2 42	6 34	2 05	8 22	15 57	13 02	0 03
26	12 31	12 50	5 38	2 13	2 49	2 55	6 34	1 48	8 42	16 03	12 43	0 33
27	12 43	12 39	5 20	2 22	2 42	3 07	6 33	1 31	9 03	16 09	12 24	1 02
28	12 55	12 29	5 02	2 31	2 34	3 19	6 32	1 13	9 23	16 14	12 04	1 32
29	13 05		4 44	2 39	2 25	3 32	6 31	0 55	9 43	16 18	11 43	2 01
30	13 15		4 26	2 47	2 17	3 44	6 28	0 37	10 02	16 21	11 21	2 30
31	13 24		4 08				6 25	0 19		16 24		2 59

附表(Appendix)2

时差表 Equation of Time Table
（每日世界时 12h UT）

Year 年度: 2015、2019、2023、2027、2031、2035、2039、2043、2047

Date 日期	Jan 1月 (m s)	Feb 2月 (m s)	Mar 3月 (m s)	Apr 4月 (m s)	May 5月 (m s)	Jun 6月 (m s)	Jul 7月 (m s)	Aug 8月 (m s)	Sep 9月 (m s)	Oct 10月 (m s)	Nov 11月 (m s)	Dec 12月 (m s)
1	3 27	13 31	12 21	3 55	2 52	2 09	3 53	6 23	0 04	10 18	16 27	11 05
2	3 56	13 39	12 09	3 38	2 59	2 00	4 04	6 19	0 16	10 37	16 28	10 43
3	4 23	13 45	11 56	3 20	3 05	1 50	4 15	6 14	0 35	10 56	16 28	10 19
4	4 51	13 51	11 44	3 02	3 11	1 40	4 26	6 08	0 55	11 15	16 27	9 56
5	5 18	13 56	11 30	2 45	3 16	1 30	4 37	6 03	1 15	11 33	16 25	9 31
6	5 44	14 01	11 17	2 28	3 21	1 19	4 47	5 56	1 35	11 51	16 22	9 06
7	6 10	14 04	11 02	2 11	3 25	1 08	4 56	5 49	1 56	12 09	16 18	8 41
8	6 36	14 07	10 48	1 54	3 29	0 57	5 06	5 41	2 16	12 26	16 14	8 15
9	7 00	14 09	10 33	1 38	3 32	0 45	5 15	5 33	2 37	12 43	16 08	7 48
10	7 25	14 10	10 18	1 21	3 35	0 33	5 23	5 24	2 58	12 59	16 02	7 21
11	7 49	14 11	10 02	1 05	3 36	0 21	5 32	5 15	3 19	13 15	15 55	6 54
12	8 12	14 10	9 46	0 50	3 38	0 09	5 39	5 05	3 40	13 30	15 47	6 26
13	8 35	14 09	9 30	0 34	3 39	0 03	5 47	4 54	4 02	13 44	15 38	5 57
14	8 57	14 07	9 13	0 19	3 39	0 16	5 53	4 43	4 23	13 59	15 28	5 29
15	9 18	14 05	8 57	0 05	3 38	0 29	6 00	4 32	4 44	14 12	15 18	5 00
16	9 39	14 02	8 40	0 10	3 37	0 42	6 06	4 20	5 06	14 25	15 06	4 31
17	9 59	13 58	8 23	0 23	3 36	0 55	6 11	4 07	5 27	14 38	14 54	4 02
18	10 19	13 53	8 05	0 37	3 33	1 08	6 16	3 54	5 48	14 50	14 41	3 32
19	10 38	13 48	7 48	0 50	3 31	1 21	6 20	3 41	6 10	15 01	14 27	3 03
20	10 56	13 42	7 30	1 03	3 27	1 34	6 24	3 27	6 31	15 12	14 13	2 33
21	11 13	13 35	7 13	1 15	3 24	1 48	6 27	3 12	6 52	15 22	13 57	2 03
22	11 29	13 28	6 55	1 27	3 19	2 01	6 30	2 57	7 13	15 31	13 41	1 33
23	11 45	13 20	6 37	1 38	3 14	2 14	6 32	2 42	7 35	15 40	13 24	1 03
24	12 00	13 12	6 19	1 49	3 09	2 27	6 33	2 26	7 56	15 48	13 07	0 34
25	12 14	13 03	6 01	1 59	3 03	2 40	6 34	2 09	8 17	15 55	12 48	0 04
26	12 28	12 53	5 43	2 09	2 57	2 52	6 34	1 53	8 37	16 02	12 29	0 26
27	12 40	12 43	5 25	2 19	2 50	3 05	6 33	1 35	8 58	16 08	12 09	0 55
28	12 52	12 32	5 07	2 28	2 42	3 17	6 31	1 18	9 18	16 13	11 49	1 25
29	13 03		4 49	2 36	2 35	3 29	6 29	1 00	9 38	16 18	11 27	1 54
30	13 13		4 31	2 44	2 27	3 41	6 26	0 41	9 58	16 21		2 23
31	13 23		4 13		2 18			0 23		16 24		2 51

Sign of the equation of time (−/+):
- Jan: −; Feb: −; Mar: −; Apr: − → +; May: +; Jun: + → −; Jul: −; Aug: −; Sep: − → +; Oct: +; Nov: +; Dec: + → −

附录二　英版《航海天文历》(节选)

THE

NAUTICAL

ALMANAC

FOR THE YEAR

2022

TAUNTON

Issued by

Her Majesty's

Nautical Almanac Office

UK Hydrographic Office

WASHINGTON

Issued by the

Nautical Almanac Office

United States Naval Observatory

under the authority of the

Secretary of the Navy

THE UK HYDROGRAPHIC OFFICE

2021

UNITED KINGDOM

© *Crown Copyright 2021*

UNITED STATES

For sale by the Superintendent of Documents, U.S. Government Publishing Office Internet: bookstore.gpo.gov Phone: toll free (866) 512-1800; DC area (202) 512-1800 Fax: (202) 512-2104 Mail: Stop IDCC, Washington, DC 20402-0001

Printed by U.S. Government Publishing Office, on behalf of the United States Naval Observatory, by permission of the United Kingdom Hydrographic Office.

ISBN 978-0-7077-46265

ISSN 0077-619X

NOTE

Every care is taken to prevent errors in the production of this publication. As a final precaution it is recommended that the sequence of pages in this copy be examined on receipt. If faulty, it should be returned for replacement.

Printed in the United Kingdom by the UK Hydrographic Office

THE NAUTICAL ALMANAC 2022

LIST OF CONTENTS

A2 ALTITUDE CORRECTION TABLES 10°-90°—SUN, STARS, PLANETS

SUN

OCT.—MAR. App. Alt.	Lower Limb	Upper Limb	APR.—SEPT. App. Alt.	Lower Limb	Upper Limb
9 33	+10·8	−21·5	9 39	+10·6	−21·2
9 45	+10·9	−21·4	9 50	+10·7	−21·1
9 56	+11·0	−21·3	10 02	+10·8	−21·0
10 08	+11·1	−21·2	10 14	+10·9	−20·9
10 20	+11·2	−21·1	10 27	+11·0	−20·8
10 33	+11·3	−21·0	10 40	+11·1	−20·7
10 46	+11·4	−20·9	10 53	+11·2	−20·6
11 00	+11·5	−20·8	11 07	+11·3	−20·5
11 15	+11·6	−20·7	11 22	+11·4	−20·4
11 30	+11·7	−20·6	11 37	+11·5	−20·3
11 45	+11·8	−20·5	11 53	+11·6	−20·2
12 01	+11·9	−20·4	12 10	+11·7	−20·1
12 18	+12·0	−20·3	12 27	+11·8	−20·0
12 36	+12·1	−20·2	12 45	+11·9	−19·9
12 54	+12·2	−20·1	13 04	+12·0	−19·8
13 14	+12·3	−20·0	13 24	+12·1	−19·7
13 34	+12·4	−19·9	13 44	+12·2	−19·6
13 55	+12·5	−19·8	14 06	+12·3	−19·5
14 17	+12·6	−19·7	14 29	+12·4	−19·4
14 41	+12·7	−19·6	14 53	+12·5	−19·3
15 05	+12·8	−19·5	15 18	+12·6	−19·2
15 31	+12·9	−19·4	15 45	+12·7	−19·1
15 59	+13·0	−19·3	16 13	+12·8	−19·0
16 27	+13·1	−19·2	16 43	+12·9	−18·9
16 58	+13·2	−19·1	17 14	+13·0	−18·8
17 30	+13·3	−19·0	17 47	+13·1	−18·7
18 05	+13·4	−18·9	18 23	+13·2	−18·6
18 41	+13·5	−18·8	19 00	+13·3	−18·5
19 20	+13·6	−18·7	19 41	+13·4	−18·4
20 02	+13·7	−18·6	20 24	+13·5	−18·3
20 46	+13·8	−18·5	21 10	+13·6	−18·2
21 34	+13·9	−18·4	21 59	+13·7	−18·1
22 25	+14·0	−18·3	22 52	+13·8	−18·0
23 20	+14·1	−18·2	23 49	+13·9	−17·9
24 20	+14·2	−18·1	24 51	+14·0	−17·8
25 24	+14·3	−18·0	25 58	+14·1	−17·7
26 34	+14·4	−17·9	27 11	+14·2	−17·6
27 50	+14·5	−17·8	28 31	+14·3	−17·5
29 13	+14·6	−17·7	29 58	+14·4	−17·4
30 44	+14·7	−17·6	31 33	+14·5	−17·3
32 24	+14·8	−17·5	33 18	+14·6	−17·2
34 15	+14·9	−17·4	35 15	+14·7	−17·1
36 17	+15·0	−17·3	37 24	+14·8	−17·0
38 34	+15·1	−17·2	39 48	+14·9	−16·9
41 06	+15·2	−17·1	42 28	+15·0	−16·8
43 56	+15·3	−17·0	45 29	+15·1	−16·7
47 07	+15·4	−16·9	48 52	+15·2	−16·6
50 43	+15·5	−16·8	52 41	+15·3	−16·5
54 46	+15·6	−16·7	56 59	+15·4	−16·4
59 21	+15·7	−16·6	61 50	+15·5	−16·3
64 28	+15·8	−16·5	67 15	+15·6	−16·2
70 10	+15·9	−16·4	73 14	+15·7	−16·1
76 24	+16·0	−16·3	79 42	+15·8	−16·0
83 05	+16·1	−16·2	86 31	+15·9	−15·9
90 00			90 00		

STARS AND PLANETS

App. Alt.	Corr^n
9 55	−5·3
10 07	−5·2
10 20	−5·1
10 32	−5·0
10 46	−4·9
10 59	−4·8
11 14	−4·7
11 29	−4·6
11 44	−4·5
12 00	−4·4
12 17	−4·3
12 35	−4·2
12 53	−4·1
13 12	−4·0
13 32	−3·9
13 53	−3·8
14 16	−3·7
14 39	−3·6
15 03	−3·5
15 29	−3·4
15 56	−3·3
16 25	−3·2
16 55	−3·1
17 27	−3·0
18 01	−2·9
18 37	−2·8
19 16	−2·7
19 56	−2·6
20 40	−2·5
21 27	−2·4
22 17	−2·3
23 11	−2·2
24 09	−2·1
25 12	−2·0
26 20	−1·9
27 34	−1·8
28 54	−1·7
30 22	−1·6
31 58	−1·5
33 43	−1·4
35 38	−1·3
37 45	−1·2
40 06	−1·1
42 42	−1·0
45 34	−0·9
48 45	−0·8
52 16	−0·7
56 09	−0·6
60 26	−0·5
65 06	−0·4
70 09	−0·3
75 32	−0·2
81 11	−0·1
87 03	0·0
90 00	

Additional Corr^n — 2022

VENUS

Jan. 1–Jan. 6
Jan. 11–Jan. 29

App. Alt. (°)	Additional Corr^n
26	+0·5
46	+0·4
60	+0·3
73	+0·2
84	+0·1

Jan. 7–Jan. 10

°	
24	+0·6
41	+0·5
54	+0·4
65	+0·3
76	+0·2
85	+0·1

Jan. 30–Feb. 13

°	
29	+0·4
51	+0·3
68	+0·2
83	+0·1

Feb. 14–Mar. 8

°	
34	+0·3
60	+0·2
80	+0·1

Mar. 9–Apr. 28

°	
41	+0·2
76	+0·1

Apr. 29–Dec. 31

°	
60	+0·1

MARS

Jan. 1–Aug. 28

°	
60	+0·1

Aug. 29–Nov. 9
Dec. 22–Dec. 31

°	
41	+0·2
76	+0·1

Nov. 10–Dec. 21

°	
34	+0·3
60	+0·2
80	+0·1

DIP

Ht. of Eye (m)	Corr^n	Ht. of Eye (ft.)
2·4	−2·8	8·0
2·6	−2·9	8·6
2·8	−3·0	9·2
3·0	−3·1	9·8
3·2	−3·2	10·5
3·4	−3·3	11·2
3·6	−3·4	11·9
3·8	−3·5	12·6
4·0	−3·6	13·3
4·3	−3·7	14·1
4·5	−3·8	14·9
4·7	−3·9	15·7
5·0	−4·0	16·5
5·2	−4·1	17·4
5·5	−4·2	18·3
5·8	−4·3	19·1
6·1	−4·4	20·1
6·3	−4·5	21·0
6·6	−4·6	22·0
6·9	−4·7	22·9
7·2	−4·8	23·9
7·5	−4·9	24·9
7·9	−5·0	26·0
8·2	−5·1	27·1
8·5	−5·2	28·1
8·8	−5·3	29·2
9·2	−5·4	30·4
9·5	−5·5	31·5
9·9	−5·6	32·7
10·3	−5·7	33·9
10·6	−5·8	35·1
11·0	−5·9	36·3
11·4	−6·0	37·6
11·8	−6·1	38·9
12·2	−6·2	40·1
12·6	−6·3	41·5
13·0	−6·4	42·8
13·4	−6·5	44·2
13·8	−6·6	45·5
14·2	−6·7	46·9
14·7	−6·8	48·4
15·1	−6·9	49·8
15·5	−7·0	51·3
16·0	−7·1	52·8
16·5	−7·2	54·3
16·9	−7·3	55·8
17·4	−7·4	57·4
17·9	−7·5	58·9
18·4	−7·6	60·5
18·8	−7·7	62·1
19·3	−7·8	63·8
19·8	−7·9	65·4
20·4	−8·0	67·1
20·9	−8·1	68·8
21·4		70·5

Rightmost DIP column:

Ht. of Eye (m)	Corr^n
1·0	−1·8
1·5	−2·2
2·0	−2·5
2·5	−2·8
3·0	−3·0

See table ←

Ht. of Eye (m)	Corr^n
20	−7·9
22	−8·3
24	−8·6
26	−9·0
28	−9·3
30	−9·6
32	−10·0
34	−10·3
36	−10·6
38	−10·8
40	−11·1
42	−11·4
44	−11·7
46	−11·9
48	−12·2

Ht. of Eye (ft.)	Corr^n
2	−1·4
4	−1·9
6	−2·4
8	−2·7
10	−3·1

See table ←

Ht. of Eye (ft.)	Corr^n
70	−8·1
75	−8·4
80	−8·7
85	−8·9
90	−9·2
95	−9·5
100	−9·7
105	−9·9
110	−10·2
115	−10·4
120	−10·6
125	−10·8
130	−11·1
135	−11·3
140	−11·5
145	−11·7
150	−11·9
155	−12·1

App. Alt. = Apparent altitude = Sextant altitude corrected for index error and dip.

2022 MARCH 17, 18, 19 (THURS., FRI., SAT.)

UT	SUN GHA	SUN Dec	MOON GHA	v	MOON Dec	d	HP
d h	° ′	° ′	° ′	′	° ′	′	′
17 00	177 52.8	S 1 26.5	10 50.7	12.8	N12 12.6	13.3	56.8
01	192 53.0	25.5	25 22.5	12.9	11 59.3	13.4	56.8
02	207 53.2	24.5	39 54.4	13.0	11 45.9	13.4	56.8
03	222 53.4	.. 23.6	54 26.4	12.9	11 32.5	13.5	56.8
04	237 53.6	22.6	68 58.3	13.0	11 19.0	13.6	56.9
05	252 53.7	21.6	83 30.3	13.0	11 05.4	13.6	56.9
T 06	267 53.9	S 1 20.6	98 02.3	13.0	N10 51.8	13.7	56.9
H 07	282 54.1	19.6	112 34.3	13.0	10 38.1	13.8	57.0
U 08	297 54.3	18.6	127 06.3	13.0	10 24.3	13.8	57.0
R 09	312 54.5	.. 17.6	141 38.3	13.1	10 10.5	13.9	57.0
S 10	327 54.6	16.6	156 10.4	13.0	9 56.6	14.0	57.0
D 11	342 54.8	15.7	170 42.4	13.1	9 42.6	14.0	57.1
A 12	357 55.0	S 1 14.7	185 14.5	13.1	N 9 28.6	14.0	57.1
Y 13	12 55.2	13.7	199 46.6	13.1	9 14.6	14.2	57.1
14	27 55.4	12.7	214 18.7	13.1	9 00.4	14.1	57.1
15	42 55.5	.. 11.7	228 50.8	13.1	8 46.3	14.3	57.2
16	57 55.7	10.7	243 22.9	13.1	8 32.0	14.3	57.2
17	72 55.9	09.7	257 55.0	13.2	8 17.7	14.3	57.2
18	87 56.1	S 1 08.7	272 27.2	13.1	N 8 03.4	14.4	57.2
19	102 56.3	07.7	286 59.3	13.2	7 49.0	14.4	57.3
20	117 56.4	06.8	301 31.5	13.1	7 34.6	14.5	57.3
21	132 56.6	.. 05.8	316 03.6	13.2	7 20.1	14.5	57.3
22	147 56.8	04.8	330 35.8	13.2	7 05.6	14.6	57.3
23	162 57.0	03.8	345 08.0	13.1	6 51.0	14.6	57.4
18 00	177 57.2	S 1 02.8	359 40.1	13.2	N 6 36.4	14.7	57.4
01	192 57.4	01.8	14 12.3	13.2	6 21.7	14.7	57.4
02	207 57.5	1 00.8	28 44.5	13.2	6 07.0	14.7	57.4
03	222 57.7	0 59.8	43 16.7	13.1	5 52.3	14.8	57.5
04	237 57.9	58.8	57 48.8	13.2	5 37.5	14.9	57.5
05	252 58.1	57.9	72 21.0	13.2	5 22.6	14.8	57.5
06	267 58.3	S 0 56.9	86 53.2	13.2	N 5 07.8	14.9	57.5
07	282 58.4	55.9	101 25.4	13.1	4 52.9	15.0	57.6
F 08	297 58.6	54.9	115 57.5	13.2	4 37.9	15.0	57.6
R 09	312 58.8	.. 53.9	130 29.7	13.2	4 22.9	15.0	57.6
I 10	327 59.0	52.9	145 01.9	13.1	4 07.9	15.0	57.6
D 11	342 59.2	51.9	159 34.0	13.2	3 52.9	15.1	57.7
A 12	357 59.4	S 0 50.9	174 06.2	13.1	N 3 37.8	15.1	57.7
Y 13	12 59.5	50.0	188 38.3	13.1	3 22.7	15.1	57.7
14	27 59.7	49.0	203 10.4	13.2	3 07.6	15.2	57.7
15	42 59.9	.. 48.0	217 42.6	13.1	2 52.4	15.2	57.8
16	58 00.1	47.0	232 14.7	13.1	2 37.2	15.2	57.8
17	73 00.3	46.0	246 46.8	13.0	2 22.0	15.2	57.8
18	88 00.5	S 0 45.0	261 18.8	13.1	N 2 06.8	15.3	57.8
19	103 00.6	44.0	275 50.9	13.1	1 51.5	15.2	57.9
20	118 00.8	43.0	290 23.0	13.0	1 36.3	15.3	57.9
21	133 01.0	.. 42.0	304 55.0	13.0	1 21.0	15.4	57.9
22	148 01.2	41.1	319 27.0	13.0	1 05.6	15.3	57.9
23	163 01.4	40.1	333 59.0	13.0	0 50.3	15.3	58.0
19 00	178 01.5	S 0 39.1	348 31.0	13.0	N 0 35.0	15.4	58.0
01	193 01.7	38.1	3 03.0	12.9	0 19.6	15.4	58.0
02	208 01.9	37.1	17 34.9	12.9	N 0 04.2	15.4	58.0
03	223 02.1	.. 36.1	32 06.8	12.9	S 0 11.2	15.4	58.0
04	238 02.3	35.1	46 38.7	12.9	0 26.6	15.4	58.1
05	253 02.5	34.1	61 10.6	12.9	0 42.0	15.4	58.1
06	268 02.6	S 0 33.2	75 42.5	12.8	S 0 57.4	15.4	58.1
S 07	283 02.8	32.2	90 14.3	12.8	1 12.8	15.4	58.1
A 08	298 03.0	31.2	104 46.1	12.7	1 28.2	15.5	58.1
T 09	313 03.2	.. 30.2	119 17.8	12.8	1 43.7	15.4	58.2
U 10	328 03.4	29.2	133 49.6	12.7	1 59.1	15.4	58.2
R 11	343 03.6	28.2	148 21.3	12.7	2 14.5	15.5	58.2
D 12	358 03.8	S 0 27.2	162 53.0	12.6	S 2 30.0	15.4	58.2
A 13	13 03.9	26.2	177 24.6	12.6	2 45.4	15.5	58.3
Y 14	28 04.1	25.2	191 56.2	12.6	3 00.9	15.4	58.3
15	43 04.3	.. 24.3	206 27.8	12.5	3 16.3	15.4	58.3
16	58 04.5	23.3	220 59.3	12.5	3 31.7	15.4	58.3
17	73 04.7	22.3	235 30.8	12.5	3 47.1	15.4	58.3
18	88 04.9	S 0 21.3	250 02.3	12.4	S 4 02.5	15.4	58.4
19	103 05.0	20.3	264 33.7	12.4	4 17.9	15.4	58.4
20	118 05.2	19.3	279 05.1	12.4	4 33.3	15.4	58.4
21	133 05.4	.. 18.3	293 36.5	12.3	4 48.7	15.3	58.4
22	148 05.6	17.3	308 07.8	12.2	5 04.0	15.4	58.4
23	163 05.8	16.4	322 39.0	12.3	S 5 19.4	15.3	58.4
	SD 16.1	d 1.0	SD 15.6		15.7		15.9

Lat.	Twilight Naut.	Twilight Civil	Sunrise	Moonrise 17	18	19	20
°	h m	h m	h m	h m	h m	h m	h m
N 72	03 35	05 02	06 09	15 58	18 11	20 24	22 50
N 70	03 52	05 08	06 09	16 12	18 14	20 17	22 29
68	04 05	05 13	06 09	16 22	18 16	20 12	22 13
66	04 15	05 17	06 08	16 31	18 18	20 07	22 00
64	04 24	05 21	06 08	16 39	18 20	20 03	21 50
62	04 31	05 24	06 08	16 45	18 21	19 59	21 41
60	04 37	05 27	06 08	16 50	18 23	19 56	21 33
N 58	04 42	05 29	06 08	16 55	18 24	19 54	21 27
56	04 47	05 31	06 08	16 59	18 25	19 51	21 21
54	04 51	05 32	06 08	17 03	18 25	19 49	21 15
52	04 54	05 34	06 08	17 06	18 26	19 47	21 11
50	04 57	05 35	06 07	17 10	18 27	19 46	21 06
45	05 04	05 38	06 07	17 16	18 28	19 42	20 57
N 40	05 08	05 40	06 07	17 22	18 30	19 39	20 50
35	05 12	05 41	06 07	17 27	18 31	19 36	20 43
30	05 15	05 43	06 06	17 31	18 32	19 34	20 38
20	05 18	05 44	06 06	17 38	18 33	19 30	20 28
N 10	05 20	05 44	06 05	17 44	18 35	19 26	20 19
0	05 20	05 44	06 05	17 50	18 36	19 23	20 11
S 10	05 19	05 43	06 04	17 56	18 38	19 20	20 04
20	05 16	05 41	06 03	18 03	18 39	19 17	19 55
30	05 10	05 38	06 02	18 10	18 41	19 13	19 46
35	05 07	05 36	06 01	18 14	18 42	19 11	19 41
40	05 02	05 34	06 01	18 18	18 43	19 08	19 35
45	04 56	05 30	06 00	18 24	18 45	19 05	19 28
S 50	04 48	05 26	05 58	18 30	18 46	19 02	19 19
52	04 44	05 24	05 58	18 33	18 47	19 01	19 16
54	04 40	05 22	05 57	18 36	18 48	18 59	19 11
56	04 35	05 19	05 57	18 40	18 49	18 57	19 07
58	04 29	05 16	05 56	18 44	18 50	18 55	19 02
S 60	04 22	05 13	05 55	18 48	18 51	18 53	18 56

Lat.	Sunset	Twilight Civil	Twilight Naut.	Moonset 17	18	19	20
°	h m	h m	h m	h m	h m	h m	h m
N 72	18 10	19 18	20 46	07 48	07 13	06 43	06 10
N 70	18 10	19 11	20 28	07 32	07 07	06 44	06 21
68	18 09	19 05	20 14	07 19	07 02	06 46	06 29
66	18 09	19 01	20 04	07 08	06 57	06 47	06 36
64	18 09	18 57	19 55	06 59	06 53	06 48	06 42
62	18 09	18 54	19 47	06 51	06 50	06 49	06 47
60	18 09	18 51	19 41	06 45	06 47	06 49	06 52
N 58	18 09	18 49	19 35	06 39	06 45	06 50	06 56
56	18 10	18 47	19 31	06 33	06 42	06 51	07 00
54	18 10	18 45	19 27	06 28	06 40	06 51	07 03
52	18 10	18 43	19 23	06 24	06 38	06 52	07 06
50	18 10	18 42	19 20	06 20	06 36	06 52	07 09
45	18 10	18 39	19 13	06 12	06 33	06 53	07 15
N 40	18 10	18 37	19 08	06 04	06 30	06 54	07 20
35	18 10	18 35	19 05	05 58	06 27	06 55	07 24
30	18 10	18 34	19 02	05 53	06 24	06 55	07 28
20	18 10	18 32	18 58	05 43	06 20	06 57	07 34
N 10	18 11	18 32	18 56	05 34	06 16	06 58	07 40
0	18 11	18 32	18 56	05 26	06 12	06 58	07 46
S 10	18 12	18 33	18 57	05 18	06 09	06 59	07 51
20	18 13	18 35	19 00	05 09	06 05	07 00	07 57
30	18 14	18 37	19 05	04 59	06 00	07 01	08 04
35	18 14	18 39	19 09	04 54	05 57	07 02	08 08
40	18 15	18 42	19 14	04 47	05 54	07 03	08 12
45	18 16	18 45	19 19	04 39	05 51	07 03	08 18
S 50	18 17	18 49	19 27	04 30	05 46	07 04	08 24
52	18 17	18 51	19 31	04 25	05 44	07 05	08 27
54	18 18	18 53	19 35	04 20	05 42	07 05	08 30
56	18 18	18 56	19 40	04 15	05 40	07 06	08 33
58	18 19	18 58	19 45	04 09	05 37	07 06	08 37
S 60	18 20	19 01	19 52	04 02	05 34	07 07	08 42

Day	SUN Eqn. of Time 00h	12h	Mer. Pass.	MOON Mer. Pass. Upper	Lower	Age	Phase
d	m s	m s	h m	h m	h m	d	%
17	08 29	08 20	12 08	24 01	11 38	15	99
18	08 12	08 03	12 08	00 01	12 24	16	100 ○
19	07 54	07 45	12 08	00 47	13 11	17	98

2022 MARCH 20, 21, 22 (SUN., MON., TUES.)

UT	ARIES GHA	VENUS −4.5 GHA	Dec	MARS +1.1 GHA	Dec	JUPITER −2.0 GHA	Dec	SATURN +0.7 GHA	Dec
20 00	177 30.4	222 50.6	S14 58.0	224 28.0	S18 41.6	187 44.2	S 5 28.9	213 56.5	S15 24.5
01	192 32.9	237 50.6	57.6	239 28.6	41.1	202 46.1	28.6	228 58.7	24.4
02	207 35.3	252 50.5	57.2	254 29.1	40.6	217 48.0	28.5	244 00.9	24.3
03	222 37.8	267 50.4 ..	56.7	269 29.7 ..	40.1	232 49.9 ..	28.2	259 03.1 ..	24.3
04	237 40.3	282 50.4	56.3	284 30.2	39.6	247 51.9	27.9	274 05.3	24.2
05	252 42.7	297 50.3	55.9	299 30.8	39.1	262 53.8	27.7	289 07.5	24.1
S 06	267 45.2	312 50.2	S14 55.4	314 31.3	S18 38.7	277 55.7	S 5 27.5	304 09.8	S15 24.0
U 07	282 47.7	327 50.2	55.0	329 31.9	38.2	292 57.6	27.2	319 12.0	23.9
N 08	297 50.1	342 50.1	54.6	344 32.4	37.7	307 59.5	27.0	334 14.2	23.9
D 09	312 52.6	357 50.0 ..	54.1	359 33.0 ..	37.2	323 01.4 ..	26.8	349 16.4 ..	23.8
A 10	327 55.1	12 50.0	53.7	14 33.5	36.7	338 03.3	26.5	4 18.6	23.7
Y 11	342 57.5	27 49.9	53.2	29 34.1	36.2	353 05.2	26.3	19 20.8	23.6
12	358 00.0	42 49.8	S14 52.8	44 34.6	S18 35.8	8 07.1	S 5 26.1	34 23.0	S15 23.6
13	13 02.5	57 49.7	52.3	59 35.2	35.3	23 09.0	25.8	49 25.2	23.5
14	28 04.9	72 49.7	51.9	74 35.7	34.8	38 11.0	25.6	64 27.4	23.4
15	43 07.4	87 49.6 ..	51.5	89 36.3 ..	34.3	53 12.9 ..	25.4	79 29.7 ..	23.3
16	58 09.8	102 49.5	51.0	104 36.8	33.8	68 14.8	25.2	94 31.9	23.3
17	73 12.3	117 49.5	50.6	119 37.4	33.3	83 16.7	24.9	109 34.1	23.2
18	88 14.8	132 49.4	S14 50.1	134 37.9	S18 32.9	98 18.6	S 5 24.7	124 36.3	S15 23.1
19	103 17.2	147 49.3	49.7	149 38.5	32.4	113 20.5	24.5	139 38.5	23.0
20	118 19.7	162 49.2	49.2	164 39.0	31.9	128 22.4	24.2	154 40.7	22.9
21	133 22.2	177 49.2 ..	48.8	179 39.6 ..	31.4	143 24.3 ..	24.0	169 42.9 ..	22.9
22	148 24.6	192 49.1	48.3	194 40.1	30.9	158 26.2	23.8	184 45.1	22.8
23	163 27.1	207 49.0	47.9	209 40.7	30.4	173 28.1	23.5	199 47.4	22.7
21 00	178 29.6	222 48.9	S14 47.4	224 41.2	S18 29.9	188 30.0	S 5 23.3	214 49.6	S15 22.6
01	193 32.0	237 48.9	47.0	239 41.8	29.4	203 32.0	23.1	229 51.8	22.6
02	208 34.5	252 48.8	46.5	254 42.3	29.0	218 33.9	22.8	244 54.0	22.5
03	223 36.9	267 48.7 ..	46.1	269 42.9 ..	28.5	233 35.8 ..	22.6	259 56.2 ..	22.4
04	238 39.4	282 48.6	45.6	284 43.4	28.0	248 37.7	22.4	274 58.4	22.3
05	253 41.9	297 48.5	45.2	299 44.0	27.5	263 39.6	22.1	290 00.6	22.3
M 06	268 44.3	312 48.5	S14 44.7	314 44.5	S18 27.0	278 41.5	S 5 21.9	305 02.8	S15 22.2
O 07	283 46.8	327 48.4	44.2	329 45.1	26.5	293 43.4	21.7	320 05.1	22.1
N 08	298 49.3	342 48.3	43.8	344 45.6	26.0	308 45.3	21.4	335 07.3	22.0
D 09	313 51.7	357 48.2 ..	43.3	359 46.2 ..	25.5	323 47.2 ..	21.2	350 09.5 ..	22.0
A 10	328 54.2	12 48.1	42.9	14 46.7	25.0	338 49.2	21.0	5 11.7	21.9
Y 11	343 56.7	27 48.1	42.4	29 47.3	24.5	353 51.1	20.8	20 13.9	21.8
12	358 59.1	42 48.0	S14 41.9	44 47.8	S18 24.0	8 53.0	S 5 20.5	35 16.1	S15 21.7
13	14 01.6	57 47.9	41.5	59 48.4	23.6	23 54.9	20.3	50 18.3	21.6
14	29 04.1	72 47.8	41.0	74 48.9	23.1	38 56.8	20.1	65 20.6	21.6
15	44 06.5	87 47.7 ..	40.5	89 49.5 ..	22.6	53 58.7 ..	19.8	80 22.8 ..	21.5
16	59 09.0	102 47.7	40.1	104 50.0	22.1	69 00.6	19.6	95 25.0	21.4
17	74 11.4	117 47.6	39.6	119 50.6	21.6	84 02.5	19.4	110 27.2	21.3
18	89 13.9	132 47.5	S14 39.2	134 51.1	S18 21.1	99 04.4	S 5 21.3	125 29.4	S15 21.3
19	104 16.4	147 47.4	38.7	149 51.7	20.6	114 06.3	18.9	140 31.6	21.2
20	119 18.8	162 47.3	38.2	164 52.3	20.1	129 08.3	18.7	155 33.8	21.1
21	134 21.3	177 47.2 ..	37.7	179 52.8 ..	19.6	144 10.2 ..	18.4	170 36.1 ..	21.0
22	149 23.8	192 47.1	37.3	194 53.4	19.1	159 12.1	18.2	185 38.3	21.0
23	164 26.2	207 47.1	36.8	209 53.9	18.6	174 14.0	18.0	200 40.5	20.9
22 00	179 28.7	222 47.0	S14 36.3	224 54.5	S18 18.1	189 15.9	S 5 17.7	215 42.7	S15 20.8
01	194 31.2	237 46.9	35.9	239 55.0	17.6	204 17.8	17.5	230 44.9	20.7
02	209 33.6	252 46.8	35.4	254 55.6	17.1	219 19.7	17.3	245 47.1	20.7
03	224 36.1	267 46.7 ..	34.9	269 56.1 ..	16.6	234 21.6 ..	17.0	260 49.3 ..	20.6
04	239 38.5	282 46.6	34.4	284 56.7	16.1	249 23.5	16.8	275 51.6	20.5
05	254 41.0	297 46.6	34.0	299 57.2	15.6	264 25.5	16.6	290 53.8	20.4
T 06	269 43.5	312 46.4	S14 33.5	314 57.8	S18 15.1	279 27.4	S 5 16.4	305 56.0	S15 20.4
07	284 45.9	327 46.4	33.0	329 58.3	14.6	294 29.3	16.1	320 58.2	20.3
U 08	299 48.4	342 46.3	32.5	344 58.9	14.1	309 31.2	15.9	336 00.4	20.2
E 09	314 50.9	357 46.2 ..	32.1	359 59.5 ..	13.6	324 33.1 ..	15.7	351 02.6 ..	20.1
S 10	329 53.3	12 46.1	31.6	15 00.0	13.1	339 35.0	15.4	6 04.8	20.0
D 11	344 55.8	27 46.0	31.1	30 00.6	12.6	354 36.9	15.2	21 07.1	20.0
A 12	359 58.3	42 45.9	S14 30.6	45 01.1	S18 12.1	9 38.8	S 5 15.0	36 09.3	S15 19.9
Y 13	15 00.7	57 45.8	30.1	60 01.7	11.6	24 40.7	14.7	51 11.5	19.8
14	30 03.2	72 45.7	29.7	75 02.2	11.1	39 42.7	14.5	66 13.7	19.7
15	45 05.7	87 45.6 ..	29.2	90 02.8 ..	10.6	54 44.6 ..	14.3	81 15.9 ..	19.7
16	60 08.1	102 45.5	28.7	105 03.3	10.1	69 46.5	14.0	96 18.1	19.6
17	75 10.6	117 45.4	28.2	120 03.9	09.6	84 48.4	13.8	111 20.4	19.5
18	90 13.0	132 45.3	S14 27.7	135 04.5	S18 09.1	99 50.3	S 5 13.6	126 22.6	S15 19.4
19	105 15.5	147 45.2	27.2	150 05.0	08.6	114 52.2	13.3	141 24.8	19.4
20	120 18.0	162 45.1	26.7	165 05.6	08.1	129 54.1	13.1	156 27.0	19.3
21	135 20.4	177 45.1 ..	26.3	180 06.1 ..	07.6	144 56.0 ..	12.9	171 29.2 ..	19.2
22	150 22.9	192 45.0	25.8	195 06.7	07.1	159 57.9	12.7	186 31.4	19.1
23	165 25.4	207 44.9	25.3	210 07.2	06.6	174 59.9	12.4	201 33.7	19.1
Mer.Pass. 12 04.0		v −0.1	d 0.5	v 0.6	d 0.5	v 1.9	d 0.2	v 2.2	d 0.1

STARS

Name	SHA	Dec
Acamar	315 13.8	S40 13.2
Achernar	335 22.5	S57 07.7
Acrux	173 01.9	S63 13.3
Adhara	255 07.6	S29 00.4
Aldebaran	290 42.4	N16 33.1
Alioth	166 14.5	N55 50.3
Alkaid	152 53.4	N49 12.0
Alnair	27 36.2	S46 51.3
Alnilam	275 40.1	S 1 11.4
Alphard	217 49.8	S 8 45.4
Alphecca	126 05.5	N26 38.2
Alpheratz	357 37.5	N29 12.6
Altair	62 02.4	N 8 55.4
Ankaa	353 09.9	S42 11.3
Antares	112 18.5	S26 28.8
Arcturus	145 49.8	N19 03.9
Atria	107 14.7	S69 03.7
Avior	234 15.3	S59 35.0
Bellatrix	278 25.4	N 6 22.1
Betelgeuse	270 54.6	N 7 24.6
Canopus	263 53.4	S52 42.7
Capella	280 25.4	N46 01.3
Deneb	49 27.7	N45 21.2
Denebola	182 27.0	N14 26.8
Diphda	348 49.9	S17 52.1
Dubhe	193 43.2	N61 38.0
Elnath	278 04.8	N28 37.6
Eltanin	90 43.2	N51 28.4
Enif	33 41.3	N 9 58.4
Fomalhaut	15 17.4	S29 30.4
Gacrux	171 53.6	S57 14.2
Gienah	175 45.6	S17 39.9
Hadar	148 38.7	S60 28.6
Hamal	327 54.1	N23 33.9
Kaus Aust.	83 35.6	S34 22.4
Kochab	137 19.0	N74 03.6
Markab	13 32.5	N15 19.2
Menkar	314 08.8	N 4 10.4
Menkent	148 00.0	S36 28.7
Miaplacidus	221 38.0	S69 48.6
Mirfak	308 31.9	N49 56.4
Nunki	75 50.7	S26 16.1
Peacock	53 09.7	S56 39.7
Pollux	243 20.0	N27 58.4
Procyon	244 53.1	N 5 10.0
Rasalhague	96 00.7	N12 32.4
Regulus	207 36.6	N11 51.5
Rigel	281 06.2	S 8 10.8
Rigil Kent.	139 43.0	S60 55.4
Sabik	102 05.4	S15 45.2
Schedar	349 34.2	N56 39.4
Shaula	96 13.5	S37 07.1
Sirius	258 28.2	S16 45.0
Spica	158 24.4	S11 16.7
Suhail	222 47.7	S43 31.5
Vega	80 34.8	N38 47.9
Zuben'ubi	136 58.3	S16 08.0

	SHA	Mer.Pass.
Venus	44 19.4	9 09
Mars	46 11.7	9 05
Jupiter	10 00.5	11 25
Saturn	36 20.0	9 39

2022 MARCH 20, 21, 22 (SUN., MON., TUES.)

SUN / MOON

UT	SUN GHA	SUN Dec	MOON GHA	v	MOON Dec	d	HP
20 00	178 06.0	S 0 15.4	337 10.3	12.1	S 5 34.7	15.3	58.5
01	193 06.1	14.4	351 41.4	12.2	5 50.0	15.3	58.5
02	208 06.3	13.4	6 12.6	12.0	6 05.3	15.3	58.5
03	223 06.5	.. 12.4	20 43.6	12.1	6 20.6	15.2	58.5
04	238 06.7	11.4	35 14.7	11.9	6 35.8	15.3	58.5
05	253 06.9	10.4	49 45.6	12.0	6 51.1	15.1	58.6
06	268 07.1	S 0 09.4	64 16.6	11.9	S 7 06.2	15.2	58.6
07	283 07.3	08.5	78 47.5	11.8	7 21.4	15.2	58.6
08	298 07.4	07.5	93 18.3	11.8	7 36.6	15.1	58.6
S 09	313 07.6	.. 06.5	107 49.1	11.7	7 51.7	15.0	58.6
U 10	328 07.8	05.5	122 19.8	11.6	8 06.7	15.1	58.6
N 11	343 08.0	04.5	136 50.4	11.7	8 21.8	15.0	58.7
D 12	358 08.2	S 0 03.5	151 21.1	11.5	S 8 36.8	15.0	58.7
A 13	13 08.4	02.5	165 51.6	11.5	8 51.8	14.9	58.7
Y 14	28 08.6	01.5	180 22.1	11.4	9 06.7	14.9	58.7
15	43 08.7	S 00.5	194 52.5	11.4	9 21.6	14.9	58.7
16	58 08.9	N 00.4	209 22.9	11.3	9 36.5	14.8	58.7
17	73 09.1	01.4	223 53.2	11.3	9 51.3	14.7	58.7
18	88 09.3	N 0 02.4	238 23.5	11.2	S10 06.0	14.8	58.8
19	103 09.5	03.4	252 53.7	11.1	10 20.8	14.6	58.8
20	118 09.7	04.4	267 23.8	11.1	10 35.4	14.7	58.8
21	133 09.9	.. 05.4	281 53.9	10.9	10 50.1	14.5	58.8
22	148 10.0	06.4	296 23.8	11.0	11 04.6	14.6	58.8
23	163 10.2	07.4	310 53.8	10.8	11 19.2	14.4	58.8
21 00	178 10.4	N 0 08.3	325 23.6	10.8	S11 33.6	14.5	58.8
01	193 10.6	09.3	339 53.4	10.7	11 48.1	14.3	58.9
02	208 10.8	10.3	354 23.1	10.7	12 02.4	14.3	58.9
03	223 11.0	.. 11.3	8 52.8	10.6	12 16.7	14.3	58.9
04	238 11.2	12.3	23 22.4	10.5	12 31.0	14.1	58.9
05	253 11.3	13.3	37 51.9	10.4	12 45.1	14.2	58.9
06	268 11.5	N 0 14.3	52 21.3	10.4	S12 59.3	14.0	58.9
07	283 11.7	15.3	66 50.7	10.3	13 13.3	14.0	58.9
M 08	298 11.9	16.2	81 20.0	10.2	13 27.3	13.9	58.9
O 09	313 12.1	.. 17.2	95 49.2	10.1	13 41.2	13.9	59.0
N 10	328 12.3	18.2	110 18.3	10.1	13 55.1	13.7	59.0
D 11	343 12.5	19.2	124 47.4	10.0	14 08.8	13.7	59.0
A 12	358 12.6	N 0 20.2	139 16.4	9.9	S14 22.5	13.7	59.0
Y 13	13 12.8	21.2	153 45.3	9.8	14 36.2	13.5	59.0
14	28 13.0	22.2	168 14.1	9.7	14 49.7	13.5	59.0
15	43 13.2	.. 23.1	182 42.8	9.7	15 03.2	13.4	59.0
16	58 13.4	24.1	197 11.5	9.6	15 16.6	13.3	59.0
17	73 13.6	25.1	211 40.1	9.5	15 29.9	13.3	59.0
18	88 13.8	N 0 26.1	226 08.6	9.4	S15 43.2	13.1	59.1
19	103 14.0	27.1	240 37.0	9.3	15 56.3	13.1	59.1
20	118 14.1	28.1	255 05.3	9.3	16 09.4	13.0	59.1
21	133 14.3	.. 29.1	269 33.6	9.2	16 22.4	12.9	59.1
22	148 14.5	30.1	284 01.8	9.1	16 35.3	12.8	59.1
23	163 14.7	31.0	298 29.9	9.0	16 48.1	12.7	59.1
22 00	178 14.9	N 0 32.0	312 57.9	8.9	S17 00.8	12.6	59.1
01	193 15.1	33.0	327 25.8	8.8	17 13.4	12.5	59.1
02	208 15.3	34.0	341 53.6	8.8	17 25.9	12.4	59.1
03	223 15.4	.. 35.0	356 21.4	8.6	17 38.3	12.3	59.1
04	238 15.6	36.0	10 49.0	8.6	17 50.6	12.2	59.1
05	253 15.8	37.0	25 16.6	8.5	18 02.8	12.2	59.1
06	268 16.0	N 0 38.0	39 44.1	8.4	S18 15.0	12.0	59.2
07	283 16.2	38.9	54 11.5	8.3	18 27.0	11.9	59.2
T 08	298 16.4	39.9	68 38.8	8.2	18 38.9	11.8	59.2
U 09	313 16.6	.. 40.9	83 06.0	8.2	18 50.7	11.7	59.2
E 10	328 16.8	41.9	97 33.2	8.0	19 02.4	11.6	59.2
S 11	343 16.9	42.9	112 00.2	8.0	19 14.0	11.4	59.2
D 12	358 17.1	N 0 43.9	126 27.2	7.8	S19 25.4	11.4	59.2
A 13	13 17.3	44.9	140 54.0	7.8	19 36.8	11.2	59.2
Y 14	28 17.5	45.8	155 20.8	7.7	19 48.0	11.2	59.2
15	43 17.7	.. 46.8	169 47.5	7.6	19 59.2	11.0	59.2
16	58 17.9	47.8	184 14.1	7.6	20 10.2	10.9	59.2
17	73 18.1	48.8	198 40.7	7.4	20 21.1	10.7	59.2
18	88 18.3	N 0 49.8	213 07.1	7.3	S20 31.8	10.7	59.2
19	103 18.4	50.8	227 33.4	7.3	20 42.5	10.5	59.2
20	118 18.6	51.8	241 59.7	7.2	20 53.0	10.4	59.2
21	133 18.8	.. 52.7	256 25.9	7.1	21 03.4	10.2	59.2
22	148 19.0	53.7	270 52.0	7.0	21 13.6	10.2	59.2
23	163 19.2	54.7	285 18.0	6.9	S21 23.8	10.0	59.3
	SD 16.1	d 1.0	SD 16.0		16.1		16.1

Twilight / Sunrise / Moonrise

Lat.	Naut.	Civil	Sunrise	Moonrise 20	21	22	23
N 72	03 15	04 45	05 54	22 50	26 29	02 29	▬▬
N 70	03 35	04 54	05 55	22 13	25 08	01 08	▬▬
68	03 50	05 00	05 56	22 00	24 31	00 31	▬▬
66	04 02	05 06	05 57	22 00	24 04	00 04	02 31
64	04 12	05 10	05 58	21 50	23 44	25 49	01 49
62	04 20	05 14	05 58	21 41	23 28	25 21	01 21
60	04 27	05 17	05 59	21 33	23 15	25 02	01 00
N 58	04 33	05 20	05 59	21 27	23 03	24 42	00 42
56	04 39	05 23	06 00	21 21	22 53	24 28	00 28
54	04 43	05 25	06 00	21 15	22 44	24 15	00 15
52	04 47	05 27	06 01	21 11	22 37	24 04	00 04
50	04 51	05 29	06 01	21 06	22 30	23 54	25 16
45	04 58	05 32	06 02	20 57	22 15	23 34	24 51
N 40	05 03	05 35	06 02	20 50	22 03	23 17	24 31
35	05 08	05 37	06 02	20 43	21 52	23 03	24 14
30	05 11	05 39	06 03	20 38	21 43	22 51	24 00
20	05 16	05 41	06 03	20 28	21 28	22 31	23 36
N 10	05 18	05 43	06 04	20 19	21 15	22 13	23 15
0	05 19	05 43	06 04	20 11	21 02	21 57	22 55
S 10	05 19	05 43	06 04	20 04	20 50	21 41	22 36
20	05 16	05 42	06 04	19 55	20 37	21 24	22 15
30	05 12	05 40	06 04	19 46	20 22	21 05	21 52
35	05 09	05 39	06 04	19 41	20 14	20 52	21 38
40	05 05	05 37	06 04	19 35	20 04	20 39	21 22
45	05 00	05 34	06 03	19 28	19 53	20 24	21 03
S 50	04 53	05 31	06 03	19 19	19 40	20 05	20 39
52	04 49	05 29	06 03	19 16	19 33	19 56	20 28
54	04 46	05 28	06 03	19 11	19 26	19 45	20 15
56	04 41	05 26	06 03	19 07	19 19	19 35	20 00
58	04 36	05 23	06 02	19 02	19 10	19 23	19 43
S 60	04 31	05 19	06 02	18 56	19 00	19 08	19 22

Sunset / Twilight / Moonset

Lat.	Sunset	Civil	Naut.	Moonset 20	21	22	23
N 72	18 23	19 32	21 04	06 10	05 28	03 38	▬▬
N 70	18 22	19 24	20 44	06 21	05 51	05 00	▬▬
68	18 20	19 17	20 28	06 29	06 09	05 40	▬▬
66	18 19	19 11	20 15	06 36	06 24	06 07	05 37
64	18 18	19 06	20 05	06 42	06 36	06 29	06 19
62	18 17	19 02	19 56	06 47	06 46	06 46	06 48
60	18 17	18 59	19 49	06 52	06 55	07 00	07 10
N 58	18 16	18 56	19 43	06 56	07 03	07 13	07 28
56	18 16	18 53	19 37	07 00	07 10	07 24	07 43
54	18 15	18 51	19 33	07 03	07 16	07 33	07 56
52	18 15	18 49	19 29	07 06	07 22	07 42	08 08
50	18 14	18 47	19 25	07 09	07 27	07 49	08 18
45	18 14	18 43	19 17	07 15	07 38	08 06	08 40
N 40	18 13	18 40	19 12	07 20	07 47	08 19	08 57
35	18 12	18 38	19 07	07 24	07 55	08 31	09 12
30	18 12	18 36	19 04	07 28	08 02	08 41	09 25
20	18 11	18 33	18 59	07 34	08 14	08 58	09 47
N 10	18 11	18 32	18 56	07 40	08 25	09 14	10 06
0	18 10	18 31	18 55	07 46	08 35	09 28	10 24
S 10	18 10	18 31	18 56	07 51	08 45	09 42	10 42
20	18 10	18 32	18 58	07 57	08 56	09 58	11 02
30	18 10	18 34	19 02	08 04	09 09	10 16	11 24
35	18 10	18 35	19 05	08 08	09 16	10 26	11 37
40	18 10	18 37	19 08	08 12	09 24	10 38	11 53
45	18 10	18 39	19 14	08 18	09 34	10 52	12 11
S 50	18 10	18 42	19 20	08 24	09 46	11 10	12 33
52	18 10	18 44	19 24	08 27	09 51	11 18	12 44
54	18 10	18 46	19 27	08 30	09 57	11 27	12 57
56	18 10	18 47	19 31	08 33	10 04	11 38	13 11
58	18 11	18 50	19 36	08 37	10 12	11 48	13 28
S 60	18 11	18 52	19 42	08 42	10 20	12 03	13 48

SUN / MOON

Day	Eqn. of Time 00ʰ	12ʰ	Mer. Pass.	Mer. Pass. Upper	Lower	Age	Phase
	m s	m s	h m	h m	h m	d	%
20	07 37	07 28	12 07	01 34	13 58	18	94
21	07 19	07 10	12 07	02 23	14 49	19	88
22	07 01	06 52	12 07	03 15	15 42	20	79

2022 MARCH 23, 24, 25 (WED., THURS., FRI.)

UT	ARIES GHA	VENUS −4.4 GHA	Dec	MARS +1.1 GHA	Dec	JUPITER −2.0 GHA	Dec	SATURN +0.7 GHA	Dec	STARS Name	SHA	Dec
23 00	180 27.8	222 44.8	S14 24.8	225 07.8	S18 06.1	190 01.8	S 5 12.2	216 35.9	S15 19.0	Acamar	315 13.9	S40 13.2
01	195 30.3	237 44.7	24.3	240 08.4	05.6	205 03.7	12.0	231 38.1	18.9	Achernar	335 22.5	S57 07.7
02	210 32.8	252 44.6	23.8	255 08.9	05.1	220 05.6	11.7	246 40.3	18.8	Acrux	173 01.9	S63 13.3
03	225 35.2	267 44.5 . .	23.3	270 09.5 . .	04.6	235 07.5 . .	11.5	261 42.5 . .	18.8	Adhara	255 07.6	S29 00.4
04	240 37.7	282 44.4	22.8	285 10.0	04.1	250 09.4	11.3	276 44.7	18.7	Aldebaran	290 42.4	N16 33.1
05	255 40.2	297 44.3	22.3	300 10.6	03.6	265 11.3	11.0	291 47.0	18.6			
W 06	270 42.6	312 44.2	S14 21.8	315 11.1	S18 03.1	280 13.2	S 5 10.8	306 49.2	S15 18.5	Alioth	166 14.5	N55 50.3
E 07	285 45.1	327 44.1	21.3	330 11.7	02.6	295 15.2	10.6	321 51.4	18.5	Alkaid	152 53.4	N49 12.0
D 08	300 47.5	342 44.0	20.8	345 12.3	02.1	310 17.1	10.3	336 53.6	18.4	Alnair	27 36.2	S46 51.2
N 09	315 50.0	357 43.9 . .	20.3	0 12.8 . .	01.6	325 19.0 . .	10.1	351 55.8 . .	18.3	Alnilam	275 40.1	S 1 11.4
E 10	330 52.5	12 43.8	19.8	15 13.4	01.1	340 20.9	09.9	6 58.0	18.2	Alphard	217 49.8	S 8 45.4
S 11	345 54.9	27 43.7	19.3	30 13.9	00.6	355 22.8	09.6	22 00.3	18.2			
D 12	0 57.4	42 43.6	S14 18.8	45 14.5	S18 00.1	10 24.7	S 5 09.4	37 02.5	S15 18.1	Alphecca	126 05.5	N26 38.2
A 13	15 59.9	57 43.5	18.3	60 15.1	17 59.6	25 26.6	09.2	52 04.7	18.0	Alpheratz	357 37.5	N29 12.6
Y 14	31 02.3	72 43.4	17.8	75 15.6	59.1	40 28.5	09.0	67 06.9	17.9	Altair	62 02.3	N 8 55.4
15	46 04.8	87 43.3 . .	17.3	90 16.2 . .	58.5	55 30.5 . .	08.7	82 09.1 . .	17.9	Ankaa	353 09.9	S42 11.3
16	61 07.3	102 43.2	16.8	105 16.7	58.0	70 32.4	08.5	97 11.4	17.8	Antares	112 18.5	S26 28.8
17	76 09.7	117 43.1	16.3	120 17.3	57.5	85 34.3	08.3	112 13.6	17.7			
18	91 12.2	132 43.0	S14 15.8	135 17.9	S17 57.0	100 36.2	S 5 08.0	127 15.8	S15 17.6	Arcturus	145 49.7	N19 03.9
19	106 14.7	147 42.9	15.3	150 18.4	56.5	115 38.1	07.8	142 18.0	17.6	Atria	107 14.7	S69 03.7
20	121 17.1	162 42.7	14.8	165 19.0	56.0	130 40.0	07.6	157 20.2	17.5	Avior	234 15.3	S59 35.1
21	136 19.6	177 42.6 . .	14.3	180 19.5 . .	55.5	145 41.9 . .	07.3	172 22.4 . .	17.4	Bellatrix	278 25.4	N 6 22.1
22	151 22.0	192 42.5	13.8	195 20.1	55.0	160 43.8	07.1	187 24.7	17.3	Betelgeuse	270 54.6	N 7 24.6
23	166 24.5	207 42.4	13.3	210 20.7	54.5	175 45.8	06.9	202 26.9	17.3			
24 00	181 27.0	222 42.3	S14 12.8	225 21.2	S17 54.0	190 47.7	S 5 06.6	217 29.1	S15 17.2	Canopus	263 53.4	S52 42.7
01	196 29.4	237 42.2	12.3	240 21.8	53.5	205 49.6	06.4	232 31.3	17.1	Capella	280 25.4	N46 01.3
02	211 31.9	252 42.1	11.8	255 22.3	52.9	220 51.5	06.2	247 33.5	17.0	Deneb	49 27.6	N45 21.2
03	226 34.4	267 42.0 . .	11.2	270 22.9 . .	52.4	235 53.4 . .	06.0	262 35.8 . .	17.0	Denebola	182 27.0	N14 26.8
04	241 36.8	282 41.9	10.7	285 23.5	51.9	250 55.3	05.7	277 38.0	16.9	Diphda	348 49.9	S17 52.1
05	256 39.3	297 41.8	10.2	300 24.0	51.4	265 57.2	05.5	292 40.2	16.8			
T 06	271 41.8	312 41.7	S14 09.7	315 24.6	S17 50.9	280 59.1	S 5 05.3	307 42.4	S15 16.7	Dubhe	193 43.2	N61 38.0
H 07	286 44.2	327 41.6	09.2	330 25.1	50.4	296 01.1	05.0	322 44.6	16.7	Elnath	278 04.9	N28 37.6
U 08	301 46.7	342 41.5	08.7	345 25.7	49.9	311 03.0	04.8	337 46.9	16.6	Eltanin	90 43.2	N51 28.8
R 09	316 49.1	357 41.4 . .	08.2	0 26.3 . .	49.4	326 04.9 . .	04.6	352 49.1 . .	16.5	Enif	33 41.3	N 9 58.4
S 10	331 51.6	12 41.2	07.6	15 26.8	48.9	341 06.8	04.3	7 51.3	16.4	Fomalhaut	15 17.4	S29 30.4
D 11	346 54.1	27 41.1	07.1	30 27.4	48.3	356 08.7	04.1	22 53.5	16.4			
A 12	1 56.5	42 41.0	S14 06.6	45 28.0	S17 47.8	11 10.6	S 5 03.9	37 55.7	S15 16.3	Gacrux	171 53.6	S57 14.2
Y 13	16 59.0	57 40.9	06.1	60 28.5	47.3	26 12.5	03.6	52 58.0	16.2	Gienah	175 45.6	S17 40.0
14	32 01.5	72 40.8	05.6	75 29.1	46.8	41 14.4	03.4	68 00.2	16.1	Hadar	148 38.7	S60 28.7
15	47 03.9	87 40.7 . .	05.0	90 29.6 . .	46.3	56 16.4 . .	03.2	83 02.4 . .	16.1	Hamal	327 54.1	N23 33.9
16	62 06.4	102 40.6	04.5	105 30.2	45.8	71 18.3	03.0	98 04.6	16.0	Kaus Aust.	83 35.6	S34 22.4
17	77 08.9	117 40.5	04.0	120 30.8	45.2	86 20.2	02.7	113 06.8	15.9			
18	92 11.3	132 40.4	S14 03.5	135 31.3	S17 44.7	101 22.1	S 5 02.5	128 09.1	S15 15.8	Kochab	137 18.9	N74 03.7
19	107 13.8	147 40.2	02.9	150 31.9	44.2	116 24.0	02.3	143 11.3	15.8	Markab	13 32.5	N15 19.2
20	122 16.3	162 40.1	02.4	165 32.5	43.7	131 25.9	02.0	158 13.5	15.7	Menkar	314 08.8	N 4 10.4
21	137 18.7	177 40.0 . .	01.9	180 33.0 . .	43.2	146 27.8 . .	01.8	173 15.7 . .	15.6	Menkent	148 00.0	S36 28.7
22	152 21.2	192 39.9	01.4	195 33.6	42.7	161 29.8	01.6	188 17.9	15.5	Miaplacidus	221 38.1	S69 48.7
23	167 23.6	207 39.8	00.8	210 34.1	42.1	176 31.7	01.3	203 20.2	15.5			
25 00	182 26.1	222 39.7	S14 00.3	225 34.7	S17 41.6	191 33.6	S 5 01.1	218 22.4	S15 15.4	Mirfak	308 31.9	N49 56.4
01	197 28.6	237 39.6	13 59.8	240 35.3	41.1	206 35.5	00.9	233 24.6	15.3	Nunki	75 50.7	S26 16.1
02	212 31.0	252 39.4	59.3	255 35.8	40.6	221 37.4	00.6	248 26.8	15.3	Peacock	53 09.7	S56 39.7
03	227 33.5	267 39.3 . .	58.7	270 36.4 . .	40.1	236 39.3 . .	00.4	263 29.0 . .	15.2	Pollux	243 20.0	N27 58.4
04	242 36.0	282 39.2	58.2	285 37.0	39.5	251 41.2	00.1	278 31.3	15.1	Procyon	244 53.1	N 5 10.0
05	257 38.4	297 39.1	57.7	300 37.5	39.0	266 43.2	5 00.0	293 33.5	15.0			
F 06	272 40.9	312 39.0	S13 57.1	315 38.1	S17 38.5	281 45.1	S 4 59.7	308 35.7	S15 15.0	Rasalhague	96 00.6	N12 32.4
R 07	287 43.4	327 38.9	56.6	330 38.7	38.0	296 47.0	59.5	323 37.9	14.9	Regulus	207 36.6	N11 51.5
I 08	302 45.8	342 38.7	56.1	345 39.2	37.5	311 48.9	59.3	338 40.1	14.8	Rigel	281 06.2	S 8 10.8
D 09	317 48.3	357 38.6 . .	55.5	0 39.8 . .	37.0	326 50.8 . .	59.0	353 42.4 . .	14.7	Rigil Kent.	139 42.9	S60 55.4
A 10	332 50.8	12 38.5	55.0	15 40.4	36.4	341 52.7	58.8	8 44.6	14.7	Sabik	102 05.3	S15 45.2
Y 11	347 53.2	27 38.4	54.4	30 40.9	35.9	356 54.6	58.6	23 46.8	14.6			
12	2 55.7	42 38.3	S13 53.9	45 41.5	S17 35.4	11 56.6	S 4 58.3	38 49.0	S15 14.5	Schedar	349 34.2	N56 39.4
13	17 58.1	57 38.2	53.4	60 42.1	34.9	26 58.5	58.1	53 51.3	14.4	Shaula	96 13.4	S37 07.1
14	33 00.6	72 38.0	52.8	75 42.6	34.3	42 00.4	57.9	68 53.5	14.4	Sirius	258 28.2	S16 45.0
15	48 03.1	87 37.9 . .	52.3	90 43.2 . .	33.8	57 02.3 . .	57.6	83 55.7 . .	14.3	Spica	158 24.4	S11 16.7
16	63 05.5	102 37.8	51.7	105 43.8	33.3	72 04.2	57.4	98 57.9	14.2	Suhail	222 47.7	S43 31.5
17	78 08.0	117 37.7	51.2	120 44.3	32.8	87 06.1	57.2	114 00.1	14.1			
18	93 10.5	132 37.6	S13 50.7	135 44.9	S17 32.3	102 08.0	S 4 57.0	129 02.4	S15 14.1	Vega	80 34.8	N38 47.9
19	108 12.9	147 37.4	50.1	150 45.5	31.7	117 10.0	56.7	144 04.6	14.0	Zuben'ubi	136 58.3	S16 08.0
20	123 15.4	162 37.3	49.6	165 46.0	31.2	132 11.9	56.5	159 06.8	13.9		SHA	Mer. Pass.
21	138 17.9	177 37.2 . .	49.0	180 46.6 . .	30.7	147 13.8 . .	56.3	174 09.0 . .	13.8	Venus	41 15.4	9 09
22	153 20.3	192 37.1	48.5	195 47.2	30.2	162 15.7	56.0	189 11.3	13.8	Mars	43 54.2	8 58
23	168 22.8	207 37.0	47.9	210 47.7	29.6	177 17.6	55.8	204 13.5	13.7	Jupiter	9 20.7	11 15
Mer. Pass.	h m 11 52.3	v −0.1	d 0.5	v 0.6	d 0.5	v 1.9	d 0.2	v 2.2	d 0.1	Saturn	36 02.1	9 29

2022 MARCH 23, 24, 25 (WED., THURS., FRI.)

UT (d h)	SUN GHA	SUN Dec	MOON GHA	v	MOON Dec	d	HP
23 00	178 19.4	N 0 55.7	299 43.9	6.8	S21 33.8	9.9	59.3
01	193 19.6	56.7	314 09.7	6.7	21 43.7	9.7	59.3
02	208 19.8	57.7	328 35.4	6.7	21 53.4	9.6	59.3
03	223 19.9	.. 58.7	343 01.1	6.6	22 03.0	9.5	59.3
04	238 20.1	0 59.6	357 26.7	6.5	22 12.5	9.3	59.3
05	253 20.3	1 00.6	11 52.2	6.4	22 21.8	9.2	59.3
W 06	268 20.5	N 1 01.6	26 17.6	6.3	S22 31.0	9.0	59.3
E 07	283 20.7	02.6	40 42.9	6.2	22 40.0	8.9	59.3
D 08	298 20.9	03.6	55 08.1	6.2	22 48.9	8.8	59.3
N 09	313 21.1	.. 04.6	69 33.3	6.0	22 57.7	8.6	59.3
E 10	328 21.3	05.6	83 58.3	6.0	23 06.3	8.5	59.3
S 11	343 21.4	06.5	98 23.3	6.0	23 14.8	8.3	59.3
D 12	358 21.6	N 1 07.5	112 48.3	5.8	S23 23.1	8.2	59.3
A 13	13 21.8	08.5	127 13.1	5.8	23 31.3	8.0	59.3
Y 14	28 22.0	09.5	141 37.9	5.6	23 39.3	7.8	59.3
15	43 22.2	.. 10.5	156 02.5	5.6	23 47.1	7.8	59.3
16	58 22.4	11.5	170 27.1	5.6	23 54.9	7.5	59.3
17	73 22.6	12.5	184 51.7	5.4	24 02.4	7.4	59.3
18	88 22.8	N 1 13.4	199 16.1	5.4	S24 09.8	7.3	59.3
19	103 22.9	14.4	213 40.5	5.4	24 17.1	7.1	59.3
20	118 23.1	15.4	228 04.9	5.2	24 24.2	6.9	59.3
21	133 23.3	.. 16.4	242 29.1	5.2	24 31.1	6.8	59.3
22	148 23.5	17.4	256 53.3	5.1	24 37.9	6.6	59.3
23	163 23.7	18.4	271 17.4	5.0	24 44.5	6.4	59.3
24 00	178 23.9	N 1 19.4	285 41.4	5.0	S24 50.9	6.3	59.3
01	193 24.1	20.3	300 05.4	4.9	24 57.2	6.1	59.3
02	208 24.3	21.3	314 29.3	4.9	25 03.3	5.9	59.3
03	223 24.4	.. 22.3	328 53.2	4.8	25 09.2	5.8	59.3
04	238 24.6	23.3	343 17.0	4.7	25 15.0	5.6	59.3
05	253 24.8	24.3	357 40.7	4.7	25 20.6	5.4	59.3
T 06	268 25.0	N 1 25.3	12 04.4	4.7	S25 26.1	5.2	59.3
H 07	283 25.2	26.2	26 28.1	4.5	25 31.3	5.1	59.3
U 08	298 25.4	27.2	40 51.6	4.6	25 36.4	5.0	59.3
R 09	313 25.6	.. 28.2	55 15.2	4.4	25 41.4	4.7	59.3
S 10	328 25.8	29.2	69 38.6	4.5	25 46.1	4.6	59.3
D 11	343 26.0	30.2	84 02.1	4.3	25 50.7	4.4	59.3
A 12	358 26.1	N 1 31.2	98 25.4	4.4	S25 55.1	4.3	59.3
Y 13	13 26.3	32.2	112 48.8	4.3	25 59.4	4.0	59.3
14	28 26.5	33.1	127 12.1	4.2	26 03.4	3.9	59.3
15	43 26.7	.. 34.1	141 35.3	4.3	26 07.3	3.7	59.3
16	58 26.9	35.1	155 58.6	4.1	26 11.0	3.5	59.3
17	73 27.1	36.1	170 21.7	4.2	26 14.5	3.4	59.3
18	88 27.3	N 1 37.1	184 44.9	4.1	S26 17.9	3.1	59.3
19	103 27.5	38.1	199 08.0	4.1	26 21.0	3.0	59.3
20	118 27.6	39.0	213 31.1	4.0	26 24.0	2.8	59.3
21	133 27.8	.. 40.0	227 54.1	4.0	26 26.8	2.7	59.3
22	148 28.0	41.0	242 17.1	4.0	26 29.5	2.4	59.3
23	163 28.2	42.0	256 40.1	4.0	26 31.9	2.5	59.3
25 00	178 28.4	N 1 43.0	271 03.1	4.0	S26 34.2	2.1	59.3
01	193 28.6	44.0	285 26.1	3.9	26 36.3	1.9	59.3
02	208 28.8	44.9	299 49.0	3.9	26 38.2	1.7	59.3
03	223 29.0	.. 45.9	314 11.9	4.0	26 39.7	1.5	59.2
04	238 29.2	46.9	328 34.9	3.9	26 41.4	1.4	59.2
05	253 29.3	47.9	342 57.8	3.9	26 42.8	1.1	59.2
F 06	268 29.5	N 1 48.9	357 20.7	3.8	S26 43.9	1.0	59.2
R 07	283 29.7	49.9	11 43.5	3.9	26 44.9	0.8	59.2
I 08	298 29.9	50.8	26 06.4	3.9	26 45.7	0.6	59.2
D 09	313 30.1	.. 51.8	40 29.3	3.9	26 46.3	0.5	59.2
A 10	328 30.3	52.8	54 52.2	3.9	26 46.8	0.2	59.2
Y 11	343 30.5	53.8	69 15.1	3.8	26 47.0	0.1	59.2
12	358 30.7	N 1 54.8	83 37.9	3.9	S26 47.1	0.1	59.2
13	13 30.9	55.7	98 00.8	3.9	26 47.0	0.3	59.2
14	28 31.0	56.7	112 23.7	3.9	26 46.7	0.5	59.2
15	43 31.2	.. 57.7	126 46.6	4.0	26 46.2	0.6	59.2
16	58 31.4	58.7	141 09.6	3.9	26 45.6	0.9	59.2
17	73 31.6	1 59.7	155 32.5	4.0	26 44.7	1.0	59.2
18	88 31.8	N 2 00.7	169 55.5	3.9	S26 43.7	1.2	59.2
19	103 32.0	01.6	184 18.4	4.0	26 42.5	1.4	59.2
20	118 32.2	02.6	198 41.4	4.1	26 41.1	1.6	59.2
21	133 32.4	.. 03.6	213 04.5	4.0	26 39.5	1.7	59.2
22	148 32.5	04.6	227 27.5	4.1	26 37.8	2.0	59.2
23	163 32.7	05.6	241 50.6	4.1	S26 35.8	2.1	59.1
	SD 16.1	d 1.0	SD 16.2		16.2		16.1

Twilight / Sunrise / Moonrise

Lat.	Naut.	Civil	Sunrise	Moonrise 23	24	25	26
N 72	02 53	04 29	05 38	▉	▉	▉	▉
N 70	03 17	04 39	05 41	▉	▉	▉	▉
68	03 35	04 47	05 43	▉	▉	▉	▉
66	03 49	04 54	05 45	02 31	▉	▉	▉
64	04 00	04 59	05 47	01 49	04 16	▉	▉
62	04 09	05 04	05 49	01 21	03 17	04 57	05 47
60	04 17	05 08	05 50	01 00	02 43	04 11	05 06
N 58	04 24	05 12	05 51	00 42	02 19	03 41	04 38
56	04 30	05 15	05 52	00 28	01 59	03 18	04 17
54	04 35	05 17	05 53	00 15	01 43	03 00	03 59
52	04 40	05 20	05 54	00 03	01 29	02 44	03 43
50	04 44	05 22	05 54	25 16	01 16	02 30	03 30
45	04 52	05 27	05 56	24 51	00 51	02 02	03 03
N 40	04 58	05 30	05 57	24 31	00 31	01 40	02 41
35	05 03	05 33	05 58	24 14	00 14	01 23	02 23
30	05 07	05 35	05 59	24 00	00 00	01 07	02 08
20	05 13	05 39	06 01	23 36	24 40	00 43	01 42
N 10	05 17	05 41	06 02	23 15	24 17	00 17	01 19
0	05 18	05 42	06 03	22 55	23 56	24 58	00 58
S 10	05 19	05 43	06 04	22 36	23 36	24 37	00 37
20	05 17	05 43	06 05	22 15	23 13	24 14	00 14
30	05 14	05 42	06 06	21 52	22 47	23 48	24 54
35	05 12	05 41	06 06	21 38	22 31	23 33	24 40
40	05 08	05 40	06 07	21 22	22 13	23 15	24 24
45	05 04	05 38	06 07	21 03	21 52	22 53	24 04
S 50	04 58	05 36	06 08	20 39	21 25	22 26	23 39
52	04 55	05 35	06 08	20 28	21 12	22 12	23 27
54	04 52	05 33	06 09	20 15	20 57	21 57	23 14
56	04 48	05 32	06 09	20 00	20 39	21 39	22 58
58	04 44	05 30	06 09	19 43	20 18	21 17	22 39
S 60	04 39	05 28	06 10	19 22	19 51	20 48	22 15

Sunset / Twilight / Moonset

Lat.	Sunset	Civil	Naut.	Moonset 23	24	25	26
N 72	18 37	19 47	21 25	▉	▉	▉	▉
N 70	18 34	19 37	21 00	▉	▉	▉	▉
68	18 31	19 28	20 41	▉	▉	▉	▉
66	18 29	19 21	20 27	05 37	▉	▉	▉
64	18 27	19 15	20 15	06 19	05 56	▉	▉
62	18 26	19 10	20 05	06 48	06 55	07 24	▉
60	18 24	19 06	19 57	07 10	07 29	08 10	09 24
N 58	18 23	19 02	19 50	07 28	07 54	08 40	09 51
56	18 22	18 59	19 44	07 43	08 14	09 03	10 13
54	18 21	18 56	19 39	07 56	08 31	09 21	10 30
52	18 20	18 54	19 34	08 08	08 45	09 37	10 46
50	18 19	18 52	19 30	08 18	08 58	09 51	10 59
45	18 17	18 47	19 21	08 40	09 24	10 19	11 25
N 40	18 16	18 43	19 15	08 57	09 44	10 41	11 47
35	18 15	18 40	19 10	09 12	10 02	10 59	12 04
30	18 14	18 38	19 06	09 25	10 16	11 15	12 19
20	18 12	18 34	19 00	09 47	10 42	11 42	12 45
N 10	18 11	18 32	18 56	10 06	11 04	12 05	13 07
0	18 10	18 30	18 54	10 24	11 24	12 26	13 27
S 10	18 08	18 29	18 54	10 42	11 45	12 47	13 48
20	18 07	18 29	18 55	11 02	12 07	13 10	14 09
30	18 06	18 30	18 58	11 24	12 32	13 36	14 34
35	18 06	18 31	19 00	11 37	12 47	13 52	14 49
40	18 05	18 32	19 04	11 53	13 05	14 10	15 06
45	18 04	18 34	19 08	12 11	13 26	14 32	15 26
S 50	18 04	18 36	19 13	12 33	13 52	14 59	15 52
52	18 03	18 37	19 16	12 44	14 05	15 13	16 04
54	18 03	18 38	19 19	12 57	14 20	15 28	16 18
56	18 03	18 39	19 23	13 11	14 37	15 47	16 34
58	18 02	18 41	19 27	13 28	14 56	16 09	16 54
S 60	18 02	18 43	19 32	13 48	15 25	16 37	17 17

SUN / MOON

Day	Eqn. of Time 00h	Eqn. of Time 12h	Mer. Pass.	Mer. Pass. Upper	Mer. Pass. Lower	Age	Phase
	m s	m s	h m	h m	h m	d	%
23	06 43	06 34	12 07	04 11	16 40	21	69
24	06 25	06 16	12 06	05 10	17 40	22	58
25	06 07	05 58	12 06	06 11	18 42	23	47

2022 MARCH 26, 27, 28 (SAT., SUN., MON.)

UT	ARIES GHA	VENUS −4.4 GHA	Dec	MARS +1.1 GHA	Dec	JUPITER −2.0 GHA	Dec	SATURN +0.7 GHA	Dec	STARS Name	SHA	Dec
26 00	183 25.3	222 36.8	S13 47.4	225 48.3	S17 29.1	192 19.5	S 4 55.6	219 15.7	S15 13.6	Acamar	315 13.9	S40 13.2
01	198 27.7	237 36.7	46.8	240 48.9	28.6	207 21.4	55.3	234 17.9	13.6	Achernar	335 22.5	S57 07.7
02	213 30.2	252 36.6	46.3	255 49.4	28.1	222 23.4	55.1	249 20.2	13.5	Acrux	173 01.9	S63 13.3
03	228 32.6	267 36.5 ..	45.7	270 50.0 ..	27.5	237 25.3 ..	54.9	264 22.4 ..	13.4	Adhara	255 07.6	S29 00.4
04	243 35.1	282 36.3	45.2	285 50.6	27.0	252 27.2	54.7	279 24.6	13.3	Aldebaran	290 42.4	N16 33.1
05	258 37.6	297 36.2	44.6	300 51.1	26.5	267 29.1	54.4	294 26.8	13.3			
06	273 40.0	312 36.1	S13 44.1	315 51.7	S17 26.0	282 31.0	S 4 54.2	309 29.0	S15 13.2	Alioth	166 14.5	N55 50.3
07	288 42.5	327 36.0	43.5	330 52.3	25.4	297 32.9	54.0	324 31.3	13.1	Alkaid	152 53.4	N49 12.0
S 08	303 45.0	342 35.8	43.0	345 52.8	24.9	312 34.8	53.7	339 33.5	13.0	Alnair	27 36.2	S46 51.2
A 09	318 47.4	357 35.7 ..	42.4	0 53.4 ..	24.4	327 36.8 ..	53.5	354 35.7 ..	13.0	Alnilam	275 40.1	S 1 11.4
T 10	333 49.9	12 35.6	41.9	15 54.0	23.8	342 38.7	53.3	9 37.9	12.9	Alphard	217 49.8	S 8 45.4
U 11	348 52.4	27 35.5	41.3	30 54.6	23.4	357 40.6	53.0	24 40.2	12.8			
R 12	3 54.8	42 35.3	S13 40.8	45 55.1	S17 22.8	12 42.5	S 4 52.8	39 42.4	S15 12.7	Alphecca	126 05.5	N26 38.2
D 13	18 57.3	57 35.2	40.2	60 55.7	22.3	27 44.4	52.6	54 44.6	12.7	Alpheratz	357 37.5	N29 12.6
A 14	33 59.8	72 35.1	39.6	75 56.3	21.7	42 46.3	52.4	69 46.8	12.6	Altair	62 02.3	N 8 55.4
Y 15	49 02.2	87 35.0 ..	39.1	90 56.8 ..	21.2	57 48.3 ..	52.1	84 49.1 ..	12.5	Ankaa	353 09.9	S42 11.3
16	64 04.7	102 34.8	38.5	105 57.4	20.7	72 50.2	51.9	99 51.3	12.5	Antares	112 18.5	S26 28.8
17	79 07.1	117 34.7	38.0	120 58.0	20.1	87 52.1	51.7	114 53.5	12.4			
18	94 09.6	132 34.6	S13 37.4	135 58.5	S17 19.6	102 54.0	S 4 51.4	129 55.7	S15 12.3	Arcturus	145 49.7	N19 03.9
19	109 12.1	147 34.5	36.8	150 59.1	19.1	117 55.9	51.2	144 58.0	12.2	Atria	107 14.6	S69 03.8
20	124 14.5	162 34.3	36.3	165 59.7	18.6	132 57.8	51.0	160 00.2	12.2	Avior	234 15.5	S59 35.1
21	139 17.0	177 34.2 ..	35.7	181 00.3 ..	18.0	147 59.7 ..	50.7	175 02.4 ..	12.1	Bellatrix	278 25.4	N 6 22.1
22	154 19.5	192 34.1	35.2	196 00.8	17.5	163 01.7	50.5	190 04.6	12.0	Betelgeuse	270 54.6	N 7 24.6
23	169 21.9	207 33.9	34.6	211 01.4	17.0	178 03.6	50.2	205 06.9	11.9			
27 00	184 24.4	222 33.8	S13 34.0	226 02.0	S17 16.4	193 05.5	S 4 50.1	220 09.1	S15 11.9	Canopus	263 53.4	S52 42.7
01	199 26.9	237 33.7	33.5	241 02.5	15.9	208 07.4	49.8	235 11.3	11.8	Capella	280 25.4	N46 01.3
02	214 29.3	252 33.6	32.9	256 03.1	15.4	223 09.3	49.6	250 13.5	11.7	Deneb	49 27.6	N45 21.2
03	229 31.8	267 33.4 ..	32.3	271 03.7 ..	14.8	238 11.2 ..	49.4	265 15.8 ..	11.7	Denebola	182 27.0	N14 26.8
04	244 34.2	282 33.3	31.7	286 04.3	14.3	253 13.2	49.1	280 18.0	11.6	Diphda	348 49.9	S17 52.1
05	259 36.7	297 33.2	31.1	301 04.8	13.8	268 15.1	48.9	295 20.2	11.5			
06	274 39.2	312 33.0	S13 30.6	316 05.4	S17 13.2	283 17.0	S 4 48.7	310 22.4	S15 11.4	Dubhe	193 43.2	N61 38.0
07	289 41.6	327 32.9	30.0	331 06.0	12.7	298 18.9	48.4	325 24.7	11.4	Elnath	278 04.9	N28 37.6
08	304 44.1	342 32.8	29.5	346 06.5	12.2	313 20.8	48.2	340 26.9	11.3	Eltanin	90 43.2	N51 28.8
S 09	319 46.6	357 32.6 ..	28.9	1 07.1 ..	11.6	328 22.7 ..	48.0	355 29.1 ..	11.2	Enif	33 41.3	N 9 58.4
U 10	334 49.0	12 32.5	28.3	16 07.7	11.1	343 24.7	47.8	10 31.4	11.1	Fomalhaut	15 17.4	S29 30.4
N 11	349 51.5	27 32.4	27.7	31 08.3	10.6	358 26.6	47.5	25 33.6	11.1			
D 12	4 54.0	42 32.2	S13 27.2	46 08.8	S17 10.0	13 28.5	S 4 47.3	40 35.8	S15 11.0	Gacrux	171 53.6	S57 14.2
A 13	19 56.4	57 32.1	26.6	61 09.4	09.5	28 30.4	47.1	55 38.0	10.9	Gienah	175 45.6	S17 40.0
Y 14	34 58.9	72 32.0	26.0	76 10.0	09.0	43 32.3	46.8	70 40.3	10.9	Hadar	148 38.7	S60 28.7
15	50 01.4	87 31.8 ..	25.4	91 10.6 ..	08.4	58 34.2 ..	46.6	85 42.5 ..	10.8	Hamal	327 54.1	N23 33.9
16	65 03.8	102 31.7	24.9	106 11.1	07.9	73 36.2	46.4	100 44.7	10.7	Kaus Aust.	83 35.6	S34 22.4
17	80 06.3	117 31.6	24.3	121 11.7	07.3	88 38.1	46.1	115 46.9	10.6			
18	95 08.7	132 31.4	S13 23.7	136 12.3	S17 06.8	103 40.0	S 4 45.9	130 49.2	S15 10.6	Kochab	137 18.9	N74 03.7
19	110 11.2	147 31.3	23.1	151 12.8	06.3	118 41.9	45.7	145 51.4	10.5	Markab	13 32.5	N15 19.2
20	125 13.7	162 31.2	22.5	166 13.4	05.7	133 43.8	45.5	160 53.6	10.4	Menkar	314 08.8	N 4 10.4
21	140 16.1	177 31.0 ..	22.0	181 14.0 ..	05.2	148 45.7 ..	45.2	175 55.9 ..	10.3	Menkent	148 00.0	S36 28.7
22	155 18.6	192 30.9	21.4	196 14.6	04.7	163 47.7	45.0	190 58.1	10.3	Miaplacidus	221 38.1	S69 48.7
23	170 21.1	207 30.8	20.8	211 15.1	04.1	178 49.6	44.8	206 00.3	10.2			
28 00	185 23.5	222 30.6	S13 20.2	226 15.7	S17 03.6	193 51.5	S 4 44.5	221 02.5	S15 10.1	Mirfak	308 31.9	N49 56.4
01	200 26.0	237 30.5	19.6	241 16.3	03.0	208 53.4	44.3	236 04.8	10.1	Nunki	75 50.7	S26 16.1
02	215 28.5	252 30.4	19.0	256 16.9	02.5	223 55.3	44.1	251 07.0	10.0	Peacock	53 09.6	S56 39.7
03	230 30.9	267 30.2 ..	18.4	271 17.4 ..	02.0	238 57.2 ..	43.9	266 09.2 ..	09.9	Pollux	243 20.0	N27 58.4
04	245 33.4	282 30.1	17.9	286 18.0	01.4	253 59.2	43.6	281 11.4	09.8	Procyon	244 53.2	N 5 10.0
05	260 35.9	297 29.9	17.3	301 18.6	00.9	269 01.1	43.4	296 13.7	09.8			
06	275 38.3	312 29.8	S13 16.7	316 19.2	S17 00.3	284 03.0	S 4 43.2	311 15.9	S15 09.7	Rasalhague	96 00.6	N12 32.4
07	290 40.8	327 29.7	16.1	331 19.7	16 59.8	299 04.9	42.9	326 18.1	09.6	Regulus	207 36.6	N11 51.5
08	305 43.2	342 29.6	15.5	346 20.3	59.3	314 06.8	42.7	341 20.4	09.6	Rigel	281 06.2	S 8 10.8
M 09	320 45.7	357 29.4 ..	14.9	1 20.9 ..	58.7	329 08.7 ..	42.5	356 22.6 ..	09.5	Rigil Kent.	139 42.9	S60 55.4
O 10	335 48.2	12 29.3	14.3	16 21.5	58.2	344 10.7	42.2	11 24.8	09.4	Sabik	102 05.3	S15 45.2
N 11	350 50.6	27 29.1	13.7	31 22.1	57.6	359 12.6	42.0	26 27.0	09.3			
D 12	5 53.1	42 29.0	S13 13.1	46 22.6	S16 57.1	14 14.5	S 4 41.8	41 29.3	S15 09.3	Schedar	349 34.2	N56 39.4
A 13	20 55.6	57 28.8	12.5	61 23.2	56.6	29 16.4	41.6	56 31.5	09.2	Shaula	96 13.4	S37 07.1
Y 14	35 58.0	72 28.7	11.9	76 23.8	56.0	44 18.3	41.3	71 33.7	09.1	Sirius	258 28.2	S16 44.8
15	51 00.5	87 28.6 ..	11.3	91 24.4 ..	55.5	59 20.3 ..	41.1	86 36.0 ..	09.1	Spica	158 24.4	S11 16.7
16	66 03.0	102 28.4	10.8	106 24.9	54.9	74 22.2	40.9	101 38.2	09.0	Suhail	222 47.7	S43 31.5
17	81 05.4	117 28.3	10.2	121 25.5	54.4	89 24.1	40.6	116 40.4	08.9			
18	96 07.9	132 28.1	S13 09.6	136 26.1	S16 53.8	104 26.0	S 4 40.4	131 42.6	S15 08.8	Vega	80 34.8	N38 47.9
19	111 10.3	147 28.0	09.0	151 26.7	53.3	119 27.9	40.2	146 44.9	08.8	Zuben'ubi	136 58.3	S16 08.1
20	126 12.8	162 27.9	08.4	166 27.3	52.7	134 29.8	40.0	161 47.1	08.7		SHA	Mer.Pass.
21	141 15.3	177 27.7 ..	07.8	181 27.8 ..	52.2	149 31.8 ..	39.7	176 49.3 ..	08.6	Venus	38 09.4	9 10
22	156 17.7	192 27.6	07.2	196 28.4	51.7	164 33.7	39.5	191 51.6	08.6	Mars	41 37.6	8 56
23	171 20.2	207 27.4	06.6	211 29.0	51.1	179 35.6	39.3	206 53.8	08.5	Jupiter	8 41.1	11 06
Mer.Pass. 11 40.5		v −0.1	d 0.6	v 0.6	d 0.5	v 1.9	d 0.2	v 2.2	d 0.1	Saturn	35 44.7	9 18

2022 AUGUST 8, 9, 10 (MON., TUES., WED.)

SUN / MOON

UT	SUN GHA	SUN Dec	MOON GHA	v	MOON Dec	d	HP
8 00	178 33.8	N16 12.0	59 04.9	3.7	S25 29.0	5.8	60.0
01	193 33.9	11.3	73 27.6	3.6	25 34.8	5.6	60.0
02	208 33.9	10.6	87 50.2	3.5	25 40.4	5.5	60.0
03	223 34.0	09.9	102 12.7	3.4	25 45.9	5.3	60.1
04	238 34.1	09.2	116 35.1	3.3	25 51.2	5.0	60.1
05	253 34.2	08.5	130 57.4	3.3	25 56.2	5.0	60.1
06	268 34.3	N16 07.7	145 19.7	3.1	S26 01.2	4.7	60.1
07	283 34.4	07.0	159 41.8	3.1	26 05.9	4.5	60.1
08	298 34.4	06.3	174 03.9	2.9	26 10.4	4.4	60.2
M 09	313 34.5	05.6	188 25.8	2.9	26 14.8	4.1	60.2
O 10	328 34.6	04.9	202 47.7	2.8	26 18.9	4.0	60.2
N 11	343 34.7	04.2	217 09.5	2.7	26 22.9	3.8	60.3
D 12	358 34.8	N16 03.5	231 31.2	2.7	S26 26.7	3.6	60.3
A 13	13 34.9	02.8	245 52.9	2.5	26 30.3	3.4	60.3
Y 14	28 34.9	02.1	260 14.4	2.5	26 33.7	3.3	60.3
15	43 35.0	01.3	274 35.9	2.5	26 37.0	3.0	60.4
16	58 35.1	16 00.6	288 57.4	2.3	26 40.0	2.7	60.4
17	73 35.2	15 59.9	303 18.7	2.3	26 42.8	2.7	60.4
18	88 35.3	N15 59.2	317 40.0	2.3	S26 45.5	2.4	60.4
19	103 35.4	58.5	332 01.3	2.1	26 47.9	2.2	60.5
20	118 35.5	57.8	346 22.4	2.2	26 50.1	2.1	60.5
21	133 35.5	57.0	0 43.6	2.0	26 52.2	1.8	60.5
22	148 35.6	56.3	15 04.6	2.0	26 54.0	1.7	60.5
23	163 35.7	55.6	29 25.6	2.0	26 55.7	1.4	60.5
9 00	178 35.8	N15 54.9	43 46.6	1.9	S26 57.1	1.2	60.5
01	193 35.9	54.2	58 07.5	1.9	26 58.3	1.1	60.6
02	208 36.0	53.5	72 28.4	1.8	26 59.4	0.8	60.6
03	223 36.1	52.7	86 49.2	1.9	27 00.2	0.6	60.6
04	238 36.2	52.0	101 10.1	1.7	27 00.8	0.5	60.6
05	253 36.2	51.3	115 30.8	1.8	27 01.3	0.2	60.6
06	268 36.3	N15 50.6	129 51.6	1.7	S27 01.5	0.0	60.6
07	283 36.4	49.9	144 12.3	1.4	27 01.5	0.2	60.7
T 08	298 36.5	49.1	158 33.0	1.7	27 01.3	0.4	60.7
U 09	313 36.6	48.4	172 53.7	1.6	27 00.9	0.6	60.7
E 10	328 36.7	47.7	187 14.3	1.7	27 00.3	0.8	60.7
S 11	343 36.8	47.0	201 35.0	1.6	26 59.5	1.0	60.7
D 12	358 36.9	N15 46.3	215 55.6	1.6	S26 58.5	1.2	60.7
A 13	13 37.0	45.5	230 16.2	1.6	26 57.3	1.5	60.7
Y 14	28 37.1	44.8	244 36.8	1.6	26 55.8	1.6	60.8
15	43 37.1	44.1	258 57.4	1.7	26 54.2	1.9	60.8
16	58 37.2	43.4	273 18.1	1.6	26 52.3	2.0	60.8
17	73 37.3	42.6	287 38.7	1.6	26 50.3	2.3	60.8
18	88 37.4	N15 41.9	301 59.3	1.7	S26 48.0	2.4	60.8
19	103 37.5	41.2	316 20.0	1.6	26 45.6	2.7	60.8
20	118 37.6	40.5	330 40.6	1.7	26 42.9	2.9	60.8
21	133 37.7	39.7	345 01.3	1.7	26 40.0	3.1	60.8
22	148 37.8	39.0	359 22.0	1.7	26 36.9	3.2	60.8
23	163 37.9	38.3	13 42.7	1.8	26 33.7	3.5	60.9
10 00	178 38.0	N15 37.5	28 03.5	1.7	S26 30.2	3.7	60.9
01	193 38.1	36.8	42 24.2	1.8	26 26.5	3.9	60.9
02	208 38.2	36.1	56 45.0	1.9	26 22.6	4.1	60.9
03	223 38.3	35.4	71 05.9	1.9	26 18.5	4.3	60.9
04	238 38.4	34.6	85 26.8	1.9	26 14.2	4.5	60.9
05	253 38.4	33.9	99 47.7	2.0	26 09.7	4.7	60.9
06	268 38.5	N15 33.2	114 08.7	2.0	S26 05.0	4.9	60.9
W 07	283 38.6	32.4	128 29.7	2.0	26 00.1	5.1	60.9
E 08	298 38.7	31.7	142 50.7	2.1	25 55.0	5.3	60.9
D 09	313 38.8	31.0	157 11.8	2.0	25 49.7	5.5	60.9
N 10	328 38.9	30.2	171 33.0	2.2	25 44.2	5.7	60.9
E 11	343 39.0	29.5	185 54.2	2.3	25 38.5	5.9	60.9
S 12	358 39.1	N15 28.8	200 15.5	2.4	S25 32.6	6.0	60.9
D 13	13 39.2	28.0	214 36.9	2.4	25 26.6	6.3	60.9
A 14	28 39.3	27.3	228 58.3	2.5	25 20.3	6.5	60.9
Y 15	43 39.4	26.6	243 19.8	2.6	25 13.8	6.6	60.9
16	58 39.5	25.8	257 41.4	2.6	25 07.2	6.8	60.9
17	73 39.6	25.1	272 03.0	2.7	25 00.4	7.0	60.9
18	88 39.7	N15 24.4	286 24.7	2.8	S24 53.4	7.2	60.9
19	103 39.8	23.6	300 46.5	2.8	24 46.2	7.4	60.9
20	118 39.9	22.9	315 08.3	3.0	24 38.8	7.6	60.9
21	133 40.0	22.2	329 30.3	3.0	24 31.2	7.7	60.9
22	148 40.1	21.4	343 52.3	3.1	24 23.5	8.0	60.9
23	163 40.2	20.7	358 14.4	3.2	S24 15.5	8.1	60.9
	SD 15.8	d 0.7	SD 16.4		16.5		16.6

Twilight / Sunrise / Moonrise

Lat.	Naut.	Civil	Sunrise	Moonrise 8	9	10	11
N 72	////	////	01 35	████	████	████	████
N 70	////	////	02 23	████	████	████	████
68	////	00 27	02 53	████	████	████	22 36
66	////	01 45	03 15	████	████	████	21 55
64	////	02 21	03 33	████	████	21 43	21 26
62	00 25	02 45	03 47	19 47	20 48	21 02	21 04
60	01 35	03 05	04 00	18 59	20 03	20 33	20 46
N 58	02 07	03 20	04 10	18 28	19 33	20 11	20 31
56	02 30	03 34	04 19	18 05	19 11	19 53	20 18
54	02 48	03 45	04 27	17 46	18 52	19 37	20 07
52	03 03	03 55	04 34	17 30	18 36	19 24	19 57
50	03 16	04 04	04 41	17 16	18 22	19 12	19 48
45	03 41	04 22	04 54	16 48	17 54	18 48	19 28
N 40	04 00	04 36	05 06	16 26	17 32	18 28	19 13
35	04 15	04 48	05 15	16 08	17 14	18 12	19 00
30	04 28	04 58	05 24	15 52	16 58	17 57	18 48
20	04 48	05 15	05 38	15 26	16 31	17 33	18 28
N 10	05 03	05 29	05 51	15 03	16 08	17 12	18 11
0	05 16	05 41	06 02	14 42	15 47	16 52	17 54
S 10	05 27	05 52	06 14	14 20	15 26	16 32	17 38
20	05 36	06 03	06 26	13 58	15 03	16 11	17 20
30	05 46	06 14	06 39	13 32	14 36	15 47	17 00
35	05 51	06 21	06 47	13 16	14 20	15 32	16 48
40	05 55	06 28	06 56	12 59	14 02	15 15	16 34
45	06 01	06 35	07 06	12 37	13 40	14 55	16 18
S 50	06 06	06 44	07 19	12 10	13 12	14 30	15 58
52	06 08	06 49	07 25	11 57	12 58	14 17	15 48
54	06 11	06 53	07 31	11 42	12 42	14 03	15 37
56	06 13	06 58	07 38	11 25	12 24	13 47	15 25
58	06 16	07 03	07 46	11 04	12 01	13 27	15 10
S 60	06 19	07 09	07 55	10 37	11 31	13 02	14 53

Sunset / Twilight / Moonset

Lat.	Sunset	Civil	Naut.	Moonset 8	9	10	11
N 72	22 28	////	////	████	████	████	████
N 70	21 43	////	////	████	████	████	████
68	21 14	23 22	////	████	████	████	████
66	20 53	22 20	////	████	████	████	████
64	20 36	21 47	////	████	████	████	00 43
62	20 22	21 23	23 27	22 04	23 21	25 24	01 51
60	20 10	21 04	22 31	22 52	24 06	00 06	01 52
N 58	20 00	20 49	22 01	23 23	24 36	00 36	02 13
56	19 51	20 36	21 39	23 47	24 58	00 58	02 31
54	19 43	20 25	21 21	24 06	00 06	01 17	02 46
52	19 36	20 15	21 06	24 22	00 22	01 32	02 59
50	19 28	20 06	20 54	24 36	00 36	01 46	03 10
45	19 16	19 48	20 29	00 09	01 04	02 14	03 34
N 40	19 05	19 34	20 10	00 29	01 26	02 35	03 52
35	18 55	19 22	19 55	00 46	01 45	02 53	04 08
30	18 47	19 12	19 43	01 01	02 01	03 09	04 21
20	18 33	18 56	19 23	01 26	02 28	03 35	04 44
N 10	18 20	18 42	19 08	01 48	02 52	03 57	05 04
0	18 09	18 30	18 55	02 08	03 13	04 18	05 22
S 10	17 58	18 19	18 45	02 29	03 34	04 39	05 40
20	17 46	18 09	18 35	02 52	03 57	05 01	06 00
30	17 32	17 57	18 26	03 16	04 24	05 27	06 22
35	17 24	17 51	18 21	03 31	04 40	05 42	06 35
40	17 16	17 44	18 16	03 48	04 58	05 59	06 49
45	17 05	17 36	18 11	04 09	05 20	06 20	07 07
S 50	16 53	17 27	18 06	04 35	05 48	06 46	07 29
52	16 47	17 23	18 03	04 48	06 02	06 59	07 39
54	16 41	17 19	18 01	05 03	06 18	07 13	07 50
56	16 34	17 14	17 59	05 20	06 37	07 30	08 03
58	16 26	17 09	17 56	05 41	07 00	07 50	08 18
S 60	16 17	17 03	17 53	06 07	07 30	08 15	08 36

SUN / MOON

Day	SUN Eqn. of Time 00h	12h	Mer. Pass.	MOON Mer. Pass. Upper	Lower	Age	Phase %
8	05 45	05 41	12 06	20 57	08 25	11	82
9	05 37	05 33	12 06	22 03	09 30	12	90
10	05 28	05 24	12 05	23 07	10 35	13	96

2022 AUGUST 11, 12, 13 (THURS., FRI., SAT.)

UT (d h)	ARIES GHA	VENUS −3.9 GHA	Dec	MARS +0.0 GHA	Dec	JUPITER −2.7 GHA	Dec	SATURN +0.2 GHA	Dec	STARS Name	SHA	Dec
11 00	319 26.5	198 09.4	N20 43.3	267 00.9	N17 19.4	311 06.4	N 1 58.4	354 27.9	S15 20.7	Acamar	315 13.3	S40 12.6
01	334 28.9	213 08.7	42.7	282 01.8	19.8	326 08.9	58.4	9 30.5	20.7	Achernar	335 21.4	S57 07.1
02	349 31.4	228 07.9	42.2	297 02.7	20.2	341 11.5	58.3	24 33.2	20.8	Acrux	173 02.7	S63 13.6
03	4 33.8	243 07.2 ..	41.7	312 03.6 ..	20.6	356 14.0 ..	58.3	39 35.8 ..	20.9	Adhara	255 07.7	S29 00.0
04	19 36.3	258 06.4	41.1	327 04.5	21.0	11 16.6	58.2	54 38.5	20.9	Aldebaran	290 42.0	N16 33.3
05	34 38.8	273 05.7	40.6	342 05.4	21.4	26 19.2	58.1	69 41.1	21.0			
T 06	49 41.2	288 04.9	N20 40.1	357 06.3	N17 21.8	41 21.7	N 1 58.1	84 43.8	S15 21.0	Alioth	166 15.0	N55 50.6
H 07	64 43.7	303 04.2	39.5	12 07.2	22.2	56 24.3	58.0	99 46.4	21.1	Alkaid	152 53.8	N49 12.4
U 08	79 46.2	318 03.4	39.0	27 08.1	22.6	71 26.8	58.0	114 49.1	21.2	Alnair	27 34.9	S46 51.0
R 09	94 48.6	333 02.7 ..	38.5	42 09.0 ..	23.0	86 29.4 ..	57.9	129 51.7 ..	21.2	Alnilam	275 39.9	S 1 11.1
S 10	109 51.1	348 01.9	37.9	57 09.9	23.4	101 32.0	57.9	144 54.4	21.3	Alphard	217 50.0	S 8 45.2
D 11	124 53.6	3 01.2	37.4	72 10.9	23.8	116 34.5	57.8	159 57.0	21.4			
A 12	139 56.0	18 00.4	N20 36.8	87 11.8	N17 24.2	131 37.1	N 1 57.8	174 59.6	S15 21.4	Alphecca	126 05.4	N26 38.6
Y 13	154 58.5	32 59.7	36.3	102 12.7	24.6	146 39.6	57.7	190 02.3	21.5	Alpheratz	357 36.5	N29 12.8
14	170 01.0	47 58.9	35.7	117 13.6	25.0	161 42.2	57.7	205 04.9	21.6	Altair	62 01.6	N 8 55.8
15	185 03.4	62 58.2 ..	35.2	132 14.5 ..	25.4	176 44.8 ..	57.6	220 07.6 ..	21.6	Ankaa	353 08.8	S42 10.8
16	200 05.9	77 57.4	34.7	147 15.4	25.8	191 47.3	57.6	235 10.2	21.7	Antares	112 18.1	S26 28.9
17	215 08.3	92 56.7	34.1	162 16.3	26.2	206 49.9	57.5	250 12.9	21.8			
18	230 10.8	107 55.9	N20 33.6	177 17.2	N17 26.5	221 52.5	N 1 57.4	265 15.5	S15 21.8	Arcturus	145 49.8	N19 04.1
19	245 13.3	122 55.2	33.0	192 18.1	26.9	236 55.0	57.4	280 18.2	21.9	Atria	107 13.9	S69 04.3
20	260 15.7	137 54.4	32.5	207 19.0	27.3	251 57.6	57.3	295 20.8	21.9	Avior	234 16.2	S59 34.7
21	275 18.2	152 53.7 ..	31.9	222 19.9 ..	27.7	267 00.1 ..	57.3	310 23.5 ..	22.0	Bellatrix	278 25.2	N 6 22.3
22	290 20.7	167 52.9	31.4	237 20.8	28.1	282 02.7	57.2	325 26.1	22.1	Betelgeuse	270 54.4	N 7 24.7
23	305 23.1	182 52.2	30.8	252 21.7	28.5	297 05.3	57.2	340 28.8	22.1			
12 00	320 25.6	197 51.5	N20 30.2	267 22.7	N17 28.9	312 07.8	N 1 57.1	355 31.4	S15 22.2	Canopus	263 53.7	S52 42.2
01	335 28.1	212 50.7	29.7	282 23.6	29.3	327 10.4	57.1	10 34.0	22.3	Capella	280 25.1	N46 01.1
02	350 30.5	227 50.0	29.1	297 24.5	29.7	342 13.0	57.0	25 36.7	22.3	Deneb	49 26.7	N45 21.7
03	5 33.0	242 49.2 ..	28.6	312 25.4 ..	30.1	357 15.5 ..	56.9	40 39.3 ..	22.4	Denebola	182 27.2	N14 27.0
04	20 35.5	257 48.5	28.0	327 26.3	30.5	12 18.1	56.9	55 42.0	22.5	Diphda	348 49.1	S17 51.6
05	35 37.9	272 47.7	27.5	342 27.2	30.9	27 20.7	56.8	70 44.6	22.5			
F 06	50 40.4	287 47.0	N20 26.9	357 28.1	N17 31.3	42 23.2	N 1 56.8	85 47.3	S15 22.6	Dubhe	193 44.0	N61 38.0
R 07	65 42.8	302 46.2	26.3	12 29.0	31.7	57 25.8	56.7	100 49.9	22.7	Elnath	278 04.6	N28 37.5
I 08	80 45.3	317 45.5	25.8	27 29.9	32.0	72 28.4	56.7	115 52.6	22.7	Eltanin	90 42.8	N51 29.4
D 09	95 47.8	332 44.8 ..	25.2	42 30.8 ..	32.4	87 30.9 ..	56.6	130 55.2 ..	22.8	Enif	33 40.4	N 9 58.8
A 10	110 50.2	347 44.0	24.6	57 31.8	32.8	102 33.5	56.5	145 57.9	22.8	Fomalhaut	15 16.4	S29 30.1
Y 11	125 52.7	2 43.3	24.1	72 32.7	33.2	117 36.1	56.5	161 00.5	22.9			
12	140 55.2	17 42.5	N20 23.6	87 33.6	N17 33.6	132 38.6	N 1 56.4	176 03.2	S15 23.0	Gacrux	171 54.2	S57 14.5
13	155 57.6	32 41.8	22.9	102 34.5	34.0	147 41.2	56.4	191 05.8	23.0	Gienah	175 45.9	S17 39.9
14	171 00.1	47 41.1	22.4	117 35.4	34.4	162 43.8	56.3	206 08.4	23.1	Hadar	148 39.0	S60 29.1
15	186 02.6	62 40.3 ..	21.8	132 36.3 ..	34.8	177 46.4 ..	56.3	221 11.1 ..	23.2	Hamal	327 53.3	N23 34.1
16	201 05.0	77 39.6	21.2	147 37.2	35.2	192 48.9	56.2	236 13.7	23.2	Kaus Aust.	83 34.8	S34 22.5
17	216 07.5	92 38.8	20.7	162 38.1	35.6	207 51.5	56.1	251 16.4	23.3			
18	231 09.9	107 38.1	N20 20.1	177 39.1	N17 35.9	222 54.1	N 1 56.1	266 19.0	S15 23.4	Kochab	137 19.9	N74 04.1
19	246 12.4	122 37.4	19.5	192 40.0	36.3	237 56.6	56.0	281 21.7	23.4	Markab	13 31.6	N15 19.6
20	261 14.9	137 36.6	18.9	207 40.9	36.7	252 59.2	56.0	296 24.3	23.5	Menkar	314 08.2	N 4 10.7
21	276 17.3	152 35.9 ..	18.4	222 41.8 ..	37.1	268 01.8 ..	55.9	311 27.0 ..	23.6	Menkent	148 00.1	S36 28.9
22	291 19.8	167 35.1	17.8	237 42.7	37.5	283 04.4	55.9	326 29.6	23.6	Miaplacidus	221 39.6	S69 48.5
23	306 22.3	182 34.4	17.2	252 43.6	37.9	298 06.9	55.8	341 32.3	23.7			
13 00	321 24.7	197 33.7	N20 16.6	267 44.5	N17 38.3	313 09.5	N 1 55.7	356 34.9	S15 23.7	Mirfak	308 31.1	N49 56.2
01	336 27.2	212 32.9	16.0	282 45.4	38.7	328 12.1	55.7	11 37.6	23.8	Nunki	75 49.9	S26 16.1
02	351 29.7	227 32.2	15.5	297 46.4	39.0	343 14.6	55.6	26 40.2	23.9	Peacock	53 08.3	S56 39.8
03	6 32.1	242 31.5 ..	14.9	312 47.3 ..	39.4	358 17.2 ..	55.6	41 42.9 ..	23.9	Pollux	243 20.1	N27 58.3
04	21 34.6	257 30.7	14.3	327 48.2	39.8	13 19.8	55.5	56 45.5	24.0	Procyon	244 53.2	N 5 10.1
05	36 37.1	272 30.0	13.7	342 49.1	40.2	28 22.4	55.4	71 48.1	24.1			
S 06	51 39.5	287 29.2	N20 13.1	357 50.0	N17 40.6	43 24.9	N 1 55.4	86 50.8	S15 24.1	Rasalhague	96 00.2	N12 32.8
A 07	66 42.0	302 28.5	12.5	12 50.9	41.0	58 27.5	55.3	101 53.4	24.2	Regulus	207 36.9	N11 51.6
T 08	81 44.4	317 27.8	12.0	27 51.9	41.4	73 30.1	55.3	116 56.1	24.3	Rigel	281 05.9	S 8 10.4
U 09	96 46.9	332 27.0 ..	11.4	42 52.8 ..	41.7	88 32.7 ..	55.2	131 58.7 ..	24.3	Rigil Kent.	139 43.1	S60 55.8
R 10	111 49.4	347 26.3	10.8	57 53.7	42.1	103 35.2	55.1	147 01.4	24.4	Sabik	102 04.9	S15 45.1
D 11	126 51.8	2 25.6	10.2	72 54.6	42.5	118 37.8	55.1	162 04.0	24.5			
A 12	141 54.3	17 24.8	N20 09.6	87 55.5	N17 42.9	133 40.4	N 1 55.0	177 06.7	S15 24.5	Schedar	349 32.9	N56 39.5
Y 13	156 56.8	32 24.1	09.0	102 56.4	43.3	148 43.0	55.0	192 09.3	24.6	Shaula	96 12.8	S37 07.3
14	171 59.2	47 23.4	08.4	117 57.4	43.7	163 45.5	54.9	207 12.0	24.6	Sirius	258 28.2	S16 44.6
15	187 01.7	62 22.6 ..	07.8	132 58.3 ..	44.0	178 48.1 ..	54.8	222 14.6 ..	24.7	Spica	158 24.5	S11 16.6
16	202 04.2	77 21.9	07.2	147 59.2	44.4	193 50.7	54.8	237 17.3	24.8	Suhail	222 48.2	S43 31.3
17	217 06.6	92 21.2	06.6	163 00.1	44.8	208 53.3	54.7	252 19.9	24.8			
18	232 09.1	107 20.5	N20 06.0	178 01.0	N17 45.2	223 55.9	N 1 54.7	267 22.6	S15 24.9	Vega	80 34.2	N38 48.4
19	247 11.6	122 19.7	05.4	193 02.0	45.6	238 58.4	54.6	282 25.2	25.0	Zuben'ubi	136 58.2	S16 08.1
20	262 14.0	137 19.0	04.8	208 02.9	45.9	254 01.0	54.5	297 27.8	25.0			
21	277 16.5	152 18.3 ..	04.2	223 03.8 ..	46.3	269 03.6 ..	54.5	312 30.5 ..	25.1			
22	292 18.9	167 17.5	03.6	238 04.7	46.7	284 06.2	54.4	327 33.1	25.2			
23	307 21.4	182 16.8	03.0	253 05.6	47.1	299 08.8	54.4	342 35.8	25.2			

	SHA	Mer.Pass.
Venus	237 25.9	10 49
Mars	306 57.1	6 10
Jupiter	351 42.2	3 11
Saturn	35 05.8	0 18

Mer.Pass. 2 37.9 | v −0.7 d 0.6 | v 0.9 d 0.4 | v 2.6 d 0.1 | v 2.6 d 0.1

2022 AUGUST 11, 12, 13 (THURS., FRI., SAT.)

UT	SUN GHA	SUN Dec	MOON GHA	v	MOON Dec	d	HP
d h	° ′	° ′	° ′	′	° ′	′	′
11 00	178 40.3	N15 19.9	12 36.6	3.3	S24 07.4	8.3	60.9
01	193 40.4	19.2	26 58.9	3.4	23 59.1	8.4	60.9
02	208 40.5	18.5	41 21.3	3.4	23 50.7	8.6	60.9
03	223 40.6	.. 17.7	55 43.7	3.6	23 42.1	8.8	60.9
04	238 40.7	17.0	70 06.3	3.7	23 33.3	9.0	60.9
05	253 40.8	16.2	84 29.0	3.7	23 24.3	9.1	60.9
06	268 40.9	N15 15.5	98 51.7	3.9	S23 15.2	9.3	60.9
T 07	283 41.0	14.8	113 14.6	4.0	23 05.9	9.5	60.9
H 08	298 41.1	14.0	127 37.6	4.0	22 56.4	9.6	60.9
U 09	313 41.2	.. 13.3	142 00.6	4.2	22 46.8	9.7	60.9
R 10	328 41.3	12.5	156 23.8	4.2	22 37.1	10.0	60.9
S 11	343 41.4	11.8	170 47.0	4.4	22 27.1	10.1	60.9
D 12	358 41.5	N15 11.0	185 10.4	4.5	S22 17.0	10.2	60.8
A 13	13 41.6	10.3	199 33.9	4.6	22 06.8	10.4	60.8
Y 14	28 41.7	09.6	213 57.5	4.7	21 56.4	10.5	60.8
15	43 41.8	.. 08.8	228 21.2	4.8	21 45.9	10.7	60.8
16	58 41.9	08.1	242 45.0	4.9	21 35.2	10.9	60.8
17	73 42.0	07.3	257 08.9	5.0	21 24.3	11.0	60.8
18	88 42.1	N15 06.6	271 32.9	5.2	S21 13.4	11.1	60.8
19	103 42.2	05.8	285 57.1	5.2	21 02.3	11.3	60.8
20	118 42.3	05.1	300 21.3	5.4	20 51.0	11.4	60.8
21	133 42.4	.. 04.3	314 45.7	5.4	20 39.6	11.5	60.7
22	148 42.5	03.6	329 10.1	5.6	20 28.1	11.7	60.7
23	163 42.6	02.8	343 34.7	5.7	20 16.4	11.7	60.7
12 00	178 42.8	N15 02.1	357 59.4	5.8	S20 04.7	12.0	60.7
01	193 42.9	01.3	12 24.2	6.0	19 52.7	12.0	60.7
02	208 43.0	15 00.6	26 49.2	6.0	19 40.7	12.2	60.7
03	223 43.1	14 59.8	41 14.2	6.2	19 28.5	12.2	60.6
04	238 43.2	59.1	55 39.4	6.2	19 16.3	12.4	60.6
05	253 43.3	58.3	70 04.6	6.4	19 03.9	12.6	60.6
06	268 43.4	N14 57.6	84 30.0	6.5	S18 51.3	12.6	60.6
F 07	283 43.5	56.8	98 55.5	6.7	18 38.7	12.7	60.6
R 08	298 43.6	56.1	113 21.2	6.7	18 26.0	12.9	60.6
I 09	313 43.7	.. 55.3	127 46.9	6.9	18 13.1	13.0	60.5
D 10	328 43.8	54.6	142 12.8	6.9	18 00.1	13.0	60.5
A 11	343 43.9	53.8	156 38.7	7.1	17 47.1	13.2	60.5
Y 12	358 44.0	N14 53.1	171 04.8	7.2	S17 33.9	13.3	60.5
13	13 44.1	52.3	185 31.0	7.3	17 20.6	13.4	60.5
14	28 44.3	51.6	199 57.3	7.4	17 07.2	13.4	60.4
15	43 44.4	.. 50.8	214 23.7	7.6	16 53.8	13.6	60.4
16	58 44.5	50.1	228 50.3	7.6	16 40.2	13.7	60.4
17	73 44.6	49.3	243 16.9	7.8	16 26.5	13.7	60.4
18	88 44.7	N14 48.5	257 43.7	7.9	S16 12.8	13.8	60.3
19	103 44.8	47.8	272 10.6	7.9	15 59.0	14.0	60.3
20	118 44.9	47.0	286 37.5	8.1	15 45.0	14.0	60.3
21	133 45.0	.. 46.3	301 04.6	8.3	15 31.0	14.1	60.3
22	148 45.1	45.5	315 31.9	8.3	15 16.9	14.1	60.2
23	163 45.2	44.8	329 59.2	8.4	15 02.8	14.3	60.2
13 00	178 45.4	N14 44.0	344 26.6	8.5	S14 48.5	14.3	60.2
01	193 45.5	43.2	358 54.1	8.7	14 34.2	14.4	60.2
02	208 45.6	42.5	13 21.8	8.7	14 19.8	14.5	60.1
03	223 45.7	.. 41.7	27 49.5	8.9	14 05.3	14.5	60.1
04	238 45.8	41.0	42 17.4	8.9	13 50.8	14.6	60.1
05	253 45.9	40.2	56 45.3	9.1	13 36.2	14.7	60.1
06	268 46.0	N14 39.4	71 13.4	9.2	S13 21.5	14.7	60.0
S 07	283 46.1	38.7	85 41.6	9.2	13 06.8	14.8	60.0
A 08	298 46.3	37.9	100 09.8	9.4	12 52.0	14.9	60.0
T 09	313 46.4	.. 37.2	114 38.2	9.5	12 37.1	14.9	59.9
U 10	328 46.5	36.4	129 06.7	9.6	12 22.2	14.9	59.9
R 11	343 46.6	35.6	143 35.3	9.6	12 07.3	15.1	59.9
D 12	358 46.7	N14 34.9	158 03.9	9.8	S11 52.2	15.0	59.9
A 13	13 46.8	34.1	172 32.7	9.9	11 37.2	15.1	59.8
Y 14	28 46.9	33.3	187 01.6	9.9	11 22.1	15.2	59.8
15	43 47.0	.. 32.6	201 30.5	10.1	11 06.9	15.2	59.8
16	58 47.2	31.8	215 59.6	10.2	10 51.7	15.3	59.7
17	73 47.3	31.1	230 28.8	10.2	10 36.4	15.3	59.7
18	88 47.4	N14 30.3	244 58.0	10.3	S10 21.1	15.3	59.7
19	103 47.5	29.5	259 27.3	10.5	10 05.8	15.4	59.6
20	118 47.6	28.8	273 56.8	10.5	9 50.4	15.4	59.6
21	133 47.7	.. 28.0	288 26.3	10.6	9 35.0	15.4	59.6
22	148 47.9	27.2	302 55.9	10.7	9 19.6	15.5	59.5
23	163 48.0	26.5	317 25.6	10.8	S 9 04.1	15.5	59.5
	SD 15.8	d 0.8	SD 16.6		16.5		16.3

Moonrise

Lat.	Twilight Naut.	Twilight Civil	Sunrise	Moonrise 11	12	13	14
°	h m	h m	h m	h m	h m	h m	h m
N 72	////	////	02 01	■■■	22 48	21 52	21 16
N 70	////	////	02 40		22 15	21 38	21 12
68	////	01 16	03 06	22 36	21 51	21 27	21 08
66	////	02 04	03 26	21 55	21 32	21 17	21 05
64	////	02 34	03 42	21 26	21 16	21 09	21 03
62	01 08	02 56	03 56	21 04	21 03	21 02	21 00
60	01 51	03 14	04 07	20 46	20 52	20 56	20 58
N 58	02 19	03 28	04 16	20 31	20 43	20 50	20 56
56	02 39	03 40	04 25	20 18	20 34	20 45	20 54
54	02 56	03 51	04 32	20 07	20 26	20 41	20 53
52	03 10	04 00	04 39	19 57	20 20	20 37	20 51
50	03 22	04 08	04 45	19 48	20 13	20 33	20 50
45	03 46	04 26	04 58	19 28	20 00	20 26	20 47
N 40	04 04	04 39	05 09	19 13	19 49	20 19	20 45
35	04 18	04 51	05 18	19 00	19 39	20 13	20 43
30	04 30	05 00	05 26	18 48	19 31	20 08	20 41
20	04 49	05 16	05 39	18 28	19 16	19 59	20 38
N 10	05 03	05 29	05 51	18 11	19 04	19 52	20 36
0	05 15	05 40	06 02	17 54	18 52	19 44	20 33
S 10	05 26	05 51	06 12	17 38	18 40	19 37	20 31
20	05 35	06 01	06 24	17 20	18 27	19 29	20 28
30	05 43	06 12	06 37	17 00	18 12	19 20	20 25
35	05 48	06 18	06 44	16 48	18 03	19 15	20 23
40	05 52	06 24	06 52	16 34	17 53	19 09	20 21
45	05 57	06 31	07 02	16 18	17 41	19 02	20 19
S 50	06 01	06 40	07 14	15 58	17 27	18 54	20 16
52	06 03	06 43	07 19	15 48	17 21	18 50	20 15
54	06 05	06 47	07 25	15 37	17 13	18 46	20 14
56	06 08	06 52	07 32	15 25	17 05	18 41	20 12
58	06 10	06 57	07 39	15 10	16 55	18 36	20 10
S 60	06 13	07 02	07 47	14 53	16 44	18 30	20 08

Moonset

Lat.	Sunset	Twilight Civil	Twilight Naut.	Moonset 11	12	13	14
°	h m	h m	h m	h m	h m	h m	h m
N 72	22 02	////	////	■■■	■■■	03 49	06 33
N 70	21 26	////	////	■■■	■■■	04 20	06 44
68	21 00	22 45	////	■■■	01 59	04 42	06 53
66	20 41	22 01	////	■■■	02 40	04 59	07 01
64	20 25	21 33	////	00 43	03 07	05 13	07 07
62	20 13	21 11	22 54	01 24	03 28	05 25	07 12
60	20 02	20 54	22 21	01 52	03 45	05 35	07 17
N 58	19 52	20 40	21 48	02 13	04 00	05 43	07 21
56	19 44	20 28	21 28	02 31	04 12	05 51	07 25
54	19 37	20 18	21 12	02 46	04 22	05 57	07 28
52	19 30	20 09	20 58	02 59	04 32	06 03	07 31
50	19 24	20 00	20 47	03 10	04 40	06 09	07 34
45	19 11	19 44	20 23	03 34	04 58	06 20	07 39
N 40	19 01	19 30	20 06	03 52	05 12	06 30	07 44
35	18 52	19 19	19 51	04 08	05 24	06 38	07 48
30	18 44	19 09	19 40	04 21	05 34	06 45	07 52
20	18 31	18 54	19 21	04 44	05 52	06 57	07 58
N 10	18 19	18 41	19 06	05 04	06 08	07 07	08 03
0	18 08	18 30	18 55	05 22	06 22	07 17	08 08
S 10	17 58	18 20	18 45	05 40	06 36	07 27	08 13
20	17 47	18 09	18 36	06 00	06 51	07 37	08 18
30	17 34	17 59	18 27	06 22	07 09	07 49	08 24
35	17 27	17 53	18 23	06 35	07 19	07 55	08 27
40	17 18	17 47	18 18	06 50	07 30	08 03	08 31
45	17 09	17 39	18 14	07 07	07 43	08 11	08 35
S 50	16 57	17 31	18 09	07 29	07 59	08 22	08 40
52	16 52	17 28	18 08	07 39	08 06	08 27	08 42
54	16 46	17 24	18 05	07 50	08 15	08 32	08 45
56	16 39	17 19	18 03	08 03	08 24	08 38	08 48
58	16 32	17 14	18 01	08 18	08 34	08 44	08 51
S 60	16 24	17 09	17 59	08 36	08 46	08 51	08 54

SUN / MOON

Day	SUN Eqn. of Time 00h	12h	Mer. Pass.	MOON Mer. Pass. Upper	Lower	Age	Phase
d	m s	m s	h m	h m	h m	d	%
11	05 19	05 14	12 05	24 08	11 38	14	99
12	05 09	05 04	12 05	00 08	12 37	15	100 ○
13	04 59	04 53	12 05	01 05	13 31	16	97

航海学

502

2022 AUGUST 14, 15, 16 (SUN., MON., TUES.)

UT	ARIES GHA	VENUS −3.9 GHA	Dec	MARS +0.0 GHA	Dec	JUPITER −2.8 GHA	Dec	SATURN +0.2 GHA	Dec	STARS Name	SHA	Dec
14 00	322 23.9	197 16.1	N20 02.4	268 06.5	N17 47.5	314 11.3	N 1 54.3	357 38.4	S15 25.3	Acamar	315 13.2	S40 12.6
01	337 26.3	212 15.3	01.8	283 07.5	47.8	329 13.9	54.2	12 41.1	25.4	Achernar	335 21.4	S57 07.1
02	352 28.8	227 14.6	01.2	298 08.4	48.2	344 16.5	54.2	27 43.7	25.4	Acrux	173 02.7	S63 13.6
03	7 31.3	242 13.9 ..	00.6	313 09.3 ..	48.6	359 19.1 ..	54.1	42 46.4 ..	25.5	Adhara	255 07.7	S28 59.9
04	22 33.7	257 13.2	20 00.0	328 10.2	49.0	14 21.7	54.0	57 49.0	25.5	Aldebaran	290 42.0	N16 33.3
05	37 36.2	272 12.4	19 59.4	343 11.1	49.4	29 24.2	54.0	72 51.7	25.6			
06	52 38.7	287 11.7	N19 58.8	358 12.1	N17 49.7	44 26.8	N 1 53.9	87 54.3	S15 25.7	Alioth	166 15.1	N55 50.6
07	67 41.1	302 11.0	58.2	13 13.0	50.1	59 29.4	53.9	102 57.0	25.7	Alkaid	152 53.8	N49 12.4
08	82 43.6	317 10.3	57.6	28 13.9	50.5	74 32.0	53.8	117 59.6	25.8	Alnair	27 34.9	S46 51.0
S 09	97 46.0	332 09.5 ..	56.9	43 14.8 ..	50.9	89 34.6 ..	53.7	133 02.3 ..	25.9	Alnilam	275 39.9	S 1 11.1
U 10	112 48.5	347 08.8	56.3	58 15.8	51.3	104 37.1	53.7	148 04.9	25.9	Alphard	217 50.0	S 8 45.2
N 11	127 51.0	2 08.1	55.7	73 16.7	51.6	119 39.7	53.6	163 07.5	26.0			
D 12	142 53.4	17 07.4	N19 55.1	88 17.6	N17 52.0	134 42.3	N 1 53.5	178 10.2	S15 26.1	Alphecca	126 05.4	N26 38.6
A 13	157 55.9	32 06.6	54.5	103 18.5	52.4	149 44.9	53.5	193 12.8	26.1	Alpheratz	357 36.5	N29 12.8
Y 14	172 58.4	47 05.9	53.9	118 19.4	52.8	164 47.5	53.4	208 15.5	26.2	Altair	62 01.6	N 8 55.8
15	188 00.8	62 05.2 ..	53.2	133 20.4 ..	53.1	179 50.1 ..	53.4	223 18.1 ..	26.2	Ankaa	353 08.8	S42 10.8
16	203 03.3	77 04.5	52.6	148 21.3	53.5	194 52.6	53.3	238 20.8	26.3	Antares	112 18.1	S26 28.9
17	218 05.8	92 03.7	52.0	163 22.2	53.9	209 55.2	53.2	253 23.4	26.3			
18	233 08.2	107 03.0	N19 51.4	178 23.1	N17 54.3	224 57.8	N 1 53.2	268 26.1	S15 26.4	Arcturus	145 49.8	N19 04.1
19	248 10.7	122 02.3	50.8	193 24.1	54.6	240 00.4	53.1	283 28.7	26.5	Atria	107 13.9	S69 04.3
20	263 13.2	137 01.6	50.1	208 25.0	55.0	255 03.0	53.0	298 31.4	26.6	Avior	234 16.1	S59 34.7
21	278 15.6	152 00.8 ..	49.5	223 25.9 ..	55.4	270 05.6 ..	53.0	313 34.0 ..	26.6	Bellatrix	278 25.2	N 6 22.3
22	293 18.1	167 00.1	48.9	238 26.8	55.8	285 08.2	52.9	328 36.7	26.7	Betelgeuse	270 54.4	N 7 24.7
23	308 20.5	181 59.4	48.3	253 27.8	56.1	300 10.7	52.8	343 39.3	26.8			
15 00	323 23.0	196 58.7	N19 47.6	268 28.7	N17 56.5	315 13.3	N 1 52.8	358 42.0	S15 26.8	Canopus	263 53.6	S52 42.2
01	338 25.5	211 58.0	47.0	283 29.6	56.9	330 15.9	52.7	13 44.6	26.9	Capella	280 25.0	N46 01.1
02	353 27.9	226 57.2	46.4	298 30.5	57.3	345 18.5	52.6	28 47.2	27.0	Deneb	49 26.7	N45 21.7
03	8 30.4	241 56.5 ..	45.7	313 31.5 ..	57.6	0 21.1 ..	52.6	43 49.9 ..	27.0	Denebola	182 27.2	N14 27.0
04	23 32.9	256 55.8	45.1	328 32.4	58.0	15 23.7	52.5	58 52.5	27.1	Diphda	348 49.1	S17 51.6
05	38 35.3	271 55.1	44.5	343 33.3	58.4	30 26.3	52.5	73 55.2	27.1			
06	53 37.8	286 54.4	N19 43.9	358 34.3	N17 58.8	45 28.9	N 1 52.4	88 57.8	S15 27.2	Dubhe	193 44.1	N61 38.0
07	68 40.3	301 53.6	43.2	13 35.2	59.1	60 31.5	52.3	104 00.5	27.3	Elnath	278 04.6	N28 37.5
08	83 42.7	316 52.9	42.6	28 36.1	59.5	75 34.0	52.3	119 03.1	27.3	Eltanin	90 42.8	N51 29.4
M 09	98 45.2	331 52.2 ..	41.9	43 37.0	17 59.9	90 36.6 ..	52.2	134 05.8 ..	27.4	Enif	33 40.4	N 9 58.8
O 10	113 47.6	346 51.5	41.3	58 38.0	18 00.2	105 39.2	52.1	149 08.4	27.5	Fomalhaut	15 16.4	S29 30.1
N 11	128 50.1	1 50.8	40.7	73 38.9	00.6	120 41.8	52.1	164 11.1	27.5			
D 12	143 52.6	16 50.1	N19 40.0	88 39.8	N18 01.0	135 44.4	N 1 52.0	179 13.7	S15 27.6	Gacrux	171 54.2	S57 14.5
A 13	158 55.0	31 49.3	39.4	103 40.7	01.4	150 47.0	51.9	194 16.4	27.7	Gienah	175 45.9	S17 39.9
Y 14	173 57.5	46 48.6	38.7	118 41.7	01.7	165 49.6	51.9	209 19.0	27.7	Hadar	148 39.0	S60 29.1
15	189 00.0	61 47.9 ..	38.1	133 42.6 ..	02.1	180 52.2 ..	51.8	224 21.7 ..	27.8	Hamal	327 53.3	N23 34.1
16	204 02.4	76 47.2	37.5	148 43.5	02.5	195 54.8	51.7	239 24.3	27.8	Kaus Aust.	83 34.9	S34 22.5
17	219 04.9	91 46.5	36.8	163 44.5	02.8	210 57.4	51.7	254 27.0	27.9			
18	234 07.4	106 45.8	N19 36.2	178 45.4	N18 03.2	226 00.0	N 1 51.6	269 29.6	S15 28.0	Kochab	137 19.9	N74 04.1
19	249 09.8	121 45.1	35.5	193 46.3	03.6	241 02.5	51.5	284 32.2	28.0	Markab	13 31.6	N15 19.6
20	264 12.3	136 44.3	34.9	208 47.3	03.9	256 05.1	51.5	299 34.9	28.1	Menkar	314 08.2	N 4 10.7
21	279 14.8	151 43.6 ..	34.2	223 48.2 ..	04.3	271 07.7 ..	51.4	314 37.5 ..	28.2	Menkent	148 00.1	S36 28.9
22	294 17.2	166 42.9	33.6	238 49.1	04.7	286 10.3	51.3	329 40.2	28.2	Miaplacidus	221 39.6	S69 48.5
23	309 19.7	181 42.2	32.9	253 50.0	05.0	301 12.9	51.3	344 42.8	28.3			
16 00	324 22.1	196 41.5	N19 32.3	268 51.0	N18 05.4	316 15.5	N 1 51.2	359 45.5	S15 28.4	Mirfak	308 31.1	N49 56.2
01	339 24.6	211 40.8	31.6	283 51.9	05.8	331 18.1	51.1	14 48.1	28.4	Nunki	75 49.9	S26 16.1
02	354 27.1	226 40.1	31.0	298 52.8	06.1	346 20.7	51.1	29 50.8	28.5	Peacock	53 08.3	S56 39.8
03	9 29.5	241 39.4 ..	30.3	313 53.8 ..	06.5	1 23.3 ..	51.0	44 53.4 ..	28.5	Pollux	243 20.1	N27 58.3
04	24 32.0	256 38.7	29.7	328 54.7	06.9	16 25.9	50.9	59 56.1	28.6	Procyon	244 53.2	N 5 10.1
05	39 34.5	271 37.9	29.0	343 55.6	07.2	31 28.5	50.8	74 58.7	28.7			
06	54 36.9	286 37.2	N19 28.4	358 56.6	N18 07.6	46 31.1	N 1 50.8	90 01.4	S15 28.7	Rasalhague	96 00.2	N12 32.8
07	69 39.4	301 36.5	27.7	13 57.5	08.0	61 33.7	50.7	105 04.0	28.8	Regulus	207 36.9	N11 51.6
08	84 41.9	316 35.8	27.0	28 58.4	08.3	76 36.3	50.6	120 06.7	28.9	Rigel	281 05.9	S 8 10.4
T 09	99 44.3	331 35.1 ..	26.4	43 59.4 ..	08.7	91 38.9 ..	50.6	135 09.3 ..	28.9	Rigil Kent.	139 43.2	S60 55.8
U 10	114 46.8	346 34.4	25.7	59 00.3	09.1	106 41.5	50.5	150 11.9	29.0	Sabik	102 04.9	S15 45.1
E 11	129 49.3	1 33.7	25.1	74 01.2	09.4	121 44.1	50.4	165 14.6	29.1			
S 12	144 51.7	16 33.0	N19 24.4	89 02.2	N18 09.8	136 46.7	N 1 50.4	180 17.2	S15 29.1	Schedar	349 32.9	N56 39.5
D 13	159 54.2	31 32.3	23.7	104 03.1	10.2	151 49.3	50.3	195 19.9	29.2	Shaula	96 12.8	S37 07.3
A 14	174 56.6	46 31.6	23.1	119 04.0	10.5	166 51.9	50.2	210 22.5	29.2	Sirius	258 28.2	S16 44.6
Y 15	189 59.1	61 30.9 ..	22.4	134 05.0 ..	10.9	181 54.5 ..	50.2	225 25.2 ..	29.3	Spica	158 24.5	S11 16.6
16	205 01.6	76 30.2	21.7	149 05.9	11.3	196 57.1	50.1	240 27.8	29.4	Suhail	222 48.2	S43 31.3
17	220 04.0	91 29.4	21.1	164 06.9	11.6	211 59.7	50.0	255 30.5	29.4			
18	235 06.5	106 28.7	N19 20.4	179 07.8	N18 12.0	227 02.3	N 1 50.0	270 33.1	S15 29.5	Vega	80 34.2	N38 48.5
19	250 09.0	121 28.0	19.7	194 08.7	12.3	242 04.9	49.9	285 35.8	29.6	Zuben'ubi	136 58.2	S16 08.1
20	265 11.4	136 27.3	19.1	209 09.7	12.7	257 07.5	49.8	300 38.4	29.6		SHA	Mer.Pass.
21	280 13.9	151 26.6 ..	18.4	224 10.6 ..	13.1	272 10.1 ..	49.7	315 41.1 ..	29.7	Venus	233 35.7	10 53
22	295 16.4	166 25.9	17.7	239 11.5	13.4	287 12.7	49.7	330 43.7	29.8	Mars	305 05.7	6 06
23	310 18.8	181 25.2	17.0	254 12.5	13.8	302 15.3	49.6	345 46.4	29.8	Jupiter	351 50.3	2 59
Mer. Pass.	h m 2 26.1	v −0.7	d 0.6	v 0.9	d 0.4	v 2.6	d 0.1	v 2.6	d 0.1	Saturn	35 18.9	0 05

2022 AUGUST 14, 15, 16 (SUN., MON., TUES.)

Day	UT (h)	SUN GHA	SUN Dec	MOON GHA	v	MOON Dec	d	HP
d	h	° ′	° ′	° ′	′	° ′	′	′
14	00	178 48.1	N14 25.7	331 55.4	10.8	S 8 48.6	15.6	59.5
	01	193 48.2	24.9	346 25.2	11.0	8 33.0	15.5	59.4
	02	208 48.3	24.1	0 55.2	11.0	8 17.5	15.6	59.4
	03	223 48.4	. . 23.4	15 25.2	11.1	8 01.9	15.6	59.4
	04	238 48.6	22.6	29 55.3	11.2	7 46.3	15.7	59.3
	05	253 48.7	21.8	44 25.5	11.3	7 30.6	15.6	59.3
	06	268 48.8	N14 21.1	58 55.8	11.3	S 7 15.0	15.7	59.3
	07	283 48.9	20.3	73 26.1	11.4	6 59.3	15.7	59.2
	08	298 49.0	19.5	87 56.5	11.5	6 43.6	15.7	59.2
S	09	313 49.2	. . 18.8	102 27.0	11.6	6 27.9	15.7	59.2
U	10	328 49.3	18.0	116 57.6	11.6	6 12.2	15.7	59.1
N	11	343 49.4	17.2	131 28.2	11.7	5 56.5	15.8	59.1
D	12	358 49.5	N14 16.4	145 58.9	11.8	S 5 40.7	15.7	59.0
A	13	13 49.6	15.7	160 29.7	11.9	5 25.0	15.8	59.0
Y	14	28 49.7	14.9	175 00.6	11.9	5 09.2	15.7	59.0
	15	43 49.9	. . 14.1	189 31.5	12.0	4 53.5	15.8	58.9
	16	58 50.0	13.3	204 02.5	12.0	4 37.7	15.8	58.9
	17	73 50.1	12.6	218 33.5	12.1	4 21.9	15.7	58.9
	18	88 50.2	N14 11.8	233 04.6	12.2	S 4 06.2	15.8	58.8
	19	103 50.4	11.0	247 35.8	12.3	3 50.4	15.8	58.8
	20	118 50.5	10.2	262 07.1	12.3	3 34.6	15.7	58.8
	21	133 50.6	. . 09.5	276 38.4	12.3	3 18.9	15.8	58.7
	22	148 50.7	08.7	291 09.7	12.4	3 03.1	15.8	58.7
	23	163 50.8	07.9	305 41.1	12.5	2 47.3	15.7	58.6
15	00	178 51.0	N14 07.1	320 12.6	12.5	S 2 31.6	15.7	58.6
	01	193 51.1	06.4	334 44.1	12.6	2 15.9	15.8	58.6
	02	208 51.2	05.6	349 15.7	12.6	2 00.1	15.7	58.5
	03	223 51.3	. . 04.8	3 47.3	12.7	1 44.4	15.7	58.5
	04	238 51.5	04.0	18 19.0	12.8	1 28.7	15.7	58.5
	05	253 51.6	03.2	32 50.8	12.7	1 13.0	15.6	58.4
	06	268 51.7	N14 02.5	47 22.5	12.9	S 0 57.4	15.7	58.4
	07	283 51.8	01.7	61 54.4	12.8	0 41.7	15.6	58.3
	08	298 51.9	00.9	76 26.2	13.0	0 26.1	15.7	58.3
M	09	313 52.1	14 00.1	90 58.2	12.9	S 0 10.4	15.6	58.3
O	10	328 52.2	13 59.3	105 30.1	13.0	N 0 05.2	15.5	58.2
N	11	343 52.3	58.6	120 02.1	13.1	0 20.7	15.6	58.2
D	12	358 52.4	N13 57.8	134 34.2	13.1	N 0 36.3	15.5	58.1
A	13	13 52.6	57.0	149 06.3	13.1	0 51.8	15.5	58.1
Y	14	28 52.7	56.2	163 38.4	13.2	1 07.3	15.5	58.1
	15	43 52.8	. . 55.4	178 10.6	13.2	1 22.8	15.5	58.0
	16	58 52.9	54.6	192 42.8	13.2	1 38.2	15.5	58.0
	17	73 53.1	53.9	207 15.0	13.3	1 53.7	15.4	58.0
	18	88 53.2	N13 53.1	221 47.3	13.3	N 2 09.1	15.3	57.9
	19	103 53.3	52.3	236 19.6	13.3	2 24.4	15.3	57.9
	20	118 53.5	51.5	250 51.9	13.3	2 39.7	15.3	57.8
	21	133 53.6	. . 50.7	265 24.2	13.4	2 55.0	15.3	57.8
	22	148 53.7	49.9	279 56.6	13.4	3 10.3	15.2	57.8
	23	163 53.8	49.2	294 29.0	13.5	3 25.5	15.2	57.7
16	00	178 54.0	N13 48.4	309 01.5	13.5	N 3 40.7	15.1	57.7
	01	193 54.1	47.6	323 34.0	13.5	3 55.8	15.1	57.6
	02	208 54.2	46.8	338 06.5	13.5	4 10.9	15.1	57.6
	03	223 54.3	. . 46.0	352 39.0	13.5	4 26.0	15.0	57.6
	04	238 54.5	45.2	7 11.5	13.6	4 41.0	15.0	57.5
	05	253 54.6	44.4	21 44.1	13.5	4 56.0	15.0	57.5
	06	268 54.7	N13 43.6	36 16.6	13.6	N 5 11.0	14.9	57.5
	07	283 54.9	42.8	50 49.2	13.7	5 25.9	14.8	57.4
T	08	298 55.0	42.1	65 21.9	13.6	5 40.7	14.8	57.4
U	09	313 55.1	. . 41.3	79 54.5	13.6	5 55.5	14.8	57.3
E	10	328 55.3	40.5	94 27.1	13.7	6 10.3	14.7	57.3
S	11	343 55.4	39.7	108 59.8	13.7	6 25.0	14.7	57.3
D	12	358 55.5	N13 38.9	123 32.5	13.6	N 6 39.7	14.6	57.2
A	13	13 55.6	38.1	138 05.1	13.7	6 54.3	14.5	57.2
Y	14	28 55.8	37.3	152 37.8	13.7	7 08.8	14.5	57.1
	15	43 55.9	. . 36.5	167 10.5	13.8	7 23.3	14.5	57.1
	16	58 56.0	35.7	181 43.3	13.7	7 37.8	14.4	57.1
	17	73 56.2	34.9	196 16.0	13.7	7 52.2	14.4	57.0
	18	88 56.3	N13 34.1	210 48.7	13.7	N 8 06.6	14.3	57.0
	19	103 56.4	33.3	225 21.4	13.8	8 20.9	14.2	57.0
	20	118 56.6	32.5	239 54.2	13.7	8 35.1	14.2	56.9
	21	133 56.7	. . 31.8	254 26.9	13.8	8 49.3	14.1	56.9
	22	148 56.8	31.0	268 59.7	13.7	9 03.4	14.1	56.9
	23	163 57.0	30.2	283 32.4	13.7	N 9 17.5	14.0	56.8
		SD 15.8	d 0.8	SD 16.1		15.8		15.6

Lat.	Twilight Naut.	Twilight Civil	Sunrise	Moonrise 14	Moonrise 15	Moonrise 16	Moonrise 17
°	h m	h m	h m	h m	h m	h m	h m
N 72	////	////	02 24	21 16	20 44	20 11	19 28
N 70	////	////	02 56	21 12	20 48	20 24	19 54
68	////	01 43	03 19	21 08	20 51	20 34	20 14
66	////	02 21	03 37	21 05	20 54	20 42	20 29
64	////	02 47	03 52	21 02	20 56	20 49	20 43
62	01 31	03 06	04 04	21 00	20 58	20 55	20 54
60	02 06	03 22	04 14	20 58	20 59	21 01	21 03
N 58	02 30	03 36	04 23	20 56	21 01	21 06	21 12
56	02 48	03 47	04 31	20 54	21 02	21 10	21 19
54	03 04	03 57	04 38	20 53	21 03	21 14	21 26
52	03 17	04 06	04 44	20 51	21 04	21 17	21 32
50	03 28	04 13	04 50	20 50	21 05	21 21	21 37
45	03 50	04 30	05 02	20 47	21 08	21 28	21 49
N 40	04 07	04 42	05 11	20 45	21 09	21 34	21 59
35	04 21	04 53	05 20	20 43	21 11	21 39	22 07
30	04 32	05 02	05 27	20 41	21 13	21 43	22 15
20	04 50	05 17	05 40	20 38	21 15	21 51	22 28
N 10	05 04	05 29	05 51	20 36	21 17	21 58	22 39
0	05 15	05 40	06 01	20 33	21 20	22 05	22 50
S 10	05 25	05 50	06 11	20 31	21 22	22 11	23 01
20	05 33	05 59	06 22	20 28	21 24	22 19	23 12
30	05 41	06 09	06 34	20 25	21 27	22 27	23 26
35	05 45	06 15	06 41	20 23	21 28	22 32	23 34
40	05 49	06 20	06 48	20 21	21 30	22 37	23 43
45	05 52	06 27	06 57	20 19	21 32	22 43	23 53
S 50	05 56	06 34	07 08	20 16	21 35	22 51	24 06
52	05 58	06 38	07 13	20 15	21 36	22 55	24 12
54	06 00	06 42	07 19	20 14	21 37	22 59	24 19
56	06 02	06 46	07 25	20 12	21 39	23 03	24 26
58	06 04	06 50	07 32	20 10	21 40	23 08	24 34
S 60	06 06	06 55	07 39	20 08	21 42	23 14	24 44

Lat.	Sunset	Twilight Civil	Twilight Naut.	Moonset 14	Moonset 15	Moonset 16	Moonset 17
°	h m	h m	h m	h m	h m	h m	h m
N 72	21 39	////	////	06 33	08 51	11 04	13 23
N 70	21 09	23 32	////	06 44	08 52	10 54	12 59
68	20 47	22 19	////	06 53	08 52	10 46	12 41
66	20 29	21 44	////	07 01	08 53	10 40	12 27
64	20 15	21 19	23 36	07 07	08 53	10 34	12 15
62	20 03	21 00	22 31	07 12	08 53	10 30	12 05
60	19 53	20 44	21 59	07 17	08 53	10 26	11 57
N 58	19 45	20 31	21 36	07 21	08 54	10 22	11 49
56	19 37	20 20	21 18	07 25	08 54	10 19	11 43
54	19 30	20 10	21 03	07 28	08 54	10 16	11 37
52	19 24	20 02	20 51	07 31	08 54	10 14	11 32
50	19 18	19 54	20 40	07 34	08 54	10 12	11 27
45	19 07	19 39	20 18	07 39	08 54	10 07	11 17
N 40	18 57	19 26	20 01	07 44	08 55	10 02	11 09
35	18 49	19 15	19 47	07 48	08 55	09 59	11 01
30	18 41	19 06	19 36	07 52	08 55	09 56	10 55
20	18 29	18 52	19 19	07 58	08 55	09 50	10 44
N 10	18 18	18 40	19 05	08 03	08 55	09 46	10 35
0	18 08	18 29	18 54	08 08	08 55	09 41	10 26
S 10	17 58	18 20	18 45	08 13	08 56	09 37	10 17
20	17 47	18 10	18 36	08 18	08 56	09 32	10 08
30	17 36	18 00	18 28	08 24	08 56	09 27	09 58
35	17 29	17 55	18 25	08 27	08 56	09 23	09 51
40	17 21	17 49	18 21	08 31	08 56	09 20	09 45
45	17 12	17 43	18 17	08 35	08 56	09 16	09 37
S 50	17 01	17 35	18 13	08 40	08 56	09 11	09 27
52	16 56	17 32	18 12	08 42	08 56	09 09	09 23
54	16 51	17 28	18 10	08 45	08 56	09 07	09 18
56	16 45	17 24	18 08	08 48	08 56	09 04	09 12
58	16 38	17 20	18 06	08 51	08 56	09 01	09 07
S 60	16 30	17 15	18 05	08 54	08 56	08 58	09 00

Day	SUN Eqn. of Time 00^h	SUN Eqn. of Time 12^h	SUN Mer. Pass.	MOON Mer. Pass. Upper	MOON Mer. Pass. Lower	MOON Age	MOON Phase
d	m s	m s	h m	h m	h m	d	%
14	04 48	04 42	12 05	01 56	14 21	17	92
15	04 36	04 30	12 05	02 44	15 08	18	85
16	04 24	04 18	12 04	03 30	15 53	19	76

2022 AUGUST 17, 18, 19 (WED., THURS., FRI.)

UT	ARIES GHA	VENUS −3.9 GHA	Dec	MARS +0.0 GHA	Dec	JUPITER −2.8 GHA	Dec	SATURN +0.2 GHA	Dec	Star Name	SHA	Dec
17 00	325 21.3	196 24.5	N19 16.4	269 13.4	N18 14.1	317 17.9	N 1 49.5	0 49.0	S15 29.9	Acamar	315 13.2	S40 12.6
01	340 23.7	211 23.8	15.7	284 14.4	14.5	332 20.5	49.5	15 51.7	29.9	Achernar	335 21.4	S57 07.1
02	355 26.2	226 23.1	15.0	299 15.3	14.9	347 23.1	49.4	30 54.3	30.0	Acrux	173 02.8	S63 13.5
03	10 28.7	241 22.4 ..	14.3	314 16.2 ..	15.2	2 25.7 ..	49.3	45 56.9 ..	30.1	Adhara	255 07.7	S28 59.9
04	25 31.1	256 21.7	13.7	329 17.2	15.6	17 28.3	49.2	60 59.6	30.1	Aldebaran	290 42.0	N16 33.3
05	40 33.6	271 21.0	13.0	344 18.1	15.9	32 30.9	49.2	76 02.2	30.2			
W 06	55 36.1	286 20.3	N19 12.3	359 19.0	N18 16.3	47 33.5	N 1 49.1	91 04.9	S15 30.3	Alioth	166 15.1	N55 50.6
E 07	70 38.5	301 19.6	11.6	14 20.0	16.7	62 36.1	49.0	106 07.5	30.3	Alkaid	152 53.8	N49 12.4
D 08	85 41.0	316 18.9	10.9	29 20.9	17.0	77 38.7	49.0	121 10.2	30.4	Alnair	27 34.9	S46 51.0
N 09	100 43.5	331 18.2 ..	10.3	44 21.9 ..	17.4	92 41.3 ..	48.9	136 12.8 ..	30.5	Alnilam	275 39.9	S 1 11.1
E 10	115 45.9	346 17.5	09.6	59 22.8	17.7	107 43.9	48.9	151 15.5	30.5	Alphard	217 50.0	S 8 45.2
S 11	130 48.4	1 16.8	08.9	74 23.7	18.1	122 46.5	48.7	166 18.1	30.6			
D 12	145 50.9	16 16.1	N19 08.2	89 24.7	N18 18.5	137 49.1	N 1 48.7	181 20.8	S15 30.6	Alphecca	126 05.4	N26 38.6
A 13	160 53.3	31 15.4	07.5	104 25.6	18.8	152 51.7	48.6	196 23.4	30.7	Alpheratz	357 36.5	N29 12.8
Y 14	175 55.8	46 14.7	06.8	119 26.6	19.2	167 54.3	48.5	211 26.1	30.8	Altair	62 01.6	N 8 55.8
15	190 58.2	61 14.0 ..	06.1	134 27.5 ..	19.5	182 56.9 ..	48.5	226 28.7 ..	30.8	Ankaa	353 08.8	S42 10.8
16	206 00.7	76 13.3	05.5	149 28.5	19.9	197 59.5	48.4	241 31.4	30.9	Antares	112 18.2	S26 28.9
17	221 03.2	91 12.6	04.8	164 29.4	20.2	213 02.1	48.3	256 34.0	31.0			
18	236 05.6	106 11.9	N19 04.1	179 30.3	N18 20.6	228 04.7	N 1 48.2	271 36.6	S15 31.0	Arcturus	145 49.8	N19 04.1
19	251 08.1	121 11.2	03.4	194 31.3	21.0	243 07.3	48.2	286 39.3	31.1	Atria	107 14.0	S69 04.3
20	266 10.6	136 10.5	02.7	209 32.2	21.3	258 09.9	48.1	301 41.9	31.1	Avior	234 16.1	S59 34.7
21	281 13.0	151 09.8 ..	02.0	224 33.2 ..	21.7	273 12.6 ..	48.0	316 44.6 ..	31.2	Bellatrix	278 25.1	N 6 22.3
22	296 15.5	166 09.1	01.3	239 34.1	22.0	288 15.2	48.0	331 47.2	31.3	Betelgeuse	270 54.4	N 7 24.8
23	311 18.0	181 08.5	19 00.6	254 35.1	22.4	303 17.8	47.9	346 49.9	31.3			
18 00	326 20.4	196 07.8	N18 59.9	269 36.0	N18 22.7	318 20.4	N 1 47.8	1 52.5	S15 31.4	Canopus	263 53.6	S52 42.2
01	341 22.9	211 07.1	59.2	284 36.9	23.1	333 23.0	47.7	16 55.2	31.5	Capella	280 25.0	N46 01.1
02	356 25.3	226 06.4	58.5	299 37.9	23.4	348 25.6	47.7	31 57.8	31.5	Deneb	49 26.7	N45 21.7
03	11 27.8	241 05.7 ..	57.8	314 38.8 ..	23.8	3 28.2 ..	47.6	47 00.5 ..	31.6	Denebola	182 27.2	N14 27.0
04	26 30.3	256 05.0	57.1	329 39.8	24.1	18 30.8	47.5	62 03.1	31.7	Diphda	348 49.0	S17 51.6
05	41 32.7	271 04.3	56.4	344 40.7	24.5	33 33.4	47.4	77 05.8	31.7			
T 06	56 35.2	286 03.6	N18 55.7	359 41.7	N18 24.8	48 36.0	N 1 47.4	92 08.4	S15 31.8	Dubhe	193 44.1	N61 38.0
H 07	71 37.7	301 02.9	55.0	14 42.6	25.2	63 38.6	47.3	107 11.1	31.8	Elnath	278 04.5	N28 37.5
U 08	86 40.1	316 02.2	54.3	29 43.6	25.6	78 41.3	47.2	122 13.7	31.9	Eltanin	90 42.8	N51 29.4
R 09	101 42.6	331 01.5 ..	53.6	44 44.5 ..	25.9	93 43.9 ..	47.1	137 16.3 ..	32.0	Enif	33 40.4	N 9 58.8
S 10	116 45.1	346 00.8	52.9	59 45.5	26.3	108 46.5	47.1	152 19.0	32.0	Fomalhaut	15 16.3	S29 30.1
D 11	131 47.5	1 00.2	52.2	74 46.4	26.6	123 49.1	47.0	167 21.6	32.1			
A 12	146 50.0	15 59.5	N18 51.5	89 47.3	N18 27.0	138 51.7	N 1 46.9	182 24.3	S15 32.2	Gacrux	171 54.3	S57 14.4
Y 13	161 52.5	30 58.8	50.8	104 48.3	27.3	153 54.3	46.8	197 26.9	32.2	Gienah	175 45.9	S17 39.9
14	176 54.9	45 58.1	50.0	119 49.2	27.7	168 56.9	46.8	212 29.6	32.3	Hadar	148 39.0	S60 29.1
15	191 57.4	60 57.4 ..	49.3	134 50.2 ..	28.0	183 59.5 ..	46.7	227 32.2 ..	32.4	Hamal	327 53.3	N23 34.1
16	206 59.9	75 56.7	48.6	149 51.1	28.4	199 02.2	46.6	242 34.9	32.4	Kaus Aust.	83 34.9	S34 22.5
17	222 02.3	90 56.0	47.9	164 52.1	28.7	214 04.0	46.5	257 37.5	32.5			
18	237 04.8	105 55.3	N18 47.2	179 53.0	N18 29.1	229 07.4	N 1 46.5	272 40.2	S15 32.5	Kochab	137 20.0	N74 04.1
19	252 07.2	120 54.6	46.5	194 54.0	29.4	244 10.0	46.4	287 42.8	32.6	Markab	13 31.5	N15 19.6
20	267 09.7	135 54.0	45.8	209 54.9	29.8	259 12.6	46.3	302 45.5	32.7	Menkar	314 08.2	N 4 10.7
21	282 12.2	150 53.3 ..	45.0	224 55.9 ..	30.1	274 15.2 ..	46.2	317 48.1 ..	32.7	Menkent	148 00.1	S36 28.9
22	297 14.6	165 52.6	44.3	239 56.8	30.5	289 17.8	46.2	332 50.8	32.8	Miaplacidus	221 39.6	S69 48.4
23	312 17.1	180 51.9	43.6	254 57.8	30.8	304 20.4	46.1	347 53.4	32.9			
19 00	327 19.6	195 51.2	N18 42.9	269 58.7	N18 31.2	319 23.1	N 1 46.0	2 56.0	S15 32.9	Mirfak	308 31.1	N49 56.3
01	342 22.0	210 50.5	42.2	284 59.7	31.5	334 25.7	45.9	17 58.7	33.0	Nunki	75 49.9	S26 16.1
02	357 24.5	225 49.9	41.4	300 00.6	31.9	349 28.3	45.9	33 01.3	33.0	Peacock	53 08.3	S56 39.8
03	12 27.0	240 49.2 ..	40.7	315 01.6 ..	32.2	4 30.9 ..	45.8	48 04.0 ..	33.1	Pollux	243 20.0	N27 58.3
04	27 29.4	255 48.5	40.0	330 02.5	32.5	19 33.5	45.7	63 06.6	33.2	Procyon	244 52.0	N 5 10.1
05	42 31.9	270 47.8	39.3	345 03.5	32.9	34 36.1	45.6	78 09.3	33.2			
F 06	57 34.3	285 47.1	N18 38.6	0 04.4	N18 33.2	49 38.8	N 1 45.6	93 11.9	S15 33.3	Rasalhague	96 00.2	N12 32.8
R 07	72 36.8	300 46.4	37.8	15 05.4	33.6	64 41.4	45.5	108 14.6	33.4	Regulus	207 36.9	N11 51.6
I 08	87 39.3	315 45.8	37.1	30 06.4	33.9	79 44.0	45.4	123 17.2	33.4	Rigel	281 05.9	S 8 10.4
D 09	102 41.7	330 45.1 ..	36.4	45 07.3 ..	34.3	94 46.6 ..	45.3	138 19.9 ..	33.5	Rigil Kent.	139 43.2	S60 55.8
A 10	117 44.2	345 44.4	35.6	60 08.3	34.6	109 49.2	45.2	153 22.5	33.5	Sabik	102 04.9	S15 45.1
Y 11	132 46.7	0 43.7	34.9	75 09.2	35.0	124 51.9	45.2	168 25.2	33.6			
12	147 49.1	15 43.0	N18 34.2	90 10.2	N18 35.3	139 54.5	N 1 45.1	183 27.8	S15 33.7	Schedar	349 32.9	N56 39.5
13	162 51.6	30 42.4	33.4	105 11.1	35.7	154 57.1	45.0	198 30.4	33.7	Shaula	96 12.8	S37 07.3
14	177 54.1	45 41.7	32.7	120 12.1	36.0	169 59.7	44.9	213 33.1	33.8	Sirius	258 28.2	S16 44.6
15	192 56.5	60 41.0 ..	32.0	135 13.0 ..	36.3	185 02.3 ..	44.9	228 35.7 ..	33.9	Spica	158 24.6	S11 16.6
16	207 59.0	75 40.3	31.2	150 14.0	36.7	200 04.9	44.8	243 38.4	33.9	Suhail	222 48.2	S43 31.3
17	223 01.4	90 39.6	30.5	165 14.9	37.0	215 07.6	44.7	258 41.0	34.0			
18	238 03.9	105 39.0	N18 29.8	180 15.9	N18 37.4	230 10.2	N 1 44.6	273 43.7	S15 34.0	Vega	80 34.3	N38 48.5
19	253 06.4	120 38.3	29.0	195 16.9	37.7	245 12.8	44.5	288 46.3	34.1	Zuben'ubi	136 58.3	S16 08.1
20	268 08.8	135 37.6	28.3	210 17.8	38.1	260 15.4	44.5	303 49.0	34.2		SHA	Mer.Pass.
21	283 11.3	150 36.9 ..	27.6	225 18.8 ..	38.4	275 18.1 ..	44.4	318 51.6 ..	34.2	Venus	229 47.3	10 56
22	298 13.8	165 36.3	26.8	240 19.7	38.7	290 20.7	44.3	333 54.3	34.3	Mars	303 15.6	6 01
23	313 16.2	180 35.6	26.1	255 20.7	39.1	305 23.3	44.2	348 56.9	34.4	Jupiter	352 00.0	2 46
Mer.Pass. 2 14.3		v −0.7	d 0.7	v 0.9	d 0.4	v 2.6	d 0.1	v 2.6	d 0.1	Saturn	35 32.1	23 48

2022 SEPTEMBER 4, 5, 6 (SUN., MON., TUES.)

UT	SUN GHA	Dec	MOON GHA	v	Dec	d	HP
SUNDAY							
4 00	180 11.8	N 7 15.9	90 04.1	5.4	S25 00.6	6.7	59.0
01	195 12.0	14.9	104 28.5	5.3	25 07.3	6.6	59.0
02	210 12.3	14.0	118 52.8	5.3	25 13.9	6.3	59.1
03	225 12.5	.. 13.1	133 17.1	5.1	25 20.2	6.2	59.1
04	240 12.7	12.2	147 41.2	5.0	25 26.4	6.1	59.1
05	255 12.9	11.3	162 05.2	5.0	25 32.5	5.9	59.1
06	270 13.1	N 7 10.3	176 29.2	4.8	S25 38.4	5.7	59.1
07	285 13.3	09.4	190 53.0	4.8	25 44.1	5.5	59.2
08	300 13.5	08.5	205 16.8	4.7	25 49.6	5.4	59.2
09	315 13.7	.. 07.6	219 40.5	4.6	25 55.0	5.2	59.2
10	330 13.9	06.6	234 04.1	4.5	26 00.2	5.1	59.2
11	345 14.1	05.7	248 27.6	4.4	26 05.3	4.9	59.2
12	0 14.3	N 7 04.8	262 51.0	4.4	S26 10.2	4.7	59.3
13	15 14.5	03.9	277 14.4	4.3	26 14.9	4.5	59.3
14	30 14.7	02.9	291 37.7	4.2	26 19.4	4.3	59.3
15	45 14.9	.. 02.0	306 00.9	4.1	26 23.7	4.2	59.3
16	60 15.2	01.1	320 24.0	4.0	26 27.9	4.0	59.3
17	75 15.4	7 00.2	334 47.0	4.0	26 31.9	3.8	59.4
18	90 15.6	N 6 59.3	349 10.0	3.9	S26 35.7	3.7	59.4
19	105 15.8	58.3	3 32.9	3.9	26 39.4	3.5	59.4
20	120 16.0	57.4	17 55.8	3.8	26 42.9	3.2	59.4
21	135 16.2	.. 56.5	32 18.6	3.7	26 46.1	3.1	59.4
22	150 16.4	55.6	46 41.3	3.6	26 49.2	2.9	59.5
23	165 16.6	54.6	61 03.9	3.6	26 52.1	2.8	59.5
MONDAY							
5 00	180 16.8	N 6 53.7	75 26.5	3.6	S26 54.9	2.5	59.5
01	195 17.0	52.8	89 49.1	3.4	26 57.4	2.4	59.5
02	210 17.2	51.9	104 11.5	3.5	26 59.8	2.1	59.5
03	225 17.4	.. 50.9	118 34.0	3.4	27 01.9	2.0	59.5
04	240 17.7	50.0	132 56.4	3.3	27 03.9	1.8	59.6
05	255 17.9	49.1	147 18.7	3.3	27 05.7	1.6	59.6
06	270 18.1	N 6 48.1	161 41.0	3.2	S27 07.3	1.5	59.6
07	285 18.3	47.2	176 03.2	3.2	27 08.8	1.2	59.6
08	300 18.5	46.3	190 25.4	3.2	27 10.0	1.0	59.6
09	315 18.7	.. 45.4	204 47.6	3.1	27 11.0	0.9	59.6
10	330 18.9	44.4	219 09.7	3.1	27 11.9	0.6	59.7
11	345 19.1	43.5	233 31.8	3.1	27 12.5	0.5	59.7
12	0 19.3	N 6 42.6	247 53.9	3.0	S27 13.0	0.2	59.7
13	15 19.5	41.7	262 15.9	3.1	27 13.2	0.1	59.7
14	30 19.8	40.7	276 38.0	3.0	27 13.3	0.1	59.7
15	45 20.0	.. 39.8	291 00.0	2.9	27 13.2	0.3	59.7
16	60 20.2	38.9	305 21.9	3.0	27 12.9	0.6	59.8
17	75 20.4	37.9	319 43.9	2.9	27 12.3	0.7	59.8
18	90 20.6	N 6 37.0	334 05.8	3.0	S27 11.6	0.9	59.8
19	105 20.8	36.1	348 27.8	2.9	27 10.7	1.1	59.8
20	120 21.0	35.2	2 49.7	2.9	27 09.6	1.2	59.8
21	135 21.2	.. 34.2	17 11.6	2.9	27 08.4	1.5	59.8
22	150 21.4	33.3	31 33.5	2.9	27 06.9	1.7	59.8
23	165 21.7	32.4	45 55.4	2.9	27 05.2	1.9	59.9
TUESDAY							
6 00	180 21.9	N 6 31.4	60 17.3	2.9	S27 03.3	2.1	59.9
01	195 22.1	30.5	74 39.2	3.0	27 01.2	2.2	59.9
02	210 22.3	29.6	89 01.2	2.9	26 59.0	2.5	59.9
03	225 22.5	.. 28.6	103 23.1	2.9	26 56.5	2.6	59.9
04	240 22.7	27.7	117 45.0	3.0	26 53.9	2.9	59.9
05	255 22.9	26.8	132 07.0	2.9	26 51.0	3.0	59.9
06	270 23.1	N 6 25.9	146 28.9	3.0	S26 48.0	3.3	59.9
07	285 23.3	24.9	160 50.9	3.0	26 44.7	3.4	60.0
08	300 23.6	24.0	175 12.9	3.1	26 41.3	3.6	60.0
09	315 23.8	.. 23.1	189 35.0	3.0	26 37.7	3.8	60.0
10	330 24.0	22.1	203 57.0	3.1	26 33.9	4.0	60.0
11	345 24.2	21.2	218 19.1	3.2	26 29.9	4.2	60.0
12	0 24.4	N 6 20.3	232 41.3	3.1	S26 25.7	4.4	60.0
13	15 24.6	19.3	247 03.4	3.2	26 21.3	4.6	60.0
14	30 24.8	18.4	261 25.6	3.2	26 16.7	4.8	60.0
15	45 25.0	.. 17.5	275 47.8	3.3	26 11.9	4.9	60.0
16	60 25.3	16.5	290 10.1	3.3	26 07.0	5.2	60.0
17	75 25.5	15.6	304 32.4	3.4	26 01.8	5.3	60.0
18	90 25.7	N 6 14.7	318 54.8	3.4	S25 56.5	5.5	60.1
19	105 25.9	13.7	333 17.2	3.5	25 51.0	5.7	60.1
20	120 26.1	12.8	347 39.7	3.5	25 45.3	5.9	60.1
21	135 26.3	.. 11.9	2 02.2	3.5	25 39.4	6.1	60.1
22	150 26.5	10.9	16 24.7	3.7	25 33.3	6.2	60.1
23	165 26.8	10.0	30 47.4	3.6	S25 27.1	6.4	60.1
	SD 15.9	d 0.9	SD 16.1		16.3		16.3

Lat.	Twilight Naut.	Civil	Sunrise	Moonrise 4	5	6	7
°	h m	h m	h m	h m	h m	h m	h m
N 72	////	02 58	04 21	■■■	■■■	■■■	■■■
N 70	01 16	03 20	04 32	■■■	■■■	■■■	■■■
68	02 03	03 38	04 40	■■■	■■■	■■■	■■■
66	02 32	03 51	04 48	■■■	■■■	■■■	20 29
64	02 53	04 03	04 54	■■■	■■■	20 26	19 46
62	03 10	04 12	04 59	17 27	18 52	19 13	19 17
60	03 24	04 20	05 04	16 42	17 58	18 37	18 54
N 58	03 35	04 27	05 08	16 12	17 26	18 11	18 36
56	03 45	04 33	05 12	15 50	17 02	17 51	18 21
54	03 53	04 38	05 15	15 32	16 42	17 33	18 07
52	04 01	04 43	05 18	15 16	16 26	17 19	17 56
50	04 07	04 47	05 21	15 02	16 12	17 06	17 45
45	04 21	04 57	05 27	14 35	15 43	16 39	17 24
N 40	04 31	05 04	05 31	14 13	15 20	16 18	17 06
35	04 39	05 10	05 36	13 55	15 01	16 01	16 51
30	04 46	05 15	05 39	13 40	14 45	15 45	16 38
20	04 57	05 23	05 45	13 14	14 18	15 20	16 16
N 10	05 05	05 29	05 51	12 51	13 55	14 57	15 56
0	05 10	05 35	05 55	12 31	13 33	14 37	15 38
S 10	05 15	05 39	06 00	12 10	13 11	14 16	15 20
20	05 17	05 43	06 05	11 48	12 48	13 53	15 01
30	05 19	05 47	06 11	11 22	12 21	13 27	14 38
35	05 19	05 48	06 14	11 07	12 05	13 12	14 25
40	05 19	05 50	06 17	10 50	11 47	12 54	14 09
45	05 18	05 52	06 21	10 29	11 24	12 33	13 51
S 50	05 17	05 54	06 26	10 03	10 56	12 06	13 28
52	05 16	05 55	06 28	09 50	10 42	11 52	13 17
54	05 15	05 55	06 31	09 36	10 26	11 37	13 04
56	05 13	05 56	06 33	09 19	10 07	11 19	12 50
58	05 12	05 57	06 36	08 59	09 44	10 57	12 33
S 60	05 10	05 58	06 40	08 34	09 13	10 29	12 12

Lat.	Sunset	Twilight Civil	Naut.	Moonset 4	5	6	7
°	h m	h m	h m	h m	h m	h m	h m
N 72	19 34	20 55	////	■■■	■■■	■■■	■■■
N 70	19 23	20 33	22 31	■■■	■■■	■■■	■■■
68	19 15	20 17	21 49	■■■	■■■	■■■	■■■
66	19 07	20 03	21 21	■■■	■■■	■■■	23 31
64	19 01	19 53	21 01	■■■	■■■	21 25	24 14
62	18 56	19 44	20 45	19 59	20 46	22 37	24 42
60	18 52	19 36	20 31	20 44	21 40	23 13	25 03
N 58	18 48	19 29	20 20	21 14	22 12	23 39	25 21
56	18 44	19 23	20 11	21 36	22 36	23 59	25 36
54	18 41	19 18	20 03	21 55	22 55	24 16	00 16
52	18 38	19 13	19 55	22 11	23 12	24 30	00 30
50	18 36	19 09	19 49	22 25	23 26	24 43	00 43
45	18 30	19 00	19 36	22 53	23 55	25 09	01 09
N 40	18 25	18 53	19 26	23 15	24 17	00 17	01 29
35	18 21	18 47	19 17	23 33	24 36	00 36	01 46
30	18 18	18 42	19 10	23 49	24 52	00 52	02 01
20	18 12	18 34	19 00	24 16	00 16	01 19	02 25
N 10	18 07	18 28	18 53	24 39	00 39	01 42	02 47
0	18 02	18 23	18 47	25 00	01 00	02 03	03 06
S 10	17 57	18 18	18 43	00 19	01 22	02 25	03 26
20	17 53	18 15	18 40	00 40	01 45	02 48	03 47
30	17 47	18 11	18 39	01 04	02 11	03 14	04 11
35	17 44	18 09	18 39	01 19	02 27	03 30	04 25
40	17 41	18 08	18 39	01 36	02 46	03 48	04 41
45	17 37	18 06	18 40	01 56	03 08	04 10	05 00
S 50	17 32	18 04	18 42	02 21	03 36	04 38	05 24
52	17 30	18 04	18 43	02 33	03 50	04 51	05 36
54	17 28	18 03	18 44	02 47	04 06	05 07	05 49
56	17 25	18 02	18 45	03 04	04 25	05 25	06 04
58	17 22	18 02	18 47	03 23	04 48	05 47	06 21
S 60	17 19	18 01	18 49	03 48	05 18	06 16	06 43

Day	SUN Eqn. of Time 00h	12h	Mer. Pass.	MOON Mer. Pass. Upper	Lower	Age	Phase
d	m s	m s	h m	h m	h m	d	%
4	00 47	00 57	11 59	18 45	06 15	08	59
5	01 07	01 17	11 59	19 48	07 16	09	70
6	01 27	01 37	11 58	20 51	08 20	10	80

2022 SEPTEMBER 7, 8, 9 (WED., THURS., FRI.)

UT	ARIES GHA	VENUS −3.9 GHA	Dec	MARS −0.3 GHA	Dec	JUPITER −2.9 GHA	Dec	SATURN +0.3 GHA	Dec	STARS Name	SHA	Dec
7 00	346 03.2	191 21.2	N11 49.6	277 49.7	N20 42.8	339 42.7	N 1 00.5	22 58.9	S15 59.6	Acamar	315 13.0	S40 12.6
01	1 05.7	206 20.7	48.5	292 50.8	43.0	354 45.4	00.4	38 01.5	59.6	Achernar	335 21.2	S57 07.1
02	16 08.1	221 20.2	47.4	307 51.9	43.5	9 48.1	00.3	53 04.1	59.7	Acrux	173 02.9	S63 13.5
03	31 10.6	236 19.7 ..	46.4	322 53.1 ..	43.5	24 50.8 ..	00.1	68 06.7 ..	59.7	Adhara	255 07.6	S28 59.9
04	46 13.1	251 19.2	45.3	337 54.2	43.7	39 53.6	1 00.0	83 09.4	59.8	Aldebaran	290 41.8	N16 33.3
05	61 15.5	266 18.7	44.2	352 55.3	44.0	54 56.3	0 59.9	98 12.0	59.8			
06	76 18.0	281 18.2	N11 43.2	7 56.5	N20 44.2	69 59.0	N 0 59.8	113 14.6	S15 59.9	Alioth	166 15.2	N55 50.5
W 07	91 20.4	296 17.7	42.1	22 57.6	44.4	85 01.7	59.7	128 17.2	15 59.9	Alkaid	152 53.9	N49 12.3
E 08	106 22.9	311 17.2	41.0	37 58.7	44.7	100 04.5	59.5	143 19.8	16 00.0	Alnair	27 34.9	S46 51.1
D 09	121 25.4	326 16.7 ..	40.0	52 59.9 ..	44.9	115 07.2 ..	59.4	158 22.5 ..	00.0	Alnilam	275 39.7	S 1 11.1
N 10	136 27.8	341 16.2	38.9	68 01.0	45.1	130 09.9	59.3	173 25.1	00.1	Alphard	217 49.9	S 8 45.2
E 11	151 30.3	356 15.7	37.8	83 02.2	45.4	145 12.6	59.2	188 27.7	00.1			
S 12	166 32.8	11 15.2	N11 36.8	98 03.3	N20 45.6	160 15.4	N 0 59.1	203 30.3	S16 00.2	Alphecca	126 05.5	N26 38.6
D 13	181 35.2	26 14.7	35.7	113 04.4	45.8	175 18.1	58.9	218 33.0	00.2	Alpheratz	357 36.4	N29 12.9
A 14	196 37.7	41 14.3	34.6	128 05.6	46.1	190 20.8	58.8	233 35.6	00.3	Altair	62 01.6	N 8 55.8
Y 15	211 40.2	56 13.8 ..	33.5	143 06.7 ..	46.3	205 23.5 ..	58.7	248 38.2 ..	00.3	Ankaa	353 08.7	S42 10.9
16	226 42.6	71 13.3	32.5	158 07.8	46.5	220 26.3	58.6	263 40.8	00.4	Antares	112 18.2	S26 28.9
17	241 45.1	86 12.8	31.4	173 09.0	46.7	235 29.0	58.5	278 43.4	00.5			
18	256 47.6	101 12.3	N11 30.3	188 10.1	N20 47.0	250 31.7	N 0 58.3	293 46.1	S16 00.5	Arcturus	145 49.9	N19 04.1
19	271 50.0	116 11.8	29.2	203 11.3	47.2	265 34.5	58.2	308 48.7	00.6	Atria	107 14.2	S69 04.3
20	286 52.5	131 11.3	28.2	218 12.4	47.4	280 37.2	58.1	323 51.3	00.6	Avior	234 16.0	S59 34.6
21	301 54.9	146 10.8 ..	27.1	233 13.6 ..	47.7	295 39.9 ..	58.0	338 53.9 ..	00.7	Bellatrix	278 25.0	N 6 22.3
22	316 57.4	161 10.3	26.0	248 14.7	47.9	310 42.6	57.9	353 56.6	00.7	Betelgeuse	270 54.2	N 7 24.8
23	331 59.9	176 09.8	24.9	263 15.8	48.1	325 45.4	57.7	8 59.2	00.8			
8 00	347 02.3	191 09.3	N11 23.8	278 17.0	N20 48.3	340 48.1	N 0 57.6	24 01.8	S16 00.8	Canopus	263 53.4	S52 42.1
01	2 04.8	206 08.8	22.8	293 18.1	48.6	355 50.8	57.5	39 04.4	00.9	Capella	280 24.8	N46 01.1
02	17 07.3	221 08.3	21.7	308 19.3	48.8	10 53.6	57.4	54 07.0	00.9	Deneb	49 26.7	N45 21.8
03	32 09.7	236 07.8 ..	20.6	323 20.4 ..	49.0	25 56.3 ..	57.2	69 09.7 ..	01.0	Denebola	182 27.2	N14 26.9
04	47 12.2	251 07.3	19.5	338 21.6	49.3	40 59.0	57.1	84 12.3	01.0	Diphda	348 48.9	S17 51.6
05	62 14.7	266 06.8	18.4	353 22.7	49.5	56 01.8	57.0	99 14.9	01.1			
06	77 17.1	281 06.3	N11 17.4	8 23.8	N20 49.7	71 04.5	N 0 56.9	114 17.5	S16 01.1	Dubhe	193 44.0	N61 37.9
T 07	92 19.6	296 05.8	16.3	23 25.0	49.9	86 07.2	56.8	129 20.1	01.2	Elnath	278 04.3	N28 37.5
H 08	107 22.1	311 05.4	15.2	38 26.1	50.2	101 09.9	56.6	144 22.8	01.2	Eltanin	90 43.0	N51 29.4
U 09	122 24.5	326 04.9 ..	14.1	53 27.3 ..	50.4	116 12.7 ..	56.5	159 25.4 ..	01.3	Enif	33 40.4	N 9 58.8
R 10	137 27.0	341 04.4	13.0	68 28.4	50.6	131 15.4	56.4	174 28.0	01.3	Fomalhaut	15 16.3	S29 30.1
S 11	152 29.4	356 03.9	12.0	83 29.6	50.8	146 18.1	56.3	189 30.6	01.4			
D 12	167 31.9	11 03.4	N11 10.9	98 30.7	N20 51.1	161 20.9	N 0 56.2	204 33.2	S16 01.4	Gacrux	171 54.3	S57 14.4
A 13	182 34.4	26 02.9	09.8	113 31.9	51.3	176 23.6	56.0	219 35.9	01.5	Gienah	175 45.9	S17 39.9
Y 14	197 36.8	41 02.4	08.7	128 33.0	51.5	191 26.3	55.9	234 38.5	01.5	Hadar	148 39.2	S60 29.0
15	212 39.3	56 01.9 ..	07.6	143 34.2 ..	51.7	206 29.1 ..	55.8	249 41.1 ..	01.6	Hamal	327 53.1	N23 34.1
16	227 41.8	71 01.4	06.5	158 35.3	52.0	221 31.8	55.7	264 43.7	01.6	Kaus Aust.	83 34.9	S34 22.5
17	242 44.2	86 01.0	05.4	173 36.5	52.2	236 34.5	55.5	279 46.3	01.7			
18	257 46.7	101 00.5	N11 04.3	188 37.6	N20 52.4	251 37.3	N 0 55.4	294 49.0	S16 01.7	Kochab	137 20.4	N74 04.0
19	272 49.2	116 00.0	03.3	203 38.8	52.6	266 40.0	55.3	309 51.6	01.8	Markab	13 31.5	N15 19.7
20	287 51.6	130 59.5	02.2	218 40.0	52.9	281 42.7	55.2	324 54.2	01.8	Menkar	314 08.0	N 4 10.8
21	302 54.1	145 59.0 ..	01.1	233 41.1 ..	53.1	296 45.5 ..	55.1	339 56.8 ..	01.9	Menkent	148 00.2	S36 28.9
22	317 56.5	160 58.5	11 00.0	248 42.3	53.3	311 48.2	54.9	354 59.4	01.9	Miaplacidus	221 39.5	S69 48.3
23	332 59.0	175 58.0	10 58.9	263 43.4	53.5	326 50.9	54.8	10 02.1	02.0			
9 00	348 01.5	190 57.5	N10 57.8	278 44.6	N20 53.7	341 53.7	N 0 54.7	25 04.7	S16 02.0	Mirfak	308 30.8	N49 56.3
01	3 03.9	205 57.1	56.7	293 45.7	54.0	356 56.4	54.6	40 07.3	02.1	Nunki	75 50.0	S26 16.1
02	18 06.4	220 56.6	55.6	308 46.9	54.2	11 59.1	54.4	55 09.9	02.1	Peacock	53 08.3	S56 39.8
03	33 08.9	235 56.1 ..	54.5	323 48.0 ..	54.4	27 01.9 ..	54.3	70 12.5 ..	02.2	Pollux	243 19.9	N27 58.3
04	48 11.3	250 55.6	53.4	338 49.2	54.6	42 04.6	54.2	85 15.2	02.2	Procyon	244 53.1	N 5 10.2
05	63 13.8	265 55.1	52.3	353 50.4	54.9	57 07.3	54.1	100 17.8	02.3			
06	78 16.3	280 54.6	N10 51.2	8 51.5	N20 55.1	72 10.1	N 0 53.9	115 20.4	S16 02.3	Rasalhague	96 00.3	N12 32.8
07	93 18.7	295 54.2	50.1	23 52.7	55.3	87 12.8	53.8	130 23.0	02.4	Regulus	207 36.8	N11 51.6
08	108 21.2	310 53.7	49.1	38 53.8	55.5	102 15.5	53.7	145 25.6	02.4	Rigel	281 05.7	S 8 10.4
F 09	123 23.7	325 53.2 ..	48.0	53 55.0 ..	55.7	117 18.3 ..	53.6	160 28.3 ..	02.5	Rigil Kent.	139 43.3	S60 55.8
R 10	138 26.1	340 52.7	46.9	68 56.2	56.0	132 21.0	53.5	175 30.9	02.5	Sabik	102 05.0	S15 45.1
I 11	153 28.6	355 52.2	45.8	83 57.3	56.2	147 23.7	53.3	190 33.5	02.6			
D 12	168 31.0	10 51.7	N10 44.7	98 58.5	N20 56.4	162 26.5	N 0 53.2	205 36.1	S16 02.6	Schedar	349 32.7	N56 39.6
A 13	183 33.5	25 51.3	43.6	113 59.6	56.6	177 29.2	53.1	220 38.7	02.7	Shaula	96 12.9	S37 07.3
Y 14	198 36.0	40 50.8	42.5	129 00.8	56.8	192 32.0	53.0	235 41.3	02.7	Sirius	258 28.1	S16 44.6
15	213 38.4	55 50.3 ..	41.4	144 02.0 ..	57.1	207 34.7 ..	52.8	250 44.0 ..	02.8	Spica	158 24.6	S11 16.6
16	228 40.9	70 49.8	40.3	159 03.1	57.3	222 37.4	52.7	265 46.6	02.8	Suhail	222 48.1	S43 31.2
17	243 43.4	85 49.3	39.2	174 04.3	57.5	237 40.2	52.6	280 49.2	02.9			
18	258 45.8	100 48.9	N10 38.1	189 05.5	N20 57.7	252 42.9	N 0 52.5	295 51.8	S16 02.9	Vega	80 34.4	N38 48.5
19	273 48.3	115 48.4	37.0	204 06.6	57.9	267 45.6	52.3	310 54.4	03.0	Zuben'ubi	136 58.3	S16 08.1
20	288 50.8	130 47.9	35.9	219 07.8	58.2	282 48.4	52.2	325 57.0	03.0		SHA	Mer. Pass.
21	303 53.2	145 47.4 ..	34.8	234 09.0 ..	58.4	297 51.1 ..	52.1	340 59.7 ..	03.1	Venus	204 07.0	11 16
22	318 55.7	160 46.9	33.7	249 10.1	58.6	312 53.8	52.1	356 02.3	03.1	Mars	291 14.6	5 26
23	333 58.1	175 46.5	32.6	264 11.3	58.8	327 56.6	51.9	11 04.9	03.2	Jupiter	353 45.8	1 17
Mer. Pass. 0 51.7		v −0.5 d 1.1		v 1.1 d 0.2		v 2.7 d 0.1		v 2.6 d 0.1		Saturn	36 59.5	22 20

2022 SEPTEMBER 7, 8, 9 (WED., THURS., FRI.)

UT	SUN GHA	SUN Dec	MOON GHA	v	MOON Dec	d	HP
d h	° ′	° ′	° ′	′	° ′	′	′
7 00	180 27.0	N 6 09.1	45 10.0	3.8	S25 20.7	6.7	60.1
01	195 27.2	08.1	59 32.8	3.8	25 14.0	6.7	60.1
02	210 27.4	07.2	73 55.6	3.9	25 07.3	7.0	60.1
03	225 27.6 ..	06.3	88 18.5	3.9	25 00.3	7.2	60.1
04	240 27.8	05.3	102 41.4	4.0	24 53.1	7.3	60.1
05	255 28.0	04.4	117 04.4	4.1	24 45.8	7.5	60.1
06	270 28.3	N 6 03.5	131 27.5	4.1	S24 38.3	7.6	60.1
W 07	285 28.5	02.5	145 50.6	4.2	24 30.7	7.9	60.1
E 08	300 28.7	01.6	160 13.8	4.3	24 22.8	8.0	60.1
D 09	315 28.9	6 00.7	174 37.1	4.4	24 14.8	8.1	60.1
N 10	330 29.1	5 59.7	189 00.5	4.4	24 06.7	8.4	60.1
E 11	345 29.3	58.8	203 23.9	4.5	23 58.3	8.5	60.1
S 12	0 29.5	N 5 57.8	217 47.4	4.6	S23 49.8	8.7	60.2
D 13	15 29.8	56.9	232 11.0	4.7	23 41.1	8.8	60.2
A 14	30 30.0	56.0	246 34.7	4.8	23 32.3	9.0	60.2
Y 15	45 30.2 ..	55.0	260 58.5	4.9	23 23.3	9.2	60.2
16	60 30.4	54.1	275 22.4	4.9	23 14.1	9.3	60.2
17	75 30.6	53.2	289 46.3	5.0	23 04.8	9.4	60.2
18	90 30.8	N 5 52.2	304 10.3	5.1	S22 55.4	9.7	60.2
19	105 31.0	51.3	318 34.4	5.2	22 45.7	9.7	60.2
20	120 31.3	50.4	332 58.6	5.3	22 36.0	10.0	60.2
21	135 31.5 ..	49.4	347 22.9	5.4	22 26.0	10.0	60.2
22	150 31.7	48.5	1 47.3	5.5	22 16.0	10.3	60.2
23	165 31.9	47.5	16 11.8	5.5	22 05.7	10.3	60.2
8 00	180 32.1	N 5 46.6	30 36.3	5.7	S21 55.4	10.6	60.2
01	195 32.3	45.7	45 01.0	5.7	21 44.8	10.6	60.2
02	210 32.6	44.7	59 25.7	5.9	21 34.2	10.8	60.1
03	225 32.8 ..	43.8	73 50.6	5.9	21 23.4	11.0	60.1
04	240 33.0	42.8	88 15.5	6.1	21 12.4	11.1	60.1
05	255 33.2	41.9	102 40.6	6.1	21 01.3	11.2	60.1
06	270 33.4	N 5 41.0	117 05.7	6.2	S20 50.1	11.3	60.1
T 07	285 33.6	40.0	131 30.9	6.3	20 38.8	11.5	60.1
H 08	300 33.9	39.1	145 56.2	6.5	20 27.3	11.6	60.1
U 09	315 34.1 ..	38.1	160 21.7	6.5	20 15.7	11.7	60.1
R 10	330 34.3	37.2	174 47.2	6.6	20 04.0	11.9	60.1
S 11	345 34.5	36.3	189 12.8	6.7	19 52.1	12.0	60.1
D 12	0 34.7	N 5 35.3	203 38.5	6.8	S19 40.1	12.1	60.1
A 13	15 34.9	34.4	218 04.3	6.9	19 28.0	12.2	60.1
Y 14	30 35.2	33.4	232 30.2	7.0	19 15.8	12.4	60.1
15	45 35.4 ..	32.5	246 56.2	7.1	19 03.4	12.5	60.1
16	60 35.6	31.6	261 22.3	7.2	18 50.9	12.5	60.1
17	75 35.8	30.6	275 48.5	7.3	18 38.4	12.7	60.1
18	90 36.0	N 5 29.7	290 14.8	7.5	S18 25.7	12.8	60.1
19	105 36.2	28.7	304 41.3	7.5	18 12.9	13.0	60.0
20	120 36.5	27.8	319 07.8	7.5	17 59.9	13.0	60.0
21	135 36.7 ..	26.9	333 34.3	7.7	17 46.9	13.1	60.0
22	150 36.9	25.9	348 01.0	7.8	17 33.8	13.2	60.0
23	165 37.1	25.0	2 27.8	7.9	17 20.6	13.4	60.0
9 00	180 37.3	N 5 24.0	16 54.7	8.0	S17 07.2	13.4	60.0
01	195 37.5	23.1	31 21.7	8.1	16 53.8	13.5	60.0
02	210 37.8	22.2	45 48.8	8.2	16 40.3	13.7	60.0
03	225 38.0 ..	21.2	60 16.0	8.3	16 26.6	13.7	60.0
04	240 38.2	20.3	74 43.3	8.3	16 12.9	13.8	59.9
05	255 38.4	19.3	89 10.6	8.5	15 59.1	13.9	59.9
06	270 38.6	N 5 18.4	103 38.1	8.6	S15 45.2	14.0	59.9
07	285 38.8	17.4	118 05.7	8.6	15 31.2	14.0	59.9
F 08	300 39.1	16.5	132 33.3	8.8	15 17.2	14.2	59.9
R 09	315 39.3 ..	15.6	147 01.1	8.8	15 03.0	14.2	59.9
I 10	330 39.5	14.6	161 28.9	8.9	14 48.8	14.3	59.9
D 11	345 39.7	13.7	175 56.8	9.1	14 34.5	14.4	59.8
A 12	0 39.9	N 5 12.7	190 24.9	9.1	S14 20.1	14.5	59.8
Y 13	15 40.2	11.8	204 53.0	9.2	14 05.6	14.6	59.8
14	30 40.4	10.8	219 21.2	9.3	13 51.0	14.6	59.8
15	45 40.6 ..	09.9	233 49.5	9.4	13 36.4	14.7	59.8
16	60 40.8	08.9	248 17.9	9.5	13 21.7	14.7	59.8
17	75 41.0	08.0	262 46.4	9.5	13 07.0	14.8	59.7
18	90 41.3	N 5 07.1	277 14.9	9.7	S12 52.2	14.9	59.7
19	105 41.5	06.1	291 43.6	9.7	12 37.3	15.0	59.7
20	120 41.7	05.2	306 12.3	9.8	12 22.3	15.0	59.7
21	135 41.9 ..	04.2	320 41.1	9.9	12 07.3	15.0	59.7
22	150 42.1	03.3	335 10.0	10.0	11 52.3	15.1	59.7
23	165 42.3	02.3	349 39.0	10.1	S11 37.2	15.2	59.6
	SD 15.9	d 0.9	SD 16.4		16.4		16.3

Moonrise

Lat.	Twilight Naut.	Twilight Civil	Sunrise	7	8	9	10
°	h m	h m	h m	h m	h m	h m	h m
N 72	00 35	03 16	04 35	■■■	22 05	20 06	19 44
N 70	01 48	03 35	04 44	■■■	20 57	20 06	19 35
68	02 23	03 50	04 51	■■■	20 20	19 49	19 28
66	02 47	04 02	04 57	20 29	19 54	19 35	19 22
64	03 06	04 12	05 03	19 46	19 33	19 24	19 16
62	03 21	04 21	05 07	19 17	19 16	19 14	19 12
60	03 33	04 28	05 11	18 54	19 02	19 06	19 08
N 58	03 43	04 34	05 15	18 36	18 50	18 58	19 04
56	03 52	04 39	05 18	18 21	18 39	18 52	19 01
54	04 00	04 44	05 20	18 07	18 30	18 46	18 58
52	04 06	04 48	05 23	17 56	18 22	18 41	18 56
50	04 12	04 52	05 25	17 45	18 14	18 36	18 53
45	04 25	05 00	05 30	17 24	17 58	18 25	18 48
N 40	04 34	05 07	05 34	17 06	17 45	18 16	18 44
35	04 42	05 12	05 38	16 51	17 33	18 09	18 40
30	04 48	05 17	05 41	16 38	17 23	18 02	18 37
20	04 58	05 24	05 46	16 16	17 06	17 51	18 31
N 10	05 05	05 29	05 50	15 56	16 51	17 40	18 26
0	05 10	05 34	05 54	15 38	16 37	17 31	18 21
S 10	05 13	05 37	05 58	15 20	16 22	17 21	18 16
20	05 15	05 40	06 03	15 01	16 07	17 11	18 11
30	05 15	05 43	06 07	14 38	15 49	16 59	18 05
35	05 15	05 44	06 10	14 25	15 39	16 52	18 02
40	05 14	05 45	06 13	14 09	15 27	16 44	17 58
45	05 13	05 47	06 16	13 51	15 13	16 35	17 53
S 50	05 10	05 48	06 20	13 28	14 56	16 23	17 48
52	05 09	05 48	06 22	13 17	14 48	16 18	17 45
54	05 07	05 48	06 23	13 04	14 39	16 12	17 43
56	05 06	05 49	06 26	12 50	14 28	16 06	17 40
58	05 04	05 49	06 28	12 33	14 17	15 59	17 36
S 60	05 01	05 49	06 31	12 11	14 03	15 50	17 32

Moonset

Lat.	Sunset	Twilight Civil	Twilight Naut.	7	8	9	10
°	h m	h m	h m	h m	h m	h m	h m
N 72	19 18	20 35	22 59	■■■	23 59	27 29	03 29
N 70	19 09	20 16	22 00	■■■	■■■	01 05	03 48
68	19 02	20 02	21 28	■■■	■■■	01 41	04 03
66	18 56	19 51	21 04	23 31	26 06	02 06	04 14
64	18 51	19 41	20 46	24 14	00 14	02 25	04 24
62	18 46	19 33	20 32	24 42	00 42	02 41	04 32
60	18 43	19 26	20 20	25 03	01 03	02 54	04 39
N 58	18 39	19 20	20 10	25 21	01 21	03 05	04 45
56	18 36	19 15	20 02	25 36	01 36	03 15	04 51
54	18 34	19 10	19 54	00 16	01 48	03 23	04 56
52	18 31	19 06	19 48	00 30	01 59	03 31	05 00
50	18 29	19 02	19 42	00 43	02 09	03 38	05 04
45	18 24	18 54	19 30	01 09	02 30	03 52	05 12
N 40	18 20	18 48	19 20	01 29	02 46	04 04	05 19
35	18 17	18 43	19 13	01 46	03 00	04 14	05 25
30	18 14	18 38	19 07	02 01	03 12	04 23	05 31
20	18 09	18 31	18 57	02 25	03 33	04 38	05 40
N 10	18 05	18 26	18 51	02 47	03 53	04 50	05 48
0	18 01	18 22	18 46	03 06	04 07	05 03	05 55
S 10	17 57	18 18	18 43	03 26	04 23	05 15	06 02
20	17 53	18 15	18 41	03 47	04 40	05 27	06 10
30	17 49	18 13	18 40	04 11	05 00	05 42	06 18
35	17 46	18 12	18 41	04 25	05 11	05 50	06 23
40	17 43	18 11	18 42	04 41	05 24	05 59	06 29
45	17 40	18 10	18 44	05 00	05 40	06 10	06 35
S 50	17 36	18 09	18 46	05 24	05 58	06 23	06 43
52	17 35	18 08	18 48	05 36	06 07	06 29	06 46
54	17 33	18 08	18 49	05 49	06 17	06 36	06 50
56	17 31	18 08	18 51	06 04	06 28	06 43	06 54
58	17 29	18 08	18 53	06 21	06 40	06 52	06 59
S 60	17 26	18 08	18 56	06 43	06 55	07 01	07 04

Day	SUN Eqn. of Time 00h	SUN Eqn. of Time 12h	SUN Mer. Pass.	MOON Mer. Pass. Upper	MOON Mer. Pass. Lower	Age	Phase
d	m s	m s	h m	h m	h m	d	%
7	01 47	01 58	11 58	21 53	09 22	11	88	
8	02 08	02 18	11 58	22 50	10 22	12	95	◯
9	02 29	02 39	11 57	23 43	11 17	13	99	

2022 SEPTEMBER 10, 11, 12 (SAT., SUN., MON.)

UT (d h)	ARIES GHA	VENUS −3.9 GHA	Dec	MARS −0.3 GHA	Dec	JUPITER −2.9 GHA	Dec	SATURN +0.4 GHA	Dec	STARS Name	SHA	Dec
10 00	349 00.6	190 46.0	N10 31.5	279 12.5	N20 59.0	342 59.3	N 0 51.7	26 07.5	S16 03.2	Acamar	315 13.0	S40 12.6
01	4 03.1	205 45.5	30.3	294 13.6	59.2	358 02.1	51.6	41 10.1	03.3	Achernar	335 21.2	S57 07.1
02	19 05.5	220 45.0	29.2	309 14.8	59.5	13 04.8	51.5	56 12.8	03.3	Acrux	173 02.9	S63 13.4
03	34 08.0	235 44.6	.. 28.1	324 16.0	.. 59.7	28 07.5	.. 51.4	71 15.4	.. 03.4	Adhara	255 07.5	S28 59.9
04	49 10.5	250 44.1	27.0	339 17.1	20 59.9	43 10.3	51.2	86 18.0	03.4	Aldebaran	290 41.8	N16 33.3
05	64 12.9	265 43.6	25.9	354 18.3	21 00.1	58 13.0	51.1	101 20.6	03.5			
06	79 15.4	280 43.1	N10 24.8	9 19.5	N21 00.3	73 15.7	N 0 51.0	116 23.2	S16 03.5	Alioth	166 15.2	N55 50.5
S 07	94 17.9	295 42.6	23.7	24 20.7	00.5	88 18.5	50.9	131 25.8	03.6	Alkaid	152 53.9	N49 12.3
A 08	109 20.3	310 42.2	22.6	39 21.8	00.8	103 21.2	50.7	146 28.4	03.6	Alnair	27 34.9	S46 51.1
T 09	124 22.8	325 41.7	.. 21.5	54 23.0	.. 01.0	118 24.0	.. 50.6	161 31.1	.. 03.7	Alnilam	275 39.7	S 1 11.1
U 10	139 25.3	340 41.2	20.4	69 24.2	01.2	133 26.7	50.5	176 33.7	03.7	Alphard	217 49.9	S 8 45.2
R 11	154 27.7	355 40.7	19.3	84 25.4	01.4	148 29.4	50.4	191 36.3	03.8			
D 12	169 30.2	10 40.3	N10 18.2	99 26.5	N21 01.6	163 32.2	N 0 50.2	206 38.9	S16 03.8	Alphecca	126 05.5	N26 38.6
A 13	184 32.6	25 39.8	17.1	114 27.7	01.8	178 34.9	50.1	221 41.5	03.9	Alpheratz	357 36.4	N29 12.9
Y 14	199 35.1	40 39.3	15.9	129 28.9	02.1	193 37.7	50.0	236 44.1	03.9	Altair	62 01.6	N 8 55.8
15	214 37.6	55 38.9	.. 14.8	144 30.1	.. 02.3	208 40.4	.. 49.9	251 46.8	.. 04.0	Ankaa	353 08.6	S42 10.9
16	229 40.0	70 38.4	13.7	159 31.2	02.5	223 43.1	49.7	266 49.4	04.0	Antares	112 18.3	S26 28.9
17	244 42.5	85 37.9	12.6	174 32.4	02.7	238 45.9	49.6	281 52.0	04.1			
18	259 45.0	100 37.4	N10 11.5	189 33.6	N21 02.9	253 48.6	N 0 49.5	296 54.6	S16 04.1	Arcturus	145 49.9	N19 04.1
19	274 47.4	115 37.0	10.4	204 34.8	03.1	268 51.4	49.4	311 57.2	04.2	Atria	107 14.2	S69 04.3
20	289 49.9	130 36.5	09.3	219 36.0	03.3	283 54.1	49.2	326 59.8	04.2	Avior	234 16.0	S59 34.6
21	304 52.4	145 36.0	.. 08.2	234 37.1	.. 03.5	298 56.8	.. 49.1	342 02.4	.. 04.3	Bellatrix	278 25.0	N 6 22.3
22	319 54.8	160 35.6	07.0	249 38.3	03.7	313 59.6	49.0	357 05.1	04.3	Betelgeuse	270 54.2	N 7 24.8
23	334 57.3	175 35.1	05.9	264 39.5	04.0	329 02.3	48.9	12 07.7	04.4			
11 00	349 59.8	190 34.6	N10 04.8	279 40.7	N21 04.2	344 05.1	N 0 48.7	27 10.3	S16 04.4	Canopus	263 53.4	S52 42.1
01	5 02.2	205 34.1	03.7	294 41.9	04.4	359 07.8	48.6	42 12.9	04.5	Capella	280 24.7	N46 01.1
02	20 04.7	220 33.7	02.6	309 43.0	04.6	14 10.5	48.5	57 15.5	04.5	Deneb	49 26.8	N45 21.8
03	35 07.1	235 33.2	.. 01.5	324 44.2	.. 04.8	29 13.3	.. 48.4	72 18.1	.. 04.6	Denebola	182 27.2	N14 26.9
04	50 09.6	250 32.7	10 00.3	339 45.4	05.0	44 16.0	48.2	87 20.8	04.6	Diphda	348 48.9	S17 51.6
05	65 12.1	265 32.3	9 59.2	354 46.6	05.2	59 18.8	48.1	102 23.4	04.7			
06	80 14.5	280 31.8	N 9 58.1	9 47.8	N21 05.5	74 21.5	N 0 48.0	117 26.0	S16 04.7	Dubhe	193 44.0	N61 37.8
S 07	95 17.0	295 31.3	57.0	24 49.0	05.7	89 24.2	47.9	132 28.6	04.8	Elnath	278 04.3	N28 37.5
U 08	110 19.5	310 30.9	55.9	39 50.2	05.9	104 27.0	47.7	147 31.2	04.8	Eltanin	90 43.0	N51 29.4
N 09	125 21.9	325 30.4	.. 54.7	54 51.3	.. 06.1	119 29.7	.. 47.6	162 33.8	.. 04.8	Enif	33 40.4	N 9 58.8
D 10	140 24.4	340 29.9	53.6	69 52.5	06.3	134 32.5	47.5	177 36.4	04.9	Fomalhaut	15 16.3	S29 30.1
A 11	155 26.9	355 29.5	52.5	84 53.7	06.5	149 35.2	47.4	192 39.0	04.9			
Y 12	170 29.3	10 29.0	N 9 51.4	99 54.9	N21 06.7	164 38.0	N 0 47.2	207 41.7	S16 05.0	Gacrux	171 54.3	S57 14.4
13	185 31.8	25 28.5	50.3	114 56.1	06.9	179 40.7	47.1	222 44.3	05.0	Gienah	175 45.9	S17 39.9
14	200 34.2	40 28.1	49.1	129 57.3	07.1	194 43.4	47.0	237 46.9	05.1	Hadar	148 39.2	S60 29.0
15	215 36.7	55 27.6	.. 48.0	144 58.5	.. 07.3	209 46.2	.. 46.9	252 49.5	.. 05.1	Hamal	327 53.1	N23 34.2
16	230 39.2	70 27.1	46.9	159 59.7	07.6	224 48.9	46.7	267 52.1	05.2	Kaus Aust.	83 34.9	S34 22.5
17	245 41.6	85 26.7	45.8	175 00.9	07.8	239 51.7	46.6	282 54.7	05.2			
18	260 44.1	100 26.2	N 9 44.6	190 02.0	N21 08.0	254 54.4	N 0 46.5	297 57.3	S16 05.3	Kochab	137 20.4	N74 01.0
19	275 46.6	115 25.7	43.5	205 03.2	08.2	269 57.2	46.3	313 00.0	05.3	Markab	13 31.5	N15 19.7
20	290 49.0	130 25.3	42.4	220 04.4	08.4	284 59.9	46.2	328 02.6	05.4	Menkar	314 08.0	N 4 10.8
21	305 51.5	145 24.8	.. 41.3	235 05.6	.. 08.6	300 02.7	.. 46.1	343 05.2	.. 05.4	Menkent	148 00.9	S36 28.8
22	320 54.0	160 24.3	40.1	250 06.8	08.8	315 05.4	46.0	358 07.8	05.5	Miaplacidus	221 39.5	S69 48.3
23	335 56.4	175 23.9	39.0	265 08.0	09.0	330 08.1	45.8	13 10.4	05.5			
12 00	350 58.9	190 23.4	N 9 37.9	280 09.2	N21 09.2	345 10.9	N 0 45.7	28 13.0	S16 05.6	Mirfak	308 30.8	N49 56.3
01	6 01.4	205 22.9	36.7	295 10.4	09.4	0 13.6	45.6	43 15.6	05.6	Nunki	75 50.0	S26 16.1
02	21 03.8	220 22.5	35.6	310 11.6	09.6	15 16.4	45.5	58 18.2	05.7	Peacock	53 08.3	S56 39.9
03	36 06.3	235 22.0	.. 34.5	325 12.8	.. 09.8	30 19.1	.. 45.3	73 20.9	.. 05.7	Pollux	243 19.9	N27 58.0
04	51 08.7	250 21.6	33.4	340 14.0	10.1	45 21.9	45.2	88 23.5	05.8	Procyon	244 53.0	N 5 10.2
05	66 11.2	265 21.1	32.2	355 15.2	10.3	60 24.6	45.1	103 26.1	05.8			
06	81 13.7	280 20.6	N 9 31.1	10 16.4	N21 10.5	75 27.4	N 0 45.0	118 28.7	S16 05.9	Rasalhague	96 00.3	N12 32.8
M 07	96 16.1	295 20.2	30.0	25 17.6	10.7	90 30.1	44.8	133 31.3	05.9	Regulus	207 36.8	N11 51.6
O 08	111 18.6	310 19.7	28.8	40 18.8	10.9	105 32.8	44.7	148 33.9	06.0	Rigel	281 05.7	S 8 10.3
N 09	126 21.1	325 19.3	.. 27.7	55 20.0	.. 11.1	120 35.6	.. 44.6	163 36.5	.. 06.0	Rigil Kent.	139 43.4	S60 55.8
D 10	141 23.5	340 18.8	26.6	70 21.2	11.3	135 38.3	44.4	178 39.1	06.0	Sabik	102 05.0	S15 45.1
A 11	156 26.0	355 18.3	25.4	85 22.4	11.5	150 41.1	44.3	193 41.7	06.1			
Y 12	171 28.5	10 17.9	N 9 24.3	100 23.6	N21 11.7	165 43.8	N 0 44.2	208 44.4	S16 06.1	Schedar	349 32.7	N56 39.6
13	186 30.9	25 17.4	23.2	115 24.8	11.9	180 46.6	44.1	223 47.0	06.2	Shaula	96 12.9	S37 07.3
14	201 33.4	40 17.0	22.0	130 26.0	12.1	195 49.3	43.9	238 49.6	06.2	Sirius	258 28.1	S16 44.6
15	216 35.8	55 16.5	.. 20.9	145 27.2	.. 12.3	210 52.1	.. 43.8	253 52.2	.. 06.3	Spica	158 24.6	S11 16.6
16	231 38.3	70 16.0	19.8	160 28.4	12.5	225 54.8	43.7	268 54.8	06.3	Suhail	222 48.1	S43 31.2
17	246 40.8	85 15.6	18.6	175 29.6	12.7	240 57.6	43.6	283 57.4	06.4			
18	261 43.2	100 15.1	N 9 17.5	190 30.8	N21 12.9	256 00.3	N 0 43.4	299 00.0	S16 06.4	Vega	80 34.4	N38 48.5
19	276 45.7	115 14.7	16.4	205 32.0	13.1	271 03.1	43.3	314 02.6	06.5	Zuben'ubi	136 58.3	S16 08.1
20	291 48.2	130 14.2	15.2	220 33.2	13.3	286 05.8	43.2	329 05.2	06.5			
21	306 50.6	145 13.8	.. 14.1	235 34.4	.. 13.5	301 08.6	.. 43.1	344 07.8	.. 06.6			
22	321 53.1	160 13.3	13.0	250 35.7	13.7	316 11.3	42.9	359 10.5	06.6			
23	336 55.6	175 12.8	11.8	265 36.9	13.9	331 14.0	42.8	14 13.1	06.7			

	SHA	Mer. Pass.
	° ′	h m
Venus	200 34.9	11 18
Mars	289 40.9	5 21
Jupiter	354 05.3	1 03
Saturn	37 10.5	22 07

	ARIES	VENUS	MARS	JUPITER	SATURN
Mer. Pass.	h m 0 39.9	v −0.5 d 1.1	v 1.2 d 0.2	v 2.7 d 0.1	v 2.6 d 0.0

2022 SEPTEMBER 10, 11, 12 (SAT., SUN., MON.)

UT	SUN		MOON					Lat.	Twilight		Sunrise	Moonrise			
									Naut.	Civil		10	11	12	13
	GHA	Dec	GHA	v	Dec	d	HP								
d h	° ′	° ′	° ′	′	° ′	′	′	°	h m	h m	h m	h m	h m	h m	h m
N 72								N 72	01 27	03 33	04 49	19 44	19 10	18 37	17 59
10 00	180 42.6 N 5 01.4		4 08.1 10.1 S11 22.0 15.2 59.6					N 70	02 12	03 50	04 56	19 35	19 10	18 45	18 18
01	195 42.8 5 00.4		18 37.2 10.2 11 06.8 15.3 59.6					68	02 40	04 02	05 02	19 28	19 10	18 52	18 33
02	210 43.0 4 59.5		33 06.4 10.4 10 51.5 15.4 59.6					66	03 01	04 13	05 07	19 22	19 10	18 58	18 45
03	225 43.2 . . 58.5		47 35.8 10.3 10 36.1 15.3 59.6					64	03 17	04 22	05 11	19 16	19 10	19 03	18 56
04	240 43.4 57.6		62 05.1 10.5 10 20.8 15.5 59.5					62	03 31	04 29	05 15	19 12	19 09	19 07	19 05
05	255 43.7 56.7		76 34.6 10.6 10 05.3 15.4 59.5					60	03 42	04 35	05 18	19 08	19 09	19 11	19 12
06	270 43.9 N 4 55.7		91 04.2 10.6 S 9 49.9 15.5 59.5					N 58	03 51	04 41	05 21	19 04	19 09	19 14	19 19
07	285 44.1 54.8		105 33.8 10.7 9 34.4 15.6 59.5					56	03 59	04 45	05 24	19 01	19 09	19 17	19 25
S 08	300 44.3 53.8		120 03.5 10.7 9 18.8 15.6 59.4					54	04 06	04 50	05 26	18 58	19 09	19 20	19 31
A 09	315 44.5 . . 52.9		134 33.2 10.9 9 03.2 15.6 59.4					52	04 12	04 53	05 28	18 56	19 09	19 22	19 36
T 10	330 44.8 51.9		149 03.1 10.9 8 47.6 15.6 59.4					50	04 17	04 57	05 30	18 53	19 09	19 24	19 40
U 11	345 45.0 51.0		163 33.0 10.9 8 32.0 15.7 59.4					45	04 29	05 04	05 34	18 48	19 09	19 29	19 50
R 12	0 45.2 N 4 50.0		178 02.9 11.1 S 8 16.3 15.8 59.4					N 40	04 37	05 10	05 37	18 44	19 09	19 33	19 58
D 13	15 45.4 49.1		192 33.0 11.1 8 00.5 15.7 59.3					35	04 44	05 14	05 40	18 40	19 09	19 37	20 05
A 14	30 45.6 48.1		207 03.1 11.2 7 44.8 15.8 59.3					30	04 50	05 18	05 42	18 37	19 09	19 40	20 11
Y 15	45 45.9 . . 47.2		221 33.3 11.2 7 29.0 15.8 59.3					20	04 59	05 24	05 47	18 31	19 09	19 45	20 22
16	60 46.1 46.2		236 03.5 11.4 7 13.2 15.8 59.3					N 10	05 05	05 29	05 50	18 26	19 09	19 50	20 32
17	75 46.3 45.3		250 33.9 11.3 6 57.4 15.9 59.2					0	05 09	05 33	05 53	18 21	19 09	19 55	20 41
18	90 46.5 N 4 44.3		265 04.2 11.5 S 6 41.5 15.8 59.2					S 10	05 11	05 36	05 57	18 16	19 09	20 00	20 50
19	105 46.7 43.4		279 34.7 11.5 6 25.7 15.9 59.2					20	05 12	05 38	06 00	18 11	19 09	20 05	21 00
20	120 47.0 42.4		294 05.2 11.6 6 09.8 16.0 59.2					30	05 12	05 40	06 03	18 05	19 09	20 11	21 11
21	135 47.2 . . 41.5		308 35.8 11.6 5 53.8 15.9 59.1					35	05 11	05 40	06 05	18 02	19 09	20 14	21 18
22	150 47.4 40.5		323 06.4 11.7 5 37.9 15.9 59.1					40	05 09	05 41	06 08	17 58	19 09	20 18	21 25
23	165 47.6 39.6		337 37.1 11.7 5 22.0 16.0 59.1					45	05 07	05 41	06 10	17 53	19 09	20 22	21 34
11 00	180 47.8 N 4 38.6		352 07.8 11.8 S 5 06.0 15.9 59.0					S 50	05 04	05 41	06 13	17 48	19 09	20 28	21 45
01	195 48.1 37.7		6 38.6 11.8 4 50.1 16.0 59.0					52	05 02	05 41	06 15	17 45	19 09	20 30	21 50
02	210 48.3 36.7		21 09.4 12.0 4 34.1 16.0 59.0					54	05 00	05 41	06 16	17 43	19 09	20 33	21 56
03	225 48.5 . . 35.8		35 40.4 11.9 4 18.1 16.0 59.0					56	04 58	05 41	06 18	17 40	19 09	20 36	22 02
04	240 48.7 34.8		50 11.3 12.0 4 02.1 16.0 58.9					58	04 55	05 41	06 20	17 36	19 09	20 40	22 09
05	255 48.9 33.9		64 42.3 12.1 3 46.1 16.0 58.9					S 60	04 52	05 40	06 22	17 32	19 09	20 43	22 16

	SUN		MOON					Lat.	Sunset	Twilight		Moonset			
										Civil	Naut.	10	11	12	13
06	270 49.2 N 4 32.9		79 13.4 12.1 S 3 30.1 16.0 58.9					°	h m	h m	h m	h m	h m	h m	h m
07	285 49.4 32.0		93 44.5 12.1 3 14.1 16.0 58.9					N 72	19 02	20 16	22 16	03 29	05 58	08 13	10 31
08	300 49.6 31.0		108 15.6 12.3 2 58.1 16.0 58.8					N 70	18 55	20 00	21 35	03 48	06 03	08 09	10 14
S 09	315 49.8 . . 30.1		122 46.9 12.2 2 42.1 16.0 58.8					68	18 49	19 48	21 08	04 03	06 07	08 05	10 01
U 10	330 50.1 29.1		137 18.1 12.3 2 26.1 16.0 58.8					66	18 44	19 38	20 49	04 14	06 11	08 01	09 51
N 11	345 50.3 28.2		151 49.4 12.3 2 10.1 16.0 58.7					64	18 40	19 29	20 33	04 24	06 14	07 59	09 42
D 12	0 50.5 N 4 27.2		166 20.7 12.4 S 1 54.1 15.9 58.7					62	18 37	19 22	20 20	04 32	06 17	07 56	09 34
A 13	15 50.7 26.3		180 52.1 12.4 1 38.2 16.0 58.7					60	18 34	19 16	20 09	04 39	06 19	07 54	09 28
Y 14	30 50.9 25.3		195 23.5 12.5 1 22.2 16.0 58.6					N 58	18 31	19 11	20 00	04 45	06 21	07 52	09 22
15	45 51.2 . . 24.4		209 55.0 12.5 1 06.2 15.9 58.6					56	18 28	19 06	19 53	04 51	06 23	07 51	09 17
16	60 51.4 23.4		224 26.5 12.5 0 50.3 16.0 58.6					54	18 26	19 02	19 46	04 56	06 24	07 49	09 13
17	75 51.6 22.5		238 58.0 12.6 0 34.3 15.9 58.6					52	18 24	18 59	19 40	05 00	06 26	07 48	09 09
18	90 51.8 N 4 21.5		253 29.6 12.6 S 0 18.4 15.9 58.5					50	18 23	18 55	19 35	05 04	06 27	07 47	09 05
19	105 52.0 20.6		268 01.2 12.7 S 0 02.5 15.9 58.5					45	18 19	18 48	19 24	05 12	06 30	07 44	08 57
20	120 52.3 19.6		282 32.9 12.7 N 0 13.4 15.8 58.5					N 40	18 16	18 43	19 15	05 19	06 32	07 42	08 50
21	135 52.5 . . 18.7		297 04.6 12.7 0 29.2 15.9 58.4					35	18 13	18 38	19 08	05 25	06 34	07 40	08 45
22	150 52.7 17.7		311 36.3 12.7 0 45.1 15.8 58.4					30	18 10	18 35	19 03	05 31	06 36	07 39	08 40
23	165 52.9 16.8		326 08.0 12.8 1 00.9 15.8 58.4					20	18 06	18 29	18 54	05 40	06 39	07 36	08 31
12 00	180 53.2 N 4 15.8		340 39.8 12.8 N 1 16.7 15.8 58.3					N 10	18 03	18 24	18 49	05 48	06 41	07 33	08 24
01	195 53.4 14.9		355 11.6 12.8 1 32.5 15.8 58.3					0	18 00	18 21	18 45	05 55	06 44	07 31	08 17
02	210 53.6 13.9		9 43.4 12.9 1 48.3 15.7 58.3					S 10	17 57	18 18	18 42	06 02	06 46	07 29	08 10
03	225 53.8 . . 13.0		24 15.3 12.9 2 04.0 15.7 58.2					20	17 54	18 16	18 41	06 10	06 49	07 26	08 03
04	240 54.0 12.0		38 47.2 12.9 2 19.7 15.7 58.2					30	17 50	18 14	18 42	06 18	06 52	07 23	07 54
05	255 54.3 11.1		53 19.1 12.9 2 35.4 15.6 58.2					35	17 48	18 14	18 43	06 23	06 53	07 21	07 49
06	270 54.5 N 4 10.1		67 51.0 13.0 N 2 51.0 15.6 58.1					40	17 46	18 13	18 45	06 29	06 55	07 20	07 44
07	285 54.7 09.2		82 23.0 12.9 3 06.6 15.6 58.1					45	17 44	18 13	18 47	06 35	06 57	07 17	07 38
08	300 54.9 08.2		96 54.9 13.0 3 22.2 15.6 58.1					S 50	17 41	18 13	18 51	06 43	07 00	07 15	07 30
M 09	315 55.1 . . 07.3		111 26.9 13.0 3 37.8 15.5 58.0					52	17 40	18 13	18 52	06 46	07 01	07 14	07 27
O 10	330 55.4 06.3		125 58.9 13.1 3 53.3 15.5 58.0					54	17 38	18 13	18 54	06 50	07 02	07 12	07 23
N 11	345 55.6 05.3		140 31.0 13.0 4 08.8 15.4 58.0					56	17 37	18 14	18 56	06 54	07 03	07 11	07 19
D 12	0 55.8 N 4 04.4		155 03.0 13.1 N 4 24.2 15.4 57.9					58	17 35	18 14	19 00	06 59	07 05	07 09	07 14
A 13	15 56.0 03.4		169 35.1 13.1 4 39.6 15.3 57.9					S 60	17 33	18 14	19 03	07 04	07 06	07 08	07 09
Y 14	30 56.3 02.5		184 07.2 13.1 4 54.9 15.3 57.9												
15	45 56.5 . . 01.5		198 39.3 13.1 5 10.3 15.2 57.8												
16	60 56.7 4 00.6		213 11.4 13.1 5 25.5 15.3 57.8												
17	75 56.9 3 59.6		227 43.5 13.1 5 40.8 15.1 57.8							SUN			MOON		
18	90 57.1 N 3 58.7		242 15.6 13.2 N 5 55.9 15.2 57.7												
19	105 57.4 57.7		256 47.8 13.1 6 11.1 15.1 57.7					Day	Eqn. of Time		Mer.	Mer. Pass.		Age	Phase
20	120 57.6 56.8		271 19.9 13.2 6 26.2 15.0 57.7						00ʰ	12ʰ	Pass.	Upper	Lower		
21	135 57.8 . . 55.8		285 52.1 13.1 6 41.2 15.0 57.6					d	m s	m s	h m	h m	h m	d %	
22	150 58.0 54.8		300 24.2 13.2 6 56.2 15.0 57.6					10	02 50	03 00	11 57	24 33	12 08	14 100	◯
23	165 58.3 53.9		314 56.4 13.2 N 7 11.2 14.9 57.6					11	03 11	03 22	11 57	00 33	12 56	15 98	
	SD 15.9 d 1.0		SD 16.2 16.0 15.8					12	03 32	03 43	11 56	01 20	13 43	16 94	

2022 SEPTEMBER 13, 14, 15 (TUES., WED., THURS.)

UT	ARIES GHA	VENUS −3.9 GHA	VENUS Dec	MARS −0.4 GHA	MARS Dec	JUPITER −2.9 GHA	JUPITER Dec	SATURN +0.4 GHA	SATURN Dec	STARS Name	SHA	Dec
13 00	351 58.0	190 12.4	N 9 10.7	280 38.1	N21 14.1	346 16.8	N 0 42.7	29 15.7	S16 06.7	Acamar	315 13.0	S40 12.6
01	7 00.5	205 11.9	09.5	295 39.3	14.3	1 19.5	42.5	44 18.3	06.8	Achernar	335 21.1	S57 07.1
02	22 03.0	220 11.5	08.4	310 40.5	14.5	16 22.3	42.4	59 20.9	06.8	Acrux	173 02.9	S63 13.4
03	37 05.4	235 11.0 ..	07.3	325 41.7 ..	14.7	31 25.0 ..	42.3	74 23.5 ..	06.8	Adhara	255 07.5	S28 59.9
04	52 07.9	250 10.6	06.1	340 42.9	15.0	46 27.8	42.2	89 26.1	06.9	Aldebaran	290 41.8	N16 33.3
05	67 10.3	265 10.1	05.0	355 44.1	15.2	61 30.5	42.0	104 28.7	06.9			
06	82 12.8	280 09.7	N 9 03.8	10 45.3	N21 15.4	76 33.3	N 0 41.9	119 31.3	S16 07.0	Alioth	166 15.2	N55 50.4
07	97 15.3	295 09.2	02.7	25 46.6	15.6	91 36.0	41.8	134 33.9	07.0	Alkaid	152 53.9	N49 12.3
08	112 17.7	310 08.7	01.6	40 47.8	15.8	106 38.8	41.6	149 36.6	07.1	Alnair	27 34.9	S46 51.1
09	127 20.2	325 08.3	9 00.4	55 49.0 ..	16.0	121 41.5 ..	41.5	164 39.2 ..	07.1	Alnilam	275 39.7	S 1 11.1
10	142 22.7	340 07.8	8 59.3	70 50.2	16.2	136 44.3	41.4	179 41.8	07.2	Alphard	217 49.9	S 8 45.2
11	157 25.1	355 07.4	58.1	85 51.4	16.4	151 47.0	41.3	194 44.4	07.2			
12	172 27.6	10 06.9	N 8 57.0	100 52.6	N21 16.6	166 49.8	N 0 41.1	209 47.0	S16 07.3	Alphecca	126 05.5	N26 38.6
13	187 30.1	25 06.5	55.8	115 53.8	16.8	181 52.5	41.0	224 49.6	07.3	Alpheratz	357 36.4	N29 13.0
14	202 32.5	40 06.0	54.7	130 55.1	17.0	196 55.3	40.9	239 52.2	07.4	Altair	62 01.6	N 8 55.8
15	217 35.0	55 05.6 ..	53.5	145 56.3 ..	17.2	211 58.0 ..	40.7	254 54.8 ..	07.4	Ankaa	353 08.6	S42 10.9
16	232 37.4	70 05.1	52.4	160 57.5	17.4	227 00.8	40.6	269 57.4	07.4	Antares	112 18.3	S26 28.9
17	247 39.9	85 04.7	51.3	175 58.7	17.6	242 03.5	40.5	285 00.0	07.5			
18	262 42.4	100 04.2	N 8 50.1	190 59.9	N21 17.8	257 06.3	N 0 40.4	300 02.6	S16 07.5	Arcturus	145 49.9	N19 04.1
19	277 44.8	115 03.8	49.0	206 01.2	18.0	272 09.0	40.2	315 05.2	07.6	Atria	107 14.3	S69 04.3
20	292 47.3	130 03.3	47.8	221 02.4	18.2	287 11.8	40.1	330 07.9	07.6	Avior	234 15.9	S59 34.6
21	307 49.8	145 02.9 ..	46.7	236 03.6 ..	18.4	302 14.5 ..	40.0	345 10.5 ..	07.7	Bellatrix	278 24.9	N 6 22.3
22	322 52.2	160 02.4	45.5	251 04.8	18.5	317 17.3	39.8	0 13.1	07.7	Betelgeuse	270 54.2	N 7 24.8
23	337 54.7	175 02.0	44.4	266 06.1	18.7	332 20.0	39.7	15 15.7	07.8			
14 00	352 57.2	190 01.5	N 8 43.2	281 07.3	N21 18.9	347 22.8	N 0 39.6	30 18.3	S16 07.8	Canopus	263 53.4	S52 42.1
01	7 59.6	205 01.1	42.1	296 08.5	19.1	2 25.5	39.5	45 20.9	07.9	Capella	280 24.7	N46 01.1
02	23 02.1	220 00.6	40.9	311 09.7	19.3	17 28.3	39.3	60 23.5	07.9	Deneb	49 26.8	N45 21.8
03	38 04.6	235 00.2 ..	39.8	326 11.0 ..	19.5	32 31.0 ..	39.2	75 26.1 ..	08.0	Denebola	182 27.2	N14 26.9
04	53 07.0	249 59.7	38.6	341 12.2	19.7	47 33.8	39.1	90 28.7	08.0	Diphda	348 48.9	S17 51.6
05	68 09.5	264 59.3	37.5	356 13.4	19.9	62 36.5	38.9	105 31.3	08.0			
06	83 11.9	279 58.8	N 8 36.3	11 14.6	N21 20.1	77 39.3	N 0 38.8	120 33.9	S16 08.1	Dubhe	193 44.0	N61 37.8
07	98 14.4	294 58.4	35.2	26 15.9	20.3	92 42.0	38.7	135 36.5	08.1	Elnath	278 04.3	N28 37.5
08	113 16.9	309 57.9	34.0	41 17.1	20.5	107 44.8	38.6	150 39.1	08.2	Eltanin	90 43.0	N51 29.4
09	128 19.3	324 57.5 ..	32.9	56 18.3 ..	20.7	122 47.5 ..	38.4	165 41.7 ..	08.2	Enif	33 40.4	N 9 58.8
10	143 21.8	339 57.0	31.7	71 19.5	20.9	137 50.3	38.3	180 44.3	08.3	Fomalhaut	15 16.3	S29 30.1
11	158 24.3	354 56.6	30.5	86 20.8	21.1	152 53.1	38.2	195 47.0	08.3			
12	173 26.7	9 56.1	N 8 29.4	101 22.0	N21 21.3	167 55.8	N 0 38.0	210 49.6	S16 08.4	Gacrux	171 54.3	S57 14.3
13	188 29.2	24 55.7	28.2	116 23.2	21.5	182 58.6	37.9	225 52.2	08.4	Gienah	175 45.9	S17 39.9
14	203 31.7	39 55.3	27.1	131 24.5	21.7	198 01.3	37.8	240 54.8	08.5	Hadar	148 39.2	S60 29.0
15	218 34.1	54 54.8 ..	25.9	146 25.7 ..	21.9	213 04.1 ..	37.7	255 57.4 ..	08.5	Hamal	327 53.1	N23 34.2
16	233 36.6	69 54.4	24.8	161 26.9	22.1	228 06.8	37.5	271 00.0	08.5	Kaus Aust.	83 35.0	S34 22.5
17	248 39.1	84 53.9	23.6	176 28.2	22.3	243 09.6	37.4	286 02.6	08.6			
18	263 41.5	99 53.5	N 8 22.5	191 29.4	N21 22.5	258 12.3	N 0 37.3	301 05.2	S16 08.6	Kochab	137 20.5	N74 04.0
19	278 44.0	114 53.0	21.3	206 30.6	22.7	273 15.1	37.1	316 07.8	08.7	Markab	13 31.5	N15 19.7
20	293 46.4	129 52.6	20.1	221 31.9	22.9	288 17.8	37.0	331 10.4	08.7	Menkar	314 08.0	N 4 10.8
21	308 48.9	144 52.1 ..	19.0	236 33.1 ..	23.1	303 20.6 ..	36.9	346 13.0 ..	08.8	Menkent	148 00.2	S36 28.8
22	323 51.4	159 51.7	17.8	251 34.4	23.2	318 23.3	36.8	1 15.6	08.8	Miaplacidus	221 39.4	S69 48.3
23	338 53.8	174 51.3	16.7	266 35.6	23.4	333 26.1	36.6	16 18.2	08.9			
15 00	353 56.3	189 50.8	N 8 15.5	281 36.8	N21 23.6	348 28.8	N 0 36.5	31 20.8	S16 08.9	Mirfak	308 30.8	N49 56.3
01	8 58.8	204 50.4	14.3	296 38.1	23.8	3 31.6	36.4	46 23.4	08.9	Nunki	75 50.0	S26 16.1
02	24 01.2	219 49.9	13.2	311 39.3	24.0	18 34.4	36.2	61 26.0	09.0	Peacock	53 08.3	S56 39.9
03	39 03.7	234 49.5 ..	12.0	326 40.6 ..	24.2	33 37.1 ..	36.1	76 28.6 ..	09.0	Pollux	243 19.9	N27 58.3
04	54 06.2	249 49.0	10.9	341 41.8	24.4	48 39.9	36.0	91 31.2	09.1	Procyon	244 53.0	N 5 10.2
05	69 08.6	264 48.6	09.7	356 43.0	24.6	63 42.6	35.8	106 33.8	09.1			
06	84 11.1	279 48.2	N 8 08.5	11 44.3	N21 24.8	78 45.4	N 0 35.7	121 36.4	S16 09.2	Rasalhague	96 00.3	N12 32.8
07	99 13.5	294 47.7	07.4	26 45.5	25.0	93 48.1	35.6	136 39.0	09.2	Regulus	207 36.4	N11 51.6
08	114 16.0	309 47.3	06.2	41 46.8	25.2	108 50.9	35.5	151 41.7	09.3	Rigel	281 05.7	S 8 10.3
09	129 18.5	324 46.8 ..	05.1	56 48.0 ..	25.4	123 53.6 ..	35.3	166 44.3 ..	09.3	Rigil Kent.	139 43.4	S60 55.8
10	144 20.9	339 46.4	03.9	71 49.3	25.6	138 56.4	35.2	181 46.9	09.3	Sabik	102 05.0	S15 45.1
11	159 23.4	354 46.0	02.7	86 50.5	25.7	153 59.1	35.1	196 49.5	09.4			
12	174 25.9	9 45.5	N 8 01.6	101 51.7	N21 25.9	169 01.9	N 0 34.9	211 52.1	S16 09.4	Schedar	349 32.7	N56 39.6
13	189 28.3	24 45.1	8 00.4	116 53.0	26.1	184 04.7	34.8	226 54.7	09.5	Shaula	96 13.0	S37 07.3
14	204 30.8	39 44.6	7 59.2	131 54.2	26.3	199 07.4	34.7	241 57.3	09.5	Sirius	258 28.0	S16 44.6
15	219 33.3	54 44.2 ..	58.1	146 55.5 ..	26.5	214 10.2 ..	34.5	256 59.9 ..	09.6	Spica	158 24.6	S11 16.6
16	234 35.7	69 43.8	56.9	161 56.7	26.7	229 12.9	34.4	272 02.5	09.6	Suhail	222 48.1	S43 31.1
17	249 38.2	84 43.3	55.7	176 58.0	26.9	244 15.7	34.3	287 05.1	09.7			
18	264 40.7	99 42.9	N 7 54.6	191 59.2	N21 27.1	259 18.4	N 0 34.2	302 07.7	S16 09.7	Vega	80 34.4	N38 48.5
19	279 43.1	114 42.4	53.4	207 00.5	27.3	274 21.2	34.0	317 10.3	09.7	Zuben'ubi	136 58.4	S16 08.0
20	294 45.6	129 42.0	52.2	222 01.7	27.5	289 23.9	33.9	332 12.9	09.8		SHA	Mer.Pass.
21	309 48.0	144 41.6 ..	51.1	237 03.0 ..	27.6	304 26.7 ..	33.8	347 15.5 ..	09.8			h m
22	324 50.5	159 41.1	49.9	252 04.2	27.8	319 29.5	33.6	2 18.1	09.9	Venus	197 02.4	11 20
23	339 53.0	174 40.7	48.7	267 05.5	28.0	334 32.2	33.5	17 20.7	09.9	Mars	288 10.1	5 15
Mer.Pass. 0 28.1 (h m)		v −0.4 d 1.2		v 1.2 d 0.2		v 2.8 d 0.1		v 2.6 d 0.0		Jupiter	354 25.6	0 50
										Saturn	37 21.1	21 55

2022 OCTOBER 13, 14, 15 (THURS., FRI., SAT.)

UT	SUN GHA	SUN Dec	MOON GHA	v	MOON Dec	d	HP
d h	° '	° '	° '	'	° '	'	'
13 00	183 24.7	S 7 40.9	326 47.9	11.5	N20 47.2	9.9	55.8
01	198 24.8	41.8	341 18.4	11.5	20 57.1	9.7	55.7
02	213 25.0	42.7	355 48.9	11.4	21 06.8	9.7	55.7
03	228 25.1 ..	43.7	10 19.3	11.4	21 16.5	9.5	55.7
04	243 25.3	44.6	24 49.7	11.3	21 26.0	9.5	55.7
05	258 25.5	45.6	39 20.0	11.3	21 35.5	9.3	55.6
06	273 25.6	S 7 46.5	53 50.3	11.3	N21 44.8	9.2	55.6
07	288 25.8	47.4	68 20.6	11.2	21 54.0	9.1	55.6
T 08	303 25.9	48.4	82 50.8	11.2	22 03.1	8.9	55.6
H 09	318 26.1 ..	49.3	97 21.0	11.1	22 12.0	8.9	55.5
U 10	333 26.2	50.2	111 51.1	11.2	22 20.9	8.7	55.5
R 11	348 26.4	51.2	126 21.3	11.0	22 29.6	8.7	55.5
S 12	3 26.5	S 7 52.1	140 51.3	11.1	N22 38.3	8.5	55.5
D 13	18 26.7	53.0	155 21.4	11.0	22 46.8	8.4	55.4
A 14	33 26.8	54.0	169 51.4	10.9	22 55.2	8.2	55.4
Y 15	48 27.0 ..	54.9	184 21.3	11.0	23 03.4	8.2	55.4
16	63 27.1	55.8	198 51.3	10.8	23 11.6	8.0	55.4
17	78 27.3	56.7	213 21.2	10.8	23 19.6	8.0	55.4
18	93 27.4	S 7 57.7	227 51.0	10.9	N23 27.6	7.8	55.3
19	108 27.6	58.6	242 20.9	10.7	23 35.4	7.6	55.3
20	123 27.7	7 59.5	256 50.6	10.8	23 43.0	7.6	55.3
21	138 27.9	8 00.5	271 20.4	10.7	23 50.6	7.4	55.3
22	153 28.0	01.4	285 50.1	10.7	23 58.0	7.4	55.2
23	168 28.2	02.3	300 19.8	10.7	24 05.4	7.1	55.2
14 00	183 28.3	S 8 03.3	314 49.5	10.6	N24 12.5	7.1	55.2
01	198 28.5	04.2	329 19.1	10.6	24 19.6	7.0	55.2
02	213 28.6	05.1	343 48.7	10.6	24 26.6	6.8	55.2
03	228 28.7 ..	06.1	358 18.3	10.5	24 33.4	6.7	55.1
04	243 28.9	07.0	12 47.8	10.5	24 40.1	6.5	55.1
05	258 29.0	07.9	27 17.3	10.5	24 46.6	6.5	55.1
06	273 29.2	S 8 08.8	41 46.8	10.4	N24 53.1	6.3	55.1
07	288 29.3	09.8	56 16.2	10.4	24 59.4	6.2	55.0
F 08	303 29.5	10.7	70 45.6	10.4	25 05.6	6.1	55.0
R 09	318 29.6 ..	11.6	85 15.0	10.3	25 11.7	5.9	55.0
I 10	333 29.8	12.6	99 44.3	10.3	25 17.6	5.8	55.0
D 11	348 29.9	13.5	114 13.7	10.3	25 23.4	5.7	55.0
A 12	3 30.1	S 8 14.4	128 43.0	10.3	N25 29.1	5.5	54.9
Y 13	18 30.2	15.3	143 12.3	10.2	25 34.6	5.5	54.9
14	33 30.4	16.3	157 41.5	10.2	25 40.1	5.3	54.9
15	48 30.5 ..	17.2	172 10.7	10.2	25 45.4	5.1	54.9
16	63 30.6	18.1	186 39.9	10.2	25 50.5	5.1	54.9
17	78 30.8	19.1	201 09.1	10.2	25 55.6	4.9	54.9
18	93 30.9	S 8 20.0	215 38.3	10.1	N26 00.5	4.7	54.8
19	108 31.1	20.9	230 07.4	10.1	26 05.2	4.7	54.8
20	123 31.2	21.8	244 36.5	10.1	26 09.9	4.5	54.8
21	138 31.4 ..	22.8	259 05.6	10.1	26 14.4	4.4	54.8
22	153 31.5	23.7	273 34.7	10.1	26 18.8	4.2	54.8
23	168 31.6	24.6	288 03.8	10.0	26 23.0	4.1	54.7
15 00	183 31.8	S 8 25.5	302 32.8	10.1	N26 27.1	4.0	54.7
01	198 31.9	26.5	317 01.9	10.0	26 31.1	3.9	54.7
02	213 32.1	27.4	331 30.9	10.0	26 35.0	3.7	54.7
03	228 32.2 ..	28.3	345 59.9	10.0	26 38.7	3.6	54.7
04	243 32.4	29.2	0 29.9	9.9	26 42.3	3.4	54.7
05	258 32.5	30.2	14 57.8	10.0	26 45.7	3.3	54.7
06	273 32.6	S 8 31.1	29 26.8	9.9	N26 49.0	3.2	54.6
07	288 32.8	32.0	43 55.7	9.9	26 52.2	3.1	54.6
S 08	303 32.9	32.9	58 24.7	9.9	26 55.3	2.9	54.6
A 09	318 33.1 ..	33.9	72 53.6	9.9	26 58.2	2.8	54.6
T 10	333 33.2	34.8	87 22.5	9.9	27 01.0	2.6	54.6
U 11	348 33.3	35.7	101 51.4	9.9	27 03.6	2.5	54.6
R 12	3 33.5	S 8 36.6	116 20.3	9.9	N27 06.1	2.4	54.6
D 13	18 33.6	37.6	130 49.2	9.9	27 08.5	2.3	54.5
A 14	33 33.7	38.5	145 18.1	9.9	27 10.8	2.1	54.5
Y 15	48 33.9 ..	39.4	159 47.0	9.9	27 12.9	1.9	54.5
16	63 34.0	40.3	174 15.9	9.9	27 14.8	1.9	54.5
17	78 34.2	41.2	188 44.8	9.9	27 16.7	1.7	54.5
18	93 34.3	S 8 42.2	203 13.7	9.9	N27 18.4	1.6	54.5
19	108 34.4	43.1	217 42.6	9.9	27 20.0	1.4	54.5
20	123 34.6	44.0	232 11.5	9.9	27 21.4	1.3	54.5
21	138 34.7 ..	44.9	246 40.4	9.9	27 22.7	1.2	54.4
22	153 34.8	45.9	261 09.3	9.8	27 23.9	1.0	54.4
23	168 35.0	46.8	275 38.1	10.0	N27 24.9	0.9	54.4
	SD 16.1	d 0.9	SD 15.1		15.0		14.9

Twilight / Sunrise / Moonrise

Lat.	Twilight Naut.	Twilight Civil	Sunrise	Moonrise 13	14	15	16
°	h m	h m	h m	h m	h m	h m	h m
N 72	04 51	06 09	07 19	▭	▭	▭	▭
N 70	04 55	06 05	07 08	▭	▭	▭	▭
68	04 58	06 03	07 00	▭	▭	▭	▭
66	05 01	06 00	06 53	15 52	▭	▭	▭
64	05 03	05 58	06 46	16 40	16 07	▭	▭
62	05 05	05 56	06 41	17 11	17 13	17 25	18 16
60	05 06	05 54	06 37	17 35	17 48	18 16	19 08
N 58	05 07	05 53	06 33	17 54	18 14	18 47	19 39
56	05 08	05 51	06 29	18 10	18 34	19 11	20 03
54	05 09	05 50	06 26	18 23	18 51	19 30	20 22
52	05 10	05 49	06 23	18 35	19 05	19 46	20 38
50	05 10	05 47	06 20	18 46	19 18	20 00	20 52
45	05 11	05 45	06 14	19 08	19 44	20 28	21 20
N 40	05 11	05 42	06 09	19 26	20 05	20 51	21 43
35	05 10	05 39	06 05	19 41	20 22	21 09	22 01
30	05 09	05 37	06 01	19 54	20 37	21 25	22 17
20	05 07	05 32	05 54	20 17	21 03	21 52	22 44
N 10	05 03	05 27	05 48	20 36	21 25	22 15	23 07
0	04 58	05 22	05 43	20 55	21 46	22 37	23 28
S 10	04 51	05 16	05 37	21 13	22 06	22 59	23 50
20	04 42	05 08	05 31	21 33	22 29	23 22	24 13
30	04 30	04 59	05 23	21 57	22 55	23 49	24 40
35	04 23	04 53	05 19	22 10	23 10	24 06	00 06
40	04 13	04 46	05 14	22 26	23 28	24 24	00 24
45	04 02	04 38	05 08	22 45	23 49	24 47	00 47
S 50	03 47	04 28	05 02	23 09	24 17	00 17	01 16
52	03 40	04 23	04 58	23 20	24 30	00 30	01 30
54	03 32	04 18	04 55	23 33	24 46	00 46	01 47
56	03 22	04 12	04 51	23 48	25 04	01 04	02 07
58	03 12	04 05	04 47	24 06	00 06	01 27	02 31
S 60	02 59	03 57	04 42	24 28	00 28	01 56	03 05

Sunset / Twilight / Moonset

Lat.	Sunset	Twilight Civil	Twilight Naut.	Moonset 13	14	15	16
°	h m	h m	h m	h m	h m	h m	h m
N 72	16 11	17 21	18 39	▭	▭	▭	▭
N 70	16 22	17 25	18 35	▭	▭	▭	▭
68	16 31	17 28	18 32	▭	▭	▭	▭
66	16 38	17 30	18 29	13 20	▭	▭	▭
64	16 44	17 32	18 27	12 32	14 50	▭	▭
62	16 50	17 34	18 26	12 02	13 45	15 20	16 16
60	16 54	17 36	18 24	11 39	13 10	14 29	15 25
N 58	16 58	17 38	18 23	11 21	12 45	13 58	14 53
56	17 02	17 40	18 22	11 05	12 25	13 35	14 29
54	17 05	17 41	18 22	10 52	12 09	13 16	14 10
52	17 08	17 42	18 21	10 41	11 54	13 00	13 54
50	17 11	17 44	18 21	10 31	11 42	12 46	13 40
45	17 17	17 47	18 21	10 09	11 16	12 18	13 11
N 40	17 22	17 49	18 21	09 52	10 56	11 56	12 49
35	17 27	17 52	18 21	09 38	10 39	11 37	12 29
30	17 30	17 55	18 22	09 26	10 25	11 21	12 14
20	17 37	17 59	18 25	09 04	10 00	10 55	11 47
N 10	17 43	18 05	18 29	08 45	09 39	10 32	11 24
0	17 49	18 10	18 34	08 29	09 19	10 10	11 02
S 10	17 55	18 17	18 41	08 12	09 00	09 49	10 40
20	18 00	18 24	18 50	07 54	08 38	09 26	10 17
30	18 09	18 34	19 02	07 33	08 14	09 00	09 50
35	18 14	18 40	19 10	07 21	08 00	08 44	09 33
40	18 19	18 46	19 20	07 07	07 43	08 26	09 15
45	18 24	18 55	19 31	06 51	07 24	08 04	08 52
S 50	18 32	19 05	19 46	06 31	06 59	07 36	08 23
52	18 35	19 10	19 54	06 21	06 47	07 22	08 09
54	18 38	19 16	20 02	06 11	06 34	07 07	07 52
56	18 42	19 22	20 12	05 59	06 18	06 48	07 32
58	18 47	19 29	20 23	05 45	06 00	06 25	07 09
S 60	18 52	19 37	20 36	05 28	05 37	05 56	06 34

SUN / MOON

Day	SUN Eqn. of Time 00h	SUN Eqn. of Time 12h	SUN Mer. Pass.	MOON Mer. Pass. Upper	MOON Mer. Pass. Lower	Age	Phase
d	m s	m s	h m	h m	h m	d	%
13	13 38	13 46	11 46	02 17	14 42	18	86
14	13 53	14 00	11 46	03 07	15 32	19	79
15	14 07	14 14	11 46	03 58	16 24	20	71

2022 OCTOBER 16, 17, 18 (SUN., MON., TUES.)

UT (d h)	ARIES GHA	VENUS −3.9 GHA	VENUS Dec	MARS −0.9 GHA	MARS Dec	JUPITER −2.9 GHA	JUPITER Dec	SATURN +0.5 GHA	SATURN Dec	STARS Name	SHA	Dec
16 00	24 29.6	184 47.6	S 7 00.1	300 50.6	N23 09.2	22 42.8	S 0 58.5	63 00.5	S16 29.0	Acamar	315 12.8	S40 12.7
01	39 32.1	199 47.2	01.4	315 52.6	09.4	37 45.5	58.6	78 03.0	29.0	Achernar	335 21.0	S57 03.3
02	54 34.5	214 46.7	02.6	330 54.5	09.6	52 48.3	58.7	93 05.5	29.0	Acrux	173 02.8	S63 13.3
03	69 37.0	229 46.3 ..	03.8	345 56.4 ..	09.6	67 51.0 ..	58.8	108 08.0 ..	29.0	Adhara	255 07.3	S28 59.9
04	84 39.4	244 45.9	05.0	0 58.4	09.7	82 53.7	58.9	123 10.5	29.0	Aldebaran	290 41.5	N16 33.3
05	99 41.9	259 45.4	06.2	16 00.3	09.8	97 56.4	59.0	138 13.0	29.0			
06	114 44.4	274 45.0	S 7 07.4	31 02.3	N23 09.9	112 59.2	S 0 59.1	153 15.5	S16 29.0	Alioth	166 15.2	N55 50.3
07	129 46.8	289 44.6	08.7	46 04.3	10.0	128 01.9	59.2	168 18.0	29.0	Alkaid	152 54.0	N49 12.1
08	144 49.3	304 44.1	09.9	61 06.2	10.2	143 04.6	59.3	183 20.5	29.0	Al Na'ir	27 35.0	S46 51.2
S 09	159 51.8	319 43.7 ..	11.1	76 08.2 ..	10.3	158 07.4 ..	59.4	198 23.0 ..	29.0	Alnilam	275 39.5	S 1 11.1
U 10	174 54.2	334 43.2	12.3	91 10.1	10.4	173 10.1	59.5	213 25.5	29.0	Alphard	217 49.7	S 8 45.2
N 11	189 56.7	349 42.8	13.5	106 12.1	10.5	188 12.8	59.7	228 28.0	29.0			
D 12	204 59.2	4 42.4	S 7 14.7	121 14.0	N23 10.6	203 15.5	S 0 59.8	243 30.5	S16 29.1	Alphecca	126 05.6	N26 38.5
A 13	220 01.6	19 41.9	16.0	136 16.0	10.7	218 18.3	0 59.9	258 32.9	29.1	Alpheratz	357 36.4	N29 13.1
Y 14	235 04.1	34 41.5	17.2	151 18.0	10.8	233 21.0	1 00.0	273 35.4	29.1	Altair	62 01.8	N 8 55.8
15	250 06.6	49 41.0 ..	18.4	166 19.9 ..	10.9	248 23.7 ..	00.1	288 37.9 ..	29.1	Ankaa	353 08.6	S42 11.0
16	265 09.0	64 40.6	19.6	181 21.9	11.1	263 26.5	00.2	303 40.4	29.1	Antares	112 18.4	S26 28.9
17	280 11.5	79 40.1	20.8	196 23.9	11.2	278 29.2	00.3	318 42.9	29.1			
18	295 13.9	94 39.7	S 7 22.0	211 25.8	N23 11.3	293 31.9	S 1 00.4	333 45.4	S16 29.1	Arcturus	145 50.0	N19 04.0
19	310 16.4	109 39.3	23.3	226 27.8	11.4	308 34.6	00.5	348 47.9	29.1	Atria	107 14.6	S69 04.2
20	325 18.9	124 38.8	24.5	241 29.8	11.5	323 37.4	00.6	3 50.4	29.1	Avior	234 15.6	S59 34.5
21	340 21.3	139 38.4 ..	25.7	256 31.7 ..	11.6	338 40.1 ..	00.7	18 52.9 ..	29.1	Bellatrix	278 24.7	N 6 22.3
22	355 23.8	154 37.9	26.9	271 33.7	11.7	353 42.8	00.8	33 55.4	29.1	Betelgeuse	270 54.0	N 7 24.8
23	10 26.3	169 37.5	28.1	286 35.7	11.8	8 45.5	01.0	48 57.9	29.1			
17 00	25 28.7	184 37.0	S 7 29.3	301 37.7	N23 12.0	23 48.3	S 1 01.1	64 00.4	S16 29.1	Canopus	263 53.0	S52 42.1
01	40 31.2	199 36.6	30.5	316 39.6	12.1	38 51.0	01.2	79 02.8	29.1	Capella	280 24.4	N46 01.1
02	55 33.7	214 36.2	31.8	331 41.6	12.2	53 53.7	01.3	94 05.3	29.1	Deneb	49 27.0	N45 21.9
03	70 36.1	229 35.7 ..	33.0	346 43.6 ..	12.3	68 56.5 ..	01.4	109 07.8 ..	29.1	Denebola	182 27.1	N14 26.8
04	85 38.6	244 35.3	34.2	1 45.6	12.4	83 59.2	01.5	124 10.3	29.1	Diphda	348 48.8	S17 51.7
05	100 41.1	259 34.8	35.4	16 47.6	12.5	99 01.9	01.6	139 12.8	29.2			
06	115 43.5	274 34.4	S 7 36.6	31 49.5	N23 12.6	114 04.6	S 1 01.7	154 15.3	S16 29.2	Dubhe	193 43.8	N61 37.6
07	130 46.0	289 33.9	37.8	46 51.5	12.7	129 07.4	01.8	169 17.8	29.2	Elnath	278 04.0	N28 37.6
08	145 48.4	304 33.5	39.0	61 53.5	12.9	144 10.1	01.9	184 20.3	29.2	Eltanin	90 43.3	N51 29.4
M 09	160 50.9	319 33.0 ..	40.2	76 55.5 ..	13.0	159 12.8 ..	02.0	199 22.8 ..	29.2	Enif	33 40.5	N 9 58.9
O 10	175 53.4	334 32.6	41.4	91 57.5	13.1	174 15.5	02.1	214 25.3	29.2	Fomalhaut	15 16.3	S29 30.2
N 11	190 55.8	349 32.1	42.7	106 59.5	13.2	189 18.3	02.2	229 27.7	29.2			
D 12	205 58.3	4 31.7	S 7 43.9	122 01.5	N23 13.3	204 21.0	S 1 02.3	244 30.2	S16 29.2	Gacrux	171 54.3	S57 14.2
A 13	221 00.8	19 31.2	45.1	137 03.5	13.4	219 23.7	02.5	259 32.7	29.2	Gienah	175 45.8	S17 39.9
Y 14	236 03.2	34 30.8	46.3	152 05.5	13.5	234 26.4	02.6	274 35.2	29.2	Hadar	148 39.3	S60 28.9
15	251 05.7	49 30.4 ..	47.5	167 07.5 ..	13.6	249 29.2 ..	02.7	289 37.7 ..	29.2	Hamal	327 53.0	N23 34.2
16	266 08.2	64 29.9	48.7	182 09.5	13.8	264 31.9	02.8	304 40.2	29.2	Kaus Aust.	83 35.1	S34 22.5
17	281 10.6	79 29.5	49.9	197 11.5	13.9	279 34.6	02.9	319 42.7	29.2			
18	296 13.1	94 29.0	S 7 51.1	212 13.5	N23 14.0	294 37.3	S 1 03.0	334 45.2	S16 29.2	Kochab	137 20.9	N74 03.8
19	311 15.6	109 28.6	52.3	227 15.5	14.1	309 40.0	03.1	349 47.6	29.2	Markab	13 15.9	N15 19.8
20	326 18.0	124 28.1	53.5	242 17.5	14.2	324 42.8	03.2	4 50.1	29.2	Menkar	314 07.8	N 4 10.8
21	341 20.5	139 27.7 ..	54.7	257 19.5 ..	14.3	339 45.5 ..	03.3	19 52.6 ..	29.2	Menkent	148 00.2	S36 28.8
22	356 22.9	154 27.2	56.0	272 21.5	14.4	354 48.2	03.4	34 55.1	29.2	Miaplacidus	221 39.0	S69 48.2
23	11 25.4	169 26.8	57.2	287 23.5	14.5	9 50.9	03.5	49 57.6	29.2			
18 00	26 27.9	184 26.3	S 7 58.4	302 25.5	N23 14.7	24 53.7	S 1 03.6	65 00.1	S16 29.3	Mirfak	308 30.5	N49 56.4
01	41 30.3	199 25.9	7 59.6	317 27.5	14.8	39 56.4	03.7	80 02.6	29.3	Nunki	75 50.5	S26 16.1
02	56 32.8	214 25.4	8 00.8	332 29.5	14.9	54 59.1	03.8	95 05.1	29.3	Peacock	53 08.6	S56 39.9
03	71 35.3	229 25.0 ..	02.0	347 31.5 ..	15.0	70 01.8 ..	03.9	110 07.5 ..	29.3	Pollux	243 19.6	N27 58.3
04	86 37.7	244 24.5	03.2	2 33.5	15.1	85 04.5	04.0	125 10.0	29.3	Procyon	244 52.8	N 5 10.1
05	101 40.2	259 24.0	04.4	17 35.6	15.2	100 07.3	04.1	140 12.5	29.3			
06	116 42.7	274 23.6	S 8 05.6	32 37.6	N23 15.3	115 10.0	S 1 04.2	155 15.0	S16 29.3	Rasalhague	96 00.5	N12 32.8
07	131 45.1	289 23.1	06.8	47 39.6	15.4	130 12.7	04.4	170 17.5	29.3	Regulus	207 36.6	N11 51.5
08	146 47.6	304 22.7	08.0	62 41.6	15.6	145 15.4	04.4	185 20.0	29.3	Rigel	281 05.5	S 8 10.4
T 09	161 50.0	319 22.2 ..	09.2	77 43.6 ..	15.7	160 18.1 ..	04.6	200 22.4 ..	29.3	Rigil Kent.	139 43.5	S60 55.7
U 10	176 52.5	334 21.8	10.4	92 45.7	15.8	175 20.9	04.7	215 24.9	29.3	Sabik	102 05.1	S15 45.1
E 11	191 55.0	349 21.3	11.6	107 47.7	15.9	190 23.6	04.8	230 27.4	29.3			
S 12	206 57.4	4 20.9	S 8 12.8	122 49.7	N23 16.0	205 26.3	S 1 04.9	245 29.9	S16 29.3	Schedar	349 32.6	N56 39.8
D 13	221 59.9	19 20.4	14.0	137 51.7	16.1	220 29.0	05.0	260 32.4	29.3	Shaula	96 13.1	S37 07.3
A 14	237 02.4	34 20.0	15.2	152 53.8	16.2	235 31.7	05.1	275 34.9	29.3	Sirius	258 27.8	S16 44.6
Y 15	252 04.8	49 19.5 ..	16.4	167 55.8 ..	16.3	250 34.5 ..	05.2	290 37.4 ..	29.3	Spica	158 24.6	S11 16.6
16	267 07.3	64 19.1	17.6	182 57.8	16.4	265 37.2	05.3	305 39.8	29.3	Suhail	222 47.8	S43 31.1
17	282 09.8	79 18.6	18.8	197 59.9	16.6	280 39.9	05.4	320 42.3	29.3			
18	297 12.2	94 18.1	S 8 20.0	213 01.9	N23 16.7	295 42.6	S 1 05.5	335 44.8	S16 29.3	Vega	80 34.6	N38 48.5
19	312 14.7	109 17.7	21.2	228 03.9	16.8	310 45.3	05.6	350 47.3	29.3	Zuben'ubi	136 58.4	S16 08.0
20	327 17.2	124 17.2	22.4	243 06.0	16.9	325 48.1	05.7	5 49.8	29.3		SHA	Mer. Pass.
21	342 19.6	139 16.8 ..	23.6	258 08.0	17.0	340 50.8	05.8	20 52.3 ..	29.3	Venus	159 00.8	11 42
22	357 22.1	154 16.3	24.8	273 10.0	17.1	355 53.5	05.9	35 54.7	29.3	Mars	276 08.9	3 53
23	12 24.5	169 15.9	26.0	288 12.1	17.2	10 56.2	06.0	50 57.2	29.3	Jupiter	358 19.5	22 21
Mer. Pass. 22 14.4 (h m)		v −0.4 d 1.2		v 2.0 d 0.1		v 2.7 d 0.1		v 2.5 d 0.0		Saturn	38 31.6	19 41

2022 OCTOBER 16, 17, 18 (SUN., MON., TUES.)

Day	UT (d h)	SUN GHA (° ′)	SUN Dec (° ′)	MOON GHA (° ′)	v (′)	MOON Dec (° ′)	d (′)	HP (′)
	16 00	183 35.1	S 8 47.7	290 07.1	9.9	N27 25.8	0.8	54.4
	01	198 35.3	48.6	304 36.0	9.9	27 26.6	0.6	54.4
	02	213 35.4	49.5	319 04.9	9.9	27 27.2	0.5	54.4
	03	228 35.5	. . 50.5	333 33.8	9.9	27 27.7	0.4	54.4
	04	243 35.7	51.4	348 02.7	10.0	27 28.1	0.2	54.4
	05	258 35.8	52.3	2 31.7	9.9	27 28.3	0.1	54.4
	06	273 35.9	S 8 53.2	17 00.6	10.0	N27 28.4	0.0	54.4
	07	288 36.1	54.1	31 29.6	10.0	27 28.4	0.2	54.3
	08	303 36.2	55.1	45 58.6	10.0	27 28.2	0.3	54.3
S	09	318 36.3	. . 56.0	60 27.6	10.0	27 27.9	0.4	54.3
U	10	333 36.5	56.9	74 56.6	10.0	27 27.5	0.6	54.3
N	11	348 36.6	57.8	89 25.6	10.0	27 26.9	0.7	54.3
D	12	3 36.7	S 8 58.7	103 54.6	10.1	N27 26.2	0.8	54.3
A	13	18 36.9	8 59.6	118 23.7	10.0	27 25.4	1.0	54.3
Y	14	33 37.0	9 00.6	132 52.7	10.1	27 24.4	1.1	54.3
	15	48 37.1	. . 01.5	147 21.8	10.1	27 23.3	1.2	54.3
	16	63 37.3	02.4	161 50.9	10.2	27 22.1	1.4	54.3
	17	78 37.4	03.3	176 20.1	10.1	27 20.7	1.5	54.3
	18	93 37.5	S 9 04.2	190 49.2	10.2	N27 19.2	1.6	54.3
	19	108 37.7	05.1	205 18.4	10.2	27 17.6	1.7	54.3
	20	123 37.8	06.1	219 47.6	10.2	27 15.9	1.9	54.3
	21	138 37.9	. . 07.0	234 16.8	10.3	27 14.0	2.0	54.3
	22	153 38.1	07.9	248 46.1	10.3	27 12.0	2.2	54.3
	23	168 38.2	08.8	263 15.4	10.3	27 09.8	2.3	54.3
	17 00	183 38.3	S 9 09.7	277 44.7	10.3	N27 07.5	2.4	54.2
	01	198 38.4	10.6	292 14.0	10.4	27 05.1	2.5	54.2
	02	213 38.6	11.6	306 43.4	10.4	27 02.6	2.7	54.2
	03	228 38.7	. . 12.5	321 12.8	10.4	26 59.9	2.7	54.2
	04	243 38.8	13.4	335 42.2	10.4	26 57.2	3.0	54.2
	05	258 39.0	14.3	350 11.6	10.5	26 54.2	3.0	54.2
	06	273 39.1	S 9 15.2	4 41.1	10.5	N26 51.2	3.2	54.2
	07	288 39.2	16.1	19 10.6	10.6	26 48.0	3.3	54.2
	08	303 39.3	17.0	33 40.2	10.6	26 44.7	3.4	54.2
M	09	318 39.5	. . 18.0	48 09.8	10.6	26 41.3	3.6	54.2
O	10	333 39.6	18.9	62 39.4	10.6	26 37.7	3.6	54.2
N	11	348 39.7	19.8	77 09.0	10.7	26 34.1	3.8	54.2
D	12	3 39.9	S 9 20.7	91 38.7	10.7	N26 30.3	4.0	54.2
A	13	18 40.0	21.6	106 08.4	10.8	26 26.3	4.0	54.2
Y	14	33 40.1	22.5	120 38.2	10.8	26 22.3	4.2	54.2
	15	48 40.2	. . 23.4	135 08.0	10.8	26 18.1	4.3	54.2
	16	63 40.4	24.3	149 37.8	10.9	26 13.8	4.4	54.2
	17	78 40.5	25.3	164 07.7	10.9	26 09.4	4.6	54.2
	18	93 40.6	S 9 26.2	178 37.6	11.0	N26 04.8	4.6	54.2
	19	108 40.7	27.1	193 07.6	11.0	26 00.2	4.8	54.2
	20	123 40.9	28.0	207 37.6	11.0	25 55.4	4.9	54.2
	21	138 41.0	. . 28.9	222 07.6	11.1	25 50.5	5.1	54.2
	22	153 41.1	29.8	236 37.7	11.1	25 45.4	5.1	54.3
	23	168 41.2	30.7	251 07.8	11.1	25 40.3	5.3	54.3
	18 00	183 41.4	S 9 31.6	265 37.9	11.2	N25 35.0	5.4	54.3
	01	198 41.5	32.5	280 08.1	11.3	25 29.6	5.5	54.3
	02	213 41.6	33.5	294 38.4	11.3	25 24.1	5.6	54.3
	03	228 41.7	. . 34.4	309 08.7	11.3	25 18.5	5.7	54.3
	04	243 41.8	35.3	323 39.0	11.4	25 12.8	5.9	54.3
	05	258 42.0	36.2	338 09.4	11.4	25 06.9	6.0	54.3
	06	273 42.1	S 9 37.1	352 39.8	11.5	N25 00.9	6.1	54.3
	07	288 42.2	38.0	7 10.3	11.5	24 54.8	6.2	54.3
T	08	303 42.3	38.9	21 40.8	11.6	24 48.6	6.3	54.3
U	09	318 42.5	. . 39.8	36 11.4	11.6	24 42.3	6.4	54.3
E	10	333 42.6	40.7	50 42.0	11.6	24 35.9	6.6	54.3
S	11	348 42.7	41.6	65 12.6	11.7	24 29.3	6.6	54.3
D	12	3 42.8	S 9 42.5	79 43.3	11.7	N24 22.7	6.8	54.3
A	13	18 42.9	43.4	94 14.0	11.8	24 15.9	6.9	54.3
Y	14	33 43.1	44.3	108 44.8	11.9	24 09.0	7.0	54.3
	15	48 43.2	. . 45.3	123 15.7	11.8	24 02.0	7.1	54.4
	16	63 43.3	46.2	137 46.5	12.0	23 54.9	7.2	54.4
	17	78 43.4	47.1	152 17.5	11.9	23 47.7	7.3	54.4
	18	93 43.5	S 9 48.0	166 48.4	12.1	N23 40.4	7.5	54.4
	19	108 43.6	48.9	181 19.5	12.0	23 32.9	7.5	54.4
	20	123 43.8	49.8	195 50.5	12.1	23 25.4	7.7	54.4
	21	138 43.9	. . 50.7	210 21.6	12.2	23 17.7	7.7	54.4
	22	153 44.0	51.6	224 52.8	12.2	23 10.0	7.9	54.4
	23	168 44.1	52.5	239 24.0	12.3	N23 02.1	7.9	54.4
		SD 16.1	d 0.9	SD 14.8		14.8		14.8

Lat. (°)	Twilight Naut. (h m)	Twilight Civil (h m)	Sunrise (h m)	Moonrise 16 (h m)	Moonrise 17 (h m)	Moonrise 18 (h m)	Moonrise 19 (h m)
N 72	05 04	06 22	07 34	□	□	□	□
N 70	05 07	06 17	07 21	□	□	□	20 21
68	05 09	06 13	07 11	□	□	□	21 40
66	05 10	06 10	07 03	□	□	19 53	22 17
64	05 12	06 07	06 55	□	18 19	20 52	22 43
62	05 13	06 04	06 49	18 16	19 46	21 25	23 03
60	05 13	06 02	06 44	19 08	20 23	21 50	23 20
N 58	05 14	05 59	06 39	19 39	20 49	22 09	23 33
56	05 14	05 57	06 35	20 03	21 09	22 25	23 45
54	05 15	05 55	06 31	20 22	21 26	22 39	23 55
52	05 15	05 54	06 28	20 38	21 41	22 51	24 04
50	05 15	05 52	06 25	20 52	21 54	23 01	24 13
45	05 14	05 48	06 18	21 20	22 20	23 23	24 30
N 40	05 14	05 45	06 12	21 43	22 40	23 41	24 44
35	05 12	05 42	06 07	22 01	22 57	23 56	24 56
30	05 11	05 39	06 03	22 17	23 12	24 09	00 09
20	05 07	05 33	05 55	22 44	23 37	24 30	00 30
N 10	05 03	05 27	05 49	23 07	23 58	24 49	00 49
0	04 57	05 21	05 42	23 28	24 18	00 18	01 07
S 10	04 49	05 14	05 35	23 50	24 38	00 38	01 24
20	04 40	05 06	05 28	24 13	00 13	01 00	01 43
30	04 27	04 55	05 20	24 40	00 40	01 25	02 04
35	04 18	04 49	05 15	00 06	00 55	01 39	02 17
40	04 08	04 42	05 10	00 24	01 14	01 56	02 31
45	03 56	04 33	05 03	00 47	01 36	02 16	02 48
S 50	03 40	04 21	04 55	01 16	02 04	02 41	03 09
52	03 32	04 16	04 52	01 30	02 18	02 53	03 19
54	03 23	04 10	04 48	01 47	02 34	03 07	03 30
56	03 13	04 04	04 43	02 07	02 52	03 23	03 43
58	03 01	03 56	04 38	02 31	03 15	03 42	03 58
S 60	02 47	03 47	04 33	03 05	03 46	04 05	04 15

Lat. (°)	Sunset (h m)	Twilight Civil (h m)	Twilight Naut. (h m)	Moonset 16 (h m)	Moonset 17 (h m)	Moonset 18 (h m)	Moonset 19 (h m)
N 72	15 55	17 07	18 24	□	□	□	□
N 70	16 08	17 12	18 22	□	□	□	19 18
68	16 18	17 16	18 20	□	□	□	17 59
66	16 27	17 19	18 19	□	□	18 07	17 21
64	16 34	17 23	18 17	□	17 59	17 07	16 54
62	16 40	17 25	18 17	16 16	16 31	16 33	16 33
60	16 46	17 28	18 16	15 25	15 54	16 08	16 15
N 58	16 50	17 30	18 16	14 53	15 28	15 49	16 01
56	16 55	17 32	18 15	14 29	15 07	15 32	15 49
54	16 58	17 34	18 15	14 10	14 50	15 18	15 38
52	17 02	17 36	18 15	13 54	14 35	15 05	15 28
50	17 05	17 38	18 15	13 40	14 22	14 55	15 19
45	17 12	17 42	18 16	13 11	13 56	14 32	15 01
N 40	17 18	17 45	18 16	12 49	13 34	14 13	14 46
35	17 23	17 48	18 18	12 30	13 17	13 58	14 33
30	17 27	17 51	18 19	12 14	13 02	13 44	14 22
20	17 35	17 57	18 23	11 47	12 36	13 21	14 02
N 10	17 42	18 03	18 28	11 24	12 14	13 01	13 45
0	17 49	18 10	18 34	11 02	11 53	12 42	13 29
S 10	17 55	18 17	18 42	10 40	11 32	12 23	13 13
20	18 03	18 25	18 51	10 17	11 09	12 03	12 56
30	18 11	18 36	19 05	09 50	10 43	11 39	12 36
35	18 16	18 42	19 13	09 33	10 28	11 25	12 25
40	18 22	18 50	19 23	09 15	10 10	11 09	12 11
45	18 28	18 59	19 36	08 52	09 48	10 50	11 55
S 50	18 36	19 11	19 52	08 23	09 20	10 25	11 35
52	18 40	19 16	20 00	08 09	09 07	10 14	11 26
54	18 44	19 22	20 09	07 52	08 51	10 00	11 15
56	18 49	19 29	20 20	07 32	08 32	09 44	11 03
58	18 54	19 37	20 32	07 08	08 09	09 26	10 49
S 60	18 59	19 45	20 46	06 34	07 39	09 03	10 32

Day (d)	SUN Eqn. of Time 00^h (m s)	SUN Eqn. of Time 12^h (m s)	SUN Mer. Pass. (h m)	MOON Mer. Pass. Upper (h m)	MOON Mer. Pass. Lower (h m)	MOON Age (d)	MOON Phase (%)
16	14 20	14 27	11 46	04 50	17 15	21	62
17	14 33	14 39	11 45	05 41	18 06	22	52 ◑
18	14 45	14 51	11 45	06 30	18 55	23	43

2022 OCTOBER 19, 20, 21 (WED., THURS., FRI.)

UT	ARIES GHA	VENUS −3.9 GHA	Dec	MARS −1.0 GHA	Dec	JUPITER −2.9 GHA	Dec	SATURN +0.5 GHA	Dec	STARS Name	SHA	Dec
19 00	27 27.0	184 15.4	S 8 27.2	303 14.1	N23 17.3	25 58.9	S 1 06.1	65 59.7	S16 29.4	Acamar	315 12.8	S40 12.7
01	42 29.5	199 14.9	28.4	318 16.2	17.5	41 01.6	06.2	81 02.2	29.4	Achernar	335 21.0	S57 07.3
02	57 31.9	214 14.5	29.6	333 18.2	17.6	56 04.4	06.3	96 04.7	29.4	Acrux	173 02.8	S63 13.3
03	72 34.4	229 14.0	.. 30.8	348 20.3	.. 17.7	71 07.1	.. 06.4	111 07.2	.. 29.4	Adhara	255 07.2	S28 59.9
04	87 36.9	244 13.6	32.0	3 22.3	17.8	86 09.8	06.5	126 09.6	29.4	Aldebaran	290 41.5	N16 33.3
05	102 39.3	259 13.1	33.2	18 24.3	17.9	101 12.5	06.6	141 12.1	29.4			
W 06	117 41.8	274 12.6	S 8 34.4	33 26.4	N23 18.0	116 15.2	S 1 06.7	156 14.6	S16 29.4	Alioth	166 15.2	N55 50.2
E 07	132 44.3	289 12.2	35.6	48 28.4	18.1	131 17.9	06.8	171 17.1	29.4	Alkaid	152 54.0	N49 12.1
D 08	147 46.7	304 11.7	36.8	63 30.5	18.2	146 20.7	06.9	186 19.6	29.4	Alnair	27 35.0	S46 51.2
N 09	162 49.2	319 11.3	.. 38.0	78 32.6	.. 18.3	161 23.4	.. 07.0	201 22.0	.. 29.4	Alnilam	275 39.4	S 1 11.1
E 10	177 51.7	334 10.8	39.2	93 34.6	18.5	176 26.1	07.1	216 24.5	29.4	Alphard	217 49.7	S 8 45.2
S 11	192 54.1	349 10.3	40.4	108 36.7	18.6	191 28.8	07.2	231 27.0	29.4			
D 12	207 56.6	4 09.9	S 8 41.6	123 38.7	N23 18.7	206 31.5	S 1 07.3	246 29.5	S16 29.4	Alphecca	126 05.6	N26 38.5
A 13	222 59.0	19 09.4	42.8	138 40.8	18.8	221 34.2	07.4	261 32.0	29.4	Alpheratz	357 36.4	N29 13.1
Y 14	238 01.5	34 09.0	44.0	153 42.9	18.9	236 37.0	07.6	276 34.4	29.4	Altair	62 01.8	N 8 55.8
15	253 04.0	49 08.5	.. 45.2	168 44.9	.. 19.0	251 39.7	.. 07.7	291 36.9	.. 29.4	Ankaa	353 08.6	S42 11.0
16	268 06.4	64 08.0	46.4	183 47.0	19.1	266 42.4	07.8	306 39.4	29.4	Antares	112 18.4	S26 28.9
17	283 08.9	79 07.6	47.6	198 49.0	19.2	281 45.1	07.9	321 41.9	29.4			
18	298 11.4	94 07.1	S 8 48.8	213 51.1	N23 19.4	296 47.8	S 1 08.0	336 44.4	S16 29.4	Arcturus	145 50.0	N19 04.0
19	313 13.8	109 06.6	49.9	228 53.2	19.5	311 50.5	08.1	351 46.8	29.4	Atria	107 14.7	S69 04.2
20	328 16.3	124 06.2	51.1	243 55.3	19.6	326 53.2	08.2	6 49.3	29.4	Avior	234 15.6	S59 34.5
21	343 18.8	139 05.7	.. 52.3	258 57.3	.. 19.7	341 56.0	.. 08.3	21 51.8	.. 29.4	Bellatrix	278 24.7	N 6 22.3
22	358 21.2	154 05.2	53.5	273 59.4	19.8	356 58.7	08.4	36 54.3	29.4	Betelgeuse	270 53.9	N 7 24.8
23	13 23.7	169 04.8	54.7	289 01.5	19.9	12 01.4	08.5	51 56.8	29.4			
20 00	28 26.1	184 04.3	S 8 55.9	304 03.5	N23 20.0	27 04.1	S 1 08.6	66 59.2	S16 29.4	Canopus	263 53.0	S52 42.1
01	43 28.6	199 03.8	57.1	319 05.6	20.1	42 06.8	08.7	82 01.7	29.4	Capella	280 24.3	N46 01.1
02	58 31.1	214 03.4	58.3	334 07.7	20.3	57 09.5	08.8	97 04.2	29.4	Deneb	49 27.0	N45 21.9
03	73 33.5	229 02.9	8 59.5	349 09.8	.. 20.4	72 12.2	.. 08.9	112 06.7	.. 29.4	Denebola	182 27.1	N14 26.8
04	88 36.0	244 02.4	9 00.7	4 11.9	20.5	87 14.9	09.0	127 09.1	29.4	Diphda	348 48.8	S17 51.7
05	103 38.5	259 02.0	01.9	19 13.9	20.6	102 17.7	09.1	142 11.6	29.4			
T 06	118 40.9	274 01.5	S 9 03.0	34 16.0	N23 20.7	117 20.4	S 1 09.2	157 14.1	S16 29.4	Dubhe	193 43.8	N61 37.6
H 07	133 43.4	289 01.0	04.2	49 18.1	20.8	132 23.1	09.3	172 16.6	29.4	Elnath	278 04.0	N28 37.6
U 08	148 45.9	304 00.6	05.4	64 20.2	20.9	147 25.8	09.4	187 19.1	29.4	Eltanin	90 43.5	N51 29.4
R 09	163 48.3	319 00.1	.. 06.6	79 22.3	.. 21.0	162 28.5	.. 09.5	202 21.5	.. 29.4	Enif	33 40.5	N 9 58.9
S 10	178 50.8	333 59.6	07.8	94 24.4	21.2	177 31.2	09.6	217 24.0	29.4	Fomalhaut	15 16.3	S29 30.2
D 11	193 53.3	348 59.2	09.0	109 26.5	21.3	192 33.9	09.7	232 26.5	29.4			
A 12	208 55.7	3 58.7	S 9 10.2	124 28.6	N23 21.4	207 36.6	S 1 09.8	247 29.0	S16 29.4	Gacrux	171 54.3	S57 14.2
Y 13	223 58.2	18 58.2	11.4	139 30.7	21.5	222 39.3	09.9	262 31.4	29.4	Gienah	175 45.8	S17 39.9
14	239 00.6	33 57.8	12.5	154 32.8	21.6	237 42.0	10.0	277 33.9	29.4	Hadar	148 39.3	S60 28.8
15	254 03.1	48 57.3	.. 13.7	169 34.9	.. 21.7	252 44.8	.. 10.1	292 36.4	.. 29.4	Hamal	327 52.9	N23 34.2
16	269 05.6	63 56.8	14.9	184 37.0	21.8	267 47.5	10.2	307 38.9	29.4	Kaus Aust.	83 35.1	S34 22.5
17	284 08.0	78 56.3	16.1	199 39.1	21.9	282 50.2	10.3	322 41.3	29.4			
18	299 10.5	93 55.9	S 9 17.3	214 41.2	N23 22.0	297 52.9	S 1 10.4	337 43.8	S16 29.4	Kochab	137 20.9	N74 03.8
19	314 13.0	108 55.4	18.5	229 43.3	22.2	312 55.6	10.5	352 46.3	29.4	Markab	13 31.5	N15 19.8
20	329 15.4	123 54.9	19.7	244 45.4	22.2	327 58.3	10.6	7 48.8	29.4	Menkar	314 07.8	N 4 10.8
21	344 17.9	138 54.4	.. 20.8	259 47.5	.. 22.4	343 01.0	.. 10.7	22 51.2	.. 29.4	Menkent	148 00.3	S36 28.8
22	359 20.4	153 54.0	22.0	274 49.6	22.5	358 03.7	10.8	37 53.7	29.4	Miaplacidus	221 39.0	S69 48.2
23	14 22.8	168 53.5	23.2	289 51.7	22.6	13 06.4	10.9	52 56.2	29.4			
21 00	29 25.3	183 53.0	S 9 24.4	304 53.8	N23 22.7	28 09.1	S 1 11.0	67 58.7	S16 29.4	Mirfak	308 30.5	N49 56.4
01	44 27.8	198 52.6	25.6	319 55.9	22.8	43 11.8	11.1	83 01.1	29.4	Nunki	75 50.2	S26 16.1
02	59 30.2	213 52.1	26.8	334 58.0	22.9	58 14.5	11.1	98 03.6	29.4	Peacock	53 08.6	S56 39.9
03	74 32.7	228 51.6	.. 27.9	350 00.1	.. 23.1	73 17.3	.. 11.2	113 06.1	.. 29.4	Pollux	243 19.6	N27 58.3
04	89 35.1	243 51.1	29.1	5 02.2	23.2	88 20.0	11.3	128 08.6	29.4	Procyon	244 52.8	N 5 10.1
05	104 37.6	258 50.7	30.3	20 04.4	23.3	103 22.7	11.4	143 11.0	29.4			
F 06	119 40.1	273 50.2	S 9 31.5	35 06.5	N23 23.4	118 25.4	S 1 11.5	158 13.5	S16 29.4	Rasalhague	96 00.5	N12 32.8
R 07	134 42.5	288 49.7	32.7	50 08.6	23.5	133 28.1	11.6	173 16.0	29.4	Regulus	207 36.6	N11 51.5
I 08	149 45.0	303 49.2	33.8	65 10.7	23.6	148 30.8	11.7	188 18.4	29.5	Rigel	281 05.4	S 8 10.4
D 09	164 47.5	318 48.7	.. 35.0	80 12.9	.. 23.7	163 33.5	.. 11.8	203 20.9	.. 29.5	Rigil Kent.	139 43.5	S60 55.6
A 10	179 49.9	333 48.3	36.2	95 15.0	23.8	178 36.2	11.9	218 23.4	29.5	Sabik	102 05.1	S15 45.1
Y 11	194 52.4	348 47.8	37.4	110 17.1	23.9	193 38.9	12.0	233 25.9	29.5			
12	209 54.9	3 47.3	S 9 38.6	125 19.2	N23 24.1	208 41.6	S 1 12.1	248 28.3	S16 29.5	Schedar	349 32.6	N56 39.8
13	224 57.3	18 46.8	39.7	140 21.4	24.2	223 44.3	12.2	263 30.8	29.5	Shaula	96 13.1	S37 07.3
14	239 59.8	33 46.4	40.9	155 23.5	24.3	238 47.0	12.3	278 33.3	29.5	Sirius	258 27.8	S16 44.6
15	255 02.2	48 45.9	.. 42.1	170 25.6	.. 24.4	253 49.7	.. 12.4	293 35.7	.. 29.5	Spica	158 24.6	S11 16.6
16	270 04.7	63 45.4	43.3	185 27.8	24.5	268 52.4	12.5	308 38.2	29.5	Suhail	222 47.8	S43 31.1
17	285 07.2	78 44.9	44.4	200 29.9	24.6	283 55.1	12.6	323 40.7	29.4			
18	300 09.6	93 44.4	S 9 45.6	215 32.0	N23 24.7	298 57.8	S 1 12.7	338 43.2	S16 29.4	Vega	80 34.6	N38 48.5
19	315 12.1	108 44.0	46.8	230 34.2	24.8	314 00.5	12.8	353 45.6	29.4	Zuben'ubi	136 58.4	S16 08.0
20	330 14.6	123 43.5	48.0	245 36.3	25.0	329 03.2	12.9	8 48.1	29.4		SHA	Mer.Pass.
21	345 17.0	138 43.0	.. 49.1	260 38.4	.. 25.1	344 05.9	.. 13.0	23 50.6	.. 29.4			h m
22	0 19.5	153 42.5	50.3	275 40.6	25.2	359 08.6	13.1	38 53.0	29.4	Venus	155 38.2	11 44
23	15 22.0	168 42.0	51.5	290 42.7	25.3	14 11.4	13.2	53 55.5	29.4	Mars	275 37.4	3 43
Mer.Pass. 22 02.6		v −0.5 d 1.2		v 2.1 d 0.1		v 2.7 d 0.1		v 2.5 d 0.0		Jupiter	358 37.9	22 08
										Saturn	38 33.1	19 29

2022 OCTOBER 19, 20, 21 (WED., THURS., FRI.)

UT	SUN GHA	SUN Dec	MOON GHA	MOON v	MOON Dec	MOON d	MOON HP
19 00	183 44.2	S 9 53.4	253 55.3	12.3	N22 54.2	8.1	54.4
01	198 44.4	54.3	268 26.6	12.3	22 46.1	8.2	54.5
02	213 44.5	55.2	282 57.9	12.4	22 37.9	8.3	54.5
03	228 44.6	.. 56.1	297 29.3	12.5	22 29.6	8.4	54.5
04	243 44.7	57.0	312 00.8	12.5	22 21.2	8.5	54.5
05	258 44.8	57.9	326 32.3	12.5	22 12.7	8.5	54.5
W 06	273 44.9	S 9 58.8	341 03.8	12.6	N22 04.2	8.7	54.5
E 07	288 45.0	9 59.7	355 35.4	12.6	21 55.5	8.8	54.5
D 08	303 45.2	10 00.6	10 07.0	12.7	21 46.7	8.9	54.5
N 09	318 45.3	.. 01.5	24 38.7	12.7	21 37.8	9.0	54.6
E 10	333 45.4	02.4	39 10.4	12.8	21 28.8	9.1	54.6
S 11	348 45.5	03.3	53 42.2	12.8	21 19.7	9.2	54.6
D 12	3 45.6	S10 04.2	68 14.0	12.9	N21 10.5	9.3	54.6
A 13	18 45.7	05.1	82 45.9	12.9	21 01.2	9.4	54.6
Y 14	33 45.8	06.0	97 17.8	12.9	20 51.8	9.4	54.6
15	48 46.0	.. 06.9	111 49.7	13.0	20 42.4	9.6	54.6
16	63 46.1	07.8	126 21.7	13.1	20 32.8	9.7	54.7
17	78 46.2	08.7	140 53.8	13.1	20 23.1	9.8	54.7
18	93 46.3	S10 09.6	155 25.9	13.1	N20 13.3	9.8	54.7
19	108 46.4	10.5	169 58.0	13.2	20 03.5	10.0	54.7
20	123 46.5	11.4	184 30.2	13.2	19 53.5	10.0	54.7
21	138 46.6	.. 12.3	199 02.4	13.3	19 43.5	10.1	54.7
22	153 46.7	13.2	213 34.7	13.3	19 33.4	10.3	54.8
23	168 46.8	14.1	228 07.0	13.3	19 23.1	10.3	54.8
20 00	183 47.0	S10 15.0	242 39.3	13.4	N19 12.8	10.4	54.8
01	198 47.1	15.9	257 11.7	13.4	19 02.4	10.5	54.8
02	213 47.2	16.8	271 44.1	13.5	18 51.9	10.6	54.8
03	228 47.3	.. 17.7	286 16.6	13.5	18 41.3	10.6	54.9
04	243 47.4	18.6	300 49.1	13.5	18 30.7	10.8	54.9
05	258 47.5	19.5	315 21.6	13.6	18 19.9	10.8	54.9
T 06	273 47.6	S10 20.4	329 54.2	13.6	N18 09.1	10.9	54.9
H 07	288 47.7	21.3	344 26.8	13.7	17 58.2	11.1	54.9
U 08	303 47.8	22.2	358 59.5	13.7	17 47.1	11.1	55.0
R 09	318 47.9	.. 23.1	13 32.2	13.7	17 36.0	11.1	55.0
S 10	333 48.0	24.0	28 04.9	13.8	17 24.9	11.3	55.0
D 11	348 48.2	24.9	42 37.7	13.8	17 13.6	11.3	55.0
A 12	3 48.3	S10 25.8	57 10.5	13.9	N17 02.3	11.5	55.0
Y 13	18 48.4	26.7	71 43.4	13.8	16 50.8	11.5	55.1
14	33 48.5	27.6	86 16.2	14.0	16 39.3	11.5	55.1
15	48 48.6	.. 28.5	100 49.2	13.9	16 27.8	11.7	55.1
16	63 48.7	29.4	115 22.1	14.0	16 16.1	11.8	55.1
17	78 48.8	30.3	129 55.1	14.0	16 04.3	11.8	55.1
18	93 48.9	S10 31.2	144 28.1	14.1	N15 52.5	11.9	55.2
19	108 49.0	32.0	159 01.2	14.0	15 40.6	11.9	55.2
20	123 49.1	32.9	173 34.2	14.2	15 28.7	12.1	55.2
21	138 49.2	.. 33.8	188 07.3	14.2	15 16.6	12.1	55.2
22	153 49.3	34.7	202 40.5	14.1	15 04.5	12.2	55.3
23	168 49.4	35.6	217 13.6	14.2	14 52.3	12.3	55.3
21 00	183 49.5	S10 36.5	231 46.8	14.3	N14 40.0	12.3	55.3
01	198 49.6	37.4	246 20.1	14.2	14 27.7	12.4	55.3
02	213 49.7	38.2	260 53.3	14.3	14 15.3	12.5	55.3
03	228 49.8	.. 39.2	275 26.6	14.3	14 02.8	12.6	55.4
04	243 49.9	40.1	289 59.9	14.3	13 50.2	12.6	55.4
05	258 50.0	41.0	304 33.2	14.4	13 37.6	12.7	55.4
F 06	273 50.1	S10 41.9	319 06.6	14.3	N13 24.9	12.7	55.4
R 07	288 50.2	42.7	333 39.9	14.4	13 12.2	12.9	55.5
I 08	303 50.3	43.6	348 13.3	14.4	12 59.3	12.9	55.5
D 09	318 50.4	.. 44.5	2 46.7	14.5	12 46.4	12.9	55.5
A 10	333 50.5	45.4	17 20.2	14.4	12 33.5	13.1	55.5
Y 11	348 50.6	46.3	31 53.6	14.5	12 20.4	13.0	55.6
12	3 50.7	S10 47.2	46 27.1	14.5	N12 07.4	13.2	55.6
13	18 50.8	48.1	61 00.6	14.5	11 54.2	13.2	55.6
14	33 50.9	49.0	75 34.1	14.5	11 41.0	13.3	55.6
15	48 51.0	.. 49.9	90 07.6	14.6	11 27.7	13.3	55.7
16	63 51.1	50.7	104 41.2	14.5	11 14.4	13.4	55.7
17	78 51.2	51.6	119 14.7	14.6	11 01.0	13.5	55.7
18	93 51.3	S10 52.5	133 48.3	14.6	N10 47.5	13.5	55.8
19	108 51.4	53.4	148 21.9	14.6	10 34.0	13.6	55.8
20	123 51.5	54.3	162 55.5	14.6	10 20.4	13.6	55.8
21	138 51.6	.. 55.2	177 29.1	14.6	10 06.8	13.7	55.8
22	153 51.7	56.1	192 02.7	14.7	9 53.1	13.7	55.9
23	168 51.8	56.9	206 36.4	14.6	N 9 39.4	13.8	55.9
	SD 16.1	d 0.9	SD 14.9		15.0		15.1

Twilight / Sunrise / Moonrise

Lat.	Naut.	Civil	Sunrise	19	20	21	22
N 72	05 17	06 35	07 49	▭	22 54	25 21	01 21
N 70	05 18	06 29	07 34	20 21	23 28	25 36	01 36
68	05 19	06 24	07 22	21 40	23 52	25 47	01 47
66	05 20	06 19	07 13	22 17	24 11	00 11	01 57
64	05 20	06 15	07 05	22 43	24 26	00 26	02 05
62	05 20	06 12	06 58	23 03	24 38	00 38	02 12
60	05 20	06 09	06 52	23 20	24 49	00 49	02 17
N 58	05 20	06 06	06 46	23 33	24 58	00 58	02 22
56	05 20	06 03	06 41	23 45	25 06	01 06	02 27
54	05 20	06 01	06 37	23 55	25 13	01 13	02 31
52	05 20	05 59	06 33	24 04	00 04	01 19	02 35
50	05 19	05 57	06 30	24 13	00 13	01 25	02 38
45	05 18	05 52	06 22	24 30	00 30	01 37	02 45
N 40	05 17	05 48	06 16	24 44	00 44	01 47	02 51
35	05 15	05 44	06 10	24 56	00 56	01 56	02 56
30	05 13	05 41	06 05	00 09	01 06	02 03	03 01
20	05 08	05 34	05 56	00 30	01 24	02 16	03 09
N 10	05 03	05 27	05 49	00 49	01 39	02 28	03 15
0	04 56	05 20	05 41	01 07	01 53	02 38	03 22
S 10	04 48	05 13	05 34	01 24	02 08	02 48	03 28
20	04 37	05 04	05 26	01 43	02 23	03 00	03 35
30	04 23	04 52	05 17	02 04	02 40	03 12	03 42
35	04 14	04 45	05 11	02 17	02 50	03 19	03 47
40	04 03	04 37	05 05	02 31	03 01	03 28	03 52
45	03 50	04 27	04 58	02 48	03 15	03 37	03 57
S 50	03 33	04 15	04 49	03 09	03 31	03 49	04 04
52	03 24	04 09	04 45	03 19	03 39	03 54	04 07
54	03 15	04 03	04 41	03 30	03 47	04 00	04 11
56	03 04	03 55	04 36	03 43	03 57	04 07	04 14
58	02 51	03 47	04 30	03 58	04 09	04 14	04 19
S 60	02 35	03 38	04 24	04 15	04 20	04 22	04 23

Sunset / Twilight / Moonset

Lat.	Sunset	Civil	Naut.	19	20	21	22
N 72	15 39	16 52	18 11	▭	18 22	17 28	16 51
N 70	15 54	16 59	18 10	19 18	17 46	17 11	16 44
68	16 06	17 04	18 09	17 59	17 20	16 57	16 38
66	16 16	17 09	18 08	17 21	17 00	16 46	16 33
64	16 24	17 13	18 08	16 54	16 44	16 36	16 29
62	16 31	17 17	18 08	16 33	16 31	16 28	16 25
60	16 37	17 20	18 08	16 15	16 19	16 21	16 22
N 58	16 42	17 23	18 08	16 01	16 09	16 15	16 19
56	16 47	17 25	18 08	15 49	16 00	16 09	16 16
54	16 52	17 28	18 09	15 38	15 52	16 04	16 14
52	16 55	17 30	18 09	15 28	15 45	15 59	16 12
50	16 59	17 32	18 09	15 19	15 39	15 55	16 10
45	17 07	17 41	18 09	15 01	15 25	15 46	16 05
N 40	17 13	17 41	18 12	14 46	15 14	15 39	16 02
35	17 19	17 45	18 14	14 33	15 04	15 32	15 59
30	17 24	17 48	18 16	14 22	14 55	15 26	15 56
20	17 33	17 55	18 21	14 02	14 40	15 16	15 51
N 10	17 41	18 02	18 27	13 45	14 27	15 07	15 47
0	17 48	18 09	18 34	13 29	14 15	14 59	15 42
S 10	17 56	18 17	18 42	13 13	14 02	14 51	15 38
20	18 04	18 26	18 53	12 56	13 49	14 41	15 34
30	18 13	18 38	19 07	12 36	13 34	14 31	15 29
35	18 19	18 45	19 16	12 25	13 25	14 25	15 26
40	18 25	18 53	19 27	12 11	13 14	14 18	15 22
45	18 32	19 03	19 41	11 55	13 02	14 10	15 18
S 50	18 41	19 16	19 58	11 35	12 47	14 00	15 13
52	18 45	19 22	20 07	11 26	12 40	13 55	15 11
54	18 50	19 28	20 17	11 15	12 32	13 50	15 09
56	18 55	19 36	20 28	11 03	12 24	13 45	15 06
58	19 01	19 44	20 42	10 49	12 14	13 38	15 03
S 60	19 07	19 54	20 58	10 32	12 02	13 31	15 00

SUN / MOON

Day	Eqn. of Time 00h	12h	Mer. Pass.	Mer. Pass. Upper	Lower	Age	Phase
19	14 57	15 02	11 45	07 18	19 41	24	33
20	15 08	15 13	11 45	08 04	20 27	25	25
21	15 18	15 23	11 45	08 49	21 10	26	17

2022 OCTOBER 22, 23, 24 (SAT., SUN., MON.)

UT	ARIES	VENUS −3·9		MARS −1·0		JUPITER −2·9		SATURN +0·5		STARS		
	GHA	GHA	Dec	GHA	Dec	GHA	Dec	GHA	Dec	Name	SHA	Dec
d h	° ′	° ′	° ′	° ′	° ′	° ′	° ′	° ′	° ′		° ′	° ′
22 00	30 24.4	183 41.6	S 9 52.7	305 44.9	N23 25.4	29 14.1	S 1 13.3	68 58.0	S16 29.4	Acamar	315 12.8	S40 12.7
01	45 26.9	198 41.1	53.8	320 47.0	25.5	44 16.8	13.4	84 00.5	29.4	Achernar	335 21.0	S57 07.3
02	60 29.4	213 40.6	55.0	335 49.2	25.6	59 19.5	13.5	99 02.9	29.4	Acrux	173 02.8	S63 13.3
03	75 31.8	228 40.1 ..	56.2	350 51.3 ..	25.7	74 22.2 ..	13.6	114 05.4 ..	29.4	Adhara	255 07.2	S28 59.9
04	90 34.3	243 39.6	57.4	5 53.5	25.8	89 24.9	13.7	129 07.9	29.4	Aldebaran	290 41.5	N16 33.3
05	105 36.7	258 39.1	58.5	20 55.6	26.0	104 27.6	13.8	144 10.3	29.4			
06	120 39.2	273 38.6	S 9 59.7	35 57.8	N23 26.1	119 30.3	S 1 13.9	159 12.8	S16 29.4	Alioth	166 15.1	N55 50.2
07	135 41.7	288 38.2	10 00.9	50 59.9	26.2	134 33.0	13.9	174 15.3	29.4	Alkaid	152 54.0	N49 12.1
S 08	150 44.1	303 37.7	02.0	66 02.1	26.3	149 35.7	14.0	189 17.7	29.4	Alnair	27 35.0	S46 51.2
A 09	165 46.6	318 37.2 ..	03.2	81 04.3 ..	26.4	164 38.4 ..	14.1	204 20.2 ..	29.4	Alnilam	275 39.4	S 1 11.1
T 10	180 49.1	333 36.7	04.4	96 06.4	26.5	179 41.1	14.2	219 22.7	29.4	Alphard	217 49.7	S 8 45.2
U 11	195 51.5	348 36.2	05.5	111 08.6	26.6	194 43.8	14.3	234 25.1	29.4			
R 12	210 54.0	3 35.7	S10 06.7	126 10.7	N23 26.7	209 46.5	S 1 14.4	249 27.6	S16 29.4	Alphecca	126 05.7	N26 38.5
D 13	225 56.5	18 35.2	07.9	141 12.9	26.9	224 49.2	14.5	264 30.1	29.4	Alpheratz	357 36.4	N29 13.1
A 14	240 58.9	33 34.8	09.0	156 15.1	27.0	239 51.9	14.6	279 32.5	29.4	Altair	62 01.8	N 8 55.8
Y 15	256 01.4	48 34.3 ..	10.2	171 17.2 ..	27.1	254 54.6 ..	14.7	294 35.0 ..	29.4	Ankaa	353 08.6	S42 11.0
16	271 03.8	63 33.8	11.4	186 19.4	27.2	269 57.3	14.8	309 37.5	29.4	Antares	112 18.4	S26 28.9
17	286 06.3	78 33.3	12.6	201 21.6	27.3	285 00.0	14.9	324 39.9	29.4			
18	301 08.8	93 32.8	S10 13.7	216 23.8	N23 27.4	300 02.7	S 1 15.0	339 42.4	S16 29.4	Arcturus	145 50.3	N19 04.0
19	316 11.2	108 32.3	14.9	231 25.9	27.5	315 05.4	15.1	354 44.9	29.4	Atria	107 14.7	S69 04.2
20	331 13.7	123 31.8	16.0	246 28.1	27.6	330 08.1	15.2	9 47.3	29.4	Avior	234 15.5	S59 34.5
21	346 16.2	138 31.3 ..	17.2	261 30.3 ..	27.7	345 10.8 ..	15.3	24 49.8 ..	29.4	Bellatrix	278 24.7	N 6 22.3
22	1 18.6	153 30.8	18.4	276 32.5	27.9	0 13.5	15.4	39 52.3	29.4	Betelgeuse	270 53.9	N 7 24.8
23	16 21.1	168 30.4	19.5	291 34.6	28.0	15 16.1	15.5	54 54.7	29.4			
23 00	31 23.6	183 29.9	S10 20.7	306 36.8	N23 28.1	30 18.8	S 1 15.6	69 57.2	S16 29.4	Canopus	263 53.0	S52 42.1
01	46 26.0	198 29.4	21.9	321 39.0	28.2	45 21.5	15.6	84 59.7	29.4	Capella	280 24.3	N46 01.1
02	61 28.5	213 28.9	23.0	336 41.2	28.3	60 24.2	15.7	100 02.1	29.4	Deneb	49 27.0	N45 21.9
03	76 31.0	228 28.4 ..	24.2	351 43.4 ..	28.4	75 26.9 ..	15.8	115 04.6 ..	29.4	Denebola	182 27.1	N14 26.8
04	91 33.4	243 27.9	25.4	6 45.6	28.5	90 29.6	15.9	130 07.1	29.4	Diphda	348 48.8	S17 51.7
05	106 35.9	258 27.4	26.5	21 47.7	28.6	105 32.3	16.0	145 09.5	29.4			
06	121 38.3	273 26.9	S10 27.7	36 49.9	N23 28.8	120 35.0	S 1 16.1	160 12.0	S16 29.4	Dubhe	193 43.8	N61 37.6
07	136 40.8	288 26.4	28.8	51 52.1	28.9	135 37.7	16.2	175 14.5	29.4	Elnath	278 04.0	N28 37.6
08	151 43.3	303 25.9	30.0	66 54.3	29.0	150 40.4	16.3	190 16.9	29.4	Eltanin	90 43.3	N51 29.4
S 09	166 45.7	318 25.4 ..	31.2	81 56.5 ..	29.1	165 43.1 ..	16.4	205 19.4 ..	29.4	Enif	33 40.5	N 9 58.9
U 10	181 48.2	333 24.9	32.3	96 58.7	29.2	180 45.8	16.5	220 21.9	29.4	Fomalhaut	15 16.3	S29 30.2
N 11	196 50.7	348 24.4	33.5	112 00.9	29.3	195 48.5	16.6	235 24.3	29.4			
D 12	211 53.1	3 23.9	S10 34.6	127 03.1	N23 29.4	210 51.2	S 1 16.7	250 26.8	S16 29.4	Gacrux	171 54.3	S57 14.2
A 13	226 55.6	18 23.4	35.8	142 05.3	29.5	225 53.9	16.8	265 29.2	29.4	Gienah	175 45.8	S17 39.9
Y 14	241 58.1	33 22.9	37.0	157 07.5	29.6	240 56.6	16.8	280 31.7	29.4	Hadar	148 39.3	S60 28.8
15	257 00.5	48 22.5 ..	38.1	172 09.7 ..	29.8	255 59.3 ..	16.9	295 34.2 ..	29.4	Hamal	327 52.9	N23 34.3
16	272 03.0	63 22.0	39.3	187 11.9	29.9	271 02.0	17.0	310 36.6	29.4	Kaus Aust.	83 35.1	S34 22.5
17	287 05.4	78 21.5	40.4	202 14.1	30.0	286 04 7	17.1	325 39.1	29.4			
18	302 07.9	93 21.0	S10 41.6	217 16.3	N23 30.1	301 07.4	S 1 17.2	340 41.6	S16 29.4	Kochab	137 20.9	N74 03.8
19	317 10.4	108 20.5	42.7	232 18.5	30.2	316 10.0	17.3	355 44.0	29.4	Markab	13 31.5	N15 19.8
20	332 12.8	123 20.0	43.9	247 20.8	30.3	331 12.7	17.4	10 46.5	29.4	Menkar	314 07.8	N 4 10.8
21	347 15.3	138 19.5 ..	45.1	262 23.0 ..	30.4	346 15.4 ..	17.5	25 48.9 ..	29.4	Menkent	148 00.2	S36 28.8
22	2 17.8	153 19.0	46.2	277 25.2	30.5	1 18.1	17.6	40 51.4	29.4	Miaplacidus	221 38.9	S69 48.2
23	17 20.2	168 18.5	47.4	292 27.4	30.7	16 20.8	17.7	55 53.9	29.4			
24 00	32 22.7	183 18.0	S10 48.5	307 29.6	N23 30.8	31 23.5	S 1 17.8	70 56.3	S16 29.3	Mirfak	308 30.4	N49 56.5
01	47 25.2	198 17.5	49.7	322 31.8	30.9	46 26.2	17.8	85 58.8	29.3	Nunki	75 50.2	S26 16.1
02	62 27.6	213 17.0	50.8	337 34.1	31.0	61 28.9	17.9	101 01.2	29.3	Peacock	53 08.6	S56 39.9
03	77 30.1	228 16.5 ..	52.0	352 36.3 ..	31.1	76 31.6 ..	18.0	116 03.7 ..	29.3	Pollux	243 19.5	N27 58.3
04	92 32.6	243 16.0	53.1	7 38.5	31.2	91 34.3	18.1	131 06.2	29.3	Procyon	244 52.7	N 5 10.5
05	107 35.0	258 15.5	54.3	22 40.7	31.3	106 37.0	18.2	146 08.6	29.3			
06	122 37.5	273 15.0	S10 55.4	37 43.0	N23 31.4	121 39.7	S 1 18.3	161 11.1	S16 29.3	Rasalhague	96 00.5	N12 32.8
07	137 39.9	288 14.5	56.6	52 45.2	31.5	136 42.3	18.4	176 13.6	29.3	Regulus	207 36.6	N11 51.5
08	152 42.4	303 13.9	57.7	67 47.4	31.7	151 45.0	18.5	191 16.0	29.3	Rigel	281 05.4	S 8 10.4
M 09	167 44.9	318 13.4	10 58.9	82 49.6 ..	31.8	166 47.7 ..	18.6	206 18.5 ..	29.3	Rigil Kent.	139 43.5	S60 55.6
O 10	182 47.3	333 12.9	11 00.0	97 51.9	31.9	181 50.4	18.6	221 20.9	29.3	Sabik	102 05.1	S15 45.1
N 11	197 49.8	348 12.4	01.2	112 54.1	32.0	196 53.1	18.7	236 23.4	29.3			
D 12	212 52.3	3 11.9	S11 02.3	127 56.4	N23 32.1	211 55.8	S 1 18.8	251 25.8	S16 29.3	Schedar	349 32.6	N56 39.8
A 13	227 54.7	18 11.4	03.5	142 58.6	32.2	226 58.5	18.9	266 28.3	29.3	Shaula	96 13.1	S37 07.3
Y 14	242 57.2	33 10.9	04.6	158 00.8	32.3	242 01.2	19.0	281 30.8	29.3	Sirius	258 27.7	S16 44.6
15	257 59.7	48 10.4 ..	05.8	173 03.1 ..	32.4	257 03.9 ..	19.1	296 33.2 ..	29.3	Spica	158 24.6	S11 16.6
16	273 02.1	63 09.9	06.9	188 05.3	32.6	272 06.5	19.2	311 35.7	29.3	Suhail	222 47.8	S43 31.1
17	288 04.6	78 09.4	08.1	203 07.6	32.7	287 09.2	19.3	326 38.1	29.3			
18	303 07.1	93 08.9	S11 09.2	218 09.8	N23 32.8	302 11.9	S 1 19.4	341 40.6	S16 29.3	Vega	80 34.6	N38 48.5
19	318 09.5	108 08.4	10.4	233 12.0	32.9	317 14.6	19.5	356 43.1	29.3	Zuben'ubi	136 58.4	S16 08.0
20	333 12.0	123 07.9	11.5	248 14.3	33.0	332 17.3	19.5	11 45.5	29.3		SHA	Mer.Pass.
21	348 14.4	138 07.4 ..	12.6	263 16.5 ..	33.1	347 20.0 ..	19.6	26 48.0 ..	29.3		° ′	h m
22	3 16.9	153 06.9	13.8	278 18.8	33.2	2 22.7	19.7	41 50.4	29.3	Venus	152 06.3	11 46
23	18 19.4	168 06.3	14.9	293 21.0	33.3	17 25.4	19.8	56 52.9	29.3	Mars	275 13.3	3 33
	h m									Jupiter	358 55.3	21 55
Mer. Pass. 21 50.8		v −0.5	d 1.2	v 2.2	d 0.1	v 2.7	d 0.1	v 2.5	d 0.0	Saturn	38 33.6	19 17

2022 DECEMBER 27, 28, 29 (TUES., WED., THURS.)

UT (d h)	SUN GHA	SUN Dec	MOON GHA	v	MOON Dec	d	HP
27 00	179 48.3	S23 20.2	126 03.0	7.8	S17 43.3	13.3	60.2
01	194 48.0	20.1	140 29.8	7.8	17 30.0	13.4	60.2
02	209 47.7	20.0	154 56.6	8.0	17 16.6	13.5	60.1
03	224 47.4	.. 19.9	169 23.6	8.2	17 03.1	13.6	60.1
04	239 47.1	19.8	183 50.8	8.2	16 49.5	13.7	60.1
05	254 46.8	19.7	198 18.0	8.4	16 35.8	13.8	60.1
06	269 46.5	S23 19.6	212 45.4	8.5	S16 22.0	13.8	60.0
07	284 46.2	19.5	227 12.9	8.6	16 08.2	14.0	60.0
T 08	299 45.9	19.4	241 40.5	8.7	15 54.2	14.0	60.0
U 09	314 45.6	.. 19.3	256 08.2	8.8	15 40.2	14.0	59.9
E 10	329 45.3	19.2	270 36.0	9.0	15 26.2	14.2	59.9
S 11	344 45.0	19.0	285 04.0	9.1	15 12.0	14.2	59.9
D 12	359 44.6	S23 18.9	299 32.1	9.2	S14 57.8	14.3	59.8
A 13	14 44.3	18.8	314 00.3	9.3	14 43.5	14.4	59.8
Y 14	29 44.0	18.7	328 28.6	9.4	14 29.1	14.4	59.8
15	44 43.7	.. 18.6	342 57.0	9.5	14 14.7	14.5	59.7
16	59 43.4	18.5	357 25.5	9.7	14 00.2	14.6	59.7
17	74 43.1	18.4	11 54.2	9.7	13 45.6	14.6	59.7
18	89 42.8	S23 18.3	26 22.9	9.9	S13 31.0	14.7	59.6
19	104 42.5	18.1	40 51.8	9.9	13 16.3	14.7	59.6
20	119 42.2	18.0	55 20.7	10.1	13 01.6	14.8	59.6
21	134 41.9	.. 17.9	69 49.8	10.2	12 46.8	14.8	59.5
22	149 41.6	17.8	84 19.0	10.2	12 32.0	14.9	59.5
23	164 41.3	17.7	98 48.2	10.4	12 17.1	15.0	59.5
28 00	179 41.0	S23 17.6	113 17.6	10.5	S12 02.1	14.9	59.4
01	194 40.7	17.4	127 47.1	10.6	11 47.2	15.1	59.4
02	209 40.3	17.3	142 16.7	10.7	11 32.1	15.1	59.4
03	224 40.0	.. 17.2	156 46.4	10.7	11 17.0	15.1	59.3
04	239 39.7	17.1	171 16.1	10.9	11 01.9	15.1	59.3
05	254 39.4	17.0	185 46.0	11.0	10 46.8	15.2	59.3
06	269 39.1	S23 16.8	200 16.0	11.0	S10 31.6	15.3	59.2
W 07	284 38.8	16.7	214 46.0	11.2	10 16.3	15.2	59.2
E 08	299 38.5	16.6	229 16.2	11.2	10 01.1	15.3	59.2
D 09	314 38.2	.. 16.5	243 46.4	11.3	9 45.8	15.4	59.1
N 10	329 37.9	16.3	258 16.7	11.4	9 30.4	15.3	59.1
E 11	344 37.6	16.2	272 47.1	11.5	9 15.1	15.4	59.1
S 12	359 37.3	S23 16.1	287 17.6	11.6	S 8 59.7	15.4	59.0
D 13	14 37.0	15.9	301 48.2	11.7	8 44.3	15.5	59.0
A 14	29 36.7	15.8	316 18.9	11.7	8 28.8	15.4	59.0
Y 15	44 36.4	.. 15.7	330 49.6	11.9	8 13.4	15.5	58.9
16	59 36.1	15.5	345 20.5	11.9	7 57.9	15.5	58.9
17	74 35.8	15.4	359 51.4	12.0	7 42.4	15.6	58.9
18	89 35.5	S23 15.3	14 22.4	12.0	S 7 26.8	15.5	58.8
19	104 35.1	15.1	28 53.4	12.2	7 11.3	15.6	58.8
20	119 34.8	15.0	43 24.6	12.2	6 55.7	15.6	58.8
21	134 34.5	.. 14.9	57 55.8	12.2	6 40.1	15.6	58.7
22	149 34.2	14.7	72 27.0	12.4	6 24.5	15.6	58.7
23	164 33.9	14.6	86 58.4	12.4	6 08.9	15.6	58.7
29 00	179 33.6	S23 14.5	101 29.8	12.5	S 5 53.3	15.6	58.6
01	194 33.3	14.3	116 01.3	12.5	5 37.7	15.6	58.6
02	209 33.0	14.2	130 32.8	12.7	5 22.1	15.7	58.5
03	224 32.7	.. 14.0	145 04.5	12.6	5 06.4	15.6	58.5
04	239 32.4	13.9	159 36.1	12.8	4 50.8	15.7	58.5
05	254 32.1	13.8	174 07.9	12.8	4 35.1	15.6	58.4
06	269 31.8	S23 13.6	188 39.7	12.8	S 4 19.5	15.7	58.4
07	284 31.5	13.5	203 11.5	12.9	4 03.8	15.6	58.4
T 08	299 31.2	13.3	217 43.5	12.9	3 48.2	15.7	58.3
H 09	314 30.9	.. 13.2	232 15.4	13.1	3 32.5	15.6	58.3
U 10	329 30.6	13.0	246 47.5	13.0	3 16.9	15.7	58.3
R 11	344 30.3	12.9	261 19.5	13.2	3 01.2	15.6	58.2
S 12	359 30.0	S23 12.7	275 51.7	13.2	S 2 45.6	15.7	58.2
D 13	14 29.7	12.6	290 23.9	13.2	2 29.9	15.6	58.2
A 14	29 29.4	12.4	304 56.1	13.3	2 14.3	15.6	58.1
Y 15	44 29.1	.. 12.3	319 28.4	13.3	1 58.7	15.6	58.1
16	59 28.8	12.1	334 00.7	13.4	1 43.1	15.6	58.1
17	74 28.5	12.0	348 33.1	13.4	1 27.5	15.6	58.0
18	89 28.2	S23 11.8	3 05.5	13.4	S 1 11.9	15.6	58.0
19	104 27.9	11.7	17 37.9	13.5	0 56.3	15.5	58.0
20	119 27.6	11.5	32 10.4	13.6	0 40.8	15.6	57.9
21	134 27.3	.. 11.4	46 43.0	13.5	0 25.2	15.5	57.9
22	149 27.0	11.2	61 15.5	13.6	S 0 09.7	15.5	57.9
23	164 26.6	11.1	75 48.1	13.7	N 0 05.8	15.5	57.8
	SD 16.3	d 0.1	SD 16.3	16.1			15.9

Twilight / Moonrise

Lat.	Twilight Naut.	Civil	Sunrise	Moonrise 27	28	29	30
N 72	08 26	10 53	■■	13 41	12 48	12 12	11 40
N 70	08 07	09 54	■■	13 11	12 35	12 08	11 44
68	07 51	09 20	■■	12 49	12 24	12 05	11 48
66	07 38	08 55	10 33	12 31	12 16	12 03	11 51
64	07 27	08 35	09 52	12 16	12 08	12 01	11 53
62	07 18	08 19	09 25	12 04	12 01	11 59	11 56
60	07 09	08 06	09 03	11 54	11 56	11 57	11 58
N 58	07 02	07 55	08 46	11 44	11 51	11 55	11 59
56	06 55	07 44	08 32	11 36	11 46	11 54	12 01
54	06 49	07 35	08 19	11 29	11 42	11 53	12 02
52	06 44	07 27	08 08	11 23	11 38	11 52	12 04
50	06 38	07 20	07 58	11 17	11 35	11 50	12 05
45	06 27	07 04	07 38	11 04	11 28	11 48	12 07
N 40	06 16	06 50	07 21	10 53	11 21	11 46	12 10
35	06 07	06 39	07 07	10 44	11 16	11 45	12 12
30	05 58	06 28	06 55	10 36	11 11	11 43	12 13
20	05 42	06 10	06 34	10 22	11 03	11 41	12 16
N 10	05 26	05 52	06 15	10 10	10 56	11 38	12 19
0	05 09	05 35	05 58	09 58	10 49	11 36	12 22
S 10	04 50	05 17	05 40	09 47	10 42	11 34	12 24
20	04 28	04 57	05 21	09 34	10 35	11 32	12 27
30	03 59	04 32	04 59	09 20	10 27	11 30	12 30
35	03 40	04 17	04 47	09 12	10 22	11 28	12 32
40	03 17	03 59	04 32	09 02	10 16	11 26	12 34
45	02 47	03 36	04 14	08 51	10 10	11 25	12 37
S 50	02 02	03 03	03 51	08 37	10 02	11 22	12 39
52	01 34	02 52	03 40	08 31	09 58	11 21	12 41
54	00 50	02 34	03 28	08 16	09 54	11 20	12 42
56	////	02 12	03 14	08 16	09 50	11 19	12 44
58	////	01 43	02 58	08 07	09 45	11 17	12 46
S 60	////	00 54	02 37	07 56	09 39	11 16	12 48

Sunset / Twilight / Moonset

Lat.	Sunset	Twilight Civil	Naut.	Moonset 27	28	29	30
N 72	■■	13 11	15 37	19 08	21 46	24 01	00 01
N 70	■■	14 09	15 56	19 36	21 56	24 01	00 01
68	■■	14 44	16 12	19 56	22 04	24 01	00 01
66	13 30	15 08	16 25	20 13	22 11	24 01	00 00
64	14 11	15 28	16 36	20 26	22 17	24 00	00 00
62	14 38	15 44	16 45	20 36	22 22	24 00	00 00
60	15 00	15 57	16 54	20 46	22 26	24 00	00 00
N 58	15 17	16 09	17 01	20 54	22 29	24 00	00 00
56	15 32	16 19	17 08	21 01	22 33	24 00	00 00
54	15 44	16 28	17 14	21 07	22 36	24 00	00 00
52	15 55	16 36	17 20	21 13	22 38	24 00	00 00
50	16 05	16 43	17 25	21 18	22 41	23 59	25 16
45	16 25	16 59	17 36	21 29	22 46	23 59	25 16
N 40	16 42	17 13	17 47	21 38	22 50	23 59	25 06
35	16 56	17 24	17 56	21 45	22 54	23 59	25 02
30	17 08	17 35	18 05	21 52	22 57	23 59	24 59
20	17 30	17 54	18 21	22 04	23 03	23 58	24 53
N 10	17 48	18 11	18 37	22 14	23 07	23 58	24 48
0	18 05	18 28	18 54	22 23	23 12	23 58	24 43
S 10	18 23	18 46	19 13	22 32	23 16	23 58	24 38
20	18 42	19 06	19 35	22 42	23 21	23 57	24 33
30	19 03	19 31	20 04	22 53	23 26	23 57	24 27
35	19 16	19 46	20 23	22 59	23 29	23 57	24 24
40	19 31	20 04	20 46	23 06	23 33	23 57	24 20
45	19 49	20 26	21 16	23 14	23 37	23 56	24 16
S 50	20 11	20 56	22 01	23 24	23 41	23 56	24 10
52	20 22	21 11	22 28	23 29	23 43	23 56	24 08
54	20 34	21 29	23 12	23 34	23 46	23 56	24 05
56	20 48	21 50	////	23 39	23 48	23 56	24 03
58	21 05	22 19	////	23 45	23 51	23 55	24 01
S 60	21 25	23 07	////	23 52	23 54	23 55	23 56

SUN / MOON

Day	Eqn. of Time 00h	12h	Mer. Pass.	Mer. Pass. Upper	Lower	Age	Phase %
27	00 46	01 01	12 01	16 11	03 44	04	23
28	01 16	01 30	12 02	17 01	04 36	05	33
29	01 45	01 59	12 02	17 47	05 24	06	44

2022 DEC. 30, 31, JAN. 1 (FRI., SAT., SUN.)

UT (d h)	ARIES GHA	VENUS −3.9 GHA	Dec	MARS −1.2 GHA	Dec	JUPITER −2.4 GHA	Dec	SATURN +0.8 GHA	Dec	Name	SHA	Dec
30 00	98 25.0	161 20.7	S22 28.1	31 08.7	N24 37.5	97 01.4	S 0 48.5	133 25.0	S15 16.8	Acamar	315 12.8	S40 13.0
01	113 27.5	176 19.9	27.6	46 11.7	37.5	112 03.6	48.3	148 27.3	16.7	Achernar	335 21.3	S57 07.5
02	128 30.0	191 19.0	27.0	61 14.7	37.4	127 05.9	48.2	163 29.5	16.6	Acrux	173 01.9	S63 13.2
03	143 32.4	206 18.1	.. 26.5	76 17.6	.. 37.4	142 08.1	.. 48.1	178 31.7	.. 16.6	Adhara	255 06.8	S29 00.2
04	158 34.9	221 17.2	26.0	91 20.6	37.3	157 10.3	48.0	193 33.9	16.5	Aldebaran	290 41.2	N16 33.3
05	173 37.4	236 16.4	25.5	106 23.6	37.3	172 12.5	47.8	208 36.2	16.4			
06	188 39.8	251 15.5	S22 25.0	121 26.5	N24 37.2	187 14.7	S 0 47.7	223 38.4	S15 16.3	Alioth	166 14.5	N55 49.9
07	203 42.3	266 14.6	24.5	136 29.5	37.2	202 16.9	47.6	238 40.6	16.2	Alkaid	152 53.5	N49 11.7
08	218 44.8	281 13.7	23.9	151 32.5	37.2	217 19.1	47.5	253 42.8	16.1	Alnair	27 35.3	S46 51.2
F 09	233 47.2	296 12.8	.. 23.4	166 35.4	.. 37.1	232 21.3	.. 47.3	268 45.1	.. 16.1	Alnilam	275 39.1	S 1 11.3
R 10	248 49.7	311 12.0	22.9	181 38.4	37.1	247 23.5	47.2	283 47.3	16.0	Alphard	217 49.2	S 8 45.4
I 11	263 52.1	326 11.1	22.4	196 41.4	37.0	262 25.7	47.1	298 49.5	15.9			
D 12	278 54.6	341 10.2	S22 21.9	211 44.3	N24 36.9	277 27.9	S 0 47.0	313 51.7	S15 15.8	Alphecca	126 05.4	N26 38.1
A 13	293 57.1	356 09.3	21.3	226 47.3	36.9	292 30.1	46.8	328 54.0	15.7	Alpheratz	357 36.5	N29 13.1
Y 14	308 59.5	11 08.5	20.8	241 50.2	36.9	307 32.3	46.7	343 56.2	15.7	Altair	62 01.9	N 8 55.7
15	324 02.0	26 07.6	.. 20.3	256 53.2	.. 36.8	322 34.5	.. 46.6	358 58.4	.. 15.6	Ankaa	353 08.8	S42 11.2
16	339 04.5	41 06.7	19.7	271 56.1	36.8	337 36.7	46.5	14 00.6	15.5	Antares	112 18.2	S26 28.0
17	354 06.9	56 05.9	19.2	286 59.1	36.7	352 38.9	46.3	29 02.8	15.4			
18	9 09.4	71 05.0	S22 18.7	302 02.0	N24 36.7	7 41.1	S 0 46.2	44 05.1	S15 15.3	Arcturus	145 49.6	N19 03.7
19	24 11.9	86 04.1	18.2	317 05.0	36.6	22 43.3	46.1	59 07.3	15.3	Atria	107 14.5	S69 03.9
20	39 14.3	101 03.2	17.6	332 07.9	36.6	37 45.5	46.0	74 09.5	15.2	Avior	234 14.8	S59 34.8
21	54 16.8	116 02.4	.. 17.1	347 10.9	.. 36.5	52 47.7	.. 45.8	89 11.7	.. 15.1	Bellatrix	278 24.3	N 6 22.2
22	69 19.3	131 01.5	16.6	2 13.8	36.5	67 49.9	45.7	104 14.0	15.0	Betelgeuse	270 53.6	N 7 24.7
23	84 21.7	146 00.6	16.0	17 16.7	36.4	82 52.1	45.6	119 16.2	14.9			
31 00	99 24.2	160 59.8	S22 15.5	32 19.7	N24 36.4	97 54.3	S 0 45.4	134 18.4	S15 14.9	Canopus	263 52.6	S52 42.5
01	114 26.6	175 58.9	14.9	47 22.6	36.3	112 56.5	45.3	149 20.6	14.8	Capella	280 23.9	N46 01.3
02	129 29.1	190 58.0	14.4	62 25.6	36.3	127 58.7	45.2	164 22.8	14.7	Deneb	49 27.4	N45 21.8
03	144 31.6	205 57.2	.. 13.9	77 28.5	.. 36.3	143 00.9	.. 45.1	179 25.1	.. 14.6	Denebola	182 26.6	N14 26.6
04	159 34.0	220 56.3	13.3	92 31.4	36.2	158 03.1	44.9	194 27.3	14.5	Diphda	348 49.0	S17 51.8
05	174 36.5	235 55.4	12.8	107 34.4	36.2	173 05.3	44.8	209 29.5	14.4			
06	189 39.0	250 54.6	S22 12.2	122 37.3	N24 36.1	188 07.4	S 0 44.7	224 31.7	S15 14.4	Dubhe	193 42.8	N61 37.4
07	204 41.4	265 53.7	11.7	137 40.2	36.1	203 09.6	44.6	239 34.0	14.3	Elnath	278 03.6	N28 37.6
S 08	219 43.9	280 52.8	11.1	152 43.1	36.0	218 11.8	44.4	254 36.2	14.2	Eltanin	90 43.5	N51 29.1
A 09	234 46.4	295 52.0	.. 10.6	167 46.1	.. 36.0	233 14.0	.. 44.3	269 38.4	.. 14.1	Enif	33 40.7	N 9 58.8
T 10	249 48.8	310 51.1	10.0	182 49.0	35.9	248 16.2	44.2	284 40.6	14.0	Fomalhaut	15 16.5	S29 30.3
U 11	264 51.3	325 50.2	09.5	197 51.9	35.9	263 18.4	44.0	299 42.8	14.0			
R 12	279 53.7	340 49.4	S22 08.9	212 54.8	N24 35.8	278 20.6	S 0 43.9	314 45.1	S15 13.9	Gacrux	171 53.5	S57 14.2
D 13	294 56.2	355 48.5	08.4	227 57.7	35.8	293 22.8	43.8	329 47.3	13.8	Gienah	175 45.3	S17 40.0
A 14	309 58.7	10 47.6	07.8	243 00.7	35.7	308 25.0	43.7	344 49.5	13.7	Hadar	148 38.6	S60 28.7
Y 15	325 01.1	25 46.8	.. 07.3	258 03.6	.. 35.7	323 27.2	.. 43.5	359 51.7	.. 13.6	Hamal	327 52.9	N23 34.3
16	340 03.6	40 45.9	06.7	273 06.5	35.6	338 29.4	43.4	14 53.9	13.5	Kaus Aust.	83 35.2	S34 22.4
17	355 06.1	55 45.1	06.2	288 09.4	35.6	353 31.6	43.3	29 56.2	13.5			
18	10 08.5	70 44.2	S22 05.6	303 12.3	N24 35.6	8 33.8	S 0 43.1	44 58.4	S15 13.4	Kochab	137 20.5	N74 03.4
19	25 11.0	85 43.3	05.0	318 15.2	35.5	23 36.0	43.0	60 00.6	13.3	Markab	13 31.7	N15 19.7
20	40 13.5	100 42.5	04.5	333 18.1	35.5	38 38.2	42.9	75 02.8	13.2	Menkar	314 07.7	N 4 10.7
21	55 15.9	115 41.6	.. 03.9	348 21.0	.. 35.4	53 40.4	.. 42.8	90 05.1	.. 13.1	Menkent	147 59.8	S36 28.7
22	70 18.4	130 40.8	03.3	3 23.9	35.4	68 42.6	42.6	105 07.3	13.1	Miaplacidus	221 37.8	S69 48.4
23	85 20.9	145 39.9	02.8	18 26.8	35.3	83 44.7	42.5	120 09.5	13.0			
1 00	100 23.3	160 39.0	S22 02.2	33 29.7	N24 35.3	98 46.9	S 0 42.4	135 11.7	S15 12.9	Mirfak	308 30.3	N49 56.7
01	115 25.8	175 38.2	01.6	48 32.6	35.2	113 49.1	42.2	150 13.9	12.8	Nunki	75 50.2	S26 16.1
02	130 28.2	190 37.3	01.1	63 35.5	35.2	128 51.3	42.1	165 16.2	12.7	Peacock	53 08.9	S56 39.8
03	145 30.7	205 36.5	22 00.5	78 38.4	.. 35.2	143 53.5	.. 42.0	180 18.4	.. 12.6	Pollux	243 19.0	N27 58.2
04	160 33.2	220 35.6	21 59.9	93 41.3	35.1	158 55.7	41.9	195 20.6	12.6	Procyon	244 52.3	N 5 10.0
05	175 35.6	235 34.8	59.4	108 44.2	35.1	173 57.9	41.7	210 22.8	12.5			
06	190 38.1	250 33.9	S21 58.8	123 47.1	N24 35.0	189 00.1	S 0 41.6	225 25.0	S15 12.4	Rasalhague	96 00.4	N12 32.6
07	205 40.6	265 33.0	58.2	138 50.0	35.0	204 02.3	41.5	240 27.3	12.3	Regulus	207 36.0	N11 51.3
S 08	220 43.0	280 32.2	57.6	153 52.9	34.9	219 04.5	41.3	255 29.5	12.2	Rigel	281 05.2	S 8 10.5
U 09	235 45.5	295 31.3	.. 57.1	168 55.8	.. 34.9	234 06.7	.. 41.2	270 31.7	.. 12.1	Rigil Kent.	139 43.0	S60 55.5
N 10	250 48.0	310 30.5	56.5	183 58.7	34.9	249 08.8	41.1	285 33.9	12.1	Sabik	102 05.0	S15 45.2
D 11	265 50.4	325 29.6	55.9	199 01.6	34.8	264 11.0	40.9	300 36.1	12.0			
A 12	280 52.9	340 28.8	S21 55.3	214 04.4	N24 34.8	279 13.2	S 0 40.8	315 38.3	S15 11.9	Schedar	349 32.9	N56 40.0
Y 13	295 55.4	355 28.0	54.8	229 07.3	34.7	294 15.4	40.7	330 40.6	11.8	Shaula	96 13.1	S37 07.2
14	310 57.8	10 27.1	54.2	244 10.2	34.7	309 17.6	40.6	345 42.8	11.7	Sirius	258 27.4	S16 44.9
15	326 00.3	25 26.2	.. 53.6	259 13.1	.. 34.6	324 19.8	.. 40.4	0 45.0	.. 11.7	Spica	158 24.1	S11 16.8
16	341 02.7	40 25.4	53.0	274 16.0	34.6	339 22.0	40.3	15 47.2	11.6	Suhail	222 47.2	S43 31.3
17	356 05.2	55 24.5	52.4	289 18.8	34.6	354 24.2	40.2	30 49.4	11.5			
18	11 07.7	70 23.7	S21 51.8	304 21.7	N24 34.5	9 26.3	S 0 40.0	45 51.7	S15 11.4	Vega	80 34.8	N38 48.2
19	26 10.1	85 22.8	51.3	319 24.6	34.5	24 28.5	39.9	60 53.9	11.3	Zuben'ubi	136 58.1	S16 08.1
20	41 12.6	100 22.0	50.7	334 27.4	34.4	39 30.7	39.8	75 56.1	11.2		SHA	Mer. Pass.
21	56 15.1	115 21.1	.. 50.1	349 30.3	.. 34.4	54 32.9	.. 39.6	90 58.3	.. 11.2	Venus	61 35.6	13 17
22	71 17.5	130 20.3	49.5	4 33.2	34.3	69 35.1	39.5	106 00.5	11.1	Mars	292 55.5	21 46
23	86 20.0	145 19.4	48.9	19 36.0	34.3	84 37.3	39.4	121 02.8	11.0	Jupiter	358 30.1	17 26
Mer.Pass. 17 19.5		v −0.9	d 0.6	v 2.9	d 0.0	v 2.2	d 0.1	v 2.2	d 0.1	Saturn	34 54.2	15 01

2022 DEC. 30, 31, JAN. 1 (FRI., SAT., SUN.)

UT	SUN GHA	SUN Dec	MOON GHA	v	MOON Dec	d	HP
30 00	179 26.3	S23 10.9	90 20.8	13.6	N 0 21.3	15.5	57.8
01	194 26.0	10.7	104 53.4	13.8	0 36.8	15.4	57.7
02	209 25.7	10.6	119 26.2	13.7	0 52.2	15.5	57.7
03	224 25.4	.. 10.4	133 58.9	13.8	1 07.7	15.4	57.7
04	239 25.1	10.3	148 31.7	13.8	1 23.1	15.3	57.6
05	254 24.8	10.1	163 04.5	13.8	1 38.4	15.5	57.6
06	269 24.5	S23 09.9	177 37.3	13.8	N 1 53.8	15.3	57.6
07	284 24.2	09.8	192 10.1	13.9	2 09.1	15.3	57.5
08	299 23.9	09.6	206 43.0	13.9	2 24.4	15.3	57.5
F 09	314 23.6	.. 09.4	221 15.9	13.9	2 39.7	15.2	57.5
R 10	329 23.3	09.3	235 48.8	13.9	2 54.9	15.3	57.4
I 11	344 23.0	09.1	250 21.7	14.0	3 10.2	15.1	57.4
D 12	359 22.7	S23 08.9	264 54.7	14.0	N 3 25.3	15.2	57.4
A 13	14 22.4	08.8	279 27.7	14.0	3 40.5	15.1	57.3
Y 14	29 22.1	08.6	294 00.7	14.0	3 55.6	15.1	57.3
15	44 21.8	.. 08.4	308 33.7	14.0	4 10.7	15.0	57.3
16	59 21.5	08.3	323 06.7	14.0	4 25.7	15.1	57.2
17	74 21.2	08.1	337 39.7	14.1	4 40.8	14.9	57.2
18	89 20.9	S23 07.9	352 12.8	14.0	N 4 55.7	15.0	57.2
19	104 20.6	07.8	6 45.8	14.1	5 10.7	14.9	57.2
20	119 20.3	07.6	21 18.9	14.1	5 25.6	14.8	57.1
21	134 20.0	.. 07.4	35 52.0	14.1	5 40.4	14.8	57.1
22	149 19.7	07.2	50 25.0	14.1	5 55.2	14.8	57.1
23	164 19.4	07.1	64 58.1	14.1	6 10.0	14.7	57.0
31 00	179 19.1	S23 06.9	79 31.2	14.1	N 6 24.7	14.7	57.0
01	194 18.8	06.7	94 04.3	14.1	6 39.4	14.7	57.0
02	209 18.5	06.5	108 37.4	14.1	6 54.1	14.6	56.9
03	224 18.2	.. 06.3	123 10.5	14.1	7 08.7	14.5	56.9
04	239 17.9	06.2	137 43.6	14.1	7 23.2	14.5	56.9
05	254 17.6	06.0	152 16.7	14.0	7 37.7	14.5	56.8
06	269 17.3	S23 05.8	166 49.7	14.1	N 7 52.2	14.4	56.8
07	284 17.0	05.6	181 22.8	14.1	8 06.6	14.4	56.8
S 08	299 16.7	05.4	195 55.9	14.1	8 21.0	14.3	56.8
A 09	314 16.4	.. 05.2	210 29.0	14.0	8 35.3	14.2	56.7
T 10	329 16.1	05.1	225 02.0	14.1	8 49.5	14.2	56.7
U 11	344 15.8	04.9	239 35.1	14.0	9 03.7	14.2	56.7
R 12	359 15.6	S23 04.7	254 08.1	14.1	N 9 17.9	14.1	56.6
D 13	14 15.3	04.5	268 41.2	14.0	9 32.0	14.0	56.6
A 14	29 15.0	04.3	283 14.2	14.0	9 46.0	14.0	56.6
Y 15	44 14.7	.. 04.1	297 47.2	14.0	10 00.0	13.9	56.5
16	59 14.4	03.9	312 20.2	14.0	10 13.9	13.9	56.5
17	74 14.1	03.7	326 53.2	14.0	10 27.8	13.8	56.5
18	89 13.8	S23 03.5	341 26.2	13.9	N10 41.6	13.8	56.5
19	104 13.5	03.4	355 59.1	13.9	10 55.4	13.7	56.4
20	119 13.2	03.2	10 32.0	14.0	11 09.1	13.6	56.4
21	134 12.9	.. 03.0	25 05.0	13.9	11 22.7	13.6	56.4
22	149 12.6	02.8	39 37.9	13.8	11 36.3	13.5	56.3
23	164 12.3	02.6	54 10.7	13.9	11 49.8	13.5	56.3
1 00	179 12.0	S23 02.4	68 43.6	13.8	N12 03.2	13.4	56.3
01	194 11.7	02.2	83 16.4	13.8	12 16.6	13.3	56.3
02	209 11.4	02.0	97 49.2	13.8	12 29.9	13.3	56.2
03	224 11.1	.. 01.8	112 22.0	13.8	12 43.2	13.1	56.2
04	239 10.8	01.6	126 54.8	13.7	12 56.3	13.2	56.2
05	254 10.5	01.4	141 27.5	13.7	13 09.5	13.0	56.2
06	269 10.2	S23 01.2	156 00.2	13.7	N13 22.5	13.0	56.1
07	284 09.9	01.0	170 32.9	13.6	13 35.5	12.9	56.1
08	299 09.6	00.8	185 05.5	13.6	13 48.4	12.8	56.1
S 09	314 09.3	.. 00.6	199 38.1	13.6	14 01.2	12.8	56.0
U 10	329 09.0	00.4	214 10.7	13.6	14 14.0	12.7	56.0
N 11	344 08.7	00.2	228 43.3	13.5	14 26.7	12.6	56.0
D 12	359 08.4	S23 00.0	243 15.8	13.5	N14 39.3	12.5	56.0
A 13	14 08.2	22 59.8	257 48.3	13.5	14 51.8	12.5	55.9
Y 14	29 07.9	59.6	272 20.8	13.4	15 04.3	12.4	55.9
15	44 07.6	.. 59.3	286 53.2	13.4	15 16.7	12.3	55.9
16	59 07.3	59.1	301 25.6	13.4	15 29.0	12.2	55.9
17	74 07.0	58.9	315 58.0	13.3	15 41.2	12.1	55.8
18	89 06.7	S22 58.7	330 30.3	13.3	N15 53.3	12.1	55.8
19	104 06.4	58.5	345 02.6	13.2	16 05.4	12.0	55.8
20	119 06.1	58.3	359 34.8	13.2	16 17.4	11.9	55.8
21	134 05.8	.. 58.1	14 07.0	13.2	16 29.3	11.9	55.8
22	149 05.5	57.9	28 39.2	13.1	16 41.2	11.7	55.7
23	164 05.2	57.6	43 11.3	13.1	N16 52.9	11.7	55.7
	SD 16.3	d 0.2	SD 15.6		15.4		15.3

Lat.	Twilight Naut.	Twilight Civil	Sunrise	Moonrise 30	31	1	2
N 72	08 25	10 46	■■■■	11 40	11 06	10 20	▭
N 70	08 06	09 51	■■■■	11 44	11 19	10 47	09 50
68	07 50	09 18	■■■■	11 48	11 30	11 08	10 36
66	07 38	08 54	10 30	11 51	11 39	11 25	11 07
64	07 27	08 35	09 51	11 53	11 46	11 39	11 30
62	07 18	08 19	09 24	11 56	11 53	11 50	11 48
60	07 09	08 06	09 03	11 58	11 59	12 00	12 03
N 58	07 02	07 54	08 46	11 59	12 04	12 09	12 16
56	06 56	07 44	08 31	12 01	12 08	12 17	12 28
54	06 50	07 36	08 19	12 02	12 12	12 24	12 38
52	06 44	07 28	08 08	12 04	12 16	12 30	12 47
50	06 39	07 20	07 59	12 05	12 19	12 35	12 55
45	06 27	07 04	07 38	12 07	12 27	12 48	13 12
N 40	06 17	06 51	07 22	12 10	12 33	12 58	13 26
35	06 08	06 40	07 08	12 12	12 38	13 07	13 38
30	05 59	06 29	06 56	12 13	12 43	13 14	13 48
20	05 43	06 11	06 35	12 16	12 52	13 28	14 06
N 10	05 27	05 54	06 16	12 19	12 59	13 40	14 22
0	05 11	05 37	05 59	12 22	13 06	13 51	14 37
S 10	04 52	05 19	05 42	12 24	13 13	14 02	14 52
20	04 30	04 59	05 23	12 27	13 21	14 14	15 08
30	04 01	04 34	05 01	12 30	13 29	14 28	15 27
35	03 42	04 19	04 49	12 32	13 34	14 36	15 38
40	03 20	04 01	04 34	12 34	13 40	14 45	15 51
45	02 50	03 39	04 16	12 37	13 47	14 56	16 05
S 50	02 05	03 10	03 54	12 39	13 55	15 10	16 24
52	01 39	02 55	03 43	12 41	13 59	15 16	16 33
54	00 57	02 37	03 31	12 42	14 03	15 23	16 42
56	////	02 16	03 17	12 44	14 08	15 31	16 54
58	////	01 47	03 01	12 46	14 13	15 39	17 06
S 60	////	01 02	02 41	12 48	14 19	15 49	17 22

Lat.	Sunset	Twilight Civil	Twilight Naut.	Moonset 30	31	1	2
N 72	■■■■	13 20	15 41	00 01	02 12	04 33	▭
N 70	■■■■	14 15	16 01	00 01	02 02	04 08	06 41
68	■■■■	14 48	16 16	00 01	01 53	03 49	05 56
66	13 37	15 13	16 29	00 01	01 46	03 33	05 27
64	14 16	15 32	16 39	00 00	01 41	03 21	05 05
62	14 43	15 47	16 49	00 00	01 36	03 11	04 47
60	15 03	16 00	16 57	00 00	01 31	03 02	04 33
N 58	15 20	16 12	17 04	00 00	01 27	02 54	04 21
56	15 35	16 22	17 11	00 00	01 24	02 47	04 10
54	15 47	16 31	17 17	00 00	01 21	02 41	04 01
52	15 58	16 39	17 22	00 00	01 18	02 36	03 53
50	16 08	16 46	17 27	25 16	01 16	02 31	03 45
45	16 28	17 02	17 39	25 10	01 10	02 20	03 30
N 40	16 44	17 15	17 49	25 06	01 06	02 11	03 17
35	16 58	17 26	17 58	25 02	01 02	02 04	03 06
30	17 10	17 37	18 07	24 59	00 59	01 57	02 56
20	17 31	17 55	18 23	24 53	00 53	01 46	02 40
N 10	17 50	18 12	18 39	24 48	00 48	01 36	02 26
0	18 07	18 29	18 55	24 43	00 43	01 27	02 13
S 10	18 24	18 47	19 14	24 38	00 38	01 18	02 00
20	18 43	19 07	19 36	24 33	00 33	01 08	01 46
30	19 04	19 32	20 05	24 27	00 27	00 57	01 30
35	19 17	19 47	20 23	24 24	00 24	00 51	01 21
40	19 32	20 05	20 47	24 20	00 20	00 44	01 10
45	19 50	20 27	21 16	24 16	00 16	00 36	00 58
S 50	20 12	20 56	22 00	24 10	00 10	00 26	00 43
52	20 22	21 10	22 26	24 08	00 08	00 21	00 36
54	20 34	21 27	23 07	24 03	00 03	00 16	00 28
56	20 48	21 49	////	24 03	00 03	00 16	00 20
58	21 04	22 17	////	24 00	00 00	00 04	00 10
S 60	21 24	23 01	////	23 56	23 57	23 59	24 04

Day	SUN Eqn. of Time 00h	12h	Mer. Pass.	MOON Mer. Pass. Upper	Lower	Age	Phase %
d	m s	m s	h m	h m	h m	d	%
30	02 14	02 28	12 02	18 32	06 10	07	55
31	02 43	02 57	12 03	19 17	06 54	08	65
1	03 11	03 26	12 03	20 02	07 39	09	74

EXPLANATION
PRINCIPLE AND ARRANGEMENT

1. *Object.* The object of this Almanac is to provide, in a convenient form, the data required for the practice of astronomical navigation at sea.

2. *Principle.* The main contents of the Almanac consist of data from which the *Greenwich Hour Angle* (GHA) and the *Declination* (Dec) of all the bodies used for navigation can be obtained for any instant of *Universal Time* (UT, specifically UT1, or previously Greenwich Mean Time (GMT)).

The *Local Hour Angle* (LHA) can then be obtained by means of the formula:

$$\text{LHA} = \text{GHA} \begin{array}{c} - \text{ west} \\ + \text{ east} \end{array} \text{longitude}$$

The remaining data consist of: times of rising and setting of the Sun and Moon, and times of twilight; miscellaneous calendarial and planning data and auxiliary tables, including a list of Standard Times; corrections to be applied to observed altitude.

For the Sun, Moon, and planets, the GHA and Dec are tabulated directly for each hour of UT throughout the year. For the stars, the *Sidereal Hour Angle* (SHA) is given, and the GHA is obtained from:

$$\text{GHA Star} = \text{GHA Aries} + \text{SHA Star}$$

The SHA and Dec of the stars change slowly and may be regarded as constant over periods of several days. GHA Aries, or the Greenwich Hour Angle of the first point of Aries (the Vernal Equinox), is tabulated for each hour. Permanent tables give the appropriate increments and corrections to the tabulated hourly values of GHA and Dec for the minutes and seconds of UT.

The six-volume series of *Sight Reduction Tables for Marine Navigation* (published in U.S.A. as Pub. No. 229) has been designed for the solution of the navigational triangle and is intended for use with *The Nautical Almanac*.

Two alternative procedures for sight reduction are described on pages 277–318. The first requires the use of programmable calculators or computers, while the second uses a set of concise tables that is given on pages 286–317.

The tabular accuracy is $0'\!.1$ throughout. The time argument on the daily pages of this Almanac is UT1 denoted throughout by UT. This scale may differ from the broadcast time signals (UTC) by an amount which, if ignored, will introduce an error of up to $0'\!.2$ in longitude determined from astronomical observations. The difference arises because the time argument depends on the variable rate of rotation of the Earth while the broadcast time signals are based on an atomic time-scale. Step adjustments of exactly one second are made to the time signals as required (normally at 24^h on December 31 and June 30) so that the difference between the time signals and UT, as used in this Almanac, may not exceed $0^s\!.9$. Those who require to reduce observations to a precision of better than 1^s must therefore obtain the correction (DUT1) to the time signals from coding in the signal, or from other sources; the required time is given by UT1=UTC+DUT1 to a precision of $0^s\!.1$. Alternatively, the longitude, when determined from astronomical observations, may be corrected by the corresponding amount shown in the following table:

Correction to time signals	Correction to longitude
$-0^s\!.9$ to $-0^s\!.7$	$0'\!.2$ to east
$-0^s\!.6$ to $-0^s\!.3$	$0'\!.1$ to east
$-0^s\!.2$ to $+0^s\!.2$	no correction
$+0^s\!.3$ to $+0^s\!.6$	$0'\!.1$ to west
$+0^s\!.7$ to $+0^s\!.9$	$0'\!.2$ to west

STARS, 2022 JULY — DECEMBER

Mag.	Name and Number		SHA °	JULY	AUG.	SEPT.	OCT.	NOV.	DEC.	Dec.	JULY	AUG.	SEPT.	OCT.	NOV.	DEC.
1·6	Castor		245	60·1	60·0	59·8	59·5	59·2	59·0	N 31	50·4	50·3	50·3	50·2	50·2	50·2
3·3	σ Puppis		247	31·4	31·3	31·1	30·8	30·6	30·3	S 43	20·7	20·6	20·5	20·5	20·5	20·7
2·9	Gomeisa		247	54·9	54·8	54·6	54·4	54·2	54·0	N 8	14·7	14·7	14·7	14·7	14·7	14·6
2·4	Aludra		248	45·7	45·6	45·4	45·2	45·0	44·8	S 29	20·7	20·6	20·5	20·5	20·6	20·7
2·7	π Puppis		250	31·5	31·4	31·2	30·9	30·7	30·4	S 37	08·2	08·0	08·0	07·9	08·0	08·2
1·8	Wezen		252	40·9	40·8	40·6	40·4	40·1	39·9	S 26	25·7	25·5	25·5	25·5	25·5	25·7
3·0	o Canis Majoris		254	01·0	00·9	00·7	00·5	00·2	00·1	S 23	51·9	51·8	51·7	51·7	51·8	51·9
1·5	Adhara	19	255	07·8	07·7	07·5	07·3	07·0	06·9	S 28	60·1	59·9	59·9	59·9	59·9	60·1
2·9	τ Puppis		257	23·2	23·0	22·8	22·5	22·2	22·0	S 50	38·4	38·2	38·1	38·1	38·2	38·3
−1·5	Sirius	18	258	28·4	28·2	28·0	27·8	27·6	27·4	S 16	44·7	44·6	44·6	44·6	44·7	44·8
1·9	Alhena		260	15·4	15·2	15·0	14·7	14·5	14·3	N 16	22·8	22·8	22·8	22·8	22·8	22·8
−0·7	Canopus	17	263	53·8	53·7	53·4	53·1	52·8	52·6	S 52	42·3	42·2	42·1	42·1	42·2	42·4
2·0	Mirzam		264	05·1	04·9	04·7	04·5	04·3	04·1	S 17	57·9	57·8	57·8	57·8	57·9	58·0
2·6	Mahasim		269	41·8	41·5	41·3	41·0	40·7	40·5	N 37	12·8	12·8	12·7	12·8	12·8	12·8
1·9	Menkalinan		269	43·0	42·7	42·4	42·1	41·8	41·6	N 44	56·9	56·8	56·8	56·8	56·9	56·9
Var.‡	Betelgeuse	16	270	54·6	54·4	54·2	54·0	53·8	53·6	N 7	24·7	24·7	24·8	24·8	24·7	24·7
2·1	Saiph		272	48·1	47·9	47·7	47·5	47·3	47·1	S 9	39·6	39·5	39·5	39·5	39·6	39·7
1·9	Alnitak		274	32·0	31·8	31·6	31·4	31·2	31·1	S 1	55·8	55·7	55·7	55·7	55·7	55·8
2·6	Phact		274	53·5	53·3	53·1	52·8	52·6	52·5	S 34	03·6	03·5	03·4	03·4	03·5	03·7
3·0	Tianguan		275	15·6	15·4	15·2	14·9	14·7	14·6	N 21	09·3	09·4	09·4	09·4	09·4	09·4
1·7	Alnilam	15	275	40·1	39·9	39·7	39·5	39·3	39·1	S 1	11·2	11·1	11·1	11·1	11·2	11·2
2·8	Hatysa		275	52·4	52·2	52·0	51·8	51·6	51·5	S 5	53·7	53·6	53·5	53·5	53·6	53·7
2·6	Arneb		276	34·6	34·4	34·2	34·0	33·8	33·6	S 17	48·3	48·2	48·1	48·1	48·2	48·3
2·2	Mintaka		276	43·1	42·9	42·7	42·5	42·3	42·1	S 0	16·9	16·8	16·8	16·8	16·9	16·9
2·8	Nihal		277	42·3	42·1	41·9	41·6	41·4	41·3	S 20	44·4	44·3	44·2	44·2	44·3	44·4
1·7	Elnath	14	278	04·8	04·6	04·3	04·0	03·8	03·7	N 28	37·5	37·5	37·5	37·6	37·6	37·6
1·6	Bellatrix	13	278	25·4	25·2	24·9	24·7	24·5	24·4	N 6	22·2	22·3	22·3	22·3	22·3	22·2
0·1	Capella	12	280	25·3	25·0	24·7	24·4	24·1	23·9	N 46	01·1	01·1	01·1	01·2	01·2	01·3
0·1	Rigel	11	281	06·1	05·9	05·7	05·5	05·3	05·2	S 8	10·5	10·4	10·3	10·4	10·4	10·5
2·8	Cursa		282	46·1	45·9	45·6	45·4	45·2	45·1	S 5	03·4	03·3	03·3	03·3	03·3	03·4
2·7	Hassaleh		285	23·6	23·3	23·1	22·8	22·6	22·5	N 33	12·0	12·0	12·0	12·1	12·1	12·1
0·9	Aldebaran	10	290	42·2	42·0	41·8	41·5	41·4	41·3	N 16	33·2	33·3	33·3	33·3	33·3	33·3
2·9	ε Persei		300	10·0	09·7	09·4	09·1	08·9	08·8	N 40	04·4	04·4	04·4	04·5	04·6	04·6
3·0	Zaurak		300	14·1	13·9	13·7	13·5	13·4	13·3	S 13	26·6	26·5	26·5	26·5	26·6	26·6
2·9	ζ Persei		301	07·2	06·9	06·6	06·4	06·2	06·2	N 31	56·9	56·9	57·0	57·0	57·1	57·1
2·9	Alcyone		302	48·0	47·8	47·5	47·3	47·2	47·1	N 24	10·4	10·4	10·5	10·5	10·6	10·6
1·8	Mirfak	9	308	31·4	31·1	30·8	30·5	30·3	30·3	N 49	56·2	56·2	56·3	56·4	56·5	56·6
Var.§	Algol		312	35·8	35·5	35·2	35·0	34·9	34·8	N 41	02·3	02·4	02·5	02·5	02·6	02·7
2·5	Menkar	8	314	08·4	08·2	08·0	07·8	07·7	07·7	N 4	10·7	10·7	10·8	10·8	10·8	10·8
2·0	Polaris		314	70·5	55·0	40·5	29·6	24·6	27·9	N 89	21·2	21·2	21·3	21·5	21·6	21·8
3·2	Acamar	7	315	13·5	13·2	13·0	12·8	12·7	12·7	S 40	12·7	12·6	12·6	12·7	12·8	12·9
3·0	β Trianguli		327	17·0	16·7	16·5	16·3	16·2	16·2	N 35	05·4	05·5	05·6	05·7	05·8	05·8
2·0	Hamal	6	327	53·6	53·3	53·1	53·0	52·9	52·9	N 23	34·0	34·1	34·2	34·2	34·3	34·3
2·3	Almach		328	41·0	40·7	40·4	40·3	40·2	40·2	N 42	26·0	26·1	26·2	26·3	26·4	26·5
2·9	α Hydri		330	07·9	07·5	07·1	07·0	07·0	07·1	S 61	27·4	27·3	27·4	27·5	27·7	27·8
2·6	Sheratan		331	01·9	01·7	01·5	01·4	01·3	01·3	N 20	54·9	55·0	55·1	55·2	55·2	55·3
0·5	Achernar	5	335	21·8	21·4	21·1	21·0	21·0	21·2	S 57	07·1	07·1	07·1	07·3	07·4	07·5
2·7	Ruchbah		338	10·7	10·4	10·1	09·9	09·9	10·0	N 60	20·8	20·9	21·0	21·2	21·4	21·5
2·1	Mirach		342	15·2	15·0	14·8	14·7	14·7	14·7	N 35	44·2	44·3	44·4	44·5	44·6	44·7
Var.‖	γ Cassiopeiæ		345	29·0	28·6	28·4	28·3	28·3	28·4	N 60	50·0	50·1	50·3	50·4	50·6	50·7
2·0	Diphda	4	348	49·3	49·1	48·9	48·8	48·9	48·9	S 17	51·7	51·6	51·6	51·7	51·7	51·8
2·2	Schedar	3	349	33·2	32·9	32·7	32·6	32·7	32·8	N 56	39·3	39·5	39·6	39·8	39·9	40·0
2·4	Ankaa	2	353	09·1	08·8	08·6	08·6	08·6	08·8	S 42	10·8	10·8	10·9	11·0	11·1	11·2
2·8	β Hydri		353	15·8	15·0	14·6	14·5	14·9	15·5	S 77	07·4	07·4	07·6	07·7	07·8	07·9
2·8	Algenib		356	24·1	23·9	23·8	23·7	23·8	23·8	N 15	18·4	18·5	18·6	18·7	18·7	18·7
2·3	Caph		357	24·2	23·9	23·7	23·7	23·8	24·0	N 59	16·1	16·3	16·4	16·6	16·7	16·8
2·1	Alpheratz	1	357	36·7	36·5	36·4	36·4	36·4	36·5	N 29	12·7	12·8	13·0	13·1	13·1	13·1

‡ 0·1 — 1·2   § 2·1 — 3·4   ‖ Irregular variable; 2020 mag. 2·2

POLARIS (POLE STAR) TABLES, 2022
FOR DETERMINING LATITUDE FROM SEXTANT ALTITUDE AND FOR AZIMUTH

LHA ARIES	0° – 9°	10° – 19°	20° – 29°	30° – 39°	40° – 49°	50° – 59°	60° – 69°	70° – 79°	80° – 89°	90° – 99°	100° – 109°	110° – 119°
	a_0	a_0	a_0	a_0	a_0	a_0	a_0	a_0	a_0	a_0	a_0	a_0
°	° ′	° ′	° ′	° ′	° ′	° ′	° ′	° ′	° ′	° ′	° ′	° ′
0	0 31·7	0 27·4	0 24·0	0 21·6	0 20·4	0 20·4	0 21·6	0 23·9	0 27·3	0 31·7	0 36·9	0 42·7
1	31·2	27·0	23·7	21·5	20·4	20·5	21·8	24·2	27·7	32·2	37·4	43·3
2	30·8	26·6	23·4	21·3	20·4	20·6	22·0	24·5	28·1	32·7	38·0	44·0
3	30·3	26·2	23·1	21·2	20·3	20·7	22·2	24·9	28·6	33·2	38·6	44·6
4	29·9	25·9	22·9	21·0	20·3	20·8	22·4	25·2	29·0	33·7	39·2	45·2
5	0 29·4	0 25·5	0 22·7	0 20·9	0 20·3	0 20·9	0 22·6	0 25·5	0 29·4	0 34·2	0 39·7	0 45·8
6	29·0	25·2	22·4	20·8	20·3	21·0	22·9	25·9	29·8	34·7	40·3	46·5
7	28·6	24·9	22·2	20·7	20·3	21·2	23·1	26·2	30·3	35·2	40·9	47·1
8	28·2	24·6	22·0	20·6	20·4	21·3	23·4	26·6	30·8	35·8	41·5	47·8
9	27·7	24·3	21·8	20·5	20·4	21·5	23·7	27·0	31·2	36·3	42·1	48·4
10	0 27·4	0 24·0	0 21·6	0 20·4	0 20·4	0 21·6	0 23·9	0 27·3	0 31·7	0 36·9	0 42·7	0 49·1

Lat.	a_1	a_1	a_1	a_1	a_1	a_1	a_1	a_1	a_1	a_1	a_1	a_1
°	′	′	′	′	′	′	′	′	′	′	′	′
0	0·5	0·5	0·6	0·6	0·6	0·6	0·6	0·5	0·5	0·4	0·4	0·4
10	·5	·5	·6	·6	·6	·6	·6	·5	·5	·5	·4	·4
20	·5	·6	·6	·6	·6	·6	·6	·6	·5	·5	·5	·4
30	·5	·6	·6	·6	·6	·6	·6	·6	·5	·5	·5	·5
40	0·6	0·6	0·6	0·6	0·6	0·6	0·6	0·6	0·6	0·6	0·5	0·5
45	·6	·6	·6	·6	·6	·6	·6	·6	·6	·6	·6	·6
50	·6	·6	·6	·6	·6	·6	·6	·6	·6	·6	·6	·6
55	·6	·6	·6	·6	·6	·6	·6	·6	·6	·6	·6	·6
60	·6	·6	·6	·6	·6	·6	·6	·6	·6	·7	·7	·7
62	0·7	0·6	0·6	0·6	0·6	0·6	0·6	0·6	0·7	0·7	0·7	0·7
64	·7	·6	·6	·6	·6	·6	·6	·6	·7	·7	·7	·8
66	·7	·7	·6	·6	·6	·6	·6	·7	·7	·7	·8	·8
68	0·7	0·7	0·6	0·6	0·6	0·6	0·6	0·7	0·7	0·8	0·8	0·8

Month	a_2	a_2	a_2	a_2	a_2	a_2	a_2	a_2	a_2	a_2	a_2	a_2
	′	′	′	′	′	′	′	′	′	′	′	′
Jan.	0·7	0·7	0·8	0·8	0·8	0·8	0·8	0·7	0·7	0·7	0·7	0·7
Feb.	·7	·7	·7	·8	·8	·8	·8	·8	·9	·8	·8	·8
Mar.	·5	·6	·6	·7	·7	·8	·8	·9	·9	·9	·9	0·9
Apr.	0·4	0·4	0·5	0·6	0·6	0·7	0·7	0·8	0·9	0·9	0·9	1·0
May	·3	·3	·4	·4	·5	·5	·6	·7	·7	·8	·9	0·9
June	·2	·2	·3	·3	·4	·4	·5	·5	·6	·7	·7	·8
July	0·3	0·3	0·3	0·3	0·3	0·3	0·4	0·4	0·5	0·5	0·6	0·6
Aug.	·4	·4	·4	·3	·3	·3	·3	·3	·4	·4	·4	·5
Sept.	·6	·5	·5	·5	·4	·4	·4	·3	·3	·3	·3	·3
Oct.	0·8	0·7	0·7	0·6	0·6	0·5	0·5	0·4	0·4	0·3	0·3	0·3
Nov.	1·0	0·9	0·9	0·8	·7	·7	·6	·5	·5	·4	·3	·3
Dec.	1·1	1·1	1·0	1·0	0·9	0·9	0·8	0·7	0·6	0·5	0·5	0·4

AZIMUTH

Lat.												
°	°	°	°	°	°	°	°	°	°	°	°	°
0	0·4	0·3	0·2	0·1	0·0	359·9	359·8	359·7	359·6	359·5	359·4	359·4
20	0·4	0·3	0·2	0·1	0·0	359·9	359·8	359·7	359·6	359·5	359·4	359·4
40	0·5	0·4	0·3	0·1	0·0	359·9	359·7	359·6	359·5	359·4	359·3	359·2
50	0·6	0·5	0·3	0·2	0·0	359·8	359·7	359·5	359·4	359·2	359·1	359·1
55	0·7	0·6	0·4	0·2	0·0	359·8	359·6	359·4	359·3	359·1	359·0	358·9
60	0·8	0·7	0·4	0·2	0·0	359·8	359·6	359·3	359·2	359·0	358·9	358·8
65	1·0	0·8	0·5	0·3	0·0	359·7	359·5	359·2	359·0	358·8	358·7	358·6

Latitude = Apparent altitude (corrected for refraction) $-1° + a_0 + a_1 + a_2$

The table is entered with LHA Aries to determine the column to be used; each column refers to a range of 10°. a_0 is taken, with mental interpolation, from the upper table with the units of LHA Aries in degrees as argument; a_1, a_2 are taken, without interpolation, from the second and third tables with arguments latitude and month respectively. a_0, a_1, a_2, are always positive. The final table gives the azimuth of *Polaris*.

POLARIS (POLE STAR) TABLES, 2022
FOR DETERMINING LATITUDE FROM SEXTANT ALTITUDE AND FOR AZIMUTH

LHA ARIES	120°– 129°	130°– 139°	140°– 149°	150°– 159°	160°– 169°	170°– 179°	180°– 189°	190°– 199°	200°– 209°	210°– 219°	220°– 229°	230°– 239°
	a_0	a_0	a_0	a_0	a_0	a_0	a_0	a_0	a_0	a_0	a_0	a_0
0	0 49·1	0 55·7	1 02·4	1 09·0	1 15·3	1 21·0	1 26·1	1 30·4	1 33·7	1 36·0	1 37·2	1 37·2
1	49·7	56·4	03·1	09·6	15·9	21·6	26·6	30·8	34·0	36·2	37·2	37·1
2	50·4	57·0	03·7	10·3	16·5	22·1	27·1	31·2	34·3	36·3	37·2	37·0
3	51·0	57·7	04·4	10·9	17·1	22·7	27·5	31·5	34·5	36·5	37·3	36·9
4	51·7	58·4	05·1	11·6	17·7	23·2	28·0	31·9	34·8	36·6	37·3	36·8
5	0 52·4	0 59·0	1 05·7	1 12·2	1 18·2	1 23·7	1 28·4	1 32·2	1 35·0	1 36·7	1 37·3	1 36·7
6	53·0	0 59·7	06·4	12·8	18·8	24·2	28·8	32·5	35·2	36·8	37·3	36·6
7	53·7	1 00·4	07·0	13·4	19·4	24·7	29·2	32·8	35·4	36·9	37·3	36·5
8	54·4	01·1	07·7	14·1	19·9	25·2	29·6	33·2	35·6	37·0	37·2	36·3
9	55·0	01·7	08·3	14·7	20·5	25·7	30·0	33·4	35·8	37·1	37·2	36·2
10	0 55·7	1 02·4	1 09·0	1 15·3	1 21·0	1 26·1	1 30·4	1 33·7	1 36·0	1 37·2	1 37·2	1 36·0

Lat.	a_1	a_1	a_1	a_1	a_1	a_1	a_1	a_1	a_1	a_1	a_1	a_1
0	0·4	0·3	0·4	0·4	0·4	0·4	0·5	0·5	0·6	0·6	0·6	0·6
10	·4	·4	·4	·4	·4	·5	·5	·5	·6	·6	·6	·6
20	·4	·4	·4	·4	·5	·5	·5	·6	·6	·6	·6	·6
30	·5	·5	·5	·5	·5	·5	·5	·6	·6	·6	·6	·6
40	0·5	0·5	0·5	0·5	0·5	0·6	0·6	0·6	0·6	0·6	0·6	0·6
45	·6	·6	·6	·6	·6	·6	·6	·6	·6	·6	·6	·6
50	·6	·6	·6	·6	·6	·6	·6	·6	·6	·6	·6	·6
55	·6	·7	·6	·6	·6	·6	·6	·6	·6	·6	·6	·6
60	·7	·7	·7	·7	·7	·7	·6	·6	·6	·6	·6	·6
62	0·7	0·7	0·7	0·7	0·7	0·7	0·7	0·6	0·6	0·6	0·6	0·6
64	·8	·8	·8	·8	·7	·7	·7	·7	·6	·6	·6	·6
66	·8	·8	·8	·8	·8	·7	·7	·7	·6	·6	·6	·6
68	0·9	0·9	0·9	0·8	0·8	0·8	0·7	0·7	0·6	0·6	0·6	0·6

Month	a_2	a_2	a_2	a_2	a_2	a_2	a_2	a_2	a_2	a_2	a_2	a_2
Jan.	0·6	0·6	0·6	0·5	0·5	0·5	0·5	0·5	0·4	0·4	0·4	0·4
Feb.	·8	·8	·7	·7	·6	·6	·5	·5	·5	·4	·4	·4
Mar.	0·9	0·9	0·9	·8	·8	·7	·7	·6	·6	·5	·5	·4
Apr.	1·0	1·0	1·0	0·9	0·9	0·9	0·8	0·8	0·7	0·6	0·6	0·5
May	0·9	1·0	1·0	1·0	1·0	1·0	0·9	0·9	·8	·8	·7	·7
June	·8	0·9	0·9	0·9	1·0	1·0	1·0	1·0	·9	·9	·8	·8
July	0·7	0·7	0·8	0·8	0·9	0·9	0·9	0·9	0·9	0·9	0·9	0·9
Aug.	·5	·6	·6	·7	·7	·7	·8	·8	·8	·9	·9	·9
Sept.	·4	·4	·4	·5	·5	·6	·6	·7	·7	·7	·8	·8
Oct.	0·3	0·3	0·3	0·3	0·3	0·4	0·4	0·5	0·5	0·6	0·6	0·7
Nov.	·2	·2	·2	·2	·2	·2	·2	·3	·3	·4	·5	·5
Dec.	0·3	0·3	0·2	0·2	0·1	0·1	0·1	0·1	0·2	0·2	0·3	0·3

Lat.	AZIMUTH											
0	359·4	359·4	359·4	359·4	359·4	359·5	359·6	359·7	359·8	359·9	0·0	0·1
20	359·3	359·3	359·3	359·4	359·4	359·5	359·6	359·7	359·8	359·9	0·0	0·1
40	359·2	359·2	359·2	359·2	359·3	359·4	359·5	359·6	359·7	359·9	0·0	0·1
50	359·0	359·0	359·0	359·1	359·1	359·2	359·4	359·5	359·7	359·8	0·0	0·2
55	358·9	358·9	358·9	359·0	359·0	359·2	359·3	359·4	359·6	359·8	0·0	0·2
60	358·7	358·7	358·7	358·8	358·9	359·0	359·2	359·4	359·6	359·8	0·0	0·2
65	358·5	358·5	358·5	358·6	358·7	358·9	359·0	359·3	359·5	359·7	0·0	0·3

ILLUSTRATION

On 2022 April 21 at 23ʰ 18ᵐ 56ˢ UT in longitude W 37° 14′, the apparent altitude (corrected for refraction), H_O, of *Polaris* was 49° 31′·6

From the daily pages:	° ′		° ′
GHA Aries (23ʰ)	194 59·5	H_O	49 31·6
Increment (18ᵐ 56ˢ)	4 44·8	a_0 (argument 162° 30′)	1 16·8
Longitude (west)	−37 14	a_1 (Lat 50° approx.)	0·6
		a_2 (April)	0·9
LHA Aries	162 30	Sum − 1° = Lat =	49 49·9

POLARIS (POLE STAR) TABLES, 2022
FOR DETERMINING LATITUDE FROM SEXTANT ALTITUDE AND FOR AZIMUTH

LHA ARIES	240°–249°	250°–259°	260°–269°	270°–279°	280°–289°	290°–299°	300°–309°	310°–319°	320°–329°	330°–339°	340°–349°	350°–359°
°	a_0	a_0	a_0	a_0	a_0	a_0	a_0	a_0	a_0	a_0	a_0	a_0
0	1 36·0	1 33·7	1 30·4	1 26·2	1 21·1	1 15·3	1 09·0	1 02·4	0 55·7	0 49·1	0 42·8	0 36·9
1	35·8	33·5	30·0	25·7	20·5	14·7	08·4	01·8	55·0	48·4	42·1	36·3
2	35·6	33·2	29·6	25·2	20·0	14·1	07·7	01·1	54·4	47·8	41·5	35·8
3	35·4	32·9	29·2	24·7	19·4	13·5	07·1	1 00·4	53·7	47·1	40·9	35·3
4	35·2	32·5	28·8	24·2	18·8	12·8	06·4	0 59·7	53·0	46·5	40·3	34·7
5	1 35·0	1 32·2	1 28·4	1 23·7	1 18·3	1 12·2	1 05·7	0 59·1	0 52·4	0 45·9	0 39·8	0 34·2
6	34·8	31·9	28·0	23·2	17·7	11·6	05·1	58·4	51·7	45·2	39·2	33·7
7	34·5	31·5	27·5	22·7	17·1	10·9	04·4	57·7	51·1	44·6	38·6	33·2
8	34·3	31·2	27·1	22·1	16·5	10·3	03·8	57·1	50·4	44·0	38·0	32·7
9	34·0	30·8	26·6	21·6	15·9	09·7	03·1	56·4	49·7	43·4	37·5	32·2
10	1 33·7	1 30·4	1 26·2	1 21·1	1 15·3	1 09·0	1 02·4	0 55·7	0 49·1	0 42·8	0 36·9	0 31·7

Lat.	a_1	a_1	a_1	a_1	a_1	a_1	a_1	a_1	a_1	a_1	a_1	a_1
°	′	′	′	′	′	′	′	′	′	′	′	′
0	0·6	0·5	0·5	0·4	0·4	0·4	0·4	0·3	0·4	0·4	0·4	0·4
10	·6	·5	·5	·5	·4	·4	·4	·4	·4	·4	·4	·5
20	·6	·6	·5	·5	·5	·4	·4	·4	·4	·4	·5	·5
30	·6	·6	·5	·5	·5	·5	·5	·5	·5	·5	·5	·5
40	0·6	0·6	0·6	0·6	0·5	0·5	0·5	0·5	0·5	0·5	0·5	0·6
45	·6	·6	·6	·6	·6	·6	·6	·6	·6	·6	·6	·6
50	·6	·6	·6	·6	·6	·6	·6	·6	·6	·6	·6	·6
55	·6	·6	·6	·6	·6	·6	·6	·7	·6	·6	·6	·6
60	·6	·6	·6	·7	·7	·7	·7	·7	·7	·7	·7	·7
62	0·6	0·6	0·7	0·7	0·7	0·7	0·7	0·7	0·7	0·7	0·7	0·7
64	·6	·6	·7	·7	·7	·8	·8	·8	·8	·8	·7	·7
66	·6	·7	·7	·7	·8	·8	·8	·8	·8	·8	·8	·7
68	0·6	0·7	0·7	0·8	0·8	0·8	0·9	0·9	0·9	0·8	0·8	0·8

Month	a_2	a_2	a_2	a_2	a_2	a_2	a_2	a_2	a_2	a_2	a_2	a_2
	′	′	′	′	′	′	′	′	′	′	′	′
Jan.	0·4	0·5	0·5	0·5	0·5	0·5	0·6	0·6	0·6	0·7	0·7	0·7
Feb.	·4	·4	·3	·4	·4	·4	·4	·4	·5	·5	·6	·6
Mar.	·4	·3	·3	·3	·3	·3	·3	·3	·3	·4	·4	·5
Apr.	0·5	0·4	0·3	0·3	0·3	0·2	0·2	0·2	0·2	0·3	0·3	0·3
May	·6	·5	·5	·4	·3	·3	·3	·2	·2	·2	·2	·2
June	·7	·7	·6	·5	·5	·4	·4	·3	·3	·3	·2	·2
July	0·8	0·8	0·7	0·7	0·6	0·6	0·5	0·5	0·4	0·4	0·3	0·3
Aug.	·9	·9	·8	·8	·8	·7	·7	·6	·6	·5	·5	·5
Sept.	·8	·9	·9	·9	·9	·9	·8	·8	·7	·7	·7	·6
Oct.	0·7	0·8	0·8	0·9	0·9	0·9	0·9	0·9	0·9	0·9	0·9	0·8
Nov.	·6	·7	·7	·8	·9	·9	1·0	1·0	1·0	1·0	1·0	1·0
Dec.	0·4	0·5	0·6	0·7	0·7	0·8	0·9	0·9	1·0	1·0	1·1	1·1

Lat.	AZIMUTH											
°	°	°	°	°	°	°	°	°	°	°	°	°
0	0·2	0·3	0·4	0·5	0·6	0·6	0·6	0·6	0·6	0·6	0·6	0·5
20	0·2	0·3	0·4	0·5	0·6	0·6	0·7	0·7	0·7	0·6	0·6	0·5
40	0·3	0·4	0·5	0·6	0·7	0·8	0·8	0·8	0·8	0·8	0·7	0·6
50	0·3	0·5	0·6	0·8	0·9	0·9	1·0	1·0	1·0	0·9	0·9	0·8
55	0·4	0·6	0·7	0·8	1·0	1·0	1·1	1·1	1·1	1·1	1·0	0·9
60	0·4	0·6	0·8	1·0	1·1	1·2	1·3	1·3	1·3	1·2	1·1	1·0
65	0·5	0·7	1·0	1·1	1·3	1·4	1·5	1·5	1·5	1·4	1·3	1·2

$$\text{Latitude} = \text{Apparent altitude (corrected for refraction)} - 1° + a_0 + a_1 + a_2$$

The table is entered with LHA Aries to determine the column to be used; each column refers to a range of 10°. a_0 is taken, with mental interpolation, from the upper table with the units of LHA Aries in degrees as argument; a_1, a_2 are taken, without interpolation, from the second and third tables with arguments latitude and month respectively. a_0, a_1, a_2, are always positive. The final table gives the azimuth of *Polaris*.

EXPLANATION

Brief particulars are given, at the foot of page 5, of the solar and lunar eclipses occurring during the year; the times given are in UT. The principal features of the more important solar eclipses are shown on the maps on pages 6 and 7.

23. *Standard times.* The lists on pages 262–265 give the standard times used in most countries. In general no attempt is made to give details of the beginning and end of summer time, since they are liable to frequent changes at short notice. For the latest information consult Admiralty List of Radio Signals Volume 2 (NP 282) corrected by Section VI of the weekly edition of Admiralty Notices to Mariners.

The Date or Calendar Line is an arbitrary line, on either side of which the date differs by one day; when crossing this line on a westerly course, the date must be advanced one day; when crossing it on an easterly course, the date must be put back one day. The line is a modification of the line of the 180th meridian, and is drawn so as to include, as far as possible, islands of any one group, etc., on the same side of the line. It may be traced by starting at the South Pole and joining up to the following positions:

Lat	S 51·0	S 45·0	S 15·0	S 5·0	N 48·0	N 53·0	N 65·5
Long	180·0	W 172·5	W 172·5	180·0	180·0	E 170·0	W 169·0

thence through the middle of the Diomede Islands to Lat N 68°0, Long W 169°0, passing east of Ostrov Vrangelya (Wrangel Island) to Lat N 75°0, Long 180°0, and thence to the North Pole.

ACCURACY

24. *Main data.* The quantities tabulated in this Almanac are generally correct to the nearest $0'.1$; the exception is the Sun's GHA which is deliberately adjusted by up to $0'.15$ to reduce the error due to ignoring the v-correction. The GHA and Dec at intermediate times cannot be obtained to this precision, since at least two quantities must be added; moreover, the v- and d-corrections are based on mean values of v and d and are taken from tables for the whole minute only. The largest error that can occur in the GHA or Dec of any body other than the Sun or Moon is less than $0'.2$; it may reach $0'.25$ for the GHA of the Sun and $0'.3$ for that of the Moon.

In practice, it may be expected that only one third of the values of GHA and Dec taken out will have errors larger than $0'.05$ and less than one tenth will have errors larger than $0'.1$.

25. *Altitude corrections.* The errors in the altitude corrections are nominally of the same order as those in GHA and Dec, as they result from the addition of several quantities each correctly rounded off to $0'.1$. But the actual values of the dip and of the refraction at low altitudes may, in extreme atmospheric conditions, differ considerably from the mean values used in the tables.

USE OF THIS ALMANAC IN 2023

This Almanac may be used for the Sun and stars in 2023 in the following manner.

For the Sun, take out the GHA and Dec for the same date but for a time $5^h 48^m 00^s$ *earlier* than the UT of observation; add $87° 00'$ to the GHA so obtained. The error, mainly due to planetary perturbations of the Earth, is unlikely to exceed $0'.4$.

For the stars, calculate the GHA and Dec for the same date and the same time, but *subtract* $15'.1$ from the GHA so found. The error due to incomplete correction for precession and nutation is unlikely to exceed $0'.4$. If preferred, the same result can be obtained by using a time $5^h 48^m 00^s$ earlier than the UT of observation (as for the Sun) and adding $86° 59'.2$ to the GHA (or adding $87°$ as for the Sun and subtracting $0'.8$, for precession, from the SHA of the star).

The Almanac cannot be so used for the Moon or planets.

STANDARD TIMES (Corrected to December 2020)

LIST I — PLACES FAST ON UTC (mainly those EAST OF GREENWICH)

The times given } *added* to UTC to give Standard Time
below should be } *subtracted* from Standard Time to give UTC.

	h	m		h	m
Admiralty Islands	10		Denmark*†	01	
Afghanistan	04	30	Djibouti	03	
Albania*	01		Egypt, Arab Republic of	02	
Algeria	01		Equatorial Guinea, Republic of	01	
Amirante Islands	04		Bioko	01	
Andaman Islands	05	30	Eritrea	03	
Angola	01		Estonia*†	02	
Armenia	04		Eswatini	02	
Australia			Ethiopia	03	
Australian Capital Territory*	10		Fiji*	12	
New South Wales*[1]	10		Finland*†	02	
Northern Territory	09	30	France*†	01	
Queensland	10		Gabon	01	
South Australia*	09	30	Georgia	04	
Tasmania*	10		Germany*†	01	
Victoria*	10		Gibraltar*	01	
Western Australia	08		Greece*†	02	
Whitsunday Islands	10		Guam	10	
Austria*†	01		Hong Kong	08	
Azerbaijan	04		Hungary*†	01	
Bahrain	03		India	05	30
Balearic Islands*†	01		Indonesia, Republic of		
Bangladesh	06		Bangka, Billiton, Java, West and		
Belarus	03		Central Kalimantan, Madura, Sumatra	07	
Belgium*†	01		Bali, Flores, South, North and East		
Benin	01		Kalimantan, Lombok, Sulawesi,		
Bosnia and Herzegovina*	01		Sumba, Sumbawa, West Timor ...	08	
Botswana, Republic of	02		Aru, Irian Jaya, Kai, Moluccas		
Brunei	08		Tanimbar	09	
Bulgaria*†	02		Iran*	03	30
Burma (Myanmar)	06	30	Iraq	03	
Burundi	02		Israel*	02	
Cambodia	07		Italy*†	01	
Cameroon Republic	01		Jan Mayen Island*	01	
Caroline Islands[2]	10		Japan	09	
Central African Republic	01		Jordan*	02	
Chad	01		Kazakhstan		
Chagos Archipelago & Diego Garcia	06		Western: Aktau, Uralsk, Atyrau ...	05	
Chatham Islands*	12	45	Eastern & Central: Astana ...	06	
China, People's Republic of	08		Kenya	03	
Christmas Island, Indian Ocean ...	07		Kerguelen Islands	05	
Cocos (Keeling) Islands	06	30	Kiribati Republic		
Comoro Islands (Comoros)	03		Gilbert Islands	12	
Congo, Democratic Republic			Phoenix Islands[3]	13	
West: Kinshasa, Equateur	01		Line Islands[3]	14	
East: Orientale, Kasai, Kivu, Shaba	02		Korea, North	09	
Congo Republic	01		Korea, South	09	
Corsica*†	01		Kuwait	03	
Crete*†	02		Kyrgyzstan	06	
Croatia*†	01		Laccadive Islands	05	30
Cyprus†: Ercan*, Larnaca*	02		Laos	07	
Czech Republic*†	01				

* Daylight-saving time may be kept in these places.   † For Summer time dates see List II footnotes.
[1] Except Broken Hill Area* which keeps 09[h] 30[m].
[2] Except Pohnpei, Pingelap and Kosrae which keep 11[h] and Palau which keeps 09[h].
[3] The Line and Phoenix Is. not part of the Kiribati Republic may keep other time zones.

STANDARD TIMES (Corrected to December 2020)

LIST I — (continued)

	h	m		h	m
Latvia*†	02		Norilsk, Krasnoyarsk, Dikson,		
Lebanon*	02		Novosibirsk, Tomsk	07	
Lesotho	02		Irkutsk, Bratsk, Ulan-Ude	08	
Libya	02		Tiksi, Yakutsk, Chita	09	
Liechtenstein*	01		Vladivostok, Khabarovsk, Okhotsk	10	
Lithuania*†	02		Severo-Kurilsk, Magadan,		
Lord Howe Island*	10	30	Sakhalin Island	11	
Luxembourg*†	01		Petropavlovsk-K., Anadyr	12	
Macau	08		Rwanda	02	
Macedonia*, former Yugoslav Republic	01		Ryukyu Islands	09	
Madagascar, Democratic Republic of	03				
Malawi	02		Samoa*	13	
Malaysia, Malaya, Sabah, Sarawak ...	08		Santa Cruz Islands	11	
Maldives, Republic of The	05		Sardinia*†	01	
Malta*†	01		Saudi Arabia	03	
Mariana Islands	10		Schouten Islands	09	
Marshall Islands	12		Serbia*	01	
Mauritius	04		Seychelles	04	
Moldova*	02		Sicily*†	01	
Monaco*	01		Singapore	08	
Mongolia	08		Slovakia*†	01	
Montenegro*	01		Slovenia*†	01	
Morocco	01		Socotra	03	
Mozambique	02		Solomon Islands	11	
Namibia	02		Somalia Republic	03	
Nauru	12		South Africa, Republic of	02	
Nepal	05	45	South Sudan	03	
Netherlands, The*†	01		Spain*†	01	
New Caledonia	11		Spanish Possessions in North Africa*	01	
New Zealand*	12		Spitsbergen (Svalbard)*	01	
Nicobar Islands	05	30	Sri Lanka	05	30
Niger	01		Sudan, Republic of	02	
Nigeria, Republic of	01		Sweden*†	01	
Norfolk Island*	11		Switzerland*	01	
Norway*	01		Syria (Syrian Arab Republic)*	02	
Novaya Zemlya	03				
Okinawa	09		Taiwan	08	
Oman	04		Tajikistan	05	
Pagalu (Annobon Islands)	01		Tanzania	03	
Pakistan	05		Thailand	07	
Palau Islands	09		Timor-Leste	09	
Papua New Guinea[4]	10		Tonga	13	
Pescadores Islands	08		Tunisia	01	
Philippine Republic	08		Turkey	03	
Poland*†	01		Turkmenistan	05	
Qatar	03		Tuvalu	12	
Reunion	04		Uganda	03	
Romania*†	02		Ukraine*	02	
Russia[5]			United Arab Emirates	04	
Kaliningrad	02		Uzbekistan	05	
Moscow, St. Petersburg, Arkhangelsk	03				
Samara, Astrakhan, Saratov, ...			Vanuatu, Republic of	11	
Volgograd	04		Vietnam, Socialist Republic of	07	
Ekaterinburg, Ufa, Perm, Novyy Port	05		Yemen	03	
Omsk	06		Zambia, Republic of	02	
			Zimbabwe	02	

* Daylight-saving time may be kept in these places.   † For Summer time dates see List II footnotes.
[4] Excluding the Autonomous Region of Bougainville which keeps 11^h.
[5] The boundaries between the zones are irregular; listed are chief towns in each zone.

STANDARD TIMES (Corrected to December 2020)

LIST II — PLACES NORMALLY KEEPING UTC

Ascension Island	Ghana	Irish Republic*†	Portugal*†	Togo Republic
Burkina-Faso	Great Britain†	Ivory Coast	Principe	Tristan da Cunha
Canary Islands*†	Guinea-Bissau	Liberia	St. Helena	
Channel Islands†	Guinea Republic	Madeira*†	São Tomé	
Faeroes*, The	Iceland	Mali	Senegal	
Gambia, The	Ireland, Northern†	Mauritania	Sierra Leone	

* Daylight-saving time may be kept in these places.

† Summer time (daylight-saving time), one hour in advance of UTC, will be kept from 2022 March 27^d 01^h to October 30^d 01^h UTC (Ninth Summer Time Directive of the European Union). Ratification by member countries has not been verified.

LIST III — PLACES SLOW ON UTC (WEST OF GREENWICH)

The times given } *subtracted* from UTC to give Standard Time
below should be } *added* to Standard Time to give UTC.

	h m		h m
American Samoa	11	Canada (*continued*)	
Argentina	03	Prince Edward Island*	04
Austral (Tubuai) Islands[1]	10	Quebec, east of long. W. 63°	04
Azores*†	01	west of long. W. 63°* ...	05
		Saskatchewan	06
Bahamas*	05	Yukon	07
Barbados	04	Cape Verde Islands	01
Belize	06	Cayman Islands	05
Bermuda*	04	Chile	
Bolivia	04	General*	04
Brazil		Magallanes and Chilean Antarctic ...	03
Fernando de Noronha I., Trindade I.,		Colombia	05
Oceanic Is.	02	Cook Islands	10
N and NE coastal states, Tocantins,		Costa Rica	06
Minas Gerais, Goiás, Brasilia,		Cuba*	05
S and E coastal states	03	Curaçao Island	04
Amazonas[2], Mato Grosso do Sul,			
Mato Grosso, Rondônia, Roraima	04	Dominican Republic	04
Acre	05		
British Antarctic Territory[3,4]	03	Easter Island (I. de Pascua)*	06
		Ecuador	05
Canada[4]‡		El Salvador	06
Alberta*	07		
British Columbia*[4]	08	Falkland Islands	03
Labrador*	04	Fernando de Noronha Island	02
Manitoba*	06	French Guiana	03
New Brunswick*	04		
Newfoundland*	03 30	Galápagos Islands	06
Nunavut*		Greenland	
east of long. W. 85°	05	Danmarkshavn, Mesters Vig	00
long. W. 85° to W. 102°	06	General*	03
west of long. W. 102°	07	Scoresby Sound*	01
Northwest Territories*	07	Thule*, Pituffik*	04
Nova Scotia*	04	Grenada	04
Ontario, east of long. W. 90°*	05	Guadeloupe	04
Ontario, west of long. W. 90°* ...	06	Guatemala	06
		Guyana, Republic of	04

* Daylight-saving time may be kept in these places. ‡ Dates for DST are given at the end of List III.

[1] This is the legal standard time, but local mean time is generally used.

[2] Except the cities of Eirunepe, Benjamin Constant and Tabatinga which keep 05^h.

[3] Stations may use UTC.

[4] Some areas may keep another time zone.

STANDARD TIMES (Corrected to December 2020)

LIST III — (continued)

	h m		h m
Haiti*	05	United States of America‡(continued)	
Honduras	06	Idaho, southern part	07
		northern part	08
Jamaica	05	Illinois	06
Johnston Island	10	Indiana [6]	05
Juan Fernandez Islands*	04	Iowa	06
		Kansas [6]	06
Leeward Islands	04	Kentucky, eastern part	05
		western part	06
Marquesas Islands	09 30	Louisiana	06
Martinique	04	Maine	05
Mexico		Maryland	05
General*	06	Massachusetts	05
Quintana Roo	05	Michigan [6]	05
Baja California Sur*, Chihuahua*		Minnesota	06
Nayarit*, Sinaloa* and Sonara ...	07	Mississippi	06
Baja California Norte*	08	Missouri	06
Midway Islands	11	Montana	07
		Nebraska, eastern part	06
Nicaragua	06	western part	07
Niue	11	Nevada	08
		New Hampshire	05
Panama, Republic of	05	New Jersey	05
Paraguay*	04	New Mexico	07
Peru	05	New York	05
Pitcairn Island	08	North Carolina	05
Puerto Rico	04	North Dakota, eastern part	06
		western part	07
St. Pierre and Miquelon*	03	Ohio	05
Society Islands	10	Oklahoma	06
South Georgia	02	Oregon [6]	08
Suriname	03	Pennsylvania	05
		Rhode Island	05
Trindade Island, South Atlantic ...	02	South Carolina	05
Trinidad and Tobago	04	South Dakota, eastern part	06
Tuamotu Archipelago	10	western part	07
Tubuai (Austral) Islands	10	Tennessee, eastern part	05
Turks and Caicos Islands*	05	western part	06
		Texas [6]	06
United States of America‡		Utah	07
Alabama	06	Vermont	05
Alaska	09	Virginia	05
Aleutian Islands, east of W. 169° 30′	09	Washington D.C.	05
Aleutian Islands, west of W. 169° 30′	10	Washington	08
Arizona [5]	07	West Virginia	05
Arkansas	06	Wisconsin	06
California	08	Wyoming	07
Colorado	07	Uruguay	03
Connecticut	05		
Delaware	05	Venezuela	04
District of Columbia	05	Virgin Islands	04
Florida [6]	05		
Georgia	05	Windward Islands	04
Hawaii [5]	10		

* Daylight-saving time may be kept in these places.

‡ Daylight-saving (Summer) time, one hour fast on the time given, is kept during 2022 from March 13 (second Sunday) to November 6 (first Sunday), changing at $02^h\ 00^m$ local clock time.

[5] Exempt from keeping daylight-saving time, except for a portion of Arizona.

[6] A small portion of the state is in another time zone.

STAR CHARTS

NORTHERN STARS

KEY

- Selected stars of magnitude 1.5 and brighter
- Selected stars of magnitude 1.6 and fainter
- Other tabulated stars of magnitude 2.5 and brighter
- Other tabulated stars of magnitude 2.6 and fainter
- Untabulated stars

NOTE

The numbers enclosed in brackets refer to those stars of the selected list which are not used in Sight Reduction Tables A.P. 3270, N.P. 303.

EQUATORIAL STARS (SHA 0° to 180°)

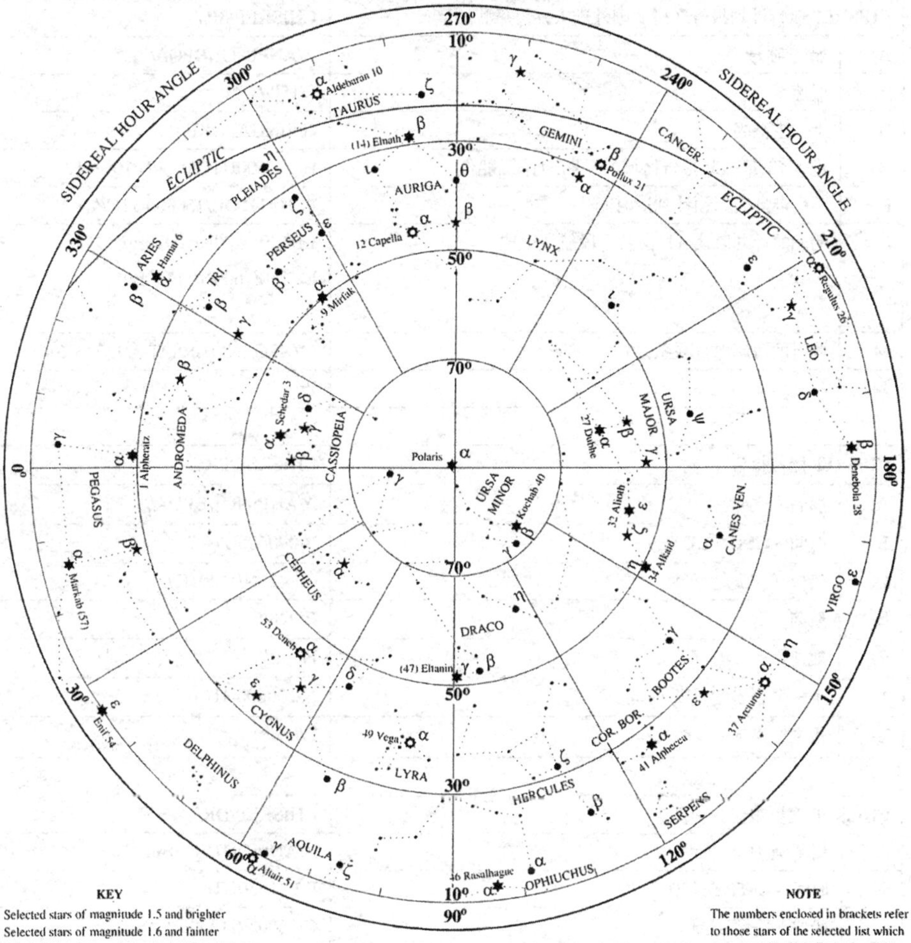

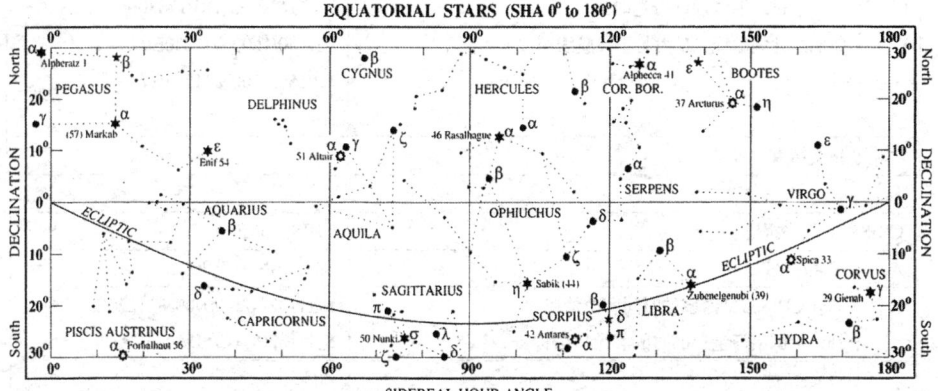

附录三 中国船舶报告(CHISREP)格式

CHISREP 航行计划报告（指从国外进入并停靠我国港口）		CHISREP/SP//
A	船名/呼号	A/ANPING1/BPOA//
F	船速	F/150//
G	上一港港名	G/SINGAPORE//
H	进入 CHISREP 报告区域的日期、时间、船位	H/080600UTC/0900N/10920E//
I	下一港港名，预计到达时间	I/SHANTOU/150800UTC//
L	船舶的计划航线（L 由若干段航线组成）	L1/150/0900N/10920E//
		L2/150/1600N/11250E//

M	收听的海岸电台联系方式	M/XSG/INMARSAT A 1572312//
Z	报文结束	Z//

CHISREP 船位报告		CHISREP/PR//
A	船名/呼号	A/ANPING1/BPOA//
B	时间（GMT 或 UTC）	B/090600UTC//
C	船位（纬度/经度）	C/1426N/11201E//
E	航向	E/026//
F	航速	F/150//
N	下一个报告的日期/时间	N/100600UTC//
Z	报文结束	Z//

CHISREP 变更报告		CHISREP/DR//
A	船名/呼号	A/ANPING1/BPOA//
B	时间（GMT 或 UTC）	B/091630UTC//
C	船位（纬度/经度）	C/1600N/11250E//
E	航向	E/010//
I	下一个目的港和预计抵达时间	I /GUANGZHOU/120800//
L	船舶的计划航线（L 由若干段航线组成）	L1/150/1600N/11250E//
		L2/150/2100N/11353E//

Z	报文结束	Z//

CHISREP 最终报告		CHISREP/FR//
A	船名/呼号	A/ANPING1/BPOA//
K	离开 CHISREP 区域的时间和位置或 到达中国沿海港口的时间和港口名称	K/111320UTC/0900N/11220E//　　或 K/111320UTC/SHANGHAI//
Z	报文结束	Z//

CHISREP 危险货物报告(如船舶存在包装危险货物继续落入海中的危险状况时，应加发 P 项)	
A	船名/呼号
B	时间（GMT 或 UTC）
C	船位（纬度/经度）
M	通信方式
P	P1 正确的技术名称或货物名称 P2 货物的联合国编号 P3 危险品类别 P4 货物生产厂家或收货人或发货人名称 P5 货物包装形式（包括标识标志及运输工具形式） P6 货物数量及可能状况估计
Q	Q1 船舶有关情况 Q2 转驳货物、压载水、燃油的能力
R	R1 货物正确的技术名称 R2 货物的联合国编号 R3 危险品类别 R4 货物生产厂家或收货人或发货人名称 R5 货物包装形式（包括标识标志及运输工具形式） R6 货物数量及可能状况估计 R7 货物是漂浮还是下沉 R8 是否在继续损失中 R9 损失原因
S	气象情况
T	船舶所有人及代表
U	尺度与类型
Z	报文结束

CHISREP 有害物质报告(在可能溢泄时，应加发 P 项)	
A	船名/呼号
B	时间（GMT 或 UTC）
C	船位（纬度/经度）
E	航向
F	航速
L	船舶的计划航线（L 由若干段航线组成）
M	通信方式
P	P1 船上的油类或液体有害物的正确技术名称 P2 联合国编号 P3 液体有害物的污染类别（A、B、C 或 D） P4 有害物制造厂名称或收货人或发货人的地址 P5 数量
Q	Q1 船舶有关情况 Q2 转驳货物、压载水、燃油的能力

R	R1 排入海中的油类或液体有害物的正确技术名称 R2 联合国编号 R3 液体有害物的污染类别（A、B、C 或 D） R4 有害物制造厂名称或收货人或发货人的地址 R5 有害物质的估计数量 R6 损失货物是漂浮还是下沉 R7 损失是否在继续中 R8 损失原因 R9 如是液体有害物时，须报告排出、漏损和移动的估计 R10 估计漏损区域的范围
T	船舶所有人和代表的姓名、地址、电传和电话号码
X	X1 对于船舶排出和移动的液体有害物采取的措施 X2 已被要求和已有他人提供的协助和救助工作 X3 协助或救助船舶的船长应报告计划中或进行中的行动细节。上述细节若暂时没有，则应在补充报告中加上
Z	报文结束

CHISREP 海上污染物报告(在可能溢泄时，应加发 P 项)	
A	船名/呼号
B	时间（GMT 或 UTC）
C	船位（纬度/经度）
M	通信方式
P	（本项内容参照危险货物报告）
Q	Q1 船舶有关情况 Q2 转驳货物、压载水、燃油的能力
R	R1 正确的技术名称或货物名称 R2 货物的联合国编号 R3 危险品类别 R4 货物生产厂家或收货人或发货人名称 R5 货物包装形式（包括标识标志及运输工具形式） R6 货物数量及可能状况估计 R7 货物是漂浮还是下沉 R8 是否在继续损失中 R9 损失原因
T	船舶所有人和代表的姓名、地址、电传和电话号码
X	X1 对于船舶排出和移动的液体有害物采取的措施 X2 已被要求和已有他人提供的协助和救助工作 X3 协助或救助船舶的船长应报告计划中或进行中的行动细节
Z	报文结束

附录四　航海日志格式

_____年 _____月 _____日　星期_____　　　　　　　　　（左页）

航 行 记 录														气 象 海 况 记 录													值班		
时间		罗经航向					真航向	风流压差	计划航迹向	计程仪			实测时速	推进器转速	观测时间	天气现象	能见度	气压	气温		海水温度	风		云	涌浪		驾驶员	水手	
		陀螺罗经		磁罗经																				状				操舵	瞭望
时	分	航向	改正量	航向	磁差	自差	航向			读数	时速	改正率							干	湿		向	级	状	量	向	级			
04	00																													
08	00																													
12	00																													
16	00																													
20	00																													
24	00																													

舱 水 测 量 记 录											中 午 统 计 记 录						
舱别位置／时间	饮水柜		压载水舱				污水沟					实测		推算		位移差	两港间统计
	首尖	尾尖	日用	一	二	三	四	一	二	三	四	船位	纬度	经度	纬度	经度	昼夜航程 计程仪／实际
上午八时	左																昼夜平均航速 计程仪／实际
	中											油水存量	消耗量	添加量	现存量		昼夜航行时间
	右												重油				计程仪改正率%
下午四时	左												轻油				距上港累计航程
	中												淡水				距上港累计航时
	右											天文钟钟差					距下港航程
																	日出时间
												天文钟时间					日没时间

535

第 _____ 航次　自 _____ 迄 _____　停泊港名 _____　(右页)

记　事　栏	重 大 事 项 记 录

大副 _____　船长 _____

Deck Log Book of _____

(left page)

Day and date _____

1 time	2 Barometer hPa	3 Temperature Air °C	4 Sea °C	5 Relative humidity %	6 Present Weather ww	7 Wind Direction	8 Wind Force	9 Sea-scale	10 Swell	11 True course	12 Leeway for Current	13 Leeway for Wind	14 Var. or Gyro-A	15 Dev. Or Sp.Err.	16 Course Steered Comp.
0100															
0200															
0300															
0400															
0500															
0600															
0700															
0800															
0900															
1000															
1100															
1200															

Noon position latitude φ= ____ longitude λ= ____ Time at sea
Day's run= ____ h ____ min ____ nm Day's average speed ____ kn Total distance:
Clock setting= ____ h ____ min Total time difference ____ h ____ min Distance left
Chr. error at UTC ____ h ____ min ____ s daily rate ____ s t(tk:) Current:set and drift = ____° Fuel balance:
Fuel consumption:

1	2	3	4	5	6	7	8	9	10	11	12	13	14	15	16
1300															
1400															
1500															
1600															
1700															
1800															
1900															
2000															
2100															
2200															
2300															
2400															

No. _____ from _____ towards _____

min;+time river/port passage
nm+distance river to berth
voyage speed

Voyage No. _____ in port/roads of _____ (right page)

17 Helms-man	18 Magnetic hdg.	19 Log reading Nm	20 Dis. made good nm	21 Revolution per min.	22 Roll period s	23 Nautical remarks and entries according national-and international rules and regulations;measures taken in the interest of sea-worthiness;safety of life at sea;care of cargo,safety of the vessel and environmental protection	24 Signature W.O.	25 26 27 Soundings of bilges/ empty tanks At _____ o'clock Compt. Port Stbd		

Check of:
-Synchronized watches: Domestic water consumption   t;   t(tk:)   Ballast water   t(tk:)
-Sound-signal equipment: Domestic water balance   t;   t(tk:);   Feedwater balance   t
-Smoke detecting device:
-Gas detecting device: Regulation lights exhibited from midnight till _____ from _____ till midnight
-Emergency battery:
-Passenger vessels:
aut. Door lock deck main cross bulkheads:

Chief Mate _____   Master _____

17	18	19	20	21	22	23	24	25	26	27

参考文献

［1］郭禹. 航海学. 大连：大连海事大学出版社，2009.

［2］吴兆麟，朱军. 海上交通工程. 大连：大连海事大学出版社，2004.

［3］钱淡如. 航海学：上册. 北京：人民交通出版社，1993.

［4］杨守仁. 航海学：下册. 北京：人民交通出版社，1992.

［5］王永勤，潘淇祥. 航海学：中册. 2版. 北京：人民交通出版社，1991.

［6］戴冉，王越. 航海专业数学. 大连：大连海事大学出版社，2010.

［7］东昉，刘正江. 数字航海. 大连：大连海事大学出版社，2010.

［8］张吉平. 电子海图显示与信息系统. 2版. 大连：大连海事大学出版社，2014.

［9］楼锡淳，朱鉴秋. 海图学概论. 北京：测绘出版社，1993.

［10］谢钢. GPS原理与接收机设计. 北京：电子工业出版社，2009.

［11］王广运，郭秉义，李洪涛. 差分GPS定位技术与应用. 北京：电子工业出版社，1996.

［12］宋文尧，张儒杰. 现代时间系统及参考坐标系. 北京：测绘出版社，1990.

［13］苗永宽. 球面天文学. 北京：科学出版社，1983.

［14］WOOLARD E W，CLEMENCE G M. 球面天文学. 全和钧，赵君亮，朱圣源，译. 北京：测绘
出版社，1984.

［15］NAVY R. The Admiralty Manual of Navigation Volume 1：the Principles of Navigation. Lon-
don：the Nautical Institute，2008.

［16］NAVY R. The Admiralty Manual of Navigation Volume 2：Astro Navigation. London：the
Nautical Institute，2011.

［17］BOWDITCH M. The American Practical Navigator. Ohio：DMAHTC，2002.

［18］US Navy Institute. Dutton's Nautical Navigation. 16th Edition. Maryland：US Navy
Institute，2004.

［19］UKHO. Nautical Almanac 2014：Commercial Edition. London：the United Kingdom Hydrog-
raphic Office，Taunton，2013.

［20］中国人民解放军海军司令部航海保证部. 航海天文历（2014）. 南京：中国科学院紫金山
天文台，2013.

［21］中国人民解放军海军司令部航海保证部. 航海天文历附表. 南京：中国科学院紫金山天
文台，2007.

［22］UKHO. Symbols and Abbreviations Used on Admiralty Paper Charts（NP 5011）. 5th ed：
London：the United Kingdom Hydrographic Office，Taunton，2011.

［23］UKHO. Admiralty Guide to ENC Symbols Used in ECDIS（NP5012）.1st ed. London：the

United Kingdom Hydrographic Office，Taunton，2012.

［24］中国人民解放军海军司令部航海保证部. 中国海图符号识别指南. 天津：中国航海图书出版社，2006.

［25］中华人民共和国交通运输航测标准化技术委员会. 中国海区可航行水域桥梁助航标志（GB 24418—2009）. 北京：中国标准出版社，2010.

［26］UHKO. The Mariner's Handbook. 9th ed. London：the United Kingdom Hydrographic Office，Taunton，2009.

［27］IMO. STCW Covention and STCW Code 2011 ed. London：IMO，2011.

［28］Shipping Guides Ltd. Guide to Port Eetry 2013/2014 ed. United Kingdom：Shipping Guides Ltd，2012.